Wolf-Georg Schärf
Europäisches Atomrecht
De Gruyter Handbuch

Wolf-Georg Schärf

Europäisches Atomrecht

Recht der Nuklearenergie

2. Auflage

DE GRUYTER

Dr. *Wolf-Georg Schärf*, Rechtsanwalt in Wien; Member of the Editorial Board of the International Journal of Nuclear Law.

ISBN 978-3-11-029239-8
e-ISBN 978-3-11-029242-8

Bibliografische Information der Deutschen Nationalbibliothek
Die Deutsche Nationalbibliothek verzeichnet diese Publikation in der Deutschen Nationalbibliografie; detaillierte bibliografische Daten sind im Internet über http://dnb.d-nb.de abrufbar.

Einbandabbildung: iStockphoto/Thinkstock
Satz: jürgen ullrich typosatz, Nördlingen
Druck: Hubert & Co. GmbH & Co. KG, Göttingen
♾ Gedruckt auf säurefreiem Papier
Printed in Germany

www.degruyter.com

Vorwort zur zweiten Auflage

Zwischen dem Erscheinen der ersten Auflage und der Fertigstellung der zweiten Auflage kam es, vor allem durch den Unfall in Fukushima, zu einer Infragestellung der nuklearen Renaissance. Die Konsequenzen dieses Unfalls sind auch rechtlich bis zum heutigen Tag nicht absehbar. Es werden sich diesbezüglich noch sehr viele rechtliche Diskussionen entwickeln.

Das Europäische Gemeinschaftsrecht hat vor allem durch den Vertrag von Lissabon eine erhebliche Umstrukturierung mit sich gebracht, die Säulenstruktur ist aufgelöst worden, und Euratom ist zu einer eigenständigen Organisation geworden. Weiters sind auch die Grundrechte gemäß der Grundrechtscharta zu einem justiziablen Instrument geworden.

Durch die Schaffung der Richtlinien über die nukleare Sicherheit sowie über die Lagerung abgebrannter Brennelemente und radioaktiver Stoffe ist ebenfalls juristisches Neuland betreten worden.

Der Autor dankt seiner Assistentin Isabella Hölzl für die oft mühselige Schreibarbeit von nicht leichten Texten, sowie der Formatierung des großen Textes. Weiters dankt er seiner Ehefrau Silvia Schärf, die ihm die Zeit gegeben hat, dieses Werk fertig zu stellen, und ihn dabei moralisch unterstützt hat.

Bis zum Dezember 2011 sind alle relevanten rechtlichen Änderungen eingearbeitet.

In memoriam Sandra Kuhta.

Wien, im Jänner 2012 Dr. Wolf-Georg Schärf

Inhaltsverzeichnis

Abkürzungsverzeichnis

aA	anderer Ansicht
aaO	am angegebenen Ort
Abl	ablehnend
ABl	Amtsblatt
ABAAC	Agency-Brasilien Agency for the accounting and control of nuclear materials
Abs	Absatz (wenn vor Ziffer)
Abschn	Abschnitt
abw	abweichend
AdR	Ausschuss der Regionen
AETR	Europäisches Abkommen über die Arbeit der im internationalen Straßenverkehr beschäftigten Fahrzeugbesatzungen
aF	alte Fassung
AG	Aktiengesellschaft
AJIL	American Journal of International Law (Zeitschrift)
AJP/PJA	Aktuelle Juristische Praxis/Pratique Juridique Actuelle (Zeitschrift)
AKP	Gruppe der afrikanischen, karibischen und pazifischen Staaten
ALARA	As low as reasonable achievable
allgem	allgemein
allgM	allgemeine Meinung
aM	anderer Meinung
amtl Begr	amtliche Begründung
Anh	Anhang
Anl	Anlage
ao	außerordentlich
AöR	Archiv des öffentlichen Rechts (Zeitschrift)
ArchVR	Archiv des Völkerrechts (Zeitschrift)
Art	Artikel
AStV	Ausschuss der Ständigen Vertreter (s.A. COREPER)
Aufl	Auflage
AuR	Arbeit und Recht (Zeitschrift)
ausf	ausführlich
atw	Atomwirtschaft (Zeitschrift)
AVR	Archiv des Völkerrechtes (Zeitschrift)
AöR	Archiv des öffentlichen Rechts (Zeitschrift)
Az	Aktenzeichen
BABl	Bundesarbeitsblatt
BB	Betriebsberater (Zeitschrift)
Bd, Bde	Band, Bände
begl	beglaubigt
Begr	begr Begründung, begründet
Bek	Bekanntmachung
Bekl, bekl	Beklagter, beklagt
Bem	Bemerkung
bes	besonders, besondere(r, s)
Beschl, B	Beschluss
Beschw	Beschwerde

Bsp	Beispiel
Best	Bestimmung
betr	betreffend
BFH	Bundesfinanzhof
BGB	Bürgerliches Gesetzbuch
BGBl	Bundesgesetzblatt
BGH	Bundesgerichtshof
BGHZ	Entscheidung des Bundesgerichtshof in Zivilsachen
BImSchG	Gesetz zum Schutz vor schädlichen Umwelteinwirkungen durch Luftverunreinigung, Geräusche, Erschütterungen und ähnliche Vorgänge (Bundes-Immissisionsschutzgesetz)
BQ	Becquerel
BR-Drs	Bundesrats-Drucksache
BReg	Bundesregierung
bspw	beispielsweise
BT	Bundestags
BT-Drs	Bundestags-Drucksache
BullEG	Bulletin der Europäischen Gemeinschaften
BullEU	Bulletin der Europäischen Union
BVBl	Gesetz- und Verordnungsblatt
BVerfG	Bundesverfassungsgericht
BVerfGE	Entscheidungen des Bundesverfassungsgericht
BVerwG	Bundesverwaltungsgericht
BVerwGE	Entscheidungen des Bundesverwaltungsgericht
B-VG	(österreichisches) Bundesverfassungsgesetz
bzw	beziehungsweise
bzgl	bezüglich
Cal	Kalorie
CAM	CATCH-ALL Materialbilanzzone
CDE	Cahiers de Droit Européen (Zeitschrift)
CEA	Commissariat à l´ Energie Atomique
CERN	Europäische Organisation für kernphysikalische Forschung
CMLRev	Common Market Law Review (Zeitschrift)
CMLRep	Common Market Law Reports
COCOM	Coordination Committee
COTIF	Convention Concerning International Transport by Rail
COREPER	Comitè des Représentants des Permanents Etats members (Ausschuss der Ständigen Vertreter der Mitgliedstaaten)
CTBT	Comprehensive Nuclear Test Ban Treaty
CTBTO	Comprehensive Nuclear Test Ban Treaty Organisation
D	Deutschland
DB	Der Betrieb (Zeitschrift)
ders	derselbe
dgl	dergleichen
dh	das heißt
dies	dieselbe(n)
DIW	Deutsches Institut für Wirtschaftsforschung
Dok	Dokument

DOM	Departement d'Outre Mer
DÖV	Die öffentliche Verwaltung (Zeitschrift)
DVBI	Deutsches Verwaltungsblatt (Zeitschrift)
DVO-ZK	Durchführungsverordnung-Zollkodex
EA	Europa- Archiv (Zeitschrift)
EA	Europäische Atomgemeinschaftvertrag
EAGFL	Europäischer Ausgleichs- und Garantiefonds für die Landwirtschaft
ebd	ebenda
EBRD	European Bank for Research and Development
ECJ	European Court of Justice
Ecolex	Österreichische Fachzeitschrift für Wirtschaft (Zeitschrift)
ed(s)	editor(s)
EEA	Einheitliche Europäische Akte
EELRev	European Environmental Law Review (Zeitschrift)
EFRE	Europäischer Fonds für regionale Entwicklung
EFTA	European Free Trade Association
EG	Europäische Gemeinschaft
EGKS	Europäische Gemeinschaft für Kohle und Stahl
EGKSV	Vertrag zur Gründung der Europäische Gemeinschaft für Kohle und Stahl
EGMR	Europäischer Gerichtshof für Menschenrechte
EGV	Vertrag zur Gründung der Europäischen Gemeinschaft
EIB	Europäische Investitionsbank
Einf	Einführung
Einl	Einleitung
EJIL	European Journal of International Law (Zeitschrift)
ELJ	European Law Journal (Zeitschrift)
ELR	European Law Reporter (Zeitschrift)
ELRev	European Law Review (Zeitschrift)
EMRK	Europäische Menschenrechtskonvention
EMS	Eurpean Monetary System
endg	endgültig
engl	englisch
Entsch	Entscheidung
entspr	entsprechend
Entw	Entwurf
EP	Europäisches Parlament
ERPL	European Review of Private Law (Zeitschrift)
ErgBd	Ergänzungsband
ESC	Europäische Sozialcharta
EStAL	European State Aid Law Quarterly (Zeitschrift)
EU	Europäische Union
EuG	Europäisches Gericht erster Instanz
EuGH	Gerichtshof der Europäischen Union
EuGRZ	Europäische Grundrechtszeitung (Zeitschrift)
EuGVÜ	Europäisches Übereinkommen über die gerichtliche Zuständigkeit und die Vollstreckung gerichtlicher Entscheidungen in Zivil- und Handelssachen
EuR	Europarecht (Zeitschrift)
EUR	Euro
EURATOM	Europäische Atomgemeinschaft

EUV	Vertrag über die Europäische Union
EuZW	Europäische Zeitschrift für Wirtschaftsrecht (Zeitschrift)
EVS	Euratom Verschluss-Sache
EWG	Europäische Wirtschaftsgemeinschaft
EWGV	Vertrag zur Gründung der Europäischen Wirtschaftsgemeinschaft
EWR	Europäischer Wirtschaftsraum
EWS	Europäisches Währungssystem
EZB	Europäische Zentralbank
FAO	Food Agriculture Organisation of the United Nations
f, ff	folgende
Fn	Fußnote ((wenn vor Ziffer))
FS	Festschrift
FuE	Forschung und Entwicklung
G	Giga (10^9)
g	Gramm
GA	Generalanwalt
GASP	Gemeinsame Außen- und Sicherheitspolitik
GATS	General Agreement on Tariffs and Services
GATT	General Agreement on Tariffs and Trade
GBl	Gesetzblatt
GD	Generaldirektion
gem	gemäß
GedS	Gedächtnisschrift
Ges	Gesetz
GFS	Gemeinsame Forschungsstelle
GG	Grundgesetz
ggf	gegebenenfalls
GGF	gegebenenfalls
GHT	Gewichtshundertteile
GM	Gemeinsame Maßnahme
GR	Grundrecht
GRCh	Charta der Grundrechte der Europäischen Union
grdl	grundlegend
GUS	Gemeinschaft Unabhängiger Staaten
GW	Gigawatt
GY	Gray
hA	herrschende Ansicht
Halbs	Halbsatz ((wenn hinter Ziffer))
Hdb	Handbuch
HFR	Hochflussreaktor
hL	herrschende Lehre
hM	herrschende Meinung
Hrsg, hrsg	Herausgeber, herausgegeben
h Rspr	herrschende Rechtsprechung
i Allg	im Allgemeinen
IAEA	International Atomic Energy Agency
IAEO	Internationale Atomenergieorganisation

ibid	ebenda (ibidem)
ICAO	International Civil Aviation Organisation
ICRP	International Commission on Radiological Protection
idF	in der Fassung
idR	in der Regel
idS	in diesem Sinne
i.E.	im Ergebnis
IEA	Internationale Energie- Agentur
iErg	in Ergänzung
ieS	im engeren Sinne
IGH	internationaler Gerichtshof
ILO	International Labour Organisation
IMDG	International Maritime Dangerous Goods
INF-Code	The International Code for the Safe Carriage of Packaged Irradiated Nuclear Fuel, Plutonium and High-Level Radioactive Wastes on Board Ships
INFCIRC	Information Circular
insbes	insbesondere
insges	insgesamt
intJ	international Journal
IPRax	Praxis des Internationalen Privat- und Verfahrensrecht (Zeitschrift)
IStR	Internationales Steuerrecht (Zeitschrift)
iSv	im Sinne von
ITER	International Thermonuclear Experimental Reactor
i.Ü.	im Übrigen
iVm	in Verbindung mit
IWF	Internationaler Währungsfonds
iwS	im weiteren Sinne
iVm	in Verbindung mit
IdF	in der Fassung
ISO	International Organisation for Standardisation
J	Joule
Jb	Jahrbuch
JBl	Juristische Blätter (Zeitschrift)
JET	Joint European Torus
Jg.	Jahrgang
JöR	Jahrbuch des öffentlichen Rechts (Zeitschrift)
JR	Juristische Rundschau (Zeitschrift)
JV	Joint Venture
JZ	Juristenzeitung (Zeitschrift)
kcal	Kilokalorien
Kg	Kilogramm
KKW	Kernkraftwerk
Km	Kilometer
KMU	Kleine und mittlere Unternehmen
KN	Kombinierte Nomenklatur
KOM	Europäische Kommission
KomE	Entscheidung der Kommission
Kw	Kilowatt

kwh	Kilowattstunde
KWK	Kraft- Wärme- Koppelung
l	Liter
LG	Landesgericht
Lt	laut
lit	Buchstabe (litera)
LS	Leitsatz
m	Meter
m^3	Kubikmeter
M	Mega (10^6)
MDR	Monatsschrift für Deutsches Recht (Zeitschrift)
mE	meines Erachtens
MeV	Megavolt
mg	Milligram
Mia, Mrd	Milliarde
Mill, Mio	Million
mN	mit Nachweisen
Mtoe	Megatonne
MW	Megawatt
MWh	Megawattstunde
m krit Anm	mit kritischer Anmerkung
mwN	mit weiteren Nachweisen
m zus Anm	mit zustimmender Anmerkung
NATO	North Atlantic Treaty Organization
NEA	Nuclear Energy Agency
NGO	Non Gouvernmental Organisation
nF	neue Fassung (in der Nummerierung des Vertrags von Amsterdam)
NJW	Neue Juristische Wochenschrift (Zeitschrift)
NL	Niederlande
NLB	Nuclear Law Bulletin (Zeitschrift)
NPT	The Treaty on the Non-Proliferation of Nuclear Weapons
Nr	Nummer
Nr(n)	Nummern
NSG	Nuclear Suppliers Group
NuR	Natur und Recht (Zeitschrift)
NUS	Neue Unabhängige Staaten
NVwZ	Neue Zeitschrift für Verwaltungsrecht
NVwZ-RR	Neue Zeitschrift für Verwaltungsrecht-Rechtsprechungreport
ö	österreichisch
o.a	oben angeführt
öBGBl	österreichisches Bundesgesetzblatt
OECD	Organisation for Economic Cooperation and Development
OGLTR	Oil and Gas Law Taxation Review (Zeitschrift)
o.J.	ohne Jahresangabe
Org	Organisation
ÖJZ	Österreichische Juristenzeitung (Zeitschrift)

OLAF	Office européen de lutte antifraude
ÖZW	Österreichische Zeitschrift für Wirtschaftsrecht (Zeitschrift)
P	Page (Seite)
plc	public limited company
Ppm	parts per million
PTBT	Partial Test Ban Treaty
Prot	Protokoll
RabelsZ	Zeitschrift für ausländisches und internationales Privatrecht (Zeitschrift)
RdA	Recht der Arbeit (Zeitschrift)
RdE	Recht der Energiewirtschaft (Zeitschrift)
RDI	Revue de droit international (Zeitschrift)
RdMC	Revue du Marché Commun (Zeitschrift)
RdW	Recht der Wirtschaft (Zeitschrift)
Rec	Recueil
RFAP	Revue francaise d'administration publique (Zeitschrift)
RFDA	Revue francaise de droit administratif (Zeitschrift)
RGBl	Reichsgesetzblatt
RIDPC	Rivista Italiana di Diritto Publico Communitario (Zeitschrift)
Riv.dir.eur.	Rivista di diritto europeo (Zeitschrift)
RIW	Recht der Internationalen Wirtschaft (Zeitschrift)
RL	Richtlinie
RMC	Revue du Marché Commun (Zeitschrift)
RMCUE	Revue du Marché Commun et de l'Union Européenne (Zeitschrift)
Rn	Randnummer
RS	Rechtssache
Rspr	Rechtsprechung
RuP	Recht und Politik
Rz	Randziffer
S	Seite
s	siehe
s a	siehe auch
SDÜ	Schengener Durchführungsübereinkommen
SKE	Steinkohleneinheiten
Slg	Sammlung
s o	siehe oben
Sog	sogenannt
StGB	Strafgesetzbuch
st.Rspr	ständige Rechtsprechung
str	strittig
s u	siehe unten
Sv	Sievert
SZR	Sonderziehungsrechte (des IWF)
T	Tonne
TEN	Transeuropäische Netze
TOM	Territoire D'Outre mer
TTBT	Treshold Test Ban Treaty

Twh	Terawattstunde
Tz	Textziffer
u	unten
U	Urteil
ua	unter anderem
UAbs	Unterabsatz
uam	und anderes mehr
UdSSR	Union der sozialistischen Sowjetrepubliken
ÜA	Abkommen über die Übergangsbestimmung (EGKS)
UK	United Kingdom
UKEA	United Kingdom Atomic Energy Authoty
umstr	umstritten
UNCITRAL	United Nations Commission on International Trade Law
UNCTAD	United Nations Conference on Trade and Development
UNESCO	United Nations Educational Scientific and Cultural Organization
UNO	United Nations Organisation
UPR	Umwelt- und Planungsrecht (Zeitschrift)
Urt	Urteil
USA	United States of America
UTR	Umwelt- und Technikrecht (Zeitschrift)
uU	unter Umständen
UVP	Umweltverträglichkeitsprüfung
v	Volt
verb	verbunden
verbRs	verbundene Rechtssachen
Verf	Verfasser
VerfO	Verfahrensordnung
VerwArch.	Verwaltungsarchiv (Zeitschrift)
VfGH	Österreichischer Verfassungsgerichtshof
Vgl	vergleiche
VO	Verordnung
Vol	Volume
VVDStRL	Veröffentlichungen der Vereinigung der Deutschen Staatsrechtslehrer
VwVfG	Verwaltungsverfahrensgesetz
W	Watt
WEU	Westeuropäische Union
WHO	World Health Organization
WIPO	World Intellectual Property Organization
WMO	World Metrological Organization
WSA	Wirtschaft und Sozialausschuss
WTO	World Trade Organization
WuW	Wirtschaft und Wettbewerb (Zeitschrift)
ZaöRV	Zeitschrift für ausländisches öffentliches Recht und Völkerrecht (Zeitschrift)
zB	zum Beispiel
ZEuP	Zeitschrift für Europäisches Privatrecht (Zeitschrift)
ZeuS	Zeitschrift für Europarechtliche Studien (Zeitschrift)

ZfE	Zeitschrift für Energiewirtschaft (Zeitschrift)
ZfVerw	Zeitschrift für Verwaltung (Zeitschrift)
ZGR	Zeitschrift für Gesellschaftsrecht (Zeitschrift)
ZHR	Zeitschrift für das gesamte Handelsrecht (Zeitschrift)
ZIP	Zeitschrift für Wirtschaftrecht (Zeitschrift)
Ziff	Ziffer
ZIP	Zeitschrift für Wirtschaftsrecht und Insolvenzpraxis (Zeitschrift)
ZK	Zollkodex
ZNER	Zeitschrift für neues Energierecht (Zeitschrift)
ZÖR	Zeitschrift für öffentliches Recht (Zeitschrift)
ZPO	Zivilprozessordnung
ZRP	Zeitschrift für Rechtspolitik (Zeitschrift)
zT	zum Teil
ZUR	Zeitschrift für Umweltrecht (Zeitschrift)
ZVerkWiss	Zeitschrift für Verkehrswissenschaft (Zeitschrift)
z.Zt	Zur Zeit

Literaturverzeichnis

Achary Amitav/Boutin J.D. Kenneth, The Southeast Asia Nuclear Weapon Free Zone Treaty, Security dialogue 1998, 219ff

Acharya Amitav, The nuclear weapon free zone in South-East Asia and Africa, SIPRI yearbook 1998, 443ff

Adede Andronico, The IAEA notification and assistance conventions in case of a nuclear accident, 1987

Ahearne J.F., Nuclear Power after Chernobyl, Science (Washington) 236 (1987), 637ff

Albonetti Achille, Droit nucléaire européen, 1968

Allègre Jacques, Insurance of Operators' Liability: the Reality Principle, Reform of Civil Nuclear Liability, Budapest Symposium 1999, 125ff

Alvarez-Verdugo Milagros, Comparing U.S. and EU Strategies against Weapons of Mass Destruction: Some Legal Consequences, 11 Ann. Surv. Int'1 & Comp. L. 119, 129–135 (2005)

Amelina M.E., Arsentyev S.V., Molchanov A.S., Civil liability for nuclear damage and corporate system of complex insurance coverage for companies and organisations of nuclear industry, Int. J. Nuclear Law, Vol. 3, 2011, 230ff

Andem Maurice N, The Treaty on Non-Proliferation of Nuclear Weapons (NPT), Nordic Journal of international law 1955, 575ff

Arangio-Ruir, Gaetano, Some international legal problems of the civil uses of nuclear energy, 1962

Armand Louis, Etzal Franz, Giordani Francesco, Ziele und Aufgaben für Euratom, 1. Auflage, Bonn 1957

Arndt H. Schulz J., (Comp.) The International Atomic Energy Agency (Die Internationale Atomenergieorganisation) Staatsverlag der DDR Berlin (1986)

Arnett Eric N, The Comprehensive Nuclear Test-Ban Treaty, SIPRI yearbook 1997, 403ff

Arsentyev S.V., Zagvozkin M.A., Molchanov A.S., Firsova Y.S., Nuclear risks by insurance of installation and construction works, Int. J. Nuclear Law, Vol. 3, 2011, 234ff

Asgarkhani Abu Mohammad, The culture and politics of Iran sanctions, Int. J. Nuclear Law, Vol. 3, 2011, 193ff

Ausness R., Putting the genie back in the bottle: U.S. controls over sensitive nuclear technology, George Washington J. Int. Law Economics 161 (1981), 65ff

Badura Peter, Radioaktive Endlagerung und Grundrechtsschutz in der Zukunft, in Lukes/ Birkhofer (Hg), 8. AtRS (1989), 227ff

Baklanov Alexander/Bergmann Ronny, Radioactive sources in the Barents-Euro-Artic Region; are there reasons to be concerned?, The NEBI yearbook 1999, 171ff

Ballerstedt K., Die juristische Problematik des europäischen Kernbrennstoffeigentums, NJW 1961, 1553ff

Ballerstedt K., Ownership of nuclear materials in Euratom, American Journal of Comparative Law, 1962, 167ff

Baltes Bruno, Sicherheitsanforderungen an die Endlagerung hochradioaktiver Abfälle in tiefen geologischen Formationen, Deutscher Atomrechtstag 2008, Nomos (2009), 211ff

Bardenhewer Angela, Die Einheitlichkeit der Organisationsstruktur der Europäischen Union, Europarecht Beiheft 2/1998, S. 125–139

Barrie G.N., International Law and the Civil Use of Nuclear Energy, South African Yearbook of International Law, Vol. 2, South African Univ. Pretoria (1976)

Basse Hermann, Die Bedeutung der Strahlenschutzgrundsätze, in: Institut für Völkerrecht/Bundesministerium des Innern (Hg.), 4. AtRS 1975, 87ff

Baumann G., Der Atomsperrvertrag, eine Dokumentation

Baumgärtner F., Vom Zwang zur nuklearen Entsorgung, atw 1988, 284ff

Baur Jürgen F., Gegenwärtige und zukünftige Entwicklungen in der deutschen und europäischen Energiewirtschaft; Veröffentlichungen des Instituts für Energierecht an der Universität zu Köln; Nomos Verlagsgesellschaft Baden-Baden, 1. Auflage (2001)

Baur Jürgen F., Schmidt-Preuß Matthias, Moraing Markus, Die europäische Atompolitik nach dem Vertrag von Lissabon und aktuelle Fragen des Atommüllexports, Recht der Energiewirtschaft 2/2011, 41ff

Bayer Walter, Rechtsfragen zum Atomausstieg, (2000)

Becker K., Zum gegenwärtigen Stand der kerntechnischen Normung, atw 1983, 99ff

Beemelmans Hubert, Internationalprivatrechtliche Fragen der Haftung für Reaktorschiffe, RabelsZ 41 (1977), 1ff

Beemelmans Hubert, Gefahrenabwehr und Risikovorsorge als Gegenstand nukleartechnischen Sicherheitsrechts, NJW 1979, 1425ff

Beemelmans Hubert, Nukleartechnische Risiken als Rechtsfrage, DÖV 1980, 633ff

Bell Robert, The issues behind the CTP Treaty ratification debate, Arms control today 1997, 6ff

Belser, William, Atomversicherungsrechtliche Fragen unter Berücksichtigung der internationalen Konventionen, 1963

Ben-Moshe Sony, Crowell Jason J., Gale Kelley M., Peace Breton A., Rosenblatt Brett P., Thomason Kelly D., Financing the nuclear Renaissance: The benefits and potential pitfalls of federal & state government subsidies and the future of nuclear power in California, Energy Law Journal, Vol 30, 2009, 497ff

Bender Bernd, Gefahrenabwehr und Risikovorsorge als Gegenstand nukleartechnischen Sicherheitsrechts, NJW 1979,1425ff

Bennigsen-Foerder von Rudolf, Die friedliche Nutzung der Kernenergie und die Energieversorgung – nationale und internationale Aspekte, in: Lukes/Birkhofer (Hg), 8. AtRS (1989), 25ff

Berger Stanley David, Environmental Law Developments in Nuclear Energy, NLB 81 (2008), 55ff

Berger Hans-Ulrich, Transport radioaktiver Stoffe auf öffentlichen Straßen – unter Berücksichtigung der den KfK erteilten Genehmigungen; Kernforschungszentrum Karlsruhe Hauptabteilung Sicherheit, KfK 5085

Berger Rolf, Die Sicherheitskontrolle der IAEO und der Euratom. Ein Vergleich, atw 1967, 172ff

Berger Ute-Stefanie, Rechtsschutz deutscher Einzelpersonen gegen Maßnahmen der Europäischen Kernenergie-Agentur auf dem Gebiet der Sicherheitskontrolle, 1968

Berié Hermann, Miller Rudolf, Gemeinsamer Markt und Euratom, 2. Auflage, Berlin, 1959

Bermudez J.S. Jr., North Korea nuclear programme, Jane Intelligence Rev. 3 1991, 404ff

Bernaerts Arnd, Die Brüsseler Reaktorschiffkonvention im Verhältnis zum Atomgesetz, atw 1976, 200ff

Bette/Didier/Fornasier/Stein, La Réparation des Dommages nucléaires en Europe. Régime constituée par la Convention de Bruxelles du 31 janvier 1963, complémentaire à la Convention de Paris du 29 juillet 1960 sur la responsabilité civile dans le domaine de l'énergie nucléaire, Brussels (1965)

Beyens Marc, Damage to "On-site" Property, Reform of Civil Nuclear Liability, Budapest Symposium 1999, 507ff

Beyer Peter, The Environment in the future European Constitution, Journal of Environmental and Planning Law 2004, S. 143–151

Biad Abdelwahab, Between Shadow and Light: The Treaty on the Non-Proliferation of Nuclear Weapons Forty Years On, NLB 86 (2010), 5ff

Bianchi Andrea, Security Council's Anti-Terror Resolutions and their Implementation by Member States, 4 J. Int'1 Crim. Just. 1044 (2006)

Binder Claus, Ausstieg aus der zivilen Nutzung der Kernenergie durch Recht oder durch Wettbewerb?, DÖV 2001, 1025ff

Birkenstock Heinrich/Gabriel Heinz-Werner, Technische Regeln und Richtlinien auf dem Gebiet der Reaktorsicherheit, in: Institut für Völkerrecht/Bundesministerium des Innern (Hg.), 3. AtRS (1974), 117ff
Bischof Werner, EG-Strahlenschutzrecht durch unmittelbar verbindliche Verordnung?, UPR 1988, 81ff
Bleckmann, Albert, Die Einheit der Europäischen Gemeinschaftsrechtsordnung, Europarecht 1978, S. 95–104
Blobel Felix, Das Protokoll von 2004 zu Pariser Übereinkommen -wesentliche Verbesserungen im internationalen Atomhaftungsrecht, NUR 2005, 137ff
Böck Herlmuth/Gerstmayer Michael/Radde Eileen, Kernfrage Atomkraft: Was passiert, wenn etwas passiert, Goldegg Verlag 2011
Böhm Monika, Ausstieg im Konsens?, NuR 2001, 61ff
Böhm Monika, Der Ausstieg aus der Kernenergienutzung – Rechtliche Probleme und Möglichkeiten, NuR 1999, 661ff
Böhnecke Günther, Das Brüsseler Übereinkommen über die Haftung der Inhaber von Atomschiffen vom 25. Mai 1962 und das deutsche Atomenergierecht, 1966
Boilster Neil, Transnational Criminal Law', 14 Eur. J. Int'1 L. 953 (2003)
Borggrefe Siegfried, Energieversorgung und Umweltschutz, BB 1975, 157ff
Boskey B. Willrich M., Nuclear Proliferation; Prospects for control; American Society of International Law
Boulanger Werner, Haftung für nukleare Schäden, in Kaiser/Lindemann (Hg.), Kernenergie und internationale Politik, (1975), 269ff
Boulanenkov Vladimir, Main Features of the Convention on Supplementary Compensation for Nuclear Damage – an Overview, Reform of Civil Nuclear Liability, Budapest Symposium 1999, 161ff
Bouquet André, How current are Euratom provisions on nuclear supply and ownership in view of the European Union's enlargement?, NLB 68 (2001), 7ff
Boustany Katia, The IAEA Code of the Conduct on the Safety of Radiation Sources and the Security of Radioactive Materials; A Step Forwards or Backwards? NLB 67 (2001), 69ff
Boustany Katia, Reflection on the Development of Nuclear Law, NLB 51(1993), 7ff
Boutellier Christina/McCombie Charles, Multinational repositories: ethical, legal and political/public aspects, Int. J. Nuclear Law, Vol. 1, No. 1, (2006), 36ff
Boyle A.E., „Nuclear energy and international law: An environmental perspective", British Year Book of International Law, Vol. (1989) 257ff
Breining W., Reform of liability in nuclear law, Nucl. Law Bull. 25 (1980) 76ff
Brown Peter, McCauley David, A New Global Regime of Civil Nuclear Liability: Canadian Membership in the International Conventions, Reform of Civil Nuclear Liability, Budapest Symposium 1999, 193ff
Brown II Omar F., Horbach Nathalie L.J.T., Liability for International Nuclear Transport: An Overview, Reform of Civil Nuclear Liability, Budapest Symposium 1999, 237ff
Browne M.L., The Legal Aspects of Atomic Power Plant Development, At. Energy Law J. 13 (1971) 50ff
Brandt W, Zum Atomsperrvertrag
Breininger W., Reformüberlegungen zur Ausgestaltung der atomrechtlichen Haftung, in: Lukes (Hg.), 6. AtRS 1979, 403ff
Breuer Rüdiger, Gefahrenabwehr und Risikovorsorge im Atomrecht, DVBl 1978, 829ff
Breuer Rüdiger, Schutz von Betriebs- und Geschäftsgeheimnissen im Umweltbereich, NVwZ 1986, 171ff
Bröskamp Holger, Stand der Endlagerung radioaktiver Abfälle in Deutschland, Deutscher Atomrechtstag 2008, Nomos (2009), 241ff

Bruch David und Greve Holger, Atomausstieg 2011 als Verletzung der Grundrechte der Kernkraftwerksbetreiber – Zur Verfassungsmäßigkeit der 13. Atomgesetznovelle –, Die Öffentliche Verwaltung Oktober 2011, S. 794ff

Brugger Seth, International Law, Terrorism and Weapons of Mass Destruction: finding and filling the gaps, 57 Rutgers L. Rev. 803, 822–823 (2004–2005)

Bugl J., Verrechtlichung des kerntechnischen Regelwerks, atw 1978, 472ff

Bunn Matthew/Bunn George, Nuclear theft and sabotage, International Atomic Energy Agency: IAEA Bulletin 2001, 20ff

Bunn, Van Doren, Fischer, Options & opportunities; the NPT Extension Conference of 1995; Programme for Promoting Nuclear Non-Proliferation

Burch Thomas, Non-State Actors in the Nuclear Black-Market: Proposing an International Legal Framework for Preventing Nuclear Expertise Proliferation & Nuclear Smuggling by Non-State Actors, IV Conclusion, 2 Santa Clara J. Int'1 L 84 (2004)

Burke Taylor A., Nuclear Energy and Proliferation: Problems, Observations, and Proposals, 2005

Busekist von Otto, Zur Haftung von Zulieferern für nukleare Schäden, atw 1979, 260ff

Cameron Peter, The Vienna Conventions on Early Notification and Assistance, in Peter Cameron-Leigh Hancher-W.Kühn (Hrsg.), Nuclear Law after Chernobyl, London (1988), 19ff

Cameron Peter D., The revival of nuclear power: An analysis of the legal implications, Journal of Environmental Law (2007) Vol. 19 No. 1, 71–87

Cameron Peter D./ua. (Hg.), Nuclear Energy Law After Chernobyl, London (1988)

Carnahan Cf. Burrus M., Nuclear Smuggling as an International Crime, 28 Akron L. Rev. 417, 419 (1995)

Caron David D. and Scheiber Harry N., The Oceans in the Nuclear Age, Legacies and Risks, Martinus Nujhoff Publishers, 2010

Carstens Karl, Die Entwicklung des gemeinsamen Marktes in der Europäischen Wirtschaftsgemeinschaft, Atomgemeinschaft und Gemeinschaft für Kohle und Stahl, Zeitschrift für ausländisches öffentliches Recht und Völkerrecht 18 (1957), S. 459–775

Cartellieri Wolfgang, Zu der Haftpflicht für Atomschäden und ihrer Versicherung Betrachtungen zum kommenden Bundesatomgesetz, Der Betriebs Berater, Heft 11/1958, 385ff

Cartellieri, Rechtliche Probleme bei strahleninduzierten Berufsschäden, BB 1958, 385ff

Carter Cfr. Samantha Brady, Comment: Defining Nuclear Threats and Vulnerabilities After September 11, 2001: A Legal Planning Analysis to Establish National and International Solutions and Standards, 9 Widener L. Symp. J. 549

Caulfield Daniel, The International Atomic Energy Agency and its relationship to the United Nations, 1959

Chellaney Brahma, Nuclear proliferation, 1993

Chin Lionel Yee Woon, Nuclear weapon-free zones – a comparative analysis of the basic undertakings in the seanwfz treaty and their geographical scope of application, Singapore Journal of International & Comparative Law, (1998) 175ff

Churchill Robin R/Scott Joanne, The MOX plant litigation, The international and comparative law quarterly 2004, 643ff

Cenevska Ilina, The exercise of giving way to ‚giving in' – some aspects of the Member States' EURATOM obligations revisited, JEEPL 6.4 (2009) 481ff

Cletienne Marie, International Court of Justice on Potential Transboundary Damage and its Consequences in Nuclear Law, NLB 86 (2010), 59ff

Cohrs Ernst-Otto, Atomenergie; das Grundgesetz und die Wirklichkeit; Tatsachen – Hint; Weltbund zum Schutze des Lebens (WSL) (1978)

Commeau-Yannoussis, Euratom and its latest developments, International School of Nuclear Law, 25.8.–5.9.2003, Montpellier

Connolly T.A., Warrantless on-site inspections for arms control verification: Are they constitutional?, Stanford J. Int. Law 24 (1987), 179ff
Corkin Jospeh, Science, legitimacy and the law: Regulating risk regulation judiciously in the European Community, Sweet & Maxwell and Contributors (2008)
Cosack Tilman und Enders Rainald, Atomenergie nach Fukushima, DVBl 23/2011, 1446ff
Cremer Wolfram, Grundrechtsverpflichtete und Grundrechtsdimension nach der Charta der Grundrechte der Europäischen Union, EuGRZ 2011, 545ff
Cryer Robert, The Boundaries of Liability in International Criminal Law, or 'Liability By Stealth, 6 J. Conflict & Sec. L. 3 (2001)
Currie Duncan E.J/VanDyke Jon M, Recent developments in the international law governing shipments of nuclear material and wastes and their implications for SIDS, Review of European Community & international environmental law 2005, 117ff
Cusack Thomas Finnbar, A Tale of two Treaties, An assessment of the Euratom Treaty in Relation to the EC Treaty, CMLR 2003, 117ff
Dagenais D.F., Atomic safeguards and the strategy of treaty deterrence, Cornell Int. Law J. 8 (1975), 211ff
Dalle Molle Elisa und Galvan Stefano, Past and present issues relating to the transfer of ownership of nuclear material for nuclear research
Danwitz Thomas von, Die Einrichtung von Stilllegungsfonds für kerntechnische Anlagen – ein Kompetenzenproblem für die EURATOM, International Journal for Nuclear Power 2003, S. 600–604
Danwitz Thomas von, Fragen vertikaler Kompetenzabgrenzungen nach dem Euroatom Vertrag, 1. Auflage, Stuttgart, München, Hannover, Berlin, Weimar, Dresden 2003
Däuper Olaf, Michaels Sascha, Voß Jan Ole, Das Dreizehnte Gesetz zur Änderung des Atomgesetzes im Lichte des Grundgesetzes, ZNER 2011, Heft 4, 375ff
Dauses M.A., Die rechtliche Dimension des Binnenmarktes, EuZW 1990, 8ff
De Lourdes Vez Carmona Maria, The international Regime on the Physical Protection of Nuclear Material and the Amendment to the Convention on the Physical Protection of Nuclear Material NLB 76 (2005), 31ff
Deimann Sven/Betlem Gerrit, Nuclear testing in Europe, New Law Journal 1995, 1236ff
Deimann Sven/Gebers Betty, Compatibillità dei test nucleari francesi con l[acute]art 34 del Trattato Euratom, Rivista giuridica dell[acute]ambiente 1996, 441ff
Delpirou Dominique, The Evolution of Nuclear Third Party Liability Conventions: Challenges for Éléctricité de France, Reform of Civil Nuclear Liability, Budapest Symposium 1999, 131ff
Demeyere Bruno, La prolifération des acteurs de droit nucléaire international: la Résolution 1540 et le combat du Conseil de sécurité contre l'utilisation des armes de destruction massive par des terroristes, NLB 75 (2005), 35ff
Denninger Erhard, Verfassungsrechtliche Fragen des Ausstiegs aus der Nutzung der Kernenergie zur Stromerzeugung, 1. Auflage, Baden-Baden 2000
Denza Eileen, Non-proliferation of nuclear weapons, European Foreign affairs review 2005, 289ff
Déri Katalin, Insurance Agreement Covering the Paks NPP, Reform of Civil Nuclear Liability, Budapest Symposium 1999, 399ff
Desmet Ellen, Balancing Conflicting Goods The European Rights Jurisprudence on Environmental Protection, JEEPL 7.3 (2010), 303ff
Deutsches Atomrechts-Symposium, Referate und Diskussionsberichte; Heymann (1973)
Di Fabio Udo, Der Ausstieg aus der wirtschaftlichen Nutzung der Kernenergie, 1. Auflage, Berlin 1998
Dixon David B., Transnational Shipments of Nuclear Materials by Sea: Do Current Safeguards Provide Coastal States a Right to Deny Innocent Passage?, 2006

Dolde Klaus-Peter, Das BVerwG-Urteil zum Standortzwischenlager Brunsbüttel und die Auswirkungen auf die Praxis, Deutscher Atomrechtstag 2008, Nomos (2009), 91ff

Dolzer R., International nuclear cooperations: obligations, conditions and options, Indian J. Int. Law 20 (1980), 366ff

Dolzer Rudolf, Institutionelle Aspekte des nuklearen Brennstoffkreislaufs, 1980

Dorian T.F., Spector L.S., Covert nuclear trade and the international nonproliferation regime, J. Int. Affairs 35 (1981), 29ff

Dosseca Assia, North Korea and the Non-Proliferation Treaty, The Yale Journal of international law 2006, 265ff

Doukas Dimitrios, The verdict of the German Federal Constitutional Court on the Lisbon Treaty: Not guilty, but don't do it again!, 2009 Thomson Reuters (Legal) Limited and Contributors, 34 E.L. Rev. December

Douma Wybe Th, Status des Vorsorgeprinzips im internationalen Recht anhand des Urteils des IGH zu den französischen Atomtests des Jahres 1995, Humanitäres Völkerrecht (1996) 187ff

Drábová Dana, Development and contents of the WENRA reference levels, Deutscher Atomrechtstag 2008, Nomos (2009), 183ff

Drück Helmut, Die internationale Zusammenarbeit bei der friedlichen Verwendung der Atomenergie innerhalb Europas, 1. Auflage, Frankfurt am Main, 1959

Dussart Desart Roland, The reform of the Paris Convention on the Third Party Liability in the Field of Nuclear Energy and of the Brussels Supplementary Convention, NLB 75 (2005), 7ff

Ehrlich D./Röthemeyer Helmut, Langzeitsicherheit von Endlagern, atw 1986, 231ff

Emmerechts Sam, Raetzke Christian, Okra Benjamin, Legal and regulatory aspects of long-term operation of nuclear power plants in OECD member countries, NLB 87 (2011), 45ff

Engel Christoph, Internationale öffentliche Unternehmen, RabelsZ 1995, 495ff

Epstein William, The making of the Treaty of Tlatelolco, Journal of the history of international law 2001, 153ff

Eriskat Hans/Pander von Joachim, Die neuen Euratom-Strahlenschutz-Richtlinien und ihre Anwendungen in den Mitgliedstaaten der Europäischen Gemeinschaften, DVBl 1984, 69ff

Erler Georg, Die Rechtsentwicklung der internationalen Zusammenarbeit im Atombereich, 1963

Ewen Klaus/Holte Michael/Huhn Walter, Die neue Strahlenschutzverordnung, (2001)

Ewer W./A. Behnsen, Das „Atom-Moratorium" der Bundesregierung und das geltende Atomrecht

Fabian Hans-Ulrich, Kernenergie im Umfeld der 90er Jahre, Vortrag anlässlich der Wintertagung des Deutschen Atomforums, 30./31.1.1990, Bonn

Fabio Udo di, Der Ausstieg aus der wirtschaftlichen Nutzung der Kernenergie: europarechtliche und verfassungsrechtliche Vorgaben, Köln (1999)

Fakley D., Baeckmann A.von, New technology, the NPT and the IAEA safeguards system; University of Southampton; Centre for International Policy Studies

Feldmann Franz Josef, Schadensvorsorge gegen Störfälle und Unfälle bei der Auslegung von Kernkraftwerken et; (1983), 385ff

Feldmann Franz Josef, Gegenseitigkeit im Rahmen des Nuklearhaftungsrechts, (1986), 526ff

Ferro Miguel Sousa, Competition Law and the Nuclear Sector: An EU Outlook, NLB 86 (2010), 13ff

Fillbrandt Marcus, Entwicklung des internationalen Atomhaftungsrechts in der Post-Tschernobyl-Zeit – unter Einbeziehung des Beispiels Japans, NVwZ-Extra 2011, Heft 9,

Fischer David, Stopping the spread of nuclear weapons; the past and the prospects

Fischer David, The international non-Proliferation regime 1987; United Nations Institute for Disarmament Research

Fischer David, History of the International Atomic Energy Agency, 1997

Fischer G., La Non-prolifération des Armes Nucléaires

Fischer Georges, The non-Proliferation of nuclear weapons

Fischer-Appelt Dorothee, Agenturen der Europäischen Gemeinschaft, Berlin (1999)
Fischerhof Hans, Deutsches Atomgesetz und Strahlenschutzrecht; Kommentar mit Berücks; (1978)
Fischerhof Hans, Deutsches Atomgesetz und Strahlenschutzrecht; Bd I, 2. Aufl., Baden-Baden (1978) (zit. Deutsches Atomgesetz)
Fischerhof Hans, Das Problem einer dogmatischen Begründung der rechtlichen Kanalisierung der Haftung auf den Betreiber einer Kernanlage, VersR 1966, 601ff = atw 1966, 278ff
Fischerhof Hans, Der lange Weg zu internationalen Sicherheitskriterien, atw 1981, 218ff
Forndran Erhard, Probleme der internationalen Abrüstung; die internationalen Bemühungen um Abrüstung und kooperative Rüstungssteuerung 1962–1968
Fouquet Dörte, Uexküll Ole von, Der Beihilfencharakter der steuerlichen Freistellung von Rückstellungen der deutschen Atomindustrie, Zeitschrift für Neues Energierecht 2003, S. 310–319
Frenz Walter, Energieträger zwischen Klimaschutz und Kernschmelzen, NVwZ 9/2011, 522ff
Frenz Walter, Klagegegenstand und Klagebefugnis von Individualnichtigkeitsklagen nach Art 263 IV AEUV, NVwZ 3/2010, 162ff
Frenz Walter, Novellierung des Atomgesetzes: Zustimmungsbedürftigkeit nach dem GG und EU-Kompetenzen zur Regelung der nuklearen Sicherheit, ZNER 2010, Heft 6, 539ff
Freund Jürgen/Philip Georg/Schwarzer Wolfgang, The nuclear Safety Standards Commission of the Federal Republic of Germany, Nuclear Safety (1984), 623ff
Fürst W., Der Rechtsschutz bei der Nutzung der Kernenergie, atw 1981, 66ff
Fuss Norbert, Die patentrechtlichen Probleme des Atomenergierechts, 1959
Gangl W.T., The jus cogens dimensions of nuclear technology, Cornell Int. Law J. 13 (1980), 63.
Garriba Massimo, Chirtes Amelia and Nauduzaite Monika, The Directive Establishing a Community Framework for the Nuclear Safety of Nuclear Installations: The EU Approach to Nuclear Safety, NLB 84 (2009) 23ff
Gaßner Hartmut, Kendzia Jens-Erik, Atomrechtliche Staatshaftung und die Zustimmungsbedürftigkeit der 11. AtG-Novelle, ZUR 12/2010, 583ff
Gehr Walter, The Question of Exclusive Liability-Austria's Response, Reform of Civil Nuclear Liability, Budapest Symposium 1999, ff 463
Gemmke, Nachträgliche Anordnungen im Atomrecht, Schriftenreihe zum Umweltrecht 54, Duncker & Humboldt (1995)
Geulen/Klinger, Bedarf die Verlängerung der Betriebszeiten der Atomkraftwerke der Zustimmung des Bundesrates?, NVwZ 18/2010, 1118ff
Glaesner H.J., The European Atomic Energy Community (Euratom, in: IAEA, Nuclear Law for a Developing World, Wien (1969), 39ff
Glaesner H.J., Umwelt als Gegenstand einer Gemeinschaftspolitik, Natur und Recht 1988, S. 166–170
Goldblat Jozef, Twenty years of the Non-proliferation Treaty; implementation and prospects; International Peace Research Institute
Gorove K., The first multinational atomic inspection and control system at work: Euratom's experience, Stanford Law Review 1965, 160ff
Grammatico-Vidal Laetitia, The International Thermonuclear Experimental Reactor (ITER) International Organisation: Which Laws Apply to this International Nuclear Operator?, NLB 84 (2009), 103ff
Grammatico-Vidal Laetitia, Changes in the Legal Status of the Commissariat à l'énergie atomique (CEA), NLB 83 (2009), 77ff
Greene O., Verifying the non-proliferation treaty; challenges for the 1990's; Verification Technology Information Centre

Greipl Christian, Schadensvorsorge und „Restrisiko“ im Atomrecht, DVBl 1992, 598ff

Großfeld Bernhard, Grundfragen der Rechtsvergleichung, in Leßmann ua (Hg.), Festschrift für Rudolf Lukes zum 65. Geburtstag, Köln (1989), 655ff

Grunwald Jürgen, Der Euratom-Vertrag: nie war er so wertvoll wie heute, EuZW 2000, 481ff

Grunwald Jürgen, Euratomvertrag und europäischer Binnenmarkt, in: Norbert Pelzer (Hrsg.) Kernenergierecht zwischen Ausstiegsforderung und europäischem Binnenmarkt, Baden-Baden (1991), 149ff

Grunwald Jürgen, Neuere Entwicklungen des Euratom-Rechts, ZeuS 1998, 275ff

Grunwald Jürgen, Neuere Entwicklungen des Euratom-Rechts, EuZW 1990, 209ff

Grunwald Jürgen, Neuere Entwicklungen des Euratom-Rechts, EuZW 2010, 408ff

Grunwald Jürgen, Tschernobyl und das Gemeinschaftsrecht, EuR 1986, 315ff

Guillen Pierre, La France et la négociation du traité d'Euroatom, Relations internationals 44 (1985), S. 391–412

Gundel Prof. Dr. Jörg, Die energiepolitischen Kompetenzen der EU nach dem Vertrag von Lissabon: Bedeutung und Reichweite des neuen Art. 194 AEUV, EWS, Heft 1–2/2011, 25ff

Hadley Reiss, Nuclear proliferation; confronting the new challenges; report of an independent task force on nuclear proliferation; Council on Foreign Relations. Task Force on Nuclear Proliferation

Haedrich Heinz, Erläuterungen zum Euratom-Vertrag, in: Hans von der Groeben, Jochen Thiesing, Claus-Dieter Ehlermann (Hrsg.), Handbuch des Europäischen Rechts Band III, 316. Lfg, Baden-Baden (1994)

Haedrich Heinz, Koordinierter Haftungseintritt für Atomschäden, atw 1960, 133ff

Haedrich Heinz, Das Zusatzübereinkommen zur Pariser Atomhaftungskonvention, atw 1963, 449ff und 501ff

Haedrich Heinz, Das Eigentum der Europäischen Atomgemeinschaft an Kernbrennstoffen, in: Hallstein/Schlochauer (Hg.), Zur Integration Europas. Festschrift für Carl Friedrich Ophüls aus Anlass seines siebzigsten Geburtstages, Karlsruhe, (1965), 51ff

Haedrich Heinz, Änderung der Entsorgungsgrundsätze für Kernkraftwerke, atw 1980, 240f

Haedrich Heinz, Atomgesetz mit Pariser Atomhaftungs-Übereinkommen, Baden-Baden (1986)

Haedrich Heinz, Europäische Atomverträge, 1966

Haedrich Heinz, Einflüsse des Binnenmarktes auf den Betrieb von Kernanlagen, in: Pelzer (Hg.), Kernenergierecht zwischen Ausstiegsforderung und europäischem Binnenmarkt, Baden-Baden (1991), 164ff

Hahn H.J., Euratom: The Conception of an International Personality, Harvard Law Review 71 (1958), 1001ff

Hamilton James, Access by Victims to the Compensation Regime of the Vienna Convention on Civil Liability for Nuclear Damage – the Question of "Geographical Scope", Reform of Civil Nuclear Liability, Budapest Symposium 1999, 99ff

Handrlica Jakub, Harmonisation of Nuclear Liability in the European Union: Challenges, Options and Limits, NLB 84 (2009), 35ff

Handrlica Jakub, European Exceptionalism and nuclear third party liability, Int. J. Nuclear Law, Vol. 3, No 3, 2011, S. 163ff

Handrlica Jakub, The Brussels I Regulation and Liability for Nuclear Damage, NLB 86 (2010), 29ff

Harbrücker Dirk, Claims Settlement Procedures and Costs, Reform of Civil Nuclear Liability, Budapest Symposium 1999, 371ff

Harden Ian, The Revision of Regulation 1049/2001 on Public Access to Documents, Kluwer Law International BW (2009)

Haslinger M./Kanonier A./Zehetner S., Ein Jurist im Spannungsfeld von Wirtschaft, Technik und Recht, nw Verlag

Hébert Jean, Observations sur l'établissement du lien de causalité entre ›le fait ou la succession de faits de même origine‹ et les dommages‹ nécessaire à la mise en oeuvre de la convention sur la responsabilité civile dans le domaine de l'énergie nucléaire, in: OECD/NEA/IAEA (Hg.), Nuclear Third Party Liability ans Insurance, Paris (1985), 241ff
Heller Wolfgang, Euratom Vertrag – quo vadis?, International Journal For Nuclear Power 2003. S. 420–420
Heller Wolfgang, Europäische Verfassung und Euratom-Vertrag, International Journal for Nuclear Power 2003, S. 644–644
Helmont Jacques van, Das System der Überwachung der Sicherheit nach dem Euratom-Vertrag, EA 1963, 255ff
Henseler Paul, Verfassungsrechtliche Aspekte zukunftsbelastender Parlamentsentscheidungen, AöR 108, 489ff
Hermes Georg, Auf dem Weg zu einem Atomrecht?,Zeitschrift für Umweltrecht 2004, S. 12–25
Hermes Georg, Rückstellung für die Entsorgung und Stilllegung von Kernkraftwerken und EG-Beihilferecht, Zeitschrift für Neues Energierecht 1999, S. 156–170
Hermes Georg, Die europäische Regulierung des Atomsektors und Gemeinschaftsrecht, Koch, Joachim/Roßnagel, Alexander, 12. Deutsches Atomrechtssymposium, S. 37–77, 1. Auflage, Baden-Baden 2004
Hesse Konrad, Bestand und Bedeutung der Grundrechte in der Bundesrepublik Deutschland, EuGRZ 1978, 427ff
Hett, Öffentlichkeitsbeteiligung bei atom- und emissionsrechtlichen Genehmigungsverfahren, Köln, Heymann Verlag 1994
Hinteregger Monika, Atomhaftung in Europa – Bestand und Perspektiven, FS-Koziol, 667ff
Hock R./Kiefer H., Bedeutung der Strahlenschutzgrundsätze und ihre Konkretisierung im Genehmigungsverfahren von Kernkraftwerken, in: Deutsches Atomforum (Hg.), Jahrestagung Kerntechnik, 83. Fachsitzung Atomrechtliches Genehmigungsverfahren, 3ff
Hoegl Alois/Bischof Werner, Novelle der Strahlenschutzverordnung, (2001)
Hofmann Hasso, Atomenergie und Grundrechte, in: Roßnagel (Hg.), Recht und Technik im Spannungsfeld der Kernenergiekontroverse, (1984), 55ff
Hohlefelder Walter, Einführung einer unbegrenzten Haftung im Atomrecht, (1984), 877ff
Hohlefelder Walter, Das neue Nuklearhaftungsrecht, atw 1985, 252ff
Hohlefelder Walter, Zusammenfluss technischer, wirtschaftlicher und rechtlicher Aspekte in ausgewählten Bereichen des Atomrechts, (1985), 709ff
Hohlefelder Walter, Die EU-Richtlinie zur Kernenergie – Kompetenzen und grenzen, International Journal For Nuclear Power 2003, S. 164–166
Hohlefelder Walter, Die europäische Regulierung des Atomsektors aus Sich der Energiewirtschaft, Koch, Joachim/Roßnagel, Alexander, 12. Deutsches Atomrechtssymposium, S. 79–87, 1. Auflage, Baden-Baden 2004
Hoog Günter, Die Konvention über die Haftung der Inhaber von Atomschiffen vom 23. Mai 1962, Frankfurt, Berlin (1970)
Hooper Richard, The changing nature of Safeguards, IAEA Bulletin, June 2003, 7ff
Horbach Nathalie/Hanenburg Erik, Legal Aspects of the Decommissioning of Nuclear Facilities: A Comparative View, NLB 58 (1996), 29ff
Horbach Nathalie, Existing international legal instruments on civil liability applicable to water-related incidents: coverage and possible gaps, UNECE (2000/2001)
Horbach Nathalie, 1997 Nuclear Liability Treaties: Conformities and Deficiencies in some EU Applicant States, Journal of Energy & Natural Resources Law Vol.18 (2000)
Horbach Nathalie, Liability During Transportation of Nuclear Materials Around The World, The Ukrainian Legal Journal on State and Law (2000)

Horbach Nathalie, Possible and Actual Implementation of Nuclear Liability Principles in EU Applicant Countries, HND Croatian Nuclear Society-European Nuclear Society Compendium (2000)
Horbach Nathalie, Assistance Programmes of the International Atomic Energy Agency to the CEEC/NIS, Journal of Energy & Natural Resources Law Vol.17 (1999)
Horbach Nathalie, Nuclear Environmental Damage: A Comparative Study, Proceedings of Nuclear Law '99 World Conference of INLA, Washington D.C., United States of America (1999)
Horbach Nathalie, Harmonisation of Legislation: Radiation Protection & Emergency Response in CEES/NIS, partly published in Compendium of the Second Seminar of the International Science and Technology Center/Scientific Advisory Committee (ISTC/SAC) on 'Large Scale Area Remediation' (1999)
Horbach Nathalie, Liability for the International Nuclear Transport: An Overview, proceedings of the OECD/NEA, EC and HAEC International Symposium on the Reform of Civil Nuclear Liability (1999)
Horbach Nathalie, Contemporary Developments in Nuclear Energy Law: Harmonising Legislation in CEES/NIS, International Energy and Resources Law & Policy Series (1999)
Horbach Nathalie, The International Atomic Energy Agency, International Encyclopaedia of Laws (1998)
Horbach Nathalie, The EBRD Chernobyl Shelter Fund and Implementation Plan, CTDC (1998)
Horbach Nathalie, Nuclear Energy Law and Regulation in Central and Eastern Europe and the NIS (1998)
Horbach Nathalie, Lacunae of the New International Nuclear Liability Agreements (1998)
Horbach Nathalie, Overview of Nuclear Legislation in Central and Eastern Europe and the NIS, OECD/NEA (1997)
Horbach Nathalie, Radioactive Waste Management, Yearbook of International Environmental Law 1996 (1997)
Horbach Nathalie, Decommissioning of Nuclear Facilities: Legal Aspects from a Comparative View, OECD/NEA Nuclear Law Bulletin, No. 58 (1996)
Horbach Nathalie, Liability versus Responsibility under International Law: Defending Strict State Responsibility for Transboundary Damage, Ph.D. book, 600 pp. (1996)
Horbach Nathalie, The European Energy Charter Nuclear Protocol, Moscow Journal of International Law No.2 (1996)
Horbach Nathalie, The New French Nuclear Test Dispute, OECD/NEA Nuclear Law Bulletin No. 56 (1995)
Horbach Nathalie, Nuclear Protocol of the European Energy Charter, Journal of the Energy and Resources Law Vol. 20 (1995)
Horbach Nathalie, The Confusion about State Responsibility and International Liability, Leiden Journal of International Law (1991)
Horbach Nathalie, Indirect environmental effects of the European agriculture structural policy, Agricultural Law (1990)
Huber Peter M, Entsorgung als Staatsaufgabe und Betreiberpflicht, DVBl 2001, 239ff
Huber Peter M, Restlaufzeiten und Strommengenregelungen, DVBl 2003, 157ff
Iaccarino Fabrizio, Resurgence of Nuclear Energy in Italy, NLB 84 (2009), 65ff
Ibrahim Said, Contributions of an International Nuclear Court to the nuclear non-proliferation and disarmament system, Int. J. Nuclear Law, Vol. 3, 2011, 155ff
INLEX (International Expert Group on Nuclear Liability), Civil Liability for Nuclear Damage: Advantages and Disadvantages of Joining the International Nuclear Liability Regime
International Atomic Energy Agency, A short history of non-proliferation
Isensee Josef, Das Kerntechnische Regelwerk: Verfassungsrechtliche Vorgaben seiner Durchsetzbarkeit, Deutscher Atomrechtstag 2008, Nomos (2009), 153ff

Jacobsson Mans, The Concept of "Pollution Damage" in the Maritime Conventions governing Liability and Compensation for Oil Spills, Reform of Civil Nuclear Liability, Budapest Symposium 1999, 37ff
Jarass Hans, Die Gewährleistung der unternehmerischen Freiheit in der Grundrechtecharta, EuGRZ 2011, 360ff
Jarass Hans, Der neue Grundsatz des Umweltschutzes im primären EU-Recht, ZUR 12/2011, 563ff
Jasper Maren, Der Verfassungsentwurf des europäischen Konvents und mögliche Konsequenzen für das Energie- bzw. Atomrecht, Zeitschrift für Neues Energierecht 2003, S. 210–213
Javanainen Jyrki, Nuclear installation licensing and democratic decision making in Finland: a case study regarding the Olkiluoto 3 nuclear power plant unit and the final disposal repository for spent nuclear fuel, Int. J. Nuclear Law, Vol. 1, No. 1, (2006)
Jensen L., Return from the Nuclear Brink, National interest and the Nuclear Non-Proliferation treaty
Johnson Rebecca, Non-proliferation treaty; challenging times; a preview of the issues confronting the States Parties to the Sixth Review Conference of the Treaty on the Non-Proliferation of Nuclear Weapons, New York, April 24 to May 19, (2000); Acronym Institute
Joshi Madhu, Die Internationale Atomenergieorganisation, IAEO, 1964
Junker Wolf-Hendrik, Die Stilllegungs-, Einschluss- und Abbaugenehmigung für Kernkraftwerke nach § 7 Abs. 3 des Atomgesetzes, Köln (1990)
Kaiser Karl/Lindemann Beate (Hg.), Kernenergie und internationale Politik, München (1975)
Kamminga Menno T, The IAEA Convention on Nuclear Safety, The international and comparative law quarterly 1995, 872ff
Kanno Hansgeorg, Gefährdungshaftung und rechtliche Kanalisierung im Atomrecht, Düsseldorf (1967)
Kaplow David A., Are International Institutions Doing Their Job? Nuclear Non-Proliferation and Weapons Control, 90 Am. Soc'y Int'1 L. Proc. 565, 571
Karpenstein Ulrich, Die neue Dual-User-Verordnung, EuZW 2000, 677ff
Keich Thomas, Die Haftung für Risiken aus dem Betrieb einer Kernanlage – Eine Bestandaufnahme des deutschen Rechts, NuR (2011) 33: 479ff
Kellman Barry, An International Criminal Law Approach to Bioterrorism, 25 Harv. J.L. & Pub. Pol'y 721 (2001–2002)
Kellman Barry and David S. Gualtieri, Barricading the Nuclear Window: A Legal Regime to Curtail Nuclear Smuggling, 1996 U. I11. L. Rev. 667, 677 (1996)
Keeney Ralph L., Winterfeldt von Detlof, Managing Nuclear Waste from Power Plants, Risk Analysis, Vol 14, No. 1, 1994
Kiiver Philipp, The Lisbon Judgment of the German Institutional Court: A Court-Ordered Strengthening of the National Legislature in the EU, 16 European Law Journal (2010), 578ff
Kimminich O., Völkerrecht im Atomzeitalter – Der Atomsperrvertrag und seine Folgen
Kimminich Otto, Atomrecht; Goldmann (1974)
Kirchhof Ferdinand, Grundrechtsschutz durch europäische und nationale Gerichte, NJW 51/2011, 3681ff
Kissich Susanne, Internationales Atomhaftungsrecht, 2004
Klante Thomas, Erste Teilerrichtungsgenehmigung und Vorbescheid im Atomrecht
Klein Eckart, Grundrechtliche Schutzpflicht des Staates, NJW 1989, 1633ff
Kloepfer Michael, Kernkraftwerk und Staatsgrenze. Völkerrechtliche, verfassungsrechtliche, europarechtliche und haftungsrechtliche Fragen grenznaher Kernkraftwerke. Schriften zum Umweltrecht, Band 1 (mit Ch. Kohler), Duncker und Humblot: Berlin 1981, 213 S.
Kloepfer Michael, Handeln unter Risiko im Umweltstaat (mit C. Gethmann) Studien zum Umweltstaat, Springer: Heidelberg 1993, 98 S.

Kloepfer Michael, Nuclear power plants near the frontier under public international law. Environmental Protection in the Federal Republic of Germany, in: Thesaurus Acroasium Vol. XI, The international protection of the environment on a region level, Institute of Public International Law and International Relations of Thessaloniki, 1982, 401–416

Kloepfer Michael, Grenzüberschreitende Umweltbelastungen als Rechtsproblem, DVBl. 1984, S. 245–255

Kloepfer Michael, Internationalrechtliche Probleme grenznaher Kernkraftwerke – dargestellt am Beispiel Cattenom, AVR 25 (1987), S. 277–293

Kloepfer Michael, Endlagerung radioaktiver Abfälle. Zum Umfang der Genehmigung für das Endlager für radioaktive Abfälle Morsleben (ERAM), ZUR 1993, S. 269–275 (mit Thilo Brandner)

Kloepfer Michael, Rechtsfragen zur geordneten Beendigung gewerblicher Kernenergienutzung in Deutschland, DVBl. 2007, S. 1189–1201

Kloepfer Michael, Möglichkeiten und Grenzen paktierter Gesetzgebung am Beispiel des Atomrechts, ZG 2010, S. 346

Kloepfer Michael, 13. Atomgesetznovelle und Grundrechte, DVBl Heft 23/2011, 1437ff

Kloepfer Michael, Möglichkeiten und Grenzen paktierter Gesetzgebung am Beispiel des Atomrechts, Kolloquium Marburger, 2010, S. 79–94

Kloepfer Michael/Follmann Werner, Lizenzentgelt und Verfassungsrecht, DÖV 1988, 573ff

Kobia Roland, The EU and Non-Proliferation: Need for a Quantum Leap?, NLB 81 (2008)

Koch Hans-Joachim, 10. Deutsches Atomrechtssymposium: 30. Juni – 1. Juli 1999 in Köln, 1. Aufl. Nomos-Verl.-Ges. (2000)

Koch Hans-Joachim, 11. Deutsches Atomrechtssymposium: 9.–10. Oktober 2001 in Berlin, 1. Aufl. Nomos-Verl.-Ges. (2002)

Koch Hans-Joachim, Der Atomausstieg und der verfassungsrechtliche Schutz des Eigentums, NJW 2000,1529ff

Koch Hans-Joachim, John Michéle, Atomrechtliche Fragen der Sicherheit und Sicherung von Kernkraftwerken nach den Terroranschlägen vom 11. September 2001 in den USA, DVBl 2002, 1578ff

Koch Hans-Joachim, Roßnagel Alexander, Neue Energiepolitik und Ausstieg aus der Kernenergie, NVwZ 2000, 1ff

Koch Hans-Joachim, 11. Deutsches Atomrechtssymposium: 9.–10. Oktober 2001 in Berlin/veranstaltet vom Bundesministerium für Umwelt, Naturschutz und Reaktorsicherheit zusammen mit Hans-Joachim Koch und Alexander Rossnagel

Kolehmainen Heikki, The Modernisation of the International Nuclear Third Party Liability Regime-Does Exclusive Liability Still Make Sense?,Reform of Civil Nuclear Liability, Budapest Symposium 1999, 453ff

Kötter Wolfgang, Anwendung oder Nichtanwendung von Kernwaffen?, WeltTrends Nr. 35 Sommer 2002, 86ff

Kotulla Micheal und Kilic Ali, Zustimmungspflicht des Bundesrates für atomgesetzlich zu regelnde Produktionserhöhung der „Reststrommengen“ und der damit verbundenen Laufzeitverlängerungen von Kernkraftwerken?, NVwZ 23/2010, 1449ff

Köster Elisabeth, Grundprobleme einer Änderung des atomrechtlichen Sicherheitsreglements – aus der Sicht der Praxis, Deutscher Atomrechtstag 2008, Nomos (2009), 67ff

Koutrakos Panos, Comment on Case C-29/99, Common Market Law Review 41 (2004), S. 191–208

Kratzer M.B., Nuclear cooperation and non-proliferation, At. Energy Law J. 17 4 (1976), 250ff

Kramer Rainer, Die nach dem Atomgesetz erforderliche Schadensvorsorge als Grundrechtsproblem, NJW 1981, 260ff

Kramish A., Zukunft der Nichtatomaren; Zur Situation nach dem Kernwaffensperrvertrag

Kruis Konrad, Der gesetzliche Ausstieg aus der Atomwirtschaft und das Gemeinwohl, DVBl 2000, 441ff
Kruse Hans, Legal aspects of the peaceful utilization of atomic energy, 1960
Kuckuck Bernd, Bestandschutz und wesentliche Änderungen, in Lukes (Hg.), 6. AtRS 1979, 205ff
Kuckuck Bernd, Zum Ausbau der atomrechtlichen Haftung – Argumente für einen unbeschränkten Opferschutz –, DVBl 1981, 564ff
Kühne Gunther, Haftung bei grenzüberschreitenden Schäden aus Kernreaktorunfällen, NJW 1986, 2139ff
Kuentzel Matthias, Bonn & the bomb: German politics an the nuclear option
Kueny Laurent Paul, Environmental radiological protection and nuclear law: from the protection of humans to the protection of the environment per se?, Int. J. Nuclear Law, Vol. 3, 2011, 198ff
Kus Selma, International nuclear law in the 25 years between Chernobyl and Fukushima and beyond ..., NLB 87 (2011), 7ff
Ladwig Peter, EURATOM und der Notfallschutz bei Atomunfällen, Rheinfelden und Berlin, (1995)
Lamm Vanda, The utilization of nuclear energy and international law, 1984
Langenfeld Christine, Die rechtliche Rahmenbedingungen für einen Ausstieg aus der friedlichen Nutzung der Kernenergie, DÖV 2000, 929ff
Lavranos Dr. Niklas, The Mox Plant judgment of the ECJ: How exclusive is the jurisdiction of the ECJ? European Environment Law Review, Oct 2006, 291ff
Leidenmühler Franz, Europaweiter Atomausstieg: Gemeinschaftskompetenzen und –verfahren, Atomrecht (2003)
Leidinger Tobias, Pascha Mirko, Der EURATOM-Vertrag als Maßstab und Grenze eines nationalstaatlichen Kernenergie-Ausstiegsgesetzes, Zeitschrift für Neues Energierecht 2000, S. 177–184
Leidenmühler Franz, Europaweiter Atomausstieg, Gemeinschaftskompetenzen und -verfahren, RdU 2003/3, 13ff
Leinen Jo, Der EURATOM-Vertrag und die Europäische Verfassung, Solarzeitalter 2003, S. 18–20
Lennartz R., Perpetuity of Rights and Obligations in the Agreement for Cooperation in the Peaceful Uses of Nuclear Energy between the European Atomic Energy Community and the United States of America, Nuclear Law Bulletin 59/June (1997), 31ff
Lennartz Rudolf, Bouquet André, The Legal Framework of the European Atomic Energy Community's Common Supply Policy in Nuclear Materials in the Light of the „ENU“ and „KLE“ Cases, Energy in Europe 27 (1996), 21ff
Leukauf-Steininger, Kommentar zum Strafgesetzbuch, 3. Auflage, Prugg Verlag (1992)
Levy R.E., International law and the Chernobyl accident: Reflections on an important but imperfect system, Univ. Kansas Rev. 36 (1987), 81ff
Lohmann Torsten, Die rechtliche Struktur der Sicherungsmaßnahmen der Internationalen Atomenergie-Organisation, 1993
Lomas P., Müller H., Western Europe and the future of the Nuclear Non-Proliferation Treaty; Centre for European Policy Studies (Louvain-laNeuve); Hessische Stiftung Friedens- und Konfliktforschung
Loubergé Henri, Villeneuve Stéphane, Chesney Marc, Long-term risk management of nuclear waste: a real options approach, Journal of Economic Dynamics & Control 27 (2002), 157ff
Löwenheim Oded, Transnational criminal organizations and security: the case against inflating the threat, 57 Int'1 L.J, 513, 531
Lukes Rudolf, Das Verhältnis des EAG-Vertrages zum EWG/EG-Vertrag, in Ole Due, Marcus Lutter, Jürgen Schwarze (Hrsg.), Festschrift für Ulrich Everling, Band I, Baden-Baden (1995), 741ff
Lukes Rudolf, Die Eigentumsregelung für die besonderen spaltbaren Stoffe im Euratomvertrag, in Zweites Deutsches Atomrechts-Symposium, Köln (1974), 54ff

Lukes Rudolf, Rechtsfragen eines Verzichts auf die friedliche Nutzung der Kernenergie, BB 1986, 1305ff

Lukes Rudolf, Referate und Diskussionsberichte/Neuntes Deutsches Atomrechts-Symposium; Heymann (1991)

Lukes Rudolf (Hg.), Sechstes Deutsches Atomrechts-Symposium. 8./9. Oktober 1979 in Münster. Referate und Diskussionsberichte, Köln ua. 1980 (zit. 6. AtRS 1979)

Lukes Rudolf, Das Atomrecht im Spannungsfeld zwischen Technik und Recht, NJW 1978, 241ff

Lukes Rudolf, Technischer Sachverstand und Rechtsentscheidung, in: Gesellschaft für Rechtspolitik (hg.), Bitburger Gespräche, Jahrbuch 1981, 117ff

Lukes Rudolf, Rechtlicher Regelungsbedarf im Kernenergierecht, in: Birkhofer/Lukes (Hg.), Normalisierung der friedlichen Nutzung der Kernenergie – Konsequenzen für die rechtliche Regelung, (1985), 23ff

Lukes Rudolf, Rechtsfragen einer europäischen Entsorgung, et (1990), 587ff

Lukes Rudolf/Backherms Johannes, Die Berücksichtigung von Kriegseinwirkungen im atomrechtlichen Genehmigungsverfahren, AöR 103 (1978), 334ff

Manig Wolfgang, Die Änderung der Versorgungs- und Sicherheitsvorschriften des Euratom-Vertrages durch die nachfolgende Praxis, Baden-Baden (1993)

Mann F.A., Die juristische Person des Völkerrechts, ZHR 152 (1988)

Mannully Yash Thomas, U.S.-India Nuclear Cooperation and Non-Proliferation, NLB 82 (2008), 9ff

Marauhn/Oellers-Frahm, Atomwaffen, Völkerrecht und die internationale Gerichtsbarkeit, EuGRZ 1997, 221ff

Marburger Peter, Technische Begriffe und Rechtsbegriffe, in: Rüthers (Hg.), Freiheit und Verantwortung im Verfassungsstaat, Festgabe zum 10jährigen Jubiläum der Gesellschaft für Rechtspolitik, München (1984), 275ff

Marburger Peter, Atomrechtliche Schadensvorsorge, 2. Aufl., Köln ua. (1985)

Marburger Peter, Enders Rainald, Technische Normen im Europäischen Gemeinschaftsrecht, Jahrbuch des Umwelt-Technikrechts, 27 (1994), S. 333–368

Martensson Claes and Löfgren Tomas, A legal framework of financial liability of the nuclear power reactor industry in the field of waste management in Sweden and proposals for improvements, Int. J. Nuclear Law, Vol. 1, No. 1, (2006);

Masahiro Miyoshi, The submerged passage of a submarine through the territorial sea – the incident of a chinese atomic-powered submarine –, 2006 Singapore Yea Book of International Law and Contributors, 243ff

McDonald Peter, The Future of Nuclear Energy in the UK and in the EU, Deutscher Atomrechtstag 2008, Nomos (2009), 59ff

McIntosh Steven, The Need to Bring the New Global Regime of Civil Nuclear Liability to Life, Reform of Civil Nuclear Liability, Budapest Symposium 1999, 185ff

McNight Allan, Atomic safeguard: a study in international verification; United Nations Institute for Training and Research; UNITAR

McRay Ben, Overview of the Convention on Supplementary Compensation, Reform of Civil Nuclear Liability, Budapest Symposium 1999, 171ff

McRay Ben, Convention on Supplementary Compensation for Nuclear Damage (CSC) and harmonisation of nuclear liability law within the European Union, NLB 87 (2011), 73ff

McRay Ben, Revent Developments: New Legislation and Adherence to Conventions (USA), Reform of Civil Nuclear Liability, Budapest Symposium 1999, 537ff

Meyer-Cording Ulrich, Europa und der Euratom-Vertrag, Europa-Union Deutschland (Hrsg.), Euratom-Wirtschaftliche, politische und ethische Probleme der Atomenergie, S. 67–79, 1. Auflage, Bonn 1957

Meyer-Wöbse Gerhard, Rechtsfragen des Exports von Kernanlagen in Nichtkernwaffenstaaten, 1979

Miatello Angelo, International nuclear agreements. 1988

Mirsky Wendy L., The Link between Russian Organized Crime and Nuclear-Weapons Proliferation: Fighting Crime and Ensuring International Security, 16 U. Pa. J. Int'1 Bus. L. 749 (1995)

Monar Jörg, Interinstitutional Agreements: The phenomenon and its new dynamics after Maastricht, Comment Market Law Review 31 (1994), S. 639–719

Moser Berthold, Das Kausalitätsproblem im Atomhaftungsrecht, atw 1962, 249ff

Moser DDr. Berthold, The IAEA Conventions on early Notification of a nuclear accident and on assistance in the case of a nuclear accident or radiological emergency, NLB 44 (1989), 10ff

Moser DDr. Berthold, Das Atomhaftpflichtgesetz, Bundesgesetz vom 29. April 1964, BGBl. Nr. 117 über die Haftung für nukleare Schäden; Manzsche Verlags- und Universitätsbuchhandlung

Müller Howlett, Falling into line?: France and the NPT; Programme for Promoting Nuclear Non-Proliferation (1971)

Müller Jörn, The Signing of the U.S.-India Agreement Concerning Peaceful Uses of Nuclear Energy, Göttingen Journal of International Law, Vol 1, No 1 (2009)

Müller Kokoski, The Non-Proliferation Treaty; political and technological prospects and dangers in 1990; Stockholm International Peace Research Institute

Müller Werner A., Die Deckung nuklearer Haftpflichtrisiken aus der Sicht der Versicherungswirtschaft, atw 1984, 663ff

Mutius, Akteneinsicht im atom- und emissionsschutzrechtlichen Genehmigungsverfahren, DVBl 1978, 665ff

Mutschler Ulrich, Abstrakter Auslegungsschutz für Kernenergieanlagen gegen Einwirkungen von außen – Rechtliche Aspekte, in: Lukes (Hg.), 1. AtRS 1972, 95ff

Nadelson Robert, After MOX: the contemporary shipment of radioactive substances in the law of the sea, International journal of marine and coastal law 2000, 193ff

Nardi Dorothée, The Transport of radioactive material, Int. J. Nuclear Law, Vol. 3, No. 1, 2010

Näser Hanns, The Decommissioning of Asse II – Burden of the Past in the Federal Republic of Germany, NLB 83 (2009), 59ff

Näser Hanns Wolfgang, Oberpottkamp Ulrike, Zur Endlagerung radioaktiver Abfälle – Die Langzeitsicherheit, DVBl 1995, 136ff

Nickel Dietmar, Zur Revision des Euratomvertrages, Bieber, Roland/Bleckmann, Albert/Capotori, Francesco (Hrsg.), Das Europa der zweiten Generation S. 565–581. Gedächtnisschrift für Christoph Sasse Band I, 1. Auflage, Baden Baden 1981

Nillson Anita, International Atomic Energy Agency Programme against Illicit Trafficking in Nuclear Materials and Radioactive Sources

Nocera Fabrizio, The Legal Regime of Nuclear Energy, A Comprehensive Guide to International and European Union Law, Intersentia (2005)

Nocera Fabrizio, The Renovated International Nuclear Third Party Liability Regime: The Italian Perspective, Reform of Civil Nuclear Liability, Budapest Symposium 1999, 559ff

Oboussier F., Mögliche Auswirkungen des geplanten Atomsperrvertrages auf den Euratomvertrag

OECD Nuclear Energy Agency Legal Affair Section, Regulatory and institutional framework in Japan against the background of Fukushima, NLB 87 (2011), 27ff

Olson Steven P., The International Atomic Energy Agency, 2005

Orantek Kerstin, Einführung in das Atom- und Strahlenschutzrecht, NuR (2011), 856ff

Ossenbühl Fritz, Terroristische Angriffe auf Kernkraftwerke – aus rechtlicher Sicht, NVwZ 2002, 290ff

Ossenbühl Fritz, Die verfassungsrechtliche Zulässigkeit der Verweisung als Mittel der Gesetzgebungstechnik, Deutsches Verwaltungsblatt 1967, S. 401–408

Ossenbühl Fritz, Verfassungsrechtliche Fragen eines Ausstiegs aus der friedlichen Nutzung der Kernenergie, AöR 124 (1999), 1ff

Pache Eckhard, Das Ende der europäischen Integration? Das Urteil des Bundesverfassungsgerichtes zum Vertrag von Lissabon, zur Zukunft Europas und der Demokratie, EuGRZ 2009/ Seite 285ff

Paine Christopher E., The nuclear fuel cycle, global security, and climate change: weighing the costs and benefits of nuclear power expansion, University of Richmond Law Review, Vol 44, 1047ff

Pamme Hartmut, Die Aktivitäten zur Modernisierung der deutschen Kernkraftwerke – Sachstand und Ausblick, Deutscher Atomrechtstag 2008, Nomos (2009), 175ff

Pander Joachim von, Die Sicherheitskontrolle nach dem Nichtverbreitungsvertrag in den EG-Staaten

Papenkort Katja, Der Euratom-Vertrag im Lichte des Vertrags über eine Verfassung für Europa, Nomos 2008

Park Ki-Gab, The Convention on Supplementary Compensation for Nuclear Damage and Asian States: The Advantages and Disadvantages of Korea's Adherence to the Convention, Reform of Civil Nuclear Liability, Budapest Symposium 1999, 203ff

Paunio Elina und Lindroos-Hovinheimo Susanna, Taking Language Seriously: An Analysis of Linguistic Reasoning and Its Implications in EU Law, European Law Journal, Vol 16, 2010, 395ff

Pechstein Matthias, Elektrizitätsbinnenmarkt und Beihilfenkontrolle im Anwendungsbereich des Euratom-Vertrags, EuZW 2001, 307ff

Pelzer Norbert, Die rechtliche Problematik der Beschränkungen der deutschen Atomwirtschaft durch den Euratomvertrag, DB 1962, 398ff

Pelzer Norbert, Grundlagen und Entwicklung der europäischen Atomgemeinschaft, in: Hans-Werner Rengeling (Hrsg.), Handbuch zum europäischen und deutschen Umweltrecht, Band II, §§ 59, Köln u.a. (1998)

Pelzer Norbert, Neues Atomenergierecht; internationale und nationale Entwicklungen; 1. Aufl. Nomos-Verl.-Ges. (1995)

Pelzer Norbert, Einige Probleme der Haftung für Atomschäden, atw 1964, 202ff, 206ff und 277ff

Pelzer Norbert, Die rechtliche Kanalisierung der Haftung auf den Inhaber einer Atomanlage – ein juristischer und wirtschaftlicher Fehlgriff?, VersR 1966, 1010ff

Pelzer Norbert, Problèmes posés par l'établissement du lien de causalité entre l'accident et le dommage nucléaire, in Presses universitaires de France, Droit nucléaire Européen, Paris (1968), 41ff

Pelzer Norbert, Opferschutz im Haftungsverband nach den europäischen Atomhaftungsübereinkommen – Bemerkungen zu einigen Problemen bei der Durchsetzung von Ersatzansprüchen, in: Institut für Völkerrecht/Bundesministerium des Innern (Hg.), 3. AtRS (1974), 251ff

Pelzer Norbert, Zur rechtlichen Problematik der Beseitigung radioaktiver Abfälle, et (1975), 102ff

Pelzer Norbert, Zur Haftung von Zulieferern für nukleare Schänden, et (1978), 668ff

Pelzer Norbert, Reformüberlegungen zur Ausgestaltung der atomrechtlichen Haftung, in: Lukes (Hg.), 6. AtRS 1979, 407ff

Pelzer Norbert, The Historical Development of Nuclear Law, its Sources and Original Features, International School of Nuclear Law, Summer 2004, Montpellier

Pelzer Norbert, Focus on the Future of Nuclear Liability Law, Reform of Civil Nuclear Liability, Budapest Symposium 1999, 421ff

Pelzer Norbert, Die völkerrechtliche Zulässigkeit der Versenkung radioaktiver Abfälle in das Meer, Gutachten, München 1968, XXI, S. 109

Pelzer Norbert, Rechtsprobleme der Beseitigung radioaktiver Abfälle in das Meer. Eine völkerrechtliche und rechtsvergleichende Untersuchung, Institut für Völkerrecht 1970, Göttingen, XL, S. 216

Pelzer Norbert, The Law and Practice relating to the Handling, Storage, Treatment and Disposal of Radioactive Wastes – Federal Republic of Germany, London/Bruxelles: Environmental Resources Ltd./Commission of the European Communities 1977, V, S. 99
Pelzer Norbert, Begrenzte und unbegrenzte Haftung im deutschen Atomrecht, Baden.Baden 1982, S. 67
Pelzer Norbert, Nuclear New Build – New Nuclear Law? NLB 84 (2009), 5ff
Pelzer Norbert, Deliberations on Compensation and Remediation of Nuclear Damage to the Environment, NLB 86 (2010), 49ff
Pelzer Norbert, Bischof W., Das Strahlschutzgesetz in den Mitgliedsstaaten der Europäischen Gemeinschaften, Band II
Pelzer Norbert, Bischof W., Die Ausübung der staatlichen Kontrolle über die Einhaltung der Freigrenzen für Kernbrennstoffe und sonstige radioaktive Stoffe in den Ländern der europäischen Gemeinschaften, Brüssel: Europäische Gemeinschaften 1973, S. 451
Pelzer Norbert, Bischof W., Rauschning D., Das Recht der Beseitigung radioaktiver Abfälle, Systemstudie Radioaktiver Abfälle in der Bundesrepublik Deutschland, SRA 4, Hanau 1977, S. 68
Pelzer Norbert, Lukas R., Bischof W., Sachverständigentätigkeit im atomrechtlichen Genehmigungs- und Aufsichtsverfahren, Heidelberg 1980, S. 151
Pernice Ingolf, EG-rechtliche Rahmenbedingungen der Atomrechtsreform, EuZW 1993, 498ff
Persson Ingvar, Requirements for the Operation of Nuclear Power Plants According to Swedish Law, Deutscher Atomrechtstag 2008, Nomos (2009), 199ff
Phaturos Argyres A., An international legal framework for energy, 2008
Posser Herbert, Atomgesetz: Kommentar zur Novelle 2002
Posser Herbert, Rechtsfragen des Transports abgebrannter Brennelemente, DVBl 2001, 609ff
Posser Herbert, Konsequenzen des BVerwG-Urteils zur Biblis-Auflage für die Atomaufsicht, Deutscher Atomrechtstag 2008, Nomos (2009), 109ff
Posser Herbert/Schmans Malte/Müller-Dehn Christian, Atomgesetz, (2003)
Potter William C., International nuclear trade and non-proliferation, 1990
Potter Cfr. William C., Charles D. Ferguson and Leonard S. Spector, The Four Faces Of Nuclear Terror, and the Need for a Prioritized Response, 83 Foreign Aff. 130 (2004)
Primosch Edmund, Das IAEA-Übereinkommen betreffend nukleare Abfälle, ÖJZ 2001, 54ff
Primosch Edmund, Das IAEA-Übereinkommen über nukleare Sicherheit, ÖJZ 1997, 219ff
Pullinger Stephan and Gerrard Quille, The European Union: Tackling the Threat from Weapons of Mass Destruction, ISIS Europe Discussion and Policy Paper, 2004
Quattrochi John L., Nuclear Liability Insurance in the United States: an Insurer's Perspective, Reform of Civil Nuclear Liability, Budapest Symposium 1999, 383ff
Raschauer Hans-Dieter, Folgerungen aus den Urteilen des Bundesverwaltungsgerichts zum Standortzwischenlager Brünsbüttel und zur „Biblis-Auflage" aus der Sicht der Atomaufsichtsbehörde des Landes Baden-Württemberg, Deutscher Atomrechtstag 2008, Nomos (2009), 115ff
Rebenitsch Manfred, „Kernkraftwerks-Moratorium" versus Rechtsstaat, NVwZ 9/2011, 533ff
Reich Johannes, Finanzierung der nuklearen Entsorgung, Wiesbaden (1989)
Reich Norbert, Gastkommentar: Kernkraft ante portas der Gemeinschaftsfreiheiten, Europäische Zeitschrift für Wirtschaftsrecht (2009), 433ff
Reiche Katherina, Energiepolitik und nukleare Entsorgung, Deutscher Atomrechtstag 2008, Nomos (2009), 255ff
Reinisch August, Should Judges Second-Guess the UN Security Council, International Organizations Law Review 6 (2009) 257ff

Rengeling Hans Werner, Organisation der Endlagerung radioaktiver Abfälle unter besonderer Berücksichtigung der Möglichkeiten der Beleihung, Deutsches Verwaltungsblatt Heft 18 (2008), 1141ff

Rengeling Hans Werner, Verwertung und Beseitigung radioaktiver und konventioneller Abfälle – Rechtsvergleichende Überlegungen, DVBl 1997, 268ff

Rengeling Hans Werner, Zur Fortgeltung von Genehmigungen der ehemaligen DDR-Verwaltung – Dargestellt am Beispiel der Endlagerung radioaktiver Abfälle in Morsleben –, DVBl 1992, 22ff

Rengeling Hans-Werner, Atomrechtliche Schadensvorsorge und „Sachverstand", in Willi Blümel, Detlef Merten, Helmut Quaritsch, Verwaltung im Rechtsstaat, Festschrift für Carl Hermann Ule zum 80. Geburtstag, Köln, Berlin. Bonn, München (1987)

Rengeling Hans-Werner, Schadlose Verwertung radioaktiver Reststoffe und Wiederaufbereitung in anderen EG-Mitgliedstaaten, DVBl 1991, 914ff

Rengeling Hans-Werner, EUDUR, Band I, Allgemeines Umweltrecht

Rengeling Hans-Werner, EUDUR, Band II, Besonderes Umweltrecht

Renneberg Wolfgang, Laufzeitverlängerung und nukleare Sicherheit- zum rechtlichen und technischen Zusammenhang von 11. und 12. AtG Novelle

Resele Georg, Sach- und Rechtslage der Endlagerung radioaktiver Abfälle in der Schweiz, Deutscher Atomrechtstag 2008, Nomos (2009), 225ff

Reyners Patrick, The convention on nuclear safety, Review of European Community & international environmental law 1966, 231ff

Richter Bernd/Stein Gotthard, Die IAEO-Überwachung von Kernmaterial, Atom + Strom 1985, 5ff

Riley Peter, Justification of the continued development of the peaceful use of nuclear energy, Int. J. Nuclear Law, Vol. 1, No. 1, (2006), 1ff

Rodrigues Joao, Euratom's New Competences, Dissertation for the Diploma of International Nuclear Law, Université de Montpellier 1, (2005)

Roller Gerhard, Drittschutz im Atom- und Immissionsschutzrecht, NVwZ 16/2010

Roller Gerhard, Die „weitere Schadensvorsorge" im Atomrecht – ein neuer Schutzmaßstab?, NVwZ 23/2011, 1431ff

Rosand Eric, Security Council as 'Global Legislator': Ultra vires or ultra innovative?, 28 Fordham J. Int'1 L. 542 (2005)

Rosand Eric, Security Council Resolution 1373, The Counter-Terrorism Committee, and the Fight against Terrorism, 97 Am. J. Int'1 L. 333 (2003)

Roscini Marco, La zone dénucléarisée du Sud-Est Asiatique, Revue générale de droit international public 2001, 617ff

Roßnagel Alexander, Der Nachweis von Sicherheit im Anlagenrecht, DÖV 1997, 801ff

Roßnagel Alexander, Europäische Marktfreiheiten und atomrechtliche Entsorgungsvorsorge, DÖV 1996, 984ff

Roßnagel Alexander, Grundrechte und Kernkraftwerke; Anh. Beschluss d. Bundesverfassungsgericht; Forschungsstätte der Evangelischen Studiengemeinschaft (1979)

Roßnagel Alexander, Rechtsprobleme des Ausstiegs aus der Kernenergie – Einführung und Überblick, ZUR 1999, 241ff

Roßnagel Alexander, Zum rechtlichen und wirtschaftlichen Bestandsschutz von Atomkraftwerken, JZ 1986, 716ff

Roßnagel Alexander, Zur verfassungsrechtlichen Zulässigkeit eines Gesetzes zur Beendigung der Atomenergienutzung, Kassel (1998)

Roßnagel Alexander, Atomrechtliche Entsorgungsvorsorge durch Wiederaufbereitung im Ausland, DVBl 1991, 839ff

Roßnagel Alexander und Hentschel Anja, „Weitere Vorsorge" im Atomrecht? Zur Verfassungswidrigkeit des § 7d AtG, ZNER 2011, Heft 1, 7ff

Rustand Hakan, Progress Report on Negotiations to Revise the Paris Convention on Third Party Liability in the Field of Nuclear Energy, Reform of Civil Nuclear Liability, Budapest Symposium 1999, 139ff

Saillan de Charles, Disposal of spent nuclear fuel in the United States and Europe: a persistent environmental problem, Harvard Environmental Law Review, Vol 34, 461ff

Sands Philippe and Galizzi Paolo, The 1968 Brussels Convention and Liability for Nuclear Damage, NLB 64 (1999), 7ff

Schäfer Anselm, Die Module des Kerntechnischen Regelwerks: Einführung und Überblick aus technischer Sicht, Deutscher Atomrechtstag 2008, Nomos (2009), 133ff

Schärf Wolf-Georg, Beweisverfahren vor dem EUG und dem EuGH, ÖJZ 1997, 659ff

Schärf Wolf-Georg, Demonstration am Brenner – eine Vertragsverletzung? Kommission/Frankreich – Recht verdrängt Politik, RdW 1998, 322ff

Schärf Wolf-Georg, Vertragsverletzung wegen Nichteinschreiten der Behörden, EuZW 1998, 617ff

Schärf Wolf-Georg, Rechtsmittelverfahren, AnwBl 1999, 282ff

Schärf Wolf-Georg, Zur Frage von Inexistenz von Rechtsakten im Gemeinschaftsrecht, EuZW 2004, 333ff

Schärf Wolf-Georg, Grundrechte in der EU, ecolex 2004, 668ff

Schärf Wolf-Georg, Österreichisches Recht versus Euratom, RdU 2006, 154ff

Schärf Wolf-Georg, Österreichisches Recht versus Euratom (2. Teil), RdU 2008, 155ff

Schärf Wolf-Georg, Österreichisches Recht versus Euratom (3. Teil), RdU 2010, 188ff

Schärf Wolf-Georg, Tabakwerbung nunmehr endgültig verboten, RdW 2007, 594ff

Schärf Wolf-Georg, Der Iran Konflikt aus dem Blickpunkt des Euratomvertrages, ÖMZ 3/2009, 315ff

Schärf Wolf-Georg, Revolution in European nuclear law, International Journal of Nuclear Law 2009, Vol 2, No 3, 218ff

Schärf Wolf-Georg, Entscheidungsanmerkung zu EuGH Entscheidung vom 27.10.09 (C-115/08, Land Österreich/CEZ), EuZW 1/2010, 33f

Schärf Wolf-Georg, The Temelin judgment of the European Court of Justice, NLB 2010, 79ff

Scheuing Dieter H., Europarechtliche Aspekte einer Beendigung der Kernenergienutzung in der Bundesrepublik Deutschland, EuR 2000, 1ff

Schiff Benjamin N., International nuclear technology transfer, 1983

Schiwy Peter/Harmony Thomas/Buttermann Götz, Strahlenschutzvorsorgegesetz

Schmidt-Preuß Matthias, Ausstieg und Eigentum NJW 2000, 1524ff

Schmidt-Preuß Matthias, Deutscher Atomrechtstag 2008, Nomos 2009

Schmidt-Preuß Matthias, Gemeinschaftskompetenz oder nationale Gestaltungsautonomie, Büdenbender, Ulrich/Kühne, Gunther, Das neue Energierecht in der Bewährung, S. 309–326. Festschrift für Jürgen F. Baur, 1. Auflage, Baden-Baden 2002

Schmidt-Preuß Matthias, Perspektiven des Atomrechts – Kontinuität und Wandel, Pelzer, Norbert (Hrsg.), Brennpunkte des Atomenergierechts, S. 209–233, 1. Auflage, Baden-Baden 2003

Schmidt-Preuß Matthias, Rechtsfragen des Ausstiegs aus der Kernenergie, Gemeinschafts-, Völker und Verfassungsrechtliche Probleme einer Novellierung des Atomgesetzes, Auflage, Baden-Baden 2000

Schmidt-Preuß Matthias, Möglichkeiten und Grenzen der Technikumsteuerung am Beispiel des Ausstiegs aus der Kernenergie, Kloepfer, Michael, Technikumsteuerung als Rechtsproblem, S. 119–137, 1. Auflage, Berlin 2002

Schmidt-Preuß Matthias, Tragweite und Grenzen des § 12 AtG als Rechtsgrundlage der Atomrechtlichen Anlagensicherheits-Verordnung, Deutscher Atomrechtstag 2008, Nomos (2009), 77ff

Schmidt-Preuß Matthias, Europarechtliche und verfassungsrechtliche Rahmenbedingungen der Energiepolitik, Umwelt- und Technikrecht 61 (2002), S. 27–69

Schneider Siegbert, Schäfer Silke, EU-Nuklearpaket – der richtige Weg zu mehr nuklearer Sicherheit in Europa?, Zeitschrift für Europäisches Umwelt- und Planungsrecht 2004, S. 197–208

Schriefer Dirk/Sandtner Walter/Rudischhauser Wolfgang (Hrsg.), 50 Jahre Internationale Atomenergie-Organisation IAEO, Nomos (2007)

Schröder Arno, Euratom: Idee und Versagen einer europäischen Idee, Saarbrücker Bibliothek, www.jura.uni-sb.de/projekte/bibliothek

Schröder Meinhard, Grundsatzfragen des Lebensmittelschutzes im Falle anormaler radiologischer Ereignisse nach EWG- und Euratom-Recht, Fiedler Wilfried/Ress Georg, Verfassungsrecht und Völkerrecht, S. 753–775, Gedächtnisschrift für Wilhelm Karl Geck, 1. Auflage, Köln, Berlin, Bonn, München 1989

Schröder Meinhard, Binnenmarktrelevante Schwerpunkte der Gemeinschaftspolitik zur nuklearen Sicherheit, Pelzer Norbert, Kernenergierecht zwischen Ausstiegsforderung und europäischem Binnenmarkt, S. 133–148, 1. Auflage, Baden-Baden 1991

Schröder Meinhard, Grundsatzfragen des Lebensmittelschutzes im Falle anormaler radiologischer Ereignisse nach den EWG- und Euratom-Recht, in: Fiedler/Ress (Hg.), Verfassungsrecht und Völkerrecht, Gedächtnisschrift für Wilhelm Karl Geck, Köln ua. (1989), 753ff

Schröder Meinhard, Binnenmarktrelevante Schwerpunkte der Gemeinschaftspolitik zur nuklearen Sicherheit, in: Pelzer (Hg.) Kernenergierecht zwischen Ausstiegsforderung und europäischen Binnenmarkt (1991),133ff

Schröder Meinhard, Grundfragen des europäischen Abfallrechts, WiVerw. 1990, 118ff

Schroeder Werner, Der Euratom-Vertrag, Juristische Ausbildung 1995, S. 728–736

Schroeder Werner, Die Euratom – auf dem Weg zu einer Umweltgemeinschaft, DVBl 1995, 322ff

Schroder Thomas, Abgrenzung der Gemeinschaftskompetenzen zum Schutz der Gesundheit vor radioaktiver Strahlung, EuZW 1992, 207ff

Schrötter Hans Jörg, Der Gefahrengut-Transport im nationalen und internationalen Recht, NJW 1981, 1186ff

Schülli Werner, Rechtsprobleme beim Kausalitätsnachweis von Strahlenschäden, Diss. Münster (1963)

Schulze-Fielitz Helmuth, Risikosteuerung von Hochrisikoanlagen als Verfassungsproblem – Notfallschutz bei Kernkraftanlagen –, DÖV 64. Jahrgang, Heft 20, Okt 2011, S 785ff

Schuster Horst, Handbuch der Atomwirtschaft; Nutzung der Atomkernenergie für Frieden; v.d.Linnepe Verl.-Ges. (1956)

Seetzen J., Nichtverbreitung von Kernwaffen

Sellner Dieter, Fellenberg Frank, Atomausstieg und Energiewende 2011 – das Gesetzespaket im Überblick, NVwZ 17/2011, 1025ff

Sendler Horst, Nochmals zu Fragen der Sicherheit und Sicherung von Kernkraftwerken, DVBl 2003, 380ff

Sendler Horst, Nochmals: Terroristische Angriffe auf Kernkraftwerke, NVwZ 2002, 681ff

Serrano Nuria Prieto, Wakening the serpent: reflections on the possible modification of the Euratom Treaty, Int. J. Nuclear Law, Vol. 1, No. 1, (2006), 11ff

Seyersted Finn, Die internationale Atomenergie-Organisation, ihre rechtlichen Aufgaben und Funktionen, 1966

Shaker Mohamed Ibrahim, The nuclear non-proliferation treaty; origin and implementation, 1959–1979

Simpson Howlett, The future of nuclear non-proliferation; issues at the review and extension conference of the NPT; Programme for Promoting Nuclear Non-Proliferation

Simpson Howlett, The need for a strong nuclear non-proliferation treaty; issues at the fourth NPT review conference

Sinn Hans-Werner, Atomkraft nein danke?, Deutscher Atomrechtstag 2008, Nomos (2009),13ff
Sjöberg Lennart und Drottz-Sjöbberg Britt-Marie, Fairness, risk and tolerance siting of nuclear waste repository, Journal of Risk Research 4 (1), 75ff (2001)
Skraban Ales, Convention on Nuclear Safety: lessons learned after the third round of review meetings, Int. J. Nuclear Law, Vol. 1, No. 1, (2006), 49ff
Skraban Ales, Recent Developments: New Legislation and Adherence to Conventions (Slovenia), Reform of Civil Nuclear Liability, Budapest Symposium 1999, 547ff
Slaughter Anne-Marie and William Burke-White, The Future of International Law is Domestic (or, the European Way of Law), 47 Harv. Int'1 L.J. 327, 328 & 330 (2006)
Soljan Vedran, The New Definition of Nuclear Damage in the 1997 Protocol to Amend the 1963 Vienna Convention on Civil Liability for Nuclear Damage, Reform of Civil Nuclear Liability, Budapest Symposium 1999, 59ff
Sommer Wolf E., Aufgaben und Grenzen richterlicher Kontrolle atomrechtlicher Genehmigungen, Heidelberg (1983)
Stahlberg Pauli, Causation and the Problem of Evidence in case of nuclear damage, NLB 53 (1994), 22ff
Stärkle Guido, La protection et le traitement des informations classifiees dans le cadre de la politique de securite et de defense commune (PSDC) au sein des institutions et agences de l'union europeenne, Cahier de droit europeen 2011, 155ff
Stewart Richard B., U.S. Nuclear Waste Law and Policy: Fixing a Bankrupt System, 2009, New York University Public Law and Legal Theory Working Papers, Paper 135
Stockholm International Peace Research Institute, The near-nuclear countries and the NPT
Stöger Karl, Gedanken zur institutionelle Autonomie der Mitgliedstaaten am Beispiel der neuen Energieregulierungsbehörden, ZÖR (2010) 65, 247ff
Stoiber Carlton, The Review Conference Mechanism in Nuclear Law: Issues and Opportunities, NLB 83 (2009), 5ff
Storr Stefan, Bericht: Rechtsfragen zum Atomausstieg, DVBl 2000, 688ff
Strack Lutz, The Safety Regime Concerning Transboundary Movement of Radioactive Waste and its Compatibility with the Trade Regime of the WTO, NLB 73 (2004), 25ff
Straßburg Wolfgang, Nukleare Entsorgung – zunehmend eine europäische Aufgabe?, in: Müller/Hossner (Hg.), Jahrbuch der Atomwirtschaft 1990, 33ff
Strenge von Barthold, Probleme der Kernmaterialüberwachung, et (1986), 517ff
Strobl Stefan, Das Nichtverbreitungsregime für Kernwaffen nach 1995 und der freie Zugang zu nuklearen Technologien und Materialien, 1997
Stüer Bernhard, Loges Sandra, Ausstieg aus der Atomenergie zum Nulltarif, NVwZ 2000, 9ff
Supataeva Olga, Elena Vassilieva, Nuclear Liability in the Russian Federation: the Problem of Indemnities, Reform of Civil Nuclear Liability, Budapest Symposium 1999, 363ff
Suransky Frantisek, Increased Liability Amounts under the 1997 Vienna Protocol and elsewhere, Reform of Civil Nuclear Liability, Budapest Symposium 1999, 115ff
Szasz Paul C., IAEA safeguards for NPT, Review of European Community & Environmental Law 1996, 239ff
Szasz P.C., The Law and Practices of the International Atomic Energy Agency, Legal Series No. 7, IAEA,Vienna (1970).
– The adequacy of international nuclear safeguards, J. Int. Law Economics 100 (1975), 423ff
– Sanctions and international controls, Connecticut Law Rev. 11 3 (1979), 545ff
Szurek Sandra, De Rarotonga à Bangkok et Pelindaba, Annuaire français de droit international 1996, 164ff
Sünner Hans, Pfanner Klaus, Der gewerbliche Rechtsschutz im Euratomvertrag; Carl Heymann Verlag (1958)

Tabassi Lisa, National Implementation and Enforcement of Nuclear-Weapon-Free Zone Treaties, NLB 83 (2009), 29ff

Talmon Stefan, The Security Council as World Legislature, 99 Am. J. Int'1 L. 175 (2005)

Tanikawa Hisashi, The Amendment of the Law on Compensation for Nuclear Damage in Japan, Reform of Civil Nuclear Liability, Budapest Symposium 1999, 527ff

Taylor Derek M., The proposals of the European Commission for Council Directives on Nuclear Safety, Koch Joachim/Roßnagel Alexander, 12. Deutsches Atomrechtssymposium, S. 25–36. 1. Auflage, Baden – Baden 2004

Tettinger Peter J., Zum Thema „Sicherheit" im Energierecht, RdE 2002, 225ff

Thaler Michael, Language and Doctrinal Reception in Law, ZÖRY (65) 2010, 383ff

Trüe Christian, EU-Kompetenzen für Energierecht Gesundheitsschutz und Umweltschutz nach dem Verfassungsentwurf, Juristenzeitung 2004, 779–788

United Nations, International Instruments related to the Prevention and Suppression of International Terrorism, United Nations (2008)

Van Dyke Jon M., Transit Passage Through International Straits, The future of occar-regime building: essays in tribute to Douglas M. Johston

Van Dyke Jon M., The Evolution and International Acceptance of the Precautionary Principle, D.D. Caaron and H.N. Scheiber (Hrsg) Bringing New Law to Ocean Waters

Vasmant Alexis, International Legal Instruments Promoting Synergies in Nuclear Safety, Security and Safeguards: Myth or Reality?, NLB 84 (2009), 81ff

Veuchelen L., The Legal Value of General Principles, Technical Norms and Standards in European Nuclear Safety Law: The Imbalance Between Soft and Hard Law and the Need for Global Regulatory Governance, European Nuclear Safety Law (August 2009), 215ff

Vial Eugenie, The Concept of Responsibility to Future Generations for the Management and Storage of Radioactive Waste, NLB 74 (2004), 15ff

Viski Andrea, International nuclear law and nuclear export controls,, Int. J. Nuclear Law, Vol. 3, 2011, 216ff

Waas Ulrich, Technische Implikationen der neuen Module – dargestellt anhand von Beispielen, Deutscher Atomrechtstag 2008, Nomos (2009), 163ff

Waeterloos Christian, A Community Approach to Nuclear Safety: Consequences for Plant Operation and Decommissioning Activities, International Journal For Nuclear Power 2003, S. 745–745

Wagner Hellmut, „Krumme Entwicklungslinien des Atomrechts?", NJW 2000, 1538ff

Wagner Hellmut, Ausstieg aus der Kernenergie durch Verwaltungsakt?, DÖV 1987, 524ff

Wagner Hellmut, Gesetzgeberische Vorhaben zur nuklearen Entsorgung, DVBl 1992, 1508ff

Wagner Hellmut, Rechtsfragen der Endlagerung radioaktiver Abfälle, DVBl 1991, 24ff

Wahl Rainer, Hermes Georg, Nationale Kernenergiepolitik und Gemeinschaftsrecht – Die Bindungen des Euratom- und des EG-Vertrages für einen Verzicht auf die Wiederaufarbeitung und einen Ausstieg aus der wirtschaftlichen Nutzung der Kernenergie, 1. Auflage, Düsseldorf 1995

Warren Geoffrey C., Nuclear Damage under the 1997 Protocol: Conventional Thinking?, Reform of Civil Nuclear Liability, Budapest Symposium1999, 85ff

Weber Karl-Heinz, Regelungs- und Kontrolldichte um Atomrecht

Wegener Bernhard, Die europäische Umweltverbandsklage, ZUR 7–8/2011, 363ff

Wegener Bernhard, European Right of Action for environmental NGOs, JEEPL 8.4 (2011), 315ff

Weilemann Peter, Die Anfänge der Europäischen Atomgemeinschaft: Zur Gründungsgeschichte von Euratom 1955–1957, 1. Auflage, Baden-Baden 1983

Weisbecker J.C., Protecting nuclear materials in the terrorist age: The international challenge, Brooklyn J. Int. Law 12 (1986), 305ff

Wieland Joachim, Die Zustimmungsbedürftigkeit eines Gesetzes zur Verlängerung der Laufzeit von Kernkraftwerken, ZNER 2010, Heft 4, 321ff

Wiesbauer, Atomrecht, Linde Verlag
Wiesbauer Bruno, Atomrecht, innerstaatlicher und zwischenstaatliches Recht
Williams Phil and Dimitry Vlassis (eds.), Frank Cass Publishers, 2001, 315–320 at 318
Williams S.L., Nuclear Non-Proliferation in International Politics; The Japanese Case
Winkler Daniela, Atomausstieg via Europa?, Die öffentliche Verwaltung 2011, 804ff
Winters Karl-Peter, Atom- und Strahlenschutzrecht; mit Atomgesetz, Atomhaftungsübereinkommen; 1. Aufl Beck (1978)
Wise Edward M., Terrorism and the Problems of an International Criminal Law, 19 Conn. L. Rev. 799, 805 (1986–1987)
Wolf Sebastian, Euratom, the European Court of Justice, and the Limits of Nuclear Integration in Europe, German Law Journal 12 (2011), 1637ff
Wolfgang Hans-Michael/Hölscher Christoph, Das Wasenaar-Arrangement im Kontext des Internationalen Wirtschafts- und Völkerrechts, in Ulrich Hübner, Werner F. Ebke, Festschrift für Bernhard Großfeld zum 65. Geburtstag, Heidelberg (1999), 1329ff
Zaiss Werner, Die WENRA Reference Levels und die IAEA Safety Standards und ihre Auswirkungen auf das Kerntechnische Regelwerk in Deutschland, Deutscher Atomrechtstag 2008, Nomos (2009), 187ff
Zedalis Rex J., International energy law, 2000
Zeh Juli, Recht auf Austritt, Zeitschrift für Europarechtliche Studien 2004, S. 173–210
Zeh Juli, Recht auf Beitritt?,1. Auflage, Baden-Baden 2002
Zeileissen Christian, Der völkerrechtliche Schutz vor militärischen Angriffen auf Kernkraftwerke, 1997
Zimmermann F., Der internationale Vertrag über die Nichtverbreitung von Kernwaffen, Schweiz. JZ. 1 1975, 124ff
Zhaohui Li, Aihong Wu, Bin Nan, Brief Introduction to China's Nuclear Liability Regime, Reform of Civil Nuclear Liability, Budapest Symposium 1999, ff 541
Zwolski Kamil, The External Dimension of the EU's Non-proliferation Policy: Overcoming Inter-institutional Competition, European Foreign Affairs Review 16, 2011, 325ff

I. Einleitung

1. System des Nuklearrechts

A) Gefahren und Vorteile

Die Produktion von Elektrizität aus Kernenergie stellt ein besonderes Risiko für die Gesundheit, Sicherheit sowie die Umwelt dar. Die damit verbundenen Risiken müssen sorgfältig gehandhabt werden. Nicht nur für die Energiegewinnung sondern auch für andere Anwendungen des menschlichen Lebens stellt die Nukleartechnologie als auch die Verwendung von speziellem radioaktivem Material erhebliche Vorteile dar. Auf dem Gebiet der Medizin ist auf die Diagnose und Behandlung von Krankheiten zu verweisen, im Bereich der Landwirtschaft auf die Entwicklung von neuen Sorten, der Schädlingsbekämpfung, der Wasserexploration usw.

Die friedliche Nutzung der Kernenergie erlebt in der zweiten Hälfte der ersten Dekade des 21. Jahrhunderts eine Renaissance, welche im Klimaschutz (CO_2-Emissionen) begründet ist, als auch durch die Entwicklung neuer Reaktormodelle, welche sicherer sind, und die weitaus geringeren radioaktiven Abfall erzeugen.[1] Der Unfall in Fukushima im März 2011 hat erneut die Diskussion über die zivile Nutzung der Kernenergie, insbesondere in den deutschsprachigen Ländern angefacht, wobei international die Diskussion in die Richtung der nuklearen Sicherheit (Safety) geht.

Die potentielle Gefährlichkeit von Nuklearmaterial begründet auch spezielle Regelungen, die in einem internationalen Kontext eingebettet sind. Nicht nur Atomwaffen, wobei die Abwürfe der Atombomben in Hiroshima und Nagasaki als auch die die nach dem zweiten Weltkrieg durchgeführten Atomtest, die besondere Gefährlichkeit und das Bedrohungspotential dieser Waffen darstellten, besonders hervorgehoben seien, sondern auch die Gefahren eines potentiellen Nuklearterrorismus (dirty bomb/schmutzige Bombe) stellen ein erhebliches Gefahrenpotential dar, welches nur durch entsprechende internationale und nationale Regelungen, welche strikt eingehalten und kontrolliert werden, vermindert werden kann.[2] Auch der nicht sachgerechte Umgang mit radioaktivem Material ist eine Bedrohung für die Gesundheit als auch für die Umwelt. Nicht nur Material aus Kernkraftwerken sondern auch aus medizintechnischen Geräten stellt oft ein Gefährdungspotential dar, wenn es nicht entsprechend gemäß den strikten Regelungen betrieben und entsorgt

---

1 *Riley* Justification of the continued development of the peaceful use of nuclear power, Int J Nuclear Law Vol I 2006, 2; Economist vom 8. September 2007, 66ff.

2 *Nilsson/Schriefer* in Schriefer/Sandtner/Rudischhauser (Hrsg), 50 Jahre Internationale Atomenergie-Organisation IAEO (2007), 108ff. Dieser Artikel enthält eine genaue Darstellung der Bedrohungen und Abwehrmöglichkeiten.

wird. So starben vor einigen Jahren in der Türkei Personen, da sie aus nicht ordnungsgemäß entsorgten Röntgengeräten radioaktives Material entnahmen, um es zu verwerten.[3] Seit dem Zusammenbruch der Sowjetunion kam es zum neuen Phänomen des Schmuggels von teilweise hochradioaktiven Substanzen. Seit 1993 führt die IAEO eine Datenbank für illegale Transfers von nuklearem und radioaktivem Material.[4]

Eine französische Umfrage aus dem Jahre 2003 stellte fest, dass in der Bevölkerung eine erhebliche Angst vor nuklearen Unfällen und den Gefahren des radioaktiven Abfalls besteht.[5] Der Unfall von Fukushima im Frühjahr 2011 ist für die gesamte Welt ein gewaltiger Schock gewesen, der auch in der Bevölkerung die Skepsis gegenüber der Kernenergie steigen ließ, wobei dies von Staat zu Staat sehr unterschiedlich war und ist. Insbesondere in Deutschland und Österreich ist die schon vorherrschende Ablehnung stark gestiegen.

Neben den 5 ständigen Mitgliedern des Sicherheitsrates besitzen Israel, Pakistan und Indien als auch aller Wahrscheinlichkeit nach Nordkorea Nuklearwaffen. Es wird spekuliert, dass der Iran an einem Nuklearwaffenprogramm arbeitet. In diesem Zusammenhang veröffentlichte die IAEO eine Anzahl von Berichten, wandte sich an den Sicherheitsrat, der eine Anzahl von Resolutionen erließ.[6]

Seit Jahrzehnten bestehen politische Bemühungen, die Anzahl der Nuklearwaffen einzuschränken oder diese gänzlich abzuschaffen. Es sei nur auf den NPT und die START Verträge verwiesen. 2008/2009 wurde die „Global Zero Initiative„ von ehemaligen führenden Spitzenpolitkern gegründet, deren Ziel es ist, langfristig alle Nuklearwaffen abzuschaffen. Führende politische Analysten sehen erhebliche sicherheitspolitische Probleme in einer solchen zukünftigen Situation, da die nukleare Abschreckung durch einen Erst- insbesondere durch einen Zweitschlag nicht mehr gegeben ist.[7]

---

3 Eine genaue Darstellung zu diesem Vorfall: The Radiological Accident in Gilan by the IAEO (2002); siehe auch: *Pflügl* Der Fund radioaktiver Stoffe als Fundgrube für Juristen, FS-Zehetner, 216ff.

4 Näheres bei *Schriefer* in Schriefer/Sandtner/Rudischhauser (Hrsg), 50 Jahre Internationale Atomenergie-Organisation IAEO (2007), 91f.

5 Zitiert bei: *Via* The Concept of Responsibility to Future Generations for the Management and Storage of Radioactive Waste, NLB 74 (2005), 15f.

6 Resolution 1696 des UNO Sicherheitsrates vom 31. Juli 2006; Resolution 1737 des UNO Sicherheitsrates vom 26. Dezember 2006; Resolution 1747 des UNO Sicherheitsrates vom 24. März 2007; Resolution 1803 des UNO Sicherheitsrates vom 3. März 2008; Resolution 1835 des UNO Sicherheitsrates vom 27. September 2009; Resolution 1929 des UNO Sicherheitsrates vom 9. Juni 2010; Resolution 1984 des UNO Sicherheitsrates vom 9. Juni 2011. Hiezu: *Asgarkhani Abu Mohamed* The culture and politics of Iran sanctions, International Journal of Nuclear Law 2011, 193ff; *Schärf* Der Iran Konflikt aus dem Blickpunkt des Euratomvertrages, ÖMZ 3/2009, 315ff.

7 *Joffe Joseph/Davies James W* Less Than Zero Bursting the New Disarmament Bubble, Foreign Affairs 2011, 7ff mwN.

B) Stellung des Nuklearrechts

Das Nuklearrecht ist ein Zusammenspiel von internationalem, supranationalem (europäischen Gemeinschaftsrecht) und nationalem Recht. Hinzukommen Richtlinien, die von Expertengruppen erstellt werden, die den Stand der Technik wiedergeben. Da die Technik die Bedingungen als auch die Sprache vorgibt, ist das Recht vom Sachverstand der Technik übernommen worden.[8] Daher reflektiert das Nuklearrecht die wissenschaftlichen Erkenntnisse.[9] Die Abhängigkeit des Rechts von der technischen Expertise als auch die Frage der demokratischen Legitimität der Normerzeugung, da die Vorgaben von der Wissenschaft und Technik herstammen, erzeugt in der Bevölkerung demokratiepolitisches Unbehagen, welches auch durch die Komplexität in Folge der hohen technischen Vorgaben verstärkt wird.[10] Von besonderer Bedeutung sind die meist in regelmäßigen Abständen veranstalteten Konferenzen, um auf Grund neuerer Erkenntnisse Verbesserungen zu erzielen.[11]

Schon unmittelbar nach dem zweiten Weltkrieg begannen die ersten Verhandlungen auf internationaler Ebene, um diesen Bereich zu regeln.[12] Die ersten Verträge die Zusammenarbeit zwischen Staaten regelnd waren die Uranlieferverträge zwischen den USA und dem Königreich Belgien, welches in seiner Kolonie Kongo über erhebliche Uranvorkommen verfügte. Auf Anregung der UNESCO wurde 1952 in Genf ein Abkommen über die Zusammenarbeit im Bereich der Kernforschung und Gründung eines internationalen Laboratoriums abgeschlossen, welches zur Gründung des CERN-Labors in Genf führte.

In seiner Rede vor der UNO-Generalversammlung vom 8. Dezember 1953 „Atoms for Peace" forderte der damalige Präsident Eisenhower, dass durch eine internationale Zusammenarbeit die Nukleartechnologie friedlich genutzt werde.

Durch die Gründung der IAEO (Internationale Atomenergie Organisation/Englisch: IAEA [International Atomic Energie Agency]) wurden die ersten völkerrechtlichen Grundlagen des Nuklearrechts und dessen Kontrolle geschaffen.[13]

---

8 *Boustany* Reflection on the Development of Nuclear Law, NLB 51 (1993), 9.

9 *Boustany* NLB 51 (1993), 11.

10 *Boustany* NLB 51 (1993), 15ff.

11 *Stoiber Carlton* The Review Conference Mechanism in Nuclear Law: Issues and Opportunities, NLB 83 (2009), 5ff.

12 Eine genaue Darstellung der Entwicklung: *Ballreich* Euratom (die Europäische Atomgemeinschaft), ZAÖRV 1958, 27ff mit Literaturnachweisen; sowie *Kimmich* Die internationale Kontrolle der europäischen Atomindustrie, ZAÖRV 1973, 636ff mwN; *Pelzer* The Historical Development of Nuclear Law, its Sources and Original Features (unveröffentlichter Aufsatz 2004 bei der International School of Nuclear Law); *Pelzer*, Nuclear New Build- New Nuclear Law?, NLB 84 (2009), 5ff.

13 *Kimmich* ZAÖRV 1973, 641ff mit Literaturnachweisen; *Schriefer/Sandtner/Rudischhauser* (Hrsg), 50 Jahre Internationale Atomenergie-Organisation IAEO (2007).

1949 wurde der Forschungsreaktor in Harwell im Vereinigtem Königreich in Betrieb genommen, 1956 wurde das erste zivile Kernkraftwerk eröffnet.[14]

Im Lauf der Jahrzehnte kam es zu einer ganz erheblichen Anzahl von multilateralen und bilateralen Verträgen. Neben diesen Regelungen hat sich im Lauf der Jahrzehnte ein beachtliches Soft-Law herausgebildet, welches sich aus Empfehlungen, Standards, Regulierungen, Erklärungen verschiedener internationaler Organisationen, insbesondere der IAEO, zusammensetzt.[15] Die rechtliche Qualität dieser Normen ist umstritten.[16]

Durch die Gründung der Europäischen Atomgemeinschaft (Euratom) gleichzeitig mit der Europäischen Wirtschaft Gemeinschaft (EWG) 1957 (römische Verträge) wurde das Nuklearrecht in Folge der erheblichen Bedeutung, das ihm damals für die wirtschaftliche Entwicklung Europas zugesprochen wurde, zu einem gewichtigen Bestandteil des europäischen Gemeinschaftsrechtes. Die damaligen Erwartungen und Ziele wurden von der Geschichte überholt; der EA (Euratom Vertrag) ist aber trotzdem im Rahmen der EU im Nuklearbereich, besonders auch im Außenverhältnis von erheblicher Bedeutung.[17]

Die einzelnen Mitgliedstaaten der EU sind verpflichtet, Richtlinien gemäß dem EA umzusetzen bzw. Verordnungen zu vollziehen. Es besteht lediglich ein geringer Bereich des Rechts, der weder durch internationales noch durch supranationales Recht geregelt ist. In diesem Rahmen können die einzelnen (Mitglied-) Staaten selbständig Regelungen treffen, wobei jedoch immer zu berücksichtigen ist, dass sich diese Regelungen an den internationalen (multilateralen als auch bilateralen) Verträgen sowie am Gemeinschaftsrecht zu orientieren haben, soweit die Staaten diese Verträge völkerrechtlich ratifiziert haben.

Besondere Bedeutung sind die Empfehlungen und Maßstäbe von internationalen Expertenkommissionen beizumessen. Diese werden besonders durch die zuständigen internationalen Organisationen eingesetzt, um im Zuge internationaler Zusammenarbeit Maßstäbe hinsichtlich der Sicherheit, der Gesundheit sowie des Standes der Technik festzusetzen. Dabei muss immer darauf verwiesen werden, dass solche Empfehlungen in der Regel einen praktikablen Kompromiss bilden, der in der Praxis umgesetzt werden kann. Diese Regelungen und Richtlinien bilden damit international gesehen einen einheitlichen Maßstab und erleichtern somit die notwendige und gebotene internationale Zusammenarbeit in Folge einheitlicher Standards. Rechtsphilosophisch kann der technikwissenschaftliche Sachverstand zu einem Problem der demokratischen Legitimation der Normen und

---

14 *Tromans* Nuclear Law^2, 11f.

15 *Wetherall* Normative Rule Making at the IAEA: Codes of Conduct, NLB 75 (2005), 72 mwN.

16 Mit weiteren Nachweisen: *Wetherall* aaO, insbes FN 5ff.

17 Sa EuGH, B v 14.11.1978, B 1/78, IAEO, Slg 1978, 2151.

der Entscheidungen führen, da de facto diese von Sachverständigen erstellt werden.[18]

Da Radioaktivität nicht an Staatsgrenzen oder an Kontinentgrenzen halt macht, hat die internationale Zusammenarbeit in diesem Bereich eine besondere Bedeutung. Nur ein einheitliches System mit einheitlichen Maßstäben kann ein reibungsloses Zusammenwirken zwischen den verschiedenen Staaten und internationalen Organisationen gewährleisten. Dazu zählen auch eine einheitliche Nomenklatur, einheitliche Grenzwerte sowie ein einheitliches Haftungsregime, welches derzeit noch nicht existiert. Alleingänge von Staaten erschweren im Falle eines Vorkommnisses mit radioaktivem Material die Zusammenarbeit sowie die damit verbundene Setzung von entsprechenden Gegenmaßnahmen.

2. Definition des Nuklearrechts

Nuklearrecht ist die Summe aller Normen, die geschaffen worden sind, um das Handeln von natürlichen oder juristischen Personen – darunter fallen auch Staaten – zu regeln, die mit spaltbarem Material, radioaktiver Strahlung oder Ausbeutung von radioaktiven Stoffen tätig sind.[19]

Nuklearrecht ist somit die Summe der Normen und Teil des nationalen und internationalen Rechts, welches sich mit der Spezialität dieses Bereiches auseinander setzt. Eine spezielle Normenhierarchie erstreckt sich über den gesamten Bereich. Sie umfasst multilaterale und bilaterale Verträge, Resolutionen des UN-Sicherheitsrates, supranationales Recht (Europäisches Gemeinschaftsrecht) in den verschiedensten Ausprägungen, sowie nationales Recht, vom Verfassungsrecht beginnend bis zum Bescheid oder Gerichtsurteil.

Die internationalen Verträge, insbesondere der NPT, sowie andere Verträge sind die allgemein anerkannten internationalen Verpflichtungen, die von den Staaten eingegangen sind. An diesen Verträgen orientiert sich und unterwirft sich auch das (europäische) Gemeinschaftsrecht. Die Nationalstaaten haben die Pflicht, die in den von ihnen unterschriebenen Verpflichtungen einzuhalten, und in das nationale Recht umzusetzen.

Unterstützt wird dies auch damit, dass der IAEO vertreten durch den Generaldirektor das Recht bei Missachtung des NPT, welcher politisch der wichtigste völkerrechtliche Vertrag ist, eingeräumt wird, sich an den Sicherheitsrat oder die Generalversammlung zu wenden, wenn ein Staat seinen eingegangenen Verpflichtungen nicht nachkommt. Der Sicherheitsrat ist hierauf berechtigt, international bindende

---

18 *Schulze-Fielitz* Risikosteuerung von Hochsicherheitsanlagen als Verfassungsproblem, DÖV 2011, 790ff.
19 So *Stoiber/Baer/Pelzer/Tonhauser* Handbook on Nuklear Law, IAEO (2003), 4.

Resolutionen zu beschließen, die auch durchgesetzt werden können. Hinzu kommt, dass die USA als auch die anderen Mächte wie Russland, China ein sehr starkes Interesse haben, dass sämtliche Länder die eingegangenen Verpflichtungen einhalten.

Für das Nuklearrecht ist insbesondere die Abwägung von Kosten-Nutzen für die Regelung von Handlungen und Unterlassungen im Hinblick auf die potentiellen Gefahren und Vorteile für die soziale und wirtschaftliche Entwicklung als auch für die Umwelt von entscheidender Bedeutung. Dieser Ansatz ist für das Nuklearrecht besonders stark ausgeprägt, da die Folgen von nuklearen Aktivitäten noch weit in der Zukunft (mehrere tausend Jahre) Auswirkungen haben können. Die Bewertung der einzelnen Fakten spiegelt die politische als auch ökonomische Stellung des Umgangs des Staates oder der äquivalenten Organisation mit der Nukleartechnologie wieder.

In den letzten Jahrzehnten, insbesondere nach dem Unfall in Tschernobyl und jüngst in Fukushima, kam es zu einem Wandel der Ansichten zur Kernenergie und zur Nukleartechnologie in einigen europäischen Ländern. Dieser Wandel hatte zur Folge, dass einige Mitgliedstaaten der EU beschlossen, aus der Erzeugung von Kernenergie auszusteigen, und alternative Energiequellen zu fördern. Da durch die steigenden Energiepreise als auch durch eine Steigerung des Stromverbrauches diese neuen alternativen Stromquellen auch unter dem Aspekt der Förderung nicht die notwendigen Mengen zu einem wirtschaftlich vernünftigen Preis produzieren konnten, begannen einige Länder die Errichtung neuer Kernkraftwerke zu planen (Finnland, etc.) oder die Erweiterung ihrer bisherigen Kapazitäten zu forcieren. Mit dem Ausbau soll die Abhängigkeit von Erdöl und insbesondere von russischem Erdgas reduziert werden.

Weiter regelt es die Handlung von natürlichen und juristischen Personen, gleichgültig ob sie in wirtschaftlichen, akademisch wissenschaftlichen oder staatlichen Organisationen tätig sind. Auch solche Organisationen sind von den Verpflichtungen umfasst. Gerade im Bereich der Non-Proliferation ist eine strenge Bindung der Staaten gegeben. In letzter Zeit zeigt das Beispiel der demokratischen Volksrepublik von Korea (Nordkorea) deutlich auf, dass im Bereich der nuklearen Sicherheit (Security) sich die Regelungen direkt an die verschiedenen Staaten wenden, und diese von der internationalen Gemeinschaft aufgefordert werden, sich an die Vereinbarungen zu halten.

Das Nuklearrecht stellt das Phänomen der Radioaktivität in den Mittelpunkt der Regelungen. Diese Radioaktivität kann durch spaltbares Material oder durch radioaktive Strahlung hervorgerufen werden und ist auf Grund der damit verbundenen drastischen Auswirkungen für den Menschen als auch die Umwelt von erheblicher Bedeutung.

Der deutsche Begriff „Sicherheit“ hat im Englischen einen doppelten Widerpart, nämlich „Security“ und „Safety“. Unter dem englischen Begriff „Safety“ versteht man die Verfahrenssicherheit oder auch die allgemeine Sicherheit vor radioaktiver Strahlung. Der Begriff „Security“ hingegen betrifft nur die militärische und politische Sicherheit. Der EuGH verwendete hierfür den Begriff „ öffentliche Sicherheit, der sowohl die innere Sicherheit eines Mitgliedstaates, um die es in dem Verfahren ging, das dem Urteil Johnston zugrunde lag, als auch seine äußere Sicherheit.[20]

Die Grundsätze des Nuklearrechts können in den verschiedenen Systemen des Rechts Anwendung finden, unabhängig davon, ob es sich um ein Civil oder Common Law System handelt. Auch außereuropäische Rechtssysteme wie das islamische Recht sind in der Lage, die Grundsätze des Nuklearrechts in ihr System zu integrieren.

3. Ziele des Nuklearrechts

Ziel des Nuklearrechts ist die Schaffung von einem Normensystem, welches den Umgang mit nuklearer Energie und radioaktiver Strahlung in der Art regelt, dass ein ausreichender Schutz der Menschen, des Eigentums und der Umwelt besteht. Auf Grund dieser Regelungen hat der Gesetzgeber immer zu achten, dass für die bestehenden nuklearen Aktivitäten sowie die Verwendung von Nuklearmaterial und für die Abwendung von Gefahren radioaktiver Strahlung, wenn dies entsprechend wirksam geregelt werden soll, die entsprechenden finanziellen Mittel zur Verfügung gestellt werden, um eine entsprechende Durchsetzung zu ermöglichen, als auch eine langfristige Planung der weiteren Entwicklung der Gesetze zu ermöglichen.

Bei den Quellen der Radioaktivität muss man einerseits zwischen Materialien unterscheiden, die Radioaktivität aus der Natur des Materials emittieren, andererseits von Einrichtungen, die gezielt radioaktive Strahlung emittieren. Der Unterschied besteht darin, dass bei diesen natürlichen Materialien eine menschliche Beeinflussung ausgenommen der entsprechenden Verwahrung zum Aufhalten der radioaktiven Strahlung nicht möglich ist. Anders sieht es mit Material aus, welches künstlich radioaktiv gemacht worden ist. Hier beginnt die Regelung schon mit der Erzeugung eines solchen Materials zu greifen.

Radioaktives Material kann auf verschiedene Art und Weisen definiert und bestimmt werden. Es hat sich jedoch allgemein durchgesetzt, dass man zwischen Materialien unterscheidet, die eine natürliche Radioaktivität haben und anderen, die als künstlich radioaktiv (durch Menschenhand) geschaffen worden sind.

Dabei ist zu unterscheiden, ob es bei der natürlichen radioaktiven Strahlung durch chemische oder physikalische Aufbereitung eine Veränderung in ihrer Radioaktivität entsteht, oder ob vorher nicht radioaktiv strahlende Stoffe durch eine Änderung der Zusammensetzung der Isotopen radioaktiv werden und als Strahlungs-

---

20 EuGH, U v 26.10.1999, RS C-273/97, Sirdar, Slg 1999, I-7403, Rn 17; EuGH, U v 4.10.1997, RS C-367/89, Richardt ua, Slg 1991, I-4621, Rn 22; EuGH, U v 17.10.1995, RS C-83/94, Leifer, Slg 1995, I-3231, Rn 26.

quelle benutzbar sind. Neben diesen direkt strahlenden Stoffen, sind noch diejenigen Stoffe und Materialien zu beachten, welche durch das in Kontakt treten mit radioaktiven Stoffen kontaminiert werden. Darunter zählen Stahl und Beton und Kunststoffe, die in einem Kernkraftwerk um und im Reaktor waren, mit dem spaltbaren Material in Berührung kamen und somit zum radioaktiven Abfall geworden sind. Manche Gesetzgeber unterscheiden daher zwischen direkt strahlendem Material und verstrahltem Material. Kurzfristig sind beide ähnlich radioaktiv, jedoch über einen längeren Zeitraum betrachtet sind unterschiedliche Eigenschaften vorhanden, die eine getrennte Regelung erfordern.

Sämtliche internationalen Abkommen sowie die nationalen Gesetzgebungen beachten die Gefahren, die durch radioaktives Material oder durch radioaktiv kontaminiertes Material ausgehen. Diese allgemein anerkannten Sicherheitsanforderungen sind heute unbestritten. Nach den neuesten wissenschaftlichen Erkenntnissen sowie im internationalen Einklang werden diese an den neuesten Stand der Technik angepasst.[21] Die Ziele der Gesetzgebung sind sämtliche radioaktiven Materialien oder radioaktiv kontaminierte Materialien unter staatliche Aufsicht zu bringen und dafür zu sorgen, dass ein lückenloses Kontrollsystem während des gesamten Aufenthaltes im Staatsgebiet vorhanden ist, auf Grund dessen es den zuständigen Behörden möglich ist, festzustellen, wann, wer, wo, in welcher Art und Weise radioaktives oder radioaktiv kontaminiertes Material und Stoffe besitzt, kontrolliert oder damit in Berührung kommt. Damit wird auch eine unrechtmäßige Nutzung und Verwendung von solchen Materialien vorgebeugt. Gleichzeitig wird darauf geachtet, dass die mit radioaktivem Material direkt oder indirekt in Berührung kommenden Personen nachweislich über die Gefahren aufgeklärt und informiert worden sind, und sie die notwendige Ausbildung und Schulung für ihre Tätigkeiten absolviert haben.

Auf Grund der Besonderheit ist es notwendig und heute unumstritten, dass jedwede Verwendung, sowie Besitz, An- und Verkauf von solchen Materialien einer staatlichen Genehmigung bedarf, welche solche Bedingungen erfüllt, die der Bedeutung und der Gefährlichkeit für Umwelt und Bevölkerung entspricht. In allen diesen Genehmigungsverfahren ist zu gewährleisten, dass der Antragsteller sämtliche Voraussetzungen gemäß den nationalen und internationalen Standards erfüllt.

Ein besonderes Augenmerk ist auf Geräte zu legen, welche Radioaktivität für industrielle, landwirtschaftliche oder medizinische Zwecke verwenden. Diesen Geräten ist gemeinsam, dass die radioaktive Quelle sich in einem versiegelten Verhältnis im fertigen Gerät befindet. Es ist daher von den Gesetzgebern erforderlich, dass die Erzeuger von solchen Geräten entsprechende Genehmigungen haben, deren Einhaltung auch überwacht wird. Die Anwender von solchen Geräten bedürfen ebenfalls

---

21 Generell zu dieser Problematik insbesondere bei der Normanwendung: *Lukes* Das Atomrecht im Spannungsfeld zwischen Technik und Recht, NJW 1978, 241ff.

einer entsprechenden Vertrauenswürdigkeit. Zum Schutz von Mitarbeitern und Kunden ist es erforderlich, dass die entsprechenden baulichen und sonstigen technischen Einrichtungen geschaffen werden, die einen solchen Schutz gewährleisten. Weiters muss gewährleistet werden, dass sämtliche Maßnahmen nach Beendigung der Verwendung dieses Gerätes ebenfalls der Überwachung unterliegen, da es ansonsten die Gefahr von Unfällen oder von Missbrauch steigt. Eine durchaus übliche Methode ist, dass die Erzeuger eine Abnahmeverpflichtung haben, nach der sie verpflichtet sind, sämtliche von ihnen erzeugten Geräten samt der radioaktiven Quelle zurückzunehmen.

Von besonderer Bedeutung ist es, dass im rechtlichen Regelwerk auch die Ausbildung, die Weiterbildung sowie der Nachweis der entsprechenden Qualifikationen von Fort- und Weiterbildung gewährleistet sind. Aus den Erfahrungen des Unfalls von Tschernobyl ist es heute anerkannt, dass nur gut ausgebildete und somit verantwortungsbewusste Personen die möglichen bestehenden Gefahren reduzieren können.

4. Grundsätze des Nuklearrechts

A) Einleitung

In Folge der Komplexität sowie der Risiken, welche mit der Verwendung von nuklearem Material verbunden sind, als auch den erheblichen Vorteilen die daraus gezogen werden können, wurden im Laufe der Jahre die grundlegenden Prinzipien des Nuklearrechts zusammengefasst. Darunter zählt das Sicherheitsprinzip (Safety and Security), das Verantwortlichkeitsprinzip, das Konzessionsprinzip, das Prinzip einer dauerhaften Kontrolle, das Prinzip des Ersatzes, das Nachhaltigkeitsprinzip, das Zusammenarbeitsprinzip, das Unabhängigkeitsprinzip, der Offenlegungsgrundsatz, sowie der Grundsatz der internationalen Zusammenarbeit.[22]

B) Das Sicherheitsprinzip (Safety and Security)

Es ist unumstritten, dass das Prinzip der Sicherheit bei der Erzeugung von Kernenergie sowie bei der Anwendung von radioaktiver Strahlung die höchste Priorität hat.

Die englischsprachigen Begriffe „Safety“ und „Security“ haben kein deutschsprachiges Pendant. Sicherheit im Sinne von innerer und äußerer Sicherheit bedeu-

---

22 So *Stoiber/Baer/Pelzer/Tonhauser*, 5 mwN.

tet „sécurité"- Der EuGH verwendete hierfür den Begriff „öffentliche Sicherheit, der sowohl die innere Sicherheit eines Mitgliedstaates, um die es in dem Verfahren ging, das dem Urteil Johnston zugrunde lag, als auch seine äußere Sicherheit[23] – während „Safety" die Summe aller Schutzmaßnahmen zu Gunsten des Einzelnen gegen die Gefahren ionisierender Strahlung bedeutet.[24] In letzter Zeit wurde das sogenannte „3S Modell" propagiert,[25] nach diesem sind die Grundprinzipien „Safety", „Security" und „Safeguards", dabei wird jedoch übersehen, dass „Safeguards" eine Folge des „Security" Prinzips ist.

Seit Beginn der Forschung radioaktiver Strahlung, der Verwendung von radioaktivem Material und der Erzeugung von Kernenergie gab es ausführliche bis heute andauernde Diskussionen hinsichtlich der Sicherheit (Safety). In dieser Diskussion kristallisierte sich heraus, dass der Prävention auf Grund der Besonderheit dieser Technologien eine erhöhte Bedeutung zukommt. Prävention bedeutet, dass die Erzeugung von Kernenergie sowie die Verwendung von radioaktiver Strahlung dergestalt erfolgen soll, dass durch die entsprechende vorausblickende Organisation Schäden verhindert und nachteilige Folgen von Missbrauch oder Unfällen verhindert werden sollen.

Ergänzend ist hiezu das Ziel des Sicherheitsprinzips, dass sämtliche Regelungen, Risiken und Vorteile abwägen und ein entsprechendes Gleichgewicht zwischen den einzelnen Parametern schaffen soll. Für den Fall, dass ein entsprechendes Gleichgewicht nicht geschaffen werden kann, ist auf Grund des Sicherheitsprinzips der Sicherheit und der Gefahrenabwehr der Vorrang zu geben. Da viele Wirtschaftszweige ebenfalls ähnlich hohe Sicherheitsanforderungen haben, kommt es zu Vergleichen zwischen diesen, um vom jeweils anderen zu lernen.[26]

Der Vorfall von Fukushima im Frühjahr 2011 führte dazu, dass die Fragen der Sicherheit (Safety) neu bewertet wurden. Gerade das Zusammenspiel von 2 Naturgewalten (Erdbeben und nachfolgender Tsunami) ließen eine Neubewertung der bisherigen Konzepte als notwendig erscheinen.[27]

---

23 EuGH, U v 26.10.1999, RS C-273/97, Sirdar, Slg 1999, I-7403, Rn 17; EuGH, U v 4.10.1997, RS C-367/89, Richardt ua, Slg 1991, I-4621, Rn 22; EuGH, U v 17.10.1995, RS C-83/94, Leifer, Slg 1995, I-3231, Rn 26.

24 *Müller-Using* 19.

25 *Vasmant* International Legal Instruments Promoting Synergies in Nuclear Safety, Security and Safeguards; Myth or Reality, NLB 84 (2009), 99f mwN.

26 Siehe dazu das Seminar unter der Ägide der Kommission unter dem Titel „ Cross cutting comparison of regulation and operation of industries requiring specific safety rules", Februar 2008.

27 Arbeitsgruppe RS I 3, Bonn 16.3.2011, Erste Überlegungen zu Konsequenzen Fukushima – Sicherheitsüberprüfung deutscher Kernkraftwerke und Neubewertung, ZNER 2011, 160ff mwN.

Es bestehen zwei Konzepte der Sicherheitsbeschreibung.[28] Nach der deterministischen Sicherheitsbeschreibung werden bestimmte Störabläufe unterstellt, und es wird geprüft, ob die Anlage sie sicher zu beherrschen vermag. Bei der proabilistischen Risiko- und Zuverlässigkeitsanalyse wird die Wahrscheinlichkeit bestimmter Schadensverläufe auslösender Ereignisse, die Zuverlässigkeit und Verfügbarkeit von Sicherheitssystemen und Sicherheitskomponenten sowie die Wahrscheinlichkeit verschiedener Störfallverläufe und Schadensverteilungen untersucht.[29] Im angelsächsischen Raum gilt auch der ALARA-Grundsatz.[30] Dabei ist jede neue nukleare Tätigkeit zu rechtfertigen, das heißt, dass die Vorteile die Nachteile überwiegen. Weiters sind die Sicherheitsstandards zu optimieren, wobei die wirtschaftlichen und sozialen Faktoren zu berücksichtigen sind.[31]

Eine einheitliche Definition des „Precautionary Principle" besteht nicht, es gibt verschiedene im Kern ähnliche.[32]

Ebenso sind die zulässigen Strahlendosen zu erwähnen, die von der ICRP nach dem Stand der Wissenschaft und der Technik festgelegt werden. Diese Festlegungen der ICRP gehen von einem utilitaristischen Ansatz aus, der einen entsprechenden Schutz der Menschen vor radioaktiver Strahlung im Verhältnis zum Nutzen feststellt.[33] Die Autoren sehen das ALARA Prinzip als verpflichtend an, sodass bei entsprechenden Sorgfaltsmaßnahmen nur bei Vorhersehbarkeit eine Haftung eintreten kann.[34] Der EGMR hat im Urteil Tatar ausdrücklich auf das Vorsorgeprinzip verwiesen, ohne dieses näher zu beschreiben.[35]

Die Regelungen sind davon abhängig, welche Gefahren mit der Tätigkeit verbunden sind. Tätigkeiten mit stark radioaktiven Stoffen bzw. mit erhöhter radioaktiver Strahlung bedürfen einer erhöhten Regelungsdichte verbunden mit entsprechenden Sanktionen. Diese Regelungsdichte umfasst nicht nur die Verpflichtungen zu Handlungen bzw. Unterlassungen sondern stellt auch die entsprechenden verpflichtenden

---

28 Näheres bei *Roßnagel* Der Nachweis von Sicherheit im Anlagenrecht, DÖV 1997, 801ff; Wahlström Reflections on regulatory oversight of nuclear power plants, Int Journal of Nuclear Law 2007, 347f.

29 *Roßnagel* DÖV 1997, 802; im Abfallbereich: *Näser* The Decommissioning of Asse II – Burden of the Past in the Federal Republic of Germany, NLB 83 (2009), 64.

30 ALARP: As low as reasonable practicable; näheres bei Boustany, NLB 51 (1993), 11; *Lierman/Veuchelen* The Optimization Approach of ALARP in Nuclear Practice: An early Application of the Precautionary Principle? Scientific Uncertainty versus Legal Uncertainty and its Role in Tort Law, European Environmental Law Review 2006, 98ff; *Tromans* Nuclear Law², 110.

31 *Lierman/Veuchelen* European Environmental Law Review 2006, 100.

32 *Van Dyke Jon M* The Evolution and International Acceptance of the Precautionary Principle in Carron D.D./Schreiber H.N. (Hrsg), Bringing New Law to the Ocean Waters (2004), 358ff.

33 *Riley* Justification of the continued development of the peaceful use of nuclear energy, Int J Nuclear Law, Vol I 2006, 4.

34 *Lierman/Veuchelen* European Environmental Law Review 2006, 102f.

35 EGMR, 27.1.2009, 67021/011, Tatar/Rumänien = RdU 2009/84.

technischen (mindest) Maßnahmen dar. Um eine entsprechende Anpassung an die technische Entwicklung zu gewährleisten, müssen die Regelungen in diesem Sinne dergestalt sein, dass Adaptierungen nach dem Stand der Technik jederzeit logistisch möglich sind. Tätigkeiten, die gelegentlich mit schwach radioaktivem Material zu tun haben, oder eine schwache radioaktive Strahlung erzeugen oder verwenden, bedürfen einer weitaus geringeren Regelungsdichte. Bei allen diesen Regelungen ist jedoch auf die Gesundheit und Sicherheit sowie auf die Auswirkungen auf die Umwelt Rücksicht zu nehmen.

Unter nukleartechnischen Risiken mit erkannter Gefahrenqualität sind Risiken zu verstehen, für die die positive Feststellung objektiv getroffen werden kann, dass zwischen einem bestimmten, in Betracht zu ziehenden Störfallereignis und einer bestimmten Schadenfolge nach derzeitigem Wissen (empirisch oder theoretisch) ein konkreter Bedingungs- bzw. Wirkungszusammenhang eindeutig gegeben ist, sei auch die Wahrscheinlichkeit der Ingangsetzung und des Ablaufs dieses konkreten Kausalzusammenhangs proabilistisch kaum quantifizierbar und noch so klein.[36] Bei einer solchen Risikobeurteilung ist nicht nur das mögliche Versagen technischer Elemente und Systeme sondern auch menschliches Versagen in Betracht zu ziehen.[37] Die Fragen der Risikosteuerung in einem komplexen Verfassungsstaat sind nur unter Heranziehung außerjuristischer Wertungen zu lösen.[38]

Es bleibt immer ein Restrisiko bestehen, welches die Wahrscheinlichkeit eines künftigen Schadens nicht ausschließen kann.[39] Das Bundesverwaltungsgericht hat in einer Entscheidung aus 2008 den Begriff des „Restrisikos" klargestellt.[40] Ein „Restrisiko" charakterisiert sich durch Unentrinnbarkeit, wo Schutzmaßnahmen nach dem Stand der Technik und Wissenschaft möglich ist, besteht keine solche Unentrinnbarkeit.[41] Zusammengefasst ist das Konzept der Sicherheit dynamisch und immer an den Stand der Technik angepasst.[42]

---

36 *Bender* Gefahrenabwehr und Risikovorsorge als Gegenstand nukleartechnischen Sicherheitsrechts, NJW 1979, 1426.

37 So *Bender* aaO.

38 *Schulze-Fielitz* Risikosteuerung von Hochsicherheitsanlagen als Verfassungsproblem, DÖV 2011, 785ff.

39 *Kramer* Die nach dem Atomgesetz erforderliche Schadensvorsorge als Grundrechtsproblem, NJW 1981, 260.

40 BVerwGE 131, 129 (Zwischenlager Brunsbüttel), siehe dazu: *Roller* Drittschutz im Atom- und Immissionsschutzrecht, NVwZ 2010, 990ff; *Geulen/Klinger* Bedarf die Verlängerung der Betriebszeiten der Atomkraftwerke der Zustimmung des Bundesrates, NVwZ 2010, 1119f; *Renneberg* Laufzeitverlängerung und nukleare Sicherheit- zum rechtlichen und technischen Zusammenhang von 11. Und 12 AtG Novelle, ZNER 2011, 106f.

41 BVerfGE 49, 89, 138ff; *Rossnagel/Hentschel* ZNER 2011, 12; Ziehm ZUR 2011, 3, *Renneberg* ZNER 2011, 106.

42 *Pelzer* Nuclear New Build- New Nuclear Law?, NLB 84 (2009), 12.

Nach dem 11. September 2001 sind Terroranschläge mit Flugzeugen oder ähnliche terroristischen Handlungen nicht mehr ausgeschlossen, sodass dies nicht mehr unter dem Begriff „ Restrisiko“ fällt. Inwieweit Naturereignisse wie in Japan darunter fallen, ist strittig. Es kommt immer auf den jeweiligen Standort und dessen Geschichte an. Grundsätzlich ist davon auszugehen, dass Naturkatastrophen immer geschehen können, und dass als Maßstab nur geschichtlich verbürgte Ereignisse heranzuziehen sind, rein archäologisch nachgewiesene sind nicht heranzuziehen, jedoch in allfällige Bewertungen mit einzubeziehen.[43]

Auch der Virus Stuxnet, dessen Ziel es war, die iranische Nuklearindustrie zu schädigen, zeigte sehr deutlich das immer aktueller werdende Problem der Computersicherheit auf (Cybersecurity). Die IAEO plant die Publikation eines Dokuments über das Thema „Computer Security at Nuclear Facilities“.

Das zweite Sicherheitsprinzip (Security) hat eine herausragende Stellung im Nuklearrecht. Seit der Verwendung der Atombomben über den Städten von Hiroshima und Nagasaki 1945 als auch auf Grund der wissenschaftlichen Auswertungen der Atombombentests seit den 40er Jahren des 20. Jahrhunderts, besteht weltweit uneingeschränkte Ansicht, dass Nuklearmaterial nur zur friedlichen Verwendung weiterverbreitet werden darf. Unter Nuklearmaterial ist nicht nur das (radioaktive) Material an sich sondern auch die Technologie zur Erzeugung von Kernwaffen zu verstehen. Den zum Zeitpunkt des Abschlusses des NON-Proliferation-Vertrages ständigen Mitgliedern des Sicherheitsrates (USA, Sowjetunion – nunmehr als Rechtsnachfolger Russland – China, das Vereinigte Königreich von Großbritannien und Nordirland, Frankreich) ist das Recht zugestanden worden, Kernwaffen zu erzeugen und zu besitzen. Einige Staaten haben diesen Vertrag nicht unterfertigt. Man geht mit an Sicherheit grenzender Wahrscheinlichkeit davon aus, dass diese auch Kernwaffen haben. Zu diesen Staaten zählen Pakistan, Israel und Indien. Einige Staaten, die Mitglieder sind – wenn auch sistiert (Nordkorea)[44] – haben die technischen Möglichkeiten innerhalb kürzester Zeit Kernwaffen zu produzieren. Neben diesen klassischen Kernwaffenländern ist in den letzten Jahren auch immer wieder davon die Rede gewesen, dass nach dem Zerfall der Sowjetunion Kernwaffen aus deren Beständen verschwunden und verkauft worden sind. Diese Fragestellung konnte bis zum heutigen Tag nicht eindeutig geklärt werden.

Seit den Terroranschlägen am 11. September 2001 in New York ist es immer wieder in Diskussionen aufgetaucht, ob nicht auch für terroristische Zwecke soge-

---

43 Zur „Weiteren Schadensvorsorge“: *Roller* Die „weitere Schadensvorsorge“ im Atomrecht- ein neuer Schutzmaßstab, NVwZ 2011, 1431ff.

44 Im Februar 2005 gab die nordkoreanische Regierung zu, Kernwaffen zu besitzen. *Andem* The Treaty on the Non-Proliferation of Nuclear Weapons, Nordic Journal of International Law 1995, 575ff; *Dosseva* North Korea and the Non-Proliferation Treaty, The Yale Journal of International Law 2006, 265ff.

nannte „schmutzige Bomben“ erzeugt und verwendet werden können. Bei der realistischen Bewertung der Gefahr der Erzeugung und Verwendung von schmutzigen Bomben ist zu berücksichtigen, dass einerseits die Frage gestellt werden muss, woher das radioaktive Material genommen wird, andererseits muss immer berücksichtigt werden, dass die Erzeugung mit schweren gesundheitlichen Risiken verbunden ist, die bei einer unmittelbaren Bestrahlung zum sofortigen Tod führen können. Am 15. April 2005 beschloss die Generalversammlung der Vereinten Nationen die „Convention for the Supression of Acts of Nuclear Terrorism“, welche auch auf Grund der Ereignisse des 11. September 2001 von besonderer Bedeutung ist.[45] Am 28. April 2004 beschloss der Uno-Sicherheitsrat die Resolution 1540, in der er aussprach, dass alle Staaten verhindern sollen, dass nicht staatliche Stellen die Möglichkeiten haben, Nuklearwaffen zu besitzen, zu erwerben, zu transportieren und zu entwickeln.[46]

Die Staaten haben auch in ihrer nationalen Gesetzgebung strafrechtliche Bestimmungen zum Schutz vor den Gefahren der Kernenergie eingeführt.[47]

Die Verwendung von radioaktivem strahlendem Material ist in der Medizin üblich; die medizinischen Geräte, die radioaktives Material beinhalten, müssen entsprechend sorgfältig gewartet und überwacht werden. Die Entnahme von radioaktivem Material aus dem Nuklearkreislauf (Aufbereitungsanlagen, Kernkraftwerken, etc.) ist auf Grund der üblichen Sicherheitsmaßnahmen als auch der technischen Möglichkeiten eher schwer möglich, auszuschließen ist er jedoch nicht. Bei der Erzeugung ist weiters zu bedenken, dass die notwendigen technischen Vorrichtungen bestehen müssen, um einen sicheren Bau der Bombe zu gewährleisten. Diese Maßnahmen erfordern ein hohes technisches Wissen verbunden mit der entsprechenden technischen Ausstattung.

Daher besteht eine sehr intensive Zusammenarbeit nicht nur im Bereich der Diplomatie sondern auch zur Gefahrenabwehr zwischen den einzelnen Staaten auf informeller, geheimdienstlicher Ebene. Diese Zusammenarbeit erfolgt auch durch Maßnahmen der Vereinheitlichung der vorgeschriebenen Dokumente, deren Herstellung teilweise nur von extra hierfür konzessionierten Druckereien übernommen werden darf.[48]

---

45 A/RES 59/290 of 15 April 2005; nähereres bei *Jankowitsch-Prevor* International Convention for the Suppression of Acts of Nuclear Terrorism, NLB 76 (2005), 7ff.

46 Resolution 1540 des UNO Sicherheitsrates vom 28. April 2004; Näheres bei *Demeyere* La prolifération des acteurs de droit nucléaire international: La Résolution 1540 et le combat du Conseil de sécurité contre l[acute]utilisation des armes de destruction massive par des terroristes, NLB 75 (2005), 35ff.

47 Zur Entwicklung in der BRD: *Reinhardt* Der strafrechtliche Schutz vor den Gefahren der Kernenergie (1989).

48 Siehe zB Art 3 Abs 3 der Entscheidung der Kommission vom 1. Oktober 1993 zur Einführung des einheitlichen Begleitscheins für Verbringung radioaktiver Abfälle gemäß der Richtlinie 92/3/

C) Das Verantwortlichkeitsprinzip

Damit Kernenergie erzeugt werden kann, ist die Vorarbeit von einer sehr großen Anzahl von Personen notwendig. Diese sind nicht nur der Gesetzgeber als auch die Verwaltungsbehörden, sondern auch Forschungseinrichtungen, Architekten, Planer, Aufbereiter von Nuklearmaterial, Erzeuger von nuklearen Einrichtungen, Ärzte, Ingenieure, Baufirmen, Finanzorganisationen, die die Finanzierung übernehmen und gewährleisten sowie Aufsichtsbehörden. Auf Grund der Vielzahl dieser verschiedenen Organisationen und der bei ihnen beschäftigten Personen mit unterschiedlichen Aufgabengebieten ist es von erheblicher Bedeutung, wer für die Einhaltung der Sicherheit (Safety and Security) verantwortlich ist. Unumstritten ist es, dass ohne einer dieser obengenannten Organisationen es zu keiner Aktivität kommen kann. Somit ist jeder von ihnen Teil des Gesamtkonzepts und der Gesamtarbeit und trägt somit grob betrachtet einen Teil der Verantwortlichkeit für die Sicherheit. Da man die Verantwortlichkeit nicht unumschränkt ausdehnen soll, und auch zu Gunsten von potentiellen Schädigungen eine Eingrenzung notwendig ist, ist es heute international unumstritten, dass der Konzessionsinhaber, der von den Aufsichtsbehörden berechtigt worden ist, Kernenergie zu erzeugen, für die Sicherheit (Safety and Security) sowie für den Umweltschutz verantwortlich ist. Diese Verantwortung bedeutet, wie unten zu zeigen ist, auch die Verpflichtung für den Fall eines Vorfalls oder Unfalls Schadenersatz zu leisten und die entsprechenden finanziellen Mittel hierfür zur Verfügung zu stellen.

Vor der Entscheidung über schwierige wissenschaftliche Fragen haben die Behörden wissenschaftlichen Rat einzuholen.[49]

D) Das Konzessionsprinzip

In den meisten Rechtsordnungen ist das Prinzip herrschend, dass alle Tätigkeiten, die nicht ausdrücklich verboten sind, erlaubt sind. Die einzelnen Rechtsordnungen haben je nach Gefährlichkeit der Tätigkeit Regelungen erlassen, nach denen die Aufnahme von Tätigkeiten nur gemeldet werden muss bzw. die Aufnahme einer solchen ausdrücklichen Erlaubnis unter Nachweis der hierfür erforderlichen Qualifikationen notwendig macht. Da, wie oben schon dargestellt, die Verwendung von spaltbarem Material, von

---

Euratom des Rates, 93/552/Euratom, ABl Nr L 268 vom 29.10.1993, S 83. Diese Entscheidung ist durch die Entscheidung der Kommission vom 5. März 2008 (2008/312/Euratom) aufgehoben worden.

49 EuGH, U v 25.1.1994, RS C-212/91, Angelopharm, Slg 1994, I-171, Rn 33; *Corkin* Science, legitimacy and the law: Regulating risk regulation judiciously in the European Community, ELR 2008, 366.

Material mit radioaktiver Strahlung oder von Material zur Erzeugung von Kernenergie für die Gesundheit der Menschen als auch für die Umwelt gefährlich ist, wird durch das Konzessionsprinzip gewährleistet, dass nur nach vorangegangenen detaillierten Genehmigungsverfahren die beantragte Tätigkeit aufgenommen werden kann. Hiezu kommt, dass auf Grund dieser Gefährlichkeit der Erwerb, die Verwendung sowie die Weitergabe auch im internationalen Bereich sehr detailliert geregelt sind. Die Aufnahme von entsprechenden Tätigkeiten bedarf auf Grund dessen einen ausdrücklichen Erlaubnis unter Nachweis sämtlicher erforderlicher Qualifikationen.

Früher war es in einigen Staaten durchaus üblich, dass Konzessionen für eine unbestimmte Zeit erteilt wurden.

Heute ist man (unbestritten) der Ansicht, dass Konzessionen nur für einen bestimmten Zeitraum erteilt werden, wobei auch innerhalb dieses Zeitraums entsprechende regelmäßige angekündigte bzw. unregelmäßige unangekündigte Überprüfungen stattfinden, um festzustellen, ob die erteilten Auflagen gemäß den Konzessionen eingehalten werden, und ob weitere Maßnahmen zur Aufrechterhaltung und Verbesserung der Sicherheit (Safety and Security) notwendig sind und umgesetzt werden müssen.[50] Somit müssen vom Betreiber rechtzeitig Anträge für die Erneuerung der Konzession eingebracht werden.[51]

E) Dauerhafte Kontrolle

Wie oben schon dargestellt bedarf die Tätigkeit mit spaltbarem Material oder radioaktiver Strahlung auf Grund der potentiellen Gefahren einer ständigen Kontrolle. Das Nuklearrecht nimmt in der heutigen Form hierauf Rücksicht und regelt sowohl auf internationaler als auch auf nationaler Ebene, dass in regelmäßigen und bei Bedarf in unregelmäßigen Abständen durch die zuständigen internationalen oder nationalen Behörden Kontrollen von geschulten Beamten durchgeführt werden, denen Zutritt zu sämtlichen Unterlagen und Ordnern gewährt werden müssen.

Nach diesem Grundsatz muss auch gewährleistet werden, dass auch nach Beendigung des Betriebes einer Anlage das Material und die Anlage kontrolliert werden, sodass keine Gefahr für die Gesundheit, das Leben und das Eigentum sowie für die Umwelt entstehen kann.

---

50 Als Beispiel für ein solches neues Genehmigungsverfahren: *Javanainen* Nuclear installation licensing and democratic decision making in Finland: a case study regarding the Olkiluoto 3 nuclear power plant unit and the final disposal repository for spent fuel, Int J Nuclear Law Vol I 2006, 19ff; dazu ausführlich: *Emmerechts Sam/Raetzke Christian/Okra Benjamin* Legal and regulatory aspects of long-term operation of nuclear power plants in OECD member countries, NLB 87 (2011), 45ff.

51 *Emmerechts Sam/Raetzke Christian/Okra Benjamin* Legal and regulatory aspects of long-term operation of nuclear power plants in OECD member countries, NLB 87 (2011), 48.

F) Prinzip des Ersatzes

Es ist schon früh erkannt worden, dass über die Tätigkeit mit spaltbarem Material oder radioaktiver Strahlung ein erhöhtes Risiko gegeben ist. Insbesondere die Versicherungen monierten sich darüber und verlangten entsprechende auch internationale Regelungen.[52] Die allgemeinen Schadenersatzregelungen waren für solche potentiellen Großschadensereignisse nicht geschaffen, insbesondere auch nicht unter dem Aspekt, dass die Folgen eines radioaktiven Unfalles nicht an Staatsgrenzen halt machen, sodass ein einheitliches internationales Schadenersatzsystem – Recht erforderlich wurde. Dies ist insbesondere seit dem Unfall in Tschernobyl 1986 und Fukushima 2011 deutlich geworden. Bis zum heutigen Tag besteht kein weltweit umfassendes Haftungsrecht.

Vom Anfang an bestanden zwei unterschiedliche internationale Vereinbarungen. Für alle Staaten offen war das 1963 abgeschlossene Wiener Übereinkommen, welches 1997 verändert wurde. Das Änderungsprotokoll 1997 ist genauso wie das aus demselben Jahr abgeschlossene Übereinkommen über ergänzenden Schadenersatz noch nicht in Kraft. 1988 wurde ein gemeinsames Protokoll betreffend der Anwendung des Wiener Übereinkommens und des Pariser Übereinkommens abgeschlossen. Nicht Mitglieder der beiden Übereinkommen sind Japan und die USA.

Für alle Mitgliedstaaten der OECD sowie für alle anderen Staaten, wenn die übrigen Mitglieder ihre Zustimmung erteilen ist 1960 das Pariser Übereinkommen abgeschlossen worden. Nicht alle Mitgliedstaaten der OECD haben diese ratifiziert. Diese wurde 1964, 1982 sowie 2003 geändert. 1963 kam es in Brüssel zum ergänzenden Übereinkommen zum Pariser Übereinkommen, die ebenfalls 1964, 1982 und 2003 überarbeitet wurde. Daneben haben auf Grund dieses Übereinkommens die einzelnen Staaten eigene Haftungsregelungen geschaffen.

G) Das Nachhaltigkeitsprinzip

Dieses Prinzip stammt ursprünglich aus dem Umweltrecht. Das Nachhaltigkeitsprinzip ist im Nuklearrecht von erheblicher Bedeutung, da die Halbwertszeiten von spaltbarem Material oft mehrere tausend Jahre sind. Somit ist es erforderlich, dass bei der Planung und Durchführung von nuklearen Aktivitäten auch immer die zukünftige Verwahrung und Lagerung im Auge behalten wird, und zwar nicht nur für die nächsten Jahre, sondern auch für Jahrhunderte und Jahrtausende. Es ist natürlich vom heutigen Standpunkt aus sehr schwierig zu sagen, wie die Zukunft ausse-

52 *Cartellieri* Zu der Haftpflicht für Atomschäden und ihrer Versicherung, BB 1958, 385ff.

hen wird, aber es ist auf Grund der heutigen Informationen die Setzung der entsprechenden Maßnahmen auf Basis einer sorgfältigen Planung notwendig.

H) Unabhängigkeitsprinzip der nationalen Behörden

Eine wesentliche Voraussetzung auf internationaler sowie nationaler Ebene für die Aufrechterhaltung der Sicherheit für Mensch und Umwelt ist, dass die Aufsichtsbehörden unabhängig vom Betreiber sind. Diese Unabhängigkeit muss sowohl organisatorisch als auch finanziell sein, ebenso dürfen keinerlei wechselseitigen Weisungsbefugnisse und Abhängigkeiten bestehen. Die Unabhängigkeit der Aufsichtsbehörde gewährleistet, dass die notwendigen Maßnahmen gesetzt werden, die Überprüfungen vorgenommen und für den Fall der Nichteinhaltung der Vorschriften entsprechende Bestrafungen und Strafmaßnahmen gesetzt werden. Dieses Prinzip ist auch in Art 5 der Richtlinie über die nukleare Sicherheit 2009 ausdrücklich statuiert worden.[53]

Auch für die internationale Zusammenarbeit ist die Unabhängigkeit der nationalen Aufsichtsbehörden von entscheidender Bedeutung. Nur durch diese Unabhängigkeit wird gewährleistet, dass eine reibungslose Zusammenarbeit möglich ist.

I) Der Grundsatz der Transparenz

Der zivile Bereich der nuklearen Tätigkeit ist von dem Grundsatz der Transparenz geprägt. Es ist verständlich, dass die militärischen Bereiche und die Industrie der Geheimhaltung in den verschiedenen Stufen unterliegen, und dies wie schon vorher erwähnt aus verschiedenen Gründen heute umso wichtiger geworden ist. Seit dem 11.9.2001 ist jedoch eine Abkehr von diesem Prinzip zu beobachten.

Das Transparenz- und Informationsgebot dient der interessierten Öffentlichkeit, den Medien als auch den ausländischen Behörden, die notwendigen Informationen über die nationalen Tätigkeiten zu geben. Damit wird einerseits das Vertrauen in die technische Kompetenz der Betreiber gestärkt, andererseits auch Mystifizierung sowie falschen, unrichtigen Informationen vorgebeugt. Es ist verständlich, dass durch unrichtige und falsche Informationen in Folge der potentiellen Gefahren der Kernenergie unberechtigte Ängste entstehen bzw. solche Ängste geschürt werden können. Auf Grund der heute weltweit zur Verfügung stehenden Informationsmedien, auf welche insbesondere über das Internet gegriffen werden kann, ist ein erhöhtes zu stillendes Informationsbedürfnis gegeben, somit ist es umso notwendiger, dem Informationsbedürfnis der interessierten Öffentlichkeit gezielt nachzukommen.

---

53 Richtlinie 2009/71/Euratom des Rates vom 25. Juni 2009 über einen Gemeinschaftsrahmen für die nukleare Sicherheit kerntechnischer Anlagen, ABl Nr. L 172 vom 2.7.2009, S 18.

Der Offenlegungsgrundsatz bedeutet auch, dass die Bevölkerung ausreichend und vollständig als auch verständlich über die Gefahren der Radioaktivität im allgemeinem als auch bei besonderen Tätigkeiten (Röntgenassistent/in) sowie im Falle von bestimmten Situationen (radiologischer Notstand) informiert wird.

J) Grundsatz der internationalen Zusammenarbeit

Die internationale Dimension des Nuklearrechts ist eine grundlegende Voraussetzung zum Verständnis der nuklearrechtlichen Regelungen. Natürliches spaltbares Material wird nur in einigen Staaten der Erde abgebaut. Die Verarbeitung dieses Materials wird ebenfalls nur in wenigen Staaten vorgenommen. Sohin ist schon auf dieser frühen Stufe eine enge multinationale Zusammenarbeit gegeben, um einerseits zu verhindern, dass dieses Material ins Eigentum und den Besitz von Nichtbefugten gerät (Security), andererseits die entsprechenden Maßnahmen gesetzt werden, um einen reibungslosen und sicheren Transport und Verarbeitung zu gewährleisten (Safety). Auch die weitere Verwendung ist in diesem Zusammenhang zu betrachten. Um vor allem eine technische Zusammenarbeit zu gewährleisten, ist es unbedingt notwendig, eine einheitliche Nomenklatur und einheitliche Sicherheitsstandards zu beschließen. Dies sind technische Vereinheitlichungen und einheitliche Maßeinheiten einerseits und einheitliche Grenzwerte andererseits, denen die Hintanhaltung der Gefährdung von Mensch und Umwelt durch ein weltweit einheitliches System vorausgeht.

5. Schaffung von Nuklearrecht

Das Nuklearrecht ist durch den nuklearen Kreislauf von der Schürfung bis zur Wiederaufbereitung und Endlagerung von spaltbarem Material als auch durch die Gefährdungen durch radioaktive Strahlung und den Fragen der nationalen Sicherheit (Security) geprägt. Somit ist der Rahmen für eine sehr enge internationale Zusammenarbeit gegeben. Diese Zusammenarbeit ist nicht nur auf technisch wissenschaftlicher Seite von Bedeutung, da damit einheitliche wissenschaftliche Nomenklatur als auch Grenzwerte vorgegeben werden, sondern auch die Rahmenbedingungen für die internationale rechtliche Zusammenarbeit in den verschiedenen Bereichen hierdurch festgelegt werden. Diese internationalen Vereinbarungen sind in sämtlichen Bereichen, in denen Radioaktivität oder spaltbares Material eingesetzt werden, vorhanden und binden die jeweiligen Vertragsstaaten.

Die internationalen Vereinbarungen werden von den einzelnen Mitgliedstaaten in nationales Recht umgesetzt, wobei diese Umsetzung gemäß den jeweiligen Verfassungsbestimmungen erfolgt. Verbunden mit der gesetzlichen Umsetzung ist auch der Schaffung der speziellen nationalen Behörde bzw. die Beauftragung der betreffenden nationalen Behörden mit der Durchführung von Bewilligungsverfahren, der Überwachung etc. Um eine effiziente Kontrolle und Einhaltung der nuklearen Regelungen zu gewährleisten, muss eine entsprechende finanzielle als auch personalmäßige Ausstattung der Behörden erfolgen. Neben diesen beiden Elementen ist es von erheblicher Bedeutung, dass von staatlicher Seite auch die technischen Mittel sowie Forschungseinrichtungen zur Verfügung gestellt werden, als auch Forschungseinrichtungen betrieben werden, sodass eine ständige Wissenserweiterung und ein Informationsfluss auf höchstem technischen Niveau zwischen den einzelnen Mitgliedstaaten und Organisationen als auch innerstaatlich möglich ist.

In den letzten Jahren ist durch das Auftreten der NGOs (NON GOVERNMENTAL ORGANISATIONS) gerade auf dem Gebiet der Kernenergie ein weiterer Faktor bei der Schaffung und Überwachung hinzugetreten. Diese NGOs haben einen sehr kritischen Blick hinsichtlich der Nutzung von Kernenergie als auch der Verwendung von radioaktivem Material. Die meisten NGOs fordern national oder international eine Abschaltung von Kernkraftwerken und das Verbot des Betriebs dieser. Sie haben in den letzten Jahren, insbesondere durch Unterstützung durch die Medien einen sehr großen Zulauf erhalten. Sie bedienen sich modernster Kommunikationsmethoden, die eine entsprechend große Breitenwirkung erzielen. Durch diese Tätigkeiten als auch durch ihre Aktionen erzielten sie ein besonderes Maß der öffentlichen Aufmerksamkeit.

6. Sicherheit von Nuklearanlagen

A) Einleitung

Nuklearanlagen sind sämtliche Einrichtungen die Teil des nuklearen Brennstoffzyklusses sind. Diese Einrichtungen sind Anlagen zur Herstellung der nuklearen Brennstoffe, Forschungsreaktoren, Kernkraftwerke, Zwischenlager, Anlagen zur Anreicherung, Wiederaufbereitungsanlagen, sowie Anlagen hinsichtlich der Verwertung und Aufbewahrung von nuklearem Müll und radioaktive Erzminen und Mühlen. Bei einigen Anlagen besteht die Gefahr, dass es zu einem Unfall kommt, bei dem unkontrolliert radioaktives Material oder radioaktive Strahlung austritt, und somit zu einer erheblichen Gefährdung durch diese Strahlung für die Umwelt kommt. Sämtliche Sicherheitsmaßnahmen sind auf die speziellen Risiken, die mit der jeweiligen Art der Anlage verbunden sind, abzustimmen. Ziel des Nuklearrechtes ist, ein enges rechtliches Korsett zu schaffen, in dem alle notwendigen Maßnahmen geregelt sind, um die mit dem Nuklearkreislauf verbundenen Risiken zu reduzieren. Die Stoßrichtung ist einerseits, sämtliche Maßnahmen zu treffen, die die Umwelt, die Gesellschaft sowie jeden Einzelnen vor einem Unfall schützen, weiters sämtliche Maßnahmen und Standards zu setzten, die eine radioaktive Belastung des Einzelnen, der Gesellschaft und der Umwelt während des Betriebes unter den Grenzwerten hält, andererseits, dass alle denkmöglichen praktischen Maßnahmen getroffen werden, um Unfälle zu verhindern, oder die Schäden, die auf Grund eines solchen Unfalls entstehen können zu minimieren, als auch sämtliche notwendigen Maßnahmen für den Fall eines Unfalls zu treffen.

Die Auswahl des Standortes einer nuklearen Anlage ist nach den Erfahrungen des Vorfalles in Fukushima von immer größerer Bedeutung geworden. Diese Kriterien sind vielfältig.[54] In diesem Zusammenhang ist auch auf die Gefahren von Überschwemmungen und Überflutungen Rücksicht zu nehmen, die wie gezeigt hat, eine nicht unbeträchtliche Gefährdung darstellen können.[55]

Die von der IAEO erlassenen Standards haben auch im Gemeinschaftsrecht eine erhebliche Bedeutung und sind als wissenschaftliche Basis für Entscheidungen heranzuziehen.[56] Die IAEO erließ nachstehende Standards:
- Geotechnical Aspects of Site Evaluation and Foundations for Nuclear Power Plant Safety[57]
- Flood Hazard for Nuclear Power Plants on Coastal and Ricer Sites Safety Guide[58]
- Site Evaluation for Nuclear Installations Safety Requirements[59]
- Metrological Events in Site Evaluation for Nuclear Power Plants Safety Guide[60]
- Evaluation of Seismic Hazards for Nuclear Power Plants Safety Guide[61]
- External Human Induced Events in Site Evaluation for Nuclear Power Plants Safety Guide[62]
- Dispersion of Radioactive Material in Air and Water and Consideration of Population Distribution in Site Evaluation for Nuclear Power Plants Safety Guide[63]

B) Grundsätze für Kernkraftwerke

Aus der bisherigen Erfahrung ist bekannt, dass Kernkraftwerke ein größeres Risiko als alle anderen Nuklearanlagen darstellen. Völkerrechtlich bestehen keine Regelungen für die Konzeption und den Betrieb von Kernkraftwerken. Die nationalen Regelungen betreffend Kernkraftwerken sind sehr detailliert und ausführlich. In

---

54 Tromans, Nuclear Law², 150ff.
55 *Tromans* Nuclear Law², 151f.
56 Schlussanträge des GA *Jacobs* v 13.12.2001, RS C-29/99, Kommission/Rat, Slg 2002, I-11221, Rn 129ff.
57 Safety Standards Series No NS-G-3.6 veröffentlicht 1.4.2005.
58 Safety Standards Series No NS-G-3.5 veröffentlicht 18.3.2004.
59 Safety Standards Series No NS-R-3 veröffentlicht 19.3.2003.
60 Safety Standards Series No NS-G-3.4 veröffentlicht 16.7.2003.
61 Safety Standards Series No NS-G-3.3 veröffentlicht 21.3.2003.
62 Safety Standards Series No NS-G-3.1 veröffentlicht 19.7.2002.
63 Safety Standards Series No NS-G-3.2 veröffentlicht 23.4.2002.

diesem Zusammenhang ist darauf hinzuweisen, dass für die Errichtung und den Betrieb eines Kernkraftwerkes sowohl die Aufsichtsbehörde als auch der Betreiber unterschiedliche Aufgaben, welche in den jeweiligen nationalen Rechten unterschiedlich geregelt sind, haben, um die notwendige Sicherheit für die Umwelt und die Bevölkerung zu gewährleisten.

Die Aufsichtsbehörde ist zuständig, die notwendigen Sicherheitsstandards zu bestimmen, und innerhalb ihres rechtlichen Aufgabengebietes die Einhaltung dieser Sicherheitsstandards zu überprüfen, sowie allfällige Adaptionen jener vorzunehmen.

Der Betreiber hingegen ist verpflichtet, diese Sicherheitsstandards entsprechend einzuhalten und eine entsprechende Dokumentation hinsichtlich dieser Einhaltung gemäß den gesetzlichen Bestimmungen vorzulegen.

Der grundsätzlich eingeräumte und notwendige Ermessensbereich der Aufsichtsbehörde soll gewährleisten, dass diese Sicherheitsnormen entsprechend detailliert und vorausschauend sind, andererseits soll dies nicht dazu führen, dass der Betreiber unnötig in der Errichtung und dem Betrieb eingeschränkt ist. Auf Grund dieses Spannungsverhältnisses ist es unerlässlich, dass es zu einer ständigen Kommunikation zwischen der Aufsichtsbehörde und dem Betreiber kommt.

Bei der Errichtung eines Kernkraftwerkes – dies gilt auch für andere nukleare Anlagen – gibt es verschiedene Modelle, hinsichtlich der Genehmigung. Einerseits kann das gesamte Projekt vom Anfang an in einem Genehmigungsverfahren genehmigt werden, andere Modelle sehen vor, dass für jeden einzelnen Schritt (Planung, Errichtung, Abnahme, Genehmigung für die Aufnahme des Betriebes, Schließung des Betriebes) jeweils gesonderte Genehmigungen einzuholen sind. Diese Genehmigung hinsichtlich der Errichtung sowie der Schließung des Betriebes werden ergänzt durch laufende Kontrollen.

Ausgehend davon, dass ein Kernkraftwerk eine Betriebszeit von 30 bis 40 Jahren hat, bedeutet dies, dass eine einmal erteilte Lizenz dem damaligen Stand der Technik entspricht. Im Laufe der Betriebszeit ändern sich die technischen Standards als auch der Stand der Technik, und die Anforderungen hinsichtlich des Betriebes wurden und werden immer strenger. Aus diesem Grund ist es durchaus üblich, dass einige Staaten die Betriebsgenehmigung für die Dauer von 10 Jahren oder einen kürzeren Zeitraum begrenzen. Ein Weiterbetrieb muss rechtzeitig genehmigt werden, und der Betreiber muss daher die notwendigen Maßnahmen setzen, dass das Kernkraftwerk dem letzten Stand der Technik entspricht. Es sind auch Fälle im internationalen Vergleich zu finden, die die Betriebsgenehmigung lediglich auf ein Jahr begrenzen, und jedes Jahr eine entsprechende Überprüfung verbunden mit einer neuerlichen Genehmigung befristet auf ein weiteres Jahr erfolgt.

In diesem Zusammenhang ist immer darauf zu verweisen, dass die laufende Kontrolle auch mit den regelmäßigen Neuausstellungen der Betriebsgenehmigungen auch die Möglichkeit erlaubt, Kernkraftwerke, die nicht mehr dem Stand der Technik entsprechen, zu schließen, wobei jedoch immer zu beachten ist, dass eine unzulässige Schließung – Nichterneuerung der Genehmigung – in das verfassungsgesetzlich geschützte Recht auf Eigentum des Betreibers eingreifen kann.

Der Betreiber hat auf Grund der Vorgabe der Aufsichtsbehörde sämtliche notwendigen Maßnahmen zu setzen, und zwar schon beginnend bei der Planung und dem Bau, dass die Vorgaben, welche lediglich ein Mindestmaß darstellen, eingehalten werden. Weiters muss der Betreiber bei Betrieb des Kernkraftwerkes – dies gilt auch für sämtliche andere Anlagen – die entsprechenden Richtlinien für die einzelnen Verantwortungsbereiche und Maßnahmen erarbeiten, Vorkehrungen treffen, dass die notwendigen Sicherheitskontrollen durchgehend durchgeführt und erfüllt werden, sowie eine ausreichende Anzahl von entsprechend ausgebildeten und fortgebildeten Personal vorweisen. Zu den wichtigen Punkten zählt auch, dass eine entsprechend gute Kommunikation zwischen den einzelnen Abteilungen als auch zur Aufsichtsbehörde vorliegt.

Der Betreiber hat auch die in diesem Zusammenhang notwendige Dokumentation vorzunehmen.

Die IAEO hat nachstehende Standards und Richtlinien erlassen:

Die IAEO hat nachstehende Standards und Richtlinien für Kernkraftwerke erlassen:

- General Safety Requirements
- International Basic Safety Standards for Protection Against Ionizing Radiation and for the Safety of Radiation Sources[64]
- Preparedness and Response for a Nuclear or Radiological Emergency Safety Requirements[65]
- The Management System for Facilities and Activities Safety Requirements[66]
- Governmental, Legal and Regulatory Framework for Safety General Safety Requirements Part 1[67]
- Safety Assessment for Facilities and Activities General Safety Requirements Part 4[68]
- Predisposal Management of Radioactive Waste General Safety Requirements Part 5[69]
- Remediation of Areas Contaminated by Past Activities and Accidents Safety Requirements[70]

64 Safety Standard Series No 115 veröffentlicht 21.3.1996.
65 Safety Standard Series No GS-R-2, veröffentlicht 6.11.2002.
66 Safety Standard Series No GS-R-3 veröffentlicht 21.7.2006.
67 Safety Standard Series No GSR Part 1 veröffentlicht 4.10.2010.
68 Safety Standard Series No GSR Part 4 veröffentlicht 19.5.2009.
69 Safety Standard Series No. GSR Part 5, published Tuesday, May 19, 2009.
70 Safety Standard Series No WS-R-3 veröffentlicht 2.12.2003.

- Decommissioning of Facilities Using Radioactive Material Safety Requirements[71]
- Specific Requirements
- Safety of Nuclear Power Plants: Design Safety Requirements[72]
- Site Evaluation for Nuclear Installations Safety Requirements[73]
- Safety of Nuclear Power Plants: Commissioning and Operation[74]
- Specific Safety Guides
- Organization and Staffing of the Regulatory Body for Nuclear Facilities Safety Guide[75]
- Review and Assessment of Nuclear Facilities by the Regulatory Body Safety Guide[76]
- Regulatory Inspection of Nuclear Facilities and Enforcement by the Regulatory Body Safety Guide[77]
- Documentation for Use in Regulating Nuclear Facilities Safety Guide[78]
- The Management System for Nuclear Installations Safety Guide[79]
- Format and Content of the Safety Analysis Report for Nuclear Power Plants Safety Guide[80]
- Software for Computer Based Systems Important to Safety in Nuclear Power Plants Safety Guide[81]
- Design of Reactor Containment Systems for Nuclear Power Plants Safety Guide[82]
- Protection against Internal Hazards other than Fires and Explosions in the Design of Nuclear Power Plants Safety Guide[83]
- Design of the Reactor Core for Nuclear Power Plants Safety Guide[84]
- Radiation Protection Aspects of Design for Nuclear Power Plants Safety Guide[85]
- Instrumentation and Control Systems Important to Safety in Nuclear Power Plants Safety Guide[86]

---

71 Safety Standard Series No WS-R-5 veröffentlicht 18.10.2006.
72 Safety Standard Series No NS-R-1 veröffentlicht 31.10.2000.
73 Safety Standard Series No NS-R-3 veröffentlicht 18.12.2003.
74 Safety Standard Series No SSR-2/2 veröffentlicht 14.7.2011.
75 Safety Standard Series No GS-G-1.1 veröffentlicht 5.9.2002.
76 Safety Standard Series No GS-G-1.2 veröffentlicht 5.9.2002.
77 Safety Standard Series No GS-G-1.3 veröffentlicht 6.9.2002.
78 Safety Standard Series No GS-G-1.4 veröffentlicht 9.9.2002.
79 Safety Standard Series No GS-G-3.5 veröffentlicht 5.10.2009.
80 Safety Standard Series No GS-G-4.1 veröffentlicht 27.4.2004.
81 Safety Standard Series No NS-G-1.1 veröffentlicht 14.11.2000.
82 Safety Standard Series No NS-G-1.10 veröffentlicht 22.9.2004.
83 Safety Standard Series No NS-G-1.11 veröffentlicht 4.10.2004.
84 Safety Standard Series No NS-G-1.12 veröffentlicht 26.5.2005.
85 Safety Standard Series No NS-G-1.13 veröffentlicht 9.12.2005.
86 Safety Standard Series No NS-G-1.3 veröffentlicht 29.3.2002.

- Design of Fuel Handling and Storage Systems in Nuclear Power Plants Safety Guide[87]
- External Events Excluding Earthquakes in the Design of Nuclear Power Plants Safety Guide[88]
- Seismic Design and Qualification for Nuclear Power Plants Safety Guide[89]
- Protection Against Internal Fires and Explosions in the Design of Nuclear Power Plants Safety Guide[90]
- Design of Emergency Power Systems for Nuclear Power Plants Safety Guide[91]
- Design of the Reactor Coolant System and Associated Systems in Nuclear Power Plants Safety Guide[92]
- Fire Safety in the Operation of Nuclear Power Plants Safety Guide[93]
- Periodic Safety Review of Nuclear Power Plants Safety Guide[94]
- A System for the Feedback of Experience from Events in Nuclear Installations Safety Guide[95]
- Ageing Management for Nuclear Power Plants Safety Guide[96]
- Evaluation of Seismic Safety for Existing Nuclear Installations Safety Guide[97]
- Conduct of Operations at Nuclear Power Plants Safety Guide[98]
- Severe Accident Management Programmes for Nuclear Power Plants Safety Guide[99]
- Operational Limits and Conditions and Operating Procedures for Nuclear Power Plants Safety Guide[100]
- Modifications to Nuclear Power Plants Safety Guide[101]
- The Operating Organization for Nuclear Power Plants Safety Guide[102]
- Core Management and Fuel Handling for Nuclear Power Plants Safety Guide[103]

87 Safety Standard Series No NS-G-1.4 veröffentlicht 8.8.2003.
88 Safety Standard Series No NS-G-1.5 veröffentlicht 17.12.2003.
89 Safety Standard Series No NS-G-1.6 veröffentlicht 20.10.2003.
90 Safety Standard Series No NS-G-1.7 veröffentlicht 2.9.2004.
91 Safety Standard Series No NS-G-1.8 veröffentlicht 1.9.2004.
92 Safety Standard Series No NS-G-1.9 veröffentlicht 23.9.2004.
93 Safety Standard Series No NS-G-2.1 veröffentlicht 15.9.2000.
94 Safety Standard Series No NS-G-2.10 veröffentlicht 9.3.2003.
95 Safety Standard Series No NS-G-2.11 veröffentlicht 14.6.2006.
96 Safety Standard Series No NS-G-2.12 veröffentlicht 6.2.2009.
97 Safety Standard Series No NS-G-2.13 veröffentlicht 26.5.2009.
98 Safety Standard Series No NS-G-2.14 veröffentlicht 29.8.2008.
99 Safety Standard Series No NS-G-2.15 veröffentlicht 14.7.2009.
100 Safety Standard Series No NS-G-2.2 veröffentlicht 19.12.2000.
101 Safety Standard Series No NS-G-2.3 veröffentlicht 23.10.2001
102 Safety Standard Series No NS-G-2.4 veröffentlicht 7.12.2001.
103 Safety Standard Series No NS-G-2.5 veröffentlicht 5.6.2002.

- Maintenance, Surveillance and In-service Inspection in Nuclear Power Plants Safety Guide[104]
- Radiation Protection and Radioactive Waste Management in the Operation of Nuclear Power Plants Safety Guide[105]
- Recruitment, Qualification and Training of Personnel for Nuclear Power Plants Safety Guide[106]
- Commissioning for Nuclear Power Plants Safety Guide[107]
- External Human Induced Events in Site Evaluation for Nuclear Power Plants Safety Guide[108]
- Dispersion of Radioactive Material in Air and Water and Consideration of Population Distribution in Site Evaluation for Nuclear Power Plants Safety Guide[109]
- Meteorological Events in Site Evaluation for Nuclear Power Plants Safety Guide[110]
- Flood Hazard for Nuclear Power Plants on Coastal and River Sites Safety Guide[111]
- Geotechnical Aspects of Site Evaluation and Foundations for Nuclear Power Plants Safety Guide[112]
- Licensing Process for Nuclear Installations Specific Safety Guide[113]
- Chemistry Programme for Water Cooled Nuclear Power Plants Specific Safety Guide[114]
- Deterministic Safety Analysis for Nuclear Power Plants Specific Safety Guide[115]
- Development and Application of Level 1 Probabilistic Safety Assessment for Nuclear Power Plants Specific Safety Guide[116]
- Development and Application of Level 2 Probabilistic Safety Assessment for Nuclear Power Plants Specific Safety Guide[117]
- Seismic Hazards in Site Evaluation for Nuclear Installations Specific Safety Guide[118]
- Decommissioning of Nuclear Power Plants and Research Reactors Safety Guide[119]

---

104 Safety Standard Series No NS-G-2.6 veröffentlicht 29.10.2002.
105 Safety Standard Series No NS-G-2.7 veröffentlicht 21.11.2002.
106 Safety Standard Series No NS-G-2.8 veröffentlicht 19.11.2002.
107 Safety Standard Series No NS-G-2.9 veröffentlicht 16.6.2003.
108 Safety Standard Series No NS-G-3.1 veröffentlicht 5.6.2002.
109 Safety Standard Series No NS-G-3.2 veröffentlicht 2.4.2002.
110 Safety Standard Series No NS-G-3.4 veröffentlicht 13.5.2003.
111 Safety Standard Series No NS-G-3.5 veröffentlicht 26.2.2004.
112 Safety Standard Series No NS-G-3.6 veröffentlicht 11.3.2005.
113 Safety Standard Series No SSG-12 veröffentlicht 8.11.2010.
114 Safety Standard Series No SSG-13 veröffentlicht 2.2.2011.
115 Safety Standard Series No SSG-2 veröffentlicht 5.1.2010.
116 Safety Standard Series No SSG-3 veröffentlicht 27.4.2010.
117 Safety Standard Series No SSG-4 veröffentlicht 25.5.2010.
118 Safety Standard Series No SSG-9 veröffentlicht 15.9.2010.
119 Safety Standard Series No WS-G-2.1 veröffentlicht 7.12.1999.

Die IAEO hat nachstehende Standards und Richtlinien für Forschungsreaktoren erlassen:

- General Safety Requirements
- International Basic Safety Standards for Protection Against Ionizing Radiation and for the Safety of Radiation Sources[120]
- Preparedness and Response for a Nuclear or Radiological Emergency Safety Requirements[121]
- The Management System for Facilities and Activities Safety Requirements.[122]
- Governmental, Legal and Regulatory Framework for Safety General Safety Requirements Part 1[123]
- Safety Assessment for Facilities and Activities General Safety Requirements Part 4[124]
- Predisposal Management of Radioactive Waste General Safety Requirements Part 5[125]
- Remediation of Areas Contaminated by Past Activities and Accidents Safety Requirements[126]
- Decommissioning of Facilities Using Radioactive Material Safety Requirements[127]
- General Safety Guides
- The Management System for Technical Services in Radiation Safety Guide[128]
- The Management System for the Processing, Handling and Storage of Radioactive Waste Safety Guide[129]
- Classification of Radioactive Waste General Safety Guide[130]
- Criteria for Use in Preparedness and Response for a Nuclear or Radiological Emergency General Safety Guide[131]
- Occupational Radiation Protection Safety Guide[132]
- Assessment of Occupational Exposure Due to Intakes of Radionuclides Safety Guide[133]

---

120 Safety Standard Series No 115 veröffentlicht 21.3.1996.
121 Safety Standard Series No GS-R-2 veröffentlicht 6.11.2002.
122 Safety Standard Series No GS-R-3 veröffentlicht 21.7.2006.
123 Safety Standard Series No GSR Part 1 veröffentlicht 4.10.2010.
124 Safety Standard Series No GSR Part 4 veröffentlicht 19.5.2009.
125 Safety Standard Series No GSR Part 5 veröffentlicht 19.5.2009.
126 Safety Standard Series No WS-R-3 veröffentlicht 2.12.2003.
127 Safety Standard Series No WS-R-5 veröffentlicht 18.10.2006.
128 Safety Standard Series No GS-G-3.2 veröffentlicht 2.7.2008.
129 Safety Standard Series No GS-G-3.3 veröffentlicht 2.7.2008.
130 Safety Standard Series No GSG-1 veröffentlicht 28.12.2009.
131 Safety Standard Series No GSG-2 veröffentlicht 17.3.2011.
132 Safety Standard Series No RS-G-1.1 veröffentlicht 13.10.1999.
133 Safety Standard Series No RS-G-1.2 veröffentlicht 2.11.1999.

- Assessment of Occupational Exposure Due to External Sources of Radiation Safety Guide[134]
- Building Competence in Radiation Protection and the Safe Use of Radiation Sources Safety Guide[135]
- Environmental and Source Monitoring for Purposes of Radiation Protection Safety Guide[136]
- Categorization of Radioactive Sources Safety Guide[137]
- Regulatory Control of Radioactive Discharges to the Environment Safety Guide[138]
- Predisposal Management of Low and Intermediate Level Radioactive Waste Safety Guide[139]
- Predisposal Management of High Level Radioactive Waste Safety Guide[140]
- Remediation Process for Areas Affected by Past Activities and Accidents Safety Guide[141]
- Release of Sites from Regulatory Control on Termination of Practices Safety Guide[142]
- Safety Assessment for the Decommissioning of Facilities Using Radioactive Material Safety Guide[143]
- Storage of Radioactive Waste Safety Guide[144]
- Specific Requirements
- Site Evaluation for Nuclear Installations Safety Requirements[145]
- Safety of Research Reactors Safety Requirements[146]
- Specific Safety Guides
- Safety Assessment of Research Reactors and Preparation of the Safety Analysis Report Safety Guide[147]
- Safety in the Utilization and Modification of Research Reactors Safety Guide[148]

---

134 Safety Standard Series No RS-G-1.3 veröffentlicht 28.9.1999.
135 Safety Standard Series No RS-G-1.4 veröffentlicht 8.5.2001.
136 Safety Standard Series No RS-G-1.8 veröffentlicht 22.8.2005.
137 Safety Standard Series No RS-G-1.9 veröffentlicht 15.8.2005.
138 Safety Standard Series No WS-G-2.3 veröffentlicht 15.9.2000.
139 Safety Standard Series No WS-G-2.5 veröffentlicht 30.4.2003.
140 Safety Standard Series No WS-G-2.6 veröffentlicht 30.4.2003.
141 Safety Standard Series No WS-G-3.1 veröffentlicht 1.3.2007.
142 Safety Standard Series No WS-G-5.1 veröffentlicht 8.11.2006.
143 Safety Standard Series No WS-G-5.2 veröffentlicht 24.2.2009.
144 Safety Standard Series No WS-G-6.1 veröffentlicht 28.11.2006.
145 Safety Standard Series No NS-R-3 veröffentlicht 18.12.2003.
146 Safety Standard Series No NS-R-4 veröffentlicht 28.7.2005.
147 Safety Standard Series No 35-G1 veröffentlicht 19.12.1994.
148 Safety Standard Series No 35-G2 veröffentlicht 15.12.1994.

- Organization and Staffing of the Regulatory Body for Nuclear Facilities Safety Guide[149]
- Review and Assessment of Nuclear Facilities by the Regulatory Body Safety Guide[150]
- Regulatory Inspection of Nuclear Facilities and Enforcement by the Regulatory Body Safety Guide[151]
- Documentation for Use in Regulating Nuclear Facilities Safety Guide[152]
- The Management System for Nuclear Installations Safety Guide[153]
- A System for the Feedback of Experience from Events in Nuclear Installations Safety Guide[154]
- Evaluation of Seismic Safety for Existing Nuclear Installations Safety Guide[155]
- Commissioning of Research Reactors Safety Guide[156]
- Maintenance, Periodic Testing and Inspection of Research Reactors Safety Guide[157]
- Core Management and Fuel Handling for Research Reactors Safety Guide[158]
- Operational Limits and Conditions and Operating Procedures for Research Reactors Safety Guide[159]
- The Operating Organization and the Recruitment, Training and Qualification of Personnel for Research Reactors Safety Guide[160]
- Radiation Protection and Radioactive Waste Management in the Design and Operation of Research Reactors Safety Guide[161]
- Ageing Management for Research Reactors Specific Safety Guide.[162]
- Licensing Process for Nuclear Installations Specific Safety Guide[163]
- Seismic Hazards in Site Evaluation for Nuclear Installations Specific Safety Guide[164]

---

149 Safety Standard Series No GS-G-1.1 veröffentlicht 5.9.2002.
150 Safety Standard Series No GS-G-1.2 veröffentlicht 5.9.2002.
151 Safety Standard Series No GS-G-1.3 veröffentlicht 6.9.2002.
152 Safety Standard Series No GS-G-1.4 veröffentlicht 9.9.2002.
153 Safety Standard Series No GS-G-3.5 veröffentlicht 5.10.2009.
154 Safety Standard Series No NS-G-2.11 veröffentlicht 14.6.2006.
155 Safety Standard Series No NS-G-2.13 veröffentlicht 26.5.2009.
156 Safety Standard Series No NS-G-4.1 veröffentlicht 14.12.2006.
157 Safety Standard Series No NS-G-4.2 veröffentlicht 15.12.2006.
158 Safety Standard Series No NS-G-4.3 veröffentlicht 22.5.2008.
159 Safety Standard Series No NS-G-4.4 veröffentlicht 2.7.2008.
160 Safety Standard Series No NS-G-4.5 veröffentlicht 24.7.2008.
161 Safety Standard Series No NS-G-4.6 veröffentlicht 10.3.2009.
162 Safety Standard Series No SSG-10 veröffentlicht 11.10.2010.
163 Safety Standard Series No SSG-12 veröffentlicht 8.11.2010.
164 Safety Standard Series No SSG-9 veröffentlicht 15.9.2010.

- Decommissioning of Nuclear Power Plants and Research Reactors Safety Guide[165]

7. Unfallverhütung

A) Einführung

Nukleare und radiologische Notfälle und Unfälle haben nicht nur auf die betroffenen Anlagen, sondern auch auf die Umwelt in größerem Ausmaß erhebliche Auswirkungen (Unfall von Three Miles Island, Tschernobyl und Fukushima). Radioaktivität kann durch Wasser oder über die Luft weite Flächen im Umkreis der Anlage verseuchen und kann, wie der Fall in Tschernobyl gezeigt hat, über lange Distanzen die Umwelt in anderen Staaten und Regionen beeinflussen. Diese Risiken liegen nicht nur bei Kernkraftwerken oder Aufbereitungsanlagen, sondern auch beim Transport von Nuklearmaterial – durch einen Verkehrsunfall kann radioaktives Material in die Luft oder ins Wasser entweichen. Auch die Unkontrolliertheit von radioaktiven Reaktionen (zB unkontrollierte Kettenreaktion) kann ebenfalls Personen und Umwelt radioaktiv belasten. Daher ist es notwendig, dass von legistischer Seite die entsprechenden rechtlichen Maßnahmen getroffen werden, die einerseits die Risiken des Entstehens eines solchen Unfalls oder Vorfalls verhindern, andererseits auch die entsprechenden Maßnahmen vorsehen, für den Fall, dass ein solches Vorkommnis auftritt. Notfallsplanung ist für alle Bereiche des täglichen Lebens, welche mit gewissen Risiken verbunden sind, notwendig. Zu den Aufgaben eines Staates gehört auch, mit Unfällen und Unglücken fertig zu werden, da es vordringliches staatliches Ziel ist, das Leben, das Eigentum und die Gesundheit der Bürger und Bewohner zu schützen.

Zur Unfallverhütung ist es notwendig, dass alle notwendigen Maßnahmen gesetzt werden, um in einer entsprechend kurzen Zeitspanne verlässliche Informationen über Unfälle zu erhalten, und hierauf die notwendigen Maßnahmen zu setzen und die Unfallauswirkungen zu minimieren. Im Falle eines Reaktorunglückes ist das vornehmliche Ziel, den allenfalls außer Kontrolle geratenen nuklearen Prozess zu stoppen, oder die Kühlung des Kerns aufrecht zu erhalten, oder diese wieder in Gang zu setzen und somit den Reaktor in einen sicheren Status zu bringen.

165 Safety Standard Series No WS-G-2.1 veröffentlicht 7.12.1999.

B) Unfälle

Im gesamten Zeitraum, in dem Nuklearanlagen im Betrieb waren, kam es zu einer Anzahl von schwerwiegenden als auch leichten Unfällen. Diese schwerwiegenden führten zu einer Diskussion über den Betrieb von nuklearen Anlagen als auch über die nukleare Sicherheit.[166] Die neuen Informationstechnologien haben, wie der Unfall in Fukushima gezeigt hat, erhebliche Auswirkungen auf die Verbreitung der Information, sodass die Convention on early notifications of a nuclear accident and on assistance in the case of a nuclear accident or radiological emergency. entsprechend modernisiert werden muss.[167]

a) Windscale/Sellafield 1957

Am 8.10.1957 kam es in der Uranfabrik von Windscale zu einem Vorfall, der erst am 10.10.1957 entdeckt worden ist. Infolge eingeschränkter Kühlung kam es zu einem Grafitbrand, welcher die massive Freisetzung radioaktiver Materialien in der Umgebung, insbesondere von Jod^{131} führte. Das Land in einem Umkreis von 500 Quadratkilometer wurde verseucht. Die Milchproduktion musste in diesem Gebiet eingestellt werden.

b) Mayak/Tscheljabinsk 1958

Im September 1957 kam es in der Plutoniumfabrik von Mayak, welche militärischen Zwecken diente, infolge des Versagens eines Kühlsystems zu einer nicht nuklearen Explosion, welche eine Region im Umkreis in einem Ausmaß von 800 Quadratkilometern insbesondere mit Cäsium^{137} und Strontium^{90} verseuchte. Dieses Unglück wurde von der sowjetischen Regierung bis 1998 als ein „Nichtereignis" dargestellt, international war es jedoch in Fachkreisen bekannt.

Die sowjetische Regierung hat dieses Gebiet seit dem Unfall genauestens auf die Folgen radioaktiver Verseuchung, insbesondere mit den oben genannten Elementen untersucht, und es bestehen diesbezüglich sehr genaue und detaillierte Studien über die Langzeitfolgen von nuklearer Verseuchung.

---

166 Eine Darstellung der großen internationalen und der kleineren deutschen Vorfälle brachte der Parlamentarischer Beratungs- und Gutachterdienst des Landtags NRW dar: Störfälle in Kernkraftwerken (2003).

167 Hiezu ausführlich *Kus Selma* International nuclear law in the 25 years between Chernobyl and Fukushima and beyond, NLB 87 (2011), 11.

c) Three Miles Island/Harrisburg 1979

Am 28.3.1979 kam es im Kernkraftwerk Three Miles Island, Block 2, infolge des Nichterkennens der fehlerhaften Offenstellung eines Ventils zu einem Kühlwasserverlust und infolge zu einer partiellen Kernschmelze. Glücklicher Weise kam es jedoch nur zu einer geringen Freisetzung von radioaktiven Strahlungen in die Umwelt.

Die letzten gerichtlichen Verfahren wurden 1996, 17 Jahre nach dem Unfall, beendet. Der Unfall in Three Miles Island war ein Wendepunkt in der weltweiten Diskussion über die Zweckmäßigkeit der friedlichen Nutzung von Kernenergie.

d) Tschernobyl 1986

Einer der folgenreichsten Unfälle geschah am 26.4.1986 in Block 4 des Kernkraftwerkes Tschernobyl bei Kiew. Es bestanden Konstruktionsmängel, die verbunden mit nicht autorisierten Experimenten des Personals zu einer explosionsartig verlaufenden unkontrollierten Kettenreaktion führten, welche eine Zerstörung der Anlage zur Folge hatte. Es kam zu einer massiven Freisetzung radioaktiver Materialien in die Umwelt; unmittelbar gab es 32 Tote. Hunderte Menschen, insbesondere die Helfer, die den Brand und die Unfallfolgen unter Kontrolle brachten, erkrankten später schwer an den Folgen der starken radioaktiven Strahlung und starben. Es kam zu einer großflächigen Sperrung des Gebietes um Tschernobyl, infolge der radioaktiven Strahlung, die durch die Winde weiter getragen worden ist, wurde in vielen Ländern Europas Maßnahmen veranlasst bzw. getroffen, die teilweise den Verzehr von Lebensmitteln beschränkten, bzw. das Verbot beinhalteten, dass Kinder im Freien spielen sollten.

Mit dem Unfall von Tschernobyl wurden insbesondere in Westeuropa die bisherigen positiven Ansichten über die friedliche Nutzung von Kernenergie und Kerntechnologie revidiert. Es kam aufgrund dessen zu einem jahrzehntelangen Stillstand im Ausbau und der Fortführung der zivilen Nukleartechnologie.

Hinzu kam, dass die Folgen der Strahlenexposition für Pflanzen, Tiere und Menschen in der unmittelbaren und weiteren Umgebung sehr genau erforscht worden sind. Über diese Forschungsergebnisse gibt es eine erhebliche Anzahl von sich zum Teil widersprechenden Studien.

e) Tokaimura 1999

Am 30.9.1999 kam es in der etwa 100 km nordöstlich von Tokio gelegenen Brennelementefabrik Tokaimura zu einem Unfall, da ein Arbeiter einen Tank mit 16 kg Urangemisch anstatt mit den vorgeschriebenen 2,3 kg befüllte. Es kam zu einer unkontrollierten Kettenreaktion mit Austritt hoher Strahlung. Zwei Arbeiter starben unmittelbar hierauf aufgrund ihrer Verstrahlung. Mehrere 100 Personen aus der Umgebung wurden sehr stark verstrahlt, sind teilweise verstorben bzw. leiden heute noch immer an den Folgen der Verstrahlung.

f) Fukushima 2011[168]

Die Firma TEPCO betreibt in der Präfektur Fukushima, Japan 6 Siedewasserreaktoren, die zwischen 1969 und 1979 errichtet worden sind.

Aufgrund des am 11. März 2011 stattgefundenen Erdbebens mit der Stärke 9,0 wurden die 6 Blöcke des Kernkraftwerkes Fukushima abgeschaltet und heruntergefahren. Unmittelbar nach dem Erdbeben kam es zu einem Tsunami, der zusammen mit dem Erdbeben zu einem Zusammenbruch des Kühlsystems führte.

Einen Tag nach dem Erdbeben und dem Tsunami, am 12.3.2011 kam es zu einer teilweisen Kernschmelze im Reaktorblock 1, einige Tage später waren auch die Blöcke 3 und 2 betroffen. Der Block 4 war ebenfalls vom Zusammenfall des Systems betroffen. Seit diesem Tag bemühten sich die Sicherheitskräfte in Zusammenarbeit mit den Einsatzkräften die Kernschmelze zu stoppen und den Austritt Radioaktivität zu verhindern bzw. die Folgen des Austritts dieser zu minimieren.

Nach der „INES-Skala" wird der Vorfall in Fukushima als Stufe 7 geführt.

C) Rechtliche Maßnahmen

Um für den Fall eines Unfalls sämtliche Maßnahmen gesetzt zu haben, sind zwei Stufen zu unterscheiden. Einerseits ist im Genehmigungsverfahren für den Betreiber einer nuklearen Anlage dafür zu sorgen, dass dieser die entsprechenden Sicherheits- somit Unfallverhütungs- und andere Maßnahmen setzt. Weiters sind von ihm sämtliche Maßnahmen und Pläne auszuarbeiten, in denen die Schritte dargestellt sind, welche er für den Fall eines Unfalles setzt. Diese Auflagen sind in der Regel in der ursprünglichen Genehmigung als auch in den nachfolgenden zu finden.

Auf der anderen Seite sind entsprechende Notfallmaßnahmen vom Staat oder den lokalen Behörden in einem entsprechenden rechtlichen Korsett auszuarbeiten. Internationale Erfahrung von Unglücken mit Radioaktivität zeigen deutlich, dass für den Fall des Vorliegens eines Unglücks reibungslose Hilfsmaßnahmen und Verarbeitungen dieses Vorfalls nur dann möglich sind, wenn eine einzige Behörde für zuständig erklärt worden ist, und bei der die Kompetenzen konzentriert sind. Diese Zentralisierung im Falle eines Unglücks ist bei föderalen Staaten oft schwierig, aber die meisten Verfassungen sehen in diesem Fall eine sogenannte „Notfallkompetenz" des Zentralorgans vor.

Weitere rechtliche Maßnahmen sind Vereinbarungen mit Nachbarstaaten, um sicherzustellen, dass im Falle eines Unfalls sämtliche Staaten entsprechend rasch und umfassend informiert werden, sodass sie auch die Möglichkeit haben, die entsprechenden notwendigen Maßnahmen in ihrem Staatsgebiet zu veranlassen. Eben-

---

168 *Legal Affairs Section of the OECD Nuclear Energy Agency* Regulatory and institutional framework in Japan against the background of Fukushima, LB 87 (2011), 28ff.

so ist dafür zu sorgen, dass die entsprechenden Kommunikationseinrichtungen errichtet und gewartet werden.

D) Notfallspläne

Internationale Grundlage für Notfallspläne ist die Convention on early notification of a nuclear accident (1986), sowie die Convention on assistant in the case of a nuclear accident radiological emergency (1986).

Diese sollen mit dem Betreiber der Anlage entwickelt werden, wobei festgelegt wird, welche Organisationen im Falle eines Vorfalls welche Aufgaben haben. Bei der Entwicklung dieser Notfallspläne sind die Erfahrungen und Analysen von Unfällen mit ähnlichen Anlagen oder Unfällen mit radioaktivem Material zu berücksichtigen. In diesem Zusammenhang sind auch die Pläne in regelmäßigen Abständen zu überprüfen und mit den neuesten Erfahrungen auf den letzten Stand der Technik zu bringen. Es sollen in diesen Notfallplänen auch die entsprechenden Maßnahmen gesetzt werden, um das mit den Notfallplänen befasste Personal sowie das Personal, welches im Falle eines solchen zum Einsatz kommt, entsprechend zu schulen. Weiters sind die entsprechenden Pläne hinsichtlich der Information der Bevölkerung zu berücksichtigen. Bei den Notfallplänen sind ebenfalls die Maßnahmen der internen Kommunikation zwischen den einzelnen Organisationen von erheblicher Bedeutung.

E) Internationale Zusammenarbeit

Wie oben dargestellt ist auch die internationale Zusammenarbeit von erheblicher Bedeutung. In diesem Zusammenhang ist auf die Convention on nuclear safety (1994), die Joint Convention on the safety of spent view fuel management and on the safety of radioactive waste management (1997) zu verweisen.

Die IAEO hat im Jahre 2002 das sogenannte ENATOM entwickelt (Emergency Notification and Assistants Technical Operations Manual) welche Richtlinien für die Mitgliedstaaten der IAEO darstellt. 2007 wurde es novelliert. Dieses ENATOM Konzept ist aus der Erfahrung der verschiedenen internationalen Unfälle und Vorkommnisse gestaltet und gibt den Mitgliedstaaten die Möglichkeit, die entsprechenden Aktionen weltweit einheitlich zu regeln. Ein wichtiger Punkt bei Unfällen ist die einheitliche Klassifikation eines solchen. ENATOM hat drei Klassen von Unfällen innerhalb einer Nuklearanlage definiert: Site Area Emergency, General Emergency and Missing Dangerous Source.

Für Unfälle außerhalb von Nuklearanlagen werden 4 Klassen bestimmt: missing dangerous source (Verlust von gefährlichen Material), space object re-entry (Wiedereintritt eines Raumfahrzeuges), elevated radiations levels of unknown origin (Erhöhte

Radioaktivität unbekannter Ursache) sowie other radiation emergency or threat (andere radiologische Gefährdung oder Drohung) . Ein Vorfall (radiation emergency , missing source and satellite re-entry) stellen eine transnationalen Notfall dar, der unverzüglich der IAEO gemäß der Early Notification Convention gemeldet werden muss. Jeder dieser Klassen verlangt unabhängige Behandlung und eine sofortige Meldung an die IAEO.

In Folge des Unfalls in Tschernobyl wurde von der IAEO in Zusammenarbeit mit den Mitgliedstaaten die INES (International Nuclear Event Scale) geschaffen. Die Skala besteht aus 7 Stufen und ist logarithmisch geordnet. Diese Stufen sind in 3 Gruppen geordnet: Deviation (No Safety Significance), Incidents (Anomaly; Incident und Serious Incident) und Accidents (Accident without significant off-site risk; Accident with off-site risk und Major Accident).

Die IAEO erließ nachstehende Guidelines und Standards:

- Preparedness and Response for a Nuclear or Radiological Emergence Safety Requirements[169]
- Planning and Preparing for Emergency Response to Transport Accidents Involving Radioactive Material Safety Guide[170]
- Emergency Planning and Preparedness for Re-entry of a Nuclear Powered Satellite[171]

8. Abbau von Uran und dessen Erstverarbeitung

A) Definition und Ziele

Unter „Abbau" versteht man die Aussonderung/Aushub von Material von der Erde (Mining). Unter der Erstverarbeitung (im Englischen „milling„ genannt) versteht man die Verarbeitung des abgebauten Materials in der Art und Weise, dass die wertvollen Materialien, nämlich vor allem Uran und Thorium in Erzform vom übrigen Material getrennt wird. Neben Uran- und Thoriumminen gibt es in einem sehr geringen, nicht bedeutsamen Ausmaß auch Minen, in denen radioaktive Erze abgebaut werden, die jedoch nur eine geringe Bedeutung haben. Es bestehen drei Arten von Minen, den Übertag-, den Untertagabbau sowie den Abbau im Meer. Die ersten beiden sind von größter Bedeutung. Weiters gibt es die technische Möglichkeit nicht nur über den physikalischen Abbau sondern auch über chemische Extraktion die Erze zu gewinnen. Gerade beim Untertagabbau kommt es oft zu einer erhöhten Konzentration von radioaktiven Gasen, insbesondere Radon, sodass hier besondere Re-

169 Safety Standards Series No GS-R-2 veröffentlicht 25.11.2002.

170 Safety Standards Series No Ts-G-1.2 veröffentlicht 29.8.2002.

171 Safety Series No 119 veröffentlicht 20.11.1996.

gelungen zum Schutz der Bergleute geschaffen wurden. Grundsätzlich hat jedoch das Berg(bau)recht generellen Vorrang.

Beim Abbau als auch bei der Erstverarbeitung ist Zweck der Gesetzgebung, dass die Minen, die Bergleute, die Umwelt sowie die Bevölkerung entsprechend gegen radioaktive Unglücke gesichert sind, die bei diesen Prozessen entstehen können.

Weiters braucht man sowohl beim Abbau als auch bei der Erstverarbeitung eine erhebliche Menge von Wasser, welches dadurch radioaktiv verseucht werden kann. Daher ist es auch notwendig, dass die Betreiber eine entsprechende Dekontamination vornehmen, um die Umwelt zu schützen. Auch bei der Schließung sind die entsprechenden Maßnahmen, ja auch die Wiederherstellung der Umwelt von entscheidender Bedeutung.

Die IAEO hat nachstehende Standards und Richtlinien für den Abbau und die Erstverarbeitung erlassen:

- Specific Safety Guides
- Siting of Near Surface Disposal Facilities[172]
- Siting of Geological Disposal Facilities[173]
- Organization and Staffing of the Regulatory Body for Nuclear Facilities Safety Guide[174]
- Review and Assessment of Nuclear Facilities by the Regulatory Body Safety Guide[175]
- Regulatory Inspection of Nuclear Facilities and Enforcement by the Regulatory Body Safety Guide[176]
- Documentation for Use in Regulating Nuclear Facilities Safety Guide[177]
- The Management System for the Disposal of Radioactive Waste Safety Guide[178]
- Borehole Disposal Facilities for Radioactive Waste Safety Guide[179]
- Safety Assessment for Near Surface Disposal of Radioactive Waste Safety Guide.[180]
- General Safety Guides
- Arrangements for Preparedness for a Nuclear or Radiological Emergency Safety Guide[181]

---

172 Safety Standard Series No 111-G-3.1 veröffentlicht 1.12.1994.
173 Safety Standard Series No 111-G-4.1 veröffentlicht 19.5.1994
174 Safety Standard Series No GS-G-1.1 veröffentlicht 5.9.2002.
175 Safety Standard Series No GS-G-1.2 veröffentlicht 5.9.2002.
176 Safety Standard Series No GS-G-1.3 veröffentlicht 6.9.2002.
177 Safety Standard Series No GS-G-1.4 veröffentlicht 9.9.2002.
178 Safety Standard Series No GS-G-3.4 veröffentlicht 1.7.2008.
179 Safety Standard Series No SSG-1 veröffentlicht 16.12.2009.
180 Safety Standard Series No WS-G-1.1 veröffentlicht 23.9.1999.
181 Safety Standard Series No GS-G-2.1 veröffentlicht 23.5.2007.

- Application of the Management System for Facilities and Activities Safety Guide[182]
- The Management System for Technical Services in Radiation Safety Safety Guide[183]
- The Management System for the Processing, Handling and Storage of Radioactive Waste Safety Guide[184]
- Classification of Radioactive Waste General Safety Guide[185]
- Criteria for Use in Preparedness and Response for a Nuclear or Radiological Emergency General Safety Guide[186]
- Occupational Radiation Protection Safety Guide[187]
- Assessment of Occupational Exposure Due to Intakes of Radionuclides Safety Guide[188]
- Assessment of Occupational Exposure Due to External Sources of Radiation Safety Guide[189]
- Building Competence in Radiation Protection and the Safe Use of Radiation Sources Safety Guide[190]
- Environmental and Source Monitoring for Purposes of Radiation Protection Safety Guide[191]
- Categorization of Radioactive Sources Safety Guide[192]
- Regulatory Control of Radioactive Discharges to the Environment Safety Guide[193]
- Predisposal Management of Low and Intermediate Level Radioactive Waste Safety Guide[194]
- Predisposal Management of High Level Radioactive Waste Safety Guide[195]
- Remediation Process for Areas Affected by Past Activities and Accidents Safety Guide[196]

182 Safety Standard Series No GS-G-3.1 veröffentlicht 28.7.2006.
183 Safety Standard Series No GS-G-3.2 veröffentlicht 2.7.2008.
184 Safety Standard Series No GS-G-3.3 veröffentlicht 2.7.2008.
185 Safety Standard Series No GSG-1 veröffentlicht 28.12.2009.
186 Safety Standard Series No GSG-2 veröffentlicht 17.3.2011.
187 Safety Standard Series No RS-G-1.1 veröffentlicht 13.10.1999.
188 Safety Standard Series No RS-G-1.2 veröffentlicht 2.11.1999.
189 Safety Standard Series No RS-G-1.3 veröffentlicht 28.9.1999.
190 Safety Standard Series No RS-G-1.4 veröffentlicht 8.5.2001.
191 Safety Standard Series No RS-G-1.8 veröffentlicht 22.8.2005.
192 Safety Standard Series No RS-G-1.9 veröffentlicht 15.8.2005.
193 Safety Standard Series No WS-G-2.3 veröffentlicht 15.9.2000.
194 Safety Standard Series No WS-G-2.5 veröffentlicht 30.4.2003.
195 Safety Standard Series No WS-G-2.6 veröffentlicht 30.4.2003.
196 Safety Standard Series No WS-G-3.1 veröffentlicht 1.3.2007.

- Release of Sites from Regulatory Control on Termination of Practices Safety Guide[197]
- Safety Assessment for the Decommissioning of Facilities Using Radioactive Material Safety Guide[198]
- Storage of Radioactive Waste Safety Guide[199]
- Specific Safety Guides
- Occupational Radiation Protection in the Mining and Processing of Raw Materials Safety Guide[200]
- Management of Radioactive Waste from the Mining and Milling of Ores Safety Guide[201]

Für den Kreislauf als Ganzes hat die IAEO nachstehenden Standards und Guidelines erlassen

- General Safety Requirements
- International Basic Safety Standards for Protection Against Ionizing Radiation and for the Safety of Radiation Sources[202]
- Preparedness and Response for a Nuclear or Radiological Emergency Safety Requirements[203]
- The Management System for Facilities and Activities Safety Requirements[204]
- Governmental, Legal and Regulatory Framework for Safety General Safety Requirements Part 1[205]
- Safety Assessment for Facilities and Activities General Safety Requirements Part 4[206]
- Predisposal Management of Radioactive Waste General Safety Requirements Part 5[207]
- Remediation of Areas Contaminated by Past Activities and Accidents Safety Requirements[208]
- Decommissioning of Facilities Using Radioactive Material Safety Requirements[209]

---

197 Safety Standard Series No WS-G-5.1 veröffentlicht 8.11.2006.
198 Safety Standard Series No WS-G-5.2 veröffentlicht 24.2.2009.
199 Safety Standard Series No WS-G-6.1 veröffentlicht 28.11.2006.
200 Safety Standard Series No RS-G-1.6 veröffentlicht 13.5.2004.
201 Safety Standard Series No WS-G-1.2 veröffentlicht 10.10.2002.
202 Safety Standard Series No 115 veröffentlicht 21.3.1996.
203 Safety Standard Series No GS-R-2 veröffentlicht 6.11.2002.
204 Safety Standard Series No GS-R-3 veröffentlicht 21.7.2006.
205 Safety Standard Series No GSR Part 1 veröffentlicht 4.10.2010.
206 Safety Standard Series No GSR Part 4 veröffentlicht 19.5.2009.
207 Safety Standard Series No GSR Part 5 veröffentlicht 19.5.2009.
208 Safety Standard Series No WS-R-3 veröffentlicht 2.12.2003.
209 Safety Standard Series No WS-R-5 veröffentlicht 18.10.2006.

- General Safety Guides
- Arrangements for Preparedness for a Nuclear or Radiological Emergency Safety Guide[210]
- Application of the Management System for Facilities and Activities Safety Guide[211]
- The Management System for Technical Services in Radiation Safety Safety Guide[212]
- The Management System for the Processing, Handling and Storage of Radioactive Waste Safety Guide[213]
- Classification of Radioactive Waste General Safety Guide[214]
- Criteria for Use in Preparedness and Response for a Nuclear or Radiological Emergency General Safety Guide[215]
- Occupational Radiation Protection Safety Guide[216]
- Assessment of Occupational Exposure Due to Intakes of Radionuclides Safety Guide[217]
- Assessment of Occupational Exposure Due to External Sources of Radiation Safety Guide[218]
- Building Competence in Radiation Protection and the Safe Use of Radiation Sources Safety Guide[219]
- Environmental and Source Monitoring for Purposes of Radiation Protection Safety Guide[220]
- Categorization of Radioactive Sources Safety Guide[221]
- Regulatory Control of Radioactive Discharges to the Environment Safety Guide[222]
- Predisposal Management of Low and Intermediate Level Radioactive Waste Safety Guide[223]
- Predisposal Management of High Level Radioactive Waste Safety Guide[224]

---

210 Safety Standard Series No GS-G-2.1 veröffentlicht 23.5.2007.
211 Safety Standard Series No GS-G-3.1 veröffentlicht 28.6.2006.
212 Safety Standard Series No GS-G-3.2 veröffentlicht 2.7.2008.
213 Safety Standard Series No GS-G-3.3 veröffentlicht 2.7.2008
214 Safety Standard Series No GSG-1 veröffentlicht 28.12.2009.
215 Safety Standard Series No GSG-2 veröffentlicht 17.3.2011.
216 Safety Standard Series No RS-G-1.1 veröffentlicht 13.10.1999.
217 Safety Standard Series No RS-G-1.2 veröffentlicht 2.11.1999.
218 Safety Standard Series No RS-G-1.3 veröffentlicht 28.9.1999.
219 Safety Standard Series No RS-G-1.4 veröffentlicht 8.5.2001.
220 Safety Standard Series No RS-G-1.8 veröffentlicht 22.8.2005.
221 Safety Standard Series No RS-G-1.9 veröffentlicht 15.4.2005.
222 Safety Standard Series No WS-G-2.3 veröffentlicht 15.9.2000.
223 Safety Standard Series No WS-G-2.5 veröffentlicht 30.4.2003.
224 Safety Standard Series No WS-G-2.6 veröffentlicht 30.4.2003.

- Remediation Process for Areas Affected by Past Activities and Accidents Safety Guide[225]
- Release of Sites from Regulatory Control on Termination of Practices Safety Guide[226]
- Safety Assessment for the Decommissioning of Facilities Using Radioactive Material Safety Guide[227]
- Storage of Radioactive Waste Safety Guide[228]
- Specific Requirements
- Site Evaluation for Nuclear Installations Safety Requirements[229]
- Safety of Nuclear Fuel Cycle Facilities Safety Requirements[230]
- Specific Safety Guides
- Design of Spent Fuel Storage Facilities.[231]
- Operation of Spent Fuel Storage Facilities[232]
- Organization and Staffing of the Regulatory Body for Nuclear Facilities Safety Guide[233]
- Review and Assessment of Nuclear Facilities by the Regulatory Body Safety Guide[234]
- Regulatory Inspection of Nuclear Facilities and Enforcement by the Regulatory Body Safety Guide[235]
- Documentation for Use in Regulating Nuclear Facilities Safety Guide[236]
- The Management System for Nuclear Installations Safety Guide[237]
- A System for the Feedback of Experience from Events in Nuclear Installations Safety Guide[238]
- Evaluation of Seismic Safety for Existing Nuclear Installations Safety Guide[239]
- Licensing Process for Nuclear Installations Specific Safety Guide.[240]

---

225 Safety Standard Series No WS-G-3.1 veröffentlicht 1.3.2007.
226 Safety Standard Series No WS-G-5.1 veröffentlicht 8.11.2006.
227 Safety Standard Series No WS-G-5.2 veröffentlicht 24.2.2009.
228 Safety Standard Series No WS-G-6.1 veröffentlicht 28.11.2006.
229 Safety Standard Series No NS-R-3 veröffentlicht 18.12.2003.
230 Safety Standard Series No NS-R-5 veröffentlicht 2.12.2008.
231 Safety Standard Series No 116 veröffentlicht 23.2.1995.
232 Safety Standard Series No 117 veröffentlicht 7.2.1995.
233 Safety Standard Series No GS-G-1.1 veröffentlicht 5.9.2002.
234 Safety Standard Series No GS-G-1.2 veröffentlicht 5.9.2002.
235 Safety Standard Series No GS-G-1.3 veröffentlicht 6.9.2002.
236 Safety Standard Series No GS-G-1.4 veröffentlicht 9.9.2002.
237 Safety Standard Series No GS-G-3.5 veröffentlicht 5.10.2009.
238 Safety Standard Series No NS-G-2.11 veröffentlicht 14.6.2006.
239 Safety Standard Series No NS-G-2.13 veröffentlicht 26.5.2009
240 Safety Standard Series No SSG-12 veröffentlicht 8.11.2010.

- Safety of Conversion Facilities and Uranium Enrichment Facilities Specific Safety Guide[241]
- Safety of Uranium Fuel Fabrication Facilities Specific Safety Guide[242]
- Safety of Uranium and Plutonium Mixed Oxide Fuel Fabrication Facilities Specific Safety Guide[243]
- Seismic Hazards in Site Evaluation for Nuclear Installations Specific Safety Guide[244]
- Decommissioning of Nuclear Fuel Cycle Facilities Safety Guide[245]

B) Genehmigungen

Eine Genehmigung von der Aufsichtsbehörde muss gewährleisten, dass sämtliche mit dem Abbau bzw. der Erstverarbeitung bestehende Gefährdungen entsprechend berücksichtigt werden. Die Abbaugenehmigung muss folgende Punkte berücksichtigen: Gefährdung durch Radioaktivität, Abtransport des Uran- oder Thoriumerzes, Untergrundsicherungsmaßnahmen, Transport der Produkte, Dekontamination, sowie Wiederherstellung der natürlichen Gegebenheiten.

Der Lizenzwerber hat in seinem Antrag nachzuweisen, dass er die entsprechende notwendige Anzahl von ausgebildeten Fachkräften vorweisen kann, dass er in der Lage, ist die Gesundheit und Sicherheit der Mitarbeiter, der Bevölkerung als auch der Umwelt zu gewährleisten, dass er entsprechende Maßnahmen setzen kann, um die Sicherheit des abgebauten Urans, der Mine und der Verarbeitungsanlage zu gewährleisten, dass er die entsprechenden Maßnahmen gegen den Austritt von Radioaktivität setzen kann, sowie in der Lage ist, Dekontamination zu gewährleisten, dass die entsprechenden finanziellen Mittel vorhanden sind, um nach Schließung der Mine eine entsprechende Wiederherstellung der natürlichen Gegebenheiten vorzunehmen, und vor allem, dass er die entsprechenden Sicherheitsmaßnahmen gegenüber den Aufsichtsbehörden setzen kann. Sämtliche Tätigkeiten müssen auch durch eine entsprechende Haftpflichtversicherung gedeckt werden.

Von besonderer Bedeutung sind die entsprechend ausgebildeten Mitarbeiter und Fachleute, die vor allem im Bereich des Strahlenschutzes, der Belüftung sowie der Strahlenmedizin entsprechende Ausbildungen haben. Diese Voraussetzungen sind auf Grund der besonderen Gefährdung mit radioaktivem Material unerlässlich.

---

241 Safety Standard Series No SSG-5 veröffentlicht 3.6.2010.
242 Safety Standard Series No SSG-6 veröffentlicht 3.6.2010.
243 Safety Standard Series No SSG-7 veröffentlicht 3.6.2010.
244 Safety Standard Series No SSG-9 veröffentlicht 15.9.2010.
245 Safety Standard Series NoWS-G-2.4 veröffentlicht 18.6.2001.

Eine besondere Bedeutung hat der radioaktive Abfall aus dem Abbau sowie der Erstverarbeitung. Der Gesetzgeber hat in diesem Zusammenhang vorzusehen, dass radioaktiver Abfall aus dem Abbau sowie aus der Erstverarbeitung genauso behandelt wird, wie solcher aus der Verwendung von radioaktivem Material mit der gleichen Strahlendosis. Es ist jedoch darauf Rücksicht zu nehmen, dass gerade beim Abbau und bei der Erstverarbeitung erhebliche Mengen anfallen können, die entsprechend zerkleinert werden müssen. Auch die Endlagerung von diesem Material, welches in der Regel eine relativ kurze Halbwertszeit hat, ist ebenfalls zu berücksichtigen.

Der Gesetzgeber hat zu sorgen, dass die Aufsichtsbehörde sowohl bei der Genehmigung als auch bei der Schließung das entsprechende Ermittlungsverfahren führen kann und die notwendigen zu überwachenden Auflagen regelmäßig überprüft.

Da der Bergbau in der Regel getrennt vom Nuklearbereich behandelt wird, ist es unbedingt notwendig, dass hier ein einheitliches koordiniertes Verfahren sowie eine einheitlich koordinierte Überwachung erfolgt. Entsprechend sinnvoll wäre eine Zusammenlegung der Kompetenzen unter einer Behörde, die ebenfalls über die notwendigen entsprechenden Mittel verfügt.

9. Transport von radioaktivem Material[246]

A) Hintergrund

Weltweit werden jährlich ca 10 Millionen Pakete mit radioaktiven Inhalt verschickt,[247] nach Ansicht von Tromans auf Basis von Zahlen der WNO (World Nuclear Organisation) 20 Millionen.[248]

Der weltweite Transport von radioaktivem Material wird durch ein geschlossenes weltweites Regelungswerk bestimmt, welches Bestimmungen unterschiedlicher rechtlicher Qualität, wie Standards, internationale Verträge, Normen internationaler Organisationen, beinhalten, und in über vier Jahrzehnten immer weiter entwickelt und verbessert worden sind.

Es werden nicht nur Kernbrennstoffe, radioaktiver Müll, sondern auch radioaktives Material für die medizinische als auch für die technische Nutzung sowie für die wissenschaftliche Forschung transportiert. Nicht unbeachtet soll der Transport von abgebrannten und wiederaufbereiteten Brennstäben sein, die gerade in Deutschland seit Jahren zu heftigen Protesten geführt haben.[249]

---

246 Eine sehr gute Darstellung aus jüngster Zeit: *Nardi* The transport of radioactive material, International Journal of Nuclear Law 2010, 33ff.

247 *Nardi* International Journal of Nuclear Law 2010,34 mwN.

248 *Tromans* Nuclear Law², 318.

249 Stichwort Castor Transporte.

Da die wenigsten Staaten auf ihrem Hoheitsgebiet einen direkten Zugang zu radioaktivem Material haben, ist die Frage des Transportes von diesem von erheblicher Bedeutung, da dies eine besondere Gefahrenquelle darstellt. Beim Transport ist die sichere Verwahrung als auch die damit verbundene Verhinderung des Austritts von Radioaktivität von eminenter Bedeutung. Beim Transport muss ebenfalls berücksichtigt werden, dass durch Radioaktivität Hitze entsteht, die ebenfalls zu einer Beschädigung der Transportbehältnisse führen kann. Ein weiterer Risikofaktor beim Transport ist die eventuell drohende Gefahr, dass dieses Material entwendet, oder dass der Transportbehälter zerstört wird. Auch durch Unachtsamkeit während des Transportes können Gefahrenquellen auftreten. Beim Transport bestehen verschiedene Risken wie Verstrahlungsrisiko, Entstehung einer Kontaminierung, Risiko eines kritischen Zustandes, Risiko eines Diebstahles und das chemische Risiko.

Wie alle mit Nuklearmaterial vorgenommenen Tätigkeiten bedarf auch der Transport eines solchen einer vorhergegangenen Genehmigung. Der Genehmigungsinhaber ist im Regelfall der Transporteur. Verschiedene nationale Gesetze sehen vor, dass weitere Personen wie der Spediteur oder der Kommissionär ebenfalls entsprechende Genehmigungen bedürfen. Für den Fall, dass der Transport die Staatsgrenze überschreitet, sind entsprechende Export- und Importlizenzen zu beantragen und zu genehmigen.[250]

Sowohl die internationalen als auch die gemeinschaftsrechtlichen Regelungen sehen ein umfangreiches Dokumentations- und Kontrollsystem vor, bei deren Verstößen Sanktionen ausgesprochen werden. Zu verweisen sind auf die Regelungen der IMO,[251] ICAO,[252] IAEO, OTIF.[253]

Die Grundlagen des Kontrollsystems für den Transport von gefährlichen Gütern sind die Empfehlungen über den Transport von gefährlichen Gütern, erstellt von United Nations Commitee of Exports and Transport of Dangerous Goods (1. Mai 1956). Hierbei sind verschiedene Klassen von gefährlichen Gütern (9) bestimmt worden. Die Klasse 7 betrifft radioaktive Güter. Diese Empfehlungen sind im Laufe der Jahre immer wieder adaptiert worden. Im November 1965 wurde der IMDG-Code[254] von der Generalversammlung der IMO angenommen. In diesem Zusammenhang ist auch auf die SOLAS Konvention in der aktuellen Fassung zu verweisen.[255]

---

250 ZB. *Nadelson* After MOX: the contemporary shipment of radioactive substances in the law of the sea, International journal of marine and coastal law 2000, 193ff.

251 International Maritime Organisation.

252 International Civil Aviation Organisation.

253 Intergovermental Organisation for International Carriage by Rail.

254 International Maritime Dangerous Goods-Code.

255 International Convention for the Safety of Life at Sea. Bemerkenswert ist, dass in Kapitel VIII eigene Regelungen über mit Kernreaktoren betriebene Schiffe zu finden sind.

Das Übereinkommen über den physischen Schutz von Kernmaterial und Anlagen ist ebenfalls von erheblicher Bedeutung.[256]

Die IAEO hat selbst im Jahre 1996 für den Transport von radioaktiven Gütern Empfehlungen herausgegeben. Der Begriff „Transport" ist weit gefasst. Darunter fällt jede Bewegung von radioaktive Material, somit schon die Planung und Erstellung sowie Wartung der Verpackung (Container), die Vorbereitung, Verladung und die Lagerung innerhalb des Transportmittels sowie die Abladung und der Empfang und das Auspacken dieses Materials. Damit ist der gesamte Vorgang des Transportes umfasst. Diese Empfehlungen finden in den internationalen Regelungen Eingang.

B) Grenzüberschreitende Transporte

Ein besonderes legistisches Problem stellen die grenzüberschreitenden Transporte von radioaktivem Material dar, da es zu einem Wechsel der jeweiligen Rechtsordnung kommt. Wenn die betroffenen Staaten Vertragsparteien der internationalen Verträge über den Transport von gefährlichen Gütern sind, so sind die potentiellen Probleme und Fragen durch ähnliche Rechtslage geklärt. Dies gilt umso mehr, wenn diese Staaten Vertragsparteien der Pariser oder Wiener Konvention betreffend die Haftung für Nuklearschäden sind.

Die IAEO erließ nachstehende Guidelines und Standards:

- General Safety Requirements
- International Basic Safety Standards for Protection Against Ionizing Radiation and for the Safety of Radiation Sources[257]
- Preparedness and Response for a Nuclear or Radiological Emergency Safety Requirements[258]
- The Management System for Facilities and Activities Safety Requirements[259]
- Governmental, Legal and Regulatory Framework for Safety General Safety Requirements Part 1[260]
- Safety Assessment for Facilities and Activities General Safety Requirements Part 4[261]

---

256 INFCIRC/274/ Rev 1 geändert durch GOV/INF/2005/10-GC (49)/INF/6; 2007/513/Euratom: Beschluss des Rates vom 10. Juli 2007 zur Genehmigung des Beitritts der Europäischen Atomgemeinschaft zu dem geänderten Übereinkommen über den physischen Schutz von Kernmaterial und Kernanlagen – Erklärung der Europäischen Atomgemeinschaft gemäß Artikel 18 Absatz 4 und Artikel 17 Absatz 3 des CPPNM, ABl L 190 vom 21.7.2007, S 1.

257 Safety Standard Series No 115 veröffentlicht 21.3.1996.

258 Safety Standard Series NoGS-R-2 veröffentlicht 6.11.2002.

259 Safety Standard Series No GS-R-3 veröffentlicht 21.7.2006.

260 Safety Standard Series No GSR Part 1 veröffentlicht 4.10.2010.

261 Safety Standard Series No GSR Part 4 veröffentlicht 19.5.2009.

- Predisposal Management of Radioactive Waste General Safety Requirements Part 5[262]
- Remediation of Areas Contaminated by Past Activities and Accidents Safety Requirements[263]
- Decommissioning of Facilities Using Radioactive Material Safety Requirement[264]s
- General Safety Guides
- Arrangements for Preparedness for a Nuclear or Radiological Emergency Safety Guide[265]
- Application of the Management System for Facilities and Activities Safety Guide[266]
- The Management System for Technical Services in Radiation Safety Safety Guide[267]
- The Management System for the Processing, Handling and Storage of Radioactive Waste Safety Guide[268]
- Classification of Radioactive Waste General Safety Guide[269]
- Criteria for Use in Preparedness and Response for a Nuclear or Radiological Emergency General Safety Guide[270]
- Occupational Radiation Protection Safety Guide[271]
- Assessment of Occupational Exposure Due to Intakes of Radionuclides Safety Guide[272]
- Assessment of Occupational Exposure Due to External Sources of Radiation Safety Guide[273]
- Building Competence in Radiation Protection and the Safe Use of Radiation Sources Safety Guide[274]
- Environmental and Source Monitoring for Purposes of Radiation Protection Safety Guide[275]

---

262 Safety Standard Series No GSR Part 5 veröffentlicht 19.5.2009.
263 Safety Standard Series No WS-R-3 veröffentlicht 2.12.2003.
264 Safety Standard Series No WS-R-5 veröffentlicht 18.10.2006.
265 Safety Standard Series No GS-G-2.1 veröffentlicht 23.5.2007.
266 Safety Standard Series No GS-G-3.1 veröffentlicht 28.7.2006.
267 Safety Standard Series No GS-G-3.2 veröffentlicht 2.7.2008.
268 Safety Standard Series NoGS-G-3.3 veröffentlicht 2.7.2008.
269 Safety Standard Series No GSG-1 veröffentlicht 28.12.2009.
270 Safety Standard Series No GSG-2 veröffentlicht 17.3.2011.
271 Safety Standard Series No RS-G-1.1 veröffentlicht 13.101999.
272 Safety Standard Series No RS-G-1.2, veröffentlicht 2.11.1999.
273 Safety Standard Series No RS-G-1.3 veröffentlicht 28.9.1999.
274 Safety Standard Series No RS-G-1.4 veröffentlicht 8.5.2001.
275 Safety Standard Series NoRS-G-1.8 veröffentlicht 22.8.2005.

- Categorization of Radioactive Sources Safety Guide[276]
- Regulatory Control of Radioactive Discharges to the Environment Safety Guide[277]
- Predisposal Management of Low and Intermediate Level Radioactive Waste Safety Guide[278]
- Predisposal Management of High Level Radioactive Waste Safety Guide[279]
- Remediation Process for Areas Affected by Past Activities and Accidents Safety Guide[280]
- Release of Sites from Regulatory Control on Termination of Practices Safety Guide[281]
- Safety Assessment for the Decommissioning of Facilities Using Radioactive Material Safety Guide[282]
- Storage of Radioactive Waste Safety Guide[283]

Weiters erließ die IAEO am 21.9.1990 einen Code of Practice für den internationalen Verkehr mit radioaktiven Abfall.[284]

Der International Code for the Safe Carriage of Packaged irradiated Nuclear Fuel, Plutonium and High-Level Radioactive Wastes on Board Ships (INF Code) wurde im November 1993 von der IMO Generalversammlung angenommen.[285] Der Transport von Nuklearmaterial auf dem Meer schafft einen Konflikt zwischen United Nations International Law of the Sea (UNCLOS)[286] und dem Vorsichtsprinzip des internationalen Umweltrechts.[287] Insbesondere die Küstenstaaten an potentiellen Schifffahrtsrouten wehren sich gegen den Transport von radioaktivem Material in

276 Safety Standard Series No RS-G-1.9 veröffentlicht 15.8.2005.

277 Safety Standard Series NoWS-G-2.3 veröffentlicht 15.9.2000.

278 Safety Standard Series No WS-G-2.3 veröffentlicht 30.4.2003.

279 Safety Standard Series No.WS-G-2.6 veröffentlicht 30.4. 2003.

280 Safety Standard Series No.WS-G-3.1 veröffentlicht 1.3.2007.

281 Safety Standard Series NoWS-G-5.1 veröffentlicht 8.11.2006.

282 Safety Standard Series No WS-G-5.2 veröffentlicht 24.2.2009.

283 Safety Standard Series No WS-G-6.1 veröffentlicht 28.11.2006.

284 Code of Practice on the International Transboundary Movement of Radioactive Waste, INFRIC 38 vom 13.11.1990.

285 *Nardi* International Journal of Nuclear Law 2010, 36ff.

286 United Nations Convention on the Law of the Sea, December 10, 1982, 1833 UNTS 397 (entered into force November 16, 1994).

287 *Dixon David B.* Transnational Shipments of Nuclear Materials by Sea: Do current Safeguards Provide Coastal States a Right to Deny Innocent Passage?, bepress Legal Series, Paper 1794 (2006),1= Journal of Transnational Law and Policy 16 (2006), 73. Sic utere tuo ut alienum non laedas; *Suykens Cathy* Globalisation of the Nuclear Fuel Cycle and Maritime Carriage of Radioactive Materials: Review of the Legal Regime, The International Journal of Marine and Coastal Law 26 (2011), 385ff.

der Nähe von deren Küsten.[288] Dixon zählt eine Reihe von internationalen Übereinkommen auf, gemäß denen sich die Küstenstaaten berufen können, wenn sie Maßnahmen gegen den Transport von radioaktivem Material in ihrer Nähe setzen.[289] Dass es hierbei schon zu einer Anzahl von Vorfällen gekommen ist, ist der breiten Öffentlichkeit nicht bekannt.[290] Am 10. November 2004 durchfuhr ein chinesisches Atom U Boot japanische Territorialgewässer, obwohl dieses nach internationalen Recht verboten war.[291]

Im Luftverkehr ist auf Anhang 18 der Chicago Konvention[292] zu verweisen. Basierend auf Anhang 18 erließ die IATA eine Dangerous Goods Regulation.

Seit 1. Juli 2006 ist das COTIF[293] (Übereinkommen über den internationalen Eisenbahnverkehr) in Kraft, welches unter anderem den Transport von gefährlichen Gütern – darunter auch radioaktives Material – mittels Eisenbahn regelt. Hierbei ist auf das RID zu verweisen.[294] Das RID orientiert sich an den Standards der IAEO als auch an dem des UN Systems.

Für den Straßenverkehr ist das European Agreement Concerning the International Carriage of Dangerous Goods by Road anwendbar.

Von geringerer Bedeutung sind das ADN[295] und das ADNR.[296]

---

288 *Dixon David B.* Transnational Shipments of Nuclear Materials by Sea: Do current Safeguards Provide Coastal States a Right to Deny Innocent Passage?, bepress Legal Series, Paper 1794 (2006),2 = Journal of Transnational Law and Policy 16 (2006), 74; *Jon M. Van Dyke* Sea Transport of Japanese Plutonium Under International Law, 24 Ocean Dev. & Int´l L. 399, 399-400 (1993); *Van Dyke Jon M* Ocean Transport of Radioactive Fuel and Waste in The Oceans in the Nuclear Age Legacies and Risks (2010), 147ff; Van Dyke Jon M Transit Passage trough International Straits, in The Future of Ocean-Regime Building, essays in tribute to Douglas M Johnston.

289 *Dixon David B.* Transnational Shipments of Nuclear Materials by Sea: Do current Safeguards Provide Coastal States a Right to Deny Innocent Passage?, bepress Legal Series, Paper 1794 (2006), 3, insbesonders FN 8 = Journal of Transnational Law and Policy 16 (2006), 75.

290 *Dixon David B.* Transnational Shipments of Nuclear Materials by Sea: Do current Safeguards Provide Coastal States a Right to Deny Innocent Passage?, bepress Legal Series, Paper 1794 (2006), 4ff = Journal of Transnational Law and Policy 16 (2006), 77ff. Karibische, südamerikanische und pazifische Staaten haben gegen solche Transporte protestiert und rechtliche Schritte gesetzt. Von besonderem Interesse ist, dass Chile 1995 ein britisches Transportschiff bei Kap Horn an der Weiterfahrt in chilenischen Gewässern hinderte.

291 So auch *Miyoshi Masahiro* The Submerged Passage of a Submarine through the Territorial Sea – The Incident of a Chinese Atomic-Powered Submarine, 10 SYBIL (2006), 243ff.

292 Convention on International Civic Aviation and the Technical Instructions for the Safe Transport of Dangerous goods by Air.

293 Convention relative aux transports internationaux ferroviaires.

294 Road and Rail Transport Regulations Concerning the International Carriage of Dangerous Goods by Rail.

295 European Agreement Concerning the International Carriage of Dangerous Goods by Inland Waterways.

296 Agreement Concerning the International Carriage of Dangerous Goods on the Rhine.

10. Radioaktiver Abfall und verwendete Brennelemente

A) Einleitung

Radioaktiver Abfall entsteht durch Verwendung von Materialien die einerseits selbst radioaktiv sind, oder die vorher nicht radioaktiv waren und mit radioaktivem Material in Berührung kamen. Der erste Abfall kam aus der Verwendung von Radium für die medizinischen Behandlungen. Eine gewaltige Steigerung der Menge von radioaktivem Abfall brachte ab Mitte des 20. Jahrhunderts die Entwicklung der Nukleartechnologie mit sich. Auch die Entsorgung von radioaktiven Stoffen, die im Zuge der nuklearen Abrüstung nicht mehr benötigt werden, stellt erhebliche technische und rechtliche Probleme dar.[297] Es besteht einerseits das Konzept der Entsorgung in Zwischen- und Endlagern, andererseits die Wiederaufbereitung abgebrannter Brennstäbe. 2006 wurde von der IAEO eine Konferenz mit dem Titel „MANAGEMENT OF SPENT FUEL FROM NUCLEAR POWER REACTORS" abgehalten, die eine Zusammenfassung des damaligen Stand der Technik bietet.

Die Joint Convention on the Safety of Spent Fuel Management and on the Safety of Radioactive Waste Management,[298] welche im Juni 2001 in Kraft trat, legte die völkerrechtliche Grundlage für Umsetzungen in die nationalen Rechte. Das erste Ziel dieser Joint Convention ist die sichere Verwaltung des radioaktiven Abfalls für die Zukunft. Weiters ist zu beachten, dass abgebrannte Brennelemente für den einen Mitgliedstaat Abfall, für einen Anderen Ausgangsprodukt für weitere Materialien (Wiederaufbereitung) sind. Aus diesem Grund ist gemäß dieser Joint Convention radioaktiver Abfall als radioaktives Material definiert, welches keine weitere Verwendung für die Vertragsparteien hat. Radioaktiver Abfall kann jedoch sehr wohl als wirtschaftliches Gut im Sinne der WTO angesehen werden.[299] Daher ist bis auf die Anwendung der Ausnahme wegen nationaler Sicherheit und der Ausnahme wegen des Umweltschutzes der freie Warenverkehr von radioaktivem Abfall nach den Bestimmungen des GATT und des GATS zulässig.[300]

Von besonderer Bedeutung ist der Transport von abgebrannten Brennstäben und radioaktivem Abfall. Dies ist in Art 27 der Joint Convention on Safety of Spent Fuel Management and on the Safety of Radioactive Waste Management im Anschluss

---

297 *Konrad Adenauer Stiftung interne Studien*, Waffenfähiges Nuklearmaterial – offene Fragen einer sicheren Entsorgung (1995).

298 Joint Convention on the safety of spent fuel management and on the safety of radioactive waste management, INFCIRC/546, IAEO, Vienna (1997); *Primosch* Das IAEO-Abkommen betreffend nukleare Abfälle, ÖJZ 2001, 54ff; *Strack* The Safety Regime Concerning Transboundary Movement of Radioactive Waste and its Compatibility with the Trade Regime of the WTO, NLB 73 (2004), 35f.

299 *Strack* NLB 73 (2004), 37 mwN.

300 *Strack* NLB 73 (2004), 38ff.

an die 1989 abgeschlossene Baselkonvention über die Kontrolle von grenzüberschreitenden Bewegungen von gefährlichem Abfall und deren Lagerung geregelt. Vom Basler Übereinkommen ist der Transport von radioaktivem Abfall nicht umfasst.[301] Die Barcelona Konvention ist für radioaktiven Abfall jedoch sehr wohl anwendbar.[302] Für den Südpazifik ist gemäß dem 2001 abgeschlossenen Waigani Übereinkommen, welches ein Regionalabkommen zum Basler Übereinkommen ist, der Import von radioaktivem Abfall generell verboten.[303] Die Bamako Konvention von 1991, welche nicht in Kraft ist, verbietet ausdrücklich den Import von radioaktivem Abfall sowie dessen grenzüberschreitenden Transport in allen Mitgliedstaaten der afrikanischen Union (OAU).[304] Art 39 des Lomé IV Abkommens verbietet den Export von gefährlichen und radioaktiven Abfall aus den Mitgliedstaaten der EU in die AKP Staaten.

Die Errichtung von Lagerstätten ist nicht nur eine geologische sondern auch eine politische und rechtliche internationale Herausforderung. Es wird teilweise gefordert, dass Lagerstätten von mehreren Staaten errichtet und betrieben werden.[305]

B) Ziele

Das Ziel der rechtlichen Regelung ist Wege und Mittel bereitzustellen, um auf einem hohen Niveau der Sicherheit radioaktiven Abfall und benützte Brennelemente sicher zu verwahren, und vor möglichen Gefahren von Personen zu schützen. Weiters ist die Umwelt vor radioaktiver Strahlung dieser Materialien zu schützen. Radioaktiver Abfall und verbrauchte Brennstoffe sind solche flüssigen, gasförmigen oder festen Substanzen, welche durch menschliche Handlungen innerhalb oder außerhalb des (nuklearen) Kreislaufes geschaffen worden sind. Darunter fallen auch sämtliche Materialien aus medizinischer und landwirtschaftlicher Verwendung, aus Forschung und Industrie, welche gelagert werden, sowie verbrauchte Brennstäbe, die für radioaktiv gehalten werden. Auch Abfälle aus natürlichen Rohstoffen können darunter fallen, wenn sie eine entsprechend hohe Radioaktivität haben.

301 *Strack* NLB 73 (2004), 32.
302 *Strack* NLB 73 (2004), 32f.
303 Convention to Ban the Importation into Forum Island Countries of Hazardous and Radioactive Wastes and to Control the Transboundary Movement and Management of Hazardous Waste within the South Pacific Region.
304 Bamako Convention on the Ban of the Import into Africa and the Control of Transboundary Movement and Management of Hazardous Wastes within Africa, for Member States of the African Unity.
305 *Boutellier/McCombie* Multinational repositories: ethical, legal and political/public aspects, Int J Nuclear Law, Vol I 2006, 36ff.

C) Berechtigung

Jeder, der radioaktiven Abfall behandelt, benötigt nach internationalen Normen eine entsprechende Berechtigung.[306] Die Aufsichtsbehörde hat die Konstruktion sowie den Betrieb einer Anlage, welche radioaktiven Abfall behandelt, zu genehmigen, und der Eigentümer und Betreiber hat eine entsprechende Genehmigung einzuholen. Aus Erfahrung weiß man, dass es sinnvoll ist, diese Genehmigung zu befristen. Die Auflagen in diesen Genehmigungen haben sich nach Art des radioaktiven Abfalls, d.h. nach der Radioaktivität, nach der Größe und nach der Lagerhaltung zu richten. Die Aufsichtsbehörde hat bei der Erteilung der Lizenz die entsprechenden Abwägungen vorzunehmen, ob die geplanten Lagerräume gemäß den Anforderungen sind, ob die geplanten Lagerungen den Lagerbedingungen entsprechen, und ob gewährleistet ist, dass die Aufsichtsbehörde rechtzeitig sämtliche Informationen erhält. Weiters hat die Aufsichtsbehörde zu berücksichtigen, ob die Umwelt durch diese Lagerhaltung gefährdet wird oder nicht.

D) Bedingungen für eine Genehmigung

Aufsichtsbehörden haben zu überprüfen, ob der Bewerber die entsprechenden Qualifikationen hat, und einen sicheren Betrieb der Anlage garantieren kann. Die Gestaltung und die Konstruktion haben durch entsprechende Maßnahmen sicherzustellen, dass keinerlei Schaden für die Menschen und die Umwelt auftritt. Nach Fertigstellung der Anlage, aber vor dem Betriebsbeginn, ist eine eigene Überprüfung vorzunehmen, um zu sicherzustellen, dass die Genehmigungen mit der errichteten Anlage übereinstimmen. Weiters ist dafür zu sorgen, dass im Falle der Schließung der Anlage weitere Kontrollen vorgesehen sind, um auch in Zukunft Gefährdungen auszuschließen.

Von entscheidender Bedeutung ist, dass die Mitarbeiter einerseits entsprechend geschützt sind, andererseits über die entsprechenden Qualifikationen verfügen, eine solche Anlage zu betreiben. Es ist auch zu gewährleisten, dass für die gesamte Laufzeit der Betriebsgenehmigung die entsprechenden Mitarbeiter zur Verfügung stehen. Für den Fall der Schließung und des Abrisses der Anlage sind Pläne hierfür vorzulegen, die eine entsprechende Entsorgung des radioaktiven Abfalls bzw. der abgebrannten Kernstäbe vorsehen, sowie das allfällig verstrahltes Baumaterial oder Lagermaterial entsprechend ebenfalls entsorgt werden kann. Zu guter Letzt müssen

---

306 Zu einem Teilaspekt hierzu: *Rengeling* Organisation der Endlagerung radioaktiver Abfälle unter besonderer Berücksichtigung der Möglichkeiten der Beleihung, DVBl 2008, 1141ff.

auch die entsprechenden finanziellen Mittel verbunden mit entsprechenden Versicherungspolizzen vorliegen.[307]

E) Sonstige Entsorgung

Unter Lagerung von radioaktivem Material versteht man die sogenannte „Zwischenlagerung“ während man unter Entsorgung die „Endlagerung“ versteht. Bei schwach radioaktivem Material wie z.B. solches, welches von Krankenhäusern kommt, sowie solches von Kernkraftwerken und Aufbereitungsanlagen ist es oft durch die geringe Halbwertszeit ausreichend, wenn das Material bis zum Abbau der Radioaktivität gelagert wird und hierauf entsorgt werden kann.

Da bei hoch radioaktiven Materialien oft sehr lange Halbwertszeiten bestehen, ist eine entsprechend lange Planung von Endlagerstätten eine unbedingte Notwendigkeit. Theoretisch müsste für einige tausend Jahre geplant werden. Da jedoch eine solche Vorhersage für die Zukunft keinerlei wirklichen Wert hat, sind kurzfristige Inspektionen sowie technische Überprüfungen notwendig.

Die Sicherheit von Lagerstätten von hoch radioaktivem Abfall muss unabhängig von einer institutionalisierten Kontrolle sein. Aufzeichnungen haben bei der Überwachungsbehörde verwahrt zu werden, und diese hat die erforderlichen Maßnahmen zu setzen, dass auch für die Zukunft die entsprechende sichere Verwahrung erfolgen kann.

Ein weiterer wichtiger Punkt ist, dass das radioaktive Material entsprechend verpackt und getrennt wird. Dies begründet sich sowohl aus den verschiedenen Halbwertszeiten als auch aus der unterschiedlichen Gefährlichkeit der Strahlung. Daraus folgt, dass jede Anlage bereits im Genehmigungsbescheid die entsprechenden Voraussetzungen für die Verpackung des verschieden strahlenden Materials haben muss.

Die IAEO hat nachstehende Standards und Guidelines erlassen:

- General Safety Requirements
- International Basic Safety Standards for Protection Against Ionizing Radiation and for the Safety of Radiation Sources[308]
- Preparedness and Response for a Nuclear or Radiological Emergency Safety Requirements[309]
- The Management System for Facilities and Activities Safety Requirements[310]

---

307 Näheres hiezu: *Mårtensson/Löfgren* A legal framework of financial liability of the nuclear power reactor industry in the field of waste management in Sweden and proposals for improvements, Int J Nuclear Law, Vol I 2006, 84ff.

308 Safety Standards Series No 115 veröffentlicht 21.3.1996.

309 Safety Standards Series No GS-R-2 veröffentlicht 6.11.2002.

310 Safety Standards Series No GS-R-3 veröffentlicht 21.7.2006.

- Governmental, Legal and Regulatory Framework for Safety General Safety Requirements Part 1[311]
- Safety Assessment for Facilities and Activities General Safety Requirements Part 4[312]
- Predisposal Management of Radioactive Waste General Safety Requirements Part 5[313]
- Remediation of Areas Contaminated by Past Activities and Accidents Safety Requirements[314]
- Decommissioning of Facilities Using Radioactive Material Safety Requirements[315]
- General Safety Guides
- Arrangements for Preparedness for a Nuclear or Radiological Emergency Safety Guide[316]
- Application of the Management System for Facilities and Activities Safety Guide[317]
- The Management System for Technical Services in Radiation Safety Safety Guide[318]
- The Management System for the Processing, Handling and Storage of Radioactive Waste Safety Guide[319]
- Classification of Radioactive Waste General Safety Guide[320]
- Criteria for Use in Preparedness and Response for a Nuclear or Radiological Emergency General Safety Guide[321]
- Occupational Radiation Protection Safety Guide[322]
- Assessment of Occupational Exposure Due to Intakes of Radionuclides Safety Guide[323]
- Assessment of Occupational Exposure Due to External Sources of Radiation Safety Guide[324]

311 Safety Standards Series No GSR Part 1 veröffentlicht 4.10.2010.
312 Safety Standards Series No GSR Part 4 veröffentlicht 19.5.2009.
313 Safety Standards Series No GSR Part 5 veröffentlicht 19.5.2009.
314 Safety Standards Series N WS-R-3 veröffentlicht 2.12.2003.
315 Safety Standards Series No WS-R-5 veröffentlicht 18.10.2006.
316 Safety Standards Series No GS-G-2.1 veröffentlicht 23.5.2007.
317 Safety Standards Series No GS-G-3.1 veröffentlicht 28.7.2006.
318 Safety Standards Series No GS-G-3.2 veröffentlicht 2.7.2008.
319 Safety Standards Series No GS-G-3.3 veröffentlicht 2.7.2008.
320 Safety Standards Series No GSG-1 veröffentlicht 28.12.2009.
321 Safety Standards Series No GSG-2 veröffentlicht 17.3.2011.
322 Safety Standards Series No RS-G-1.1 veröffentlicht 13.10.1999.
323 Safety Standards Series No RS-G-1.2 veröffentlicht 2.11.1999.
324 Safety Standards Series No RS-G-1.3 veröffentlicht 28.9.1999.

- Building Competence in Radiation Protection and the Safe Use of Radiation Sources Safety Guide[325]
- Environmental and Source Monitoring for Purposes of Radiation Protection Safety Guide[326]
- Categorization of Radioactive Sources Safety Guide[327]
- Regulatory Control of Radioactive Discharges to the Environment Safety Guide[328]
- Predisposal Management of Low and Intermediate Level Radioactive Waste Safety Guide[329]
- Predisposal Management of High Level Radioactive Waste Safety Guide[330]
- Remediation Process for Areas Affected by Past Activities and Accidents Safety Guide[331]
- Release of Sites from Regulatory Control on Termination of Practices Safety Guide[332]
- Safety Assessment for the Decommissioning of Facilities Using Radioactive Material Safety Guide[333]
- Storage of Radioactive Waste Safety Guide[334]
- Specific Requirements
- Disposal of Radioactive Waste Specific Safety Requirements[335]
- Specific Safety Guides
- Siting of Near Surface Disposal Facilities[336]
- Siting of Geological Disposal Facilities[337]
- Organization and Staffing of the Regulatory Body for Nuclear Facilities Safety Guide[338]
- Review and Assessment of Nuclear Facilities by the Regulatory Body Safety Guide[339]

---

325 Safety Standards Series No RS-G-1.4 veröffentlicht 8.5.2001.
326 Safety Standards Series No RS-G-1.8 veröffentlicht 22.8.2005.
327 Safety Standards Series No RS-G-1.9 veröffentlicht 15.8.2005.
328 Safety Standards Series No WS-G-2.3 veröffentlicht 15.9.2000.
329 Safety Standards Series No WS-G-2.5 veröffentlicht 30.4.2003.
330 Safety Standards Series No WS-G-2.6 veröffentlicht 30.4.2003.
331 Safety Standards Series No WS-G-3.1 veröffentlicht 1.3.2007.
332 Safety Standards Series No WS-G-5.1 veröffentlicht 8.11.2006.
333 Safety Standards Series No WS-G-5.2 veröffentlicht 24.2.2009.
334 Safety Standards Series No WS-G-6.1 veröffentlicht 28.11.2006.
335 Safety Standards Series No SSR-5 veröffentlicht 5.5.2011.
336 Safety Standards Series No 111-G-3.1 veröffentlicht 1.12.1994.
337 Safety Standards Series No 111-G-4.1 veröffentlicht 19.5.1994.
338 Safety Standards Series No GS-G-1.1 veröffentlicht 5.9.2002.
339 Safety Standards Series No GS-G-1.2 veröffentlicht 5.9.2002.

- Regulatory Inspection of Nuclear Facilities and Enforcement by the Regulatory Body Safety Guide[340]
- Documentation for Use in Regulating Nuclear Facilities Safety Guide[341]
- The Management System for the Disposal of Radioactive Waste Safety Guide[342]
- Borehole Disposal Facilities for Radioactive Waste Safety Guide[343]
- Safety Assessment for Near Surface Disposal of Radioactive Waste Safety Guide[344]

11. Nuklearhaftung

A) Hintergrund

Das Nuklearhaftungsrecht regelt die zivilrechtlichen Folgen von nuklearen Schäden. Strafrechtliche oder administrativrechtliche Folgen sind darin nicht enthalten. Einerseits sind die materiell rechtlichen Regelungen über den Schaden, die Kausalität, die Rechtswidrigkeit und das Verschulden, alternativ die Gefährdungshaftung, und die Fragen einer allfälligen Haftungsbegrenzung zu beachten anderseits die Fragen der Zuständigkeiten, die Fragen des Beweisrechts als auch die Fragen der Anerkennung und Vollstreckbarkeit der gerichtlichen Entscheidungen.

Im Juni 2011 sind weltweit 440 Kernkraftwerke in Betrieb,[345] 53 Kraftwerke sind im Bau.[346] Die meisten von ihnen sind schon älteren Jahrganges und somit auch anfälliger für Störungen. Die Frage der Laufzeitverlängerungen (Life time Extensions) ist auch für die Nuklearhaftung von enormer Bedeutung. Nur ca 240 Kernkraftwerke sind in Staaten in Betrieb, die Mitglied eines Übereinkommens (Wiener oder Pariser oder eines Nachfolgeübereinkommens) sind. Kanada, Japan, Indien, China, Korea sind nirgendwo beigetreten, die USA haben lediglich die Convention on Supplementary Compensation unterschrieben.[347]

Die Nukleartechnologie stellt ein besonders hohes Risiko in der Verwendung dar. Der Unfall von Tschernobyl im Jahre 1986 hat frühere Theorien bestätigt, dass ein Unfall jenes Ausmaßes einen enorm großen Schaden verursacht. Das im März

340 Safety Standards Series No GS-G-1.3 veröffentlicht 6.9.2002.

341 Safety Standards Series No GS-G-1.4 veröffentlicht 9.9.2002.

342 Safety Standards Series No GS-G-3.4 veröffentlicht 1.7.2008.

343 Safety Standards Series No SSG-1 veröffentlicht 16.12.2009.

344 Safety Standards Series No WS-G-1.1 veröffentlicht 23.9.1999.

345 *Emmerechts Sam/Raetzke Christian/Okra Benjamin* Legal and regulatory aspects of long-term operation of nuclear power plants in OECD member countries, NLB 87 (2011), 45ff; 436 nach *Pelzer* Nuclear New Build- New Nuclear Law?, NLB 84 (2009), 18.

346 *Pelzer* NLB 84 (2009), 18.

347 *Pelzer Norbert* Nuclear New Build- New Nuclear Law, NLB 84 (2009), 18.

und April 2011 stattgefundene Unglück von Fukushima zeigt sehr deutlich die Grenzen eines jeden Haftungsrechts auf. Insbesondere ist nun mehr klar nachgewiesen, dass im Rahmen eines solch großen Unglücks nicht mehr das Haftungsrecht greifen kann, sondern die Öffentlichkeit, somit die betroffenen Staaten den Schaden begleichen.

Der Zweck des Schadenersatzrechts besteht darin, dass der Schädiger oder eine von ihm zur Verfügung gestellte Sicherheit (Garantie, Versicherung) den von ihm verursachten Schaden begleicht, subsidiär ist in einigen Rechtsordnungen eine Haftung des Staates vorgesehen. Bei Größtschäden, wie es nach den Unfällen von Tschernobyl und Fukushima die Folge war, kann das System des Schadenersatzrechts nicht mehr greifen, da der Verursacher nicht in der Lage ist, die entstandenen Schäden auf Grund von deren Größenordnung zu begleichen, auch eine Haftungsbegrenzung, wie es derzeit die internationalen Übereinkommen zur Nuklearhaftung vorsehen, sind in diesen Fällen nicht (politisch) anwendbar.

Die verheerenden Auswirkungen dieses Unfalles enden nicht an den Staatsgrenzen, sondern zeigen Auswirkungen auch in Regionen, die weit entfernt vom betroffenen Staat sind. Ein solcher Unfall verursacht Schäden nicht nur für die Gesundheit von Individuen, sondern auch auf die Umwelt verschiedener Staaten.

Der durch radioaktive Strahlung verursachte Schaden auf Zellen, insbesondere des menschlichen Körpers, ist nicht sofort nachweisbar. Gerade der Nachweis hierfür ist durch die natürliche radioaktive Strahlung wie auch schlechte Lebensgewohnheiten hinsichtlich der Kausalität des Schadens oft schwierig zu führen, da es im typischen Regelfall keine direkte radioaktive Beeinträchtigung des Körpers gibt.

Selbst bei Einhaltung der höchsten Sicherheitsstandards kann nie ausgeschlossen werden, dass ein nuklearer oder radiologischer Unfall vorkommt.[348] Daher ist die Gesetzgebung gefordert auch in solchen Fällen rechtliche Vorkehrungen zu treffen, um Schäden aus nuklearen Unfällen zu kompensieren.

Als allgemeine anerkannte Standards gelten die Standards und Guidelines, welche von der IAEO veröffentlicht werden. Diese stellen den Stand der Technik und Wissenschaft dar. Diese Standards sind als Empfehlung anzusehen (Softlaw).[349] In der Richtlinie über die nukleare Sicherheit[350] ist ebenfalls in der Präambel auf diese Standards und Guidelines Bezug genommen worden, sodass diese nunmehr die Basis für ordnungsgemäßes Handeln und Unterlassen darstellt.

348 Siehe auch den Unfall in Fukushima.

349 *Wetherall* Normative Rule Making at the IAEA: Codes of Conduct, NLB 75 (2005), 80f, Siehe auch *Schärf* Revolution in European Nuclear Law, International Journal of Nuclear Law 2009, 218ff, Schlussanträge des GA *Jacobs* v 13.12.2001, RS C-29/99, Kommission/Rat, Slg 2002, I-11221, Rn 129ff.

350 Richtlinie 2009/71/Euratom des Rates vom 25. Juni 2009 über einen Gemeinschaftsrahmen für die nukleare Sicherheit kerntechnischer Anlagen, ABl Nr L 172 vom 2.7.2009, S 18.

Aufgrund dessen wurde bei der Behandlung dieser Frage befunden, dass das Allgemeine Schadenersatzrecht keinen ausreichenden Schutz gewährleistet, als auch dass das Internationale Privatrecht ein Hindernis zur Behandlung von Schäden aus Nuklearunfällen darstellen kann. Deswegen wurden daher schon frühzeitig internationale Vereinbarungen getroffen.[351]

Diese Vereinbarungen entstanden auf Anregungen der Versicherungswirtschaft, die ein möglichst einheitliches Regime haben wollte, um allfällige Schadensfälle, die auf Grund der Materie internationale sind, besser und einheitlich lösen zu können. Auch für die Finanzierung von nuklearen Anlagen ist die Frage des möglichen Eintritts des Schadens und dessen Behandlung aus der Sicht der Finanziers von entscheidender Bedeutung.[352]

Ziel dieser internationalen Vereinbarungen ist der Schutz der Öffentlichkeit durch Erhöhung der Sicherheitsstandards und durch Verhinderung nuklearer Unfälle, durch finanzielle Kompensation von Geschädigten als auch zum Schutz und der Erhaltung der Lebensfähigkeit der Atomindustrie als auch der Zulieferer sowie der Harmonisierung der Gesetze der teilnehmenden Staaten.[353]

Es bestehen auch juristische Ideen, nach denen zur Vermeidung von Schäden aus einem potentiellen Nuklearunfall alle Staaten vorab völkerrechtlich verpflichtet sind, keinerlei nukleare Tätigkeiten zu dulden.[354] Gegen ihre Ansicht spricht auch die Anzahl von internationalen Abkommen, in denen die Zusammenarbeit bei der friedlichen Nutzung der Kernenergie geregelt ist. Dabei übersieht sie, dass selbst nach Schließung aller nuklearen Anlage das Problem des radioaktiven Abfalls damit nicht gelöst ist.[355]

Von der Nuklearhaftung im engeren Sinne ist die Haftung bei der Errichtung der nuklearen Anlagen zu trennen. Die Zulieferer und die Baufirmen haften im Rahmen der mit ihnen geschlossenen Vereinbarungen und den allgemeinen gesetzlichen Grundlagen.[356]

---

351 Eines der ersten Abhandlungen zu diesen Fragen: *Cartellieri* Zu der Haftpflicht für Atomschäden und ihrer Versicherung, BB 1958, 385ff.

352 *Frye Roland M.* The Current „Nuclear Renaissance“ in the United States, its Underlying Reasons and its Potential Pitfalls, Energy Law Journal 29 (2008), 279ff.

353 *Miller* Putting the Cart Before the Horse- The Case Against a New Regime Covering Radioactive Incidents During Transport, NLB 73 (2004), 8f.

354 *Kiss* in updating international Nuclear Law, 61ff.

355 Zur Frage der völkerrechtlichen Haftung von supranationalen Organisationen und Staaten: *Schweitzer/Hummer/Obwexer* Europarecht, Rn 970ff.

356 *Arsentyev S.V./Zagvozkin M.A./Molchaonov A.S./Firsova Y.S.* Nuclear risks by insurance of installation and construction works, International Journal of Nuclear Law 2011, 234ff.

B) Internationale Vereinbarungen[357]

a) Einleitung

Das Wiener Übereinkommen (WÜ) und das Pariser Übereinkommen (PÜ) schaffen ein fast einheitliches System der Haftung für Nuklearschäden. Der Zweck des Brüsseler Zusatzübereinkommen[358] ist eine Gewährleistung von zusätzlicher Wiedergutmachung aus nationalen und internationalen Fonds, und zwar in den Fällen, in denen die Ersatzleistung nach dem Pariser Übereinkommen nicht ausreichend ist, um alle Schäden zu decken. Das Brüsseler Zusatzübereinkommen, welches auf dem Wiener Übereinkommen oder dem Pariser Übereinkommen basiert, erlaubt weitere Ersatzleistungen aus internationalen öffentlichen Fonds. Dieses Zusatzprotokoll verbindet das Wiener Übereinkommen und das Pariser Übereinkommen zum Zwecke dafür, dass die Rechtswohltaten des einen Übereinkommens auch auf die Parteien des anderen Übereinkommens ausgedehnt werden.

b) Wiener Übereinkommen über die zivilrechtliche Haftung für Nuklearschäden

Unter der Ägide der IAEO kam es zu Verhandlungen über ein Abkommen, welches jeden Staat offenstehen sollte. Dieses Wiener Übereinkommen (WÜ 1963) ist 1977 in Kraft getreten. Es steht jedem Staat offen. Ziel war es, ein weltweites Haftungsregime zu schaffen.

Das **Wiener Übereinkommen über die zivilrechtliche Haftung für Nuklearschäden**[359] 1963 wurde von Argentinien, Armenien, Belarus, Bolivien, Bosnien und Herzegowina, Brasilien, Bulgarien, Kamerun, Chile, Kolumbien, Kroatien, Tschechische Republik, Ägypten, Estland, Ungarn, Lettland, Libanon, Litauen, Mexico, Montenegro, Niger, Nigeria, Peru, Philippinen, Polen, Moldawien, Rumänien, St. Vincent und Grenadinen, Senegal, Serbien, Slowakische Republik, jugoslawische Republik Mazedonien, Trinidad und Tobago, Ukraine, Uruguay, Jugoslawien gefertigt.

Das Wiener Übereinkommen sowie die Nachfolgeübereinkommen sind für alle Staaten offen.

1997 wurde das Zusatzprotokoll zum Wiener Übereinkommen unterschrieben (WÜ 1997).

---

357 Ausführlichst: *Pelzer* Learning the Hard Way: Did the Lessons taught by the Chernobyl Nuclear Accident Contribute to Improving Nuclear Law?, International Nuclear Law in the Post-Chernobyl Period (2006), 73ff.

358 Siehe dazu: *Sands/Galizzi* The 1968 Brussels Convention and Liability for Nuclear Damage, NLB 64 (1999), 7ff; *Dussart-Desart* The reform of the Paris Convention on the Party Liability in the Field of Nuclear Energy and of the Brussels Supplementary Convention – An Overview of the Main Features of the Modernization of the Two Conventions, NLB 75 (2005), 7ff.

359 Wiener Übereinkommen über die zivilrechtliche Haftung von Nuklearschäden vom 21. Mai 1963.

1997 wurde es novelliert,[360] diese Novelle ist völkerrechtlich bereits am 3.10.2003 in Kraft getreten.

c) Pariser Übereinkommen vom 29.7.1960 über die Haftung gegenüber Dritten auf dem Gebiet der Kernenergie

Im Gegensatz dazu ist für die Mitgliedstaaten der OECD (Organisation for Economic Cooperation and Development) sowie für alle anderen Staaten, wenn die übrigen Mitgliedstaaten ihre Zustimmung geben, das **Pariser Übereinkommen vom 29.7.1960 über die Haftung gegenüber Dritten auf dem Gebiet der Kernenergie** (the Paris Convention in the Field of Nuclear Energy) anzuwenden, bei welchem 15 Staaten Teilnehmer sind.[361]

Nachstehende Länder haben das Pariser Übereinkommen von 1960 unterfertigt: Belgien, Dänemark, Finnland, Frankreich, Deutschland, Griechenland, Italien, Niederlande, Norwegen, Portugal, Slowenien, Spanien, Schweden, Schweiz, Türkei, Vereinigtes Königreich.

Dieses Pariser Übereinkommen von 1960 wurde durch das **Brüsseler Zusatzprotokoll 1963** (BZP), das 14 europäische Staaten unterfertigt haben, ergänzt, welches 1982 abgeändert worden ist.

Das Änderungsprotokoll 1982 wurde von Belgien, Dänemark, Finnland, Frankreich, Deutschland, Griechenland, Italien, Niederlande, Norwegen, Portugal, Slowenien, Spanien, Schweden, Schweiz, Türkei und Vereinigtes Königreich unterfertigt, sodass man in der konsolidierten Fassung vom PÜ 1982 spricht..

Zu beachten ist, dass die Kommission eine Empfehlung herausgegeben hat, in der sie ausdrücklich auf das Pariser Übereinkommen verwies, jedoch nicht aufforderte, dieser beizutreten.[362]

Dieses wurde 1982 überarbeitet; die Überarbeitung ist in Kraft,[363] im Gegensatz zur 2003-er Revision, die noch nicht in Geltung ist. Von besonderer Bedeutung ist

---

360 Zusatzprotokoll zum Wiener Übereinkommen über die zivilrechtliche Haftung von Nuklearschäden vom 12. September 1997.

361 BGBl II, 310, 311.

362 65/42/Euratom: Empfehlung de Kommission vom 28. Oktober 1965 an die Mitgliedstaaten zur Harmonisierung der Durchführungsbestimmungen zum Pariser Übereinkommens vom 29. Juli 1960 und zum Brüsseler Zusatzübereinkommen vom 31. Jänner 1963, ABl Nr. B 196 vom 18.11.1965, S 2295; sowie 66/22/Euratom: Zweite Empfehlung der Kommission an die Mitgliedstaaten zur Harmonisierung der Durchführungsbestimmungen zum Pariser Übereinkommen, ABl Nr. P 136 vom 25.7.1966, S 2553. Die Kommission geht davon aus, dass alle Mitgliedstaaten diese Übereinkommen unterfertigt und ratifiziert haben. *Horbach*, 1997 nuclear liability treaties: conformities and deficiencies in EU applicant states, Journal of energy and natural resources law 2000, 378ff.

363 BGBl 1985 II, 690.

der Punkt, dass das Pariser Übereinkommen nicht haftungsbegründend ist, wenn der Störfall im Hoheitsgebiet von Nichtvertragsstaaten eingetreten ist. Eine abweichende nationale Regelung ist zulässig.[364] Die Frage, ob diese Ansicht auch für den Anwendungsbereich des Wiener Übereinkommens gilt, ist fraglich.[365]

Die Grundprinzipien des Pariser Übereinkommens sind die Kanalisierung der Haftung ausschließlich auf den Inhaber der Kernanlage, die Haftungsbefreiung dritter (Zulieferer, Handwerker, Sachverständige, etc), die Haftung des Inhabers ausschließlich nach diesem Übereinkommen, restriktive Regressrechte des Inhabers der Kernanlage auf Dritte, Restriktive Haftungsausschlussgründe zu Gunsten des Inhabers der Kernanlage, verschuldensunabhängige Haftung des Inhabers der Kernanlage (Gefährdungshaftung), Erstreckung des technischen Anwendungsbereichs auf Anlagen des Kernbrennstoffkreislaufes, Regelungen zur Haftungshöhe und zur Deckung des Haftung, Festlegung eines ausschließlichen Gerichtsstandes sowie zeitliche Begrenzung der Haftung durch Verjährungs- und Ausschlussfristen.

d) Brüsseler Zusatzprotokoll 1963

Das Brüsseler Zusatzübereinkommen zum Pariser Übereinkommen (Convention Supplementary to the Paris Convention of 29 July 1960 on third Party Liability in the Field of Nuclear Energy) (1963) (BZP)wurde von Belgien, Dänemark, Finnland, Frankreich, Deutschland, Griechenland, Italien, Niederlande, Norwegen, Portugal, Slowenien, Spanien, Schweden, Schweiz, Türkei und Vereinigtes Königreich unterfertigt (Brüsseler Zusatzübereinkommen).

Dieses Übereinkommen ist akzessorisch zum Pariser Übereinkommen.

Ziel des Übereinkommens ist es, die Entschädigungsbeträge anzuheben. Es wurde ein dreistufiges System geschaffen. Auf der ersten Ebene sind die finanziellen Mittel durch den Inhaber der Kernanalage oder durch eine von bereitgestellte Versicherung oder Garantie sicherzustellen. In der zweiten Ebene verpflichten sich die einzelnen Vertragsstaaten für die auf ihrem Staatsgebiet befindlichen Kernanlagen entsprechende Entschädigungsfonds zur Verfügung zu stellen. Auf der dritten Ebene sind sämtliche Vertragsstaaten verpflichtet, eine entsprechende Entschädigungssumme gemeinsam bereitzustellen. Das Gesamthaftungsvolumen beträgt 200 Millionen SZR. In der nationalen Gesetzgebung ist diese Summe als Mindestsumme festzulegen.

Durch die Änderung auf Grund des Protokolles vom 12.2.2004 wurde das Haftungsvolumen auf 1,5 Milliarden Euro erhöht.

---

364 *Hinteregger/Kissich* Rn 22.

365 Näheres bei *Hinteregger/Kissich* Rn 22 mwN.

e) das Gemeinsame Protokoll zur Anwendung des Wiener und des Pariser Übereinkommens 1988

Auf Grund des Unfalles 1986 in Tschernobyl wurde das gemeinsame Protokoll zur Anwendung des Wiener und Pariser Atomhaftungsübereinkommen (Joint Protocol Relating to the Application of the Vienna Convention and the Paris Convention) geschlossen.

Ziel ist es, eine Vereinheitlichung der Haftungsregime unter der Erweiterung des Opferschutzes zu schaffen. Durch dieses Protokoll ist die Haftung des Inhabers der Kernanlage nicht länger auf dem Anwendungsbereich eines der beiden Übereinkommen begrenzt. Um klare Zuständigkeiten zu schaffen wurde eine Kollisionsregel geschaffen.

1988 wurde **das Gemeinsame Protokoll zur Anwendung des Wiener und des Pariser Übereinkommens** von 24 Staaten gefertigt.[366]

Die Grundprinzipien der beiden Übereinkommen sind international anerkannte rechtliche Standards, die mit den Risiken der Nukleartechnologie umgehen. Beide Übereinkommen beruhen auf dem Grundsatz der Gefährdungshaftung. Nach diesem Grundsatz entsteht der Anspruch auf Schadenersatz bei Eintritt des schädigenden Ereignisses, jedoch muss schuldhaftes Verhalten nicht vorliegen. Ebenso gilt der Grundsatz der Begrenzung der Haftungssummen.

Die Übereinkommen können ins nationale Recht transformiert werden, oder durch entsprechende Regelungen als direkt anwendbar erklärt werden. Beide Möglichkeiten wurden von verschiedenen Staaten vorgenommen.

Von verschiedener Seite werden diese Grundprinzipien kritisiert, da sie den Betroffenen die Geltendmachung ihrer Ansprüche erschweren, insbesondere durch das anwendbare Recht (Recht des Betreiberstaates) als auch durch den Gerichtsstand (Sitz des Betreibers). Auch die Definition des Schadens ist nach mancher Ansicht unzureichend.[367]

f) Das Wiener Übereinkommen 1997[368]

Erklärtes Ziel dieses Übereinkommens ist es, den Anwendungsbereich des Übereinkommens 1963 zu erweitern, die Haftung des Betreibers einer Kernanlage zu erhöhen und dafür Sorge zu tragen, dass ausreichende Mittel bei Sicherung einer ange-

---

366 Gemeinsames Prot zur Anwendung des Wiener und des Pariser Übereinkommens vom 21. September 1988 – Protocol Relating to the Application of the Vienna Convention and the Paris Convention (Joint Protocol).

367 Näheres bei *Currie* Liability for Nuclear Power Incidents: Limitations, Restrictions, Gaps in the Vienna and Paris Regime, in updating international nuclear law, 75ff.

368 Protocol to amend the Vienna Convention on Civil Liability for Nuclear Damage:INFCIRC/566.

messenen und gerechten Entschädigung verfügbar sind. Es wurde weiters ein eigenes Streitbelegungsverfahren geschaffen.[369]

Dieses Übereinkommen wurde von Argentinien, Belarus, Indonesien, Italien, Lettland, Libanon, Litauen, Marokko, Peru, Philippinen, Polen, Rumänien, Tschechien, Ukraine und Ungarn unterzeichnet. Ratifiziert haben es bis jetzt Argentinien, Belarus, Lettland, Marokko und Rumänien.

g) Übereinkommen zur Bereitstellung zusätzlicher Entschädigungsmittel 1997[370]

Das Übereinkommen zur Bereitstellung zusätzlicher Entschädigungsmittel (Convention on Supplementary Compensation for Nuclear Damage ist nicht akzessorisch zu den anderen Übereinkommen.

Primäres Ziel dieses Übereinkommens ist es den Deckungsstock für den Fall zu erhöhen, dass die Mittel des Inhabers der Kernanlage nicht ausreichen. Da Voraussetzung nach Ansicht der Autoren dieses Übereinkommens für die Reduzierung der Risken eines Unfalles die Erhöhung der nuklearen Sicherheit ist, bedarf es zur Unterfertigung dieses Übereinkommens die vorherige Fertigung des Übereinkommens über die nukleare Sicherheit.[371]

Kern des Übereinkommens ist die Bereitstellung von zumindest 300 Millionen SZR durch den Vertragsstaat.

Das Übereinkommen über die ergänzende Entschädigung von 1997 wurde von Argentinien gezeichnet, von Australien, der Tschechischen Republik, Indonesien, Italien, Libanon, Litauen gezeichnet und ratifiziert, von Marokko gezeichnet und ratifiziert, von Peru ratifiziert, von Philippinen ratifiziert, von Rumänien gezeichnet und ratifiziert, von Ukraine ratifiziert und den Vereinigten Staaten von Amerika gezeichnet und ratifiziert. Durch dieses Änderungsprotokoll sind die Haftungsbeträge erheblich angehoben worden. Die Verjährungsfristen wurden verlängert als auch wurde der Schadensbegriff weiter gefasst.

h) Protokoll 2004[372]

Am 12.2.2004 wurde schließlich das Protokoll zur Änderung des Übereinkommens vom 29.7.1960 über die Haftung gegenüber Dritten auf dem Gebiet der Kernenergie in der Fassung des Zusatzprotokolls vom 28.1.1964 und des Protokolls vom

---

369 Kissich, Internationales Atomhaftungsrecht: Anwendungsbereich und Haftungsprinzipien, 53.

370 Convention on Supplementary compensation for Nuclear Damage: NFCIRC/567.

371 INFCIRC/449.

372 Protokoll vom 12.2.2004 zur Änderung des Übereinkommens vom 29.Juli 1960 über die Haftung gegenüber Dritten auf dem Gebiet der Kernenergie idF des Zusatzprotokolls vom 28.Jänner 1964 und des Protokolls vom 16. November 1982, BGBl 2008 II 904.

16.11.1982 (PÜ-ZP 2004) und das Protokoll zur Änderung des Zusatzübereinkommens vom 31.1.1963 zum Pariser Übereinkommen vom 29.7.1960 über die Haftung gegenüber Dritten auf dem Gebiet der Kernenergie in der Fassung des Zusatzprotokolls vom 28.1.1964 und des Protokolls vom 16.1.1982 (Brüsseler Zusatzprotokoll 2004 – PZP-ZO 2004) angenommen.

Dieses Übereinkommen orientiert sich weitgehend an den materiellen rechtlichen Verbesserungen des Wiener Übereinkommens 1997, geht jedoch bei der Haftung und Sicherstellung weit hinaus.

Gemäß den PÜ-ZP 2004 ersetzt der Euratom die SZR.

Das PÜ-ZP 2004 bildet nunmehr einen integralen Bestandteil des Pariser Übereinkommens 1982.

Dieses Übereinkommen ist von Belgien, Dänemark, Deutschland, Finnland, Frankreich, Griechenland, Großbritannien, Italien, Niederlande, Norwegen, Portugal, Schweden, Slowenien, Spanien, Schweiz, Türkei unterzeichnet worden (PÜ-ZP).

C) Grundzüge der Nuklearhaftung

a) Allgemeines

Alle Übereinkommen regeln die Haftung des Betreibers einer Kernanlage für Schäden dritter Personen (Third Party Liability) und bezieht sich nur auf Schäden, die durch ein nukleares Ereignis verursacht worden sind.[373] Ebenso bedeutsam ist die rechtliche Kanalisierung der Haftung auf den Betreiber der Kernanlage. Dies bedeutet, dass nur der Betreiber der Kernanlage für Nuklearschäden haften soll, und alle anderen Personen von ihrer nach anderen rechtlichen Grundlagen (Verschuldenshaftung, Produkthaftung, etc) bestehenden Haftung befreit werden.[374]

Voraussetzung für die Haftung ist der Eintritt eines nuklearen Ereignisses. Darunter versteht man ein Geschehen oder eine Serie von Geschehnissen gleichen Ursprungs, die einen Nuklearschaden herbeiführen.[375] Der Unfall muss durch eine nukleare Anlage verursacht sein. Darunter versteht man jeden Reaktor, der nicht zur Nutzung der Energiegewinnung für ein See- oder Lufttransportmittel oder für die Fortbewegung allgemein verwendet wird. Jede Fabrik, welche nuklearen Brennstoff für die Produktion von nuklearen Material verwendet, oder jede Fabrik, die Nuklearmaterial raffiniert – darunter sind auch Wiederaufbereitungsanlagen-, umfasst, sowie jede Anlage, in welcher Nuklearmaterial gelagert ist. Ausgenommen sind Anlagen, die zur Beförderung von solchen Materialien dienen. Verschiedene Anlagen

373 *Hinteregger* Atomhaftung in Europa – Bestand und Perspektiven, FS-Koziol, 671.
374 *Hinteregger* Atomhaftung in Europa – Bestand und Perspektiven, FS-Koziol, 671.
375 *Hinteregger/Kissich* Rn 24.

in einem Gebiet durch einen Betreiber können vom Staat als eine einzige nukleare Anlage betrachtet werden. Nicht umfasst sind Unfälle von militärischen Anlagen.

Da es unbestritten ist, dass der Betrieb von Kernanlagen auf Grund der Eigenheiten der Radioaktivität gefahrgeneigt ist, und Unfälle grenzüberschreitende Wirkung in der Regel haben, wurde von Anfang an das Haftungsregime am Grundsatz der Gefährdungshaftung aufgebaut.[376]

Eine Nuklearanlage muss einen Betreiber haben, der für die Anlage, insbesondere für den Betrieb verantwortlich ist. Dieser Betreiber kann eine natürliche oder juristische Person sein, in der Regel ist es der Inhaber der Berechtigung zum Betrieb einer solchen Anlage.

b) Gefährdungshaftung (strict liability)

Im Haftungsrecht gilt der Grundsatz, dass auf Grund von umfassenden Interessenabwägungen die Eignung eines Verhaltens, einen nachteiligen Erfolg herbeizuführen, zu berücksichtigen ist.[377] Daher gilt der Grundsatz, dass je grösser die Gefährlichkeit eines Verhaltens ist, desto strengere Sorgfaltspflichten bestehen.[378] Bei besonders gefährlichen Tätigkeiten wird die Haftung dadurch verschärft, dass nicht mehr die bloße Einhaltung der objektiv erforderlichen Sorgfalt die Haftung ausschließt, sonder eine von der Rechtswidrigkeit und dem Verschulden unabhängige Haftung eingreift.[379] Somit begründet die Gefährdungshaftung die Verantwortung für eine – von der Rechtsordnung nicht verbotene – besondere Gefährdung.[380] Die Gefährdungshaftung wird somit als Preis angesehen, um den die Rechtsordnung auf das Verbot des Betriebes oder des Besitzes der gefährlichen Sache verzichtet.[381] Bei neuen Technologien wird dies auch als Preis für die Ermöglichung des technischen Fortschrittes gesehen,[382] obwohl diese Ansicht von vielen als veraltet angesehen wird.

Im nuklearen Haftungsrecht ist es unumstritten, dass eine Haftung ohne Verschulden im Hinblick auf die besonderen Risken der Kernenergienutzung die einzig angemessene Haftungsform ist.[383]

---

376 Näheres zur historischen Entwicklung als auch zur völkerrechtlichen Begründung dieses Konzeptes: *Jürgen Goldschmidt* Überlegungen zur Begründung einer völkerrechtlichen Gefährdungshaftung für nukleare Schäden, FS-Erler, 227ff ; *Kühne* Haftung bei grenzüberschreitenden Schäden aus Kernreaktorunfällen, NJW 196, 2140.

377 *Koziol* Haftpflichtrecht I³, Rz 6/1.

378 *Koziol* Haftpflichtrecht I³, Rz 6/1.

379 *Koziol* Haftpflichtrecht I³, Rz 6/5.

380 *Koziol* Haftpflichtrecht I³, Rz 6/10; *Deutsch* Das neue System der Gefährdungshaftung, NJW 1992, 74.

381 In der Form kritisch: *Koziol* Haftpflichtrecht I³, Rz 6/12.

382 *Cartellieri* Zu der Haftpflicht für Atomschäden und ihrer Versicherung, BB 1958, 385ff.

383 *Pelzer* Atomhaftungsrecht in Rengeling (Hrsg) EUDUR II, §61 Rn 8.

Im Gegensatz zu anderen Systemen ist auch im Falle höherer Gewalt der Betreiber dem Grunde nach haftbar. Er ist nach dem Pariser Übereinkommen befreit von Schadenersatz aufgrund nuklearer Ereignisse, die unmittelbar auf einen bewaffneten Konflikt, auf Feindseligkeiten, auf einen Bürgerkrieg oder auf einen Aufstand zurückzuführen sind. Ebenso wenig haftet er für schwere Naturkatastrophen außergewöhnlicher Art, sofern das nationale Recht nichts Gegenteiliges anordnet. Ebenso besteht keine Haftung, wenn der Unfall aufgrund grober Fahrlässigkeit des Opfers oder aufgrund eines vorsätzlichen Aktes geschah.

c) Kausalität

Voraussetzung für jede Haftung ist der Kausalzusammenhang zwischen der Nuklearanlage, dem Ereignis und dem erlittenen Schaden.[384] Die Frage der Kausalität ist gerade in den Fällen schwierig nachzuweisen, in denen der Schaden erst Jahre oder Generationen später auftritt. Weiters kommt hinzu, dass der eingetretene Schaden auch andere Ursachen haben konnte.[385] Die Beweislast für die Kausalität trifft denjenigen, der einen Schadenersatzanspruch geltend macht.[386] Für das Zusammentreffen von nuklearen Ereignissen mit Nichtnuklearen enthalten die Übereinkommen Beweiserleichterungen.[387]

d) Schäden

Der Umfang des Ersatzes erstreckt sich auf Personen- und Sachschäden und sonstige Vermögensschäden (Art 3 PÜ 1982 und Art I WÜ 1982). Kein Ersatz besteht für Schäden an der Anlage und am Anlagengelände. Das PÜ Protokoll 2004 sowie das WÜ Protokoll 1997 ziehen auch Umweltschäden in die zu ersetzenden ein.

Der Schaden nach dem Wiener Übereinkommen als auch nach dem Pariser Übereinkommen ist der Verlust des menschlichen Lebens oder eine Verletzung, der Verlust oder die Beschädigung von Eigentum, sowie der dazu gehörige wirtschaftliche Verlust, die Kosten der Wiederherstellung der beschädigten Umwelt, der Verlust von Einkommen aufgrund des Verlustes der Umwelt, Kosten von vorbeugenden Maßnahmen sowie jeder andere wirtschaftliche Verlust sofern dieser nicht einge-

---

384 Ausführlich: *Stählberg* Causation and the Problem of Evidence in Cases of Nuclear Damage, NLB 53 (1994), 22ff.

385 Näheres bei *Stählberg* NLB 53 (1994), 23f.

386 Bemerkenswert vertritt Stählberg die Ansicht, dass eine Umkehr der Beweislast zu besseren Entscheidungen führen würde; *Stählberg* NLB 53 (1994), 27f.

387 *Hinteregger/Kissich* Rn 24.

schränkt ist.[388] Ausgenommen sind Beschädigungen der Umwelt, welche unerheblich sind.

Weiters ist in beiden Übereinkommen geregelt, dass nur der Betreiber einer nuklearen Anlage für Schäden aus dieser Anlage haftet. Mit Ausnahme der USA und Österreich haben alle anderen Staaten dieses Konzept umgesetzt. Begründet wird dieses Konzept damit, dass es für die Zulieferer von solchen Anlagen nicht gerecht ist, wenn diese ebenfalls für Schäden herangezogen werden, die bei einem Unfall entstehen. Der Zulieferer haftet nur, wenn dies zwischen ihm und dem Betreiber vertraglich vereinbart ist. Dieser rechtliche als auch wirtschaftliche Unsicherheitsfaktor dient vor allem der Rechtssicherheit.

Es ist gleichgültig, ob der Schaden im Betrieb verursacht worden ist oder nicht. Auch Schäden, die vor Aufnahme oder nach Stilllegung des Betriebes entstehen, sind ebenfalls vom Haftungsregime mit umfasst. Der Betreiber haftet auch bei einem Fehler der Konstruktion der Anlage, selbst dann, wenn dies nach dem Stand der Wissenschaft und Technik zum Zeitpunkt der Planung und Errichtung nicht erkennbar war.

e) Haftungsbegrenzung

Die verschiedenen Übereinkommen gestatten den Vertragsparteien die Haftung für den Betreiber einer nuklearen Anlage zu begrenzen oder wie in Deutschland auszudehnen. Ohne eine solche Begrenzung wäre die Haftung unbeschränkt. Nur Österreich, Deutschland, Japan und Schweiz verfolgen das Konzept der unbegrenzten Haftung. Die Mindesthaftung nach dem überarbeiteten Wiener Übereinkommen beträgt 300 Millionen Sonderziehungsrechte[389] des Internationalen Währungsfonds. Die Minimumhaftung nach dem überarbeiteten Pariser Übereinkommen ist 700 Millionen Euro.

Der Vorteil der **Haftungsbegrenzung** besteht für den Betreiber einer nuklearen Anlage darin, eine wirtschaftliche Planung vornehmen zu können. Damit soll auch gewährleistet sein, dass nukleare Aktivitäten stattfinden. Es ist allen Fachleuten klar, dass im Falle eines nuklearen Unfalls die Haftungsbegrenzungen nicht ausreichen, und die einzelnen Staaten öffentliche Gelder dazu verwenden müssen, um die entstandenen Schäden zu ersetzen. Aus diesem Grund hat die Brüssel Supplementary Convention und die Convention on Supplementary Compensation for Nuclear

388 Grundsätzlich dazu: *Lammers* Compensation for nuclear damage under the Paris, Brussels and Vienna Conventions, Hague Yearbook of international law 2003, 47ff.

389 Ein Sonderziehungsrecht (Special Drawing Right) ist eine künstliche Wahrungseinheit, die 1969 vom IWF (Internationaler Währungsfond) geschaffen worden ist. Der Wechselkurs wird durch einen gewichteten Mix der wichtigsten Weltwährungen berechnet. Am 13.1.2012 war der Kurs zum Euro wie folgt: 1 Euro = 1,193830 SZR.

Damage die Möglichkeit zusätzlicher Entschädigungszahlungen für nukleare Schäden eingeführt.

Die Ansprüche nach den Übereinkommen erlöschen, wenn nicht innerhalb von 10 Jahren ab dem Zeitpunkt des nuklearen Ereignisses gerechnet, eine Klage vor dem zuständigen Gericht eingebracht wird.

Die beiden Übereinkommen verlangen vom Betreiber die Beschaffung eines entsprechenden Versicherungsschutzes oder eine andere, gleichwertige finanzielle Sicherheit für allfällige Schäden aus einem nuklearen Unfall und zwar in der Art und Weise, wie der Staat, in dem die Anlage betrieben wird, es verlangt. Da eine unbeschränkte Haftung nicht durchführbar ist, verlangen die beiden Übereinkommen, dass der Betreiber, der haftbar ist, eine Mindestdeckungssumme vorweist. In den meisten Fällen wird diese Deckungssumme durch die Versicherung, die abgeschlossen wurde, gedeckt.[390]

Weiters ist eines der Prinzipien von beiden Übereinkommen, dass alle Geschädigte, gleichgültig ihres Wohnortes, oder ihrer Staatsbürgerschaft gleich behandelt werden müssen. Dieses **Gleichbehandlungsprinzip** ist eines der Grundprinzipien der beiden Übereinkommen.

Bei der Gefährdungshaftung gab es früher keine Begrenzung ausgenommen der Verjährung, sie wurde später in einzelnen Gesetzen eingeführt. Argumentiert wird die Haftungsbegrenzung damit, dass das Risiko des Halters (Betreibers) einer Sache wirtschaftlich tragbar bleiben müsse, was nur dann möglich sei, wenn durch feste Höchstsummen die Haftpflichtversicherungsprämien in erträglichen Grenzen gehalten werden können.[391]

Durch Art V WÜ 1997 ist die Haftung des Anlagenbetreibers auf 300 Millionen SZR beschränkt, wobei der Anlagenstaat die Haftung des Betreibers auf 150 Millionen SZR beschränken kann, wenn für die andere Hälfte (150 Millionen SZR) öffentliche Mittel zur Verfügung gestellt werden. Es besteht jedoch die weitere Möglichkeit, in WÜ 1997, dass geringere Haftungsgrenzen eingeräumt werden.[392]

Im Bereich des Entschädigungsabkommens 1997 ist ebenfalls eine Haftungsbegrenzung von 300 Millionen SZR vorgesehen.

Durch das PÜ-ZP 2004 wurde die Mindesthaftung gemäß Art 7 auf 700 Millionen Euro angehoben. Zusätzlich hat der betroffene Anlagenstaat öffentliche Mittel bis zu 1 Milliarde 200 Millionen Euro bereit zu stellen. Überschreitet ein Schadens-

390 Versicherung entsprechend der Rückversicherungsverträge.

391 *Esser* Gefährdungshaftung. 107; *Cartellieri* BB 1958, 386f. Kritisch *Koziol* Haftpflichtrecht I³, Rz 6/25, der darauf verweist, dass im sonstigen Schadenersatzrecht keinerlei Haftungsbegrenzungen vorgesehen sind, als auch die Frage der Versicherbarkeit kein tragbares Argument sei.

392 Kissich, Internationales Atomhaftungsrecht: Anwendungsbereich und Haftungsprinzipien, 99 mwN.

fall die Höhe von 1 Milliarde 200 Millionen Euro, dann sind weiter 300 Millionen durch den Solidarfonds der von allen Vertragsstaaten gemeinsam gespeist wird aufzubringen.

Somit entsteht ein Entschädigungsvolumen von 1 Milliarde 500 Millionen Euro.

Alle Konventionen verfolgen den Grundsatz der Kongruenz von Haftung und Deckung. Dies bedeutet, dass die Höhe der Haftung beitragsmäßig begrenzt ist, aber dass dieser Betrag im Falle eines Schadens auf alle Fälle zur Verfügung stehen muss.

Zeitlich ist die Haftung nach Art 10 PÜ und Art 6 WÜ mit 10 Jahren begrenzt, die jedoch durch das WÜ 1997 auf 30 Jahre verlängert worden ist.

f) Zuständigkeiten

Im Falle des Vorliegens eines Unfalles stellt sich die Frage der Zuständigkeit. Einerseits bestehen Zuständigkeitsregelungen nach dem WÜ und PÜ, andererseits sind auch die Regelungen des EuGVVO zu beachten; dies auch unter dem Gesichtspunkt, dass einige Mitgliedstaaten nicht Teilnehmer eines der Übereinkommen sind.[393] Diese Fragen haben nicht nur prozessuale Bedeutung, da die verschiedenen Verfahrensrechte auch materielle Komponenten haben (vorbeugende Unterlassungsklage), sondern es kommen auch subsidiär die verschiedenen Schadenersatzregelungen der einzelnen Staaten zur Anwendung, die unterschiedliche Schadensbegriffe und Ersatzregelungen kennen.[394]

Im Falle eines nuklearen Unfalls stellt sich die Frage, welches Gericht für die Geltendmachung von Schadenersatzforderungen innerhalb der EU zuständig ist. Es sei darauf verwiesen, dass es unterschiedliche Anknüpfungspunkte für die Zuständigkeitsregelungen gibt. Auf der einen Seite existiert das EuGVVO, welches im gesamten Gemeinschaftsraum Geltung hat. Die EuGVVO wurde auf Grundlage von Art 61, 65 EG (alt) erlassen. Sie ist nunmehr Teil des sekundären Gemeinschaftsrechts.[395] Somit gilt für EuGVVO daher nunmehr der Grundsatz des Vorrangs gegenüber innerstaatlichem Recht,[396] somit besteht auch unmittelbare Wirkung.[397] Die schadenersatzrechtlichen Regelungen (Deliktsrecht) über die Zuständigkeit sind in Art 5 Z 3 EuGVVO normiert. Im Nuklearhaftungsrecht gelten das Wiener und das Pariser Übereinkommen sowie die Zusatzprotokolle. Sowohl im Pariser als auch im Wiener Übereinkommen herrscht der Grundsatz der exklusiven Zuständigkeit, gemäß dem nur die Gerichte in dem Land zuständig sind, in dem sich der Unfall ereignet hat. Zu beachten ist, dass fünf Mitgliedstaaten der EU weder das Pariser noch

---

393 *Handrlica* The Brussels I Regulation and Liability for Nuclear Damage, NKB 86 (2010), 29ff.

394 Siehe auch dazu: *European Group on Tort Law* Principles of European Tort Law.

395 *Kodek* in Fasching/Konecny^2 V/1, vor Art 1 EuGVVO, Rn 16.

396 EuGH, U v 15.11.1983, RS 288/82, Duijnstee/Goderbauer, Slg 1983, 3663.

397 *Kodek* in Fasching in Fasching/Konecny^2 V/1, vor Art 1 EuGVVO, Rn 16.

das Wiener Übereinkommen noch die Zusatzprotokolle gefertigt und ratifiziert haben, dies sind Österreich, Luxemburg, Irland sowie Zypern und Malta.

Für Schadenersatzklagen innerhalb der EU für Ereignisse, die sich im Gemeinschaftsgebiet ereignet haben, ist Art 5 Z 3 EuGVVO relevant.[398] Nach Art 5 Z 3 EuGVVO kann eine Person, die ihren Wohnsitz im Hoheitsgebiet eines Mitgliedstaates hat, in einem anderen Mitgliedstaat verklagt werden, wenn eine unerlaubte Handlung oder eine Handlung, die einer unerlaubten Handlung gleich gestellt ist, oder wenn Ansprüche aus einer solchen Handlung Gegenstand des Verfahrens bilden, vor dem Gericht des Ortes, an dem das schädigende Ereignis eingetreten ist oder einzutreten droht, eintritt. Darunter zählen auch Klagen wegen Umweltbeeinträchtigung,[399] sowie Unterlassungs- und Schadenersatzklagen des Grundeigentümers.[400] Auch wenn Emissionsabwehrklagen in der Regel auf Verletzung eines dinglichen Rechtes an einer unbeweglichen Sache beruhen, kommt auf diese nicht Art 22 Z 1 EuGVVO zur Anwendung, weil hier das dingliche Recht nur eine Vorfrage bildet.[401] Darunter fallen auch Klagen, mit denen Ansprüche aus dem Betrieb gefährlicher Sachen und Anlagen wie von Kraftfahrzeugen, Schiffen, Flugzeugen, Straßen- und Eisenbahnen und Atomkraftwerken geltend gemacht werden.[402]

Art 5 Z 3 EuGVVO enthält einen Wahlgerichtsstand.[403] In diesem wird nicht nur die internationale sondern auch die örtliche Zuständigkeit geregelt.[404]

---

398 Verordnung 2001/44 des Rates vom 22.Dezember.2000 über die gerichtliche Zuständigkeit und die Anerkennung und Vollstreckung von Entscheidungen in Zivil- und Handelssachen (Brüssel – I VO), ABl. Nr. L 2001 vom 16.1.2001, S 1ff, berichtigt durch ABl. Nr. L 2001 307, S 28, idgF.

399 *Auer* in *Geimer/Schütze* Rechtsverkehr 540 Art 5 EuGVVO Rz 126; *v. Bar* RdC 268 [1997] 338ff; *Bornheim* Haftung 184; *Burgstaller/Neumayr* in Burgstaller/Neumayr, IZVR Art 5 EuGVVO Rz 45; *Frauenberger-Pfeiler* ecolex 1997, 74; *Geimer/Schütze* Zivilverfahrensrecht² Art 5 EuGVVO Rz 209; *Gomez* ZEuS 1999, 583ff; *Gottwald* MünchKommZPO³ III Art 5 EuGVO Rz 56; *Hüßtege* in Thomas/Putzo, Zivilprozessordnung²⁸ Art 5 EuGVVO Rz 17;*Kohler* in v. Moltke/Schmölling/Kloepfer/Kohler, Umweltschutz, 74; *Kropholler* Zivilprozessrecht⁸ Art 5 EuGVO Rz 74; *Leible* in Rauscher, EuZPR² I Art 5 Brüssel I-VO Rz 79; *Schack* in Kunig/Lang/Lagoni/Dolzer/Kreuzer/Schack, Umweltschutz, 330ff; *ders* IZVR⁴ Rz 290; *Schlosser* EU-ZPR² Art 5 EuGVVO Rz 16; 7 Ob 127/01 d ZfRV-LS 2002/58; 2 Ob 220/00 t ZfRV 2001/34; 6 Ob 319/99a EFSlg 94.413 = ZfRV 2001/23; OLG Karlsruhe RIW 1977, 718; EuGH, U v 30.11.1976 , Rs 21/76, Bier/Mines de Potasse d'Alsace, Slg 1976, 1735.

400 *Bornheim* Haftung, 185; *Geimer/Schütze* Zivilverfahrensrecht² Art 5 EuGVVO Rz 217; *Gottwald* in MünchenKommZPO³ III Art 5 EuGVO Rz 57; *Hager/Hartmann* IPRax 2005 268f; *Kropholler* Zivilprozessrecht⁸ Art 5 EuGVO Rz 74; *Schack* IPRax 2005, 165; BGH, WM 2006, 350; uva.

401 *Kropholler* Zivilprozessrecht⁸, A 22 EuGVO Rz 22; EuGH, U v 18.5.2006, RS C-343/04, Land Oberösterreich/CEZ, Slg 2006, I-4557.

402 *Simotta* in Fasching/Konecny² V/1 Art 5 EuGVVO Rn 274.

403 *Geimer/Schütze* Zivilverfahrensrecht², Art 5 EuGVVO Rz 269; *Simotta* in Fasching/Konecny² V/1, Art 5 EuGVVO Rn 258.

404 *Geimer/Schütze* Rechtsverkehr 540, Art 5 EuGVVO Rz 117; *Geimer/Schütze* Zivilverfahrensrecht², Art 5 EuGVVO Rz 268; *Simotta* in Fasching/Konecny² V/1 Art 5 EuGVVO Rn 258.

Zweck der Bestimmung des Art 5 Z 3 EuGVVO ist der Beklagtenschutz. Dem Geschädigten soll nicht zugemutet werden, dem Schädiger an dessen Wohnsitz zu folgen; die Klägerinteressen haben daher gegenüber dem Interesse des Beklagten nur in seinem Wohnsitzstaat geklagt werden zu können, Vorrang.[405] Nach ständiger Ansicht des EuGH besteht zwischen der Streitigkeit und des Gerichtsortes, an dem das schädigende Ereignis eingetreten ist, eine besondere enge Beziehung, die aus Gründen einer geordneten Rechtspflege und einer sachgerechten Gestaltung des Prozesses eine Zuständigkeit dieser Gerichte rechtfertigt.[406] Daher ist das Gericht des Ortes, an dem das schädigende Ereignis eingetreten ist, in der Regel am besten in der Lage, den Rechtsstreit zu entscheiden.[407]

Der Begriff „Ort an dem das schädigende Ereignis eingetreten ist oder einzutreten droht" ist gemeinschaftsrechtlich autonom auszulegen.[408] Damit ist der Ort gemeint, an dem der Schaden eingetreten ist als auch der Ort des ursächlichen Geschehens. Somit kann der Kläger bei solchen Distanzdelikten nach seiner Wahl entweder am Handlungs- oder am Erfolgsort klagen (Ubiquitätstheorie) klagen.[409] So kann sich der Geschädigte für seine Klage das Gericht aussuchen, bei dem das für ihn günstigste Recht zur Anwendung kommt. Unter „Handlungsort" ist der Ort des schadenbegründenden Geschehens zu verstehen. Dies ist also der Ort, an dem eine unter Art 5 Z 3 EuGVVO fallende Handlung ganz oder teilweise ausgeführt wurde bzw. an dem das schadenbegründende Geschehen seinen Ausgang nahm.[410] Der Erfolgsort ist der Ort, an die schädigenden Auswirkungen des haftungsausschließenden Ereignisses zu Lasten des Betroffenen eintreten.[411] Somit also der Ort, wo das geschützte Rechtsgut (ursprünglich) verletzt worden ist. Bei einer Umweltbeeinträchtigung z.B. durch nukleare Strahlung aus einer ausländischen Atomanlage befindet sich der Ort dort, wo sich diese auswirken.[412]

Zu beachten ist diesbezüglich auch Art 71 EuGVVO gemäß dem Übereinkommen unberührt bleiben, denen die Mitgliedstaaten angehören, und die für besondere

405 *Simotta* in Fasching/Konecny² V/1 Art 5 EuGVVO Rn 260; EuGH, U v 30.11.1976, RS 21/76, Bier/Mines de Potasse d'Alsace, Slg 1976, 1735.

406 EuGH, U v 30.11.1976, RS 21/76, Bier/Mines de Potasse d'Alsace, Slg 1976, 1735; *Simotta* in Fasching/Konecny² V/1 Art 5 EuGVVO Rn 260.

407 EuGH, U v 1.10.2002, RS C-167/00, Verein für Konsumenteninformation/Henkel, Slg 2002, I-8111; EuGH, U v 7.3.1995, RS C-68/93, Shevil ua, Slg 1995, I-415; uva.

408 *Simotta* in Fasching /Konecny² V/1 Art 5 EuGVVO Rn 300; EuGH, U v 10.6.2004, RS C-168/02, Krohnhofer/Maier, Slg 2004, I-6009; EuGH, U v 1.10.2002, RS C-167/00 Verein für Konsumenteninformation/Henkel, Slg 2002, I-8111; uva.

409 *Simotta* in Fasching/Konecny² V/1 Art 5 EuGVVO Rn 301; uva.

410 *Simotta* in Fasching/Konecny² V/1 Art 5 EuGVVO Rn 303.

411 *Simotta* in Fasching/Konecny² V/1 Art 5 EuGVVO Rn 314; EuGH, U v 7.3.1995 , RS C-68/93 Shevill ua, Slg 1995 I-415; uva.

412 Supreme Court (IRE), JABl 2001/18, 138.

Rechtsgebiete die gerichtliche Zuständigkeit, die Anerkennung oder die Vollstreckung von Entscheidungen regeln. Unter „Übereinkommen" sind nur diejenigen internationalen Verträge zu verstehen, an denen neben den Mitgliedstaaten der EU auch Drittstaaten beteiligt sind. Hierbei muss unterschieden werden, zwischen Übereinkommen, die zum Zeitpunkt des Inkrafttretens der EuGVVO Rechtsbestand des Mitgliedstaates sind und denjenigen, zu denen später die Mitgliedstaaten beigetreten sind.[413] Dies bedeutet, dass das Pariser und Wiener Übereinkommen betreffend des Pariser Übereinkommens in Belgien, Dänemark, Finnland, Frankreich, Deutschland, Griechenland, Italien, Niederlande, Portugal, Slowenien, Schweden und dem Vereinigten Königreich anwendbar ist; das Wiener Übereinkommen in Bulgarien, Tschechischen Republik, Estland, Ungarn, Litauen, Lettland, Polen, Rumänien sowie der Slowakei.[414] Zusätzlich kommen noch die Zusatzprotokolle zur Anwendung.

Um einheitliche Zuständigkeitsregeln zu gewährleisten und vor allem auch um einen Forumshopping zu vermeiden, als auch eine Konzentration der Verfahren am Ort des Geschehens zu erreichen, gab es juristische Diskussionen, die eine Zurückdrängung der EuGVVO gegenüber des Wiener und Pariser Übereinkommens aufgrund des Vorrangs dieser Übereinkommen darstellen sollten.[415]

Art 13 PÜ regelt, dass eine Zuständigkeit des Ortes gegeben ist, an dem das nukleare Ereignis stattfand, ausgenommen in den Fällen der Art 3, 4 und 6 (a und e). Dies steht im Widerspruch zu Art 5 EuGVVO.

Art 14 PÜ bestimmt, dass das nationale Recht des Gerichtsstaates Anwendung findet. Dies umfasst sowohl das materielle als auch das Prozessrecht.[416]

Nach dem ZP 1988 sind die Zuständigkeiten gesondert geregelt.[417]

D) Haftung für Nuklearschäden beim Transport

Ein besonderes Augenmerk wurde auf die Möglichkeit einer Schädigung aufgrund eines Unfalles während des Transports von Nuklearmaterial gelegt. Grundsätzlich haftet nach beiden Konventionen für solche Schäden, die aus Unfällen während des Transportes von Nuklearmaterial entstehen, entweder der Betreiber der Nuklearanlage, woher das Material kommt, oder der Betreiber der Anlage, wohin das Material

413 *Handrlica* Exclusive Jurisdiction versus Forumshopping in European Nuclear Liability Law, International Journal of Nuclear Law, 2010, 100.

414 *Handrlica* International Journal of Nuclear Law, 2010, 101; *Handrlica* NLB 86 (2010), 32f.

415 *Handrlica* International Journal of Nuclear Law, 2010, 105ff, Er führt aus, dass diese Argumentationen nicht nachvollziehbar sind.

416 *Handrlica* NLB 86 (2010), 34.

417 *Handrlica* NLB 86 (2010), 35.

beschickt wird. Vertraglich kann vereinbart werden, dass die Haftung zwischen dem verschickenden als auch dem empfangenden Betreiber geteilt wird, bzw. eine Regelung dahingehend geschlossen wird, dass die Gefahr und das Risiko in einem bestimmten Moment (Punkt) auf den anderen Vertragspartner übergehen. Von besonderer Bedeutung ist, dass bei einem Transport von Material zu einem Staat, welcher nicht Mitglied einer der Übereinkommen ist, der Versender solange haftbar bleibt, solange das Nuklearmaterial nicht entladen ist. Dies gilt auch im umgekehrten Fall, in dem der Betreiber, der in einem Vertragsstaat eines Übereinkommens ansässig ist, erst dann haftet, wenn das Material auf das Transportmittel aufgeladen worden ist.

E) Übereinkommen über die zivilrechtliche Haftung bei der Beförderung von Kernmaterial auf See/Brüsseler Seetransport Übereinkommen

Das **Brüsseler Seetransport Übereinkommen 1971** (Übereinkommen über die zivilrechtliche Haftung bei der Beförderung von Kernmaterial auf See), welches 1975 in Kraft trat, ist akzessorisch zum Pariser und Wiener Übereinkommen.[418]

Ungewöhnlich ist, dass gemäß Art 1 geregelt ist, dass der Schädiger von der Haftung nach diesem Übereinkommen befreit ist, wenn der Inhaber einer Kernenergieanlage aufgrund des Pariser oder Wiener Übereinkommens für den Schaden haftet, oder wenn der Inhaber einer Kernenergieanlage aufgrund eines innerstaatlichen Gesetzes über die Haftung für solche Schäden für den Schaden haftet, vorausgesetzt, dass dieses Gesetz für die Geschädigten in jeder Hinsicht ebenso günstig wie das Pariser oder Wiener Übereinkommen ist. Diese oben genannte Befreiung gilt nach Art 2 auch für den durch ein nukleares Ereignis verursachten Schaden an der Kernenergieanlage selbst oder an Sachen auf dem Gelände dieser Anlage, die in Verbindung mit der Anlage verwendet werden, oder verwendet werden sollen oder an dem Beförderungsmittel, auf dem sich das betreffende Kernmaterial im Zeitpunkt des nuklearen Ereignisses befand, für den Inhaber der Kernenergieanlage, weil seine Haftung für einen solchen Schaden entweder nach dem Pariser oder Wiener Übereinkommen ausgeschlossen ist oder dass das nationale Gesetz die entsprechende Haftung ausschließt.

Nach Art 2 Abs 2 verbleibt die Haftung einer natürlichen Person, die für einen solchen Schaden bestehen, wenn die begangene Handlung oder Unterlassung vorsätzlich herbeigeführt worden ist.

Ebenso wird die Haftung des Inhabers eines Reaktorschiffs auf einen Schaden, der durch ein nukleares Ereignis verursacht worden ist, das auf Kernbrenn-

---

418 *Hinteregger/Kissich* Rn 16.

stoffe dieses Schiffes oder auf dem Schiff erzeugten radioaktiven Erzeugnisse oder Abfälle zurückzuführen ist durch dieses Übereinkommen nach Art 3 nicht berührt.

Dieses Übereinkommen geht allen internationalen Übereinkünften über die Beförderung auf See vor, die an dem Tag, an dem das vorliegende Übereinkommen zur Unterzeichnung aufgelegt wird, in Kraft sind, oder zur Unterzeichnung zur Ratifizierung oder zum Beitritt aufgelegt sind, sofern solche Übereinkünfte mit dem vorliegenden Übereinkommen im Widerspruch stehen, nach Art 4. Diese Bestimmung lässt jedoch Verpflichtungen der Vertragsparteien des vorliegenden Übereinkommens gegenüber nicht Vertragsparteien solcher internationaler Übereinkünfte unberührt.

Dieses Übereinkommen ist in Brüssel gefertigt worden und liegt in London am Sitz der Intergouvernmental Maritim Consultative Office zur weiteren Vertragsunterfertigung auf. Bemerkenswert ist, dass gemäß Art 5 Abs 2 Sonderorganisationen der Vereinten Nationen oder die IAEO selber Mitglied dieses Übereinkommens werden können.

Gemäß Anhang V lit c der auf Artikel 4 Abs 4 der Richtlinie 2004/35/EG (Umwelthaftungsrichtlinie) beruht, ist die oben genannte Richtlinie für Umweltschäden im Sinne des Übereinkommens über die zivilrechtliche Haftung bei der Beförderung von Kernmaterial auf See nicht anwendbar.[419]

F) Brüsseler Atomschiffskonvention von 1962

Die **Brüsseler Atomschiffskonvention von 1962** regelt die Haftung von mit Atomkraft betriebenen Schiffen.[420]

---

419 Richtlinie 2004/35/EG des Europäischen Parlaments und des Rates vom 21.4.2004 über Umwelthaftung zur Vermeidung und Sanierung von Umweltschäden, ABl. L 143 vom 30.4.2004, S 56.

420 Näheres bei *Jabel* Zum Haftungsbeschränkungsfonds der Brüsseler Atomschiffskonvention, FS Erler, 257ff; *Beemekmans* Internationalprivatrechtliche Fragen der Haftung für Reaktorschiffe, RabelsZ 41 (1977), 1ff; *Bernaerts* Die Brüsseler Reaktorschiffskonvention im Verhältnis zum Atomgesetz, atw 1976, 200ff. *Benaerts* Neues Haftpflichtrecht für die NS „Otto Hahn", Hansa 1976, 1050; *v.d. Hagen-Siefeking* Rechtsprobleme im Zusammenhang mit dem Betrieb von Atomschiffen, MDR 1961, 274ff; *Sotiropoulos* Das Verhältnis von herkömmlichen und atomaren Haftungsnormen im Bereich der Seeschifffahrt, Zeitschrift für die gesamte Versicherungswirtschaft 1965, 81ff; *Hovy* Die Konvention über die Haftung der Inhaber von Atomschiffen vom 25.5.1962 (1970); *Möller* Wirtschaftliche und Rechtliche Probleme der Versicherung von Reaktorschiffen, 3. Jahrbuch der Studiengesellschaft zur Förderung der Kernenergieverwendung im Schiffbau und Schifffahrt e.V., (1964), 114ff; *Handrlica* Facing plans for multiplying nuclear-powered vessels: lessons gained from the Brussels Convention on the Liability of Operators of Nuclear Ships of 1962, International Journal of Nuclear Law 2009, 313ff.

Das Übereinkommen über die Haftung der Inhaber von Reaktorschiffen und das Zusatzprotokoll ist am 25.5.1962 unterzeichnet worden, jedoch bis heute völkerrechtlich noch nicht in Kraft getreten.[421] Der Grund hiefür ist, dass im zivilen Bereich fast keine Schiffe bestehen, die mittels Kernreaktoren betrieben werden. Die einzigen Schiffe sind die Otto Hahn, ein deutsches Schiff, sowie der russische – frühere sowjetische – Eisbrecher MS Lenin. Auch die USA haben ein solches Schiff betrieben (MS Savannah).

Gemäß Artikel II haftet jeder Inhaber eines Reaktorschiffes ohne weitere Voraussetzung für jeden nuklearen Schaden, wenn bewiesen wird, dass dieser Schaden durch ein nukleares Ereignis verursacht worden ist, das auf Kernbrennstoffe dieses Schiffes oder auf dem Schiff erzeugte radioaktive Erzeugnisse oder Abfälle zurückzuführen ist (Gefährdung). Es findet gemäß Art II Abs 2 ein Ausschluss der Haftung für jeden Dritten statt, sofern dies im Übereinkommen nicht anders geregelt ist.

Gemäß Artikel III liegt eine Haftungsbegrenzung von 1,5 Milliarden Schweizer Franken vor. Der Inhaber ist verpflichtet eine Versicherung mit einer Deckung bis zu diesem Betrag abzuschließen. Der Genehmigungsstaat hat darauf zu achten, dass eine entsprechende Versicherungsdeckung vorliegt. In Art III Abs 4 ist der Franken als Rechnungseinheit im Wert von 65 $^1/_2$ Milligramm Gold von 900/1.000 Feingehalt zu verstehen.

Gemäß Art V ist eine Verjährungsfrist von 10 Jahren vorgesehen.

G) Kompetenz nach den Bestimmungen des EA für die Schaffung eines einheitlichen Nuklearhaftungsregimes

Nach Art 98 EA treffen die Mitgliedstaaten alle Maßnahmen, die erforderlich sind, um den Abschluss von Versicherungsverträgen zur Deckung der Gefahr auf dem Kerngebiet zu erleichtern. Nach Art 98 Abs 2 EA erlässt der Rat nach Anhörung des Parlaments auf Vorschlag der Kommission, die zuvor die Stellungnahme des Wirtschafts- und Sozialausschusses eingeholt hat, mit qualifizierter Mehrheit die Richtlinien für die Art und Anwendung dieses Artikels. Eine solche Richtlinie ist nie erlassen worden. Mit dieser Regelung wird kein eigenständiges nukleares Haftungsregime aufgebaut, sondern es werden alle Beschränkungen der Dienstleistungsfreiheit bei der Versicherung von nuklearen Risiken abgebaut. Zusätzlich kommt es zu einer Erleichterung des Abschlusses von Versicherungsverträgen in Bezug auf das jeweilige konkrete Haftungsregime.[422]

421 BGBl 1975, II S 977.

422 *Grunwald* Energierecht, 275.

Nach Art 98 EA treffen die Mitgliedstaaten alle Maßnahmen, die erforderlich sind, um den Abschluss von Versicherungsverträgen zur Deckung der Gefahr auf dem Kerngebiet zu erleichtern. [423]

Wie oben dargestellt ist die Nuklearhaftung in der EU unterschiedlich geregelt. Einige Mitgliedstaaten sind Mitglieder des Pariser Übereinkommens, einige des Wiener Übereinkommens, sowie einige haben die Zusatzprotokolle unterfertigt. Einige Staaten sind in keinem System Mitglied.[424] 1965 und 1966 hat die Kommission eine Empfehlung an die damaligen Mitglieder betreffend des Beitritts zur Pariser Konvention abgegeben. Durch den Beitritt von neuen Mitgliedstaaten 1995, 2005 sowie 2007 wurde das bisher schon zersplitterte Haftungsregime noch mehr zersplittert. Aufgrund dessen begann die Kommission Überlegungen betreffend der Vereinheitlichung des Haftungsrechtes anzustellen.[425] Es wurde die spanische Rechtsanwaltskanzlei Gomez und Acebo beauftragt, eine Studie zur Frage der rechtlichen Möglichkeiten der Vereinfachung und Vereinheitlichung des nuklearen Haftungsregimes in der EU zu erstellen. Diese Studie wurde 2010 veröffentlicht.[426]

Gomes und ACEBO kamen in dieser Studie zum Schluss, dass Art 98 EA grundsätzlich jedoch nur die Vereinheitlichung des Versicherungsmarktes im Auge hat, wie dies schon von Beginn die ersten Kommentatoren festgestellt haben.[427]

Auch die Heranziehung von Art 203 EA, der auch nach dem Vertrag von Lissabon Rechtsbestand ist, ist nach Ansicht von Handrlica umstritten.[428] Handrlica vertritt zu Recht die Ansicht, dass eine Entscheidung nur mit einer politischen Kraftanstrengung erreichbar ist.[429]

---

423 *Grunwald* Energierecht, 275.

424 Zu dem ganzen Bereich *Handrlica* Euratom Power in the field of Nuclear Liability Revisited, International Journal of Nuclear Law 2010, 1ff mit weiteren Nachweisen.

425 *Handrlica* International Journal of Nuclear Law 2010, 7ff.

426 Veröffentlicht durch die Kommission, verfasst durch die spanische Rechtsanwaltskanzlei Gomez-Acebo & Pombo; www.ec.europa.eu/energy/nuclear/studies/doc/2009_accession_euratom.pdf.

427 *Haedrich* Koordinierter Haftungseintritt der Staaten für Atomschäden – eine Aufgabe für Euratom, atw 1960, 133ff; *Haedrich* Das Zusatzübereinkommen zur Pariser Atomhaftungskonvention, atw 1963, 449f.

428 *Handrlica* aaO, 12ff.

429 *Handrlica* Harmonisation of Nuclear Liability in the European Union: Challenges, Options and Limits, NLB 84 (2009), 39ff; *ders* European Exceptionalism and nuclear third party liability, International Journal of Nuclear Law 2011, 163ff.

H) Haftung für die Strahlung mit radioaktiven Stoffen

Die beiden Übereinkommen regeln weder den Schadenersatz verursacht durch Radioisotope, welche für wissenschaftliche, medizinische geschäftliche oder andere Zwecke verwendet werden, noch für Schäden, welche durch Röntgenstrahlen entstanden sind. Die Behandlung solcher Schäden wird meist durch das allgemeine nationale Schadenersatzrecht geregelt. Es gibt Staaten, welche entsprechend spezielle Schadenersatzregelungen für solche Unfälle getroffen haben. In der Regel gehend diese ebenfalls von der Gefährdungshaftung aus.

Ein Sonderfall ist die medizinische Behandlung mit Radioisotopen oder Röntgenstrahlen. Für den Fall, dass ein Schaden entsteht, wird das allgemeine Zivilrecht zur Anwendung kommen.

12. Safeguard

A) Allgemeines

Safeguard ist die Kontrolle um zu gewährleisten, dass die Staaten nicht ihre abgegebenen Erklärungen sowie die unterfertigten und ratifizierten Vereinbarungen brechen, nukleares Material oder Technologie nicht zu nutzen, um Nuklearwaffen zu entwickeln oder andere nukleare Sprengmittel zu bauen.[430]

Die rechtliche Grundlage für das Safeguardsystem liegt im IAEO Statut, welcher ein multilateraler völkerrechtlicher Vertrag ist, und sowohl die IAEO als auch die einzelnen Mitgliedstaaten bindet. Neben Safeguard hat die IAEO auch weitere in Art 3 definierte Aufgaben, welche zusammengefasst der internationalen Zusammenarbeit dienen.[431]

Gemäß Artikel II dieses Statutes ist die IAEO verpflichtet, die notwendige Unterstützung zu gewährleisten, dass diese Nukleartechnologie nicht für militärische Zwecke verwendet wird. Artikel III Punkt A.5 ermächtigt die IAEO, das System der Safeguard zu etablieren und zu verwalten und somit zu gewährleisten, dass Projekte, die nukleare Energiegewinnung betreffen, unter den Kontrollen der IAEO ausschließlich für zivile Zwecke stattfinden. Artikel XI Punkt F.4 beschreibt ausführlich die rechtlichen Rahmenbedingungen der Einführung des Safeguardsystems. Wie die politische Diskussion um die nukleare Anlagen vom Iran in den Jahren 2003–2012 zeigen, ist die IAEO auch berechtigt, auf Bitten einzelner Mitgliedstaaten Kontrollen in einem anderen Staat vorzunehmen.

---

430 *Szasz* IAEA safeguards for NPT, Review of European Community & International environmental law 1996, 239ff.

431 Näheres bei *Kimmich* ZARÖV 1973, 643.

Das Safeguardsystem beinhaltet drei Funktionen, nämlich die Kontrolle der Buchhaltung, die Eindämmung und die Überwachung und Inspektion.

Buchhaltung bedeutet, dass jeder Mitgliedstaat verpflichtet ist, der IAEO über die Arten und die Mengen von spaltbarem Material zu berichten, welches sich in ihrem Hoheitsgebiet befindet. Um dies zu gewährleisten, ist der Staat verpflichtet, ein entsprechendes Informationssystem zu errichten, welches in einem kurzen Zeitrahmen die Buchhaltung und die Kontrollen sowie die Nachforschung von relevantem spaltbarem Material ermöglicht. Eindämmungs- und Überwachungsmaßnahmen werden durch die IAEO dadurch verwirklicht, dass auf Behältern, welche Nuklearmaterial enthalten, spezielle Siegel angebracht werden und die Räumlichkeiten gefilmt oder mit Fernsehkameras überwacht werden. Diese filmische oder fernsehtechnische Überwachung findet auch in Nuklearanlagen statt, um zu gewährleisten, dass keine unerlaubten Bewegungen dieses Materials vorkommen. Die Inspektionen werden durch speziell ausgebildete IAEO Inspektoren durchgeführt, die überprüfen, ob sich die angegebene Menge von Nuklearmaterial an dem Ort, der genannt wurde, tatsächlich befindet, und dass sich in diesem Staat kein ungemeldetes Nuklearmaterial befindet. Die Inspektionen beinhalten die Überprüfung von Siegeln und Instrumenten, die Überprüfung der Unterlagen der Nuklearanlagen sowie die unabhängige Messung von Material und anderen Gegenständen, welche in den Unterlagen angeführt sind.

Grundlage dieser Tätigkeit sind internationale und regionale Verträge, bei denen sich die einzelnen Staaten verpflichtet haben, nukleares Material und Tätigkeiten mit solchem, innerhalb ihrer Jurisdiktion zu kontrollieren. Der grundlegende Vertrag ist der 1968 abgeschlossene Nichtverbreitungsvertrag (Treaty on the Non-Proliferation of Nuclear Weapons [NPT]), welcher nunmehr von 190 Staaten[432] ratifiziert wurde. In dieser Vereinbarung verpflichten sich die Staaten Kontrollen durch die IAEO zur Erfüllung der Vereinbarungen zu akzeptieren und die entsprechenden Mittel bereit zu stellen.

Weiters sind folgende regionale Vereinbarungen abgeschlossen worden.

a Treaty for the prohibition of nuclear weapons in Latin America (Tlatelolco Treaty), welcher 1967 zur Zeichnung auflag,

b The South Pacific nuclear free zone treaty (Rarotonga Treaty), welcher 1986 in Geltung trat,

c The South East Asia nuclear weapon free zone treaty (The Bangkok Treaty), welcher 1997 in Kraft trat sowie

d The African Nuclear Weapon Free Zone Treaty (Pelindaba Treaty), welcher 1996 abgeschlossen worden ist.[433]

---

432 Stand Dezember 2011.

433 Dazu *Szurek* De Rarotonga à Bangkok et Pelindaba, Annuaire français de droit international 1996, 164ff; *Acharya/Ogunbanwo* The nuclear weapon free zones in South East Asia and Africa,

Weiters bestehen zwischen den einzelnen Staaten als auch zwischen der Europäischen Union und einzelnen Staaten eine große Anzahl von bilateralen Übereinkommen betreffend der Zusammenarbeit im Nuklearbereich und über die Verbreitung der Technologie. Die meisten dieser Vereinbarungen beinhalten die Verpflichtung, dass die IAEO die entsprechenden Safeguardmaßnahmen setzt.

Die Europäische Union hat durch den Euratom Vertrag ein eigenes Safeguardsystem geschaffen.

Bilaterale Abkommen werden zwischen der IAEO und den einzelnen Staaten auf Basis des Musterübereinkommens abgeschlossen.[434]

Die IAEO hat im Laufe der Jahre eine große Anzahl von Beschlüssen gefasst, in denen die praktische Durchführung der Safeguardmaßnahmen geregelt ist.

B) Ziele

Das grundlegende Ziel von Safeguard ist zu gewährleisten, dass Nuklearmaterial nicht für die Produktion von Nuklearwaffen oder anderen Nuklearsprengsätzen verwendet wird, und dass durch die Überwachungsmaßnahmen auch die eingegangenen Verpflichtungen der Staaten überprüft werden, dass sie sich vertragskonform verhalten. Die Maßnahmen von Safeguard sind für jedes Nuklearmaterial und für alle Nuklearanlagen anwendbar. Das betrifft auch diejenigen Nuklearanlagen, die kein radioaktives Material innenliegend haben, oder die noch nicht in Betrieb gegangen sind, oder welche die geschlossen wurden. Die jeweiligen Vereinbarungen betreffend von Safeguard zwischen den Mitgliedstaaten und der IAEO bzw. aufgrund der Beschlüsse der IAEO regeln sehr detailliert die nuklearen Aktivitäten innerhalb der Jurisdiktion und der Kontrolle des Staates, in denen die Safeguardmaßnahmen durchgeführt werden.[435]

C) Grundlegendes zur Festsetzung der Regeln des Safeguards

Um die notwendige Durchführung von Safeguard zu gewährleisten müssen sich sämtliche Behörden der Mitgliedstaaten verpflichten, mit der IAEO zusammen zu arbeiten, und die entsprechenden Grundsätze von Safeguard zu implementieren.

SIPRI Yearbook 1998, 443ff; *Acharya/Boutin* The Southeast Asia Nuclear Weapon-Free Zone Treaty, Security Dialogue 1998, 219ff.

434 Model Protocol Additional to the Agreement(s) Between State(s) and the Agency for the Application of Safeguards (Reproduced in document INFCIRC/540 (Corrected)).

435 Model Protocol Additional to the Agreement(s) Between State(s) and the Agency for the Application of Safeguards (Reproduced in document INFCIRC/540 (Corrected)).

Weiters haben die Staaten ein entsprechendes Kontroll- und Buchhaltungssystem für Nuklearmaterial und für Nukleartechnologie einzurichten und dieses auf den letzten Stand der Technik zu halten. Ebenso muss gewährleistet sein, dass die IAEO vollständig und rechtzeitig sämtliche Informationen erhält. Darüber hinaus müssen die einzelnen Mitgliedstaaten gewährleisten, dass die Mitarbeiter und Inspektoren der IAEO im Schutz der vereinbarten Privilegien und Immunitäten sind.

Auch der Transport von Nuklearmaterial bedarf einer Mitteilung an die IAEO und zwar in der Form, dass die entsprechende Menge, Art sowie der Zeitpunkt des Transportes vorab mitgeteilt wird.

13. Export- und Importkontrollen

A) Hintergrund

In einer politisch instabilen Welt als auch in dem Wissen, dass fast kein Staat ohne Import von spaltbarem Material, Technologie oder Know-how tätig sein kann, ist die Bewachung und Kontrolle des Nuklearhandels zwischen als auch unter den Staaten ein wichtiges Element des weltweiten NPT Systems. Die Export- und Importkontrolle verbunden mit den einzelnen Verpflichtungen der Staaten ist gemäß Artikel I für die Nuklearstaaten (USA, Russland, China, Großbritannien, Frankreich) als auch für die gemäß Artikel II für die Nichtnuklearstaaten ein wichtiges Element. Gemäß Artikel II ist es für Nichtnuklearstaaten verboten, Nuklearwaffen zu erwerben, oder Hilfe beim Erwerb solcher anzubieten, oder Hilfe zu erhalten. Sämtliche Exportkontrollen sind unter diesem Gesichtspunkt zu sehen. Neben diesen weltweiten gültigen NPT sind noch auf die Verträge von Tlatelolco, von Rarotonga, den Vertrag von Bangkok sowie den Vertrag von Pelindaba zu verweisen.

In der nationalen Umsetzung bedeutet das, dass jeder Staat verpflichtet ist, die notwendigen gesetzlichen als auch verwaltungstechnischen Maßnahmen zu treffen, dass jede nichtbefugte Person keine Möglichkeit hat, Material bzw. Technologie aus dem Nuklearbereich zu erwerben.

Selbst Staaten, die weder im Nuklearbereich tätig sind, Nuklearmaterial oder radioaktive Material exportieren noch importieren oder sonst welche Tätigkeiten auf diesem Gebiet setzen, sind verpflichtet, im Rahmen der internationalen Kontrolle kein nationales rechtliches Vakuum zu kreieren, und somit die notwendigen gesetzlichen Maßnahmen zu treffen.

Der Transfer von radioaktivem Material als auch Technologie geschieht auf verschiedene Art und Weise. Der einfachste und offensichtlichste Weg ist der Export von Gütern wie Ausrüstung, Instrumente, Teile oder radioaktivem Material von einem Staat in den anderen, oft verbunden mit der Übermittlung von technischem Know-how und Wissen. Ein weiterer häufig stattgefundener Weg ist die private Übermittlung von Technologie. Dies erfolgt entweder durch Vereinbarungen über

Zusammenarbeit zwischen verschiedenen Unternehmen und/oder Staaten, dem Verkauf von technischem Know-how zwischen einzelnen Unternehmen bzw. auch die Planung, Errichtung und der Betrieb durch ein Unternehmen in einem anderen. Zu berücksichtigen ist weiters, dass auch im Zuge der internationalen akademischen Zusammenarbeit Wissen und Know-how ausgetauscht werden kann.

B) Ziele

Jedes nationale Recht, welches sich mit Export- und Importkontrolle befasst, hat einige wichtige Zielsetzungen. Zu aller erst muss gewährleistet werden, dass die Übertragung von radioaktivem Material, Ausrüstung und Technologie in einer verantwortlichen sicheren Art und Weise geschieht. Weiters muss bedacht werden, dass jede Übertragung von solchen Gütern weder direkt noch indirekt einem nicht nuklearen Staat oder einer nicht autorisierten Person hilft, Nuklearmaterial oder Kernwaffen zu erzeugen oder zu erhalten. Jeder Verantwortliche, der radioaktives Material in den Verkehr bringt, wird die notwendigen Maßnahmen treffen, dass vom Empfängerstaat sämtliche notwendigen Vorkehrungen getroffen werden, sodass das nukleare Material bzw. die Technologie nicht entgegen den internationalen Bestimmungen verwendet wird.

C) Notwendige Maßnahmen

Grundlegende Voraussetzung für den Transfer ist, dass eine staatliche Genehmigung vorliegt. Voraussetzung für die staatlichen Genehmigungen sollen die Bekanntgabe und Überprüfung des Genehmigungswerbers, die genaue Beschreibung (Art, Menge und Qualität) des Materials oder der Technologie, das Ziel des Transfers, den Endverbraucher sowie sämtliche notwendigen Transport- und Sicherheitsmaßnahmen beinhalten. Es ist in einem solchen Genehmigungsverfahren darauf zu achten, dass auch die notwendige Zusammenarbeit zwischen den einzelnen Behörden auf zwischenstaatlicher Seite vorliegt, sowie dass die notwendigen Überprüfungen vor Erteilung einer Lizenz vorgenommen werden.

Damit eine entsprechende Kontrolle staatlicherseits vorliegt, müssen klare Verantwortlichkeitsbereiche für die Behörden geschaffen werden, die an diesem Verfahren beteiligt sind. Einige Staaten haben eigene Behörden eingerichtet, andere erfüllen ihre internationalen Verpflichtungen durch schon bestehende Ministerien oder Abteilungen. Sehr häufig ist es der Fall, dass verschiedene staatliche Behörden an diesem Verfahren beteiligt sind, sodass es zu schwierigen zwischenbehördlichen (politischen) Verhandlungen kommen kann, die das Verfahren teuer und ineffizient machen.

Gemäß den verschiedenen internationalen Vereinbarungen bestehen nachfolgende übliche Bedingungen:

- der Empfängerstaat muss sich völkerrechtlich verpflichtet haben, das importierte Material und die erhaltenen Informationen lediglich für friedliche Nutzung zu verwenden;
- die internationalen Regeln für Safeguard müssen für diese importierten Güter gelten und angewendet werden;
- der importierende Staat verpflichtet sich, sämtliches radioaktives Material als auch sämtliche Nuklearanlagen von internationalen Safeguardsinspektoren überwachen zu lassen;
- der Rücktransport von früher importierten Kernmaterial und Technologie in einen dritten Staat hat nur mit vorangegangener Zustimmung des exportierenden Staates zu erfolgen;
- dass jede Wiederaufbereitung des spaltbaren Materials oder Veränderung von diesem der vorangegangenen Zustimmung des exportierenden Staates bedarf;
- dass der physikalische Schutz den internationalen Standards entspricht.

Es steht natürlich den einzelnen Staaten frei, weitere Bedingungen festzulegen, die oben genannten sind jedoch gemäß den internationalen Verträgen ein Mindeststandard.

Weiters ist es von essentieller Bedeutung, dass die verantwortlichen Behörden das uneingeschränkte Recht haben, die genehmigten Tätigkeiten zu überwachen und zu überprüfen. Eine besondere Bedeutung kommt hierbei den Zollbehörden zu, und es ist zu gewährleisten, dass diese jedweden Zugang zu dem auszuführenden bzw. einzuführenden Material haben. Um dies auch technisch zu gewährleisten, sind die zuständigen Beamten entsprechend auszubilden, sodass sie sowohl in der Lage sind, nicht genehmigten Export und Import zu erkennen, als auch die notwendigen Experten zwecks weiterer Kontrolle und Aufklärung zu verständigen.

Von besonderer Bedeutung ist, dass die Durchsetzung der innerstaatlichen Maßnahmen der Gestalt sind, dass sie einerseits abschreckend sind (Pönalwirkung einer Haftstrafe und hoher Geldstrafen) als auch dass die Ermittlungsbehörden sämtliche dafür notwendigen, auch im Rahmen der Grundrechte, Befugnisse erhalten, um auch bei Gefahr in Verdacht auf schnellstmögliche Weise handeln zu können.

14. Physischer Schutz

A) Hintergrund

Der Schutz von Nuklearmaterial und von technischen Einrichtungen vor Diebstahl oder anderen nicht genehmigten Entwendungen oder Verwendungen, oder der Schutz vor Sabotage wird traditionell als Gegenstand der innerstaatlichen Regelung angesehen. Von den verschiedenen Staaten gibt es verständlicherweise ein Misstrauen betreffend internationaler Vereinbarungen und Regeln.

Es hat sich, insbesondere seit dem Vorfall des 11. Septembers 2001, die Ansicht durchgesetzt, dass ein solcher, wie oben beschriebener Vorfall, nicht nur den Staat sondern auch sämtliche andere Staaten betrifft, insbesondere durch das Bestehen der Gefahr von terroristischen Aktivitäten, die aufzeigen, dass in diesem Bereich eine verstärkte internationale Zusammenarbeit notwendig ist. Aber auch der zunehmende internationale legale Handel und Transport von Nuklearmaterial und Technologien hat zur Ansicht geführt, dass eine verstärkte Zusammenarbeit immer notwendiger wird.

Eine wichtige Grundlage zur internationalen rechtlichen Zusammenarbeit ist das am 26. Oktober 1979 unterfertigte Übereinkommen.[436] Im September 2007 waren 125 Staaten Mitglieder dieses Vertrages. Der Kernbereich dieses Vertrages ist der Schutz des Transports von Nuklearmaterial im internationalen Handel, er enthält genauso wichtige Empfehlungen betreffend der nationalen Schutzmaßnahmen. Dieser Vertrag verpflichtet die einzelnen Vertragsstaaten entsprechenden physischen Schutz für Nuklearmaterial vorzusehen und nach entsprechend genau definierten Sicherheitsstufen den Transport von diesem mittels Schiff zu gewährleisten;

- mit anderen Vertragsstaaten bei der Wiederbeschaffung und dem entsprechenden Schutz von gestohlenem Nuklearmaterial zu gewährleisten;
- im nationalen Recht vorzusehen, dass der Diebstahl oder die Drohung, oder der Versuch Nuklearmaterial zur Gefährdung der Öffentlichkeit zu benutzen als strafbares Verbrechen vorgesehen ist, sowie
- auszuliefern oder zu bestrafen, denen man solche Akte vorwirft.

Ein wichtiger Punkt dieser Vereinbarung ist die Einstufung von Nuklearmaterial nach Art und Menge betreffend der Definition der verschiedenen physischen Sicherheitsstufen. Es gibt Bestrebungen, diese Schutzmechanismen auszubauen, und entsprechende Ergänzungen zu machen, über das Entwurfsstadium sind diese Bestrebungen nicht hinausgekommen.

Technische Grundlage dieses Abkommens sind die Empfehlungen von Experten, die von der IAEO ausgearbeitet worden sind. Die Leitlinie ist die „The Physical Protection of Nuclear Material and Nuclear Facilities".[437]

---

436 2007/513/Euratom: Beschluss des Rates vom 10. Juli 2007 zur Genehmigung des Beitritts der Europäischen Atomgemeinschaft zu dem geänderten Übereinkommen über den physischen Schutz von Kernmaterial und Kernanlagen – Erklärung der Europäischen Atomgemeinschaft gemäß Artikel 18 Absatz 4 und Artikel 17 Absatz 3 CPPNM, ABl Nr L 190 vom 21.7.2007, S 12.

437 The Physical Protection of Nuclear Material and Nuclear Facilities, IAEO Document INFCIRC/225/Rev 4; dazu auch: *Vez Carmona* The International Regime on the Physical Protection of Nuclear Material and the Amendment to the Convention on the Protection of Nuclear Material, NLB 76 (2005), 31ff.

B) Ziele

Das grundsätzliche Ziel ist, den illegalen oder nicht genehmigten Erwerb von Nuklearmaterial zu verhindern, sowie die Verhinderung der irregulären Nutzung von Nuklearmaterial sowie der Schutz des Transportes vor Diebstahl, Drohungen und Sabotage. Dieses Ziel wird einerseits durch entsprechende Schutzmaßnahmen erreicht, deren Ziel es ist, möglichen Eindringlingen ihr Vorhaben zu verunmöglichen als auch den Diebstahl und Sabotage zu verhindern.

Die Ziele bestehen einerseits in der Umsetzung der internationalen Vereinbarungen ins nationale Recht, der Schaffung einer entsprechenden Aufsichtsbehörde mit entsprechender Autorität und Ressourcen, die in der Lage ist, die nationalen Gesetze zu vollziehen, und die Umsetzung des physischen Schutzes zu gewährleisten, klare und verständliche Regeln aufzustellen, die ein Inhaber einer Konzession erfüllen muss, um einen entsprechenden physischen Schutz von Nuklearmaterial und der Anlagen zu gewährleisten, Regelungen aufzustellen, die umgesetzt werden müssen, um ein nicht genehmigtes Entfernen von Nuklearmaterial, welches sich entweder in Verwendung oder in einem Lager befindet zu verhindern, als auch während eines Transportes, die entsprechenden Auflagen zu schaffen, die umgesetzt werden müssen, um eine Sabotage von Nuklearanlagen und des Transportes, der Lagerung von Nuklearmaterial zu verhindern, und der Errichtung und Schaffung von entsprechenden Notfallplänen sowie den Möglichkeiten einer raschen staatlichen Reaktion für den Fall eines nichtgenehmigten Entfernens von Nuklearmaterial sowie im Falle der Sabotage.

Obwohl die obengenannte Vereinbarung nur den Transport von Nuklearmaterial regelt, hat sie jedoch grundlegende Konsequenzen und ist zwingend für das nationale Recht.

C) Grundsätze der Gesetzgebung

Um eine entsprechende Gesetzgebung zu schaffen, ist von den Behörden (Verteidigungsministerium, für Energiefragen zuständiges Ministerium, Innenministerium, Polizei, Feuerwehr, etc) die entsprechenden Möglichkeiten der Bedrohung auszuarbeiten. Diese Bedrohungsszenarien sind nicht nur aus den bisherigen Erfahrungen zu gestalten, sondern es ist auch vorausschauend, auf zukünftige Bedrohungen Bedacht zu nehmen. Weiters ist es auch notwendig, in regelmäßigen Abständen die Bedrohungsszenarien zu analysieren, anzupassen, und hierauf die entsprechenden gesetzlichen Änderungen vorzunehmen.[438] In diesem Zusammenhang ist weiters auf die verschiedenen Arten des Nuklearmaterials und auf die Anlagen Bedacht zu

438 *Feldmann* Protection of Nuclear Facilities Against Aircraft Crash: Legal Aspects Concerning Licensing and Supervision Currently Under Discussion in Germany, NLB 75 (2005), 63ff.

nehmen, die in diesem Staat vorhanden sind. Sinnvoll ist es, der Aufsichtsbehörde das Recht zu geben, die Regelungen unter Berücksichtigung der technologischen Entwicklung zu ändern.

Der Staat ist für die Schaffung sowie für die Umsetzung der entsprechenden gesetzlichen Regelungen zum physischen Schutz verantwortlich. Der Gesetzgeber ist auch verpflichtet, eine entsprechende Aufsichtsbehörde zu schaffen, die die entsprechenden weitreichenden Rechte besitzt. Diese Aufsichtsbehörde soll einerseits die entsprechende Unabhängigkeit besitzen, die nicht in einen Interessenskonflikt mit denjenigen Behörden zu kommen, die für die Verwendung und Förderung der Nuklearenergie zuständig sind.

Ein weiterer wichtiger Gesichtspunkt ist die Konzessionierung der Nutzer, sowie der Transporteure von Nuklearmaterial. In dem Verfahren über die Erteilung einer entsprechenden Konzession ist auch auf die Gefahren und Probleme des physischen Schutzes hinzuweisen.

Wie oben bereits angedeutet, muss der Gesetzgeber Rahmenregelungen schaffen, während die Aufsichtsbehörde die Detailregelungen je nach Bedarf und der technologischen Entwicklung schafft, um einen entsprechenden Schutz zu gewährleisten. Zu den grundsätzlichen Regelungen, die dem Gesetzgeber vorbehalten sind, ist die Einstufung des Nuklearmaterials. Gerade die unterschiedlichen Risiken, die mit den verschiedenen Nuklearmaterialien verbunden sind (z.B.: Thorium, Uran, Plutonium, etc), und der wiederum damit verbundenen Gefahren und Risiken, bedarf es einer genauen Einordnung, um auch einen entsprechend angemessenen physischen Schutz zu gewährleisten. Weiters ist der Gesetzgeber verpflichtet, die Verantwortungen und Pflichten dem Konzessionsinhaber betreffend der Nutzung oder des Transportes von Nuklearmaterial sowie der entsprechenden Dokumentation aufzutragen. Beim transnationalen Transport von Nuklearmaterial ist es von entscheidender Bedeutung, dass klargestellt wird, wann die Verantwortung des einen Staates aufhört, und die des anderen Staates beginnt. Gerade im Wege des Seetransportes ist dies von entscheidender Bedeutung. Auch die Schaffung von Notfalls- und Unfallsplänen sowie die Beauftragung der entsprechenden Personen (Betreiber, Aufsichtsbehörden, etc) gehört zu den Aufgaben des Gesetzgebers.

Um den physischen Schutz zu gewährleisten ist es notwendig, die Konzessionsinhaber entsprechend zu verpflichten, den unmittelbaren physischen Schutz vorzunehmen, diesen entsprechend zu dokumentieren und entsprechende auch betriebsinterne Verantwortlichkeiten zu schaffen. Im Rahmen der Gesetze als auch der Auflagen durch die Aufsichtsbehörde ist der Zugang zu Material oder zur Fabrik zu beschränken, entsprechende Zugangsbestimmungen zu erlassen und dafür zu sorgen, dass die Zusammenarbeit mit sämtlichen staatlichen Behörden (Aufsichtsbehörde, Polizei, andere staatliche Organisationen) reibungslos funktioniert.

Um einen entsprechenden physischen Schutz auf hohem Niveau zu gewährleisten sind auch regelmäßige Inspektionen und Überprüfungen der Qualität vorzunehmen. Gerade beim Transport von Nuklearmaterial sind auch die dafür verwendeten Fahrzeuge entsprechend zu genehmigen und regelmäßig zu überprüfen, ob sie der notwendigen Qualitätsanforderung noch entsprechen.

Um dies auch normkonform durchzusetzen, ist die Aufsichtsbehörde mit den adäquaten Befugnissen auszustatten, die es ihr auch in Zusammenarbeit und Beauftragung von anderen Behörden ermöglichen – selbst in entsprechend kurzer Zeit –, die notwendigen Maßnahmen einzufordern und durchzusetzen.

Ein weiterer notwendiger Aspekt ist die Einführung einer Dokumentation und eines Überwachungssystems, welche die Menge und den Ort des Nuklearmaterials innerhalb des jeweiligen Staates kontrolliert. Damit soll auf der einen Seite gewährleistet werden, dass das Fehlen von Nuklearmaterial sofort bekannt wird, als auch, dass nichtgenehmigte Aktivitäten wie z.B. den illegalen Handel ein Riegel vorgeschoben wird.

Neben der Schaffung von Notfallplänen ist auch die Schaffung von Vertraulichkeits- und Verschwiegenheitsstufen notwendig, um zu verhindern, dass potentielle Übeltäter leicht Informationen über die geheim gehaltenen Fakten erhalten. Damit ist auch die Schaffung einer entsprechenden Umgebung vorgesehen, die gewährleisten soll, dass die Lagerung und der Transport von Nuklearmaterial einen hohen Stellenwert innerhalb des Staates als auch der Gesellschaft haben.

D) Illegaler Handel[439]

In den letzten 20 Jahren ist die Frage des illegalen Handels mit Nuklearmaterial von immer größerer Bedeutung geworden. Eine weit akzeptierte Definition des illegalen Handels lautet wie folgt: „Eine Situation, welche den nichtgenehmigten Empfang, Vermittlung, Verwendung, Transport oder Beseitigung von Nuklearmaterial, gleichgültig ob beabsichtigt oder unbeabsichtigt und gleichgültig ob national oder international betrifft“.[440] Je höher die Gefahr des verbotenen internationalen Handels steigt, desto größer ist das Scheitern von den Schutzmaßnahmen anzusehen. Von besonderer Bedeutung ist in diesem Zusammenhang die NSG (Nuclear Suppliers Group). Die Struktur der Mitglieder des Zangger Komitees und bei der NSG erlaubt eine Einschränkung des illegalen Handels zu erreichen, zu bedenken ist jedoch, dass auf Grund der hohen Anforderungen bei der Umsetzung in ärmeren oder nicht so strukturierten Staaten es zu Problemen kommt, da diese nicht in der Lage sind, die Empfehlungen entsprechend umzusetzen.[441]

---

439 Informativ: *Kingshott* an assessment of the terrorist threat to use nuclear or radiological device in an attack, International Journal of Nuclear Law 2006, 141ff; M *Viski Andrea* International nuclear law and nuclear export controls, International Journal of Nuclear Law 2011, 216ff.

440 So: *Stoiber/Baer/Pelzer/Tonhauser* Handbook on Nuclear Law, IAEO (2003), 154.

441 M *Viski Andrea* International nuclear law and nuclear export controls, International Journal of Nuclear Law 2011, 223ff.

Das Übereinkommen über den physischen Schutz von Kernmaterial ist durch die Ratifizierung in der EU und in vielen anderen Staaten zum primären Instrument gegen den illegalen Handel geworden.[442] Die Sicherheitsratsresolution 1373 ist ebenfalls ein bindendes Rechtsinstitut gegen den illegalen Handel.[443]

Von besonderer Bedeutung sind die IAEO Dokumente INFCIRC/153[444] und INFCIRC/540[445] für die Fragen des Transfers von nuklearer Technologie.[446]

Um den illegalen Handel vorzubeugen, wurden 1977 die London Guidelines,[447] welche die Grundlagen für Safeguard als auch für die Exportkontrollen waren erlassen. Diese wurden 1993 einer Revision unterworfen (Luzerner Guidelines).[448] Diese Luzerner Guidelines bestimmen, dass jeder Export nur für friedliche Zwecke sein darf. In diesem Zusammenhang haben die Anbieter eine Exportliste vereinbart, welche allgemein anerkannte Kriterien für Technologietransfers enthält. Anbieter dürfen Güter, die auf dieser Liste verzeichnet sind, nur mit einer schriftlichen Erklärung der Regierung des Empfängerstaates exportieren, in der ausdrücklich erklärt wird, dass das zu exportierende Gut nur für friedliche Zwecke verwendet werden darf.

Gemäß Art 3 dürfen jede Nuklearmaterialien und technische Einrichtungen, die auf dieser Liste verzeichnet sind, nur gesichert gelagert werden, um eine nichtgenehmigte Verwendung zu verhindern. Dieser Schutz ist abhängig von der Art des Materials, der technischen Einrichtungen und der Möglichkeiten. Weiters ist ausdrücklich zu vermerken, dass der Anbieter mit dem Empfänger vertraglich vereinbart, wie er die empfangene Ware sichert und verwahrt.

---

442 INFCIRC/274/ Rev 1 geändert durch GOV/INF/2005/10-GC (49)/INF/6; 2007/513/Euratom: Beschluss des Rates vom 10. Juli 2007 zur Genehmigung des Beitritts der Europäischen Atomgemeinschaft zu dem geänderten Übereinkommen über den physischen Schutz von Kernmaterial und Kernanlagen – Erklärung der Europäischen Atomgemeinschaft gemäß Artikel 18 Absatz 4 und Artikel 17 Absatz 3 des CPPNM, ABl L 190 vom 21.7.2007, S 1; 2008/99/Euratom Beschluss der Kommission vom 19. Dezember 2007 über den Beitritt der Europäischen Atomgemeinschaft zu dem Übereinkommen über den physischen Schutz von Kernmaterial und Kernanalagen, ABl Nr L 34 vom 8.2.2008, S 3ff.

443 Resolution 1373 des UNO Sicherheitsrates vom 28. September 2001; Näheres bei Gehr NLB 2007, 7ff; *Subramanian* International Journal of Nuclear Law 2009, 254f.

444 INFCIRC/153: THE STRUCTURE AND CONTENT OF AGREEMENTS BETWEEN THE AGENCY AND STATES REQUIRED IN CONNECTION WITH THE TREATY ON THE NON-PROLIFERATION OF NUCLEAR WEAPONS.

445 INFCIRC/540: MODEL PROTOCOL ADDITIONAL TO THE AGREEMENT(S) BETWEEN STATE(S) AND THE INTERNATIONAL ATOMIC ENERGY AGENCY FOR THE APPLICATION OF SAFEGUARDS.

446 *Viski Andrea* International nuclear law and nuclear export controls, International Journal of Nuclear Law 2011, 218.

447 IAEO Guidelines for nuclear transfer, appendix to INFCIRC/254 February 1978. *Rainer/Szasz* The Law and Practices of the International Atomic Energy Agency 1970–1980, Supplement 1 to the 1970 edition of Legal Series No 7, 324 mwN.

448 Guidelines for Nuclear Transfers, IAEO doc, INFIRC 254/Rev April 1977.

Im Hinblick auf Safeguard dürfen Anbieter diese auf der Liste stehenden Güter nur in einen Nichtnuklearwaffenstaat exportieren, wenn dieser Staat mit der IAEO eine Vereinbarung getroffen hat, und diese in Kraft getreten ist, dass in der Gegenwart und in der Zukunft Safeguard für alles spaltbare Material und alle radioaktiven Stoffe durchgeführt wird. Falls ein solcher Staat keine entsprechende Safeguard Vereinbarung mit der IAEO abgeschlossen hat, dürfen Verkäufe in solchen Staaten nur in außergewöhnlichen Fällen genehmigt werden, und zwar nur dann, wenn dies zum sicheren Betrieb einer bestehenden Einrichtung dient, und die Safeguard Bestimmungen auf diese Einrichtung Anwendung finden. Der Anbieter hat sich darüber zu informieren und diesbezügliche Absicherungen einzuholen.

Gemäß Art 6 gelten die vorangegangenen Bestimmungen auch für Einrichtungen für Wiederaufbereitung, Anreicherung, für Schwerwasserproduktion als auch für anzuwendende Technologien, die in diesen Einrichtungen verwendet werden. Ein Aufbau von solchen Einrichtungen oder die Lieferung von solchen Betriebsteilen oder solcher angewandter Technologie hat als Voraussetzung, dass die IAEO Safeguard Bestimmungen auf jeder dieser Einrichtungen Anwendung findet.

Nach Art 7 haben sich die Anbieter zu verpflichten, einer internationalen Überwachung zuzustimmen, sondern eine solche nationale (in internationaler Zusammenarbeit) möglich ist. Die Anbieter sind in Kenntnis, gemäß den Zielsetzungen dieser Guidelines, dass die Handhabung von waffentechnisch spaltbarem Material entsprechend den internationalen Bestimmungen erfolgt. Auch der Rücktransport und Rücknahme ist entsprechend vorzunehmen.

15. Nuklearterrorismus und Strafrecht[449]

A) Einleitung

Die Gefahr von terroristischen Aktivitäten besteht seit einigen Jahren. Insbesondere seit dem 11.September 2001 ist die weltweite Gefahr von terroristischen Anschlägen gestiegen. Dass darunter auch die realistische Bedrohung durch Nuklearwaffen so-

449 Unter vielen anderen: *Zeileissen* Der völkerrechtliche Schutz vor militärischen Angriffen auf Kernkraftwerke (1997); *Leventhal/Chellaney* NUCELAR TERRORISM, threat, Perception and response in South Asia (1998); *Gehr* The Universal Legal Framework Against Nuclear Terrorism, NLB 2005 5ff; Kingshott an assessment of the terrorist threat to use nuclear or radiological device in an attack, International Journal of Nuclear Law 2006, 141ff; *Jankowitsch-Prevor* International Convention for the Suppression of Acts of Nuclear Terrorism, NLB 2007, 1ff; *Kraemer/Aum* The US-India nuclear agreement: progress toward nuclear cooperation with India and a new paradigm in non-proliferation policy, International Journal of Nuclear Law 2007, 418ff; *Ferro* Criminal nuclear law: international obligations and their implementation in the EU, International Journal of Nuclear Law 2008, 120ff; *Subramanian* Combating nuclear terrorism in the age of nuclear renaissance: domestic

wie schmutzige Bomben fallen, ist in den Fachkreisen unumstritten.[450] Chemische und biologische Terroranschläge haben schon stattgefunden.[451] Insbesondere sind eine erhebliche Anzahl von logistischen und wissenschaftlichen Problemen vorhanden, die den Bau und den Erwerb einer (schmutzigen) Atomwaffe erschweren oder für unwahrscheinlich machen. Die japanische Sekte Aum Shinrikyo versuchte aus Russland spaltbares Material für den Bau einer Waffe zu erwerben, ebenfalls bestand der Plan von Dhiren Barot, einen al Khaida Kader, eine radioaktive Waffe zu erwerben und sie gegen die USA oder das Vereinigte Königreich einzusetzen.[452] Es muss davon ausgegangen werden, dass international agierende terroristische Organisationen versuchen, radioaktives oder spaltbares Material zu bekommen, um einen nuklearen Sprengsatz zu bauen und zu verwenden. Es hat sich ein nuklearer Schwarzmarkt von globalem Ausmaß entwickelt, der schwer mit den bisherigen Mitteln zu bekämpfen ist.[453] Die Bekämpfung erfolgt hauptsächlich durch geheimdienstliche Aktivitäten.

Grundlage für das internationale Regime des Rechts der Beschränkungen von Nuklearwaffen und Nuklearen Sprengkörpern ist der NPT.[454] Neben dem NPT bestehen insgesamt 13 internationaler Verträge.[455] In denen nimmt die IAEO (Internationale Atom Energie Organisation)[456] eine bedeutende Stelle ein, da zu ihren Aufgaben einerseits die Überwachung der Verwendung von spaltbarem Material im Bereich von deren zivilen Nutzung obliegt, andererseits auch in vielen völkerrechtlichen Verträgen diese als spezielles Organ erwähnt wird. Weiters ist auf die verschiedenen Resolutionen des UN-Sicherheitsrats zu verweisen.[457] Von besonderer Bedeu-

---

implementation of international legal obligations in India, International Journal of nuclear Law 2009, 251ff; *Peterson* Die Strafbarkeit des Einsatzes von biologischen, chemischen und nuklearen Waffen als Kriegsverbrechen nach dem StGH-Statut (2009); uva.

450 *Russell Howard/James JF Forrest* Weapons of Mass Destruction and Terrorism,(MacGraw Hill 2007); ebenso *Douglas Frantz/Catherine Collins* The Nuclear Jihadist (Hachette Book Group USA 2007); *Kinhshott* International Journal of Nuclear Law 2008, 141ff. Der verstorbene russische General Lebed behauptet, dass russische Nuklearwaffen in den neunziger Jahren des 20. Jahrhunderts verschwunden seien, (ebendort: 147 mwN). Ebenso *Tromans* Nuclear Law[2], 259 mwN.

451 *Helfstein ua* White Paper on: Terrorism, Deterrence and Nuclear Weapons, Prepared for the Secretary of Defense Task Force on DoD Nuclear Weapons Management, 31 October 2008, 12f.

452 *Helfstein ua* White Paper on: Terrorism, Deterrence and Nuclear Weapons, Prepared for the Secretary of Defense Task Force on DoD Nuclear Weapons Management, 31 October 2008, 14 mwN.

453 Ausführlich hiezu: *Douglas Frantz/Catherine Collins* The Nuclear Jihadist (Hachette Book Group USA 2007).

454 Näheres bei *Stoiber/Baer/Pelzer/Tonhauser* Handbook on Nuklear Law, IAEO (2003).

455 Siehe die Liste bei *Gehr* NLB 2007, 6, FN 1 mit einer vollständigen Aufzählung; *Subramanian* International Journal of nuclear Law 2009, 253.

456 IAEA/International Atomic Energy Agency; *Szasz* The Law and Practices of the International Atomic Energy Agency, Legal Series No. 7, IAEA, Vienna (1970).

457 Insbesondere Resolution 1373 des UNO Sicherheitsrates vom 28.September 2001.

tung ist das internationale Übereinkommen zur Bekämpfung nuklearterroristischer Handlungen.[458] Ebenso von Bedeutung sind die Resolutionen des Sicherheitsrates 1373 (2001),[459] 1540 (2004),[460] 1735 (2006),[461] 1822 (2008),[462] 1904 (2009),[463] 1988 und 1989 (2011).[464] Die grundrechtlichen Probleme und das Verhältnis zwischen der notwendigen Bekämpfung des internationalen Terrorismus und den Grundrechten und den Prinzipien eines rechtsstaatlichen Verfahrens wurde vom EUG und dem EUGH vor allem in der Rechtsache Kadi mehrmals releviert.[465] Auch die Literatur hat sich diesen Urteilen angenommen und die verschiedenen Aspekte herausgearbeitet.[466]

---

458 Internationales Übereinkommen zur Bekämpfung nuklearterroristischer Handlungen, Übersetzungen BGBl II 2007, Nr.33, S 1586.

459 Resolution 1373 des UNO Sicherheitsrates vom 28. September 2001; Näheres bei Gehr NLB 2007, 7ff; *Subramanian* International Journal of nuclear Law 2009, 254f.

460 Resolution 1540 des UNO Sicherheitsrates vom 28. April 2004.

461 Resolution 1735 des UNO Sicherheitsrates vom 22. Dezember 2006.

462 Resolution 1822 des UNO Sicherheitsrates vom 30. Juni 2008.

463 Resolution 1904 des UNO Sicherheitsrates vom 17.Dezember 2009.

464 Resolution 1988 und 1989 des UNO Sicherheitsrates vom 17.Juni 2011.

465 EuG, U v 21.9.2005, RS T-315/01, Kadi, Slg 2005, II-3659; EuGH, U v 3.9.2008, verb RS C-402/05 P und 415/05 P, Kadi, Slg 2008, I-6351.

466 *Haltern Ulrich* Gemeinschaftsgrundrechte und Antiterrormaßnahmen der UNO, JZ 2007, 537ff; *Ong Marlena* Opinion of Advocate General Poiares Maduro regarding human rights violations following the implementation of Council Regulation 881/2002 – Case C-402/05 P, Kadi v Council and Commission, Bulletin of international legal developments 2008 Vol.5, 49ff; *Alber Siegbert* Sanktionsbeschlüsse der Vereinten Nationen im Spannungsfeld mit Grundrechten, EuZW 2008, 164ff; *Crosby Scott* Kadi v Council - Fighters and Lovers; The Principle of Equivalence, Journal of European Criminal Law 2008 Vol.2 Issue 3, 7ff; *Sandulli Aldo* I rapporti tra diritto europeo ed internazionale. Il caso Kadi: un nuovo caso Solange?, Giornale di diritto amministrativo 2008, 513ff; *Kämmerer Jörn Axel* Die Urteile „Kadi" und „Yusuf" des EuG und ihre Folgen, EUR 2008, 65ff; *Graf Vitzthum Nikolaus* Les compétences législatives et juridictionnelles de la Communauté européenne dans la lutte contre le terrorisme - l'affaire „Kadi", ZEuS 2008, 375ff; *Sauer Heiko* Rechtsschutz gegen völkerrechtsdeterminiertes Gemeinschaftsrecht?, NJW 2008, 3685ff; *Heun-Rehn Stefan Lars-Thoren* Kadi und Al Barakaat - Der EuGH, die Gemeinschaft und das Völkerrecht, ELR 2008, 322ff; *Ohler Christoph* gemeinschaftsrechtlicher Rechtsschutz gegen personengerichtete Sanktionen des UN-Sicherheitsrats, EuZW 2008, 630ff; *Cassia Paul/ Donnat Francis* Terrorisme international et droits fondamentaux: les leçons du droit communautaire, Revue française de droit administratif 2008, 1204ff; *Cassese Sabino* Ordine comunitario e ordine globale, Giornale di diritto amministrativo 2008, 1091f; *Schmalenbach Kirsten* Bedingt kooperationsbereit: Der Kontrollanspruch des EuGH bei gezielten Sanktionen der Vereinten Nationen, JZ 2009, 35ff; *Beulay Marjorie* Les arrêts Kadi et Al Barakaat International Foundation. Réaffirmation par la Cour de justice de l'autonomie de l'ordre juridiques communautaire vis-à-vis du droit international, Revue du marché commun et de l'Union européenne 2009, 32ff; *Scholz Tobias* Die „Antiterrorliste" des Sicherheitsrats der Vereinten Nationen, Neue Zeitschrift für Verwaltungsrecht 2009, 287ff; *Svoboda P.* Znovu k hospodářské podpoře terorismu v judikmaruře EU, Trestněprávní revue 2009, 9ff; *Mok M.R.* Nederlandse jurisprudentie; Uitspraken in burgerlijke

Am 28. April 2004 beschloss der Uno-Sicherheitsrat die Resolution 1540, in der er aussprach, dass alle Staaten verhindern sollen, dass nicht staatliche Stellen die Möglichkeiten haben, Nuklearwaffen zu besitzen, zu erwerben, zu transportieren und zu entwickeln.[467] Gemäß Punkt 3 lit c der Resolution 1540 sind die Staaten verpflichtet, ausreichende Maßnahmen zur Durchsetzung des internationalen und nationalen Rechts zu setzen, um aufzuspüren, zu verhindern und zu bekämpfen die Aktivitäten des illegalen Handels und Vermittlung von Gegenständen, welche chemische oder biologische Waffen sind, oder Gegenständen, welche zur Erzeugung dieser dienen.

Für den Fall, dass Täter nach einem terroristischen Anschlag gefasst werden, stellt sich die Frage, ob die Strafjustiz in der Lage ist, unter Berücksichtigung von

---

en strafzaken 2009 nº 38; *Kämmerer Jörn Axel* Das Urteil des Europäischen Gerichtshofs im Fall „Kadi": Ein Triumph der Rechtsstaatlichkeit?, EUR, 2009, 114ff; *Delcourt Diane* La participation du juge à l'édification de la pyramide des sources internes et externes du droit communautaire, Recueil Le Dalloz 2009, 1118ff; *Rijken C.R.J.J.* Het Hof als hoeder van de fundamentele rechten in de zaak Kadi en Al Barakaat, Nederlands tijdschrift voor Europees recht 2009, 140ff; *Pollicino Oreste/ Sciarabba Vincenzo* Lotta al terrorismo, diritti e principi fondamentali, rapporti tra ordinamenti: un importante capitolo della giurisprudenza „costituzionale" europea, Diritto pubblico comparato ed europeo 2009, 159ff; *Ferrari Giuseppe Franco* Kadi: verso una Corte di giustizia costituzionale?, Diritto pubblico comparato ed europeo 2009, 187ff; *De Luca Piero/Puglia Massimiliano* Cronache della giurisprudenza comunitaria, Il diritto dell'Unione Europea 2009, 109ff; *Rouidi Hajer* L'arrêt du 3 septembre 2008: Vers un modus operandi de l'exécution communautaire des résolutions onusiennes?, Revue de science criminelle et de droit pénal comparé 2009, 75ff; *Thouvenin Jean-Marc* Le juge international peut-il contrôler la légalité des sanctions adoptées par le Conseil de sécurité?, Revue du marché commun et de l'Union européenne 2009, 373ff; *Miron Alina* Les „sanctions ciblées" du Conseil de sécurité des Nations unies. Réflexions sur la qualification juridique des listes du Conseil de sécurité, Revue du marché commun et de l'Union européenne 2009, 355ff; *Beulay Marjorie* La mise en oeuvre des „smart sanctions" des Nations unies par les États membres et la Communauté européenne, Revue du marché commun et de l'Union européenne 2009, 367ff; *Benlolo-Carabot Myriam* La CJCE et la protection des valeurs fondamentales de l'ordre juridique communautaire, Revue du marché commun et de l'Union européenne 2009, 380ff; *Chemain Régis* Les „suites" de l'arrêt Kadi, Revue du marché commun et de l'Union européenne 2009, 387ff; *Daillier Patrick* Contribution au débat entre monisme et dualisme de l'ordre juridique de l'Union européenne, Revue du marché commun et de l'Union européenne 2009, 394ff; *Forteau Mathias* La CJCE et la Cour européenne des droits de l'Homme face à la question de l'articulation du droit européen et du droit des Nations unies. Quelques remarques iconoclastes, Revue du marché commun et de l'Union européenne 2009, 397ff; *Tsalpatouros Eva* Le précédent de la résistance des juges internes au droit communautaire, Revue du marché commun et de l'Union européenne, 2009, 403ff; *Reinisch August* Should Judges Second-Guess the UN Security Council, International Organisation Law Review 6 (2009), 257ff.

467 Resolution 1540 des UNO Sicherheitsrates vom 28. April 2004; Näheres bei *Demeyere* La prolifération des acteurs de droit nucléaire international: La Résolution 1540 et le combat du Conseil de sécurité contre l´utilisation des armes de destruction massive par des terroristes, NLB 75 (2005), 35ff.

international rechtlichen und gemeinschaftsrechtlichen Vorgaben ein Strafverfahren auch unter Berücksichtigung der EMRK durchführen zu können.

Durch die Gefährlichkeit der Nukleartechnologie zieht sich durch alle Bereiche dieses Rechtsgebietes die Idee der Sicherheit in allen Belangen. Einerseits muss durch das Recht mit entsprechender Sanktionsbewährung gewährleistet werden, dass diese (Technologie) nicht missbraucht oder zum Schaden von Natur, Umwelt, Menschen oder menschlicher Gemeinschaften eingesetzt wird. Gleichzeitig müssen für die Betreiber von kerntechnischen Anlagen Regeln geschaffen werden, die entsprechend hohe Verpflichtungen nach dem jeweils letzten Stand der Wissenschaft und der Technik beinhalten. Damit ist auch die Rechtsicherheit gewährleistet.

B) Problemstellungen

Die Erfahrungen nach dem 11.9.2001 zeigen die Problematik der Rechtssysteme in der Strafverfolgung auf, effektiv als auch unter Einhaltung von rechtsstaatlichen Grundsätzen vorzugehen. Die Bekämpfung des Terrorismus erfolgt durch Polizei und Geheimdienste und sonstige Sicherheitsbehörden, durch welche Informationen gesammelt und der Terrorismus bekämpft wird. Die Fragen der Zusammenarbeit und des Informationsaustausches sind oft nicht national geregelt, und führen auch in der Praxis bei genauen Regelungen und Kompetenzen zu Streitigkeiten. In der internationalen Zusammenarbeit kommt es häufig zu Komplikationen und Behinderungen, die auch dazu führen, dass eine Verfolgung nicht erfolgreich ist, und dass rechtsstaatliche unverrückbare Normen nicht beachtet werden.[468]

Dass damit Konflikte mit der Rechtsstaatlichkeit sowie mit dem geltenden Legalitätsgrundsatz als auch mit dem Recht auf eine faires Verfahren nach Art 6 EMRK entstehen, ist klar und nachvollziehbar. Die Informationen, die bei der Terrorismusbekämpfung von den geheimdienstlichen Sicherheitsbehörden in Erfahrung gebracht werden, unterliegen oft hohen Geheimhaltungsstufen und haben somit nur einen beschränkten Zugriff von anderen Behörden. Dass damit eine Strafverfolgung unter Anwendung dieser Mittel und Informationen unmöglich oder nur sehr eingeschränkt möglich ist, ergibt sich von selbst.

Da die Informationen im Nuklearbereich generell noch sensibler und einer weitaus höheren Geheimhaltung unterliegen, ist die Bekämpfung von Nuklearterrorismus auch aus dem Grundprinzip der Erhaltung einer allgemeinen rechtsstaatlichen

---

468 Die Affäre Urs Tinner in der Schweiz zeigt dies sehr deutlich auf. Grundsätzlich kann angenommen werden, dass die Schweiz ein Rechtsstaat ist, in dem die Gesetze eingehalten werden und die Strafverfolgungsbehörden unabhängig von Stand und Ansehen der Person ein Strafverfahren nach den Grundsätzen der EMRK führen. In diesem Fall fehlte dies.

Ordnung mit erheblichen Problemen und Fragen belastet, die dieser Artikel ansatzweise zu klären versucht.

C) Internationales Übereinkommen zur Bekämpfung nuklearterroristischer Handlungen

a) Einleitung

Am 13. April 2005 beschloss die Generalversammlung der UNO das Internationales Übereinkommen zur Bekämpfung nuklearterroristischer Handlungen.[469] Beachtenswert ist in diesem Zusammenhang auch der Rahmenbeschluss des Rates vom 13. Juni 2002.[470]

Die Präambel des Internationalen Übereinkommens verweist auf die Resolution 49/60 der Generalversammlung vom 9.12.1994 als auch auf die Resolution 51/210 der Generalversammlung vom 17.12.1996, in denen sämtliche Mitgliedstaaten der. im Hinblick auf die Gefährdung des Weltfriedens Maßnahmen gegen den Terrorismus beschlossen. Basis dieses internationalen Übereinkommens sind die beiden oben genannten Resolutionen.

Der EuGH hat im Urteil Kommission/Rat ausgeführt, dass „Dies kann den Gemeinschaftsgesetzgeber jedoch nicht daran hindern, Maßnahmen in Bezug auf das Strafrecht der Mitgliedstaaten zu ergreifen, die seiner Meinung nach erforderlich sind, um die volle Wirksamkeit der von ihm zum Schutz der Umwelt erlassenen Rechtsnormen zu gewährleisten, wenn die Anwendung wirksamer, verhältnismäßiger und abschreckender Sanktionen durch die zuständigen nationalen Behörden eine zur Bekämpfung schwerer Beeinträchtigungen der Umwelt unerlässliche Maßnahme darstellt".[471]

---

469 Gesetz zu dem Internationalen Übereinkommen zur Bekämpfung nuklearterroristischer Handlungen vom 23. Oktober 2007, BGBl 2007, II, Nr 33, S 1586ff.

470 Rahmenbeschluss des Rates vom 13. Juni 2002 zur Terrorismusbekämpfung, ABl. Nr. L 164 vom 22.6.2002, S 3ff.

471 EuGH, U v 13.9.2005, RS C-176/03, Kommission/Rat, Slg 2005, I-7879, Rn 48; Ferro, International Journal of Nuclear Law 2008, 123f; zu diesem Urteil siehe noch: *Douma Wybe Th* Nichtigkeit des Rahmenbeschlusses über den Schutz der Umwelt durch das Strafrecht, Zeitschrift für europäisches Umwelt- und Planungsrecht 2005, 250f; *Heger, Martin* JZ 2006, 310ff; *Tobler Christa* CMLR 2006, 835ff; *Apps Katherine M.* Case C-176/03, Commission v. Council: „Pillars Askew Criminal Law EC-Style", The Columbia Journal of European Law 2006, 625ff; *Vervaele John A.E.* The European Community and Harmonization of the Criminal Law Enforcement of Community Policy, Eucrim : The European Criminal Law Associations' Forum 2006 Issue 3-4, 87ff; *White Simone* Case C-176/03 and Options for the Development of a Community Criminal Law, Eucrim : The European Criminal Law Associations' Forum 2006 Issue 3-4, 93ff; *Kuhl Lothar/ Killmann Bernd-Roland* The Community Competence for a Directive on Criminal Law Protection of the Financial Interests, Eucrim: The European Criminal Law Associations' Forum 2006 Issue 3-4, 100ff; *Herlin-Karnell Ester*

b) Definitionen

Gemäß Art 1 Z1 bedeutet „radioaktives Material" Kernmaterial und andere radioaktive Stoffe, welche Nuklide enthalten, die spontan zerfallen (ein Prozess, der unter Emission einer oder mehrer Arten von ionisierender Strahlung stattfindet, wie von Alpha-, Beta- und Neutronenteilchen sowie Gammastrahlen) und die aufgrund ihrer radiologischen oder spaltbaren Eigenschaften den Tod, eine schwere Körperverletzung oder bedeutende Sach- oder Umweltschäden verursachen können. Diese Definition ist eine eigenständige, die sich von den anderen unterscheidet.[472]

„Kernmaterial" bedeutet nach Art 1 Z2 Plutonium mit Ausnahme von Plutonium mit einer mehr als 80%-igen Konzentration des Isotops Plutonium 238; Uran 233; mit den Isotopen 235 oder 233 angereichertes Uran; Uran, das die in der Natur vorkommende Isotopen-Mischung enthält, sofern es sich nicht um Erz oder Erzrückstände handelt; jedes Material, das einen oder mehrere der genannten Stoffe enthält; dies bedeutet „mit den Isotopen 235 oder 233 angereichertes Uran" Uran, das die Isotope 235 oder 233 oder beide in einer solchen Menge enthält, dass das Verhältnis der Summe dieser Isotope zum Isotop 238 höher liegt, als das in der Natur vorkommende Verhältnis des Isotops 235 zum Isotop 238. Diese Definition entspricht unter anderem Art 20 Abs 3 IAEO-Statut.[473]

„Kernanlage" bedeutet nach Art 1 Z3 ein Kernreaktor, einschließlich der Reaktoren auf Schiffen, Fahrzeugen, Luftfahrzeugen oder Weltraumgegenständen, die als Energiequelle für den Antrieb solcher Schiffe, Fahrzeuge, Luftfahrzeuge oder Weltraumgegenstände oder für jeden anderen Zweck verwendet werden; eine Einrichtung oder ein Beförderungsmittel, die zur Herstellung, Lagerung, Aufarbeitung oder Beförderung von radioaktivem Material eingesetzt werden. Diese Definition ist weitergehender als die in anderen Übereinkommen und Konventionen.[474]

„Vorrichtung" ist mach Art 1 Z4 ein Kernsprengkörper oder eine Vorrichtung, die zur Verbreitung von radioaktivem Material dient, oder Strahlung emittiert und die

---

Commission v. Council: Some Reflections on Criminal Law in the First Pillar, European Public Law 2007, 69ff; *Hefendehl Roland* Der EuGH stellt die strafrechtliche Kompetenzordnung auf den Kopf – und wundert sich über Kritik, Europäisierung des Strafrechts in Polen und Maßnahmen im Europarecht : Bedeutung des EuGH-Urteils Rs C-176/03, Kommission/Rat, Lüneburger Schriften zum Umwelt- und Energierecht 2007 Bd. 12, 91ff; *Turek Jan/Turek Monika* Kompetencja Unii Europejskiej w zakresie ustanawiania sankcji karnych za naruszenie ustawodawstwa europejskiego w dziedzinie ochrony środowiska naturalnego, Palestra 2007 Vol.3–4, 198ff; *Vervaele John A.E.* The European Community and Harmonization of the criminal law enforcement of Community Policy. A cessio bonorum from the third to the first pillar, Publications of the Faculty of Law University of Helsinki – DGP/153 2007.

472 *Jankowitsch-Prevor* NLB 2007, 14.

473 *Jankowitsch-Prevor* NLB 2007, 14.

474 *Jankowitsch-Prevor* NLB 2007, 15.

aufgrund ihrer radiologischen Eigenschaften den Tod, eine schwere Körperverletzung oder bedeutende Sach- oder Umweltschäden verursachen kann.

Der Ausdruck „staatliche oder öffentliche Einrichtung“ umfasst nach Art 1 Z5 alle ständigen oder nicht ständigen Einrichtungen und Beförderungsmittel, die von Vertretern eines Staates, von Mitgliedern der Regierung, des Parlaments oder der Justiz, von Beamten oder sonstigen Bediensteten eines Staates oder eines sonstigen Trägers öffentlicher Gewalt oder öffentlicher Rechtsträger oder von Beamten oder sonstigen Bediensteten einer zwischenstaatlichen Organisation im Zusammenhang mit ihren amtlichen Aufgaben benutzt werden oder in denen sich diese in Zusammenhang mit ihren amtlichen Aufgaben befinden.

„Streitkräfte eines Staates“ sind Art 1 Z6 die Streitkräfte eines Staates, die nach Maßgabe des innerstaatlichen Rechts hauptsächlich für die nationale Verteidigung oder Sicherheit organisiert, ausgebildet und ausgerüstet sind, sowie Personen, die diese Streitkräfte unterstützen und deren Befehlsgewalt, Aufsicht und Verantwortung förmlich unterstellt sind.

Es wurde lange über die Definitionen diskutiert, eine einheitliche Nomenklatur, die den anderen Konventionen und Übereinkommen entsprach, kam leider nicht zu Stande.[475]

Artikel 2 definiert die Straftaten. Demgemäß ist eine Straftat im Sinne dieses Übereinkommens, wer widerrechtlich und vorsätzlich radioaktives Material besitzt oder eine Vorrichtung anfertigt oder besitzt und beabsichtigt den Tod oder eine schwere Körperverletzung zu verursachen oder beabsichtigt, bedeutende Sach- oder Umweltschäden zu verursachen, radioaktives Material oder eine Vorrichtung auf irgendeine Weise verwendet oder eine Kernanlage auf eine solche Weise verwendet oder beschädigt, dass radioaktives Material freigesetzt wird oder möglicher Weise freigesetzt wird und beabsichtigt den Tod oder eine schwere Körperverletzung zu verursachen oder beabsichtigt, bedeutende Sach- oder Umweltschäden zu verursachen oder beabsichtigt die natürliche oder juristische Person, eine internationale Organisation oder einen Staat zu einem Tun oder Unterlassen zu nötigen.

Nach Art 2 Abs 2 ist auch die Drohung einer der oben beschriebenen Straftaten als solche zu sehen.

Art 2 Abs 3 und 4 regeln den Versuch als auch die Teilnahme an einer solchen, die Organisation einer solchen.

Von besonderer Bedeutung ist, dass dieses Übereinkommen keine Anwendung nach Art 3 findet, wenn die Straftat innerhalb eines einzelnen Staates begangen wird, der Verdächtige und die Opfer Angehörige dieses Staates sind, der Verdächtige im Hoheitsgebiet dieses Staates aufgefunden wird und kein anderer Staat nach Art 9 Abs 1 oder 2 seine Gerichtsbarkeit begründen kann, mit der Maßgabe, dass in sol-

475 Detailiert hierzu: *Jankowitsch-Prevor* NLB 2007, 15f.

chen Fällen die jeweils zutreffenden Bestimmungen der Art 7, 12, 14, 15, 16 und 17 Anwendung finden.

Verwiesen wird weiters, dass dieses Übereinkommen nicht die sonstigen Rechte, Verpflichtungen und Verantwortlichkeiten, die sich für Staaten und Einzelpersonen aus dem Völkerrecht, insbesondere den Zielen und Grundsätzen der Charta der Vereinten Nationen und den humanitären Völkerrecht ergeben. Für die Tätigkeiten der Streitkräfte gibt es gemäß Art 4 Abs 2–5 eigene Regelungen.

Jeder Vertragstaat ist verpflichtet die oben genannten strafrechtlichen Bestimmungen dieses Übereinkommens ins nationale Recht nach Art 5 zu transformieren.

c) Zusammenarbeit

Die Vertragsstaaten verpflichten sich gemäß Art 7 zusammen zu arbeiten, in dem sie alle durchführbaren Maßnahmen treffen, zu denen erforderlichenfalls auch eine Anpassung ihres innerstaatlichen Rechts gehört, um Vorbereitungen im jeweiligen Hoheitsgebieten für die Begehung der in Art 2 genannten Straftaten innerhalb oder außerhalb ihrer Hoheitsgebiete zu verhindern und diesen entgegen zu wirken einschließlich Maßnahmen, um in ihren Hoheitsgebieten rechtswidrige Tätigkeiten von Personen, Gruppen oder Organisationen zu verbieten, welche die Begehung dieser Straftaten fördern, dazu anstiften, sie organisieren, wissentlich finanzieren oder wissentlich technische Unterstützung oder Informationen dafür bereit stellen oder solche Straftaten begehen oder indem sie im Einklang mit ihrem innerstaatlichen Recht und der hier festgelegten Weise und den hier festgelegten Bedingungen genau Informationen austauschen und die Verwaltungs- und sonstigen Maßnahmen miteinander abstimmen, die sie gegebenenfalls treffen, um die in Art 2 genannten Straftaten aufzudecken, zu verhüten, zu bekämpfen und zu untersuchen sowie um Strafverfahren gegen Personen einzuleiten, die verdächtigt werden, diese Straftaten begangen zu haben. Insbesondere trifft ein Vertragsstaat geeignete Maßnahmen, um die anderen in Art 9 genannten Staaten unverzüglich mit der Begehung der in Art 2 genannten Straftaten und über alle ihm zur Kenntnis gelangten Vorbereitungen zur Begehung solcher Straftaten zu unterrichten sowie gegebenenfalls auch internationale Organisationen zu unterrichten.

Gemäß Art 7 Abs 1 sind die Vertragsstaaten verpflichtet, eigene Regelungen zur Vertraulichkeit dieser Informationen zu schaffen und die entsprechenden Durchführungsmaßnahmen zu setzen.

Nach Art 7 Abs 4 werden dem Generalsekretär der Vereinten Nationen die jeweiligen nationalen zuständigen Behörden und Verbindungsstellen genannt, dass eine entsprechende Übermittlung erfolgen kann. Bemerkenswert ist, dass die IAEO ebenfalls in diesem Informationsnetzwerk eingebunden ist.

Zum Zwecke der Verhütung von Straftaten nach diesem Übereinkommen bemühen sich die Vertragsstaaten nach Kräften, unter Berücksichtigung der einschlägigen Empfehlungen und Aufgaben der IAEO geeignete Maßnahmen zu treffen, um den Schutz von radioaktivem Material zu gewährleisten.

Art 9 regelt die Gerichtsbarkeit.

Da davon auszugehen ist, dass solche Straftaten von Angehörigen verschiedener Mitgliedstaaten begangen, geplant, organisiert oder finanziert werden, sind in Art 10 Regelungen gefasst worden, die analog den sonstigen Bestimmungen des internationalen Rechts, insbesondere des Wiener Übereinkommen über konsularische Angelegenheiten, den Zugang von Vertretern des Staates, deren Staatsangehörigkeit der Verdächtige besitzt, ermöglicht, sowie die Gewährleistung von gewissen internationalen Verfahrensstandards gewährleistet wird.

Von besonderer Bedeutung ist Art 18. Gemäß Art 18 Abs 1 hat der Vertragsstaat bei der Beschlagnahme von radioaktivem Material, Vorrichtungen oder Kernanlagen oder der anderwärtigen Übernahme der Kontrolle darüber, nach dem eine in Art 2 genannte Straftat begangen wurde, Maßnahmen zu treffen, um das radioaktive Material, die Vorrichtung oder die Kernanlage zu neutralisieren, sicher zu stellen, dass jegliches Kernmaterial in Übereinstimmung mit den anwendbaren Sicherungsmaßnahmen der IAEO verwahrt wird, die Empfehlungen zum physischen Schutz und die Gesundheit und Sicherheitsanforderungen zu beachten, die von der IAEO veröffentlicht wurden. Nach Abschluss eines Strafverfahrens oder allenfalls zu einem früheren Zeitpunkt wird das radioaktive Material die Vorrichtung oder die Kernanlage nach Konsultationen mit dem beteiligten Vertragsstaat dem Vertragsstaat, dem sie gehören, dem Vertragsstaat, dessen Staatsangehörigkeit die natürliche oder juristische Person, in deren Eigentum sie stehen, ist, oder in dem diese ansässig ist, oder dem Vertragsstaat, in dessen Hoheitsgebiet sie gestohlen oder sonst wie widerrechtlicher Weise beschafft worden, zurück gegeben. Falls einem Vertragsstaat nach innerstaatlichem Recht oder Völkerrecht untersagt ist, das radioaktive Material, die Vorrichtung oder die Kernanlage zurück zu geben oder entgegen zu nehmen oder vereinbaren die beteiligten Vertragsstaaten entsprechen, so hat der Vertragsstaat, in dessen Besitz sie sich befinden, weiter die oben beschriebenen Maßnahmen zu treffen, das radioaktive Material, die Vorrichtung oder die Kernanlage dürfen nur für friedliche Zwecke verwendet werden.

Subsidiär ist einvernehmlich zwischen den Vertragsstaaten und den internationalen zuständigen Organisationen eine Einigung über die Entsorgung zu treffen.

D) Grundrechtliche Problemstellungen

Zu beachten ist, dass bei der Bekämpfung von (nuklear)terorristischen Aktivitäten auch die Menschenrechte nach der Sicherheitsratsresolution 1456 (2003) einzuhalten sind.[476] Abs 10 der Präambel des Rahmenbeschlusses vom 22. Juni 2002 verweist auf Verpflichtung der Einhaltung der Menschenrechte.[477] Die Grundrechte sind auch über das Europäische Gemeinschaftsrecht abgesichert. Durch den Vertrag von Lissabon ist auch die am 7.12.2000 proklamierte Charta der Grundrechte der Europäischen Union[478] zu einem justiziablen Bestandteil des Europäischen Primärrechts geworden.

Seit dem Urteil Schmidberger ist es unumstritten, dass die Grundrechte gleichrangig mit den Grundfreiheiten des AEUV sind.[479]

Das Grundrecht, welches hier zur Klärung der gestellten Fragenkomplexe grundlegend ist, ist das nach Art 6 EMRK (fair Trial). Der EGMR hat in jahrzehntelanger Rechtsprechung ausgeführt, dass zum Recht auf ein faires Verfahren auch das zählt, in die vorgebrachten Beweise Einsicht zu nehmen und diese zu erörtern,[480] Der EuGH vertrat die Ansicht, dass in bestimmten Fällen es jedoch zur Wahrung der Grundrechte eines Dritten oder zum Schutz wichtiger Interessen der Allgemeinheit es erforderlich sein kann, den Parteien bestimmte Informationen vorzuenthalten.[481] Der Grundsatz des Schutzes von vertraulichen Informationen und Geschäftsgeheimnissen muss so ausgestaltet sein, dass er mit den Erfordernissen eines effektiven Rechtschutzes und der Wahrung der Verteidigungsrechte der am Rechtstreit Beteiligten im Einklang steht,[482] und .dass in dem Rechtstreit insgesamt das Recht auf ein faires Verfahren beachtet wird.[483]

Damit ein Strafverfahren überhaupt geführt werden kann, ist eine entsprechende Ermittlungsarbeit notwendig, die nicht nur der Ermittlungsarbeit dient, sondern vor allem auch eine Gefahrenabwehr ist. Dass damit auch ein Konflikt zwischen verschiedenen Rechtsgütern entsteht ist, nachvollziehbar.[484]

---

476 Näheres dazu *Gehr* NLB 2007, 13ff.

477 Rahmenbeschluss des Rates vom 13. Juni 2002 zur Terrorismusbekämpfung, ABl. Nr. L 164 vom 22.6.2002, S 3ff; *Ferro* International Journal of Nuclear Law, 2008, 124f.

478 Die am 7. Dezember 2000 in Nizza proklamierte Charta der Grundrechte der Europäischen Union.

479 EuGH, U v 12.6.2003, RS C-112/00, Eugen Schmidberger/Internationale Transporte und Planzüge/Republik Österreich, Slg 2003, I-5659, Rn 75; *Kadelbach/Petersen* Europäische Grundrechte als Schranken der Grundfreiheiten, EuGRZ 2003, 694; *Pasche* in Heselhaus/Nowak (Hrsg), HdB.EU-Grundrechte, § 4 Rn 92; Schweitzer/Hummer/Obwexer Europarecht, Rn 1133; *Schärf* Grundrechte in der EU, ecolex 2004, 669.

480 EGMR, Brandstetter, EuGRZ 1992, 190; Oyston, ÖJZ 2003, 236; *Schäffer* in Merten/Papier (Hrsg), Handbuch der Grundrechte- Grundrechte in Österreich, § 200 Rn 56.

481 EuGH, U v 14.2.2008, RS C-450/06, Varec, Slg 2008, I-581, RN 47.

482 EuGH, U v 13.7.2006, RS C-438/04, Mobistar, Slg 2006, I-6675, Rn 40; EuGH, U v 14.2.2008, RS C-450/06, Varec, Slg 2008, I-581, RN 52.

483 EuGH, U v 14.2.2008, RS C-450/06, Varec, Slg 2008, I-581, Rn 52.

484 *Albrecht Hans-Jörg* Geheime Ermittlungsmaßnahmen im Strafprozess – Entwicklungen im Spannungsfeld von Sicherheit und Freiheitsrechten, Schrift der Max Plank Gesellschaft.

Die Verfahrensgarantie der Öffentlichkeit eines Verfahrens ist eines der tragenden Elemente eines Verfahrens. Der EGMR vertrat die Ansicht, dass die Öffentlichkeit des Verfahrens vor dem die Tat- und Rechtsfrage entscheidenden Gericht gegeben sein muss.[485] Im Urteil Riepan stellte der EGMR fest, dass es einen Verstoß gegen Art 6 Abs 1 EMRK darstellt, wenn eine Hauptverhandlung in einem Gefangenenhaus stattfindet, zu dem die Öffentlichkeit grundsätzlich keinen Zugang hat.[486]

Grundvoraussetzung eines fairen Verfahrens nach Art 6 Abs 3 EMRK ist, dass der Beschuldigte mit seinem Rechtsanwalt ungestörten und unbewachten Kontakt habe.[487] Dieses Recht ist aus der Sicht der Rechtsanwaltschaft verbunden mit dem Recht auf freie Rechtsanwaltswahl eine Stützen für ein Verfahren, in dem einerseits eine rasche und professionelle Durchführung gewährt wird, in dem andererseits auch dem Beschuldigten die Wahl gelassen wird, sich so zu entscheiden, wie er sich verteidigen will. Dies kommt auch in dem Grundrecht des Verbots der Selbstbelastung zum Ausdruck.

Zahlreiche Verfassungen sehen vor, dass in schwerwiegenden Notstandsituationen, welche die staatliche Gemeinschaft in existenzieller Weise bedrohen, die Grundrechte in ihrer Gesamtheit oder zumindest gewisse Grundrechte vorübergehend suspendiert werden können.[488] Schon das StGG von 1867, welches im Kaisertum Österreich gültig war, enthielt in Art 20 eine entsprechende Klausel. Die Außerkraftsetzung durch einen Verwaltungsakt oder durch ein einfaches Gesetz ist gemäß Art 15 EMRK nur sehr schwer möglich.

In den Fällen Brannigan und Mc Bride stellte der EGMR, dass die Außerkraftsetzung der Bedingungen von Art 15 EMRK genügen, da die britische Regierung dem Ministerkomitee die Außerkraftsetzung von Art 5 Abs 3 EMRK mitteilte, weil es hier angesichts der andauernden Unruhen in Nordirland nicht möglich sei, den dort verhafteten, verdächtigen Terroristen in jedem Fall die Garantien von Art 5 Abs 3 EMRK zu gewähren.[489] Materielle Voraussetzung ist, dass es sich um einen Krieg oder einen öffentlichen Notstand handelt. Wenn es sich um eine außergewöhnliche, dringende Situation handelt, welche die ganze Bevölkerung betrifft und eine aktuelle und unmittelbare bevorstehende Gefahr für das gesamte staatliche Gemeinwesen stellt. Ferner dürfen die Maßnahmen nur in dem Umfang erfolgen, den die Lage unbedingt erfordert und nicht mit dem übrigen Völkerrecht in Widerspruch steht.[490] Im Fall Demir ua stellte der EGMR fest, dass die nationalstaatlichen Autoritäten besser

---

485 EGMR 22.5.1990, Weber, ÖKZ 1990, 713; 23.2.1994, Fredin, ÖJZ 1994, 565; *Mayer* Kommentar B-VG[4], Art 6 EMRK, II.1.
486 EGMR, ÖJZ-MRK 2001/111; Danek in Fuchs/Ratz, StPO, § 228 Rn 9.
487 *Villiger*, aao, RN 525.
488 *Berger* Die Grundrechte/Grundfreiheiten und Menschenrechte in Österreich, Rn 239.
489 *Villiger* Handbuch der Europäischen Menschenrechtskonvention (EMRK) Rn 698.
490 *Villiger* aaO, Rn 699.

in der Lage seien, zu beurteilen, ob eine nationale Notstandsituation vorliege, als ein internationaler Richter. Sie haben jedoch dabei zu beachten, dass europäische Richter beurteilen, ob die Außerkraftsetzung angemessen und verhältnismäßig war.[491]

Ausgehend von diesen materiellen Anforderungen des Art 15 EMRK und der darauf zitierenden Judikatur des EGMR ist zu prüfen, in wie weit eine Außerkraftsetzung der Grundrechte im Falle des Vorliegens des Nuklearterrorismus möglich ist. Es ist unbestritten, dass die Folgen eines nuklearterroristischen Angriffes eine erhebliche Bedrohung des Staatswesens als auch der Bevölkerung darstellen. Hierbei kann mit gutem Grund von einer existentiellen Gefährdung des Gemeinwesens gesprochen werden. In Folge dessen ist die Ansicht zu vertreten, dass eine zumindest teilweise Aufhebung der Grundrechte materiell zulässig sei, und der Schaffung eines Bundesverfassungsgesetzes bedarf. Dabei sind jedoch die materiellen Schranken des Art 15 EMRK zu beachten.

Der EGMR stellte klar, dass auch bei Vorliegen eines nationalen Notfalles, welcher das Leben des Staates gefährden würde, ein Außerkraftsetzen des Art 3 EMRK unzulässig sei.[492]

E) Geheimhaltung

Da, wie oben dargestellt, sämtliche nuklearen Tätigkeiten Auswirkungen auf die Sicherheit nicht nur eines Staates, sondern auf viele Staaten haben können, so ist die Frage der Innehabung, Weitergabe als auch Verwahrung von Informationen in diesem Bereich von erheblichster Bedeutung. Der Rat hat aus diesen Gründen auch sehr schnell eine diesbezügliche Verordnung (VO 3/1958) erlassen.[493] Ebenso von Bedeutung ist die VO 1049/2001.[494] Über deren Regelungen besteht eine große Anzahl von Judikatur,[495] welche man auch zur Interpretation der VO 3/1958 heranziehen kann.

Art 24 EA definiert die geheimhaltungswürdigen Kenntnisse als EVS (Euratomverschlusssache). Nach Art 1 Abs 2 sind EVS Informationen, Auskünfte, Schriftstü-

491 EGMR, U v 23.91998, Demir ua/Türkei, 71/1997/855/1062/1064, Rn 43.

492 EGMR, U v 24.3.2004, Elci ua/Türkei, 23145/93 und 25091/94, Rn 632.

493 Verordnung Nr 3 zur Anwendung des Art 24 des Vertrages zur Gründung der Europäischen Atomgemeinschaft, ABl Nr 17 vom 16.10.1958, S 406ff.

494 Verordnung 1049/2001/EG des Europäischen Parlaments und des Rates vom 30.5.2001 über den Zugang der Öffentlichkeit zu Dokumenten des Europäischen Parlamentes, des Rates und der Kommission, ABl Nr L 155/2001, L 145/43.

495 ZB: EuGH, U v 10.3.2009, RS C-345/06, Heinrich; EuGH, U v 1.7.2008, RS C-39/05 P, Schweden und Turco/ Rat; EuGH, U v 1.2.2007, RS C-266/05 P, Sison/Rat; EuG, B. v. 19.5.2009, RS T-251/06, Meyer-Falk/Kommission; EuG, U v 20.11.2008, RS T-185/05, Italien/Kommission; uva.

cke, Gegenstände, Vervielfältigungsmittel und andere Sachen, die mit den oben genannten Kenntnissen im Zusammenhang stehen. Die in den letzten Jahren entstandenen neuen Speichermedien sind auch ohne Reform von der Verordnung mit umfasst, sodass Art 1 Abs 2 VO dynamisch zu interpretieren ist.

Die nationale Sicherheit ist gefährdet, wenn Staatsgeheimnisse öffentlich behandelt werden. Darunter fallen auch zwischenstaatliche Beziehungen.[496]

---

496 Siehe auch dazu die Judikatur des öOGH: SST 27/38; SST 32/10; SST 41/7; Rz 1961, 40.

II. Technische Grundlagen

1. Einleitung

Die Technik als auch die Weiterentwicklung samt den damit verbundenen Risiken ist die Basis für sämtliche rechtliche Regelungen im Bereich der Kerntechnologie. Der Nuklearkreislauf beginnend mit dem Abbau der Erze bis hin zur Wiederaufbereitung hat auf Grund der Gefahren, die damit verbunden sind, besonders kontrolliert zu werden. Dieses Kapitel ist eine kurze Darstellung der Erze als auch der Verarbeitung der Stoffe.

2. Stoffe

A) Erze

Der Begriff „Erze“ wird in diesem Buch einheitlich nach den Bestimmungen des EA verwendet. Die verschiedenen Uranerze sind ca. 200 an der Zahl,[497] von denen die wenigsten kommerziell genutzt werden. Art 197 Z 4 EA definiert „Erze“ als Erze, die mit mittlerer Konzentrierungen Stoffe enthalten, die durch geeignete chemische und physikalische Aufbereitung die Gewinnung der unten genannten Ausgangsstoffe ermöglichen. Die mittlere Konzentrierung wird durch den Rat auf Vorschlag der Kommission mit qualifizierter Mehrheit bestimmt.

B) Ausgangsstoffe

Unter dem Begriff „Ausgangsstoffe“ versteht Art 197 Z 3 EA Uran, welches das in der Natur vorkommende Isotopengemisch enthält, Uran, dessen Gehalt an U 235 unter dem normalen Gehalt liegt. Weiters fällt unter diese Definition Thorium sowie alle unten genannten Stoffe in Form von Metall, Legierungen, chemische Verbindungen oder Konzentraten. Auch fällt jeder anderer Stoff darunter, der einen oder mehrere der unten genannten Stoffe mit Konzentrierungen enthält, welche der Rat auf Vorschlag der Kommission mit qualifizierter Mehrheit beschließt.

---

497 Dies ist eine grobe Schätzung.

C) Mit Uran 233 oder 235 angereichertes Uran

Darunter wird nach Art 197 Z 2 EA Uran verstanden, welches entweder Uran 235 oder Uran 233 oder diese beiden Isotope in einer solchen Menge enthält, dass das Verhältnis zwischen der Summe der beiden Isotopen und dem Isotop 238 über dem Verhältnis zwischen dem Isotop 235 und dem Isotop 238 im natürlichen Uran liegt.

D) Besondere spaltbare Stoffe

Unter besonderen spaltbaren Stoffen versteht Art 197 Z 1 EA Plutonium 239, Uran 233 sowie mit Uran 233 oder Uran 235 angereichertes Uran, jedes Erzeugnis, in dem eines oder mehrere der oben genannten Isotope enthalten sind, und sonstige spaltbaren Stoffe, die durch den Rat auf Vorschlag der Kommission mit qualifizierter Mehrheit bestimmt wurden; Ausgangstoffe fallen in keinem Fall darunter.

E) Kernbrennstoffe

a) Allgemeines

Die Brennstoffelemente bestehen hauptsächlich aus zwei Bestandteilen, den eigentlichen Brennstoff Uran oder einer Komponente davon, eventuell Plutonium und der Umhüllung, um das radioaktive Material von der Umgebung zu schützen, und um den Austritt von Spaltprodukten zu verhindern.

b) Fabrikation

Nach Empfang des Uranoxyds (Yellow Cake) wird dieses stufenweise gereinigt, bis es die Qualität größtmöglicher Reinheit (nuklear grade) erreicht hat. Dabei werden Elemente mit hohen Einfangquerschnitten für Neutronen, wie Bor oder Cadmium, entfernt. Das Yellow Cake kann durch Trocken- oder Nassprozesse gereinigt werden. Das entstandene Uranylnitrat wird durch Verdampfen in Urandioxide überführt. Diese werden danach in Anwesenheit von Fluor in gasförmigen Uranhexafluorid umgewandelt.

c) Urananreicherung

Natururan besteht aus zwei Isotopen, nämlich Uran 238 mit 99.28% und Uran 235 mit 0.711% Gewichtsanteilen. Uran 235 ist mit thermischen Neutronen spaltbar, sodass alle zivilen Kernkraftwerke mit einer Urankonzentration von 3 bis 5% Anreicherung betrieben werden. Diese wird durch zwei kommerzielle Prozesse, nämlich der Gasdiffusion und der Gaszentrifugierung, erreicht.

Die Gasdiffusion war das Verfahren, das nach Kriegsanwendung als erstes für zivile Zwecke angewendet wurde. Das Prinzip beruht auf der Tatsache, dass in einem Gasgemisch im thermischen Gleichgewicht, die mittlere kinetische Energie aller Moleküle gleich ist. Die leichteren Moleküle bewegen sich schneller und treffen öfters die Wände des Behälters. Wenn dies eine Membrane mit Öffnungen in der Größe von Molekülen ist, treten die leichteren Moleküle durch die Membrane und bilden in der Mitte, ein abzuführende Gas mit einer höheren Konzentration an leichteren Molekülen als die ursprüngliche Mischung. Durch die geringe Differenz im Gewicht (349 zu 352) ist der der maximale Trennfaktor pro Stufe 1,0043, sodass eine sehr große Anzahl von Stufen notwendig ist, um eine brauchbare Anreicherung zu erreichen. Dadurch ist der Prozess im Energieverbrauch und in den Kapitalinvestitionen außerordentlich teuer.

Der Prozess der Gaszentrifugierung nützt die kleine Massendifferenz von Uran 235 und Uran 238 im gasförmigen Uranhexafluorid UF^6. Der Trennungseffekt ist proportional der absoluten Massendifferenz im Gegensatz zur Quadratwurzel der relativen Massendifferenz im Diffusionsprozess. Im Rotor werden die Isotopen getrennt, die schweren zur Wand, die leichteren zum Zentrum der Zentrifuge geschleudert. Das angereicherte Uran um den Rotor wird dann zur nächsten Stufe geführt, wo die nächste Anreicherungsstufe erfolgt. Der Trennfaktor hängt sehr stark von der Zentrifugalkraft ab, und in einer einfachen Zentrifuge ist dieser wesentlich größer als in einer Diffusionseinheit, er bleibt aber trotzdem sehr klein. Am Anfang der Entwicklung gab es Probleme im Zusammenhang mit dem Material und der Rotorenaufhängung. Dank späterer Entwicklungen wurden diese Probleme gelöst, und ein wirtschaftlicher Betrieb ist dadurch möglich geworden.

Die Brennstoffelemente bestehen hauptsächlich aus dem radioaktiven Material, hauptsächlich Uran, möglicherweise mit Plutonium gemischt – dies sind die so genannten „MOX Elemente“ und der Metallhülle, welche dem Brennstoff von der Umgebung zu schützen dient und den Austritt von Spaltprodukte verhindern soll. Dazu kommen die so genannten „ Fittings“, um die Strukturen zusammen zu halten, das Element zu identifizieren, es laden und entladen zu können.

Die Erzeugung der Brennstoffelemente für die Druckwasser- bzw. Siedewasserreaktoren erfolgt dahingehend:

1 chemische Reinigung des Uranoxyds.
2 Umwandlung in Uranhexafluorid UF^6 mit Anreicherung des Uran 235
3 Umwandlung in einer festen Form als Urandioxid.
4 Erzeugung von Pastillen, die in den Brennstäben eingefüllt werden.

Bei der Pelleterzeugung soll ein Urandioxid Granulat gleicher Korngröße erzeugt werden, dass unmittelbar zur Pastillen Erzeugung verwendet werden kann. Das gasförmige UF^6 wird durch Erhitzen direkt vom Transportcontainer in Anwesenheit von Ammoniumhydrochlorid und Ammoniumkarbonat in Uranylkarbonat umgewandelt. Danach wird es gereinigt und bei 650°C in Uranoxyd umgewandelt. Anschließend wird das Oxyd unter hohen Druck in Anwesenheit von Gleitmittel zu Pastillen gepresst (grüne Pastillen). Danach werden sie bei ~1750 °C gesintert. Nach anschließender Reinigung werden sie Qualitätskontrollen unterworfen, um eine einheitliche Masse zu erzielen.

Zur Brennstaberzeugung wird ein Tablett von Urandioxid Pastillen gewogen, dann in einem Zirkalloy Rohr eingefüllt, das unten abgeschlossen und oben mit einem Federmechanismus versehen wird. Nach Auspumpen und Füllen mit Heliumgas wird der Stab zugeschweißt und auf Dichtigkeit geprüft, danach werden die Brennstäbe in die Gitterstruktur des Brennstoffelements eingebaut mitsamt den Kontrollstäben und Abstandelementen.

Die Stäbe werden dann zu Brennstoffelementen zusammengesetzt, zusammen mit einer Aufhängung und einem Abstandhalter.

Die Brennstoffelemente für Druckwasserreaktoren haben einen quadratischen Querschnitt, und die Länge ist gleich der Länge des Reaktorkessels. Die Brennstäbe sind in 17x17 oder 14x14 im Schema mit den Kontrollstäben und Halteeinrichtungen angeordnet.

Die Brennstoffelemente für Siedewasserreaktoren haben auch einen quadratischen Querschnitt mit einem 8x8 Stabmuster. Die Erzeugung der Brennstäbe ist ähnlich wie die für die Druckwasserreaktoren mit der Ausnahme, dass dickeres Wandmaterial aus Zirkalloy benützt wird.

3. Nuklearkreislauf

A) Förderung

Wie oben dargestellt werden lediglich wenige Uranerze kommerziell gefördert. Uranerze kommen nicht alleine vor, sondern befinden sich manchmal in Verbindung mit anderen Erzen. Man findet Uranerze in Sandsteinformationen, in phosphorhältigen Gestein und anderen Gesteinsformationen.[498] Die kommerzielle Nutzung dieser Vorkommen hängt davon ab, ob die Menge des Erzes ausreichend für eine Förderung ist, ob die Geologie (Ober- oder Untertageabbau) und damit verbunden die Kosten für den Abbau und die umweltgerechte Behandlung sinnvoll sind.

Die Vorteile des Übertageabbaus liegen auf der Hand, wobei die Nachteile die Behandlung des Abfalls und die umwelttechnischen Fragen sind. Der Untertageabbau hat diese Probleme in einem weit aus geringerem Ausmaß, wobei die Umweltbelastungen auftreten. Da radioaktives Material abgebaut wird, ist die Kontrolle dieser Gefahrenquelle von besonderer Bedeutung. Ständige Messungen zeigen an, welche

498 Die wichtigsten Uranerze sind Oxide, Sillikate, Phosphate und Vanadate.

Dosis emittiert wird, und ob für die Bergleute während ihrer Tätigkeit ein Gesundheitsrisiko besteht. Dieses Risiko ist in der Regel nicht die von den Uranerzen emittierte Radioaktivität, sondern die Strahlung von Radon, welches im gasförmigen Zustand entweicht.

B) Aufbereitung

Bei der Aufbereitung werden die Gesteinsbrocken zuerst zerkleinert und allenfalls durch Hitze von organischem Karbon getrennt, sodass eine für die weitere Verarbeitung notwendige Reinheit erreicht wird. Die Trennung des Urans sowie der weiteren verwendbaren radioaktiven Stoffe vom übrigen Material erfolgt durch verschiedene Methoden, welche teilweise alleine oder gemeinsam verwendet werden. Dabei hängt es auch davon ab, welche Art das Uranerz ist. Die dafür verwendeten Technologien sind sehr spezifisch und stehen daher auch unter einer besonderen Überwachung durch internationale Organisationen und einzelne Staaten.

C) Brennstofferzeugung

Der Brennstoff besteht aus zwei Teilen, nämlich den Brennstoff an sich, der aus Uran, Plutonium oder anderen spaltbaren Material besteht und der Metallverkleidung, die einerseits verhindert, dass der Brennstoff chemischen Prozessen ausgesetzt ist, als auch dass radioaktives Material entweicht, oder austretende Radioaktivität die Umgebung gefährdet.

Die meist verwendeten Grundstoffe sind Uran in metallischer Form und Uranoxyd. Beim Brennstoff unterscheidet man weiters zwischen U235 oder angereicherten Brennstoffen, die eine erhöhte Spaltbarkeit aufweisen. Die Anreicherung erfolgt entweder mit U235 oder Plutonium mittels Zentrifugen oder durch Gasdiffusion.

D) Kernkraftwerke

a) Allgemeines

Der Kernreaktor ist das zentrale Element im Kernkreislauf zur Energiegewinnung. Er erzeugt Energie durch die Spaltung des Kernmaterials. Es gibt zwei Arten des Reaktordesigns. Die häufigst verwendeten Formen sind Leichtwasserreaktoren,[499] in Kanada und im Vereinigten Königreich werden Gasreaktoren häufig verwendet. Reak-

499 Leichtwasserreaktoren wurden ursprünglich von der US Marine für die atomaren U-Boote entwickelt.

toren auf Basis von Thorium sind auch möglich, sind jedoch auf Grund der hohen Kosten und der Komplexität noch nicht umgesetzt worden.

Folgende Bedingungen müssen erfüllt werden, bevor eine Kernreaktion stattfinden kann: Es muss so viel spaltbares Material (kritische Masse) vorhanden sein, dass eine Kettenreaktion eingeleitet und aufrechterhalten werden kann. Da die Kugel die kleinste Fläche für ein gegebenes Volumen besitzt, ist eine zylinderförmige Anordnung mit gleicher Höhe und Durchmesser die nächstmögliche Approximation. Durch einen Neutronenreflektor aus Wasser oder Graphit wird die kritische Masse weiter reduziert.

Die Wahrscheinlichkeit einer durch Neutronen induzierten Spaltung nimmt zu, wenn die Neutronen durch ein leichtes Material wie Wasser oder Kohlenstoff auf thermische Energie abgebremst werden. Die geometrische Anordnung des Brennstoffelementmoderators ist auch für den Verlauf des Prozesses wichtig, ebenso wie der Einbau von Kontrollstäben aus Neutronen absorbierendes Material, um ein Auseinanderfallen des Prozesses zu verhindern. Der Moderator ist in der Regel Wasser, welches den Vorteil bietet, dass zum Transfer die im Reaktor entstehende Wärme zu einem Wärmeaustauscher oder direkt zu einer Turbine als Stromgenerator benützt werden kann.

E) Reaktorkontrolle

Die sichere Kontrolle des Reaktors ist die vordringliche Sorge der Reaktorentwickler und Betreiber. Dabei sind zwei Aspekte zu berücksichtigen. Der Reaktor muss einerseits auf einem gleichmäßigen und konstanten Energieniveau laufen. Er muss im Falle von routinemäßiger Wartung bzw. in einen Notfall abzuschalten sein. Damit ein Reaktor mit konstanter Leistung laufen kann, muss der Multiplikationsfaktor überwacht werden. Dafür ist der Koppelungsfaktor Temperatur des Brennstoffelementes verantwortlich. Die Temperatur des Moderators kann entweder den Faktor verstärken, zB dadurch dass ein Kühlmittel zu kochen beginnt, oder der Brennstoff abkühlt. Die Leistung, die der Reaktor erzeugt, ist bestimmt durch die Rate der Wärmemenge, die die Dampfturbine abführen kann. Eine Zunahme des Dampfdurchflusses bewirkt eine Abkühlung des Reaktors. Dies vergrößert den Multiplikationsfaktor, der die Leistung des Reaktorkerns bestimmt. Die Leistung erreicht ihren stabilen Zustand, wenn die Menge der abgeführten Wärme der Turbine gleicht.

Der sichere Betrieb eines Reaktors ist durch die Wirkung der so genannten verzögerten Neutronen sehr vereinfacht. Etwa 1% der emittierten Neutronen wird mit einer Verzögerung von einigen Sekunden bis zu mehreren Minuten emittiert. Es ist Sache des Entwicklers, dies so zu planen, dass der Reaktor dank der Kontribution der verzögerten Neutronen nur kritisch werden kann. Sie verhindern das schnelle kleine Schwankungen des Multiplikationsfaktors sich im Betrieb auswirken. Das

Niederfahren des Reaktors wird durch das Einführen von Kontrollstäben mit Neutronen absorbierendem Material (Bor) im Reaktorkern erreicht.

Die Notwendigkeit einer sicheren abschaltbaren Kettenreaktion ist eine Grundvoraussetzung für den Betrieb eines Reaktors. Die größte Gefahr für die Sicherheit ist nur indirekt von der Kernspaltung abhängig. Während des Betriebes können etwa 7% der erzeugten Wärme von der Spaltung durch verzögerte Neutronen oder durch den radioaktiven Zerfall der Spaltprodukte und der Transurane herrühren. Wenn die Kettenreaktion gestoppt wird, so bleibt diese Wärmemenge weiter bestehen. Sie nimmt mit der Halbwertszeit der vorhandenen Radionuklide ab. Beider Konzeption ist dafür zu sorgen, dass diese Wärmemenge (bei einer 3000 MW thermischen Ausgangsleistung, kann sie etwa 200 MW in der Minute betragen) so abzuführen ist, dass der Brennstoff nicht überhitzt wird. Neben der Wärmeentwicklung erzeugt der Reaktor Spaltprodukte, wie Jod, Cäsium oder Strontium. Neben stabile Kerne werden auch welche mit Halbwertszeiten von Sekunden bis tausenden von Jahren erzeugt. Diese Spaltprodukten bilden den Hauptteil der Radioaktivität der zu entladenden Brennstoffelemente, wobei die größte Gefahr von biologisch aktiven Nuklide, wie Iod 131, Cäsium 137 ausgehen. Durch den Neutronenfluss im Reaktor werden auch neue Elemente jenseits von Uran erzeugt. Das wichtigste ist Plutonium 239, das durch Neutroneneinfang von Uran 238 dann durch Betazerfall von Uran 239 in Neptunium 239 entsteht und anschließend in Plutonium 239 übergeht. Durch Neutroneneinfang von Plutonium 239 entstehen Plutonium 240 und weitere schwerere Plutonium Isotope. Durch ihre lange Halbwertszeit bilden sie den größten Anteil der Radioaktivität der abgebrannten Brennstoffelemente.

F) Reaktortypen

a) Forschungsreaktoren und Reaktoren zur Radioisotopen Erzeugung

Der erste Reaktor wurde in Dezember 1942 in Chicago unter der Leitung von Enrico Fermi in Betrieb genommen. Solche Reaktoren haben in der Regel Null Leistung und besitzen eine Anordnung bestehend aus Brennstoff in einem Moderator, um die Kritikalitätsbedingungen und den Neutronenfluss zu testen. Weiters bestehen solche Reaktoren zum Testen der Entwicklung neuer Brennstoffelemente. Für die Forschung werden auch Reaktortypen als starke Neutronenquellen zur Untersuchung von Materialen unter Neutronenbeschuss gebaut. Diese Konzeption haben Reaktoren für Unterrichtszwecke an Universitäten.

b) Reaktoren zur Produktion von kernwaffenfähigem Material

Für Waffenzwecke ist Plutonium 239 mit einem sehr geringen Anteil von höheren Isotopen, die sich leicht selbst spalten lassen. Um das zu vermeiden wird Uran 238 kurz in einen hohen Neutronenfluss bestrahlt, um vor allem Plutonium 239 zu bilden. Danach werden die Brennstäbe aufgearbeitet um das Plutonium zu extrahieren.

G) Kommerzielle Kraftwerke

Am 27. August 1956 wurde in Calder Hall, Großbritannien das erste kommerzielle Kernkraftwerk in Betrieb genommen, ein Jahr später das erste in den USA.

Laut IAEO sind bis Oktober 2006 442 Kernkraftwerke mit 369.566 GW(e) in über 30 Staaten in Betrieb, diese produzieren ca 18% der weltweit erzeugten Strommenge.[500] 6 Werke sind langfristig abgeschaltet, 28 in Bau. Die meisten Reaktoren in Betrieb sind thermische Reaktoren, so genannt, weil Moderatoren zum Abbremsen der kinetischen Energie der Neutronen benützt werden, um thermische – Neutronen – auszunutzen. Druckwasserreaktoren sind die Mehrheit der in Betrieb stehenden Reaktoren.

H) Druckwasserreaktoren

Der Druckwasserreaktor besteht aus einem dichten Kern in einem Druckwasserkessel gefüllt mit normalem unter hohen Druck stehenden Wasser. Das Wasser dient als Moderator und gleichzeitig als Wärmeaustauscher. Das Wasser steht unter einem Druck, welcher groß genug ist, um zu verhindern, dass das Wasser bei einer Betriebstemperatur von etwa 300 °C zu kochen beginnt. Der Kern ist mit zwei bis vier Dampfgeneratoren, die den primären Kreislauf bilden, verbunden. Diese Dampfgeneratoren sind Türme mit mehreren kilometerlangen Leitungen, durch die das Wasser aus dem Reaktorkern gepumpt wird. Dabei findet ein Wärmeaustausch mit einen sekundären Kreislauf, worin Wasser bei niedrigerem Druck kocht, statt, um eine Dampfturbine zur Stromerzeugung anzutreiben. Dadurch ist der sekundäre Kreislauf frei von Radioaktivität.

Der Reaktorkern besteht aus 157 bis 241 Elementen mit jeweils 200 bis 300 Stäben. Dazu gibt es 24 Führungsrohren, in denen die Neutronen absorbierende Steuerungsstäbe eingeführt und ausgezogen werden können. Ein zentrales Rohr dient zum Einführen von Messgeräte zur Messung des Neutronenflusses. Kühlwasser, von unten durch ein Gitternetz eingeführt, fließt frei um die Elemente.

---

500 *de Saillan Charles* Disposal of Spent Nuclear Fuel in the United States and Europe: A Persistent Environmental Problem, Harvard Environmental Law review 34 (2010), 467. Einen exzellenten Überblick gibt die Darstellung auf den Seiten 469ff, wo nach Kontinenten und Staaten aufgeschlüsselt eine Tabelle zu finden ist, die jedoch auch auf Grund der Ereignisse in Fukushima in der Form nicht mehr gültig ist.

Bei Druckwasserreaktoren werden in Intervallen von ein bis zwei Jahren ein Viertel bis zu einem Drittel der Elemente ausgetauscht. Elemente werden ausgetauscht, wenn ihre spaltbare Menge soweit reduziert ist, dass es nur bei maximaler Leistung zur Spaltungen kommt. Anzahl und Anreicherung der neuen Elemente ist so ausgewählt, dass der Reaktor bis zur nächsten Ladung seine volle Leistung abgeben kann. Dabei wird das überschüssige spaltbare Material sofort nach Betriebsbeginn überkritisch. Um das zu verhindern werden Neutronenabsorber in Form von Borsäure dem Kühlwasser zugesetzt, welches so eingestellt wird, dass der Kern bei voller Leistung kritisch ist, wenn die Kontrollstäbe fast ganz herausgezogen sind. Damit ist gesichert, dass im Notfall die volle Leistung der Kontrollstäbe zur Verfügung steht.

Außerhalb der Elemente befinden sich Kontrollstäbe mit Neutronen absorbierendes Material wie Bor, Hafnium, die benützt werden, um den Reaktor im Normalbetrieb abzuschalten, und um die Leistung des Reaktors zu optimieren. Neutronenquellen dienen zur Steuerung der Kritikalität beim Hochfahren des Reaktors.

I) Siedewasserreaktoren

Der Unterschied zu den Druckwasserreaktoren besteht darin, dass das Wasser, das durch den Reaktorkern fließt, sieden kann. Der entstehende Dampf wird oberhalb des Kernes direkt zu den Dampfturbinen geführt, nachdem die Wassertropfen mit Hilfe eines Dampftrockners (Gitternetzes) entfernt worden sind. Damit sind die Turbinen ein Teil des Reaktors und müssen entsprechend abgeschirmt werden. Durch die Anwesenheit des Dampftrockners müssen die Kontrollstäbe von unten eingeführt werden. Die Reaktoren werden wie die Druckwasserreaktoren jeweils alle 12 bis 18 Monate nachgefüllt. Weil der Moderator die Phase wechselt (von Wasser zu Dampf) wird für die Beseitigung des spaltbaren Überschuss „brabble Absorber“ wie Gadolinium (Gd_2O_3) eingesetzt. Die Brennstäbe befinden sich in einem Zirkalloy Röhrenanordnung. Durch diese fließt das Kühlwasser, wobei am oberen Ende der Anordnung sich der Dampf befindet, der dann zur Turbine geleitet wird.

J) Lagerung

a) Einleitung

Die Lagerung von radioaktivem Material ist neben der unmittelbaren Gefährdung der Umwelt auch auf Grund der lang anhaltenden Radioaktivität gefährlich. Durch den jahrzehntelangen Betrieb von nuklearen Anlagen besteht eine große Menge von nieder-, mittel- und hochradioaktiven Material, welches gelagert werden muss. Gerade die Lagerung von hoch radioaktivem Abfall stellt nicht nur ein technisches sondern auch ein logistisches und politisches als auch rechtliches Problem dar.

b) Zwischenlagerung

Die Zwischenlagerung von radioaktivem Material ist derzeit die einzige Form der Lagerung. 1989 stand in Deutschland eine Lagerkapazität von 124.000,00 m^3 zur Verfügung. Da es keine anderen Lagerformen gibt, werden auch hochradioaktive Materialien in der Form gelagert.

c) Endlagerung

Es gibt derzeit weltweit kein Endlager. Obzwar seit Jahrzehnten Pläne für solche bestehen, sind diese aus technischen und politischen Gründen gescheitert.[501] In der rechtlichen Diskussion darüber wurde auch die Frage aufgeworfen, ob die jetzige Generation das Recht hat, für zukünftige Generationen Entscheidungen zu treffen, die diese noch in Jahrhunderten belasten.[502] Dieses Konzept ist zwar weithin akzeptiert, weist jedoch erhebliche theoretische und praktische Schwächen auf.[503]

K) Wiederaufbereitung

a) Gründe für die Wiederaufbereitung

Da bei der Erzeugung von Energie durch Kernkraftwerke nur ein geringer Prozentsatz des Urans durch Kernspaltung verbraucht wird, stellt sich die Frage, was mit dem verbleibenden Rest an U 235 oder U 236 geschehen soll. Die Wiederverwendung (Wiederaufbereitung) von diesem und teilweise verbrauchtem Uran spart erhebliche Kosten. Das Selbe gilt für die Wiederaufbereitung von Plutonium, da in diesem Fall kein zusätzliches Uran verwendet werden muss. Obzwar die Kosten für die Plutoniumwiederaufbereitung erheblich höher sind als die Erzeugung von Uranbrennstoffen, so sind die Einsparungen doch erheblich.

Ein weiterer Vorteil der Wiederaufbereitung ist der erheblich geringere Verbrauch im Kernbrennstoffkreislauf für neues Uran. Da Uran ein seltenes Metall ist und in den letzten Jahren nur geringe neue Lagerstätten gefunden worden sind, ist bei steigendem Bedarf von Kernbrennstoffen die Wiederaufbereitung ein Weg, mit Uran sparsam umzugehen.

---

501 Siehe auch informativ dazu: *Wagner* „Krumme Entwicklungslinien im Atomrecht", NJW 2000, 1539.

502 Näheres bei *Näser/Oberpottkamp* Zur Endlagerung radioaktiver Abfälle – Die Langzeitsicherheit, DVBl 1995, 136ff; ebenso *Huber* Entsorgung als Staatsaufgabe und Betreiberpflicht, DVBl 2001, 242; *Vial* The Concept of Responsibility to Future Generations for the Management and Storage of Radioactive Waste, NLB 74 (2004), 15ff; *Tromans*, Nuclear Law[2], 375f mwN in FN 15.

503 *Vial* NLB 74 (2004), 18 mwN.

Ebenso ist durch die Wiederaufbereitung gewährleistet, dass eine unrechtmäßige Verwendung von spaltbarem Material für militärische Zwecke erschwert wird. Obzwar Plutonium für terroristische Organisationen von erheblicher Bedeutung sein könnte, so muss jedoch bedacht werden, dass Plutonium in 500 kg Behältern mit einer Länge von 4 m gelagert wird. Aus diesen Behältern ist das Plutonium physikalisch und chemisch zu trennen, welches als unwahrscheinlich erscheint.

Ein weiterer Vorteil der Wiederaufbereitung ist, dass ein vorher militärisch genutztes Kernmaterial den Zivilenzwecken zugeführt werden kann. Weiters wird die Menge des zu endlagernden Materials erheblich verringert.

L) Wiederaufbereitung von Uran

Die Wiederaufbereitungen begannen Mitte der 70er Jahre insbesondere in Deutschland, Frankreich, Belgien und im Vereinigten Königreich. Weitere Anlagen bestehen in Japan.

Die Uranwiederaufbereitung ist ein wichtiger Bestandteil des Kernstoffbrennkreislaufes. Wie schon oben dargestellt, wird bei der Wiederaufbereitung Urannitrat in Uranoxyd umgewandelt. Eine weitere Möglichkeit besteht in der Anreicherung mit Fluor bzw. werden durch Anreicherung (siehe oben) abgebrannte Uranbrennstäbe verwendet.

M) Wiederaufbereitung von Plutonium

Ursprünglich wurde die Wiederaufbereitung von Plutonium für militärische Zwecke entwickelt. Da aber in einigen Staaten schnelle Brüter entwickelt wurden, welche eine Mischung aus Plutonium und Uranbrennstoffe benötigen, wurde diese Technologie auch im zivilen Bereich angewendet.

III. Nukleare Renaissance

Seit 2008 bis zum 11. März 2011 sprach man von einer nuklearen Renaissance. Begründet wurde diese Diskussion damit, dass auf Grund des Klimawandels die Erzeugung von elektrischer Energie einer CO_2 armen Produktionsweise bedürfe, als auch die Industrieländer und vor allem die Schwellenländer wie Russland, China, Indien, Türkei auf Grund des erhöhten Energiebedarfes eine sichere Energieversorgung bedürfen.

Es besteht eine große Anzahl von Studien zu Fragen der nuklearen Renaissance, besonders hervorzuheben ist der Artikel von Frye[504] und von Ben-Moshe/McDowell/Gale/Peace/Rosenblatt/Thomassen.[505]

Stand Juli 2008 waren 545 Kernkraftwerke in Betrieb, 35 waren im Bau.[506] Die Volksrepublik China plant ihre Kapazität um das 7-fache auszubauen, 2007 verkündete der damalige russische Präsident Putin den Bau von 26 Kernkraftwerken, die die russische Kapazität beinahe verdoppeln.

Der Klimawandel, der vor allem durch den Film von Al Gore mit dem Titel „An Inconvenient Truth" ein breites Publikum erfolgreich dargestellt wurde, als auch die Bekämpfung der Umweltverschmutzung, insbesondere der völkerrechtlichen Verpflichtungen zur Verminderung des Ausstoßes von CO_2 und der damit verbundenen Reduktion der Verwendung von Kohle, Erdöl als auch Erdgas zum Zwecke der Energieversorgung ließen die Attraktivität der verstärkten Nutzung von Kernenergie steigen. Diese Diskussion, die unter anderem mit einem positiven Blickwinkel auch Sir James Lovelock, der berühmte Umweltschützer, der die Theorie von „GAIA" entwickelte ein.[507] Der Großteil der Umweltschützer verblieb jedoch auf einem Anti-Nuklearstandpunkt.

Es stellt sich die Frage, welche Vorteile der Ausbau der Kernenergie, insbesondere der Bau neuer Kernkraftwerke mit sich bringt. Der American Council on Global Nuclear Competition veröffentlichte im September 2008 einen Report, dass die Errichtung neuer Kernkraftwerke in den USA für die nächsten 20 Jahre 350.000 neue Arbeitsplätze schaffen würde.[508] Diese Zahl ist jedoch mit an Sicherheit grenzender Wahrscheinlichkeit zu hoch gegriffen. Der Bau eines Kernkraftwerkes schafft direkt beim Bau ca. 1.400 bis 1.800 Arbeitsplätze in der Bauindustrie sowie ca 400 ständi-

---

504 *Frye* Roland M. The Current „Nuclear Renaissance" in the United States, its Underlying Reasons and its Potential Pitfalls, Energy Law Journal 29 (2008), 279ff.

505 *Ben-Moshe Sony/Crowell Jason J/Gale Kelley M./Peace Breton A./Rosenblatt/ Brett P./Tomasson Kelly D.* The Benefits and Potential Pitfalls of Federal & State Government Subsidies and the Future of Nuclear Power in California, Energy Law 30 (2009), 497ff.

506 *Frye* Energy Law Journal 29 (2008), 287 mwN.

507 *Frye* Energy Law Journal 29 (2008), 290, insbesondere Fußnote 60.

508 Safety Standards Series No NS-G-2-4 veröffentlicht 10.1.2002.

ge Arbeitsplätze für den Betrieb dieses. Aus diesem Grund ist es nachvollziehbar, dass insbesondere ärmere Regionen, besonders beobachtbar in Polen, darum kämpfen, Standort für die Errichtung eines neuen Kernkraftwerkes zu werden.[509]

Weiters werden umweltpolitische Vorteile, insbesondere die CO_2 arme Erzeugung von Elektrizität dargestellt.[510]

Diese oben genannte Diskussion ist nun auch unter dem Aspekt des steigenden Bedarfs an Elektrizität und Energie zu sehen. In einigen Mitgliedstaaten, wie zum Beispiel Frankreich, stellt die Nuklearindustrie einen Großteil der elektrischen Energie her. Frankreich erzeugt über 65% seiner Elektrizität aus Kernkraftwerken (Stand 2010), und es wird aufgrund der absehbaren Schließung von einigen älteren Anlagen der Bedarf an einem Neubau gegeben sein. Andere Staaten planen aufgrund ihrer Rohstoffarmut auf erneuerbare Energien wie zum Beispiel Wasser umzusteigen. Hinzu kommt, dass die laufende Diskussion über die E-Mobilität (Elektro-Mobilität) und das damit verbundene auf den Markt Bringen von Elektrofahrzeugen eine weitere Erhöhung des Bedarfs an Elektrizität zur Folge hat. Energieeinsparungen unter Beibehaltung der bisherigen Kapazitäten der Energieerzeugung werden aller Wahrscheinlichkeit nach nicht ausreichend sein. Es ist zweifelhaft, ob die „Grünen Energieformen“ ausreichen werden, den zukünftigen Energiebedarf zu decken, als auch muss berücksichtigt werden, dass in den nächsten Jahren und Jahrzehnten eine Reihe von Kernkraftwerken als auch andere nicht nukleare Kraftwerke geschlossen werden.[511]

Was die Kosten der Erzeugung einer KW/h aus einem Kernkraftwerk kostet, ist äußerst strittig.[512] In einer erheblichen Anzahl von veröffentlichten Studien wird von unterschiedlichen Berechnungsmodellen ausgegangen, wobei oft der Wille zum richtigen Ergebnis die methodologische Grundlage ist. Die Kosten der Energieerzeugung aus Kernkraftwerken werden unterschiedlich berechnet, es stellt sich nämlich auch die Frage, ob in den Kosten der erzeugten KW/h auch die Kosten des Abbaus bzw. der Lagerung, Endlagerung der abgebrannten Kernbrennstäbe eingerechnet sind. Hinzu kommt, dass seit dem 11.3.2011 (Unfall in Fukushima) die Fragen der Versicherbarkeit von Kernkraftwerken von den Versicherungen langsam in Frage gestellt werden.

Hinzu kommt, dass der einzige Bau eines neuen Kernkraftwerkes in Europa in Olkiluoto, Finnland, bis zum heutigen Tag zu sehr hohen Kostenüberschreitungen

509 *Frye* aaO, 295ff. Hiebei beschreibt er aufgrund amerikanischer Studien und Zahlen welche Vorteile für die lokale Wirtschaft der Bau als auch der Betrieb eines Kernkraftwerkes bringt.

510 Näheres hiezu bei *Frye* aaO, 297ff.

511 *Ben-Moshe Sony/Crowell Jason J/Gale Kelley M./Peace Breton A./Rosenblatt/ Brett P./Tomasson Kelly D.* Energy Law 30 (2009), 544ff, die verschiedene Politiker zitieren, die im halboffiziellen Rahmen sehr wohl den Bau neuer Kernkraftwerke befürworten, da nur diese eine sichere Energieversorgung gewährleisten können.

512 *Frye* Energy Law Journal 2009 (2008), 305ff.

geführt hat, ohne dass dieses Kernkraftwerk fertig gestellt worden ist. Gegen eine nukleare Renaissance sprach vor allem die Frage der weiteren Verwendung und Lagerung von abgebrannten Kernbrennstäben. Derzeit werden abgebrannte Kernbrennstäbe entweder wieder aufbereitet oder zwischengelagert. Die Errichtung von Endlagerstätten wird derzeit nur diskutiert. Es ist in den nächsten Jahren aller Wahrscheinlichkeit nach nicht realistisch, dass Endlagerstätten in der freien westlichen Welt gebaut werden, da durch die gesetzlich vorgeschriebene Bürgerbeteiligung als auch durch Proteste ein solcher Bau entweder verhindert oder lange verzögert wird. Gegen eine nukleare Renaissance spricht auch, dass durch die Schaffung der Umweltverträglichkeitsprüfungen bzw. Gesetz gegen Verpflichtungen zur Teilnahme von Bürgern und NGOs es zu langwierigen Verzögerungen bei der Errichtung und beim Bau kommt. Solche Verzögerungen haben gewaltige Auswirkungen auf die Kosten und somit auch auf die Finanzierung von solchen Kraftwerken.

Zur Errichtung und zum Betrieb von Kernkraftwerken ist eine entsprechende Anzahl von gut ausgebildeten Mitarbeitern notwendig. In den USA seit dem Vorfall von Three Man Island 1979 und in Europa seit Tschernobyl 1986 haben immer weniger junge Menschen Arbeitsplätze in der Nuklearindustrie gesucht. Dies hatte zur Folge, dass das Durchschnittsalter der Arbeitskräfte in der Nuklearindustrie immer mehr stieg, und dass aufgrund von Pensionierungen praktisches Wissen beginnt verloren zu gehen. Bemerkenswert ist, dass AREVA eine erhebliche Anzahl von Mitarbeitern sucht,[513] dies ist nur ein Beispiel. Die Europäische Nuklearindustrie hat auch 2009/2010 ENLEA[514] gegründet. Der sichere Betrieb und die Entwicklung der Mitarbeiter in der Industrie ist eines der großen Fragen der gesamten Nuklearindustrie.[515]

Hinzu kommt, dass es im Bereich des Maschinenbaus weltweit nicht genug Kapazitäten gibt, um die geplanten bzw. teilweise schon im Errichtungsstadium befindenden Kernkraftwerke mit den entsprechenden Komponenten zu versorgen.[516]

Von besonderer Bedeutung ist, dass verschiedene Studien, welche von internationalen Investmentbanken erstellt worden sind, klar legen, dass aus der Sicht von Investoren der Bau und der Betrieb von Kernkraftwerk ohne entsprechende Förderungen von staatlicher Seite nicht rentabel sind.[517] Die Rating Agentur Moody's hat in einer Studie die Ansicht vertreten, dass die „ Overnight Cost 2008 US $ per KW“

---

513 Siehe unter der Website www.areva.fr hunderte Mitarbeiter.

514 European Nulear Leadership Academy (www.enela.org).

515 *Frye* Energy Law Journal 29 (2008), 358ff, stellt sehr detailliert mit einer erheblichen Anzahl von Nachweisen die Arbeitskraftproblematik dar.

516 *Frye* Energy Law Journal 29 (2008), 364ff mwN.

517 *Frye* Energy Law Journal 29 (2008), 364ff ; Studie der City Bank (9.11.2009), New Nuclear – the Economics says No; *Ben-Moshe Sony/Crowell Jason J/Gale Kelley M./Peace Breton A./Rosenblatt/ Brett P./Tomasson Kelly D.* Energy Law 30 (2009), 502ff.

6.250,00 betragen, dies ist ein sehr hoher Wert.[518] Diese kritische Haltung wird damit begründet, dass infolge von Verzögerungen beim Bau sowie beim Betrieb, sowie von Schließungen aufgrund technischer Mängel oder behördlicher Auslagen es für die Investoren nicht die notwendige Sicherheit gegeben ist, dass ein ständiger und friktionsfreier Ablauf der Produktion von elektrischer Energie gegeben ist. Hinzu kommen die allfälligen Fragen der Kosten der Zwischen- und Endlagerung, bei der es nicht aus Investorensicht eindeutig ist, wer in welchem Ausmaß diese zu tragen hat.[519]

Der Unfall vom 11.März 2011 in Fukushima hat vorläufig die Diskussion eine andere Richtung gegeben, diese ist jedoch in Deutschland und in Österreich zur Gänze auf den Ausstieg aus der friedlichen Nutzung der Kernenergie gerichtet, in andere Ländern wird auf Grund dessen ein verstärktes Augenmerk auf die Fragen der Sicherheit gelegt

518 Zitiert bei *Paine Christopher* The Nuclear Fuel Cycle, Global Security, and climate Change: Weighing the Costs and Benefits of Nuclear Power Expansion, University of Richmond Law Review 44 (2010), 1076 mwN.

519 Studie der City Bank (9.11.2009), New Nuclear – the Economics says No.

IV. Organisationen

1. IAEO

A) Allgemeines

Am 23. Oktober 1956 wurde die Satzung der IAEO beschlossen und wenig später Wien als Amtssitz bestimmt. In den ersten Jahren war die IAEO im Ost-West-Konflikt involviert.[520] Durch die späteren Generaldirektoren schaffte die IAEO, sich als anerkannte internationale Organisation zu etablieren. Der Unfall von Tschernobyl sowie der 1979 stattgefundene Unfall von Three Miles Island veranlasste die IAEO den Bereich der nuklearen Sicherheit (Safety) ein größeres Augenmerk zu schenken.[521] Es wurden daraufhin Übereinkommen ausgearbeitet oder verbessert, als auch wurden von der IAEO Guidelines und Standards erlassen, die den Stand der Wissenschaft widerspiegeln.

Die IAEO ist bei einer Anzahl von internationalen Verträgen der Verwahrer dieser, dazu gehören die Convention on Nuclear Safety, Convention on Early Notification of Nuclear Accidents and on Assistance in the Case of a Nuclear Accident or Radiological Emergency uvm.[522]

Der Irak Konflikt vor und nach dem 1. Irakkrieg (1990/1991) sowie die Drohung von Nordkorea, Kernwaffen zu bauen, führte zu einer neuen Bewährungsprobe der IAEO. Gleichzeitig wurde das Problem der Dual-Use Güter immer aktueller. Seit einigen Jahren besteht ein Konflikt um die Nutzung von Kerntechnologie im Iran.[523]

Zu den Aufgaben der IAEO zählen die Verifikation und Safeguard, Sicherheit und Sicherung als auch die Entwicklung von Technologien und deren Anwendungen und deren Bereitstellung in den Mitgliedstaaten.[524] Auf Grund dieser Aufgabenstellung ist die IAEO in 6 Abteilungen (Departments) gegliedert.

---

520 *Mayer* in Schriefer/Sandtner/Rudischhauser (Hrsg), 50 Jahre Internationale Atomenergie-Organisation IAEO (2007, 16ff; Zur Vorgeschichte: Tromans Nuclear Law[2], 39ff.

521 *Niehaus* in Schriefer/Sandtner/Rudischhauser (Hrsg), 50 Jahre Internationale Atomenergie-Organisation IAEO (2007), 101f.

522 *Vasmant* International Legal Instruments Promoting Synergies in Nuclear Safety, Security and Safeguards; Myth or Reality, NLB 84 (2009), 93ff mwN.

523 *Rudischhauser* in Schriefer/Sandtner/Rudischhauser (Hrsg), 50 Jahre Internationale Atomenergie-Organisation IAEO (2007), 40ff.

524 *Schriefer* in Schriefer/Sandtner/Rudischhauser (Hrsg), 50 Jahre Internationale Atomenergie-Organisation IAEO (2007), 30f; *Tromans* Nuclear Law[2], 44.

B) Organisation

a) Einleitung

Ziel ist die Verbreitung der friedlichen Nutzung der Atomenergie zur Steigerung des Friedens, des Wohlstandes und der Gesundheit in der Welt. Weiters hat die IAEO die Verpflichtung zu gewährleisten, dass jede von der IAEO gewährte Unterstützung nicht für militärische Zwecke genutzt werde.

Gemäß Art II gehört zu den Aufgaben der IAEO, eine Unterstützung bei der Forschung und Entwicklung sowie der praktischen Anwendung von Maßnahmen für die friedliche Nutzung der Kernenergie in der Welt zu gewähren. Ebenso ist sie auf Anfrage verpflichtet, als Vermittler für Dienstleistungen, Zulieferung von Materialien, Ausrüstungen und Anlagen von einem Mitgliedstaat zu einem anderen Mitgliedstaat für die friedliche Nutzung der Kernenergie aufzutreten. Ebenso ist unter der Berücksichtigung der Bedürfnisse von Entwicklungsländern die IAEO berechtigt, Material, Dienstleistungen, Ausrüstungen und Anlagen für die Bedürfnisse der Forschung, Entwicklung und Anwendung – dies beinhaltet auch die Produktion von elektrischer Energie – zu geben. Weiters ist ebenfalls die Förderung des Ausbaus von wissenschaftlichen und technischen Austausch von Wissenschaftlern und Experten auf diesem Gebiet. Obwohl ausdrücklich nicht erwähnt, ist die technische Unterstützung zu den Hauptaufgabenbereichen der IAEO geworden.[525]

Zu den Aufgaben gehören ebenfalls die Errichtung und Durchführung von Safeguard Maßnahmen, um sicher zu stellen, dass spaltbares Material, andere Materialien, Dienstleistungen, Ausrüstungen und Anlagen und Informationen nur für die friedliche Nutzung verwendet werden, und dass Safeguard Maßnahmen auf Ersuchen der Mitgliedstaaten oder eines dieser im Rahmen von bilateralen oder multilateralen Abkommen durchgeführt werden.

Ebenso gehören zu den Aufgaben die Schaffung von weltweiten Standards für die Sicherheit, der Gesundheit, und die Verringerung der Gefahren für Leben und Eigentum in Zusammenarbeit mit anderen Organisationen der Vereinten Nationen.

Diese Publikationen unterteilen sich in „Safety Fundamentals", „Safety Requirements" und „Safety Guides". Die „Safety Fundamentals" sind generelle Erklärungen die „Safety Requirements" sind detaillierte regulatorische Anweisungen, und die „Safety Guides" sind praktische Empfehlungen.[526] Nun besteht seit 2006 ein einziger Safety Standard on Fundamental Safety Principles (SF-1), welcher 10 Sicherheitsprinzipien enthält.

Ebenso ist die IAEO berechtigt, Anlagen, Fabriken oder Ausrüstung zu erwerben oder zu besorgen, um ihre Aufgaben zu erfüllen.

---

525 *Tromans* Nuclear Law², 43.
526 *Tromans* Nuclear Law², 44.

Um diese oben genannten Aufgaben zu erfüllen, ist die IAEO berechtigt, weltweit Safeguardmaßnahmen zum Zwecke der Abrüstung im Rahmen der internationalen Vereinbarungen durchzuführen, Kontrollsysteme über die Verwendung von spaltbaren Materialien zu errichten, sich so zu organisieren, dass eine effiziente Durchführung der Aufgaben möglich ist, sowie sie in der Lage ist, der Generalversammlung der Vereinten Nationen und falls notwendig dem Sicherheitsrat Bericht zu erstatten.

Artikel IV regelt die Mitgliedschaft bei IAEO, welche auf dem Grundsatz der Souveränität und Gleichheit aller ihrer Mitglieder beruht.

b) Generalkonferenz

Nach Art V A besteht die Generalkonferenz aus den Vertretern aller Mitgliedstaaten und trifft sich einmal im Jahr sowie zu Sondersitzungen, sofern der Generaldirektor diese auf Ersuchen des Gouverneursrats oder der Mehrheit der Mitglieder einberuft. Die Sitzungen der Generalkonferenz finden in Wien statt, ausgenommen die Generalkonferenz beschließt etwas anderes.

Bei diesen Sitzungen wird jeder Mitgliedstaat durch einen Delegierten vertreten. Der Delegierte kann von Vertretern und Beratern begleitet werden. Die Kosten der Delegation werden von den einzelnen Mitgliedstaaten getragen. Die Generalkonferenz wählt einen Präsidenten und andere Organe zu Beginn jeder Sitzung. Die Dauer dieser Tätigkeit der Organe ist mit der Dauer der Sitzung verbunden.

Die Generalkonferenz schafft eigene Verfahrensregeln. Grundsatz dabei ist, dass jeder Mitgliedstaat eine Stimme hat. Grundsätzlich beträgt das Präsenz- und Konsensquorum $^2/_3$ der Mitglieder. In den anderen Fällen kann auch die einfache Mehrheit entscheiden.

Die Generalkonferenz diskutiert jede Frage oder Angelegenheit, welche durch das Statut geregelt ist, oder in den Aufgabenbereich der IAEO fällt, und gibt Empfehlungen dem Gouverneursrat ab.

Die Generalkonferenz stimmt über die Mitgliedschaft von Staaten ab, suspendiert ein Mitglied von den Privilegien und Rechten der Mitgliedschaft in Verbindung mit Artikel XIX, berät über den jährlichen Bericht, genehmigt das Budget der IAEO auf Antrag des Gouverneurrats oder weist den Vorschlag mit Empfehlungen ganz oder teilweise an den Gouverneursrat zurück, genehmigt Berichte, welche an die Vereinten Nationen übermittelt werden, genehmigt Verträge auf Empfehlung des Gouverneursrats, genehmigt die Grundsätze der Aufnahme von Krediten, genehmigt Zusätze zur Satzung und genehmigt die Ernennung des Generaldirektors.

Die Generalkonferenz hat das Recht, alle Entscheidungen gemäß der Satzung zu treffen und Vorschläge an den Gouverneursrat in allen Angelegenheiten der IAEO zu unterbreiten.

c) Gouverneursrat

Nach Artikel VI setzt sich der Gouverneursrat aus zehn Mitgliedern zusammen, welche von den Ländern mit der weitest fortgeschrittenen Technologie im Nuklearbereich und mit größten Produktion stammen. Die geografische Zusammensetzung der übrigen Mitglieder sollte alle großen Regionen (Nordamerika, Lateinamerika, Westeuropa, Osteuropa, Afrika, Mitteleuropa, Ostasien, Südasien, Südostasien, Pazifik sowie den Fernen Osten beinhalten). Nach Art VI A 2 wählt die Generalkonferenz die Mitglieder des Gouverneursrats. Jedes Mitglied des Gouverneursrats hat eine Stimme. Entscheidungen über das jährliche Budget werden mit 2/3 Mehrheit des Präsenz und Konsensquorum beschlossen. Entscheidungen in allen anderen Fragen sind soweit nichts anderes bestimmt, mit einfacher Mehrheit zu entscheiden. Es ist jedoch ein Präsenzquorum von $^2/_3$ der Mitglieder des Gouverneursrates für jede Entscheidung verbindlich.

Der Gouverneursrat trifft sich so oft, wie es notwendig ist. Der Gouverneursrat wählt einen Vorsitzenden und andere Organe aus seinen Mitgliedern und beschließt eigene Verfahrensregeln. Der Gouverneursrat hat das Recht, Ausschüsse sowie es sinnvoll ist zu bilden. Für Außenbeziehungen ernennt der Gouverneursrat Vertreter.

Der Gouverneursrat verfasst einen jährlichen Bericht an die Generalkonferenz. Weitere Berichte können ebenfalls verfasst werden.

d) Generaldirektor und Mitarbeiter

Die Beamten der IAEO werden vom Generaldirektor, welcher vom Gouverneursrat mit Zustimmung der Generalkonferenz ernannt wird, geleitet. Die Amtszeit des Generaldirektors beträgt fünf Jahre. Er ist der Oberste Beamte der IAEO. Nach Art VII B ist der Generaldirektor verantwortlich für die Ernennung, Organisation und den Betrieb. Er agiert gemäß den Regelungen, welche vom Gouverneursrat beschlossen werden. Das Personal besteht aus qualifizierten Wissenschaftlern und Technikern sowie sonstigem Personal, welches erlaubt, die übertragenen Aufgaben zu erfüllen. Der Gouverneursrat erlässt Regeln hinsichtlich der Arbeitsbedingungen als auch der Bezahlung der Mitarbeiter.

Sowohl der Generaldirektor als auch die Mitarbeiter dürfen keine Weisungen von außerhalb der IAEO erhalten. Sie haben sich weiters, jedes Verhaltens zu enthalten, welches den Aufgaben der IAEO zuwiderläuft, insbesondere ist es ihnen verboten, Geschäfts- und Betriebsgeheimnisse sowie vertrauliche Informationen, welche sie in ihrer offiziellen Tätigkeit erhalten haben, weiter zu geben.

e) Pflichten der Mitgliedstaaten

Nach Art XIX kann ein Mitgliedstaat seine Rechte verlieren, wenn dieser mit seinen Beiträgen mehr als 2 Jahre in Rückstand ist. Die Generalkonferenz kann jedoch diesem Staat sein Stimmrecht wieder geben, wenn die Ursachen der Nichtzahlung außerhalb des Einflussbereiches des Staates begründet sind. Auf Vorschlag und Beschluss von Zweidrittel der anwesenden Mitglieder in der Generalkonferenz kann ein Mitgliedstaat von der Ausübung seiner Privilegien und Rechte entbunden werden, wenn dieser andauernd das Statut und die mit der IAEO abgeschlossenen Vereinbarungen bricht.

f) Finanzierung

Der Gouverneursrat übermittelt gemäß Art XIV den jährlichen Budgetvoranschlag. Falls die Generalkonferenz diesen Vorschlag nicht annimmt, wird dieser an den Gouverneursrat mit Empfehlungen rückübermittelt. Hierauf legt der Gouverneursrat den neuen Entwurf unter Einarbeitung der Empfehlungen dieser wieder vor. Die Ausgaben unterteilen sich in Verwaltungskosten, Kosten von Safeguard und anderen Kosten. Die Verwaltungskosten werden analog der Regelungen der Vereinten Nationen auf die Mitglieder aufgeteilt. Die anderen werden in einem anderen Schlüssel aufgeteilt. In einem engen Rahmen hat der Gouverneursrat das Recht, die Aufnahme von Krediten zu genehmigen.

g) Sonstiges

Vereinbarungen der IAEO mit der UNO oder anderer Organisationen bedarf der Zustimmung der Generalkonferenz und des Gouverneursrats.

Alle Streitigkeiten über die Interpretation der Satzung oder der Anwendung dieser sind nach Art XVII gemäß den Statuten des IGH diesem vorzulegen, es sei denn, eine andere Art der Streitbeilegung wurde vereinbart. Die Generalkonferenz als auch der Gouverneursrat sind bevollmächtigt, nach Genehmigung durch die UNO-Generalversammlung den IGH betreffend eines Gutachtens über die Rechte der IAEO anzurufen.

2. NEA

A) Allgemeines

Die NEA ist eine Sonderagentur der OECD. Aufgabe der NEA ist die Unterstützung der Mitgliedstaaten in technischen, rechtlichen Fragen bei der Nutzung und Entwicklung der friedlichen Nutzung der Kernenergie. Dazu gehören der Austausch von Wissen, die internationale Zusammenarbeit. Von der Gründung an war die Nichtverbreitung von Kernwaffen und Kernwaffentechnologie eines der Grundlagen der Tätigkeit. Derzeit sind 28 Staaten Mitglieder dieser Organisation.

Am 20.12.1957 wurde mit Beschluss des Rates der OECD die NEA (Nuclear Energy Agency) gegründet. In der Präambel wurde ausdrücklich darauf verwiesen, dass dieser Beschluss in keinem Widerspruch zu den Grundsätzen die den am 25.3.

in Rom abgeschlossenen Vertrag zur Gründung der europäischen Atomgemeinschaft (Euratom) zu Grunde liegen, bestehen.

Das Statut wurde mehrere Male novelliert, zuletzt in den Jahren 1992 und 1995. Die Organisation hat lediglich 69 Mitarbeiter. Ihre Aufgaben sind die nukleare Sicherheit und Regelungen im Nuklearbereich, die Entwicklung der Kernenergie, Lösung von Fragen des radioaktiven Abfalls, Strahlenschutz verbunden mit Gesundheitsschutz, Nuklearrecht und Nuklearhaftung, Forschung und Entwicklung im Kernenergiebereich, Aufbau und Wartung von Datenbanken sowie die Information und Kommunikation zwischen den Mitgliedstaaten und der interessierten Öffentlichkeit. Die Stärke der NEA besteht in der Mitgliedschaft der Staaten mit den höchst entwickelten technischen Kenntnissen im Kernenergiebereich als auch mit der größten Erfahrung in der friedlichen Nutzung dieser.

B) Organisation

Gemäß Art 2 der Satzung handelt die NEA unter Aufsicht des OECD Rates, welches durch das „Direktionsausschuss" der OECD überwacht wird und wobei das Sekretariat der NEA Teil des Sekretariats der OECD ist.

Zu den Organen zählen der Direktionsausschuss, das Sekretariat sowie der Rat. Gemäß Art 3 ist der Direktionsausschuss für alle Fragen zuständig, die den Zweck der Agentur im Rahmen der sich aus den Bestimmungen und aus Ratsbeschlüssen ergebenden Bedingungen treffen. Gemäß Art 12 setzt sich der Direktionsausschuss aus Vertretern aller Mitgliedstaaten der OECD zusammen. Die Regierungen Japans, Kanadas und der Vereinigten Staaten von Amerika sind eingeladen, sich an den Arbeiten der Agentur zu beteiligen. Der Direktionsausschuss bestellt alljährlich aus den Reihen seiner Mitglieder einen Vorsitzenden und einen stellvertretenden Vorsitzenden. Er gibt sich weiters eine Verfahrensordnung. Zu den Aufgaben des Direktionsausschusses zählt auch die alljährliche Berichterstattung des Rates über die Durchführung seiner Aufgaben und die Lage und Aussichten der Atomindustrie in den Teilnehmerstaaten. Nach Art 15 kann der Direktionsausschuss Kommissionen und Arbeitsgruppen bilden. Unterstützt werden der Direktionsausschuss und dessen untergeordnete Organe vom Sekretariat.

Gemäß Art 4 ist eine der Aufgaben der Agentur die Forschung der Projekte und Programme zwischen den Staaten zu koordinieren. Sie kann nach Art 5 ebenfalls die Bildung gemeinsamer Unternehmen zur Produktion und Verwendung von Atomenergie fördern und unterstützen. Weiters ist Aufgabe nach Art 6 dafür zu sorgen, dass die Teilnehmerstaaten mit dem für die Durchführung ihrer Programme auf dem Gebiet der Kernenergie erforderlichen Rohstoffe versorgt werden können. Es ist jedoch zu verweisen, dass die meisten Staaten die Mitglieder der Kernagentur sind, ebenfalls Mitglied von Euratom sind, wodurch diese Bestimmung größtenteils hinfällig geworden ist.

Wenn mehrere Staaten erklären gemeinsam ein Projekt zu verwirklichen, beginnen sie dieses auf eigene Kosten und halten das „Direktionsausschuss“ von den Fortschritten bei diesem Projekt auf dem Laufenden.

3. NSG[527]

Gegründet wurde die Nuclear Suppliers Group (NSG) in Folge der Explosion einer Atomwaffe durch Indien, das keine Atomwaffen hätte haben sollen, im Jahre 1978. Dieser Nukleartest zeigte sehr deutlich auf, dass die Nukleartechnologie für militärische Zwecke entgegen den völkerrechtlichen Verpflichtungen missbraucht werden kann. Dies ist ein Zusammenschluss von einer Anzahl von Staaten, aller Mitgliedstaaten von Euratom, sowie Russlands, der USA sowie der sonstigen wichtigen Industriestaaten. Zweck dieses Zusammenschlusses ist es, die Verbreitung von Technologien im Nuklearbereich zu kontrollieren, und deren unkontrollierte Verbreitung zu verhindern

Derzeit sind 45 Staaten beteiligt, darunter die Nuklearmächte gemäß dem NPT. Diese Gruppe hat keine formellen Bestimmungen, aber die Mitgliedstaaten arbeiten auf Regierungsebene eng zusammen.

Schon sehr bald nach der Gründung (1978) wurden die „NSG Guidelines„ publiziert, welche den Export von Nukleartechnologie für friedliche Zwecke regeln.[528] 1992 beschloss die NSG Regeln für „Dual Use“ Export von Nukleartechnologie, welche über die IAEO publiziert worden sind.[529] Hervorzuheben ist das „Wassenaar Arrangement on Export Controls for Conventional Arms and Dual-Use Goods and Technologies”. Vom in Wien ansässigen Sekretariat wurden verschiedene Kategorien von Waren- und Dienstleistungslisten ausgearbeitet, welche von den Mitgliedstaaten beschlossen worden sind.

Neben der NSG ist das Zangger-Komitee für die Kontrolle von Nukleartechnologie von Bedeutung.[530]

Die NSG arbeitet mit dem Grundsatz der Einstimmigkeit. Die Zuständigkeiten liegen international als auch national bei den einzelnen Regierungen. Die NSG hält Plenarversammlungen ab, weiters besteht eine Beratungsgruppe, welche ebenfalls einstimmig entscheidet. Informell treffen sich die Regierungsvertreter bei Informationsaustäuschen.

---

527 Nuclear Suppliers Group.

528 IAEA Document INFCIRC/254 samt allen Anhängen.

529 INFCIRC 254/2.

530 *Viski Andrea* International Journal of Nuclear Law 2011, 222ff.

4. GLOBAL NUCLEAR ENERGY PARTNERSHIP

Die Global Nuclear Partnership ist auf Iniative der USA 2006 entstanden, um eine internationale Zusammenarbeit auf dem Gebiet der friedlichen Nutzung der Kernenergie zu erreichen. Da mit dem Wechsel in der Präsidentschaft Anfangs 2009 es zu einer Verschiebung der Prioritäten kam, schlief dieses Projekt ein.

5. INTERNATIONAL COMMISSION FOR RADIOLOGICAL PROTECTION (ICRP)

A) Allgemeines

Die ICRP wurde 1928 als Kommission, welche mit der International Congresses of Radiology verbunden war und ist, gegründet. Die ICRP wird von einer Anzahl internationaler Organisationen als auch Regierungen gefördert. Ihre Aufgabe ist es, Empfehlungen zu Fragen des Schutzes vor radioaktiver Strahlung abzugeben.[531] Diese Empfehlungen sind die Grundlage für detaillierte Verhaltensvorschriften und Regeln, die von anderen internationalen Organisationen sowie nationalen und regionalen Behörden erlassen werden.[532] Die ICRP ist als unabhängige Organisation im United Kingdom registriert. Finanziert wird sie hauptsächlich durch freiwillige Spenden internationaler und nationaler Körperschaften.

Von besonderer Bedeutung sind die Berichte der ICRP. Der erste Bericht wurde 1928 veröffentlicht.[533] Von besonderer Bedeutung ist der Bericht 60 (ICRP 60).[534]

B) Struktur

Die ICRP besteht aus einer Hauptkommission, einem Sekretariat und verschiedenen Komitees.

---

531 *Tromans* Nuclear Law², 36f.8.

532 In der EU ist seit vielen Jahren auf die Empfehlungen der ICRP zurückgegriffen worden: Mitteilung der Kommission an den Rat und das Europäische Parlament - Stilllegung kerntechnischer Anlagen und Entsorgung radioaktiver Abfälle Wahrnehmung der sich aus der Tätigkeit der Gemeinsamen Forschungsstelle (GFS) im Rahmen des Euratom-Vertrags ergebenden Zuständigkeiten im kerntechnischen Bereich, KOM/2008/0903 endg.; 90/143/Euratom: Empfehlung der Kommission vom 21. Februar 1990 zum Schutz der Bevölkerung vor Radonexposition innerhalb von Gebäuden, ABl. Nr. L 80 vom 27.3.1990, S.26.

533 Eine beispielhafte Aufzählung der wichtigsten Berichte siehe bei: *Tromans* Nuclear Law², 235.

534 Kueny Laurent Paul Enviromental radiological protection and nuclear law: form the protection of humans to the protection of the environment per se?, International Journal of Nuclear Law 2011, 204ff.

Die Kommission hat zwölf Mitglieder und einen Vorsitzenden. Die einzelnen Mitglieder werden durch die übrigen Mitglieder der Kommission bestellt. Weiters bestimmt die Kommission Arbeitsgruppen, welche Bericht vorbereiten, welche später in der Kommission diskutiert und approbiert werden.

Weiters gibt es hier fünf Komitees, welche sich mit Fragen der Dossierung, der Effekte radiologischer Strahlung, Fragen der Medizin, der Umsetzung als auch mit Umweltfragen auseinandersetzen.

Die aktuelle Satzung wurde im September 1987 in Como, Italien, gefasst.

6. Europäische Organisation für kernphysikalische Forschung

A) Einleitung

CERN ist seit seiner Gründung die führende europäische Einrichtung auf dem Gebiet der Kernforschung. Die Anlagen sind im Gebiet von Genf angesiedelt und umfassen – dies ist eine Besonderheit – auch eine sehr große unterirdische Anlage für Teilchenbeschleunigung (Teilchenbeschleuniger), welche sowohl das schweizerische als auch das französische Staatsgebiet umfasst. Diese Anlagen sind in der Welt neben den in Lawrence Livermore einzigartig.

Bedeutsame Forschungsergebnisse im Bereich der Kernphysik als auch zur physikalischen Erklärung der Welt sind dort entdeckt und gemacht worden.

Am 1. Juli 1953 wurde in Genf das Übereinkommen zur Errichtung einer europäischen Organisation für Kernforschung (CERN) unterzeichnet.[535]

Ziel von CERN ist die Zusammenarbeit europäischer Staaten auf dem Gebiet der rein wissenschaftlichen und grundlegenden Kernforschung. Nicht umfasst sind Arbeiten zu militärischen Zwecken. Die Ergebnisse der experimentellen und theoretischen Arbeiten werden veröffentlicht oder anderwärtig allgemein zugänglich gemacht.

Aufgabe ist weiters gemäß Art II der Bau und der Betrieb eines oder mehrerer internationaler Laboratorien für die Forschung über teilchenhohe Energie einschließlich der kosmischen Strahlung. Die Laboratorien umfassen Teilchenbeschleuniger, Hilfsgeräte sowie Gebäude. Die Zusammenarbeit erfolgt auf dem Gebiet der theoretischen Kernphysik durch die Förderung der Beziehung zwischen Wissenschaftlern, dies umfasst auch den Austausch von Wissenschaftlern sowie die Verbreitung von Informationen, der Zusammenarbeit mit anderen Forschungseinrichtungen und Beratung derselben sowie Arbeiten auf dem Gebiet der kosmischen Strahlung.

Artikel III regelt die Bedingungen für die Mitgliedschaften.

535 BGBl 1969 II, 1197 ; BGBl 1971 II, 201.

Ebenso werden gemäß Art IX die Organisation und den Vertretern sowie den Mitgliedern aller eingesetzten Gremien den Generaldirektoren sowie dem Personal von CERN Vorrechte und Privilegien gewährt, wie dies zur Wahrnehmung der Aufgabe erforderlich gehalten werden kann.

Gemäß Art VIII arbeitet CERN mit der UNESCO statutarisch zusammen. Mit $^2/_3$ Mehrheit aller Mitgliedstaaten kann der Rat auch die Zusammenarbeit mit anderen internationalen Organisationen beschließen.

Gemäß Art XI entscheidet bei Streitigkeiten zwischen zwei oder mehreren Mitgliedern über die Ausdehnung und Anwendung dieses Übereinkommens die nicht nur durch die guten Dienste des Rates beigelegt werden können, der IGH, sofern nicht auf eine andere Art der Beilegung geeinigt worden ist.

B) Organisation

Gemäß Art I Abs 2 ist der Sitz Genf, sofern nicht der Rat mit $^2/_3$ Mehrheit beschließt, an einen anderen Ort zu verlegen.

Nach Artikel IV bestehen die Organe aus einem Rat und einem für jedes Laboratorium durch entsprechendes Personal unterstützten Generaldirektor.

Dem Rat gehören gemäß Art V höchstens zwei Delegierte eines jeden Mitgliedstaates an, die bei Sitzungen des Rates von Beratern begleitet sein dürfen.

Aufgabe des Rates ist gemäß Art V Abs 2 die Richtlinie für die Arbeit der Organisation auf wissenschafts- und verwaltungstechnischem Gebiet festzulegen, die Arbeitsprogramme der Organisation zu genehmigen, sowie weitere strukturelle als auch aufsichtsrechtliche Maßnahmen zu setzen.

Nach Art V Abs 3 tritt der Rat mindestens einmal jährlich an einem vom ihm zu bestimmenden Ort zusammen. Jeder Mitgliedstaat hat gemäß Art V Abs 4 im Rat eine Stimme. Soweit nicht anders vorgesehen, entscheidet der Rat mit einfacher Mehrheit der vertretenen und abstimmenden Mitgliedstaaten.

Der Rat gibt sich gemäß Art V Abs 10 einer Geschäftsordnung.

Nach Art V Abs 11 wählt der Rat einen Präsidenten und zwei Vizepräsidenten, deren Amtszeit ein Jahr beträgt, und die höchstens zweimal hintereinander wiedergewählt werden können. Nach Art V Abs 12 setzt der Rat in einem Wissenschaftsausschuss sowie einem Finanzausschuss sowie alle weiter nachgeordneten Gremien ein, die für die Zwecke der Organisation, insbesondere für die Durchführung und Koordinierung ihrer verschiedenen Programme erforderlich sind. Mit 2/3 Mehrheit aller Mitgliedstaaten wird über die Einsetzung derartiger Gremien und ihrem Aufgabenbereich entschieden. Im Rahmen dieses Übereinkommens und des ihm beigefügten Finanzprotokolls geben sich diese nachgeordneten Gremien ihre Geschäftsordnungen selbst.

Gemäß Art VI wählt der Rat mit 2/3 Mehrheit aller Mitgliedstaaten einen Generaldirektor für jedes Laboratorium. Die Entlassung erfolgt ebenfalls mit $^2/_3$ Mehrheit.

Im Bezug auf das unter seiner Leitung stehende Laboratorium ist jeder Generaldirektor das oberste Vollzugsorgan und der gesetzliche Vertreter. Bei der finanziellen Verwaltung ist er an das Finanzprotokoll gebunden.

Dem Rat steht mit $^2/_3$ Mehrheit aller Mitgliedstaaten das Recht zu, den Generaldirektoren einzeln oder gemeinsam die Befugnis zu übertragen, für CERN in den anderen Angelegenheiten zu handeln. Der Generaldirektor nimmt an allen Sitzungen des Rates ohne Stimmrecht teil. Er ist weiters gegenüber dem Rat verpflichtet, einen Jahresbericht vorzulegen. Gemäß Art VI Abs 2 hat jeder Generaldirektor das Recht, das vom Rat für erforderlich gehaltene bewilligte wissenschaftliche, technische und Verwaltungspersonal zur Seite gestellt zu bekommen.

Die Einstellung als auch die Entlassung des Personals wird vom Rat auf Empfehlung des zuständigen Generaldirektors bewerkstelligt. Diese bedürfen ebenfalls der $^2/_3$ Mehrheit aller Mitgliedstaaten. Aus praktischen Gründen ist der Rat berechtigt mit $^2/_3$ Mehrheit den nach geordneten Gremien sowie den Generaldirektoren die Einstellung sowie die Entlassungsbefugnis zu übertragen. Der Beginn und die Beendigung aller derartigen Arbeitsverhältnisse erfolgen nach Maßgabe der vom Rat mit der gleichen Mehrheit anzunehmenden Personalordnung. Nicht zum Personal gehörende Personen, die vom Rat oder in seinem Auftrag eingeladen werden in einem Laboratorium zu arbeiten, unterstehen dem betreffenden Generaldirektor, und haben allen vom Rat erlassenen allgemeinen Vorschriften nachzukommen. Dies betrifft insbesondere die speziellen wissenschaftlichen Mitarbeiter.

Von besonderer Bedeutung ist, dass gemäß Art VII Abs 4 Verantwortlichkeiten der Generaldirektoren und des Personals in Bezug auf CERN ausschließlich internationalen Charakter haben. Bei der Wahrnehmung ihrer Dienstobliegenheiten bedürfen sie von keiner Regierung und von keiner Stelle außerhalb von CERN Weisungen entgegen nehmen.

C) Finanzen

Gemäß Artikel I des Finanzprotokolls ist das Kalenderjahr das Rechnungsjahr. Der Generaldirektor hat spätestens am 1.September eines jeden Jahres dem Rat einzelne Voranschläge über Einnahmen und Ausgaben für das folgende Rechnungsjahr zu übermitteln. Diese Voranschläge über Einnahmen und Ausgaben sind nach Kapiteln zu gliedern. Übertragungen innerhalb des Budgets sind nur mit Ermächtigung des Finanzausschusses zulässig.

Gemäß Art II des Finanzprotokolles kann der Rat einen Generaldirektor um Vorlage von Zusätzen oder abgeänderten Voranschlägen ersuchen, wenn die Umstände dies erfordern. Jeder dieser Vorschläge dessen Durchführung zusätzliche Ausgaben mit sich bringt, gilt erst dann als vom Rat genehmigt, wenn dieser auch einen von dem zuständigen Generaldirektor vorgelegten Voranschlag für die entsprechenden Mehrausgaben genehmigt hat.

Nach Art III des Finanzprotokolles ist ein Finanzausschuss eingesetzt, der aus den Vertretern aller Mitgliedstaaten besteht. Der Finanzausschuss kann ebenfalls eine Geschäftsordnung erlassen. Die Präsenz und Konsensquoren richten sich gemäß Art V des Übereinkommens.

Nach Artikel VI des Finanzprotokolles kann ein Betriebsmittelfonds eingerichtet werden.

Zu den Aufgaben des Generaldirektors zählt auch die richtige Verbuchung der Einnahmen und Ausgaben. Zur Prüfung dieser ernennt der Rat fünf Prüfer, deren Auftrag erneuert werden kann. Zu deren Aufgaben zählt die Prüfung der Ausgaben im Rahmen der Finanzordnung, den Budgetansätzen entsprechend. Sie nehmen auch die sonstigen in der Finanzordnung angegebenen Aufgaben wahr.

Die Rechnungsprüfer haben das Recht vom Generaldirektor Einsicht in die Unterlagen zu erhalten, und dieser gewährt ihnen jede Hilfe, derer sie zur Erfüllung ihrer Aufgaben bedürfen.

7. Europäisches Kernenergiegericht

Mit dem Übereinkommen zur Errichtung einer Sicherheitskontrolle auf dem Gebiet der Kernenergie[536] wird gemäß den Art 12ff ein europäisches Kernenergiegericht errichtet. Dieses Abkommens umfasst weiters ein Protokoll über das durch das Übereinkommen zur Errichtung einer Sicherheitskontrolle auf dem Gebiet der Kernenergie errichtetes Gericht, gemäß dem die Organisation, sowie die Rechte geregelt sind. Die Verfahrensordnung wurde vom Rat der OECD am 11.12.1962 genehmigt.[537]

Diese Verfahrensordnung ist sehr ausführlich. Die Zuständigkeiten besteht in der gerichtlichen Kontrolle der von der Agentur gesetzten Handlungen sowie in der Geltendmachung von Schadenersatzansprüchen auf Grund rechtswidriger Handlungen der Agentur.

Soweit ersichtlich ist dieses Gericht noch nie tätig geworden.

536 Gesetz zu dem Übereinkommen vom 20.12.1957 über die Errichtung einer Sicherheitskontrolle auf dem Gebiet der Kernenergie, BGBl 1959 II, Nr 23, S 585f.

537 BGBl 1965, II, 1334ff.

V. Internationale Vereinbarungen

1. Treaty on Non-Proliferation of Nuclear Weapons

A) Allgemeines

Der Non-Proliferation Treaty (The Treaty on the Non-Proliferation of Nuclear Weapons) – NPT – ist der grundlegende Vertrag über die Nichtverbreitung von Nuklearwaffen und militärischer Nukleartechnologie. Fast alle Mitgliedstaaten der Vereinten Nationen haben diesen Vertrag unterfertigt und ratifiziert. Zur Sicherung des Weltfriedens wird versucht, über die IAEO und mit Hilfe des UNO Sicherheitsrates eine allgemeine internationale Akzeptanz dieses Vertrages zu erreichen, wobei jedoch in den letzten Jahren Anzeichen bestehen, dass immer mehr Länder diesen Vertrag ignorieren. So haben unter anderem Indien und Pakistan – beide Staaten haben den NPT nicht unterzeichnet und ratifiziert- Nuklearwaffen getestet, sowie hat Anfang 2005 die Volksrepublik Korea bekanntgegeben, dass sie im Besitz von Nuklearwaffen ist. Von Israel wird angenommen, dass es im Besitz von Nuklearwaffen ist.

Im Anschluss sind eine Anzahl von regionalen Verträge abgeschlossen worden, die als Ziel das regionale Verbot des Besitzes, der Entwicklung, der Lagerung, des Transportes etc von Kernwaffen zum Ziel haben und somit eine kernwaffenfreie Zone schaffen (NWFZ – Nuclear Weapon Free Zone).[538] Die Definitionen der „kernwaffenfreien Zone“ sind in den Verträgen nicht ident,[539] sondern die Erfahrungen der vorherigen Verträge sind immer inkorporiert worden.

1996 erstattete der IGH zwei Gutachten über die Legalität von Nuklearwaffen, eines über die die Frage der Legalität der Verwendung von Nuklearwaffen in einem bewaffneten Konflikt, das andere über die Frage der Legalität mit der Drohung oder Verwendung von Nuklearwaffen. Er kam zum Schluss, dass Nuklearwaffen dem Prinzip nach nicht verboten seien, verwies jedoch auf die verschiedenen anerkannten völkerrechtlichen Verträge und Regeln, welche jedoch bei der Beurteilung eine Rolle spielen.[540]

Dieser Vertrag wurde am 12. Juni 1968 unterfertigt und trat am 3. März 1970 in Kraft.

In der Präambel wird ausgedrückt, dass um die Folgen eines Nuklearkrieges zu verhindern, und dass dies nur durch eine Verringerung des Bestandes von Nuklear-

---

538 *Tabassi Lisa* National Implementation and Enforcement of Nuclear-Weapon-Free Zone Treaties, NLB 83 (2009), 29ff.

539 *Tabassi Lisa* National Implementation and Enforcement of Nuclear-Weapon-Free Zone Treaties, NLB 83 (2009), 48ff.

540 ICJ Reports 1996, 226; siehe auch zur Diskussion darüber *Tromans* Nuclear Law[2], 264f.

waffen möglich ist, als auch um die friedliche Nutzung sowie Forschung und Entwicklung der Kernenergie unter der Ägide der IAEO zu fördern, wurde dieser Vertrag geschlossen. Gerade die Erfahrungen auf Grund der Atombombenabwürfe 1945 über Hiroshima und Nagasaki als auch die Erfahrungen von ober- und unterirdischen Tests von Nuklearwaffen ergaben, dass die Folgen der kriegerischen Verwendung von Nuklearwaffen erschreckend sind. Es gab 1975, 1985, 1995, 2000, 2007–2009 und 2010 Nachfolgekonferenzen, in denen über die möglichen Verbesserungen des NPT Systems diskutiert worden ist.[541]

Die EU unterstützt die IAEO im Kampf gegen die Verbreitung von Kernwaffen.[542]

B) Inhalt

Gemäß Art 1 verpflichtet sich jeder Staat, der im Besitz von Nuklearwaffen ist, – dies sind die Vereinigten Staaten von Amerika, die Volksrepublik China, Frankreich, das Vereinigte Königreich von Großbritannien sowie die Russische Föderation als Nachfolgestaat der Sowjetunion – niemanden Nuklearwaffen oder andere nukleare Sprengstoffe zu übertragen oder die Kontrolle über solche Waffen, oder solche nuklearen Sprengstoffe direkt oder indirekt zu übergeben, und Dritte weder zu unterstützen, zu helfen oder jeden Nichtnuklearstaat zu unterstützen, zu ermutigen oder zu fördern, solche Waffen oder Sprengsätze zu erwerben, oder die Kontrolle über solche Waffen oder Sprengsätze zu erlangen.

Gemäß Art 2 verpflichtet sich jeder nichtnuklearwaffenbesitzende Staat – dies sind alle anderen Staaten als die oben genannten – Nuklearwaffen oder solche nukleare Sprengsätze von irgendjemandem zu erwerben, die direkte oder indirekte Kontrolle darüber nicht zu erhalten, solche nicht zu produzieren oder auf andere Art zu erhalten, oder dies zu versuchen, oder jedwede Unterstützung im Bau von solchen Waffen oder Sprengsätzen zu erhalten.

Gemäß Art 3 verpflichtet sich jeder nichtnuklearwaffenbesitzende Staat, Safeguard Kontrollen gemäß Vereinbarungen mit der IAEO zuzulassen, um zu gewährleisten, dass die Verpflichtungen gemäß diesem Vertrag erfüllt werden, als auch um zu verhindern, dass aus der friedlichen Nutzung der Kernenergie Waffen oder nukleare Sprengsätze erzeugt werden. Außer dieser Bestimmung enthält der NPT kei-

541 Insbesonders zur letzten Konferenz: *Biad Abdelwahab* Between Shadow and Light: The Treaty on the Non-Proliferation of Nuclear Weapons Forty Years On, NLB 86 (2010), 5ff.

542 2010/585/GASP Beschluss des Rates vom 27. September 2010 zur Unterstützung der Tätigkeiten der IAEO in den Bereichen der nuklearen Sicherheit und Verifikation im Rahmen der Umsetzung der Strategie der EU gegen die Verbreitung von Massenvernichtungswaffen, ABL Nr L 259 vom 1.10.2010, S 10ff.

ner ausdrückliche Bestimmung der verpflichtenden nationalen Rechtsdurchsetzung.[543]

Das Verfahren für solche Safeguard Kontrollen beinhaltet die Überprüfung des Ursprungs von spaltbarem Material, gleichgültig, ob es erzeugt, bearbeitet, oder verwendet wird, und zwar in jeder Nuklearanlage. Diese Kontrollen erfolgen sowohl innerhalb als auch außerhalb einer solchen Anlage. Die Safeguard Kontrollen werden auf alles Material oder speziell spaltbares Material betreffend der friedlichen Nutzung der Kernspaltung innerhalb des Territoriums jedes Staates durchgeführt. Diese Kontrollen werden von der IAEO im Rahmen der multinationalen als auch einzelstaatlichen Abkommen mit der IAEO durchgeführt.[544] Daraus ergibt sich die Normenhierachie, an deren Spitze der NPT, hierauf die Satzung der IAEO und schlussendlich die Kontrollabkommen stehen.[545]

Der Vertragsstaat verpflichtet sich, weder spaltbares Material noch Ausrüstung oder Material, welches speziell für die Herstellung, Verwendung oder Produktion von spaltbarem Material geeignet ist, an einen nichtnuklearwaffenbesitzenden Staat außer für friedliche Zwecke zu liefern, sofern diese Gegenstände nicht der Safeguard Kontrolle unterliegen. Gemäß Art 3 Abs 3 sollen die Safeguard Kontrollen in der Art und Weise umgesetzt werden, dass sie einerseits wirtschaftliche und technologische Entwicklung der Vertragsparteien oder der internationalen Kooperation betreffend der friedlichen Nutzung der Nuklearindustrie, welche auch den internationalen Handel mit Nuklearmaterial und Ausrüstung beinhaltet, verhindern.

Gemäß Art 3 Abs 4 sind die nichtnuklearwaffenbesitzenden Staaten verpflichtet, mit der IAEO Vereinbarungen zu treffen, wie die Safeguard Kontrollen durchgeführt werden.

In Art 4 wird klargestellt, dass es das Recht jeder Vertragspartei ist, Forschung, Entwicklung, Produktion für die friedliche Nutzung der Kernenergie ohne Diskriminierung und gemäß den Bestimmungen dieses Vertrages zu nutzen. Alle Vertragsparteien haben das Recht Ausrüstung, Material sowie wissenschaftlichen und technologische Information für die friedliche Nutzung der Kernenergie auszutauschen. Die Vertragsparteien sollen auch alleine oder mit anderen Staaten oder internationalen Organisationen gemeinsam die weitere Entwicklung für die friedliche Nutzung der Kernenergie vorantreiben.

In Art 5 wird auch den nichtnuklearwaffenbesitzenden Staaten das Recht eingeräumt aus der friedlichen Nutzung von Nuklearexplosionen einen Nutzen zu ziehen,

543 *Stoiber Carlton* The Review Conference Mechanism in Nuclear Law: Issues and Opportunities, NLB 83 (2009), 5ff.

544 *Kimmich* ZAÖRV 1973, 658.

545 *Kimmich* ZAÖRV 1973, 661.

und hierfür soll eine spezielle internationale Vereinbarung getroffen werden. Wie dieser Zugang erfolgen soll ist unklar.[546]

Gemäß Art 7 steht es den einzelnen Staaten frei, zusätzlich regionale Vereinbarungen zu treffen.

2. Weitere multilaterale Verträge

A) Vertrag über das Verbot der Anbringung von Kernwaffen und anderen Massenvernichtungswaffen auf den Meeresboden und Meeresuntergrund[547]

Mit der Vereinbarung vom 11. Februar 1971 wurde zum Schutz der Meere und der Sicherheit der Vertrag über das Verbot der Anbringung von Kernwaffen und anderen Massenvernichtungswaffen auf dem Meeresboden und dem Meeresuntergrund geschlossen.[548]

Gemäß Artikel I Abs 1 sind die Vertragsstaaten verpflichtet, jenseits der äußeren Grenze der Zone des Meeresbodens, der in Artikel II definiert ist, weder Kernwaffen sonstige Arten von Massenvernichtungswaffen, noch Bauten, Abschussrampen oder eigens für die Lagerung, Erprobung oder Verwendung für Waffen vorgesehene Einrichtungen auf dem Meeresboden und dem Meeresuntergrund einzubauen oder anzubringen. Diese Verpflichtungen gelten auch für die im selben Absatz angeführte Zone des Meeresbodens innerhalb dieser Zone, jedoch nicht für den Küstenstaat und den Meeresgrund unter seinen Territorialgewässern.

Nach Artikel II deckt sich die Außengrenze der in Artikel I genannten Zone des Meeresbodens mit der 12 Meilen Außengrenze der in Teil II des am 29. April 1958 in Genf unterzeichneten Übereinkommens über das Küstenmeer und die im Anschluss genannte Zone, und sie wird nach Maßgabe von Teil I Abschnitt II dieses Übereinkommens sowie im Einklang mit dem Völkerrecht gemessen.

Zwecks Erreichung dieses Vertrages ist jeder Vertragsstaat berechtigt, durch Beobachtung die Tätigkeiten anderer Vertragsstaaten auf dem Meeresboden und dem Meeresuntergrund außerhalb der in Art I genannten Zonen nachzuprüfen, sofern die Beobachtung dieser Tätigkeiten keine unzulässige Intervention darstellt. Für den Fall, dass nach solchen Beobachtungen begründete Zweifel hinsichtlich der Erfüllung der in diesem Vertrag übernommenen Verpflichtungen bestehen bleiben, werden der Vertragsstaat, der diese Zweifel hegt, und der Vertragsstaat, der für die Tätigkeiten, welche die Zweifel ausgelöst haben, verantwortlich ist, um den Zweifel zu zerstreuen, ein-

546 *Kimmich* ZAÖRV 1973, 660 mwN.

547 Treaty on the Prohibition of the Emplacement of Nuclear Weapons and Weapons of Mass Destruction on the seabed and the Ocean Floor and in the Subsoil Thereof.

548 ÖBGBl 1972/117.

ander konsultieren. Bleiben trotzdem die Zweifel bestehen, so wird der Vertragsstaat, der die Zweifel hegt, dies den anderen Vertragsstaaten notifizieren, und die betroffenen Vertragsparteien werden in weiteren Verfahren der Nachprüfung, auf die sie sich einigen können, zusammenarbeiten, und angemessene Inspektionen von Gegenständen, Bauten, Anlagen und sonstigen Einrichtungen zu lassen, von denen mit Grund angenommen werden kann, dass sie von der in Artikel I beschriebenen Art sind.

Die in der Region dieser Tätigkeit liegenden Vertragsparteien einschließlich aller Küstenstaaten, und jede andere Vertragspartei, die darum ansucht, sind zur Teilnahme an solchen Konsultationen und Zusammenarbeit berechtigt. Nach Abschluss der weiteren Nachprüfungsverfahren übermittelt die Vertragspartei, die dieses Verfahren eingeleitet hat, den anderen Vertragsparteien einen sachdienlichen Bericht. Für den Fall, dass der verantwortliche Staat dieser Tätigkeit nicht identifiziert werden kann, so wird der zweifelhegende Staat dies den Vertragsstaaten in der Region sowie jedem anderen beliebigem Vertragsstaat notifizieren und bei ihnen sachdienliche Erkundigungen anstellen. Wird durch diese Erkundigungen festgestellt, dass ein bestimmter Vertragsstaat für diese Tätigkeiten verantwortlich ist, so wird sich dieser Vertragsstaat mit den anderen Vertragsparteien konsultieren und zusammenarbeiten wie dies oben beschrieben vorgesehen ist.

Jeder Vertragsstaat hat das Recht gemäß Art III Abs 4 im Einklang mit den Bestimmungen der Satzung der Vereinten Nationen die Angelegenheit dem Sicherheitsrat vorzulegen, damit dieser im Einklang mit der Satzung tätig werden kann, wenn Zweifel durch die Konsultationen und Zusammenarbeiten nicht beseitigt werden, und noch die ernste Frage bezüglich der Erfüllung der in diesem Vertrag übernommenen Verpflichtungen fortbesteht. Von besonderer Bedeutung ist Art III Abs 6, gemäß dem die Tätigkeiten der Nachprüfung gemäß diesem Vertrag nicht in die Tätigkeiten anderer Vertragsstaaten eingreifen dürfen, und bei ihrer Ausführung die folgerechtlich anerkannten Rechte, einschließlich der Freiheit der hohen See, und Rechte der Küstenstaaten hinsichtlich der Forschung und Ausbeutung des Festlandes zu beachten hat.

Gemäß Art IV darf keine Bestimmung des Vertrages so ausgelegt werden, als stütze oder beeinträchtige sie die Stellung eines Vertragsstaates im Hinblick auf die Übereinkommen.

Gemäß Art VIII ist der Vertragsstaat zur Ausübung seiner staatlichen Souveränität berechtigt, diesen Vertrag zu kündigen, wenn er der Auffassung ist, dass durch außergewöhnliche mit dem Inhalt dieses Vertrages zusammenhängende Ereignisse eine Gefährdung der höchsten Interessen seines Staates eingetreten sind. Er stellt die Kündigung mit einer Frist von drei Monaten allen anderen Vertragsstaaten, sowie dem Sicherheitsrat der Vereinten Nationen zu. Diese Mitteilung hat eine Darlegung der außergewöhnlichen Ereignisse zu enthalten, durch die seiner Ansicht nach eine Gefährdung seiner Interessen eingetreten ist.

Gemäß Art IX berühren die Bestimmungen dieses Vertrages in keiner Weise die Verpflichtungen, die die Vertragsstaaten und die internationalen Verträge zur Einrichtung von kernwaffenfreien Zonen eingegangen sind.

B) Verbot über Kernwaffenversuche in der Atmosphäre, im Weltall und unter Wasser

Mit einem völkerrechtlichen Vertrag vom 5. August 1963 in Moskau haben die USA, das Vereinigte Königreich von Großbritannien und Nordirland sowie Sowjetunion das Verbot über den Test von Kernwaffen in der Atmosphäre, im Weltall sowie unter Wasser vereinbart. Gemäß Artikel 1 verpflichten sich die Parteien zu verbieten, zu verhindern bzw. keine Kernwaffentests auszuführen oder andere nukleare Explosionen herbeizuführen, an jedem Platz, welcher unter ihrer Herrschaft oder Kontrolle steht, und zwar in der Atmosphäre sowie im Weltall sowie unter Wasser, gleichgültig, ob es sich auf Hoheitsgewässer oder auf die hohe See gemäß der Seerechtskonvention bezieht, oder in einem solchen Umfeld, bei der die Explosion eine radioaktive Wolke erzeugt, welche außerhalb der territorialen Grenzen des Staates ist, unter dessen Hoheitsgebiet oder Kontrolle sich die Explosion ereignete. Weiters verpflichtet sich gemäß Art 1 Abs 2 jeder der Vertragsparteien alle Maßnahmen zu setzen, um Dritte von der Ausführung oder Teilnahme an solchen Kernwaffentests oder Explosionen nicht zu ermuntern.

Gemäß Art 2 steht es jeder Vertragspartei frei, Ergänzungen zu diesem Vertrag vorzuschlagen, welche mit einer Mehrheit der Vertragsparteien angenommen werden müssen. Gemäß Art 3 ist dieser Vertrag für alle Staaten offen. Gemäß Art 4 ist dieser Vertrag unbefristet.

C) Atomwaffenfreie Zone im Südpazifik

a) Vertrag von Rarotonga

Am 6. August 1985 beschloss der Südpazifikrat, die Gemeinschaft von mehreren südpazifischen Staaten, darunter Australien, Fidschi, Kiribati, Nauru, Neuseeland, Papuaneuguinea, und viele andere den „South Pacific Nuclear Free Zone Treaty“, um auf Grund der französischen Atomwaffenversuche im Südpazifik, um somit einen erhöhten politischen Druck auf Frankreich auszuüben.

Art 1 definiert mit Anhang 1 den Südpazifik. Weitere Definitionen sind in Art 1 vorgenommen.

Nach Art 2 findet dieser Vertrag auf die gesamte in Art 1 definierte Zone des Südpazifiks Anwendung. Durch die im Anhang 1 bestimmte Zone sind auch die französischen Territorien umfasst, auf denen die Versuche stattgefunden haben.

Gemäß Art 3 verpflichtet sich jede Vertragspartei, Nuklearwaffen weder zu erzeugen, zu erwerben, zu besitzen oder die Kontrolle über solche auszuüben, gleichgültig ob dies innerhalb oder außerhalb der südpazifischen Zone ist. Dies gilt ebenfalls hinsichtlich der Unterstützung von Dritten bei der Erzeugung oder dem Erwerb von solchen Waffen.

Nach Art 4 verpflichten sich die Staaten, an keinen atomwaffenfreien Staat, ausgenommen er hat sich den Safeguard Maßnahmen gemäß Art 3 des NPT verpflichtet oder einen Atomwaffenstaat im Sinne des NPT, ausgenommen, dieser verpflichtet sich, den Safeguard Bestimmungen der IAEO zu unterwerfen, spaltbares Material oder Ausrüstung oder ähnliches zu liefern.

Nach Art 5 ist es jedem Vertragsstaat verboten, auf seinem Territorium Atomwaffen zu lagern, mit der Ausnahme, dass es jedem Vertragsstaat freisteht, in Ausübung der souveränen Rechte Besuche von fremden Schiffen und Flugzeugen oder den Überflug von solchen des Luftraums, oder der Kreuzung innerhalb der Hoheitsgewässer zu gestatten. Damit wird es jedem einzelnen Staat überlassen, atomgetriebene (Kriegs)schiffe in seinen Gewässern zuzulassen. Hintergrund dessen ist, dass die USA in der Region Flottenstützpunkte hat.

Nach Art 6 ist es verboten, Nuklearwaffen auf dem Territorium zu testen.[549] Von besonderer Bedeutung ist, dass gemäß Art 7 jeder Vertragsstaat die Verpflichtung eingegangen ist, radioaktiven Abfall oder radioaktive Materialien im Südpazifik nicht zu versenken, als auch zu verhindern, dass solche Stoffe von einem Dritten innerhalb der Hoheitsgewässer versenkt werden, oder eine solche Handlung zu unterstützen.

Gemäß Art 8 wird ein Kontrollsystem eingerichtet, welches im Austausch von Informationen besteht. Dem Direktor des südpazifischen Büros für wirtschaftliche Zusammenarbeit ist von jedem Vertragsstaat berichten, falls ein bedeutsames Ereignis innerhalb der Jurisdiktion betreffend der Umsetzung des Vertrages vorgefallen ist.

Im Anhang 1 ist die südpazifisch nuklearwaffenfreie Zone definiert.

D) Atomwaffenfreie Zone in Afrika

a) Pelindaba Vertrag

Der Vertrag von Pelindaba bezweckt, dass Afrika eine nuklearwaffenfreie Zone wird. In Artikel 1 lit a ist Afrika als dasjenige Territorium des Kontinents Afrika definiert, welches von den Mitgliedstaaten der Vereinigung afrikanischer Staaten (OAU) umfasst ist. Die weiteren Bestimmungen des Artikel 1 betreffen verschieden Definitionen.

Aus historischen (Kolonialzeit) Gründen ist in Art 2 Abs 2 geregelt, dass in die sonstigen Rechte der einzelnen Staaten gemäß dem Völkerrecht nicht eingegriffen werden. Dies betrifft diejenigen Staaten, die Abkommen über Flottenstützpunkte mit Drittstaaten abgeschlossen haben.

549 Die Versuche Frankreichs auf dem Mururoa Atoll 1995 zeigten die Lücken dieses Vertragswerkes auf (näheres bei *Marauhn/Oellers-Frahm* EuGRZ 1997, 230ff).

Gemäß Artikel 3 verpflichtet sich jede der Vertragsparteien, keinerlei Forschung, Entwicklung, Herstellung, Lagerung oder Erwerb, Besitz oder Kontrolle von Nuklearsprengstoff in ihrem Gebiet zuzulassen, oder Hilfe zu suchen und empfangen, um die obengenannten Handlungen zu setzen. Weiters verpflichtete sich jeder Vertragsstaat, keine Handlung zu setzen, um Dritte bei diesen Tätigkeiten zu unterstützen.

Nach Artikel 4 verpflichtet, sich jede Vertragspartei auf ihrem Territorium keinerlei Nuklearwaffen zu dulden. Es steht jedoch jeder Vertragspartei frei, in Ausübung ihrer souveränen Rechte zu entscheiden, ob sie den Besuch von Schiffen oder Flugzeugen von Drittstaaten, oder den Überflug von Flugzeugen aus Drittstaaten, oder die Kreuzung von Schiffen aus Drittstaaten in ihren Hoheitsgewässern, welche Nuklearwaffen geladen haben, zulässt oder nicht.

Nach Artikel 5 verpflichtet sich jede Vertragspartei, keine Nuklearwaffentests vorzunehmen, sondern zu verhindern, dass ein solcher in ihrem Territorium vorgenommen wird, oder einen solchen zu unterstützen.

Nach Art 6 ist jede Vertragspartei verpflichtet bekanntzugeben, ob sie Einrichtungen hat, welche Nuklearwaffen erzeugen können, als auch besteht für jede Vertragspartei die Verpflichtung, jede Nuklearwaffe zu zerstören, welche sie vor Inkrafttreten des Vertrages erzeugt hat, als auch jede Anlage zu zerstören, welche in der Lage ist Nuklearwaffen zu erzeugen.

Nach Art 7 besteht die Verpflichtung, die Richtlinien der Art umzusetzen, welche in der Bamako Konvention niedergeschrieben sind, sowie zu verhindern, dass radioaktiver Abfall als auch verstrahlte Materialien in Afrika gelagert werden.

Art 8 statuiert, dass dieser Vertrag nur der Art zu interpretieren ist, dass die friedliche Nutzung von Nukleartechnologie erlaubt ist.

Es ist jeder Vertragspartei verboten, Aktivitäten zu setzen, welche nicht der friedlichen Nutzung der Kernenergie dienen. Weiters besteht die Verpflichtung, entsprechende Safeguards Vereinbarungen mit der IAEO abzuschließen, und diese auch durch diese überprüfen zu lassen. Nach Art 10 ist jede Vertragspartei verpflichtet, die höchsten Standards hinsichtlich des Schutzes von Nuklearmaterialien, Einrichtungen sowie Installationen vorzunehmen, um Diebstahl oder nicht genehmigte Verwendung zu verhindern. Als Maßstab gelten die Richtlinien, welche von der IAEO entwickelt worden sind. Weiters ist nach Art 11 verboten, bewaffnete Angriffe auf nukleare Anlagen vorzunehmen.

Nach Art 12 wird eine afrikanische Kommission die Nuklearenergie betreffend eingerichtet. Jede Vertragspartei ist verpflichtet, über ihre Aktivitäten einmal jährlich einen Bericht abzugeben.

E) Atomwaffenfreie Zone in Lateinamerika

a) Vertrag von Tlatelolco

Der Vertrag von Tlatelolco ist, wie oben beschrieben, der erste regionale Vertrag für Lateinamerika.[550] Er war das Vorbild für alle anderen Verträge.[551]

Gemäß Artikel 1 verpflichten sich die Vertragsparteien, Nuklearmaterial und Einrichtungen nur für friedliche Zwecke zu verwenden, soweit diese in ihrem Herrschaftsbereich fallen und verbieten und verhindern, dass in ihrem Staatsgebiet Nuklearwaffen getestet, verwendet, erzeugt und erworben werden, entweder direkt oder indirekt von den Vertragsparteien selber oder durch dritte Person, solche Waffen zu lagern, zu installieren, in Bereitschaft zu halten und jede andere Form des direkten oder indirekten Besitzes von Nuklearwaffen durch die Vertragsparteien oder durch Dritte. Weiters verpflichten sich die Vertragsparteien jeden abzuhalten, sich zu engagieren, zu ermutigen oder sonst wie an Testen, Produktion, oder Besitz, oder Kontrolle von Nuklearwaffen zu fördern.

Die Artikel 2 bis 4 definieren, in welchem Bereich dieser Vertrag gelten kann.

Artikel 5 definiert eine Nuklearwaffe dahingehend, dass darunter jener Gegenstand zu verstehen ist, der einerseits für kriegerische Zwecke geeignet ist, andererseits Nuklearenergie in einer unkontrollierten Art und Weise emittiert. Ein Transportmittel ist von dieser Definition nicht umfasst.

Die Vertragsparteien errichten eine Organisation, welche den Namen hat „Agency for the Prohibition of Nuclear Weapons in Latin America„ trägt.[552] Zu den Aufgaben dieser Agentur zählt es, in regelmäßigen Abständen Beratungen zwischen den Staaten über die Umsetzung dieses Vertrages zu führen und dies zu überwachen.

Der Sitz dieser Agentur ist Mexiko City.

Diese Agentur besteht aus einer Generalkonferenz, einem Rat und einem Sekretariat.

Die Generalkonferenz ist das höchste Organ der Agentur und hält regelmäßig alle 2 Jahre ordentliche Sitzungen ab, sowie tritt dann zusammen, wenn es der Rat oder die Umstände es erfordern. Zu den Hauptaufgaben der Generalkonferenz zählt es, die Mitglieder des Rates und des Generalsekretariats zu wählen, Verfahren zur Kontrolle der Verpflichtungen gemäß diesem Vertrag zu erstellen, Forschungen über den Vertrag und nahegelegene Gebiete zu fördern, sowie Verträge mit Regierungen und anderen internationalen Organisationen zu genehmigen. Jeder Mitglied-

---

550 *Epstein* The making of the Treaty of Tlatelolco, Journal of the history of international law 1999, 153ff.

551 T*abassi Lisa* National Implementation and Enforcement of Nuclear-Weapon-Free Zone Treaties, NLB 83 (2009), 31.

552 Auf Spanisch: Organismo para la Proscripción de las Armas Nucleares en las América Latina y el Caribe: OPANAL.

staat hat in der Generalkonferenz eine Stimme. Die Generalkonferenz entscheidet mit $^{2}/_{3}$ Mehrheit der anwesenden Mitglieder in wichtigen, genau definierten Fragen, in allen anderen Fragen reicht eine einfache Mehrheit der anwesenden Mitglieder.

Der Rat besteht aus 5 Mitgliedern, welche von der Generalkonferenz gewählt werden. Bei der Auswahl ist auf eine gerechte geographische Verteilung zu achten. Die Mitglieder des Rates werden für 4 Jahre gewählt.

Nach Artikel 11 besteht das Sekretariat aus einem Generalsekretär, welcher der höchste Verwaltungsbeamte der Agentur ist. Die Amtsperiode des Generalsekretärs beträgt 4 Jahre und er kann für einen weiteren Zeitraum von 4 Jahren wieder gewählt werden. Der Generalsekretär darf nicht Staatsbürger der Republik Mexiko sein.

Ausdrücklich wird in Artikel 11 Abs 6 festgehalten, dass der Generalsekretär und die Angestellten der Agentur gleichgültig von wem weder Weisungen erhalten noch um Weisungen ersuchen dürfen.

Gemäß Artikel 12 gehört es zu den Aufgaben der Agentur, ein Kontrollsystem einzurichten, welches gewährleistet, dass die Einrichtungen und Anlagen, nur für die friedliche Nutzung der Kernenergie verwendet werden und nicht kriegerischen Zwecken zugeführt werden. Weiters soll das Kontrollsystem gewährleisten, dass keinerlei der gemäß Artikel 1 verbotenen Handlungen im Staatsgebiet der Vertragsparteien gesetzt wird. Weiters ist vorgesehen, dass Nuklearexplosionen für die friedliche Nutzung mit Artikel 18 vereinbar sind.

Gemäß Artikel 13 ist jede Vertragspartei verpflichtet, eine multilaterale oder bilaterale Vereinbarung mit der IAEO für die Anwendung der Safeguard Kontrollen hinsichtlich der eigenen Nuklearaktivitäten abzuschließen.

Nach Artikel 14 vereinbaren die Vertragsparteien, dass sie der Agentur als auch der IAEO halbjährliche Berichte übermitteln, gemäß denen festgestellt wird, dass keine verbotene Aktivität gemäß dieser Vereinbarung in den Staatsgebieten stattgefunden haben. Die Vertragsparteien übermitteln gleichzeitig an die Agentur eine Kopie jedes Berichtes, den sie an die IAEO geschickt haben und solche, deren Inhalt, Fragen dieser Vereinbarung und der Anwendung von Safeguard ist. Weiters wird der Organisation of American States (OAS) ihr Bericht ebenso weitergeleitet.

Gemäß Artikel 15 kann der Generalsekretär mit Genehmigung des Rates von jeder Vertragspartei verlangen, zusätzliche Informationen über Vorfälle oder Umstände, die diesen Vertrag betreffen, ohne Angaben von Gründen zu verlangen. Die Vertragsparteien sind verpflichtet, unverzüglich und vollständig mit dem Generalsekretär diesbezüglich zusammen zu arbeiten. Der Generalsekretär ist verpflichtet, sowohl den Rat als auch die Vertragsparteien über solche Anfragen und über mögliche Antworten zu informieren.

Gemäß Artikel 16 haben der Rat und die IAEO das Recht, spezielle Inspektionen vorzunehmen. In Artikel 16 Abs 2 ist hinsichtlich der speziellen Inspektionen eine eigene Kostenregelung vorgesehen. Gemäß Artikel 16 Abs 3 sind die Vertragsparteien verpflichtet, den Inspektoren dieser Spezialinspektionen vollen und freien Zugang zu allen Plätzen und Informationen zu gewährleisten, welche notwendig sind, damit sie ihre Pflichten erfüllen können. Die Vertragsparteien haben das Recht, dass bei Inspektionen auf ihrem Staatsgebiet die Inspektoren von Vertretern des Staates begleitet werden, wobei es ihnen jedoch verboten ist, die Inspektoren an ihrer Arbeit zu hindern oder die Arbeiten zu verzögern. Für den Fall, dass die Inspektion aus schwerwiegenden Gründen nicht stattgefunden hat, so ist der Rat verpflichtet, dem UNO Sicherheitsrat wie der Generalversammlung der Vereinten Nationen und dem Rat der Organisation of American States eine Kopie dieses Berichtes zu übermitteln.

In Artikel 17 wird festgehalten, dass jeder Vertragsstaat das Recht hat, innerhalb der Grenzen dieses Vertrages die Nukleartechnologie zur friedlichen Nutzung zu verwenden. In Artikel 18 ist das Recht hinsichtlich der friedlichen Nutzung von Kernexplosionen geregelt.

Nach Artikel 19 steht es der Agentur frei, mit der IAEO Vereinbarungen zu treffen. Sie kann auch mit anderen internationalen Organisationen oder Körperschaften Vereinbarungen treffen.

Ausdrücklich werden in Artikel 22 die Privilegien und Immunitäten der Agentur als auch der Mitarbeiter geregelt.

Eine Besonderheit ist der zwischen Argentinien und Brasilien am 18. Juli 1991 abgeschlossene Kontrollvertrag (ABAAC- Argentine-Brazilian Agency for the Accounting and Control of Nuclear Materials).[553]

F) Südostasien

a) Vertrag von Bangkok

Am 15. Dezember 1995 wurde der Vertrag von Bangkok unterschrieben, der am 27. März 1997 in Kraft trat.[554] Gemäß Art 1 lit a wird die südostasiatische nuklearwaffenfreie Zone als das Territorium der Länder Brunei, Kambodscha, Indonesien, Laos, Malaysia, Myanmar, Philippinen, Singapur, Thailand und Vietnam samt der Kontinentalsockel und der Freihandelszonen definiert. Weitere Definitionen umfassen die Definition von Nuklearwaffen, der Lagerung von radioaktivem Material, sowie radioaktiven Abfall.

553 Näheres bei *Sandtner* in Schriefer/Sandtner/Rudischhauser (Hrsg), 50 Jahre Internationale Atomenergie-Organisation IAEO (2007), 73f.

554 *Roscini* La zone dénuclarisée du Sud-Est Asiatique, Revue générale de droit international public 2001, 617ff; *Yee Woon Chin Lionel* Nuclear Weapon-Free Zones – A Comparative Analysis of the Basic Undertakings in the SEANWFZ Treaty and Their Geographical Scope of Application, Singapore Journal of International and Comparative Law 1998, 175ff.

Nach Art 2 ist dieser Vertrag samt dem Protokoll auf das gesamte Territorium inkl. den Kontinentalsockeln und den Freihandelszonen anwendbar. Die Durchfahrt von Schiffen bzw. Flugzeugen im Sinne der Charta der Vereinten Nationen ist nach Art 2 Abs 2 zulässig.

Nach Art 3 verpflichtet sich jeder Staat, weder im eigenen Territorium noch außerhalb Nuklearwaffen zu entwickeln, zu erzeugen, erwerben, besitzen oder die Kontrolle zu halten, solche Waffen auf seinem Hoheitsgebiet zu lagern, zu transportieren, oder zu testen. Weiters verpflichtet sich jeder Vertragsstaat, jede dieser Maßnahmen auf dem eigenen Territorium zu verhindern.

Ebenso verpflichtet sich jeder Vertragsstaat, radioaktiven Abfall weder im Meer zu versenken, in die Atmosphäre frei zu setzen, oder radioaktiven Abfall oder Material zu lagern.

Gemäß Art 4 steht es jedem Vertragsstaat frei, Nukleartechnologie für friedliche Zwecke, nämlich für die Erzeugung von Strom unter der Aufsicht der IAEO zu verwenden.

Nach Art 5 verpflichtet, sich jede Vertragspartei mit der IAEO Vereinbarungen hinsichtlich der Safeguard und der friedlichen Verwendung von Nukleartechnologie betreffend zu unterfertigen.

Wie in anderen internationalen Verträgen steht es jedem Vertragsstaat frei, fremde Schiffe und Flugzeuge über ihr Territorium und Hoheitsgewässer im Sinne der UNO Konventionen fahren zu lassen.

Nach Art 8 wird als Organ eine Kommission eingesetzt. Jeder Vertragsstaat ist Mitglied dieser Kommission. Sie werden durch die Außenminister vertreten.

Weiters wird gemäß Art 9 ein Exekutivkomitee errichtet, in welchem alle Mitgliedstaaten ranghohe Beamte entsenden. Die Aufgabe des Exekutivkomitees ist diesen Vertrag umzusetzen sowie Vereinbarungen mit der IAEO und anderen internationalen Organisationen zu treffen.

Gemäß Art 10 verpflichtet, sich jeder Staat das IAEO Safeguard System umzusetzen, sowie Berichte und Informationen auszutauschen. Nach Art 11 erfolgt der Austausch der Informationen durch das Exekutivkomitee. Nach Art 12 steht jedem Vertragsstaat frei, von einem anderen über eine bestimmte Situation Erklärungen einzufordern bzw. Klarstellungen zu leisten. Der ersuchte Vertragsstaat ist verpflichtet, unverzüglich die notwendigen Informationen dem Exekutivkomitee als auch dem Fragestaat zu übermitteln. Es steht auch jedem Vertragsstaat frei, über das Exekutivkomitee eine „Fact Finding Mission" in den anderen Vertragsstaat zur Klarstellung zu bestellen.

Für den Fall, dass das Exekutivkomitee den Bruch dieses Vertrages durch einen Staat feststellt, kann es entsprechende Maßnahmen setzen.

Im Anhang sind Verfahrensregel betreffend der „Fact Finding Mission" zu finden.

b) Abkommen zwischen der demokratischen Volksrepublik Korea und den USA vom 21.10.1994

Im Rahmen des Streites zwischen der demokratischen Volksrepublik Korea mit verschiedenen Staaten, insbesondere mit den Vereinigten Staaten von Amerika wurde am 21. Oktober 1994 in Genf das Rahmenabkommen betreffend der Organisation für die Entwicklung der Energiewirtschaft für die koreanische Halbinsel (kurz „KEDO") geschlossen. KEDO wurde am 9. März 1995 zwischen den Regierungen der Republik Korea, Japans und den Vereinigten Staaten von Amerika geschlossen. Diese Staaten sind die Gründungsmitglieder. Euratom trat diesem Abkommen bei.[555]

G) Vertrag von Semipalatinsk über eine kernwaffenfreies Zentralasien

Mehrere zentralasiatische Staaten, Kasachstan, Kirgisistan, Tadschikistan, Turkmenistan und Usbekistan haben am 8. September 2006 einen Vertrag betreffend einer atomwaffenfreien Zone in Zentralasien, nämlich in Semipalatinsk, Kasachstan, abgeschlossen. Damit wird eine Central Asia Nuclear Weapon Free Zone (CANWFZ) gebildet.[556]

Besonders ist, dass er die Bestimmungen des CTBT inkorporiert hat.

H) Vertrag zur Begrenzung von unterirdischen Atomtests zwischen den USA und der UDSSR

1963 schlossen die USA und die UDSSR einen Vertrag über eine teilweises Verbot von Atomtests ab (PTBT- Partial Test Ban Treaty). Ebenfalls Vertragspartner war das Vereinigte Königreich. Ergänzt wurde die durch den Vertrag über die Begrenzung unterirdischer Kernwaffenversuche (TTBT – Treshold Test Ban Treaty), der die Sprengkraft von Nuklearversuchen auf 150 Kilotonnen Sprengkraft begrenzte. 1976 wurde der Vertrag über Kernsprengungen für friedliche Zwecke (PNE- Peaceful Nuclear Explosions Treaty) abgeschlossen, der die Sprengkraft von friedlichen Testexplosionen ebenfalls auf 150 Kilotonnen beschränkte. Am 24. September 1996 wur-

---

555 Abkommen über die Bedingungen für den Beitritt der europäischen Atomgemeinschaft zur Organisation für die Entwicklung der Energiewirtschaft auf der koreanischen Halbinsel – Beitritt von Euratom: Begleitschreiben zur Haftung – Begleitschreiben im Zusammenhang mit der Vertretung der Gemeinschaft – Begleitschreiben zu den industriellen Aspekten – Finanzierungsabkommen: Begleitschreiben zu Zahlungsverfahren, Rechnungslegung – und Rechnungsprüfungserfordernissen, 98/185/Euratom, ABl Nr L 70 vom 10.3.1998, S 10.

556 Näheres im Dokument der IAEA zu INFCIRC/684 zu finden.

de in New York der Vertrag über das umfassende Verbot von Nuklearwaffen (CTBT – Comprehensive Nuclear Test Ban Treaty) abgeschlossen.[557]

Der Sitz der CTBTO[558] ist in Wien. Die Aufgabe der Organisation besteht darin, mit Hilfe von Messstationen weltweit Tests von Nuklearwaffen festzustellen.

l) Übereinkommen über den physischen Schutz von Kernmaterial[559]

Artikel 1 dieses Übereinkommens definiert Kernmaterial.

- Kernmaterial: Plutonium mit Ausnahme von Plutonium mit einer mehr als 80%igen Konzentration des Isotops Plutonium 238; Uran 233; mit den Isotopen 235 oder 233 angereichertes Uran; Uran, das die in der Natur vorkommende Isotopen-Mischung enthält. sofern es sich nicht um Erz oder Erzrückstände handelt; jedes Material, das einen oder mehrere der genannten Stoffe enthält;
- mit den Isotopen 235 oder 233 angereichertes Uran: Uran, das die Isotope 235 oder 233 oder beide in einer solchen Menge enthält, dass das Verhältnis der Summe dieser Isotope zum Isotop 238 höher liegt als das in der Natur vorkommende Verhältnis des Isotops 235 zum Isotop 238;
- internationaler Nukleartransport: die Beförderung einer Sendung von Kernmaterial mit jeder Art von Transportmittel, die über das Hoheitsgebiet des Staates hinausgehen soll, aus dem die Sendung stammt, vom Verlassen einer Anlage des Absenders in dem betreffenden Staat bis zur Ankunft in einer Anlage des Empfängers im Staat der endgültigen Bestimmung;
- „Kernanlage“ eine Anlage (einschließlich dazugehöriger Gebäude und Ausrüstung), in der die Herstellung, Verarbeitung, Verwendung, Handhabung, Lagerung oder die endgültige Entsorgung von Kernmaterial stattfindet, wenn eine Beschädigung der Anlage oder Einwirkungen auf die Anlage zu einer erheblichen Strahlenbelastung oder zur Freisetzung erheblicher Mengen radioaktiver Stoffen führen könnte;
- „Sabotageakt“ jede gegen eine Kernanlage oder gegen Kernmaterial, das genutzt, gelagert oder befördert wird, gerichtete vorsätzliche Handlung, welche

---

557 *Bell* The issues behind the CTB Treaty ratification debate, Arms control today 1997, 6ff.

558 Nuclear Test Ban Treaty Organization.

559 INFCIRC/274/ Rev 1 geändert durch GOV/INF/2005/10-GC (49)/INF/6; 2007/513/Euratom: Beschluss des Rates vom 10. Juli 2007 zur Genehmigung des Beitritts der Europäischen Atomgemeinschaft zu dem geänderten Übereinkommen über den physischen Schutz von Kernmaterial und Kernanlagen – Erklärung der Europäischen Atomgemeinschaft gemäß Artikel 18 Absatz 4 und Artikel 17 Absatz 3 des CPPNM, ABl L 190 vom 21.7.2007, S 1; 2008/99/Euratom Beschluss der Kommission vom 19. Dezember 2007 über den Beitritt der Europäischen Atomgemeinschaft zu dem Übereinkommen über den physischen Schutz von Kernmaterial und Kernanalagen, ABl Nr L 34 vom 8.2.2008, S 3ff.

die Gesundheit und Sicherheit des Personals oder der Öffentlichkeit oder welche die Umwelt durch Strahlenbelastung oder Freisetzung radioaktiver Stoffe unmittelbar oder mittelbar gefährden kann.

Der Anwendungsbereich dieses Übereinkommens findet für friedliche Zwecke genutztes Kernmaterial, während des internationalen Transports sowie in der Regel auf innerstaatlichen Transport, Nutzung und Lagerung Anwendung.

Die Verantwortung für die Schaffung, Durchführung und Aufrechterhaltung eines Systems des physischen Schutzes innerhalb eines Vertragsstaates liegt alleine bei diesem Staat. Abgesehen von den aufgrund dieses Übereinkommens von den Vertragsstaaten ausdrücklich übernommenen Verpflichtungen ist dieses Übereinkommen nicht so auszulegen, als berühre es die souveränen Rechte eines Staates. Dieses Übereinkommen berührt nicht die sonstigen Rechte, Verpflichtungen und Verantwortlichkeiten, die sich für die Vertragsstaaten aus dem Völkerrecht, insbesondere den Zielen und Grundsätzen der Charta der Vereinten Nationen und des humanitären Völkerrechts ergeben. Die Tätigkeiten von Streitkräften während eines bewaffneten Konfliktes im Sinne des humanitären Völkerrechts, die von jenem Recht erfasst sind, sind von diesem Übereinkommen nicht erfasst. Die Tätigkeiten, welche die Streitkräfte eines Staates in Erfüllung ihrer dienstlichen Pflichten ausüben, sind von diesem Übereinkommen ebenfalls nicht erfasst, soweit sie von anderen Regeln des Völkerrechts erfasst sind. Dieses Übereinkommen ist nicht so auszulegen, als beinhalte es eine rechtmäßige Befugnis zur Anwendung oder Androhung von Gewalt gegen für friedliche Zwecke genutztes Kernmaterial oder für friedliche Zwecke genutzte Kernanlagen. Durch dieses Übereinkommen werden weder ansonsten rechtswidrige Handlungen entschuldigt oder für rechtmäßig noch wird dadurch die strafrechtliche Verfolgung nach anderen Gesetzen verhindert.

Von besonderer Bedeutung ist, dass dieses Übereinkommen keine Anwendung auf für militärische Zwecke genutztes oder vorbehaltenes Kernmaterial oder eine dieses Material enthaltene Kernanlage findet.

Nach Art 2a ist jeder Vertragsstaat verpflichtet, ein geeignetes System des physischen Schutzes von Kernmaterial und Kernanlagen unter seiner Hoheitsgewalt zu schaffen, durchzuführen und aufrecht zu erhalten mit dem Ziel, Kernmaterial während der Nutzung, Lagerung und Beförderung vor Diebstahl oder sonstiger rechtswidriger Aneignung zu schützen,

- die Ergreifung umgehender und umfassender Maßnahmen zur Lokalisierung und gegebenenfalls Wiederbeschaffung von abhanden gekommenem oder gestohlenem Kernmaterial zu gewährleisten; befindet sich das Material außerhalb seines Hoheitsgebietes, so verfährt der betreffende Vertragsstaat in Übereinstimmung mit Art 5,
- Kernmaterial und Kernanlagen vor Sabotageakten zu schützen und die radiologischen Folgen von
- Sabotageakten zu mildern oder auf ein Mindestmaß zu beschränken.

Bei Durchführung der oben genannten Aufgaben wird jeder Vertragsstaat einen Rahmen für Gesetzgebung und Vollzug zur Regelung des physischen Schutzes schaffen und aufrecht erhalten sowie eine zuständige Behörde oder zuständige Behörden einrichten oder bestimmen, die für die Durchführung des Rahmens für Gesetzgebung und Vollzug verantwortlich ist bzw. sind, und sonstige geeignete Maßnahmen treffen, die für den physischen Schutz von Kernmaterial und Kernanlagen erforderlich sind.

Die völkerrechtliche Verwendung wird gemäß Art 3 von jedem Staat übernommen, im Anhang I ist der Schutzumfang gemäß der Kategorisierung des Materials definiert ist. Nach Art 4 verpflichten sich Vertragsstaaten, dieses Übereinkommens zu gewährleisten, dass bei Ein-, Durch- und Ausfuhr in andere Staaten der Schutz gemäß Anhang I auch in diesen Staaten gewährleistet ist.

Nach Art 4 wird jeder Vertragsstaat Kernmaterial nur ausführen oder die Ausfuhr von Kernmaterial nur genehmigen, wenn er die Zusicherung erhalten hat, dass dieses Material während des internationalen Nukleartransportes in dem in Anhang I beschriebenen Umfang geschützt werden wird. Ein Vertragsstaat wird Material aus einem Nichtvertragsstaat nur einführen oder eine solche Einfuhr nur genehmigen, wenn er die Zusicherung erhalten, dass dieses Material während des internationalen Nukleartransportes in dem in Anhang I beschriebenen Umfang geschützt werden wird. Ein Vertragsstaat gestattet die Durchfuhr von Kernmaterial, das zwischen Nichtvertragsstaaten befördert wird, durch sein Hoheitsgebiet zu Lande oder auf Binnenwasserstraßen oder durch seine Flug- oder Seehäfen nur, wenn er soweit praktisch möglich die Zusicherung erhalten hat, dass dieses Kernmaterial während des internationalen Nukleartransportes in dem in Anhang I beschriebenen Umfang geschützt werden wird.

Der Vertragsstaat wird im Rahmen seines innerstaatlichen Rechts den in Anhang I beschriebenen Umfang des physischen Schutz für Kernmaterial anwenden, das von einem Teil dieses Staates nach einem anderen Teil desselben Staates zu internationaler Gewässern oder durch den internationalen Luftraum befördert wird.

Der Vertragsstaat, der die Zusicherung einzuholen hat, dass das Kernmaterial entsprechend den oben genannten Absätzen in dem in Anhang I beschriebenen Umfang geschützt werden wird, ermittelt und unterrichtet im voraus die Staaten, durch die das Kernmaterial zu Lande oder auf Binnenwasserstraßen befördert werden soll, oder deren Flug- oder Seehäfen es berühren soll.

Die Verantwortung für die Einholung der genannten Zusicherungen kann im gegenseitigen Einvernehmen auf den Vertragsstaat übertragen werden, der als Einfuhrstaat an dem Transport beteiligt ist.

Nach Art 5 bestimmen die Vertragsstaaten eine zentrale Behörde und Verbindungsstelle, die für den physischen Schutz von Kernmaterial sowie für die Koordinierung von Wiederbeschaffungs- und Gegenmaßnahmen bei unbefugter Verbringung, Verwendung oder Veränderung von Kernmaterial oder im Fall der glaubhaften Androhung einer solchen Tat zuständig ist, indem sie einander unmittelbar oder über die IAEO informieren. Nach Art 5 Abs 2 unterstützt jeder Vertragsstaat den anderen bei Diebstahl, Raub oder sonstiger rechtswidriger Aneignung von Kernmaterial oder im

Falle der glaubhaften Androhung einer solchen im weitestgehenden Umfang in der Zusammenarbeit und Unterstützung bei der Wiederbeschaffung und beim Schutz. Hierbei erfolgt eine Unterrichtung der jeweiligen Vertragsstaaten als auch der IAEO. Ein Austausch von Informationen der betroffenen Vertragsstaaten untereinander oder mit der IAEO, um das bedrohte Kernmaterial zu schützen, die Unversehrtheit von Versandbehältern zu prüfen, oder rechtswidrig angeeignetes Kernmaterial wiederzubeschaffen. Weiters erfolgt eine Koordination der Maßnahmen auf diplomatischem und anderem vergleichbarem Weg, sowie wird für die Rückgabe der gestohlenen oder abhanden gekommenen Kernmaterials gesorgt. Die Art der Durchführung dieser Zusammenarbeit wird von den Vertragsstaaten bestimmt.

Die Vertragsstaaten verpflichten sich im Einklang mit ihrem nationalen Recht Maßnahmen zu treffen, um die Vertraulichkeit aller Informationen zu schützen, die sie aufgrund dieses Übereinkommens vertraulich von einem anderen Vertragsstaat erhalten haben. Eine Verpflichtung zur Übermittlung von Informationen nach Art 6 Abs 2 besteht nicht, wenn dies innerstaatlich verboten ist, oder die Sicherheit des betreffenden Staates oder einen physischen Schutz von Kernmaterial gefährden würde.

In Art 7 ist ausführlich beschrieben, welche Tathandlungen unter Strafe gestellt werden sollen. Dies ist ein Teil der internationalen Strafrechtspflege. Unter „Tathandlung“ ist neben dem Versuch auch die Teilnahmehandlung zu verstehen. Es erfolgt weiters die Verpflichtung jedes einzelnen Vertragsstaates nach Art 8 ein Strafverfahren einzuleiten, wenn die Straftat im Hoheitsgebiet dieses Staates oder an Bord eines in diesem Staat eingetragenen Schiffes oder Luftfahrzeugs begangen wird, oder der Verdächtige Staatsangehöriger ist. Die Artikel 9 bis 10 regeln die innerstaatlichen Verfahren und die Fragen einer allfälligen Anhaltung. Art 11 regelt das spezielle Auslieferungsverfahren, welches Lex specialis zu den übrigen Auslieferungsvereinbarungen ist.

Der Anhang I regelt den Umfang des physischen Schutz beim internationalen Transport von Kernmaterial der Kategorien des Anhangs II, welcher die einzelnen drei Kategorien definiert.

J) Übereinkommen über die Hilfeleistung bei nuklearen Unfällen oder radiologischen Notfällen[560]

Infolge des Unfalles von Tschernobyl und den Folgen dieses, die bei den jeweiligen Staatsgrenzen nicht Halt machten, wurde eingesehen, dass bei solchen Unfällen

560 INFCIRC/336. Mit Beschluss vom 25. November 2005 trat Euratom diesem Übereinkommen bei (2005/845/Euratom Beschluss der Kommission vom 25. November 2005 über den Beitritt der Europäischen Atomgemeinschaft zum Übereinkommen über Hilfeleistung bei nuklearen Unfällen oder radiologischen Notfällen, ABl Nr L 314 vom 30.11.2005, S 27.

eine internationale Hilfeleistung und Informationspflicht empfehlenswert ist. Aufgrund dessen wurde 1986 das Übereinkommen über die Hilfeleistung bei nuklearen Unfällen oder strahlungsbedingten Notfällen abgeschlossen.

Die Vertragsparteien erklären sich bereit, gemäß Art 1 mit der IAEO, bei einem nuklearen Unfall oder bei einem strahlungsbedingten Notfall zusammen zu arbeiten, sodass die Wirkungen dieses Unfalles gemindert werden. Es wird den Vertragsstaaten empfohlen, bilaterale oder multilaterale Abkommen zu schließen, um Personen- und Sachschäden, die bei einem nuklearen Unfall oder einem strahlungsbedingten Notfall entstehen können zu verhindern oder auf ein Mindestmaß zu beschränken. Der IAEO wird die Aufgabe zugeteilt, die Zusammenarbeit zwischen den Vertragsstaaten zu fördern, zu erleichtern und zu unterstützen.

Falls nach Art 2 ein Vertragsstaat bei einem nuklearen Unfall oder einem strahlungsbedingten Notfall Hilfe benötigt, – wobei es gleichgültig ist, ob dieser Vorfall den Ursprung im Hoheitsgebiet oder unter der Hoheitsgewalt oder unter der Kontrolle dieses Vertragsstaates entstanden ist –, so ist dieser berechtigt, jeden anderen Vertragsstaat über die IAEO oder die IAEO selber um die Leistung von Hilfe zu ersuchen. Hierbei macht er genaue Angaben über Umfang und Art der erforderlichen Hilfe und übermittelt, soweit durchführbar, der Hilfe leistenden Partei die Informationen, die diese benötigt, um festzustellen, inwieweit sie dem Ersuchen entsprechen kann. Falls der ersuchende Vertragsstaat nicht in der Lage ist, den Umfang und die Art der erforderlichen Hilfe genau zu definieren, so werden beide Staaten in einem Konsultationsverfahren Art und Umfang der erforderlichen Hilfe feststellen. Eine Verpflichtung zur Anforderung von Hilfe oder zur Annahme von Hilfe besteht nicht.[561]

Der Vertragsstaat, an den ein solches Hilfeersuchen ergeht, hat umgehend zu entscheiden, ob er in der Lage ist, die erbetene Hilfe zu leisten und teilt dies sowie den Umfang und die Bedingungen der Hilfe dem Ersuchenden unmittelbar oder über die IAEO mit.

Von besonderer Bedeutung ist, dass jeder Vertragsstaat im Hinblick auf die medizinische Behandlung oder auf die vorübergehende Unterbringung von einem nuklearen Unfall oder strahlungsbedingten Notfall betroffene Personen im Hoheitsgebiet eines anderen Vertragsstaates um Hilfe ersuchen kann.

Sofern keine andere Vereinbarung getroffen worden ist, obliegen dem ersuchenden Staat die Gesamtleitung, die Kontrolle, die Koordinierung, die Überwachung der Hilfeleistungen in seinem Hoheitsgebiet. Mit Hilfe von Konsultationen wird geregelt, welche Aufgaben das vom entsendeten Staat im Hilfe suchenden Staat ergehende Personal hat. Hierbei wird eine verantwortliche Person bestellt, die die Aufgabe der Koordinierung hat.

---

561 *Kus Selma* International nuclear law in the 25 years between Chernobyl and Fukushima and beyond; NLB 87 (2011), 13, die dies mit Bedauern sieht.

Nach Artikel 4 gibt jeder Vertragsstaat der IAEO und den anderen Vertragsstaaten unmittelbar oder über die IAEO seine zuständigen Behörden und die Kontaktstelle bekannt, die befugt ist, Hilfeersuchen zu stellen und entgegen zu nehmen und Hilfsleistungsangebote anzunehmen. Diese Kontaktstelle hat ständig erreichbar zu sein.

Nach Artikel 5 ist die IAEO verpflichtet, Informationen über Fachleute, Ausrüstungen und Material, die von den einzelnen Staaten zur Verfügung gestellt werden können, Methoden, Verfahren und verfügbare Forschungsergebnisse, die sich auf Maßnahmen bei nuklearen Unfällen oder strahlungsbedingten Notfällen beziehen, zur Verfügung zu stellen, sowie den Vertragsstaaten Unterstützung bei der Ausarbeitung von Notfallplänen für nukleare Unfälle und strahlungsbedingte Notfälle sowie den entsprechenden Rechtsvorschriften, der Entwicklung geeigneter Ausbildungsprogramme, der Weiterleitung von Ersuchen um Hilfe und sachdienliche Informationen bei einem solchen Vorfall, der Entwicklung geeigneter Programme, Verfahren und Normen der Strahlungsüberwachung sowie der Durchführung von Untersuchungen für die Möglichkeit der Einrichtung geeigneter Systeme zur Strahlungsüberwachung zu geben.

Nach Artikel 6 wahren sowohl der ersuchende als auch der Hilfe leistende Staat strengste Vertraulichkeit betreffend jeder Information, die ihnen in Zusammenhang mit der Hilfeleistung bei einem nuklearen Unfall oder einem strahlungsbedingten Vorfall zugänglich wird. Solche Informationen werden ausschließlich für den Zweck der vereinbarten Hilfeleistung verwendet. Betreffend der Veröffentlichung von Informationen erfolgt eine Zusammenarbeit und Abstimmung zwischen den beiden Staaten.

Artikel 7 regelt die Erstattung der Kosten.

In Artikel 8 werden Privilegien der Hilfe leistenden Partei und des für sie tätigen Personals bei der Durchführung einer Hilfeleistung definiert und gewährt.

Unabhängig von internationalen Konventionen regelt Artikel 10, dass die Vertragsstaaten eng zusammenarbeiten, um die Erledigung gerichtlicher Verfahren und Ansprüche zu erleichtern.

Artikel 13 enthält eine Streitbeilegungsklausel.

K) Übereinkommen zur frühzeitigen Benachrichtigung bei nuklearen Unfällen[562]

Auf Grund des Unfalles von Tschernobyl 1986 wurde im September 1986 das Übereinkommen über die frühzeitige Benachrichtigung im Falle eines nuklearen

---

562 INFCIRC/335. Mit Beschluss der Kommission vom 25. November 2005 trat Euratom diesem Übereinkommen bei (2005/844/Euratom Beschluss der Kommission vom 25.November 2005 über den Betritt der Europäischen Atomgemeinschaft zum Übereinkommen über die frühzeitige Benachrichtigung bei nuklearen Unfällen, ABl Nr L 314 vom 30.11.2005, S 21; näheres bei *Moser* The IAEA Conventions on early notifications of a nuclear accident and on assistance in the case of a nuclear accident or radiological emergency, NLB 44 (1989), 10ff.

Unfalls abgeschlossen. Gemäß diesem Übereinkommen sind die Staaten verpflichtet, den Zeitpunkt des Unfalls, den Ort, die ausgetretene Strahlung und andere Daten, welche notwendig sind, um die Situation zu beurteilen, bekannt zu geben. Die Bekanntgabe erfolgt direkt an die beteiligten Staaten oder an die IAEO, und wird von der IAEO an die betroffenen und interessierten Staaten weitergegeben. Die Bekanntgabe betrifft alle Einrichtungen und Tätigkeiten, die der friedlichen Nutzung dienen. Die Vertragsstaaten können auch andere (militärische) Unfälle gemäß Artikel 3 melden, es besteht jedoch keine Verpflichtung dazu.[563]

L) Übereinkommen zur nuklearen Sicherheit[564]

Das Übereinkommen zur nuklearen Sicherheit wurde am 17.6.1994 abgeschlossen.[565] Euratom trat 1999 bei.[566]

Das Ziel ist es, die Vertragsstaaten, welche zivile Kernkraftwerke betreiben – ausgenommen sind Kernkraftwerke, welche zum Betrieb eines Schiffes, U-Bootes oder im Weltraum verwendet werden – durch die Setzung internationaler Standards dazu zu bringen, die Sicherheit zu erhöhen. Damit ist im Nuklearrecht zum ersten Mal völkerrechtlich verbindlich, die Sicherheit (Safety) geregelt worden.[567]

Zu einem großen Teil sind die Grundlagen im IAEO Dokument „The Safety of Nuclear Installations" niedergeschrieben. Dieses Übereinkommen enthält weder Kontrollen noch Sanktionen, ist aber auf das wechselseitige Vertrauen und das gemeinsame Interesse der Vertragsparteien höhere Standards der Sicherheit zu erreichen geprägt. Diese Standards sind als Stand der Technik anzusehen, und Verstöße gegen diese sind haftungsbegründend, wobei nationale Verschärfungen der Standards nur nationale Wirkungen entfalten. 1999, 2002 und 2005, 2008 und 2011 fanden Treffen zur Überprüfung und Verbesserung des Regelwerks statt. Primosch bedauert verständerlicherweise, dass die international anerkannten Si-

---

563 *Kus Selma* International nuclear law in the 25 years between Chernobyl and Fukushima and beyond; NLB 87 (2011), 12.

564 INFCRIC/449.

565 Näheres hiezu bei: *Primosch* Das IAEO-Übereinkommen über nukleare Sicherheit, ÖJZ 1997, 219ff; *Kamminga* The IAEA Convention on Nuclear Safety, The international and comparative law quarterly 1995, 872ff; *Reyners* The Convention on Nuclear Safety of 1994, Review of European Community & International Environmental Law 1996, 231ff; *Škraban* Convention on Nuclear Safety: lessons learned after the third round of review meetings, Int J Nuclear Law Vol 1 2006, 49ff.

566 1999/819/Euratom Beschluss der Kommission vom 16. November 1999 über den Beitritt der Europäischen Atomgemeinschaft (EAG) zum Übereinkommen über nukleare Sicherheit von 1994, ABl Nr L 318 vom 11.12.1999, S 20.

567 *Pelzer* NLB 84 (2009), 10.

cherheitsstandards der IAEO nicht Teil des Textes geworden sind.[568] Der EuGH verwies mehrmals in der ČEZ Entscheidung auf dieses Übereinkommen.[569] Auch in der RL über die nukleare Sicherheit wird auf dieses Übereinkommen verwiesen.[570]

Auf Grund des Übereinkommens sind 3 weitere Dokumente entstanden, nämlich die Rules of Procedures and Financial Rules,[571] die Guidelines Regarding National Reports[572] und die Guidelines Regarding Review Process.[573]

Gemäß Art 1 ist Ziel des Übereinkommens die Erreichung und Beibehaltung eines weltweit hohen Standes nuklearer Sicherheit durch Verbesserung innerstaatlicher Maßnahmen und internationaler Zusammenarbeit, gegebenenfalls einschließlich sicherheitsbezogener technischer Zusammenarbeit, die Schaffung und Beibehaltung wirksamer Abwehrvorkehrungen in Kernanlagen gegen mögliche radiologische Gefahren, um den Einzelnen, die Gesellschaft und die Umwelt vor schädlichen Auswirkungen der von solchen Anlagen ausgehenden ionisierenden Strahlung zu schützen sowie die Verhütung von Unfällen mit radiologischen Folgen und Milderung von solchen Folgen, falls sie eintreten. Damit wird niedergelegt, dass dieses Übereinkommen Verbesserungen anregen soll, und nicht durch Kontrollen und Strafen durchgesetzt werden soll.[574]

In Art 2 sind die Begriffe wie folgt bestimmt:

- Eine „Kernanlage" bedeutet für jede Vertragspartei jedes ortsgebundene zivile Kernkraftwerk unter ihrer Hoheitsgewalt einschließlich solcher Lagerungs-, Handhabungs- und Bearbeitungseinrichtungen für radioaktives Material, die sich auf demselben Gelände befinden und mit dem Betrieb des Kernkraftwerkes unmittelbar zusammen hängen. Ein solches Werk gilt nicht mehr als Kernanlage, sobald alle nuklearen Brennelemente endgültig aus dem Reaktorkern entfernt, in Übereinstimmung mit genehmigten Verfahren sicher gelagert worden sind und die staatlichen Stellen einem Stilllegungsprogramm zugestimmt haben.
- Eine „staatliche Stelle" ist für jede Vertragspartei eine oder mehrere Stellen, die von dieser Vertragspartei mit der rechtlichen Befugnis ausgestattet sind, Genehmigungen zu erteilen und Standortwahl, Auslegung, Bau, Inbetriebnahme, Betrieb oder Stilllegung von Kernanlagen zu regeln.

---

568 *Primosch* ÖJZ 1997, 220.

569 EuGH, U v 27.10.2009, RS C-115/08, Land Oberösterreich/ČEZ, Slg 2009, I-10265; *Schärf* The Temelin Judgment of the European Court of Justice, NLB 2010, 86.

570 *Schärf* The Temelin Judgment of the European Court of Justice, NLB 2010, 86.

571 INFCIRC/573.

572 INFCIRC/572.

573 INFCIRC/571.

574 *Škraban* Int J Nuclear Law Vol 1 2006, 51.

- Eine „Genehmigung“ ist jede dem Antragsteller von der staatlichen Stelle erteilte Ermächtigung, die diesem die Verantwortung für Standortwahl, Auslegung, Bau, Inbetriebnahme, Betrieb und Stilllegung einer Kernanlage überträgt.

Nach Art 3 findet dieses Übereinkommen auf die Sicherheit von Kernanlagen Anwendung.

Nach Art 4 ist jede Vertragspartei verpflichtet im Rahmen ihres innerstaatlichen Rechts die Gesetzes-, Verordnungs- und Verwaltungsmaßnahmen zu treffen und unternimmt sonstige Schritte, die zur Erfüllung ihrer Verpflichtungen aus diesem Übereinkommen erforderlich sind. Jede Vertragspartei legt vor jeder in Art 20 bezeichneten Tagung einen Bericht über die von ihr getroffenen Maßnahmen zur Erfüllung jeder einzelnen Verpflichtung aus diesem Übereinkommen nach Art 5 vor.

Nach Art 6 trifft jede Vertragspartei die geeigneten Maßnahmen, um sicher zu stellen, dass die Sicherheit der Kernanlagen, die zum Zeitpunkt, zu dem das Übereinkommen für die Vertragsparteien in Kraft tritt, vorhanden sind, sobald wie möglich geprüft wird. Sollte es sich im Zusammenhang mit diesem Übereinkommen als notwendig erweisen, stellt die Vertragspartei sicher, dass alle zumutbaren und praktischen möglichen Verbesserungen dringend vorgenommen werden, um die Sicherheit der Kernanlage zu erhöhen. Kann eine solche Verbesserung nicht erreicht werden, sollen Pläne durchgeführt werden, die Kernanlage sobald wie praktisch möglich abzuschalten. Bei der zeitlichen Festlegung der Abschaltung können der ganze energiewirtschaftliche Zusammenhang und mögliche Alternativen, sowie die sozialen, umweltbezogenen und wirtschaftlichen Auswirkungen berücksichtigt werden.

Im Rahmen der Gesetzgebung schafft jede Vertragspartei einen Rahmen für Gesetzgebung und Vollzug zur Regelung der Sicherheit der Kernanlagen und erhält diese aufrecht. Der Rahmen für Gesetzgebung sieht im Sinne des Art 7 die Schaffung einschlägiger innerstaatlicher Sicherheitsvorschriften und Regelungen, ein Genehmigungssystem für Kernanlagen und das Verbot des Betriebs einer Kernanlage ohne Genehmigung, ein System für behördliche Prüfung und Beurteilung von Kernanlagen, um feststellen zu können, ob die einschlägigen Vorschriften und Genehmigungsbestimmungen eingehalten werden, die Durchsetzung der einschlägigen Vorschriften und Genehmigungsbestimmungen, einschließlich Aussetzung, Änderung oder Widerruf, vor. Durch den Beitritt von Euratom zu diesem Übereinkommen besteht trotz den einschränkenden Regelungen des EA die Gemeinschaftskompetenz, Regelungen über die nukleare Sicherheit zu schaffen.[575]

Nach Art 8 errichtet jede Vertragspartei eine staatliche Stelle, die mit der Durchführung des in Art 7 bezeichneten Rahmens für Gesetzgebung und Vollzug betraut

575 EuGH, U v 27.10.2009, RS C-115/08; Land Oberösterreich/ČEZ, Slg 2009, I-10265 Rn 103.

und mit entsprechenden Befugnissen, Zuständigkeiten, Finanzmitteln und Personal ausgestattet ist, um die ihr übertragenen Aufgaben zu erfüllen. Weiters trifft jede Vertragspartei geeignete Maßnahmen, um eine wirksame Trennung der Aufgaben der staatlichen Stelle von denjenigen anderer Stellen oder Organisationen, die mit der Förderung oder mit Nutzung von Kernenergie befasst sind, zu gewährleisten. Diese Bestimmung verpflichtet nach Ansicht des EuGH die Mitgliedstaaten zur wechselseitigen Anerkennung der Entscheidung der Aufsichtsbehörden.[576]

Nach Art 9 hat auch jede Vertragspartei sicher zu stellen, dass die Verantwortung für die Sicherheit einer Kernanlage in erster Linie dem jeweiligen Genehmigungsinhaber obliegt, sie trifft die geeigneten Maßnahmen, um solche sicher zu stellen, dass jeder Inhaber einer solchen Genehmigung seiner Verantwortung nachkommt. Für den Fall, dass der Genehmigungsinhaber nicht mehr in der Lage ist, seinen Verpflichtungen nachzukommen, so ist sicherzustellen, dass die Genehmigung widerrufen wird. In diesem Fall steht dem Inhaber keine Entschädigung zu, wenn die Genehmigung ohne Änderung der sachlichen Voraussetzungen aus (energie)politischen Gründen widerrufen wird, dann kann dies als Eingriff in Eigentumsrechte angesehen werden.[577]

Nach Art 10 trifft jede Vertragspartei die geeigneten Maßnahmen, um sicher zu stellen, dass alle Organisationen, die mit Tätigkeiten in unmittelbarem Zusammenhang mit Kernanlagen befasst sind, Leitlinien entwickeln, die der nuklearen Sicherheit den gebotenen Vorrang einräumen. Es ist weiters nach Art 11 sicher zu stellen, dass angemessene Finanzmittel zur Verfügung stehen, um die Sicherheit jeder Kernanlage während der gesamten Lebensdauer zu unterstützen. Weiters trifft jede Vertragspartei die geeigneten Maßnahmen, um sicher zu stellen, dass während der gesamten Lebensdauer jeder Kernanlage eine ausreichende Anzahl von qualifizierten Personal mit entsprechender Ausbildung, Schuldung und Wiederholungsschulung für alle sicherheitsbezogenen Tätigkeiten in jeder oder für jede Kernanlage zur Verfügung steht.

Nach Art 12 trifft jede Vertragspartei weiters die geeigneten Maßnahmen, um sicher zu stellen, dass die Fähigkeiten und Grenzen menschlichen Handelns während der gesamten Lebensdauer einer Kernanlage Berücksichtigung findet. Ebenso werden die geeigneten Maßnahmen getroffen, um sicher zu stellen, dass Programme zur Qualitätssicherung aufgestellt und durchgeführt werden, die das Vertrauen vermitteln, dass den besonderen Anforderungen aller für die nukleare Sicherheit bedeutsamen Tätigkeiten während der gesamten Lebensdauer einer Kernanlage Genüge getan wird.

---

576 EuGH, U v 27.10.2009, RS C-115/08; Land Oberösterreich/ČEZ, Slg 2009, I-10265, Rn 74.

577 *Emmerechts Sam/Raetzke Christian/Okra Benjamin* Legal and regulatory aspects of long-term operation of nuclear power plants in OECD member countries, NLB 87 (2011), 53.

Weiters trifft nach Art 14 jede Vertragspartei die geeigneten Maßnahmen um sicher zu stellen, dass umfassende und systematische Sicherheitsbewertungen sowohl vor dem Bau und der Inbetriebnahme einer Kernanlage als auch während ihrer gesamten Lebensdauer vorgenommen werden. Solche Bewertungen sind gut zu dokumentieren, in der Folge im Licht betrieblicher Erfahrungen und bedeutender neuer Sicherheitsinformationen auf neuesten Stand zu bringen und im Auftrag der staatlichen Stellen zu überprüfen, und dass Nachprüfungen durch Analyse, Überwachung, Erprobung und Prüfung vorgenommen werden, um sicher zu stellen, dass der physische Zustand und der Betrieb einer Kernanlage seiner Auslegung, den geltenden innerstaatlichen Sicherheitsanforderungen sowie den betrieblichen Grenzwerten und Bedingungen weiterhin entsprechen. Diese Grundsätze sind während der gesamten Dauer von der Planung bis zum Abbruch der Anlage zu berücksichtigen, besonders wichtig sind sie bei der Verlängerung der Betriebszeiten.[578]

Jede Partei trifft weiters die geeigneten Maßnahmen um sicher zu stellen, dass die von einer Kernanlage ausgehende Strahlenbelastung für die Beschäftigung und die Öffentlichkeit in sämtlichen Betriebsphasen nach Art 15 so gering wie vernünftiger Weise erzielbar gehalten wird und dass niemand einer Strahlendosis ausgesetzt wird, welche die innerstaatlich vorgeschriebenen Grenzwerte überschreitet.

Weiters trifft nach Art 16 jede Vertragspartei die geeigneten Maßnahmen um sicher zu stellen, dass Notfallpläne sowohl innerhalb als auch außerhalb der Kernanlage zur Verfügung stehen, die regelmäßig erprobt werden und die im Notfall zu ergreifenden Maßnahmen enthalten sowie für jede Kernanlage sind solche Pläne auszuarbeiten und zu erproben, bevor der Betrieb das von der staatlichen Stelle zugelassene niedrige Leistungsniveau übersteigt.

Jede Vertragspartei trifft weiters die geeigneten Maßnahmen um sicher zu stellen, dass ihre eigene Bevölkerung und die zuständigen Behörden der Staaten in der Nachbarschaft einer Kernanlage, soweit sie von einem strahlungsbedingten Notfall betroffen sein könnten, die entsprechenden Informationen für die Notfallsplanung und Bekämpfung erhalten. Ebenso treffen die Vertragsparteien, die in ihrem Gebiet keine Kernanlage haben, jedoch von einem radiologischen Notfall einer benachbarten Kernanlage betroffen sein könnten, die geeigneten Maßnahmen zur Vorbereitung und Erprobung von Notfallplänen für ihr Gebiet, welche die in einem solchen Notfall zu ergreifenden Maßnahmen zu enthalten haben.

Nach Art 17 trifft jede Vertragspartei die geeignete Maßnahmen um sicher zu stellen, dass geeignete Verfahren geschaffen und angewendet werden, um die Bewertung aller standortbezogenen einschlägigen Faktoren zu ermöglichen, welche die Sicherheit einer Kernanlage während ihrer vorgesehenen Lebensdauer beeinträchtigen können,

578 *Emmerechts Sam/Raetzke Christian/Okra Benjamin* Legal and regulatory aspects of long-term operation of nuclear power plants in OECD member countries, NLB 87 (2011), 49.

- und die Bewertung der mutmaßlichen Auswirkungen unter dem Gesichtspunkt der Sicherheit in der vorgesehenen Kernanlage auf den Einzelnen, die Gesellschaft und die Umwelt zu ermöglichen,
- um soweit notwendig die Neubewertung aller einschlägigen Faktoren auf die oben Bezug genommen wird, zu ermöglichen, damit die Sicherheitsakzeptanz gewährleistet wird
- um Konsultationen mit Vertragsparteien in der Nachbarschaft einer vorgesehenen Kernanlage aufnehmen zu können, soweit sie durch diese Anlage betroffen sein könnte, und um die Übermittlung der notwendigen Informationen an solche Vertragsparteien auf deren Verlangen zu ermöglichen, damit diese die mutmaßlichen Auswirkungen auf die Sicherheit ihres Gebietes selbst beurteilen und eigene Bewertungen vornehmen können.

Nach Art 18 trifft jede Vertragspartei die geeigneten Maßnahmen um sicher zu stellen, dass die Auslegung und der Bau einer Kernanlage mehrere zuverlässige Ebenen und Methoden zum Schutz (in die Tiefe gestaffelte Abwehr) gegen die Freisetzung radioaktiven Materials vorsehen, um Unfälle zu verhüten und falls sie eintreten ihre radiologischen Folgen zu mildern

- dass sich die bei der Auslegung und dem Bau einer Kernanlage eingesetzten Techniken durch Erfahrung bzw. durch Erprobung oder Analyse bewährt haben,
- dass die Auslegung einer Kernanlage den zuverlässigen beständigen und leicht zu handhabenden Betrieb ermöglicht, wobei die menschlichen Faktoren und die Schnittestelle Mensch/Maschine besondere Berücksichtigung finden.

Nach Art 19 trifft jede Vertragspartei die geeigneten Maßnahmen um sicher zu stellen, dass die Erlaubnis für den Betriebsbeginn einer Kernanlage auf einer geeigneten Sicherheitsanalyse und einem Programm zur Inbetriebnahme beruht, aus denen hervorgeht, dass die Anlage, wie sie gebaut wurde, den Auslegungs- und Sicherheitsanforderungen entspricht

- dass die aus der Sicherheitsanalyse, den Erprobungen und der Betriebserfahrung hervorgehenden betrieblichen Grenzwerte und Bedingungen festgelegt, wobei der Bedarf überarbeitet werden, um die Grenzen eines sicheren Betriebs festzustellen,
- dass Betrieb, Wartung, Inspektion und Erprobung einer Kernanlage in Übereinstimmung mit genehmigten Gefahrenverfahren erfolgen,
- dass Verfahren festgelegt sind, um auf mögliche Betriebsstörungen und Unfälle zu reagieren,
- dass die notwendigen ingenieurtechnischen und technischen Unterstützung in allen sicherheitsbezogenen Bereichen während der gesamten Lebensdauer der Kernanlage zur Verfügung steht,
- dass für die Sicherheit bedeutsame Ereignisse vom Inhaber der entsprechenden Genehmigung der staatlichen Stelle rechtzeitig angemeldet werden,

- dass Programme zur Sammlung und Analyse von Betriebserfahrungen aufgestellt werden, die erzielten Ergebnisse und Schlussfolgerungen als Grundlage des Handels dienen und dass vorhandene Mechanismen dazu genutzt werden, um wichtig Erfahrungen mit internationalen Gremien, anderen Betreiberorganisationen und staatlichen Stellen auszutauschen,
- dass die Erzeugung radioaktiven Abfalls durch den Betrieb einer Kernanlage sowohl hinsichtlich der Aktivität als auch des Volumens auf das für das jeweilige Verfahren mögliche Mindestmaß beschränkt wird, und dass bei jeder notwendigen Behandlung und Lagerung von abgebrannten Brennstoffen und Abfall, die mit dem Betrieb in unmittelbarem Zusammenhang stehen und auf demselben Gelände der Kernanlage stattfinden, Konditionierung und Beseitigung Berücksichtigung finden.

Nach den Bestimmungen der Art 20ff verpflichten sich die Vertragsparteien Überprüfungstagsatzungen zu halten, einen Zeitpläne und Verfahrensregelungen diesbezüglich zu erstellen. Weiters ist das Sekretariat für dieses Übereinkommen die IAEO bestimmt worden.

M) Das US-Indische Abkommen über die Zusammenarbeit im Bereich der Kernenergie[579]

Indien hat schon anfangs der siebziger Jahre des 20. Jahrhunderts Nukleartechnologie und ausreichendes spaltbares Material erworben, welches nicht dem Safeguardregime der IAEO unterlag. 1974 unternahm Indien erfolgreich einen Atomwaffentest. Derzeit wird davon ausgegangen, dass Indien mehrere dutzend an Nuklearsprengköpfen besitzt.

2005 wurde eine Zusammenarbeit zwischen den USA und Indien im Bereich der zivilen Nutzung der Nukleartechnologie vereinbart (Joint Statement). Dieser Ansatz war und ist ein Musterbeispiel von Realpolitik im Sinne des ehemaligen Secretary of State.[580]

---

579 *Kraemer/Aum* The US-India nuclear agreement: progress toward nuclear cooperation with India and a new paradigm in non-proliferation policy, International Journal of Nuclear Law 2007, 418ff; *Ganguly/Mistry* The Case for the U.S.-India Nuclear Agreement, World Policy Journal 2006, 12ff; Mannully U.S.-India Cooperation and Non-Proliferation, NLB 82 (2008), 9ff; *Müller* The Signing of the U.S.-India Agreement Concerning Peaceful Uses of Nuclear Energy, Göttingen Journal of International Law (2009) I, 179ff.

580 *Kraemer/Aum* International Journal of Nuclear Law 2007, 419. Näheres dazu: Tromans, Nuclear Law², 268f.

Dieses Abkommen wurde im Sommer 2007 gefertigt, und der Text am 3. August 2007 der Öffentlichkeit bekanntgegeben. Zusätzlich wurde zwischen Indien und der IAEO ein eigenes Safeguardübereinkommen abgeschlossen.[581] Schussendlich gab auch die NSG ihre Zustimmung hiezu ab.[582]

Mit diesem Abkommen wurde das Regime des NPT das erste Mal durchbrochen, ebenso ist das System des NSG ausgehöhlt worden.[583]

N) Vereinbarungen hinsichtlich der Kernforschung

a) Vereinbarung über eine regionale Zusammenarbeit im Bereich der Forschung, Entwicklung, und Ausbildung im Zusammenhang mit der Kernforschung und -technologie

Im Jahre 1972 wurde eine Vereinbarung zwischen den Mitgliedstaaten und der IAEO hinsichtlich der regionalen Zusammenarbeit im Bereich der Forschung, Entwicklung und Ausbildung für Kernforschung und -technologie abgeschlossen. Diese Vereinbarung schafft ein Regelwerk hinsichtlich der Zusammenarbeit der einzelnen Regierungen der Mitgliedstaaten mit der IAEO zum Zwecke der Koordinierung sämtlicher Tätigkeiten betreffend die friedliche Nutzung der Kernenergie. Jede Regierung hat das Recht, ein Forschungsprojekt vorzuschlagen. Dieser Vorschlag wird an die IAEO herangetragen, welche die anderen Regierungen einlädt, sich an dem vorgeschlagenen Projekt zu beteiligen. Wenn zumindest eine weitere Regierung bereiterklärt hat, sich an diesem vorgeschlagenen Projekt zu beteiligen, beginnen Verhandlungen zwischen den Regierungen und der IAEO betreffend die Umsetzung dieses Projektes. Nach Beendigung der Verhandlungen entwirft die IAEO einen Vertragsentwurf, in dem die Parteien, genannt sind, das Projekt beschrieben, sowie die Verpflichtung der beteiligten Regierungen enthält, das Projekt nicht für militärische Zwecke zu nutzen, als auch die Frage der Streitbelegung und der Haftung klärt. Mit Zustimmung aller anderen Parteien können auch andere Mitgliedstaaten an einem solchen gemeinsamen Projekt teilnehmen.

b) Vereinbarung über eine regionale Zusammenarbeit der arabischen Staaten in Asien im Bereich der Forschung, Entwicklung, und Ausbildung im Zusammenhang mit der Kernforschung und -technologie

Am 29. Juli 2000 trat die Vereinbarung über eine regionale Zusammenarbeit der arabischen Staaten in Asien im Bereich der Forschung, Entwicklung und Ausbil-

581 INFCIRC/731; INFCIRC/738 und INFCIRC/754.

582 *Müller* Göttingen Journal of International Law (2009) I, 191. Kraemer/Aum International Journal of Nuclear Law 2007, 432; Siehe auch INFCIRC/254 mit den Anhängen.

583 Näheres bei *Müller* Göttingen Journal of International Law (2009) I, 191ff mwN.

dung im Zusammenhang mit der Kernforschung und -technologie in Kraft. Derzeit sind 5 Staaten Mitglied dieses Übereinkommens. Ziel dieses Übereinkommens besteht in der friedlichen Anwendung der Atomenergie mit Unterstützung der IAEO.

Die Mitgliedstaaten bestellen je einen Repräsentanten, die zusammen den „ARASIA Vertretungsorgan", die höchste Entscheidungsbehörde gemäß dieser Vereinbarung begründen. Dieses Organ trifft sich zumindest einmal im Jahr. Dieses Vertretungsorgan ist zuständig für die Schaffung von Verfahrensregeln betreffend der Umsetzung dieses Übereinkommens, der Schaffung von Richtlinien und Strategien, der Diskussionen und der Genehmigung von gemeinsamen Projekten, welche von den Staaten vorgeschlagen werden, sowie die Kontrolle und Evaluierung der Umsetzung der gemeinsamen Projekte, der Bestimmung der Bedingungen, gemäß denen ein Staat, der nicht Mitglied dieser Vereinbarung ist, an dem gemeinsamen Projekt teilnehmen kann, sowie die Anstellung von Überlegungen mit verwandten Materien.

Gemäß Art 3 kann jeder Mitgliedstaat mittels schriftlichen Vorschlags ein gemeinsames Projekt präsentieren. Dieser Vorschlag hat die Natur und die Ziele des gemeinsamen Projektes sowie die Mitteln der Umsetzung zu enthalten. Auf Ersuchen des Vorschlagsstaates kann die IAEO der Vorbereitung des Vorschlages mitarbeiten.

Das Vertretungsorgan prüft die Natur und die Ziele des gemeinsamen Projektes in Verbindung mit den Programmen für Forschung, Entwicklung und Ausbildung sowie hinsichtlich der Mittel der Umsetzung.

Nach Art 5 sind die Staaten verpflichtet, das Projekt gemäß dem jeweiligen nationalen Rechten und technischen Möglichkeiten umzusetzen. Im Besonderen haben die teilnehmenden Staaten die notwendigen wissenschaftlichen und technischen Einrichtungen als auch das Personal für die Umsetzung des Projektes kostenfrei zur Verfügung zu stellen, alle notwendigen und möglichen Maßnahmen zu setzen, um es zu ermögliche, dass die Wissenschaftler, Ingenieure und technischen Experten, welche von den anderen teilnehmenden Staaten oder der IAEO vorgeschlagen werden, die entsprechenden Arbeitsgenehmigungen erhalten. Jeder teilnehmende Staat verpflichtet sich der IAEO über dem ARASIA Vertretungsorgan einen jährlichen Bericht über die Umsetzung der von der IAEO genehmigten Kooperationsprojekte mit allen notwendigen Informationen zu übermitteln.

Gemäß Art 5 wird eine technische Arbeitsgruppe geschaffen, zu deren Aufgaben es die Regelungen der Details der Umsetzung eines jeden Gemeinschaftsprojektes ist, sowie die Umsetzung zu unterstützen und zu überwachen. Zu den weiteren Aufgaben gehört das Recht, Empfehlungen an den ARASIA Vertretungsorgan abzugeben.

In Art 6 ist die Rolle der IAEO geregelt. Mit Zustimmung des ARASIA Vertretungsorgans ist die IAEO ermächtigt, andere Staaten als die Mitgliedstaaten dieser Vereinbarung oder andere regionale oder internationale Organisationen zu ersuchen, sich finanziell oder durch andere Mittel an gemeinsamen Projekten, welche von der IAEO genehmigt worden sind, zu beteiligen. Die IAEO verpflichtet sich, die teilnehmenden Staaten hiervon zu unterrichten und verwaltet in Zusammenarbeit mit dem ARASIA Vertretungsorgan die Zuwendungen dieser Staaten. Dies erfolgt durch eine eigene Buchführung für jede Zuwendung.

Gemäß Art 8 verpflichtet sich jeder teilnehmende Staat die von der IAEO entwickelten Sicherheitsstandards und -maßnahmen, welches für das Zusammenarbeitsprojekt relevant ist, anzuwenden.

In Art 10 ist eine Streitbeilegungsklausel zu finden.

c) Übereinkommen über die Förderung der Kernforschung und -technologie in Lateinamerika und der Karibik

Am 25. September 1998 wurde das Übereinkommen über die Förderung der Kernforschung und -technologie in Lateinamerika und Karibik abgeschlossen. Dieses Übereinkommen ist mit Unterstützung der IAEO zu Stande gekommen, die auch bei diesem Übereinkommen unterstützend tätig ist. Ziel dieser Vereinbarung ist, dass die Vertragsparteien mit der Unterstützung der IAEO im Hinblick auf die Zusammenarbeit für Ausbildung Forschung, Entwicklung und Anwendung von Kernforschung und -technologie in Lateinamerika und in der Karibik durch die nationalen Institutionen fördern, koordinieren sowie Durchführungsmaßnahmen setzen können. Gemäß Art 2 werden von den einzelnen Vertragsstaaten ständige Vertreter ernannt, die ein Direktorium bilden, welches das höchste Entscheidungsorgan dieses Übereinkommens ist, und welches sich zumindest einmal im Jahr trifft. Dieses Direktorium ist zuständig für die Schaffung von Richtlinien, Strategien und Kompetenzen gemäß diesem Übereinkommen, weiters beschließt es die notwendigen rechtlichen Rahmenbedingungen um Ziele dieses Übereinkommens zu erreichen. Dies umfasst auch ein internes Regelwerk als auch finanzielle Vereinbarungen mit der IAEO. Weiters umfassen die Aufgaben des Direktoriums die Kontrolle sowie die jährliche Genehmigung der Programme und Projekte gemäß diesem Übereinkommen, ebenso die Kontrolle der Verwendung der Mittel.

Nach außen vertritt das Direktorium die Mitglieder dieses Übereinkommen mit den Staaten, die nicht Mitglied dieses Übereinkommens sind, mit internationalen Organisationen sowie NGO's als auch privaten Unternehmen.

Gemäß Art 3 wird ein technisches Koordinationsbüro geschaffen, welches von jedem Vertragsstaat durch einen hochrangigen Beamten beschickt wird. Dieses Organ soll sich zumindest einmal im Jahr treffen. Zu den Zuständigkeiten gehört die Umsetzungen der Entscheidungen, welche durch das Direktorium getroffen worden sind, die Beratung des Direktoriums hinsichtlich technischer Angelegenheiten, die Verfassung und jährliche Vorlage von Überlegungen für das Direktorium hinsichtlich der Programme und Projekte sowie der Aufbringung und Verwendung der Mittel, sowie die jährliche Kontrolle dieser Programme und Projekte mit gleichzeitiger Verfassung von Empfehlungen dem Direktorium.

Jeder Staat beteiligt sich auf freiwilliger Basis durch Bereitstellung der entsprechenden Mittel und/oder anderer Zuwendungen sowie der Bereitstellung von Einrichtungen, technischem Equipment, Material sowie Wissen und Know-how im jeweiligen Staatsgebiet.

Jede Teilnahme eines Vertragsstaats an einem entsprechenden Projekt erfolgt in Übereinstimmung mit dem jeweiligen nationalen Recht. Zu den Verpflichtungen der Vertragsstaaten gehören auch jährliche Berichte an das technische Koordinationsbüro zu übermitteln.

In Art 5 sind die Verpflichtungen der IAEO geregelt, welche beinhalten, dass die IAEO die Programme und Projekte welche gemäß diesem Übereinkommen eingerichtet worden sind, unterstützt. Die Zusammenarbeit erfolgt mit dem Direktorium sowie mit dem technischen Koordinationsbüro.

Bemerkenswert ist, dass gemäß Art 6 weder IAEO noch die Vertragsstaaten oder andere internationale Behörden NGO's und private Unternehmen, welche an den Programmen teilnehmen, nicht für die sichere Umsetzung der Programme und Projekte haften.

Ausdrücklich wird in Art 7 betont, dass alle diese Projekte nur zum Zwecke der friedlichen Nutzung erfolgen.

d) Regionales afrikanisches Kooperationsübereinkommen über Forschung, Entwicklung und Ausbildung im Bereich der Kernforschung und -technologie

Dieses regionale afrikanische Übereinkommen ist mit Hilfe der IAEO zustande gekommen. Gemäß Artikel 1, welcher als Präambel zu verstehen ist, arbeiten die Vertragsstaaten miteinander sowie mit der IAEO zusammen, um eine gemeinsame Forschung zu fördern und zu koordinieren, als auch die Entwicklung und die Ausbildung im Bereich der Nuklearwissenschaften, Kernforschung und -technologie durch ihre nationale Institutionen zu fördern.

Gemäß Artikel 2 soll es zumindest einmal im Jahr eine Tagung der Mitgliedstaaten und der IAEO geben, bei der die Programme als auch die Prioritäten festgelegt werden, in der gemeinsame Projekte angedacht und beschlossen werden, in der die Umsetzung dieser gemeinsamen Projekte überprüft wird, sowie der jährliche Bericht, erstellt von der IAEO, besprochen werden soll sowie die Bestimmungen über eine Zusammenarbeit mit Staaten festzulegen, die nicht Mitglied dieser Vereinbarung sind.

Nach Artikel 3 kann jeder Mitgliedstaat einen schriftlichen Vorschlag über Projekte der IAEO präsentieren, welche hierauf die anderen Vertragsparteien hiervon unterrichtet. Dieser Vorschlag soll eine genaue Beschreibung dieses Projektes enthalten, sowie die Mittel zur Durchführung festlegen.

Jeder Vertragsstaat kann im gemeinsamen Projekt mitarbeiten, nachdem die IAEO davon verständigt wurde, welche wiederum die Verpflichtung hat, den anderen Vertragsparteien hiervon Kenntnis zu geben.

Jeder Mitgliedstaat ist verpflichtet, bei Durchführung eines solchen gemeinsamen Projektes unter Beachtung seines nationalen Rechts die notwendigen und vorhandenen wissenschaftlichen und technischen Einrichtungen sowie das notwendige Personal hierfür zur Verfügung zu stellen sowie alle notwendigen Schritte zu setzen, die es ermöglichen, dass Wissenschaftler, Ingenieure sowie technische Experten von den anderen teilnehmenden Staaten oder von der IAEO, welche in diesem Projekt mitarbeiten, akzeptiert werden. Jeder teilnehmende Vertragsstaat hat in einem jährlichen Bericht der IAEO von der Durchführung dieses Projektes zu berichten.

Gemäß Artikel 6 ist jeder Vertragsstaat verpflichtet, einen entsprechenden bevollmächtigten Vertreter zu bestellen,[584] welcher den notwendigen technischen Sachverstand hat um als nationaler Koordinator mit der entsprechenden Verantwortung für das Projekt zu handeln. Von allen diesen Koordinatoren wird gemeinsam eine technische Arbeitsgruppe eingerichtet, deren Aufgabe es ist, einerseits die Details der Umsetzung von jeder gemeinsamen Forschungsarbeit mit den Zielen zu bestimmen, einzurichten und, falls es notwendig ist, zu ergänzen, die Aufteilung der Projekte an jeden Vertragsstaat, die Umsetzung von jedem dieser Projekte zu überwachen und Empfehlungen der IAEO als auch den Regierungen auf Grund der Erfahrung zu geben.

Gemäß Artikel 7 übernimmt die IAEO die Aufgaben eines Sekretariates für dieses Abkommen.

Nach Artikel 8 kann in Zustimmung der Mitgliedstaaten die IAEO jeden ihrer Mitgliedstaaten oder andere regionale oder internationale Organisationen einladen, sich an diesen Projekten finanziell oder mit anderen Mitteln zu beteiligen. Die IAEO ist verpflichtet die an solchen Projekten teilnehmenden Mitgliedstaaten hierüber zu informieren.

In diesem Zusammenhang ist darauf zu verweisen, dass die IAEO verpflichtet ist, getrennte eigene Unterlagen und Konten für jede dieser Zuwendungen zu unterhalten.

Nach Artikel 9 ist unter Berücksichtigung des nationalen Rechts jeder Vertragsstaat verpflichtet, die von der IAEO festgesetzten Sicherheitsstandards und Maßnahmen, welche für dieses Vorschlagsprojekt relevant sein können, anzuwenden. Falls Streitigkeiten aus diesem Übereinkommen entstehen, sollen diese durch Verhandlungen zwischen den Vertragsparteien gelöst werden.

e) Abkommen IAEO mit der UNO

1958 wurde das Abkommen zwischen der UNO und der IAEO hinsichtlich der wechselseitigen Rechte und Pflichten abgeschlossen. Gemäß Art 1 anerkennt die UNO die IAEO als internationale Organisation, zu deren Aufgaben es gemäß diesem Übereinkommen zählt, die internationalen Aktivitäten hinsichtlich der friedlichen Nutzung

584 Im englischen Text heißt es „High Ranking Official“.

der Kernenergie gemäß dem Statut und ohne Einschränkung der Rechte und Verantwortlichkeiten der UNO in Zusammenhang mit der UNO Charta zu vollziehen. Die UNO anerkennt somit die IAEO als internationale Organisation mit internationalen Verantwortlichkeiten als selbständige internationale Organisation, deren Beziehungen zur UNO geregelt sind, an.

Gemäß Art 2 vereinbaren die UNO und IAEO, dass sie gemeinsam Maßnahmen setzen, um vertrauliches Material, welches von den Mitgliedstaaten oder Dritten zur Verfügung gestellt wird, und auch für den Sicherheitsrat bestimmt ist, vertraulich zu behandeln.

Gemäß Art 3 erstattet die IAEO durch Berichte über ihre Aktivitäten an die Generalversammlung bei jeder von deren regulären Sitzungen, übermittelt Berichte, falls notwendig, an den Sicherheitsrat und informiert den Sicherheitsrat, wann immer die Aktivitäten der IAEO Fragen aufwerfen, die die Zuständigkeit des Sicherheitsrates betreffen, sowie übermittelt Berichte an den Wirtschafts- und Sozialausschuss oder zu anderen Organen der UNO, welche ihre Zuständigkeiten betreffen. Weiters verpflichtet sich die IAEO, dem Sicherheitsrat sowie der Generalversammlung jeden Fall zu berichten, der die Non Proliferation betrifft. Die IAEO ist die einzige UN-Organisation, welche direkten Zugang zum Sicherheitsrat hat.

Der UNO Generalsekretär ist gemäß Art 4 verpflichtet, der UNO über die gemeinsamen Aktivitäten zwischen der UNO und der IAEO und der Entwicklung der Beziehungen zueinander zu berichten.

Gemäß Art 5 sind sämtliche Resolutionen, welche die IAEO betreffen, gleichgültig ob sie von der Generalversammlung oder einem anderen Rat der UNO gefasst werden, zu berichten. Diese Resolutionen sollen mit allen notwendigen Unterlagen an die IAEO übermittelt werden. Auf Aufforderung übermittelt die IAEO einen Bericht über jede Handlung, welche mit dem Statut der IAEO in Zusammenhang steht, oder unter einzelne Artikel subsumiert werden kann.

Gemäß Art 6 sollen alle notwendigen Informationen und Dokumente vollständig und ehest möglich zwischen der UNO und der IAEO ausgetauscht werden. Im Rahmen ihres Aufgabenbereiches und soweit es möglich ist, wird die IAEO spezielle Studien, Forschungsergebnisse oder Informationen der UNO übermitteln. Auf Aufforderung wird die UNO der IAEO mit Forschungsergebnissen oder Informationen weiterleiten, die in den Bereich der IAEO fallen.

Der UNO Generalsekretär ist gemäß Art 7 berechtigt ohne Stimme in allen Angelegenheiten von allgemeinem Interesse bei den Sitzungen der Generalkonferenz oder beim Gouverneursrat der IAEO teilzunehmen. Der Generalsekretär soll ebenfalls, falls notwendig, eingeladen werden, an allen solchen Sitzungen ohne Stimmrecht teilzunehmen, wenn die IAEO zur Ansicht gelangt, dass dies Angelegenheiten betrifft, welche von besonderem Interesse für die UNO sind. Der UNO Generalsekretär kann für diese Zwecke auch eine Person als seinen Vertreter bestimmen. Im Gegenzug ist der Generaldirektor der IAEO berechtigt, an den Vollversammlungen der Generalsversammlung der UNO zum Zwecke der Beratung teilzunehmen. Er ist ebenfalls berechtigt ohne Stimme an Ausschüssen der Generalversammlung teilzunehmen ebenso im Wirtschaft- und Sozialrat, im Treuhandschaftsrat[585] sowie in allen anderen untergeordneten Organisationen. Auf Einladung des Sicherheitsrates ist der Generaldirektor berechtigt, an solchen Sitzungen teilzunehmen und dort Informationen zu erhalten oder zu geben. Der Generaldirektor hat das Recht, für solche Zwecke einen Delegierten an Stelle seiner Person zu bestimmen. Schriftliche Stellungnahmen der UNO, welche der IAEO zur Verteilung übermittelt werden, werden von dieser an alle Mitglieder der zuständigen Organe der IAEO übermittelt. Dies gilt auch vice versa.

Nach Art 8 ist die UNO berechtigt Fragen zur Klärung durch die IAEO dieser bekannt zu geben. In diesen Fällen übermittelt die UNO dem Generaldirektor der IAEO diese Darstellungen und der Generaldirektor setzt diese Probleme als Tagesordnung auf die vorläufige Tagesordnung der Generalkonferenz oder im Gouverneursrat oder in einem anderen Organ der IAEO, welches dafür zuständig ist. Dies gilt auch umgekehrt.

Nach Art 9 arbeitet die IAEO mit dem Sicherheitsrat zusammen und übermittelt auf Ansuchen Information und Unterstützung falls notwendig, um Friedenshaltung oder Friedensherstellung und internationale Sicherheit zu gewährleisten.

Nach Art 10 verpflichtet sich die UNO, alle notwendigen Schritte zu setzen, um die Generalkonferenz oder den Gouverneursrat der IAEO zu ermächtigen, eine Rechtsauskunft vom internationalen Gerichtshof betreffend jeder rechtlichen Frage, welche durch die Aktivitäten der IAEO entsteht, oder jede andere Frage, betreffend dem Verhältnis zwischen der IAEO, der UNO und spezialisierter Organisationen einzuholen. Die IAEO verpflichtet sich bei Einhaltung der notwendigen Vertraulichkeiten im Safeguard Bereich sämtliche Informationen dem internationalen Gerichtshof zukommen zu lassen.

Die UNO und die IAEO kommen überein, dass es notwendig ist, eine Koordinierung der Aktivitäten vorzunehmen. Dies erfolgt gemäß Art 12 durch eine entsprechende enge Zusammenarbeit der Sekretariate des Generalsekretärs und des Generaldirektors.

Gemäß Art 13 kommt es zu einer abgestimmten Verwaltungszusammenarbeit insbesondere in statistischen Angelegenheiten (Art 14).

Ebenso kommt es gemäß Art 15 zu einer wechselseitigen technischen Unterstützung, nach Art 16 zu Finanziellen- und Budgetvereinbarungen.

Nach Art 18 werden zwischen der UNO und der IAEO einheitlich international arbeitsrechtliche Bedingungen vereinbart, um arbeitsrechtliche Differenzen zwischen den beiden internationalen Organisationen zu beseitigen.

Von besonderer Bedeutung ist, dass gemäß Art 19 Mitarbeiter der IAEO berechtigt sind, den Laisser-Passer (UNO Pass) als gültiges Reisedokument gemäß den allgemein anerkannten Bedingungen zu benützen.

585 Dieser ist heute nicht mehr in Funktion.

f) Abkommen IAEO und anderer internationaler Organisationen

Die IAEO hat seit ihrer Gründung weiters unter anderem mit der UNESCO (United Nations Educational Scientific and Cultural Organisation), der ILO (International Labour Organisation), der WHO (World Health Organisation), der WMO (World Metrological Organisation), der ICAO (International Civil Aviation Organisation) und der FAO (Food and Agriculture Organisation of the United Nations) Vereinbarungen über die Zusammenarbeit abgeschlossen.

g) Abkommen über die Zusammenarbeit zwischen Euratom und der IAEO[586]

Zweck dieses Abkommens sind die in der Satzung der IAEO und Euratom niedergelegten Ziele zu fördern. Gemäß Art II wird Euratom aufgefordert, zu den regelmäßig stattfindenden jährlichen Sitzungen der Generalkonferenz Vertreter zu entsenden, wobei diese ohne Stimmrecht an den Beratungen dieses Organs und gegebenenfalls seiner Ausschüsse teilnehmen können, sofern die Tagesordnung Punkte umfasst, die für Euratom von Bedeutung sind. Weiters wird gewährleistet, dass sowohl die IAEO als auch Euratom die erforderlichen Vorkehrungen treffen, um eine wechselseitige Vertretung bei allen unter ihrer Leitung einberufenen einschlägigen Sitzungen zu gewährleisten.

Nach Art III findet zwischen Euratom und der IAEO ein umfassender Austausch von Informationen und Unterlagen statt, wobei Einschränkungen infolge des vertraulichen Charakters bestimmte Informationen und Unterlagen möglich sind.

O) Übereinkommen über die Verhinderung der Verschmutzung der Meere durch Abfall und andere Stoffe

Dieser völkerrechtliche Vertrag vom 13. November 1972 (London Convention) hat das Ziel, die Verhinderung der Verschmutzung der Meere durch Abfall und andere Stoffe zu regeln. Das Protokoll 1996 stellt eine Neutextierung des Übereinkommens dar.

In Artikel 1 vereinbaren die Vertragsparteien, alleine oder gemeinsam entsprechende Kontrollen aller Quellen der Verschmutzung des Meeres einzurichten und verpflichten sich weiters, alle notwendigen Schritte zu setzen, um die Verschmutzung des Meeres durch Müllentsorgung oder Stoffen, welche für die menschliche Gesundheit, für die Meeresumwelt gefährlich sind, zu verhindern, und ihr vorzu-

586 75/780/Euratom, Abkommen über die Zusammenarbeit zwischen der Europäischen Atomgemeinschaft und der Internationalen Atomenergieorganisation, ABl Nr L 329 vom 23.12.1975, S 28. Zur Vorgeschichte: *Gmelin* in Schriefer/Sandtner/Rudischhauser (Hrsg), 50 Jahre Internationale Atomenergie-Organisation IAEO (2007), 154ff.

beugen. Diese Verpflichtung besteht für die Vertragsparteien im Rahmen ihrer wissenschaftlichen, technischen und wirtschaftlichen Möglichkeiten.

Es verpflichten sich die Vertragsparteien, durch nationale Behörden oder internationale Organisationen, die Meeresumwelt gegen radioaktive Stoffe zu schützen.

3. Internationale Verträge mit der EU

A) Abkommen im Bereich der Kernenergie

a) Einleitung

Die EAG verfügt im Bereich der Versorgung auf dem Kerngebiet sowohl im Inneren als auch in den Außenbeziehungen über eine ausschließliche Zuständigkeit, deren Inhalt in den Art 52 bis 76 EA niedergelegt ist.[587] Von besonderer Bedeutung bei den Außenbeziehungen ist der Beschluss des EuGH vom 14.11.1978.[588] Die Leitsätze dieser Entscheidung lauten wie folgt:

Die Gemeinschaft verfügt im Bereich der Versorgung auf dem Kerngebiet sowohl in den Innen- wie in den Außenbeziehungen über eine ausschließliche Zuständigkeit, deren Inhalt in den Art 52–76 EA niedergelegt ist. Selbst im Hinblick auf die Mengen spaltbarer Stoffe, die gemäß den Art 62 Abs 2, 74 und 75 EA von den Bestimmungen über das System der Versorgung ausgenommen sind, so übt die Gemeinschaft eine strenge Überwachung aus, sodass die Bestimmungen den Grundsatz ihrer ausschließlichen Zuständigkeiten nicht in Frage stellen.

Art 195 EA ist nicht zur Regelung eines Zuständigkeitsproblems in den Beziehungen zwischen der Gemeinschaft und den Mitgliedstaaten bestimmt. Es soll die Organe der Gemeinschaft sowie die Versorgungsagentur und die gemeinsamen Unternehmen zur Beachtung der von den Mitgliedstaaten auf ihrem Hoheitsgebiet aus Gründen der öffentlichen Ordnung oder der Volksgesundheit erlassenen Vorschriften für den Zugang zu den spaltbaren Stoffen verpflichten. Art 195 EA beschränkt also weder das Recht oder die Pflicht der Gemeinschaft, Bestimmungen zur Gewährleistung der Sicherheit von Materialien und Anlagen, für die sie selbst die Verantwortung trägt, zu erlassen, noch die Möglichkeit, für die Gemeinschaft internationale Verpflichtungen über diesen Gegenstand einzugehen.

Die Gemeinschaft trägt eine allgemeine Verantwortung für das ordnungsgemäße Funktionieren des gemeinsamen Marktes auf dem Kerngebiet. Wenn man die Art 92ff EA betreffend des gemeinsamen Marktes auf dem Kerngebiet im Zusammenhang mit dem AEUV sieht, stellen sie sich als bloße Ausformung der Rechtsvorstellungen, von denen das Gefüge des gemeinsamen Marktes getragen wird, auf ei-

---

587 EuGH, B v 14.11.1978, RS B 1/78, IAEO, Slg 1978, 2151.
588 EuGH, B v 14.11.1978, RS B 1/78, IAEO, Slg 1978, 2151.

nem hoch spezialisierten Gebiet dar. Wie der AEUV, so ist auch der EA darauf gerichtet, in seinem materiellen Anwendungsbereich einen einheitlichen Wirtschaftraum zu schaffen; die Kommission und die Versorgungsagentur haben im Inneren dieses von Hindernissen befreiten Raumes ihre ausschließliche Befugnis im Rahmen der Gemeinschaft auszuüben.

Die in Kapitel VII EA vorgesehene Überwachung der Sicherheit richtet sich gegen jede zweckwidrige Verwendung von Kernmaterial, die ein „Sicherheits"-Risiko birgt, d.h. das Risiko einer Gefährdung der lebenswichtigen Interessen der Völker und Staaten. Es kann daher kein Zweifel bestehen, dass der Begriff „Überwachung der Sicherheit" nach dem EA umfassend genug ist, um auch Maßnahmen des Objektschutzes von Kernstoffen einzuschließen.

Die Ausübung der Befugnisse der Gemeinschaft auf dem Gebiet der Sicherheitsüberwachung würde behindert, und die in diesem Bereich von der Gemeinschaft übernommene Verantwortung würde missachtet werden, wenn sich die Mitgliedstaaten ohne der Mitwirkung der Gemeinschaft verpflichten würden, im Rahmen eines internationalen Übereinkommens über Objektschutz von Kernmaterial, kerntechnischen Anlagen und Nukleartransporte einen Komplex von Vorbeugungsmaßregeln zu treffen, die auch Maßnahmen zur Überwachung der Benutzer des der Herrschaft der Gemeinschaft unterliegenden spaltbaren Materials umfassen könnten.

Die im Vertrag festgelegte Regelung des Eigentumsrechtes bewirkt, dass die Gemeinschaft, welcher Verwendung das Kernmaterial auch zugeführt werden mag, alleinige Inhaberin der Vorrechte bleibt, die den wesentlichen Inhalt des Eigentumsrechtes ausmachen. Im Gegensatz zu dem Nutzungs- und Verbrauchsrecht, das zum Zwecke der wirtschaftlichen Verwertung auf eine Vielzahl verschiedener Besitzer verteilt ist, so ist das Eigentumsrecht an den spaltbaren Stoffen durch den Vertrag in den Händen eines gemeinsamen öffentlichen Funktionsträgers, nämlich der Gemeinschaft, konzentriert worden; diese – nur diese alleine – ist somit in der Lage, in ihrem Wirkungsbereich sicher zu stellen, dass bei der Verwaltung des Kernmaterials die generellen Bedürfnisse der Allgemeinheit gewahrt bleiben.

In dem Ausmaß, in dem der Gemeinschaft aufgrund des EA Zuständigkeiten und Befugnisse zugewiesen worden sind, muss sie auch in der Lage sein, diese in voller Autonomie wahrzunehmen. Es steht den Mitgliedstaaten, ob sie nun einzeln oder gemeinsam handeln, nicht mehr zu, der Gemeinschaft Verpflichtungen aufzuerlegen, welche die Ausübung der Befugnisse bedingt, die nunmehr ihr zustimmen und daher nicht mehr in die Sphäre der staatlichen Souveränität fallen. Im Umfang also, in dem die Gemeinschaft zur Beachtung eines internationalen Übereinkommens auf dem Gebiet des Objektschutzes von Kernmaterial, kerntechnischen Anlagen und Nukleartransporten verpflichtet sein soll, muss sie selbst es sein, die sich durch ihre eigenen Organe bindet.

Wenn sich herausstellt, dass der Gegenstand eines Abkommens oder einer Vereinbarung teilweise der Zuständigkeit der Gemeinschaft und teilweise die der Mitgliedstaaten fällt, ist es durchaus angebracht, von dem Verfahren des Art 102 EA Gebrauch zu machen, wonach solche Verpflichtungen von der Gemeinschaft in Verbindung mit den Mitgliedstaaten übernommen werden können. In diesem Zusammenhang ist es nicht erforderlich, den anderen Parteien des Übereinkommens gegenüber die Verteilung der einschlägigen Zuständigkeiten zwischen der Gemeinschaft und den Mitgliedstaaten aufzuzeigen und festzulegen, zumal sich diese Zuständigkeitsverteilung im Laufe der Zeit weiter entwickeln könnte. Es genügt, den anderen Vertragsparteien gegenüber festzustellen, dass in der Materie die Zuständigkeiten innerhalb der Gemeinschaft verteilt sind, wobei die genaue Beschaffenheit dieser Verteilung eine interne Frage ist, in die sich die dritten Länder nicht einzumischen haben.

Die mit dem Vollzug des Abkommens oder Übereinkommens zusammenhängenden Fragen sind anhand der gleichen Grundsätze zu lösen, nach denen sich die Kompetenzverteilung im Bezug auf die innergemeinschaftliche Aufgabenverteilung richtet, und zwar unter Berücksichtigung der allgemeinen Bestimmungen des EA über die Zuständigkeit des Rates und der Kommission sowie Zusammenarbeit der Mitgliedstaaten nach den Reglungen des EUV und AEUV.

Die Leitsätze des Beschlusses IAEO beruhen auf der Stellungnahme des EuGH aufgrund des Antrages der Regierung des Königreichs Belgien gemäß Art 103 EA betreffend des Übereinkommens für den Objektschutz von Kernmaterial, kerntechnischen Anlagen und Nukleartransporten, das im Rahmen der IAEO ausgearbeitet wurde. Wie sich aus den amtlichen Leitsätzen ergibt, ist die Entscheidung die Basis für den Abschluss sämtlicher weiterer Verträge zwischen Euratom und Drittstaaten bzw. internationalen Organisationen.

Im Urteil Kommission/Rat[589] vertrat der EuGH die Ansicht, dass „der Gemeinschaft umfassende Kompetenzen zum Abschluss internationaler Verträge gemäß den Bestimmungen des EA eingeräumt worden sind. Obzwar die Gemeinschaft nicht die Kompetenz für den Bau oder den Betrieb von Kernanlagen habe, so habe sie jedoch aus dem Titel des Gesundheitsschutzes das Recht entsprechende Maßnahmen zu setzen.“[590]

In der MOX Entscheidung wurde ausdrücklich vom EuGH festgehalten, dass bei gemischten Übereinkommen, wie dem Seerechtsübereinkommen, diese in der Gemeinschaftsrechtsordnung denselben Status wie rein gemeinschaftsrechtliche Übereinkünfte haben, soweit es um Bestimmungen gehe, die in die Zuständigkeit der Gemeinschaft fallen.[591]

---

589 EuGH, U v 10.1.2002, RS C-29/99, Kommission/Rat, Slg 2002, I-11221.

590 EuGH, U v 10.1.2002, RS C-29/99, Kommission/Rat, Slg 2002, I-11221, Rn 89.

591 EuGH, U v 30.5.2006, RS 459/03, Kommission/Irland, Slg 2006, I-4635, Rn 84; näheres bei *Lavranos* The MOX-Plant judgment of the ECJ: How exclusive is the jurisdiction of the ECJ?, EELR 2006, 291ff. Zur Vorgeschichte: *Churchill/Scott* The MOX plant litigation, The international and comparative law quarterly, 2004, 643ff.

b) Kooperationsabkommen im Bereich der friedlichen Nutzung der Kernenergie zwischen Euratom und Usbekistan

Auf Basis des Partnerschafts- und Kooperationsabkommens (PKA) zwischen Euratom, ihren Mitgliedstaaten und Usbekistan, welches den Nuklearhandel zum Gegenstand hat, wurde dieses Kooperationsabkommen geschlossen.[592] Gemäß Art 1 ist Ziel des Abkommens die Bereitstellung eines Rahmen für die Zusammenarbeit bei der friedlichen Nutzung der Kernenergie, um die gesamte Zusammenarbeit zwischen Euratom und Usbekistan gemäß dem Prinzip des gegenseitigen Nutzens und Reziprozität ohne Beeinträchtigung und der jeweiligen Befugnisse zu stärken. Gemäß Art 13 versteht man unter „Kernmaterial" Ausgangsmaterial oder besonders spaltbares Material gemäß der Definition des Artikels XX der IAEO Satzung.

c) Abkommen zwischen Kanada und Euratom über die Zusammenarbeit bei der friedlichen Nutzung der Atomenergie[593]

Das Abkommen zwischen Euratom und Kanada über die Zusammenarbeit bei der friedlichen Nutzung der Kernenergie war eines der ersten bilateralen Abkommen, welche Euratom abgeschlossen hat. Dieses Abkommen unterlag mehreren Ergänzungen und Änderungen.

In diesem Abkommen wurden die Bereiche der Zusammenarbeit geregelt, insbesondere die Zusammenarbeit beim Abbau, bei der Produktion sowie bei der Wissenschaft und Forschung.

d) Abkommen zwischen Euratom und den USA

Unmittelbar nach Gründung von Euratom wurde ein erstes Abkommen zwischen - Euratom und den USA abgeschlossen.[594] Die Vertragsparteien verpflichten sich im Rahmen von Programmen zur Förderung der Nutzung der Atomenergie für friedliche Zwecke zusammen zu arbeiten. Die Zusammenarbeit wird auf Grund von zu verein-

---

592 Kooperationsabkommen im Bereich der friedlichen Nutzung der Kernenergie zwischen der europäischen Atomgemeinschaft (Euratom) und der Regierung der Republik Usbekistan, ABl Nr L 269 v. 21.10.2003, S 9.

593 Abkommen zwischen der Europäischen Atomgemeinschaft (Euratom) und der Regierung von Kanada vom 6. Oktober 1959 über Zusammenarbeit bei der friedlichen Nutzung der Atomenergie, ABl Nr B 60 vom 24.11.1959, S 1165 idF der Änderung des Abkommens zwischen der Europäischen Atomgemeinschaft (Euratom) und der Regierung Kanadas vom 6. Oktober 1959 über Zusammenarbeit bei der friedlichen Nutzung der Atomenergie in Form eines Briefwechsels, ABl Nr L 65 vom 8.3.1978, S 16 idF ABl Nr C 191 vom 31.7.1985, S 3.

594 Abkommen zwischen der Europäischen Atomgemeinschaft (Euratom) und der Regierung der Vereinigten Staaten von Amerika, ABl Nr 17 vom 19.3.1959, S 309.

barenden Bedingungen stattfinden, welche sämtlichen Rechtsvorschriften, die jeweils für die Vertragspartner gültig sind, unterliegen.

Dieses Basisübereinkommen ist die Grundlage der intensiven Zusammenarbeit zwischen Euratom und den USA auf dem Gebiet der friedlichen Nutzung der Kernenergie.

1996 schlossen die USA mit der Euratom ein Übereinkommen über die friedliche Zusammenarbeit auf dem Gebiet der Kernenergie.[595] Auf Grundlage der Abkommen vom 27. August 1958 und dem Zusatzabkommen vom 25. Juli 1960 über die Zusammenarbeit von Euratom und den Vereinigten Staaten von Amerika auf dem Gebiet der friedlichen Nutzung der Kernenergie wurde auch im Zuge der rechtlichen und wissenschaftlichen Weiterentwicklung, sowie infolge des Beitritts mehrerer Staaten zum EA, dieses Abkommen abgeschlossen.

Gemäß Art 1 arbeiten die Vertragsparteien im Bereich der Forschung auf dem Gebiet der Kernspaltung und -entwicklung gemäß den Bedingungen, die die Parteien vereinbaren, bei Fragen der nuklearen Sicherheit von beiderseitigem Interesse und beiderseitigen Zuständigkeit, bei der Erleichterung des Austausches und der Zusammenarbeit im industriellen oder kommerziellen Maßstab zwischen Personen und Unternehmen, vorbehaltlich dieses Abkommen bei Lieferung von nichtnuklearen Material, Kernmaterial und Ausrüstungen sowie Erbringung von Dienstleistungen des Kernbrennstoffkreislaufes entweder zur Nutzung oder durch oder zum Nutzen von Vertragsparteien oder Drittstaaten, beim Informationsaustausch über wichtige internationale Fragen im Zusammenhang mit der Kernenergie die Förderung der Entwicklung auf dem Gebiet der internationalen nuklearen Sicherungsmaßnahmen und der Nichtverbreitung in Bereichen von beiderseitigem Interesse und in beiderseitigem Zuständigkeit einschließlich der Zusammenarbeit mit der IAEO in Fragen der Sicherungsmaßnahmen und der Wechselbeziehung zwischen Kernenergie und Umwelt, bei der kontrollierten thermonuklearen Fusion einschließlich multilateraler Projekte, sowie in den sonstigen Bereichen beiderseitigen Interesses, zusammen.

Die wissenschaftliche Zusammenarbeit erfolgt auf dem Gebiet der nuklearen Sicherheit einschließlich ordnungspolitischer und betrieblicher Aspekte des Strahlenschutzes, bei der Entwicklung der Kernenergie, darunter Forschung über neue Reaktoren, der Stilllegung kerntechnischer Anlagen, der Strahlensicherheitsforschung im Bereich der Abfallentsorgung und -endlagerung und der Wechselbeziehung

595 96/314/Euratom: Abkommen über die Zusammenarbeit auf dem Gebiet der friedlichen Nutzung der Kernenergie zwischen der Europäischen Atomgemeinschaft und den Vereinigten Staaten von Amerika – Vereinbarte Niederschrift- Erklärung zur Nichtverbreitungspolitik, ABl Nr L 120 vom 20.5.1996, S 1. Im Juni 1995 veröffentlichte das US General Accounting Office nachstehenden Report über die Exportkontrolle: „Nuclear Nonproliferation – Information on Nuclear Exports Controlled by U.S-Euratom Agreement“.

zwischen Kernenergie und Umwelt, bei nuklearen Sicherungsmaßnahmen, bei Forschung zur kontrollierten thermonuklearen Fusion, darunter bei bilateralen Arbeiten und Beiträgen zu multilateralen Projekten wie den internationalen thermonuklearen Experimentalreaktor (ITER). Diese Zusammenarbeit kann in der Ausbildung, im Personalaustausch, in Sitzungen, im Austausch von Proben, Materialien und Instrumenten für Versuchszwecke und einer ausgeglichenen Beteiligung an gemeinsamen Studienprojekten bestehen. Diese Aufzählung ist demonstrativ.

Von besonderer Bedeutung ist die industrielle und handelspolitische Zusammenarbeit, bei der sich die Vertragsparteien gemäß Art IV des NPT verpflichten, den weitest möglichen Austausch von Ausrüstungen, Material und wissenschaftlichen und technologischen Informationen zur friedlichen Nutzung der Kernenergie zu erleichtern. Zu diesem Zweck fördern die Vertragsparteien gegebenenfalls die Handelsbeziehungen zwischen Personen und Unternehmen auf dem Gebiet der kerntechnischen Zusammenarbeit. Diese umfasst Investitionen, Joint Ventures, die Zusammenarbeit bei Umweltaspekten in Industrie und Handel, Handel mit nuklearen Gütern und nichtnuklearem Material, die Erbringung von technischen Spezialdiensten, sowie Lizenzvereinbarungen zwischen Personen und Unternehmen im Hoheitsgebiet einer der Vertragsparteien.

Weiters verpflichten sich die Vertragsparteien, den Nuklearhandel untereinander in beiderseitigem Interesse von Industrie, Elektrizitätsversorgungsunternehmen und Verbraucher zu erleichtern. Die Genehmigungen, einschließlich Export- und Importlizenzen sowie einschlägige Genehmigungen oder Zustimmungen für Drittparteien, für den Handel, industrielle Tätigkeiten oder Kernmaterialverbrennungen in Hoheitsgebieten der Vertragsparteien dürfen jedoch nicht benutzt werden, um den Handel zu beschränken. Die zuständigen Behörden verpflichten sich, die Anträge auf solche Genehmigungen möglichst effizient und rasch und ohne unverhältnismäßigen Aufwand zu bearbeiten. Die Vertragsparteien sehen geeignete Verwaltungsverfahren vor, um die Einhaltung dieser Verpflichtung zu gewährleisten.

Nach Art 5 unterliegen nichtnukleares Material, Kernmaterial und Ausrüstungen, die zwischen den Vertragsparteien oder ihren Personen oder Unternehmen direkt oder über ein Drittland weitergegeben werden, diesem Abkommen, sobald sie im Hoheitsbereich der Empfangspartei sind, sofern die Lieferpartei der Empfangspartei schriftlich den geplanten Transfer mitgeteilt und die Empfangspartei schriftlich den Erhalt der Mitteilung bestätigt hat. Diese Güter unterliegen nach Art 5 Abs 2 diesem Abkommen solange, bis nach den in der Verwaltungsvereinbarung festgelegten Verfahren festgestellt wurde, dass die Güter erneut weitergegeben wurden, sodass sie sich außerhalb des Hoheitsgebietes der Empfangspartei befinden.

Unter Sicherungsmaßnahmen nach Art 6 sind diejenigen Maßnahmen zu verstehen, die Euratom gemäß dem EA und die IAEO gemäß dem Übereinkommen zwischen der Euratom, ihren Mitgliedstaaten, die nicht Kernwaffenstaaten sind, und der IAEO, dem Übereinkommen zwischen Euratom, dem Vereinigten Königreich und der IAEO, dem Übereinkommen zwischen Euratom, Frankreich und der IAEO, dem Abkommen zwischen den USA und der IAEO betreffen.

Nach Art 7 wird die Zusammenarbeit zu friedlichen Zwecken festgelegt. Ausdrücklich wird festgehalten, dass nichtnukleare Materialien, Kernmaterial und Ausrüstungen, die gemäß diesem Abkommen weitergegeben werden, nicht für Kernsprengkörper oder für die Forschung über Kernsprengkörper, oder zu deren Entwicklung, oder irgend einem militärischen Zweck verwendet werden dürfen.

Die in Art 8 definierten Tätigkeiten des Kernbrennstoffkreislaufes umfassen die Anreicherung von Uran 235, die Bestrahlung von Plutonium sowie von Uran 233, hochangereichertem Uran, die Rückführung in Drittländer von schwach angereichertem Uran, nichtnuklearem Material, von bestrahltem Kernmaterial, sowie von sonstigem Kernmaterial. Weiters umfasst ist die Nachbestrahlungsuntersuchung, die Konditionierung, Lagerung und endgültige Beseitigung von bestrahltem Material. Die Tätigkeiten des Kernbrennstoffkreislaufes umfassen die Wiederaufbereitung von Kernmaterialien, die Veränderungen hinsichtlich Form oder Inhalt von Plutonium, Uran 233 oder hochangereichertem Uran.

Art 10 verweist ausdrücklich auf die Durchführung und Durchsetzung dieses Abkommen nach Treu und Glauben und unter der Berücksichtigung der legitimierten handelspolitischen internationalen sowie inländischen Interessen jeder Vertragspartei.

Jede Vertragspartei verpflichtet sich gemäß Art 11 für einen angemessenen physischen Schutz von Kernmaterial, welches gemäß diesem Abkommen weitergegeben wurde. Hierbei wird ausdrücklich auf die Kriterien des Anhanges C des IAEO Dokuments INFCIRC 254/Rev. 1/Teil 1 (Guidelines for Nuclear Transfers) als auch des IAEO Dokuments INFCIRC 225/Rev. 3 für den physischen Schutz von Kernmaterial verwiesen. In Art 12 sind Konsultationsregelungen und Regelungen für die Beilegung von Streitigkeiten (Schiedsverfahren) ausführlich dargestellt.

e) Abkommen zwischen Euratom und Kanada über die Zusammenarbeit bei der friedlichen Nutzung der Kernenergie[596]

Das am 17. Dezember 1998 abgeschlossene Abkommen zwischen Euratom und Kanada ist als eine Ergänzung des Abkommens zwischen Euratom und Kanada von 1959 zu verstehen. Nach Art 1 ist Ziel des Abkommens die Förderung und Erleichterung der Zusammenarbeit bei der friedlichen, nicht auf Sprengkörper ausgerichteten nichtmilitärischen Nutzung der Kernenergie, auf Gebieten von gemeinsamen Interesse, auf denen die Vertragsparteien Forschungs- und Entwicklungstätigkeiten unterstützen, um die für diese Interessensgebiete wichtige Wissenschaft

596 Abkommen zwischen Kanada und der Europäischen Atomgemeinschaft über Zusammenarbeit bei der Kernforschung, ABl Nr L 346 vom 22.12.1998, S 65.

und/oder Technologie voranzubringen. In Art 2 sind die Begriffsbestimmungen geregelt. Gemäß Art 9 sind die Grundsätze der Zusammenarbeit über beiderseitigen Nutzen, das Diskriminierungsverbot, der rechtzeitige Austausch von Wissen, der wirksame Schutz von geistigem Eigentum und die Aufteilung der Rechte an geistigem Eigentum sind ebenfalls Teil des Übereinkommens.

Die Zusammenarbeit erfolgt im Bereich der nuklearen Sicherungsmaßnahmen, der Entsorgung radioaktiver Abfälle einschließlich der Endlagerung, der Stilllegung kerntechnischer Anlagen, dem Strahlenschutz, der Kernreaktorsicherheit sowie der kontrollierten Kernfusion. Die Art der Zusammenarbeit ist in den Art 5 und 6 geregelt. Um die Zusammenarbeit effektiv zu gestalten sind in Art 8 Bestimmungen betreffend der erleichterten Einreise von Personal und der Einfuhr von Ausrüstung vereinbart. Die Verbreitung und das Verwerten von Wissen sowie dem damit verbundenen Recht am geistigen Eigentum sind ebenfalls festgehalten.

Von besonderer Bedeutung ist der Anhang, in dem das wechselseitige Know-how sowie der Erwerb weiteren Know-hows samt dem Schutz und der Verwertung ausführlich dargelegt ist.

f) Abkommen über die Zusammenarbeit zwischen Euratom und der Internationalen Arbeitsorganisation (ILO)[597]

Sowohl in der Präambel als auch in Art 1 ist geregelt, dass Ziel und Zweck des Übereinkommens zwischen Euratom und der Internationalen Arbeitsorganisation ist das wechselseitige Konsultationen über Fragen von gemeinsamen Interesse vorzunehmen, um ihre Ziele auf sozialem Gebiet, insbesondere auf dem Gebiete der Arbeit und des Gesundheitswesens zu erreichen und jede unnötige Doppelarbeit zu vermeiden. Diese Konsultationen beschäftigen sich insbesondere auch mit den Fragen des Schutzes der Bevölkerung und der Arbeitskräfte gegen die Gefahren ionisierender Strahlungen.

Die Internationale Arbeitsorganisation kann einen Vertreter von Euratom auffordern, einen Meinungsaustausch mit dieser oder ihren zuständigen Stellen zu führen, sowie als Beobachter an den von ihr veranstalteten Sitzungen teilzunehmen, die den Schutz der Arbeitskräfte gegen ionisierende Strahlungen zum Gegenstand haben. Weiters kann Euratom einen Vertreter der Internationalen Arbeitsorganisation auffordern, einen Meinungsaustausch mit Euratom selbst oder mit ihren zuständigen Stellen zu führen, sowie als Beobachter an den von ihr veranstalteten Sitzungen teilzunehmen, die den Schutz der Arbeitskräfte gegen ionisierende Strahlungen zum Gegenstand haben.

597 Abkommen über die Zusammenarbeit zwischen der Europäischen Atomgemeinschaft und der Internationalen Arbeitsorganisation, ABl Nr 18, vom 9.3.1961, S 473.

Weiters wird gemäß Art III ein wechselseitiger Informationsaustausch, insbesondere unter Beachtung der Geheimhaltungsverpflichtungen geregelt.

Ebenso ist die Möglichkeit wechselseitiger Konsultationen und Beratungen geregelt.

g) Abkommen über die Zusammenarbeit bei der friedlichen Nutzung der Kernenergie zwischen Euratom und Argentinien[598]

Das Abkommen zwischen Euratom und Argentinien ist eine Folge des Vertrages von Tlatelolco. Inhaltlich ist er dem Vertrag zwischen Euratom und Kanada ähnlich.

Die Zusammenarbeit erstreckt sich auf die Lieferung von Informationen, Forschung, Entwicklung, Gesundheits- und Sicherheitsproblemen, die Verwendung von Ausrüstungen, Anlagen, Vorrichtungen und Materialien sowie auf die Lieferung von Material, der Beschaffung von Ausrüstungen und Vorrichtungen, der Nutzung von Patentrechten sowie der Zugang und die Nutzung von Ausrüstungen und Anlagen. Es wurden wechselseitige Unterstützungen vereinbart.

h) Abkommen über die Zusammenarbeit auf dem Gebiet der friedlichen Nutzung der Kernenergie zwischen Euratom und Kasachstan[599]

Nach Art 1 ist „Kernmaterial" Ausgangsmaterial oder besonderes Spaltmaterial gemäß der Definition des Artikels XX der IAEO-Satzung. Die „Gemeinschaft" ist die Rechtsperson, die durch den Vertrag zur Gründung der Europäischen Atomgemeinschaft geschaffen wurde und somit Vertragspartei dieses Abkommens ist. Die „zuständigen Behörden" sind die Europäische Kommission von Seiten der Gemeinschaft sowie für die Regierung von Kasachstan der Ausschuss für Atomenergie des Ministeriums für Energie und Bodenschätze der Republik Kasachstan. Änderungen über die Vertragsparteien werden über diplomatische Kommunikationswege bekannt gegeben.

Nach Art 2 ist Ziel des Übereinkommens die Bereitstellung eines Rahmens für die Zusammenarbeit der Vertragsparteien bei der friedlichen Nutzung der Kernenergie, um die gesamte Zusammenarbeit zwischen der Gemeinschaft und der Republik Kasachstan gemäß dem Prinzip des gegenseitigen Nutzens und der Reziprozität

---

598 Abkommen über die Zusammenarbeit bei der friedlichen Nutzung der Kernenergie zwischen der Europäischen Atomgemeinschaft (Euratom) und der Regierung der Argentinischen Republik, ABl Nr L 296, vom 30.10.1997, S 32.

599 2009/25/Euratom Beschluss des Rates vom 5. Dezember 2006 über den Abschluss eines Abkommens zwischen der Europäischen Atomgemeinschaft und der Regierung der Republik Kasachstan über die Zusammenarbeit auf dem Gebiet der friedlichen Nutzung der Kernenergie, ABl Nr L 10 vom 15.1.2009, S 15ff.

ohne Beeinträchtigung der jeweiligen Befugnisse der Vertragsparteien zu stärken. Die Vertragsparteien können bei der friedlichen Nutzung der Kernenergie in folgenden Bereichen, nämlich der nuklearen Sicherheit, der kontrollierten Kernfusion, der Forschung und Entwicklung in anderen Bereichen der friedlichen Nutzung der Kernenergie, im Nuklearhandel und Dienstleistungen im Bereich des Kernbrennstoffkreislaufs, sowie sonstige für den Gegenstand des Abkommens relevante Bereiche zusammenarbeiten. Die Zusammenarbeit erfolgt zwischen den Vertragsparteien als auch zwischen in der Gemeinschaft und der Republik Kasachstan ansässigen ermächtigten Personen und Unternehmen.

Nach Art 4 erfolgt die Zusammenarbeit auf dem Gebiet der nuklearen Sicherheit gemäß dem Abkommen über die Zusammenarbeit zwischen Euratom und der Republik Kasachstan. Die Zusammenarbeit auf dem Gebiet der kontrollierten Kernfusion erfolgt gemäß dem Abkommen über die Zusammenarbeit zwischen Euratom und der Regierung der Republik Kasachstan, welches am 13. April 2004 in Kraft getreten ist.

Nach Art 6 erstreckt sich die Zusammenarbeit sich auf andere als die in den Artikeln 4 und 5 vorgesehenen Tätigkeiten der kerntechnischen Forschung und Entwicklung, die von den Vertragsparteien vereinbart werden und im beiderseitigen Interesse liegen, soweit sie unter deren jeweilige Programme fallen. Die Zusammenarbeit umfasst insbesondere die Anwendungen von Kernenergie in Medizin und Industrie, einschließlich der Stromerzeugung, den Umweltauswirkungen der Kernenergie, sonstige von den Vertragsparteien vereinbarte Forschungs- und Entwicklungstätigkeiten im Bereich der Kerntechnik, soweit diese unter ihre jeweilige Programme fallen. Die Zusammenarbeit erfolgt insbesondere durch Austausch von Fachwissen durch Berichte, Besuche, Seminare, und Fachtagungen, durch Austausch von Personal zwischen Laboratorien und/oder beteiligten Stellen, unter anderem auch zu Ausbildungszwecken, durch Austausch von Proben, Materialien, Instrumenten und Geräten zu Versuchszwecken sowie durch ausgewogene Beteiligung an gemeinsamen Studien und Tätigkeiten. Soweit erforderlich wird Gegenstand und Bedingung der Zusammenarbeit an konkreten Projekten von den zuständigen Behörden der Vertragsparteien in Durchführungsvereinbarungen unter Einhaltung der jeweiligen Anforderungen der Rechtsvorschriften von Euratom und der Republik Kasachstan festgelegt. Diese können unter anderem Finanzierungsbestimmungen, die Zuweisung der Zuständigkeiten für die Durchführung sowie ausführliche Bestimmungen über die Verbreitung von Wissen und die Rechte an geistigem Eigentum betreffen. Die Kostenübertragung erfolgt nach dem Verursacherprinzip.

Kernmaterial, das von einer Vertragspartei unmittelbar oder über ein Drittland zur anderen verbracht wird, unterliegt diesem Abkommen mit seinem Eintritt in das Hoheitsgebiet, wenn die liefernde Vertragspartei die empfangende Vertragspartei vor bzw. gleichzeitig mit dem Transport entsprechend den in einer von den zuständigen Behörden der Vertragsparteien zu schließenden Verwaltungsvereinbarung festgelegten Verfahren schriftlich davon in Kenntnis gesetzt hat. Das oben genannte Kernmaterial unterliegt den Bestimmungen dieses Abkommens, bis gemäß den Bestimmungen für die Beendigung der Sicherungsmaßnahmen nach der einschlägigen Vereinbarung festgestellt wird, dass es für kerntechnische Tätigkeiten, die im Zusammenhang mit der Sicherheitsüberwachung relevant sind, nicht mehr nutzbar bzw. praktisch nicht mehr rückgewinnbar ist, bis es aus dem Hoheitsgebiet der Gemeinschaft oder der Republik Kasachstan verbracht wurde oder sich die Vertragsparteien darauf einigen, dass es nicht mehr unter dieses Abkommen fällt. Bei jedem Transfer von Kernmaterial im Rahmen der Zusammenarbeit sind die entsprechenden internationalen Verpflichtungen zu beachten, welche Euratom, die Mitgliedstaaten der EU und die Republik Kasachstan in Bezug auf die friedliche Nutzung der Kernenergie eingegangen sind. Beim Handel mit Kernmaterial und bei der Erbringung von Dienstleistungen im Zusammenhang mit Kernmaterial zwischen den Vertragsparteien werden marktbezogene Preise zugrunde gelegt. Die Vertragsparteien bemühen sich weiters, Konfliktsituationen zu vermeiden, die beim Handel mit Kernmaterial zwischen ihnen wirtschaftliche Schutzmaßnahmen erfordern. Treten beim beiderseitigen Handel mit Kernmaterial trotzdem Probleme auf, die die Lebensfähigkeit der Kernindustrie von Euratom oder der Kasachstans, einschließlich des Uranabbaus ernsthaft gefährden, kann jede Vertragspartei um Konsultationen bitten, die so früh wie möglich in einem Ad-hoc-Ausschuss geführt werden. Das Verfahren für die Einberufung, der Zeitraum und die Ebene der Teilnehmer, die die Konsultationen führen sollen, werden von den Vertragsparteien festgelegt. Kann im Rahmen der Konsultationen keine für beide Seiten akzeptable Lösung für die Probleme gefunden werden, kann die Vertragspartei, die um die Konsultationen ersucht hat, gemäß den Rechtsvorschriften von Euratom und Kasachstan und den einschlägigen Grundsätzen des Völkerrechts die zweckdienlichen wirtschaftlichen Schutzmaßnahmen ergreifen, mit denen sie gelöst oder ihre Folgen begrenzt werden können. Die Anwendung dieses Absatzes erfolgt unabhängig den Bedingungen des Euratom-Rechts.

Der Transfer von Kernmaterial unterliegt der Bedingung, dass es für friedliche Zwecke verwendet und keinesfalls für Kernsprengkörper bzw. deren Entwicklung oder für Forschung in diesem Zusammenhang verwendet wird. Das Kernmaterial unterliegt Im Gebiet der EU der Euratom-Sicherheitsüberwachung gemäß dem EA sowie IAEO-Sicherungsmaßnahmen gemäß dem jeweils anwendbaren oder nachstehenden Sicherungsübereinkommen in ihrer möglicherweise geänderten oder neuen Fassung, soweit dies der NPT verlangt.

Nach Art 8 können die Vertragsparteien im Rahmen ihrer jeweiligen Befugnisse die Zusammenarbeit bei anderen Tätigkeiten im Bereich der Kernenergie vereinbaren.

B) Sicherheitskontrolle

a) Abkommen zwischen den Mitgliedstaaten der Europäischen Union, Euratom und der IAEO in Verbindung mit dem NPT[600]

aa) Einleitung

Am 5. April 1973 wurde ein Abkommen zwischen Belgien, Dänemark, der Bundesrepublik Deutschland, Irland, Italien, Luxemburg, den Niederlanden und Euratom auf der einen Seite und der IAEO auf der anderen Seite betreffend der Umsetzung des Non Proliferation Vertrages (NPT) abgeschlossen. Dieses Abkommen war auch Grundlage der Verordnung 3227/76.[601] Dieses Abkommen regelt die Zusammenarbeit von den damaligen Mitgliedstaaten der Europäischen Wirtschaftsgemeinschaft und Euratom einerseits und der IAEO hinsichtlich der Umsetzung des NPT andererseits. Muster für diesen Vertrag war das „Modell Safeguardabkommen". Dieser Vertrag war nicht unumstritten und führte zum Beschluss des EuGH hinsichtlich der Klärung der Frage der Abschlussfähigkeit von Euratom für völkerrechtliche Vereinbarungen.[602]

Die IAEO schloss mit den Mitgliedstaaten der Gemeinschaft und Euratom ein Zusatzprotokoll.[603] Auf Grund dieses Zusatzprotokolles ist die Verordnung 303/2005[604] erlassen worden, welche die Verordnung 3227/76 aufhebt.

Die Zielrichtung der Kontrollen durch Euratom und durch die IAEO ist nicht deckungsgleich. Um die Kontrollen zu erleichtern als auch um Doppelgleisigkeiten zu vermeiden, wurde das Abkommen abgeschlossen. Es ist weiters zu beachten, dass

---

600 Übereinkommen zwischen dem Königreich Belgien, dem Königreich Dänemark, der Bundesrepublik Deutschland, Irland, der Italienischen Republik, dem Großherzogtum Luxemburg, dem Königreich der Niederlande, der Europäischen Atomgemeinschaft und Internationalen Atomenergie Organisation in Ausführung von Artikel III Absätze 1 und 4 des Vertrages über die Nichtverbreitung von Kernwaffen, ABl L 51 vom 22.2.1978, S 1= BGBl 1974, II, 794ff.

601 Verordnung (Euratom) Nr 3227/76 der Kommission vom 19.Oktober 1976 zur Anwendung der Bestimmungen des Euratom Sicherungsmaßnahmen, ABl L 363 vom 31.12.1976, S 1, geändert durch Verordnung (Euratom) Nr 220/90 der Kommission vom 26. Jänner 1990, ABl L 22 vom 27.1.1990, S 56, geändert durch Verordnung (Euratom) Nr 2130/93 der Kommission vom 27. Juli 1973, ABl L 191 vom 31.7.1993, S 75.

602 EuGH, B v 14.11.1978, RS 1/78, IAEO, Slg 1978, 2151.

603 1999/188/Euratom Zusatzprotokoll zum Übereinkommen zwischen dem Königreich Belgien, dem Königreich Dänemark, der Bundesrepublik Deutschland, der Republik Finnland, der Griechischen Republik, Irland, der Italienischen Republik, dem Großherzogtum Luxemburg, dem Königreich der Niederlande, der Republik Österreich, der Portugiesischen Republik, dem Königreich Schweden, dem Königreich Spanien, der Europäischen Atomgemeinschaft, und der Internationalen Atomenergie-Organisation in Ausführung von Artikel III Absätze 1 und 4 des Vertrages über die Nichtverbreitung von Kernwaffen, ABl Nr L 67 vom 13.3.1999, S 1.

604 Verordnung (Euratom) Nr 303/2005 der Kommission vom 8. Februar 2005 über die Anwendung der Euratom-Sicherungsmaßnahmen, ABl Nr L 54 vom 28.2.2005, S 1.

die Kontrollen der IAEO die Staaten als Ansprechpartner haben, während die Kontrollen von Euratom sowohl die Mitgliedstaaten als auch die Unternehmen direkt betreffen.

bb) Definitionen

Art 98 enthält genaue Begriffsbestimmungen, die dazu dienen, allfällige Streitigkeiten und Unklarheiten schon vorab hinsichtlich der Interpretation dieses Vertrages auszuräumen.

cc) Begriffsbestimmungen

Für die Zwecke dieses Übereinkommens gelten folgende Begriffsbestimmungen:

Gemeinschaft bedeutet, dass

- die durch den Vertrag zur Gründung der Europäischen Atomgemeinschaft (Euratom) geschaffene juristische Person die Vertragspartei dieses Übereinkommens ist;
- die Hoheitsgebiete, auf die der Euratom-Vertrag Anwendung findet.

Staaten bedeuten die Nichtkernwaffenstaaten, die Mitglieder der Gemeinschaft und Vertragspartei dieses Übereinkommens sind.

Ausgleich bedeutet eine Eintragung in ein Buchungsprotokoll oder einen Bericht, die eine Absender/Empfänger-Differenz oder nicht nachgewiesenes Material anzeigt.

Jährlicher Durchsatz bedeutet für die Zwecke der Artikel 79 und 80 die Menge Kernmaterial, die jährlich aus einer mit Nennleistung arbeitenden Anlage weitergegeben wird.

Charge bedeutet einen Teil des Kernmaterials, der für Buchungszwecke an einem Schlüsselmesspunkt als Einheit behandelt wird und dessen Zusammensetzung und Menge durch eine Einzelfolge von Spezifikationen oder Messungen definiert werden. Das Kernmaterial kann in loser Form vorliegen oder in einer Anzahl voneinander getrennter Posten enthalten sein.

Chargendaten bedeutet das Gesamtgewicht jedes Kernmaterialelements und bei Plutonium und Uran gegebenenfalls auch die Isotopenzusammensetzung. Die Einheiten sind:

- Plutoniumgehalt in Gramm;
- Gesamturan in Gramm und Gehalt von Uran 235 plus Uran 235 für Uran, das mit diesen Isotopen angereichert ist, in Gramm;
- Thoriumgehalt, natürliches Uran oder abgereichertes Uran in Kilogramm.

Für Berichtszwecke werden die Gewichte der einzelnen Posten in der Charge addiert und dann zur nächsten Einheit ab- oder aufgerundet.

Buchbestand einer Materialbilanzzone bedeutet die algebraische Summe des letzten realen Bestands der betreffenden Materialbilanzzone und aller seit der Aufnahme dieses Bestands eingetretenen Bestandsänderungen.

Berichtigung bedeutet eine Eintragung in ein Buchungsprotokoll oder einen Bericht zur Korrektur eines festgestellten Fehlers oder zur Wiedergabe einer verbesserten Messung einer früheren in das Protokoll oder den Bericht eingetragenen Menge. Bei jeder Berichtigung muss gekennzeichnet werden, zu welcher Eintragung sie gehört.

Effektives Kilogramm bedeutet eine besondere bei der Anwendung von Sicherungsmaßnahmen auf Kernmaterial verwendete Einheit. Die Menge in effektiven Kilogramm wird ermittelt
- für Plutonium, durch sein Gewicht in Kilogramm;
- für Uran mit einer Anreicherung von 0,01(1%) und darüber, durch sein Gewicht in Kilogramm multipliziert mit dem Quadrat seiner Anreicherung;
- für Uran mit einer Anreicherung unter 0,01 (1%) und über 0,005 (0,5%), durch sein Gewicht in Kilogramm multipliziert mit 0,0001;
- für angereichertes Uran mit einer Anreicherung von 0,005 (0,5%) oder darunter und für Thorium, durch ihr Gewicht in Kilogramm multipliziert mit 0,00005.

Anreicherung bedeutet das Verhältnis des Gewichts der Isotope Uran 233 plus – Uran 235 zum Gewicht des gesamten in Betracht kommende Urane.

Anlage bedeutet
- einen Reaktor, eine kritische Anordnung, eine Konversionsanlage, eine Fabrikationsanlage, eine Wiederaufbereitungsanlage, eine Isotopentrennanlage oder eine getrennte Lagereinrichtung;
- einen Ort, an dem Kernmaterial in Mengen, die ein effektives Kilogramm übersteigen, üblicherweise verwendet wird.

Bestandsänderung bedeutet die auf die jeweiligen Chargen bezogene Zunahme oder Abnahme des Kernmaterials in einer Materialbilanzzone; eine solche Änderung ergibt sich aus einem der folgenden Vorgänge:
- Zunahmen:
  - Einfuhr;
  - Eingänge aus dem Inland; Eingänge aus den Staaten; aus anderen Materialbilanzzonen; aus einer Sicherungsmaßnahmen nicht unterliegenden (nichtfriedlichen) Tätigkeit; am Anfangspunkt der Sicherungsmaßnahmen;
  - nukleare Produktion; Herstellung besonderen spaltbaren Materials in einem Reaktor;
  - Wegfall der Befreiung; Wiederanwendung von Sicherungsmaßnahmen auf Kernmaterial, das wegen seiner Verwendung oder seiner Menge davon befreit gewesen war.

- Abnahmen:
  - Ausfuhr;
  - Versand im Inland: Versand innerhalb der Staaten an andere Materialbilanzzonen oder zu einer nicht Sicherungsmaßnahmen unterliegenden (nichtfriedlichen) Tätigkeit;
  - nuklearer Verlust: Verlust von Kernmaterial durch seine Umwandlung in ein anderes Element (oder Elemente) oder ein anderes Isotop (Oder Isotope) als Ergebnis von Kernreaktionen;
  - gemessener Ausschuss: Kernmaterial, das gemessen oder auf Grund von Messungen geschätzt wurde und über das so verfügt wurde, dass es für eine weitere nukleare Verwendung nicht geeignet ist;
  - zurückbehaltene Abfallmenge: Kernmaterial, das bei einer Verarbeitung oder bei einem Betriebsunfall erzeugt wurde und das vorläufig für nicht rückgewinnbar gehalten, aber gelagert wird;
  - Befreiung: Befreiung von Kernmaterial von Sicherungsmaßnahmen im Hinblick auf seine Verwendung oder Menge;
  - sonstiger Verlust: zum Beispiel Verlust durch Unfall (d.h. unwiederbringlicher und unbeabsichtigter Verlust von Kernmaterial als Folge eines Betriebsunfalls) oder Diebstahl.

Schlüsselmesspunkt bedeutet einen Ort, an dem das Kernmaterial in einer Form vorkommt, die seine Messung zur Bestimmung des Materialflusses oder des Bestands ermöglicht. Schlüsselmesspunkte umfassen somit – jedoch nicht ausschließlich – die Eingänge und Ausgänge (einschließlich des gemessenen Ausschusses) und die, Lager in Materialbilanzzonen.

Ein Inspektionsmannjahr bedeutet für die Zwecke des Artikels 80 300 Inspektionsmanntage, wobei ein Manntag ein Kalendertag ist, an dem ein einzelner Inspektor jederzeit für insgesamt höchstens acht Stunden Zugang zu einer Anlage hat.

Materialbilanzzone bedeutet eine Zone in oder außerhalb einer Anlage, die so geartet ist, dass

- die Kernmaterialmenge bei jeder Weitergabe in jede oder aus jeder Materialbilanzzone bestimmt werden kann und
- der reale Bestand an Kernmaterial in jeder Materialbilanzzone, falls erforderlich, in Übereinstimmung mit festgelegten Verfahren bestimmt werden kann,

damit die Materialbilanz für die Zwecke der Anwendung der Sicherungsmaßnahmen der Organisation festgestellt werden kann.

Nicht nachgewiesenes Material bedeutet die Differenz zwischen dem Buchbestand und dem realen Bestand.

Kernmaterial bedeutet jedes Ausgangs- und besonderes spaltbares Material nach der Begriffsbestimmung des Artikels XX der Satzung. Der Ausdruck „Ausgangsmaterial“ ist nicht so auszulegen, als beziehe er sich auch auf Erz oder Erzrückstände. Beschließt der Rat auf Grund des Artikels XX der Satzung nach dem Inkrafttreten dieses Übereinkommens, dass weiteres Material als Ausgangs- oder besonderes spaltbares Material anzusehen ist, so wird ein solcher Beschluss nur nach Annahme durch die Gemeinschaft und die Staaten im Rahmen dieses Übereinkommens wirksam.

Realer Bestand bedeutet die Summe aller Chargenmengen von Kernmaterial, die mit Hilfe von Messungen oder abgeleiteten Schätzungen bestimmt werden und die zu einer bestimmten Zeit in einer Materialbilanzzone vorhanden sind; er wird nach festgelegten Verfahren ermittelt.

Absender/Empfänger-Differenz bedeutet die Differenz zwischen der Kernmaterialmenge in einer Charge nach der Angabe der absendenden Materialbilanzzone und der Messung der empfangenden Materialbilanzzone.

Primärdaten bedeuten bei der Messung oder Eichung registrierte oder zur Ableitung empirischer Relationen benutze Daten, die Kernmaterial identifizieren und Chargendaten bestimmen. Primärdaten sind z.B. das Gewicht von Verbindungen, die Konversionsfaktoren zur Bestimmung des Elementgewichts, das spezifische Gewicht, die Elementkonzentration, das Isotopenverhältnis, die Relation zwischen Volumen und Manometeranzeige und die Relation zwischen hergestelltem Plutonium und erzeugter Energie.

Strategischer Punkt bedeutet einen bei der Prüfung von Anlagedaten ausgewählten Ort, wo unter normalen Bedingungen und im Verein mit den Informationen von der Gesamtheit der strategischen Punkte die für die Durchführung der Sicherungsmaßnahmen notwendigen und hinreichenden Informationen erlangt und nachgeprüft werden; ein strategischer Punkt kann ein Ort sein, wo Schlüsselmessungen für die Materialbilanzbuchhaltung durchgeführt werden und wo Maßnahmen zur räumlichen Eingrenzung und Beobachtung getroffen werden.

dd) Grundverpflichtungen

Nach Art 3 verpflichtet sich Euratom, bei der Anwendung der Sicherungsmaßnahmen bei Ausgangs- und besonders spaltbaren Material bei allen friedlichen nuklearen Tätigkeiten in den Hoheitsgebieten der Staaten mit der IAEO nach Maßgabe dieses Übereinkommens zusammen zu arbeiten, um sich zu vergewissern, dass derartige Ausgangs- und besonders spaltbares Material nicht für Kernwaffen oder sonstige Kernsprengkörper abgezweigt wird. Die IAEO wendet ihre Sicherungsmaßnahmen so an, dass sie die Feststellung des Sicherungssystems von Euratom nachprüfen kann, in dem sie sich vergewissert, dass kein Kernmaterial von der friedlichen Nutzung abgezweigt und für Kernwaffen oder sonstige Kernsprengkörper verwendet worden ist. Die Nachprüfung durch die IAEO umfasst unter anderem unabhängige Messungen und Beobachtungen durch diese nach Maßgabe der in diesem Übereinkommen festgelegten Verfahren. Bei ihrer Nachprüfung trägt die IAEO der Wirksamkeit des Sicherungssystems der Gemeinschaft nach Maßgabe dieses Übereinkommens in gebührender Weise Rechnung. Die Vertragsstaaten sind gemäß Art 1 verpflichtet, Sicherungsmaßnahmen für das gesamte Ausgangs- und besonders spaltbare Material bei allen friedlichen nuklearen Tätigkeiten, die in ihren Hoheitsgebieten unter ihrer Hoheitsgewalt oder unter ihrer Kontrolle an irgendeinem Ort durchgeführt werden, anzunehmen, wobei diese Sicherungsmaßnahmen ausschließlich dazu dienen, nachzuprüfen, dass diese Material nicht für Kernwaffen oder sonstige Kernsprengkörper abgezweigt wird.

Nach Art 2 ist die IAEO berechtigt und verpflichtet sicherzustellen, dass diese Sicherungsmaßnahmen nach Maßgabe dieses Übereinkommens auf das gesamte Ausgangs- und besonders spaltbares Material bei allen friedlichen nuklearen Tätigkeiten angewendet werden, die in den Hoheitsgebieten der Staaten stattfindet. In Art 4 ist geregelt, dass Euratom sowie die Vertragsstaaten mit der IAEO soweit zusammenarbeiten, dass die vorgesehenen Sicherungsmaßnahmen erleichtert werden, sowie unnötige Doppelarbeit auf dem Gebiet der Sicherungsmaßnahmen vermieden werden.

ee) Durchführung der Sicherungsmaßnahmen

Die Sicherungsmaßnahmen gemäß diesem Übereinkommen werden der Art durchgeführt, dass sie keine Behinderung für die wirtschaftliche und technologische Entwicklung des Gebietes von Euratom oder für die internationale Zusammenarbeit auf dem Gebiet friedlicher nukleare Tätigkeiten einschließlich des internationalen Austausches von Kernmaterial darstellen, sowie keinen ungebührlichen Eingriff in die friedlichen nuklearen Tätigkeiten der Mitgliedstaaten von Euratom, insbesondere in deren Betrieb der Anlagen, sind, sowie diese mit den Gepflogenheiten einer umsichtigen Betriebsführung in Einklang stehen, wie sie für die wirtschaftliche und gefahrlose Durchführung nuklearer Tätigkeiten erforderlich ist. Dabei trifft gemäß Art 6 die IAEO alle Vorkehrungen, um Geschäfts- und Industriegeheimnisse sowie andere vertrauliche Informationen zu schützen, von denen sie bei der Durchführung dieses Übereinkommens Kenntnis erlangt. Die IAEO wird Informationen, die sie im Zusammenhang mit der Durchführung dieses Übereinkommens erhalten hat, nicht veröffentlichen, und sie auch nicht einem Staat, einer Organisation oder einer dritten Person mitteilen, abgesehen von bestimmten Informationen bezüglich der Durchführung des Übereinkommens, die dem Gouverneursrat und solchen Bediensteten erteilt werden können, die zur Ausübung ihrer mit Sicherungsmaßnahmen zusammenhängenden amtlichen Aufgaben davon Kenntnis erhalten müssen. Dies darf jedoch nur in dem Maße geschehen, als es zur Erfüllung der Aufgaben der IAEO bei der Durchführung dieses Übereinkommens erforderlich ist.

Weiters können auf Beschluss des Gouverneursrates und mit Zustimmung der unmittelbar betroffenen Staaten oder von Euratom, soweit jede der beiden Vertragsparteien betroffen ist, zusammengefasste Informationen über Kernmaterial, das Sicherungsmaßnahmen nach diesem Übereinkommen unterliegt, veröffentlicht werden. Nach Art 7 wird bei der Durchführung von Sicherungsmaßnahmen der technologischen Entwicklung auf dem Gebiet der Sicherungsmaßnahmen voll Rechnung getragen, und es werden alle Anstrengungen unternommen, um die optimale Kosteneffektivität für die Anwendung des Grundsatzes einer wirksamen Sicherungsüberwachung des Flusses von Kernmaterial, das nach diesem Übereinkommen Sicherungsmaßnahmen unterliegt, sicherzustellen und zwar durch Verwendung von Instrumenten und anderen technischen Verfahren an bestimmten strategischen Punkten, soweit die derzeitige oder künftige Technologie dies ermöglicht.

Zur Wahrung der Kosteneffektivität werden beispielsweise die räumliche Eingrenzung als Mittel zur Festlegung der Materialbilanzzone für Buchführungszwecke, das statistische Verfahren und Stichprobenentnahme zur Bewertung des Flusses von Kernmaterial, sowie die Konzentrierung der Nachprüfungsverfahren auf die Phasen des Brennstoffkreislaufes, die die Herstellung, Verarbeitung, Verwendung und Lagerung von Kernmaterial betreffen, aus dem ohne weiteres keine Waffen oder sonstige Kernsprengkörper hergestellt werden können und größtmögliche Einschränkung der Nachprüfungsverfahren bei sonstigen Kernmaterial, vorausgesetzt, dass dies die Durchführung dieses Übereinkommens nicht behindert.

ff) Erteilung von Informationen an die Organisationen

Um die Sicherungsmaßnahmen erfolgreich und wirksam durchzuführen, übermittelt Euratom der IAEO Informationen über Kernmaterial, das diesen Sicherungsmaßnahmen unterliegt, und über die Merkmale der Anlagen, die für die Durchführung der Sicherungsmaßnahmen in Bezug auf dieses Material von Belang sind. Die IAEO wird nur das Mindestmaß an Informationen und Daten, dass mit der Durchführung ihrer Aufgaben aus diesem Übereinkommen vereinbar ist, verlangen. Informationen über Anlagen werden auf das Mindestmaß beschränkt, welches für die Anwendung von Sicherungsmaßnahmen in Bezug auf Kernmaterial, das den Sicherungsmaßnahmen nach diesem Übereinkommen unterliegt, notwendig ist. Auf Ersuchen von Euratom kann die IAEO Anlagedaten, die Euratom als besonders schutzwürdig erachtet, in den Räumlichkeiten von Euratom prüfen. Diese Daten brauchen der IAEO nicht materiell übermittelt werden, sofern sie zur weiteren Prüfung durch diese in den Räumlichkeiten von Euratom ohne weiteres zugänglich bleiben.

gg) Inspektoren

Nach Art 9 holt die IAEO die Zustimmung von Euratom und der betroffenen Staaten zu der Benennung von Inspektoren für diese Staaten ein. Für den Fall, dass Euratom entweder gegen eine vorgeschlagene Benennung oder zu irgendeinem Zeitpunkt gegen eine erfolgte Benennung Einspruch erhebt, so schlägt die IAEO der Euratom und den Staaten eine oder mehrere alternative Benennungen vor. Für den Fall der wiederholten Weigerung von Euratom, der Benennung von Inspektoren zuzustimmen, die auf Grund dieses Übereinkommens durchzuführenden Inspektionen zu behindern, wird der Gouverneursrat, nach dem der Generaldirektor die Weigerung als solche bezeichnet, damit befasst, um geeignete Maßnahmen zu treffen. Euratom und die betroffenen Staaten unternehmen weiters alle notwendigen Schritte, um sicherzustellen, dass die Inspektoren die ihnen nach diesem Übereinkommen obliegenden Aufgaben tatsächlich erfüllen können. Die Besuche und Tätigkeiten der Inspektoren werden so eingerichtet, dass die mögliche Belästigung und Störung für Euratom und die Staaten und für die der Inspektion unterliegenden friedlichen nuklearen Tätigkeiten so gering wie möglich sind, als auch der Schutz von Industriegeheimnissen und anderen den Inspektoren der IAEO zur Kenntnis gelangenden vertraulichen Maßnahmen sichergestellt werden.

hh) Vorrechte und Befreiungen

Nach Art 10 wendet jeder Staat gegenüber der IAEO einschließlich ihrer Vermögenswerte, Mittel und Guthaben, sowie gegenüber ihren Inspektoren und sonstigen Beamten, die Aufgaben nach diesem Übereinkommen erfüllen, die entsprechenden Bestimmungen der Vereinbarung für die Vorrechte und Befreiungen der IAEO an.

ii) Verbrauch und Verdünnung von Kernmaterial

Nach Art 11 werden die Sicherungsmaßnahmen in Bezug auf Kernmaterial beendet, wenn Euratom und die IAEO feststellen, dass das Material verbraucht oder in einer Weise verdünnt ist, dass es für eine nukleare Tätigkeit unter dem Gesichtspunkt von Sicherungsmaßnahmen von Belang nicht mehr verwendbar oder praktisch nicht rückgewinnbar geworden ist.

jj) Weitergabe von Kernmaterial aus den Staaten heraus

Nach Art 12 notifiziert Euratom der IAEO nach Maßgabe dieses Übereinkommens die Weitergabe von Kernmaterial aus Staaten heraus, das Sicherungsmaßnahmen nach diesem Übereinkommen unterliegt. Diese Sicherungsmaßnahmen werden in Bezug auf Kernmaterial beendet, sobald der Empfängerstaat dafür die Verantwortung übernommen hat. Die IAEO führt Unterlagen, aus denen jede Weitergabe und gegebenenfalls die Weiteranwendung der Sicherungsmaßnahmen auf das weitergegebene Kernmaterial hervorgeht.

Falls Kernmaterial, das Sicherungsmaßnahmen bei nicht nuklearen Tätigkeiten unterliegt, zur Wiederherstellung von Legierungen oder Keramik verwendet wird, so gilt als vereinbart, dass vor einer derartigen Verwendung des Materials, unter welchen Umständen die Sicherungsmaßnahmen in Bezug auf dieses Material verwendet werden können, gesondert geregelt wird.

kk) Ausnahmen

Auf Grund dessen, dass das Vereinigte Königreich als auch Frankreich gemäß dem NPT berechtigt sind, Kernwaffen zu erzeugen als auch zu besitzen, ist die Ausnahme des Art 4 anwendbar. In diesem Fall kann ein Staat – Frankreich oder das Vereinigte Königreich – nach seinem Ermessen Kernmaterial, für das Sicherungsmaßnahmen erforderlich sind, bei einer nuklearen Tätigkeit verwenden, die die Anwendung dieser Sicherungsmaßnahmen nicht erfordern. Euratom und der Staat unterrichten dabei die IAEO von der Tätigkeit, und der Staat stellt dabei klar, dass die Verwendung des Kernmaterials bei einer nicht verbotenen militärischen Tätigkeit nicht im Widerspruch zu einer von dem Staat eingegangenen mit Sicherungsmaßnahmen der IAEO verbundenen Verpflichtung steht, das Material nur für eine friedlichen nuklearen Tätigkeit zu benutzen als auch das Kernmaterial während der Dauer und Nichtanwendung der Sicherungsmaßnahmen nach diesem Übereinkommen nicht zur Herstellung von Kernwaffen und sonstigen Kernsprengkörpern verwendet wird. Die IAEO und Euratom treffen eine Regelung dahingehend, dass in diesem Übereinkommen vorgesehene Sicherungsmaßnahmen nur solange nicht angewendet werden, als das Kernmaterial für eine solche Tätigkeit verwendet wird. Es wird dabei soweit wie möglich festgelegt, wie lange und unter welchen Umständen diese Sicherungsmaßnahmen nicht angewendet werden.

Auf jeden Fall werden die in diesem Übereinkommen vorgesehenen Sicherungsmaßnahmen erneut angewendet, sobald das Kernmaterial wieder einer friedlichen nuklearen Tätigkeit zugeführt wird. Die IAEO wird über die Gesamtmenge und die Zusammensetzung diese in dem betreffenden Staat oder den betreffenden Staaten befindlichen Materials und über jede Weitergabe solchen Materials aus diesem Staat oder diesen Staaten hinaus auf dem Laufenden gehalten. Dabei wird jede Regelung im Einvernehmen mit der IAEO getroffen, welche ihr Einverständnis so rasch wie möglich erklärt. Diese Einverständniserklärung erstreckt sich nur auf Angelegenheiten wie unter anderem zeitliche und verfahrensmäßige Bestimmungen und Abmachungen für die Berichterstattung, schließt aber nicht eine Billigung oder unter Geheimschutz stehende Kenntnis der militärischen Tätigkeit ein und bezieht sich auch nicht auf die dabei erfolgende Verwendung des Kernmaterials.

ll) Finanzierung und Haftung für nukleare Schäden

Die IAEO, Euratom und die Staaten tragen die Kosten, die jedem von ihnen bei der Durchführung ihrer jeweiligen Verpflichtungen aus diesem Übereinkommen erwachsen, entstehen gemäß Art 15 Euratom, den Staaten oder Personen, die ihrer Hoheitsgewalt unterliegen jedoch außerordentliche Kosten in Folge eines besonderen Ersuchens der IAEO, so erstattet die IAEO diese Kosten, sofern diese sich im Voraus dazu bereit erklärt hat. Die IAEO trägt in jedem Fall die Kosten aller zusätzlichen Messungen und Probenahmen, die von den Inspektoren verlangt werden.

Euratom und die Staaten stellen sicher, dass der Haftpflichtschutz für nukleare Schäden, einschließlich einer Versicherung oder sonstigen finanziellen Sicherheit, der nach ihren Gesetzen und sonstigen Vorschriften in Anspruch genommen werden kann, auf die IAEO und ihre Beamten für die Zwecke der Durchführung dieses Übereinkommens in gleicher Weise Anwendung finden, wie auf die Staatsangehörigen dieser Staaten. Diese Bestimmung regelt die Nichtdiskriminierung.

mm) Internationale Verantwortlichkeit

Jeder Anspruch, den Euratom oder ein Staat gegenüber der IAEO oder die IAEO gegenüber Euratom oder einem Staat wegen Schäden – mit Ausnahme von Schäden aus einem nuklearen Zwischenfall – geltend macht, die aus der Durchführung der Sicherungsmaßnahmen entstanden sind, wird im Einklang mit internationalem Recht geregelt. Darunter sind nicht nur dieses Übereinkommen sondern auch die sonstigen völkerrechtlichen Bestimmungen sowie das Gemeinschaftsrecht zu verstehen.

nn) Maßnahmen in Bezug auf die Nachprüfung der Nichtabzweigung

Falls der Gouverneursrat auf Grund eines Berichts des Generaldirektors beschließt, dass eine Maßnahme von Euratom oder eines Staates – soweit jede der beiden Vertragsparteien betroffen ist – wesentlich und dringend ist, um durch Nachprüfung sicherzustellen, dass Kernmaterial, welches Sicherungsmaßnahmen unterliegt, nicht für Kernwaffen oder sonstige Kernsprengkörper abgezweigt wird, so kann der Gouverneursrat Euratom oder den Staat auffordern, die erforderlichen Maßnahmen unverzüglich zu treffen, und zwar unabhängig davon, ob ein Verfahren nach Art 22 zur Beilegung einer Streitigkeit eingeleitet worden ist. Falls nach Art 19 der Gouverneursrat feststellt, dass nach Prüfung der vom Generaldirektor vorgelegten sachdienlichen Informationen die IAEO nicht in der Lage ist, sich durch Nachprüfung zu vergewissern, dass kein Kernmaterial, dass Sicherungsmaßnahmen unterliegen muss, für Kernwaffen oder sonstige Kernsprengkörper abgezweigt worden ist, kann er die in Art XXII Abs C der Satzung vorgesehenen Bericht erstatten und gegebenenfalls auch die dort vorgesehenen andere Maßnahmen ergreifen. Bei solchen berücksichtigt der Gouverneursrat in welchem Maß durch die genannten Sicherungsmaßnahmen Gewissheit erlangt wurde, und bietet Euratom oder dem Staat – soweit jeder der beiden Vertragsparteien betroffen ist – jede vertretbare Gelegenheit, um den Gouverneursrat die notwendige Sicherheit zu gewähren.

oo) Auslegung und Streitbeilegung

Um Auslegungsfragen und die Anwendung des Übereinkommens sowie die Beilegung von Streitigkeiten zu erleichtern finden gemäß Art 20 auf Ersuchen der IAEO,

Euratom oder eines Staates Konsultationen über Fragen statt, die sich aus der Auslegung oder Anwendung dieses Übereinkommens ergeben. Euratom und die Staaten sind berechtigt, darum zu ersuchen, dass Fragen, die sich aus der Auslegung oder Anwendung dieses Übereinkommens ergeben, vom Gouverneursrat geprüft werden. Der Gouverneursrat lädt Euratom und den betroffenen Staat ein, an der Erörterung solcher Fragen durch diesen teilzunehmen. Nach Art 22 sind mit Ausnahme von Streitigkeiten bezüglich einer Feststellung des Gouverneursrates nach Art 19 oder einer vom Rat daraufhin getroffenen Maßnahme, Streitigkeiten, die aus der Auslegung oder Anwendung dieses Übereinkommens entstehen, und die nicht im Verhandlungswege oder durch ein anderes von der IAEO, von Euratom oder den Staaten vereinbarten Verfahren beigelegt werden, auf Antrag einer Partei einem Schiedsgericht zu unterbreiten, welches aus fünf Schiedsrichtern besteht.

Euratom und die Staaten benennten zwei Schiedsrichter, die IAEO benennt ebenfalls zwei Schiedsrichter. Die vier gewählten Schiedsrichter wählen einen fünften, der den Vorsitz führt. Haben Euratom, die Staaten oder die IAEO binnen 30 Tagen nach dem Antrag auf einen Schiedsspruch keinen Schiedsrichter benannt, so können Euratom oder die Organisationen den Präsidenten des internationalen Gerichtshofes ersuchen, einen solchen zu ernennen. Das gleiche Verfahren ist anzuwenden, wenn nicht binnen 30 Tagen nach der Benennung oder Ernennung des vierten Schiedsrichters der fünfte Schiedsrichter noch nicht gewählt worden ist. Das Schiedsgericht ist durch die Anwesenheit der Mehrheit der Schiedsrichter beschlussfähig, und alle Beschlüsse bedürfen der Zustimmung von mindestens drei Schiedsrichtern. Das Reglement des Schiedsverfahrens wird durch das Schiedsgericht festgelegt. Die Beschlüsse des Schiedsgerichtes sind für die IAEO, Euratom und die betroffenen Staaten verbindlich.

pp) Beitritt, Änderungen und Inkrafttreten

Dieses Übereinkommen tritt gemäß Art 23 durch den Beitritt der Staaten, die Vertragspartei dieses Vertrages sind und die Mitglieder der Gemeinschaft werden, in Kraft. Wenn der betreffende Staat der IAEO notifiziert, dass seine Verfahren für das Inkrafttreten dieses Übereinkommens abgeschlossen sind, und wenn Euratom der IAEO notifiziert, dass sie in der Lage ist Sicherungsmaßnahmen in Bezug auf diesen Staat für die Zwecke dieses Übereinkommens anzuwenden.

Nach Art 24 sind Änderungen dieses Übereinkommens durch Beschluss und Zustimmung der IAEO, von Euratom und den Staaten zu erfolgen. Der Generaldirektor der IAEO unterrichtet alle Mitgliedstaaten der IAEO sogleich von jeder Änderung dieses Übereinkommens.

Dieses Übereinkommen bleibt solange in Kraft, wie die Staaten Vertragspartei des Vertrages (NPT) sind. Nach Art 26 ist das diesem Übereinkommen beigefügte Protokoll Bestandteil des Übereinkommens.

qq) Ziel der Sicherungsmaßnahmen (Safeguard)

Ziel der Sicherungsmaßnahmen ist die rechtzeitige Entdeckung der Abzweigung signifikanter Mengen Kernmaterials von friedlichen nuklearen Tätigkeiten für die Herstellung von Kernwaffen und sonstigen Kernsprengkörpern oder für unbekannte Zwecke sowie die Abschreckung von einer solchen Abzweigung durch das Risiko der frühzeitigen Entdeckung. Nach Art 29 ist zur Erreichung des in Art 28 festgelegten Zieles die Materialbuchführung als Sicherungsmaßnahme von grundlegender Bedeutung verbunden mit der räumlichen Eingrenzung und der Beobachtung als wichtige ergänzende Maßnahmen. Der technische Abschluss der Nachprüfungen erfolgt durch die IAEO mit einer Erklärung, in der für jede Materialbilanzzone die für einen bestimmten Zeitraum nicht nachgewiesene Materialmenge unter Angabe der Genauigkeitsgrenzen für die angegebenen Mengen gemäß Art 30 aufgeführt ist.

rr) Sicherungssystem der Gemeinschaft

Bei der Durchführung ihrer Nachprüfungen macht die IAEO nach Art 3 vollen Gebrauch von dem Sicherungssystem von Euratom. Das Buchführungs- und Kontrollsystem von Euratom, wie Kernmaterial gemäß diesem Übereinkommen verwendet wird, beruht auf einer Klärung des Bestandes in den Materialbilanzzonen. Bei der Anwendung ihrer Sicherungsmaßnahmen wird Euratom von den Verfahren und Maßnahmen folgender Art Gebrauch machen und sich soweit erforderlich vorsehen, wie sie in den ergänzenden Abmachungen näher bestimmt und zweckdienlich sind.

Es wird ein System zur Feststellung der Menge von erhaltenen, hergestellten, versandten, verloren gegangenen oder auf andere Weise aus dem Bestand entfernten Kernmaterial und der Bestandsmengen, die hergestellt worden sind, die Bewertung der Reproduzierbarkeit und der Genauigkeit der Messungen und der Abschätzung der Messunsicherheit, Verfahren zur Bestimmung, Prüfung und Bewertung von Unterschieden in den Messungen vom Absender und Empfänger vorgenommen, Versand zur Annahme des realen Bestandes sowie Verfahren zur Bewertung von Anhäufungen nicht gemessener Bestände und nicht gemessener Verluste sowie ein Protokoll und Berichtsystem eingerichtet, das für jede Materialbilanzzone den Kernmaterialbestand und die Veränderungen dieses Bestandes einschließlich der Ein- und Ausgänge der Materialbilanzzone ausweist. Es werden weiters Vorkehrungen getroffen, die sicherstellen, dass die Buchführungsverfahren und Vereinbarungen korrekt durchgeführt werden, sowie Verfahren zur Erstattung von Berichten an die IAEO im Einklang mit den Art 59–65 und 67–69.

Von besonderer Bedeutung ist, dass gemäß Art 33 die Sicherungsmaßnahmen nach diesem Übereinkommen sich nicht auf Material im Bergbau und bei der Erzaufbereitung erstrecken.

Wird nach Art 34 uran- oder thoriumhaltiges Material, das die unter Buchstabe C beschriebene Phase des Kernbrennstoffkreislaufes noch nicht erreicht hat, unmittelbar oder mittelbar in einem Nichtkernwaffenstaat, der nicht Vertragspartei dieses Übereinkommens ist, ausgeführt, so teilt Euratom der IAEO die Menge, die Zusammensetzung und die Bestimmung dieses Materials mit, sofern es nicht für spezifisch nichtnukleare Zwecke ausgeführt wird. In diesem Fall verlässt Kernmaterial, nach Zusammensetzung und Reinheit für die Brennstoffherstellung oder die Isotopenanreicherung geeignet ist, die Anlage oder die Prozessphase, in der es hergestellt wird, oder wird dieses Kernmaterial oder anderes in einen späteren Phase des Kernbrennstoffkreislaufes hergestellten Kernmaterial in die Staaten eingeführt, so unterliegt es den Anderen in diesem Übereinkommen genannten Sicherungsmaßnahmen. Wird jedoch uran- oder thoriumhaltiges Material, das die oben beschriebene Phase des Kernbrennstoffkreislaufes noch nicht erreicht, hat in die Staaten eingeführt, so teilt Euratom der IAEO die Menge und Zusammensetzung des Materials mit, sofern es nicht für spezifisch nichtnukleare Zwecke eingeführt wird.

ss) Beendigung der Sicherungsmaßnahmen und Befreiung von den Sicherungsmaßnahmen (Safeguard)

Die in diesem Übereinkommen vorgesehenen Sicherungsmaßnahmen gemäß Art 30 werden für Kernmaterial unter den in Art 11 genannten Voraussetzungen beendet. Sind die in Art 11 genannten Voraussetzungen nicht erfüllt, und ist Euratom jedoch der Auffassung, dass die Rückgewinnung von Kernmaterial, dass Sicherungsmaßnahmen nach diesem Übereinkommen unterliegt, aus Rückständen vorläufig nicht möglich oder erwünscht ist, so konsultieren IAEO und Euratom einander über die Anwendung geeigneter Sicherungsmaßnahmen. Die vorgesehenen Sicherungsmaßnahmen werden für Kernmaterial und den in Art 13 genannten Voraussetzungen beendet, sofern die IAEO und die Gemeinschaft einvernehmlich feststellen, dass dieses Kernmaterial praktisch nicht rückgewinnbar ist.

Nach Art 36 befreit die IAEO auf Ersuchen von Euratom besonders spaltbares Material, wenn es in Gramm oder kleineren Mengen als Sensor in Instrumenten verwendet wird, Kernmaterial, wenn es bei nichtnuklearen Tätigkeiten nach Art 13 verwendet wird, falls solches Kernmaterial rückgewinnbar ist, und Plutonium mit einer Isotopenkonzentration von Plutonium 238, die über 80% liegt, von den Sicherungsmaßnahmen nach diesem Übereinkommen.

Auf Ersuchen von Euratom befreit die IAEO Kernmaterial, das sonst Sicherungsmaßnahmen nach diesem Übereinkommen unterliegen würde, von diesem, sofern die gesamte, in den Staaten befreite Kernmaterialmenge zu keinem Zeitpunkt mehr als insgesamt 1 Kilo von besonders spaltbarem Material beträgt, das aus einer oder mehreren folgenden Material hergestellt werden kann (Plutonium, Uran mit einer Anreicherung von 0,2 (20%), und darüber errechnet durch Multiplizieren seines Gewichtes mit der Anreicherung, Uran mit einer Anreicherung, die unter 0,2 (20%) und über der von Natururan liegt, errechnet durch Multiplizieren seines Gewichtes mit dem fünffachen Quadrat der Anreicherung, insgesamt sind metrische Tonnen Natururan abgereichertes Uran mit einer Anreicherung von mehr als 0,005

(0,5%) und 20 metrische Tonnen abgereichertes Uran mit einer Anreicherung von 0,005 (0,5%) oder darunter sowie 20 metrische Tonnen Thorium). Es können darunter größere Mengen fallen, die vom Gouverneursrat zur einheitlichen Anwendung festgelegt werden.

Sollte befreites Kernmaterial zusammen mit Kernmaterial, dass den Sicherungsmaßnahmen nach diesem Übereinkommen unterliegt, verarbeitet oder gelagert werden, so werden Vorkehrungen für die Wiederverwendung der Sicherungsmaßnahmen auf jenes Material ausgedehnt (Art 38).

tt) Ergänzende Abmachungen

Nach Art 39 trifft Euratom mit der IAEO ergänzende Abmachungen, die in dem Umfang der zur erfolgreichen und wirksamen Erfüllung der Aufgaben der IAEO nach diesem Übereinkommen erforderlich sind, und im Einzelnen bestimmen, wie die festgelegten Verfahren anzuwenden sind. Die ergänzenden Abmachungen können ohne Änderung dieses Übereinkommens im Einvernehmen zwischen der IAEO und Euratom erweitert oder geändert werden. Nach Art 40 treten die ergänzenden Abmachungen gleichzeitig oder sobald wie möglich nach dem Inkrafttreten dieses Übereinkommens in Kraft. Die IAEO, Euratom und die Staaten unternehmen alle Anstrengungen, damit diese Abmachungen binnen 90 Tagen nach dem Inkrafttreten dieses Übereinkommens in Kraft treten können, eine Verlängerung dieser Frist bedarf des Einvernehmens zwischen der IAEO, Euratom und den Staaten. Euratom lässt die IAEO sogleich die für die Vervollständigung der ergänzenden Abmachungen erforderlichen Informationen geben. Nach Inkrafttreten dieses Übereinkommens ist die IAEO berechtigt, die darin festgelegten Verfahren auf das Kernmaterial anzuwenden, dass in Art 41 vorgesehenen Bestandverzeichnis aufgeführt ist, auch wenn die ergänzenden Abmachungen noch nicht in Kraft sind.

uu) Bestandsverzeichnis

Nach Art 41 stellt die IAEO auf der Grundlage des in Art 62 genannten Anfangspflicht ein zusammengefasstes Bestandsverzeichnis des gesamten, den Sicherungsmaßnahmen dieses Übereinkommens unterliegenden Kernmaterial in den Staaten, ungeachtet seines Ursprungs, auf und führt dieses Bestandsverzeichnis auf Grund der nachfolgenden Berichte und der Ergebnisse ihrer Nachprüfungen weiter. Abschriften des Bestandsverzeichnisses werden Euratom in zu vereinbarenden Zeitabständen zur Verfügung gestellt.

vv) Anlagedaten

Nach Art 8 teilt Euratom der IAEO Anlagedaten in Bezug auf bestehende Anlagen bei der Erörterung der ergänzenden Abmachungen mit. Die Fristen für die Mitteilung von Anlagedaten in Bezug auf neue Anlagen werden in den ergänzenden Abmachungen festgesetzt; diese Daten werden so früh wie möglich vor der Einbringung von Kernmaterial in eine neue Anlage mitgeteilt. Die der IAEO mitzuteilenden Anlagendaten enthalten für jede Anlage gegebenenfalls die Kennzeichnung der Anlage und Angabe des allgemeinen Charakters, des Zwecks, der Nennleistung und des geographischen Standortes sowie des Namens und die Anschrift, die für normale Geschäftszwecke zu verwenden sind, eine Beschreibung des allgemeinen Gebrauchs der Anlage, soweit möglich und der Hinweis auf die Form, die Lage und den Fluss von Kernmaterial sowie auf die allgemeinen Anordnung wichtiger Ausrüstungen, in denen Kernmaterial verwendet, hergestellt oder verarbeitet wird, eine Beschreibung der Merkmale der Anlage, soweit sich diese auf Materialbuchhaltung, die räumliche Eingrenzung und die Beobachtung beziehen, sowie eine Beschreibung der in der Anlage bestehenden und vorgeschlagenen Verfahren für den buchmäßigen Nachweis und die Kontrolle des Kernmaterials und der Hinweis insbesondere auf die von dem Anlagebetreiber festgelegten Materialbilanzzonen, die Messungen des Flusses und die Verfahren für die Aufnahme des realen Bestandes. Der IAEO wird für jede Anlage auch sonstige Informationen, die für die Anwendung der Sicherungsmaßnahmen nach diesem Übereinkommen von Belang sind, mitgeteilt, sofern dies in den ergänzenden Abmachungen nach Art 44 vorgesehen ist. Euratom teilt der IAEO zusätzliche Informationen über die Gesundheits- und Sicherheitsmaßnahmen mit, die die IAEO zu beachten hat, und an die sich die Inspektoren in der Anlage zu halten haben. Nach Art 45 teilt Euratom der IAEO eine hinsichtlich der Sicherungsmaßnahmen nach diesem Übereinkommen bedeutenden Änderung der Anlagedaten zur Prüfung mit und unterrichtet sie über alle Änderungen der ihr nach Art 44 mitgeteilten Informationen und zwar so frühzeitig, dass die Verfahren zur Anwendung der Sicherungsmaßnahmen nach diesem Übereinkommen erforderlicher Weise angepasst werden können.

Die der IAEO mitgeteilten Anlagendaten dürfen verwendet werden, um die Merkmale von Anlagen und Kernmaterial, die für die Anwendung von Sicherungsmaßnahmen auf Kernmaterial von Belang sind, in einem zur Erleichterung der Nachprüfung ausreichendem Maß zu kennzeichnen, um Materialbilanzzonen für die Buchführungszwecke nach diesem Übereinkommen festzulegen, um die strategischen Punkte auszuwählen, die als Schlüsselmesspunkte zur Bestimmung des Kernmaterialflusses und des Kernmaterialbestandes verwendet werden. Bei der Festlegung solcher Materialbilanzzonen werden die Größe der Materialbilanzzone, die räumliche Eingrenzung sowie die wirtschaftlich schutzbedürftigen Informationen beachtet, um den nominellen Zeitwert und den nominellen Zeitplan und die Verfahren für die Aufnahme des realen Bestandes an Kernmaterial für Buchführungszwecke nach diesem Übereinkommen festzulegen, um die Erfordernisse für die Protokolle und Berichte und die Verfahren zur Auswertung der Protokolle festzulegen, um die Erfordernisse und Verfahren für die Nachprüfung von Menge und Lage des Kernmaterials festzulegen sowie um geeignete Kombinationen von Methoden und Verfahren der räumlichen Eingrenzung und der Beobachtung und der strategischen Punkte an denen sie angewendet werden sollen auszuwählen.

Die zwischen der IAEO und Euratom einvernehmlich festgelegten Ergebnisse der Prüfung der Anlagedaten werden in die ergänzenden Abmachungen aufgenommen.

Nach Art 47 werden die Anlagendaten im Lichte der Veränderung in den Betriebsbedingungen, der Entwicklungen in der Technologie der Sicherungsmaßnahmen oder der bei der Anwendung der Nachprüfungsverfahren gewonnenen Erfahrungen im Hinblick darauf erneut geprüft, und sind die oben genannten getroffenen Maßnahmen entsprechend abzuändern. Nach Art 48 kann die IAEO im Zusammenwirken mit Euratom und dem betroffenen Staat Inspektoren zu Anlagen entsenden, um die Anlagendaten nachzuprüfen, die der IAEO für die im oben genannten angeführten Zwecke mitgeteilt worden sind.

ww) Informationen über Kernmaterial außerhalb der Anlagen

Für den Fall, dass Kernmaterial gewöhnlich außerhalb von Kernanlagen verwendet werden soll, ist die IAEO von Euratom je nach Sachlage hinsichtlich der allgemeinen Beschreibung der Verwendung des Kernmaterials, seiner Lage, sowie des Namens und der Anschrift des Benutzers, die für normale Geschäftszwecke verwendet werden, zu informieren. Weiters ist der IAEO eine allgemeine Beschreibung der bestehenden und vorgeschlagenen Verfahren für den buchmäßigen Nachweis und die Kontrolle des Kernmaterials wie in den ergänzenden Abmachungen näher bestimmt mitzuteilen.

Gemäß Art 50 kann die IAEO die gemäß Art 49 erhaltenen Informationen für die in Art 46 angeführten Zwecke verwenden.

xx) Protokollsystem

Nach Art 51 sorgt Euratom dafür, dass Protokolle für jede Materialbilanzzone geführt werden. Die zu führenden Protokolle werden in den ergänzenden Abmachungen beschrieben. Um die Prüfung der Protokolle durch die Inspektoren der IAEO zu erleichtern, vor allem, wenn die Protokolle nicht englisch, französisch, russisch oder spanisch geführt werden, werden die entsprechenden Vorkehrungen getroffen. Solche Protokolle sind gemäß Art 53 mindestens fünf Jahre lang aufzubewahren.

Die Protokolle bestehen aus den Buchungsprotokollen über das gesamte Kernmaterial, das Sicherungsmaßnahmen nach diesem Übereinkommen unterliegt, sowie aus den Betriebsprotokollen für Anlagen, die solches Kernmaterial enthalten. Das System der Messungen auf dem die für die Abfassung von Berichten verwendeten Protokolle beruhen, hat den neuesten internationalen Normen entweder zu entsprechen oder ihnen qualitativ gleichwertig zu sein.

yy) Buchungsprotokolle

Die Buchungsprotokolle nach Art 56 enthalten jede Materialbilanzzone, alle Bestandsänderungen, sodass der Buchbestand jederzeit festgestellt werden kann, alle Messergebnisse, die zur Bestimmung des realen Bestandes verwendet werden, sowie jeden Ausgleich und alle Berichtigungen, die in Bezug auf Bestandsänderungen, Buchbestände und reale Bestände vorgenommen worden sind. Weiters enthalten für alle Bestandsänderungen und realen Bestände, bezogen auf jede Kernmaterialcharge, die Protokolle Angaben über Kennzeichnung des Materials, Chargendaten und Primärdaten. Weiters ist Uran, Thorium und Plutonium in jeder Kernmaterialcharge getrennt aufgeführt. Für jede Bestandsänderung sind der Zeitpunkt der Bestandsänderung und gegebenenfalls die ursprüngliche Materialbilanzzone und die aufzunehmende Materialbilanzzone oder der Empfänger anzugeben.

Nach Art 58 enthalten die Betriebsprotokolle für jede Materialbilanzzone je nach Sachlage die Betriebsdaten, die zur Feststellung von Änderungen in der Menge und Zusammensetzung des Kernmaterials verwendet werden, die Daten, die bei der Eichung von Behältern und Instrumenten sowie bei Probenahmen und Analysen gewonnen werden, sowie die Verfahren zur Kontrolle der Qualität von Messungen und die abgeleiteten Schätzungen zufälliger und systematischer Fehler, in der Beschreibung des Ablaufs der Vorbereitung und der Aufnahme eines realen Bestandes zur Feststellung seiner Richtigkeit und Vollständigkeit, eine Beschreibung der Maßnahmen, die getroffen werden, um Ursache und Ausmaß etwa auftretender Verluste durch Unfall oder nicht gemessener Verluste festzustellen.

zz) Berichtssystem

In diesem Kapitel ist festgeschrieben, dass Euratom der IAEO Berichte über Kernmaterial, das Sicherungsmaßnahmen nach diesem Übereinkommen unterliegt, erstattet. Nach Art 60 sind die Berichte in Englisch, französisch, russisch oder spanisch abzufassen, soweit in den ergänzenden Abmachungen nichts anderes bestimmt ist. Grundlage dieser Berichte sind die in den Art 51–58 geführten Protokolle und bestehen je nach Sachlage aus Buchungs- und Sonderberichten.

Nach Art 62 erstattet Euratom der IAEO einen Anfangsbericht über das gesamte Kernmaterial, das Sicherungsmaßnahmen nach diesem Übereinkommen unterliegt. Dieser Anfangsbericht wird der IAEO binnen 30 Tagen nach dem letzten Tag des Kalendermonats in dem dieses Übereinkommen in Kraft tritt, zugesandt, und hat den Sachstand am letzten Tag jenes Monats wiederzugeben. Weiters erstattet Euratom IAEO für die Materialbilanzzone folgende Buchungsberichte

- Bestandsänderungsberichte, aus denen alle Änderungen des Bestands an Kernmaterial ersichtlich sind. Diese Bericht sind sobald wie möglich, jedenfalls aber innerhalb der in den ergänzenden Abmachungen festgelegten Fristen abzusenden sowie

- Materialbilanzberichte, aus denen die Materialbilanz ersichtlich ist, die auf einer Aufstellung des realen Bestandes an Kernmaterial beruht, das sich tatsächlich in der Materialbilanzzone befindet. Die Berichte sind sobald wie möglich, jedenfalls aber innerhalb der in den ergänzenden Maßnahmen festgelegten Frist abzusenden.

Die Berichte beruhen auf am Berichtstag verfügbaren Daten. Sie können erforderlichenfalls später berichtigt werden.

In den Bestandsänderungsberichten sind für jede Kernmaterialcharge, die Kennzeichnungs- und Chargendaten, der Zeitpunkt der Bestandsänderung und gegebenenfalls die ursprüngliche Materialbilanzzone und die aufnehmende Materialbilanzzone oder der Empfänger anzugeben. Diesen Berichten sind kurz gefasste Bemerkungen beizufügen, die die Bestandsänderungen auf Grund der Betriebsdaten erläutern, die in den nach Art 58 vorgesehenen Betriebsprotokollen enthalten sind und die wie in den ergänzenden Abmachungen näher geregelt das geplante Betriebsprogramm insbesondere die Aufnahme des realen Bestandes beschreiben.

Euratom meldet jede Bestandsänderung, jeden Ausgleich und jede Berichtigung und zwar entweder in regelmäßigen Zeitabständen in einer zusammengefassten Liste oder jeweils einzeln. Gemäß Art 65 sind Bestandsänderungen nach Chargen anzugeben. Entsprechend den Bestimmungen der ergänzenden Abmachungen können kleinere Änderungen im Bestand an Kernmaterial, zum Beispiel die Weitergabe von Analyseproben in einer Charge zusammengefasst und als einzige Bestandsänderung gemeldet werden.

IAEO liefert Euratom zur Verwendung durch die betroffenen Vertragsparteien für jede Materialbilanzzone halbjährlich Aufstellungen des Buchbestandes an Kernmaterial, das Sicherungsmaßnahmen nach diesem Übereinkommen unterliegt. Diese Aufstellungen beruhen auf den Bestandsänderungsberichten für den jeweils in der Aufstellung erfassten Zeitraum.

Nach Art 67 enthalten die Materialbilanzberichte, sofern die IAEO und Euratom nichts anderes vereinbaren, Angaben über den realen Anfangsbestand, Bestandsänderungen (erst Zunahme dann Abnahme), den End-Buchbestand, den Absender/Empfänger, Differenz, den ausgeglichenen End-Buchbestand, den realen Endbestand sowie nicht nachgewiesenes Material. Jedem dieser Materialbilanzberichte ist eine Aufstellung des realen Bestandes beizufügen, in der alle Chargen getrennt aufgeführt, und die Materialkennzeichnungs- und Chargendaten für jede Charge anzugeben sind.

Nach Art 68 hat Euratom unverzüglich Sonderberichte zu erstatten, wenn ein außergewöhnlicher Zwischenfall oder außergewöhnliche Umstände Euratom zu der Annahme veranlassen, dass ein Verlust an Kernmaterial eingetreten ist oder eingetreten sein kann, dass die hierfür in den ergänzenden Abmachungen festgelegten Grenzwerte überschritten sind, oder wenn sich die räumliche Eingrenzung unerwartet gegenüber den in den ergänzenden Abmachungen festgelegten Angaben soweit geändert hat, dass die unbefugte Entnahme von Kernmaterial möglich geworden ist.

Nach Art 69 stellt auf Ersuchen der IAEO Euratom zu jedem Bericht weitere oder erklärende Ausführungen zur Verfügung, soweit dies für den Zweck der Sicherungsmaßnahmen nach diesem Übereinkommen von Belang ist.

aaa) Inspektionen

Nach Art 70 ist die IAEO berechtigt Inspektionen nach Maßgabe dieses Übereinkommens durchzuführen. Nach Art 71 kann die IAEO ad hoc Inspektionen durchführen, um die im Anfangsbericht enthaltenen Informationen über das Kernmaterial, das Sicherungsmaßnahmen nach diesem Übereinkommen unterliegt, nachzuprüfen, und um Veränderungen in der Sachlage, die in Bezug auf eine bestimmte Anlage zwischen dem Datum des Anfangsberichtes und dem Zeitpunkt des Inkrafttretens der ergänzenden Abmachungen eingetreten sind, festzustellen und nachzuprüfen, und die Menge und Zusammensetzung des Kernmaterials, das Sicherungsmaßnahmen nach diese Übereinkommen unterliegt, in Übereinstimmung mit Art 93 und 96 vor seiner Weitergabe aus den Staaten oder bei seiner Weitergabe in die Staaten, mit Ausnahme der Weitergabe innerhalb von Euratom festzustellen, und wenn möglich nachzuprüfen.

Weiters kann nach Art 72 die IAEO Routineinspektionen durchführen, um nachzuprüfen, dass Berichte mit den Protokollen übereinstimmen, Lage, Identität, Menge und Zusammensetzung des gesamten Kernmaterials nachzuprüfen, das Sicherungsmaßnahmen nach diesem Übereinkommen unterliegt und Informationen über die möglichen Ursachen für nicht nachgewiesenes Material, vom Absender/Empfänger – Differenzen und Unklarheiten in Bezug auf den Buchbestand nachzuprüfen.

Nach Art 73 steht es der IAEO zu, Sonderinspektionen durchzuführen, um die in den Sonderberichten enthaltenen Informationen nachzuprüfen, oder wenn die IAEO der Auffassung ist, dass die von Euratom zur Verfügung gestellten Informationen einschließlich der von der Euratom übermittelten, und die durch Routineinspektionen gewonnenen Informationen nicht ausreichen, um der IAEO die Erfüllung ihrer Aufgaben nach diesem Übereinkommen zu ermöglichen. Eine solche Sonderinspektion liegt nach Art 73 Abs 2 dann vor, wenn sie entweder zusätzlich zu dem in diesem Übereinkommen vorgesehenen Routineinspektionsaufwand erfolgt, oder wenn damit Zugang zu Informationen oder Orten über das in Art 76 für ad hoc oder Routineinspektionen bestimmtes Ausmaß verbunden ist, oder wenn beides der Fall ist.

Nach Art 77 konsultieren Euratom und die IAEO einander unverzüglich, falls eine Sachlage vorliegt, die eine Sonderinspektion erfordert. Aufgrund solcher Konsultationen kann die IAEO zusätzlich zu dem in diesem Übereinkommen vorgesehenen Routineinspektionsaufwand Inspektionen durchführen, sowie im Einvernehmen mit Euratom Zugang zu Informationen und Orten zuzüglich den in Art 76 genannten erhalten. Meinungsverschiedenheiten werden im Einklang mit Art 21 und 22 beigelegt. Sind jedoch Maßnahmen von Euratom oder eines Staates – wovon jeder der beiden Vertragsparteien betroffen sind – wissentlich und dringend, so findet Art 18 Anwendung.

Nach Art 74 kann die IAEO bei Inspektionen folgende Maßnahmen durchführen:

- Prüfung der nach Art 51–58 zu führenden Protokolle,
- unabhängige Messungen des gesamten Kernmaterials, das Sicherungsmaßnahmen nach diesem Übereinkommen unterliegt,
- Nachprüfung und Funktionierens und Eichung von Instrumenten und sonstigen MESZ- und Kontrollausrüstungen,
- Anwendung und Nutzung von Maßnahmen der Beobachtung und der räumlichen Eingrenzung sowie Anwendung sonstiger objektiver Methoden, die sich als technisch durchführbar erwiesen haben.

Zur Durchführung der Kontrollen durch die IAEO wurde die Verordnung 3227/76 erlassen, welche durch die Verordnung 303/2005 aufgehoben worden ist.

Der IAEO wird gemäß Art 75 ermöglicht

- zu beobachten, dass Proben an Schlüsselmesspunkten für die Materialbilanzbuchhaltung in Übereinstimmung mit Verfahren entnommen werden; die repräsentative Proben liefern; die Behandlung und Analyse der Proben zu beobachten und die Duplikate solcher Proben zu erhalten
- zu beobachten, dass die für Materialbilanzbuchhaltung an Schlüsselmesspunkten durchgeführten Messungen von Kernmaterial repräsentativ sind, und die Eichung der dabei verwendeten Instrumente und Ausrüstungen zu beobachten
- mit Euratom und soweit erforderlich mit dem entsprechenden Staat Abmachungen zu treffen, damit erforderlichenfalls
- zur Verwendung durch die IAEO zusätzliche Messungen durchgeführt und zusätzliche Proben entnommen werden
- die Standardanalysenproben der IAEO analysiert werden
- geeignete absolute Standards für die Eichung von Instrumenten und anderen Ausrüstungen angewandt werden
- sonstige Eichungen durchgeführt werden.
- Vorkehrungen für die Verwendung ihrer eigenen Ausrüstungen für eine unabhängige Messung und Beobachtung zu treffen und, wenn dies vereinbart und in den ergänzenden Abmachungen näher geregelt ist, Vorkehrungen für die Anbringung dieser Ausrüstungen zu treffen
- ihre Siegel und andere kennzeichnende und Verfälschungen anzeigende Vorrichtungen an räumlichen Eingrenzungen anzubringen, wenn dies vereinbart ist und in den ergänzenden Abmachungen näher geregelt wird.

Mit Euratom oder dem betreffenden Staat sind Abmachungen für die Absendung der zur Verwendung durch die IAEO entnommenen Proben zu treffen.

Um ad hoc Inspektionen betreffend den Anfangsberichten vorzunehmen sowie bis zur Festlegung der strategischen Punkte in den ergänzenden Abmachungen, haben die Inspektoren der IAEO Zugang zu den Orten, an denen sich die im Anfangsbericht oder eine im Zusammenhang damit durchgeführten Inspektion zur Folge Kernmaterial befindet, das Sicherungsmaßnahmen nach diesem Übereinkommen unterliegt. Bei ad hoc Inspektionen betreffend der Menge und Zusammensetzung des Kernmaterials hinsichtlich der Weitergabe haben die Inspektoren der IAEO Zugang zu den Orten, die der IAEO im Einklang mit den in Art 92 Buchstabe d Ziffer 3i oder Art 95 Buchstabe d Ziffer 3i gemeldet worden sind. Weiters haben bei Routineinspektionen die Inspektoren Zugang nur zu den in den ergänzenden Abmachungen festgelegten strategischen Punkten, und zu den in Art 51 und 58 geführten Protokollen.

Für den Fall, dass Euratom zu der Auffassung gelangt, dass außergewöhnliche Umstände weitgehende Beschränkungen des Zugangs für die IAEO erforderlich machen, so treffen Euratom und die IAEO sogleich Abmachungen, um die IAEO in die Lage zu versetzen, die ihr obliegende Aufgabe der Durchführung von Sicherungsmaßnahmen im Rahmen dieser Beschränkungen zu erfüllen. Der Generaldirektor der IAEO unterrichtet den Gouverneursrat über jede derartige Abmachung.

Anzahl, Intensität und Dauer der Routineinspektionen sind bei optimalem Zeitablauf auf das Mindestmaß gemäß Art 78 zu beschränken, der mit der wirksamen Durchführung der in diesem Übereinkommen vorgesehenen Verfahren für Sicherungsmaßnahmen vereinbar ist. Die nach diesem Übereinkommen verfügbaren Inspektionsmittel sind mit bestmöglicher und wirtschaftlichster Weise zu nutzen.

Die IAEO kann eine Routineinspektion pro Jahr bei Anlagen und Materialbilanzzonen außerhalb von Anlagen mit einem Inhalt oder jährlichem Durchsatz – je nach dem, welcher Betrag größer ist – für nicht mehr als fünf effektiven Kilogramm Kernmaterial durchführen. Bei Anlagen mit einem Inhalt oder jährlichem Durchsatz von mehr als fünf effektiven Kilogramm Kernmaterial werden Anzahl, Intensität, Dauer, Zeitfolge sowie Art und Weise der Routineinspektion auf der Grundlage festgelegt, dass im Höchst- oder Grenzfall die Inspektionen nicht intensiver sein dürfen, als notwendig und ausreichend, um eine kontinuierliche Kenntnis des Kernmaterialflusses und Kernmaterialbestandes zu behalten. Der maximale Routineinspektionsaufwand bei derartigen Anlagen bestimmt sich für Reaktoren und versiegelte Lagereinrichtungen, dass das Maximum aller Routineinspektionen pro Jahr so festzulegen ist, dass ein Sechstel eines Inspektionsmannjahres für jede dieser Anlagen zugebilligt wird; für Anlagen auf mehr als fünf prozentigem angereichertem Uran oder Plutonium, bei denen es sich nicht um Reaktoren oder versiegelte Lagereinrichtungen handelt, ist das Maximum aller Routineinspektionen pro Jahr so festzulegen, dass für jede dieser Anlagen dreißig Mal Wurzel E Inspektionsmanntage zugebilligt werden, wobei E den Bestand oder jährlichen Durchsatz von Kernmaterial – je nach dem welcher Betrag größer ist – in effektiven Kilogramm darstellt. Das für jede dieser Anlagen festgesetzte Maximum darf jedoch nicht weniger als eins Komma fünf

Inspektionsmannjahre betragen, sowie für Anlagen, die nicht unter die vorigen Anlagendefinitionen fallen, ist das Maximum aller Routineinspektionen pro Jahr so festzulegen, dass für jede dieser Anlagen ein Drittel eines Inspektionsmannjahres plus null Komma vier Mal E Inspektionsmanntage pro Jahr zugebilligt werden, wobei E den Bestand oder jährlichen Durchsatz von Kernmaterial – je nach dem welcher Betrag größer ist – in effektiven Kilogramm darstellt.

Die Vertragsparteien dieses Übereinkommens können eine Änderung der in diesem Artikel festgelegten Zahlen für den maximalen Inspektionsaufwand vereinbaren, wenn der Gouverneursrat der IAEO entscheidet, dass eine solche Änderung angemessen ist.

Die Bestimmung der tatsächlichen Anzahl, Intensität, Dauer und Zeitfolge sowie Art und Weise der Routineinspektionen in jeder Lage anzuwenden haben folgendes zu umfassen

- die Form des Kernmaterials, insbesondere ob das Kernmaterial in loser Form vorliegt oder in einer Anzahl voneinander getrennter Posten enthalten ist, seine chemische Zusammensetzung und bei Uran, ob es einen niedrigen oder hohen Anreicherungsgrad hat, seine Zugänglichkeit
- die Wirksamkeit der Sicherungsmaßnahmen von Euratom einschließlich des Ausmaßes, in dem die Anlagenbetreiber funktionell von den Sicherungsmaßnahmen von Euratom unabhängig sind, das Ausmaß, in dem die in Art 32 genannten Maßnahmen von Euratom durchgeführt worden sind, die Pünktlichkeit in der Berichterstattung an die IAEO, die Übereinstimmung der Berichte mit der unabhängigen Nachprüfung durch die IAEO, die Menge und Genauigkeit des nicht nachgewiesenen Materials, wie es die IAEO durch Nachprüfung festgestellt hat,
- Merkmale des Kernbrennstoffkreislaufes in den Staaten, insbesondere die Zahl und Art der Anlagen, die Kernmaterial enthalten, das Sicherungsmaßnahmen nach diesem Übereinkommen unterliegt,
- Merkmale solcher Anlagen, die für die Sicherungsmaßnahmen nach diesem Übereinkommen von Belang sind, insbesondere der Grad der räumlichen Eingrenzung, das Ausmaß, in dem die Auslegung solcher Anlagen und die Nachprüfung des Kernmaterialflusses und des Kernmaterialbestandes erleichtert das Ausmaß, in dem zwischen den Informationen aus verschiedenen Materialbilanzzonen eine Beziehung hergestellt werden kann
- die internationale Verflechtung insbesondere das Ausmaß in dem Kernmaterial zur Verwendung oder Verarbeitung aus anderen Staaten bezogen oder in andere Staaten versendet wird, die Nachprüfungstätigkeit der IAEO im Zusammenhang damit, das Ausmaß, in dem die nuklearen Tätigkeiten in den einzelnen Staaten mit denen in anderen Staaten verflochten sind
- technische Entwicklungen auf dem Gebiet der Sicherungsmaßnahmen einschließlich anwendungsstatistischer Methoden in der Stichprobennahme zur Bestimmung des Flusses von Kernmaterial.

Die IAEO und Euratom konsultieren einander, wenn diese der Auffassung ist, dass der Inspektionsaufwand in unangemessener Weise auf bestimmte Anlagen konzentriert wird.

Nach Art 83 kündigt die IAEO Euratom in den betroffenen Staaten die Ankunft von Inspektoren der IAEO in Anlagen oder Materialbilanzzonen außerhalb von Anlagen im Voraus wie folgt an

- bei ad hoc Inspektionen mindestens nach Art 71 lit b mindestens 24 Stunden, bei Inspektionen nach Art 71 Lit a sowie in Tätigkeiten nach Art 48 mindestens eine Woche im Voraus
- bei Sonderinspektionen nach Art 73 so rasch wie möglich, nach dem die IAEO und Euratom einander gemäß Art 77 konsultiert haben, wobei davon ausgegangen wird, dass die Ankündigung der Ankunft üblicher Weise Bestandteil der Konsultation ist
- bei Routineinspektionen nach Art 72 mindestens 24 Stunden im voraus, wenn es sich um die in Art 80 lit b genannten Anlagen und um versiegelte Lagereinrichtungen, die auf mehr als fünf Prozent angereichertes Uran oder Plutonium enthalten, handelt und in allen anderen Fällen eine Woche im Voraus.

Bei Ankündigung der Inspektion sind die Namen der Inspektoren der IAEO, die zu besuchenden Anlagen und Materialbilanzzonen außerhalb der Anlagen sowie der Besuchszeitraum anzugeben. Reisen Inspektoren der IAEO aus dem Ausland in die Mitgliedstaaten ein, so teilt die IAEO auch Ort und Zeit ihrer Ankunft den Mitgliedstaaten im Voraus mit.

Unbeschadet der Bestimmung des Art 83 kann die IAEO als ergänzende Maßnahme einen Teil der Routineinspektionen nach Art 80 ohne vorherige Ankündigung entsprechend dem Grundsatz der Stichprobennahme durchführen. Bei der Durchführung unangemeldeter Inspektionen trägt die IAEO den ihr nach Art 64 lit b vorgelegten Betriebsprogrammen voll Rechnung. Soweit tunlich und auf der Grundlage des Betriebsprogramms teilt sie Euratom und dem betreffenden Staat über dies regelmäßig ihr allgemeines Programm angekündigter und nicht angekündigter Inspektionen mit, unter Angabe der generellen Zeitabschnitte, in denen Inspektionen vorgesehen sind. Bei der Durchführung unangemeldeter Inspektionen unternimmt die IAEO alle Anstrengungen, um praktische Schwierigkeiten für Euratom und den betreffenden Staat sowie für die Anlagenbetreiber auf ein Mindestmaß zu beschränken, wobei sie diesbezüglich Bestimmungen der Art 44 und 89 berücksichtigt. In entsprechender Weise unternimmt Euratom und der betreffende Staat alle Anstrengungen, um die Aufgabe der Inspektoren der IAEO zu erleichtern.

Nach Art 85 gelten für die Benennung von Inspektoren der IAEO folgende Verfahren. Der Generaldirektor (der IAEO) teilt Euratom und den Staaten schriftlich den Namen, die Qualifikation, Nationalität, den Dienstgrad und andere zweckdienliche Angaben über jeden Beamten der IAEO mit, dessen Benennung als Inspektor der IAEO für die Staaten er vorschlägt. Euratom teilt dem Generaldirektor binnen dreißig Tagen nach Empfang eines solchen Vorschlags mit, ob sie ihn annimmt. Der Generaldirektor kann jeden Beamten der von Euratom und den Staaten akzeptiert worden ist, als einen der Inspektoren der IAEO für die Staaten benennen. Er unterrichtet Euratom und die Staaten von dieser Benennung. Der Generaldirektor unterrichtet Euratom und die Staaten unverzüglich, wenn er auf Ersuchen von Euratom oder von sich aus die Benennung eines Beamten als Inspektor der IAEO für Staaten rückgängig gemacht hat.

Da die Benennungsverfahren für Inspektoren der IAEO die für die in Art 48 vorgesehenen Tätigkeiten benötigt werden und ad hoc Inspektoren nach Art 71 lit b durchführen sollen, sind jedoch möglichst binnen dreißig Tagen nach Inkrafttreten dieses Übereinkommens abzuschließen. Scheint die Benennung innerhalb der Frist unmöglich, so werden für diese Zwecke Inspektoren der IAEO auf Zeit benannt.

Nach Art 86 sind die Staaten verpflichtet so schnell wie möglich die erforderlichen Sichtvermerke für jeden nach Art 85 benannten Inspektor der IAEO zu erteilen bzw. zu erneuern.

Bei der Ausübung von Funktionen nach Art 48 und 71 bis 75 führen gemäß Art 87 die Inspektoren der IAEO ihre Tätigkeit so durch, dass eine Behinderung oder Verzögerung des Baus, der Inbetriebnahme oder des Betriebes der Anlagen und eine Beeinträchtigung ihrer Sicherheit vermieden werden. Insbesondere betreiben die Inspektoren der IAEO eine Anlage nicht selbst und geben auch Bediensteten einer Anlage keine Anweisungen zur Durchführung von Betriebsmaßnahmen. Sind Inspektoren der IAEO der Auffassung, dass nach den Art 74 und 75 in einer Anlage besondere Betriebsmaßnahmen durch den Anlagebetreiber durchgeführt werden sollen, so stellen sie einen entsprechenden Antrag. Falls nach Art 88 die Inspektoren der IAEO im Zusammenhang mit der Durchführung von Inspektionen Dienstleistungen, die in einem Staat erbracht werden können einschließlich die Benutzung von Ausrüstungen benötigen, so erleichtert der betreffende Staat und Euratom die Erbringung dieser Dienstleistungen und die Benutzung dieser Ausrüstungen durch die Inspektoren der IAEO.

Euratom und die betreffenden Staaten haben ein Recht darauf, die Inspektoren der IAEO bei ihren Inspektionen von den Inspektoren von Euratom und Vertretern der Staaten begleiten zu lassen, vorausgesetzt, dass die Inspektoren der IAEO dadurch nicht aufgehalten oder sonst wie bei der Ausübung der Funktionen behindert werden.

Die IAEO teilt Euratom zur Verwendung durch die betroffenen Vertragsparteien gemäß Art 90 die Ergebnisse ihrer Inspektionen, und zwar in Abständen, die den ergänzenden Abmachungen festgelegt werden, sowie die Schlussfolgerung, die sich aus ihren Nachprüfungen ergeben, mit.

bbb) Weitergabe in die Staaten und aus den Staaten heraus

Für die Staaten, oder aus den Staaten heraus weitergegebenes Kernmaterial, dass Sicherungsmaßnahmen nach diesen Übereinkommen unterliegt oder unterliegen muss, werden für die Zwecke dieses Übereinkommens Euratom und der betreffende

Staat als verantwortlich angesehen und zwar bei einer Weitergabe in die Staaten von dem Zeitpunkt an, an dem die Verantwortlichkeit des Staates, aus dem heraus das Material weitergegeben wird, aufhört, spätestens aber wenn das Material seinen Bestimmungsort erreicht, sowie bei einer Weitergabe aus den Staaten heraus bis zu dem Zeitpunkt, von dem an der Empfangsstaat die Verantwortlichkeit hat, spätestens aber wenn das Kernmaterial seinen Bestimmungsort erreicht. Dieser Punkt gemäß Art 91, an dem die Weitergabe der Verantwortlichkeit erfolgt, wird im Einklang mit geeigneten Abmachungen bestimmt, die von Euratom und dem betroffenen Staat einerseits und dem oder aus dem heraus das Kernmaterial weitergegeben wird, andererseits zu treffen sind. Weder Euratom noch ein Staat gelten als verantwortlich für Kernmaterial alleine wegen der Tatsache, dass sich das Kernmaterial im Transit auf oder über dem Hoheitsgebiet eines Staates befindet, oder in einem unter der Flagge eines Staates fahrenden Schiffes, oder im Luftfahrzeug eines Staates befördert wird.

Euratom notifiziert der IAEO die beabsichtigte Weitergabe aus den Staaten heraus von Kernmaterial, dass Sicherungsmaßnahmen nach diesem Übereinkommen unterliegt, wenn die Sendung ein effektives Kilogramm übersteigt, oder wenn – sofern dies in den ergänzenden Abmachungen so bestimmt ist – bei Anlagen, die üblicherweise signifikante Mengen in den selben Staat weitergeben, die Sendungen jeweils 1 effektives Kilogramm nicht übersteigen. Diese Notifikation an die IAEO erfolgt nach Abschluss der zur Weitergabe führenden vertraglichen Vereinbarung und innerhalb der in den ergänzenden Abmachungen näher bestimmten Frist. Die IAEO und Euratom können auch andere Verfahren für die im Voraus erfolgende Notifikation vereinbaren.

In der Notifikation sind die Kennzeichnung möglichst auch die erwartete Menge und die Zusammensetzung des weiterzugebenden Materials sowie die Materialbilanzzone, aus der es kommt, der Staat, für den das Kernmaterial bestimmt ist, die Daten und Orte, an denen das Kernmaterial für den Versand vorbereitet werden soll, das voraussichtliche Datum der Absendung und Ankunft des Kernmaterials, der Punkt der Weitergabe, an dem der Empfangsstaat die Verantwortlichkeit für das Kernmaterial für die Zwecke dieses Übereinkommens übernehmen wird und wann dieser Punkt voraussichtlich erreicht wird.

Die in Art 92 genannte Notifikation erfolgt gemäß Art 93 in einer Weise, dass die IAEO in die Lage versetzt wird, erforderlichenfalls eine ad hoc Inspektion (Art 71) durchzuführen, die Menge und Zusammensetzung des Kernmaterials vor seiner Weitergabe aus den Staaten heraus – ausgenommen bei Weitergabe innerhalb der Gemeinschaft – zu identifizieren und wenn möglich nachzuprüfen, wenn die IAEO dies wünscht, oder Euratom darum ersucht, das Kernmaterial nach seiner Vorbereitung für den Versand mit Siegeln zu versehen. Die Weitergabe des Kernmaterials darf jedoch durch eine von der IAEO auf Grund einer solchen Notifikation getroffenen oder beabsichtigten Maßnahme keiner Weise verzögert werden. Unterliegt Kernmaterial im Empfangsstaat nicht den Sicherungsmaßnahmen der IAEO, so trägt Euratom dafür Sorge, dass die IAEO binnen 3 Monaten, nach dem der Empfangsstaat die Verantwortlichkeit für das Kernmaterial übernommen hat, vom Empfangsstaat die Bestätigung der Weitergabe erhält.

ccc) Weitergabe in die Staaten

Nach Art 95 notifiziert Euratom der IAEO die erwartete Weitergabe in die Staaten, von Kernmaterial, das Sicherungsmaßnahmen nach diesem Übereinkommen unterliegen muss, wenn die Sendung 1 effektives Kilogramm übersteigt, oder wenn – sofern dies in den ergänzenden Abmachungen so bestimmt ist, bei Anlagen, an die üblicherweise signifikante Mengen aus dem selben Staat weitergegeben werden, die Sendungen jeweils 1 effektives Kilogramm nicht übersteigen. Die Notifikation der erwarteten Ankunft des erwarteten Kernmaterials an die IAEO erfolgt so früh wie möglich, jedenfalls aber innerhalb der in den ergänzenden Abmachungen näher bestimmten Fristen. Die IAEO und Euratom können auch andere Verfahren für die im Voraus erfolgende Notifikation vereinbaren. In der Notifikation sind die Kennzeichnung und möglichst auch die erwartete Menge und die Zusammensetzung des Kernmaterials, der Punkt der Weitergabe, von dem an Euratom und der betreffende Staat die Verantwortlichkeit für das Kernmaterial für die Zwecke dieses Übereinkommens übernehmen und wann dieser Punkt voraussichtlich erreicht wird, sowie das Datum, an dem die Ankunft erwartet wird, der Ort, und das Datum, an denen das Kernmaterial ausgepackt wird, mitzuteilen. Die obengenannte Notifikation erfolgt in einer Weise, dass die IAEO in die Lage versetzt wird, erforderlichen falls eine ad hoc Inspektion durchzuführen um die Menge und Zusammensetzung des in die Staaten weitergegebenen Kernmaterials – ausgenommen bei Weitergabe innerhalb der Gemeinschaft – beim Auspacken der Sendung zu identifizieren, und wenn möglich nachzuprüfen. Das Auspacken darf jedoch durch eine von der IAEO auf Grund dieser Notifikation getroffenen oder beabsichtigten Maßnahmen nicht verzögert werden.

Nach Art 97 erstattet Euratom einen Sonderbericht nach Art 68, wenn ein außergewöhnlicher Zwischenfalls oder außergewöhnlicher Umstände Euratom zu der Auffassung gelangen, dass Kernmaterial bei der Weitergabe in die Staaten oder aus den Staaten heraus verloren gegangen ist, oder wenn verlorengegangen sein kann. Dies gilt auch für den Fall einer erheblichen Verzögerung.

b) Zusatzprotokoll[605]

aa) Einleitung

Das Zusatzprotokoll bezweckt die Zusammenarbeit zwischen Euratom und der IAEO zur verbessern, insbesondere auch dem neuen Entwicklungsabschluss der ersten

605 Näheres bei *Santamaria/Prieto* The entry into force of the Additional Protocol in the European Union; the new dimension of safeguards in Europe, Int J Nuclear Law Vol I 2006, 28ff.

völkerrechtlichen Vereinbarung Folge zu leisten. Art I bestimmt, dass die Bestimmungen des Sicherungsübereinkommens auf dieses Protokoll Anwendung finden, soweit sie relevant und mit diesem Protokoll zu vereinbaren sind. Bei einem Widerspruch zwischen den Bestimmungen sind die Bestimmungen des Protokolls (Lex posterior) zur Anwendung zu kommen

bb) Begriffsbestimmungen

Im Sinne dieses Protokolls bedeuten

- „Forschungs- und Entwicklungsarbeiten auf dem Gebiet des Kernbrennstoffkreiskaufs" Tätigkeiten mit speziellem Bezug auf einen Teil der Prozess- oder Systementwicklung für eine der folgenden Tätigkeiten oder Anlagen:
  - Konversion von Kernmaterial
  - Anreicherung von Kernmaterial
  - Herstellung von Kernbrennstoff
  - Reaktoren
  - kritische Anordnungen
  - Wiederaufbereitung von Kernbrennstoff
  - Aufbereitung mittel- oder hochaktivem Abfalls, der Plutonium, hochangereichertes Uran oder Uran-233 enthält (jedoch keine Neuverpackung oder Konditionierung ohne Elementetrennung für die Zwischen- oder Endlagerung).

Darunter fallen jedoch keine Tätigkeiten im Zusammenhang mit der theoretischen oder der Grundlagenforschung oder mit Forschungs- und Entwicklungsarbeiten über industrielle Einsatzmöglichkeiten für Radioisotope, über medizinische, hydrologische und landwirtschaftliche Anwendungsmöglichkeiten, die Auswirkungen auf Gesundheit und Umwelt oder eine bessere Instandhaltung;

- „Standort" das Gebiet, dessen Grenze die Gemeinschaft und ein Staat sowohl in den relevanten Anlagedaten für eine Anlage, einschließlich einer außer Betrieb genommenen, angegeben habe als auch in den relevanten Angaben über einen Ort außerhalb von Anlagen, wo üblicherweise Kernmaterial verwendet wird, einschließlich eines außer Betrieb genommenen Ortes außerhalb von Anlagen, an dem Kernmaterial üblicherweise verwendet wurde (dies beschränkt sich auf Orte mit heißen Zellen und solche, an denen Tätigkeiten im Zusammenhang mit der Konversion, Anreicherung, Brennstoffherstellung oder Wiederaufbereitung durchgeführt wurden). „Standort" schließt auch alle Einrichtungen ein, die sich in unmittelbarer Nachbarschaft der Anlage oder des Ortes befinden und zur Bereitstellung oder Nutzung wesentlicher Dienste bestimmt sind, einschließlich heißer Zellen für die Aufbereitung bestrahlten Materials, das kein Kernmaterial enthält, Einrichtungen zur Behandlung, Zwischen- und Endlagerung von Abfall sowie Gebäude für die von dem betreffenden Staat aufgrund des Artikels 2 Abschnitt a) Ziffer iv) abgegebenen Arbeiten;

- „stillgelegte Anlage“ oder „stillgelegter Ort außerhalb von Anlagen“ eine Einrichtung oder einen Ort, wo die für eine Nutzung wesentlichen Restkonstruktionen und -ausrüstungen entfernt oder funktionsfähig gemacht worden sind, so dass die Anlage oder der Ort nicht für die Lagerung benutzt wird und nicht länger für die Handhabung, Verarbeitung oder Verwendung von Kernmaterial genutzt werden kann.
- „außer Betrieb genommene Anlage“ oder „außer Betrieb genommener Ort außerhalb von Anlagen“ eine Einrichtung oder ein Ort, wo der Betrieb eingestellt und das Kernmaterial entfernt wurde, die jedoch nicht stillgelegt worden sind;
- „hochangereichertes Uran“ Uran, das mindestens 20 % des Isotops Uran 235 enthält;
- „ortsspezifische Entnahme von Umweltproben“ das Sammeln von Umweltproben (zum Beispiel Luft, Wasser, Vegetation, Boden, Verschmutzungen) an einem von der Organisation angegebenen Ort und in seiner unmittelbaren Nachbarschaft, die der Organisation helfen sollen, zu einem Schluss darüber zu gelangen, ob es an dem angegebenen Ort nichtdeklariertes Kernmaterial oder nichtdeklarierte nukleare Tätigkeiten gibt,
- „großräumige Entnahme von Umweltproben“ das Sammeln von Umweltproben (zum Beispiel) Luft, Wasser, Vegetation, Boden, Verschmutzungen) an mehrere von der Organisation angegebenen Orten, die der Organisation dabei helfen sollen, zu einem Schluss darüber zu gelangen, ob es in einem größeren Gebiet nichtdeklariertes Kernmaterial oder nichtdeklarierte nukleare Tätigkeiten gibt,
- „Kernmaterial“ jedes Ausgang- oder besondere spaltbare Material nach der Begriffsbestimmung des Artikels XX der Satzung. Der Ausdruck Ausgangsmaterial ist so auszulegen, als beziehe es sich auch auf Erz oder Erzrückstände. Beschließt der Rat aufgrund des Artikels XX der Satzung der Organisation nach dem Inkrafttreten dieses Protokolls, dass weiteres Material als Ausgangsmaterial oder besonders spaltbares Material anzusehen ist, so wird ein solcher Beschluss nur nach Annahme durch die Gemeinschaft und die Staaten im Rahmen dieses Protokolls wirksam;
- „Anlage“
  - einen Reaktor, eine kritische Anordnung, eine Konversionsanlage, eine Fabrikationsanlage, eine Wiederaufbereitungsanlage, eine Isotopentrennanlage oder eine getrennte Lagereinrichtung oder
  - einen Ort, an dem Kernmaterial in Mengen, die ein effektives Kilogramm übersteigen, üblicherweise verwendet wird;
- „Ort außerhalb von Anlagen“ eine Einrichtung oder einen Ort, die keine Anlagen sind und wo üblicherweise Kernmaterial in Mengen von höchstens einem effektiven Kilogramm verwendet wird.

cc) Erteilung von Informationen

Gemäß Art 2 hat jeder Staat und Euratom der IAEO eine Erklärung mit den im Zusatzprotokoll angeführten Informationen. Dies ist sehr umfangreich.

In Art 3 ist die Art und Weise der Informationsübermittlung angeführt, wobei die dort angeführten Firsten und Termine einzuhalten sind.

dd) Erweiterter Zugang

Gemäß Art 4 hat die IAEO Zugang zu jeder Stelle eines Standortes sowie zu den Orten von Uranbergwerken und Konzentrierungsanlagen, zu den Orten der Brennstoffherstellung, zu den Orten wo kein Material, das auf Grund des Art 37 des Übereinkommens von Sicherungsmaßnahmen befreit ist, zu den Orten der Aufbereitung von mittel- und hochaktiven Abfalls, weiters zu in jedem Staat befindlichen Anlagen von Forschungs- und Entwicklungsarbeiten auf dem Gebiet des Kernbrennstoffkreislaufes, zu allen Tätigkeiten gemäß Anhang I des Protokolls durchgeführt werden, zu jedem Ort an dem Material gemäß II ein-, ausgeführt oder gelagert wird. Weiters hat sie Zugang zu allen anderen Standorten.

Dieser Zugang erfolgt unter schriftlicher Ankündigung und Angabe der Gründe.

Bei Durchführung dieser Überprüfung kann die IAEO eine Inaugenscheinnahme, eine Entnahme von Umweltproben, den Einsatz von Strahlungsdetektoren und Messgeräten sowie Anbringen von Siegeln vornehmen. Weiters kann sie eine Prüfung der Menge, Herkunft und Verwendung des Materials vornehmen, Proben diesbezüglich entnehmen sowie Konsultationen führen.

Auf Ersuchen des Staates darf die IAEO und dieser Staat Abmachungen über eine Regelung des Zugangs im Rahmen dieses Protokolls um die Weitergabe im Sinne der Nichtverbreitung von sensitiven Informationen zu verhindern, Sicherheitsvorschriften und Anforderungen des physischen Schutzes zu erfüllen und rechtliche oder wirtschaftlich schutzbedürftige Informationen zu schützen.

ee) Bestellung von Inspektoren

Nach Art 11 notifiziert der Generaldirektor der IAEO Euratom und den Staaten, wenn der Rat einen Beamten der Organisation zum Inspektor für Sicherungsmaßnahmen bestimmt hat. Sofern Euratom den Generaldirektor nicht innerhalb von 3 Monaten nach Erhalt der Notifikation davon in Kenntnis setzt, dass sie diesen Beamten als Inspektor für die Staaten ablehnen, gilt dieser als für diese Staaten bestellt. Wenn ein Beamter als Inspektor für die Staaten abberufen wird, erfolgt ebenfalls eine unverzügliche Unterrichtung durch den Generaldirektor.

Die vorgesehene Notifikation für die Bestellung gilt nach 7 Tagen, nachdem die Organisation sie per Einschreiben an die Gemeinschaft und die Staaten abgesandt hat als vor der Gemeinschaft und den Staaten eingegangen. Die Staaten stellen innerhalb eines Monats nach Erhalt eines entsprechenden Gesuchs und dem darin angegebenen Inspektor nach Art 12 die erforderlichen Sichtvermerke für die mehrmalige Ein- und Ausreise und wenn nötig Durchreise aus, damit der Inspektor das Hoheitsgebiet der betreffenden Staaten zur Ausübung seiner Funktion betreten kann. Die Mindestdauer dieser Sichtvermerke beträgt mindestens ein Jahr und wird bei Bedarf erneuert.

ff) Kommunikationssysteme

Nach Art 14 hat die IAEO das Recht für amtliche Zwecke zwischen den sich in den Staaten aufhaltenden Inspektoren der IAEO, und dem Sitz in den Regionalbüros der IAEO auf freie Kommunikation. Es werden von der IAEO auch weitere Kommunikationsrechte gemäß Art 14 eingeräumt.

gg) Schutz vertraulicher Informationen

Gemäß Art 17 garantiert die IAEO ein strenges System, um Geschäfts-, Technologie- und Betriebsgeheimnisse oder andere vertrauliche Informationen, von denen sie Kenntnis erhält einschließlich solcher, von denen sie bei der Durchführung dieses Protokolls erfährt, wirksam vor einer Preisgabe zu schützen. Dieses System wird vom Gouverneursrat genehmigt und regelmäßig überprüft. Es umfasst die allgemeinen Grundsätze und entsprechende Maßnahmen für die Behandlung vertraulicher Informationen, weiters Beschäftigungsbedingungen für das Personal im Hinblick auf den Schutz vertraulicher Informationen sowie Bestimmungen über Verfahren bei Verstoß oder angeblichem Verstoß gegen die Geheimhaltungspflicht.

hh) Anhänge

Im Zusatzprotokoll sind zwei Anhänge angeschlossen. Der Anhang I definiert die Tätigkeiten aufgrund des Art II Abschnitt A Z IV, während Anhang II ein Verzeichnis von Ausrüstung ist von nicht nuklearen Materialien deren Aus- und Einfuhr zu melden ist gemäß Art II Abschnitt A Z IX.

Die Anhänge I und II sind untrennbarer Bestandteil des Protokolls. Nach Art 16 können die Anhänge I und II des Protokolls einseitig vom Rat auf Empfehlung einer eingesetzten Arbeitsgruppe geändert werden.

c) Übereinkommen über die Sicherheit der Behandlung abgebrannter Brennelemente und über die Sicherheit der Behandlung radioaktiver Abfälle[606]

aa) Einleitung

Das gemeinsame Übereinkommen über die Sicherheit der Behandlung abgebrannter Brennelemente und über die Sicherheit der Behandlung radioaktiver Abfälle ist am 29.9. 1997 abgeschlossen worden. In Deutschland ist es 1998 ratifiziert worden und am 18.6.2001 in Kraft getreten.[607] Die ausführliche Präambel stellt die Zielvorgaben und die Vorstellungen der unterfertigenden Parteien dar. Ausdrücklich verweist die Präambel darauf, dass nur durch eine internationale Zusammenarbeit und einer Bekräftigung der Sicherheit eine entsprechende erfolgreiche Zusammenarbeit im Sinne aller möglich ist. Euratom ist im Jänner 2005 diesem Übereinkommen beigetreten.[608] Mit der Richtlinie 2006/117/Euratom[609] wurde dieses Übereinkommen auch in das Gemeinschaftsrecht umgesetzt

Ziel dieses Übereinkommens ist es, einen hohen Standard der Sicherheit von abgebrannten Brennelementen und radioaktiver Abfälle zu erreichen. Die Mittel hierfür sind die Erweiterung nationaler Maßnahmen sowie internationale Kooperation, wobei eine entsprechende sicherheitsbegründende technische Kooperation erwünschenswert ist. Weiteres Ziel ist es, zu gewährleisten, dass abgebrannte Brennelemente und radioaktive Abfälle so gelagert werden, dass die Gesellschaft und die Umwelt von den schädlichen Wirkungen radioaktiver Strahlungen in Gegenwart und Zukunft geschützt sind, als auch Unfälle zu vermeiden.

bb) Ziele, Begriffsbestimmung und Anwendungsbereich

Ziel dieses Übereinkommens ist die Erreichung und Beibehaltung eines weltweit hohen Sicherheitsstandards bei der Behandlung abgebrannter Brennelemente und radioaktiver Abfälle durch Verbesserung innerstaatlicher Maßnahmen und internationaler Zusammenarbeit, gegebenenfalls einschließlich sicherheitsbezogener technischer Zusammenarbeit, die Gewährleistung wirksamer Abwehrvorkehrungen gegen eine mögliche Gefährdung in allen Stufen der Behandlung abgebrannter Brennelemente und radioaktiver Abfälle, um den Einzelnen, die Gesellschaft und

---

606 Joint Convention on the Safety of Spent Fuel Management and on the Safety of Radioactive Waste Management, INFCIRC/546.

607 BGBl II, 1998, Nr. 31, S 1753.

608 2005/84/Euratom Beschluss des Rates vom 24. Jänner 2005 zur Genehmigung des Beitritts der Europäischen Atomgemeinschaft zum Gemeinsamen Übereinkommen über die Sicherheit der Behandlung abgebrannter Brennelemente und über die Sicherheit der Behandlung radioaktiver Abfälle, ABl Nr L 30 vom 3.2.2005, S 10.

609 Richtlinie 2006/117/Euratom des Rates vom 20. November 2006 über die Überwachung und Kontrolle der Verbringungen radioaktiver Abfälle und abgebrannter Brennelemente *Amtsblatt Nr. L 337 vom 05/12/2006 S* 21ff.

die Umwelt heute und in Zukunft vor schädlichen Auswirkungen ionisierender Strahlung zu schützen, und dies in einer Weise, dass die Bedürfnisse und Wünsche der heutigen Generation erfüllt werden, ohne dass die Fähigkeit künftiger Generationen die eigenen Bedürfnisse und Wünsche zu erfüllen aufs Spiel gesetzt wird, die Verhütung von Unfällen mit radiologischen Folgen und Milderung solcher Folgen, falls sie in irgendeiner Stufe der Behandlung abgebrannter Brennelemente oder radioaktiver Einfälle eintreten.

Nach Art 2 ist ein „abgebranntes Brennelemente“ nuklearer Brennstoff, der in einem Reaktorkern bestrahlt und dauerhaft aus diesem entfernt worden ist.

Eine „Abwertung“ eine geplante und kontrollierte Freisetzung flüssiger oder gasförmiger radioaktiver Stoffe, die rechtmäßig im Rahmen der von der staatlichen Stelle genehmigten Grenzwerte aus staatlich beaufsichtigten kerntechnischen Anlagen während des Normalbetriebs in die Umwelt erfolgen.

„Anlage zur Behandlung abgebrannter Brennelemente“ jede Anlage oder Einrichtung, deren Hauptzweck die Behandlung abgebrannter Brennelemente ist.

„Anlage zur Behandlung radioaktiver Abfälle“, jede Anlage oder Einrichtung, deren Hauptzweck die Behandlung radioaktiver Abfälle ist, wobei eine kerntechnische Anlage während der Stilllegung eingeschlossen ist, wenn sie von der Vertragspartei als Anlage zur Behandlung radioaktiver Abfälle bezeichnet wird.

- „Behandlung abgebrannter Brennelemente“, sind sämtliche Tätigkeiten, welche die Handhabung oder Lagerung abgebrannter Brennelemente betreffen, ausgenommen die Beförderung außerhalb der Anlage. Diese können auch Ableitungen einschließen.
- „Behandlung radioaktiver Abfälle“, sind sämtliche Tätigkeiten, einschließlich Stilllegungstätigkeiten, die mit der Handhabung, Vorbearbeitung, Bearbeitung, Konditionierung, Lagerung oder Endlagerung radioaktiver Abfälle zusammen hängen, ausgenommen die Beförderung außerhalb der Anlage. Diese können auch Ableitungen einschließen.
- „Bestimmungsstaat“, ist ein Staat, zu dem eine grenzüberschreitende Verbindung geplant ist oder stattfindet.
- Ein „Durchfuhrstaat“, ist jeder Staat, der nicht Ursprungs- oder Bestimmungsstaat ist und durch dessen Hoheitsgebiet eine grenzüberschreitende Verbringung geplant ist oder stattfindet.
- „Endlagerung“, ist die Einlagerung abgebrannter Brennelemente oder radioaktiver Abfälle in einer geeigneten Anlage, wobei eine Rückholung nicht beabsichtigt ist.
- „Genehmigung“, ist jede von einer staatlichen Stelle erteilte Ermächtigung, Erlaubnis oder Bescheinigung, alle mit der Behandlung abgebrannter Brennelemente oder radioaktiver Vorfälle verbundene Tätigkeiten auszuüben.
- „Betriebsdauer“, ist der Zeitraum, in dem eine Anlage zur Behandlung abgebrannter Brennelemente oder radioaktiver Abfälle bestimmungsgemäß genutzt wird. Bei einem Endlager beginnt dieser Zeitraum mit der ersten Einlagerung

der abgebrannten Brennelemente oder radioaktiver Abfälle in der Anlage und endet mit dem Verschluss der Anlage.

- Eine „grenzüberschreitende Verbringung", ist jede Beförderung abgebrannter Brennelemente oder radioaktiver Abfälle aus einem Ursprungsstaat in einen Bestimmungsstaat.
- Eine „kerntechnische Anlage" ist eine zivile Anlage mit ihrem Gelände, ihren Gebäuden und ihrer Ausrüstung, in der radioaktives Material in solchem Umfang hergestellt, verarbeitet, verwertet oder gehandhabt, gelagert oder endgelagert wird, dass Sicherheitsüberlegungen erforderlich sind.
- Die „Lagerung" ist das Aufbewahren abgebrannter Brennelemente oder radioaktiver Abfälle in einer Anlage, in der für ihren Einschluss gesorgt wird, wobei eine Rückholung beabsichtigt ist.
- „Radioaktive Abfälle„ sind radioaktives Material in gasförmiger, flüssiger oder fester Form, für das von der Vertragspartei oder von einer natürlichen oder juristischen Person, deren Entscheidung von der Vertragspartei anerkannt wird, eine Weiterverwendung nicht vorgesehen ist und das von einer staatlichen Stelle im Rahmen von Gesetzgebung und Vollzug der Vertragspartei kontrolliert wird.
- Eine „staatliche Stelle" ist eine oder mehrere Stellen, die von der Vertragspartei mit der rechtlichen Befugnis ausgestattet sind, jeden Aspekt der sicheren Behandlung abgebrannter Brennelemente oder radioaktiver Abfälle einschließlich der Erteilung von Genehmigungen, zu regeln.
- Die „Stilllegung" umfasst alle Schritte, die zur Entlassung kerntechnischer Anlagen, ausgenommen Endlager aus staatlicher Kontrolle führen. Dazu gehören auch die Dekontaminations- und Demontagearbeiten.
- Eine „umschlossene Quelle" ist radioaktives Material in fester Form, das dauerhaft in einer Kapsel eingeschlossen oder dicht verschlossen ist, ausgenommen Brennelemente von Kernreaktoren.
- Ein „Ursprungsstaat" ist ein Staat, aus dem eine grenzüberschreitende Verbringung geplant ist oder eingeleitet wird.
- Ein „Verschluss" ist die Beendigung aller betrieblichen Tätigkeiten zu irgendeinem Zeitpunkt nach der Einlagerung abgebrannter Brennelemente oder radioaktiver Abfälle in einem Endlager. Darin eingeschlossen sind die abschließenden technischen oder sonstigen Arbeiten, die erforderlich sind, um die Anlage in einen langfristigen sicheren Zustand zu versetzen.
- Eine „Wiederaufbereitung" ist ein Verfahren oder ein Vorgang, dessen Zweck die Gewinnung radioaktiver Isotope aus abgebrannten Brennelementen für die Weiterverwendung ist.

Nach Art 3 findet dieses Übereinkommen Anwendung auf die Sicherheit der Behandlung abgebrannter Brennelemente, soweit diese aus dem Betrieb ziviler Kernreaktoren stammen. Abgebrannte Brennelemente, die sich im Rahmen einer Wiederaufbereitungstätigkeit in Wiederaufbereitungsanlagen befinden, sind nicht vom Anwendungsbereich dieses Übereinkommens erfasst, sofern die Vertragspartei nicht die Wiederaufbereitung zu einem Teil der Behandlung abgebrannter Brennelemente erklärt. Weiters findet dieses Übereinkommen Anwendung auf die Sicherheit der Behandlung radioaktiver Abfälle, soweit diese aus zivilen Anwendungen stammen. Dieses Übereinkommen findet jedoch keine Anwendung auf Abfälle, die nur natürlich vorkommende radioaktive Stoffe enthalten und nicht aus dem Kernbrennstoffkreislauf stammen, sofern sie nicht eine ausgediente umschlossene Quelle sind, oder von der Vertragspartei zu radioaktiven Abfällen im Sinne dieses Übereinkommens erklärt worden sind.

Weiters findet dieses Übereinkommen keine Anwendung auf die Sicherheit der Behandlung abgebrannter Brennelemente oder radioaktiver Abfälle innerhalb von Militär- von Verteidigungsprogrammen, sofern sie nicht von der Vertragspartei zu abgebrannten Brennelementen oder radioaktiven Abfällen im Sinne dieses Übereinkommens erklärt werden. Dieses Übereinkommen findet jedoch Anwendung auf die Sicherheit der Behandlung abgebrannter Brennelemente und radioaktiver Abfälle aus Militär- oder Verteidigungsprogrammen, wenn dieses Material dauerhaft in ausschließlich zivile Programme überführt und dort behandelt wird.

cc) Sicherheit der Behandlung abgebrannter Brennelemente

Jede Vertragspartei trifft nach Art 4 die geeigneten Maßnahmen, um sicher zu stellen, dass in allen Stufen der Behandlung abgebrannter Brennelemente der Einzelne, die Gesellschaft und die Umwelt angemessen vor radiologischer Gefährdung geschützt sind. Es werden die geeigneten Maßnahmen getroffen, um

- sicher zu stellen, dass der Kritikalität und der Abführung der während der Behandlung abgebrannter Brennelemente entstehenden Restwärme angemessen Rechnung getragen wird,
- sicher zu stellen, dass die Erzeugung radioaktiver Abfälle im Zusammenhang mit der Behandlung abgebrannter Brennelemente im Einklang mit der gewählten Brennstoffkreislaufpolitik auf das praktisch mögliche Mindestmaß beschränkt wird,
- die wechselseitigen Abhängigkeiten zwischen den verschiedenen Schritten der Behandlung abgebrannter Brennelemente zu berücksichtigen,
- durch die Anwendung geeigneter Schutzmethoden, die von der staatlichen Stelle genehmigt worden sind, auf nationale Ebene für einen wirksamen Schutz des Einzelnem der Gesellschaft und der Umwelt zu sorgen und zwar im Rahmen innerstaatlicher Rechtsvorschriften, die international anerkannten Kriterien und Normen gebührend Rechnung tragen,
- die biologische, chemische und sonstige Gefährdung, die mit der Behandlung abgebrannter Brennelemente verbunden sein kann, zu berücksichtigen,
- sich zu bemühen, Handlungen zu vermeiden, deren vernünftiger Weise vorhersehbare Auswirkungen auf künftige Generationen größer sind, als die für die heutige Generation zulässigen,

- zu versuchen, künftigen Generationen keine unangemessene Belastung aufzubürden.

Jede Vertragspartei trifft die geeigneten Maßnahmen nach Art 5, um die Sicherheit jeder Anlage zur Behandlung abgebrannter Brennelemente, die zu dem Zeitpunkt, zu dem dieses Übereinkommen für die Vertragsparteien in Kraft tritt, vorhanden ist, zu überprüfen, und um sicher zu stellen, dass nötigenfalls alle zumutbaren und praktisch möglichen Verbesserungen zur Erhöhung der Sicherheit dieser Anlage vorgenommen worden sind.

Jede Vertragspartei trifft nach Art 6 die geeigneten Maßnahmen um sicher zu stellen, dass für eine geplante Anlage zur Behandlung abgebrannter Brennelemente Verfahren festgelegt und angewendet werden, um die Bewertung aller einschlägigen standardbezogenen Faktoren zu ermöglichen, welche die Sicherheit einer solchen Anlage während ihrer Betriebsdauer beeinträchtigen könnten,

- um die Bewertung der mutmaßlichen Auswirkungen einer solchen Anlage auf die Sicherheit des Einzelnen, der Gesellschaft und der Umwelt zu ermöglichen,
- um der Öffentlichkeit Informationen über die Sicherheit einer solchen Anlage zugänglich zu machen,
- um Konsultationen mit Vertragsparteien in der Nachbarschaft einer solchen Anlage aufnehmen zu können, soweit sie durch diese Anlage betroffen sein könnten, und um die Übermittlung allgemeiner Daten über die Anlage an sie auf ihr Verlangen zu ermöglichen, dass diese die mutmaßlichen Auswirkungen der Anlage auf die Sicherheit ihres Hoheitsgebietes beurteilen zu können.

Weiters trifft gemäß Art 6 Abs 2 jede Vertragspartei die geeigneten Maßnahmen, um durch die Wahl des Standortes nach den allgemeinen Sicherheitsanforderungen des Art 4 sicher zu stellen, dass diese Anlage keine unannehmbaren Auswirkungen für die anderen Vertragsparteien haben.

Jede Vertragspartei trifft die geeigneten Maßnahmen um nach Art 7 sicher zu stellen,

- dass bei der Auslegung und dem Bau einer Anlage zur Behandlung abgebrannter Brennelemente geeignete Vorkehrungen zur Begrenzung möglicher radiologischer Auswirkungen auf den Einzelnen, die Gesellschaft und die Umwelt, auch aufgrund von Ableitungen und unkontrollierten Freisetzungen getroffen werden,
- dass im Stadium der Auslegung Planungskonzepte, soweit erforderlich, technische Vorschriften für die Stilllegung einer Anlage zur Behandlung abgebrannter Brennelemente berücksichtigt werden,
- dass sich die bei der Auslegung und dem Bau einer Anlage zur Behandlung abgebrannter Brennelemente eingesetzten Techniken auf Erfahrung, Erprobung oder Analyse stützen.

Weiters trifft jede Vertragspartei die geeigneten Maßnahmen, um sicher zu stellen,

- dass vor dem Bau einer Anlage zur Behandlung abgebrannter Brennelemente entsprechend der von der Anlage ausgehenden Gefährdung und unter Berücksichtigung ihrer Betriebsdauer eine systematische Sicherheitsbewertung und eine Bewertung der Auswirkungen auf die Umwelt vorgenommen werden,
- dass vor Inbetriebnahme einer Anlage zur Behandlung abgebrannter Brennelemente auf den neuesten Stand gebrachte detaillierte Fassungen der Sicherheitsbewertung und der Bewertung der Auswirkungen auf die Umwelt erstellt werden, sofern die zur Vervollständigung der genannten Bewertungen für notwendig erachtet werden.

Jede Vertragspartei trifft die geeigneten Maßnahmen um sicher zu stellen,

- dass die Genehmigung für den Betrieb einer Anlage zur Behandlung abgebrannter Brennelemente auf geeignete Bewertungen nach Art 8 beruht und von der Durchführung eines Programms zur Inbetriebnahme abhängt, das zeigt, dass die Anlage, wie sie gebaut wurde, den Auslegungs- und Sicherheitsanforderungen entspricht,
- dass die aus Erprobungen, der Betriebserfahrung und den Bewertungen nach Art 8 hervorgehenden betrieblichen Grenzwerte und Bedingungen festgelegt und bei Bedarf überarbeitet werden,
- dass Betrieb, Wartung, Überwachung, Inspektion und Erprobung einer Anlage zur Behandlung abgebrannter Brennelemente in Übereinstimmung mit festgelegten Verfahren erfolgen,
- dass die ingenieurtechnische und technische Unterstützung in allen sicherheitsbezogenen Bereichen während der Betriebsdauer einer Anlage zur Behandlung abgebrannter Brennelemente zur Verfügung steht,
- dass für die Sicherheit bedeutsame Ereignisse der staatlichen Stelle rechtzeitig vom Inhaber der Genehmigung gemeldet werden,
- dass zur Programm zur Sammlung und Analyse einschlägiger Betriebserfahrungen aufgestellt werden, und dass die Ergebnisse daraus gegebenenfalls als Grundlage des Handelns dienen,
- dass für eine Anlage zur Behandlung abgebrannter Brennelemente Stilllegungspläne ausgearbeitet und bei Bedarf unter Verwendung von Informationen, die während der Betriebsdauer dieser Anlage gesammelt wurden, auf den neuesten Stand gebracht und von der staatlichen Stelle überprüft werden.

Nach Art 10 hat eine Vertragspartei im Einklang mit ihrem Rahmen für Gesetzgebung und Vollzug abgebrannte Brennelemente für die Endlagerung bestimmt, so erfolgt die Endlagerung dieser abgebrannten Brennelemente mit den in Kapitel 3 enthaltenen Verpflichtungen hinsichtlich der Endlagerung radioaktiver Abfälle.

dd) Sicherheit der Behandlung radioaktiver Abfälle

Jede Vertragspartei trifft nach Art 11 die geeigneten Maßnahmen, um sicher zu stellen, dass in allen Stufen der Behandlung radioaktiver Abfälle der Einzelne, die Gesellschaft und die Umwelt angemessen vor radiologischer oder sonstiger Gefährdung geschützt sind. Zu diesem Zweck trifft jede Vertragspartei die geeigneten Maßnahmen,

- um sicher zu stellen, dass der Kritikalität und der Abführung der während der Behandlung radioaktiver Abfälle entstehenden Restwärme angemessen Rechnung getragen wird,
- um sicher zu stellen, dass die Erzeugung radioaktiver Abfälle auf das praktisch mögliche Mindestmaß beschränkt wird,
- um die wechselseitigen Abhängigkeiten zwischen den verschiedenen Schritten der Behandlung radioaktiver Abfälle zu berücksichtigen,
- um durch die Anwendung geeigneter Schutzmethoden, die von der staatlichen Stelle genehmigt worden sind, auf nationale Ebene für einen wirksamen Schutz des Einzelnen, der Gesellschaft und der Umwelt zu sorgen, und zwar im Rahmen innerstaatlicher Rechtsvorschriften, die international anerkannten Kriterien und Normen gebührend Rechnung tragen,
- um die biologische, chemische und sonstige Gefährdung die mit der Behandlung radioaktiver Abfälle verbunden sein kann, zu berücksichtigen,
- um sich zu bemühen, Handlungen zu vermeiden, deren vernünftiger Weise vorhersehbare Auswirkungen auf künftige Generationen größer sind, als die für die heutige Generation zulässigen,
- um zu versuchen, künftigen Generationen keine unangemessenen Belastungen aufzubürden.

Jede Vertragspartei trifft zur gegebenen Zeit die geeigneten Maßnahmen nach Art 12,

- um die Sicherheit jeder Anlage zur Behandlung radioaktiver Abfälle, die zu dem Zeitpunkt zu dem dieses Übereinkommen für die Vertragsparteien in Kraft tritt, vorhanden ist, zu überprüfen und um sicher zu stellen, dass nötigenfalls alle zumutbaren und praktisch möglichen Verbesserungen zur Erhöhung der Sicherheit dieser Anlage vorgenommen werden,
- um die Folgen früherer Tätigkeit zu überprüfen und dann zu entscheiden, ob aus Strahlenschutzgründen ein Eingreifen erforderlich ist, wobei zu beachten ist, dass die Verminderung der Beeinträchtigung infolge der Verringerung der Strahlenbelastung so erheblich sein soll, dass sie den Schaden und die Kosten einschließlich der sozialen Kosten eines solchen Eingreifens rechtfertigt.

Jede Vertragspartei trifft nach Art 13 geeignete Maßnahmen, um sicher zu stellen, dass für eine geplante Anlage zur Behandlung radioaktiver Abfälle Verfahren festgelegt und angewendet werden,

- um die Bewertung aller einschlägig zum Standort bezogenen Faktoren zu ermöglichen, welche die Sicherheit einer solchen Anlage für die Betriebsdauer sowie die Sicherheit eines Endlagers nach dem Verschluss beeinträchtigen könnten,
- um die Bewertung der mutmaßlichen Auswirkungen einer solchen Anlage auf die Sicherheit des Einzelnen, der Gesellschaft und der Umwelt zu ermöglichen, wobei eine mögliche Veränderung der Standortbedingungen vom Endlager nach dem Verschluss zu berücksichtigen ist,
- um der Öffentlichkeit Informationen über die Sicherheit einer solchen Anlage zugänglich zu machen,
- um Konsultationen mit Vertragsparteien in der Nachbarschaft einer solchen Anlage aufnehmen zu können, soweit sie durch diese Anlage betroffen sein könnten, und um Übermittlung allgemeiner Daten über die Anlage an sie auf ihr Verlangen zu ermöglichen, damit diese die mutmaßlichen Auswirkungen der Anlage auf die Sicherheit ihres Hoheitsgebietes beurteilen zu können.

Zu diesem Zweck trifft jede Vertragspartei die geeigneten Maßnahmen, um durch die Wahl des Standortes nach den allgemeinen Sicherheitsanforderungen des Art 11 sicher zu stellen, dass diese Anlagen keine unannehmbaren Auswirkungen auf andere Vertragsparteien haben.

Jede Vertragspartei trifft weiters nach Art 14 die geeigneten Maßnahmen, um sicher zu stellen,

- dass bei der Auslegung und dem Bau einer Anlage zur Behandlung radioaktiver Abfälle die geeigneten Vorkehrungen zur Begrenzung möglicher radiologischer Auswirkungen auf den Einzelnen, die Gesellschaft und die Umwelt, auch aufgrund von Ableitungen oder unkontrollierten Freisetzungen, getroffen werden,
- dass im Stadium der Auslegung Planungskonzepte und, soweit erforderlich, technische Vorschriften für die Stilllegung einer Anlage zur Behandlung radioaktiver Abfälle, ausgenommen Endlager, berücksichtigt werden,
- dass im Stadium der Auslegung technischer Vorschriften für den Verschluss eines Endlagers ausgearbeitet werden,
- dass sich bei der Auslegung und dem Bau einer Anlage zur Behandlung radioaktiver Abfälle eingesetzte Techniken auf Erfahrung, Erprobung oder Analyse stützen.

Jede Vertragspartei trifft die geeigneten Maßnahmen nach art 15, um sicher zu stellen,

- dass vor dem Bau einer Anlage zur Behandlung radioaktiver Abfälle entsprechend der von der Anlage ausgehenden Gefährdung und unter Berücksichtigung ihrer Betriebsdauer eine systematische Sicherheitsbewertung und eine Bewertung der Auswirkungen auf die Umwelt vorgenommen werden,

- dass außerdem vor dem Bau eines Endlagers für die Zeit nach dem Verschluss eine systematische Sicherheitsbewertung und eine Bewertung der Auswirkungen auf die Umwelt vorgenommen und Ergebnisse anhand der von der staatlichen Stelle festgelegten Kriterien bewertet werden,
- dass vor Inbetriebnahme einer Anlage zur Behandlung radioaktiver Abfälle auf den neuesten Stand gebracht wird detaillierte Fassungen der Sicherheitsbewertungen und der Bewertung der Auswirkung auf die Umwelt erstellt werden, sofern dies zur Vervollständigung der genannten Bewertungen für notwendig erachtet wird.

Nach Art 16 trifft jede Vertragspartei die geeigneten Maßnahmen, um sicher zu stellen,
- dass die Genehmigung für den Betrieb einer Anlage zur Behandlung radioaktiver Abfälle auf die geeigneten Bewertungen nach Art 15 beruht und von der Durchführung eines Programms zur Inbetriebnahme abhängt, das zeigt, dass die Anlage, wie sie gebaut wurde, den Auslegungs- und Sicherheitsanforderungen entspricht,
- dass die aus Erprobungen der Betriebsführung und Bewertungen nach Art 15 hervorgehenden betrieblichen Grenzwerte und Bedingungen festgelegt und bei Bedarf überarbeitet werden,
- dass Betrieb, Wartung, Überwachung, Inspektion und Erprobung einer Anlage zur Behandlung radioaktiver Abfälle in Übereinstimmung mit festgelegten Verfahren erfolgen. Bei einem Endlager werden die dabei erzielten Ergebnisse dazu verwendet, die Gültigkeit getroffener Annahmen nachzuweisen und zu prüfen und die Bewertungen nach Art 15 für die Zeit nach dem Verschluss auf den neuesten Stand zu bringen,
- dass die ingenieurtechnische und technische Unterstützung in allen sicherheitsbezogenen Bereichen während der Betriebsdauer einer Anlage zur Behandlung radioaktiver Abfälle zur Verfügung steht,
- dass Verfahren zur Beschreibung und Trennung radioaktiver Abfälle angewendet werden,
- dass für die Sicherheit bedeutsame Ereignisse der staatlichen Stelle rechtzeitig vom Inhaber der Genehmigung gemeldet werden,
- dass Programme zur Sammlung und Analyse einschlägiger Betriebserfahrungen aufgestellt werden, und dass die Ergebnisse daraus gegebenenfalls als Grundlage des Handelns dienen,
- dass für eine Anlage zur Behandlung radioaktiver Abfälle, ausgenommen Endlager, Stilllegungspläne ausgearbeitet und bei Bedarf unter Verwendung von Informationen, die während der Betriebsdauer dieser Anlage gesammelt wurden, auf den neuesten Stand gebracht und von der staatlichen Stelle überprüft werden,
- dass Pläne für den Verschluss eines Endlagers ausgearbeitet und bei Bedarf unter Verwendung von Informationen, die während der Betriebsdauer dieser Anla-

ge gesammelt wurden, auf neuesten Stand gebracht und von der staatlichen Stelle überprüft werden.

Jede Vertragspartei trifft nach Art 17 die geeigneten Maßnahmen um sicher zu stellen, dass nach dem Verschluss eines Endlagers die von der staatlichen Stelle benötigten Unterlagen über die örtlichen Gegebenheiten, die Auslegung und Bestände der betreffenden Anlage aufbewahrt werden, bei Bedarf aktive oder passive behördliche Kontrollen wie etwa Überwachungen oder Zugangsbeschränkungen durchgeführt werden, gegebenenfalls eingegriffen wird, wenn zu irgendeiner Zeit während einer aktiven behördlichen Kontrolle eine ungeplante Freisetzung radioaktiver Stoffe in die Umwelt erkannt wird.

ee) Allgemeine Sicherheitsbestimmungen

Jede Vertragspartei trifft im Rahmen ihrer innerstaatlichen Rechte nach Art 18 die Gesetzes-, Verordnungs-, und Verwaltungsmaßnahmen und unternimmt sonstige Schritte, die zur Erfüllung ihrer Verpflichtungen aus diesem Übereinkommen erforderlich sind.

Weiters ist nach Art 19 Abs 1 jede Vertragspartei verpflichtet einen Rahmen für Gesetzgebung und Vollzug zur Regelung der Sicherheit der Behandlung abgebrannter Brennelemente und radioaktiver Abfälle zu schaffen und diesen aufrecht zu erhalten. Dieser Rahmen für Gesetzgebung und Vollzug hat vorzusehen, die Schaffung einschlägiger innerstaatlicher Sicherheitsanforderungen und Strahlenschutzregelungen, ein Genehmigungssystem für Tätigkeiten bei der Behandlung abgebrannter Brennelemente und radioaktiver Abfälle, ein System, das verbietet eine Anlage zur Behandlung abgebrannter Brennelemente oder radioaktiver Abfälle ohne Genehmigung zu betreiben, ein System angemessener behördlicher Kontrollen, staatlicher Prüfung sowie Dokumentation und Berichterstattung, die Durchsetzung einschlägiger Vorschriften und Genehmigungsbestimmungen, eine eindeutige Zuweisung der Verantwortung der an den verschiedenen Schritten der Behandlung abgebrannter Brennelemente und radioaktiver Abfälle beteiligten Stellen.

Bei der Prüfung der Frage, ob radioaktives Material der für radioaktive Abfälle geltenden staatlichen Aufsicht unterliegen soll, tragen die Vertragsparteien den Zielen dieses Übereinkommens gebührend Rechnung.

Jede Vertragspartei errichtet nach Art 20 oder bestimmt nach Art 20 eine staatliche Stelle, die mit der Durchführung des in Art 19 genannten Rahmens für Gesetzgebung und Vollzug betraut und mit entsprechenden Befugnissen, Zuständigkeiten, Finanzmittel und Personal ausgestattet ist, um die ihr übertragenen Aufgaben zu erfüllen. Weiters trifft jede Vertragspartei im Einklang mit ihrem Rahmen für Gesetzgebung und Vollzug die geeigneten Maßnahmen, um die tatsächliche Unabhängigkeit der staatlichen Aufgaben von anderen Aufgaben sicher zu stellen, wenn Organisationen sowohl an der Behandlung abgebrannter Brennelemente oder radioaktiver Abfälle als auch an der staatlichen Aufsicht darüber beteiligt sind.

Jede Vertragspartei stellt nach Art 21 sicher, dass die Verantwortung für die Sicherheit der Behandlung abgebrannter Brennelemente oder radioaktiver Abfälle in erster Linie dem jeweiligen Genehmigungsinhaber obliegt, und trifft die geeigneten Maßnahmen, um sicher zu stellen, dass jeder Inhaber einer solchen Genehmigung seiner Verantwortung nachkommt. Gibt es keinen Genehmigungsinhaber oder anderen Verantwortlichen, so liegt die Verantwortung bei der Vertragspartei, der die Hoheitsbefugnis über die abgebrannten Brennelemente oder die radioaktiven Abfälle zukommen.

Jede Vertragspartei trifft nach Art 22 die geeigneten Maßnahmen um sicher zu stellen,

- dass während der Betriebsdauer einer Anlage zur Behandlung abgebrannter Brennelemente oder radioaktiver Abfälle das benötigte qualifizierte Personal für sicherheitsbezogene Tätigkeiten zur Verfügung steht,
- dass angemessene Finanzmittel zur Unterstützung der Sicherheit von Anlagen zur Behandlung abgebrannter Brennelemente oder radioaktiver Abfälle während ihrer Betriebsdauer und für die Stilllegung zur Verfügung stehen,
- dass finanzielle Vorsorge getroffen wird, um die Fortführung der entsprechenden behördlichen Kontrollen und Überwachungsmaßnahmen während des für erforderlich erachteten Zeitraums nach dem Verschluss eines Endlagers zu ermöglichen.

Jede Vertragspartei trifft nach Art 23 die erforderlichen Maßnahmen, um sicher zu stellen, dass geeignete Programme zur Qualitätssicherung im Hinblick auf die Sicherheit der Behandlung abgebrannter Brennelemente oder radioaktiver Abfälle aufgestellt und durchgeführt werden.

Jede Vertragspartei trifft nach Art 24 die geeigneten Maßnahmen, um sicher zu stellen, dass während der Betriebsdauer einer Anlage zur Behandlung abgebrannter Brennelemente oder radioaktiver Abfälle

- die von der Anlage ausgehende Strahlenbelastung für die Beschäftigten und die Öffentlichkeit so gering wie vernünftiger Weise erzielbar gehalten wird, wobei wirtschaftliche und soziale Faktoren berücksichtigt werden,
- niemand unter normalen Umständen einer Strahlendosis ausgesetzt wird, welche die innerstaatlich vorgeschriebenen Grenzwerte, die international anerkannten Strahlenschutznormen gebührend Rechnung tragen, überschreitet,
- Maßnahmen zur Verhinderung ungeplanter und unkontrollierter Freisetzung radioaktiver Stoffe in die Umwelt getroffen werden.

Weiters trifft jede Vertragspartei die geeigneten Maßnahmen, um sicher zu stellen, dass Ableitungen begrenzt werden,

- damit die Strahlenbelastung so gering wie vernünftiger Weise erzielbar gehalten wird, wobei wirtschaftliche und soziale Faktoren berücksichtigt werden,
- damit niemand unter normalen Umständen einer Strahlendosis ausgesetzt wird, die innerstaatlich vorgeschriebenen Grenzwerten, die international anerkannten Strahlenschutznormen gebührend Rechnung tragen, überschreitet.

Jede Vertragspartei trifft die geeigneten Maßnahmen, um sicher zu stellen, dass während der Betriebsdauer einer staatlich beaufsichtigten kerntechnischen Anlage für den Fall, dass es zu einer ungeplanten und unkontrollierten Freisetzung radioaktiver Stoffe in die Umwelt kommt, entsprechende Abhilfemaßnahmen ergriffen werden, um die Freisetzung unter Kontrolle zu bringen und ihre Folgen zu mildern.

Weiters stellt jede Vertragspartei nach Art 25 sicher, dass vor Inbetriebnahme und während des Betriebes einer Anlage zur Behandlung abgebrannter Brennelemente oder radioaktiver Abfälle innerhalb und nötigenfalls auch außerhalb der Anlage geeignete Notfallpläne zur Verfügung stehen. Diese Notfallpläne sollen in ausreichend häufigen Abständen erprobt werden. Weiters ist dafür zu sorgen, dass jede Vertragspartei als Nachbarstaat einer solchen Anlage entsprechende Schritte setzt.

Nach Art 26 hat jede Vertragspartei die geeigneten Maßnahmen zu treffen, um die Sicherheit der Stilllegung einer kerntechnischen Anlage zu gewährleisten. Diese Maßnahmen haben sicher zu stellen,
- dass qualifiziertes Personal und ausreichende Finanzmittel zur Verfügung stehen,
- dass die Bestimmungen des Art 24 über den Strahlenschutz während des Betriebes über Ableitung sowie ungeplante und unkontrollierte Freisetzungen zur Anwendung kommen,
- dass die Bestimmungen des Art 25 über die Notfallsvorsorge zur Anwendung kommen,
- dass Aufzeichnungen über Informationen, die für eine Stilllegung wichtig sind, aufbewahrt werden.

ff) Verschiedene Bestimmungen

Jede an einer grenzüberschreitenden Verbringung beteiligte Vertragspartei trifft nach Art 27 die geeigneten Maßnahmen um sicher zu stellen, dass eine solche Verbringung in einer Weise durchgeführt wird, die im Einklang mit diesem Übereinkommen und den einschlägigen verbindlichen internationalen Übereinkünften steht. Zu diesem Zweck
- trifft eine Vertragspartei, die Ursprungsstaat ist, die geeigneten Maßnahmen, um sicher zu stellen, dass die grenzüberschreitende Verbringung genehmigt ist und nur nach vorheriger Notifikation und Zustimmung des Bestimmungsstaates stattfindet,

- unterliegt eine grenzüberschreitende Verbringung durch Durchfuhrstaaten in internationalen Verpflichtungen, die für die jeweils verwendete Beförderungsart maßgeblich sind,
- stimmt eine Vertragspartei, die Bestimmungsstaat ist, einer grenzüberschreitenden Verbringung nur dann zu, wenn, sie über die erforderlichen administrativen und technischen Mittel sowie über die zum Vollzug erforderlichen Struktur zur Behandlung abgebrannter Brennelemente oder radioaktiver Abfälle in einer im Einklang mit diesem Übereinkommen stehenden Weise verfügt
- genehmigt eine Vertragspartei, die Ursprungsstaat ist, eine grenzüberschreitende Verbringung nur dann, wenn sie sich im Einklang mit der Zustimmung des Bestimmungsstaates die Gewissheit verschaffen kann, dass die Anforderungen, wie oben dargestellt, vor der grenzüberschreitenden Verbringung erfüllt sind,
- trifft eine Vertragspartei, die Ursprungsstaat ist, für den Fall, dass eine grenzüberschreitende Verbringung nicht in Übereinstimmung mit diesem Artikel zu Ende geführt wird, oder werden kann, die geeigneten Maßnahmen, um die Wiedereinfuhr in ihr Hoheitsgebiet zu gestatten, sofern nicht eine andere sichere Regelung getroffen werden kann.

Es darf keine Genehmigung für die Beförderung der abgebrannten Brennelemente einer Vertragspartei oder radioaktive Abfälle an einem südlich von 60 Grad südlicher Breite gelegenen Bestimmungsort zur Lagerung oder Endlagerung erteilt werden. Damit sollen die südlichen Staaten völkerrechtlich geschützt werden, damit diese nicht von den industrialisierten Staaten radioaktiven Abfall legal oder illegal erhalten, ohne in der Lage zu sein, diesen ordnungsgemäß und sicher für die eigene Umwelt und Bevölkerung zu lagern.

Weiters lässt nach Art 27 Abs 3 dieses Übereinkommen unberührt

- die Wahrnehmung der im Völkerrecht vorgesehenen Rechte und Freiheiten der See- und Flussschifffahrt durch Schiffe und des Überflugs durch Luftfahrzeuge aller Staaten
- das Recht einer Vertragspartei zu der radioaktive Abfälle zur Aufbereitung ausgeführt worden sind, die radioaktiven Abfälle und andere Erzeugnisse nach der Aufbereitung in den Ursprungstaat zurückzuführen oder für ihre Rückführung zu sorgen,
- das Recht einer Vertragspartei ihre abgebrannten Brennelemente zur Wiederaufbereitung auszuführen,
- das Recht einer Vertragspartei, zu der abgebrannte Brennelemente zur Wiederaufbereitung ausgeführt worden sind, radioaktive Abfälle und andere Erzeugnisse, die aus der Wiederaufbereitung stammen, in den Ursprungsstaat zurück zu führen oder für ihre Rückführung zu sorgen.

Von besonderer Bedeutung ist, dass nach Art 28 jede Vertragspartei im Rahmen ihres innerstaatlichen Rechts die geeigneten Maßnahmen trifft, um sicher zu stellen, dass der Besitz, die Widernutzbarmachung oder die Endlagerung ausgedienter umschlossener Quellen auf sichere Art und Weise erfolgt. Einer Vertragspartei erlaubt die Wiedereinfuhr ausgedienter umschlossener Quellen in ihr Hoheitsgebiet, wenn sie im Rahmen ihres innerstaatlichen Rechts zugestimmt hat, dass diese Quelle an einen Hersteller zurückgeführt werden, der zur Entgegennahme ausgedienter umschlossener Quellen befugt ist.

gg) Organisatorisches

In Kapital 6 (Art 29–44) sind die allgemeinen völkerrechtlichen Bestimmungen, die Vornahme von Überprüfungen sowie Tagungen der Vertragsparteien dieses Übereinkommens geregelt.

Die Erfahrungen aus diesem Übereinkommen werden durch regelmäßige Treffen der Vertragsparteien mit entsprechenden Berichten überprüft und allenfalls Änderungen vorbereitet.

Die IAEO erhält die Aufgabe, gemäß Art 37 eine entsprechende Koordination vorzunehmen.

d) Abkommen zwischen der Europäischen Atomgemeinschaft und der Regierung der Russischen Föderation auf dem Gebiet der nuklearen Sicherheit[610]

Gemäß Art 1 ist Ziel des Übereinkommens auf Grundlage der beiderseitigen Nutzung die Verbesserung der nuklearen Sicherheit. Die Zusammenarbeit erstreckt sich auf den Bereich von Forschung im Bereich der Reaktorsicherheit, auf den Strahlenschutz, auf die Entsorgung radioaktiver Abfälle, auf die Stilllegung, Dekontaminierung und Abbau kerntechnischer Anlagen, auf die Forschung und Entwicklung auf dem Gebiet der Kernmaterialbuchführung und Kontrolle. Gemäß Art 3 erfolgt die Zusammenarbeit durch Austausch von Fachwissen, durch Austausch von Personal, durch Austausch von Proben sowie eine ausgewogene Beteiligung an gemeinsamen Studien und Maßnahmen. Falls dies erforderlich ist, können Durchführungsvereinbarungen zur Festlegung des Umfangs, der Frist und der Bedingungen für bestimmte Kooperationsmaßnahmen von den Vertragsparteien und/oder von den Stellen getroffen werden, welche die Vertragsparteien gegebenenfalls mit den Aufgaben betrauen. Diese Durchführungsvereinbarungen können unter anderem Finanzierungsbestimmungen, die zur Überweisung der Verantwortung für die Durchführung sowie ausführliche Bestimmungen über die Verbreitung von Wissen und die Rechte an geistigem Eigentum treffen, enthalten. Auf russischer Seite ist das Ministerium für Kernenergie der Russischen Föderation zuständig.

---

610 Abkommen zwischen der Europäischen Atomgemeinschaft und der Regierung der Russischen Föderation auf dem Gebiet der nuklearen Sicherheit, ABl Nr L 287 vom 31.10.2001, S 24.

Wie in anderen Abkommen ist die Durchführung der in diesem Abkommen vorgesehenen Maßnahme davon abhängig, dass beide Vertragsparteien über die dafür bewilligten Mittel verfügen.

In Art 6 sind die Regelungen über das Wissen, gewerbliche Eigentum und die Urheberrechte geregelt.

Nach Art 8 wird zur Überwachung und der Durchführung dieses Abkommens ein Koordinierungsausschuss eingerichtet, der von beiden Vertragsparteien paritätisch besetzt wird.

Weiters sind in Anhang I die Leitlinien für die Aufteilung von Rechten an geistigem Eigentum aus gemeinsamen Forschungsarbeiten im Rahmen des Abkommens über die Zusammenarbeit auf dem Gebiet der Nuklearen Sicherheit geregelt. Die Anhänge II und III entsprechen dem internationalen Standard.

e) Abkommen zwischen der Europäischen Gemeinschaft und der Europäischen Bank für Wiederaufbau und Entwicklung über den Beitrag der Gemeinschaft zum Konto „Nukleare Sicherheit“[611]

In dieser Vereinbarung wurde zwischen der Europäischen Gemeinschaft und der EBRD vereinbart, dass die Europäische Gemeinschaft den Betrag von Ecu 20 Millionen zum Zwecke der Entwicklung der nuklearen Sicherheit zur Verfügung stellt. Die Projekte werden gemeinsam zwischen der Kommission und der Bank erarbeitet.

f) Abkommen über die Zusammenarbeit zwischen Euratom und der Ukraine auf dem Gebiet der nuklearen Sicherheit[612]

Am 14. Juni 1994 hat die EU mit der Ukraine ein Partnerschafts- und Kooperationsabkommen abgeschlossen, in dem die Vertragsparteien vereinbarten, im Nuklearbereich unter anderem im Wege der Durchführung eines Abkommens über die nukleare Sicherheit zusammen zu arbeiten. Dieses Abkommen ist die Basis des Abkommens auf dem Gebiet der nuklearen Sicherheit.

Gemäß Art 1 ist Ziel dieses Abkommens die Verbesserung der nuklearen Sicherheit, die Festlegung und Anwendung wissenschaftlich verbürgter und international anerkannter nuklearer Sicherheitsrichtlinien im Bereich der friedlichen Nutzung der Kernenergie. Die Zusammenarbeit umfasst gemäß Art 2 die Forschung im Bereich

---

611 Abkommen in Form eines Briefwechsels zwischen der Europäischen Gemeinschaft und der Europäischen Bank für Wiederaufbau und Entwicklung über den Beitrag der Gemeinschaft zum Konto „Nukleare Sicherheit“, ABl Nr L 200 vom 3.8.1994, S 35.

612 Abkommen über die Zusammenarbeit zwischen der Europäischen Atomgemeinschaft und dem Ministerkabinett der Ukraine auf dem Gebiet der nuklearen Sicherheit, ABl Nr L 322 vom 27.11.2002, S 33.

der Kernreaktorsicherheit, dem Strahlenschutz, der Entsorgung radioaktiver Abfälle, die Stilllegung, die Entkontaminierung und den Abbau kerntechnischer Anlagen, Forschung und Entwicklung zur Sicherheitsüberwachung von Kernmaterial, die Verhütung illegalen Handels mit Kernmaterial.

Die Zusammenarbeit erfolgt durch Austausch von Fachwissen, durch Austausch von Personal, durch Austausch von Proben, Werkstoffen und Instrumenten mit einer ausgewogenen Beteiligung.

In Art 6 sind die Nutzung und Verbreitung von Wissen und Rechten an geistigem Eigentum geregelt. Weiters ist nach Art 8 ein Koordinierungsausschuss geschaffen worden.

Im Anhang I sind die Leitlinien für die Aufteilung von Rechten an geistigem Eigentum aus gemeinsamen Forschungsarbeiten im Rahmen des Abkommens über die Zusammenarbeit zwischen der europäischen Atomgemeinschaft und dem Ministerkabinett der Ukraine auf dem Gebiet der nuklearen Sicherheit geregelt, im Anhang II die Begriffsbestimmungen sowie in Anhang III die Hauptmerkmale eines Technologie Managementplans.

C) Nukleare Sicherheit

a) Entscheidung 87/600/Euratom

Mit der Entscheidung 87/600/Euratom[613] des Rates wurde die Basis für Abkommen zwischen Euratom und Drittländern für den Fall des Eintritts einer radiologischen Notstandssituation geschaffen. Diese Entscheidung gilt für die Bekanntgabe und Erteilung von Informationen wenn ein Mitgliedstaat umfassende Maßnahmen zum Schutz der Bevölkerung im Falle eines radiologischen Unfalls beschließt. Solche radiologischen Notfälle sind nach einem Unfall in seinen (Mitgliedstaates) Gebiet, durch Anlagen (Kernreaktoren jedweden Standortes, sonstige Anlagen des Brennstoffkreislaufes, Anlagen zur Entsorgung radioaktiver Abfälle), oder Tätigkeiten (Förderung und Lagerung von Kernbrennstoffen oder radioaktiven Abfällen, Herstellung, Verwendung, Lagerung, Beseitigung und Beförderung von Radioisotopen für landwirtschaftliche, industrielle, medizinische und verwandte wissenschaftliche Forschungszwecke, die Verwendung von Radioisotopen zur Stromerzeugung in Weltraumobjekten) betroffen sind, und zur Freisetzung von radioaktiven Stoffen führt oder führen kann, oder nach Feststellung innerhalb oder außerhalb seines Gebietes anomale Radioaktivitätswerte, die für die öffentliche Gesundheit in diesem Mitgliedstaat schädlich sein können, oder nach obengenannten Unfällen, durch die

613 87/600/Euratom Entscheidung des Rates vom 14, Dezember 1987 über Gemeinschaftsvereinbarungen für den beschleunigten Informationsaustausch im Falle einer radiologischen Notstandssituation, ABl Nr L 371 vom 30.12.1987, S 76.

Anlagen oder Tätigkeiten im Sinne nuklearer Tätigkeiten betroffen sind und die in signifikantem Maße zur Freisetzung von radioaktiven Stoffen führen oder führen können, oder nach anderen Unfällen, die in signifikantem Maße zur Freisetzung von radioaktiven Stoffen führen oder führen können.

Nach Art 2 Abs 1 dieser Entscheidung ist ein Mitgliedstaat verpflichtet, bei Ergreifung von den obengenannten Maßnahmen die Kommission und die anderen Mitgliedstaaten, die betroffen oder betroffen sein können, von diesen Maßnahmen hierfür unverzüglich in Kenntnis setzen sowie der Kommission und den Mitgliedstaaten, die betroffen sind oder betroffen sein können, umgehend die verfügbaren einschlägige Informationen zu liefern, um gegebenenfalls die voraussichtlichen radiologischen Folgen in diesen Staaten möglichst gering zu halten.

Der Mitgliedstaat sollte möglichst die Kommission und die Mitgliedstaaten, die betroffen sein könnten, davon in Kenntnissetzen, dass unverzüglich Maßnahmen im Sinne des Art 1 zu ergreifen gedenkt.

Diese Informationen müssen, ohne Gefährdung der nationalen Sicherheit die Art des Ereignisses, den Zeitpunkt und die genaue Ortsangabe sowie die betroffene Anlage oder Tätigkeit, Angaben zu der vermuteten oder festgestellten Ursache, sowie zur voraussichtlichen Entwicklung des Unfalles hinsichtlich der Freisetzung radioaktiver Stoffe die allgemeinen Kennwerte der freigesetzten radioaktiven Stoffe einschließlich der Angaben zur Art, wahrscheinlichen physikalischen oder chemischen Form sowie Menge, Zusammensetzung der effektiven Höhe des freigesetzten radioaktiven Stoffe, Informationen über die bestehenden und zu erwartenden meteorologischen und hydrologischen Verhältnissen, die für eine Vorhersage der Verbreitung der freigesetzten Stoffe erforderlich sind, die Ergebnisse der Umweltüberwachung, die Ergebnisse der Messungen von Nahrungs- und Futtermitteln sowie des Trinkwassers, Angaben zu den ergriffenen oder geplanten Schutzmaßnahmen, Angaben zu den ergriffenen oder geplanten Maßnahmen zur Aufklärung der Bevölkerung, Angaben zum voraussichtlichen Verhalten der freigesetzten radioaktiven Stoffe im Laufe der Zeit enthalten. Nach diesen Erstinformationen sind weitere Informationen in angemessenen Zeitabständen einschließlich Angaben über die Entwicklung der Notfallsituation und ihrer voraussichtlichen oder tatsächlichen Beendigung zu ergänzen.

Der genannte Mitgliedstaat hat weiters die Kommission gemäß Art 36 EA in angemessenen Zeitabständen über die festgestellten Radioaktivitätswerte zu informieren.

Weiters muss jeder Mitgliedstaat nach Erhalt der obengenannten Informationen die Kommission unverzüglich über die nach Eingang dieser Informationen ergriffenen Maßnahmen und ausgesprochenen Empfehlungen informieren, die Kommission in angemessenen Zeitabständen über die von den Überwachungseinrichtungen in Nahrungs- und Futtermittel, im Trinkwasser sowie in der Umwelt gemessenen Radioaktivitätswerte in Kenntnis setzten.

Nach Einlangen sämtlicher Informationen übermittelt die Kommission diese umgehend an die zuständigen Behörden aller anderen Mitgliedstaaten. Außerdem leitet die Kommission sämtliche ihr zugehenden Informationen über jeden signifikanten Anstieg der Radioaktivitätswerte oder über nukleare Unfälle in Drittländern insbesondere Nachbarländern der Gemeinschaft und alle Mitgliedstaaten weiter. Nach Art 5 Abs 2 legt die Kommission nach Absprache mit den zuständigen Behörden der Mitgliedstaaten detaillierte Modalitäten fest, die in regelmäßigen Zeitabständen erprobt werden. In diesem Zusammenhang ist jeder Mitgliedstaat verpflichtet, der Kommission die zuständigen innerstaatlichen Behörden und Kontaktstellen, die die genannten Informationen entgegennehmen bzw. weiterleiten mitzuteilen.

Diese Informationen werden in den anderen zuständigen Dienststellen der anderen Mitgliedstaaten übermittelt. Nach Art 5 Abs 4 müssen die Kontaktstellen und die zuständige Dienststelle der Kommission jederzeit (24 Stunden) erreichbar sein. Die übermittelten Informationen können jedoch gemäß Art 6 Abs 1 ohne Einschränkungen verwendet werden, es sei denn, sie werden von dem Mitgliedstaat, der die Angaben gemacht hat, als vertraulich bezeichnet. Die Kommission kann jedoch die zugehende Information bezüglich einer Anstalt der gemeinsamen Forschungsstelle nur mit Zustimmung des Mitgliedstaates, in dem sich diese Anstalt befindet, weitergeleitet werden.

b) Partnerschaftsabkommen zwischen Euratom und Kasachstan

Euratom und Kasachstan schlossen 2006 ein Partnerschaftsabkommen.[614]

c) Abkommen zwischen Euratom und Nichtmitgliedstaaten der EU über die Teilnahme an Vereinbarungen in der Gemeinschaft für den schnellen Austausch von Informationen in einer radiologischen Notstandsituation[615]

Gemäß Art 1 gilt dieses Abkommen für die Bekanntgabe und den Informationsaustausch in allen Fällen, in denen eines der teilnehmenden Länder oder ein Mitgliedstaat von Euratom beschließt, umfassende Maßnahmen zum Schutz der Bevölke-

614 2006/712/ EG, Euratom Beschluss des Rates und der Kommission vom 25. September 2006 über den Abschluss eines Protokolls zum Abkommen über Partnerschaft und Zusammenarbeit zur Gründung einer Partnerschaft zwischen der Europäischen Atomgemeinschaft und ihren Mitgliedstaaten einerseits und der Republik Kasachstan andererseits anlässlich des Beitritts der Tschechischen Republik, der Republik Estland, der Republik Zypern, der Republik Lettland, der Republik Litauen, der Republik Ungarn, der Republik Malta, der Republik Polen, der Republik Slowenien und der Slowakischen Republik zur Europäischen Union, ABl Nr L 303 vom 1.11.2006, S 7.

615 Abkommen zwischen der Europäischen Atomgemeinschaft (Euratom) und Nichtmitgliedstaaten der Europäischen Union über die Teilnahme an Vereinbarungen in der Gemeinschaft für den schnellen Austausch von Informationen in einer radiologischen Notstandsituation (Ecurie), ABl Nr C 102 vom 29.4.2003, S 2.

rung im Falle einer radiologischen Notstandssituation zu ergreifen und zwar nach einem Unfall auf dem jeweiligen Hoheitsgebiet für Anlagen (Kernreaktoren unabhängig vom Standort, sonstige Anlagen des Brennstoffkreislaufes, Anlagen zur Entsorgung radioaktiver Abfälle) sowie für Tätigkeiten (Beförderung und Lagerung von Kernbrennstoffen und radioaktiven Abfällen, Herstellung, Verwendung, Lagerung, Beseitigung und Beförderung von Radioisotopen für landwirtschaftliche, industrielle, medizinische und verwandte wissenschaftliche Forschungszwecke, die Verwendung von Radioisotopen zur Stromerzeugung in Weltraumobjekten oder nach Unfällen die zu einer signifikanten Freisetzung von radioaktiven Stoffen geführt haben oder führen können, oder nach der Feststellung – auf dem jeweiligen Hoheitsgebiet oder außerhalb dessen –, anormaler Radioaktivitätswerte, die für die Gesundheit der jeweiligen Bevölkerung schädlich sein können.

Nach Art 2 erfolgt der Informationsaustausch im Fall der in Art 1 angeführten Maßnahme innerhalb des Hoheitsgebietes eines teilnehmenden Landes oder in einem Euratom Mitgliedstaat dadurch, dass für den Fall, das teilnehmende Land beschließt, Maßnahmen nach Art 1 zu ergreifen, die Verpflichtung dieses Landes besteht, der Kommission unverzüglich Information über die größtmögliche Verringerung der voraussichtlichen radiologischen Folgen zu übermitteln. Die Kommission unterrichtet hierauf die Mitgliedstaaten und die anderen teilnehmenden Länder unverzüglich. Für den Fall, dass ein Mitgliedstaat beschlossen hat, derartige Maßnahmen zu ergreifen und die Kommission davon unterrichtet hat, so unterrichtet die Kommission unverzüglich die anderen teilnehmenden Länder.

Die zu liefernden Informationen müssen, sofern dies möglich ist, die Art des Ereignisses, den Zeitpunkt sowie die genaue Ortsangabe sowie die betroffene Anlage und Tätigkeit, die Angaben zu der vermuteten oder festgestellten Ursache, sowie zur voraussichtlichen Entwicklung des Unfalls hinsichtlich der Freisetzung radioaktiver Stoffe, die allgemeinen Kennwerte der freigesetzten radioaktiven Stoffe einschließlich der Angaben zur Art, der wahrscheinlichen physikalischen und chemischen Form, sowie Menge, Zusammensetzung und effektiver Höhe der Freisetzungen, Informationen über die bestehenden und zu erwartenden meteorologischen und hydrologischen Verhältnisse, die für eine Vorhersage der Verbreitung der freigesetzten radioaktiven Stoffe erforderlich sind, der Ergebnisse der Umweltüberwachung sowie die Ergebnisse der Messungen von Nahrungs- und Futtermitteln sowie des Trinkwassers, die Angaben zu den ergriffenen oder geplanten Schutzmaßnahmen, die Angaben zu den ergriffenen oder geplanten Maßnahmen zur Aufklärung der Bevölkerung, die Angaben zum voraussichtlichen Verhalten der freigesetzten radioaktiven Stoffe im Laufe der Zeit enthalten. Diese sind in angemessenen Zeitabständen durch weitere einschlägige Informationen, insbesondere Angaben über die Entwicklung der Notfallsituation und ihrer voraussichtlichen oder tatsächlichen Beendigung zu ergänzen.

Nach Eingang der Informationen muss die Kommission unter Berücksichtigung der von den Mitgliedstaaten von Euratom eingegangenen Informationen die teilnehmenden Länder unverzüglich über die nach Eingang dieser Informationen ergriffenen Maßnahmen und ausgesprochenen Empfehlungen informieren, die teilnehmenden Länder in angemessenen Zeitabständen über die von den Überwachungseinrichtungen in den Euratom Mitgliedstaaten in Nahrungs- und Futtermittel, im Trinkwasser sowie in der Umwelt gemessenen Radioaktivitätswerte in Kenntnis setzen. Weiters müssen die teilnehmenden Länder der Kommission unverzüglich über die nach Eingang dieser Informationen ergriffenen Maßnahmen und ausgesprochenen Empfehlungen informieren, der Kommission in angemessenen Zeitabständen über die von ihren Überwachungseinrichtungen in Nahrungs- und Futtermittel, im Trinkwasser sowie in der Umwelt gemessenen Radioaktivitätswerte in Kenntnis setzen.

Nach Art 5 sind die teilnehmenden Länder nicht verpflichtet, der Kommission Informationen zu übermitteln, die die nationale Sicherheit beeinträchtigen würden, und die Kommission übermittelt keinerlei von einem Mitgliedstaat von Euratom oder von einer Vertragspartei übermittelter Information an teilnehmende Länder, wenn diese als vertraulich gemeldet wurden.

Nach Art 6 setzten die teilnehmenden Länder die bestehenden detaillierten Ecurie-Modalitäten für den Informationsaustausch binnen drei Monate nach Unterzeichnung des Abkommens um. Danach sind die detaillierten Modalitäten für den Informationsaustausch nach den Art 2, 3 und 4 in einem gemeinsamen Abkommen zwischen den teilnehmenden Ländern, der Kommission und den Mitgliedstaaten festzulegen und in regelmäßigen Abständen zu überprüfen. Jede Vertragspartei übernimmt die Kosten für die Umsetzung dieser Vereinbarung.

Nach Art 7 sind die teilnehmenden Länder verpflichtet, der Kommission die zuständigen Behörden und die zur Weiterleitung und Entgegennahme der Informationen nach Art 2, 3 und 4 genannten Kontaktstellen sowie ihre Kontaktinformation bekanntzugeben. Die Kommission meldet den teilnehmenden Ländern, welche ihre Abteilung die zuständige Stelle oder Kontaktstelle ist. Von besonderer Bedeutung ist, dass gemäß Art 7 Abs 2 die Kontaktstellen in den teilnehmenden Ländern für die zuständige Abteilung der Kommission jederzeit erreichbar sein muss.

Weiters werden gemäß Art 8 die teilnehmenden Länder zu den Sitzungen der von der Kommission für die Verwaltung der Ecurie-Vereinbarung eingesetzten Gruppen eingeladen. Die Vertreter der teilnehmenden Länder haben Beobachterstatus; sämtliche hierbei anfallenden Kosten werden von den jeweiligen nationalen Behörden getragen.

Von besonderer Bedeutung ist, dass gemäß Art 9 die Ecurie-Vereinbarungen und sonstige einschlägige internationale Übereinkommen nicht die Rechte und Pflichten der teilnehmenden Länder und Euratom auf Grund derzeit bestehender oder noch zu schließender bilateraler oder multilateraler Abkommen oder Übereinkommen auf den unter diesen Abkommen fallenden Gebieten, die mit diesen dessen Zielsetzungen übereinstimmen vertritt. Nach Art 11 bestehen Kündigungsmöglichkeiten.

D) Kernforschung

a) Abkommen zwischen Euratom und der Schweiz auf dem Gebiet der kontrollierten Kernfusion und dem Gebiet der Plasmaphysik[616]

Eines der ersten Abkommen zwischen Euratom und einem Drittstaat war das Abkommen über die Zusammenarbeit der schweizerischen Eidgenossenschaft. Gemäß Art 1 war Ziel des Übereinkommens die Zusammenlegung der Forschungsbemühungen auf dem Gebiet der kontrollierten Kernfusion und der Plasmaphysik. Gemäß Art 2 assoziieren die Vertragsparteien ihre jeweils in Anhang I und II dieses Abkommens definierten Forschungsprogramme. Weiters beteiligt sich die schweizerische Eidgenossenschaft am Projekt JET. Gemäß Art 5 wird ein Lenkungsausschuss eingerichtet, der die Aufgabe hat, den Assoziierungsvertrag durchzuführen, die Einzelheiten der Programme festzulegen, die Gegenstand des Vertrages sind sowie die Entwicklung der Forschungsarbeiten zu überwachen und so zu lenken, dass bestmögliche Ergebnisse im Einklang mit den Zielen dieses Abkommens erzielt werden. Weitere Regeln betreffen die Finanzierung sowie die Teilnahme der Schweiz an diesem Programm.

b) Vereinbarung zwischen Euratom und Kanada über die Zusammenarbeit auf dem Gebiet der Fusionsforschung und -entwicklung[617]

Ziel der Vereinbarung ist gemäß Art 1 eine Intensivierung der Zusammenarbeit auf dem Gebiet der Fusionsforschung. Die Zusammenarbeit erfolgt durch Austausch von Kenntnissen einschließlich Zwischenberichten und sonstigen nicht vertraulichen wissenschaftlichen Ergebnissen, der Teilnahme an wissenschaftlichen Sitzungen, die von den anderen Partnern veranstaltet werden, dem Austausch von Sachverständigen für die Durchführung gemeinsamer Versuche und Vorhaben, sowie dem Austausch von Materialien, Ausrüstungsgegenständen und Instrumentierungen.

Gemäß Art 3 wird ein gemeinsamer Ausschuss eingerichtet, der aus je zwei Vertretern jedes Partners besteht. Über die Vorbereitung und allgemeine Zusammenarbeit wird ein eigener Unterausschuss eingerichtet. Die Vereinbarung hat eine Gültigkeit von fünf Jahren, nachdem sie zu dem späteren der beiden Unterzeichnungstermine in Kraft getreten ist.

---

616 Abkommen über Zusammenarbeit zwischen der Europäischen Atomgemeinschaft und der Schweizerischen Eidgenossenschaft auf dem Gebiet der kontrollierten Kernfusion und der Plasmaphysik, ABl Nr L 242 vom 4.9.1978, S 2.

617 Vereinbarung zwischen der Europäischen Atomgemeinschaft, vertreten durch die Kommission der Europäischen Gemeinschaften, und der Regierung von Kanada über die Zusammenarbeit auf dem Gebiet der Fusionsforschung und -entwicklung, ABl Nr L 35 vom 11.2.1986, S 10.

c) Abkommen zwischen Euratom und den USA auf dem Gebiet der kontrollierten Kernfusion[618]

Das erste Abkommen über die Zusammenarbeit zwischen Euratom und den Vereinigten Staaten wurde 1987 abgeschlossen.[619]

Basis der am 7.11.1995 und am 29.3.1996 unterzeichneten Abkommen zwischen der Euratom und den Vereinigten Staaten von Amerika wurde im Hinblick auf die immer größer werdende Bedeutung der Forschung auf dem Gebiet der kontrollierten Kernfusion eine Ergänzung geschlossen. Gemäß Art 1 ist Ziel dieses Übereinkommens die Fortführung und Vertiefung der Zusammenarbeit zwischen den Vertragsparteien auf dem Gebiet ihres jeweiligen Fusionsprogramms auf Grundlage des beiderseitigen Nutzens und der generellen Gegenseitigkeit, damit die wissenschaftlichen Kenntnisse und die technologischen Möglichkeiten für ein Fusionsenergiesystem weiter entwickelt werden. Die Bereiche der Zusammenarbeit erstrecken sich auf dem Gebiet der Tokamaks einschließlich der Großprojekte der gegenwärtigen Generation und der Arbeiten für Projekte der nächsten Generation, für alternative Entwicklungsrichtlinien, für die magnetische Fusionsenergietechnologie, für Plasmatheorie und angewandte Plasmaphysik sowie für Programmstrategien und -pläne sowie im sonstigen gegenseitigen Einvernehmen schriftlich vereinbarter Bereiche.

Die Formen der Zusammenarbeit erstreckten sich auf den Austausch und der Bereitstellung von Informationen und Daten über wissenschaftliche und technische Arbeiten, Entwicklungen, Praktiken und Ergebnissen, auf den Austausch von Wissenschaftlern, Ingenieuren und sonstigen Experten, auf die Veranstaltung von Seminaren und sonstigen Zusammenkünften zum Gedanken und Informationsaustausch, dem Austausch und der Bereitstellung von Proben, Materialen und Ausrüstungen zu Versuchs-, Erprobungs- und Beurteilungszwecken sowie der Durchführung gemeinsamer Studien, Projekten und Versuchen. Mit umfasst ist die Einrichtung von Datenverbindungen und sonstige im gegenseitigen Einvernehmen schriftlich vereinbarte spezielle Formen der Zusammenarbeit.

Zur Erreichung dieser Ziele wird ein Koordinierungsausschuss zwischen den Vertragsparteien eingesetzt, der aus 12 Mitgliedern besteht, und von jeder Vertragspartei zur Hälfte beschickt wird. Der Koordinierungsausschuss tritt einmal jährlich zusammen. Aufgabe des Koordinierungsausschusses ist die Überwachung des Fortganges der Tätigkeit und der Pläne der im Rahmen dieser Abkommen erfolgten Tä-

---

618 Abkommen zwischen der Europäischen Atomgemeinschaft, vertreten durch die Kommission der Europäischen Gemeinschaften, und dem Departement of Energy der Vereinigten Staaten von Amerika über Zusammenarbeit auf dem Gebiet der Forschung und Entwicklung zur Fusionsenergie, ABl Nr L 148 vom 1.6.2001, S 80.

619 Abkommen über Zusammenarbeit zwischen der Europäischen Atomgemeinschaft und dem „US Department of Energy" auf dem Gebiet der kontrollierten Kernfusion, ABl Nr L 46 vom 14.2.1987, S 50.

tigkeiten und der Billigung künftiger Kooperationsmaßnahmen. Der Koordinierungsausschuss trifft seine Entscheidungen einstimmig. Die Delegation jeder Vertragspartei im Koordinierungsausschuss hat eine Stimme, die vom Delegationsleiter abgegeben wird. Weiters ernennt jede Vertragspartei einen Exekutivsekretär, der in den Zeiträumen zwischen den Sitzungen des Koordinierungsausschusses die Zusammenarbeit im Rahmen dieses Abkommens betreffende Angelegenheiten für sie handelt. Im Abkommen wird ausdrücklich darauf verwiesen, dass die Exekutivsekretäre für das Tagesgeschäft der Zusammenarbeit zuständig sind.

Gemäß Art 5 genehmigt der Koordinierungsausschuss Projektvereinbarungen, welche den Bestimmungen dieses Abkommens unterliegen. Jede Projektvereinbarung enthält ein Verzeichnis der Mitwirkenden und ausführliche Vorschriften für die Durchführung der Kooperationsmaßnahmen unter anderem gegebenenfalls Vorschriften über technische Inhalte, das Management, die Zuständigkeit für die Dekontaminierung, den Austausch von nicht offenbarten Wissen, den Austausch von Ausrüstung und den Umgang mit geistigem Eigentum sowie die Angaben zu den Gesamtkosten der Kostenaufteilung und dem Zeitplan.

In Artikel 6 ist die Zugänglichkeit und Verbreitung von Wissen geregelt. Grundsätzlich ist jede Vertragspartei und ihre Mitwirkenden verpflichtet, der anderen Vertragspartei und ihren Mitwirkenden jegliches Wissen ungehindert zugänglich zu machen, dass für die Durchführung des Abkommens erforderlich ist. In diesem Zusammenhang ist auch die Bestimmung, die den Schutz und die Aufteilung des geistigen Eigentums, das bei Kooperationsmaßnahmen im Rahmen dieses Abkommens gewonnen wird, zur Verfügung gestellt wird, zu sehen.

Artikel 8 regelt den Personalaustausch und die Personalabstellung. Artikel 9 den Austausch von Proben.

Gemäß Artikel 11 tritt das Abkommen mit der letzten Unterzeichnung für die Dauer von fünf Jahren in Kraft. Es verlängert sich automatisch um weitere fünf Jahre, wenn es nicht von einem der Vertragsparteien innerhalb einer Frist gekündigt wird.

d) Vereinbarung über die Zusammenarbeit zwischen Euratom und Kanada auf dem Gebiet der kontrollierten Kernfusion[620]

Gemäß Art I ist Ziel der Vereinbarung die Fortführung und Intensivierung der Zusammenarbeit zwischen den Parteien in den durch ihre Fusionsprogramme abgedeckten Bereichen auf Grundlage der beiderseitigen Gegenseitigkeit, um die für ein Fusionsenergiesystem erforderlichen wissenschaftlichen Kenntnisse und technologischen Fähigkeiten zu entwickeln. Gemäß Art II erstreckt sich die Zusammenarbeit auf Tokamaks, Plasmaphysikfusionstechnologie, Fusionstechnologie, Fusionsbrenn-

620 Vereinbarung über die Zusammenarbeit zwischen Euratom und Kanada auf dem Gebiet der kontrollierten Kernfusion, ABl Nr L 211 vom 6.9.1995, S 31.

stoffe, alternative Entwicklungslinien zu Tokamaks und sonstigen Bereiche die im gegenseitigen Einvernehmen schriftlich festgelegt werden. Nach Art III umfasst die Zusammenarbeit unter anderem der Austausch und Weitergabe von Kenntnissen und Daten, die Beteiligung an den Beiträgen der Parteien zu Fusionsprogrammen oder Projekten wie ITER an denen Dritte beteiligt sind vorbehaltlich deren Zustimmung der Beteiligung und Studium, Versuchen oder Projekten einer der Parteien, sowie Teilnahmen an Arbeitstreffen und der Austausch unter Wissenschaftlern, Ingenieuren und sonstigen Fachkräften, der Austausch und Bereitstellung von Ausrüstungen, Instrumenten, Material Brennstoffen und Ersatzteilen sowie die Abgabe von Tritium und Tritiumanlagen gemäß der am 15. Juni 1991 erfolgten Abänderung des Abkommens zwischen den Parteien über die Zusammenarbeit der friedlichen Nutzung der Atomenergie vom 6. Oktober 1959, die Durchführung gemeinsamer Studien, Versuchen oder Projekten sowie sonstige Tätigkeiten, welche im gegenseitigen Einvernehmen festgelegt werden.

Gemäß Art V erfolgen die Einzelheiten und Verfahren zur Durchführung von Tätigkeiten im Rahmen dieser Vereinbarung durch speziell ausgehandelte Durchführungsvereinbarungen. Weiters setzen gemäß Art VI die Parteien einen Koordinierungsausschuss ein, der die Durchführung der im Rahmen dieser Vereinbarung erfolgten Tätigkeiten koordiniert und überwacht. Der Ausschuss besteht aus bis zu 8 Mitgliedern, die je zur Hälfte von jeder Partei bestimmt werden. Jede Partei ernennt eines ihrer Mitglieder zum Delegationsleiter. Der Koordinierungsausschuss trifft sich einmal im Jahr in Europa und Kanada. Die Aufgabe des Koordinierungsausschusses ist die Überprüfung Überwachung der Pläne und des Fortgangs der Tätigkeit im Rahmen dieser Vereinbarung, der Austausch von Kenntnissen und Ansichten über Fragen aus dem Bereich der Wissenschaft und Technik, der Vorschlag, Koordinierung und Genehmigung künftiger Tätigkeiten im Rahmen dieser Vereinbarung unter Berücksichtigung des technischen Wertes und des Umfangs der Bemühungen zur Gewährleistung des beiderseitigen Nutzen und anderes.

Diese Vereinbarung umfasst weiters zwei Anhänge.

e) Abkommen zwischen Euratom und Brasilien über die Zusammenarbeit im Bereich der Fusionsenergieforschung[621]

Ziel dieses Übereinkommens ist nach Art 1 die Vertiefung der Zusammenarbeit zwischen den Vertragsparteien in den Bereichen ihrer jeweiligen Fusionsprogramme auf der Grundlage des beiderseitigen Nutzens und der generellen Gegenseitigkeit, damit

621 2010/488/Euratom Beschluss vom 16 November 2009 über die Zustimmung zum Abschluss des Abkommens zwischen der Europäischen Atomgemeinschaft und er Föderativen Republik Brasilien über die Zusammenarbeit im Bereich der Fusionsenergieforschung durch die Kommission, ABl Nr L 242 vom 15.9.2010, S 33ff.

die wissenschaftlichen Kenntnisse und die technologischen Möglichkeiten für ein Fusionsenergiesystem weiterentwickelt werden.

Nach Art 2 sind die Bereiche Zusammenarbeit Tokamaks, einschließlich der Großprojekte der gegenwärtigen Generation und der Arbeiten für Projekte der nächsten Generation, Alternativen zu Tokamaks, magnetische Fusionsenergietechnologie, Plasmatheorie und angewandte Plasmaphysik Programmstrategien und -pläne und sonstige im gegenseitigen Einvernehmen schriftlich vereinbarte Bereiche, soweit sie unter ihre jeweiligen Programme fallen.

Nach Art 3 erstreckt sich die Zusammenarbeit auf den Austausch und Bereitstellung von Informationen und Daten über wissenschaftliche und technische Arbeiten, Entwicklungen, Verfahrensweisen und Ergebnisse sowie über Programmstrategien und -pläne einschließlich des Austausches von nicht offen gelegten Informationen, Austausch von Wissenschaftlern, Ingenieuren und sonstigen Experten für die für bestimmte Zeiträume an Versuchen, Analysen, Entwurfs- und sonstigen Forschungs- und Entwicklungsarbeiten mitwirken, Veranstaltung von Seminaren und sonstigen Zusammenkünften zum Gedanken und Informationsaustausch über vereinbarte Themen aus den oben aufgeführten Bereichen und zur Ermittlung geeigneter durchzuführender Kooperationstätigkeiten, Austausch und Bereitstellung von Proben, Materialien, Ausrüstung, zu Versuchs-, Erprobungs- und Beurteilungszwecken, Durchführung von gemeinsamen Studien, Projekten oder Versuchen einschließlich Konzipierung, Bau und Betrieb, Einrichtung von Datenverbindungen unter anderem von Instrumenten für die Ferndatenanalyse und sonstige im gegenseitigen Einvernehmen schriftlich vereinbaret spezielle Formen der Zusammenarbeit.

Gemäß Art 3 Abs koordinieren die Vertragsparteien ihre Tätigkeiten im Rahmen dieses Abkommens in sachdienlicher Weise mit anderen internationalen Forschungs- und Entwicklungstätigkeiten im Bereich der Fusion, damit Doppelarbeit vermieden wird. Dieses Abkommen ist nicht so auszulegen, dass bestehende oder künftige Kooperationsvereinbarungen zwischen den Vertragsparteien beeinträchtigt werden.

Gemäß Art 4 wird ein Koordinierungsausschuss sowie Exekutivsekretäre eingerichtet und bestellt.

Gemäß Art 5 benennt jede Vertragspartei geeignete Einrichtungen für die Durchführung der Tätigkeiten im Rahmen dieses Abkommens.

Gemäß Art 6 verpflichtet sich jede Vertragspartei vorbehaltlich ihrer geltenden Rechtsvorschriften und der Bestimmungen dieses Abkommens der anderen Vertragspartei und deren Beauftragten jegliche Information ungehindert zugänglich zu machen, die für die Durchführung von Kooperationstätigkeiten im Rahmen dieses Abkommens erforderlich ist. Die Vertragsparteien unterstützen die größtmögliche Verbreitung von Informationen, die offen zu legen sie berechtigt sind und die entweder gemeinsam erworben wurden oder nach diesem Abkommen bereitgestellt oder ausgetauscht werden sollen. Dabei sind nicht offengelegte Informationen und das im Rahmen dieses Abkommens geschaffene oder zur Verfügung gestellte geistige

Eigentum zu schützen. Die Weitergabe von Informationen zwischen den Vertragsparteien erfolgt im Rahmen dieses Abkommens nach bestem Wissen und Gewissen der übermittelnden Vertragspartei, die jedoch keinerlei Haftung dafür übernimmt, dass die entsprechenden Informationen für bestimmte Anwendungen der anderen Vertragspartei oder eines Dritten geeignet sind. Gemeinsam erarbeitete Informationen müssen nach bestem Wissen und Gewissen beider Vertragsparteien richtig sein. Für die Richtigkeit gemeinsam erarbeiteter Informationen oder ihre Eignung für bestimmte Verwendungszwecke einer Vertragspartei oder einer Drittpartei haftet keine der Vertragsparteien.

Das geistige Eigentum und die Aufteilung von geistigem Eigentum, das bei Kooperationstätigkeiten im Rahmen dieses Abkommens geschaffen bzw. zur Verfügung gestellt wird, unterliegt den Vorschriften im Anhang, der für sämtliche Tätigkeiten im Rahmen dieses Abkommens gilt.

In Art 8 ist der Austausch von Personal und die Verpflichtung wechselseitiger Hilfeleistungen sowie in Art 9 der Austausch von Ausrüstungen, Proben, Materialien oder Ersatzteilen geregelt.

f) Abkommen zwischen Euratom und Indien über die Zusammenarbeit im Bereich der Fusionsenergieforschung[622]

Ziel dieses Übereinkommens ist nach Art 1 die Vertiefung der Zusammenarbeit zwischen den Vertragsparteien in den Bereichen ihrer jeweiligen Fusionsprogramme auf der Grundlage des beiderseitigen Nutzens und der generellen Gegenseitigkeit, damit die wissenschaftlichen Kenntnisse und die technologischen Möglichkeiten für ein Fusionsenergiesystem weiterentwickelt werden.

Nach Art 2 sind die Bereiche Zusammenarbeit Tokamaks, einschließlich der Großprojekte der gegenwärtigen Generation und der Arbeiten für Projekte der nächsten Generation, Alternativen zu Tokamaks, magnetische Fusionsenergietechnologie, Plasmatheorie und angewandte Plasmaphysik Programmstrategien und -pläne und sonstige im gegenseitigen Einvernehmen schriftlich vereinbarte Bereiche, soweit sie unter ihre jeweiligen Programme fallen.

Nach Art 3 erstreckt sich die Zusammenarbeit auf den Austausch und Bereitstellung von Informationen und Daten über wissenschaftliche und technische Arbeiten, Entwicklungen, Verfahrensweisen und Ergebnisse sowie über Programmstrategien und -pläne einschließlich des Austausches von nicht offen gelegten Informationen,

---

622 2010/487/Euratom Beschluss des Rates vom 9 Oktober 2009 über die Zustimmung zum Abschluss des Abkommens zwischen der Europäischen Atomgemeinschaft vertreten durch die Kommission der Europäischen Gemeinschaften und der Regierung der Republik Indien über die Zusammenarbeit im Bereich der Fusionsenergieforschung durch die Kommission, ABL Nr L 252 vom 15.9.2010, S 25ff.

Austausch von Wissenschaftlern, Ingenieuren und sonstigen Experten für die für bestimmte Zeiträume an Versuchen, Analysen, Entwurfs- und sonstigen Forschungs- und Entwicklungsarbeiten mitwirken, Veranstaltung von Seminaren und sonstigen Zusammenkünften zum Gedanken und Informationsaustausch über vereinbarte Themen aus den oben aufgeführten Bereichen und zur Ermittlung geeigneter durchzuführender Kooperationstätigkeiten, Austausch und Bereitstellung von Proben, Materialien, Ausrüstung, zu Versuchs-, Erprobungs- und Beurteilungszwecken, Durchführung von gemeinsamen Studien, Projekten oder Versuchen einschließlich Konzipierung, Bau und Betrieb, Einrichtung von Datenverbindungen unter anderem von Instrumenten für die Ferndatenanalyse und sonstige im gegenseitigen Einvernehmen schriftlich vereinbaret spezielle Formen der Zusammenarbeit.

Gemäß Art 3 Abs koordinieren die Vertragsparteien ihre Tätigkeiten im Rahmen dieses Abkommens in sachdienlicher Weise mit anderen internationalen Forschungs- und Entwicklungstätigkeiten im Bereich der Fusion, damit Doppelarbeit vermieden wird. Dieses Abkommen ist nicht so auszulegen, dass bestehende oder künftige Kooperationsvereinbarungen zwischen den Vertragsparteien beeinträchtigt werden.

Gemäß Art 4 wird ein Koordinierungsausschuss sowie Exekutivsekretäre eingerichtet und bestellt.

Gemäß Art 5 benennt jede Vertragspartei geeignete Einrichtungen für die Durchführung der Tätigkeiten im Rahmen dieses Abkommens.

Gemäß Art 6 verpflichtet sich jede Vertragspartei vorbehaltlich ihrer geltenden Rechtsvorschriften und der Bestimmungen dieses Abkommens der anderen Vertragspartei und deren Beauftragten jegliche Information ungehindert zugänglich zu machen, die für die Durchführung von Kooperationstätigkeiten im Rahmen dieses Abkommens erforderlich ist. Die Vertragsparteien unterstützen die größtmögliche Verbreitung von Informationen, die offen zu legen sie berechtigt sind und die entweder gemeinsam erworben wurden oder nach diesem Abkommen bereitgestellt oder ausgetauscht werden sollen. Dabei sind nicht offengelegte Informationen und das im Rahmen dieses Abkommens geschaffene oder zur Verfügung gestellte geistige Eigentum zu schützen. Die Weitergabe von Informationen zwischen den Vertragsparteien erfolgt im Rahmen dieses Abkommens nach bestem Wissen und Gewissen der übermittelnden Vertragspartei, die jedoch keinerlei Haftung dafür übernimmt, dass die entsprechenden Informationen für bestimmte Anwendungen der anderen Vertragspartei oder eines Dritten geeignet sind. Gemeinsam erarbeitete Informationen müssen nach bestem Wissen und Gewissen beider Vertragsparteien richtig sein. Für die Richtigkeit gemeinsam erarbeiteter Informationen oder ihre Eignung für bestimmte Verwendungszwecke einer Vertragspartei oder einer Drittpartei haftet keine der Vertragsparteien.

Das geistige Eigentum und die Aufteilung von geistigem Eigentum, das bei Kooperationstätigkeiten im Rahmen dieses Abkommens geschaffen bzw. zur Verfügung gestellt wird, unterliegt den Vorschriften in Anhang A, der für sämtliche Tätigkeiten im Rahmen dieses Abkommens gilt.

In Art 8 ist der Austausch von Personal und die Verpflichtung wechselseitiger Hilfeleistungen sowie in Art 9 der Austausch von Ausrüstungen und Proben geregelt.

g) Abkommen zwischen Euratom und Korea über die Zusammenarbeit im Bereich der Fusionsenergieforschung[623]

Gemäß Art 1 ist Ziel dieses Abkommens die Vertiefung der Zusammenarbeit zwischen den Vertragsparteien in den Bereichen ihrer jeweiligen Fusionsprogrammen auf der Grundlage des beiderseitigen Nutzens und der generellen Gegenseitigkeit, damit die wissenschaftlichen Kenntnisse und die technologischen Möglichkeiten für ein Fusions-Energiesystem weiter entwickelt werden. Die Bereiche der Zusammenarbeit sind Tokamaks, einschließlich der Großprojekte der gegenwärtigen Generation und der Arbeiten für Projekte der nächsten Generation, Alternativen zu Tokamaks, magnetische Fusions-Energietechnologien, Plasmatheorie und angewandte Plasmaphysik, Programmstrategien und Pläne und sonstige im gegenseitigen Einvernehmen schriftlich vereinbarte Bereiche, soweit unter ihre jeweiligen Programme fallen. Nach Art 3 sind Formen der Zusammenarbeit der Austausch und die Bereitstellung von Informationen und Daten über wissenschaftliche und technische Arbeiten, Entwicklungen, Verfahrensweisen und Ergebnisse sowie über Programmstrategien und Pläne, einschließlich des Austausches von nicht offenbarten Kenntnissen gemäß den Bedingungen des Art 6 und 7, Austausch von Wissenschaftlern, Ingenieuren und sonstigen Experten, die für bestimmte Zeiträume versuchen, an Analysen, Entwurf- und sonstigen Forschungs- und Entwicklungsarbeiten gemäß Art 8 mitwirken, Veranstaltung von Seminaren und sonstigen Zusammenkünften zum Gedanken und Informationsaustausch über bestimmte Themen aus den oben angeführten Bereichen und zur Ermittlung geeigneter durchzuführender Kooperationstätigkeiten, Austausch und Bereitstellung von Proben, Materialien, Ausrüstungen, zur Versuchs-, Erprobungs- und Beurteilungszwecken gemäß den Artikeln und Buchführung gemeinsamer Studien, Projekte oder Versuche einschließlich deren gemeinsamer Entwurf, Bau und Betrieb, Einrichtung von Datenverbindungen, unter anderem von Instrumenten für Ferndatenanalyse und sonstige im gegenseitigen Einvernehmen schriftlich vereinbarte spezielle Formen der Zusammenarbeit. Erst gemäß Art 3 Abs 2 erfolgt eine Koordination der Tätigkeiten.

Gemäß Art 4 wird den Koordinierungsausschüssen der Exekutivsekretäre eingesetzt. Nach Art 5 benennt jede Vertragspartei geeignete Einrichtungen für die Durchführung der Tätigkeiten im Rahmen dieses Abkommens.

---

623 2011/334/Euratom Beschluss des Rates vom 21. November 2006 über die Zustimmung zum Abschluss des Abkommens der Europäischen Atomgemeinschaft vertreten durch die Kommission der Europäischen Gemeinschaften und der Regierung der Republik Korea über die Zusammenarbeit im Bereich der Fusionsenergieforschung durch die Kommission, ABl Nr L 154 vom 11.6.2011, S 1ff.

Vorbehaltlich ihrer geltenden Rechtsvorschriften und den Bestimmungen dieses Abkommens verpflichtet sich nach Art 6 jede Vertragspartei und ihre Beauftragten, der anderen Vertragspartei und deren Mitwirkenden jegliche Kenntnisse ungehindert zugänglich zu machen, die für die Durchführung von Kooperationstätigkeiten im Rahmen dieses Abkommens erforderlich sind. Weiters unterstützt die Vertragspartei die größtmögliche Verbreitung von Kenntnissen, die offen zu legen berechtigt sind und die entweder gemeinsam erworben wurden oder nach diesem Abkommen bereit gestellt oder ausgetauscht werden sollen. Dabei sind nicht offenbarte Kenntnisse und das im Rahmen dieses Abkommens gewonnene oder zur Verfügung gestellte geistige Eigentum zu schützen. Die Weitergabe von Kenntnissen zwischen den Vertragsparteien erfolgt im Rahmen dieses Abkommens nach bestem Wissen und Gewissen der übermittelnden Vertragsparteien, die jedoch keinerlei Haftung dafür übernimmt, dass die entsprechenden Kenntnisse für bestimmte Anwendungen der anderen Vertragspartei oder eines Dritten geeignet sind. Gemeinsam erarbeitete Kenntnisse müssen nach bestem Wissen und Gewissen beider Vertragsparteien richtig sein. Für die Eignung gemeinsam erarbeiteter Kenntnisse zu bestimmten Verwendungszwecken einer Vertragspartei oder einer Drittpartei haftet keine der beiden Vertragsparteien.

Nach Art 7 wird der Schutz und die Aufteilung von geistigem Eigentum, das bei Kooperationstätigkeiten im Rahmen dieses Abkommens gewonnen oder zur Verfügung gestellt wird, den Vorschriften im Anhang A, der Bestandteil dieses Abkommens ist und für sämtliche Tätigkeiten im Rahmen dieses Abkommens gilt, unterliegt. Im Anhang A sind die Regelungen des geistigen Eigentums detailliert dargestellt.

Es besteht weiters die Möglichkeit des Austausches von Personal. Die aufnehmende Vertragspartei ist verpflichtet für eine angemessene Unterbringung zu sorgen und eine entsprechende Unterstützung bei Gewährung von Visa und Ähnlichem zu geben.

Es folgt nach Art 9 ein Austausch von Ausrüstungen und Proben.

h) Durchführungsvereinbarung zwischen Euratom und Atomic Energy of Canada limited, von der kanadischen Regierung zur durchführenden Stelle ernannt, über die Beteiligung Kanadas am Beitrag Euratom zur Erstellung eines detaillierten technischen Entwurfs (EDA) für die internationalen thermonuklearen Versuchsreaktor (ITER)[624]

Aufgrund der zwischen Euratom und der Regierung von Kanada am 25. Juli 1995 geschlossenen Vereinbarung über die Zusammenarbeit auf dem Gebiet der kontrollierten Kernfusion wurde die Durchführungsvereinbarung abschlossen.

624 Durchführungsvereinbarung zwischen Euratom und Atomic Energy of Canada limited, von der kanadischen Regierung zur durchführenden Stelle ernannt, über die Beteiligung Kanadas am Beitrag Euratoms zur Erstellung eines detaillierten technischen Entwurfs (EDA) für die internationalen thermonuklearen Versuchsreaktor (ITER), ABl Nr 211 vom 6.9.1995, S 40.

i) Verlängerung des Übereinkommens zwischen Euratom, der Regierung Japans, der Regierung der russischen Föderation und der Regierung der Vereinigten Staaten von Amerika über die Zusammenarbeit bei der Erstellung eines detaillierten technischen Entwurfs (EDA) für die internationalen thermonuklearen Versuchsreaktor (ITER)[625]

Mit dieser Verlängerung wurde die Frist gemäß Art 25 von 6 auf 9 Jahre verlängert. Weiters die gemeinsamen Arbeiten hinsichtlich der Forschung als auch der Auffindung eines Standortes für den ITER-Reaktor besonders betont.

j) Abkommen zwischen Kanada und der Europäischen Atomgemeinschaft über Zusammenarbeit bei der Kernforschung[626]

Gemäß Art 1 ist Zweck dieses Übereinkommen die Förderung und Erleichterung der Zusammenarbeit bei der friedlichen, nicht auf Sprengkörper ausgerichteten, nicht militärischen Nutzung der Kernenergie auf Gebieten von gemeinsamen Interesse, auf denen die Vertragsparteien Forschungs- und Entwicklungstätigkeiten unterstützen, um die für diese Interessengebiete wichtige Wissenschaft und/oder Technologie voranzubringen. In Art 2 sind die Begriffsbestimmungen geregelt.

Gemäß Art 3 findet gemäß den anwendbaren Gesetzen und sonstigen Rechtsvorschriften sowie die Zusammenarbeit nach den Grundsätzen des beiderseitigen Nutzens, der beiderseitigen Möglichkeiten für den Zugang zu den Programmen und Maßnahmen der jeweils anderen Vertragspartei, die einem Zweck dieses Abkommens dienen, ein Diskriminierungsverbot Anwendung. Der Bereich der Zusammenarbeit umfasst die nuklearen Sicherungsmaßnahmen, die Entsorgung radioaktiver Abfälle, einschließlich der Endlagerung, die Stilllegung kerntechnischer Anlagen, der Strahlenschutz, die Kernreaktorsicherheit sowie die kontrollierte Kernfusion.

Die Zusammenarbeit umfasst die Teilnahme von natürlichen und juristischen Personen an Forschungsprojekten der jeweils anderen Vertragspartei oder an vereinbarten multilateralen Projekten gemäß den für diese Projekte geltenden Regeln gegebenenfalls vorbehaltlich der Zustimmung der beteiligten Drittparteien, spezielle bilaterale kooperative Forschungsprojekte, die gemeinsame Nutzung von Forschungseinrichtungen, der Austausch und Bereitstellung von Wissen und Daten, der Austausch von Referenzmaterialien, Proben, Brennstoffen, Ausrüstung und Instru-

---

625 98/704/Euratom: Beschluss des Rates vom 22.Juni 1998 über die Verlängerung des Übereinkommens der Europäischen Atomgemeinschaft, der Regierung Japans, der Regierung der Russischen Föderation und der Regierung der Vereinigten Staaten von Amerika über die Zusammenarbeit bei der Erstellung eines detaillierten technischen Entwurfs (EDA) für den Internationalen Thermonuklearen Reaktor (ITER), ABl Nr L 335 vom 10.12.1998, S 61.

626 Abkommen zwischen Kanada und der Europäischen Atomgemeinschaft über Zusammenarbeit bei der Kernforschung, ABl Nr L 346 vom 22.12.1998, S 65.

menten, der Besuch und Austausch von Wissenschaftler, Ingenieuren und anderen geeigneten Personal zur Teilnahme an Sitzungen, Seminaren, Symposien, Workshops und sonstigen Forschungsmaßnahmen, der Austausch von Wissen über Gepflogenheiten, Gesetzen und sonstigen Rechtsvorschriften, sowie sonstige Tätigkeiten, die vom gemeinsamen Kooperationsausschuss für Wirtschaft und Technik festgelegt werden.

Es wird ein gemeinsamer Kooperationsausschuss für Wissenschaft und Technik geschaffen, der einerseits die Beratung der Vertragsparteien andererseits für die Durchführung dieses Übereinkommens zur Aufgabe hat.

In den Anhängen ist wieder die Verwertung und Verbreitung von Wissen und Management, Aufteilung und Ausübung von Rechten an geistigem Eigentum geregelt.

k) Abkommen über die Zusammenarbeit zwischen Euratom und der Russischen Föderation auf dem Gebiet der nuklearen Sicherheit[627]

Auf Grund des am 1. Dezember 1997 in Kraft getretenen Partnerschafts- und Kooperationsabkommen zwischen der EU und den Mitgliedstaaten einerseits als auch der Russischen Föderation sowie auf Grund der Zusammenarbeit zwischen der Russischen Föderation und der EU wurde das Abkommen über die Zusammenarbeit zwischen Euratom und der Russischen Föderation auf dem Gebiet der nuklearen Sicherheit geschlossen.

Gemäß Art 1 trägt die Zusammenarbeit im Rahmen dieses Abkommens auf der Grundlage des beiderseitigen Nutzens zur Verbesserung der nuklearen Sicherheit bei. Gemäß Art 2 richtet sich die Zusammenarbeit auf die Forschung im Bereich der Reaktorsicherheit (Prüfung und Analyse von Sicherheitsfragen und insbesondere der Auswirkungen der Nuklearsicherheit auf die Entwicklung der Kernkraft, Ermittlung geeigneter Verfahren zur Verbesserung der Reaktorsicherheit an Hand von Forschungs- und Entwicklungsstudien und Gutachten über geplante oder in Betrieb befindliche Kernreaktoren), Strahlenschutz (Forschung, Ausarbeitung von Vorschriften, Entwicklung von Sicherheitsnormen, Schulung und Ausbildung, besondere Aufmerksamkeit gilt den Auswirkungen niedriger Strahlendosen, der Strahlenbelastung am Arbeitsplatz und Maßnahmen nach Unfällen), der Entsorgung radioaktiver Abfälle (Bewertung und Optimierung der geologischen Endlagerung, wissenschaftliche Aspekte der Entsorgung von Abfällen mit langen Halbwertszeiten), Stilllegung, Dekontaminierung und Abbau kerntechnischer Anlagen (Strategie für die Stilllegung und den Abbau kerntechnischer Anlagen einschließlich der Strahlenschutzaspekte), Forschung und Entwicklung auf dem Gebiet der Kernmaterialbuchführung und Kon-

627 Abkommen über die Zusammenarbeit zwischen der Europäischen Atomgemeinschaft und der Regierung der Russischen Föderation auf dem Gebiet der nuklearen Sicherheit, ABl Nr L 287 vom 31.10.2001, S 24.

trolle (Entwicklung und Bewertung von Messverfahren von Kernmaterial sowie Charakterisierung von Referenzwerkstoffen für Buchführungs- und Kontrollmaßnahmen sowie Verbesserung der Systeme zu Kernmaterialbuchführung und Kontrolle).

Nach Art 3 erfolgt die Zusammenarbeit insbesondere durch Austausch von Fachwissen, durch Berichte, Besuche, Seminare, Fachkonferenzen, dem Austausch von Personal zwischen Laboratorien und/oder beteiligten Stellen und anderen zu Ausbildungszwecken, den Austausch von Proben, Werkstoffen, Instrumenten und Geräten zu Versuchszwecken, der ausgewogenen Beteiligung an gemeinsamen Studien und Maßnahmen. Gemäß Art 3 Abs 2 können Durchführungsvereinbarungen abgeschlossen werden.

Die Durchführung der in diesem Abkommen vorgesehenen Maßnahmen hängt davon ab, dass beide Vertragsparteien über die bewilligten Mittel verfügen. Die sich aus der Zusammenarbeit ergebenden Kosten werden von der Vertragspartei, die sie verursacht, beglichen. Ausdrücklich ist festgehalten, dass die Finanzierung gewerblicher Aktivitäten im Rahmen dieses Abkommens ausgeschlossen ist.

Dieses Abkommen bleibt gemäß Art 10 10 Jahre in Kraft.

l) Abkommen über die Zusammenarbeit zwischen Euratom und der Russischen Föderation auf dem Gebiet der kontrollierten Kernfusion[628]

Euratom als auch die Russische Föderation setzen ihre Zusammenarbeit gemäß Art 1 in den durch ihre Fusionsprogramme abgedeckten Bereichen auf der Grundlage der Gleichheit und der beiderseitigen Nutzung verstärkt fort, um insbesondere im Rahmen von Maßnahmen zur Durchführung des ITER-Projektes die für ein Fusionsenergiesystem erforderlichen wissenschaftlichen Kenntnisse und technologischen Fähigkeiten zu entwickeln. Die Zusammenarbeit erstreckt sich auf die Forschungsbereiche des Plasmaverhaltens in Tokamaks, einschließlich der Großprojekte der gegenwärtigen Generation und der Arbeiten für Projekte der nächsten Generation; alternative Entwicklungslinien im Tokamaks, magnetische Fusionstechnologie; Plasmatheorie und angewandte Plasmaphysik; Entwicklung von Programmstrategien und -plänen und sonstige von den Vertragsparteien im gegenseitigen Einvernehmen vereinbarten Bereiche.

Nach Art 3 erfolgt die Zusammenarbeit durch Austausch von wissenschaftlichem und technischem Wissen, dem Austausch von Personal, den gemeinsamen Sitzungen, Konferenzen und Seminaren; den Austausch von Proben, Werkstoffen, Instrumenten und Geräten für Versuchs- und Bewertungszwecke, in der ausgewogenen Beteiligung an gemeinsamen Studien und Maßnahmen und sonstige von den Vertragsparteien im gegenseitigen Einvernehmen vereinbarten Bereichen.

---

628 Abkommen zwischen der Europäischen Atomgemeinschaft und der Regierung der Russischen Föderation auf dem Gebiet der kontrollierten Kernfusion, ABl Nr L 287 vom 31.10.2001, S 30.

Im Rahmen dieses Abkommens werden die Vereinbarungen über die Durchführung spezifischer Kooperationsmaßnahmen zwischen Euratom oder einer von ihr zu diesem Zwecke beauftragten im Rahmen des gemeinschaftlichen Fusionsprogrammes mit der Gemeinschaft assoziierten Organisationen und dem Ministerium für Kernenergie der Russischen Föderation oder einer von ihm mit der Durchführung spezifischer Maßnahmen betrauten Organisation getroffen. Diese Vereinbarungen enthalten genau detaillierte Durchführungsbestimmungen.

Nach Art 5 setzen die Vertragsparteien einen Koordinationsausschuss ein, der die Durchführung dieses Abkommens überwacht und koordiniert. Die Entsendung der Mitglieder erfolgt paritätisch. Unter anderem hat der Koordinationsausschuss die Aufgabe den Stand der Zusammenarbeit im Rahmen dieses Abkommens zu bewerten und die spezifischen Aufgaben festzulegen, die in den in Artikel 2 genannten Bereichen zu erfüllen sind. Sämtliche Beschlüsse des Koordinationsausschusses werden einstimmig getroffen.

Nach Art 6 erfolgt die Kostentragung von den Vertragsparteien, die diese verursacht hat.

Von besonderer Bedeutung ist gemäß Art 7, dass Wissen gewerbliches Eigentum und Urheberrechte, die im Zusammenhang mit den im Rahmen dieses Abkommens durchgeführten Kooperationsmaßnahmen entstehen, in Übereinstimmung mit den Anhängen I, II und III behandelt werden, die integraler Bestandteil dieses Übereinkommens sind.

In Anhang I sind die Leitlinien für die Aufteilung von Rechten an geistigem Eigentum aus gemeinsamen Forschungsarbeiten dargestellt. Aus diesem Anhang I geht hervor, dass die Grundlage für die Innehabung der Rechte an geistigem Eigentum und der Entwicklungen durch die Technologiemanagementpläne erarbeitet werden, welche von den Vertragsparteien genehmigt werden müssen. Urheberrechtlich geschützte Werke sind gemäß Art II des Anhangs I Urheberrechte, die den Vertragsparteien oder den Mitwirkenden gehören, im Einklang mit der Berner Übereinkunft über den Schutz literarischer und künstlerischer Werke (Pariser Fassung vom 1971).

In Anhang II sind die Begriffsbestimmungen geregelt, während im Anhang III die Hauptmerkmale des Technologiemanagementplanes dargestellt sind. Ein Technologiemanagementplan ist eine besondere Vereinbarung der Mitwirkenden über die Durchführung der gemeinsamen Forschungsarbeiten und die jeweiligen Rechte und Pflichten dieser. Was die Ergebnisse geistiger Arbeit betrifft, so wird im Technologiemanagementplan unter anderem folgendes geregelt: Inhaberschutz, Schutz, Nutzerrechte für Forschung und Entwicklungszwecke, Auswertung und Verbreitung einschließlich der Regelungen für die gemeinsame Veröffentlichung, Rechte und Pflichten von Gastforschern sowie Streitbeilegungsverfahren. Im Technologiemanagementplan können auch Fragen im Zusammenhang mit primärem und sekundärem Wissen, der Lizenzvergabe und der Ergebnisse geregelt werden.

Beide Abkommen wurden durch den Beschluss des Rates vom 27.9.2001 genehmigt.[629]

m) Abkommen über die Zusammenarbeit zwischen Euratom und dem Ministerkabinett der Ukraine auf dem Gebiet der kontrollierten Kernfusion[630]

Dieses Abkommen legt die Grundlagen der Zusammenarbeit zwischen Euratom und der Ukraine auf dem Gebiet der kontrollierten Kernfusion. Die Struktur dieses Abkommens entspricht der der anderen Abkommen, die auf diesem Gebiet abgeschlossen worden sind.

n) Abkommen über die Zusammenarbeit zwischen Euratom und Japans auf dem Gebiet der kontrollierten Kernfusion[631]

Dieses Abkommen entspricht ebenfalls der Struktur und dem Inhalt gleichartiger Abkommen.

o) Abkommen zwischen Euratom und Kanada zur Ersetzung der Interimsvereinbarung über Anreicherung, Wiederaufbereitung und anschließende Lagerung von Kernmaterial in der Gemeinschaft und in Kanada in Anhang C des Abkommens in Form eines Briefwechsels vom 16. Jänner 1978 zwischen Euratom und Kanada[632]

Damit wurde die im Zuge der Zeit notwendigen Ergänzungen des Abkommens inhaltlicher als auch verfahrenstechnischer und -rechtlicher Art vorgenommen.

---

629 2001/761/Euratom: Beschluss des Rates vom 27. September 2001 über die Genehmigung des Abschlusses durch die Kommission zweier Abkommen über die Zusammenarbeit zwischen der Europäischen Atomgemeinschaft und der Regierung der Russischen Föderation auf dem Gebiet der nuklearen Sicherheit und auf dem Gebiet der kontrollierten Kernfusion, ABl Nr L 287 v. 31.10.2001, S 21.

630 Abkommen über die Zusammenarbeit zwischen Euratom und dem Ministerkabinett der Ukraine auf dem Gebiet der kontrollierten Kernfusion, ABl Nr L 322 vom 27.11.2002, S 40.

631 Abkommen über die Zusammenarbeit zwischen Euratom und Japans auf dem Gebiet der kontrollierten Kernfusion, ABl Nr L 57 vom 28.2.1989, S 63.

632 Abkommen zwischen Euratom und Kanada zur Ersetzung der Interimsvereinbarung über Anreicherung, Wiederaufbereitung und anschließende Lagerung von Kernmaterial in der Gemeinschaft und in Kanada in Anhang C des Abkommens in Form eines Briefwechsels vom 16. Jänner 1978 zwischen Euratom und Kanada, ABl Nr L 65 vom 8.3.1978, S 16.

p) Gründungsakte von ITER

Mit Beschluss von hat die Kommission die Gesellschaft für die Durchführung des internationalen ITER-Projektes als gemeinsames Unternehmen geschaffen.[633] Dieses Gemeinsame Unternehmen hat Rechtspersönlichkeit und unterliegt subsidiär französischen Recht. Die Rechte der Organisation und der Mitarbeiter sind in einem eigenen Abkommen geregelt.[634]

633 2007/198/Euratom Entscheidung des Rates vom 27.März 2007 über die Errichtung des europäischen gemeinsamen Unternehmens für den ITER und die Entwicklung der Fusionsenergie sowie die Gewährung von Vergünstigungen dafür, ABl Nr L 90 vom 30.3.2007, 58ff samt Satzung und Finanzordnung. Das Personal hat gemäß Art 1 lit b Entscheidung der Kommission Immunitäten und Vorrechte (2006/943/Euratom: Entscheidung der Kommission vom 17. November 2006 über die vorläufige Anwendbarkeit des Übereinkommens über die Gründung der Internationalen ITER-Fusionsenergieorganisation für die gemeinsame Durchführung des ITER-Projekts und des Übereinkommens über die Vorrechte und Immunitäten der Internationalen ITER-Fusionsenergieorganisation für die gemeinsame Durchführung des ITER-Projekts, ABl Nr L 358 vom 16.12.2006, S 60.

634 Siehe dazu *Grammatico-Vidal* The International Thermonuclear Experimental Reactor (ITER) International Organisation: Which Laws Apply to this International Nuclear Operator?, NLB 84 (2009), 103ff.

VI. Gemeinschaftsrecht/Euratom

1. Einleitung[635]

Die Bedeutung der Kernenergie und somit von Euratom in der Praxis besteht darin, dass derzeit ein Drittel des Stromverbrauchs durch Kernenergie gedeckt wird.[636] In der Mitteilung der Kommission anlässlich der „50 Jahre Euratom-Vertrag“ veröffentlichte die Kommission eine Mitteilung, in der ausführlich über die Entwicklung als auch über die Zukunft des Vertrages berichtet wird.[637]

Im Jahre 1954 setzten sich die beratende Versammlung des Europarates und die gemeinsame Versammlung der Montanunion für eine europäische Zusammenarbeit auf dem Gebiet der Atomenergie ein. In einem auf die Initiative des damaligen belgischen Außenministers Spaak zurückgehendes Memorandum der Benelux Länder an die Regierungen der Mitgliedstaten der Montanunion im Jahre 1955 wurde verwiesen, dass eine gemeinsame Entwicklung der Atomenergie zu friedlichen Zwecken die Vereinigung Europas erleichtern würde. In der Konferenz der Außenminister der Mitgliedstaaten der Montanunion am 2. Juni 1955 in Messina wurde die „Messina Erklärung„ verkündet. In dieser Erklärung wurde zu den vorrangigen Zielen einer gemeinsamen Politik auch die Entwicklung einer Atomenergie zu friedlichen Zwecken genannt. Zur Erreichung dieses Zieles sollte ein gemeinsamer Fonds zur Finanzierung von Anlagen und Forschungsaufgaben auf dem Gebiet der Kernenergie geschaffen werden, freier und ausreichender Zugang zu den Rohstoffen sichergestellt werden, sowie ein Austausch der Kenntnisse und Spezialisten durchgeführt werden. Im Sommer 1955 fand die sogenannte Brüsseler Vorkonferenz statt, die sich mit den Grundlagen des Vertragswerks über eine europäische Wirtschaftsgemeinschaft als auch eine europäische Atomgemeinschaft beschäftige. Der am 21. April 1956 fertig gestellte Bericht der Delegationsleiter an die Außenminister (Spaak-Bericht) war die Basis für die weitere Arbeit. In diesem Bericht wurde die Gründung einer gemeinsamen Organisation „Euratom“ vorgeschlagen, die die oben genannten Aufgaben erfüllen sollte. Im Rahmen der Genfer Atomkonferenz (8.–20. August 1955) haben die Staaten, die auf dem Gebiet der Atomtechnologie führend waren, sich bereit erklärt, auch den anderen Ländern zum Zwecke der friedlichen Nutzung Kenntnisse zur Ver-

---

635 Ausführlich hierzu *Drück* die internationale Zusammenarbeit bei der friedlichen Verwendung der Atomenergie in Europa, 63ff mit umfangreichen Quellennachweisen, sowie *Ballreich* ZAÖRV 1958, 33ff; *Tromans* Nuclear Law[2], 49f.

636 So 2006/970/Euratom Beschluss des Rates vom 18. Dezember 2006 über das siebte Rahmenprogramm der Europäischen Atomgemeinschaft (Euratom) für Forschungs- und Ausbildungsmaßnahmen im Nuklearbereich (2007–2011), ABl Nr L 400 vom 30.12.2006, S 60, 74.

637 Mitteilung der Kommission an den Rat und das Europäische Parlament 50 Jahre Euratom-VERTRAG, KOM (2007) 124 endg vom 20.3.2007.

fügung zu stellen. Im Raum schwebte damals auch der Gedanke der Gefahr einer atomaren Aufrüstung durch Deutschland.[638]

In der USA ist der zivile Nuklearbereich durch die „Atomic Energy Commission" gestaltet. Diese Struktur wurde als Vorbild genommen. Die Beschlüsse der Brüsseler Konferenz wurden von der Außenministerkonferenz in Venedig am 29. und 30. Mai 1956 als Verhandlungsgrundlage gebilligt. Zur Ausarbeitung der Verträge über den gemeinsamen Markt und über Euratom beriefen die Außenminister für den 26. Juni 1956 eine Regierungskonferenz unter dem Vorsitz von Außenminister Spaak nach Brüssel ein. Diese Regierungskonferenz tagte bis zur Unterzeichnung der Verträge permanent. Die Arbeitsgruppe Euratom in der Regierungskonferenz zog für die Vorbereitung von Artikelentwürfen verschiedene Rechtsexperten bei, die in Unterausschüssen tagten.

Schlussendlich wurde der Vertrag am 25. März 1957 in Rom unterfertigt. Eine grundlegende Reform des EA fand nie statt. Die damaligen Vorstellungen und Ziele sind heute überholt.[639]

Im Zuge der Diskussion um eine Verfassung für Europa kam es auch in dieser Frage zu einer Bewegung.[640] Der letzte Entwurf sah ebenfalls keine Änderung des Vertrages vor.

Durch den Vertrag von Lissabon ist diese Diskussion obsolet geworden. Auf Grund dessen kam es zu formalen Änderungen, bedeutsam ist jedoch die Auflösung der bisherigen Säulenstruktur.[641]

Die Präambel des EA zeigt historisch interessant den Stand der allgemeinen politischen Meinung betreffend dem Nuklearbereich in den Jahren vor 1957 auf. Darin ist zu lesen, dass die Kernenergie eine unentbehrliche Hilfsquelle für die Entwicklung und Belebung der Wirtschaft und für deren friedlichen Fortschritt darstellt, und dass in der Überzeugung, dass nur ein gemeinsames Vorgehen ohne Verzug unternommen, Aussicht bietet, die Leistungen zu verwirklichen, die der schöpferischen Kraft ihrer Länder entsprechen, und entschlossen die Voraussetzungen für die Entwicklung einer mächtigen Kernindustrie zu schaffen, welche die Energieerzeugung erweitert, die Technik modernisiert und auf zahlreichen anderen Gebieten zum Wohlstand ihrer Völker beiträgt, in dem Bestreben die Sicherheiten zu schaffen, die erforderlich sind, um alle Gefahren für das Leben und die Gesundheit ihrer Völker auszuschließen sowie in dem Wunsch, andere Länder an ihrem Werk zu beteiligen und mit den zwischenstaatlichen Einrichtungen zusammenarbeiten, die sich mit der friedlichen Entwicklung der Kernenergie befassen. Dies sind die Einleitungsworte

---

638 *Kobia Roland* The EU and Non-Proliferation: Need for a Quantum Leap, NLB 81 (20008), 40.

639 Zu den Grundlagen und Zielen: *Pollach* Euratom Its Background, Issues and Economic Implications, 9ff.

640 *Serrano* Wakening the serpent: reflections on the possible modification of the Euratom Treaty, IntJ Nuclear Law, 2006, 12ff; *Tromans* Nuclear Law², 50.

641 *Frenz* Handbuch Europarecht, Band 6, Rn 4731 uva.

zum EA, die von den sieben Gründungsstaaten beschlossen worden sind.[642] Weiters ist der EA durch seine ausdrückliche Beschreibung der friedlichen Nutzung der Kernenergie, insbesondere durch die Bestimmungen über die Eigentumsverhältnisse und der Ein- und Ausfuhr von besonderem spaltbarem Material inhaltlich als Vorläufer des NPT zu sehen.[643]

Die Literatur aus der Zeit zeigt den Förderwillen, der zur damaligen Zeit herrschte, deutlich auf.[644] Dies begründete sich einerseits aus den Erfahrungen der Suez-Krise 1956 mit der damaligen Gefahr eines Anstieges des Ölpreises, um den steigenden Energiebedarf abzudecken, als auch mit den hohen Kosten, die der Brennstoffzyklus verursacht, und nicht von einem Staat wirtschaftlich sinnvoll alleine getragen werden konnte und kann.

Nach Art 208 EA ist der Vertag auf unbefristete Zeit abgeschlossen.

Gemäß Art 1 EA wird die europäische Atomgemeinschaft (Euratom) gegründet. Sie ist eine mit supranationalen Befugnissen ausgestattete internationale Organisation zur Kontrolle und Koordinierung im Bereich der zivilen Nuklearwirtschaft.[645] Gemäß Art 1 Abs 2 EA ist es Aufgabe von Euratom, durch die Schaffung der für die schnelle Bildung und Entwicklung von Kernindustrie erforderlichen Voraussetzungen zur Hebung der Lebenshaltung in den Mitgliedstaaten und zur Entwicklung der Beziehungen mit anderen Ländern beizutragen.

Konkretisiert sind in Art 2 EA die Aufgaben. Zu den Aufgaben zählen die Entwicklung der Forschung und die Verbreitung der technischen Kenntnisse, die Schaffung von einheitlichen Sicherheitsnormen für den Gesundheitsschutz der Bevölkerung und der Arbeitskräfte sowie die Anwendung dieser, die Erleichterung von Investitionen, insbesondere durch Förderung der Initiative der Unternehmen, die Schaffung der wesentlichen Anlagen sicherzustellen, die für die Entwicklung der Kernenergie in der Gemeinschaft notwendig sind, für regelmäßige und gerechte Versorgung aller Benutzer der Gemeinschaft mit Erz und Kernstoff zu sorgen, durch geeignete Überwachung zu gewährleisten, dass die Kernstoffe nicht anderen als den vorgesehenen Zwecken zugeführt werden, das ihr zuerkannte Eigentumsrecht an besonderen spaltbaren Stoffen auszuüben, den Zugang zu den besten technischen Mitteln sicherzustellen und zwar durch die Schaffung eines gemeinsamen Marktes für die besonderen auf dem Kerngebiet verwendeten Stoffe und Ausrüstungen, durch den freien Kapitalverkehr

---

642 Königreich Belgien, Bundesrepublik Deutschland, französische Republik, Republik Italien, Großherzogtum Luxemburg, Königreich der Niederlande.

643 In diese Richtung ebenfalls argumentierend: *Kobia Roland* The EU and Non-Proliferation: Need for a Quantum Leap, NLB 81 (20008), 33. Alle Mitgliedstaaten haben den NPT und den CTBT ratifiziert und sind Mitglied der NSG.

644 So unter vielen: *Ballreich* ZAÖRV 1958, 44.

645 *Ballreich* ZAÖRV 1958, 34; *Thun-Hohenstein/Cede/Hafner* Europarecht[5], 31; *Frenz* Handbuch Europarecht, Band 6, Rn 4734; *Indelkofer/Schwichtenberg* in Vedder/Heintschel von Heinegg (Hrsg), Europäisches Unionsrecht, EAGV, Rn 8.

für Investitionen auf dem Kerngebiet und durch die Freiheit der Beschäftigung für Fachkräfte innerhalb der Gemeinschaft zu sorgen, sowie zu den anderen Ländern und zwischenstaatlichen Einrichtungen alle Verbindungen herzustellen, die geeignet sind, den Fortschritt bei der friedlichen Verwendung der Kernenergie zu fördern. Teil des europäischen Nuklearrechts ist nicht nur das Recht der Energieerzeugung, sondern es umfasst auch das Forschungsrecht, den weiten Bereich der Nuklearmedizin und das Recht des Strahlenschutzes.[646] Mit der Aufgabe die Bevölkerung vor den Gefahren ionisierender Strahlung zu schützen, greift der EA weit über den eigentlichen Bereich der Kernindustrie hinaus und trifft Regelungen, die für jedermann gelten.[647] Die Regelungskompetenz ist unabhängig von der Art der Strahlungsquelle. Nicht nur die menschliche Gesundheit, sondern auch die Umwelt wird hierbei als Schutzobjekt angesehen.[648] Daraus ergibt sich auch eine Rechtspflicht der Gemeinschaft – der Kommission –, ohne Einhaltung eines Ermessens für die Anwendung der Grundnormen zu sorgen.[649] Somit hat der EA auch das sozialpolitische Ziel der Hebung des Lebensstandard und des Schutzes der Arbeitnehmer[650] durch spezielle Arbeitnehmerschutzvorschriften. Bemerkenswert ist, dass GA Jacobs die Ansicht vertritt, dass Art 2 EA nicht eine vollständige Harmonisierung fordert, sondern nur ein Mindestniveau verlangt, welches die Mitgliedstaaten nicht hindert, strengere Normen anzuwenden.[651] Euratom wurde durch den EA nicht die Zuständigkeit verliehen, den Bau oder den Betrieb von Kernanlagen zu genehmigen, so verfügt sie dennoch nach den Art 30ff EA über eine Regelungszuständigkeit, im Hinblick auf den Gesundheitsschutz ein Genehmigungssystem zu schaffen, das von den Mitgliedstaaten anzuwenden ist.[652]

Lange war es strittig, ob der EA für militärische Anlagen Gültigkeit hat oder nicht. Mit dem Urteil vom 12. April 2005 schaffte der EuGH Klarheit,[653] in dem er ausführte,

646 *Grunwald* Energierecht, 194.

647 *Grunwald* Energierecht, 209.

648 *Grunwald* Energierecht, 210, der den EA als aktives Umweltschutzrecht ansieht; *Frenz* Handbuch Europarecht, Band 6, Rn 4742.

649 *Grunwald* Energierecht, 211.

650 *Jansen* in Grabitz/Hilf, EGV vor Art 117 Rn 9.

651 Schlussanträge des GA *Jacobs*, v 30.6.1992, RS C-376/90, Kommission/Belgien, Slg 1992, I-6154, Rn 29; ebenso *Schroeder* DVBl 1996, 324.

652 EuGH, U v 10.12.2002, RS C-29/99, Kommission/Rat, Slg 2002, I-11221, Rn 89; EuGH; U v 27.102009, RS C-115/08, Land Oberösterreich/ČEZ, Slg 2009, I- 10265, Rn *; Schärf* EuZW 2010, 26.

653 EuGH, U v 12.4.2005, RS C-61/03, Kommission/Vereinigtes Königreich, Slg 2005, I-2477. *Jans* Milieu en recht 2005, 372; Gervasoni Le traité Euratom ne s'applique pas aux activités nucléaires militaires, Revue française de droit administratif 2005, 828ff; *Breda* Alla ricerca del delicato equilibrio tra protezione della salute e difesa della sicurezza nazionale nell'ambito del Trattato Euratom, Diritto pubblico comparato ed europeo 2005, 1126ff; ebenso EuGH, U v 9.3.2006, RS C-65/04, Kommission/Vereinigtes Königreich, Slg 2006 I-2239; zu der vorangegangenen Diskussion: *Kimmich* ZARÖV 1973, 662ff.

dass Art 37f EA bei militärischen Anlagen nicht zur Anwendung komme. Im Gegensatz dazu führte GA Geelhoed in seinen Schlussanträgen aus, dass sehr wohl auch der militärische Bereich vom Vereinigten Königreich und Frankreichs unter die Bestimmungen des EA fallen.[654] Er begründete dies damit, dass aus der historischen Entstehung des EA (Spaak-Bericht) und den damaligen politischen Äußerungen sowie aus einer systematischen Auslegung des EA in Verbindung mit dem AEUV ein genereller Ausschluss militärischer Einrichtungen nicht beschlossen worden ist. Somit liegt nach Ansicht des GA Geelhoed eine Lücke für den Gesundheitsschutz der Bevölkerung vor.[655] Frenz argumentiert über Art 346 AEUV damit, dass damit alle Aspekte der militärischen Landesverteidigung umfasst sind, und dass eine analoge Anwendung sinnvoll ist. Auch die Liste gemäß Art 346 AEUV umfasst auch radioaktive Stoffe.[656] Die Anwendung dieser Bestimmung unterliegt der gerichtlichen Kontrolle.[657]

Vom Wesen ist der EA ein fakultativer Fördervertrag und ein obligatorischer Disziplinierungsrahmen.[658] Die Förderung der Kernenergie war in den späten 50er Jahren Gang und gebe, jedoch stand und steht es jeden Mitgliedstaat und der Wirtschaft frei, diese Förderungen anzunehmen oder nicht.[659] Es steht jedem Mitgliedstaat frei, darüber zu entscheiden, ob er die Kernenergie friedlich nutzt oder nicht. In die Schlussakte zum Beitrittsvertrag von Österreich und den nordischen Staaten von 1994 wurde einvernehmlich eine „Gemeinsame Erklärung zur Anwendung des Euratom-Vertrages“ aufgenommen, in der es ausdrücklich heißt: „Unter Verweis darauf, dass die die Europäische Union begründenden Verträge unbeschadet der Regeln für den Binnenmarkt ohne Diskriminierung für alle Mitgliedstaaten gelten, erkennen die Vertragsparteien an, dass die Mitgliedstaaten als Vertragsparteien des Vertrages zur Gründung der Europäischen Atomgemeinschaft die Entscheidung über die Erzeugung von Kernenergie entsprechend ihren eigenen politischen Ausrichtungen treffen“.[660] Durch die Einführung der Art 192 Abs 2 lit c und Art 194 Abs 2 AEUV ist dieses Recht nunmehr auch primärrechtlich in den Verträgen statuiert worden.

---

654 Schlussanträge von GA *Geelhoed* v 2.12.2004, RS C-61/03, Kommission/Vereinigtes Königreich, Slg 2005, I-2481ff; *Cenevska* The exercise of giving way t o „giving in“ – some aspects of the Member States EURATOM obligations revisited, JEEPL 6.4(2009), 488ff.
655 Schlussanträge von GA *Geelhoed* v 1.12.2005, RS C-65/04, Kommission/Vereinigtes Königreich, Slg 2006, I-2241ff.
656 *Frenz* Handbuch Europarecht, Band 6, Rn 4768.
657 *Frenz* Handbuch Europarecht, Band 6, Rn 4769.
658 *Grunwald* Der Euratom-Vertrag: nie war er so wertvoll wie heute, EuZW 2000, 481; *Frenz* Handbuch Europarecht, Band 6, Rn 4758; *Frenz/Ehlenz* Die europäische Atompolitik nach dem Vertrag von Lissabon und aktuelle Fragen des Atommüllexports, RdE 2011, 47.
659 So *Grunwald* EuZW 2000, 461.
660 Schlussakte zum dem Vertrag vom 24.6.1994 über den Beitritt des Königreiches Norwegen, der Republik Österreich, der Republik Finnland und des Königreiches Schweden zur europäischen Union, ABlEG 1994 Nr C 241, S371, angepasst durch Ratsbeschluss vom 1.1.1995, 95/1/EG, – Euratom, EGKS, ABlEG 1995 L 1, S 1ff; Zur Interpretation dieses: Scheuing EUR 2000, 4f.

In den Bereichen des Strahlenschutzes, der Kernmaterialüberwachung sowie der sonstigen Sicherheitsbereich sind die Regeln verbindlich und werden auch entsprechend in Verbindung mit den internationalen Abkommen durchgesetzt.

Auch für die neueren Mitgliedstaaten der EU, Slowakei, Slowenien, Tschechien, Ungarn, Litauen, Rumnänien und Bulgarien ist die Energieversorgung aus Kernkraftwerken ein wichtiger Bestandteil der nationalen Energiepolitik. Durch den Beitritt ist auch das Regime des EA in diesen Ländern wirksam geworden.[661] Bulgarien hat sich beim Beitritt verpflichtet, die Blöcke 1–4 des Kernkraftwerkes Kosloduj stillzulegen.[662]

Nach Art 184 EA besitzt die Euratom Rechtspersönlichkeit. Dies bedeutet, dass - Euratom in jedem Mitgliedstaat weitgehendste Rechts- und Geschäftsfähigkeit besitzt, die juristischen Personen nach dessen (nationalen) Rechtsvorschriften zuerkannt werden. Art 185 EA legt zur Bestätigung der Rechts- und Geschäftsfähigkeit fest, dass Euratom sowohl bewegliches als auch unbewegliches Vermögen erwerben, veräußern (Rechts- und Geschäftsfähigkeit) sowie vor Gericht auftreten kann (Prozessfähigkeit). In jedem Gerichtsverfahren wird Euratom von der Kommission vertreten, wobei dies im letzten Satz des Art 185 EA bestimmt ist.

Der Sitz der Organe ist für die Kommission und den Rat Brüssel, Straßburg und Brüssel für Parlament und Luxemburg für den europäischen Gerichtshof.

Die offiziellen Sprachen gemäß Art 53 EUV[663] sowie des Ratsbeschlusses vom 6.10.1958 sind Bulgarisch, Dänisch, Deutsch, Englisch, Estnisch, Finnisch, Französisch, Griechisch, Italienisch, Lettisch, Litauisch, Maltesisch, Niederländisch, Polnisch, Portugiesisch, Rumänisch, Schwedisch, Slowakisch, Slowenisch, Spanisch, Tschechisch und Ungarisch.[664] Es ist darauf zu verweisen, dass nach ständiger Rechtsprechung des EuGH jede sprachliche Fassung gleichrangig authentisch ist[665] und diese einheitlich ausgelegt werden müssen.[666]

---

661 In diesem Sinne auch *Gundel* Die energiepolitischen Kompetenzen der EU nach dem Vertrag von Lissabon: Bedeutung und Reichweite des neuen Art 194 AEUV, EWS 2011, 27 mwN.

662 Siehe auch dazu: Verordnung (Euratom) Nr. 64/2010 des Rates vom 13. Juli 2010 über die Finanzhilfe der Union für die Stilllegung der Blöcke 1 bis 4 des Kernkraftwerks Kosloduj in Bulgarien (Kosloduj-Programm), ABl. Nr. L 189 vom 22.7.2010, S.9ff.

663 Anzumerken ist jedoch, dass nach Art 106a EA Art 53 EUV nicht Bestandteil des EA geworden ist. Da dies eine echte Lücke ist, ist Art 53 EUV analog anzuwenden.

664 Verordnung Nr 4 zur Regelung der Sprachenfrage für die Europäische Wirtschaftsgemeinschaft, ABl, P 17 v. 6.10.1958, S 385 idgF.

665 EuGH, U v 6.10.1982, RS 238/81, CILFIT, Slg 1982, 3415; *Schärf* RdW 2007, 596; Siehe auch zum Problem von verschiedenen Sprachen und Recht: *Thaler* Language and Doctrinal Reception in Law, ZÖR 65 (2010), 383ff mwN; *Pauino Elina/Lindross-Hovinheimo Susanna* Taking Language Seriously: An Analysis of Linguistic Reasoning and Its Implications in EU-Law, European Law Journal 2010, 395ff.

666 EuGH, U v 7.12.1995, RS C-449/93, Rockfon, Slg 1995, I-4291, RN 27 f; EuGH, U v 24.10.1996, RS C- 72/95, Aannemersbedrijf PK. Kraejeveld BVUA/Gedeputeerde Staten van Zuid-Holland, Slg 1996, I-5403, RN 28; *Schärf* RdW 2007, 596.

Festzuhalten ist, dass die Gemeinschaft im Hoheitsgebiet der Mitgliedstaaten die zur Erfüllung ihrer Aufgabe erforderlichen Vorrechte und Befreiungen nach Maßgabe des Protokolls vom 8. April 1965 und die Vorrechte und Befreiungen der europäischen Gemeinschaften[667] nach Art 191 EA besitzt.

Art 196 EA definiert die Begriffe „Person“ sowie „Unternehmen“ im Sinne des EA. Gemäß Art 196 lit a EA ist eine „Person“ jede natürliche Person, die ihre Tätigkeit ganz oder teilweise in den Hoheitsgebieten der Mitgliedstaaten auf dem Gebiet ausübt, das in dem entsprechenden Kapitel dieses Vertrages (EA) bezeichnet ist. Unter „Unternehmen“ ist jedes Unternehmen oder Einrichtung zu verstehen, die ihre Tätigkeit ganz oder teilweise in den Hoheitsgebieten der Mitgliedstaaten auf dem Gebiet ausübt, dass in dem entsprechenden Kapitel dieses Vertrages bezeichnet ist; ob diese Unternehmen öffentlich-rechtlich oder privatrechtlich eingerichtet sind, oder eine entsprechende Stellung haben, spielt hierbei keine Rolle. Ein Unternehmen ohne Sitz in den Hoheitsgebieten der Mitgliedstaaten übt nicht im Sinne der Bestimmung des Art 196 lit b EA seine Tätigkeit ganz oder teilweise in diesen Hoheitsgebieten aus, wenn es zu einem Unternehmen mit Sitz in den Hoheitsgebieten der Mitgliedstaaten eine Geschäftsbeziehung unterhält, die entweder die Anlieferung von Rohstoffen zur Herstellung von angereicherten Uran und den Bezug angereicherten Urans oder dessen Einlagerung zum Gegenstand hat.[668]

In der Praxis kam seit Jahrzehnten zu einer faktischen Vertragsänderung.[669] Ob war dies in der Durchführung praktisch anwendbar ist und von aller Beteiligten anerkannt wird, so ist es doch äußerst fraglich, ob dies gerichtsfest vor dem EUG/EuGH ist, da Euratom wie die EU eine Rechtsgemeinschaft ist.[670] Der Begriff „Rechtsgemeinschaft ist von Hallstein[671] geprägt worden.

Der EuGH hat in einem Urteil eine Vertragsänderung akzeptiert, in der es um die Weitergeltung des Versorgungsregimes nach Art 52 EA ging.[672]

---

667 Protokoll zu den Verträgen zur Gründung der Europäischen Gemeinschaft und Europäischen Atomgemeinschaft- Protokoll (Nr 36) über die Vorrechte und Befreiungen der Europäischen Gemeinschaften (1965), ABl Nr C 321 vom 29.12.2006; S 318.

668 EuGH, U v 12.9.2006, RS C-123/04 und 124/04, Industrias do Brasil/Siemens AG, Rn 5.

669 So *Manig* 145 ff mwN.

670 Zu dieser Problematik mit einer ausführlichen Darstellung: *Manig* 150ff.

671 Walter Hallstein anlässlich seiner Rede zur Verleihung des Ehrendoktorats von der Universität Padua am 12. März 1962; ebenso Walther Hallstein, Die EWG- Eine Rechtsgemeinschaft, in Europäische Reden (1979), 341.

672 EuGH, U v 14.12.1971, RS 7/71, Kommission/Frankreich, Slg 1971, 1003; *Manig* 180.

2. Änderungen durch den Vertrag von Lissabon

Am 1.12.2009 trat der Vertrag von Lissabon in Kraft. Damit verbunden waren auch Änderungen des Vertrages zur Gründung der Europäischen Atomgemeinschaft. In der gesamten Diskussion der Änderung der Struktur der Europäischen Union waren die Fragen der Änderung des Vertrages zur Gründung der Europäischen Atomgemeinschaft nicht in der Öffentlichkeit groß diskutiert worden. Nach Maßgabe des dem Lissaboner Vertrags beigefügten Protokoll Nr. 2[673] wird der EA geändert, der nicht mehr zu den Grundlagen der EU zählt. Eines der bedeutendsten Änderungen durch den Vertrag von Lissabon ist die Auflösung der Säulenstruktur, innerhalb der ersten Säule bleibt jedoch weiterhin Euratom neben der Union bestehen.[674] Maßgebliche inhaltliche Anpassungen durch den Vertrag von Lissabon kamen nicht zu Stande.[675]

Der BVerfG hat in seinem Urteil zum Lissaboner Vertrag ausgeführt,[676] dass die Europäische Atomgemeinschaft aus dem ehemaligen Dachverband der Europäischen Union ausgegliedert wird und - abgesehen von einer institutionellen Verbundenheit mit der Europäischen Union - als unabhängige internationale Organisation fortbesteht.[677] Somit ist wieder die ursprüngliche Situation geschaffen worden. Welche Beweggründe einen solchen Systemwechsel verursacht haben, sind nicht eruierbar. Die Politik hat ein an sich eingespieltes und sinnvolles gemeinsames System durch diese Trennung auseinandergerissen, ohne zu bedenken, dass in der heutigen Zeit Probleme nur durch gemeinsame koordinierte Regelungen wirkungsvoll gelöst werden können, dies gilt insbesondere für das Nuklearrecht, welches Teil des industriellen als auch des Umwelt- und Gesundheitsrechtes ist.

Bemerkenswert ist, dass in der deutschen Fassung der Begriff „Änderung“ verwendet worden ist, während in der Englischen der Begriff „amending“ zur Anwendung kam. Diese Unterscheidung in den beiden Fassungen hat keinerlei Folgen, da

---

673 Vertrag von Lissabon zur Änderung des Vertrages über die Europäische Union des Vertrages zur Gründung der Europäischen Gemeinschaft, unterzeichnet in Lissabon am 13.12.2007, ABl C 306 vom 17.12.2007, S 1; Protokoll Nr. 2, ABl. Nr. C 306 v. 17.12.2007, S 199.

674 *Frenz* Handbuch Europarecht, Band 6, Rn 4731.

675 *Indelkofer/Schwichtenberg* in Vedder/Heintschel von Heinegg (Hrsg), Europäisches Unionsrecht, EAGV, Rn 2f mwN.

676 BVerfG, 30.6.2009, 2 BvE 2/08, 5/08, 2 BvR 1010/08, 1022/08, 1259/08, 182/09, Rn 34. Eine umfassende Analyse legte vor: *Pache* Das Ende der europäischen Integration?, Das Urteil des Bundesverfassungsgericht zum Vertrag von Lissabon zur Zukunft Europas und der Demokratie, EuGRZ 2009, 285ff; *Doukas* The verdict of the German Federal Constituional Court on the Lisbon Treaty: Not guilty, but don´t do it again!, 34 (2009) E.L.Review, 866ff; *Kiiver* The Lisbon Judgement of the German Constitutional Court: A Court-Ordered Strengthening of the National Legislature on the EU, ELJ 2010, 578ff. Sehr ausführlich: *Frenz* Handbuch Europarecht, Band 5, Rn 193ff.

677 Ebenso *Obwexer* in Hummer/Obwexer, Der Vertrag von Lissabon (2009), 107; *Frenz* Handbuch Europarecht, Band 6, Rn 4731.

nach ständiger Rechtsprechung des EuGH jede sprachliche Fassung gleichrangig authentisch ist[678] und diese einheitlich ausgelegt werden müssen.[679]

Artikel 1 Abs 1 legt fest, dass durch dieses Protokoll der Vertrag zur Gründung der Europäischen Atomgemeinschaft (im folgenden „EAG-Vertrag“) zu einer zum Zeitpunkt des Inkrafttretens des Vertrages zur Änderung des Vertrages über die Europäischen Union und des Vertrages zur Gründung der Europäischen Gemeinschaft geltenden Fassung geändert werde.

Interessant ist, dass in der englischen Fassung des Protokolls Nummer 2 der zweite Absatz mit dem Wortlaut „in der deutschen Fassung des Vertrages wird im folgenden Artikel das Wort „Entscheidung“ durch „Beschluss“ ersetzt und das Verb „entscheiden“ durch das Verb „beschließen“ in der jeweils grammatikalischen Form ersetzt. Dies betrifft die Artikel 49 Abs 1, Artikel 51 (Errichtung eines Gemeinsamen Unternehmens), Artikel 53 Abs 2 (Aufsicht über die Agentur), Artikel 59 Abs 1, Buchstabe b (Rechte des Erzeugers bei nur teilweiser Ausübung des Bezugsrechts), Artikel 81 Abs 4 und 5 (zweimal[Entsendung von Inspektoren]), Artikel 83 Abs 1 und 2 (zweimal[Zwangsmaßnahmen]) sowie Artikel 176 Abs 4 (Mittel für Forschungs- und Investitionsausgaben).

Es scheint somit, dass eine sprachliche Bereinigung erfolgte, und diese „Ungenauigkeiten“ sind anscheinend seit 1957 ohne große Probleme mitgeführt worden.

Die Überschrift des Titels III des EAG-Vertrages „Vorschriften über die Organe“ erhält folgende Fassung „Vorschriften über die Organe und Finanzvorschriften“. Rechtlich hat diese Änderung der Überschrift keinerlei Bedeutung.

Artikel 3 bestimmt, dass am Anfang des Titels III ein neues Kapitel I eingefügt wird, welches die Überschrift „Anwendung von bestimmten Bestimmungen des Vertrages über die Europäische Union des Vertrages über die Arbeitsweise der Europäischen Union“ enthält.

Diesbezüglich wird ein Artikel 106a eingefügt. Nachstehende Bestimmungen des EUV gelten auch für den EA. Dies sind die Art 7 (Verletzung der Werte), die Art 13 bis 19 (Bestimmungen über die Organe), Art 48 Abs 2 bis 5 (Änderungsverfahren betreffend dem EA), die Art 49 (Beitritt) und 50 (Austritt).

Art 7 EUV ist aus den Erfahrungen der Sanktionen gegen Österreich nach dem Regierungsantritt einer konservativen/nationalen Koalition geschaffen worden. Die Einfügung in den EA war nach der Auflösung der gemeinsamen rechtlichen Strukturen notwendig geworden, um auch für den Anwendungsbereich des EA entsprechende Sanktionsmöglichkeiten nach einem einheitlichen Verfahren zu schaffen.[680]

---

678 EuGH, U v 6.10.1982, RS 238/81, CILFIT, Slg 1982, 3415; *Schärf* RdW 2007, 596.

679 EuGH, U v 7.12.1995, RS C-449/93, Rockfon, Slg 1995, I-4291, RN 27 f; EuGH, U v 24.10.1996, RS C- 72/95, Aannemersbedrijf PK. Kraejeveld BVUA/Gedeputeerde Staten van Zuid-Holland, Slg 1996, I-5403, RN 28; *Schärf* RdW 2007, 596.

680 Zu Art 7 EUV siehe auch: *Bitterlich* in Lenz/Borchardt (Hrsg.), EU-Verträge Kommentar[5], Art 7 EUV.

Die Regelungen über den Austritt sind neu, und sind auch als politische Konzession zu verstehen. Obwexer sieht einen Beitritt zur EU nur bei einen zeitgleichen Beitritt zu Euratom als möglich an, vertritt jedoch die Ansicht, dass die EA nicht mehr Grundlage der EU ist, sondern eine eigene internationale Organisation darstellt, die nur noch über die Organe und Finanzvorschriften an die EU gebunden ist.[681] Indelkofer/Schwichtenberg sprechen von einer Personalunion zweier unabhängiger Organisationen.[682]

Die Diskussion über einen Austritt aus der EA sind schon lange geführt worden,[683] durch Art 50 EUV ist diesbezüglich Klarheit geschaffen worden. Für die These von Obwexer spricht, dass gerade die Regelungen über die finanziellen Verflechtungen als auch die bisherigen Bestimmungen des Sekundärrechts, die ihre Rechtsgrundlage sowohl im EG – nunmehr AEUV – als auch im EA haben, nicht dazu geeignet sind, eine Trennung herbeizuführen. Dagegen spricht die Tatsache, dass ein Beitritt zur EU nur mit einem gleichzeitigen Beitritt zum EA möglich ist.[684] Durch den ausdrücklichen Verweis auf Art 50 EUV durch Art 106a EA ist vom Gesetzgeber klar zum Ausdruck gebracht worden, dass ein getrennter Beitritt oder Austritt sehr wohl als zulässig angesehen wird.

Nachstehende Bestimmungen des Vertrages über die Arbeitsweise der Europäischen Union sowie das Protokoll über die Übergangsbestimmungen gelten ebenfalls: Artikel 15 (Publizitätsprinzip), die Artikel 223 bis 236 (Europäisches Parlament und Europäischer Rat), die Artikel 237 bis 244 (Rat), Artikel 245 (Kommission), die Artikel 246 bis 270 (Kommission und Gerichtshof der Europäischen Union), die Artikel 272, 273 und 274 (Gerichtshof der Europäischen Union), die Artikel 277 bis 281 (Gerichtshof der Europäischen Union), die Artikel 285 bis 304 (Rechnungshof, Gesetzgebung und beratenden Einrichtungen der Union, nur Wirtschafts- und Sozialausschuss), die Artikel 310 bis 320 (Finanzvorschriften), die Artikel 322 bis 325 (Finanzvorschriften) und die Artikel 336 (Erlass des Beamtenstatuts der Beschäftigungsbedingungen für sonstige Beschäftigte), 342 (Sprachenfrage) und 344 (Verpflichtung der Streitbeilegung zwischen den Mitgliedstaaten nur nach den primärrechtlichen Bestimmungen).

Art 15 AEUV beinhaltet die Regelungen des alten Art 255 EG; dies ist eine Neuerung im Vergleich zur alten Situation.

---

681 *Obwexer* in Hummer/Obwexer, Der Vertrag von Lissabon (2009),107.

682 *Indelkofer/Schwichtenberg* in Vedder/Heintschel von Heinegg (Hrsg), Europäisches Unionsrecht, EAGV, Rn 5.

683 Siehe dazu die Gutachten von: *Bernhard Wegener* Die Kündigung des Vertrages zur Gründung der Europäischen Atomgemeinschaft im Auftrag der Bundestagsfraktion Die Grünen/Bündnis 90 (www.gruene-bundestag.de/cms/archiv/dokbin/170/170871.reader_euratom_gutachten_im _auftrag_der.pdf); Gutachten von Professor Geistlinger im Auftrag der oberösterreichischne Landesregierung.

684 In diesem Sinne auch Kumin in Hummer/Obwexer, Der Vertrag von Lissabon (2009), 321 mwN.

Die Organisations- als auch die Kompetenzbestimmungen des AEUV sind auch für den EA gültig. Die Befugnisse von Rat und Parlament sind durch den Vertrag von Lissabon durch das Bestehen der Art 4 bis 106 EA beim alten geblieben.[685]

Die Regelungen der Art 271, 275 und 276 AEUV haben für die Funktion des EA keinerlei Bedeutung, sodass diese nicht mit übernommen worden sind. Die Regelungen des EA über Lizenzen und gemeinsame Unternehmen (Art 145 und 146 EA) als auch die Sonderregelung des Art 157 EA über die Frage der Zuerkennung der aufschiebenden Wirkung bei Klagen nach dem EA sind unverändert im EA verblieben.

Auf Grund der Geltung des Art 292 AEUV kann der Rat die Kommission ermächtigen, delegierte Rechtsakte zu erlassen (Durchführungsverordnungen).[686]

In Art 106a EA wird festgehalten, dass im Rahmen des EA die Bezugnahmen auf die Union, auf den „Vertrag über die Europäischen Union“, auf den „Vertrag über die Arbeitsweise der Europäischen Union“ oder auf die „Verträge“ von denen in Abs 1 aufgeführten Bestimmungen, sowie den Bestimmungen der Protokolle, die den Verträgen sowie diesem Vertrag beigefügt sind, als Bezugnahme auf die Europäische Atomgemeinschaft und diesen Vertrag zu verstehen sind.

Rechtstechnisch ist von einer Globalverweisung auszugehen.[687] Die Vorschriften des EUV sowie des AEUV beinhalten keinerlei Abweichungen von den Vorschriften des EA. Somit wird klargestellt, dass wie in Abs 3 hingewiesen, der EA grundsätzlich einen Vorrang bei der Interpretation genießt. Die entsprechenden Regelungen des EUV als auch des AEUV können somit in Verbindung mit dem EA direkt angewendet werden.[688]

Gemäß Art 5 werden die Art 3(Organe), die Art 107 bis 133 (Kompetenzen der Organe), die Art 136 bis 143 (EuGH), die Art 146 bis 156, die Art 158 bis 163 (EuGH, Rechnungshof, Gemeinsame Vorschriften für mehrere Organe), die Art 165 bis 170 (WSA),[689] die Art 172 Abs 1 bis 3 die Art 173, 173a und 175, die Art 177 bis 181 (Finanzvorschriften, Entlastung der Kommission und Währungsbestimmungen), die Art 183, 183a, 186 (Aufgaben des Rates zur Haushaltsordnung und Betrugsbekämpfung) und 190 und 204 und 205 (Regelung der Sprachenfrage und Schwerwiegende Verletzung der Grundsätze der Union), die Art 209 bis 223 EA aufgehoben.

Art 6 verändert die Überschrift des Titels IV des EA „Finanzvorschriften“, dahingehend, dass dieser Titel nunmehr lautet „besondere Finanzvorschriften“.

Gemäß Art 7 Abs 1 werden in Artikel 38 Abs 3 und Art 82 Abs 3 EA die Verweise auf die Artikel 141 und 142 (Vertragsverletzungsverfahren) durch Verweise auf die Artikel 226 und 227 AEUV ersetzt.

---

685 *Grunwald* ZeuS 2010, 410.
686 *Grunwald* ZeuS 2010, 410.
687 *Grunwald* ZeuS 2010, 409.
688 *Frenz* Handbuch Europarecht, Band 6, Rn 4736.
689 Wirtschafts- und Sozialausschuss.

Nach Art 7 Abs 2 wird der Verweis in Artikel 171 Abs 2 und Art 176 Abs 3 EA auf den Artikel 183 (Aufgaben des Rates zur Haushaltsordnung) durch einen Verweis auf Art 279 AEUV ersetzt.

In Art 172 Abs 4 EA wird der Verweis auf Art 177 Abs 5 EA durch einen Verweis auf Art 314 AEUV ersetzt. Schlussendlich ist in Abs 4 zu lesen, dass die Bezeichnung „Gerichtshof" durch die Bezeichnung „Gerichtshof der Europäischen Union" ersetzt wird.

Durch Art 8 wird Artikel 191 EA wie folgt geändert: „Die Gemeinschaft genießt im Hoheitsgebiet der Mitgliedstaaten die zur Erfüllung ihrer Aufgabe erforderlichen Vorrechte und Befreiungen nach Maßgabe des Protokolls über die Vorrechte und Befreiungen der Europäischen Union."

Nach Art 9 wird Art 206 EA dahingehend geändert, dass er nunmehr zu lauten hat: „Die Gemeinschaft kann mit einem Staat oder mehreren Staaten oder einer oder mehrerer internationaler Organisationen Abkommen schließen, durch die eine Assoziation mit gegenseitigen Rechten und Pflichten, gemeinsamen Vorgehen und besonderen Verfahren begründet wird.

Diese Abkommen werden nach Anhörung des Europäischen Parlaments einstimmig vom Rat geschlossen. Werden durch die Abkommen Änderungen dieses Vertrages erforderlich, so müssen diese zuvor nach dem Verfahren des Art 48 Abs 2 bis 5 AEUV beschlossen werden.

Die Vertragsabschlusskompetenz ist somit neu gefasst worden und den Anforderungen der Weiterentwicklung des internationalen Rechts, insbesondere des internationalen Nuklearrechts, Rechnung getragen worden.

Art 10 bestimmt, dass die Einnahmen und Ausgaben der Europäischen Atomgemeinschaft mit Ausnahme derjenigen der Versorgungsagentur und der gemeinsamen Unternehmen im Haushaltsplan der Union ausgewiesen sind.

Die GRC[690] wird durch die Aufnahme eines Verweises im geänderten Art 6 Abs 1 EUVn) verbindlich und erlangt auf Grund dieses Verweises (primär)rechtliche Qualität wie die Verträge, in die sie ja aufgenommen wurde.[691] Für Polen, dem Vereinigtem Königreich als auch für die Tschechische Republik gelten die Bestimmungen der GRC nur eingeschränkt.[692] Nicht glücklich gelöst wurde die Frage der Anwendung der GRC im Bereich des EA. In der Aufzählung des Art 106a EA fehlt der Verweis auf Art 6 EUV, womit eine ausdrückliche Vorschrift über den Grundrechtsschutz im EA fehlt.[693]

Die GRC war ursprünglich als nicht bindend konzipiert worden.[694] Der EuGH hat am Beginn in seiner Rechtsprechung der GRC keine Bindungswirkungen zugestan-

---

690 Charta der Grundrechte der Europäischen Union, 2007/C 303/01, ABl. Nr. C 303 vom 14.12.2007, S 1ff.

691 *Hummer* in Hummer/Obwexer, Der Vertrag von Lissabon (2009), 37.

692 *Schima* in Hummer/Obwexer, Der Vertrag von Lissabon (2009), 334ff.

693 *Schima* in Hummer/Obwexer, Der Vertrag von Lissabon (2009), 334.

694 Ua *Knecht* in Schwarze (Hrsg.); EU-Kommentar², Präambel GRC, Rn 1.

den, vor allem sie als Interpretationsstütze angesehen,[695] wobei er später jedoch im Laufe der Zeit den in der GRC verfassten Rechten einen quasi Grundrechtscharakter einräumte.[696] Nunmehr ist diese justiziables Recht geworden, wobei die dort eingeräumten Rechte mit denen der EMRK übereinstimmen, andere, insbesondere soziale Grundrechte, sind neu geschaffen worden sind. Gerade durch die Neuschaffung justiziabler Rechte wird die Durchsetzung industrieller Interessen mit weiteren juristischen Fragen belastet.

Die konsolidierten Fassungen des EUV, des AEUV und des EA sind am 30. März 2010 veröffentlicht worden.[697]

3. Europäische Energiepolitik

Durch den neu geschaffenen Art 194 AEUV besteht die Möglichkeit nunmehr im Bereich der EU als auch von Euratom eine einheitliche Energiepolitik vorzunehmen.[698] Bis jetzt war die Energie immer aus dem Aspekt der Warenverkehrsfreiheit geregelt worden, bis auf dem im EA geregelten Bereich der Nuklearenergie bestand keine Kompetenzgrundlage.[699] Seit dem Vertrag von Maastricht fallen Maßnahmen im Energiebereich in die Zuständigkeit der EU.[700] Im Bereich der Nuklearindustrie ist Art 194 AEUV nicht weit auf die Kompetenzen des EA auszulegen, beide Bestimmungen ergänzen sich zu einem funktionellen Ganzen.[701]

In den Zielbestimmungen des Art 194 Abs 1 AEUV wird sowohl auf die Daseinsvorsorge als auch auf den Umweltschutz Rücksicht genommen.[702] Eine Hierarchie

695 EuGH, U v 6.11.2003, RS C-101/01, Bodil Lindquist, Slg 2003, I-12971, Rn 35; EuG, U v 5.8.2003, RS T-116/01 und 118/01, P&O European Ferries (Vizcaya) SA/ Kommission, Slg 2003, II-2957, Rn 209; EUG,U v 15.1.2003, RS T- 377/00, Philipp Morris/Kommission, Slg 2003, II-1, Rn 122.

696 EuGH, U v 27.6.2006, RS C-540/03, Parlament/Rat, Slg 2006, I-5769.

697 ABl Nr. C 84 vom 30. März 2010, S 1ff.

698 *Gundel* Die energiepolitischen Kompetenzen der EU nach dem Vertrag von Lissabon: Bedeutung und Reichweite des neuen Art 194 AEUV, EWS 2011, 25ff; *Wetzel* WTO und Energie, FS-Baur (2002), 59ff; *Haghighi* Energy Security and the Division of Competences between the European Community and its Member States, 14 ELJ (2008), 461ff; *Schmidt-Preuß* Energieversorgung als Aufgabe der Außenpolitik?, RdE 2008, 281ff; *Kahl* Die Kompetenzen der EU in der Energiepolitik nach Lissabon, EuR 2009, 601ff; *Papenkort/Wellershoff* Der Energietitel im Vertrag von Lissabon, RdE 2010, 77ff; *Stöger* Gedanken zur institutionellen Autonomie der Mitgliedstaaten am Beispiel der neuen Energieregulierungsbehörden, ZÖR 2010, 260; *Winkler* Atomausstieg via Europa, DÖV 2011, 809.

699 *Kotzur* in Geiger/Khan/Kotzur, EUV/AEUV^{5}, Art 194 AEUV, Rn 1.

700 *Breier* in Lenz/Borchardt, EU-Verträge^{5}, Art 194 AEUV, Rn 3.

701 Anders: *Winkler* Atomausstieg via Europa, DÖV 2011, 809.

702 *Kotzur* in Geiger/Khan/Kotzur, EUV/AEUV^{5}, Art 194 AEUV, Rn 2.

zwischen den einzelnen Zielen besteht nicht.[703] Von größter Bedeutung ist die eigenständige Verankerung der Versorgungssicherheit.[704]

Nach Art 194 Abs 2 AEUV besteht eine allgemeine Rechtssetzungskompetenz. Ausdrücklich wird auch in Verbindung mit Art 192 Abs 2 lit c AEUV darauf verwiesen, dass es den Mitgliedstaaten freisteht, die Bedingungen für die Nutzung seiner Energieressourcen, seine Wahl zwischen verschiedenen Energiequellen und die allgemeine Struktur seiner Energieversorgung zu bestimmen. Abweichungen, die nur steuerlicher Art sind, kann der Rat nur einstimmig nach Anhörung des Parlaments auf Grund des Art 194 Abs 3 AEUV erlassen.

4. Begriffsbestimmungen

A) Besondere spaltbare Stoffe

Besondere spaltbare Stoffe sind gemäß Art 197 Z 1 EA Plutonium 239, Uran 233, mit Uran 235 oder 233 angereichertes Uran, jedes Erzeugnis, in den eines oder mehrere der oben genannten Isotope enthalten sind, und sonstige spaltbare Stoffe, die durch den Rat auf Vorschlag der Kommission mit qualifizierter Mehrheit bestimmt werden. Ausgangsstoffe gemäß Art 197 Z 3 EA zählen in keinem Fall zu den besonderen spaltbaren Stoffen.

B) Mit Uran 235 oder 233 angereichertes Uran

Unter dem Begriff „mit Uran 235 oder 233 angereichertes Uran" ist solches zu verstehen, welches entweder Uran 235 oder Uran 233 oder diese beiden Isotope in einer solchen Menge enthält, dass das Verhältnis zwischen der Summe dieser beiden Isotope und dem Isotop 238 über dem Verhältnis zwischen dem Isotop 235 und dem Isotop 238 in natürlichem Uran liegt.[705]

---

703 *Breier* in Lenz/Borchardt, EU-Verträge[5], Art 194 AEUV, Rn 5.

704 *Gundel* EWS 2011, 26; *Caliess* in Caliess/Ruffert (Hrsg), EUV/AEUV[4], Art 194 AEUV, Rn 6; *Rodi* in Vedder/Heintschel von Heinegg (Hrsg), Europäisches Unionsrecht, Art 194 AEUV, Rn 6.

705 Gemäß dem Jahresbericht der Versorgungsagentur 2005, 13, wurden 2005 ca 2.500 t neue Brennstäbe in die Reaktoren der 15 Mitgliedstaaten eingebracht.

C) Ausgangsstoffe

Unter Ausgangsstoffe gemäß Art 197 Z 3 EA ist Uran zu verstehen, dass das in der Natur vorkommende Isotopengemisch enthält; weiters Uran, dessen Gehalt an Uran 235 unter dem normalen Gehalt liegt; Thorium, weiters alle oben genannten Stoffe in Form von Metall, Legierungen, chemische Verbindungen oder Konzentrate, weiters jeder anderer Stoff, der einen oder mehrere der oben genannten Stoffe mit Konzentrierungen enthält, welche der Rat auf Vorschlag der Kommission mit qualifizierter Mehrheit bestimmt.

D) Erze

Unter Erzen versteht man all diejenigen Erze, die mit mittleren Konzentrierungen Stoffe enthalten, die durch geeignete chemische oder physikalische Aufbereitung die Gewinnung der oben genannten Ausgangsstoffe ermöglichen; der Begriff der mittleren Konzentrierung wird durch den Rat auf Vorschlag der Kommission mit qualifizierter Mehrheit bestimmt.

5. Erstreckung des Vertrags

Nach Art 198 EA finden sämtliche Vorschriften dieses Vertrages auf die europäischen Hoheitsgebiete der Mitgliedstaaten sowie auf die ihnen unterstehenden außereuropäischen Hoheitsgebiete Anwendung. Keine Anwendung findet der EA auf den Färöer Inseln, auf Grönland, auf den Hoheitszonen des Vereinigten Königreiches Großbritannien und Nordirland auf Zypern,[706] auf die überseeischen Länder und Hoheitsgebiete, die besondere Beziehungen zum Vereinigten Königreich Großbritannien und Nordirland unterhalten und in Anhang II des EUV und des AEUV nicht aufgeführt sind.

Ebenso findet dieser Vertrag auf den Kanalinseln und der Insel Man nur insoweit Anwendung, als dies erforderlich ist, um die Anwendung der Regelung sicherzustellen, die in dem am 22. Jänner 1972 unterzeichneten Vertrag für den Beitritt neuer Mitgliedstaaten zur europäischen Wirtschaftsgemeinschaft und zur europäischen Atomgemeinschaft für diese Inseln vorgesehen sind. In diesem Zusammenhang ist auf das Urteil des EuGH[707] vom 16.7.1998 über die rechtliche Stellung der Kanalinseln sowie auf die Schlussanträge von Generalanwalt La Pergola zu verweisen.[708]

---

706 Diese Bestimmung ist lediglich von historischer Bedeutung.

707 EuGH, U v 16.7.1998, Rs C-171/96, Rui Alberto Pereira Roque/His Excellency the Lieutenant Governor of Jersey, Slg 1998, I-4607.

708 Schlussanträge des GA *La Pergola* in obiger Rechtssache, insbes RZ 2–9.

Weiters findet der EA entsprechend den Bestimmungen des Protokoll Nummer 2 für die Bedingungen des Beitritts der Republik Österreich, der Republik Finnland und des Königreichs[709] Schwedens auf die Ålandinseln Anwendung.

6. Verhältnis EA zu AEUV

A) Einleitung

Das materielle Recht des EA dient insgesamt der Förderung des Fortschritts auf dem Gebiet der Kernenergie.[710] Die Kompetenzen und die Gebiete sind in den Bestimmungen des EA ausdrücklich geregelt. Art 305 Abs 2 EGV legte fest, dass der EGV nicht die Vorschriften des EA beeinträchtigt. Osteneck sieht diese Bestimmung zu Recht als rein deklaratorisch an.[711] Auch Art 192 Abs 2 EA sieht vor, dass die Mitgliedstaaten keine Maßnahmen erlassen dürfen, welche die praktische Wirksamkeit des EA beeinträchtigen dürfen. Darunter fallen grenzüberschreitende Verbote zum Betrieb von Nuklearanlagen oder Maßnahmen, die einen Eingriff in den Gemeinsamen Markt darstellen. Der EA ist als Lex Specials zum AEUV konzipiert gewesen.[712]

Die bedeutendste Änderung durch den Vertrag von Lissabon war die Auflösung der Säulenstruktur.[713] Es besteht weiters eine funktionelle Einheit beider Organisationen, weiters hat sich seit der Gründung identisches oder paralleles Recht gebildet, sowie besteht eine gemeinsamer Gerichtshof (EuGH).[714]

Der gemeinsame Markt ist im AEUV für alle Produkte und Dienstleistungen geregelt, während die Bestimmungen des EA lediglich den gemeinsamen Markt für bestimmte taxativ aufgezählte Stoffe behandelt. Der EuGH hat die subsidiäre Geltung des AEUV zum EA in den Bereichen bestätigt, in denen der EA keine abschließenden oder speziellen Sonderregelungen zu einer bestimmten Materie enthält.[715]

---

709 EuGH, U v 27.10.2009, RS C-115/08, ČEZ/Land Oberösterreich, Slg 2009, I-10265.

710 *Schroeder* Die Euratom- auf dem Weg zu einer Umweltgemeinschaft, DVBl 1995, 322.

711 *Osteneck* in Schwarze, EU Kommentar, Art 305 Rn 2.

712 *Breier* in Lenz-Borchardt, EUV-EGV-Kommentar[4], Art 305 Rn 3; *Osteneck* in Schwarze, EU-Kommentar, Art 305 Rn 10; *Ress* 44; *Leidenmühler* Das Bundesverfassungsgesetz für ein atomfreies Österreich im Licht des Europarechts, ÖJZ 2000, 322; *Frenz* Handbuch Europarecht, Band 6, Rn 4730; *Frenz/Ehlenz* RdE 2011, 42; *Indelkofer/Schwichtenberg* in Vedder/Heintschel von Heinegg (Hrsg), Europäisches Unionsrecht, EAGV, Rn 6.; dagegen *Cusack* CMLR 2003, 127.

713 *Frenz* Handbuch Europarecht, Band 6, Rn 4731 uva.

714 *Indelkofer/Schwichtenberg* in Vedder/Heintschel von Heinegg (Hrsg), Europäisches Unionsrecht, EAGV, Rn 5.

715 EuGH, U v 29.3.1990, RS C-62/88, Griechenland/Rat, Slg 1990, I-1527 Rn 16f; *Osteneck* in Schwarze, EU Kommentar, Art 305 Rn 10; *Bleckmann* in Bleckmann, Europarecht[6], § 5 Rn 171ff; *Petersmann* GTE [5], Art 232 Rn 19; *Kühling* RdE 2001, 93, 94; *Pechstein* Elektrizitätsbinnemarkt und Beihilfenkontrolle im Anwendungsbereich des Euratom-Vertrag, EuZW 2001, 309; *Everling* RIW

Bei der Wahl der Rechtsgrundlage ist der Schwerpunkt des Rechtsaktes unter Berücksichtigung von dessen Zielsetzungen und Inhalt heranzuziehen.[716] Daher kann ein solcher sowohl Bestimmungen des AEUV als auch des EA als Rechtsgrundlage haben, wobei jedoch die unterschiedlichen Rechtssetzungsverfahren zu beachten sind. Im Wettbewerbsrecht ist die Definition des gemeinsamen Markts als Entscheidungsgrundlage von entscheidender Bedeutung. Der Elektrizitätsmarkt wird gleichgültig von der Erzeugungsart als einheitlicher Markt angesehen.[717]

Die Gemeinschaftsverträge – AEUV und EA – sind autonom, aber bilden auch nach dem Vertrag von Lissabon eine funktionelle Einheit.[718] Es liegen weiters rechtliche Ähnlichkeiten vor, die es erlauben, bei der Auslegung der Gemeinschaftsverträge die diesen zu Grunde liegenden gemeinsamen Rechtsgrundsätzen heranzuziehen.[719] Die für die gemeinsamen Organe geltenden Bestimmungen sind einheitlich auszulegen, und falls erforderlich miteinander in Einklang zu bringen.[720]

Im Beschluss aus 1978 (IAEO) bestätigte der EuGH, dass das Recht des EA im Anschluss an die ständige Rechtsprechung seit Costa/Enel[721] und die AETR Rechtsprechung[722] den Vorrang und die unmittelbare Anwendbarkeit des Gemeinschaftsrechts im innerstaatlichen Rechtsbereich besitzt.[723]

1993, Beil 2, 3; *Schroeder* DVBl 1995, 323; *Roßnagel* Europäische Marktfreiheiten und atomrechtliche Entsorgungsvorsorge, DÖV 1996, 985.

716 *Schroeder* DVBl 1995, 323.

717 91/329/EWG Entscheidung der Kommission vom 30. April 1991 in einem Verfahren nach Art 85 EWG-Vertrag (IV/33.473- Scottish Nuclear, Kernenergievereinbarung), ABl Nr L 178 vom 6.7.1991, S 31; *Sousa Ferro Miguel* Competition Law and the Nuclear Sector: An EU Outlook, NLB 86 (2010), 21ff.

718 *Frenz* Handbuch Europarecht, Band 6, Rn 4748; Schroeder, DVBl 1995, 322; *Frenz/Ehlenz* RdE 2011, 42.

719 EuGH, U v 16.12.1960, Rs 6/60, Humblet/Belgien, Slg 1960, 1163, 1194; *Petersmann* in GTE[5], Art 232 Rn 9.

720 EuGH, U v 12.5.1964, RS 101/63, Wagner, Slg 1964, 419, 431. In diesem Sinne auch: *Sousa Ferro Miguel* Competition Law and the Nuclear Sector: An EU Outlook, NLB 86 (2010), 17.

721 EuGH, U v 15.7.1964, RS 6/64, Costa/Enel, Slg 1964, 1251.

722 EuGH, U v 31.3.1971, RS 22/70, Kommission/Rat (AETR), Slg 1971, 263.

723 EuGH, B v 14.11.1978, RS 1/78, IAEO, Slg 1978, 2151; dazu: *Van Dijk* Sociaal-economische wetgeving 1979, 186ff; *Vandencasteele* A la recherche du temps perdu – La déliberation de la Cour de justice des Communautés européennes du 14 novembre 1978, Journal des tribunaux 1979, 549ff; *Usher* International Competence of Euratom, European Law Review 1979, 300ff; *Apollis* La délibération de la CJCE sur la participation d'Euratom à la Convention sur la protection physique des matières et installations nucléaires, Revue du Marché Commun 1979,185ff; *Constantinesco* Journal du droit international 1979, 929ff; Debre Délibération de la Cour de justice de Luxembourg sur le traité Euratom (débats parlementaires de l'assemblée nationale), Journal officiel de la République Française – Assemblée Nationale 1979 nº 83, 8208ff; *Morson* La délibération 1/78 de la CJCE et la révision du chapitre VI Euratom, Revue trimestrielle de droit européen 1980, 1ff; *Flaesch-Mougin* Projet de Convention de l'AIEA sur la protection des matières, installations et transports nucléaires,

Wenn ein Rechtsakt nicht eindeutig einer der Europäischen Gemeinschaften zugeordnet werden kann, oder unteilbar die Gemeinschaften erfasst, kann es für den Rechtschutz ausreichend sein, wenn Zuständigkeiten des EuGH und Klagemöglichkeiten nach einem der Verträge gegeben sind.[724] Im Urteil Griechenland/Rat stellte der EuGH fest, dass die Bestimmung des Art 263 AEUV (Art 173 EWGV) so auszulegen sei, dass sie die Zuständigkeit des EuGH nicht ausschließt, im Rahmen einer Klage auf Nichtigerklärung einer auf eine Bestimmung des EWGV gestützten Maßnahme eine gerügte Verletzung einer Bestimmung des EA zu prüfen.[725]

Mit umfasst ist im Kernbereich des EA die Kompetenz für die Sicherheit von Nuklearanlagen, die Regelungen für den Erwerb, das Eigentum, die Lagerung, die Veräußerung, sowie den Transport bestimmter Stoffe. Die Sicherheit für die Umwelt in Folge der Verwendung dieser Stoffe ist ebenfalls Teil der Kernkompetenz des EA.[726]

Der EA stellt einen rudimentären gemeinsamen Markt für bestimme taxativ aufgezählte Produkte und Dienstleitungen dar, wobei die Bestimmungen des AEUV und des darauf erlassenen Sekundärrechts subsidiär anwendbar sind,[727] sofern es keine Regelungen des EA und des darauf erlassenen Sekundärrechts gibt. Der gemeinsame Markt gemäß Art 92 EA gilt für die in der Liste A1 genannten Produkte, nicht umfasst sind nach Ansicht Roßnagels radioaktive Abfälle.[728] Ob abgebrannte Brennelemente von der Liste A1 umfasst sind, ist strittig,[729] wobei jedoch auf Grund der genauen Definition der in den Listen genannten Produkten davon auszugehen ist, dass solche Produkte davon nicht umfasst sind.

Da ein gemeinschaftsrechtlicher Beschluss auf verschiedenen Kompetenzen beruhen kann, so vorab zu klären, welchen Maßnahmeschwerpunkt sie hat.[730] Es ist nach der Rechtsprechung unumstritten, dass sie auch mehrere Kompetenzgrundlagen haben kann.[731]

Cahiers de droit européen 1981, 89ff; Vandencasteele La délibération de la Cour de justice du 14 novembre 1978, Publications de l'Institut d'études européennes de l'Université libre de Bruxelles – Euratom 1982, 13ff; *Frenz* Handbuch Europarecht, Band 6, Rn 4756.

724 EuGH, U v 11.7.1984, RS 223/83, Differdange, Slg 1985, 2889, 2895.

725 EuGH, U. v 29.3.1990, RS C-62/88, Griechenland/Rat, Slg 1990, I-1527 Rn 8.

726 EuGH, B v 14.11.1978, RS 1/78, IAEO, Slg 1978, 2151.

727 *Vedder* in Grabitz/Hilf, EGV, Art 113 Rn 29.

728 *Roßnagel* DÖV 1996, 986.

729 *Everling* RIW 1993, Beil 2, 3f; *Roßnagel* DÖV 1996, 986 mwN.

730 *Frenz* Handbuch Europarecht, Band 6, Rn 4751.

731 AM offensichtlich *Frenz* Handbuch Europarecht, Band 6, Rn 4751.

7. Beihilfenrecht und Beschaffungsrecht

A) Beihilfenrecht

Grundsätzlich ist anzumerken, dass der EA dirigistisch ist, während der AEUV einen Markt orientierten Ansatz verfolgt.[732]

Der EA enthält einzelne Bestimmungen, die Beihilfecharakter haben. Angeführt seien die Art 4ff EA über die Förderung der Forschung auf dem Gebiet der Kernenergie sowie die Art 45ff EA über gemeinsame Unternehmen. Die Art 107 bis Art 109 AEUV sind trotz der grundsätzlich festgelegten Vorrangregelungen des EA als Leges speciales insoweit ergänzend auf beihilfenrechtliche Sachverhalte anwendbar, als diese nicht den Sonderbestimmungen des EA unterliegen.[733] Ansonsten unterliegen Nuklearunternehmungen sehr wohl den wettbewerbsrechtlichen Bestimmungen des AEUV.[734]

Eines der Grundsätze und Ziele des EA ist die Förderung des gemeinsamen Marktes bei der zivilen Nutzung der Kernenergie. Diese Förderung umfasst auch eine Erleichterung der Investitionen, die finanzielle Unterstützung durch die EU und durch die einzelnen Mitgliedstaaten. Daher sind die beihilferechtlichen Beschränkungen des AEUV für den Bereich der Kernenergieförderung, soweit sich diese im Rahmen des EA und der auf Grund dieser erlassenen Verordnungen, Richtlinien und Beschlüssen bewegt, nicht der Beihilfekontrolle nach dem AEUV unterliegen.[735] Auch der EA geht von marktwirtschaftlichen Vorstellungen aus, die eine entsprechende Regelung des Wettbewerbs beinhalten. Obzwar der Nuklearbereich aufgrund seiner Besonderheiten spezifischer Regelungen bedarf, so bedeutet dies nicht einen gänzlichen Ausschluss einer marktwirtschaftlichen Betrachtungsweise. Art 67 EA stellt eine wettbewerbsrechtliche Regelung hinsichtlich der Preisbildung dar, wobei diese sich nach Angebot und Nachfrage (Bedarfsmeldung und Bedarfsdeckung) richtet. Ausdrücklich ist auch in Art 67 EA verboten, dass einzelnen Verbrauchern unter Umgehung des Grundsatzes des gleichen Zugangs eine bevorzugte Stellung zukommt. Auch aus diesen Gründen lässt sich der Schluss ziehen, dass subsidiär die Bestimmungen des AEUV hinsichtlich des Wettbewerbs- und Beihilferechts auch im Nuklearbereich zur Anwendung kommen.[736]

---

732 *Cusack* A Tale of two Treaties: An Assessment of the Euratom Treaty in Relation to the EC Treaty, CMLR 2003, 825.

733 *Koenig/Kürling/Ritter* EG-Beihilfenrecht, 33; *Kühling* RdE 2001, 93, 94; GA *Reischl*, Schlussanträge zur verb. RS 188-190/80, Frankreich u.a./Kommission, Slg 1982, 2583 (2598f); *Pechstein* EuZW 2001, 307; *Pernice* in Grabitz/Hilf, EGV, Art 90, Rn 9.

734 *Pernice* in Grabitz/Hilf, EGV, Art 90, Rn 9; *Cusack* CMLR 2003, 132ff; *Bär-Bouyssière* in Schwarze, EU-Kommentar², Art 87 EGV Rn 9.

735 *Pechstein* EuZW 2001, 310.

736 So auch *Pechstein* EuZW 2001, 310 mwN; ebenso *Grunwald* Energierecht, 235f.

Bedeutsam wurde diese Frage bei der beihilfenrechtlichen Überprüfung der Steuerfreiheit für Rückstellungen für deutsche Kernkraftbetreiber. Der EuG entschied in der Rechtssache Stadtwerke Schwäbisch Hall u.a., dass die deutschen Regelungen zur Steuerbefreiung für von Kernkraftwerksbetreibern gebildeten Rückstellungen für die Entsorgung und die endgültige Stilllegung ihrer Anlagen keine staatliche Beihilfe im Sinne von Art 107 Abs 1 AEUV darstellen.[737] In dieser Entscheidung vertrat das EuG die Ansicht, dass die im EStG erlassenen Regelungen hinsichtlich der Rückstellung für den Abbau, die Entsorgung, als auch die Dekontamination von betriebenen Kernkraftwerken und anderen kerntechnischen Anlagen keine verbotene Beihilfe im Sinne des Art 107 Abs 1 AEUV darstellen. Zwar verwies der EuG in diesem Urteil auf Bestimmungen des AtG, ging jedoch auf die teilweise gemeinschaftsrechtlichen Grundlagen dieser Bestimmungen nicht ein. Hierbei hätte das EuG die Möglichkeit gehabt, zu klären, in welchem Verhältnis die primärrechtlichen Verträge (EA und AEUV) zueinander stehen. Es ist jedoch aus diesem Urteil nur indirekt erschließbar, dass das EuG die Ansicht vertrat, dass beide primärrechtliche Verträge als gleichwertig anzusehen sind. Das Verhältnis der beiden Verträge in wettbewerbsrechtlichen Fragen zueinander ist nicht geklärt.[738] Relevant wird dies bei Vergleichen zwischen Energieerzeugern, die ganz oder teilweise Strom aus Kernbrennstoffen erzeugen, und sonstigen.

B) Beschaffungsrecht

Am 20. August 2009 wurde die Richtlinie für die Beschaffung im Verteidigungs- und -Sicherheitsbereich im Amtsblatt der EU kundgemacht.[739] Sie nimmt Vergaben im

---

737 EuG, U v 26.1.2006, RS T-92/02, Stadtwerke Schwäbisch Hall GmbH ua/Kommission der Europäischen Gemeinschaft, Slg 2006, II-11*; bestätigt durch EuGH, U v 29.11.2007, RS C-17/06 P, Stadtwerke Schwäbisch Hall GmbH/Kommission der Europäischen Gemeinschaft, EuZW 2008, 49ff. dazu: *Fiebelkorn* Das Tatbestandsmerkmal der Selektivität bei steuerbefreiten Rückstellungen, European, Law Reporter 2006, 115ff; *Heidenhain* Beihilfen für Binnenschiffer und Handwerker?, EuZW 2006, 225; *Idot* Notion d'aides, Europe 2006 Mars Comm. nº 92, 24–25; *Reich* No Level Playing Field for Nuclear Power Reserves?, European State Aid Law Quarterly 2006 , 445ff; *Razzano* La Commissione europea e le misure nazionali di tassazione diretta delle imprese, Diritto pubblico comparato ed europeo 2006, 874ff; *Feldmann* Steuerbefreiung von Rückstellungen keine Beihilfe, Zeitschrift für europäisches Umwelt- und Planungsrecht 2006, 48ff; *Delzangles* Provisions pour démantèlement des centrales nucléaires et droit communautaire des aides d'État, Revue européenne de droit de l'environnement 2007, 71ff.

738 *Cusack* CMLR 2003, 136f.

739 Richtlinie 2009/81/EG des Europäischen Parlamentes und des Rates vom 13.7.2009 über die Koordinierung der Verfahren zur Vergabe bestimmter Bau-, Liefer- und Dienstleistungsaufträge in den Bereichen Verteidigung und Sicherheit und zur Änderung der Richtlinie 2004/17/EG und 2004/18/EG, ABl. Nr. L 2009/216, S 76ff.

Verteidigungs- und im Sicherheitsbereich vom Anwendungsbereich der Vergaberichtlinie[740] und der Sektorenrichtlinie[741] aus. Mit der Richtlinie 2009/81/EG soll die extensive Anwendung von Art 346 AEUV eingedämmt werden und den besonderen Anforderungen von militärischen und Sicherheitsbeschaffungen Rechnung getragen werden.[742]

Die Verteidigungs-RL regelt die Beschaffung im militärischen und im nicht militärischen Sicherheitsbereich.[743] Ebenso müssen die Vergaben entsprechend den Grundsätzen des AEUV erfolgen, die durch die Richtlinie näher präzisiert werden.

Die in Art 4 Verteidigungs-RL genannten Grundsätze der Gleichbehandlung, Nichtdiskriminierung und Transparenz sind zu beachten. Der Anwendungsbereich ist vor allem durch Art 346 AEUV bestimmt. Reisner vertritt die Meinung, dass im Falle der Ausnahme eines Auftrags vom Anwendungsbereich des AEUV auch die darauf abgeleiteten Grundsätze des Vergabeverfahrens nicht zur Anwendung kommen. Art 346 AEUV gestatte einem Mitgliedstaat zum Schutz seiner wesentlichen inneren und äußeren Sicherheitsinteressen, einerseits Auskünfte zu verweigern, andererseits Maßnahme im Bereich der Erzeugung und dem Handel mit Waffen, Munition und Kriegsmaterial zu treffen. Dabei sind die militärischen und nicht militärischen Sicherheitsinteressen umfasst.[744] Die Verweigerung von Auskünften ermöglicht weiters die Geheimhaltung und damit im Ergebnis die Außerachtlassung des Europäischen Vertragswerks. Zu beachten ist, dass nur eine objektive gewichtige Gefährdung oder Beeinträchtigung der Sicherheitslage diese Ausnahme rechtfertigt.[745] Der zweite Fall erlaubt den Mitgliedstaaten, Maßnahmen jenseits der Verträge zu treffen. Voraussetzung dafür ist, dass die Waren in der Liste des Rates genannt sind.[746] Nach Reisner genügt die bloße Nennung eines Gutes in der Liste noch nicht, um von der Ausnahmebestimmung Gebrauch zu machen.[747] Die Außerachtlassung der Vergabevorschrift muss explizit erforderlich sein, um die Sicherheitsinteressen zu wahren.[748] Den Mitgliedstaaten steht weiters ein weiter Ermessenspielraum bei

740 Richtlinie 2004/18/EG des Europäischen Parlamentes und des Rates vom 31.3.2004 über die Koordinierung der Verfahren zur Vergabe öffentlicher Bauaufträge, Lieferaufträge und Dienstleistungsaufträge, ABl. Nr. L 2004/134, S 114ff.

741 Richtlinie 2004/17/EG des Europäischen Parlamentes und des Rates vom 31.3.2004 zur Koordinierung der Zuschlagserteilung durch Auftraggeber im Bereich der Wasser-, Energie- und Verkehrsversorgung sowie der Postdienste, ABl. Nr. L 2004/134, S 1ff.

742 *Reisner* Die Beschaffungsrichtlinie Verteidigung und Sicherheit der Europäischen Union – Teil I, RPA, 2010, 246.

743 *Reisner* RPA 2010, 246 (248).

744 *Reisner* RPA 2010, 246 (248).

745 *Reisner* RPA 2010, 246 (248).

746 EuG, U v 30.9.2003, RS T-26/01, *Fiocchi munizioni SpA/Kommission*, Slg 2003, II-3951, Rn 61; *Reisner* RPA 2010, 246 (248f).

747 *Reisner* RPA 2010, 246 (249).

748 EuGH, U v 13.7.2000, RS C-423/98, Albore, Slg 2000, I-5965, Rn 21; *Reisner* RPA 2010, 249.

der Beurteilung ihrer wesentlichen Sicherheitsinteressen zu.[749] Alle Voraussetzungen müssen kumulativ vorliegen und es muss geprüft werden, ob die Maßnahmen verhältnismäßig sind.[750]

Nach Art 2 gilt die Verteidigungsrichtlinie für die Lieferung von Militärausrüstung, die Lieferung von sensibler Ausrüstung, Bauleistungen, Lieferungen und Dienstleistungen, in unmittelbarem Zusammenhang mit Militärausrüstung und sensibler Ausrüstung sowie Bau- und Dienstleistung speziell für militärische Zwecke oder sensible Bauleistungen oder sensible Dienstleistungen. Darunter fallen ohne Zweifel auch Teile der Errichtung von Nuklearanlagen. Die Unterteilungen der Dienstleistung erfolgt in prioritäre und nicht prioritäre Dienstleistungen gemäß den Listen in Anhang I und II. Sensible Ausrüstung und sensible Bauleistungen und sensible Dienstleistungen sind nach Art 1 Z 7 Verteidigungs-RL definiert. Diese Bestimmung setzt die Verwendung zu Sicherheitszwecken voraus. Dabei werden Verschlusssachen verwendet oder sind erforderlich und/oder beinhaltet. Reisner vertritt die Ansicht, dass der Begriff „Verschlusssache" mangels Harmonisierung den europäischen Rechtsrahmen verlässt und auf das nationale Recht verweist. Dem gegenüber ist auf die Geheimhaltungsverordnung 3/1958[751] zu verweisen, die in analoger Form Verschlusssachen regelt, ohne diesen Begriff zu verwenden. Daher ist im Bereich des EA und der Auftragsvergabe bei Nuklearanlagen analog diese VO anzuwenden.

Von grundsätzlicher Bedeutung ist, dass im Falle der Verwendung von Verschlusssachen durch den Auftraggeber bei der Vergabe von Aufträgen er gemäß Art 22 Verteidigungs-RL in den Auftragsunterlagen alle Maßnahmen und Anforderungen zum Schutz dieser Verschlusssache benennen muss.[752]

Die Verteidigungs-RL enthält ein eigenes, an die Zwecke der Beschaffung im Sicherheitsbereich angepasstes Vergabekontrollregime (Art 55 bis 64 Verteidigungs-RL). Zum Schutz der Verteidigung und Sicherheitsinteressen muss die Vergabekontrollbehörde gemäß Art 56 Abs 10 Verteidigungs-RL ein angemessenes Maß an Vertraulichkeit von Verschlusssachen oder anderen Informationen garantieren. Es kann jedoch auch eine eigene Nachprüfungsbehörde für Zwecke der unter die Verteidigungs-RL fallenden Vergaben eingerichtet werden. Der Mitgliedstaat kann die Führung von Nachprüfungsverfahren auf Mitarbeiter beschränken, die persönlich zum Umgang mit Verschlusssachen ermächtigt sind.[753] Vertreter der Parteien bedürfen

---

749 EuG, U v 30.9.2003, RS T-26/01, Slg 2003, II-3951, Rn 58.

750 EuGH, U v 13.7.2000, RS C-423/98, Albore, Slg 2000, I-5965, Rn 21.

751 VO Nr 3 zur Anwendung des Art 24 des Vertrages zur Gründung der Europäischen Atomgemeinschaft, ABl Nr 17 vom 16.10.1958, S 406ff.

752 Näheres hiezu *Reisner* RPA 2010, Die Beschaffungsrichtlinie Verteidigung und Sicherheit der Europäischen Union – Teil II, 307 (308) mwN.

753 *Reisner* RPA 2010, 307 (311).

ohne Einschränkung einer persönlichen Freigabe, die nur aus schwerwiegenden nachvollziehbaren Gründen verweigert werden darf. Diese Verweigerung muss gerichtlich bekämpfbar sein.

Aus der Verpflichtung zur Wahrung der Vertraulichkeit entsteht ein Konflikt mit den Verfahrensgarantien des Art 6 EMRK, insbesondere der Wahrung von Verteidigungsrechten und der damit verbundenen Transparenz und Öffentlichkeit des Verfahrens. Klar scheint nur, dass eine Lösung des Konfliktes zwischen Geheimhaltung und Wahrung der Verfahrensgarantien gemäß Art 6 EMRK im Sinn des Urteils Varec nur für private Auftraggeber gefunden werden kann, weil sich der Staat nicht auf das Recht auf Schutz der Privatsphäre gemäß Art 8 EMRK berufen kann.[754] Der EuGH postuliert, dass immer sichergestellt werden muss, dass in dem Rechtstreit insgesamt das Recht auf ein faires Verfahren beachtet wird.[755]

Es ist auch der Vorschlag von Reisner betreffend der Schaffung von „Militärgerichten" abzulehnen, welche mit geringen verfahrensrechtlichen Garantien Vergabekontrollen betreiben, da grundsätzlich in der gesamten EU solche Art von Gerichten zurückgedrängt worden sind.

Es ist unbestritten, dass Nuklearanlagen als auch Dienstleistungen in diesem Bereich, sachlich unter diese VerteidigungsRL fallen, sofern diese sicherheitsrelvante Aspekte beinhalten. Hierbei ist genau vom Auftragsgeber zu evaluieren, ob und wie eine potentielle Gefährdung vorliegt, eine Einschränkung der Auftragsvergabe auf eigene Staatsbürger stellt jedoch im Sinne der Rechtsprechung des EuGH einen Verstoß dar, da durch den gemeinsamen Markt nach den Bestimmungen des Art 92ff EA, und insbesondere durch die Bestimmung des Art 96 EA (Freizügigkeit qualifizierter Beschäftigter) solche Einschränkungen nicht von den Mitgliedstaaten nachweisbar und begründbar sind. Die Überprüfbarkeit von der Unterlagen im Nachprüfungsverfahren ist auch im Bereich der sicheheitsrelevanten Informationen einzuhalten, hier kann die Geheimhaltungsverordnung 3/1958 durchaus zur Anwendung kommen, wobei immer ein Weg gefunden werden muss, um die Überprüfbarkeit der Auftragsvergabe zu gewährleisten.

8. Subsidiaritätsprinzip

Obzwar der EA keine Bestimmungen über das Subsidiaritätsprinzip enthält, gilt dieser Grundsatz durch Art 3b EUV analog. Im Unionsvertrag von Maastricht wurde das Subsidiaritätsprinzip als Maßstab möglichst bürgernahe Beschlüsse als allgemein politisches Prinzip in Erwägungsgrund 12. Präambel und in Art 1 Abs 2 EUV (alt) eingefügt, während Art 5 Abs 2 EUV (alt) eine juristisch verbindliche Präzisierung dieses politi-

754 EuGH, U v 14.2.2008, RS C-450/06, *Varec*, Slg 2008, I-581, Rn 46ff.
755 EuGH, U v 14.2.2008, RS C-450/06, *Varec*, Slg 2008, I-581, Rn 52.

schen Grundsatzes darstellt.[756] Adressat dieses Prinzips ist die Gemeinschaft bzw. ihre Institutionen, während Begünstigte die Mitgliedstaaten und im Rahmen deren verfassungsmäßiger Ordnung gegebenenfalls deren Untergliederungen sind.[757]

Bei der Anwendung des Subsidiaritätsprinzips im Bereich des EA ist immer darauf zu achten, dass Bestimmungen wie die im EUV und im AEUV im Bereich des EA nicht bestehen. Daraus folgt, dass lediglich die Kommission zu prüfen hat, ob und in wie weit die Mitgliedstaaten alleine ihren Verpflichtungen gemäß dem EA entsprechen bzw. alle notwendigen Maßnahmen setzen, den Zielen des EA zu entsprechen. Bei dieser Prüfung ist jedoch darauf zu achten, dass ionisierende Strahlung, Radioaktivität bzw. Handlungen mit solchen Stoffen, Produkten oder Anlagen, die hierfür verwendet werden können, grenzüberschreitende Auswirkungen haben können. Daher ist auf Grund der Art der Materie das Subsidiaritätsprinzip viel restriktiver anzuwenden als im Bereich des EUV und AEUV.

9. Struktur des Euratom

Zu den wesentlichen Aufgaben des EA gehört die Förderung des Fortschritts auf dem Gebiet der Kernenergie. Ein weiteres wichtiges Kapitel beschäftigt sich mit Fragen des Gesundheitsschutzes. Neben den Fragen der Investitionen regelt der EA die Errichtung sogenannter „gemeinsamer Unternehmen", denen eine erhebliche Bedeutung zukommt. Weiters ist eine Agentur zur Versorgung mit Grundstoffen errichtet, deren Sitz in Brüssel ist.

Neben den Fragen des gemeinsamen Marktes und der Außenbeziehungen sind nach dem Inkrafttreten des Vertrages von Lissabon die Vorschriften über die Organe nunmehr im AEUV und im EUV zu finden, wobei die Bestimmung des Art 106 a EA hierfür als Kern- und Drehpunkt anzusehen ist.

Die Finanzvorschriften sowie zum Schluss die allgemeinen Bestimmungen sind nunmehr ebenfalls im AEUV zu lesen.

Die Handlungsformen, wie Verordnung, Richtlinie, Beschluss sowie Empfehlung und Stellungnahme sind in ihrer Art und Wirkung dieselben wie die nach dem AEUV erlassenen.

Unterschiedlich ist, dass nach dem AEUV das europäische Parlament eine weitaus stärkere Rolle auch nach dem Vertrag von Lissabon einnimmt. Dabei ist von der Grundlage auszugehen, dass der Nuklearbereich auf Grund der besonderen Sicherheitsstufen als auch auf Grund der militärischen und sicherheitspolitischen Bedeutung einen erhöhten Vertraulichkeitsbedarf erfordert, die einer solchen offenen parlamentarischen Behandlung entgegensteht.

---

756 *Lagguth* in Lenz/Borchert, EGV[5], Art 5 Rn 23 mwN; *Strainz* in Strainz EUV/EGV, Art 5 Rn 30.
757 *Strainz* in Strainz, EUV/EGV, Art 5 Rn 34f.

Nach Art 288 Abs 1 AEUV hat eine Verordnung allgemeine Geltung. Sie ist in allen ihren Teilen verbindlich und gilt unmittelbar in jedem Mitgliedstaat. Die Richtlinie ist hingegen für jeden Mitgliedstaat, an den sie gerichtet wird, hinsichtlich des zu erreichenden Zwecks verbindlich, überlässt jedoch den innerstaatlichen Stellen die Wahl der Form und der Mittel.[758] Der Beschluss gemäß Art 288 Abs 4 AEUV ist in allen ihren Teilen für diejenigen verbindlich, die sie bezeichnet. Stellungnahmen und Empfehlungen sind jedoch nicht verbindlich, haben jedoch eine nicht unbeträchtliche Bedeutung, da sie die Ansichten von Kommission und Rat wiederspiegeln bzw. Interpretationen von verbindlichen Normen (Verordnung, Richtlinie oder Beschluss darstellen.

Nach Art 296 Abs 2 AEUV besteht eine Begründungspflicht für Verordnungen, Richtlinien und Beschlüsse des Rates und der Kommission. Ausdrücklich wird in Art 296 Abs 2 AEUV darauf verwiesen, dass eine Verpflichtung auf die Bezugnahme von Vorschlägen und Stellungnahmen besteht. Hinsichtlich der Interpretation des Art 296 AEUV ist auf die Rechtsprechung zu Art 162 EA und Art 253 EGV zu verweisen.[759]

Nach Art 297 AEUV werden die Gesetzgebungsakte im Amtsblatt der Europäischen Union veröffentlicht. Sie treten an dem durch sie festgelegten Zeitpunkt oder andernfalls am 20. Tag nach ihrer Veröffentlichung in Kraft. Richtlinien und Beschlüsse werden denjenigen, für die sie bestimmt sind, bekannt gegeben und werden durch diese Bekanntgabe wirksam. Diese Bestimmung hinsichtlich des Zeitpunktes des Wirksamwerdens durch Veröffentlichung oder Bekanntgabe ist für die Frist zur Erhebung einer Nichtigkeitsklage gemäß Art 263 AEUV von Bedeutung.

Im Anhang I der Richtlinie 2003/122[760] wird auf die jeweiligen A1-Werte der IAEO Vorschriften für den sicheren Transport von radioaktivem Material verwiesen. Es ist jedoch äußerst fraglich, ob diese Art der Regelungstechnik, bei der Vorschriften einer außerhalb der Gemeinschaft stehenden internationalen Organisation ohne gemeinschaftsrechtliche Transformation adaptiert werden, mit den Grundsätzen der Gemeinschaftsordnung und des EA in Einklang zu bringen ist. Änderungen der A1-Werte nach dem 22.12.2003 durch die IAEO sind nicht Teil der Richtlinienregelung geworden.

758 Schlussanträge des GA Gielhoed 1.7.2004 RS C-177/03, Kommission/Frankreich, Slg 2004, I-11671, Rn 8.

759 *Schoo* in Schwarze, EU-Kommentar, Art 253; *Hetmeier* in Lenz-Borchardt, EUV-EGV-Kommentar[4], Art 253 mwN.

760 Richtlinie 2003/122/Euratom des Rates vom 22.Dezember 2003 zur Kontrolle hoch radioaktiver umschlossener Strahlenquellen und herrenloser Strahlenquellen, ABl Nr L 346 vom 31.12.2003, S 57.

10. Grundrechte

A) Einleitung

Die Grundrechte sind eines der grundlegenden Elemente der europäischen Rechtsordnung. Zu den Schutzobjekten gehören nicht nur natürliche und juristische Personen aus der Gemeinschaft, sondern auch solche aus Drittstaaten haben Anspruch auf einen entsprechenden Grundrechtschutz, soweit in gleicher Weise wie die Gemeinschaftsangehörigen durch gemeinschaftsrechtliche Maßnahmen betroffen werden.

Die Grundrechte werden einerseits durch die nationalen Höchstgerichte als auch durch die supranationalen Gerichte, wie den EGMR und den EuGH geschützt. Diese entscheiden auf Grund der für sie zuständigen Normen, wobei es dabei auch Überschneidungen geben kann. Auch das Grundrechte im Detail unterschiedlich angesehen werden können, und unterschiedliche weiten Schutz gewähren, ist nachvollziehbar.[761]

Nach Art 6 Abs 1 EUV war auch in der Zeit vor dem In Kraft Treten des Vertrages von Lissabon explizit normiert, dass die Grundrechte Teil des Europäischen Primärrechts sind, und somit auch für die Interpretation des EA und der darauf erlassenen Normen und Beschlüsse Anwendung finden. Nicht nur Umweltschützer und Anrainer sondern auch die Betreiber von nuklearen Anlagen sind von diesem Schutz umfasst.[762] Seit dem Urteil Nold[763] ist es unumstritten, dass die Grundrechte zu den allgemeinen Rechtsgrundsätzen gehören, die der EuGH zu wahren hat. In einer späteren Entscheidung vertrat er die Ansicht, dass er für die Beachtung der Grundrechte im Bereich des Gemeinschaftsrechtes Sorge zu tragen hat.[764]

Der EuGH hat aus dem Vergleich der mitgliedschaftlichen Verfassungen europäische Grundrechte entwickelt.[765] Seit dem Urteil Schmidberger ist es unumstritten, dass die Grundrechte gleichrangig mit den Grundfreiheiten des AEUV seien, und dass eine Abwägung zwischen den beiden Prinzipien im Einzelfall vorzunehmen ist.[766] In diesem Urteil führt er aus, dass es unzweifelhaft ist, dass die Grundrechte

---

761 Dazu näheres: *Kirchhof* Grundrechtsschutz durch europäische und nationale Gerichte, NJW 2011, 3681ff.

762 *Weber* Regelungs- und Kontrolldichte im Atomrecht, 62ff.

763 EuGH, U v 14.5.1974, RS 4/73, Nold, Slg 1974, 491.

764 EuGH, U v 11.7.1985, verb RS 60,61/84, Cinéthèque SA ua/Fédération Nationale des Cinemas Françaises, Slg 1985, 2605, Rn 26.

765 *Engel* Die Europäische Grundrechtscharta und die Presse, ZUM 2000, 978.

766 EuGH, U v 12.6.2003, RS C-112/00, Eugen Schmidberger/Internationale Transporte und Planzüge/Republik Österreich, Slg 2003, I-5659, Rn 75; *Kadelbach/Petersen* Europäische Grundrechte als Schranken der Grundfreiheiten, EuGRZ 2003, 694; *Pasche* in Heselhaus/Nowak (Hrsg), HdB.EU-Grundrechte, § 4 Rn 92; *Schweitzer/Hummer/Obwexer* Europarecht, Rn 1133.

jedoch nicht schrankenlos gewährleistet, sondern im Zusammenhang mit ihrer gesellschaftlichen Funktion zu sehen sind. Daher kann die Ausübung dieser Rechte insbesondere im Rahmen einer gemeinsamen Marktorganisation Beschränkungen unterworfen werden, sofern diese tatsächlich dem Gemeinwohl dienenden Ziel der Gemeinschaft entsprechen und nicht einen im Hinblick auf den verfolgten Zweck unverhältnismäßigen nicht tragbaren Eingriff darstellen, der diese Rechte in ihrem Wesensgehalt antastet.[767] Der EuGH stellte weiters fest, dass die Grundfreiheiten sowie die Grundrechte Teil des Europäischen Primärrechts sind und somit normenhierachisch auf derselben Stufe stehen.[768] In den Randnummern 83ff führte der EuGH aus, dass eine Güterabwägung zwischen der Grundfreiheit und den Grundrechten stattzufinden habe, wobei aus diesem Urteil durchaus der Schluss zu ziehen ist, dass der EuGH im Zweifelsfalle den Grundrechten den Vorrang gebe.

Diese Grundsätze gelten auch im Bereich des EA. Auch der Vertrag von Lissabon hat an diesen Grundsätzen keine Änderung herbeigeführt.

Das Nuklearrecht charakterisiert sich durch eine hohe Regelungs- und Kontrolldichte. Der Grund hierfür ist die Sensibilität der zu regelnden Tatsachen, da wie allseits bekannt der Umgang mit radioaktivem Material hohe Sicherheitsanforderungen (Security and Safety) stellt. Die meisten Grundrechte haben einen Vorbehalt und gestatten daher Einschränkungen, die notwendig, zum allgemeinen Besten als auch angemessen sind (Grundrechtsschranke).

Die Ereignisse von 9/11 haben dazu geführt, dass die bis dahin geltenden Prämissen einer nach außen offeneren Betrachtung den neuen strengeren Anforderungen der „Security“ gewichen sind. Die stärkere Betonung des Aspekts der Security hat seit den Anschlägen zu einer Verschiebung der Werte geführt. Dies soll aber nicht bedeuten, dass die Grundrechte aus diesen Gesichtspunkten außer Kraft getreten oder eingeschränkt sind. Vielmehr sind diese für außenstehende Dritte eingeschränkt, so dass eine Gefährdung der Betreiber abgewehrt werden kann.

Der schwerwiegende Unfall von Fukushima (INES Grad 7) wird in der juristischen Diskussion zu einer stärkeren Betonung der Argumente des Umweltschutzes, des Lebens, der Gesundheit als auch der ökologischen Grundrechte führen. Einige sind justiziabel, die anderen können richtigerweise nur als Zielbestimmungen betrachtet werden.

Für Tätigkeiten im Nuklearbereich ist bis zum heutigen Tag die Frage der Grundrechte selten aufgeworfen worden. Lediglich bei der Frage der Neuerrichtung, nur im

---

767 So auch EuGH, U v 10.7.2003, Verb RS C-20/00 und C-64/00, Booker Agriculture & Hydro Seafood GSP Ltd/Scottish Ministers, Slg 2003, I-7411, Rn 68.

768 EuGH, U v 12.6.2003, RS C-112/00, Eugen Schmidberger/Internationale Transporte und Planzüge/Republik Österreich, Slg 2003, I-5659, Rn 75; *Kadelbach/Petersen* Europäische Grundrechte als Schranken der Grundfreiheiten, EuGRZ 2003, 694; *Pasche* in Heselhaus/Nowak (Hrsg), HdB.EU-Grundrechte, § 4 Rn 92; *Schweitzer/Hummer/Obwexer* Europarecht, Rn 1133.

Teilbereich bei der Stilllegung von Kernanlagen ist dies unter dem Gesichtspunkt des Grundrechts auf Eigentum thematisiert worden.[769] In der Praxis sind ebenfalls die Fragen von Safeguard, von Kontroll- und Eingriffsmöglichkeiten gemäß Art 83 ff EA (bis hin zur Einsetzung einer befristeten neuen Geschäftsführung), als auch die Fragen des Geheimnisschutzes von Bedeutung. Bisher ist in der Judikatur[770] als auch in der Literatur[771] nur zu Fragen des Schutzes der Nachbarn und der Bevölkerung und Umwelt sowie der Betreiber bei Schließungen und Änderungen der Genehmigungsbescheide aus grundrechtlicher Sicht Stellung genommen worden.

B) Verhältnis EA zu den Grundrechten

Bei Schaffung der EA 1957 waren die Grundrechte nicht primär im Blickpunkt der Verfasser. Erst durch die Jahrzehnte lange Rechtsprechung des EuGH zu den Grundrechten im Hinblick auf dem EGV, EG und nunmehr AEUV, hat sich die gemeinschaftrechtliche Betrachtungsweise hiezu geändert.

Nach Art 6 Abs 1 EUV erkennt die Union die Rechte, Freiheiten und Grundsätze an, die in der Charta der Grundrechte der Europäischen Union vom 7. Dezember 2000 in der am 12. Dezember 2007 in Straßburg angepassten Fassung niedergelegt sind; die Charta der Grundrechte und die Verträge sind rechtlich gleichrangig. Durch die Bestimmungen der Charta werden die in den Verträgen festgelegten Zuständigkeiten der Union in keiner Weise erweitert. Die in der Charta niedergelegten Rechte, Freiheiten und Grundsätze werden gemäß den allgemeinen Bestimmungen des Titels VII der Charta, der ihre Auslegung und Anwendung regelt, und unter gebührender Berücksichtigung der in der Charta angeführten Erläuterungen, in denen die Quellen dieser Bestimmungen angegeben sind, ausgelegt.

---

769 *Schmidt-Preuß* Atomausstieg und Eigentum, NJW 2000,1524ff; *Koch* der Atomausstieg und der verfassungsrechtliche Schutz des Eigentums, NJW 2000, 1529ff; 1ff; *Kruis* Der gesetzliche Ausstieg aus der „Atomwirtschaft" und das Gemeinwohl, DVBl 2000, 441ff; *Ossenbühl* Verfassungsrechtliche Fragen eines Ausstiegs aus der friedlichen Nutzung der Kernenergie, AöR 124 (1999), 1ff; *Langenfeld* Die rechtlichen Rahmenbedingungen für einen Ausstieg aus der friedlichen Nutzung der Kernenergie DÖV 2000, 929ff.

770 EGMR, U v 26.8.1997, Balmer-Schafroth u.a./Schweiz, 67/1996/686/876; EGMR, U v 6.4.2000 = EuGRZ 1999, 183ff, Athanassoglou u.a./Schweiz, 27644/95.

771 *Schmidt-Preuß* Atomausstieg und Eigentum, NJW 2000,1524ff; *Koch* der Atomausstieg und der verfassungsrechtliche Schutz des Eigentums, NJW 2000, 1529ff; 1ff; *Kruis* Der gesetzliche Ausstieg aus der „Atomwirtschaft" und das Gemeinwohl, DVBl 2000, 441ff; *Ossenbühl* Verfassungsrechtliche Fragen eines Ausstiegs aus der friedlichen Nutzung der Kernenergie, AöR 124 (1999), 1ff; *Langenfeld* Die rechtlichen Rahmenbedingungen für einen Ausstieg aus der friedlichen Nutzung der Kernenergie DÖV 2000, 929ff.

Somit ist nunmehr auch explizit normiert, dass die Grundrechte Teil des Europäischen Primärrechts sind. Der Grundrechtsschutz ergibt sich aus Art 6 Abs 1 EUV als auch aus der EMRK, die in allen Mitgliedstaaten der EU national Anwendung findet (Art 6 Abs 2 EUV), und zu der die EU gemäß Art 6 Abs 2 EUV beitritt. Die zum EG entwickelte Grundrechtsjudikatur ist aber analog anwendbar.

Soweit ersichtlich hat bis zum heutigen Tage der EuGH sich nur einmal mit Grundrechten im Bereich des EA auseinandergesetzt.[772] Diese gelten auch für den gesamten Bereich des EA. Zwar enthält der EA keine eigenen grundrechtlichen Bestimmungen wie der AEUV (Art 18 – Gleichheitsgrundsatz ua), so bedeutet dies jedoch nicht, dass die dem EA Unterworfenen schutzlos sind. In Art106a EA ist geregelt, dass bestimmte taxativ aufgezählte Bestimmungen des EUV Teil des Euratom Rechtes geworden sind. Nicht darunter fällt die Bestimmung des Art 6 EUV. Es fehlt somit an einer ausdrücklichen Vorschrift über den Grundrechtsschutz in einer der Gründungsverträge auch nach dem Vertrag von Lissabon, als auch ist durch die neue geänderte Struktur durch die Herausnahme des EA aus dem bisherigen kohärenten System der Einheitlichkeit eine unechte Lücke geschaffen worden.

Vor dem In Kraft Treten des Vertrages von Lissabon galt Art 6 EUV (alt) auch für den Bereich des EA. Es ist davon auszugehen, dass die Autoren des Vertrages von Lissabon nicht den Grundrechtsschutz vermindern wollten. Sicher ist, dass die Grundrechte im Sinne des Schmidberger Urteils nach EMRK auch ohne ausdrückliche Erwähnung für den EA Gültigkeit haben. Die Frage der Geltung der GRC ist ebenfalls positiv zu beurteilen, da ansonsten es im Gesamtsystem des Grundrechtsschutzes Lücken bestehen würden. Nach Art 52 Abs 2 GRC gelten die in der Charta niedergelegten Rechte nur nach Maßgabe der in den Verträgen festgelegten Bedingungen und Grenzen.

C) EMRK

a) Einleitung

Am 4. November 1950 wurde die Europäische Konvention zum Schutz der Menschenrechte und Grundfreiheiten (EMRK) in Rom unterzeichnet. Sie trat am 3. September 1953 in Kraft, nach dem ihr 10 Staaten beigetreten waren. Heute sind alle Europaratsstaaten auch Vertragsparteien der EMRK. Die EMRK ist durch insgesamt 11 Protokolle ergänzt bzw. revidiert worden. Diese Revisionen oder Ergänzungen ergaben sich daraus, dass einerseits sich die Grundrechtsdogmatik weiterentwickelt hat, andererseits auch daraus, dass in der ursprünglichen Konvention Grundrechte nicht beinhaltet waren, die sich später als wichtig herausgestellt haben.

772 EuGH, U v 27.10.2009, RS C-115/08, ČEZ/Land Oberösterreich, Slg 2009, I-10265, Rn 91.

Es wurde sehr lange die Diskussion geführt, ob die Europäische Union als Ganzes der EMRK beitreten kann. Diese Diskussion wurde durch das Gutachten 2/94 des EuGH beendet, in dem er ausführte, dass ein Beitritt der Europäischen Union zur EMRK zu wesentlichen Änderungen des Gemeinschaftsrechtssystems führen würde.[773] Nichts desto trotz wurde in mehreren Urteilen immer wieder Judikatur des EGMR (Europäischer Gerichtshof für Menschenrechte) zitiert.

Die Grundrechte der EMRK, welche wie oben dargestellt, sind nunmehr Bestandteil des Europäischen Gemeinschaftsrechtes und zwar normenhierarchisch als Primärrecht.[774]

Die EMRK gilt somit materiell im gesamten Unions-Gebiet. Gemäß Art 20 AEUV gelten sie für alle Unions-Bürger. Für Nichtunions-Bürger sind sie ebenfalls anwendbar, soweit ein Bezug zum Gemeinschaftsrecht besteht.[775] Es fallen als Grundrechtsträger natürliche Personen, sämtliche juristischen Personen einschließlich der Personen des öffentlichen Rechts darunter.[776] Der Grundrechtsschutz bei der Errichtung und dem Betrieb von Nuklearanlagen umfasst nicht nur die betroffene Bevölkerung sondern auch die Errichter und Betreiber.[777]

Soweit ersichtlich hat der EGMR bis jetzt zweimal zur Frage der Bewilligungen von Kernkraftwerken entschieden.[778] Beide Klagen wurden mangels Verletzung der EMRK abgewiesen.

b) Recht auf Leben (Art 2)

Art 2 EMRK garantiert den gesetzlichen Schutz des Rechts auf Leben.[779] Diese Bestimmung ist streng auszulegen, denn sie stellt eines der wichtigsten Grundrechte und überhaupt einen Grundwert des Rechtsstaates dar.[780] Nach der Ansicht von Villiger und Kneihs ergibt sich aus Art 2 die Verpflichtung, Gesetzesbestimmungen zum Schutz des Lebens zu schaffen.[781] Die bisherige Judikatur des EGMR beschäftigte sich mit Fragen die von der Gewaltanwendung von Behörden gegenüber Einzelpersonen, die zum Tod dieser geführt haben.[782]

---

773 EuGH, Gutachten 2/94 v.28. März 1996, Slg 1996, I-1759.

774 EuGH, U v 12.6.2003, RS C-112/00, Eugen Friedberger/Internationale Transporte und Planzüge/Republik Österreich, Slg 2003, I-5659.

775 EuGH, U v 13.12.1989, RS 100/88, A. Oyowe und A. Traore/Kommission, Slg 1989, 4285 Rn 16.

776 So *Beutler* in von der Groeben/Schwarze (Hrsg.), Kommentar[6], Art 6 EU Rn 66.

777 *Weber* Regelungs- und Kontrolldichte im Atomrecht, 62ff.

778 EGMR, U v 26.8.1997, Balmer-Schafroth u.a./Schweiz, 67/1996/686/876; EGMR, U v 6.4.2000 = EuGRZ 1999, 183ff, Athanassoglou u.a./Schweiz, 27644/95.

779 So *Villiger* HdB der Europäischen Menschenrechtskonvention (EMRK)[2], Rn 264.

780 *Villiger* aaO.

781 *Kneihs,* Schutz von Leib und Leben und Achtung der Menschenwürde, in HGR VII/1, § 189 Rn 12.

782 *Villiger* aaO, Rn 267.

Sowohl der EGMR[783] als auch der EuGH[784] haben sich mit dem Schutz des Lebens betreffend der Abtreibung von ungeborenen Kindern auseinandergesetzt. Beide Gerichte kamen zum Schluss, dass das Abtreiben nicht gegen Art 2 EMRK verstoße. In der Bundesrepublik Deutschland kam es Ende 70er und Anfang der 80er Jahre zu einer Diskussion, ob aus dem verfassungsgesetzlich geschützten Recht auf Leben, ein Verbot des Betriebs von Kernkraftwerken ableitbar sei. Dies wurde verneint. Obzwar dieses Grundrecht Maßnahmen verbietet, die auch in der Zukunft Eingriffe in dieses Grundrecht vermuten lassen, so kann dennoch nicht ausgehend von Risikobewertungen gesprochen werden, dass damit dieses Grundrecht verletzt wird.[785]

Aus diesen Entscheidungen ist der Schluss zu ziehen, dass Art 2 EMRK nicht die friedliche Verwendung von Nukleartechnologie, insbesondere zur Stromerzeugung verbietet. Eine Berufung auf Art 2 EMRK geht daher ins Leere.

c) Art 8 EMRK

Art 8 EMRK regelt die Achtung des Privat- und Familienlebens der Wohnung des Briefverkehrs.

Ab 1990 stützte der EMGR seine umweltbezogene Spruchpraxis auf einer am Persönlichkeitsrecht orientierten Auslegung der Wohnung, als der räumlichen Privatsphäre.[786] Später wurde die Judikatur ausgedehnt, in dem auch mögliche Gesundheitsbeeinträchtigungen außerhalb der eigenen Wohnung als Verletzung des Privat- oder Familienlebens für möglich gehalten worden sind.[787] Seit dem Fall Guerra[788] ist es unumstritten, dass aus Artikel 8 EMRK ein Anspruch auf ausreichende staatliche Information über Störfälle in einer nahegelegenen Anlage abgeleitet werden kann und somit auch umweltrechtliche Schutzpflichten bestehen.[789]

Jüngst hat der EGMR in der Rechtssache Tatar[790] ausgeführt, dass eine Verpflichtung der Staaten besteht, die Einwohner in der Umgebung von Anlagen, die ein Risi-

---

783 EGMR 8416/79, Paton/Großbritannien, DR 19 S244; 17004/19, X gegen Norwegen, DR 73 S 155, uva.

784 EuGH, U v 4.10.1991, RS C-159/89, Society for the protection of unborn children Ireland/S Grogan ua., Slg 1991, I-4685.

785 *Weber* Regelungs- und Kontrolldichte im Atomrecht, 55ff.

786 EGMR (1994), Series A No. 303-C-Lopez Ostra/Spanien; *Marauhn* in Heslhaus/Nowak, Handbuch der europäischen Grundrechte, § 19 Rn 29; *Villiger* HdB der Europäischen Menschenrechtskonvention (EMRK)², Rn 563.

787 *Marauhn* in Heslhaus/Nowak, Handbuch der europäischen Grundrechte, § 19 Rn 29.

788 EGMR (1998), 116/1996/735/932, Guerra ua/Italien = ÖJZ 1999, 33.

789 *Marauhn* in Heslhaus/Nowak, Handbuch der europäischen Grundrechte, § 19 Rn 29; *Villiger* HdB der europäischen Menschenrechtskonvention (EMRK)², Rn 563.

790 EGMR (27.1.2009), 67021/01, Tatar /Rumänien = RdU 2009/84.

ko darstellen können, über die aus dem Betrieb der Anlage einhergehenden Risken im vorhinein zu informieren, sowie die Verpflichtung zur Setzung vernünftiger und angemessener Maßnahmen zum Schutz ihrer Rechte sowohl vor der Inbetriebnahme der Anlage als auch nach einem allenfalls erfolgten Unfall zu treffen. Dies hat zur Folge, dass eine umfassende Informationspflicht der Genehmigungswerber gegenüber den Behörden als auch gegenüber der Bevölkerung besteht.

d) Abweichen im Notstandsfall (Art 15)

Art 15 EMRK gestattet einem Staat, im Falle eines Notstandes einzelne EMRK Verpflichtungen außer Kraft zu setzen. Die Bestimmung sieht nur vorübergehende punktuelle Maßnahmen vor, die überdies vom betreffenden Staat laufend auf ihre Notwendigkeit hin im Lichte der jeweiligen Umstände überprüft werden müssen.[791] Außer Kraft gesetzt können gemäß Art 15 Abs 2 EMRK alle Garantien außer die sogenannten Notstandsfesten, das sind die gemäß Art 2 EMRK, Art 3 EMRK, Art 4 Abs 1 EMRK, Art 7 des 6. Protokoll (Verbot der Todesstrafe), sowie Art 4 des 7. Protokoll (Ne bis in Idem). Voraussetzung ist, dass ein Krieg oder eine anderer öffentlicher Notstand gegeben ist, und es sich um eine außergewöhnliche, dringliche Situation handelt, welche die gesamte Bevölkerung betrifft, und eine aktuelle oder unmittelbar bevorstehende Gefahr für das gesamte staatliche Gemeinwesen darstellt.[792] Weiters besteht die Einschränkung, dass diese Maßnahmen nur in dem Umfang erfolgen dürfen, den die Lage unbedingt erfordert.

Aus dieser engen Bestimmung des Art 15 EMRK ist ein Ausschluss der Grundrechte ausgenommen bei den schwerwiegenden nuklearen Störfall ausgeschlossen. Somit sind sämtliche Grundrechte der EMRK auch im Europäischen Nuklearrecht zu beachten. Bei einem schwerwiegenden Störfall (Gau, Supergau) ist eine Einschränkung der Grundrechte nur unter Abwägung und unter Berücksichtigung der Verhältnismäßigkeit möglich. Die gerichtliche Überprüfung dieser Einschränkung steht immer offen und darf ebenfalls nicht eingeschränkt werden, da der EuGH Hüter der Verträge als auch Wahrer des Rechts ist.

e) Schutz des Eigentums (Art 1 1. ZP)

Der Schutz des Eigentums ist eines der zentralen Grundrechte des Gemeinschaftsrechtes. Das Recht auf Eigentum ist eines der ältesten Grundrechte. Im Zusammenhang mit der friedlichen Nutzung der Kernenergie wurde dieses zuerst bei Durchsetzung der Interessen der Nachbarn – Gegner – releviert und angewendet. Umweltschutzmaßnahmen können sehr wohl einen Eingriff in das Eigentumsrecht darstellen, der

---

791 So *Villiger* HdB der Europäischen Menschenrechtskonvention (EMRK)², Rn 698.
792 EGMR, Lawless/Ireland/NR.3, § 28; Aksoy/Türkei, Hiports 1996-VI, S2281, § 70.

EGMR hat in einer Anzahl von Entscheidungen eine Tendenz zu Gunsten des Umweltschutzes gerichtet.[793]

Der EuGH hat in ständiger Rechtsprechung seit dem Urteil Nold das Grundrecht des Eigentums anerkannt.[794] Grundlage hierfür ist sowohl das erste Zusatzprotokoll der EMRK als auch der Eigentumsschutz gemäß den einzelnen mitgliedstaatlichen Verfassungen. Unter den Schutzbereich fällt das Sacheigentum[795] als auch Rechte jedweder Art.[796] Bemerkenswert ist, dass der EuGH nicht das Vermögen an sich unter den Eigentumsschutz stellt.[797] Im Grunde nach folgt der EuGH der Judikatur des EGMR, wobei anzumerken ist, dass unter dem Begriff „Eigentum" alle wohlerworbenen Rechte (acquired rights, droits acquis) zu verstehen sind.[798] Nach der Judikatur des EuGH sind Nutzungsbeschränkungen zulässig, wenn sie dem Gemeinwohl dienen, verhältnismäßig und vor allem nicht offensichtlich ungeeignet sind, und das Eigentumsrecht nicht in seinem Wesensgehalt berühren.[799] Nach ständiger Rechtsprechung und Lehre ist ein Eigentumseingriff nur dann zulässig, wenn dieser auf einer gesetzlichen Grundlage beruht, im öffentlichen Interesse und verhältnismäßig ist und angemessen entschädigt wird.

Das Grundrecht auf Eigentum schützt einerseits die Betreiber von Kernkraftwerken und anderen nuklearen Anlagen als auch die Anrainer.

Im Bereich des EAs auf Grund des materieneigenen Wirtschafts- und Rechtsbereichs, der auch durch „Zwangslizenzen" (Art 12 EA), durch die Möglichkeit der Verteilung der Ressourcen, als auch durch Sicherheitsbestimmungen für die Unternehmer in der Nuklearindustrie Eingriffe in deren Eigentumsrechte bringen kann, stellt sich die Frage, wie weit die Betreiber in ihrem Grundrecht auf Eigentum eingeschränkt werden. Diesbezüglich ist darauf zu verweisen, dass auf Grund des Gemeinwohls die Errichtung und der Betrieb einer nuklearen Anlage gegenüber den Anrainern nicht einen Eingriff in deren geschütztes Grundrecht darstellt.

Das Eigentumsrecht wurde hinsichtlich der Frage der Zulässigkeit des Ausstiegs aus der Kernenergie heftig diskutiert.[800] In der deutschen Diskussion wurden das

---

793 *Desmet* Balancing Conflicting Goods The European Human Rights Jurisprudence on Enviromental Protection, JEEPL 7-3 (2010), 307, insbesonders die in FN 17 zitierte Judikatur.

794 EuGH, U v 14.5.1974, RS 4/73, Nold, Slg 1974, 491; EuGH, U v 13.12.1979, RS 44/79/Hauser, Slg 1979, 3727; EuGH U v 11.7.1989, RS 265/87, Schräder, Slg 1989, 2237; EuGH U v 15.4.1997, RS C-22/94, Irish Farmers Association, Slg 1997, I-1809 uva.

795 EuGH, U v 13.12.1979, RS 44/79 Hauser, Slg 1979, 3727, Rn 17.

796 EuGH, U v 28.4.1998, RS C-200/96, Metronome Musik, Slg 1998, I-1953, Rn 21.

797 EuGH U v 21.2.1991, RS C-143/88, Zuckerfabrik Süderdithmarschen, Slg 1991, I-415, Rn74.

798 So *Villiger* HdB der Europäischen Menschenrechtskonvention (EMRK)², Rn 669.

799 So *Beutler* in von der Groeben/Schwarze (Hrsg.), Kommentar⁶, Art 6 EU Rn 80.

800 Siehe u a *Schmidt-Preuß* Atomausstieg und Eigentum, NJW 2000,1524ff; *Koch* der Atomausstieg und der verfassungsrechtliche Schutz des Eigentums, NJW 2000, 1529ff; *Koch* Neue Energiepolitik und Ausstieg aus der Kernenergie, NZwZ 2000, 1ff; *Kruis* Der gesetzliche Ausstieg aus

Eigentum und die Betriebserlaubnis von Kernkraftwerken als Eigentumsrecht gewertet, welches durch das Grundrecht geschützt ist.[801] Eine Verkürzung der befristeten Betriebsgenehmigungen würde daher einen Eingriff in das Grundrecht der Kraftwerksbetreiber bedeuten. Ein solcher Eingriff muss einer entsprechenden Begründung unterliegen. Ein Paradigmenwechsel und eine neue politische Bewertung von altbekannten Fakten führt nicht zu einem zulässigen Eingriff in das Eigentumsrecht der Betreiber.[802]

Grundrechtlich geschützt sind neben den Betreibern von Kernkraftwerken und sonstigen nuklearen Anlagen auch die Nachbarn solcher Anlagen. Durch die Errichtung einer solchen Anlage kann sehr wohl in deren Grundrecht auf Eigentum eingegriffen werden. Zwar wurde der EGMR in zwei Fällen mit der Frage des Eingriffes in das Grundrecht durch die Errichtung und den Betrieb von Kernkraftwerken befasst, es ist jedoch nie die Frage des Eigentumsrechtes releviert worden.[803] Grundsätzlich greift die Errichtung eines Kernkraftwerkes bzw. anderer nuklearer Anlagen nicht in das Eigentumsrecht von Nachbarn ein, jedoch kann ein solcher Eingriff entstehen, wenn eine solche Anlage nicht dem Stand der Technik entspricht und somit eine Gefährdung des Eigentums als auch des Lebens und der Gesundheit der Nachbarn mit sich bringt. Der Begriff des „Nachbarn" ist jedoch diesbezüglich weit zu sehen. Es sind nicht nur die unmittelbaren Anrainer davon betroffen, sondern grundsätzlich jeder, der sich im Einzugsbereich eines Kernkraftwerkes oder einer anderen nuklearen Anlage befindet.

Das Völkerrecht als auch der EA sehen verschiedene Maßnahmen vor, die stark in den Betrieb eingreifen können. Zuallererst sind die Safeguard Maßnahmen zu erwähnen. Weiters von Bedeutung – dies ist in der Praxis schon vorgekommen- ist die Ersetzung einer geschäftlichen Leitung durch die Kommission (Art 83 EA).[804] Obzwar die Anhörung in einem solchen Verfahren nicht ausdrücklich vorgesehen ist, so hat die Kommission im Verfahren Lingen dieses Recht dem Unternehmen ein-

---

der „Atomwirtschaft" und das Gemeinwohl, DVBl 2000, 441ff; *Huber* Restlaufzeiten und Strommengenregelungen, DVBl 2003, 157ff; *Binder* Ausstieg aus der zivilen Nutzung der Kernenergie durch Recht oder Wettbewerb?, DÖV 2001, 1025ff; *Ossenbühl* Verfassungsrechtliche Fragen eines Ausstiegs aus der friedlichen Nutzung der Kernenergie, AöR 124 (1999), 1ff; *Langenfeld* Die rechtlichen Rahmenbedingungen für einen Ausstieg aus der friedlichen Nutzung der Kernenergie DÖV 2000, 929ff; *Wagner* Ausstieg aus der Kernenergie durch Verwaltungsakt? DÖV 1987, 524ff; *Lukes* Rechtsfragen eines Verzichtes auf die friedliche Nutzung der Kernenergie, BB 1986, 1305ff; uva.

801 So unter vielen anderen *Ossenbühl* AÖR 124 (1999), 28f.

802 *Kruis* aaO.

803 EGMR, U v 26.8.1979, Balmer-Schafroth und andere/Schweiz, 67, 1996/686/876; U v 6.4.2000, Athanassoglou und andere/Schweiz, Nr 27644/95.

804 90/413/Euratom: Entscheidung der Kommission vom 1. August 1990 über ein Verfahren nach Art 83 EA (XVII-001-Lingen), ABl Nr L 209 vom 8.8.1990, S 27.

geräumt. Grundrechtlich ist dies in Art 6 EMRK niedergelegt. Die Einsetzung einer einstweiligen Unternehmensführung stellt einen Grundrechtseingriff dar, der jedoch auf Grund der Schwere des Vergehens als Strafmaßnahme zulässig angesehen wird. Da diese Maßnahme die schwerste Sanktion nach den Bestimmungen des EA darstellt, ist die Anwendung dieser Maßnahme nur gerechtfertigt, wenn das Vergehen keine andere Sanktion zulässt.

Grundlage von Safeguard ist einerseits das Abkommen zwischen den Mitgliedstaaten der Europäischen Union, Euratom und der IAEO in Verbindung mit dem NPT,[805] andererseits die VO 303/2005.[806] Die Maßnahmen stellen einen erheblichen Eingriff in die Führung und den Betrieb von solchen Anlagen dar, da sie auch weit in die Verfügbarkeit und Verwendung von Kernmaterial und Technologien eingreifen. Die Safeguardmaßnahmen unterteilen sich einerseits in solche, die von der IAEO durchgeführt werden, andererseits in solche, die in der Verantwortlichkeit von Euratom liegen.

Die VO 303/2005 gilt für Personen und Unternehmen, die eine Anlage zur Erzeugung, Trennung, Wiederaufbereitung, Lagerung oder sonstige Verwendung von Ausgangsmaterial oder besonders spaltbaren Stoffen errichten oder betreiben. Die in diesen Normen zu Grunde liegenden Verpflichtungen verlangen von den betroffenen Personen und Unternehmen eine Offenlegungs- als auch Beteiligungspflicht an den Untersuchungen. Dies kann einen Eingriff in die Unternehmensführung und somit einen Grundrechtseingriff darstellen. Anzumerken sei, dass auf Grund der spezifischen Eigenart des Nuklearrechts solche Eingriffe systemimmanent und somit gerechtfertigt sind.

Die Schaffung von gemeinsamen Unternehmen stellt durch die Gewährung von Steuerprivilegien gemäß Anhang III des EA einen Eingriff in die Steuerhoheit der Gebietskörperschaften dar. Der Rat ist in seinem Beschluss gemäß Art 48 EA frei. Die Einschränkung des Rechts Steuern zu erheben, ist ebenfalls als Eingriff in das

---

805 Übereinkommen zwischen dem Königreich Belgien, dem Königreich Dänemark, der Bundesrepublik Deutschland, Irland, der Italienischen Republik, dem Großherzogtum Luxemburg, dem Königreich der Niederlande, der Europäischen Atomgemeinschaft und Internationalen Atomenergie Organisation in Ausführung von Artikel III Absätze 1 und 4 des Vertrages über die Nichtverbreitung von Kernwaffen, ABl L 51 vom 22.2.1978, S 1= BGBl 1974, II, 794ff, sowie das Zusatzprotokoll zum Übereinkommen zwischen dem Königreich Belgien, dem Königreich Dänemark, der Bundesrepublik Deutschland, der Republik Finnland, der Griechischen Republik, Irland, der Italienischen Republik, dem Großherzogtum Luxemburg, dem Königreich der Niederlande, der Republik Österreich, der Portugiesischen Republik, dem Königreich Schweden, dem Königreich Spanien, der Europäischen Atomgemeinschaft, und der Internationalen Atomenergie-Organisation in Ausführung von Artikel III Absätze 1 und 4 des Vertrages über die Nichtverbreitung von Kernwaffen, 1999/188/Euratom, ABl Nr L 67 vom 13.3.1999, S 1.

806 Verordnung (Euratom) Nr 303/2005 der Kommission vom 8. Februar 2005 über die Anwendung der Euratom-Sicherungsmaßnahmen, ABl Nr L 54 vom 28.2.2005, S 1.

Grundrecht der Körperschaften, welche die Steuerhoheit haben, zu sehen. Der Begriff „der Steuern", welche im Anhang III aufgezählt sind, ist gemeinschaftsrechtlich auszulegen.[807]

Nach ständiger Rechtsprechung des EuGH dürfen die Handlungen der Gemeinschaftsorgane nach dem Grundsatz der Verhältnismäßigkeit, der zu den allgemeinen Grundsätzen des Gemeinschaftsrechts gehört, nicht die Grenzen dessen überschreiten, was zur Erreichung der mit der fraglichen Regelung zulässigerweise verfolgten Ziele geeignet und erforderlich ist. Dabei ist, wenn mehrere geeignete Maßnahmen zur Auswahl stehen, die am wenigsten belastende zu wählen; ferner müssen die verursachten Nachteile in angemessenem Verhältnis zu den angestrebten Zielen stehen.[808]

D) Charta der Grundrechte der Europäischen Union

a) Einleitung

Die am 7. Dezember 2000 in Nizza proklamierte Charta der Grundrechte der Europäischen Union (ABl. C 364, S 1, im Folgenden: Grundrechtecharta) ist als nicht unmittelbares justiziables sondern als politisches Instrument geschaffen worden.[809] Die Judikatur des EuGH sah die GRC zuerst als Auslegungshilfe an, entwickelte jedoch eine eigene Auslegung und Wertung dieser. Dies ist der Nachweis, dass der EuGH bei der Ausübung seiner Rechtsprechungstätigkeit die politischen Formelkompromisse der Politik entlarvt.[810]

Art 6 in der Fassung des Vertrages von Lissabon lautet wie folgt: „Die Union erkennt die Rechte, Freiheiten und Grundsätze an, die in der Charta der Grundrechte der Europäischen Union vom 7. Dezember 2000 in der am 12. Dezember 2007 in Straßburg angepassten Fassung niedergelegt sind; die Charta der Grundrechte und die Verträge sind rechtlich gleichrangig. Durch die Bestimmungen der Charta werden die in den Verträgen festgelegten Zuständigkeiten der Union in keiner Weise erweitert. Die in der Charta niedergelegten Rechte, Freiheiten und Grundsätze werden gemäß den allgemeinen Bestimmungen des Titels VII der Charta, der ihre Auslegung und Anwendung regelt, und unter gebührender Berücksichtigung der in der

---

807 Schlussanträge von GA Geelhoed v 1.12.2005, RS C-65/04, Kommission/Vereinigtes Königreich, Slg 2006, I-2241ff.

808 EuG, U v 13.11.1990, RS 331/88, Fedesa ua, Slg 1990, I-4023, Rn 13; EuGH, U v 16.12.1999, RS C-101/98, UDL, Slg 1999, I-8841, Rn 30; EuGH, U v 12.3.2002; RS verb. C-27/00 und C-122/00,Omega Air Ltd u a, Slg 2002, I-2569, Rn 62.

809 *Schärf* Grundrechte in der EU, ecolex 2004, 669; *Manhardt/Maurer* EU-Verfassungsvertrag und Grundrechtscharta, MRM 2005, 163.

810 *Engel* ZUM 2000, 985.

Charta angeführten Erläuterungen, in denen die Quellen dieser Bestimmungen angegeben sind, ausgelegt". Adressaten der Grundrechtsverpflichtungen sind die Mitgliedstaaten in Vollziehung der unionrechtlichen Verpflichtungen als auch die Organe der EU und von Euratom.[811] Eine Bindung Privater an die GRC wird heute überwiegend abgelehnt.[812]

Mit der Schaffung des Vertrages von Lissabon wurde die GRC in justiziables Recht umgewandelt. Vorausgeschickt muss werden, dass justiziable Grundrechte erhebliche Auswirkungen auf das Institutionsgefüge in der Gemeinschaft selbst, im Verhältnis zu den Mitgliedstaaten und im Inneren selbst haben.[813] Ausgehend von der bisherigen Judikatur des EuGH ist von einer intensiveren inhaltlichen Auseinandersetzung mit den (neuen) Grundrechten im Verhältnis zum EA zu rechnen. Obzwar die Grundrechte nach der GRC unter einem Gesetzesvorbehalt stehen, so ist im Hinblick auf eine gemeinschaftliche Judikatur von einer neuen Entwicklung auch im Bereich des EA auszugehen.

b) Würde des Menschen (Art 1)

Die Würde des Menschen ist nicht in allen europäischen Verfassungsnormen ausdrücklich geschützt. In Deutschland ist diese in Art 1 GG ausdrücklich erwähnt, während in Österreich diesbezüglich kein expliziter Hinweis zu finden ist. Auch in der EMRK ist die Menschenwürde auch explizit nicht erwähnt.

Artikel 1 GRC knüpft an die Präambel der allgemeinen Erklärungen der Menschenrechte von 1948 an und bildet einen Bezugspunkt für die Auslegung der durch die Charta geschützten Rechte.[814] Sie hat einen geringen eigenständigen Gehalt, ist jedoch zur Auslegung der weiteren Grundrechte von grundlegender Bedeutung.[815] Im Hinblick darauf, dass die Nukleartechnologie eine potentielle Gefährdung darstellt, sind auch die Normen des EA als auch die darauf erlassenen Verordnungen, Richtlinien und Beschlüsse immer im Hinblick auch auf die GRC zu sehen und zu interpretieren. Es ist jedoch darauf hinzuweisen, dass aus Art 1 GRC kein Verbot der Anwendung von Nukleartechnologie bzw. der Erzeugung von elektrischer Energie aus Kernspaltung heraus zu lesen ist. Die Würde des Menschen bedeutet lediglich, dass die Verwendung der Nukleartechnologie nur nach dem Stand der Technik zu

---

811 *Caliess* in Caliess/Ruffert (Hrsg), EUV/AEUV⁴, Art 1 GRC Rn 6; *Cremer* Grundrechtsverpflichtete und Grundrechtsdimensionen nach der Charta der Grundrechte der Europäischen Union, EuGRZ 2011, 545.

812 *Cremer* EuGRZ 2011, 545.

813 *Engel* ZUM 2000, 984.

814 *Beutler* aaO, Rn 125.

815 EuGH, U v 9.10.2001, RS C-377/98, Niederlande/Parlament und Rat, Slg 2001, I-7079, Rn 70; *Beutler* aaO, Rn 125; *Streinz* in Streinz, EUV/EGV Art 1 GR-Charta, Rn 5; *Caliess* in Caliess/Ruffert (Hrsg), EUV/AEUV^{4}, Art 1 GRC Rn 17.

erfolgen hat, und die diesbezüglich entsprechenden Rahmenbedingungen für die Sicherheit eingehalten werden müssen.

c) Recht auf unternehmerische Freiheit (Art 16 GRC)[816]

Dieses Recht besagt, dass diese Freiheit nach dem Unionsrecht, den einzelstaatlichen Rechtsvorschriften und den Gepflogenheiten gewahrt werde. Ein materieller Gesetzesvorbehalt ist in dieser Bestimmung nicht zu finden, aber interessanterweise ein Verweis auf das nationale Recht und „Gepflogenheiten". Der Begriff „Gepflogenheiten" heißt in der englischen Version „practices", auf Französisch „pratiques". GA Alber führte in seinen Schlussanträgen in der Rechtssache „Baars" aus, dass die Vorschriften über die Grundfreiheiten die Freiheit eines Verhaltens unter einen bestimmten Aspekt regeln.[817] Der EuGH hat in seiner Rechtsprechung verschiedene Terminologien für dieses Grundrecht verwendet, einerseits „wirtschaftliche Handlungsfreiheit",[818] andererseits „grundrechtliche Handelsfreiheit",[819] die beide inhaltlich gleich sind.[820]

Die freie Berufsausübung gehört zu den allgemeinen Grundsätzen des Gemeinschaftsrechts. Dasselbe gilt für die unternehmerische Freiheit, die sich mit der Berufsausübungsfreiheit überschneidet. Diese Freiheiten gelten jedoch nicht schrankenlos, sondern müssen im Hinblick auf ihre gesellschaftliche Funktion gesehen werden. Zunächst ist davon auszugehen, dass die freie Berufsausübung „keine uneingeschränkte Geltung beanspruchen" kann, sondern „im Hinblick auf ihre gesellschaftliche Funktion gesehen werden" muss. „Folglich [kann] ... die freie Berufsausübung ... Beschränkungen unterworfen werden, sofern diese Beschränkungen tatsächlich dem Gemeinwohl dienenden Zielen der Gemeinschaft entsprechen und nicht einen im Hinblick auf den verfolgten Zweck unverhältnismäßigen, nicht tragbaren Eingriff darstellen, der die so gewährleisteten Rechte in ihrem Wesensgehalt antastet.[821]

---

816 Siehe dazu: *Jarass* Die Gewährleistung der unternehmerischen Freiheit in der Grundrechtscharta, EuGRZ 2011, 360ff.

817 Schlussanträge des GA Alber, v. 14.10.1999, RS C-251/98, Baars, Slg 2000, I-2787, RN 14.

818 EuGH, U v 22.4. 1999, RS C-161/97 P, Kernkraftwerke Lippe-Ems GmbH/Kommission, Slg 1999, 2057, Rn 101.

819 EuGH, U v 14.5. 1974, RS 4/73, Nold, Slg. 1974, 491, Rn 14; EuGH, U v 7.2.1985, RS 240/83, ADBHU, Slg. 1985, 531, Rn 9.

820 Schlussanträge der GA Stix-Hackl, v.30.3.2004, verb RS C-184/02 und 223/02, Spanien und Finnland/Parlament und Rat, Slg 2004, I-7789, Rn 105.

821 EuGH, U v 14.5.1973, RS 4/73, Nold, Slg 1974,491, Rn. 14, EuGH, U v 11.7.1989, RS 265/87, Schräder, Slg 1989, 2237, Rn 15; EuGH, U v 13. 7.1989, RS 5/88, Wachauf, Slg 1989, 2609, Rn 18; EuGH, U v 10.1.1992, RS C-177/90, Kühn, Slg 1992, I-35, Rn16; EuGH, U v 5.10. 1994, RS C-280/93, Deutschland/Rat, Slg 1994, I-4973, Rn 78; EuGH, U v 13.12.1994, RS C-306/93, SMW

Die Errichtung und der Betrieb von zivilen nuklearen Anlagen ist im Rahmen der internationalen Normen und des Gemeinschaftsrechts zulässig. Dieses Grundrecht beginnt mit der Planung und dem Bau und endet mit der Schließung. Zwangsweise Schließungen stellen ebenfalls einen Grundrechtseingriff dar, wenn diese nicht entsprechend sachlich gerechtfertigt sind.

d) Recht auf Nachhaltigkeit (Art 37 GRC)

Dieses Recht ist kein Grundrecht im engerem Sinne, sondern ein Grundsatz, der eine Staatenverpflichtung enthält.[822]

Der EuGH hat im Urteil ADBHU ausgeführt, dass der Umweltschutz „ein wesentliches Ziel der Gemeinschaft" sei.[823] Die Frage des Umweltschutzes ist auch in allen anderen Staaten, die den Ausbau der Nuklearenergie betreiben, eine wichtige Frage, die vor allem auch verfahrensrechtlich alle Beteiligten vor schwierige Fragen stellt.[824]

Eine allgemein gültige Definition des Begriffes „Nachhaltigkeit" besteht nicht. Er ist rechtlich autonom, unbelastet von verschiedenen Ansätzen und Ideen zu interpretieren.

Diese Regelungen rückten den Umweltschutz in das Zentrum der Gemeinschaftstätigkeit, der diese inspiriert und prägt, worauf der EuGH im Urteil Kommission/Rat[825] hingewiesen hat, und mit der Unterzeichnung des EU-Vertrags in Maastricht ist der Umweltschutz zu einem Ziel der Gemeinschaft geworden".[826] Durch den Vertrag von Lissabon ist der Gedanke der Statuierung des Umweltschutzes als Zielbestimmung verstärkt worden. Die Definition des Begriffes „Umweltschutzes" ist in diesem Zusammenhang eine gemeinschaftsrechtliche und keine ideologische, politische oder nationale.

Dies hat jedoch nicht zur Folge, dass somit die friedliche Nutzung der Kernenergie unzulässig geworden ist. Diese „Umweltschutz-Regelung" ist eine Zielbestimmung, die friedliche Nutzung der Kernenergie ist im EA ausdrücklich geregelt und gestattet. Die Anwendung der Technologie hat immer diese Zielbestimmung im Auge zu behalten und zur Einhaltung dieses Zieles sind die von den Behörden auferlegten

---

Winzersekt, Slg 1994, I-5555, Rn 22; EuGH, U v 17. 10.1995, RS C-44/94, National Federation of Fishermen's Organizations u a, Slg 1995, I-3115, Rn 55; EuGH, U v 28.4.1998, RS C-200/96, Metronome Musik GmbH, Slg 1998, I-1953, Rn 21; EuGH, U v 9.9.2004, RS C-184/02 und 223/02, Spanien und Finnland/Parlament und Rat, Slg 2004, I-7789, Rn 51f.

822 *Jarass* Der neue Grundsatz des Umweltschutzes im primären EU-Recht, ZUR 2011, 563ff mwN.

823 EuGH, U v 7.2.1985, RS 240/83, ADBHU, Slg. 1985, 531, Rn13.

824 *Berger* Enviromental Law Developments in Nuclear Energy, NLB 81 (2008), 55ff.

825 EuGH, U v 11.6.1991, RS C-300/89, Kommission/Rat, Slg. 1991, I-2867, Rn 22, 24.

826 Schlussanträge des GA Colmer vom 26.5.2005, RS C-176/03, Kommission/Rat, Slg 2005, I-7879, Rn 52ff.

Verpflichtungen von diesen auch entsprechend zu überprüfen und Verstöße gegen diese entsprechend zu sanktionieren.

Diesem Recht ist daher aus gutem Grund die Justiziabilität abgesprochen worden.[827] Nichtsdestotrotz hat sich die Ansicht herausgebildet, dass eine gemeinschaftsverfassungsrechtliche Gleichrangigkeit von Umweltschutz Markt- und Wettbewerbsfreiheit bestehe.[828]

GA Colomer hat im Jahre 2000 in seinen Schlussanträge in der Rechtssache Kommission/Italien ausgeführt, dass „Der Umweltschutz nimmt gegenwärtig einen überragenden Platz innerhalb der Gemeinschaftspolitiken ein.

Auf Grund der Objektivierung dieses Grundrechts kann nur der Schluss gezogen werden, dass der EuGH eine Abwägung dieses in Verbindung mit den anderen Freiheiten und Rechten vornehmen wird.

Bei Anwendung des EA stellt sich daher vorab die Frage, ob durch dieses Grundrecht die friedliche Nutzung der Nuklearenergie als auch für Frankreich und das Vereinigte Königreich die militärische Nutzung der Nukleartechnologie unmöglich gemacht wird. Da der EA genauso wie die GRC europäisches Primärrecht darstellt, ist aus dem Blickpunkt der Normenhierachie die Gleichrangigkeit anzuerkennen. Der EA und die darauf basierende Judikatur des EuGH verbieten nicht die friedliche Nutzung, sondern stellen gewisse rechtliche Rahmenbedingungen auf. Durch die GRC wird der EA materiell nicht derogiert, sondern ergänzt. Dies bedeutet, dass zukünftig bei der Anwendung des EA die GRC Berücksichtigung finden muss. Es ist immer eine Abwägung vorzunehmen. Die militärische Nutzung ist nach der Judikatur außerhalb des Rahmens des EA.[829]

Die friedliche Nutzung der Kernenergie ist somit nicht verboten. Zukünftig wird bei der Anwendung des EA als des auf Grund dessen erlassenen Sekundärrechts die Frage des Umweltschutzes bei der Entscheidungsfindung Berücksichtigung finden müssen. Aus diesem Grundrecht ist jedoch kein Verbot der friedlichen Nutzung der Kernenergie ableitbar. Bei der Genehmigung von neuen Anlagen oder für die Erweiterung und Modernisierung bestehender ist im Verfahren und bei der Entscheidung dieses Grundrecht mit zu berücksichtigen.

---

827 *Caliess* in Caliess/Ruffert (Hrsg), EUV/AEUV[4], Art 37 GRC Rn 4; *Jarass* ZUR 2011, 563.

828 *Nowak* in Heselhaus/Nowak, Handbuch der Europäischen Grundrechte , § 60 Rn 25.

829 EuGH, U v 12.4.2005, RS C-61/03, Kommission/Vereinigtes Königreich, Slg 2005, I-2477; *Jans* Milieu en recht 2005, 372; Gervasoni Le traité Euratom ne s'applique pas aux activités nucléaires militaires, Revue française de droit administratif 2005, 828ff; *Breda* Alla ricerca del delicato equilibrio tra protezione della salute e difesa della sicurezza nazionale nell'ambito del Trattato – Euratom, Diritto pubblico comparato ed europeo 2005, 1126ff; ebenso EuGH, U v 9.3.2006, RS C-65/04, Kommission/Vereinigtes Königreich, Slg 2006 I-2239; zu der vorangegangenen Diskussion: *Kimmich* ZARÖV 1973, 662ff.

e) Recht auf Zugang zu Dokumenten (Art 42)

Von besonderer Bedeutung im Bereich des EA ist Art 42 GRC, der seine ergänzende Entsprechung in Art 15 AEUV findet. Mit Art 42 GRC wird den Unionsbürgerinnen und Bürgern sowie jeder natürlichen und juristischen Person mit Wohnsitz oder satzungsmäßigem Sitz in einem Mitgliedstaat das Recht auf Zugang zu den Dokumenten des Europäischen Parlaments, des Rates und der Kommission zuerkannt. Sie findet im Rahmen der VO 1049/2001/EG[830] statt. Die spezifischen Geheimhaltungsarten des EA als auch der aufgrund des EA erlassenen VO und Richtlinien sind im Hinblick auf Art 42 GRC im Sinne der notwendigen Geheimhaltungsbeschränkungen auszulegen. Es ist daher bei allfälligen Anträgen auf Veröffentlichung bzw. Einsichtnahme abzuwägen, inwieweit ein Geheimhaltungsbedürfnis welcher Art und Weise besteht, und aufgrund dessen im Hinblick auf Art 42 GRC eine Entscheidung zu treffen. Im Urteil vom 12.9.2007 vertrat der EUG die Ansicht, dass diese VO dem Recht der Öffentlichkeit auf Zugang zu Dokumenten, die sich in Besitz der Organe befinden, größtmögliche Wirksamkeit verschaffen soll.[831] Unter diese Verpflichtung fallen auch die europäischen Gerichte. Eine Verweigerung der Veröffentlichung und der Herausgabe von Dokumenten aus Gerichtsakten ist immer unter dem Grundsatz des Schutzes des fairen Verfahrens zu beurteilen.[832]

Auch durch die Aarhus Konvention besteht das Recht auf eine umfassende Information bei der Errichtung und dem Umbau von Nuklearanlagen,[833] sie ist jedoch nicht unmittelbar anwendbares Gemeinschaftsrecht geworden.[834] Die Espoo Konvention von 1991 sieht auch wenn auch nur eingeschränkt Informationsrechte vor.[835] Art 6 und 13 Joint Convention on the Safety of Spent Fuel Management and on the Safety of Radioactive Waste Management[836] als auch Art 17 Convention on Nuclear Safety sehen Informationsrechte der Öffentlichkeit vor.[837]

---

830 VO 1049/2001/EG des Europäischen Parlaments und des Rates vom 30.5.2001 über den Zugang der Öffentlichkeit zu Dokumenten des Europäischen Parlamentes, des Rates und der Kommission, ABl Nr L 155/2001, L 145/43; Siehe zu dieser VO auch: *Harden* The Revision of Regulation 1049/2001 on Public Access to Documents ,European Public Law 2009, 239ff.

831 EuGH, U v 1.2.2007, RS C-266/05, Sison/Rat, Rn 61; EUG, U v 12.9.2007, RS T-36/04, Association de la presse internationale ASBL (API)/Kommission, Rn 51.

832 EUG, U v 12.9.2007, RS T-36/04, Association de la presse internationale ASBL (API)/Kommission, Rn 63ff.

833 *Emmerechts* Enviromental Law and Nuclear Law: A Growing Symbiosis, NLB 82 (2008), 95.

834 EuGH, U v 8.3.2011, RS C-240/09, Lesoochranrske zoskupenie VLK/Ministerstvo žviotného prostredia slovenskej republiky.

835 Siehe dazu: *Cletienne Marie* International Court of Justice on Potential Transboundary Damage and its Consequences in Nuclear Law, NLB 86 (2010), 59ff.

836 Joint Convention on the safety of spent fuel management and on the safety of radioactive waste management, INFCIRC/546, IAEO, Vienna (1997).

837 *Emmerechts* Enviromental Law and Nuclear Law: A Growing Symbiosis, NLB 82 (2008), 95ff.

11. Behörden und Zuständigkeiten

A) Gemeinsame Organe nach dem AEUV

a) Allgemeines

Die Organe waren gemäß Art 3 EA vor dem In Kraft Treten des Vertrages von Lissabon das europäische Parlament, der Rat, die Kommission, der Rechnungshof. Fast alle Bestimmungen über die Organe im EA sind durch den EA aufgehoben worden und die Regelungen über diese sind nunmehr im AEUV zu finden.

b) Der Rat

Die Bestimmungen über den Rat sind nunmehr in den Art 236 bis 243 AEUV zu finden. Der Rat ist das Beschlussorgan innerhalb der Union.[838] Die Gewichtung der Stimmen der einzelnen Mitgliedstaaten erfolgt grundsätzlich der Bevölkerungszahl und der Bedeutung der Mitgliedstaaten.

Gemäß Art 4 Abs 3, 7 EA (Forschungsförderung), Art 18 EA (Einrichtung des Schiedsausschusses), Art 24 EA (Erlass einer Geheimhaltungsverordnung), Art 31 EA (Erlass der Grundnormen), Art 41 EA (Festlegung der Investitionsvorhaben), Art 45ff EA (Errichtung der Gemeinsamen Unternehmen), Art 54 EA (Beschluss der Satzung der Versorgungsagentur), Art 69 EA (Festsetzung der Preise), Art 70 EA (Versorgungspolitik), Art 72 EA (Finanzierung der Sicherungsbestände), Art 85 EA (Erlass von europäischen Safeguardvorschriften), Art 90 EA (Änderung der Bestimmungen über die Eigentumsrechte), Art 92 ES (Änderung der Listen für den gemeinsamen Markt), Art 96 und 98 EA (Richtlinien für den gemeinsamen Markt), Art 101 EA (Außenbeziehungen) besteht eine Zuständigkeit des Rates.[839]

Ob der neugeschaffene Europäische Rat ebenfalls Teil des Rechts des EA geworden ist, ist auf Grund Art 106a EA, der die Bestimmungen über dieses neue Organ ausdrücklich inkludiert, zu bejahen. Seine Stellung ist die vertragliche Legitimation der vorangegangenen Treffen der Staats- und Regierungschefs und deren Beschlüssen.[840]

c) Die Kommission

Die Kommission sorgt gemäß Art 17 EUV als Hüterin der Verträge für deren Anwendung sowie zu deren Einhaltung. Sie ist weiters das europäische Organ neben dem EuGH, welches die europäischen Interessen im Gegensatz zu den von den Mitglied-

---

838 *Frenz* Handbuch Europarecht, Band 6, Rn 920 mwN.

839 Näheres dazu bei *Frenz* Handbuch Europarecht, Band 6, Rn 920ff.

840 Näheres dazu bei *Frenz* Handbuch Europarecht, Band 6, Rn 812ff.

staaten entsandten Ministern im Rat vertritt. Mit der Geschäftsordnung wird die interne Arbeitsweise festgelegt.[841]

Ein wichtiges Element der Tätigkeit der Kommission ist das Recht, Vertragsverletzungsverfahren einzuleiten.

Daneben ist das Recht, nach Art 33 EA in den nationalen Normsetzungsverfahren Empfehlungen abzugeben von besonderer praktischer Bedeutung, um einen einheitlichen europäischen Standard zu gewährleisten. Zu den weiteren Aufgaben der Kommission zählt die Überwachung der Radioaktivität von Luft, Wasser und des Bodens, um bei Notwendigkeit auch die entsprechenden Normen zu schaffen. Bei Ableitungen von radioaktiven Material in die Umwelt ist die vorherige Zustimmung der Kommission (Art 34 EA) vom jeweiligen Mitgliedstaat einzuholen, als auch sind vor der Durchführung von gefährlichen Experimenten die Einholung einer Stellungnahme der Kommission erforderlich. Die Kommission ist im Rahmen des Art 34 EA verpflichtet, die möglichen Auswirkungen der streitigen Atomtests – hier die französischen im Mururoa-Atoll – auf die gesamte Bevölkerung die betroffenen Arbeitskräfte zu prüfen, denn Art 34 EA ist im Kontext mit Art 30 EA auszulegen. Damit liegt die Verpflichtung der Kommission vor, die Prüfung der Gefährlichkeit der von einem Mitgliedstaat geplanten Versuche in den Rahmen der Verfolgung des allgemeinen Zwecks zu stellen, der darin besteht, den Gesundheitsschutz der Bevölkerung und der Arbeitnehmer insgesamt mittels umfassender und vorbeugender Aktionen gewährleisten, die im Allgemeininteresse liegen.[842] Diese Argumentation sieht jedoch nur die prozessuale Seite nach Art 263 AEUV (vormals Art 146 EA) hinsichtlich der Klagebefugnis nicht privilegierter Kläger, verkennt jedoch die weite materielle Relevanz des Art 34 EA.[843]

Nach Art 101 EA ist die Kommission zum Abschluss von Nuklearabkommen mit Drittstaaten oder internationalen Organisationen zuständig.

Neben dem Schiedsausschuss und den europäischen Gerichten ist die Kommission das einzige Organ gemäß dem EA, welches vollstreckbare Beschlüsse erlassen kann.[844]

Von besonderer Bedeutung ist der Überwachungsauftrag gemäß den Bestimmungen des Art 77 EA. Nach Art 2 lit e EA wird der Gemeinschaft die Aufgabe zugewiesen, durch geeignete Überwachung zu gewährleisten, dass Kernstoffe nicht Anderen als den vorgesehenen Zwecken zugeführt werden. Ausgenommen der Be-

---

841 Beschluss der Kommission vom 24. Februar 2010 zur Änderung ihrer Geschäftsordnung (2010/138/EU, Euratom), ABL Nr L 55 vom 5.3.2010, S 60ff.

842 EUG, B v 22.12.1995, RS T 219/95R, Danielsson ua/Kommission, Slg 1995, II-3051, Rn 74.

843 Ausführlich dazu: *Marauhn/Oellers-Frahm* Atomwaffen, Völkerrecht und die internationale Gerichtsbarkeit, EuGRZ 1997, 221, 224 mwN; *Deimann/Gebers* Compatibilità di test nucleari francesi con l[acute]art 34 del trattato Euratom, Rivista guirdica dell[acute]ambiente 1996, 441ff; *Douma* Status des Vorsorgeprinzips im internationalen Recht anhand des Urteils des IGH zu den französischen Atomtests des Jahres 1995, Humanitäres Völkerrecht 1996, 197ff.

844 *Grabitz* in Grabitz/Hilf, Art 192 Rn 3.

stimmung des Art 84 Abs 3 EA dürfen Kernstoffe nur zu friedlichen Zwecken genutzt werden, sodass die Aufgabe der Kommission einerseits besteht, den innergemeinschaftlichen Handel zu überwachen, als auch in diesem Zusammenhang die Ein-, Aus- und Durchfuhr gemäß den internationalen Verträgen, die Euratom abgeschlossen hat, zu überwachen. Ein der weiteren Verpflichtungen der Kommission besteht darin, die Versorgung der Unternehmen zu überwachen.

Die Kommission hat auf Grund der ihr zugewiesenen Rechte mehrere multilaterale als auch bilaterale Abkommen geschlossen.

d) Europäische Parlament

Durch den Vertrag von Lissabon ist die Stellung des Europäischen Parlaments im Vergleich zu früher verbessert worden. Durch die Übernahme der Bestimmungen des AEUV und des EUV sind die Mitsprache- und Kontrollrechte des Europäischen Parlaments deutlich verbessert worden.

Nach Art 31 EA hat das Europäische Parlament ein Anhörungsrecht betreffend dem Erlass der Grundnormen, ebenso besteht ein Anhörungsrecht bei der Erlassung von Richtlinien beim gemeinsamen Markt nach den Art 96 und 98 EA.

Ansonsten gelten gemäß Art 106a EA die dort angeführten Bestimmungen des AEUV und des EUV betreffend dem Europäischen Parlaments.

e) Rechnungshof

Mit dem Vertrag von Lissabon sind die alten Bestimmungen des Art 160a bis 160c ES aufgehoben worden. Es gelten nunmehr die Bestimmungen des AEUV und des EUV.

Der Rechnungshof hatte unter anderem eine Sonderbericht über die Maßnahmen der Europäischen Union auf dem Gebiet der nuklearen Sicherheit in den Ländern Mittel- und Osteuropas als auch in den Neuen unabhängigen Staaten erstattet, in dem er detailliert nach Stellungnahme der Kommission die getroffenen Maßnahmen analysierte.[845]

f) Wirtschafts- und Sozialausschuss

Die alten Bestimmungen der Art 165 bis 170 EA sind durch den Vertrag von Lissabon aufgehoben worden, sodass die Bestimmungen des AEUV und des EUV zur Anwendung kommen.

---

845 Sonderbericht Nr 25/98 zu den Maßnahmen der Europäischen Union auf dem Gebiet der nuklearen Sicherheit in den Ländern Mittel- und Osteuropas (MOEL) und in den Neuen Unabhängigen Staaten (NUS) (Zeitraum 1990–1997) zusammen mit den Antworten der Kommission (vorgelegt gemäß Art 188c Absatz 4 Unterabsatz 2 EGV), ABl Nr C 35 vom 9.2.1999, S 1.

Der Wirtschafts-und Sozialausschuss hat ein Anhörungsrecht betreffend der Forschungs- und Ausbildungsprogrammen (Art 7 EA), bei der Errichtung der Gemeinsamen Kernforschungsstelle (Art 9 EA).

Ein Stellungnahmerecht besteht beim Erlass der Grundnormen nach Art 31 EA, bei Investitionsvorhaben nach den Art 40f EA sowie beim Erlass der Richtlinien über den gemeinsamen Markt nach den Art 96 und 98 EA. Das Recht auf Anhörung und Stellungnahme besteht auch bei Änderung der bestehenden Regelungen und Programmen.

Drück qualifiziert den Wirtschafts- und Sozialausschuss als „institutionalisierten Lobbyismus".[846] Richtiger ist vielmehr, dass er die Probleme, welche sich aus der Wirtschafts- und Sozialstruktur der Mitgliedstaaten ergeben, in die Diskussion und die Willensbildung der Rechtssetzungsorgane einbringt.[847]

g) Gerichtshof der Europäischen Union

Der Vertrag von Lissabon hat den EA dahingehend geändert, dass die Bestimmungen des EA bis auf die Art 144, 145 und 157 aufgehoben worden sind, und nunmehr alleine die Bestimmungen der Art 251 bis 281 AEUV Anwendung finden. Durch den Vertrag von Lissabon kam es zu kleinen Änderungen.[848] Von Bedeutung ist die Änderung des Individualklagerechts nach Art 263 Abs 4 AEUV.[849]

Die bisher anhängig gemachten Verfahren betreffen Stellungnahmen nach Art 103 Abs 3 EA,[850] Vertragsverletzungsverfahren,[851] Nichtigkeitsklagen,[852] Untä-

---

846 *Drück* Die internationale Zusammenarbeit bei der friedlichen Verwendung der Atomenergie in Europa, 80.

847 *Frenz* Handbuch Europarecht, Band 6, Rn 1298.

848 Dazu *Thiele* Das Rechtschutzsystem nach dem Vertrag von Lissabon – (K)ein Schritt nach vorn?, EuR 2010, 30ff.

849 Dazu *Frenz/Distelrath* Klagegegenstand und Klagebefugnis von Individualnichtigkeitsklagen nach Art 263 IV AEUV, NVwZ 2010, 162ff mwN.

850 EuGH, B v 14.11.1978, RS B 1/78, Slg 1978, 2151.

851 EuGH, U v 30.6.1992, RS C-376/90, Kommission/Belgien, Slg 1992, I-6153; EuGH, U v 9.10.1997, RS C-21/96, Kommission/Spanien, Slg 1997, I-5481; EuGH, U v 6.6.2002, RS C-146/01, Kommission/Belgien, Slg 2002, I-5117; EuGH, U v 15.3.2003, RS C-483/01, Kommission/Frankreich, Slg 2003, I-4961; EuGH, U v 29.1.2004, RS C- 218/02, Kommission/Vereinigte Königreich, Slg 2004, I-1241; EuGH, U v 9.12.2004, RS C-177/03, Kommission/Frankreich, Slg 2004, I-11671; EuGH, U v 12.4.2005, RS C-61/03, Kommission/Vereinigtes Königreich, Slg 2005, I-2477; EuGH, U v 9.3.2006, RS C-65/04, Kommission/Vereinigtes Königreich, Slg 2006, I-2239; EuGH, U v 30.5.2006, RS C-459/03, Kommission/Irland, Slg 2006, I-4635; EuGH, U v 18.7.2007, RS C-155/06, Kommission/Vereinigtes Königreich.

852 EuGH, U v 14.2.1990, RS C-62/88, Griechenland/Rat, Slg 1990, I-1527; EuGH, U v 4.10.1991, Rs C-70/88, Europäisches Parlament/Kommission, Slg 1991, I-4529; EuGH, U v 21.1993, RS

tigkeitsklagen,[853] Vorabentscheidungsverfahren,[854] Schadenersatzklagen nach Art 268 AEUV[855] und Art 188 Abs 2 EA,[856] Klagen zwischen der Gemeinschaft und deren Bediensteten,[857]Schiedsklagen,[858] sowie Erlass einstweiliger Anordnungen.[859]

Mit Urteil vom 9.12.2004 hat der EuGH nochmals klargestellt, dass es im Ermessen der Kommission steht, eine Vertragsverletzungsklage zu erheben.[860]

Der EuGH hat bei einer eingebrachten Klage auf Grund amtswegiger Prüfung festzustellen, ob eine Klage unzulässig ist, weil sie verspätet erhoben worden ist, oder einen Verfahrensmissbrauch darstellt.[861]

C-308/90, Advanced Nuclear Fuel GmbH/Kommission, Slg 1993, I-309 (in Verbindung mit Art 83 EA); EUG, U v 15.9.1997, verb. RS T-458/93 und 523/93, Empresa Nacional de Urânio SA (ENU)/Kommission, Slg 1995, II-24; EUG, U v 25.2.1997, verb. RS T-149/94 und 181/94, Kernkraftwerke Lippe-Ems GmbH/Kommission, Slg 1997, II-161 und das hiezu ergangene Urteil des EuGH im Rechtsmittel: EuGH, U v 22.4.1999, RS C-161/97P, Kernkraftwerke Lippe-Ems GmbH/Kommission, Slg 1999, I-2057; EuGH, U v 13.12.2001, RS C- 29/99, Kommission/Rat, Slg 2001, I-11221; EUG, U v 17.9.2007, RS T-240/04, Frankreich/Kommission, Slg 2007, 4035 II–; EUG, U v 26.1.2006, RS T-92/02, Stadtwerke Schwäbisch Hall GmbH ua/Kommission, hierzu ergangenes Rechtsmittel: EuGH, U v 29.11.2007, RS C-176/06P, Stadtwerke Schwäbisch Hall GmbH ua/Kommission; EuG, B v 19.11.2010, RST-94/07, T-40/08, European Renewable Energies Federation ASBL (EREF)/Kommission.

853 EuGH, U v 16.2.1993, RS C-107/91, Empresa Nacional de Urânio SA (ENU)/Kommission, Slg 1993, I-599.

854 EuGH, U v 22.9.1988, RS 187/87, Saarland ua/Minister für Industrie, Post und Fernmeldewesen und Fremdenverkehr ua, Slg 1988, 5013; EuGH, U v 12.9.2006, RS C-123f/04, Industrias Nucleares do Brasil SA ua/UBS AG ua, Slg 2006, I-7861; EuGH, U v 27.10.2009, RS C-115/08, Land Oberösterreich/ČEZ, Slg 2009, I-10265; EuGH, U v 8.3.2011, RS C-240/09, Lesoochranarske zoskupenie VLK/Ministerstvo zivotného prostredia Slovenskej republiky.

855 EuGH, B v 18.2.2002, Rs C-136/01 P, Autosalone Ispra dei Fratelli Rossi Snc/Europäische Atomgemeinschaft, Slg. 2002, I-6565; EUG, U v 16.3.2005, RS T-283/02, EnBW Kernkraft GmbH/Kommission, Slg 2005, II-913;EUG, U v 24.3.2010, RS T-516/08 ua, Heinz Helmut Eriksen ua/Kommission; Rechtsmittelentscheidung EuGH, U v 12.12011, RS C-205/10P,C-217/10P, 222/10P, Heinz Helmuth Eriksen ua/Kommission.

856 EuGH, U v 27.3.1990, Rs C-308/97, Alfredo Grifoni/Europäische Atomgemeinschaft, Slg 1990, I-1203; EuGH, U v 3.2.1994, RS C-308/87, Alfredo Grifoni/Europäische Atomgemeinschaft (EAG), Slg 1994, I-341; EUG, U v 30.11.2005, RS T-250/02, Autosalone Ispra Snc/EAG, Slg, 2005, II-5227.

857 EuGH, U v 15.1.1987, verb RS 271/83, 15, 36, 113, 158 und 203/84, Alan Ainsworth ua/Kommission und Rat, Slg 1987, 167.

858 EuGH, U v 7.12.1976, RS 23/76, Luigi Pellegrini & C. SA/Kommission und Flexon Italia SA, Slg 1976, 1807; EUG, U v 10.6.1999, RS T-10/98, E-Quattro SNC/Kommission, Slg 1999, II-1811.

859 EuGH, B v 28.4.1982, RS 318/81 R, Kommission/CO.DE.Mi.SpA, Slg 1982, 1325.

860 EuGH, U v 9.12.2004, RS C-177/03, Kommission/Frankreich, Slg 2004, I-11671 Rn 16 unter Zitierung von EuGH, U v 6.7.2000, RS C-236/99, Kommission/Belgien, Slg 2000, I-5657, Rn 28; EuGH, U v 14.5.2002, RS C-383/00, Kommission/Deutschland, Slg 2002, I-4219, Rn 19.

861 EuGH, U v 14.12.1971, RS 7/71, Kommission/Frankreich, Slg 1971, 1003, Rn 2–13; EuGH, U v 9.12.2004, RS C-177/03, Kommission/Frankreich, Slg 2004, I-11671, Rn 17.

Die Voraussetzungen der unmittelbaren und individuellen Betroffenheit bei der Nichtigkeitsklage müssen für die nicht privilegierten Kläger vorliegen. Dies bedeutet, dass als Nichtadressaten eines Beschlusses sie nur dann ein Klagerecht haben, wenn dieser Beschluss sie wegen bestimmter persönlicher Eigenschaften oder besonderer, sie aus dem Kreis aller übrigen Personen heraushebender Umstände berührt, und sie daher in ähnlicher Weise wie Adressaten individualisiert.[862] Ob im Rahmen einer Klage auf Nichtigerklärung einer auf eine Bestimmung des AEUV (vormals EGV) gestützten Maßnahme eine gerügte Verletzung einer Bestimmung des EA zu prüfen ist, ist zulässig.[863]

Nach Art 144 EA, der nach dem Vertag von Lissabon belassen worden ist, verfügt der EuGH die Befugnis zu unbeschränkter Ermessensnachprüfung und somit das Recht, eine nach Art 83 EA verhängte Zwangsstrafe zu ändern.[864] Nach Art 144 EA verfügt der EuGH die Befugnis zu unbeschränkter Ermessensnachprüfung und somit über das Recht, eine nach Art 83 EA verhängte Zwangsstrafe zu verhängen.[865]

Die Nichtanhörung des Ausschusses für Technik und Wissenschaft macht einen Rechtsakt anfechtbar.

Die Geltendmachung von Schadenersatzansprüchen gegen die EAG in Folge von fehlerhafter Rechtsetzung oder sonstiger außervertraglicher Handlungen oder Unterlassungen ist gesondert geregelt. Nach Art 44 EAG-Satzung verjähren die aus außervertraglicher Haftung der Gemeinschaft hergeleiteten Ansprüche in fünf Jahren nach Eintritt des Ereignisses, das ihnen zu Grunde lag. Der EuGH hat klargestellt, dass eine Verjährungsunterbrechung durch Klagerhebung innerhalb der in Art 263 AEUV genannten Fristen eintritt.[866]

Nach Art 12 Abs 4 EA kann der Lizenznehmer beim EUG die Festsetzung angemessener Lizenzbedingungen beantragen.

Da im EA nicht vorgesehen ist, dass sich der EuGH im Wege eines Gutachtens zur Vereinbarkeit eines Abkommens, dessen Abschluss die Gemeinschaft plant, mit diesem Vertrag äußern kann, schließt es nicht aus, dass der EuGH im Rahmen einer Nichtigkeitsklage mit einem Antrag auf Überprüfung der Rechtmäßigkeit eines Aktes

---

862 EUGH, U v 15.7.1963, RS 25/62, Plaumann/Kommission, Slg 1963, 213, 237f; EuGH, U v 2.2.1988, verb RS 67f/85 und 70/85, Van der Kooy ua/Kommission, Slg 1988, 219, Rn 14; EuG, U v 6.7.1995, verb. RS T-447ff/93, AITEC ua/Kommission, Slg, II-1971, Rn 34; EUG, B v 22.12.1995, RS T-219/95, Danielsson ua/Kommission, Slg 1995, II-3051, 67ff.

863 EuGH, U v 29.3.1990, RS C-62/88, Griechenland/Kommission, Slg 1990, I-1527, Rn 8.

864 So Schlussanträge von GA *Jacobs*, v 19.11.1992, RS C-308/90, Advanced Nuclear Fuels/Kommission, Slg 1993, I-309, Rn 4.

865 So Schlussanträge von GA *Jacobs*, v 19.11.1992, RS C-308/90, Advanced Nuclear Fuels/Kommission, Slg 1993, I-309, Rn 4.

866 EuGH, B v 18.7.2002, RS C-136/01p, Autosalone Ispra/EAG, Slg 2002, I-6567, Rn 25; erstinstanzliche Entscheidung: EUG, B v 17.1.2001, RS T-124/99, Autosalone Ispra/EAG, Slg 2001, II-53.

befasst werden kann, mit dem ein Beschluss über den Beitritt zu einem internationalen Übereinkommen genehmigt wird.[867]

Soweit der EA nichts anderes bestimmt, haben Klagen nach Art 157 EA beim EuGH keine aufschiebende Wirkung Der EuGH kann jedoch, wenn er es den Umständen es für nötig hält, die Durchführung der angefochtenen Handlung aussetzen.

h) Schiedsausschuss

Zum Zwecke der Gewährung von Lizenzen sowie der Festsetzung der Entschädigung ist gemäß Art 18ff EA ein Schiedsausschuss vorgesehen. Die Mitglieder des Schiedsausschusses werden vom Rat bestellt. Die Geschäftsordnung dieses Ausschusses wird ebenfalls vom Rat auf Vorschlag des EuGH festgesetzt.[868] Gemäß der Präambel ist es Ziel der Einrichtung des Schiedsausschusses als auch von dessen Geschäftsordnung, die Verfahren schnell und kostengünstig durchzuführen. Der Schiedsausschuss wird als gerichtliches oder zumindest gerichtsähnliches Organ der Gemeinschaft angesehen.[869]

Gemäß Art 1 besteht der Schiedsausschuss aus einem Präsidenten, zwei Vizepräsidenten und zwei weiteren Mitgliedern, die alle Staatsangehörige eines Mitgliedstaates der Gemeinschaft sein müssen. Sie sind unter Persönlichkeiten auszuwählen, die jede Gewähr für Unabhängigkeit bieten, und die für ein einwandfreies Arbeiten des Ausschusses erforderlichen technischen oder juristischen Kenntnisse besitzen. Sie werden vom Rat auf die Dauer von sechs Jahren ernannt.

Die Mitglieder des Ausschusses müssen die bürgerlichen Ehrenrechte besitzen, der Präsident und die Vizepräsidenten müssen außerdem in ihrem Staat die für das Richteramt erforderlichen Voraussetzungen erfüllen und die notwendigen juristischen Kenntnisse besitzen. Welche Art von Richteramt damit national gemeint ist, bestimmen die jeweiligen nationalen Bestimmungen. Bei der Ernennung der Mitglieder des Ausschusses achtet der Rat darauf, dass zwischen den Mitgliedern mit juristischer und den Mitgliedern mit technischer Vorbildung oder Erfahrung ein angemessenes Verhältnis besteht. Gemäß Art 1 § 2 schlägt der EuGH dem Rat für die Ämter des Präsidenten und der Vizepräsidenten des Schiedsausschusses insgesamt 18 Bewerber und für die übrigen im Ausschuss zu besetzenden Ämter 36 Bewerber vor. Die vom Rat die Ämter des Präsidenten und der Vizepräsidenten des Schiedsausschusses abgelehnten Bewerber gelten als für die übrigen Ämter vorgeschlagen.

867 EuGH, U v 10.12.2002, RS C-29/99, Kommission/Rat, Slg 2002, I-11221, Rn 54.

868 Verordnung Nr 7/63/Euratom des Rates vom 3. Dezember 1963 über die Geschäftsordnung des in Artikel 18 des Vertrages zur Gründung der Europäischen Atomgemeinschaft vorgesehenen Schiedsausschusses, ABl Nr 180 vom 10.12.1963, S 2849.

869 *Sünner/Pfanner* 63.

Der Präsident des EuGH unterrichtet die Regierungen der Mitgliedstaaten zwei Monate im Voraus von dem Zeitpunkt, zu dem der EuGH die dem Rat zu übermittelnden Bewerberliste aufzustellen, beabsichtigt. Die Mitglieder des EuGH wählen aus den eingegangenen Bewerbungen die dem Rat vorzuschlagenden Bewerber aus. Die Auswahl erfolgt in geheimer Abstimmung. Vorgeschlagen werden die Bewerber auf die im ersten Wahlgang die absolute oder im zweiten Wahlgang die relative Mehrheit der Stimmen entfallen ist.

Jedes vom Rat ernannte Mitglied teilt dem Rat binnen 30 Tagen nach seiner Ernennung mit, ob er diese annimmt. Äußert sich der Betreffende nicht, oder lehnt er die Annahme ab, so gilt die Ernennung als nicht erfolgt, und der Rat ernennt an seiner Stelle ein anderes Mitglied.

Wiederernennungen der Mitglieder sind zulässig.

Gemäß Art 2 § 1 ist der Schiedsausschuss gebildet, sobald alle ernannten Mitglieder ihr Amt angenommen haben. Bei der Aufnahme ihrer Tätigkeit übernehmen die Mitglieder des Schiedsausschusses vor dem EuGH in öffentlicher Sitzung die feierliche Verpflichtung, ihr Amt unparteiisch und gewissenhaft auszuüben, das Beratungsgeheimnis zu wahren und während der Ausübung nach Ablauf ihrer Amtstätigkeit die sich aus ihrem Amt ergebenden Pflichten zu erfüllen, insbesondere die Pflicht bei der Ausübung gewisser Tätigkeiten oder bei der Annahme gewisser Vorteile ehrenhaft zurückhaltend zu sein.

Die Mitglieder des Schiedsausschusses sind hinsichtlich in ihrer amtlichen Eigenschaft vorgenommenen Handlungen einschließlich ihrer mündlichen und schriftlichen Äußerungen keiner Gerichtsbarkeit unterworfen. Diese Befreiung steht ihnen auch nach Abschluss ihrer Amtstätigkeit gemäß Art 3 zu. Der EuGH kann die Befreiung nur durch Plenarbeschlussentscheidung aufheben.

Die Mitglieder des Ausschusses dürfen nach Art 4 nicht an der Erledigung einer Sache teilnehmen, in der sie vorher als Bevollmächtigte, Beistehende oder Anwälte einer der Parteien tätig gewesen sind, oder über die zu befinden sie als Mitglied eines Gerichtes, eines Untersuchungsausschusses oder in anderer Eigenschaft berufen waren. Glaubt ein Ausschussmitglied bei der Entscheidung oder Untersuchung einer bestimmten Sache aus einem besonderen Grund nicht mitwirken zu können, so macht es davon den Präsidenten Mitteilung. Hält der Präsident des Ausschusses die Teilnahme eines Mitgliedes an der Verhandlung an einer bestimmten Sache aus einem besonderen Grund für unangebracht, so setzt er das betreffende Mitglied in Kenntnis. Ergeben sich jedoch bei der Anwendung dieser Bestimmungen Schwierigkeiten, so entscheidet der Ausschuss im Plenum.

Abgesehen von Neubesetzungen in Todesfällen endet das Amt eines Mitglieds des Ausschusses durch Rücktritt. Bei Rücktritt ist das Rücktrittsschreiben an den Präsidenten des EuGH zur Weiterleitung an den Präsidenten des Rates zu richten. Mit dem Eingang dieses Schreibens beim Präsidenten des Rates wird der Sitz frei. Mit Ausnahme der Amtsenthebung bleibt jedes Mitglied bis zum Amtsantritt seines Nachfolgers im Amt. Ein Mitglied kann gemäß Art 5 § 2 nur dann seines Amtes enthoben werden, wenn es nach einstimmigem Urteil der Richter und Generalanwälte des EuGH nicht mehr die erforderlichen Voraussetzungen erfüllt, oder die aus seinem Amt ergebenden Pflichten nicht mehr nachkommt. Der Kanzler des EuGH notifiziert dem betreffenden Mitglied die Entscheidung des EuGH. Wird ein Mitglied des Ausschusses durch eine solche Entscheidung seines Amtes enthoben, so wird der Sitz mit der Notifizierung der Entscheidung frei.

Endet das Amt eines Mitgliedes vor Ablauf seiner Amtszeit, so wählt der Rat über die verbleibende Zeit unter den zuletzt vom EuGH nach Art 1 vorgeschlagenen Bewerbern einen Nachfolger aus. Der Rat kann jedoch den EuGH ersuchen, drei zusätzliche Bewerber vorzuschlagen.

Ist der Präsident des Ausschusses abwesend oder verhindert, so werden seine Aufgaben vom dienstältesten Vizepräsidenten oder – bei gleichem Dienstalter der Vizepräsidenten – von dem Lebensälteren wahrgenommen.

Nach Art 7 werden die Vergütungen für die Mitglieder des Ausschusses durch den Rat auf Vorschlag des EuGH festgesetzt.

Nach Art 8 ist der Sitz des Ausschusses der Sitz des EuGH. Es ist jedoch möglich, dass eine Schiedsgruppe mit Zustimmung der Parteien ausnahmsweise beschließen kann an jedem anderen Ort des Gemeinschaftsgebietes zu tagen.

Nach Art 9 werden die Aufgaben des Kanzlers des Ausschusses von einem Beamten des EuGH wahrgenommen, den der EuGH im Einvernehmen mit dem Präsidenten des Ausschusses für dieses Amt bestellt. Seine Befugnisse werden auf Vorschlag des Präsidenten mit Zustimmung des EuGH festgelegt.

Nach Art 10 wird eine Streitsache beim Ausschuss anhängig, wenn eine Ausfertigung des Schiedsvertrages im Sinne der Art 20 und 22 EA dem Präsidenten des Ausschusses übermittelt wird. Der Ausschuss tagt in der Besetzung mit drei Schiedsrichtern, und zwar mit dem Präsidenten oder einem Vizepräsidenten und zwei Mitgliedern des Ausschusses (Schiedsgruppe), beide an der Streitsache beteiligten Parteien wählen je eines der beiden Mitglieder.

Der Präsident des Ausschusses verteilt im Einvernehmen mit den Vizepräsidenten die Streitsachen auf sich und Vizepräsidenten, um den an der Streitsache Beteiligten die möglichst rasche Erledigung ihrer Angelegenheit zu gewährleisten. Die Zahl der Schiedsgruppen entspricht der Zahl der anhängigen Streitsachen. Der Präsident und jeder Vizepräsident des Ausschusses können in mehreren Schiedsgruppen gleichzeitig den Vorsitz übernehmen. Alle übrigen Mitglieder können gleichzeitig an den Beratungen mehrerer Schiedsgruppen teilnehmen.

Ungeachtet ihrer Aufgabe als Vertreter des Präsidenten des Ausschusses bei dessen Abwesenheit oder Verhinderung können die Vizepräsidenten den Vorsitz der Schiedsgruppen entsprechend der Bestellung durch den Präsidenten des Ausschusses wahrnehmen. Für den Fall, dass eine Streitsache bei einem Ausschuss anhängig gemacht wird, so übernimmt sein Präsident den Vorsitz der Schiedsgruppe oder bestellt einen Vizepräsidenten zum Vorsitzenden der Schiedsgruppe. Der Vorsitzende der Schiedsgruppe setzt sodann jeder Partei eine Frist von längstens 1 Monat, innerhalb welcher sie schriftlich das von ihr als Schiedsrichter ausgewählte Mitglied des Ausschusses benennen muss. Der Vorsitzende der Schiedsgruppe kann auch auf einen begründeten Antrag einer der Parteien die bezeichnete Frist um 1 Monat verlängern. Unterlässt es eine der Parteien rechtzeitig einen Schiedsrichter zu benennen, so wird dieser auf Antrag des Vorsitzenden der Schiedsgruppe vom Präsidenten des EuGH bestimmt. Im Falle der Befangenheit eines Mitgliedes oder in einem anderen Falle, in dem ein Schiedsrichter an der Teilnahme an einem Verfahren verhindert ist, ernennt die Partei, die diesen Schiedsrichter benannt hat oder ihn hätte benennen müssen, innerhalb eines Monats einen anderen Schiedsrichter. Im Falle der Ersetzung des Schiedsrichters während des Verfahrens nimmt dieses in dem Stand seinen Fortgang, in dem es durch das Ausscheiden des Schiedsrichters unterbrochen worden ist. Auf Wunsch des neuen Schiedsrichters kann die mündliche Verhandlung wieder vom Anfang an wieder aufgenommen werden.

Im Schiedsvertrag können die Parteien jedoch vereinbaren, dass die Streitsache entweder einem ad personam gewählten Einzelschiedsrichter, dem Präsidenten des Ausschusses, einem Vizepräsidenten oder einem anderen Mitglied oder einer Schiedsgruppe, die außer ihrem Vorsitzenden aus 4 Mitgliedern besteht zur Entscheidung vorzulegen ist. In diesem Fall benennt jede der Streitparteien 2 Mitglieder. Weitere Voraussetzung für das Tätig werden des Schiedsausschusses ist, die Bezeichnung der Fragen im Schiedsvertrag, über welche die Schiedsrichter zu befinden haben. Weiters muss im Schiedsvertrag die von den Parteien gewählte Zusammensetzung der Schiedsgruppe angegeben werden.

Nach Art 12 ist Verfahrenssprache eine der Amtssprachen der Gemeinschaft. Die Verfahrenssprache wird vom Inhaber des Patents, vorläufig geschützten Rechts- oder Gebrauchsmuster oder dem Patentanmelder gewählt. Jedoch kann die Schiedsgruppe auf Antrag einer Partei nach Anhörung der anderen Parteien den vollständigen oder teilweisen Gebrauch einer anderen Amtssprache als Verfahrenssprache genehmigen.

Nach Art 13 kann die Schiedsgruppe den Parteien in jedem Stand des Verfahrens einen Vergleich vorschlagen. In diesem Fall bringt die Schiedsgruppe nach Abschluss ihrer Untersuchung den Parteien mündlich oder schriftlich den Entwurf eines Vergleiches zur Kenntnis, dessen Annahme nach ihrer Auffassung den Parteien empfohlen werden kann und fordert sie gleichzeitig auf, sich innerhalb einer bestimmten Frist hiezu zu äußern. Sie teilt den Parteien weiters schriftlich oder mündlich die Gründe mit, die nach ihrer Ansicht für die Annahme des Vergleiches sprechen. Wenn die Parteien den Vergleich annehmen, so wird ein Protokoll aufgenommen, das diesen in seinem Wortlaut wiedergibt. Es ist vom Vorsitzenden der Schiedsgruppe vom Kanzler und von den Parteien zu unterfertigen. Eine vom Vorsitzenden der Schiedsgruppe und vom Kanzler unterzeichnete Ausfertigung wird den Parteien zugestellt. Der Vorsitzende der Schiedsgruppe vergewissert sich, dass die Parteien den Vergleich ausführen. Kommen sie ihren Verpflichtungen nicht binnen Frist nach, die in diesem Protokoll über den Vergleich vorgesehen sind, erlässt die

Schiedsgruppe ihren Schiedsspruch. Nehmen die Parteien oder nimmt eine von ihnen den Vergleich nicht an, und erachtet die Schiedsgruppe den Versuch für zwecklos eine Einigung der Parteien über einen anderen Vorschlag herbeizuführen, so wird die Sache entschieden. In diesem Fall ist in der Entscheidung der Schiedsgruppe zu vermerken, dass ein Vergleich zwischen den Parteien nicht zustande gekommen ist. Der Wortlaut des Vergleichsvorschlages wird jedoch nicht wiedergegeben.

Die Schiedsgruppe entscheidet nach Art 14, ob ein Austausch von Schriftsätzen vor der mündlichen Verhandlung angebracht ist. Bejahenden Falls setzt der Vorsitzende der Schiedsgruppe die Anzahl der Schriftsätze und die einzuhaltenden Fristen fest. Der Kanzler gibt hierauf diese Fristen den Parteien bekannt. Diese richten ihre Schriftsätze an den Kanzler, welcher sie an die Gegenpartei übermittelt und die Akten für das Schiedsverfahren vorbereitet. Beim Austausch der Schriftsätze ist immer darauf zu achten, dass die andere Partei die Möglichkeit erhält, auf das Vorbringen des Gegners replizieren zu können. Weiters bestimmt der Vorsitzende Tag und Ort der ersten Sitzung. Der Kanzler setzt hiervon die Parteien rechtzeitig in Kenntnis.

Falls nach Art 15 eine der Parteien ihren Schriftsatz bzw. ihre Schriftsätze nicht innerhalb der vom Vorsitzenden festgesetzten Frist vorlegt, so bestimmt dieser dennoch Tag und Ort der Sitzung. Erscheint eine der Parteien trotz ordnungsgemäßer Ladung nicht, so kann die Schiedsgruppe den Anträgen der anderen Parteien stattgeben, wenn sie festgestellt hat, dass sie tatsächlich und rechtlich begründet sind. Sie kann jedoch auch eine neue Sitzung anberaumen, wenn sie dies für zweckmäßig erachtet.

Nach Art 16 kann sich jede Partei von einem oder mehreren Bestellten vertreten lassen, oder deren Hilfe in Anspruch nehmen. Sie teilt diese Absicht dem Kanzler möglichst frühzeitig mit. Dieser unterrichtet die Gegenpartei. Die Vorlage des Schiedsvertrages oder der Schriftsätze durch einen Beistand ersetzt die Mitteilung.

Nach Art 17 kann die Schiedsgruppe, wenn sie dies für zweckmäßig erachtet, eine Augenscheinnahme vornehmen. Hierbei können die Parteien zugegen sein.

Die Schiedsgruppe bestimmt das Verfahren und seine Dauer. Sie ist in der Beweiswürdigung frei.

Nach Art 19 leitete der Vorsitzende der Schiedsgruppe die Verhandlung. Die Verhandlung ist nur dann öffentlich, wenn die Schiedsgruppe dies mit Zustimmung der Parteien beschließt. Über jede Sitzung wird ein Protokoll aufgenommen, das vom Vorsitzenden der Schiedsgruppe und vom Kanzler unterzeichnet wird. Nach Beendigung der Parteienvorträge wird die Verhandlung nach Art 20 geschlossen. Solange der Schiedsgruppenspruch noch nicht ergangen ist, kann die Schiedsgruppe die Verhandlung wieder eröffnen, wenn neue Beweismittel zu Tage getreten sind, die die Entscheidung maßgeblich beeinflussen können, oder wenn sich nach eingehender Untersuchung über bestimmte Punkte Aufklärung zu erhalten erforderlich ist.

Die Beratungen der Schiedsgruppe sind nach Art 21 geheim. Eine Veröffentlichung im Nachhinein ist nicht vorgesehen. Sämtliche Entscheidungen der Schiedsgruppe werden mit Stimmenmehrheit getroffen.

Der Schiedsspruch wird in schriftlicher Form abgefasst und mit dem Datum des Tages versehen, an dem er unterzeichnet wurde. Er enthält nach Art 22 die Namen der Schiedsrichter und wird von ihnen unterzeichnet. Er ist zu begründen. Der Schiedsvertrag kann jedoch vorsehen, dass einzelne Punkte der Entscheidung nicht begründet werden brauchen. Die Schiedsgruppe kann beschließen, den Schiedsspruch in öffentlicher Sitzung zu verkünden. Hierbei sind die Parteien anwesend oder ordnungsgemäß zu laden. Der Schiedsspruch wird den Parteien dabei sofort zugestellt.

Nach Art 23 entscheidet die Schiedsgruppe nach billigem Ermessen unter Beachtung der Bestimmungen des EA sowie den allgemeinen Rechtsgrundsätzen, die den Rechtsordnungen der Mitgliedstaaten gemeinsam sind.

Nach Art 24 finden diese Bestimmungen über das Verfahren auch dann Anwendung, wenn die Streitsache einem oder eine aus 5 Mitgliedern bestehenden Schiedsgruppe vorgelegt wird.

Nach Art 25 ist das Verfahren vor dem Ausschuss kostenfrei. Die Kosten für das Tätig werden des Ausschusses werden im Verwaltungshaushaltsplan der EAG in einem gesonderten Kapitel des Einzelplans IV (EuGH) verbucht.

Die in Art 73 EuGHVO erstattungsfähigen definierten Kosten werden von den Parteien nach Art 26 getragen. Soweit sich die Parteien im Schiedsvertrag über die Kosten nicht geeinigt haben, beschließt die Schiedsgruppe darüber nach billigem Ermessen. Die in Art 15 § 5 EuGHVO genannte Gebührenordnung findet Anwendung. Streitigkeiten über die erstattungsfähigen Kosten entscheidet die mit der Sache befasste Schiedsgruppe auf Antrag einer Partei und nach Anhörung der Gegenpartei durch Beschluss.

Die notwendigen Aufwendungen der Partei für die Zwangsvollstreckung sind ihr von der Gegenpartei zu erstatten. Maßgebend ist die Gebührenordnung des Staates, in dem die Vollstreckung stattfindet.

Die Parteien können gegen die Entscheidung des Schiedsausschusses binnen einem Monat nach deren Zustellung beim EuG ein Rechtsmittel mit aufschiebender Wirkung einlegen. Dies ist eine Nichtigkeitsklage im Sinne des Art 263 AEUV. Die Nachprüfung des EuG beschränkt sich lediglich auf die förmliche Rechtsmäßigkeit der Entscheidung sowie auf die Auslegung des EA durch den Schiedsausschuß. Die endgültigen Entscheidungen des Schiedsausschusses haben zwischen den Parteien Rechtskraft und sind gemäß Art 164 EA vollstreckbar. Der EuGH hat kein volles Nachprüfungsrecht, sondern prüft nur die förmliche Rechtsmäßigkeit der Entscheidung.[870]

Für den Fall, dass der Inhaber sich weigert den Schiedsausschuss anzurufen, so kann die Kommission gemäß Art 21 EA den betreffenden Mitgliedstaat oder seine

870 *Sünner/Pfanner* 64.

zuständigen Stellen ersuchen, die Lizenz zu erteilen oder erteilen zu lassen (von Amtswegen). Die Mitgliedstaaten bzw. seine zuständigen Stellen führen eine Anhörung des Inhabers durch. Kommt der Mitgliedstaat zur Auffassung, dass die Voraussetzungen für eine Lizenzerteilung im Sinne des Art 17 EA nicht vorliegen, so teilen sie dies begründet der Kommission mit und erklären gleichzeitig, dass sie es ablehnen, die Lizenz zu erteilen bzw. erteilen zu lassen.

Für den Fall, dass sie die Mitteilung machen, dass sie eine entsprechende Erteilung ablehnen oder auf das Ersuchen der Kommission nicht binnen vier Monaten reagieren, kann die Kommission binnen zwei Monaten den EuGH anrufen. In diesem Verfahren vor dem EuGH wird der Inhaber vor dem EuGH gehört. Klagende Partei ist die Kommission, beklagte Partei ist der Mitgliedstaat. Verfahrensrechtlich Stellung hat der Inhaber das Recht, dem Verfahren als Streithelfer beizutreten.

Ist das Urteil des EuGH im Sinne der Klage der Kommission klagsstattgebend und stellt es fest, dass die Voraussetzungen des Art 17 EA erfüllt sind, ist auf Grund dessen der Mitgliedstaat oder seine zuständigen Stellen verpflichtet, die zur Vollstreckung dieses Urteils erforderlichen Maßnahmen (Lizenzvergabe von Amtswegen) durchzuführen.

Will die Kommission in Ermangelung einer gütlichen Einigung die Erteilung einer Lizenz gemäß Art 17 EA erwirken, so benachrichtigt sie den Inhaber des Patentes, des vorläufig geschützten Rechts, des Gebrauchsmusters oder der Patentanmeldung und bezeichnet gleichzeitig den Lizenzantragsteller und den Umfang der Lizenz. Der Inhaber hat das Recht binnen einem Monat nach Eingang dieser Benachrichtigung der Kommission das Recht, den lizenzantragstellenden Dritten vorzuschlagen, einen Schiedsvertrag zu schließen, der die Zuständigkeit des Schiedsausschusses begründet. Wenn die Kommission oder der Lizenzantragsteller den Abschluss eines solchen Schiedsvertrages ablehnt, so kann die Kommission den Mitgliedstaaten oder seine zuständigen Stellen nicht ersuchen, die Lizenz zu erteilen oder erteilen zu lassen. Wenn auf Grund dieses Schiedsvertrages der angerufene Schiedsausschuss feststellt, dass das Ersuchen der Kommission auf Lizenzerteilung entspricht, so erlässt er eine mit Gründen versehenen Beschluss, welcher die Lizenzerteilung zu Gunsten des Lizenzantragstellers beinhaltet, und in der die Bedingungen und die Vergütung für die Lizenz festgesetzt werden, soweit sich die Parteien hierüber nicht geeinigt haben.

Ebenso ist die Zuständigkeit des Schiedsausschusses gegeben, wenn sich der Inhaber des Patentes, des vorläufigen geschützten Rechtes oder des Gebrauchsmusters und der Lizenznehmer über die Höhe der Entschädigung nicht einigen, und ein Schiedsvertrag abgeschlossen ist, nachdem der Schiedsausschuss die Höhe der Entschädigung festsetzt. In diesem Fall verzichten die Vertragsparteien auf jede Klage ausgenommen die Nachprüfung durch den EuG. Der Lizenznehmer steht jedoch unter dem Druck, dass im Falle der Verweigerung des Abschlusses eines entsprechenden Schiedsvertrages betreffend der Festsetzung der Höhe der Entschädigung abgelehnt wird, die Lizenzerteilung nichtig und ungültig ist. Falls jedoch der Inhaber den

Abschluss eines solchen Schiedsvertrages verweigert, wird die vorgesehene Entschädigung von den zuständigen innerstaatlichen Stellen festgesetzt.

Eine Besonderheit enthält Art 23 EA, nachdem nach Ablauf eines Jahres die Entscheidungen des Schiedsausschusses oder der zuständigen innerstaatlichen Stellen hinsichtlich der Lizenzbedingungen überprüft werden, soweit neue Tatsachen dies rechtfertigen. Zur Überprüfung ist die Stelle verpflichtet, welche die Entscheidung erlassen hat.

Gemäß Art 1 § 1 besteht der Schiedsausschuss aus einen Präsidenten, zwei Vizepräsidenten und zwei weiteren Mitgliedern, welche alle Staatsangehörige eines Mitgliedstaates der Gemeinschaft sein müssen. Sie sind unter Persönlichkeiten auszuwählen, die jede Gewähr für Unabhängigkeit bieten und die für ein einwandfreies Arbeiten des Ausschusses erforderliche technische oder juristische Kenntnisse besitzen. Sie werden vom Rat für die Dauer von 6 Jahren ernannt. Sämtliche Mitglieder des Ausschusses müssen die bürgerlichen Ehrenrechte besitzen; der Präsident und der Vizepräsident müssen außerdem in ihrem Staat die für das Richteramt erforderlichen Voraussetzungen erfüllen und die notwendigen juristischen Kenntnisse besitzen. Bei der Ernennung des Ausschusses achtet der Rat darauf, dass zwischen den Mitgliedern mit juristischen und den Mitgliedern mit technischer Vorbildung oder Erfahrung ein angemessenes Verhältnis besteht.

Nach Art 1 § 2 schlägt der EuGH dem Rat die Ämter des Präsidenten und der Vizepräsidenten insgesamt 18 Bewerber und für die übrigen im Ausschuss zu besetzenden Ämter 36 Bewerber vor. Die vom Rat für die Ämter des Präsidenten und der Vizepräsidenten des Ausschusses abgelehnten Bewerber gelten als für die übrigen Ämter vorgeschlagen. Der Präsident des EuGH unterrichtet die Regierungen der Mitgliedstaaten zwei Monate im Voraus von dem Zeitpunkt, zu dem der EuGH die dem Rat übermittelten Bewerberlisten aufzustellen beabsichtigt. Gemäß Art 1 § 4 wählen die Mitglieder des EuGH aus den eingegangenen Bewerbungen die dem Rat vorzuschlagenden Mitglieder aus, wobei die Auswahl in geheimer Abstimmung erfolgt. Die Bewerber werden vorgeschlagen, auf die im ersten Wahlgang die absolute oder im zweiten Wahlgang die relative Mehrheit der Stimmen entfallen ist. Jedes vom Rat ernannte Mitglied hat dem Rat binnen 30 Tagen nach seiner Ernennung mitzuteilen, ob diese angenommen wird oder nicht. Äußert sich der Betreffende nicht oder lehnt er die Annahme ab, so gilt die Ernennung als nicht erfolgt und der Rat ernennt an seiner Stelle ein anderes Mitglied. Gemäß Art 1 § 6 ist die Wiederernennung von Mitglieder zulässig.

Nach Art 2 § 1 ist der Ausschuss als gebildet anzusehen, sobald alle ernannten Mitglieder ihr Amt angenommen haben. Bei der Aufnahme der Tätigkeit übernehmen die Mitglieder des Ausschusses vor dem EuGH in einer öffentlichen Sitzung die feierliche Verpflichtung, ihr Amt unparteiisch und gewissenhaft auszuüben, das Beratungsgeheimnis zu wahren und während der Ausübung nach Ablauf ihrer Amtstätigkeit die sich aus ihrem Amt ergebenden Pflichten zu erfüllen, insbesondere die Pflicht, bei der Ausübung gewisser Tätigkeiten oder bei der Annahme gewisser Vorteile ehrenhaft und zurückhaltend zu sein.

Nach Art 3 sind die Mitglieder des Ausschusses hinsichtlich ihrer in amtlicher Eigenschaft vorgenommenen Handlungen, einschließlich ihrer mündlichen und schriftlichen Äußerungen, keiner Gerichtsbarkeit unterworfen. Diese Befreiung steht ihnen auch nach Abschluss ihrer Amtstätigkeit zu. Der EuGH kann die Befreiung jedoch durch eine Plenarentscheidung aufheben.

Nach Art 4 dürfen die Mitglieder des Ausschusses nicht an der Erledigung einer Sache teilnehmen, in der sie vorher als Bevollmächtigte, Beistände oder Anwälte einer Partei tätig gewesen sind oder sie als Mitglied eines Gerichtes, eines Untersuchungsausschusses oder in anderer Eigenschaft berufen waren um hierüber zu befinden. Wird ein Ausschussmitglied bei der Entscheidung oder Untersuchung einer bestimmten Sache aus einem besonderen Grund nicht mitwirken können, so macht es davon dem Präsidenten Mitteilung. Hält der Präsident des Ausschusses die Teilnahme eines Ausschussmitgliedes an der Verhandlung einer bestimmten Sache aus einem bestimmten Grund für unangebracht, so setzt er das betreffende Mitglied hiervon in Kenntnis. Ergeben sich bei der Anwendung dieses Artikels Schwierigkeiten so entscheidet der Ausschuss im Plenum.

Nach Art 5 § 1 endet das Amt eines Mitgliedes des Ausschusses abgesehen von Neubesetzungen und Todesfällen durch Rücktritt. Bei Rücktritt ist das Rücktrittsschreiben an den Präsidenten des EuGH zur Weiterleitung an den Präsidenten des Rates zu richten. Mit dem Eingang dieses Schreibens beim Präsidenten des Rates wird der Sitz frei. Mit Ausnahme der Fälle, gemäß Art 5 § 2 bleibt jedes Mitglied bis zum Amtsantritt eines Nachfolgers im Amt. Gemäß Art 5 § 2 kann ein Mitglied des Ausschusses nur dann seines Amtes enthoben werden, wenn es nach einstimmigem Urteil der Richter und Generalanwälte des Gerichtshofes nicht mehr die erforderlichen Voraussetzungen erfüllt oder den sich aus seinem Amt ergebenden Pflichten nicht mehr nachkommt. Der Kanzler des EuGH notifiziert dem betreffenden Mitglied die Entscheidung des EuGH. Wird ein Mitglied des Ausschusses durch eine solche Entscheidung seines Amtes enthoben so wird der Sitz mit der Notifizierung der Entscheidung frei. Wenn gemäß Art 6 § 1 das Amt eines Mitgliedes vor Ablauf seiner Amtszeit endet, so wählt der Rat für die verbleibende Zeit unter den zuletzt vom Gerichtshof nach Art 1 vorgeschlagenen Bewerbern einen Nachfolger aus. Der Rat kann jedoch den Gerichtshof ersuchen drei zusätzliche Bewerber vorzuschlagen. Falls der Präsident des Ausschusses abwesend oder verhindert ist, so werden seine Aufgaben gemäß Art 6 § 2 von dem dienstältesten Vizepräsidenten oder bei gleichem Dienstalter der Vizepräsident vom Lebensälteren wahrgenommen.

Nach Art 7 setzt der Rat auf Vorschlag des EuGH die Höhe der Vergütungen für die Mitglieder des Ausschusses fest.

Nach Art 8 ist Sitz des Ausschusses der Sitz des EuGH. Die in Art 10 § 1 vorgesehene Schiedsgruppe kann mit Zustimmung der Parteien ausnahmsweise beschließen an jedem anderen Ort im Gebiet der Gemeinschaft zu tagen.

Die Aufgaben des Kanzlers des Ausschusses werden von einem Beamten des EuGH wahrgenommen, den der EuGH im Einvernehmen mit dem Präsidenten des

Ausschusses für dieses Amt nach Art 9 bestellt. Seine Befugnisse werden auf Vorschlag des Präsidenten vom Ausschuss mit Zustimmung des EuGH festgelegt.

Eine Streitsache wird nach Art 10 § 1 beim Ausschuss anhängig gemacht, wenn eine Ausfertigung des Schiedsvertrages im Sinne der Art 20 und 22 EA dem Präsidenten des Ausschusses übermittelt wird. Der Ausschuss tagt in der Besetzung von drei Schiedsrichtern und zwar mit dem Präsidenten oder einem der Vizepräsidenten und zwei Mitgliedern des Ausschusses (Schiedsgruppe). Bei an einer Streitsache beteiligten Parteien wählen je eines der beiden Mitglieder. Der Präsident des Ausschusses verteilt im Einvernehmen mit dem Vizepräsidenten die Streitsachen auf sich und die Vizepräsidenten, um den an der Streitsache Beteiligten die möglichst rasche Erledigung ihrer Angelegenheiten zu gewährleisten. Die Zahl der Schiedsgruppen entspricht der Zahl der anhängigen Streitsachen. Der Präsident und jeder Vizepräsident des Ausschusses können in mehreren Schiedsgruppen gleichzeitig den Vorsitz übernehmen; alle übrigen Mitglieder können gleichzeitig an den Beratungen mehrerer Schiedsgruppen teilnehmen. Ungeachtet ihrer Aufgabe als Vertreter des Präsidenten des Ausschusses bei dessen Abwesenheit oder Verhinderung übernehmen die Vizepräsidenten den Vorsitz der Schiedsgruppen entsprechend der Bestellung durch den Präsidenten des Ausschusses. Wer eine Streitsache beim Ausschuss anhängig macht so übernimmt der Präsident den Vorsitz der Schiedsgruppe oder bestellt einen der Vizepräsidenten zum Vorsitzenden. Der Vorsitzende der Schiedsgruppe setzt sodann jeder Partei eine Frist von längstens einem Monat, innerhalb welcher sie schriftliche das von ihr als Schiedsrichter ausgewählte Mitglied des Ausschusses benennen muss. Der Vorsitzende der Schiedsgruppe kann auf einem mit Gründen versehenen Antrag einer der Parteien die Frist von einem Monat um die gleiche Frist verlängern. Unterlässt es eine der Parteien rechtszeitig einen Schiedsrichter zu benennen, so wird dies auf Antrag des Vorsitzenden der Schiedsgruppe vom Präsidenten des EuGH bestimmt. Gemäß Art 10 § 3 benennt die Partei im Falle des Art 4 sowie in jedem anderen Fall, in dem ein Schiedsrichter an der Teilnahme an einem Verfahren verhindert ist, die diesen benannt hat, oder im Falle des Art 10 § 2 Abs 4 hätte benennen müssen innerhalb eines Monats einen anderen Schiedsrichter. Art 10 § 2 Abs 4 gilt entsprechend. Wird der Schiedsrichter im Verlauf des Verfahrens gemäß Art 10 § 4 ersetzt, so nimmt das Verfahren in dem Stand seinen Fortgang, in dem es durch das Ausscheiden des Schiedsrichters unterbrochen wurde. Auf Wunsch des neuen Schiedsrichters kann die mündliche Verhandlung jedoch vom Anfang an wieder aufgenommen werden.

Nach Art 11 § 1 können Parteien im Schiedsvertrag vereinbaren, die Streitsache entweder einem ad personam gewählten Schiedsrichter, dem Präsidenten des Ausschusses, einem Vizepräsidenten einer Schiedsgruppe, die außer ihrem Vorsitzenden aus vier Mitgliedern besteht zur Entscheidung vorzulegen. Im letzten Fall benennt jede der Parteien zwei Mitglieder.

Gemäß Art 12 § 2 müssen im Schiedsvertrag die Streitgegenstände so bezeichnet werden, die Fragen, über welche die Schiedsrichter zu befinden haben, aufgezählt und die von den Parteien gewählten Zusammensetzungen der Schiedsgruppe angegeben sein.

Gemäß Art 12 ist die Verfahrenssprache ein der Amtssprachen der Gemeinschaft. Die Verfahrenssprache wird von dem Inhaber des Patentes, vorläufig geschütztem Rechts- oder Gebrauchsmuster oder dem Patentanmelder gewählt. Jedoch kann die Schiedsgruppe auf Antrag einer Partei nach Anhörung der anderen Partei den vollständigen oder teilweisen Gebrauch einer anderen Amtssprache als Verfahrenssprache genehmigen. Ein solcher Antrag kann von der Kommission nicht gestellt werden.

Nach Art 13 § 1 kann die Schiedsgruppe den Parteien in jedem Stand des Verfahrens einen Vergleich vorschlagen. In diesem Fall bringt die Schiedsgruppe nach Abschluss ihrer Untersuchung den Parteien mündlich oder schriftlich den Entwurf eines Vergleiches zur Kenntnis, dessen Annahme nach ihrer Auffassung den Parteien empfohlen werden kann, fordert sie gleichzeitig auf, sich in einer bestimmten Frist hiezu zu äußern. Sie teilt den Parteien schriftlich oder mündlich die Gründe mit, die nach ihrer Ansicht für die Annahme des Vergleiches sprechen. Wenn die Parteien den Vergleich annehmen, so wird hierüber ein Protokoll aufgenommen, das seinen Wortlaut wiedergibt. Sie ist vom Vorsitzenden der Schiedsgruppe, vom Kanzler und von den Parteien zu unterzeichnen. Eine vom Vorsitzenden der Schiedsgruppe und vom Kanzler unterzeichnete Ausfertigung wird den Parteien zugestellt. Der Vorsitzende der Schiedsgruppe vergewissert sich, dass die Parteien den Vergleich ausführen. Kommen sie ihren Verpflichtungen nicht in den Fristen nach, die in dem Protokoll über den Vergleich vorgesehen sind, erlässt die Schiedsgruppe ihren Schiedsspruch. Wenn die Parteien gemäß Art 13 § 3 den Vergleichsvorschlag nicht annehmen, und erachtet die Schiedsgruppe den Versuch für zwecklos, eine Einigung der Parteien über einen anderen Vorschlag herbeizuführen, so wird in der Sache entschieden. In diesem Fall ist in der Entscheidung der Schiedsgruppe zu vermerken, dass ein Vergleich zwischen den Parteien nicht zustande gekommen ist. Der Wortlaut des Vergleichsvorschlages wird jedoch nicht wiedergegeben.

Nach Art 14 entscheidet die Schiedsgruppe, ob ein Austausch von Schriftsätzen vor der mündlichen Verhandlung angebracht ist. Bejahenden Falls setzt der Vorsitzende der Schiedsgruppe die Anzahl der Schriftsätze und einzuhaltenden Fristen fest. Der Kanzler gibt diese Fristen den Parteien bekannt. Diese richten ihre Schriftsätze an den Kanzler. Der Kanzler übermittelt sie der Gegenpartei und bereitet die Akten für das Schiedsverfahren vor. Der Vorsitzende der Schiedsgruppe bestimmt Tag und Ort der ersten Sitzung. Der Kanzler setzt hiervon die Parteien in Kenntnis.

Liegt im Falle des Art 14 Abs 1 eine der Parteien ihren Schriftsatz bzw. ihre Schriftsätze nicht innerhalb der vom Vorsitzenden der Schiedsgruppe festgesetzten Frist vor, so bestimmt dieser dennoch Tag und Ort der Sitzung. Scheint eine der Parteien trotz ordnungsgemäßer Ladung nicht, so kann die Schiedsgruppe die Anträge der anderen Partei stattgeben, wenn sie festgestellt hat, dass sie tatsächlich und rechtlich begründet sind. Sie kann jedoch auch eine neue Sitzung anberaumen, wenn sie dies für zweckmäßig erachtet.

Nach Art 16 kann jede Partei sich von einem anderen oder mehreren Beiständen vertreten lassen oder deren Hilfe in Anspruch nehmen. Sie teilt diese Absicht dem Kanzler möglichst frühzeitig mit. Dieser unterrichtet die Gegenpartei. Die Vorlage des Schiedsvertrages oder der Schriftsätze durch einen Beistand ersetzt die Mitteilung.

Nach Art 17 kann die Schiedsgruppe, wenn sie es für zweckmäßig erachtet, eine Anscheinsaufnahme vornehmen. Hierbei können die Parteien zugegen sein.

Die Schiedsgruppe bestimmt das Verfahren und seine Dauer. Sie ist in der Beweiswürdigung frei.

Nach Art 19 leitet der Vorsitzende der Schiedsgruppe die Verhandlung. Die Verhandlung ist nur dann öffentlich, wenn die Schiedsgruppe dies mit der Zustimmung der Parteien beschließt, ansonsten ist sie geheim. Über jede Sitzung wird ein Protokoll aufgenommen, das vom Vorsitzenden der Schiedsgruppe und Kanzler unterzeichnet wird.

Nach Beendigung der Parteienvorträge wird die Verhandlung geschlossen. Solange der Schiedsspruch noch nicht ergangen ist, kann die Schiedsgruppe die Verhandlung wieder eröffnen, wenn neue Beweismittel zu Tage getreten sind, die die Entscheidung maßgeblich beeinflussen können, oder wenn sie nach einer eingehenden Erörterung hiezu über bestimmte Punkte Aufklärung zu erhalten wünscht. Nach Ab 21 sind die Beratungen der Schiedsgruppe geheim. Sämtliche Entscheidungen der Schiedsgruppe werden mit Stimmenmehrheit getroffen.

Der Inhalt des Schiedsspruches wird schriftlich niedergelegt und mit dem Datum des Tages versehen, an dem er unterzeichnet wurde. Er enthält die Namen der Schiedsrichter und wird von ihnen unterzeichnet. Er hat verpflichtend eine Begründung zu enthalten. Der Schiedsvertrag kann jedoch vorsehen, dass einzelne Punkte nicht begründet werden müssen. Die Schiedsgruppe kann beschließen den Schiedsspruch in(Parteien) öffentlicher Sitzung zu verkünden. Hierbei sind die Parteien anwesend oder ordnungsgemäß zu laden. Der Schiedsspruch wird dann den Parteien sofort zugestellt.

Nach Art 23 entscheidet die Schiedsgruppe nach billigem Ermessen unter Beachtung der Bestimmungen des EA sowie der allgemeinen Rechtsgrundsätze, die den Rechtsordnungen der Mitgliedstaaten gemeinsam sind.

Nach Art 24 finden die Bestimmungen dieser Geschäftsordnung auch dann Anwendung, wenn eine Streitsache einem einzelnen Schiedsrichter oder einer aus fünf Mitgliedern bestehenden Schiedsgruppe vorgelegt wird.

Gemäß Art 25 ist das Verfahren vor dem Ausschuss kostenfrei. Die Kosten für das Tätig werden des Ausschusses sowie die Kosten der vorgesehenen Vergütungen, die Kanzleikosten und die sonstigen Verwaltungskosten sowie die Kosten für das Vergleichs- und Schiedsverfahren werden im Verwaltungshaushaltsplan der EAG in einem gesonderten Kapitel des Einzelplans IIII (Gerichtshof) verbucht.

Die in Art 73 EuGHVO[871] als erstattungsfähige Kosten definierte Kosten werden von den Parteien getragen. Soweit sich die Parteien im Schiedsvertrag nach Art 10 § 1 über die Kosten nicht geeinigt haben, beschließt die Schiedsgruppe darüber nach beliebigem Ermessen. Die in Art 15 § 5 EuGHVfO genannte Gebührenordnung findet Anwendung. Streitigkeiten über die erstattungsfähigen Kosten entscheidet die mit der Sache befassten Schiedsgruppe auf Antrag einer Partei nach Anhörung der Gegenpartei durch Beschluss. Die notwendigen Aufwendungen einer Partei für die Zwangsvollstreckung sind ihr von der Gegenpartei zu erstatten. Maßgebend ist die Gebührenordnung des Staates, in dem die Vollstreckung stattfindet (Art 27).

Nach Art 28 kann die Geschäftsordnung auf Vorschlag des EuGH jederzeit überprüft und ergänzt werden, nach dem der Ausschuss seine Tätigkeit aufgenommen hat. Der Präsident des Ausschusses kann dem EuGH Vorschläge zur Änderung und Ergänzung der in den Geschäftsordnungen enthaltenen Verfahrensvorschriften übermitteln.

i) Versorgungsagentur

aa) Einleitung

Eine weitere Behörde ist die Versorgungsagentur, deren Einrichtung in den Art 53–56 EA geregelt ist. Gemäß Art 54 Abs 1 EA hat die Agentur Rechtspersönlichkeit und genießt finanzielle Autonomie.[872] Sie ist ein Beispiel eines internationalen öffentlichen Unternehmens, welches durch internationalen öffentlichen Akt errichtet worden ist.[873] Sie wird jedoch von manchem Autor[874] nicht als Organ von Euratom angesehen. Errichtet wurde die Agentur mit Satzung.[875] Auf Grund der stark angestiegenen Anzahl der Mitgliedstaaten als auch um die Struktur den modernen Finanzvorschriften anzupassen wurde mit Beschluss des Rates 2008 eine neue Satzung geschaffen.[876]

Als nachgeordnete Behörde des Gemeinschaftsrechtes hat sie sowohl hoheitliche als auch kaufmännische Aufgaben zu erfüllen.[877] Grunwald sieht die Versor-

---

871 *Rengeling/Middeke/Gellermann* Rechtsschutz in der Europäischen Union, Rn 784ff.

872 Unter anderem: *Bouquet* How current are Euratom provisions on nuclear supply and ownership in view of the European Union[acute]s enlargement?, NLB 68 (2001), 11.

873 *Engel* Internationale öffentliche Unternehmen, RabelsZ 1995, 499.

874 *Manig* 29.

875 ABl P 27 v. 6.12.1958, S 534 ff idF des Beschlusses des Rates vom 8. März 1973, L. 83 vom 30.3.1973, S 20 idF des Beitrittsaktes Griechenlands L 291 vom 19.11.979, S 17, idF der Beitrittsakte Spaniens und Portugals L 302 vom 15.11.1985, S 23, idF der Beitrittsakte Österreichs, Finnlands und Schwedens, L 1 vom 1.1.1995, S 1.

876 2008/114/EG, Euratom Beschluss des Rates vom 12. Februar 2008 über die Satzung der Euratom-Versorgungsagentur, ABl Nr. L 41 vom 15.2.2008, S 15ff.

877 *Grunwald* Energierecht, 245.

gungsagentur als öffentlich-rechtliche Monopolbehörde, die unter Aufsicht der Kommission steht, an.[878] Nach dem EUG beschränken sich die Aufgaben der Versorgungsagentur auf die Durchführung des durch Kapitel VI EA geschaffenen Versorgungssystems.[879]

Diese Satzung wird vom Rat mit qualifizierter Mehrheit auf Vorschlag der Kommission erlassen. Änderungen der Satzung sind auf dieselbe Art und Weise vorzunehmen. Die Satzung bestimmt das Kapital und die Art und Weise in der es aufgebracht wird. Die Mehrheit des Kapitals muss in jedem Fall der Gemeinschaft und den Mitgliedstaaten gehören; die Aufteilung des Kapitals wird von den Mitgliedstaaten im gemeinsamen Einvernehmen beschlossen.

Weiters bestimmt die Satzung die Art und Weise der kaufmännischen Geschäftsführung, sowie kann sie zur Deckung der Betriebskosten die Agentur ermächtigen, eine Abgabe auf die Umsätze vorzuschreiben.

Jede ausdrückliche oder stillschweigende Handlung der Agentur bei Ausübung ihres Bezugsrechtes oder ihres ausschließlichen Rechts zum Abschluss von Lieferverträgen kann durch die Beteiligten der Kommission unterbreitet werden; diese hat hierüber innerhalb eines Monats zu entscheiden. Die Verletzung der Verpflichtung zur Entscheidung kann hierauf gemäß Art 265 AEUV durch Klage beim EuG angefochten werden.

Die Agentur hat gemäß Art 55 EA das Recht die Mitgliedstaaten zu verpflichten, die zur Ausübung ihres Bezugsrechtes und ihres ausschließlichen Rechts zum Abschluss von Lieferverträgen erforderlichen Informationen zukommen oder zukommen zu lassen.

Seit 1960 macht die Agentur von ihrem Bezugsrecht keinen Gebrauch sondern überlässt die Beschaffung der Brennstoffe unmittelbar den Verbrauchern.[880]

Gemäß Art 53 Abs 1 EA steht die Agentur unter der Aufsicht der Kommission, welche berechtigt ist, Richtlinien zu erlassen. Ebenso hat die Kommission ein Einspruchsrecht gegen Entscheidungen der Agentur, welches von Bouqet als Vetorecht angesehen wird.[881] Gegen diesen Einspruch steht der Agentur das Recht zu, Nichtigkeitsklage beim EuGH zu erheben.

Die Agentur veröffentlicht Jahresberichte und Studien, in denen die aktuellen Trends und Probleme nachzulesen sind.[882]

---

878 *Grunwald* Energierecht, 243.

879 EUG, U v 15.9.1995, verb RS T-458/93 und 523/93, ENU/Kommission, Slg 1995, II-2459, Rn 58.

880 Vollzugsordnung der Versorgungsagentur, ABl 1960, S 777 idF, ABl 1975, Nr L 193, S 37.

881 Nach *Bouquet* How current are Euratom provisions on nuclear supply and ownership in view of the European Union´s enlargement?, NLB 68 (2001), 11.

882 Der letzte Jahresbericht betraf das Jahr 2009 und ist 2010 veröffentlicht worden. Bericht über den Jahresabschluss 2009 der Euratom-Versorgungsagentur , ABL Nr C 338 vom 14.12.2010, S 6ff.

bb) Struktur der Agentur

Nach Art 1 Abs 1 hat die Euratom Versorgungsagentur – im folgenden Agentur genannt – zum Ziel gemäß den Zielen des Titels II, Kapitel 6e die Aufgaben wahr zu nehmen, mit denen sie durch den EA betraut ist. Die Agentur wird unter anderem für die Gemeinschaft technisches Fachwissen, Informationen und Beratung zu allen Fragen bereit stellen, die mit dem Funktionieren des Marktes für Kernmaterialien und nukleare Dienstleistungen im Zusammenhang stehen, eine marktbeobachtende Rolle spielen, in dem sie Markttendenzen beobachtet und ermittelt, die die Sicherheit der Versorgung der EU mit Kernmaterialien und nuklearen Dienstleistungen beeinträchtigen könnten, sowie Gutachten des gemäß Art 11 eingesetzten Beirates einholen, von diesen unterstützt werden und eng mit ihm zusammen arbeiten. Bemerkenswert ist, dass gemäß Art 1 Abs 2 die Agentur in Übereinstimmung mit den Art 62 und 72 EA auch einen Bestand an Kernmaterialien anlegen kann.

Die Agentur besitzt Rechtspersönlichkeit gemäß Art 54 des EA; sie übt ihre Tätigkeit ausschließlich im allgemeinen Interesse aus und verfolgt keinen Erwerbszweck. Nach Art 2 Abs 3 hat die Agentur ihren Sitz in Luxemburg. Im Gegensatz zur alten Satzung ist keine Regelung über die Dauer des Bestandes dieser angeführt. Dies ist anscheinend ein Redaktionsversehen. Da mit der aktuellen Satzung nur eine Anpassung an die geänderten Verhältnisse erfolgte, und die Agentur keine Neugründung ist, ist davon auszugehen, dass sie ebenso auf unbestimmte Zeit gegründet worden ist.

Auf die Agentur, ihre Generaldirektoren und ihr Personal findet das Protokoll über die Vorrechte und Befreiungen der Europäischen Gemeinschaften Anwendung.[883] Sie kann weiters auf eigene Veranlassung sonstige Maßnahmen bezüglich ihrer internen Organisation treffen, zur Erfüllung ihrer Aufgaben innerhalb und außerhalb der Gemeinschaft, die von Euratom erforderlich sind. Weiters besitzt die Agentur in jedem Mitgliedstaat die weitestgehende Rechts- und Geschäftsfähigkeit, die juristischen Personen nach Rechtsvorschriften des betreffenden Mitgliedstaates zuerkannt ist. Sie kann insbesondere bewegliches und unbewegliches Vermögen erwerben und veräußern sowie vor Gericht auftreten, sie hat das Recht Verträge zu schließen, dingliche oder persönliche Sicherheiten zu gewähren, als Makler, Beauftragter oder Kommissionär tätig zu werden, sowie Verträge und Vergleiche zu schließen sowie alle kaufmännischen Handlungen vorzunehmen und Regelungen zu treffen, die für die Erfüllung ihrer Aufgaben erforderlich sind.

Gemäß Art 9 Abs 1 beträgt das Grundkapital Euro 5.824.000,00.[884] 10% des Kapitals ist bei Beitritt eines Mitgliedstaates zur Gemeinschaft zu Euratom zu zah-

---

883 Protokoll über die Vorrechte und Befreiungen der Europäischen Union, ABl. C 84 vom 30.3.2010, S 99ff.

884 Gemäß Art 9 Abs 2 ist das Grundkapital wie folgt aufgeteilt: Belgien € 192.000,00, Bulgarien € 96.000,00, Tschechische Republik € 192.000,00, Dänemark € 96.000,00, Deutschland € 672.000,00, Estland € 32.000,00, Griechenland € 192.000,00, Spanien € 416.000,00,

len, zusätzlich kann der Rat auf Vorschlag der Kommission über den Abruf weiterer Teilbeträge des Kapitals mit qualifizierter Mehrheit entscheiden. Der abgerufene Teilbetrag ist innerhalb von 30 Tagen nach dieser Entscheidung an die Agentur zu zahlen. Nach Art 9 Abs 4 ist mit der Übernahme eines Kapitalanteils kein Recht auf Dividenden oder Zinsen verbunden. Ein Recht auf Rückzahlung des Nennwerts des eingezahlten Teilbetrages besteht nur bei Auflösung der Agentur.

cc) Finanzielle Organisation

Die Agentur genießt finanzielle Autonomie und arbeitet in ihrem Zuständigkeitsbereich nach kaufmännischen Grundsätzen (Art 6 Abs 1). Die Agentur ist jederzeit ermächtigt, die Guthaben, die sie in Euro besitzt, in eine andere Währung zu transferieren, und nach Maßgabe dieser Satzung die Finanz- oder Handelsgeschäfte durchzuführen, die ihren im Vertrag festgelegten Zielen entsprechen. Weiters besitzt die Agentur flüssige oder verfügbare Mittel, in der von ihr benötigten Währung, um soweit wie möglich derartige Transfers zu vermeiden. Weiters kann die Agentur mit Mitteln, die sie für die Erfüllung ihrer Verpflichtungen nicht unmittelbar benötigt, Finanzgeschäfte tätigen, die mit der Erfüllung ihrer Ziele in Zusammenhang stehen. Weiters ist die Agentur nach Art 6 Abs 3 befugt, im Namen von Euratom und innerhalb der vom Rat gesetzten Grenzen zur Erfüllung ihrer Aufgaben Anleihen aufzunehmen. Nach Art 6 Abs 4 besteht eine gesetzliche Bürgschaft für von der Agentur aufgrund dieser Satzung eingegangenen Verpflichtungen durch die Euratom.

Die Einnahmen und Ausgaben der Agentur sind Gegenstand von Vorausschätzungen für jedes Haushaltsjahr zu einem Haushaltsplan der Agentur ausgewiesen.

Das Haushaltsjahr entspricht dem Kalenderjahr.

Der Haushaltsplan ist in Einnahmen und Ausgaben auszugleichen. Die Einnahmen der Agentur setzen sich aus einem Beitrag der Gemeinschaft, Bankzinsen und Einnahmen aus ihren Kapital- und Bankinvestitionen sowie bei Bedarf einer in Art 54 EA vorgesehenen Abgabe und Anleihen zusammen. Die Ausgaben der Agentur umfassen die Verwaltungskosten für ihr Personal und den Beirat sowie Kosten, die sich aus Verträgen mit Dritten ergeben.

Nach Art 7 Abs 5 stellt der Generaldirektor jedes Jahr den Voranschlag der Einnahmen und Ausgaben der Agentur für das folgende Haushaltsjahr auf. Dieser Vor-

---

Frankreich € 672.000,00, Irland € 32.000,00, Italien € 672.000,00, Zypern € 32.000,00, Lettland € 32.000,00, Litauen € 32.000,00, Luxemburg € 0,00, Ungarn € 192.000,00, Malta € 0,00, Niederlande € 192.000,00, Österreich € 96.000,00, Polen € 416.000,00, Portugal € 192.000,00, Rumänien € 288.000,00, Slowenien € 32.000,00, Slowakei € 96.000,00, Finnland € 96.000,00, Schweden € 192.000,00 und Vereinigtes Königreich € 672.000,00.

schlag, der auch einen Entwurf des Stellenplans umfasst, wird der Kommission nach Einholung der Stellungnahme des Beirates bis 31.3. zugeleitet. Anhand des Vorschlages setzt die Kommission die von ihr für den Stellenplan und den Zuschuss auf den Gesamthaushaltsplan für erforderlich erachteten Ansätze, den Vorentwurf des Gesamthaushaltsplans der Europäischen Union ein. Weiters bewilligt nach Art 7 Abs 7 im Rahmen des Haushaltverfahrens die Haushaltsbehörde die Mittel für den Zuschuss für die Agentur und stellt den Stellenplan für die Agentur auf. Die Stellen der Versorgungsagenturen werden im Stellenplan der Kommission gesondert angegeben. Der Haushaltsplan wird von der Kommission festgestellt. Er wird endgültig, sobald die endgültige Feststellung des Gesamthaushaltsplans der EU erfolgt ist. Gegebenenfalls wird er entsprechend angepasst. Der Haushaltsplan der Agentur wird auf ihren Internetseiten veröffentlicht. Jede Änderung des Stellenplans und des Haushaltsplans der Agentur ist Gegenstand eines Berichtigungshaushaltsplans, der mit dem gleichen Verfahren festgestellt wird, wie der ursprüngliche Haushaltsplan. Änderungen des Stellenplans werden der Haushaltsbehörde unterbreitet. Die Berichtigungshaushaltspläne werden dem europäischen Parlament und dem Rat zur Information zugeleitet.

Weiters führt der Generaldirektor den Haushaltsplan der Agentur nach Art 8 Abs 1 aus. Im Anschluss an jedes Haushaltsjahr übermittelt der Rechnungsführer der Agentur die vorläufigen Rechnungen, nämlich bis 1. März dem Rechnungsführer der Kommission zu Konsolidierungszwecken und bis 31. März des auf das abgeschlossene Haushaltsjahr folgende Jahr dem Rechnungshof.

Nach Eingang der Bemerkungen des Rechnungshofs zu den vorläufigen Rechnungen der Agentur stellt der Generaldirektor eigenverantwortlich den endgültigen Jahresabschluss der Agentur auf und legt ihn dem Beirat zur Stellungnahme vor. Dieser gibt eine Stellungnahme zum endgültigen Jahresabschluss der Agentur ab. Hierauf leitet der Generaldirektor den endgültigen Jahresabschluss zusammen mit der Stellungnahme des Beirates bis 1. Juli des auf das abgeschlossene Haushaltsjahr folgende Jahr dem Europäischen Parlament, dem Rat, der Kommission und dem Rechnungshof zu. Der endgültige Jahresabschluss wird auf den Internetseiten der Agentur gemäß Art 8 Abs 6 veröffentlicht. Weiters übermittelt der Generaldirektor dem Rechnungshof bis 30. September eine Antwort auf seine Bemerkungen, die der Rechnungshof ihm nach Erhalt des endgültigen Jahresabschlusses zugeleitet hat. Nach Art 8 Abs 8 übermittelt der Generaldirektor dem Europäischen Parlament auf dessen Anfrage alle Informationen, die für die ordnungsgemäße Abwicklung des Entlastungsverfahrens für das betreffende Haushaltsjahr erforderlich sind. Auf Empfehlung des Rates, der mit qualifizierter Mehrheit beschließt, erteilt das Europäische Parlament dem Generaldirektor vor dem 30. April des Jahres ein n+2 Entlastung zur Ausführung des Haushaltsplanes für das Jahr n.

Bei Bedarf kann gemäß Art 8 Abs 10 gemäß Art 183 EA eine für die Agentur geltende spezifische Haushaltsordnung erlassen werden.

dd) Befugnisse der Kommission

Ob die Agentur rechts- und geschäftsfähig ist, obliegt der Aufsicht der Kommission. Die Kommission übt diese Aufsicht in zweifacher Weise aus. Einerseits kann sie der Agentur Richtlinien erteilen, anderseits kann sie gegen Entscheidungen der Agentur Einspruch erheben. Richtlinien sind nicht als Richtlinien im Sinne des EA zu verstehen, sondern sind generelle Rahmenbedingungen, nach denen die Agentur zu handeln hat.

Nach Art 5 Abs 2 erlischt das Einspruchsrecht mit Ablauf des 10. Werktages nach Erlass einer Entscheidung der Agentur, es sei denn, dass die Kommission oder ihr Vertreter innerhalb dieser Frist einen Vorbehalt einlegt. Die Kommission oder ihr Vertreter kann vor Ablauf der Frist auf das Vorbehaltsrecht verzichten. Wenn nach Art 5 Abs 2 die Kommission oder ihr Vertreter innerhalb der genannten Frist einen Vorbehalt eingelegt hat, so nimmt die Kommission spätestens 10 Tage nach Einlegung des Vorbehalts endgültig Stellung.

Art 5 steht der Anwendung des Art 53 EA nicht entgegen.[885] Dies gilt jedoch nicht hinsichtlich ausdrücklicher oder stillschweigender Handlungen der Agentur bei Ausübung ihres Bezugsrechtes oder ihres ausschließlichen Rechtes zum Abschluss von Lieferverträgen gemäß Art 53 Abs 2 EA. In diesen Fällen kann jeder Betroffene gemäß Art 5 Abs 5 innerhalb von 15 Werktagen nach der Notifizierung oder wenn sie nicht notifiziert wurde, 15 Tage nach ihrer Bekanntgabe der Kommission unterbreitet werden. Fristbeginn ist spätestens der Tag, an der der Betroffene von der Handlung Kenntnis erlangt hat. In manchen Fällen entschied der EuGH, dass der Fristenlauf erst zu einem späteren Zeitpunkt als bei Veröffentlichung oder Kenntnisnahme des Aktes beginne,[886] wodurch es de facto zu einer Verlängerung der Frist kommt.[887] Unbestrittener Weise besteht eine Entscheidungsverpflichtung, da ansonsten es für das in Art 53 Abs 2 EA verankerte Recht keinen gerichtlichen Schutz gebe.[888] Wenn jedoch die Handlung oder die Untätigkeit weder notifiziert noch bekannt gegeben worden ist, so läuft die Frist von dem Tage an, an dem der Betroffene von der Handlung bzw. der Untätigkeit Kenntnis erlangt hat.

ee) Organe/Generaldirektor

Nach Art 4 Abs 1 sind der Generaldirektor der Agentur und ihr Personal Beamte der Europäischen Gemeinschaften, für die das Statut der Beamten der Europäischen

885 Siehe auch hierzu: 93/428/Euratom: Entscheidung der Kommission vom 19. Juli 1993 zur Anwendung von Artikel 53 Absatz 2 EAG-Vertrag, Amtsblatt Nr. L 197 vom 06/08/1993 S 54ff.

886 Mängel bei der Zustellung werden durch Kenntnisnahme des Aktes geheilt: EuGH, U v 14.7.1972, RS 48/69, ICI/Kommission, Slg 1972, 619, 656.

887 EuGH, U v 16.2.1993, RS C- 107/91, ENU/Kommission, Slg 1993, I-599, Rn 18.

888 EuGH, U v 16.2. 1993, RS C- 107/91, ENU/Kommission, Slg 1993, I-599, Rn 18.

Gemeinschaften und die Beschäftigungsbedingungen für die sonstigen Bediensteten dieser Gemeinschaften gemäß VO 259/68/EWG/Euratom/EGKS idgF und die gemeinsam von den Organen der Europäischen Gemeinschaften zum Zweck der Anwendung dieses Statuts erlassen Vorschrift gelten. Die Beamten werden von der Kommission ernannt, ihre Gehälter zahlt die Kommission. Der Generaldirektor und das Personal der Agentur werden im Einklang mit Art 194 EA im Hinblick auf Vorgänge, Informationen, Kenntnisse, Unterlagen oder Gegenstände, die unter Geheimschutz stehen, und die in ihren Besitz gelangen oder ihnen mitgeteilt werden einer Sicherheitsüberprüfung unterzogen.

Nach Art 3 Abs 1 wird der Generaldirektor von Kommission ernannt. Er vertritt die Agentur. Er kann seine Befugnisse an andere Personen übertragen. Die Regeln für die Übertragung seiner Befugnisse werden in internen Schriftstücken der Agentur festgelegt.

Der Generaldirektor hat gemäß Art 3 Abs 3 zu gewährleisten, dass die Agentur ihre Aufgaben gemäß Art 1 erfüllt, das ausschließliche Recht, der Agentur, Lieferverträge für Kernmaterialien abzuschließen und ihr Bezugsrecht auszuüben, die laufende Verwaltung der Agentur sowie sämtlicher Ressourcen der Agentur wahrzunehmen, den Beirat regelmäßig zu informieren und ihn in allen Fragen anzuhören, die gemäß Art 13 Abs 3 in die Zuständigkeit des Beirates fallen, einen Entwurf des Voranschlages der Einnahmen und Ausgaben der Agentur auszuarbeiten und ihren Haushaltsplan auszuführen, in enger Zusammenarbeit mit dem Beirat Studien durchzuführen und spezifische Berichte zu erstellen, die in Einklang mit Art 1 Abs 1 für erforderlich gehalten werden und dem Europäischen Parlament, dem Rat und der Kommission diese Studie und Berichte zu übermitteln.

Weiters hat der Generaldirektor gemäß Art 3 Abs 4 dem Europäischen Parlament, dem Rat und der Kommission jedes Jahr einen Bericht über die Tätigkeiten der Agentur im vergangenen Jahr und ein Arbeitsprogramm für das folgende Jahr vorzulegen, nachdem er eine entsprechende Stellungnahme des Beirates eingeholt hat.

ff) Abgaben

Die Agentur kann gemäß Art 54 EA eine Abgabe auf die Umsätze erheben, bei denen die Agentur in Ausübung ihres Bezugsrechtes oder ihres ausschließlichen Rechts zum Abschluss von Lieferverträgen tätig wird. Der Erlös einer solchen Abgabe dient ausschließlich zur Deckung ihrer Betriebskosten. Die Bestimmungen über diese Abgabe werden in einem Durchführungsbeschluss im Einzelnen festgelegt. Der Abgabesatz und die Methode für dessen Festsetzung sowie für die Erhebung der Abgabe werden von der Kommission nach Konsultation des Rates auf Vorschlag des Generaldirektors nachdem dieser dazu die Stellungnahme des Beirats eingeholt hat, festgelegt.

j) Beirat

Ein weiteres Organ der Agentur ist der Beirat. Gemäß der Größe der Mitgliedstaaten haben diese das Recht eine unterschiedliche Anzahl von Mitgliedern zu entsenden.[889] Neben der Beteiligung der Mitgliedstaaten am Kapital der Agentur sollen bei der Zuweisung der Mandate im Beirat die einschlägigen Erfahrungen, die Fachkenntnisse und/oder Aktivitäten der Mitgliedstaaten in Bereichen wie dem Handel mit Kernmaterial und den Dienstleistungen des Kernbrennstoffkreislaufes oder der Kernkrafterzeuger berücksichtigt werden. Die Mitglieder des Beirates werden aufgrund der Grundlage ihrer einschlägigen Erfahrungen und Kenntnisse auf dem Gebiet des Handels mit Kernmaterialien und den Dienstleistungen des Kernbrennstoffkreislaufes oder der Kernkrafterzeugung oder in Regelungsfragen für den Handel mit Kernmaterial von ihren jeweiligen Mitgliedstaaten ernannt. Die Amtszeit beträgt 3 Jahre, welche verlängert werden kann.

Bei Rücktritt oder Ausfall eines Mitglieds wird für die restliche Amtszeit ein Nachfolger ernannt. Bemerkenswert ist, dass die Frage der Enthebung nicht geregelt ist.

Der Beirat ernennt einen Vorsitzenden und zwei Stellvertreter. Einen Vorsitzenden aus den Reihen seiner Mitglieder. Diese Vorsitzenden repräsentieren die Erfahrungen des Beirates und die verschiedenen Seiten der Industrie, sowohl die Erzeuger als auch die der Verbraucher. Der ranghöchste der beiden stellvertretenden Vorsitzenden nimmt die Stelle des Vorsitzenden ein, wenn dieser nicht in der Lage ist, seine Pflichten zu erfüllen. Die Amtszeit des Vorsitzenden und der stellvertretenden Vorsitzenden beträgt 3 Jahre. Ihre Amtszeit kann nur einmal verlängert werden und der Vorsitz abwechselnd von den Mitgliedern des Beirates wahrgenommen werden, die die unterschiedlichen Erfahrungen der Industrie und der Verwaltung repräsentieren. Das Mandat des Vorsitzenden und des stellvertretenden Vorsitzenden endet automatisch, wenn ihre Amtszeit als Mitglied des Beirates ohne Verlängerung ausläuft.

Der Beirat erleichtert der Agentur durch Stellungnahme und Informationen die Erfüllung ihrer Aufgabe. Er ist Verbindungsglied zwischen der Agentur und den Verbrauchern sowie den sonstigen beteiligten Kreisen.[890]

Nach Art 13 unterstützt der Beirat die Agentur durch Stellungnahmen, Analysen und Informationen bei der Erfüllung ihrer Aufgaben. Diese Unterstützung erstreckt sich auch auf die Vorbereitung etwaiger Berichte, Erhebungen und Analysen, die gemäß Art 1 Abs 1 unter der Verantwortung des Generaldirektors erstellt werden,

---

889 Belgien 2, Bulgarien 2, Tschechische Republik 2, Dänemark 1, Deutschland 4, Estland 1, Irland 1, Griechenland 2, Spanien 3, Frankreich 4, Italien 4, Zypern 1, Lettland 1, Litauen 2, Luxemburg 0, Ungarn 2, Malta 0, Niederlande 2, Österreich 2, Polen 3, Portugal 2, Rumänien 3, Slowenien 2, Slowakei 2, Finnland 2, Schweden 2, Vereinigtes Königreich 4.

890 *Bouquet* NLB 68 (2001), 13.

sowie in Art 3 Abs 3 dargelegt. Einst als Verbindungsstelle zwischen der Agentur und den Erzeugern wird er auch bei den Verbrauchern im Nuklearsektor tätig. Weiters kann er zu allen in den Zuständigkeitsbereich der Agentur fallenden Fragen auf seine Sitzungen mündlich oder zwischen solchen schriftlich konsultiert werden. Der Beirat kann auch auf Veranlassung von mindestens einem Drittel seiner Mitglieder zu solchen Fragen Stellungnahmen abgeben. Nach Art 13 hat der Generaldirektor den Beirat vor Entscheidungen über die Regeln für die Gegenüberstellung von Angebot und Nachfrage (Art 60 Abs 6 EA), über das Kapital der Agentur, seine Erhöhung oder Herabsetzung oder eine weitere Einteilung auf das gezeichnet Kapital (Art 54 Abs 4 EA), über die in Art 6 genannten Anleihen, über die Erhebung einer Abgabe auf die Umsätze zur Deckung der Betriebskosten der Agentur (Art 54 Abs 5 EA), über die Bedingungen für die Anlegungen oder Zurücknahme von Handelsbeständen durch die Agentur (Art 72 Abs 1 EA), über die in Art 8 angeführten finanziellen Fragen einschließlich der Haushaltsordnung der Agentur und die Vorbereitung des eigenen Voranschlages gemäß Art 171 Abs 2 EA, über den Jahresbericht einschließlich einer Marktanalyse und das Arbeitsprogramm für das darauffolgende Jahr, und über die Kriterien zur Festlegung der gemäß Art 68 EA untersagten Preisgebarung sowie über die Auflösung der Agentur.

Nach Art 13 Abs 4 kann der Generaldirektor bei Bedarf den Beirat für die Abgabe seiner Stellungnahme eine Frist setzen, diese muss von der Benachrichtigung der Mitglieder an gerechnet mindestens einen Monat betragen. Kann die Stellungnahme des Beirats nicht innerhalb dieser Frist eingeholt werden, kann der Generaldirektor eine Entscheidung fällen. Der Beirat kann jedoch ohne weiteres eine Verlängerung der Frist fordern.

Über die in diesem Art 13 genannten Angelegenheiten können Entscheidungen, die in den Zuständigkeitsbereich des Generaldirektors fallen, nicht vor Ablauf des 10. Werktages nach der Abgabe der Stellungnahme des Beirates getroffen werden, sofern sie dieser Stellungnahme zuwider laufen.

Der Beirat gibt sich eine Geschäftsordnung für sämtliche Angelegenheiten in Ergänzung der Satzung.

Die Sitzungen des Beirates werden einberufen, wenn dies nach Art 14 von dem Vorsitzenden für notwendig erachtet wird, in der Regel jedoch nicht zweimal im Jahr, auf Ersuchen des Generaldirektors insbesondere wenn eine Anhörung des Beirates gemäß Art 13 Abs 3 zwingend vorgeschrieben ist und auf schriftlichen Antrag von mindestens einem Drittel der Mitglieder des Beirates unter Angabe der auf die Tagesordnung zu setzenden Fragen. Die Tagesordnung wird von der Agentur in Zusammenarbeit mit dem Vorsitzenden ausgearbeitet und dem Beirat zur Genehmigung unterbreitet. Die Agentur übermittelt allen Mitgliedern des Beirates die diese Tagesordnung betreffenden Dokumente mindestens 15 Werktage vor dem Sitzungstermin.

Nach Art 14 Abs 2 ist der Beirat beschlussfähig, wenn die Mehrheit seiner Mitglieder anwesend ist. Stellungnahmen können mit der Mehrheit seiner anwesenden oder vertretenen Mitglieder abgegeben werden. Jedes Mitglied des Beirates hat eine

Stimme. Ist ein Mitglied verhindert, so kann es seine Stimme über schriftliche Vollmacht einem anderen Mitglied übertragen. Der Generaldirektor oder eine zu dieser seiner Vertretung bestimmte Person nimmt ohne Stimmrecht an den Sitzungen des Beirates teil. Sonstige Personen, die nicht zum Personal der Agentur gehören, können an der Sitzung nur mit Zustimmung aller anwesenden Mitglieder teil nehmen und sind an die in Art 14 Abs 5 festgelegten Verpflichtungen gebunden. Nach Art 14 Abs 5 sind die Mitglieder des Beirates gemäß Art 194 EA im Hinblick auf sämtliche Vorgänge, Informationen und Kenntnisse oder Unterlagen, die unter Geheimschutz stehen, und die in ihrem Besitz gelangen oder ihnen in ihrer Eigenschaft als Mitglieder des Beirates mitgeteilt werden, zur Geheimhaltung verpflichtet.

Organisatorisch stellt der Generaldirektor dem Beirat ein geeignetes Sekretariat zur Verfügung, dessen Einstellung von der Kommission gebilligt werden muss. Dieses Sekretariat erstellt das Protokoll über die Sitzungen des Beirates, aller Unterausschüsse und der Vorsitzenden. Die Agentur übernimmt die Betriebskosten des Beirates. Reisekosten eines Mitgliedes des Beirates aus jedem Mitgliedstaat werden von der Agentur erstattet.

k) Ausschuss für Wissenschaft und Technik

Gemäß Art 134 EA ist der Ausschuss für Wissenschaft und Technik einzurichten. Dieser Ausschuss, der bei der Kommission eingerichtet ist, hat beratende Aufgaben. Es ist ein hochkarätig besetztes Gremium von Fachleuten.[891]

Die Anhörung des Ausschusses ist in allen Fällen, die der EA statuiert, verpflichtend. Eine Verletzung dieses Anhörungsrechtes macht den Beschluss gemäß Art 263 AEUV anfechtbar. Falls die Kommission es in anderen Fällen für notwendig erachtet, ist der Ausschuss ebenfalls anzuhören.

Der Ausschuss besteht aus 39 Mitgliedern, die vom Rat nach Anhörung der Kommission für 5 Jahre ernannt werden. Eine Wiederwahl ist zulässig. Die Mitglieder des Ausschusses sind nach Art 134 Abs 2 EA an keinerlei Weisungen gebunden. Der Ausschuss wählt jährlich aus seiner Mitte den Präsidenten und das Präsidium.

Da der Zweck des Art 1 EA der Erwerb und die Förderung von spezifischen (kerntechnischen) Erkenntnissen ist, wurde analog dem EGKSV eine Regelung geschaffen. Nach Art 135 EA kann die Kommission zur Erfüllung ihrer Aufgabe jederzeit Gutachten einholen und Studienausschüsse einsetzen.[892] In der institutionellen Zuordnung sind diese Unterorgane der Kommission.[893]

---

891 *Grunwald* Energierecht, 212.

892 So zum Beispiel: 2007/530/Euratom Beschluss der Kommission vom 17. Juli 2007 zur Einsetzung einer hochrangigen Gruppe für nukleare Sicherheit und Abfallentsorgung, ABl Nr L 195, S 44ff.

893 *Hilf* Die Organisationsstruktur der Europäischen Gemeinschaften, 86.

l) Kernforschungsstelle

Die Kernforschung erfolgt einerseits zentralisiert in einer dafür zu errichtenden Kernforschungsstelle, andererseits kann sie auch dezentralisiert an Dritte ausgelagert werden. Vor der Vergabe der Forschungsaufträge sind diese gemäß den Bestimmungen des Europäischen Vergaberechts auszuschreiben.

Gemäß Art 8 EA errichtet die Kommission nach Anhörung des Ausschusses für Wissenschaft und Technik eine gemeinsame Kernforschungsstelle.[894] Hilf sieht sie ohne Rechtspersönlichkeit und finanzielle Autonomie.[895] Es wird nicht ausgeschlossen, dass die GFS im eigenen Namen Rechte und Pflichten der Gemeinschaft begründen kann, es wird auf die ISPRA-Abkommen verwiesen.[896]

Diese sorgt für die Durchführung der Kernforschungsprogramme und der anderen ihr von Kommission übertragenen Aufgaben.[897]

Zu den Aufgaben gehören weiters die Festlegung einer einheitlichen Fachsprache sowie eines einheitlichen Maßsystems auf dem Gebiet der Kernenergie.[898] Im Laufe der Zeit hat sie den Behördencharakter verloren und sich immer mehr zu einem Anbieter von Forschungsleistungen entwickelt.[899]

Gemäß Art 1 des Beschlusses 96/282/Euratom besteht die gemeinsame Forschungsstelle (GFS) aus den Einrichtungen, die die Kommission für die Durchführung der Forschungsprogramme der Gemeinschaft und der sonstigen ihr übertragenen Aufgaben gründet.

Nach Art 2 sind die Organe der Generaldirektor, der Verwaltungsrat sowie der wissenschaftliche Ausschuss.

---

894 S hiezu auch 89/340/EWG Beschluss des Rates vom 3. Mai 1989 über von der Gemeinsamen Forschungsstelle durchzuführende, EWG-relevante Arbeiten für Dritte, ABl Nr L 142 vom 25.5.1989, S 10. Siehe weiters Beschluss 96/282/Euratom der Kommission vom 10. April 1996 über die Reorganisation der Gemeinsamen Forschungsstelle, ABl Nr L 107 vom 30.4.1996, S 12.

895 *Hilf* Die Organisationsstruktur der Europäischen Gemeinschaften, 88.

896 *Hilf* Die Organisationsstruktur der Europäischen Gemeinschaften, 88f.

897 Nach *Grunwald* (Grunwald Energierecht, 198) ist der Kommission im Bereich der Nuklearforschung eine Katalysatorrolle eingeräumt worden, da sie potentielle Partner grenzüberschreitend zusammenführen kann, und somit die Bildung von Netzwerken initiiert. Banken zur Anwendung von Wagniskapital anregt, und Forschungsforen organisiert. Siehe auch: 2006/977/Euratom Entscheidung des Rates vom 19.Dezember 2006 über das von der Gemeinsamen Forschungsstelle innerhalb des siebten Rahmenprogramms der Europäischen Atomgemeinschaft (Euratom) für Forschung- und Ausbildungsmaßnahmen im Nuklearbereich (2007–2011) durch direkte Maßnahmen durchzuführende spezifische Programm, ABl Nr L 400 vom 30.12.2006, S 434ff. Siehe auch: 2009/410/Euratom Entscheidung des Rates vom 25. Mai 2009 zur Annahme eines von der Gemeinsamen Forschungsstelle für die Europäische Atomgemeinschaft durchzuführenden zusätzlichen Forschungsprogramms, ABl Nr L 132 vom 29.5.2009, S 13ff.

898 Ein solches ist bis zum heutigen Tage nicht erlassen worden.

899 Entschließung des Rates vom 29. Juni 1988 über die künftigen Tätigkeiten der Gemeinsamen Forschungsstelle (GFS), ABl Nr C 197 vom 27.7.1988, S 4f; *Grunwald* ZEuS 1998, 279.

An der Spitze der GFS steht ein Generaldirektor, den die Kommission ernennt. Dienstort des Generaldirektors und eines Teils der ihm unmittelbar unterstellten Dienststellen ist Brüssel (Art 3). Der Generaldirektor trifft alle für den reibungslosen Betrieb der GFS notwendigen Maßnahmen im Rahmen der geltenden Bestimmungen und der ihm übertragenen Befugnisse. Aufgabe des Generaldirektors ist die Erarbeitung von Programmentwürfen für die Tätigkeitsbereiche der GFS mit allen finanziellen Einzelheiten, die der Kommission vorgelegt werden müssen. Er bestimmt weiters die Strategie der GFS insbesondere im Hinblick auf die Aktivitäten, und er führt die Maßnahmen durch. Er handelt Verträge mit Dritten aus und schließt sie ab. Er legt unter besonderer Berücksichtigung der Haushaltslage die interne Organisation der GFS fest. Weiters nimmt er im Rahmen der ihm übertragenen Befugnisse die Aufgaben wahr, die die Anstellungsbehörde im Statut der Beamten und der zum Abschluss von Dienstverträgen befugten Behörden in den Beschäftigungsbedingungen für die sonstigen Bediensteten übertragen worden sind.

Gemäß Art 6 erstellt der Generaldirektor unter Berücksichtigung der vom Rat und vom europäischen Parlament festgelegten allgemeinen Politik und auf der Grundlage der von der Kommission vorgegebenen allgemeinen Leitlinien die Programmentwürfe für die Tätigkeitsbereiche der GFS. Der Verwaltungsrat wird zu den Programmentwürfen gehört. Die Kommission prüft die ihr vorgelegten Programmentwürfe unter Berücksichtigung der gesamtpolitischen Ziele der Gemeinschaft und der Haushaltslage. Sie entscheidet nach dem EA über die Vorschläge und legt sie dem Rat vor. Verantwortlich ist der Generaldirektor für die reibungslose Durchführung der GFS übertragenen Programme gemäß Art 7. Durch seine Entscheidungen gibt er die Richtung für die Tätigkeit der Institute und der Dienststellen vor, insbesondere bei der Frage, auf welchem Wege sich die Programmziele erreichen lassen. Er liefert weiters der Kommission alle Unterlagen, die sie zur Erstellung der in Art 11 EA vorgeschriebenen Berichte benötigt. Der Generaldirektor achtet, soweit erforderlich, sowohl während der Durchführung der Programme als auch während ihrer Ausarbeitung darauf, dass alle Vorkehrungen getroffen werden, um unter Berücksichtigung insbesondere der wissenschaftlichen und industriellen Infrastruktur der GFS die Kohärenz und die nationale Verknüpfung der aufeinander folgenden Programme sicherzustellen. Der Generaldirektor bereitet insbesondere eine alle zwei Jahre durchzuführende Überprüfung der Programme vor. Weiters legt gemäß Art 8 der Generaldirektor alljährlich fest, welche Finanzmittel für die Durchführung der Programme benötigt werden, damit diese in den entsprechenden Teil des Vorentwurfes des Haushaltsplans der Gemeinschaften einfließen können. Hiezu gehören insbesondere die Voranschläge für die Einnahmen und Ausgaben im Zusammenhang mit den wettbewerbsbestimmten Arbeiten der GFS. Weiters ordnet der Generaldirektor die Ausgaben der GFS an, er unterzeichnet die Auszahlungsanweisungen und Einnahmebelege; er schließt die Verträge ab und genehmigt die Mittelübertragungen innerhalb des Haushaltsplans. Weiters legt der Generaldirektor am Ende des Haushaltsjahres der Kommission eine Aufstellung der Einnahmen und Ausgaben im abgelaufenen Haushaltsjahr vor.

Die Kommission ernennt einen Bediensteten, der für die Kontrolle der Mittelbindungen und Ausgabenanweisungen sowie für die Einnahmenkontrolle zuständig ist. Weiters ernennt die Kommission einen Bediensteten, der für die Tätigung der Ausgaben, das Kassieren der Einnahmen sowie die Verwaltung der Zahlungsmittel und Wertgegenstände, für deren sichere Verwahrung er die Verantwortung trägt, zuständig ist. Nach Art 9 übt der Generaldirektor gegenüber dem Personal der GFS die Befugnisse der Anstellungsbehörde aus, soweit sie ihm übertragen worden sind. Hinsichtlich der Beamten und Bediensteten der Besoldungsgruppe A1 und A2 werden jedoch die in den Art 29, 49 und 50 und 51 sowie Titel 6 des Statuts vorgesehenen Befugnisse von der Kommission auf Vorschlag des Generaldirektors ausgeübt.

Gemäß Art 4 wird ein Verwaltungsrat gebildet, der sich wie folgt zusammensetzt. Ein Vorsitzender, der von den Vertretern der Mitgliedstaaten gewählt wird. Die Mitglieder werden für eine dreijährige Amtszeit ernannt, die verlängert werden kann.

Gemäß Art 4 Abs 2 hat der Verwaltungsrat die Aufgabe, den Generaldirektor zu unterstützen, und gegenüber der Kommission zu bestimmten Fragen Stellung zu nehmen. Die Rolle der GFS besteht in der Unterstützung der gemeinschaftlichen Strategie für Forschung und technologische Entwicklung der wissenschaftlichen, technischen und finanziellen Verwaltung der GFS sowie der Durchführung der ihr zugewiesenen Aufgaben. In Angelegenheiten, welche die Kommission an den Generaldirektor delegiert, insbesondere bei allen den Verwaltungsrat betreffenden Angelegenheiten, holt der Generaldirektor die Stellungnahme des Verwaltungsrates zu seinen Vorschlägen ein, eher er diese verwirklicht. Die vorherige Stellungnahme des Verwaltungsrates ist in allen Fragen erforderlich, die der Kommission zur Entscheidung vorgelegt werden.

In diesem Zusammenhang befasst sich der Verwaltungsrat insbesondere mit Vorschlägen für von der GFS durchzuführenden spezifischen Forschungsprogrammen sowie mit Vorschlägen für neue, der GFS zu übertragende Aufgaben, der Ausarbeitung der mehrjährigen strategischen Pläne für alle Arbeiten der GFS und alljährlich bis zum 31. Dezember mit den jährlichen Arbeitsplänen, die die Ziele jedes Arbeitsprogramms für das folgende Jahr und eine kurz gefasste Beschreibung des Programms mit den Schlüsseldaten, den wissenschaftlichen Kernpunkten und den veranschlagten Ausgaben enthalten, den spezifischen FTE-Programmen der GFS samt ihrer Durchführung unter besonderer Beachtung ihrer Übereinstimmung mit den Bedürfnissen der Gemeinschaften sowie der Überwachung der Kohärenz in Entwicklung mit den spezifischen Programmen, die sich aus den Rahmenprogrammen ergeben, der Pflege der Beziehungen zu anderen Dienststellen der Kommission und zu Dritten entsprechend einem Auftraggeber- Auftragnehmerverhältnis sowie der Strategie für die wettbewerbsbestimmten Arbeiten der GFS und ihrer Verfolgung, den Vorschlägen für den jährlichen Haushaltsplan der GFS unter Überwachung der Durchführung der Organisation der GFS, der Verwaltung ihrer finanziellen Mittel sowie bedeutenden Investitionen, der Durchführung der Forschungsarbeiten der

GFS, der Bewertung dieser Forschungsarbeiten durch „Besuchergruppen unabhängiger Sachverständiger unter Berücksichtigung ihrer Empfehlungen, der Personalpolitik insbesondere der Ausarbeitung von Vorschlägen für die Personalpolitik der GFS, den Fragen der Personalmobilität und des Austausches von wissenschaftlichen und technischen Personen mit öffentlichen und privaten Einrichtungen in den Mitgliedstaaten, der Ernennung von hochrangigem Personal der GFS sowie die Verlängerung oder Beendigung ihres Beschäftigungsverhältnisses.

Der Verwaltungsrat gibt Stellungnahmen ab, mit der nach Art 118 Abs 2 EA erforderlichen Mehrheit, wobei die Stimmen, die gewogen werden. Der Vorsitzende nimmt an der Abstimmung nicht teil. Die Kommission ist verpflichtet, den Stellungnahmen des Verwaltungsrates weitgehendst Rechnung zu tragen. Stimmt der Verwaltungsrat einem Vorschlag des Generaldirektors nicht zu, so muss die Frage der Kommission vorgelegt werden, die in dieser Angelegenheit entscheidet. Der Verwaltungsrat wird von dieser Entscheidung unterrichtet. Der Rat wird unverzüglich unterrichtet, wenn die Entscheidung nicht der Stellungnahme des Verwaltungsrates entspricht. Ihm wird auch mitgeteilt, aus welchen Gründen diese Entscheidung getroffen worden ist. Schließt sich jedoch die Kommission einer Stellungnahme des Verwaltungsrates zu Angelegenheiten, die eines Beschlusses der Kommission bedürfen, nicht an, so werden die betreffenden Arbeiten um einen Monat zurückgestellt. In dieser Zeit muss diese Angelegenheit erneut an den Verwaltungsrat verwiesen und eine neue Stellungnahme eingeholt werden. Nach Eingang dieser (2.) Stellungnahme oder nach Ablauf dieses Monats trifft die Kommission einen endgültigen Beschluss und unterrichtet den Verwaltungsrat davon. Die Kommission unterrichtet unverzüglich den Rat von ihrem Beschluss, wenn sie sich der Stellungnahme des Verwaltungsrats und deren Begründung nicht anschließen kann. Die Kommission hält den Verwaltungsrat über ihre die GFS betreffenden Beschlüsse in allen Angelegenheiten, zu denen der Verwaltungsrat eine Stellungnahme abgegeben hat, auf dem Laufenden. Der Verwaltungsrat kann über die Kommission von sich aus dem Rat und dem europäischen Parlament Stellungnahmen zu allen die GFS betreffenden Fragen zuleiten.

Nach Art 4 Abs 4 übermittelt der Verwaltungsrat seine Bemerkungen zum Jahresbericht des Generaldirektors. Diese Bemerkungen und der von der Kommission bewilligte Jahresbericht werden dem Rat und dem europäischen Parlament zugeleitet. Der Verwaltungsrat berät den Generaldirektor in der Frage, auf welche Weise die Aufgaben, die von der GFS im Zusammenhang mit den wissenschaftlichen und technischen Ergebnissen wie auch mit der administrativen und finanziellen Verwaltung der Forschungsstelle erledigt werden, bewertet werden sollen; er berät auch bei der Auswahl der unabhängigen Sachverständigen, die an dieser Bewertung mitwirken sollen. Der Verwaltungsrat gibt seine eigenen Bemerkungen zum Ergebnis dieser Bewertungen ab.

Gemäß Art 4 Abs 5 tritt der Verwaltungsrat mindestens viermal jährlich zusammen. Der Verwaltungsrat gibt sich eine Geschäftsordnung und bestimmt seine Arbeitsorganisation. Die GFS übernimmt die Sekretariatsarbeiten des Verwaltungsrats und stellt ihm alle benötigten Angaben zur Verfügung.

Bei dem Generaldirektor wird ein wissenschaftlicher Ausschuss gemäß Art 5 gebildet, der sich zur Hälfte aus Mitgliedern zusammensetzt, die vom Generaldirektor unter den wichtigsten Referats- und Projektleitern und einem hochrangigen wissenschaftlichen Personal ausgewählt werden und zur Hälfte aus Vertretern des wissenschaftlich, technischen Personals die von diesem gewählt werden. Der wissenschaftliche Ausschuss wird vom Generaldirektor in regelmäßigen Abständen zu allen mit der Tätigkeit der GFS zusammenhängenden wissenschaftlich, technischen Fragen gehört. Er arbeitet insbesondere an der Ausarbeitung der Programmentwürfe mit.

12. Förderung des Fortschritts auf dem Gebiet der Kernenergie

Zu den umstrittenen Aufgaben gemäß EA zählt die Förderung der Forschung. Dieser Bereich ist im zweiten Titel geregelt.

A) Förderung der Forschung

a) Allgemeines

Die Förderung der Forschung auf dem Gebiet der Nukleartechnologie sowie der nuklearen Sicherheit ist eines der Schwerpunkte der Forschungstätigkeit. Diese kann in Zusammenarbeit mit anderen Staaten, internationalen Organisationen oder wissenschaftlichen Einrichtungen erfolgen. Vor allem die innergemeinschaftliche Forschungszusammenarbeit soll durch den EA gefördert werden. Die Mitteln und Maßnahmen werden von der Kommission zur Verfügung gestellt. Die Möglichkeiten der wissenschaftlichen Vernetzung als auch der Zusammenarbeit in der Gemeinschaft werden durch verschiedene mehrjährige Programme gefördert. Der Gemeinschaft kommt daher die Aufgabe zu, die Kernforschung in den Mitgliedstaaten zu fördern, zu harmonisieren, und zu ergänzen, während den Einzelstaaten und ihren Staatsangehörigen die Forschungsinitiative und der wesentliche Teil der Forschungstätigkeit zukommt.[900]

b) Entscheidungen

Mit Entscheidung des Rates bzw. der Kommission wurde eine erhebliche Anzahl von Forschungsprojekten beschlossen. Zu diesen Forschungsprogrammen zählt auch

900 *Sünner/Pfanner* der gewerbliche Rechtschutz im Euratom Vertrag (1958), 23.

das Forschungsprogramm für den Hochflussreaktor (HFR), welches einen Beitrag zur sicheren Nukleartechnologie, zur Werkstoffforschung, für die thermonukleare Fusion sowie zur Grundlagenforschung sowie zur medizinischen Forschung und medizinischen Anwendungen bildet. Finanziert wird dieses Projekt sowohl von den Niederlanden als auch von Frankreich. Zuständig für die Durchführung dieses Programms ist die Kommission, welche auf die Dienste der GFS (Gemeinsame Forschungsstelle) zurück greift. Die Kommission hat nach Art 4 dieser Entscheidung dem Europäischen Parlament, dem Rat und dem Europäischen Wirtschafts- und Sozialausschuss jährlich zum 15. Juni einen Bericht über die Durchführung dieses Programms vorzulegen.[901]

Mit der Entscheidung des Rates vom 30.9.2002 wurde ein spezifisches Programm für die Forschung und Ausbildung beschlossen.[902] Auf Grundlage des Beschlusses 2002/668/Euratom[903] (Rahmenprogramm) wurden die Grundlagen für die Europäische Forschungspolitik 2002 bis 2006 gelegt. In dieser Entscheidung 2002/838/Euratom werden in Art 2 die wissenschaftlichen und technologischen Prioritäten sowie die Aufteilung der finanziellen Mittel in der Höhe von € 290 Millionen dargestellt. Gemäß Art 3 ist zur Durchführung eines spezifischen Programms die Kommission zuständig. Die Regeln zur Durchführung sind in Anhang III zu finden. Grundlage des Programms sind die relevanten Forschungstätigkeiten der Mitgliedstaaten, der assoziierten Staaten und europäische und internationaler Organisationen, dieses Programm wird gegebenenfalls aktualisiert (Art 4 Abs 2). Der GFS Verwaltungsrat ist bei der Durchführung von der Kommission zu hören sowie wird dieser regelmäßig von der Kommission unterrichtet.

Mit Beschluss des Rates vom 3.6.2002[904] wurde auf Vorschlag der Kommission[905] nach Stellungnahme des Europäischen Parlaments[906] sowie nach Stellung-

---

901 2004/185/Euratom Entscheidung des Rates vom 19.2.2004 zur Annahme eines von der gemeinsamen Forschungsstelle für die Europäische Atomgemeinschaft durchzuführenden zusätzlichen Forschungsprogramms, ABl Nr L 57 vom 25.2.2004, S 25.

902 2002/838/Euratom Entscheidung des Rates vom 30.9.2002 über Einführung einer gemeinsamen Forschungsstelle durch direkte Aktionen der Europäischen Atomgemeinschaft durchzuführendes spezifisches Programm für Forschung und Ausbildung (2002–2006), ABl Nr L 294 vom 29.10.2002, S 86.

903 2002/668/Euratom Beschluss des Rates vom 3. Juni 2002 über das Sechste Rahmenprogramm der Europäischen Atomgemeinschaft (Euratom) im Bereich der nuklearen Forschung und Ausbildung als Beitrag zur Verwirklichung des Europäischen Forschungsraums (2002—2006), ABl Nr L 232 vom 29.8.2002, S 34.

904 2002/668/Euratom Beschluss des Rates vom 3.6.2002 über das Rahmenprogramm der Europäischen Atomgemeinschaft (Euratom) im Bereich der nuklearen Forschung und Ausbildung als Beitrag zur Verwirklichung des Europäischen Forschungsraums (2002–2006), ABl Nr L 232 vom 29.8.2002, S 34.

905 ABl C 180E vom 26.6.2001, S 177.

906 ABl C 140E vom 13.6.2002, S 371.

nahme des Wirtschafts- und Sozialausschusses[907] das sechste Rahmenprogramm beschlossen. Ziel des Rahmenprogramms ist gemäß Art 1 Abs 2 sämtliche Maßnahmen der Gemeinschaft im Bereich der Forschung, technologischen Entwicklung, internationalen Zusammenarbeit, Verbreitung und Verwertung sowie Ausbildung auf dem Gebieten der kontrollierten Kernfusion, der Entsorgung radioaktiver Abfälle, des Strahlenschutzes sowie weiterer Maßnahmen im Bereich der Nukleartechnologie und der nuklearen Sicherheit sowie die Maßnahmen der gemeinsamen Forschungsstelle auf dem Gebiet der Kerntechnik zu fördern. Im Anhang I sind wissenschaftliche und technologische Ziele sowie die jeweiligen Prioritäten festgelegt. Der finanzielle Bezugsraum gemäß Art 2 Abs 1 beträgt € 1.230.000.000,00.

Von besonderer Bedeutung ist, dass gemäß Art 3 in alle Forschungsmaßnahmen innerhalb des sechsten Rahmenprogramms ethische Grundprinzipien beachtet werden müssen. Eine Überwachung findet gemäß Art 5 Abs 1 durch die Kommission mit hierfür unabhängiger qualifizierter Sachverständiger ständig und systematisch statt. Die Kommission ist gemäß Art 5 Abs 2 verpflichtet, jedes Jahr einen ausführlichen Bericht zu erstatten.

Gemäß Art 4 EA hat die Kommission die Kernforschung in den Mitgliedstaaten zu fördern und zu erleichtern und zu ihrer Ergänzung das Forschungs- und Ausbildungsprogramm der Gemeinschaft durchzuführen. In diesem Zusammenhang übt die Kommission die Tätigkeit auf den Gebieten aus, die in der diesem Vertrag als Anhang I beigefügten Liste bezeichnet sind. Diese Liste umfasst:

Anhang I

Forschungsgebiet betreffend die Kernenergie gemäß Artikel 4 des Vertrags

I. Rohstoffe
   - Verfahren für die Schürfung und den Abbau von Lagern, die Grundstoffe enthalten (Uran, Thorium und andere Erzeugnisse, die für die Kernenergie von besonderer Bedeutung sind).
   - Verfahren für die Konzentrierung dieser Stoffe und für die Umwandlung in technisch reine Verbindungen.
   - Verfahren für die Umwandlung dieser technisch reinen Verbindungen in Verbindungen und Metalle nuklearer Qualität.
   - Verfahren für die Umwandlung und die Verarbeitung dieser Verbindungen und Metalle – sowie von reinem oder an diese Verbindungen oder Metalle gebundenem Plutonium, Uran 235 oder 233 – in Brennstoffelemente durch die chemische, keramische oder Hüttenindustrie.

907 ABl C 260 vom 17.9.2001, S 3.

- Verfahren für den Schutz dieser Brennstoffelemente gegen äußere Korrosions- oder Erosionsfaktoren.
- Verfahren für die Erzeugung, Reinigung, Verarbeitung und Aufbewahrung betreffend die übrigen besonderen Stoffe auf dem Gebiet der Kernenergie, insbesondere:
  - Moderatoren, wie schweres Wasser, Graphit nuklearer Qualität, Beryllium und Berylliumoxyd,
  - Konstruktionsmaterial, wie (hafniumfreies) Zirkonium, Niobium, Lanthan, Titan, Beryllium und ihre Oxyde, Kohlenstoffverbindungen und andere Verbindungen, die auf dem Gebiet der Kernenergie verwendet werden können,
  - Kühlmittel, wie Helium, organische Thermofluide, Natrium, Natriumkaliumlegierungen, Wismut, Bleiwismutlegierungen.
- Verfahren für die Isotopentrennung:
  a von Uran,
  b von Stoffen in wägbaren Mengen, die für die Kernenergieerzeugung gebraucht werden können, wie Lithium 6 und 7, Stickstoff 15, Bor 10,
  c von Isotopen, die in kleinen Mengen für Forschungsarbeiten verwendet werden.

II. Angewandte Physik auf dem Gebiet der Kernenergie
  1 Angewandte theoretische Physik:
    a Kernreaktionen mit geringer Energie, insbesondere durch Neutronen hervorgerufene Reaktionen,
    b Spaltung,
    c Wechselwirkung von ionisierenden Strahlungen und Photonen mit der Materie,
    d Festkörpertheorie,
    e Untersuchung über die Fusion, insbesondere über das Verhalten eines ionisierten Plasmas unter Einwirkung elektromagnetischer Kräfte und die Thermodynamik außergewöhnlich hoher Temperaturen.
  2 Angewandte experimentelle Physik:
    a dieselben Sachgebiete wie unter Ziffer 1,
    b Untersuchung der Eigenschaften der Transurane, die für die Kernenergie von Bedeutung sind.
  3 Berechnung der Reaktoren:
    a makroskopische Neutronentheorie,
    b experimentelle Neutronenmessungen: exponentielle und kritische Messungen,
    c thermodynamische Berechnungen und Berechnungen über die Beständigkeit der Stoffe,
    d entsprechende experimentelle Messungen,

e Kinetik der Reaktoren, Problem der Kontrolle ihres Betriebes und entsprechende Versuche,

f Berechnungen über den Strahlenschutz und entsprechende Versuche.

III. Physikalische Chemie der Reaktoren

1 Untersuchung der physikalischen und chemischen Strukturänderungen und der Wandlung der technischen Eigenschaften verschiedener Stoffe in den Reaktoren:

a unter Hitzewirkung,

b bei Berührung, aufgrund der Art der Stoffe,

c durch mechanische Wirkung.

2 Untersuchung der Zersetzung und anderer Wirkungen, die durch Bestrahlung hervorgerufen werden:

a bei den Brennstoffelementen,

b beim Konstruktionsmaterial und bei den Kühlmitteln,

c bei den Moderatoren.

3 Analytische Chemie und physikalische Chemie der Reaktorbestandteile.

3 Physikalische Chemie der homogenen Reaktoren: Radiochemie, Korrosion.

IV. Behandlung der radioaktiven Stoffe

1 Verfahren für die Gewinnung von Plutonium und Uran 233 aus bestrahlten Brennstoffen, gegebenenfalls Rückgewinnung von Uran oder Thorium.

2 Chemie und Metallurgie des Plutoniums.

3 Verfahren für Gewinnung und Chemie der anderen Transurane.

4 Verfahren für Gewinnung und Chemie verwertbarer Radioisotope:

a Spaltprodukte,

b mittels Bestrahlung gewonnener Radioisotope.

c Konzentrierung und Aufbewahrung der unbrauchbaren radioaktiven Abfälle.

V. Verwendung der Radioelemente als Bestrahlungselemente oder als Spürelemente:

a in Industrie und Wissenschaft,

b in Therapie und Biologie,

c in der Landwirtschaft.

VI. Untersuchung der schädlichen Auswirkungen der Strahlungen auf Lebewesen

1 Untersuchung über Auffindung und Messung schädlicher Strahlungen.

2 Untersuchung geeigneter Vorbeugungs- und Schutzmaßnahmen sowie der entsprechenden Sicherheitsnormen.

3 Untersuchung über Therapie gegen Strahlenwirkungen.

VII. Ausrüstungen Untersuchungen über die Herstellung und Verbesserung von besonderen Ausrüstungen für Reaktoren und für sämtliche Forschungs- und industriellen Anlagen, die für die vorstehend erwähnten Forschungen erforderlich sind, z.B.:

1 folgende mechanische Ausrüstungen:
  a Pumpen für besondere Flüssigkeiten,
  b Wärmeaustauscher,
  c Apparate für kernphysikalische Forschung (wie z.B. Selektoren für Neutronengeschwindigkeiten),
  d Geräte für Fernbedienung;
2 folgende elektrische Ausrüstungen:
  a Geräte für Auffinden und Messung von Strahlungen, insbesondere zur Verwendung bei – der Schürfung von Erzen, – der wissenschaftlichen und technischen Forschung, – der Kontrolle von Reaktoren, – dem Gesundheitsschutz,
  b Geräte für die Steuerung der Reaktoren,
  c Teilchenbeschleuniger mit geringer Energie bis 10 MeV.

VIII. Wirtschaftliche Gesichtspunkte der Energieerzeugung
1 Vergleichende theoretische und experimentelle Untersuchung der verschiedenen Reaktortypen.
2 Technisch-wirtschaftliche Untersuchung der Brennstoffzyklen.

Diese Liste kann vom Rat gemäß Art 4 Abs 2 EA mit qualifizierter Mehrheit auf Vorschlag der Kommission geändert werden, wobei der gemäß Art 134 EA vorgesehene Ausschuss für Wissenschaft und Technik anzuhören ist. Dies ist ein vereinfachtes Vertragsänderungsverfahren,[908] um neuen wissenschaftlichen Erkenntnissen Rechnung zu tragen.[909]

Die Durchführung der Programme obliegt der Kommission, wobei die praktische Umsetzung durch die GFS oder beauftragte Dritte erfolgt.[910]

Nach Art 5 EA koordiniert die Kommission die Forschungsarbeiten der Mitgliedstaaten sowie einzelner Personen und Unternehmen, in dem sie diese auffordert, Informationen über die Forschungsprogramme zu übermitteln, um hierauf Stellungnahme abzugeben.[911] Weiters veröffentlicht die Kommission in regelmäßigen Abständen eine Liste der Kernforschungsgebiete, die nach ihrer Auffassung noch unzureichend bearbeitet sind. Die Kommission ist gemäß Art 5 Abs 5 EA ausdrücklich verpflichtet, Vertreter öffentlicher und privater Forschungszentren sowie alle Sachverständigen, die auf dem selben oder einem verwandten Gebiet Forschungsarbeiten leisten, zu Tagungen einzuladen, die der gegenseitigen Beratung und Unterrichtung dienen.

---

908 Weitere vereinfachte Vertragsänderungen sind in Art 41 Abs 2, Art 42, Art 76, Art 85 und Art 90 EA zu finden.
909 *Grunwald* Energierecht, 196.
910 *Grunwald* Energierecht, 199.
911 ZB ABl Nr L 125 vom 1.12.1972, S 16.

c) Finanzierung

Betreffend der Finanzierung der Forschung und der Investitionen wird auf die Haushaltsbestimmungen der Art 174 und 176 EA verwiesen.

Die Förderung dieser Forschungsprogramme kann entweder durch Abschluss von Forschungsverträgen geschehen, gemäß denen finanzielle Mittel gewährt werden. Diese finanziellen Mittel sind jedoch ausdrücklich keine Subventionen (Art 6 lit a EA). Eine weitere Förderung ist die entgeltliche oder unentgeltliche Lieferung von Ausgangsstoffen oder besonders spaltbaren Stoffen, die zur Durchführung der Forschungsprogramme benötigt werden. Auch kann die Kommission Mitgliedstaaten, Personen oder Unternehmen, Anlagen, Ausrüstungen entgeltlich oder unentgeltlich zur Verfügung stellen. Ebenso besteht die Möglichkeit Fachkräfte beizustellen. Auch kann die Kommission Mitgliedstaaten, Personen oder Unternehmen zur gemeinsamen Finanzierung veranlassen. Diese Veranlassung ist jedoch nicht eine verpflichtende hoheitlicher Akt.

Gemäß Art 7 EA legt der Rat einstimmig auf Vorschlag der Kommission nach Anhörung des Ausschusses für Wissenschaft und Technik die Forschungs- und Ausbildungsprogramme der Gemeinschaft für höchstens 5 Jahre fest. Die zur Durchführung dieser Programme erforderlichen Mittel werden jährlich den Forschungs- und Investitionshaushalt der Gemeinschaft aufgenommen.

Beispielhaft sei die Entscheidung des Rates vom 19. Februar 2004 erwähnt, gemäß der das europäische Forschungsprogramm für den Hochflussreaktor (HFR) und der Finanzierung durch Frankreich und den Niederlanden genehmigt worden ist,[912] sowie die Entscheidung des Rates vom 25. Jänner 1999 über ein von der Gemeinsamen Forschungsstelle durch direkte Aktionen für die Europäische Atomgemeinschaft durchzuführendes spezifisches Programm für die Forschung und Ausbildung (1998–2002).[913]

Über die Durchführung der Programme erstattet die Kommission jährlich dem Rat Bericht. Weiters übermittelt die Kommission dem Wirtschafts- und Sozialausschuss laufend eine allgemeine Übersicht über die genannten Programme.

---

912 2004/185/Euratom Entscheidung des Rates vom 19. Februar 2004 zur Annahme eines von der gemeinsamen Forschungsstelle für die europäische Atomgemeinschaft durchzuführen zusätzlichen Forschungsprogramms, ABl Nr L57 vom 25.2.2004, S 25.

913 1999/176/Euratom: die Entscheidung des Rates vom 25. Jänner 1999 über ein von der Gemeinsamen Forschungsstelle durch direkte Aktionen für die Europäische Atomgemeinschaft durchzuführendes spezifisches Programm für die Forschung und Ausbildung (1998–2002), ABl Nr L 64 vom 12.3.1999, S 154.

d) 7. Rahmenprogramm[914]

Das 7. Rahmenprogramm für Forschungs- und Ausbildungsmaßnahmen im Nuklearbereich regelt die Forschungsförderung als auch die die Vergabe der Förderungen. Aus den Erfahrungen des 6. Rahmenprogramms wurden auch im Hinblick auf einen allfälligen Missbrauch verbesserte Kontrollmechanismen eingearbeitet.

Ein Schwerpunkt ist das ITER-Projekt[915] und die Forschung als auch die Ausbildung.[916]

Auf die enge funktionelle Verknüpfung mit Art 179ff AEUV wird verwiesen.[917] Bemerkenswert ist, dass im Anhang der Entscheidung des Rates 2006/976/Euratom[918] auf die Europäische Grundrechtscharta im Kapitel „ethische Aspekte" ausdrücklich verwiesen worden ist.

e) Internationale Zusammenarbeit in der Forschung

In diesem Zusammenhang betreffend der Forschung auf dem Gebiet der Kernfusion ist unter anderem auf das Abkommen über die Zusammenarbeit zwischen der Europäischen Atomgemeinschaft und dem Ministerkabinett der Ukraine auf dem Gebiet der kontrollierten Kernfusion,[919] auf das Abkommen über die Zusammenarbeit zwischen der Europäischen Atomgemeinschaft und der Regierung der Russischen Föde-

914 2006/1908/Euratom Verordnung des Rates vom 19. Dezember 2006 zur Festlegung der Regeln für die Beteiligung von Unternehmen, Forschungszentren und Hochschulen an Maßnahmen des Siebten Rahmenprogramms der Europäischen Atomgemeinschaft sowie für die Verbreitung der Forschungsergebnisse (2007–2011), ABl Nr L 400, S 1ff.

915 2006/970/Euratom Beschluss des Rates vom 18. Dezember 2006 über das siebte Rahmenprogramm der Europäischen Atomgemeinschaft (Euratom) für Forschungs- und Ausbildungsmaßnahmen im Nuklearbereich (2007–2011), ABl Nr L 400 vom 30.12.2006, S 60. ZU beachten ist weiters 2008/182/Euratom Beschluss des Rates vom 25. Februar 2008 zur Änderung des Beschlusses des Rates vom 16. Dezember 1980 zur Einsetzung des Beratenden Ausschusses für das Programm „Fusion", ABl Nr L 59 vom 4.3.2008, S 15ff.

916 2006/977/Euratom Entscheidung des Rates vom 19. Dezember 2006 über das von der Gemeinsamen Forschungsstelle innerhalb des 7. Rahmenprogramms der Europäischen Atomgemeinschaft (Euratom) für Forschungs- und Ausbildungsmaßnahmen im Nuklearbereich (2007–2011) durch direkte Maßnahmen durchzuführende Programme, ABl Nr L 400 vom 30.12.2006, S 434.

917 *Frenz* Handbuch Europarecht, Band 6, Rn 4797.

918 2006/976/Euratom Entscheidung des Rates vom 19. Dezember 2006 über das spezifische Programm zur Durchführung des siebten Rahmenprogramms der Europäischen Atomgemeinschaft (Euratom) für Forschung- und Ausbildungsmaßnahmen im Nuklearbereich (2007–2011), ABl Nr L 400 vom 30.12.2006, S 400ff.

919 Abkommen über die Zusammenarbeit zwischen der Europäischen Atomgemeinschaft und dem Ministerkabinett der Ukraine auf dem Gebiet der kontrollierten Kernfusion, ABl Nr L 322 vom 27.11.2002, S 40.

ration auf dem Gebiet der kontrollierten Kernfusion,[920] Vereinbarung über die Zusammenarbeit zwischen der Europäischen Atomgemeinschaft und der Regierung Kanadas auf dem Gebiet der kontrollierten Kernfusion[921] verwiesen.

f) Patente

Euratom ist verpflichtet, darauf zu achten, dass die auf dem Atomgebiet Arbeitenden in den Mitgliedstaaten möglichst schnell und umfassend an neue technische Entwicklungen herangeführt werden, und dass durch eine breite Nutzung von einschlägigen Erfindungen und Schutzrechten die Verwirklichung der Ziele des EA gefördert wird. Es liegt somit im wesentlichen Interesse von Euratom, dass technische Kenntnisse, die für das Gebiet der Atomenergie von Bedeutung sind, so umfassend wie möglich ausgetauscht werden, und Euratom sowie den internationalen Kreisen in den Mitgliedstaaten zur Nutzung zur Verfügung stehen.[922]

Gemäß Art 12 EA kann die Kommission den Mitgliedstaaten, sowie Personen und Unternehmen die Einräumung nicht ausschließlicher Lizenzen an den Patenten, vorläufig geschützten Rechten, Gebrauchsmustern oder Patentanmeldungen verlangen, deren Inhaberin Euratom ist, soweit sie die Erfindungen, die Gegenstand solcher Rechte oder Anmeldungen sind, wirksam zu nutzen vermögen. Unter dem Begriff „Kenntnisse der Gemeinschaft" sind geschützte und nicht geschützte Kenntnisse zu verstehen, deren Inhabern die Euratom ist, und die Kommission daher darüber verfügen kann.[923] Die Personen, welche die Anträge auf die nicht ausschließlichen Lizenzen stellen, müssen nachweisen, dass sie in der Lage sind, diese Rechte wirksam nutzen zu können. Damit wird gewährleistet, dass einerseits die Kenntnisse effektiv und zweckgemäß verwendet werden, andererseits wird damit bewirkt, dass diese Kenntnisse nicht missbraucht werden oder unzulässigerweise an Dritte weitergegeben werden.

Unter den gleichen Voraussetzungen kann die Kommission Unterlizenzen an Patenten, vorläufig geschützten Rechten, Gebrauchsmustern, oder Patentanmeldungen gewähren, sofern Euratom Inhaber vertraglicher Lizenzen ist, die eine derartige Möglichkeit vorsehen. Die Kommission erteilt diese Lizenzen oder Unterlizenzen zu Bedingungen, die im Einvernehmen mit den Lizenznehmern festzulegen sind, und stellt ihnen alle zur Nutzung der Lizenzen erforderlichen Kenntnisse zur Verfügung.

---

920 Abkommen über die Zusammenarbeit zwischen der Europäischen Atomgemeinschaft und der Regierung der Russischen Föderation auf dem Gebiet der kontrollierten Kernfusion, ABl Nr L 287 vom 31.10.2001, S 30.

921 Vereinbarung über die Zusammenarbeit zwischen der Europäischen Atomgemeinschaft und der Regierung Kanadas auf dem Gebiet der kontrollierten Kernfusion, ABl Nr L 211 vom 6.9.1995, S 31.

922 *Sünner/Pfanner* 28.

923 *Sünner/Pfanner* 30.

Unter dem Begriff „ Kenntnisse“ sind alle technischen Informationen, gleichviel, ob es sich dabei um durch Patente oder Gebrauchsmuster, geschützte Erfindungen, um nicht angemeldete und daher nicht geschützte Erfahrungen oder um nicht patentfähiges Erfahrungswissen (Know-how), etwa um Verbesserungsvorschläge oder technische Erfahrungen im Zuge der Auswertung einer Erfindung handelt.[924] Dabei ist es gleichgültig, woher diese Kenntnisse stammen.

Diese Bedingungen umfassen insbesondere eine angemessene Vergütung, gegebenenfalls die Befugnis des Lizenznehmers, dritten Personen Unterlizenzen zu erteilen und gegebenenfalls die Verpflichtung, die mitgeteilten Kenntnisse als Betriebsgeheimnis zu behandeln. Dies ist nur eine beispielhafte Aufzählung.[925] Die Erteilung von Unterlizenzen erfolgt dann, wenn die Kommission Dritte mit Forschungen beauftragt hat oder Drittforschung finanziert hat, und sich dabei Lizenzen einräumen ließ.[926]

Für den Fall, dass kein Einvernehmen über die Bedingungen erzielt wird, so können die Lizenznehmer beim EuGH die Festsetzung angemessener Bedingungen beantragen. Dies umfasst nicht nur die Lizenzerteilung selber sondern auch die wirtschaftlichen Bedingungen.[927] Dabei ist das Grundrecht auf Eigentum nach Art 16 GRC als auch nach Art 1 1. ZP EMRK zu beachten.

Subsidiär kann die Kommission Mitgliedstaaten, Personen, und Unternehmen, die nicht den Bestimmungen des Art 12 EA unterliegen, von Euratom erworbenen Kenntnisse mitteilen, welche sie entweder in Durchführung ihres eigenen Forschungsprogramms erlangt hat oder die ihr zur freien Verfügung mitgeteilt wurden. Damit sind alle Kenntnisse umfasst, die nicht durch ein Patent oder ein Gebrauchsmuster geschützt werden können als auch alle solchen, die schutzfähig sind, aber deren Anmeldung noch nicht erfolgte.[928] Im ersten Fall muss die Euratom die Kenntnisse durch rechtsgeschäftlichen Akt (Ergebnisse von Forschungsaufträgen), aus eigener Forschung (Kernforschungsstelle Jülich), oder als Arbeitgeber erworben haben.[929] Diese Kenntnisse sind den interessierten und befugten Kreisen ohne Antrag mitzuteilen. An diese Mitteilungen sind von der Kommission bis auf den Hinweis der Vertraulichkeit keinerlei Bedingungen knüpfen,[930] ausgenommen Dritte haben bei der zur freien Verfügung Stellung von Kenntnissen Auflagen gegeben, die bei der Weitergabe von der Kommission zu beachten sind.[931]

---

924 *Sünner/Pfanner* 28.
925 *Sünner/Pfanner* 34.
926 *Grunwald* Energierecht, 204.
927 *Sünner/Pfanner* 36.
928 *Sünner/Pfanner* 37.
929 *Sünner/Pfanner* 37.
930 *Sünner/Pfanner* 38.
931 *Sünner/Pfanner* 39 mwN.

Weiters besteht gemäß den Art 14ff EA die Möglichkeit, dass die Kommission zum Erhalt von Kenntnissen sowie um die Einräumung von Nutzungslizenzen und Patenten, vorläufig geschützten Rechten, Gebrauchsmustern oder Patentanmeldungen erwirbt, die zum Zwecke der Erreichung der Ziele von Euratom nützlich sind. Die Kommission ist verpflichtet, eine schriftliche Einigung herbeizuführen.[932] Abschnitt II des Kapitels II des EA, der die Überschrift „sonstige Kenntnisse" trägt, enthält die sachlich bedeutsamen Regelungen des Austausches von Kenntnissen, die Dritten nicht der Euratom gehören.

In Art 14 EA ist der Grundsatz der gütlichen Einigung an die Spitze gestellt. Aus diesem Grundsatz ist die Kommission verpflichtet, sich vor Anwendung irgendwelcher nach dem Vertrag zulässiger Zwangsmaßnahmen zunächst um eine gütliche Einigung zu bemühen. Art 14 EA gilt sowohl für geschützte als auch für nicht geschützte Kenntnisse.[933] Art 15 EA bestimmt, dass die Kommission bei der Vermittlung der Mitgliedstaaten, Personen und Unternehmen die vorläufigen Ergebnisse ihrer Forschungsarbeiten austauschen können und Ergebnisse handeln, welche Euratom aus der Durchführung von Forschungsaufträgen der Kommission zustehen. Hierbei ist es gleichgültig, ob diese Erkenntnisse schutzfähig sind oder nicht, oder ob sie angemeldet werden oder nicht. Somit hat die Kommission gemäß Art 14 und 15 EA die Möglichkeit, Kenntnisse von Dritten zu erlangen, die nicht zur Erlangung eines Schutzrechtes angemeldet worden sind.[934]

Die Forschungsergebnisse nach Art 15 EA sind nur solche, welche frei sind und somit der Euratom nicht aus der Durchführung von Forschungsaufträgen der Kommission nach den Art 12 und 13 EA zustehen.

Zum Zwecke der Wahrung des Informationsflusses sind nach Art 16 Abs 1 EA die Mitgliedstaaten verpflichtet, unverzüglich nach Eingang einer Anmeldung eines Patentes oder eines Gebrauchsmusters, welche für das Kerngebiet eigentümlich ist, auf den Anmelder einzuwirken, dass der Inhalt der Anmeldung der Kommission mitgeteilt würde. Das jeweilige nationale Patentamt hat binnen 3 Monaten nach Einreichung des Patentes der Kommission bei Zustimmung des Anmelders die Anmeldung mitzuteilen. Diese hat das Recht, den Mitgliedstaat aufzufordern, den Inhalt dieser Anmeldung ihr binnen 2 Monaten kundzutun.

Für den Fall, dass der Anmelder diesem Ersuchen nicht zustimmt, teilt der Mitgliedstaat der Kommission innerhalb der oben genannten Frist mit, dass eine Anmeldung erfolgt sei. Das nationale Patentamt hat hierauf den Anmelder nochmals aufzufordern, der Weiterleitung des Inhalts an die Kommission zuzustimmen. Für den Fall, dass eine solche Zustimmung nicht binnen 18 Monaten nach der Anmeldung vorliegt, so ist das nationale Patentamt verpflichtet, dennoch den Inhalt weiterzuleiten.

932 *Grünwald* Energierecht, 205.

933 *Sünner/Pfanner* 41.

934 *Sünner/Pfanner* 42 mwN.

Die an die Kommission weitergeleiteten Informationen sind vertraulich zu behandeln.[935] Eine Benutzung ohne Einwilligung des Anmelders ist nur nach Durchführung eines Zwangslizensierungsverfahrens zulässig.

Unverzüglich nach Eingang der Anmeldung eines Patentes, oder Gebrauchsmusters in einem Mitgliedstaat, das für das Kenngebiet eigentümlich ist, ist der Mitgliedstaat verpflichtet, um das Einverständnis des Anmelders nachzusuchen, den Inhalt der Anmeldung sofort der Kommission mitzuteilen.

Gemäß Art 16 Abs 2 EA sind die Mitgliedstaaten ebenfalls verpflichtet, der Kommission binnen achtzehn Monaten nach Eingang des Vorliegens jeder noch nicht veröffentlichten Anmeldung eines Patentes oder Gebrauchsmusters mitzuteilen, dass auf Grund einer ersten Prüfung ihres nach Erachten der zuständigen Behörde das er nicht für das Kenngebiet eigentümlich ist, jedoch mit der Entwicklung der Kernenergie innerhalb der Gemeinschaft unmittelbar zusammen hängt und hierfür von wesentlicher Bedeutung ist. Auf Ersuchen der Kommission wird der Inhalt der Anmeldung binnen zwei Monaten mitgeteilt. Gemäß Art 16 Abs 3 EA besteht die Möglichkeit einer Fristverkürzung. Wie es für das gesamte Nuklearrecht eigentümlich ist, ist gemäß Art 16 Abs 4 EA die Kommission verpflichtet die genannten Mitteilungen vertraulich zu behandeln. Diese Mitteilungen dienen lediglich zu Dokumentationszwecken.

Zu beachten ist weiters, dass gemäß Art 16 Abs 5 EA zwischenstaatliche Abkommen oder Abkommen mit zwischenstaatlichen Einrichtungen einer Meldung entgegenstehen. Dies ist einer der seltenen Fälle, in dem bilaterale Verträge europäischem Primärrecht vorgehen.

g) Lizenzen

Lizenzen können entweder durch Vertrag, durch Erteilung mittels Schiedsverfahren oder von Amtswegen erteilt werden. In Art 17 EA sind die Voraussetzungen für die Zwangslizenzen taxativ aufgezählt. Dabei wird zwischen einer Lizenz zu Gunsten der Gemeinschaft und gemeinsamer Unternehmen und einer zu Gunsten Dritter unterschieden.

Diese Zwangslizenz ist eine Form der Enteignung. Eine angemessene Entschädigung ist daher auch im Sinne des Grundrechtschutzes Voraussetzung, da eine entschädigungslose Enteignung gemäß dem ersten Zusatzprotokoll der EMRK unzulässig ist.

Wird gemäß Art 17 Abs 1 EA ein gütliches Einvernehmen nicht erzielt, so können nach Maßgabe der Artikel 18 bis 23 EA oder von Amts wegen nicht ausschließliche Lizenzen erteilt werden.

Solche Lizenzen können an die Gemeinschaft oder die nach Art 48 EA hiezu berechtigten gemeinsamen Unternehmen für Patente, vorläufig geschützte Rechte oder

---

935 *Sünner/Pfanner* 49.

Gebrauchsmuster betreffend Erfindungen in unmittelbarem Zusammenhang mit der Kernforschung, soweit die Erteilung dieser Lizenzen für die Fortführung ihrer eigenen Forschung notwendig oder für den Betrieb ihrer Anlagen unerlässlich ist, beantragen. Hierbei wird auf Antrag an die Kommission mit diesen Lizenzen das Recht verbunden, die Befugnis zur Nutzung der Erfindung Dritten zuzusprechen, soweit sie Arbeiten oder Aufträge für die Gemeinschaft oder gemeinsame Unternehmen ausführen. Mit der Kernforschung im unmittelbaren Zusammenhang stehen zunächst alle spezifischen nuklearen Erfindungen. Unter diesen Begriff fallen auch die Hilfserfindungen. Unter Hilfserfindungen sind nicht sämtliche denkbare Erfindungen zu verstehen, die für das Gebiet der Kernenergie irgendwie herangezogen werden können, sondern nur Erfindungen, deren Bedeutung für das Gebiet der Kernenergie so groß ist, dass von einem unmittelbaren Zusammenhang mit diesem Gebiet gesprochen werden kann.[936] Diese Art der Zwangslizenz ermöglicht nicht nur die Fortführung und Weiterführung von Forschung durch diese Erfindung, sondern auch die gewerbliche Verwertung dieser Erfindung.[937]

Auf Antrag der Kommission wird mit diesen Lizenzen auch das Recht verbunden, der Befugnis zur Nutzung der Erfindung Dritten zuzusprechen soweit sie Arbeiten oder Aufträge für die Gemeinschaft oder gemeinsame Unternehmen ausführen.

Weiters können Zwangslizenzen an Personen oder Unternehmen, die bei der Kommission einen entsprechenden Antrag gestellt haben – für Patente, vorläufig geschützte Recht oder Gebrauchsmuster, die eine Erfindung betreffen, welche mit der Entwicklung der Kernenergie innerhalb der Gemeinschaft unmittelbar zusammenhängt und hierfür von maßgeblicher Bedeutung ist, sowie alle nachstehenden Bedingungen erfüllt sind, erteilt werden.

Dass nach Eingang der Patentanmeldung eine Frist von mindestens 4 Jahre verstrichen ist, es sei denn, dass es sich um eine für das Kerngebiet eigentümliche Erfindung handelt, sowie dass in einem Mitgliedstaat, in dem eine Erfindung geschützt ist, die Bedürfnisse der nach Ansicht der Kommission erwünschten Entwicklung der Kernenergie hinsichtlich dieser Erfindung nicht gedeckt sind, sowie dass der Patentinhaber aufgefordert wurde, diese Bedürfnisse selbst oder durch seinen Lizenznehmer zu decken, und dieser Aufforderung nicht nachgekommen ist, sowie dass die Personen und Unternehmen, welche die Lizenz beantragen, in der Lage sind, diese Bedürfnisse durch ihre Nutzung und Erfindung wirksam zu decken, hat zur Folge, dass eine Lizenzerteilung im Zuge eines Schiedsverfahrens oder durch Zwangslizensierung erfolgt.

Die Mitgliedstaaten können zur Befriedigung der genannten Bedürfnisse ohne vorigen Antrag der Kommission keine in ihren innerstaatlichen Rechtsvorschriften vorgesehenen Zwangsmaßnahmen treffen, die den dieser Erfindung zustehenden

936 *Sünner/Pfanner* 51 mwN.
937 *Sünner/Pfanner* 52.

Schutz einschränken.[938] Nach Art 17 Abs 2 EA kann eine nicht ausschließliche Lizenz nicht erteilt werden, wenn der Inhaber berechtigte Gründe, insbesondere den Umstand geltend macht, dass ihm keine angemessene Frist zur Verfügung stand. Die Gewährung einer Lizenz berechtigt zur vollen Entschädigung, deren Höhe zwischen dem Inhaber des Patents, des vorläufig geschützten Rechts oder des Gebrauchsmuster einerseits und dem Lizenznehmer andererseits zur vereinbaren ist. Zu beachten ist, dass gemäß Art 17 Abs 4 EA das PVÜ nicht berührt wird.[939]

Nach Art 19 EA benachrichtigt die Kommission die Inhaber des Patentes, des vorläufig geschützten Rechtes, des Gebrauchsmusters oder der Patentanmeldung und bezeichnet gleichzeitig den Lizenzantragsteller und den Umfang der Lizenz, wenn die Kommission in Ermangelung einer gütlichen Einigung die Erteilung der Lizenz gemäß Art 17 EA erwirken will. Der Inhaber dieses Rechtes kann binnen einem Monat nach Eingang der oben genannten Benachrichtigung der Kommission wie auch dem Lizenz Antrag stellenden Dritten vorschlagen, einen Schiedsvertrag zu schließen, der die Zuständigkeit des Schiedsausschusses begründet. Wenn die Kommission oder der Lizenzantragsteller den Abschluss eines solchen Vertrages ablehnt, so kann die Kommission den Mitgliedstaat oder seine zuständigen Stellen nicht ersuchen, die Lizenz zu erteilen oder erteilen zu lassen. Stellt der Schiedsausschuß fest, dass der Lizenzantrag begründet ist, so enthält seine Entscheidung nicht nur diese Feststellung, sondern zugleich auch die Lizenzerteilung und eine Festsetzung der Bedingungen der Lizenz, insbesondere auch eine Bestimmung der Vergütung. Diese Bedingungen der Lizenz brauchen jedoch nur insoweit festgesetzt zu werden, als sich die Parteien darüber nicht schon gütlich geeinigt haben. Diese Regelung erschien zweckmäßig, da Fälle denkbar sind, in denen die Partei nur über die Voraussetzung der Lizenzgewährung, nicht aber über die Bedingungen der Lizenz streiten und dies im Schiedsvertrag festgestellt haben.[940] Nach Art 21 EA kann die Kommission das nationale Zwangsverfahren einleiten.

Kann sich nach Art 22 EA der Inhaber des Patentes, des vorläufig geschützten Rechtes, oder des Gebrauchsmusters und der Lizenznehmer über die Höhe der Entschädigung nicht einigen, so können die Beteiligten einen Schiedsvertrag schließen, der die Zuständigkeit des Schiedsausschusses begründet. Damit verzichten die Parteien auf jede Klage. Wenn jedoch der Lizenznehmer den Abschluss eines Schiedsvertrages ablehnt, gilt die Lizenzerteilung als nicht erteilt. Wenn jedoch der Inhaber den Abschluss eines Schiedsvertrages ablehnt, so wird die in Art 22 EA vorgesehene Entschädigung von den zuständigen innerstaatlichen Stellen festgesetzt. Nach Art 23 EA besteht die Möglichkeit, dass nach Ablauf eines Jahres die Entscheidungen des Schiedsausschusses oder der zuständigen innerstaatlichen Stellen hinsicht-

938 Näheres bei *Sünner/Pfanner* 57 mwN.

939 Näheres hiezu *Sünner/Pfanner* 59ff.

940 *Sünner/Pfanner* 67.

lich der Lizenzbedingungen überprüft werden, soweit neue Tatsachen dies rechtfertigen. Zuständig ist die Stelle, welche die Entscheidung erlassen hat. Unter neue Tatsachen sind solche zu verstehen, die nach Lizenzerteilung entstehen oder bekannt werden. Nach Lizenzerteilung bekannt gewordene Tatsachen, die schon vorher bestanden, können nur als neue Tatsachen gelten, wenn sie ohne Verschulden im Lizenzerteilungsverfahren nicht vorgebracht werden konnten.[941]

h) Schadenersatzansprüche bei Bekanntgabe von Rechten durch Unbefugte

Die Gemeinschaft ist verpflichtet den Berechtigten den Schaden zu ersetzen, falls Patent oder Gebrauchsmusteranmeldungen, die noch nicht veröffentlicht sind, oder Patent oder Gebrauchsmuster, die aus Verteidigungsgründen geheim gehalten werden in Folge ihrer Mitteilung an die Kommission unbefugt genutzt oder einem Unbefugten bekanntgegeben werden. Der Schadenersatzanspruch der Berechtigten gegen Dritte ist unabhängig von den Ansprüchen der Gemeinschaft gegenüber dem Schädiger und geht im Wege einer Legalzession auf die Gemeinschaft über, falls die Gemeinschaft den Schaden ersetzt hat. Unabhängig davon hat die Gemeinschaft gegen den Schädiger das Recht vorzugehen.

i) Einfuhr von Material zur Forschung

aa) Einleitung

Zu beachten ist, dass gemäß Art 74 EA die Kommission die Übertragung, die Einfuhr oder die Ausfuhr kleiner Menge von Erzen, Ausgangsstoffen oder besonders spaltbaren Stoffen, in dem Maße wie sie üblicherweise für die Forschung benutzt werden, von den Vorschriften des Kapitels über die Versorgung ausnehmen.

bb) VO 66/2006 betreffend der Ausnahme kleiner Mengen von Erzen und anderen Stoffen[942]

Von den Vorschriften des Titels II Kapitel VI EA sind uran- und thoriumhaltige Erze und Ausgangsstoffe ausgenommen, wenn

- die Übertragung innerhalb der Gemeinschaft und die Einfuhr in die Gemeinschaft, soweit es sich um Mengen handelt, die – bezogen auf die elementare Form – eine Tonne Uran und/oder Thorium pro Transaktion und je 5 Tonnen Uran und/oder Thorium pro Jahr und Benutzer nicht übersteigen sowie

941 *Sünner/Pfanner* 75.

942 Verordnung (Euratom) Nr 66/2006 der Kommission vom 16.Jänner 2006 betreffend die Ausnahme kleiner von Mengen von Erzen, Ausgangstoffen, und besonderen spaltbaren Stoffen von den Vorschriften des Kapitels über die Versorgung, ABl Nr L 11 vom 17.1.2006, S 6.

- die Ausfuhr aus der Gemeinschaft, soweit es sich um Mengen handelt, die – bezogen auf die elementare Form – eine Tonne Uran und/oder Thorium pro Transaktion und je 5 Tonnen Uran und/oder Thorium pro Jahr und Exporteur nicht übersteigen.

Ebenso sind ausgenommen vom Titel II Kapitel VI EA die Übertragung innerhalb der Gemeinschaft und die Einfuhr in die Gemeinschaft sowie die Ausfuhr aus der Gemeinschaft, soweit es sich um Mengen handelt, die – bezogen auf die elementare Form – 200 Gramm Uran 235, Uran 233 oder Plutonium pro Transaktion und 1000 Gramm eines jeden dieser Stoffe pro Jahr und Benutzer nicht übersteigen. Bei eingeführten und ausgeführten Stoffen gilt diese Bestimmung nur, wenn dies nicht Abkommen über die Zusammenarbeit mit dritten Ländern widerspricht.

Wer im Rahmen der oben genannten Art Einfuhren oder Ausfuhren vornimmt, oder als Lieferant innerhalb der Gemeinschaft für solche geringen Mengen von Erzen, Ausgangstoffen oder besonders spaltbaren Stoffen eine Übertragung vornimmt, hat die Verpflichtung, der Versorgungsagentur vierteljährlich eine Aufstellung über die Transaktionen zu übermitteln, welche nachstehende Angaben enthalten muss: Tag des Abschlusses des Lieferungsvertrages, Name der Vertragsparteien, Ort, an dem der betreffende Stoff gewonnen wurde, chemische und/oder physikalische Beschaffenheit der Erzeugnisse, Mengen der Stoffe in metrischen Einheiten sowie Verwendungszweck dieser Erze, Ausgangsstoffe und besonders spaltbaren Stoffe.

Gemäß Art 3 Abs 2 ist eine genaue Berechnungsmethode verbunden mit Abrundungen vorgesehen. Die Verpflichtung der vierteljährlichen Aufstellung ist innerhalb eines Monats nach Ablauf jeden Vierteljahres, in dem die in dieser Verordnung vorgesehene Transaktion durchgeführt worden ist, an die Agentur zu richten.

Mit Art 4 wurde die Verordnung 17/66 aufgehoben.[943]

j) Geheimhaltung bei Forschungsprogrammen

Da die Forschung auf den Gebieten der Kernenergie auch die militärische Sicherheit betreffen, sowie die Mitgliedstaaten Großbritannien und Frankreich Nuklearmächte sind, sind gewisse Forschungsergebnisse der Geheimhaltung unterliegend. Die Gemeinschaft kann auch bei der Durchführung ihrer Forschungsprogramme Kenntnisse erwerben, deren Preisgabe den Verteidigungsinteressen eines oder mehrerer Mitgliedstaaten schaden kann. Diese können gemäß Art 24 Abs 1 EA unter Geheim-

943 Verordnung Nr 17/66/Euratom der Kommission vom 29. November 1966 betreffend die Ausnahme kleiner Mengen von Erzen, Ausgangsstoffen und besonders spaltbaren Stoffen von den Vorschriften des Kapitels über die Versorgung, ABl P 241 vom 28.12.1966, S 4057 geändert Verordnung (Euratom) Nr 3137/74 der Kommission vom 17. Dezember 1974, ABl 333 vom 13.12.1974, S 27.

schutz gestellt werden. Voraussetzung hierfür ist, dass der Rat auf Vorschlag der Kommission eine Verschlusssachenverordnung[944] beschließt, die unter Berücksichtigung dieses Artikels die verschiedenen zur Anwendung gelangenden Geheimschutzgrade und die entsprechenden Sicherheitsmaßnahmen festlegt. Die Kommission stuft die Kenntnisse, deren Preisgabe nach ihrer Ansicht den Verteidigungsinteressen eines oder mehrerer Mitgliedstaaten schaden kann, vorläufig in dem hierfür in der Verschlusssachenverordnung vorgesehenen Geheimschutzgrad ein. Die Kommission teilt hierauf den Mitgliedstaaten diese Kenntnisse unverzüglich mit. Diese stellen den Geheimnisschutz vorläufig in der gleichen Weise sicher. Die Mitgliedstaaten sind hierauf verpflichtet, der Kommission binnen drei Monaten mitzuteilen, ob sie den vorläufig angewandten Geheimschutzgrad beibehalten, durch einen anderen ersetzen oder den Geheimnisschutz aufheben wollen. Nach Ablauf dieser Frist gelangt der strengste der beantragten Geheimschutzgrade zur Anwendung. Die Kommission zeigt dies den Mitgliedstaaten an.

Auf Antrag der Kommission oder eines Mitgliedstaates kann der Rat jederzeit einstimmig die Anwendung eines anderen Geheimschutzgrades oder die Aufhebung beschließen. Vor der Beschlussfassung über den Antrag eines Mitgliedstaates holt der Rat die Stellungnahme der Kommission ein. Kenntnisse und Know-how, welches auf Grund der Gewährung eines Patentes, der Einräumung eines vorläufig geschützten Rechtes, der Gewährung eines Gebrauchsmusters oder einer Patentanmeldung unterliegen nicht diesem Geheimschutzgrad. Jedoch kann die Kommission die obengenannten Kenntnisse gemäß Art 12 und 13 EA einem gemeinsamen Unternehmen, einer Person oder einem nichtgemeinsamen Unternehmen durch Vermittlung des Mitgliedstaates, in dessen Hoheitsgebiet diese Person oder dieses Unternehmen ist, mitteilen. Ebenso kann ein Mitgliedstaat den Art 13 EA bezeichnenden Kenntnisse einer Person oder einem nichtgemeinsamen Unternehmen, die in seinem Hoheitsgebiet tätig sind, mitteilen, in diesem Fall ist die Mitteilung der Kommission anzuzeigen. Ferner ist jeder Mitgliedstaat berechtigt, von der Kommission für seine eigenen Bedürfnisse oder diejenigen einer Person oder eines Unternehmens in seinem Hoheitsgebiet tätig sind, die Erteilung einer Lizenz gemäß Art 12 EA für solche dem Geheimnisschutz unterliegenden Daten zu verlangen.

Teilt ein Mitgliedstaat das Bestehen oder den Inhalt einer Patent- oder Gebrauchsmusteranmeldung mit, die einen in Art 16 Abs 1 oder Abs 2 EA bezeichneten Gegenstand betreffen, so weist er gegebenenfalls auf die Notwendigkeit hin, diese Anmeldung aus Verteidigungsgründen in den von ihm gegebenen Geheimschutzgrad einzustufen. Hierbei teilt er die voraussichtliche Dauer des Geheimschutzes mit. Die Kommission ist verpflichtet, diese Mitteilung unverzüglich an alle anderen Mitgliedstaaten weiterzuleiten. Die Kommission und die Mitgliedstaaten beachten die Vorkeh-

944 Verordnung Nr 3 zur Anwendung des Art 24 des Vertrages zur Gründung der Europäischen Atomgemeinschaft, ABl Nr 17 vom 6.6.1958, S 406.

rungen, welche der von dem Ursprungsstaat verlangten Geheimschutzgrad nach der Verschlusssachenverordnung erfordert. Weiters kann die Kommission diese Mitteilungen ferner an die gemeinsamen Unternehmen oder durch Vermittlung eines Mitgliedstaates an eine Person oder nicht gemeinsames Unternehmen weiterleiten, die in den Hoheitsgebieten des Staates tätig sind. Die Erfindungen, die Gegenstand der genannten Anmeldungen sind, können nur mit Zustimmung des Anmelders oder nach Maßgabe der Lizenzbestimmungen der Art 17–23 EA genutzt werden. Die Mitteilungen sowie die Nutzung unterliegen ebenfalls den von dem Ursprungsstaat verlangten Geheimschutzgrad. Sämtliche Mitteilungen bedürfen der Zustimmung des Ursprungsstaates. Die Verweigerung der Mitteilung oder einer Nutzung darf nur aus Verteidigungsgründen erteilt werden. Falls der Rat die Anwendung eines anderen Geheimschutzgrades beschließen oder die Aufhebung des Geheimschutzes beschließen will, so kann er dies jederzeit auf Antrag der Kommission oder ein Mitgliedstaat einstimmig vornehmen. Vor der Beschlussfassung bei Antrag eines Mitgliedstaates holt der Rat die Stellungnahme der Kommission ein. Art 25 EA sieht vor, dass die gemäß Art 24 EA unter Geheimschutz gestellten Kenntnisse nur mit Zustimmung aller Mitgliedstaaten Gegenstand von Anmeldungen außerhalb der Gemeinschaft sein können.

Falls der Anmelder durch die Stellung und den Geheimschutz aus Verteidigungsgründen einen Schaden erleidet, so unterliegt der Schadenersatz den Rechtsvorschriften der Mitgliedstaaten. Der Mitgliedstaat ist zum Ersatz gemäß seinem innerstaatlichen Recht verpflichtet, wenn er die Stellung unter Geheimschutz beantragt hat oder eine Verschärfung oder eine Verlängerung des Geheimschutzes oder das Verbot der Anmeldung außerhalb der Gemeinschaft erwirkt hat. Für den Fall, dass mehrere Mitgliedstaaten eine entsprechende Handlung vorgenommen haben, so haften sie gesamtschuldnerisch für den erwachsenen Schaden.

Die Gemeinschaft kann keine Schadenersatzansprüche auf Grund dieses Artikels geltend machen. Sie kann jedoch ebenfalls aus dem Titel der Staatshaftung belangt werden.

13. Verordnung 3/1958 – Geheimhaltungsverordnung[945]

A) Anwendungsbereich

Aufgrund der Bedeutung des Nuklearbereiches sowohl im Verteidigungs- als auch im Zivilbereich als auch aufgrund der Gefährdung von Leben, Eigentum und Umwelt in den Mitgliedsta aten sowie von Drittstaaten in Folge der unrechtmäßigen Erlangung von Kenntnissen aus dem Nuklearbereich, insbesondere aus dem Verteidi-

945 Verordnung Nr 3 zur Anwendung des Art 24 des Vertrages zur Gründung der Europäischen Atomgemeinschaft, ABl Nr 17 vom 6.10.1958, S 406ff.

gungsbereich – Großbritannien und Frankreich sind gemäß den NPT berechtigt, Atomwaffen zu besitzen – ist die Geheimhaltung von so erheblicher Bedeutung, dass auf Grund des Art 24 EA die Verordnung sehr schnell unmittelbar nach der Gründung erlassen worden ist.[946]

Zweck dieser Verordnung ist der Schutz von Geheimnissen, die seitens Euratom erworben, oder von den Mitgliedstaaten mitgeteilten Erkenntnissen, welche in den Art 24f EA erwähnt sind. Die Kenntnisse werden als EVS (Euratom-Verschluss-Sachen) bezeichnet. Nach Art 1 Abs 1 werden von Staaten gemäß Art 25 EA mitgeteilte Erkenntnisse nur in den Anwendungsbereich dieser Verordnung anfallend gesehen, wenn die Verwendung dieser Kenntnisse durch den Mitgliedstaat in den Anwendungsbereich des EA fällt. Nach Art 1 Abs 2 sind EVS auch Informationen, Auskünfte, Schriftstücke, Gegenstände, Vervielfältigungsmittel und andere Sachen, die mit den oben genannten Kenntnissen in Zusammenhang stehen. Die durch die in den letzten Jahren entstandenen neuen Speichermedien sind auch diese ohne Reform der VO miterfaßt. Diese Bestimmung des Art 1 Abs 2 ist somit dynamisch zu interpretieren.

Gemäß Art 2 ist eine Berufung auf Verträge, Abschlüsse oder Vereinbarungen zwischen einem Mitgliedstaat und einer natürlichen oder juristischen Person, die nach Inkrafttreten dieser Verordnung eingegangen, verlängert oder erneuert worden ist, nicht zulässig, soweit sich diese Übereinkünfte auf Tätigkeiten beziehen, die in den Anwendungsbereich des EA fallen. Geheimschutzmaßnahmen vertraglichen Ursprungs, die vorher in Kraft treten, bevor diese Verordnung zur Anwendung gelangt ist, können noch bis zu dem vertraglich vorgesehenen Zeitpunkt anstelle der Bestimmungen dieser Verordnung angewandt werden.

Der persönliche Anwendungsbereich dieser Verordnung erstreckt sich nach Art 3 auf die Organe, Ausschüsse, Dienststellen und Einrichtungen der Gemeinschaft, den Mitgliedstaaten und ihren Dienststellen, den gemeinsamen Unternehmen sowie den in Art 196 EA bezeichneten Personen oder Unternehmen. Nach Art 4 ist in der Satzung jedes gemeinsamen Unternehmens zu bestimmen, ob es bezüglich der Anwendung dieser Verordnung den Organen, Dienststellen und Einrichtungen der Gemeinschaft oder den in Art 196 EA bezeichneten Personen und Unternehmen gleichzustellen ist. Nach Art 5 Abs 1 sind die in dieser Verordnung zum Schutz der EVS vorgesehenen Vorschriften als Mindestvorschriften anzusehen. Dies bedeutet, dass Euratom und die Mitgliedstaaten berechtigt sind, höhere Schutzvorschriften zu erlassen, die jedoch nicht mit der VO in Widerspruch stehen dürfen. Die Gemeinschaft und die Mitgliedstaaten sind nach Art 5 Abs 2 berechtigt, gegebenenfalls die

---

946 Grundsätzliches zum EU Geheimhaltungsrecht: *Stärkle Guido* La Protection et le Traitement des Informations classifiées dans le Cadre de la Politique de la Sécurité et de Défense commune (PSDC) aus Sein des Institutions et Agences de l´Union Européene, Cahier de Droit Européen 2011, 156ff.

Verordnung für ihren Bereich zur Berücksichtigung örtlicher Verhältnisse zu ergänzen, durch eigene Bestimmungen eine Verschärfung vorzunehmen, soweit dadurch nicht eine einheitliche Behandlung der EVS gefährdet wird.

Nach Art 6 bildet die Kommission ein Sicherheitsbüro, welches unter ihrer Aufsicht und Verantwortung steht und für die allgemeine Anwendung der Geheimschutzmaßnahmen sorgt und diese koordiniert, die Anwendung dieser Maßnahme innerhalb der Organe, Ausschüsse, Dienststellen und Einrichtungen der Gemeinschaft überprüft und die staatliche Behörden veranlassen kann, im Hoheitsgebiet des betreffenden Mitgliedstaats die Anwendung der in dieser VO vorgesehenen Geheimschutzmaßnahmen zu überprüfen. Es steht dem Sicherheitsbüro frei, wenn es dies für notwendig erachtet, die Überprüfung in Verbindung mit ihnen durchzuführen. Weiters kann das Sicherheitsbüro alle Änderungen von Maßnahmen vorschlagen, die es zur Anwendung dieser VO für notwendig erachtet.

Nach Art 7 bestimmt jeder Mitgliedstaat eine staatliche Behörde, die in ihrem Hoheitsbereich die in dieser VO vorgesehenen Geheimschutzmaßnahmen durchführt oder für deren Durchführung zu sorgen hat.

In den Organen, Dienststellen und Einrichtungen der Gemeinschaft, in denen EVS bearbeitet oder aufbewahrt werden, ernennt das Sicherheitsbüro gemäß Art 8 Abs 1 je einen Bediensteten zum Geheimschutzbeauftragten, der für die Anwendung dieser VO verantwortlich ist. Die Dienststellen der Mitgliedstaaten sowie die Personen und Unternehmen im Sinne des Art 196 EA, welche EVS bearbeiten oder im Besitz haben, haben mit Zustimmung des Sicherheitsbüros je einen Bediensteten zum Geheimschutzbeauftragten, der für die Anwendung dieser VO verantwortlich ist. Zu den Aufgaben des Geheimschutzbeauftragten zählt insbesondere die Registrierung von EVS gemäß Art 23, für die Führung einer nach Kategorien geordneten Liste alle Personen, die zum Zugang zu EVS ermächtigt sind, für die Belehrung des Personals über seine Pflichten auf dem Gebiet des Geheimschutzes sowie für die Anwendung der Schutzmaßnahmen.

B) Geheimschutzgrade

Grundsätzlich sind die Geheimschutzgrade gemäß Art 9 nur in dem unbedingt notwendigen Umfang anzuwenden. Die Geheimschutzgrade sind

- Eura – streng geheim,
- Eura – geheim,
- Eura – vertraulich,
- Eura – nur für den Dienstgebrauch.

Der Geheimschutzgrad Eura – streng geheim bedeutet, wenn eine unbefugte Preisgabe zu einer außerordentlich schwerwiegenden Schädigung der Verteidigungsinteressen eines oder mehrerer Mitgliedstaaten führen würde.

Eura – geheim bedeutet, wenn eine unbefugte Preisgabe zu einer schwerwiegenden Schädigung der Verteidigungsinteressen eines oder mehrerer Mitgliedstaaten führen würde.

Eura – vertraulich bedeutet, wenn eine unbefugte Preisgabe für die Verteidigungsinteressen eines oder mehrerer Mitgliedstaaten nachteilig wäre.

Eura – nur für den Dienstgebrauch bedeutet, wenn eine unbefugte Preisgabe die Verteidigungsinteressen eines oder mehrerer Mitgliedstaaten zwar berühren würde, das Geheimschutzbedürfnis aber geringer ist als bei EVS des Geheimschutzgrades Eura – vertraulich.

Die Einstufung erfolgt gemäß Art 11 Abs 1 von der Kommission zunächst vorläufig, sobald sie der Ansicht ist, dass die Preisgabe der übermittelten Kenntnisse im Sinne des Art 24 EA den Verteidigungsinteressen eines oder mehrerer Mitgliedstaaten schaden kann. Endgültig entscheidet die Kommission, sobald die Mitgliedstaaten den Geheimschutzgrad bekannt gegeben haben, dessen Anwendung sie beantragen. Der strengste der beantragten Geheimschutzgrade wird angewandt. Die Kommission ist verpflichtet, dies den Mitgliedstaaten anzuzeigen. In Verbindung mit den zuständigen Stellen der Mitgliedstaaten stellt die Kommission eine nicht erschöpfende Liste der Kategorien von Kenntnissen auf, für die ein Geheimschutz angebracht ist und überprüft diese Liste in regelmäßigen Zeitabständen. Weiters erteilt gemäß Art 11 Abs 2 die Kommission bei Patent- und Gebrauchsmusteranmeldungen nach Art 25 EA den vom Ursprungsstaat geforderten Geheimschutzgrad den zuständigen Organen und Einrichtungen der Gemeinschaft und den anderen Mitgliedstaaten mit.

Bei der Einstufung von Schriftstücken ist gemäß Art 12 Abs 1 allein der Inhalt des Schriftstückes maßgebend, nicht der Geheimschutzgrad. Um die Geheimhaltung von Schriftstücken der Geheimschutzgrade Eura – streng geheim und Eura – geheim nicht zu gefährden, sind Bezugnahmen auf solche Schriftstücke auf ein Mindestmaß zu beschränken, sodass weder Inhalt noch der Geheimschutzgrad offenbart wird. Der Geheimschutzgrad eines Schriftstückes gilt auch für dessen Kopien, für Schriftstücke, die Forschungen oder Produktionen zum Gegenstand haben, welche auf diese Schriftstücke beruhen. Besteht eine EVS aus mehreren Teilen, so bestimmt sich der Geheimschutzgrad der gesamten EVS stets nach dem Teil, der den höchsten Geheimschutzgrad erfordert (Art 12 Abs 2). Nach Art 13 kann eine EVS nach Maßgabe des Art 24 Abs 2 und des Art 25 Abs 2 EA umgestuft oder offengelegt werden.

C) Personeller Geheimschutz

Nach Art 14 Abs 1 steht der Zugang zur EVS und deren Besitz nur Personen zu, die hiezu ermächtigt sind und sie aufgrund ihrer Tätigkeit unbedingt zur Kenntnis nehmen oder erhalten müssen. Für den Zugang zur EVS mit dem Geheimschutzgrad Eura – nur für den Dienstgebrauch ist keine gesonderte Ermächtigung gemäß Art 14

Abs 2 erforderlich. Die Ermächtigung wird gemäß Art 15 Abs 1 nur Personen erteilt, die einer Sicherheitsüberprüfung gemäß Art 16 unterzogen sind und entsprechend Art 17 belehrt worden sind, soweit der Rat keine Ausnahmen beschlossen hat. Diese Ermächtigung bedarf der Schriftform. Dieses Dokument darf sich nicht im Besitz der ermächtigten Person befinden.

Ein Geheimschutzbeauftragter ist gemäß Art 14 Abs 3 unter den gleichen Voraussetzungen zu ermächtigen. Zuständig für die Erteilung der Ermächtigung ist bei den Mitgliedern der Organe und Ausschüssen sowie den Beamten und sonstigen Bediensteten oder Beauftragten der Gemeinschaft das Sicherheitsbüro, in allen übrigen Fällen der Mitgliedstaat, der nach Art 16 Abs 2 für die Sicherheitsüberprüfung verantwortlich ist. Ermächtigungen, die vom Sicherheitsbüro oder von einem Mitgliedstaat erteilt worden sind, werden von jeder Einrichtung der Gemeinschaft und von jedem Mitgliedstaat anerkannt. Gemäß Art 15 Abs 5 können das Sicherheitsbüro und die in Art 7 bezeichneten Geheimschutzbehörden für ihren Bereich eine Liste der Personen, die zum Zugang zu EVS der Geheimschutzgrade Eura – streng geheim und Eura – geheim ermächtigt sind, führen.

Gegenstand der Sicherheitsüberprüfung nach Art 16 ist die Feststellung, ob die zu überprüfende Person die zum Zugang zur EVS erforderliche Zuverlässigkeit besitzt. Der Umfang der Sicherheitsüberprüfung bestimmt sich nach dem Geheimschutzgrad, für den die Ermächtigung beantragt worden ist. Gemäß Art 16 Abs 2 ist die Sicherheitsüberprüfung in allen Fällen unter der Verantwortung des Mitgliedstaates durchzuführen, dessen Staatsangehörigkeit die zu überprüfende Person besitzt. Besitzt sie nicht die Staatsangehörigkeit eines der Mitgliedstaaten, so ist der Mitgliedstaat verantwortlich, in dessen Hoheitsgebiet sie ihren Wohnsitz oder gewöhnlichen Aufenthalt hat. Hat die betreffende Person längere Zeit in einem anderen als dem oben bezeichneten Mitgliedstaat gelebt oder hat sie nähere Beziehungen zu Personen in einem anderen Staat, so beteiligt der für die Sicherheitsüberprüfung verantwortliche Mitgliedstaat den anderen an der Überprüfung. Der beteiligte und der andere Staat unterrichten den für die Sicherheitsüberprüfung verantwortlichen Mitgliedstaat über das Ergebnis seiner Ermittlungen.

Das Verfahren der Sicherheitsüberprüfung richtet sich in jedem Mitgliedstaat nach dessen einschlägigen Vorschriften und Richtlinien. Aus den Grundsätzen des rechtlichen Gehörs ist der Betroffene zu den Ermittlungsergebnissen zu hören. Soweit der Rat keine Ausnahme beschließt, werden die Überprüfungsanträge des Sicherheitsbüros für die Mitglieder der Organe sowie für die Beamten und sonstigen Bediensteten oder Beauftragten der Gemeinschaft bei der zuständigen Behörde des Mitgliedstaates gestellt, der für die Durchführung der Sicherheitsüberprüfung verantwortlich ist. Diesen Anträgen ist ein von den Betreffenden als richtig bestätigter Personalbogen beizufügen, der insbesondere alle Angaben über ihren Personenstand und den ihrer Familie sowie ihre Tätigkeiten und Wohnsitze der letzten zehn Jahre enthält. Für die Beamten und sonstigen Bediensteten oder Beauftragten der Mitgliedstaaten sowie diese, die in Art 196 EA bezeichneten Personen und Unternehmen und deren Personal wird die Sicherheitsüberprüfung von dem betreffenden Mitgliedstaat veranlasst. Hinsichtlich der Mitglieder der Organe sowie der Beamten und sonstigen Bediensteten oder Beauftragten der Gemeinschaft gilt beim Abschluss der Sicherheitsüberprüfung, dass der Mitgliedstaat, unter dessen Verantwortung die Sicherheitsüberprüfung durchgeführt worden ist, nach deren Abschluss dem Sicherheitsbüro einen Bescheid erteilt, in dem zu erwähnen ist, ob nach dem Ergebnis der Überprüfung Bedenken bestehen, der überprüften Person eine Ermächtigung zum Zugang zu EVS eines bestimmten Geheimschutzgrades zu erteilen, oder ob solche Bedenken nicht bestehen.

Bei der Erstellung des Bescheides berücksichtigt der Mitgliedstaat alle Informationen und Auskünfte, die er von einem anderen an der Durchführung der Sicherheitsüberprüfung beteiligten Mitgliedstaat erhalten hat. Wenn dieser Bescheid keine Bedenken enthält, so kann das Sicherheitsbüro der überprüften Person die beantragte Ermächtigung erteilen. Falls jedoch das Sicherheitsbüro zur Ansicht kommt, dass schwerwiegende Gründe entgegenstehen, so ist das Sicherheitsbüro verpflichtet, eine solche Ermächtigung zu verweigern. Diese Verweigerung ist nach Art 263 AEUV anfechtbar.

Jede Entscheidung des Sicherheitsbüros ist dem verantwortlichen Mitgliedstaat bekannt zu geben. Im Fall der negativen Stellungnahme im ausgestellten Bescheid des Mitgliedstaates, ist das Sicherheitsbüro gebunden und erteilt keine Ermächtigung. Für den Fall, dass nach Erteilung einer Ermächtigung dem Sicherheitsbüro oder einem Mitgliedstaat Informationen bekannt werden, die geeignet sind, Bedenken gegen die Zuverlässigkeit der ermächtigten Person zu begründen, so sind diese Informationen sofort dem Mitgliedstaat mitzuteilen, der für die Durchführung der Sicherheitsüberprüfung verantwortlich ist. Dieser Mitgliedstaat überprüft seinen ursprünglichen Bescheid und teilt dem Sicherheitsbüro mit, ob die Ermächtigung nach seiner Auffassung aufzuheben ist oder nicht. Das Sicherheitsbüro wird dem Bescheid des Mitgliedstaates entsprechen, es sei denn, dass bei einem günstigen Bescheid nach seiner Ansicht schwerwiegende Gründe entgegenstehen.

Alle Angehörigen von Dienststellen der Gemeinschaft und der Mitgliedstaaten und die in Art 196 EA verzeichneten Personen, die aufgrund ihrer Tätigkeit Zugang zu EVS haben, sind gemäß Art 17 bei Beginn dieser Tätigkeit und danach in regelmäßigen Abständen vom Geheimschutzbeauftragten über die Notwendigkeit des Geheimschutzes und über seine Durchführung zu belehren. Bei dieser Belehrung ist darauf hinzuweisen, dass eine Verletzung der Pflicht zur Geheimhaltung von EVS insbesondere als Verstoß gegen die Strafvorschriften zum Schutze der Staatssicherheit angesehen werden können. Die belehrten Personen sind verpflichtet, eine Erklärung zu unterzeichnen, dass sie belehrt worden sind, und sich verpflichten, diese Belehrung zu beachten.

Wenn ein Besucher, der einem Organ oder einer Dienststelle oder einer Einrichtung der Gemeinschaft angehört oder der Hoheitsverwalter eines Mitgliedstaates untersteht, Kenntnis von EVS der Geheimschutzgrade Eura – streng geheim oder

Eura – geheim erhalten, die sich bei einer anderen als der Stelle, welcher der Besucher angehört oder bei einer Person befinden, die der Hoheitsgewalt eines anderen Mitgliedstaates untersteht, oder soll der Besucher Besprechungen über solche EVS führen, so wird zwischen diesen Stellen oder Personen eine vorherige Vereinbarung getroffen. In dieser Vereinbarung ist vorzusehen, dass der Leiter der Dienststelle des Besuchers, auch wenn er keiner Dienststelle angehört der in Artikel 7 bezeichneten Geheimschutzbehörde rechtzeitig ein gegebenenfalls vom Geheimschutzbeauftragten abgezeichnetes Dokument einsehen, dass den Zweck des Besuches erwähnt und alle Angaben zur Feststellung der Personalien des Besuchers enthält. Gegebenenfalls ist in diesem Dokument auch der Ermächtigungsgrad des Besuchers zu erwähnen. Der Geheimschutzbeauftragte, bei welchem der Besuch stattfindet, steht dem Besucher helfend und beratend zur Seite.

D) Materieller Geheimschutz

a) Kennzeichnung und Vervielfältigung

Die Geheimschutzgrade Eura – streng geheim, Eura – geheim und Eura – vertraulich sind am Kopf und Fuß jeder Seite einer EVS durch auffallenden Stempelaufdruck kenntlich zu machen. Für EVS des Geheimschutzgrades Eura – nur für den Dienstgebrauch genügt es, diesen Geheimschutzgrad durch Stempelaufdruck oder maschinschriftlich am Kopf jeder Seite der EVS anzubringen. Wird ein solches Schriftstück in gebundener Form herausgegeben, so ist dieser Geheimschutzgrad lediglich am Kopf der ersten Seite anzubringen. Nach Art 19 Abs 2 ist jede Seite eines EVS des Geheimschutzgrades Eura – vertraulich oder höher zu nummerieren. Bei EVS des Geheimschutzgrades Eura – streng geheim ist die Gesamtzahl der Seiten auf der ersten Seite anzugeben und jede Ausfertigung mit einer Ausfertigungsnummer zu versehen. Das Geschäftszeichen einer EVS des Geheimschutzgrades Eura – streng geheim ist auf jeder dazugehörenden Seite zu vermerken. Für den Fall, dass der Geheimschutzgrad einer EVS geändert wird, so erhalten die sie betreffenden Schriftstücke die Kennzeichen, die der neuen Einstufung entsprechen.

Gemäß Art 20 Abs 1 dürfen vollständige oder teilweise Vervielfältigungen einer EVS, gleich in welcher Form oder mit welchem Mittel sie angefertigt werden, nicht in größerer Anzahl hergestellt werden, als zur Deckung des jeweiligen Bedarfs unbedingt erforderlich ist. Vervielfältigungen (Abzüge, Abschriften, Auszüge, Übersetzungen, usw.) einer EVS des Geheimschutzgrades Eura – streng geheim dürfen, wenn es sich um eine gemäß Art 24 EA mitgeteilten EVS handelt, nur mit Zustimmung des Sicherheitsbüros, und wenn es sich um eine gemäß Art 25 des EA mitgeteilten EVS handelt, nur mit Zustimmung des Mitgliedstaates hergestellt werden, der die EVS herausgegeben hat. Vor jeder Vervielfältigung einer EVS des Geheimschutzgrades Eura – geheim ist der Geheimschutzbeauftragte des Unternehmens oder der Stelle zu verständigen, welche die EVS besitzt. Alle Bezugzeichen, die eine EVS im

Zeitpunkt ihrer Vervielfältigung kennzeichnet, haben zwangsläufig auf jeder Vervielfältigung zu erscheinen, die von ihr angefertigt werden. Nach Art 20 Abs 5 enthält jede Vervielfältigung einer EVS das Kennzeichen der Person oder der Stelle, welche die Vervielfältigung veranlasst hat. Bei Vervielfältigungen von EVS der Geheimschutzgrade Eura – streng geheim und Eura – geheim wird die Gesamtzahl der hergestellten Stücke und die Nummer jeder Ausfertigung hinzugefügt.

b) Geheimnisschutz in Gebäuden

Nach Art 21 haben die Dienststellen der Gemeinschaft oder der Mitgliedstaaten dafür zu sorgen, dass Gebäude oder Gebäudeteile, die eine EVS des Geheimschutzgrades Eura – vertraulich oder höher aufbewahrt werden, leicht zu überwachen sind, und nur von hiezu befugten Personen betreten werden können. Zur Kontrolle des Zutritts von Personen zu solchen Gebäuden oder Gebäudeteilen treffen die in Betracht kommenden Dienststellen Vorkehrungen, die eine zuverlässige Personenüberwachung und Beschauungen der Besucher gewährleistet. Besucher dürfen in Räumen, die EVS enthalten, nicht alleine gelassen werden. Nach Ende der normalen Dienststunden sind Gebäude oder Gebäudeteile, in denen EVS der Geheimhaltungsstufe Eura – vertraulich aufbewahrt werden, zu kontrollieren, um festzustellen, ob Panzerschränke, Aktenschränke usw. verschlossen, und die EVS sicher untergebracht sind. Gebäude oder Gebäudeteile, in denen EVS des Geheimschutzgrades Eura – streng geheim aufbewahrt werden, sind durch Wachpersonal und ein Alarmsystem zu sichern.

Gemäß Art 22 Abs 1 sind EVS der Geheimschutzgrade Eura – streng geheim in Panzerschränken mit dreifachem Kombinationsschloss aufzubewahren. Die Geheimkombinationen sind bei jeder Versetzung von Personal, das die betreffende Kombination kennt, stets dann zu ändern, wenn sie tatsächlich oder möglicher Weise bekannt wurde. Auf jeden Fall sind sie alle sechs Monate zu ändern. EVS der Geheimschutzgrade Eura – geheim und Eura – vertraulich sind in Panzerschränken oder in Stahlbehältnissen aufzubewahren, deren Verschlussvorrichtungen regelmäßig überprüft werden und als sicher bekannt sind. EVS des Geheimschutzgrades Eura – nur für den Dienstgebrauch sind so aufzubewahren, dass Unbefugte keinen Zugang zu ihnen haben.

Nach Art 23 sind jede EVS der Geheimschutzgrade Eura – streng geheim und Eura – geheim besonders zu registrieren. Diese Registrierung soll es ermöglichen, sofort alle Personen festzustellen, die derartige EVS eingesehen haben oder im Besitz hatten und sofort den Inhaber jeder Ausfertigung oder Abschrift festzustellen.

c) Beförderung

Werden EVS innerhalb eines Gebäudes oder einer geschlossenen Gebäudegruppe befördert, so sind gemäß Art 24 Abs 1 sie so zu behandeln, dass jede Gefahr einer

Preisgabe ausgeschlossen ist. Werden die EVS des Geheimschutzgrades Eura – vertraulich oder höher außerhalb eines Gebäudes oder einer geschlossenen Gebäudegruppe befördert, so sind sie mit doppeltem Umschlag zu versehen. Auf dem inneren Umschlag ist der Geheimschutzgrad anzugeben. Der Geheimschutzgrad darf unter keinen Umständen auf dem äußeren Umschlag verzeichnet sein. Jede Person, die eine EVS erhält, hat den Empfang sofort durch Empfangsschein zu bestätigen. Auf dem Empfangschein, der keines Geheimschutzgrades bedarf, ist lediglich das Aktenzeichen, die Ausfertigungsnummer und das Datum der EVS, aber nicht ihr Inhalt oder der Geheimschutzgrad anzugeben. Der Empfangschein ist von dem Empfänger unverzüglich an den Absender zurückzusenden. Dieser hat sich von der Durchführung dieser Vorschrift zu vergewissern. EVS des Geheimschutzgrades Eura – nur für den Dienstgebrauch, sind so zu behandeln, dass ihre Sicherheit gewährleistet ist. EVS des Geheimschutzgrades Eura – streng geheim sind im grenzüberschreitenden Verkehr gemäß Art 25 Abs 1 durch diplomatische Postbeutel zu befördern, der von einem Kurier oder einer anderen Person begleitet sein muss. EVS der Geheimschutzgrade Eura – geheim und Eura – vertraulich sind im grenzüberschreitenden Verkehr durch diplomatische Postbeutel zu befördern. Das gleiche gilt für eine Beförderung nach den Art 4 und 5 des Protokolls über die Vorrechte und Befreiungen. In Ausnahmefällen können EVS der Geheimschutzgrade Eura – streng geheim, Eura – geheim und Eura – vertraulich auch durch andere Personen befördert werden, vorausgesetzt, dass diese zum Zugang zu EVS dem entsprechenden Geheimschutzgrad ermächtigt sind, falls die Sendungen, die EVS enthalten, mit einem amtlichen Siegel verschlossen sind, dass sie von zollamtlicher Untersuchung befreit sind, dass der Überbringer eine Bescheinigung mit sich führt, die von allen Durchführungsstaaten anerkannt ist und ihn ermächtigt, die Sendung bis zu der angegebenen Anschrift zu begleiten, und dass der Überbringer über seine Pflichten während der Beförderung von EVS eingehend belehrt worden ist. Für die Beförderung von EVS des Geheimschutzgrades Eura – nur für den Dienstgebrauch gelten keine besonderen Vorschriften. Es ist jedoch dafür zu sorgen, dass Unbefugte keine Kenntnis von ihnen erhalten.

Bei der Beförderung von EVS innerhalb eines Mitgliedstaates bestimmt Art 26, dass EVS des Geheimschutzgrades Eura – vertraulich oder höher durch Kurier zu befördern ist. Dieser muss die Voraussetzung des Art 25 Abs 2 erfüllen. Bei der Beförderung von EVS des Geheimschutzgrades Eura – streng geheim muss der Kurier von einer zweiten Person begleitet sein. EVS des Geheimschutzgrades Eura – geheim können auch auf dem Postweg als Wertbrief versandt werden. EVS des Geheimschutzgrades Eura – vertraulich können auch als Einschreibsendung befördert werden. Bei der Beförderung von EVS des Geheimschutzgrades Eura – nur für den Dienstgebrauch gelten keine besonderen Vorschriften, es ist jedoch dafür zu sorgen, dass Unbefugte keine Kenntnis von ihnen erhalten.

Die Mitnahme von EVS auf Dienstreisen oder zu Sitzungen außerhalb des Gebäudes, in dem sie aufbewahrt werden, ist auf das Notwendigste zu beschränken.

EVS sind an einem Ort zu hinterlegen, wenn sie auf Dienstreisen nicht gebraucht werden, der eine sichere Aufbewahrung gewährleistet. Die Dienststellen des Mitgliedstaates, in dessen Hoheitsgebiet die Sitzung oder die Dienstreise stattfindet, haben jede notwendige Hilfe hierfür zu gewähren. Ist eine derartige Hinterlegung nicht möglich, so bleibt der Reisende für eine sichere Aufbewahrung der EVS persönlich verantwortlich, gleichgültig welche Sicherheitsvorkehrungen er trifft. Ist eine genügend sichere Aufbewahrung nicht möglich, so müssen die EVS im persönlichen Gewahrsam des Reisenden bleiben. EVS dürfen in Hotelsafes und Fahrzeugen, auch nicht vorübergehend zurückgelassen werden. In der Öffentlichkeit dürfen EVS gemäß Art 27 Abs 3 nicht gelesen werden.

Gemäß Art 28 Abs 1 dürfen EVS des Geheimschutzgrades Eura – vertraulich oder höher als Telegramm, Funkspruch, Fernspruch oder Fernschreiben nur übermittelt werden, wenn sie entsprechend dem Geheimschutzgrad der entsprechenden EVS verschlüsselt sind. Ein EVS des Geheimschutzgrades Eura – streng geheim – darf nur in dringenden Fällen und bei unbedingter Notwendigkeit in obiger Art und Weise übermittelt werden. Gemäß Art 28 Abs 3 sind unverschlüsselte Ferngespräche über EVS des Geheimschutzgrades Eura – vertraulich oder höher nicht zu führen.

d) Vernichtung

Um eine unnötige Ansammlung von EVS zu verhindern, sind überholte oder überzählige Stücke gemäß Art 29 Abs 1 zu vernichten. Bei EVS der Geheimschutzgrade Eura – streng geheim und Eura – geheim ist vorher die Zustimmung der für ihre Einstufung zuständigen Stelle einzuholen. Die Vernichtung erfolgt durch Verbrennen, Einstampfen oder Zerschnitzeln durch Aktenwolf und zwar bei EVS der Geheimschutzgrade Eura – streng geheim und Eura – geheim in der Anwesenheit des Geheimschutzbeauftragten oder eines von diesem entsprechenden Bevollmächtigten, der hierüber eine Niederschrift aufnimmt. Nach Art 29 Abs 3 sind alle Vervielfältigungsmittel, gleich welcher Art, zum Beispiel Matrizen, Kohlpapier, Farbbänder, handschriftliche Notizen sowie Filmnegative, die zur Herstellung und Vervielfältigung verwendet wurden, nach Herstellung der aufzubewahrenden Stücke unbedingt und zwar nach den Weisungen des Geheimschutzbeauftragten zu vernichten.

Bei Datenträgern ist analog die Vernichtung durch die mechanische und physische Zerstörung dieses vorzunehmen.

Gemäß Art 30 hat jede Stelle, in deren Besitz sich EVS befinden, einen Plan für die sofortige Vernichtung aufzustellen, der es verhindert, dass EVS des Geheimschutzgrades Eura – vertraulich oder höher beim Eintreten außergewöhnlicher Umstände Unbefugten in die Hände fällt.

Soweit auf EVS ihrer Natur nach einzelne der vorstehenden Vorschriften nicht angewandt werden können, so hat der Geheimschutzbeauftragte Maßnahmen zu ergreifen oder zu veranlassen, die einen gleichwertigen Schutz gewährleisten.

e) Verfahren bei Verstößen

Nach Art 32 Abs 1 hat jeder, der gemäß dieser VO belehrt worden ist und feststellt oder vermutet, dass eine Zuwiderhandlung gegen diese VO oder Geheimschutzmaßnahmen vorliegt, dies sofort dem Geheimschutzbeauftragten oder dem Dienststellenleiter zu melden. Sobald Ermittlungen oder bei einer Zuwiderhandlung oder Vermutung den Gedanken nahe legen, dass ein Unbefugter von EVS des Geheimschutzgrades Eura – vertraulich oder höher Kenntnis erlangt hat, ist das Sicherheitsbüro oder die in Art 7 bezeichnete Geheimschutzbehörde unverzüglich mit der Angelegenheit zu befassen. Die befasste Stelle hat den Tatbestand unverzüglich festzustellen. Für den Fall der Bestätigung der Vermutung benachrichtigt die befasste Stelle, wenn diese das Sicherheitsbüro ist, die in Artikel 7 bezeichnete Geheimschutzbehörden sämtlicher Mitgliedstaaten. Für den Fall, dass eine nationale Stelle damit befasst ist, so wird unverzüglich das Sicherheitsbüro benachrichtigt. Beide sind verpflichtet, die für ihren Bereich erforderlichen Maßnahmen zu setzen, um den verursachten Schaden auf ein Mindestmaß zu beschränken, sowie die Wiederholung eines solchen Falles zu verhindern.

Nach Art 33 unterrichtet das Sicherheitsbüro die Mitgliedstaaten über die in der VO bezeichneten Geheimschutzbehörden von dem festgestellten Tatbestand. Der oder die beteiligten Mitgliedstaaten beantragen, falls sie es für erforderlich halten, bei der zuständigen staatlichen Behörde die Einleitung des in Art 194 Abs 1 EA vorgesehenen Verfahrens.

f) Freigabe der Dokumente

Mit der Verordnung 354/83 wird die Veröffentlichung von historischen Dokumenten der Gemeinschaft geregelt.[947] Nach Art 1 soll mit dieser VO gewährleistet werden, dass Dokumente von historischen oder administrativen Wert aufbewahrt und der Öffentlichkeit zugänglich gemacht werden. Darunter fallen alle Dokumente von jedem Organ der EG als auch von Euratom, des EWS (Europäischer Wirtschafts- und Sozialausschuss), des Ausschusses der Regionen, den Agenturen und ähnlicher vom Gemeinschaftsgesetzgeber geschaffenen Einrichtungen. Diese sind 30 Jahre von der Anfertigung des Dokumentes gerechnet öffentlich zugänglich zu machen und bleiben öffentlich (Art 1 Abs 3). Art 2 Abs 1 und 2 sehen zum Schutz der Privatsphäre, der Unversehrtheit des Einzelnen sowie der geschäftlichen Interessen von natürlichen und juristischen Personen Ausnahmen vor. Gänzlich ausgenommen von der Veröffentlichungspflicht sind sensible Dokumente, die in einem Geheimschutzgrad

947 Verordnung (EWG, Euratom) 354/83 des Rates vom 1. Feber 1983 über die Freigabe der historischen Archive der Europäischen Wirtschaftsgemeinschaft und der Europäischen Atomgemeinschaft, ABl L 43 vom 15.2. 1983, S 1 geändert durch VO (EG, Euratom) Nr 1700/2003 des Rates vom 22. September 2003, ABl L 243 vom 27.9.2003, S 1.

im Sinne des Art 10 VO 3/1958[948] eingestuft sind und nicht freigegeben worden sind (Art 3). Falls ein Mitgliedstaat beabsichtigt, nach Ablauf der dreißigjährigen Frist der Öffentlichkeit Dokumente zugänglich zu machen, die von Organen der Gemeinschaft stammen, und die nicht veröffentlicht werden, so ist er verpflichtet, das Organ vor der Veröffentlichung zu konsultieren. Der Beschluss des Organs ist nach Art 263 AEUV mittels Klage anfechtbar.

Bei der Beurteilung ist auch die VO 1049/2001/EG,[949] welche jedoch nur für den Bereich der AEUV Gültigkeit[950] hat, als auch Art 42 GRC heranzuziehen. Auf Grund des Art 42 GRC ist eine analoge Anwendung der Judikatur zur VO 1049/2001/EG vorzunehmen.

g) Mitteilung an die Kommission

Unverzüglich nach Eingang der Anmeldung eines Patentes, oder Gebrauchsmusters in einem Mitgliedstaat, dass für das Kenngebiet eigentümlich ist, ist der Mitgliedstaat verpflichtet, um das Einverständnis des Anmelders nachzusuchen, den Inhalt der Anmeldung sofort der Kommission mitzuteilen.

Für den Fall der Zustimmung des Anmelders erfolgt diese Mitteilung binnen drei Monaten nach Eingang der Anmeldung. Falls der Anmelder dieses Einverständnis nicht erklärt, so zeigt der Mitgliedstaat der Kommission innerhalb derselben Frist von drei Monaten das Vorliegen der Anmeldung an. Die Kommission hat hierauf das Recht, den Mitgliedstaat zu ersuchen, ihr den Inhalt einer Anmeldung mitzuteilen. Dieses Ersuchen ist binnen zwei Monaten nach Erhalt der Anzeige dem jeweiligen Mitgliedstaat mitzuteilen. Der Mitgliedstaat ist nunmehr verpflichtet abermals den Anmelder um seine Einverständniserklärung anzusuchen. Für den Fall, dass eine solche gegeben wird, wird die Kommission unverzüglich verständigt, für den Fall, dass eine neuerliche Verweigerung des Anmelders vorliegt, muss der Mitgliedstaat nach Ablauf von achtzehn Monaten nach Eingang der Anmeldung verpflichtet, der Kommission eine diesbezügliche Mitteilung zu machen.

Gemäß Art 16 Abs 2 EA sind die Mitgliedstaaten ebenfalls verpflichtet, der Kommission binnen achtzehn Monaten nach Eingang des Vorliegens jeder noch nicht veröffentlichten Anmeldung eines Patentes oder Gebrauchsmusters mitzuteilen, dass auf

---

948 EUG, U v 12.9.2007, RS T-36/04, Association de la presse internationale ASBL (API)/Kommission.

949 Verordnung 1049/2001/EG des Europäischen Parlaments und des Rates vom 30.5.2001 über den Zugang der Öffentlichkeit zu Dokumenten des Europäischen Parlamentes, des Rates und der Kommission, ABl Nr L 155/2001, L 145/43.

950 In Abs 5 der Präambel der VO wird darauf verwiesen, dass, da der Zugang zu Dokumenten im EA nicht geregelt ist, sich der Rat, die Kommission und das EP gemäß der Erklärung Nr 41 zur Schlussakte des Vertrages von Amsterdam bei Dokumenten in Zusammenhang mit Tätigkeiten, die sich aus dem EA ergeben, von dieser VO leiten lassen.

Grund einer ersten Prüfung ihres nach Erachten der zuständigen Behörde das er nicht für das Kenngebiet eigentümlich ist, jedoch mit der Entwicklung der Kernenergie innerhalb der Gemeinschaft unmittelbar zusammen hängt und hierfür von wesentlicher Bedeutung ist. Auf Ersuchen der Kommission wird der Inhalt der Anmeldung binnen zwei Monaten mitgeteilt. Gemäß Art 16 Abs 3 EA besteht die Möglichkeit einer Fristverkürzung. Wie es für das gesamte Nuklearrecht eigentümlich ist, ist gemäß Art 16 Abs 4 EA die Kommission verpflichtet die genannten Mitteilungen vertraulich zu behandeln. Diese Mitteilungen dienen lediglich zu Dokumentationszwecken.

Zu beachten ist weiters, dass gemäß Art 16 Abs 5 EA zwischenstaatliche Abkommen oder Abkommen mit zwischenstaatlichen Einrichtungen einer Meldung entgegenstehen. Dies ist einer der seltenen Fälle, in dem bilaterale Verträge europäischem Primärrecht vorgehen.

h) Erteilung von Lizenzen

Lizenzen können entweder durch Vertrag, durch Erteilung mittels Schiedsverfahren oder von Amtswegen erteilt werden.

Diese nicht ausschließlichen Lizenzen können an die Gemeinschaft oder an Personen oder Unternehmen, die bei der Kommission einen entsprechenden Antrag gestellt haben erteilt werden.

Solche Lizenzen sind an die Gemeinschaft oder die nach Art 48 EA hiezu berechtigten gemeinsamen Unternehmen für Patente, vorläufig geschützte Rechte oder Gebrauchsmuster betreffend Erfindungen im unmittelbaren Zusammenhang mit der Kernforschung, soweit die Erteilung dieser Lizenz für die Fortführung ihrer eigenen Erforschung notwendig oder für den Betrieb ihrer Anlagen unerlässlich ist zu erteilen. Auf Antrag der Kommission wird mit diesen Lizenzen das weitere Recht verbunden, die Befugnis zur Nutzung der Erfindung Dritten zuzusprechen, soweit sie arbeiten oder Aufträge für die Gemeinschaft oder gemeinsamen Unternehmen ausführen.

Personen oder Unternehmen – hierbei handelt es sich nicht um gemeinsame Unternehmen nach Art 48 EA –, die bei der Kommission einen entsprechenden Antrag gestellt haben, für Patente, vorläufig geschützte Rechte oder Gebrauchsmuster, die eine Erfindung betreffen, welche mit der Entwicklung der Kernenergie innerhalb der Gemeinschaft unmittelbar zusammen hängt und hierfür von maßgeblicher Bedeutung ist, haben ebenfalls das Recht auf Erteilung einer Lizenz. Voraussetzung hierfür sind weiters, dass nach Eingang der Patentanmeldung eine Frist von mindestens vier Jahren verstrichen ist, es sei denn, dass es sich um eine für das Kerngebiet eigentümliche Erfindung handelt, dass in einem Mitgliedstaat, indem eine Erfindung geschützt ist, die Bedürfnisse der nach Ansicht der Kommission erwünschten Entwicklung der Kernenergie hinsichtlich dieser Erfindung nicht gedeckt sind; dass der Patentinhaber aufgefordert wurde, diese Bedürfnisse selbst oder durch seine Lizenznehmer zu decken und dieser Aufforderung nicht nachgekommen ist, oder dass die Personen und Unternehmen, welche die Lizenz beantragen, in der Lage sind, diese Bedürfnisse durch die Nutzung der Erfindung wirksam zu decken. Den Mitgliedstaaten ist gemäß Art 18 Abs 1 EA verboten ohne vorherigen Antrag der Kommission Zwangsmaßnahmen zu treffen, die den dieser Erfindung zustehenden Schutz einschränken.

Nach Art 18 Abs 2 EA kann eine nicht ausschließliche Lizenz nicht erteilt werden, wenn der Inhaber berechtigte Gründe hat, insbesondere als den Umstand geltend macht, dass ihm keine angemessene Frist zur Verfügung stand. Die Gewährung einer Lizenz berechtigt den Inhaber zur vollen Entschädigung, deren Höhe zwischen dem Inhaber des Patentes, des vorläufig geschützten Rechtes oder des Gebrauchsmusters einerseits und dem Lizenznehmer andererseits zu vereinbaren ist. Guten Ordnung hält Art 18 Abs 4 EA fest, dass das Pariser Verband Übereinkommen zum Schutz des gewerblichen Eigentums durch diesen Artikel nicht berührt wird.

Diese Zwangslizenz ist eine Form der Enteignung. Eine angemessene Entschädigung ist auch im Sinne des Grundrechtschutzes Voraussetzung, da eine entschädigungslose Enteignung gemäß dem ersten Zusatzprotokoll der EMRK unzulässig ist.

i) Schadenersatzansprüche bei Bekanntgabe von Rechten durch Unbefugte

Die Gemeinschaft ist verpflichtet, den Berechtigten den Schaden zu ersetzen, falls Patent oder Gebrauchsmusteranmeldungen, die noch nicht veröffentlicht sind, oder Patent oder Gebrauchsmuster, die aus Verteidigungsgründen geheim gehalten werden in Folge ihrer Mitteilung an die Kommission unbefugt genutzt oder einem Unbefugten bekanntgegeben werden. Der Schadenersatzanspruch der Berechtigten gegen Dritte ist unabhängig von den Ansprüchen der Gemeinschaft gegenüber dem Schädiger und geht im Wege einer Legalzession auf die Gemeinschaft über, falls die Gemeinschaft den Schaden ersetzt hat. Unabhängig davon hat die Gemeinschaft gegen den Schädiger des Rechts vorzugehen.

14. Nukleare Sicherheit

A) Allgemeines

Die Frage der nuklearen Sicherheit ist eines der Kerngebiete des Rechts des EA. Dazu gehören die Fragen der Reaktorsicherheit und die Sicherheit sonstiger kerntechnischer Anlagen. Dazu zählen auch Forschungsprogramme und Forschungsprojekte. Einen breiten Raum wurde der Sicherheit von nuklearen Anlagen im 6. Rahmenprogramm gewidmet.[951]

951 2002/668/Euratom Beschluss des Rates vom 3. Juni 2002 über das 6. Rahmenprogramm der Europäischen Atomgemeinschaft (Euratom) im Bereich der nuklearen Forschung und Ausbildung als

Die Unfälle von Tschernobyl haben aufgezeigt, dass die Fragen der Sicherheit von nuklearen Anlagen von besonderer Bedeutung sind. Dies führte dazu, dass die Kommission 1987 einen Bericht über die Durchführung der Entschließung aus 1975[952] vorlegte.[953] Diesem Bericht folgte 1989 eine Mitteilung über die Sicherheit von Kernkraftwerken.[954]

Da die Sicherheitsstandards in den Ländern Mittel- und Osteuropas als auch in den Ländern der ehemaligen Sowjetunion nicht dem letzten Stand der Technik entsprachen, wurden die Programme PHARE[955] als auch das TACIS-Programm geschaffen.[956] Der Rat fasste weiters eine Entschließung betreffend den technologischen Problemen der Sicherheit bei der Kernenergie.[957]

Die Gemeinschaft verfasste weiters 1994 einen Beschluss betreffend der Dotierung der entsprechenden Fonds der europäischen Bank für Wiederaufbau und Entwicklung in London.[958]

Unter der Schirmherrschaft der IAEO wurde ein Übereinkommen über nukleare Sicherheit am 17. Juni 1994 unterzeichnet, welches am 24. Oktober 1996 in Kraft trat.[959] Mit Beschluss der Kommission vom 16. November 1999 trat die Gemein-

---

Beitrag zur Verwirklichung des europäischen Forschungsraums (2002 bis 2006), ABl Nr L232 vom 29.8.2002, S 34.

952 ABl Nr C185 vom 14.8.1975, S 1.

953 Technologische Probleme der nuklearen Sicherheit vom 6. April 1987 (KOM [87] 96 endg.).

954 KOM (88) 788 endg vom 24. Februar 1989.

955 VO (EWG) Nr 3906/89 über Wirtschaftshilfe für die Republik Ungarn und die Volksrepublik Polen (ABl Nr L 375 vom 23.12.1989, S 11), zuletzt geändert durch VO (EG) Nr 2000/2666 (ABl Nr L306 vom 7.12.2000, S 1); VO (EG) Nr 622/98 des Rates vom 16. März 1998 über die Hilfe für die beitrittswilligen Staaten im Rahmen der Heranführungsstrategie, insbes über die Gründung von Beitrittspartnerschaften, ABl Nr 1185 vom 20.3.1998, S 1; Sonderbericht Nr 3/97 des Rechnungshofes über das dezentrale Durchführungssystem für das PHARE-Programm (Zeitraum 1990 bis 1995) ABl Nr C 175 vom 9.6.1997, S 4.

956 Für die Jahre 1991 und 1992 Verordnung (EWG, Euratom) Nr 2157/91 des Rates vom 15. Juli 1991 über eine technische Unterstützung der Union der sozialistischen Sowjetrepubliken bei dem Bestreben zur Gesundung und Neubelebung ihrer Wirtschaft, ABl Nr L 201 vom 2.7.1991, S 2; für den Zeitraum 1. Jänner 1993 bis 31. Dezember 1995: VO (Euratom, EWG) Nr 2053/93 des Rates vom 19. Juli 1993, ABl Nr L 187 vom 29.7.1993, S 1; sowie für den Zeitraum 1. Jänner 1996 bis 31. Dezember 1999: VO (Euratom, EG) Nr 1279/96 des Rates vom 25. Juni 1996, ABl Nr L 165 vom 4.7.1996, S 1; Beschluss des Rates vom 18. Dezember 1997 über ein TACIS-Programm zum Aufbau einer Zivilgesellschaft in Belarus für 1997 (98/1/EG, Euratom), ABl Nr L 1 vom 3.1.1998, S 6; Sonderbericht Nr 6/97 des Rechnungshofes über die TACIS-Beihilfen für die Ukraine, ABl Nr C 171 vom 5.6.1997, S 1; umfassende Stellungnahme des Wirtschafts- und Sozialausschusses zu TACIS, ABl Nr C 214 vom 10.7.1998, S 75.

957 ABl Nr C 172 vom 8.7.1992, S 2.

958 94/479/EG Beschluss des Rates vom 29. März 1994, ABl Nr L 200 vom 3.8.1994, S 33.

959 Übereinkommen über nukleare Sicherheit – Erklärung der Europäischen Atomgemeinschaft gemäß Art 30 Absatz 4 Ziffer iii des Übereinkommens über nukleare Sicherheit, ABL Nr L 318 vom 11.12.1999, S 21ff. Darin ist de Text dieses Übereinkommens zu finden.

schaft bei. Dabei handelt es sich um ein gemischtes Abkommen nach Art 102 EA.[960] Auf Grund dessen wurde die Verordnung 300/2007/Euratom erlassen.[961]

Euratom ist gemäß Art 2 lit b EA ermächtigt, einheitliche Sicherheitsnormen für den Gesundheitsschutz aufzustellen. Darunter sind auch Fragen der Anlagensicherheit sowie der Genehmigungs- und Überwachungsfragen erfasst.[962]

Der EA enthält keine Kompetenz für Maßnahmen zur Gewährleistung der nuklearen Sicherheit.[963] Mittels Anwendung des effet utile ist eine extensive Auslegung der Kompetenznormen des Strahlen- und des Gesundheitsschutzes zulässig.[964] Es ist nicht in der Kompetenz der Kommission, ein Genehmigungssystem für den Bau oder den Betrieb eines Kernkraftwerkes im Hinblick auf den Gesundheitsschutz zu schaffen.[965] Die Kommission besitzt im Bereich der nuklearen Sicherheit nach dem Urteil in der Rechtsache ČEZ[966] nicht nur das Recht im Rahmen des Übereikommens über nukleare Sicherheit sondern auch Pflichten zur Handlung.

2009 wurde die Richtlinie über die nukleare Sicherheit erlassen.[967]

B) Verordnung 300/2007[968]

Die Leitlinie und Ziele dieser Verordnung sind in Art 1 definiert, gemäß dem die Gemeinschaft Maßnahmen zur Förderung eines hohen Standards nuklearer Sicherheit und eines hohen Strahlenschutzstandards sowie Maßnahmen zur Förderung der Anwendung effizienter Sicherungsmaßnahmen für Kernmaterial in Drittländern finanziert. Dies erfolgt durch finanzielle, wirtschaftliche und technische Hilfe. In Art 2 sind die verschiedenen Förderungsmaßnahmen demonstrativ aufgezählt.

---

960 1999/819/Euratom Beschluss der Kommission vom 16. November 1999 über den Beitritt der Europäischen Atomgemeinschaft (EAG) zum Übereinkommen über nukleare Sicherheit von 1994, ABl Nr L 318 vom 11.12.1999, S 20.

961 Verordnung (Euratom) Nr 300/2007 des Rates vom 19. Februar 2007 zur Schaffung eines Instrumentes für Zusammenarbeit im Bereich der nuklearen Sicherheit, ABl Nr L 81 vom 22.3.2007, S 1.

962 *Trüe* JZ 2004,785; *Frenz* Handbuch Europarecht, Band 6, Rn 4771.

963 *Frenz* Handbuch Europarecht, Band 6, Rn 4773.

964 So auch EuGH, U v 25.11.1992, RS C-376/90, Kommission/Belgien, Slg 1992, 6154, Rn 18f; *Frenz* Handbuch Europarecht, Band 6, Rn 4775.

965 AM: *Frenz* Handbuch Europarecht, Band 6, Rn 4789.

966 EuGH, U v 27.10.2009, RS C-115/08, Land Oberösterreich/ČEZ, Slg 2009, I-10265 mit ‚Anmerkung von *Schärf* EuZW 2010, 26; Siehe ebenso: *Schärf* österreichisches Recht versus Euratom (1.Teil), RdU 2006, 107ff; *ders* Österreichisches Recht versus Euratom (2.Teil), RdU 2008, 93ff; *ders* Österreichisches Recht versus Euratom (3.Teil), RdU 2010, 188ff.

967 Richtlinie 2009/71/Euratom des Rates vom 25. Juni 2009 über einen Gemeinschaftsrahmen für die nukleare Sicherheit kerntechnischer Anlagen, ABl Nr. L 172 vom 2.7.2009, S 18.

968 Verordnung (Euratom) Nr 300/2007 des Rates vom 19. Februar 2007 zur Schaffung eines Instrumentes für Zusammenarbeit im Bereich der nuklearen Sicherheit, ABl Nr L 81 vom 22.3.2007, S 1.

Die Kommission erarbeitet nach Art 3 Mehrjahresstrategiepapiere und Mehrjahresrichtprogramme, die als Grundlage für die Unterstützung einzelner Länder dienen. Die Geltungsdauer kann bis zu sieben Jahren betragen und kann nach einigen Jahren einer Überprüfung gemäß Art 4 unterzogen werden. Auf Grundlage der Strategiepapiere gemäß Art 3 erlässt die Kommission nach Art 5 Aktionsprogramme, sowie können gemäß Art 6 Sondermaßnahmen bei außerplanmäßigem und dringendem Bedarf oder bei unvorhergesehenen dringenden Ereignissen verabschiedet werden. In Art 7 ist die Förderfähigkeit dargelegt, während Art 8 die finanziellen Maßnahmen definiert. In diesem Zusammenhang ist auf Art 10 zu verweisen, gemäß dem auch eine Kofinanzierung zulässig und erwünscht ist. Die finanziellen Interessen der Gemeinschaft werden in Art 13 definiert. Die Teilnahmebedingungen für die Förderung sind in einem eigenen Vergabeverfahren nach Art 14 dargelegt.

C) Radioaktiver Abfall

Da strittig war, ob die Kommission entsprechend Alleinkompetenzen darüber hatte, strengte der Rat ein Verfahren vor dem EuGH an, welches dieser mit Urteil vom 10.12.2002 zu Gunsten der Kommission entschied.[969] Auch das europäische Parlament beschäftigte sich mit der Frage der Verwendung von radioaktivem Abfall.[970]

Zur nuklearen Sicherheit gehört die Überwachung als auch die spezielle Behandlung von nuklearen Abfällen. Primärrechtliche Grundlage ist Kapitel III (der Gesundheitsschutz) und VII (Überwachung der Sicherheit des EA). Außerdem haben nach Maßgabe des Art 41 iVm Anhang II Nr. 12 EA Personen und Unternehmen, die Anlagen für die industrielle Aufbereitung radioaktiver Abfälle errichten, der Kommission Investitionsvorhaben für neue Anlagen sowie für Ersatzanlagen oder Umstellungen anzuzeigen.[971] Auf den Bestimmungen des Kapitel IX (der gemeinsame Markt auf dem Kerngebiet) verbinden iVm Anhang IV, Liste A EA sind primärrechtliche Grundlage.

Ausdrücklich ist im Bereich des Gesundheitsschutzes auf die Richtlinie 96/29/Euratom zu verweisen.[972]

Als Folge des Transnuklearskandals wurde die Richtlinie 92/3/Euratom erlassen.[973] Für die Überwachung nuklearer Abfälle aus dem Gesichtspunkt des Safegu-

---

969 EuGH, U v 10.12.2003, RS C-29/99, Kommission/Rat, Slg 2002, I-11281.

970 EuZW 1990, 493.

971 So *Grunwald* Energierecht, 292f.

972 Richtlinie 96/29/Euratom des Rates vom 13. Mai 1996 zur Festlegung der grundlegenden Sicherheitsnormen für den Schutz der Gesundheit der Arbeitskräfte und der Bevölkerung gegen Gefahren durch ionisierende Strahlung, ABl Nr L 159 vom 29.6.1996, S. 1.

973 Richtlinie 92/3/Euratom des Rates vom 3. Februar 1992 zur Überwachung und Kontrolle der Verbringung radioaktiver Abfälle von einem Mitgliedstaat in einen anderen und aus der Gemeinschaft, ABl Nr L 35 vom 12.2.1992, S 24; ebenso beachtlich Mitteilung, ABl Nr C 224 vom 12.8.1994, S 2.

ards ist auf die VO 303/2005 zu verweisen.[974] Bis heute sind keinerlei Regelungen hinsichtlich der Entsorgung der ständig wachsenden Menge radioaktiver Abfälle getroffen worden. Mit Entschließung vom 18. Februar 1980 zur Durchführung eines Aktionsplanes der Gemeinschaft auf dem Gebiet radioaktiver Abfallstoffe[975] wurde für die Jahre 1980 bis 1992 ein Fünfpunkteplan zur verbesserten koordinierten Lösung des Problems aufgestellt. Mit Entschließung des Rates wurde der Planung für die Jahre 1993 bis 1999 in leicht modifizierter Form verändert.[976] Da es auf Gemeinschaftsebene politisch nicht durchsetzbar war, entsprechende Regelungen zu erlassen, veröffentlichte der Rat im Dezember 1994 eine Entschließung, womit jeder Mitgliedstaat dafür verantwortlich gemacht wird, die entsprechenden Maßnahmen zu treffen.[977]

Ausdrücklich ist im Bereich des Gesundheitsschutzes auf die Richtlinie 96/29/ Euratom zu verweisen,[978] welche die Grundlage der Sicherheit (Safety) im Bereich des Transportes ist.[979]

In diesem Zusammenhang schlug die Kommission in einer Empfehlung ein Klassifizierungssystem vor.[980]

Ob die Entsorgung nur der Staat oder eine von einem Staat kontrollierte Einrichtung vornehmen kann, ober ob dies auch durch ein beauftragtes Unternehmen geschehen kann, ist strittig.[981]

Da das Problem des radioaktiven Abfalls bis zum heutigen Tag nicht gelöst ist, wurden seit langem die Wiederaufbereitung bestrahlter Kernbrennstoffe verstärkt forciert, wobei jedoch bis zum heutigen Tag auf dem Gemeinschaftsgebiet nur 2 Anlagen, nämlich in La Hague und in Sellafield stehen.[982]

---

974 Verordnung (Euratom) Nr 302/2005 der Kommission vom 8.Feber 2005 über die Anwendung der Euratom-Sicherungsmaßnahmen, ABl Nr L 54 vom 28.2.2005, S 1.

975 Entschließung vom 18. Februar 1980 zur Durchführung eines Aktionsplanes der Gemeinschaft auf dem Gebiet radioaktiver Abfallstoffe, ABl Nr C 51 vom 29.2.1980, S 1; Entscheidung des Rates vom 18. Februar 1980 betreffend den Beratenden Programmausschuss im Bereich der Forschung „Bewirtschaftung und Lagerung radioaktiver Abfälle", ABl Nr C 51 vom 29.2.1980, S 4.

976 Entschließung des Rates vom 15. Juni 1992 über die Erneuerung des Aktionsplanes der Gemeinschaft für radioaktive Abfälle, ABl Nr C 158 vom 25.6.1992, S 3.

977 Entschließung des Rates vom 19. Dezember 1994 über radioaktive Abfälle, ABl Nr C 379 vom 31.12.1994, S 1.

978 Richtlinie 96/29/Euratom des Rates vom 13. Mai 1996 zur Festlegung der grundlegenden Sicherheitsnormen für den Schutz der Gesundheit der Arbeitskräfte und der Bevölkerung gegen Gefahren durch ionisierende Strahlung, ABl Nr L 159 vom 29.6.1996, S 1.

979 Näheres bei *Nardi* International Journal of Nuclear Law 2010, 44 mwN.

980 1999/669/EG, EURATOM Empfehlung der Kommission vom 15. September 1999, ABl Nr L 265 vom 13.10.1999, S 37.

981 *Wagner* Gesetzgeberische Vorhaben zur nuklearen Entsorgung, DVBl 1992, 1510.

982 Entschließung des Rates vom 18. Februar 1980 betreffend die Aufarbeitung bestrahlter Kernbrennstoffe, ABl Nr C 51 vom 29.2.1980, S 4; 80/237/Euratom Beschluss des Rates vom 18. Februar 1980 über die Einsetzung eines beratenden Ad-Hoc Ausschusses für die Aufarbeitung

Das Verbringen nuklearer Stoffe und Abfälle in das Meer ist durch das sogenannte Ospar-Übereinkommen verboten,[983] Frankreich und Großbritannien haben auf Sonderrechte verzichtet.[984]

Voraussetzung des gemeinsamen Marktes auf dem Kerngebiet ist auch die entsprechende Möglichkeit, die Güter und Erzeugnisse des Nuklearsektors innerhalb der Gemeinschaft zu transportieren als auch diese zu exportieren oder importieren. Auf Grund der besonderen Beschaffenheit der zu transportierenden Stoffe sind besondere Regelungen hierfür notwendig. Diese besonderen Güter sind in der Liste A1 und A2, wobei bei dieser Liste auch die Transportmittel genannt werden sowie in der Liste B aufgezählt. Diese Listen können jederzeit vom Rat auf Vorschlag der Kommission gemäß Art 92 Abs 2 EA geändert werden, wobei diese Veranlassung von der Kommission oder von einem Mitgliedstaat ausgehen kann. Dies sind die einzigen Bestimmungen des europäischen Primärrechts, die durch Beschluss des Rates auf einfachem Wege geändert werden.

Durch den Transnuklearskandal[985] kam es durch das Europäische Parlament zu einer Entschließung,[986] bei der entsprechende Regelungen auf Gemeinschaftsebene gefordert worden sind.

Auf Grund dessen wurde die Richtlinie 92/3/Euratom[987] sowie die VO 1493/93[988] erlassen.

In Folge der Proteste beim Transport von radioaktiven Abfällen kam es im Laufe der 90er Jahre zu verschiedenen Entschließungen des Europäischen Parlaments.[989]

Betreffend spezifisch verkehrsrechtlicher Regelungen von Nukleartransporten ist auf die Vorschriften der IAEO für die sichere Beförderung radioaktiver Stoffe zu

---

bestrahlter Kernbrennstoffe, ABl Nr L 52 vom 26.2.1980, S 9; 82/74/Euratom Empfehlung der Kommission auf dem Gebiet der Lagerung und Wiederaufbereitung bestrahlter Kernbrennstoffe, ABl Nr L 37 vom 10.2.1982, S 36.

983 Übereinkommen zum Schutz der Meeresumwelt des Nordatlantiks, Beschluss 98/249/EG des Rates, ABl Nr L 104 vom 3.4.1998, S 1; näheres bei *Jarlier-Clément* The Ospar Convention and ist Implementation: Radioactive Substances, NLB 67 (2000), 21ff.

984 ABl Nr C 158 vom 4.6.1999, S 8.

985 Bei diesem Skandal wurden Nuklearabfälle zwischen Belgien und Deutschland transportiert, illegal entsorgt. Dabei wurden keinerlei Genehmigungen eingeholt, noch wurden die damals geltenden Sicherheitsvorschriften eingehalten.

986 ABl Nr C 235 vom 12.9.1988, S 70.

987 Richtlinie 92/3/Euratom des Rates vom 3. Februar 1992 zur Überwachung und Kontrolle der Verbringungen radioaktiver Abfälle von einem Mitgliedstaat in einen anderen, in die Gemeinschaft und aus der Gemeinschaft, ABl Nr L 35 vom 12.2.1992, S 24; ebenso Mitteilung, ABl Nr C 224 vom 12.8.1994, S 2.

988 Verordnung (Euratom) 1493/93 des Rates vom 8. Juni 1993 über die Verbringung radioaktiver Stoffe zwischen den Mitgliedstaaten, ABl Nr L 148 vom 19.6.1993, S 1.

989 Näheres bei *Grunwald* Energierecht, 301.

verweisen.[990] Die dort festgelegten Werte sind konservativ berechnet und werden von der IAEO authentisch interpretiert.[991]

Für den Transport auf der Straße ist auf die Richtlinie 94/55/EG zu verweisen.[992] Diese Richtlinie wurde durch die Richtlinien 95/50/EG ergänzt.[993]

Der Transport von Nuklearmaterial auf dem Schienenweg unterliegt der Richtlinie 96/49/EG.[994] Die Grundlage dieser Richtlinien ist das Übereinkommen über den internationalen Eisenbahnverkehr (COTIF). Die Vorschriften für den Transport radioaktiver Stoffe (Klasse 7) sind in einer besonderen Anlage veröffentlicht worden.[995]

---

990 Regulation for the Safe Transport of Radioactive Material, Safety Series No 6, 1985. In der Fassung 1990 sind auch allgemeine Grundsätze für den Strahlenschutz zu finden: 1. IAEO „Advisory Material for the IAEO Regulations for the Safe Transport of Radioactive Materials" (1985 Edition), Safety Series No 37, Third Edition (in der Fassung 1990). 2. IAEO „Explanatory Material for the IAEO Regulations for the Safe Transport of Radioactive Materials"(1985 Edition), Safety Series No 7, Second Edition (in der Fassung 1990). 3. IAEO „Basic Safety Standards for Radioactive Protection", Safety Series No 9, 1982 Edition. 4. IAEO „Emergency Response Planning and Preparedness for Transport Involving Radioactive Material", Safety Series No 87, 1988 Edition. 5. IAEO „Schedule of Requirements for the Transport of Specified Types of Radioactive Material Consignments", Safety Series No 80, (in der Fassung 1990).

991 *Posser* Rechtsfragen des Transports abgebrannter Brennelemente, DVBl 2001, 610f.

992 Richtlinie 94/55/EG des Rates vom 21. November 1994 zur Angleichung der Rechtsvorschriften der Mitgliedstaaten für den Gefahrenguttransport auf der Straße, ABl Nr L 319 vom 12.12.1994, S 7, geändert durch die Richtlinie 2000/61/EG, ABl Nr L 279 vom 1.11.2000, S 40, zuletzt geändert Richtlinie 2006/89/EG der Kommission vom 3. November 2006 zur sechsten Anpassung der Richtlinie 94/55/EG des Rates zur Angleichung der Rechtsvorschriften der Mitgliedstaaten für den Gefahrguttransport auf der Straße an den technischen Fortschritt; ABl Nr. L 305 vom 4.11.2006, S 4; ebenso Richtlinie 2001/7/EG der Kommission zur dritten Anpassung der Richtlinie 94/55/EG, ABl Nr L30 vom 1.2.2001, S 43, sowie die Anlagen A und B zur Richtlinie 94/55/EG des Rates vom 21. November 1994 zur Angleichung der Rechtsvorschriften der Mitgliedstaaten für den Gefahrenguttransport auf der Straße, Anlage A – Vorschriften über die gefährlichen Stoffe und Gegenstände, Anlage B – Vorschriften für die Beförderungsmittel und die Beförderung, ABl Nr L 275 vom 28.10.1996, S 1, Z 425 (für radioaktive Stoffe insbes S 212 bis 257, 392 bis 419, 487ff.

993 Richtlinie 95/50/EG des Rates vom 6. Oktober 1995 über einheitliche Verfahren für die Kontrolle von Gefahrenguttransporten auf der Straße, ABl Nr L 249 vom 17.10.1995, S 35; zuletzt geändert Richtlinie 2008/54/EG des Europäischen Parlaments und des Rates vom 17. Juni 2008 zur Änderung der Richtlinie 95/50/EG des Rates über einheitliche Verfahren für die Kontrolle von Gefahrguttransporten auf der Straße in Bezug auf die der Kommission übertragenen Durchführungsbefugnisse, ABl. Nr. L 162 vom 21.6.2008, S 11f.

994 Richtlinie 96/49/EG des Rates vom 23. Juli 1996 zur Angleichung der Rechtsvorschriften der Mitgliedstaaten für die Eisenbahnbeförderung gefährlicher Güter, ABl Nr L 235 vom 17.9.1996, S 25 zuletzt geändert durch die Richtlinie 2000/62/EG, ABl Nr L 279 vom 1.11.2000, S 44 zuletzt auch Richtlinie 2001/6/EG der Kommission vom 29. Jänner 2001 zur dritten Anpassung der Richtlinie 96/49/EG, ABl Nr L30 vom 1.2.2001, S 42.

995 Siehe Anlage zur Richtlinie 96/49/EG des Rates, ABl Nr L 294 vom 31.10.1998, S 1 (251 bis 297, 443 bis 470).

Der Transport auf dem Seeweg unterliegt dem internationalen Code für die Beförderung gefährlicher Güter im Seeverkehr (IMDG-Code) Code Klasse 7: radioaktive Stoffe) sowie dem INF-Code (Sicherheitsvorschriften für die sichere Beförderung bestrahlter Kernbrennstoffe, Plutonium und hochradioaktiven Abfällen in Transportbehältern an Bord von Schiffen der internationalen Seeschifffahrtsorganisation (International Maritime Organisation – IMO). Auf diese beiden Codes verweist die Richtlinie 2002/59/EG.[996]

Beim Transport auf dem Luftwege sind die technischen Anforderungen der internationalen Zivilluftfahrtorganisation (International Civil Aviation Organisation ICAO) grundlegend. Die Anforderungen werden von allen Mitgliedstaaten eingehalten und beziehen sich auf Fracht- und Passagierflüge in gleicher Weise. Grundsätzlich kann jedes für die Frachtbeförderung zugelassenes Verkehrsflugzeug auch radioaktive Stoffe befördern, sofern die Verpackung den festgesetzten Regelungen entspricht.

Grundsätzlich gilt für den Schutz des Kernmaterials das Übereinkommen vom 26. Oktober 1979 über den physischen Schutz von Kernmaterial.[997]

15. Gesundheitsschutz

A) Allgemeines

Auf Grund der möglichen Gesundheitsgefährdungen durch Kernenergie sowie durch radioaktive Stoffe ist ein eigenes Kapitel im EA dem Gesundheitsschutz gewidmet (Art 33 bis 39 EA). Diese Regelungen stehen gleichrangig mit den Regelungen im AEUV. Verordnungen und Richtlinien, deren Grundlage der AEUV ist, sind allenfalls auch auf deren Vereinbarkeit mit dem EA zu überprüfen, da der EA gemeinschaftliches Primärrecht ist.[998] Der Gesundheitsschutz ist unabhängig, ob die Strahlenquelle eine künstliche oder natürliche ist.[999]

Um einen einheitlichen Standard für den Gesundheitsschutz der Bevölkerung und der Arbeitskräfte gegen ionisierende Strahlungen zu erreichen, werden von der Gemeinschaft Grundnormen festgesetzt. Unter Grundnormen sind die höchstzuläs-

---

996 Richtlinie 2002/59/EG des Europäischen Parlaments und des Rates vom 27. Juni 2002 über die Einrichtung eines gemeinschaftlichen Überwachungs- und Informationssystems für den Schiffsverkehr und zur Aufhebung der Richtlinie 93/75/EWG des Rates, ABl. Nr. L 208 vom 5.8.2002, S 10ff.

997 IAEA, Convention on the Physical Protection of Nuclear Material, legal series No 12, Vienna (1982).

998 Schlussanträge von GA *Gerven*, v 26.6.1991, RS C-70/88, Parlament/Rat, Slg 1991, 4561, Rn 9; *Pernice* EuZW 1992, 209f mwN.

999 *Grunwald* Energierecht, 210.

sigen Dosen, die ausreichende Sicherheit gewähren, sowie die Höchstgrenze für die Aussetzung gegenüber schädlichen Einflüssen und für schädlichen Befall zu verstehen. Weiters sind Teil der Grundnormen die Grundsätze für die ärztliche Überwachung der Arbeitskräfte.

Nach GA Gerven sind die Art 30ff EA so auszulegen, dass sie die Gemeinschaft ermächtigen, die Gesundheit der Bevölkerung lückenlos und wirksam zu schützen.[1000] Neben der Gesundheitsschutzbezogenheit sind die Bestimmungen der Art 30ff EA Umweltschutzbestimmungen.[1001]

B) Grundnormen

Gemäß Art 31 EA werden die Grundnormen von der Kommission nach Stellungnahme einer Gruppe von Persönlichkeiten ausgearbeitet, die der Ausschuss für Wissenschaft und Technik aus wissenschaftlichen Sachverständigen der Mitgliedstaaten, insbesondere aus Sachverständigen für Volksgesundheit ernennt. Zu diesem Entwurf gibt der Wirtschafts- und Sozialausschuss ebenfalls eine Stellungnahme ab. Im weiteren Prozedere wird das europäische Parlament angehört. Nach einer positiven Anhörung legt die Kommission dem Rat den Vorschlag samt den eingeholten Stellungnahmen vor, der diese hierauf mit qualifizierter Mehrheit festsetzt. Die Kommission ist verpflichtet die Einhaltung und Umsetzung der Grundnormen zu gewährleisten.[1002]

In den Erläuterungen werden die Grundnormen mit internationalen anerkannten Normen verglichen.[1003] Die Grundnormen basieren auf den wissenschaftlichen Standards zur Zeit ihrer Erlassung. Sie beruhen auf wissenschaftlich ermittelten Werten der Empfehlungen der internationalen Strahlenschutzkommission (ICRP), die weltweit Anerkennung gefunden haben.[1004] Auch warenspezifische Dosisgrenzen fallen unter das System der Grundnormen.[1005] Ein Einwirken der Normen des AEUV auf die primärrechtlichen Bestimmungen über die Grundnormen ist undenkbar, da der EA zu diesem ein eingeschränktes Gebiet regelt, und diesen nicht beeinträchtigt.

Im Urteil Kommission/Belgien sprach der EuGH aus, dass Einheitlichkeit der Sicherheitsnormen nämlich nicht bedeutet, dass diese nicht einen weitergehenden

---

1000 Schlussanträge von GA *Gerven*, v 26.6.1991, RS C-70/88, Parlament/Rat, Slg 1991, 4561, Rn 22.

1001 *Ress* 30 mwN.

1002 *Grunwald* Energierecht, 211.

1003 Die Europäische Atomgemeinschaft, Schriftenreihe zum HdB der Europäischen Wirtschaft, Heft 2, 168.

1004 *Ress* 30; Schlussanträge des GA *Jacobs*, v 30.6.1992, RS C-376/90, Kommission/Belgien, Slg 1992, I-6153, Rn 16ff.

1005 *Grunwald* Tschernobyl und das Gemeinschaftsrecht, EuR 1986, 326.

Schutz gestatten dürfen.[1006] Auch die Lehre[1007] vertrat die Ansicht, dass eine erweiterte Auslegung im Sinne eines effet utile nach Art 2b EA vorgegeben ist.

Die Grundnormen werden in der Regel als Richtlinien erlassen; in einigen Fällen auch als Verordnungen.[1008] Es steht frei, entweder die Norm in Form einer Verordnung oder einer Richtlinie zu erlassen, da der Rat durch keine Bestimmung beschränkt ist, eine bestimmte Form zu wählen.[1009]

Diese Richtlinien sind von den einzelnen Mitgliedstaaten umzusetzen. Die Art der Umsetzung obliegt den einzelnen Mitgliedstaaten, sie sind jedoch verpflichtet, diese in der vom EuGH vorgeschriebenen Art und Weisen vorzunehmen.

Da die Grundnormen nicht statisch, sind sondern jeweils nach dem letzten Stand der Wissenschaft und Technik, insbesondere den letzten medizinischen Kenntnissen angepasst werden müssen, können die Grundnormen auf Antrag der Kommission oder eines einzelnen Mitgliedstaates nach den oben festgelegten Verfahren überprüft und ergänzt werden. Aus dieser grundlegenden Bestimmung folgt, dass diese primärrechtlichen Normen als auch das auf dieser erlassenes Sekundärrecht dynamisch und evolutiv auszulegen sind.[1010]

Die derzeit geltende Richtlinie 96/29/Euratom des Rates vom 13. Mai 1996 zur Festlegung der grundlegenden Sicherheitsnormen für den Schutz der Gesundheit der Arbeitskräfte und der Bevölkerung gegen die Gefahren durch ionisierende Strahlungen[1011] ist die achte Grundnormen-Richtlinie, die die Gemeinschaft seit ihrem Bestehen erlassen hat.[1012] Der EuGH hat in einem Vertragsverletzungsverfahren die unterlassene Umsetzung dieser durch das Vereinigte Königreich festgestellt.[1013]

1006 EuGH, U v 25.11.1992, RS C-376/90, Kommission/Belgien, Slg 1992, 6154, Rn 18f; Frenz Handbuch Europarecht, Band 6, Rn 4810.

1007 *Lennartz* Health Protection Against Ionizing Radiation and the Court of Justice of the European Communities, NLB 53 (1994), 13ff; *Ress* 14; *Grunwald* Neuere Entwicklungen im Euratom-Recht, EuZW 1990, 209; *Pelzer*, Das Umweltrecht der Europäischen Atomgemeinschaft, in Hans Werner Rengeling (Hrsg), Handbuch zum europäischen und deutschen Umweltrecht (EUDUR), 1998, Bd II, § 60 Rn 6; *Tromans* Nuclear Law[2], 239.

1008 *Grunwald* Energierecht, 212; *Pelzer* Das Umweltrecht der Europäischen Atomgemeinschaft, in Hans Werner Rengeling (Hrsg), Handbuch zum europäischen und deutschen Umweltrecht (EUDUR), 1998, Bd II, § 60 Rn 8.

1009 *Grunwald* EuR 1986, 326; Schlussanträge des GA *Jacobs*, v 30.6.1992, RS C-376/90, Kommission/Belgien, Slg 1992, I-6153, Rn 14; Ress, 14; *Pelzer* Das Umweltrecht der Europäischen Atomgemeinschaft, in Hans Werner Rengeling (Hrsg), Handbuch zum europäischen und deutschen Umweltrecht (EUDUR), 1998, Bd II, § 60 Rn 9; *Frenz* Handbuch Europarecht, Band 6, Rn 4806.

1010 *Grunwald* Energierecht, 210.

1011 ABl Nr L 159 vom 29.6.1996, S 1.

1012 S Richtlinie vom 2. Februar 1959 zur Festlegung der Grundnormen für den Gesundheitsschutz der Bevölkerung und der Arbeitskräfte gegen die Gefahren ionisierender Strahlungen (ABl Nr 11 vom 20.2.1959, S 211/59). Die Richtlinie wurde überarbeitet durch die Richtlinie vom 5. März 1962 (ABl Nr 57 vom 6.7.1962, S 1633/62), die Richtlinie 66/45/Euratom (ABl Nr 216 vom 26.11.1966,

Gemäß Art 32 EA ist es der Kommission ausdrücklich verboten, einen Antrag eines Mitgliedstaates zu ignorieren. Somit besteht die Möglichkeit einer dynamischen Anpassung.[1014] Nach Art 32 EA können die Grundnormen auf Antrag der Kommission oder eines Mitgliedstaates überprüft oder ergänzt werden. Dem umfassenden Schutzzweck des Kapitels III entsprechend hat der Rat als erste ergänzende Regelung die Richtlinie 84/466/Euratom vom 3. September 1984 zur Festlegung der grundlegenden Maßnahmen für den Strahlenschutz bei ärztlichen Untersuchungen und Behandlungen[1015] erlassen, an deren Stelle zwischenzeitlich die Richtlinie 97/43/Euratom vom 30. Juni 1997 über den Gesundheitsschutz von Personen gegen die Gefahren ionisierender Strahlung bei medizinischer Exposition und zur Aufhebung der Richtlinie 84/466/Euratom[1016] getreten ist.

Mit der Entscheidung 87/600/Euratom des Rates vom 14. Dezember 1987 über Gemeinschaftsvereinbarungen für den beschleunigten Informationsaustausch im Falle einer radiologischen Notstandsituation[1017] zog die Gemeinschaft die Konsequenzen aus der mangelhaften Informationspolitik nach der Nuklearkatastrophe von Tschernobyl. Nach Art 51 Abs 5 der Grundnormen-Richtlinie 96/29/Euratom sind die Mitgliedstaaten gehalten, bei eine radiologischen Notstandsituation in ihrem Hoheitsgebiet Beziehungen zur Herbeiführung einer Zusammenarbeit mit jedem anderen Mitgliedstaat oder Drittstaat aufzunehmen, der betroffen sein kann.

C) Durchführung und Koordinierung

Wie oben schon dargelegt sind die Grundnormen Richtlinien oder Verordnungen. Nach Art 33 Abs 1 EA sind die Mitgliedstaaten verpflichtet, die geeigneten Rechts- und Verwaltungsvorschriften zur Beachtung der festgesetzten Grundnormen zu erlassen und/oder sicherzustellen. Auch eine Verpflichtung zur Umsetzung im Unterricht, Erziehung und Berufsausbildung ist festgeschrieben. Die Umsetzung als auch die Vollziehung der Grundnormen obliegt den einzelnen Mitgliedstaaten. In einem engen Rahmen steht es den Mitgliedstaaten frei, diese Mindeststandard zu verschärfen, wobei gemäß Art 33 Abs EA es zu keiner Verletzung des gemeinsamen Marktes kommen darf.[1018]

S 3693/66), die Richtlinie 76/579/Euratom (ABl Nr L 187 vom 12.7.1976, S 1), die Richtlinie 79/343/Euratom (ABl Nr L 83 vom 3.4.1979, S 18), die Richtlinie 80/836/Euratom (ABl Nr L 246 vom 17.9.1980, S 1) und die Richtlinie 84/467/Euratom (ABl Nr L 265 vom 5.10.1984, S 4).

1013 EuGH, U v 29.1.2004, RS C-218/02, Kommission/Vereinigte Königreich, Slg 2004, I-1241.

1014 *Frenz* Handbuch Europarecht, Band 6, Rn 4808.

1015 ABl Nr L 265 vom 5.10.1984, S 1.

1016 ABl Nr L 180 vom 9.7.1997, S 22 .

1017 ABl Nr L 371 vom 30.12.1987, S 1.

1018 Ähnlich *Schröder* in GedS Geck, 771ff; *Roßnagel/Gündling*, 70ff.

Zur weiteren Koordination und Vereinheitlichung ist es der Kommission nach Art 33 Abs 2 EA gestattet, geeignete Empfehlungen, um die auf diesem Gebiet in den Mitgliedstaaten geltenden Bestimmungen miteinander in Einklang zu bringen, zu erlassen. Um einen entsprechenden Gleichklang der Rechtsvorschriften in den einzelnen Mitgliedstaaten zu gewährleisten, sind diese verpflichtet sämtliche Rechts- und Verwaltungsvorschriften der Kommission bekannt zu geben. Darunter fallen auch Entwürfe. Die Kommission kann innerhalb von 3 Monaten nach Erhalt der Mitteilung über die Entwürfe eine Empfehlung erlassen. Diese Empfehlungen stellen lediglich gemäß Art 288 AEUV eine nicht verbindliche Äußerung der Kommission dar. Die Stellungnahmen sind jedoch rechtlich erheblich, da sie aus der Verpflichtung der Mitgliedstaaten zu einem gemeinschaftsrechtskonformen Verhalten eine entsprechende Orientierungshilfe darstellen.[1019] Empfehlungen der Kommission sind auch innerhalb von den Behörden der Mitgliedstaaten, Verwaltungsbehörden und Gerichte, bei der Auslegung solcher nationaler Vorschriften zu berücksichtigen, die zur Durchführung von Empfehlungen erlassen worden sind.[1020]

Auf Grund dessen erließ die Kommission am 26. Juli 1991 eine Empfehlung.[1021] Mit dieser Empfehlung verlangt die Kommission, dass nach Abschluss des im Rahmen des einzelstaatlichen Entscheidungsprozesses vorgesehenen Anhörungsverfahrens spätestens jedoch 3 Monate vor ihrer Verabschiedung die Mitgliedstaaten der Kommission Entwürfe für die definierten Rechts- und Verwaltungsvorschriften zur Einhaltung der Grundnormen mit. Unter diesen Rechts- und Verwaltungsvorschriften sind alle rechtsverbindlichen Gesetze und andere Akte, Runderlässe, Richtlinien, allgemeine Vorschriften, Sammlungen ohne zwingende Gesetzeskraft aber mit Bindungswirkung für die Verwaltung, nationale, regionale oder örtliche Einsatzpläne die in den Mitgliedstaaten eingeführten Organisationen zur Bewältigung eines radiologischen Notstandes im Sinne der Richtlinien 80/836 Euratom und 89/618 Euratom sowie Ausbildungsprogramme für Arbeitskräfte, behördlich ermächtigte Ärzte und qualifizierte Sachverständige im Sinne der Art 24 und 40 der Richtlinie 80/836 Euratom sowie Ärzte, Zahnärzte und andere Fachkräfte und ärztliche Hilfskräfte im Sinne des Art 2 der Richtlinie 84/466/Euratom, die Programme zur Unterrichtung der Bevölkerung und der Personen, die im Falle einer radiologischen Notstandssituation bei Rettungsmaßnahmen eingesetzt werden können, im Sinne der Richtlinie 89/618/ Euratom sowie Bestandaufnahme der Geräte für die medizinische Radiologie nach Art 3 der Richtlinie 84/466 Euratom sowie soweit dies geeig-

1019 So *Hetmeier* in Lenz-Borchardt, EUV- EGV – Kommentar[4] Art 249 Rn 19; ähnlich *Grunwald* Energierecht, 221.

1020 EuGH, U v 13.12.1989, RS 322/88, Grimaldi/Fonds Malade, Slg 1989, 4421; *Hetmeier* in Lenz-Borchardt, EUV-EGV – Kommentar[4] Art 249 Rn 21.

1021 91/444/Euratom Empfehlung der Kommission vom 26. Juli 1991 zur Anwendung von Art 33 Unterabsätze 3 und 4 des Euratom-Vertrages, ABl Nr L 238 vom 27.8.1991, S 31.

net sind, die Einhaltungen der durch die gemäß Art 31 EA erlassenen Richtlinien festgelegten Normen zu gewährleisten. Weiters wird den Mitgliedstaaten empfohlen, darauf zu verzichten, einen Entwurf endgültig zu verabschieden, bevor die Kommission in einer Empfehlung hiezu Stellung genommen hat, bzw. die in Art 90 genannte Frist von 3 Monaten nach Eingang des Entwurfes bei der Kommission abgelaufen ist. Weiters sollte jede wesentliche Änderung eines bereits der Kommission zur Empfehlung vorgelegten Entwurfes erneut übermittelt werden. Wesentliche Änderungen betreffen solche Änderungen, die die Grundlagen der Empfehlung betreffen. Weiters wird den Mitgliedstaaten nahegelegt, der Kommission den verabschiedeten Text sowie den Zeitpunkt ihres Inkrafttretens mitzuteilen.

Generell ist es gestattet, dass in den Mitgliedstaaten Versuche auf dem Gebiet der Kernenergie durchgeführt werden. Falls besonders gefährliche Versuche stattfinden sollen, sind die einzelnen Mitgliedstaaten nach Art 34 EA verpflichtet innerhalb des Rahmens ihrer Vorschriften zusätzliche Vorkehrungen für den Gesundheitsschutz zu treffen. Vor der Genehmigung solcher Versuche sowie der Erlassung der zusätzlichen Vorkehrungen ist eine Stellungnahme der Kommission einzuholen.

Der Begriff „besondere gefährliche Versuche“ ist nicht definiert. Darunter sind militärische und zivile zu verstehen.[1022] Relevant ist diese Bestimmung 1995 bei den Atomtests Frankreich auf dem Mururoa Atoll geworden. In der Rechtssache Danielsson[1023] entschied das EUG, dass eine individuelle und unmittelbare Betroffenheit der Kläger nicht vorliege, sodass die Klage mit Beschluss zurückzuweisen war. Auf eine materielle Prüfung ließ sich das EUG nicht ein.

Falls die denkbare Möglichkeit besteht, dass sich die Auswirkungen der Versuche auch auf das Hoheitsgebiet anderer Mitgliedstaaten erstrecken können, so ist vorab die Zustimmung der Kommission einzuholen. Begründet wird diese Erweiterung der Kompetenz gemäß Art 34 Abs 2 EA damit, dass bei grenzüberschreitenden möglichen Gefährdungen die einzelnen Mitgliedstaaten nicht in der Lage sind, die entsprechenden Maßnahmen zu treffen und es aus dem Gesamtkonzept des EA ersichtlich ist, dass in solchen transnationalen verschiedene Mitgliedstaaten betreffenden Fälle die Gemeinschaft vertreten durch die Kommission den entsprechenden Beschluss zu treffen habe.

D) Überwachung der Radioaktivität von Luft, Wasser und Bodens

Die Mitgliedstaaten sind verpflichtet, die notwendigen Einrichtungen zur ständigen Überwachung des Gehaltes der Luft, des Wassers und des Bodens an Radioaktivität sowie zur Überwachung der Einhaltung der Grundnormen gemäß Art 35 EA einzu-

---

1022 *Grunwald* Energierecht, 223.

1023 EUG, B v 22.12.1995, Rs T-219/95R , Danielsson ua/Kommission, Slg 1995, II-3051.

richten. Die Kommission hat Zugang zu diesen Überwachungseinrichtungen. Weiters hat sie das Recht, die Arbeitsweise und die Wirksamkeit nachzuprüfen.[1024] Die Kommission hat ein Standarddatenformat (EURDEP- European Radiological Data Exchange Platform) und ein entsprechendes internetgestütztes Netz entwickelt.[1025]

Ein Mitgliedstaat kann der Kommission nicht verweigern, Daten aus diesen Überwachungseinrichtungen einzusehen. Auch im Falle einer Auslagerung der Messtätigkeiten an Private muss gewährleistet sein, dass ein Zugriff auch auf diese Daten besteht.[1026] Es besteht vielmehr gemäß Art 36 EA die Pflicht der zuständigen Behörde sämtliche Daten der Kommission regelmäßig zu übermitteln um zu gewährleisten, dass die Kommission über den Gehalt einer Radioaktivität unterrichtet ist, dem die Bevölkerung ausgesetzt ist.

Auf Grundlage des Art 36 EA hat die Kommission eine Empfehlung zu standardisierten Informationen über Ableitungen radioaktiver Stoffe mit Fortluft und dem Abwasser aus Kernkraftwerk und Wiederaufbereitungsanlagen in die Umwelt veröffentlicht.[1027] Da die Empfehlung der Kommission 2000/473/Euratom vom 8. Juni 2000 zur Anwendung des Art 36 EA betreffend die Überwachung des Radioaktivitätsgehaltes der Umwelt zur Ermittlung der Exposition der Gesamtbevölkerung diesen Aspekt nicht entsprechend Rechnung trug, wurde diese neue Empfehlung erlassen. Um gemeinschaftsweit vergleichbare Messergebnisse zu radioaktiven Ableitungen zu erhalten und sich zustellen, dass in der gesamten Gemeinschaft Mindestkriterien für die Analysemethoden eingehalten werden, ist es daher angezeigt, dass für jede Kategorie radioaktiver Ableitungen und für jede Art der betrachteten kerntechnischen Anlagen Schlüsselnuklide zu ermitteln sind, für die Anforderungen im Bezug auf Nachweisgrenzen gelten sollten. Diese Schlüsselnuklide sollten Gruppen von Radionukliden und eine bestimmte Strahlungsart repräsentieren, für die radiologische Auswirkungen erheblich seien und sich als Indikatoren für die Messempfindlichkeit eignen können.

1024 Siehe u a auch den Bericht über die Überprüfung der Region Barsebäck 1997. Jüngst auch: Mitteilung der Kommission vom 20. Dezember 2007, Anwendung des Artikel 35 des Euratom-Vertrages Überprüfung der Arbeitsweise und Wirksamkeit der Einrichtungen zur ständigen Überwachung des Gehaltes der Luft, des Wassers und des Bodens an Radioaktivität, Bericht 1990–2007, Kom 2007 (847 endg.).

1025 Siehe auch Beschluss der Kommission vom 15.Juli 2010 über den Abschluss einer Absichtserklärung zwischen der Europäischen Kommission und der Internationalen Atomenergie-Organisation zur EURDEP-Plattform (European Radiological Data Exchange Platform), 2010/398/Euratom, ABl Nr L 182 vom 16.7.2010, S 15.

1026 *Grunwald* EuR 1986, 331.

1027 2004/2/Euratom: Empfehlung der Kommission vom 18. Dezember 2003 zu standardisierten Informationen über Ableitungen radioaktiver Stoffe mit der Fortluft und dem Abwasser aus den Kernkraftwerken und Wiederaufbereitungsanlagen in die Umwelt im Normalbetrieb, ABl Nr L 002 vom 6.1.2004, S 36.

In dieser Empfehlung werden für die Zwecke der Überwachung der Berichterstattung an die Kommission für ausgewählte Informationen über Radionuklide definiert, die aus Kernkraftwerken und Wiederaufbereitungsanlagen im Normalbetrieb tatsächlich oder wahrscheinlich in die Umwelt abgeleitet werden. Unter Normalbetrieb versteht die Empfehlung die normale Tätigkeit im Rahmen des Betriebes eines Kernkraftwerkes oder einer Wiederaufbereitungsanlage einschließlich der Stilllegung (Abschalten sowie Einschluss und Überwachung), jedoch mit Ausnahme des Rückbaus. Ein „Schlüsselnuklid" ist ein für jede Nuklidkategorie ausgewähltes und als Indikator für die Messempfindlichkeit geeignetes Radionuklid. Die Nachweisgrenze stellt den kleinsten wahren Wert der zu messenden Größe, der mit einer gewissen Fehler Wahrscheinlichkeit durch die Messmethode festgestellt werden kann. Die „Erkennungsgrenze" bestimmt den festen Wert der Erkennungsgröße (Zufallsvariable für die Entscheidung, ob der zu messenden physikalischen Effekt vorhanden ist oder nicht). Wird dieser Wert durch einen tatsächlichen gemessenen Wert der Messgröße zur Quantifizierung eines physikalischen Effektes überschritten, so wird auf das Vorhandensein des physikalischen Effekts erkannt.

Für die Ableitung von radioaktiven Stoffen mit der Fortluft und dem Abwasser aus Kernkraftwerken und Wiederaufbereitungsanlagen sollten die Mitgliedstaaten die abgeleitete Radioaktivität aller Radionuklide ermitteln. Falls die Messwerte unter der Nachweisgrenze liegen, sollten die in Spalte zwei des Anhanges I angegebenen Schlüsselnuklide der erreichten Nachweisgrenzen die in Spalte drei von Anhang I festgelegte jeweilige Werte nicht überschreiten.

Sofern durch die Berechnung von Ableitungen spezifische Radionuklide auf der Grundlage von betrieblichen Diensten oder Messergebnissen für andere Radionuklide eine vergleichbare Genauigkeit erreicht werden kann, kann eine solche Art errechnete Ableitungswerte als Ersatz für direkte Messwerte verwendet werden.

Die Bestimmung von Nachweis- und Erkennungsgrenzen sowie die Darstellung der Ergebnisse sollten der internationalen Norm ISO/IS 11929-7 entsprechen. Wenn gleich die Erkennungsgrenzen technisch unter der Hälfte der tatsächlich bei einer Messung erreichten Nachweisgrenze liegen, kann aus praktischen Gründen die Erkennungsgrenze in vorsichtiger Näherung auf die Hälfte der Nachweisgrenze gesetzt werden.

Liegen Messergebnisse unter der Erkennungsgrenze, sollten diese in vorsichtiger Näherung durch den Wert ersetzt werden, der der Hälfte der Erkennungsgrenze entspricht. Liegen jedoch im betrachteten Zeitrahmen die Ergebnisse wiederholter Messungen ausnahmslos unter der Erkennungsgrenze, so kann realistischerweise angenommen werden, dass der wahre Wert gleich Null, das betreffende Nuklid also nicht in Ableitung vorhanden ist.

Die Mitgliedstaaten sind verpflichtet, der Kommission die Informationen zu radioaktiven Ableitungen gemäß den Mustern nach Anhang II zu übermitteln.

Der Zeitraum der Berichterstattung über die radioaktiven Ableitungen sollte ein Kalenderjahr betragen. Informationen zu radioaktiven Ableitungen sollten bis spätestens 30. September des folgenden Jahres übermittelt werden.

E) Ableitung radioaktive Stoffe

Nach Art 37 EA besteht eine Verpflichtung, gemäß der jeder Mitgliedstaat die Kommission über jeden Plan zur Ableitung radioaktiver Stoffe aller Art informiert und sämtliche Angaben übermittelt, auf Grund derer festgestellt werden kann, ob die Durchführung dieses Planes eine radioaktive Verseuchung des Wassers, des Bodens oder des Luftraumes des anderen Mitgliedstaates verursachen kann. Die Kommission ist gemäß Art 31 EA verpflichtet, binnen 6 Monaten eine Stellungnahme abzugeben. Dem Mitgliedstaat ist es verboten, vor in Kenntnissetzen der Kommission eine einzelstaatliche Bewilligung über die Ableitung von radioaktiven Stoffen zu erteilen.[1028] Die Wortfolge „Plan zur Ableitung" deutet daraufhin, dass sich diese Bestimmung auf ein Stadium vor jedem Beschluss zur Genehmigung einer Ableitung bezieht, wobei jedoch auf den Gesamtzusammenhang und dient Zweck dieser Bestimmung innerhalb der Systematik abzustellen ist.[1029] Die Änderung von bestehenden Anlagen oder die Verlängerung ihrer Betriebsdauer sind nicht als Plan zu verstehen.[1030]

Diese Bestimmung ist auch für die Frage von grenznahen Nuklearanlagen von Bedeutung.[1031] Des ungeachtet ist jeder Mitgliedstaat nach Völkerrecht und Gemeinschaftsrecht innerhalb derer Grenzen frei, nur die eigene Bevölkerung zu befragen und die eigenen nationalen Behörden einzubinden,[1032] wobei diese Auffassung inzwischen veraltet ist.

Auf Grundlage des Art 37 EA hat die Kommission zur Präzisierung der in dieser Bestimmung genannten Begriffe unter Berücksichtigung der Erfahrung aus früheren

1028 EuGH, U v 22.9.1988, RS 187/87, Saarland ua/Minister für Industrie ua, Slg 1988, 5013; dazu *Woodcliffe* Making Sense of Article 37 of the Euratom Treaty, European Law Review 1989, 101ff; *Delpirou* La centrale de Cattenom devant les juges européens, Cahiers juridiques de l'électricité et du gaz 1989, 75ff; *Dubouis* Un exemple de coopération entre le juge administratif français et la Cour de justice des Communautés européennes: l'affaire de la centrale de Cattenom, Revue française de droit administrative.

1029 EuGH, U v 22.9.1988, RS 187/87, Saarland ua/Minister für Industrie ua, Slg 1988, 5013, Rn 10; *Ress* 31.

1030 AM: Kurzgutachten zu der Verpflichtung der Bundesrepublik Deutschland, vor einer gesetzlichen Verlängerung der Laufzeiten deutscher Atomkraftwerke ein Mitteilungsverfahren nach Art. 37 des Euratom-Vertrages durchzuführen, erstellt im Auftrag von GREENPEACE Deutschland e.V., von Rechtsanwalt Dr. Ulrich Wollenteit, Rechtsanwälte Günther, Heidel, Wollenteit, Hack, Goldmann, 20148 Hamburg.

1031 *Laenerts* Nuclear Border Installations: A Case Study, ELR 1988, 159ff.

1032 *Laenerts* ELR 1988, 069.

Empfehlungen als auch auf Grund des Urteils vom 22. November 1988 des EuGH als auch unter Anwendung der Richtlinie 96/29/Euratom eine Empfehlung erlassen.[1033] Diese wurde durch die Empfehlung 210/635/Euratom aufgehoben.[1034] Bei Entstehung dieser Empfehlung haben alle Mitgliedstaaten erklärt, dass sie auf die Versenkung von Abfällen im Meer verzichten.

Nach dieser Empfehlung ist unter „Ableitung radioaktiver Stoffe“ im Sinne des Art 37 EA jede geplante oder unvorhergesehene Freisetzung radioaktiver Stoffe in gasförmiger, flüssiger oder fester Form in der bzw. in die Umwelt, die mit dem Betrieb von Kernreaktoren (ausgenommen Forschungsreaktoren, deren Höchstleistung ein Megawatt kontinuierliche thermische Last nicht überschreitet), Wiederaufbereitung bestrahlter Kernbrennstoffe, der Gewinnung, Konzentrierung und Umwandlung von Uran und Thorium, der Anreicherung von Uran an U_{235}, an der Herstellung von Kernbrennstoffen, an der Lagerung von bestrahlten Kernbrennstoffen in entsprechenden Anlagen (ausgenommen Lagerung von bestrahlten Kernbrennstoffen in für den Transport oder die Lagerung zugelassenen Behälter an bestehenden kerntechnischen Standorten), an der Handhabung und Verarbeitung künstlicher radioaktiver Stoffe im Industriemaßstab, der an der Behandlung radioaktiver Abfälle aus den oben genannten Tätigkeiten sowie dem Abbau von Kernreaktoren vor der Endlagerung, an dem Abbau von Kernreaktoren, Anlagen zur Herstellung von Mischoxid-Brennstoff und Wiederaufbereitungsanlagen (ausgenommen Forschungsreaktoren, deren Höchstleistung 50 Megawatt kontinuierliche thermische Last nicht überschreitet), an der ober- oder unterirdischen Einlagerung radioaktiver Abfälle ohne beabsichtigte Rückholung, an der industriellen Aufarbeitung natürlich vorkommender radioaktiver Materialien, die einer Ableitungsgenehmigung unterliegen sowie allen anderen relevanten Tätigkeiten zu verstehen.

Nach Z 2 ist unter „allgemeinen Angaben“ im Sinne des Art 37 EA die in Anhang I bis IV genannten Tätigkeiten zu verstehen.

Nach Z 3 sollte bei den Tätigkeiten davon ausgegangen werden, dass sie nicht zu einer unter gesundheitlichen Gesichtspunkten signifikanten radioaktiven Kontamination eines anderen Mitgliedstaates führen, sofern die Kommission nicht in einem bestimmten Fall die Vorlage solcher allgemeinen Angaben verlangt.

Für die Vorlage der allgemeinen Angaben ist nach Z 4 folgendes geregelt. Die Übermittlung der allgemeinen Angaben ist erforderlich, wenn der Mitgliedstaat für den Abbau eine neue Zulassung oder Genehmigung für den Plan zur Ableitung radioaktiver Stoffe aller Art erwägt, oder der Abbau der kontaminierten oder aktivierten Teile der Anlage beginnt, wenn ein Mitgliedstaat den Abbau von Kernreaktorenanlagen

1033 1999/829/Euratom Empfehlung der Kommission vom 6. Dezember 1999 zur Anwendung des Art 37 des Euratom-Vertrages, ABl Nr L 324 vom 16.12.1999, S 23.

1034 2010/635/Euratom Empfehlung der Kommission vom 11. Oktober 2010 über die Anwendung des Artikels 37 des Euratom-Vertrages, ABl Nr L 279 vom 23.10.2010, S 36ff.

zur Herstellung von Mischoxid-Brennstoff und Wiederaufbereitungsanlagen plant, zu der noch keine Stellungnahme gemäß Art 37 EA abgegeben worden ist. In diesem Fall sind die Angaben in Form von Anhang III darzulegen. Wenn ein Mitgliedstaat jedoch eine oben genannten Anlage, zu der bereits eine Stellungnahme gemäß Art 37 EA abgegeben worden ist, plant abzubauen, sollten die allgemeinen Angaben in Form von Anhang III eingereicht werden. Allerdings ist hinsichtlich der Beschreibung des Standortes und der Umgebung sowie der Notfallpläne und der Umgebungsüberwachung der Verweis auf die allgemeinen Angaben, die für das frühere Verfahren übermittelt wurden, ausreichend, wenn alle zweckdienlichen und zusätzlichen Informationen in Bezug auf mögliche Änderungen vorgelegt worden sind.

Wenn nach Z 5 ein Mitgliedstaat die Änderung eines Planes zur Ableitung radioaktiver Stoffe plant, und in diesem Fall schon eine Stellungnahme gemäß Art 37 EA abgegeben worden ist, so ist die Übermittlung der allgemeinen Angaben mit mindestens den in einem Standardformular in Form von Anhang V aufgeführten Informationen erforderlich, wenn die zulässigen Grenzwerte oder die entsprechenden Anforderungen an die Ableitung radioaktiver Stoffe weniger streng sind, als in dem bestehenden Plan oder wenn die möglichen Folgen der nicht geplanten Freisetzungen nach dem im Genehmigungsverfahren bewerteten Unfällen schwerwiegender sind, sofern die Kommission nicht die Übermittlung der allgemeinen Angaben verlangt. Sofern die Kommission nicht die Übermittlung der allgemeinen Angaben verlangt, ist eine solche nicht erforderlich, wenn die Änderung des Plans zur Ableitung radioaktiver Stoffe unveränderte oder strengere zulässige Grenzwerte und entsprechende Auflagen vorsieht, als der bestehende Plan, und die möglichen Folgen der nicht geplanten Freisetzungen, die auf den (die) im Genehmigungsverfahren bewertete(n) Referenzunfall(-unfälle) folgen können, unverändert oder geringer sind. Ist jedoch zu einem Plan zur Ableitung radioaktiver Stoffe eine Stellungnahme gemäß Art 37 noch nicht erfolgt, so ist die Übermittlung der allgemeinen Angaben erforderlich, sofern der Mitgliedstaat der Kommission nicht nachweist, dass die Voraussetzungen der Buchstaben b) und c) erfüllt sind. Wenn diese Voraussetzungen nicht erfüllt sind, sollten die allgemeinen Angaben die entsprechenden in Anhang VI aufgeführten Informationen enthalten.

Die allgemeinen Angaben sind der Kommission nach Z 6 nach der endgültigen Aufstellung des Plans zur Ableitung radioaktiver Stoffe und möglichst ein Jahr, mindestens aber sechs Monate bevor eine Genehmigung zur Ableitung radioaktiver Stoffe von den zuständigen Behörden erteilt wird, und vor Beginn der Tätigkeiten, für die keine Genehmigung für die Ableitung radioaktiver Stoffe vorgesehen ist, zu übermitteln, soweit die Kommission allgemeine Angaben verlangt, hat , spätestens sechs Monate nach der Anforderung, unbeschadet einer ordnungsgemäß von den zuständigen Behörden vor Eingang der Anforderung der Kommission erteilten Genehmigung. Jede Genehmigung, die erteilt worden ist, bevor die Kommission die allgemeinen Angaben angefordert hat, sollte anhand der späteren Stellungnahme der Kommission überprüft werden.

Wenn Mitgliedstaaten für einen komplexen Standort, an dem über einen langen Zeitraum größere Änderungen vorgenommen werden sollen, die in mehreren Schritten erfolgen und die unter anderem den Betrieb neuer Anlagen beinhalten, eine gebündelte Mitteilung vorlegen, sollte die Ausgangsmitteilung eine vollständige und ausführliche Übersicht über die geplanten Arbeiten enthalten, die im Fall von Änderungen des bestehenden Plans durch nachfolgende Mitteilungen zu aktualisieren sind. Was die Unfallszenarien in der Ausgangsmitteilung angeht, sollten die allgemeinen Angaben zumindest Informationen zu den geschätzten Mengen und den physikalisch-chemischen Formen der in jeder der Anlagen an dem Standort vorhandenen Radionuklide enthalten sowie zu den Mengen, die voraussichtlich bei dem jeweils für die Anlage betrachteten Unfall freigesetzt werden. Die allgemeinen Angaben können Hintergrundinformationen zu früheren und gegenwärtigen Tätigkeiten an dem Standort liefern, wobei zu bedenken ist, dass sich die Stellungnahmen der Kommission nur auf künftige Tätigkeiten beziehen werden.

Nach Z 8 sollte die jeweilige Regierung die Verantwortung für alle der Kommission zu diesem Plan übermittelten Informationen übernehmen, da die Mitteilung eines Plans zur Ableitung radioaktiver Stoffe in die Zuständigkeit des betreffenden Mitgliedstaates fällt.

Nach Erhalt einer Stellungnahme sollte der betreffende Mitgliedstaat die Kommission über die Maßnahmen unterrichten, die er entsprechend den Empfehlungen in der Stellungnahme der Kommission zu einem Ableitungsplan veranlassen will. Nach Erhalt einer Stellungnahme sollte der betreffende Mitgliedstaat der Kommission die Ableitungsgenehmigung übermitteln sowie spätere Änderungen zum Vergleich mit den Informationen in den allgemeinen Angaben, die der Kommissionsstellungnahme zugrunde gelegt hatten.

Bei allen anderen Tätigkeiten wird davon ausgegangen, dass sie nicht zu einer unter gesundheitlichen Gesichtspunkten signifikanten radioaktiven Kontamination eines anderen Mitgliedstaates führen, sofern die Kommission nicht in einem bestimmten Fall die Vorlage der allgemeinen Angaben verlangt. Für den Fall, dass ein Mitgliedstaat eine Änderung eines Planes zur Ableitung radioaktiver Stoffe plant, sind die entsprechenden Informationen der Kommission nicht vorzulegen, sofern eine Vorlage nicht verlangt wird, und keine neue Genehmigung oder Zulassung benötigt wird, oder wenn die Änderung des Planes zur Ableitung radioaktiver Stoffe unveränderte oder weniger strengere Genehmigungswerte und entsprechende Erfordernisse vorsieht als in dem bestehenden Plan, und die möglichen Folgen des Referenzunfalls unverändert oder geringer sind.

Falls die „allgemeinen Angaben" zu übermitteln sind, so hat dies mindestens sechs Monate, jedoch möglichst ein Jahr vor der Erteilung der Genehmigung der Ableitung radioaktiver Stoffe durch die zuständigen Behörden, oder vor Beginn der Tätigkeiten, für die keine Ableitungsgenehmigungen vorgesehen sind, oder für den Abbruch von Kernreaktoren oder Wiederaufbereitungsanlagen, wenn die vorgeschlagene Genehmigungswerte und entsprechenden Erfordernisse für die Ableitung radioaktiver Stoffe weniger streng sind als in dem Plan für die bestehende Anlage oder mögliche Folgen des Referenzunfalls schwerwiegender geworden sind, bevor eine entsprechende neue Genehmigung für die Ableitung radioaktiver Stoffe von zuständigen Behörden erteilt wird.[1035] Die Kommission ist berechtigt über die sonstigen Tätigkeiten allgemeine Angaben zu verlangen, diese spätestens sechs Monate nach Anforderung der Kommission zu übermitteln sind.

Die Mitgliedstaaten sind verpflichtet der Kommission alle notwendigen Informationen zu übermitteln.[1036]

Die Kommission setzte diese Regelungen in der Praxis zum Beispiel beim Standort Rossendorf,[1037] Dessel,[1038] Penly[1039] Golfech,[1040] TRIGA und Trillo,[1041] Biblis,[1042] Grundremmingen II KRB II,[1043] Cadarache,[1044] Philippsburg,[1045] Hinkley Point A,[1046]

1035 *Laenerts* sieht bei der Errichtung eines Kernkraftwerkes die Verpflichtung der Mitgliedstaaten, die Einjahresfrist einzuhalten, als bindend an (ELR 1988,166).

1036 Stellungnahme der Kommission vom 10. Dezember 2003 zum Plan für die Ableitung radioaktiver Stoffe aus der Stilllegung und dem vollständigen Rückbau des Forschungsreaktors TRIGA HD II und dem vollständigen Rückbau des stillgelegten und sicher eingeschlossenen Forschungsreaktors TRIAG HD I in Heidelberg, Baden-Württemberg (Bundesrepublik Deutschland) gemäß Artikel 37 Euratom-Vertrag, ABl Nr C 300 vom 11.12.2003, S 8.

1037 Siehe auch Stellungnahme der Kommission vom 27. Juni 2001 zu dem Plan zur Ableitung radioaktiver Stoffe aus dem Forschungsstandort Rossendorf im Land Sachsen in der Bundesrepublik Deutschland gemäß Artikel 37 des Euratom-Vertrags, ABl Nr C 204 vom 20.7.2001, S 9.

1038 90/626/Euratom: Stellungnahme der Kommission vom 23.November 1990 zum Plan für die Ableitung radioaktiver Stoffe aus der Brennelementenfertigungsanlage DEMOX-P1 in Dessel (Belgien), ABl Nr L 337 vom 4.12.1990, S 23.

1039 89/476/Euratom: Stellungnahme der Kommission vom 20. Juli 1989 über das Kernkraftwerk Penly, Block 1 und 2 (Frankreich), ABl Nr L 233 vom 10.8.1989, S 37.

1040 89/354/Euratom: Stellungnahme der Kommission vom 23. Mai 1989 über das Kernkraftwerk Golfech, Block 1 und 2 (Frankreich), ABl Nr L 150 vom 2.6.1989, S 25.

1041 89/82/Euratom: Stellungnahme der Kommission vom 16. Dezember 1988 über das Kernkraftwerk Trillo I (Spanien), ABl Nr L 32 vom 3.2.1989, S 28.

1042 2002/C297/02 Stellungnahme der Kommission vom 27. November 2002 zu dem Plan zur Ableitung radioaktiver Stoffe aus Änderungsarbeiten am Standort des Kernkraftwerks Biblis in der Bundesrepublik Deutschland, ABl Nr C 297 vom 29.11.2002, S 2.

1043 2003/C26/09, Stellungnahme der Kommission vom 29. Jänner 2003 zu dem Plan zur Ableitung radioaktiver Stoffe aus den Änderungsarbeiten am Standort des Kernkraftwerks Grundremmingen II KRB II in der Bundesrepublik Deutschland, ABl Nr C 26 vom 4.2.2003, S 13.

1044 2003/C182/07 Stellungnahme der Kommission zum Plan zur Ableitung radioaktiver Stoffe aus dem Bereich der Konditionierungs- und Lagerungseinrichtung für radioaktiver Abfälle CEDRA am Standort Cardarache Frankreich, ABl Nr C 182 vom 1.8.2003, S 24.

1045 2003/C238//02 Stellungnahme der Kommission vom 1. Oktober 2003 zu dem Plan zur Ableitung radioaktiver Stoffe aus Änderungsarbeiten am Standport des Kernkraftwerks Philippsburg (KKP) in der Bundesrepublik Deutschland, ABl Nr C 238 vom 4.10.2003, S 2.

1046 2003/C253/06 Stellungnahme der Kommission vom 20. Oktober 2003 zum Plan der Ableitung radioaktiver Stoffe aus dem Abbau des Kernkraftwerks Hinkley Point A im Vereinigten Königreich, ABl Nr C 253 vom 22.10.2003, S 7.

TRIGA,[1047] Bradwell,[1048] Cattenom,[1049] Hanau,[1050] Ignalia[1051] und Penly,[1052] Dampierre,[1053] Garigliano,[1054] Trino,[1055] SCK/CEN-Standort in Belgien,[1056] Jülich,[1057] Urenco Capenhurst Ltd,[1058] Flamanville (Block 3),[1059] Flamanville (Blöcke 1 und

1047 2003/C300/04 Stellungnahme der Kommission vom 10. Dezember 2003 zum Plan für die Ableitung radioaktiver Stoffe aus der Stilllegung und dem vollständigen Rückbau des Forschungsreaktors TRIGA HD II und dem vollständigen Rückbau des stillgelegten und sicher eingeschlossenen Forschungsreaktors TRIGA HD 1 in Heidelberg, Baden-Württemberg, ABl Nr C 300 vom 11.12.2003, S 8.
1048 2004/C18/03 Stellungnahme der Kommission vom 22.Jänner 2004 zum Plan der Ableitung radioaktiver Stoffe aus dem Abbau des Kernkraftwerks Bradwell im Vereinigten Königreich, ABl Nr C18 vom 23.1.2004, S 4f.
1049 2004/C256/04 Stellungnahme der Kommission vom 22.Juni 204 über den Plan zur Ableitung radioaktiver Stoffe infolge der Änderung der Genehmigung zur Ableitung flüssiger radioaktiver Stoffe aus dem Kernkraftwerk Cattenom in Frankreich, ABl NR C256 vom 16.10.2004, S 4.
1050 2007/C157/01 Stellungnahme der Kommission vom 9.Juli 2007 zum Plan zur Ableitung radioaktiver Stoffe aus dem Zwischenlager für radioaktive Abfälle des NCS in Hanau (Deutschland), ABl Nr C 157, S 1f.
1051 2007/C180/02 Stellungnahme der Kommission vom 1. August 2007 zum Plan zur Ableitung radioaktiver Stoffe infolge der Änderung des Systems für flüssige radioaktiver Ableitungen aus dem Kernkraftwerk Ignalia, ABl Nr C 180, S 2.
1052 2007/C311/01 Stellungnahme der Kommission vom 20.Dezember 2007 zum geänderten Plan zur Ableitung radioaktiver Stoffe aus dem Kernkraftwerk Penly (Frankreich) gemäß Artikel 37 des Euratom-Vertrages, ABl Nr C 311, S 1.
1053 2007/C 169/01 Stellungnahme der Kommission vom 19. Juli 2007 zum geänderten Plan zur Ableitung radioaktiver Stoffe aus dem Kernkraftwerk Dampierre (Frankreich) gemäß Artikel 37 des Euratom-Vertrages, ABl Nr. C 169, S 1.
1054 2007/C 251/01 Stellungnahme der Kommission vom 24. Oktober 2007 zum Plan zur Ableitung radioaktiver Stoffe aus der Stilllegung des Kernkraftwerks Gargliano in Italien gemäß Artikel 37 des Euratom-Vertrages, ABl Nr. C 251, S 1.
1055 2007/C 251/02 Stellungnahme der Kommission vom 24. Oktober 2007 zum Plan zur Ableitung radioaktiver Stoffe aus der Stilllegung des Kernkraftwerks Trino in Italien gemäß Artikel 37 des Euratom-Vertrages, ABl Nr. C 251, S 2.
1056 2008/C 114/02 Stellungnahme der Kommission vom 7. Mai 2008 zum Plan zur Ableitung radioaktiver Stoffe aus dem Abbau des BR3-Druckwasserreaktors (DWR) am SCK/CEN-Standort in Belgien, gemäß Artikel 37 Euratom-Vertrag, ABl Nr. C 114, S 2.
1057 2008/C 187/01 Stellungnahme der Kommission vom 18. Juli 2008 zum Plan zur Ableitung radioaktiver Stoffe aus dem Rückbau des Reaktors FJR-2 in Jülich in der Bundesrepublik Deutschland gemäß Artikel 37 des Euratom-Vertrages, ABl Nr. C 187, S 1.
1058 2008/C 196/01 Stellungnahme der Kommission vom 1. August 2008 zum Plan zur Ableitung radioaktiver Stoffe aus der Uranreicherungsanlage Urenco Capenhurst Ltd im Vereinigten Königreich gemäß Artikel 37 des Euratom-Vertrages, ABl Nr. C 196, S 1.
1059 2008/C 241/02 Stellungnahme der Kommission vom 19. September 2008 zum Plan zur Ableitung radioaktiver Stoffe aus dem EPR-Reaktor Flamanville (Block 3) in Frankreich gemäß Artikel 37 des Euratom-Vertrages, ABl Nr. C 241, S 7.

2),[1060] Agate-Behandlungsanlage,[1061] Cadarache (Jules Horowitz und Magenta-Lager),[1062] Civaux,[1063] Wylfa,[1064] Bohunice A-1,[1065] Joseé Cabrera,[1066] Bátaapáti,[1067] Chooz-B,[1068] Obrigheim,[1069] Chooz-A,[1070] Cadarache (STED),[1071] Cadarache (CABRI),[1072] Cadarache (Pegase-Cascad),[1073] Sellafield,[1074] Quotient Biore-

1060 2008/C 241/03 Stellungnahme der Kommission vom 19. September 2008 zum Plan zur Ableitung radioaktiver Stoffe aus dem EPR-Reaktor Flamanville (Blöcke 1 und 2) in Frankreich gemäß Artikel 37 des Euratom-Vertrages, ABl Nr. C 241, S 8.

1061 2008/C 322/02 Stellungnahme der Kommission vom 11. Dezember 2008 zum Plan zur Ableitung radioaktiver Stoffe aus der AGATE-Behandlungsanlage für flüssige Ableitungen in Frankreich gemäß Artikel 37 des Euratom-Vertrages, ABl Nr. C 322, S 2.

1062 2009/C 2/01 Stellungnahme der Kommission vom 22. Dezember 2008 zu den Plänen zur Ableitung radioaktiver Stoffe aus dem Forschungsreaktor JULES HOROWITZ und dem MAGENTA-Lager für spaltbare Materialien am Standort Cadarache in Frankreich gemäß Artikel 37 des Euratom-Vertrages, ABl Nr. C 2, S 1.

1063 2009/C 93/02 Stellungnahme der Kommission vom 21. April 2009 zum geänderten Plan zur Ableitung radioaktiver Stoffe aus dem Kernkraftwerk Civaux in Frankreich gemäß Artikel 37 Euratom-Vertrag, ABl Nr. C 93, S 2.

1064 2009/C 97/01 Stellungnahme der Kommission vom 27. April 2009 zum Plan zur Ableitung radioaktiver Stoffe aus der Stilllegung des Kernkraftwerkes Wylfa im Vereinigten gemäß Artikel 37 Euratom-Vertrag, ABl Nr. C 97, S 1.

1065 2009/C 131/01 Stellungnahme der Kommission vom 9. Juni 2009 zum Plan zur Ableitung radioaktiver Stoffe aus der zweiten Stilllegungsphase des Kernkraftwerks Bohunice A-1 in der Slowakischen Republik gemäß Artikel 37 Euratom-Vertrag, ABl Nr. C 131, S 1.

1066 2009/C 154/01 Stellungnahme der Kommission vom 6. Juni 2009 zum Plan zur Ableitung radioaktiver Stoffe aus dem Rückbau des Kernkraftwerks José Cabrera in Spanienj gemäß Artikel 37 Euratom-Vertrag, ABl Nr. C 154, S 1.

1067 2009/C 208/01 Stellungnahme der Kommission vom 2. September 2009 zum Plan zur Ableitung radioaktiver Stoffe aus dem nationalen Endlager für radioaktive Abfälle in Bátaapáti (Ungarn) gemäß Artikel 37 Euratom-Vertrag, ABl Nr. C 208, S 1.

1068 2009/C 251/01 Stellungnahme der Kommission vom 20. Oktober 2009 zum geänderten Plan zur Ableitung radioaktiver Stoffe aus dem Kernkraftwerk Chooz-B in Frankreich gemäß Artikel 37 Euratom-Vertrag, ABl Nr. C 251, S 1.

1069 2009/C 275/01 Stellungnahme der Kommission vom 10. November 2009 gemäß Artikel 37 Euratom-Vertrag zum Plan für die Ableitung radioaktiver Stoffe im Zusammenhang mit einer Änderung am Stanfort des Kernkraftwerk Obrigheim (KWO) in Deutschland, ABl Nr. C 275, S 1.

1070 2009/C 275/02 Stellungnahme der Kommission vom 12. November 2009 zum Plan zur Ableitung radioaktiver Stoffe aus dem Rückbau des Kernkraftwerks Chooz-A in Frankreich gemäß Artikel 37 Euratom-Vertrag, ABl Nr. C 275, S 2.

1071 2009/C 295/02 Stellungnahme der Kommission vom 30. November 2009 zum geänderten Plan zur Ableitung radioaktiver Stoffe aus der Abwasser- und Abfallbehandlungsanlage (STED) am Stanfort Cadarache in Frankreich gemäß Artikel 37 Euratom-Vertrag, ABl Nr. C 295, S 4.

1072 2009/C 301/01 Stellungnahme der Kommission vom 8. Dezember 2009 zum geänderten Plan zur Ableitung radioaktiver Stoffe aus der Anlage CABRI am Standort Cadarache in Frankreich gemäß Artikel 37 Euratom-Vertrag, ABl Nr. C 301, S 1.

search,[1075] Harwell International Business Centre,[1076] Brennilis,[1077] Pierrelatte,[1078] Olkiluoto,[1079] Garching,[1080] Tricastin,[1081] Malvési,[1082] Ignalina,[1083] Northamptonshire,[1084] Cumbria,[1085] Lancashire,[1086] Bohunice V-1,[1087] Aberdeenshire;[1088] Dounreay,[1089] Chinon,[1090] Penly.[1091]

1073 2009/C 303/01 Stellungnahme der Kommission vom 14. Dezember 2009 zum geänderten Plan zur Ableitung radioaktiver Stoffe aus der Anlage Pegase-Cascad am Standort Cadarache in Frankreich gemäß Artikel 37 Euratom-Vertrag, ABl Nr. C 303, S 1.

1074 2010/C 72/01 Stellungnahme der Kommission vom 19. März 2010 zum geänderten Plan zur Ableitung radioaktiver Stoffe aus der Magnox-Brennstoff-Handhabungsanlage am Standort Sellafield im Vereinigten Königreich gemäß Artikel 37 Euratom-Vertrag, ABl Nr. C 72, S 1.

1075 2010/C 94/01 Stellungnahme der Kommission vom 13. April 2010 zum Plan zur Ableitung radioaktiver Stoffe aus der Anlage von Quotient Bioresearch (Radiochemicals) Ltd. (Trident Park, Cardiff) im Vereinigten Königreich gemäß Artikel 37 Euratom-Vertrag, ABl Nr. C 94, S 1.

1076 2010/C 95/01 Stellungnahme der Kommission vom 14. April 2010 zum geänderten Plan zur Ableitung radioaktiver Stoffe aus dem Gebäude 443.26, gelegen im Harwell International Business Centre im Vereinigten Königreich und betrieben von General Electric Healthcare Ltd. (ehemals Amersham plc.), gemäß Artikel 37 Euratom-Vertrag, ABl Nr. C 95, S 1.

1077 2010/C 116/01 Stellungnahme der Kommission vom 4. Mai 2010 zum Plan zur Ableitung radioaktiver Stoffe aus dem endgültigen Abbau des Kernkraftwerks Brennilis in Frankreich gemäß Artikel 37 Euratom-Vertrag, ABl Nr. C 116, S 1.

1078 2010/C 192/01 Stellungnahme der Kommission vom 15. Juli 2010 zum Plan zur Ableitung radioaktiver Stoffe aus der Konversionsanlage COMURHEX II in Pierrelatte, Frankreich gemäß Artikel 37 Euratom-Vertrag, ABl Nr. C 192, S 1.

1079 2010/C 211/01 Stellungnahme der Kommission vom 28. Juli 2010 zum Plan zur Ableitung radioaktiver Stoffe aus dm EPR-Reaktor Olkiluoto (Block 3) in Finnland gemäß Artikel 37 Euratom-Vertrag, ABl Nr. C 211, S 1.

1080 2010/C 261/01 Stellungnahme der Kommission vom 27. September 2010 zum Plan zur Ableitung radioaktiver Stoffe aus der Stilllegung und dem Rückbau des Forschungsreaktors München (FRM) in Garching, Bundesrepublik Deutschland, gemäß Artikel 37 Euratom-Vertrag, ABl Nr. C 261, S 1.

1081 2010/C 282/02 Stellungnahme der Kommission vom 18. Oktober 2010 zum geänderten Plan für die Ableitung radioaktiver Stoffe aus der Anreicherungsanlage Georges Besse II am Standort Tricastin, Frankreich gemäß Artikel 37 Euratom-Vertrag, ABl Nr. C 282, S 2.

1082 2010/C 319/01 Stellungnahme der Kommission vom 23. November 2010 zum geänderten Plan für die Ableitung radioaktiver Stoffe aus der Konversionsanlage Comurhex II in Malvési, Frankreich gemäß Artikel 37 Euratom-Vertrag, ABl Nr. C 319, S 1.

1083 2010/C 349/01 Stellungnahme der Kommission vom 21. Dezember 2010 zum Plan zur Ableitung radioaktiver Stoffe aus dem Pufferlager für sehr schwach radioaktive Abfälle am Standort des Kernkraftwerkes Ignalina in Litauen gemäß Artikel 37 Euratom-Vertrag, ABl Nr. C 349, S 1.

1084 2011/C 6/01 Stellungnahme der Kommission vom 10. Jänner 2011 zum Plan zur Ableitung radioaktiver Stoffe aus dem Endlager East Northants für schwach radioaktive Abfälle in Northamptonshire, Vereinigtes Königreich, gemäß Artikel 37 Euratom-Vertrag, ABl Nr. C 6, S 1.

1085 2011/C 77/01 Stellungnahme der Kommission vom 10. März 2011 zum Plan für die Ableitung radioaktiver Stoffe aus dem Endlager Lillyhall für sehr schwach radioaktive Abfälle in Cumbria, Vereinigtes Königreich, gemäß Artikel 37 Euratom-Vertrag, ABl Nr. C 77, S 1.

Die Vorschriften des Kapitel III, zu denen auch Art 37 EA gehört, geben der Kommission relativ weitgehende Befugnisse zum Schutz der Bevölkerung und der Umwelt gegen die Risiken einer radioaktiven Verseuchung.[1092] Sinn und Zweck der Normen ist einen lückenlosen und wirksamen Gesundheitsschutz der Bevölkerung gegen die Gefahren durch ionisierende Strahlungen sicherzustellen, ungeachtet der Strahlungsquelle.[1093] In einem Teil der Lehre werden die Kompetenzen von Euratom im Bereich des Umweltschutzes restriktiv ausgelegt.[1094] Begründet wird dies, damit, dass lediglich der AEUV Kompetenzen im Bereich des Umweltschutzes einräumt. Dabei wird jedoch übersehen, dass der Schutz der Umwelt in mehreren Bestimmungen des EA zu finden ist, als auch im IAEA Beschluss der EuGH ausführte, dass zu den Aufgaben von Euratom auch der Umweltschutz gehöre.

Normzweck ist einerseits die Möglichkeit der Unterstützung eines Mitgliedstaates durch hochqualifizierte Sachverständige aus dem Bereich der Kommission als auch die Kenntnisnahme der Kommission über Maßnahmen und Arbeiten, um so einen Gesamtüberblick über die Nuklearwirtschaft in der gesamten Gemeinschaft zu

---

1086 2011/C 77/02 Stellungnahme der Kommission vom 10. März 2011 zum Plan für die Ableitung radioaktiver Stoffe aus dem Endlager Clifton Marsh für schwach radioaktive Abfälle in Lancashire, Vereinigtes Königreich, gemäß Artikel 37 Euratom-Vertrag, ABl Nr. C 77, S 3.

1087 2011/C 210/05 Stellungnahme der Kommission vom 15. Juli 2011 zum Plan für die Ableitung radioaktiver Stoffe aus der Stilllegung des Kernkraftwerkes Bohunice V-1 in der Slowakischen Republik gemäß Artikel 37 Euratom-Vertrag, ABl Nr. C 210, S 16.

1088 2011/C 212/05 Stellungnahme der Kommission vom 15. Juli 2011 zum Plan für die Ableitung radioaktiver Stoffe aus der Kesselsteinentfernungsanlage und dem Endlager für NORM (Stoneyhill) in Aberdeenshire, Schottland, Vereinigtes Königreich, gemäß Artikel 37 Euratom-Vertrag, ABl Nr. C 212, S 16.

1089 2011/C 374/02 Stellungnahme der Kommission vom 21. Dezember 2011 zum Plan für die Ableitung radioaktiver Stoffe aus der neuen Anlage für schwach radioaktive Abfälle neben der genehmigten kerntechnischen Anlage Dounreay in Schottland, Vereinigtes Königreich, gemäß Artikel 37 Euratom-Vertrag, ABl Nr. C 374, S 3.

1090 2011/C 373/01 Stellungnahme der Kommission vom 20. Dezember 2011 zum Plan für die Ableitung radioaktiver Stoffe in der ersten Rückbauphase des Reaktors A 3 des Kernkraftwerks Chinon in Frankreich gemäß Artikel 37 Euratom-Vertrag, ABl Nr. C 373, S 1.

1091 2011/C 374/01 Stellungnahme der Kommission vom 21. Dezember 2011 zum Plan für die Ableitung radioaktiver Stoffe aus dem ERP-Reaktor Penly (Block3) in Frankreich gemäß Artikel 37 Euratom-Vertrag, ABl Nr. C 374, S 1f.

1092 EuGH, U v 22.9.1988, RS 187/87, Saarland ua/Minister für Industrie ua, Slg 1988, 5013, Rn 11; EuGH, U v 10.12.2002, RS C-29/99, Kommission/Rat, Slg 2002, I-11221, Rn 79; *Cameron* The Revival of Nuclear Power: An Analysis of the Legal Implications, Journal of Enviromental Law 19 (2002), 75f.

1093 EuGH, U v 4.10.1991, RS C-70/88, Parlament/Rat, Slg 1991, I-4529, Rn 14; EuGH, U v 10.12.2002, RS C-29799, Kommission/Rat, Slg 2002, I-11221, Rn 80; ähnlich *Schroeder* DVBl 1996, 323.

1094 *Pelzer* Grundlagen und Entwicklung der Euratom, in Hans Werner Rengeling (Hrsg), Handbuch zum europäischen und deutschen Umweltrecht (EUDUR), 1998, Bd II, § 59 Rn 18.

bewahren.[1095] Der Mitgliedstaat ist jedoch nicht verpflichtet, der Stellungnahme der Kommission zu folgen,[1096] wobei eine Berücksichtigung im Entscheidungsfindungsprozess keinen Fehler darstellt.

F) Empfehlungen und Richtlinien betreffend der Radioaktivität

Neben den Grundnormen gemäß Art 31 EA kann die Kommission Empfehlungen betreffend den radioaktiven Gehalt der Luft, des Wassers und des Bodens abgeben. Bei Gefahr im Verzug ist die Kommission nach Art 38 EA verpflichtet,[1097] eine Richtlinie, mit der sie dem betreffenden Mitgliedstaat aufträgt, innerhalb einer von der Kommission festgesetzten Frist alle Maßnahmen zu treffen, um eine Überschreitung der Grundnormen zu vermeiden, und die Beachtung der Vorschriften zu gewährleisten. Als solche erforderliche Maßnahmen sind alle Schritte zur Begrenzung von Emissionen, Maßnahmen im Bereich des Katastrophenschutz, Einfuhr- und Vermarktungsverbote von kontaminierten Waren, Entseuchungsmassnahmen und dergleichen zu verstehen.[1098]

Der Mitgliedstaat ist hierauf verpflichtet, innerhalb der in der Richtlinie festgesetzten Frist mittels Gesetz entsprechende Normen zu erlassen, und diese auch durchzuführen. Eine bloße Änderung der Verwaltungsvorschrift oder eine Umsetzung von Berichten, oder Änderung der Verwaltungspraxis ist nicht ausreichend.[1099] Folglich müssen die Überwachungssysteme der Mitgliedstaaten und das Kontrollsystem der Kommission so beschaffen sein, dass die Kommission zu jeder Zeit für jeden Zeitraum und für jeden relevanten Ort in der Lage sein muss, sich von Anwendung der Grundnormen und ihrer Begleitvorschriften überzeugen zu können.[1100]

Ein Verstoß gegen die in der Richtlinie festgesetzte Frist berechtigt die Kommission unmittelbar und ohne Vorverfahren gemäß Art 258 AEUV den EuGH anzurufen. Alle anderen Mitgliedstaaten sind ebenfalls ohne entsprechendes Verfahren gemäß Art 259 AEUV berechtigt ebenfalls den EuGH anzurufen. Dieses Verfahren ist ein Ausnahmeverfahren und entbindet die Mitgliedstaaten nicht von der Einhaltung ihrer Verpflichtungen gemäß Art 37 EA.[1101]

1095 EuGH, U v 22.9.1988, RS 187/87, Saarland ua/Minister für Industrie ua, Slg 1988, 5013, Rn 14.

1096 EuGH, U v 22.9.1988, RS 187/87, Saarland ua/Minister für Industrie ua, Slg 1988, 5013, Rn 14.

1097 *Grunwald* Energierecht, 223 räumt der Kommission lediglich ein Recht ein.

1098 *Grunwald* EuR 1986, 334.

1099 EuGH U v 9.6.1993, RS C-95/92, Kommission/Italien, Slg 1993, I-3119, Rn 7.

1100 *Grunwald* EUR 1986, 330.

1101 EuGH, U v 22.9.1988, RS 187/87, Saarland ua/Minister für Industrie ua, Slg 1988, 5013, Rn 15.

G) Studiendokumentation

Unmittelbar nach Errichtung der GFS ist nach Art 39 EA im Rahmen dieser eine Studien- und Dokumentationsabteilung für Fragen des Gesundheitsschutzes errichtet worden.[1102] Dieses im Primärrecht verankerte Organ hat zur Aufgabe sämtliche Unterlagen betreffend der Grundnormen und der Umsetzung in den einzelnen Mitgliedstaaten, sämtliche Auskünfte über die Überwachung der Radioaktivität von Luft, Wasser und Boden, sowie die Ableitung radioaktiver Stoffe zu sammeln, zu dokumentieren, und die Kommission hierdurch bei der Erfüllung ihrer Aufgabe zu unterstützen.

16. Investitionen

A) Allgemeines

Zur Förderung von Investitionen ist die Kommission gemäß Art 40 EA verpflichtet, in regelmäßigen Abständen hinweisende Programme, insbesondere hinsichtlich der Ziele für die Erzeugung von Kernenergie und der im Hinblick hierauf erforderlichen Investitionen aller Art zu veröffentlichen. Vor Veröffentlichung eines solchen Programms holt die Kommission die Stellungnahme des Wirtschafts- und Sozialausschusses zu diesem Programm ein. Nach Art 41 EA sind Personen und Unternehmen, die zu den in Anhang II EA genannten Industriezweigen gehören, verpflichtet, der Kommission Investitionsvorhaben für neue Anlagen sowie für Ersatzanlagen und Umstellungen anzuzeigen. Die Art und der Umfang der Anzeigen bestimmen sich nach den Merkmalen, die der Rat auf Vorschlag der Kommission festlegt.

Die in Anhang II EA genannten Industriezweige sind in VO Nr. 4 zur Bestimmung der Investitionsvorhaben, die der Kommission gemäß Art 41 EA anzuzeigen sind, näher definiert.[1103] Mit VO 2587/EAG/99[1104] wurde die VO 4 aufgehoben und der aufgrund des Zeitablaufes geänderten Umstände aktualisiert.

1102 Adresse: SDME 10/78 B-1049 Brüssel.

1103 Verordnung Nr 4 zur Bestimmung der Investitionsvorhaben, die der Kommission gemäß Art 41 des Vertrages zur Gründung der Europäischen Atomgemeinschaft anzuzeigen sind, ABl Nr 17 v. 6.10.1958, S 417ff.

1104 Verordnung Nr 2587/EAG/1999 des Rates vom 2.12.1999 zur Bestimmung der Investitionsvorhaben, die der Kommission gemäß Art 41 des Vertrages zur Gründung der Europäischen Atomgemeinschaft anzuzeigen sind ABl 315/1 vom 9.12.1999, S 1 ff.

B) VO 2587/EA/99

Gemäß Art 1 VO sind Personen Unternehmen, die zu den in Anhang II des EAG aufgezählten Industriezweigen gehören, der Kommission innerhalb von drei Monaten vor Tätigung des Investitionsvorhabens dieses, falls es zur Schaffung einer Produktionskapazität, der Aufrechterhaltung der Produktionskapazität hinsichtlich Menge und Qualität, der unmittelbaren Steigerung der Produktionskapazität, der unmittelbaren Steigerung der Produktivität, sowie der Verbesserung der Qualität der Produktion sowie der Schaffung von Anlagen zur Entsorgung abgebrannter Brennstoffe oder radioaktiver Abfälle einschließlich Behandlung, Zwischen- oder Endlagerung und/oder Beseitigung dient. Anzeigepflichtig sind jedoch nur die Vorhaben, die ein gewisses Mindestvolumen übersteigen.[1105] Nach Art 1 Abs 2 sind Investitionsvorhaben zur Stilllegung von Anlagen lediglich mit einer Erklärung zu melden, die sich auf die wesentlichen Merkmale beschränken kann. Hierbei ist keine Erörterung der Kommission mit dem Antragsteller verbunden mit der Mitteilung der Auffassung der Kommission an den betreffenden Mitgliedstaat notwendig. Investitionsvorhaben zur Stilllegung von Anlagen, deren Kosten unter den Schwellenbeträgen des Anhanges liegen, können freiwillig gemeldet werden. In diesem Fall ist das Verfahren gemäß Art 43 EA ebenfalls nicht anzuwenden.

Das Verfahren gemäß Art 43 EA kommt auch dann nicht zur Anwendung, wenn die Vorhaben zur Errichtung neuer Anlagen und Kernreaktoren aller Typen und für jeglichen Zweck sowie Vorhaben für Ersatzanlagen, für Umstellungen, zur Modernisierung oder zur Leistungssteigerung solcher Anlagen unter den Schwellenbeträgen liegen und mittels freiwilliger Erklärung eine Meldung an die Kommission vorgenommen worden ist.

Gemäß Art 2 sind bei der Berechnung der genannten Kosten sämtliche mit der Durchführung der Investitionsvorhaben unmittelbar zusammenhängenden Ausgaben ungeachtet des Zeitpunktes der Aufwendung zu berücksichtigen. Nach Art 3 sind die Angaben an die Kommission der Gestalt, dass sämtliche notwendigen Angaben gemacht werden müssen, um eine Erörterung durchführen zu lassen. Durch diese VO wird die Kommission nicht ermächtigt, auf Basis dieser weitere Verordnungen zu erlassen.[1106]

1105 Finnland meldete der Kommission den Bau eines neuen Kernkraftwerks, welches 2005 zu Bauen begonnen wird. Dieser Neubau wurde von der Kommissarin de Palacio gewürdigt (IP/04/738 v 11.6.2004).

1106 EUG, U v 17.9.2007, RS T-240/04, Frankreich/Kommission, Slg 2007, II-4035, Rn 33.

c) VO 1209/2000

Mit VO 1209/EAG/2000[1107] wurde die oben genannte Verordnung 2587/EAG/1999[1108] ergänzt. Mit VO 1352/2003[1109] wurde die VO 1209/2000 ergänzt und neu benannt. Mit Urteil vom 17. September 2007 hob de EUG die VO 1352/2003 auf.[1110]

Gemäß Art 1 VO 1209/EAG/2000 wurde ein Formblatt, welches auf Papier oder elektronisch übermittelt werden kann, für die Anmeldung der Investitionsvorhaben geschaffen. Hierauf hat die Kommission unverzüglich den beteiligten Personen oder den Unternehmen dessen Empfang der Anzeige, welche mit diesem Formblatt eingebracht worden ist, anzuzeigen.

Weiters wurde die Verpflichtung der Anzeige der Investitionsvorhaben insofern präzisiert, dass diese auch für Personen und Unternehmen gilt, die zu den in Anhang II EA aufgestellten Industriezweigen gehören, und erstreckt sich auf alle innerhalb der Gemeinschaft errichteten oder zu errichtenden Anlagen; bei Unternehmen, die ihren Sitz außerhalb der Gemeinschaft haben, erfolgt die Anzeige ebenfalls durch die örtliche Direktion.

Um eine Doppelmeldung auszuschließen, bestimmt Art 3 der VO 1209/EAG/2000, dass im Falle einer Meldung gemäß Art 37 EA es ausreicht, einen Querverweis auf diese Meldung zu tätigen, in dem alle sonstigen Angaben gemäß dem Formblatt hinzugefügt sind.

Hierauf prüft die Kommission die Anzeige und nimmt hiezu Stellung. Für den Fall, dass die Kommission nach der Prüfung die Meinung vertritt, dass bei den angezeigten Investitionsvorhaben keine Bedenken hinsichtlich der Ziele des EA und dessen Einhaltung bestehen, stellt sie dies förmlich im Zuge einer Empfehlung fest und teilt ihren Standpunkt den beteiligten Mitgliedstaaten, Personen und Unternehmen mit. Falls jedoch Zweifel bestehen, leitet die Kommission ein umfassendes Prüfverfahren ein, um alle Gesichtspunkte der Investitionsvorhaben, die mit den Zielen des EA in Zusammenhang stehen, ausführlicher erörtern zu können. Die Empfehlung ist binnen zwei Monaten abzugeben, und das allfällige umfassende Prüfverfahren ebenfalls innerhalb dieses Zeitraums einzuleiten bzw. zu erfolgen. Der Beginn der zweimonatigen

---

1107 Verordnung 1209/EAG/2000 der Kommission vom 8.6.2000 über die Durchführungsbestimmungen für die in Artikel 41 des Vertrages zur Gründung der Europäischen Atomgemeinschaft vorgeschriebenen Anzeigen, ABl L Nr 138 vom 9.6.2000, S 12.

1108 Verordnung (Euratom) Nr 2587/1999 des Rates vom 2. Dezember 1999 zur Bestimmung der Investitionsvorhaben, die der Kommission gemäß Artikel 41 des Vertrags zur Gründung der Europäischen Atomgemeinschaft anzuzeigen sind, ABl Nr L 315 vom 9.2.1999, S 1.

1109 Verordnung (Euratom) Nr 1352/2003 der Kommission vom 23.Juli 2003 zur Änderung der Verordnung (EG) Nr 1209/2000 über die Durchführungsbestimmungen für die in Artikel 41 des Vertrages zur Gründung der Europäischen Atomgemeinschaft vorgeschriebenen Anzeigen, ABl Nr L 192 vom 31.7.2003, S 15.

1110 EUG, U v 17.9.2007, RS T-240/04, Frankreich/Kommission, ,Slg II-2007.

Frist wird ab dem Tag nach Einlangen der vollständigen Anzeige gerechnet. Es gilt die unwiderlegliche Annahme, dass die Anzeige als vollständig gilt, wenn die Kommission innerhalb von zwei Monaten nach Eingang dieser oder nach Eingang der von ihr – gegebenenfalls – angeforderten zusätzlichen Informationen keine weiteren Informationen anfordert. Falls die Kommission keine Empfehlung abgibt oder nicht innerhalb dieses Zeitraumes tätig geworden ist, gilt die Vermutung, dass das Investitionsvorhaben im Einklang mit den Zielen und Bestimmungen des EA steht.

Falls die Kommission nach Art 3 die Auffassung vertritt, dass die von der beteiligten Person oder Unternehmen vorgelegten Informationen über ein angezeigtes Informationsvorhaben unvollständig sind, so fordert sie alle sachdienlichen Auskünfte an. Die Kommission ist verpflichtet, gegebenenfalls den Empfang der angeforderten Informationen zu bestätigen. Falls die verlangte Auskunft innerhalb der von der Kommission festgesetzten Frist nicht oder nicht vollständig erteilt wird, so übermittelt die Kommission ein Erinnerungsschreiben, in dem sie eine zusätzliche Frist für die Auskunftserteilung festsetzt.

Nach Erhalt aller Informationen stellt gemäß Art 3c Abs 1 die Kommission den Sachverhalt fest und fasst die Rechtslage zusammen. Hierauf werden die beteiligten Personen und Unternehmen von der Kommission aufgefordert, hiezu eine Stellungnahme abzugeben und mit der Kommission innerhalb einer bestimmten Frist, die in der Regel nicht länger als zwei Monate ist, den Sachverhalt zu erörtern. Nach Art 3c Abs 2 wird dem Unternehmen und den beteiligten Personen empfohlen, das Investitionsvorhaben nicht durchzuführen, bevor die Kommission nicht ihre Empfehlung zu den Vorhaben abgegeben hat.

Falls nach Art 3d Abs 1 nach Erörterung und/oder Änderung des Vorhabens feststeht, dass das Investitionsvorhaben im Einklang mit den Bestimmungen des EA steht, protokolliert sie ihren Standpunkt durch eine Empfehlung, die den beteiligten Personen, Unternehmen und den Mitgliedstaaten mitgeteilt wird. Falls das Investitionsvorhaben nicht im Einklang mit den Zielen und Bestimmungen des EA steht, äußert sich die Kommission ebenfalls durch eine Empfehlung, die ebenfalls den oben genannten Personen zukommt.

Die Stellungnahme ist innerhalb von sechs Monaten nach Einleitung des umfassenden Prüfverfahrens abzugeben.

Nach Art 3e überprüft die Kommission die Maßnahme, die gemäß ihrer Empfehlung getroffen worden oder geplant sind, und erörtert diese ebenfalls mit den beteiligten Personen oder Unternehmen (Art 3e). Die Kommission kann nach Art 3f die angenommene Empfehlung widerrufen, wenn die Angaben, die den Ausschlag für ihre Empfehlung gegeben haben, falsch waren, nach dem sie den beteiligten Personen bzw. Unternehmen Gelegenheit gegeben hat, Anmerkungen vorzunehmen. Vor Widerruf der Empfehlung und Annahme einer neuen Empfehlung leitet die Kommission gemäß Art 3a Abs 3 ein umfassendes Prüfverfahren ein.

Mit Zustimmung der beteiligten Mitgliedstaaten, Personen und Unternehmen veröffentlicht die Kommission ihre angezeigten Investitionsvorhaben sowie die abgegebenen Empfehlungen. Die Kommission veröffentlicht weiters einen Jahresbericht, der die Durchführung ihrer Empfehlungen protokolliert sowie die Maßnahme, die im Hinblick auf die Stellungnahme der Kommission von den beteiligten Personen und Unternehmen ergriffen wurden. Falls notwendig werden die Bestimmungen über die Wahrung des Berufsgeheimnisses beachtet, wenn die Zustimmung nach Art 44 EA verweigert wird. Unter Wahrung des Berufsgeheimnisses sind nicht nur die gesetzlichen Verschwiegenheitsverpflichtungen (Rechtsanwälte, Steuerberater, Wirtschaftsprüfer), sondern auch Betriebsgeheimnisse zu verstehen.

Nach Art 4 die Durchführung von Änderungen der Investitionsvorhaben sind ebenfalls in gleicher Weise anzuzeigen.

D) Industriezweige nach Art 41 EA

Anhang II

Industriezweige, auf die in Artikel 41 des Vertrags Bezug genommen ist

1 Gewinnung von Uran- und Thoriumerzen
2 Konzentrierung dieser Erze
3 Chemische Aufbereitung und Raffinierung der Uran- und Thoriumkonzentrate
4 Aufbereitung der Kernbrennstoffe in jeglicher Form
5 Herstellung von Kernbrennstoffelementen
6 Herstellung von Uranhexafluorid
7 Erzeugung angereicherten Urans
8 Aufbereitung bestrahlter Brennstoffe zur Trennung aller oder eines Teils der darin enthaltenen Elemente
9 Herstellung von Reaktormoderatoren
10 Erzeugung von hafniumfreiem Zirkonium oder von Verbindungen hafniumfreien Zirkoniums
11 Kernreaktoren aller Typen und für jeglichen Zweck
12 Anlagen für die industrielle Aufbereitung radioaktiver Abfälle, die in Verbindung mit einer oder mehreren der in dieser Liste genannten Anlagen errichtet werden
13 Halbindustrielle Einrichtungen für die Vorbereitung des Baus von Anlagen, die unter die Ziffern 3 bis 10 fallen

Diese Liste kann gemäß Art 41 Abs 2 vom Rat auf Vorschlag der Kommission die zuvor die Stellungnahme des Wirtschafts- und Sozialausschusses geändert werden.[1111] Dies ist ein vereinfachtes Vertragsänderungsverfahren.[1112]

1111 Verordnung Nr 1 der Kommission zur Festlegung der Durchführungsbestimmungen für die in Art 41 des Vertrages vorgeschriebenen Anzeigen vom 5.1.1958, ABl S 5 11, und die VO Nr 4 zur

E) Verträge

Spätestens 3 Monate vor Abschluss des ersten Liefervertrages ist das bezeichnete Investitionsvorhaben vom Unternehmen der Kommission sowie dem betreffenden Mitgliedstaat mitzuteilen. Falls die Arbeiten nur mit Eigenmitteln des Unternehmens durchgeführt werden, ist spätestens 3 Monate vor Beginn der Arbeiten die entsprechende Mitteilung vorzunehmen.

Es steht jedoch dem Rat frei auf Vorschlag der Kommission eine Änderung der Fristen zu beschließen.

Nach Art 41 EA hat die Kommission mit den Personen und Unternehmen alle Gesichtspunkte der Investitionsvorhaben zu erörtern, die mit dem Ziel des EA in Zusammenhang stehen. Dazu gehören alle Bereiche der Sicherheit (Safety und Security), alle Fragen der Finanziellen Sicherheit sowie die Zusammenarbeit mit den nationalen Aufsichtsbehörden.

Die Kommission ist jedoch nicht berechtigt, durchsetzbare Beschlüsse zu fällen, ist jedoch in der Lage, entsprechenden sachlichen und politischen Druck auszuüben.[1113] Die Mitgliedstaaten werden von der Auffassung der Kommission unterrichtet. Bei grenznahen Nuklearanlagen kann auf diesen Weg, eine Einigung zwischen den Staaten erreicht werden, wobei ein Vertragsverletzungsverfahren nach Art 141 EA unzulässig ist.[1114]

Im Falle der Zustimmung der beteiligten Mitgliedstaaten, Personen und Unternehmen kann nach Art 44 EA die Kommission die ihr mitgeteilten Investitionsvorhaben veröffentlichen. Eine Veröffentlichung ohne ausdrückliche Zustimmung ist unzulässig.

17. Gemeinsame Unternehmen

A) Einleitung

Der EA enthält im Gegensatz zum AEUV eine Reihe von besonderen Organisationsermächtigungen.[1115] Das gemeinsame Unternehmen nach dem EA ist eine in der rechtswissenschaftlichen Literatur wenig bearbeitete Gesellschaftsform. Auch der EG enthielt Regelungen betreffend gemeinsamer Unternehmen auf primärrechtlicher Ebene. Auch im Bereich des AEUV- vormals EG- kam es zur Gründung gemeinsamer

Bestimmung der Investitionsvorhaben, die der Kommission gemäß Art 41 des Vertrages zur Gründung der Europäischen Atomgemeinschaft anzuzeigen sind, ABl Nr 17 v. 6.10.1958, S 417ff.

1112 *Grunwald* Energierecht, 196.

1113 *Laenerts* ELR 1988, 172.

1114 AM: *Laenerts* ELR 1988, 172.

1115 *Hilf* Die ,Organisationsstruktur der Europäischen Gemeinschaften, 87.

Unternehmen, nämlich der SESAR,[1116] des Gemeinsamen Unternehmens Brennstoffzellen und Wasserstoff,[1117] des Gemeinsamen Unternehmens Artemis zur Umsetzung einer gemeinsamen Technologieinitiative für eingebettete IKT-Systeme,[1118] des Gemeinsamen Unternehmens ENIAC,[1119]

„Die internationalen öffentlichen Unternehmen sind wie ein Kaleidoskop. Bei jeder kleinen Drehung ergeben sich verblüffende neue Bilder. Dieser ästhetische Reiz der vielfach gebrochenen Symmetrie scheint auf unsere Väter stärker gewirkt zu haben." Es ist es „relativ ruhig um diese Unternehmen geworden,[1120] obwohl weiterhin neue internationale öffentliche Unternehmen geschaffen werden, zuletzt das Tiefseebergbauunternehmen der Meeresbodenbehörde nach dem gerade in Kraft getretenen Seerechtsübereinkommen".[1121] „Das Konzept der (internationalen) öffentlichen Unternehmen hat eine andere Aufgabe. Es bestimmt die Fälle, in denen Handelspartner und Mitgesellschafter des Staats des gesellschaftsrechtlichen Schutzes oder Konkurrenten, die Marktgegenseite und Dritte des wirtschaftsrechtlichen Schutzes bedürfen. Gemeint sind Fälle, in denen sich der Staat selbst oder ein nationales öffentliches Unternehmen

1116 Verordnung (EG) Nr. 219/2007 des Rates vom 27. Februar 2007 zur Gründung eines gemeinsamen Unternehmens zur Entwicklung des europäischen Flugverkehrsmanagementsystems der neuen Generation (SESAR), ABl. Nr. L 064 vom 2.3.2007, S 1ff; Gemeinsames Unternehmen zur Entwicklung des europäischen Flugverkehrsmanagementsystems der neuen Generation (SESAR) * Legislative Entschließung des Europäischen Parlaments vom 18. November 2008 zu dem Vorschlag für eine Verordnung des Rates zur Änderung der Verordnung (EG) Nr. 219/2007 des Rates zur Gründung eines gemeinsamen Unternehmens zur Entwicklung des europäischen Flugverkehrsmanagementsystems der neuen Generation (SESAR) (KOM(2008)0483 — C6-0305/2008 — 2008/0159(CNS)), ABl. Nr. C 016 E vom 22.1.2010, S 79; Verordnung (EG) Nr. 1361/2008 des Rates vom 16. Dezember 2008 zur Änderung der Verordnung (EG) Nr. 219/2007 zur Gründung eines gemeinsamen Unternehmens zur Entwicklung des europäischen Flugverkehrsmanagementsystems der neuen Generation (SESAR), ABl. Nr. L 352 vom 31.12.2008 S 12ff.

1117 Verordnung (EG) Nr. 521/2008 des Rates vom 30. Mai 2008 zur Gründung des Gemeinsamen Unternehmens Brennstoffzellen und Wasserstoff Text von Bedeutung für den EWR, ABl. Nr. L 153 vom 12.6.2008, S 1ff; Gründung des gemeinsamen Unternehmens Brennstoffzellen und Wasserstoff * Legislative Entschließung des Europäischen Parlaments vom 20. Mai 2008 zu dem Vorschlag für eine Verordnung des Rates zur Gründung des gemeinsamen Unternehmens Brennstoffzellen und Wasserstoff (KOM(2007)0571 — C6-0446/2007 — 2007/0211(CNS)), ABl. Nr. C 279 E vom 19.11.2009, S 121ff.

1118 Verordnung (EG) Nr. 74/2008 des Rates vom 20. Dezember 2007 über die Gründung des Gemeinsamen Unternehmens Artemis zur Umsetzung einer gemeinsamen Technologieinitiative für eingebettete IKT-Systeme, ABl. Nr. L 030 vom 4.2.2008, S.52ff.

1119 Verordnung (EG) Nr. 72/2008 des Rates vom 20. Dezember 2007 über die Gründung des Gemeinsamen Unternehmens ENIAC, ABl. Nr. L 030 vom 4.2.2008, S 21ff.

1120 *Engel* Internationale öffentliche Unternehmen, RabelsZ 1995, 496; *F.A.Mann* Die juristische Person des Völkerrechts. Ein Beitrag zum Recht der internationalen Organisationen, ZHR 152 (1988), 303ff; mwN.

1121 Grundlage sind Art 170 und Annex IV der Seerechtskonvention vom 10.12.1982, ILM 1982, 1261; ebenso Engel, RabelsZ 1995, 496.

an einem ausländischen Unternehmen beteiligt, und Fälle, in denen ein Unternehmen auf der Grundlage eines völkerrechtlichen Vertrages errichtet wird".[1122] Auch durch Entscheidungen supranationaler Organe oder anderer völkerrechtlicher Entscheidungsgremien im Rahmen ihrer Kompetenz ist eine Gründung möglich.

„Der Rohstoffhandel der internationalen öffentlichen Unternehmen hat durch den Konkurs des Zinnrats traurige Berühmtheit erlangt. Diese Organisationen werden vor allem dann selbst unternehmerisch tätig, wenn ein buffer stock geschaffen wird, der von einem Manager der Organisation durch Preisstützungskäufe betrieben wird.[1123] Rechtsdogmatisch interessant ist die deutsch-französische Gesellschaft Saarlor, die den Vertrieb der Saar-Lothringischen Kohle übernommen hat, weil die Gesellschaft einen Doppelsitz in Straßburg und in Saarbrücken hat".[1124]

„Zahlreich sind auch die als internationale öffentliche Unternehmen organisierten Energieversorger. EUROATOM hat eine Versorgungsagentur und gemeinsame Unternehmen".[1125] „Die OECD hat als Reaktion auf die Erpressungsversuche der OPEC eine Internationale Energie-Agentur geschaffen," die „die Energieversorgung der Industrienationen in Krisenzeiten organisiert".[1126] Außerdem hat die OECD durch Treuhandschaftsunternehmen einen Schwerwasser-Siedereaktor in Halden/Norwegen und einen gasgekühlten Hochtemperatur-Reaktor in Winfrith Heath/Vereintes Königreich betreiben lassen.[1127]

Lediglich eine geringe Anzahl von Autoren haben sich mit dieser Gesellschaftsrechtsform auseinandergesetzt.[1128]

In der Praxis besteht eine große Anzahl an gemeinsamen Unternehmen. Gemeinsame Unternehmen sind unter anderem die Société Belgo-Francaise D'Energie Nucléaire Mosane (Semo)[1129] die Société D'énergie nucléaire franco-belge Ardennes (Sena), [1130] Kernkraftwerk RWE-Bayernwerk GmbH

1122 Engel RabelsZ 1995, 498.

1123 *Engel* RabelsZ 1995, 499.

1124 *Bärmann* Supranationale Aktiengesellschaft, AcP 156 (1957), 156ff; *Rolshoven/Jehne* Saarlor: Eine europäische Gesellschafts besonderen Rechts, FS-Aubin, 171ff; *Engel* RabelsZ 1995, 499.

1125 *Engel* RabelsZ 1995, 499.

1126 *Engel* RabelsZ 1995, 500; Einzelheiten bei *Steeg* Die internationale Energie-Agentur. Organisation und aktuelle Aufgaben, FS-Fabricius, 377ff.

1127 *Engel* RabelsZ 1995, 500.

1128 *Engel* Internationale öffentliche Unternehmen, RabelsZ 1995, 496; *F.A.Mann* Die juristische Person des Völkerrechts. Ein Beitrag zum Recht der internationalen Organisationen, ZHR 152 (1988), 303ff; mwN; *Libbrecht,* Entreprises à caractère juridiquement international; *Hilf* Die Organisationsstruktur der Europäischen Gemeinschaften, 94ff.

1129 74/590/Euratom Entscheidung des Rates vom 26. November 1974 über die Errichtung des Société Belgo-Francaise D'Energie Nucléaire Mosane (SEMO) als gemeinsames Unternehmen, ABl NR L 325 vom 5.12.1974, S 9.

1130 Entscheidung über die Errichtung des gemeinsamen Unternehmens „Société d'énergie nucléaire franco-belge des Ardennes" vom 9.10.1961, ABl Nr 65 vom 9.10.1961, 1173. Die

(KRB)[1131] sowie Hochtemperatur-Kernkraftwerk GmbH (HKG)[1132] und die Schnell-Brüter Kernkraftwerksgesellschaft mbH.[1133] Zuletzt wurde die ITER- Gesellschaft als gemeinsames Unternehmen geschaffen.[1134]

Gesellschaft wurde am 28.11.1958 zum Zweck des Betriebes eines Kernkraftwerkes im Department „des Ardennes“ nach französischem Recht gegründet. Mit Entscheidung des Rates wurden der Gesellschaft nicht nur Vergünstigungen gewährt, sondern es wurde auch der Gesellschaftsvertrag genehmigt. Mit Entscheidung des Rates vom 18.5.1987 zur Billigung einer Änderung der Satzung (Gesellschaftsvertrag) des gemeinsamen Unternehmens „Société d'énergie nucléaire franco-belge des Ardennes“, 87/297/Euratom, ABl Nr L 148 vom 9.6.1987, S 1 hat der Rat die Änderung des Gesellschaftsvertrages infolge der außerordentlichen Hauptversammlung des Unternehmens aufgrund der Änderung des französischen Aktiengesetzes wegen der Harmonisierung dieses Gesetzes aufgrund der zweiten Europäischen Richtlinie vorgenommen.

1131 88/350/Euratom Entscheidung über die Errichtung des gemeinsamen Unternehmens „Kernkraftwerk RWE-Bayernwerk GmbH“, ABl NR 93 vom 22.6.1963, S 1745 idgF.

1132 74/296/Euratom Entscheidung des Rates vom 4.6.1974, über die Gewährung von Vergünstigung an das gemeinsame Unternehmen Hochtemperatur-Kernkraftwerk GmbH (HKG), ABl Nr L 165 vom 20.6.1974, S 14. Aus den gemeinsamen Überlegungen geht hervor, dass es Zweck dieser Entscheidung war, ein Hochtemperatur-Kernkraftwerk für die Dauer von 25 Jahren mit einer Leistung von 300 Megawatt zu errichten. Die gewährten Vergünstigungen waren die Befreiung von der Kapitalverkehrssteuer, Befreiung von der Grunderwerbsteuer sowie von der Vermögenssteuer. Weiters war diese Gesellschaft von der Befristung für den Abzug des Verlustes nach EStG sowie GewStG befreit. Mit der Entscheidung des Rates vom 7.5.2002 über die Verlängerung des Statuts eines gemeinsamen Unternehmens für die Hochtemperatur-Kernkraftwerk GmbH (HKG), 2002/355/Euratom, ABl L 123 vom 9.5.2002, 53, wurde der Status der Gesellschaft als gemeinsames Unternehmen für die Dauer von 11 Jahren, gerechnet ab 1.1.2002, verlängert. Mit Entscheidung vom selben Tag (Entscheidung des Rates vom 7.5.2002 über die Aufrechterhaltung der Vergünstigung des gemeinsamen Unternehmens Hochtemperatur-Kernkraftwerk GmbH (HKG), 2002/356/Euratom, ABl Nr L 123 vom 9.5.2002, 54) dahingehend präzisiert, dass die Vergünstigungen unter der Bedingung gewährt werden, dass im Zuge der Stilllegung des Kraftwerkes sowie der Sicherung des Materials gewonnene Kenntnisse und Erkenntnisse der Kommission mitzuteilen sind. Der Status als gemeinsames Unternehmen wurde mit Beschluss des Rates vom 17. Juni 2011 verlängert; Beschluss des Rates vom 17. Juni 2011 über die Verlängerung des Status der Hochtemperatur Kernkraftwerk GmbH (HKG) als gemeinsames Unternehmen, 2011/362/Euratom, ABl Nr L 163 vom 23,6,22011, S 24. Mit Beschluss des Rates vom 17. Juni 2011 wurden die Vergünstigungen des gemeinsamen Unternehmens Hochtemperatur Kernkraftwerkt GmbH (HKG) aufrechterhalten. Beachtenswert ist, dass die Gesellschaft eine sehr weitgehende Informationspflicht gegenüber der Kommission hinsichtlich der erworbenen Erkenntnisse trifft (Art 2); Beschluss des Rates vom 17. Juni 2011 über die Aufrechterhaltung der Vergünstigungen des gemeinsamen Unternehmens Hochtemperatur-Kernkraftwerk GmbH (HKG), 2011/374/Euratom, ABl Nr L 168 vom 28.6.2011, S 8f.

1133 Mit 75/329/Euratom Entscheidung des Rates vom 20.5.1975 über die Errichtung der Schnell-Brueter-Kernkraftwerksgesellschaft mbH (SBK) als gemeinsames Unternehmen, ABl Nr L 152 vom 12.6.1975, S 8, wurde der Gesellschaftsvertrag genehmigt. Mit der Entscheidung des Rates vom 20.5.1975 über die Gewährung von Vergünstigungen an das gemeinsame Unternehmen Schnell-Brueter-Kernkraftwerksgesellschaft mbH (SBK), ABl Nr L 152 vom 12.6.1975, S 11, wurden der Gesellschaft Vergünstigungen gewährt. Mit Beschluss des Rates vom 17.11.1975 über die Billigung

B) Errichtung

Das gemeinsame Unternehmen basiert direkt auf dem europäischen Primärrecht, nämlich dem EA. Die Sitze der Unternehmen sind Deutschland, Belgien, Das Vereinigte Königreich und Frankreich.

In Folge der Bedeutung von gemeinsamen Unternehmen ist die Gründung eines solchen durch ein aufwendiges Verfahren vorgezeichnet. Gemäß Art 46 Abs 1 EA können die Kommission, ein Mitgliedstaat oder jede natürliche oder juristische Person einen Plan zur Errichtung eines gemeinsamen Unternehmens der Kommission vorlegen, welche diesen prüft. Die Sinnhaftigkeit und Zweckmäßigkeit wird durch die Einholung von Stellungnahmen der Mitgliedstaaten sowie aller öffentlicher und privater Stellen geprüft, die nach Auffassung der Kommission in der Lage sind, diese zu beraten. Hierauf übermittelt gemäß Art 46 Abs 2 EA die Kommission

der Änderung des Gesellschaftsvertrages des gemeinsamen Unternehmens Schnell-Brueter-Kernkraftwerksgesellschaft mbH (SBK), 75/725/Euratom, ABl Nr L 311 vom 1.12.1975, S 38, wurde die Änderung des Gesellschaftsvertrages – Kapitalien – genehmigt. Mit Entscheidung des Rates vom 22.11.1979 zur Billigung einer Änderung des Gesellschaftsvertrages des gemeinsamen Unternehmens Schnell-Brueter-Kernkraftwerksgesellschaft mbH (SBK), 79/1002/Euratom, ABl Nr L 308 vom 4.12.1979, S 21, wurde eine weitere Änderung des Gesellschaftsvertrages – Kapitalerhöhung – bewilligt. Mit Entscheidung des Rates vom 11.11.1980 zur Änderung der Entscheidung 75/328/Euratom über die Errichtung der Schnell-Brueter-Kernkraftwerksgesellschaft mbH (SBK) als gemeinsames Unternehmen, 80/1043/Euratom, ABl Nr L 307 vom 18.11.1980, S 25, wurde der Gesellschaftsvertrag hinsichtlich des Gesellschaftszweckes den geänderten Umständen angepasst. Mit Entscheidung des Rates vom 11.11.1980 zur Anpassung der steuerlichen Vergünstigungen für das gemeinsame Unternehmen Schnell-Brueter-Kernkraftwerksgesellschaft mbH (SBK), 80/1044/Euratom, ABl Nr L 307 vom 18.11.1980, S 26, wurden die diversen Vergünstigungen geändert und neu definiert.

1134 2007/198/Euratom Entscheidung des Rates vom 27.März 2007 über die Errichtung des europäischen gemeinsamen Unternehmens für den ITER und die Entwicklung der Fusionsenergie sowie die Gewährung von Vergünstigungen dafür, ABl Nr L 90 vom 30.3.2007, 58ff samt Satzung und Finanzordnung. Das Personal hat gemäß Art 1 lit b Entscheidung der Kommission Immunitäten und Vorrechte (2006/943/Euratom: Entscheidung der Kommission vom 17. November 2006 über die vorläufige Anwendbarkeit des Übereinkommens über die Gründung der Internationalen ITER-Fusionsenergieorganisation für die gemeinsame Durchführung des ITER-Projekts und des Übereinkommens über die Vorrechte und Immunitäten der Internationalen ITER-Fusionsenergieorganisation für die gemeinsame Durchführung des ITER-Projekts, ABl Nr L 358 vom 16.12.2006, S 60; 2008/72/Euratom: Beschluss der Kommission vom 22. November 2007 über den Abschluss von Abkommen in Form von Briefwechseln zwischen der Europäischen Atomgemeinschaft (Euratom) und der Schweizerischen Eidgenossenschaft (Schweiz) über die Anwendung des ITER-Übereinkommens, des Übereinkommens über die Vorrechte und Immunitäten für den ITER und des Abkommens über das breiter angelegte Konzept auf das Hoheitsgebiet der Schweiz und über die Mitgliedschaft der Schweiz im europäischen gemeinsamen Unternehmen für den ITER und die Entwicklung der Fusionsenergie, ABl. Nr. L 020 vom 24.1.2008, S 11ff.

dem Rat jeden Plan zur Errichtung eines gemeinsamen Unternehmens mit einer von der Kommission abgegebenen begründeten Stellungnahme. Für den Fall, dass eine solche Stellungnahme die Errichtung eines solchen gemeinsamen Unternehmens befürwortet, so ist in dieser gleichzeitig ein Vorschlag über den Standort, die Satzung, den Umfang und die Zeitfolge der Finanzierung, die etwaige Beteiligung der Gemeinschaft an der Finanzierung des gemeinsamen Unternehmens, die etwaige Beteiligung eines dritten Staates, eine zwischenstaatlichen Einrichtung oder eines Angehörigen eines dritten Staates an der Finanzierung oder Geschäftsführung des gemeinsamen Unternehmens sowie die vollständige oder teilweise Gewährung der im Anhang III dieses Vertrages genannten Vergünstigungen inkludiert. Weiters hat die Kommission einen detaillierten Bericht über den gesamten Plan vorzulegen.

Hierauf hat der Rat bei der Prüfung des Planes das Recht die Kommission um zusätzliche Auskünfte und Prüfungen zu ersuchen sofern dies für notwendig geachtet wird. Der Rat kann mit qualifizierter Mehrheit entgegen der Ansicht der Kommission die Auffassung vertreten, dass eine von der Kommission abgelehnte Errichtung eines gemeinsamen Unternehmens doch durchzuführen ist. In diesem Fall hat die Kommission dem Rat abermals einen Vorschlag samt einem eingehenden Bericht im Sinne der Ansicht des Rates vorzulegen.

Der Rat beschließt den Plan mit qualifizierter Mehrheit; Einstimmigkeit ist jedoch erforderlich, wenn eine Beteiligung der Gemeinschaft an einer Finanzierung des gemeinsamen Unternehmens vorliegt, oder eine Beteiligung eines dritten Staates, einer zwischenstaatlichen Einrichtung oder eines Angehörigen eines dritten Staates an der Finanzierung oder Geschäftsführung des gemeinsamen Unternehmens geplant ist.

„Gemeinsame Unternehmen" werden durch Errichtung eines Gesellschaftsvertrages nach dem jeweiligen nationalen Recht mit Beschluss des Rates gegründet.[1135] Nicht nur Neugründungen von Gesellschaften sondern auch die Erklärung bestehender Gesellschaften zu gemeinsamen Unternehmen sind mit umfasst.[1136] Fraglich ist, ob die Errichtung der Gesellschaft durch den Beschluss des Gesellschaftsvertrages erfolgt oder ob dies durch den Beschluss des Rates erfolgt (Konzessionssystem).[1137] Erst durch den Beschluss des Rates wird das gemeinsame Unternehmen geschaffen, sodass von einen Konzessionssystem bei der Schaffung von Gemeinsamen Unternehmen ausgegangen werden muss.

1135 Anders: *Ballreich* Die Europäische Atomgemeinschaft Euratom, ZAÖRV 1958, 48: „Für die Errichtung eines solchen Unternehmens müssen sehr eng gefasste Voraussetzungen erfüllt sein. Sie erfolgt gemäß Art. 49 durch Entscheidung des Rates auf Grund des vorbereitenden Verfahrens gemäß Art. 46 ff."

1136 *Hilf* Die Organisationsstruktur der Europäischen Gemeinschaften, 94.

1137 Zur Frage des Konzessionssystems: *Bärmann* AcP 156 (1957), 157f.

Die Gründung des JET[1138] 1978 schuf eine eigene Gesellschaftsform, die im Beschluss nicht näher definiert worden ist. Dabei wurde im Ratsbeschluss subsidiär englisches Recht nach dem damals geltenden Companies Act für anwendbar erklärt. Grundsätzlich ist jede in der EU zulässige Gesellschaftsform des Privatrechts – wahrscheinlich auch des öffentlichen Rechts – geeignet, Grundlage für ein gemeinsames Unternehmen zu sein.[1139]

Das Personalstatut der Gesellschaft wird entweder in dem Beschluss festgelegt, andernfalls ergibt sich dies aus dem Sitz der Gesellschaft.[1140]

Mit dem qualifizierten oder einstimmigen Beschluss des Rates, der im Amtsblatt veröffentlicht wird, ist das gemeinsame Unternehmen errichtet.[1141] Mit der Errichtung erhält das gemeinsame Unternehmen Rechtspersönlichkeit. Die Registrierung in den jeweiligen öffentlichen Registern hat nur deklarative Wirkung. Im Beschluss ist der Name und der Sitz sowie die Satzung samt einem entsprechenden Finanzplan festzustellen.

C) Europarechtliche Vorgaben

Das gemeinsame Unternehmen nach den Art 45ff EA ist die einzige europäische Gesellschaftsform, die primärrechtlichen Ursprungs ist, die anderen Gesellschaftsformen wie die EWIV,[1142] die SE,[1143] wurden alle durch Sekundärrecht geschaffen, welches seine Grundlage im AUEV hat. Die EWIV als auch die SE sind eigenständige

1138 78/471/Euratom Beschluss des Rates vom 30.5.1978 zur Errichtung des gemeinsamen Europäischen Unternehmens Joint European Torus (JET) Joint Undertaking, ABl. Nr. L 151 vom 7.6.1978, S.10.

1139 *Hilf* Organisationsstruktur der Europäischen Gemeinschaften, 95 mwN.

1140 *F.A. Mann* ZHR 152 (1988), 312; *Wolff* Internationales Privatrecht³, 121.

1141 Zuletzt: 2007/198/Euratom Entscheidung des Rates vom 27.März 2007 über die Errichtung des europäischen gemeinsamen Unternehmens für den ITER und die Entwicklung der Fusionsenergie sowie die Gewährung von Vergünstigungen dafür, ABl Nr L 90 vom 30.3.2007, 58ff samt Satzung und Finanzordnung. Das Personal hat gemäß Art 1 lit b Entscheidung der Kommission Immunitäten und Vorrechte (2006/943/Euratom: Entscheidung der Kommission vom 17. November 2006 über die vorläufige Anwendbarkeit des Übereinkommens über die Gründung der Internationalen ITER-Fusionsenergieorganisation für die gemeinsame Durchführung des ITER-Projekts und des Übereinkommens über die Vorrechte und Immunitäten der Internationalen ITER-Fusionsenergieorganisation für die gemeinsame Durchführung des ITER-Projekts, ABl Nr L 358 vom 16.12.2006, S 60.

1142 Verordnung (EWG) Nr. 2137/85 des Rates vom 25. Juli 1985 über die Schaffung einer Europäischen wirtschaftlichen Interessenvereinigung (EWIV), *ABl. L 199 vom 31.7.1985, S 1.*

1143 Verordnung (EG) Nr. 2157/2001 des Rates vom 8. Oktober 2001 über das Statut der Europäischen Gesellschaft (SE), ABl L Nr 294 v.10.11.2001, S 1.

Gesellschaftsformen, eigentlich eine Neuschaffung, die in der EU grundsätzlich einheitlich ist.[1144] Zulässig und in der Praxis schon angewendet ist, dass die im Ratsbeschluss aufgestellten gesellschaftsrechtlichen Regeln die nationalen gesellschaftsrechtlichen verdrängen.[1145]

D) Rechts-und Geschäftsfähigkeit

Gemäß Art 49 EA hat jedes gemeinsame Unternehmen Rechtspersönlichkeit. Da die Fragen der Rechts- und Geschäftsfähigkeit von juristischen Personen in jedem Mitgliedstaat anders geregelt werden kann, bestimmt Art 49 Abs 2 EA, dass ein gemeinsames Unternehmen die Rechts- und Geschäftsfähigkeit hat, die das jeweilige innerstaatliche Recht juristischen Personen weitestgehend zuerkennt. Ausdrücklich ist festgelegt, dass ein gemeinsames Unternehmen bewegliches und unbewegliches Vermögen erwerben sowie veräußern, sowie klagen und verklagt werden kann.

Für ein gemeinsames Unternehmen ist primär der EA bzw. seine Satzung anzuwenden. Subsidiär sind die gemeinschaftsrechtlichen Vorschriften samt deren nationalen Umsetzungen sowie das jeweilige nationale Recht anzuwenden; die Satzung kann jedoch auch auf innerstaatliche Rechte der Mitgliedstaaten ausdrücklich Bezug nehmen. Sofern keinerlei Regelungen vorgesehen sind, ist das Recht des Sitzstaates anwendbar.

Die Satzung bestimmt, die Vertretungsbefugnis der Organe, die Möglichkeit Handlungsvollmachten zu erteilen. Die Fragen hinsichtlich des Empfanges der Formen der Willenserklärung sowie Offensichtlichkeit der Vertretung richtet sich nach dem nationalen Recht.

E) Theoretische Überlegungen

Das gemeinsame Unternehmen ist wie oben dargestellt auf dem EA direkt basierend. Die Rahmenbedingungen sind der EA, der Beschluss des Rates sowie das jeweilige nationale Recht als subsidiäre Grundlage. Simma/Vedder bezeichnen sie als „plurinationale Rechtspersönlichkeit des Gemeinschaftsrechts“.[1146] Sie unterscheiden dabei zwischen den umgegründeten gemeinsamen Unternehmen, die dem Recht des Sitzstaates unterliegen, und den neugegründeten, die eine plurinationale Rechts-

1144 Der Autor verweist auf die Verweise bei SE auf das jeweilige nationale Recht, die somit eine nicht unerhebliche Rechtsunsicherheit verursacht hat.

1145 *Hilf* Die Organisationsstruktur der Europäischen Gemeinschaften, 95 ff mwN.

1146 *Simma/Vedder* in Grabitz/Hilf, EGV, Art 211 Rn 6.

persönlichkeit des Gemeinschaftsrechts ist.[1147] Als Beispiel führen sie das Unternehmen JET an.[1148]

Engel hat sich als einziger mit den theoretischen Grundlagen des internationalen öffentlichen Unternehmens auseinandergesetzt.[1149] Diese Unternehmen waren das Vorbild für das gemeinsame Unternehmen nach dem EA. Er stellt klar, dass das Bild der Gesellschaften bunt ist. An manchen Unternehmen sind nur Staaten beteiligt, an anderen öffentliche nationale Institutionen. Weiters bestehen gemischtwirtschaftliche Gebilde als auch solche, die nur private Gesellschafter haben.[1150] Wie oben schon erwähnt, erfolgt die Gründung zumeist durch eine völkerrechtlichen Vertrag oder eine bi- oder multilaterale oder supranationale Entscheidung. „Sonderfragen entstehen auch, wenn lediglich die Betriebsführung internationalisiert wird, die betriebene Anlage dagegen vollständig unter der Hoheit des Sitzstaats verbleibt. Beispiele sind die erwähnten Reaktoren in Halden und Winfrith Heath. Dann spricht viel dafür, das gesamte Geschehen in völkerrechtlicher wie privatrechtlicher Hinsicht dem Sitzstaat zuzurechnen. Die auswärtigen Anteilseigner der Betriebsgesellschaft werden allenfalls durch einzelne Privilegien geschützt.[1151] Engel releviert die Frage, welches nationale Gesellschaftsrecht als auch welches sonstige nationale Wirtschaftsrecht Anwendung findet.[1152] In der Regel sind Antworten auf diese Fragen in den Gründungsakten nicht zu finden gewesen.

Der Fall Eurochemic[1153] ist nach Engel ein Musterfall, um die offenen Fragen zu klären. Engel kommt zum Schluss, dass das internationale öffentliche Unternehmen ein Unternehmen sui generis sei, welches eine eigene Rechtsordnung schaffe.[1154]

Richtig ist vielmehr die These, dass es sich um dabei um nationale Gesellschaften handelt, die einen völkerrechtlichen oder supranationalen Einschlag haben.[1155] Im Sinne einer geschlossenen Rechtsordnung mit der Gliederung in Nationalstaaten, internationale Organisationen als auch natürlichen oder juristischen Personen, die einem Nationalstaat zugerechnet werden, kann es keine juristischen Gebilde geben, die nicht in dieses bestehende herrschende Schema passen. Eine juristische Person wird dem Staat zugerechnet, in welchem sie registriert oder ihren Verwal-

---

1147 *Simma/Vedder* in Grabitz/Hilf, EGV, Art 211 Rn 6.

1148 78/471/Euratom Beschluss des Rates vom 30.5.1978 zur Errichtung des gemeinsamen Europäischen Unternehmens Joint European Torus (JET) Joint Undertaking, ABl. Nr. L 151 vom 7.6.1978, S.10.

1149 *Engel* Internationale öffentliche Unternehmen, RabelsZ 1995, 495ff.

1150 *Engel* RabelsZ 1995, 503.

1151 *Engel* RabelsZ 1995, 505.

1152 *Engel* RabelsZ 1995, 505.

1153 Zum Sachverhalt *Engel* RabelsZ 1995, 506ff.

1154 *Engel* RabelsZ 1995, 511ff.

1155 *Beitzke* Zivilrechtsfähigkeit von auf Staatsvertrag beruhenden internationalen Organisationen und juristischen Personen, in BerDGV 9 (1969), 91ff mwN.

tungssitz hat.[1156] Dieser Staat gibt auch das jeweils anzuwendende Gesellschaftsrecht vor, es ist denkbar, dass es hierbei zu Kollisionen kommt, wobei dabei nicht am System gerüttelt wird. Bei Gesellschaften mit Doppelsitzen, wie die Saarlor, muss im Gründungsakt festgelegt werden, welches nationales Recht schlussendlich Anwendung findet, ansonsten muss aus den faktischen Gegebenheiten gefunden werden, zu welchen Staat die größte Nahebeziehung herrscht.

Das gemeinsame Unternehmen nach dem EA kann in verschiedenen Gesellschaftsformen bestehen. Die GmbH als auch die AG sind möglich und praktisch relevant. Wenn die Voraussetzungen vorliegen, kann auch eine SE gegründet werden. Nichts spricht auch gegen eine durch den nationalen Gesetzgeber abgeänderte Version einer Gesellschaftsform, wenn so ein gemeinsames Unternehmen geschaffen wird.[1157]

F) Liquidation

Die Gesellschaft kann einerseits durch eine Fusion mit Gesamtsrechtsnachfolge untergehen, andererseits kann sie auch liquidiert werden. Für die Liquidation ist einerseits ein Beschluss der Gesellschafter in der satzungsmäßigen Art und Weise erforderlich, andererseits ist auch die Genehmigung des Rates erforderlich. Die Bestellung der Liquidatoren erfolgt ebenfalls durch den Rat, der Beschluss wird veröffentlicht im Amtsblatt.

Der Beschluss der Liquidation wird ebenfalls im Amtsblatt veröffentlicht.[1158]

1156 Die damit verbundene Frage der Anwendung der Sitz- oder Gründungstheorie wird hier nicht näher nachgegangen.

1157 Entscheidung über die Errichtung des gemeinsamen Unternehmens „Societé d'énergie nucléaire franco-belge des Ardennes" vom 9.10.1961, ABl Nr 65 vom 9.10.1961, 1173. Die Gesellschaft wurde am 28.11.1958 zum Zweck des Betriebes eines Kernkraftwerkes im Department „des Ardennes" nach französischem Recht gegründet. Mit Entscheidung des Rates wurden der Gesellschaft nicht nur Vergünstigungen gewährt, sondern es wurde auch der Gesellschaftsvertrag genehmigt. Mit Entscheidung des Rates vom 18.5.1987 zur Billigung einer Änderung der Satzung (Gesellschaftsvertrag) des gemeinsamen Unternehmens „Société d'énergie nucléaire franco-belge des Ardennes", 87/297/Euratom, ABl Nr L 148 vom 9.6.1987, S 1 hat der Rat die Änderung des Gesellschaftsvertrages infolge der außerordentlichen Hauptversammlung des Unternehmens aufgrund der Änderung des französischen Aktiengesetzes wegen der Harmonisierung dieses Gesetzes aufgrund der zweiten Europäischen Richtlinie vorgenommen.

1158 Siehe zB Auflösung des gemeinsamen Unternehmens JET (Joint European Torus) (2002/C 16/08) JET ist ein gemeinsames Unternehmen im Sinne des Titels II, Kapitel 5, Euratom-Vertrag und wurde durch den Beschluss 78/471/Euratom des Rates ins Leben gerufen. Die Satzung des JET wurde mit demselben Beschluss verabschiedet und zuletzt mit Beschluss 98/585/Euratom des Rates geändert, in dem das Gemeinsame Unternehmen JET bis zum 31. Dezember 1999 verlängert wurde. Euratom, vertreten durch die Europäische Kommission, ist eines der 18 Mitglieder des

G) Wirkung des Beschlusses des Rates

Der Beschluss des Rates ist eine gemäß Art 263 AEUV anfechtbare.

In den Art 45ff EA ist das Verfahren geregelt. Voraussetzung für die Errichtung eines gemeinsamen Unternehmens ist nach Art 46 EA ein Plan, der von der Kommission, einem Mitgliedstaat oder einer anderen Stelle ausgeht. Dieser Plan wird bei der Kommission eingebracht. Nach Art 46 Abs 2 EA ist die Kommission verpflichtet eine Stellungnahme der Mitgliedstaaten, sowie aller öffentlicher und privater Stellen einzuholen, die nach ihrer Auffassung in der Lage sind, ihr Aufschlüsse zu erteilen. Die Kommission hat somit ein Ermessen, zu entscheiden, wer zur Abgabe einer Stellungnahme eingeladen wird. Hierbei ist jedoch zu beachten, dass grundsätzlich alle Mitgliedstaaten berechtigt sind, eine Stellungnahme abzugeben. Übrige öffentliche Stellen sind einerseits Aufsichtsbehörden, oder nationale Behörden, die im Genehmigungsverfahren aufgrund anderer Vorschriften als die gemäß EA Beschlüsse zu treffen haben. Falls geplant ist, dass dem gemeinsamen Unternehmen die Privilegien gemäß Anhang III zuerkannt werden, müssen auch diejenigen öffentlichen Behörden zur Stellungnahme eingeladen werden, die von den Privilegien – den Steuerbefreiungen – betroffen sind. Der Begriff „private Stellen" ist nicht definiert. Ausgeschlossen davon sind NGOs als auch natürliche oder juristische Personen, die in anderen Genehmigungsverfahren Parteistellung haben. Unter privaten Stellen können auch im Hinblick auf die Privilegierung gemäß Anhang III auch Konkurrenzunternehmen zu verstehen sein. Begründet kann dies damit werden, dass die in Anhang III dargestellten Privilegierungen wirtschaftlich als Beihilfen im Sinne des AEUV zu werten sind. Diese Beihilfen, die primärrechtlich fundiert sind, führen zu einer Veränderung der Wettbewerbssituation.

---

gemeinsamen Unternehmens. Das Gemeinsame Unternehmen JET endete am 31. Dezember 1999 nach Ablauf des für seine Dauer festgesetzten Zeitraums und wurde gemäß Artikel 21 seiner Satzung aufgelöst. Der JET-Rat bestellte am 1. Januar 2000 Anthony Raymond Houghton und John David Ariel von HLB Kidsons, Enterprise House, 83a Western Road, Hove, East Sussex, BN3 1 LJ als Liquidatoren zur Abwicklung des Verfahrens zur Auflösung des Gemeinsamen Unternehmens. Am 15. Februar 2000 und am 31. März 2001 veröffentlichte die Kommission bereits Mitteilungen zur Auflösung des JET (2000/C 42/09 und 2001/C 102/13).
Der JET-Rat beschloss auf seiner letzten Sitzung am 14. Dezember 2001,
- die Liquidatoren anzuweisen, überschüssige Mittel im Einklang mit Artikel 21 Absatz 6 der JET-Satzung auf die Mitglieder zum Zeitpunkt der Auflösung aufzuteilen,
- die Liquidatoren anzuweisen, dem Vorsitzenden des JET-Rates den Abschluss dieser Aufteilung mitzuteilen,
- die Liquidatoren zu entlasten und das Gemeinsame Unternehmen JET mit Wirkung vom Zeitpunkt des Abschlusses der Aufteilung der überschüssigen Mittel aufzulösen.

Der Vorsitzende des JET-Rates bestätigte am 20. Dezember 2001 den Abschluss der Aufteilung der überschüssigen Mittel auf die Mitglieder. Die Liquidatoren werden daher entlastet. Das Gemeinsame Unternehmen wird hiermit gemäß Artikel 21 Absatz 6 seiner Satzung aufgelöst.

Aufgrund der eingeholten Stellungnahmen übermittelt die Kommission dem Rat den Plan zur Errichtung des gemeinsamen Unternehmens mit einer entsprechenden Begründung. Diese Mitteilung des Rates umfasst Vorschläge über den Standort, die Satzung, den Umfang und die Zeitfolge der Finanzierung, die etwaige Beteiligung der Gemeinschaft an der Finanzierung des gemeinsamen Unternehmens, die etwaige Beteiligung eines dritten Staates einer zwischenstaatlichen Einrichtung oder eines Angehörigen eines dritten Staates an der Finanzierung oder Geschäftsführung des gemeinsamen Unternehmens, sowie die vollständige oder teilweise Gewährung der in Anhang III genannten Vergünstigungen. Diesen Vorschlägen und dem Plan ist ein eingehender Bericht anzuschließen, der den entsprechenden Stellungnahmen der Mitgliedstaaten sowie aller öffentlichen und privaten Stellen enthält.

Der Rat kann die Kommission um zusätzliche Auskünfte und Prüfungen ersuchen, falls er diese als notwendig erachtet. Falls der Rat mit qualifizierter Mehrheit zur Auffassung gelangt, dass ein von der Kommission mit ablehnender Stellungnahme übermittelter Plan trotzdem durchzuführen ist, hat die Kommission dem Rat die Vorschläge und den eingehenden Bericht vorzulegen. Im Falle einer günstigen Stellungnahme beschließt der Rat mit qualifizierter Mehrheit den Vorschlag der Kommission. Einstimmigkeit ist jedoch erforderlich, wenn die Beteiligung der Gemeinschaft an der Finanzierung des gemeinsamen Unternehmens vorgesehen ist oder falls eine Beteiligung eines dritten Staates einer zwischenstaatlichen Einrichtung oder eines Angehörigen eines dritten Staates an der Finanzierung oder Geschäftsführung des gemeinsamen Unternehmens geplant ist. Der Begriff „Finanzierung durch die Gemeinschaft“ ist weit auszulegen. Damit ist nicht nur die direkte Finanzierung durch die Gemeinschaft, sondern und solche durch ausgegliederte Gemeinschaftsagenturen zu verstehen, auch wenn eine Garantie, Bürgschaft oder sonstige direkte oder indirekte finanzielle Unterstützung der Gemeinschaft vorliegt. Die gleiche Art und Weise gilt, wenn Finanzierungen durch Drittstaaten, zwischenstaatliche Organisationen, juristischen oder natürlichen Personen, die nicht Angehörige der Gemeinschaft oder ihren Sitz in der Gemeinschaft haben. Dies umfasst auch die unmittelbare anteilsmäßige Beteiligung. Unter „Geschäftsführung“ ist einerseits die Ausübung der Funktion eines Geschäftsführers zu verstehen, andererseits auch die durch Gesetz oder Vertrag oder durch entsprechende Mehrheitsverhältnisse bestehende Möglichkeit der Beeinflussung der Geschicke der Gesellschaft durchaus Ausübung der Gesellschafterrechte.

Ebenso ist nach Art 48 EA der Rate jedoch nur durch einstimmigen Beschluss auf Vorschlag der Kommission berechtigt, die in Anhang III genannten Vergünstigungen auf jedes gemeinsame Unternehmen ganz oder teilweise in Anwendung zu bringen. Die Mitgliedstaaten sind in ihrem Bereich verpflichtet, diese Vergünstigung umzusetzen.

H) Nationalstaatliche Regelungen

Bei den gemeinsamen Unternehmen finden nationalstaatliche Regelungen im Bereich des Gesellschaftsrechts Anwendung. Auch die Fragen der Arbeitnehmermitbestimmung sind nationalstaatlich geregelt. Der EA enthält keine spezifischen gesellschaftsrechtlichen Normen, die Gründungsväter haben somit die verschiedenen nationalen Gesellschaftsrechte akzeptiert. Durch die Erlassung der verschiedenen EU-Gesellschaftsrichtlinien kam es auch im Gemeinschaftsrecht in gewissen Bereichen zu einer Vereinheitlichung,[1159] die jedoch ebenfalls einer nationalen Umsetzung bedurfte. Diese Normen sind auf Grund der Kompetenzen des EGV (nunmehr AEUV) geschaffen worden. Eine Kompetenz des EA für die Schaffung allgemeiner gesellschaftsrechtlicher Regelungen besteht nicht, auch eine Herleitung aus den Bestimmungen über das gemeinsame Unternehmen ist nicht möglich, die Schaffung spezifischer Regelungen das gemeinsame Unternehmen betreffend ist zulässig. In diesem Fall darf der Beschluss kein neues Gemeinschaftsrecht, auch eingeschränkt auf eine einzige Gesellschaft nicht schaffen. Die Kompetenz zur Schaffung eines gemeinsamen Unternehmens basierend auf dem EA ist sehr eingeschränkt.

Die Frage des Vorrangs des Gemeinschaftsrechts gegenüber dem nationalen Recht ist schon sehr früh im Bereich des EGV (nunmehr AEUV) geklärt worden.[1160] Im Beschluss aus 1978 (IAEO) bestätigte der EuGH, dass das Recht des EA im Anschluss an diese Rechtsprechung und die AETR Rechtsprechung[1161] den Vorrang und die unmittelbare Anwendbarkeit des Gemeinschaftsrechts im innerstaatlichen Rechtsbereich besitzt.[1162] Es kann jedoch als unumstritten angesehen werden, dass diese Regeln auch für den Bereich des EA volle Anwendung finden, da der EGV (nunmehr AEUV) als auch der EA als römische Verträge gleichrangig und gleichwertig zur Schaffung eines jeweils besonderen gemeinsamen Marktes sind. Da der EA für das gemeinsame Unternehmen keine besonderen gesellschaftsrechtlichen Vorgaben kennt, kommt das nationale Gesellschaftsrecht zur Anwendung.

Bei der Gründung – dies gilt auch für gesellschaftsvertraglich Änderungen kann der Rat jedoch beschließen, dass bestimmte Regeln oder dass bestimmte statutarische Bestimmungen anzuwenden sind. In diesem Fall ist zu prüfen, ob der Rat hierfür die Kompetenz hat, und somit kein Verstoß gegen das Gemeinschaftsrecht vorliegen kann. Das nationale Gesellschaftsrecht setzt sich einerseits aus den umgesetzten gemeinschaftsrechtlichen Bestimmungen,[1163] aus den gesellschaftsrechtli-

---

1159 Näheres hiezu bei *Schwarz* Europäisches Gesellschaftsrecht; *Grünwald* Europäisches Gesellschaftsrecht.

1160 EuGH, U v 15.7.1964, RS 6/64, Costa/Enel, Slg 1964, 1251.

1161 EuGH, U v 31.3.1971, RS 22/70, Kommission/Rat (AETR), Slg 1971, 263.

1162 EuGH, B v 14.11.1978, RS 1/78, IAEO, Slg 1978, 2151.

1163 Näheres bei *Schwarz* und *Grünwald* aaO.

chen VO, sowie aus den eigenen nationalen Bestimmungen zusammen. Eine Änderung dieser Normen auch im Einzelfall ist unzulässig.

l) Rechte der Gesellschafter

Die Rechte der Gesellschafter sind in den jeweiligen nationalen Rechten sowie bei den Gesellschaften, die auf Gemeinschaftsnormen basieren (SE), gesetzlich geregelt. Innerhalb dieses Rahmens beschließen die Gesellschafter in den Gesellschaftsverträgen oder Satzungen im Detail die für sie geltenden Regeln.

Beim gemeinsamen Unternehmen beschließt der Rat die Satzung/Gesellschaftsvertrag auf Antrag der Kommission. Solange die beschlossene Satzung mit dem jeweiligen nationalen Gesellschaftsrecht in Einklang steht, ist dies unproblematisch. Falls die vom Rat beschlossene Satzung im Widerspruch zum nationalen Gesellschaftsrecht steht, so stellt sich die Frage, ob die Gesellschaft rechtsgültig gegründet, geändert oder liquidiert worden ist. Der Vorrang des Gemeinschaftsrechts ist seit dem Urteil Costa/Enel unbestritten.[1164] Zur der Verletzung von nationalen Recht durch das Gemeinschaftsrecht hat der EuGH eine erhebliche Anzahl von Urteilen[1165] gefällt, dass aus dem Subsidiaritätsgrundsatz die Union[1166] nur eine Kompetenz zur Regelung von den Angelegenheiten hat, die von der Union nicht geregelt werden kann. Außerdem kann die Gemeinschaft nicht ohne zwingende Notwendigkeit auch in einer Entscheidung über das nationale Gesellschaftsrecht eingreifen.

Grundsätzlich dürfen nationale Behörden oder Gerichte Entscheidungen von Gemeinschaftsorganen nicht selbst auf ihre Rechtsmäßigkeit prüfen. Der EuGH hat mehrfach entschieden, dass Beschlüsse der Kommission oder des Rates von den nationalen Behörden akzeptiert werden müssen, und eine Überprüfung nur durch eine Entscheidung des EuGH – vor allem im Wege der Vorabentscheidung – rechtens sei.

In diesem Fall kann der Sachverhalt jedoch anders gelagert sein. Es liegt ein Beschluss des Rates vor, die gegen nationales und somit nicht primär gegen Gemeinschaftsrecht verstößt. Aus der Aufteilung der Aufgaben zwischen Gemeinschaft – gleichgültig ob nach dem EA oder AEUV – ist sehr wohl ein Verstoß gegen das Gemeinschaftsrecht anzunehmen, da der Rat gegen die Kompetenzverteilung verstoßen hat, und somit diese nach den Bestimmungen des Art 263 AEUV mittels Nichtigkeitsklage direkt beim EuGH bekämpfbar ist, in eventu über ein Vorabentscheidungsverfahren nach Art 267 AEUV, bei dem das vorlegende Gericht den EuGH ersuchen kann, den fraglichen Beschluss aufzuheben.

1164 EuGH, U v 15.7.1964, RS 6/64, Costa/Enel, Slg 1964, 1251.

1165 EuGH, U v 8.6.2010, RS C-58/08, Vodafone ua; EuGH, U v 9.3.2010, RS C-518/07, Kommission/Deutschland; EuGh, U v 22,5.2003, RS C-103/01, Kommission/Deutschland, Slg 2003, I.

1166 Heute Art 5 EUV.

J) Änderungen der Struktur

Nach Art 50 EA werden die Satzungen der gemeinsamen Unternehmen gegebenenfalls nach den darin vorgesehenen besonderen Vorschriften geändert. Diese Änderungen könne jedoch erst in Kraft treten, nachdem sie auf Vorschlag der Kommission durch den Rat nach Maßgabe des Art 47 EA gebilligt worden sind.

K) Haftungen

Wie oben schon dargestellt, sind die nationalen Gesellschaftsrechte bei Fällen der Haftung der Organe der Gesellschaft als auch der Wirtschaftsprüfer und Gesellschafter anwendbar. Deren Verstöße führen ebenfalls zu einer Haftung der Organe. Da der EA keine eigenen gesellschaftsrechtlichen Haftungsregelungen ausgenommen Art 83 EA kennt, so sind die nationalen gesellschaftsrechtlichen und gewerberechtlichen Bestimmungen anwendbar. Es ist jeder Gesellschaftsrechtsordnung systemimmanent, dass die Personen der Geschäftsführung bei Verletzung gegen ihre gesetzlichen oder statutarischen Verpflichtungen haftbar sind. Der Umfang sowie die Grundlagen der Haftungen können sich unterscheiden. Auch bei Verstößen gegen verwaltungsrechtliche Bestimmungen, darunter fallen auch die Bestimmungen des EA, gehen alle Rechtsordnungen von einer persönlichen Haftung der verantwortlichen Geschäftsführung aus, die jedoch auch an Mitarbeiter übertragen werden kann.

Die von der Kommission eingesetzten Mitglieder der Geschäftsleitung in Fällen der Verletzung von Sicherheitsmaßnahmen nach Art 83 EA sind Organe der Gesellschaft im Rahmen ihrer Aufgaben und Kompetenzen. In Art 83 EA sind die Zwangsmaßnahen bei Verletzung der auferlegten Verpflichtungen beschrieben. Dies sind die Zwangsmaßnahme der Verwarnung, der Entzug besonderer Vorteile wie finanzielle Unterstützung[1167] oder technischen Hilfe, die Übertragung der Verwaltung des Unternehmens für eine Höchstdauer von 4 Monaten an eine Person oder eine Personengruppe, die im gemeinsamen Einvernehmen zwischen der Kommission und dem Staat, dem das Unternehmen untersteht bestellt werden, sowie der vollständige oder teilweise Entzug der Ausgangsstoffe oder besonders spaltbaren Stoffen. Eine der ersten Beschlüsse nach Art 83 EA war die gegen die Anlage Lingen.[1168] Grundlage des Verfahrens war eine nicht genehmigte Ausfuhr von Kernmaterial in die USA. Da die Verstöße auf Grund der erheblichen Mengen als schwer anzusehen waren, wurde die Verwaltung der Gesellschaft für den Zeitraum von 4 Monaten einer amtlich bestellten Person oder Personengruppe übertragen.

1167 Näheres bei *Manig* 87f.

1168 90/413/Euratom: Entscheidung der Kommission vom 1. August 1990 über ein Verfahren nach Art 83 EA (XVII-001-Lingen), ABl Nr L 209 vom 8.8.1990, S 27.

Die Übertragung der Geschäftsführerbefugnisse durch die Kommission ist eine umfassende, jedoch auf die Sanierung der reklamierten Mängel gerichtet. Gegen eine ultra vires Einschränkung der Befugnis spricht, dass der EA und die veröffentlichten Beschlüsse keine solche vorsehen. Es würde auch dem Zweck der Einsetzung einer solchen Geschäftsführung widersprechen, wenn deren Funktion und Rechte eingeschränkt wären.

Diese Zwangsverwalter hatten soweit aus dem veröffentlichten Beschluss ersichtlich dieselbe Position und selben Pflichten wie die Geschäftsführer. Dies bedeutet, dass ihnen sämtliche gesetzliche Verpflichtungen als Geschäftsführer auferlegt werden.

L) Vergünstigungen nach Anhang III

Die Vergünstigungen, welche in Art 48 erwähnt werden, sind in Anhang III beschrieben.[1169] Ein Teil dieser ist durch den Zeitablauf überholt. Die dort genannten Vergünstigungen sind autonom unabhängig von nationalen Rechten zu interpretieren.[1170] Da der EA keine weiteren Regelungen über Abgaben, Steuern, und Zöllen hat, ist auf den AEUV zur Interpretation zu verweisen. Aus dem Blickwinkel der funktionellen Einheit des Gemeinschaftsrechts[1171] ist Anhang III analog zu den gesamten Bestimmungen des AEUV zu interpretieren. Diese analoge Auslegung des Gemeinschaftsrechts ist grundsätzlich zulässig.[1172] Der EuGH hat eine analoge An-

1169 Die Vergünstigungen sind: Anerkennung des öffentlichen Interesses für den Erwerb von Grundstücken, die für die Errichtung der gemeinsamen Unternehmen erforderlich sind, nach dem einzelstaatlichen Recht; Anwendung des einzelstaatlichen Enteignungsverfahrens aus Gründen des öffentlichen Interesses zur Herbeiführung des Grundstückerwerbs in Fällen, in denen eine gütliche Einigung nicht zustande kommt; Lizenzerteilung durch Schiedsverfahren oder von Amts wegen nach Art 17 bis 23 EA; Befreiung von allen Abgaben und Gebühren für die Errichtung gemeinsamer Unternehmen und für die eingebrachten Einlagen; Befreiung von Abgaben und Gebühren beim Erwerb von Grundstücken sowie von allen Gebühren für die Umschreibung und die Eintragung; Befreiung von allen direkten Steuern, denen die gemeinsamen Unternehmen, ihr Vermögen, ihre Guthaben oder Einkünfte unterliegen könnten; Befreiung von allen Zöllen und Abgaben gleicher Wirkung sowie von allen Ein- und Ausfuhrverboten und allen Ein- und Ausfuhrbeschränkungen wirtschaftlicher oder fiskalischer Art für wissenschaftliches und technisches Material, mit Ausnahme des Baumaterials und des Materials für Verwaltungszwecke und die Stoffe, die in dem gemeinsamen Unternehmen aufbereitet wurden oder dort aufbereitet werden sollen; Erleichterungen auf dem Gebiet des Devisenverkehrs nach Art 182 Abs 6 EA; Befreiung der im Dienste der gemeinsamen Unternehmen stehenden Staatsangehörigen der Mitgliedstaaten sowie ihrer Ehegatten und ihrer Familienmitglieder, für deren Unterhalt sie aufkommen, von Einreise- und Aufenthaltsbeschränkungen.

1170 *Borchardt* in Lenz /Borchardt (Hrsg), EUV/EGV[4], Art 220, Rn 15.

1171 EuGH, U v 15.7.1960, RS 27 und 39/59, Alberto Campolongo/Hohe Behörde, Slg 1960, 819, 849; *Rengeling*, 299.

1172 *Borchardt* in Lenz /Borchardt (Hrsg), EUV/EGV[4], Art 220, Rn 32ff.

wendung und Interpretation des Art 230 EGV zu Art 146 EA vorgenommen;[1173] dies ist im Bereich des EA das erste Mal gewesen.

Die Befreiungen von Ein- und Ausführzöllen ist innergemeinschaftlich nur von historischem Charakter. Bei Einfuhren von außerhalb der Gemeinschaft, kann dies noch von Bedeutung sein.

Es gibt im Gemeinschaftsrecht keine Definition von direkten Steuern. Der EuGH hat die Ansicht vertreten, dass eine direkte Steuer eine sei, die auf den Wertzuwachs abstellt.[1174] Außerdem liefert die Richtlinie 77/799/EWG des Rates vom 19. Dezember 1977 über die gegenseitige Amtshilfe zwischen den zuständigen Behörden der Mitgliedstaaten im Bereich der direkten Steuern (ABl. L 336, S 15) bestimmte Anhaltspunkte. Diese Richtlinie, deren Geltungsbereich vor der Änderung durch die Richtlinie 79/1979/EWG des Rates vom 6. Dezember 1979 (ABl. L 331, S 8) auf direkte Steuern beschränkt war, definierte in ihrem Art. 1 Abs. 2 die Steuern vom Einkommen und vom Vermögen und fasste unter diesen Begriff, unabhängig von der Erhebungsform, alle Steuern, die vom Gesamtvermögen oder von Teilen des Vermögens erhoben werden.[1175] In Art 110 AEUV enthält den Titel „Steuerausgleich bei Einfuhren". Die direkten Steuern sind von Art 110 AEUV nicht umfasst.[1176] Der EuGH hat in einer umfangreichen Rechtsprechung zu Fragen der direkten Besteuerung, insbesondere betreffend der Richtlinie 90/435/EWG[1177] entschieden.[1178] Beschlüsse sind auch betreffend der Dienstleistungsfreiheit und der Niederlassungsfreiheit ergangen, jedoch wurde nie eine Definition von direkten Steuern getroffen.[1179]

M) Prozessuales

Durch die Schaffung des gemeinsamen Unternehmens durch Beschluss des Rates stellt sich die Frage, ob dieser Beschluss anfechtbar ist. Ausgehend vom Grund-

1173 EUG, B v 22.12.1995, RS T-219/95, Danielsson ua/Kommission, Slg 1995, II-3051, Rn 64 = RdU 1997/44; Schlussanträge des GA *Jacobs* v 13.12.2001, RS C-29/99, Kommission/Rat, Slg 2002, I-11221, Rn 53.

1174 EuGH, U v 11.12.1997, RS C-42/96 , SIF , Slg 1997, I-7089, Rn 21.

1175 Allgemein zu den direkten Steuern im Gemeinschaftsrecht: *Voß* in Dauses (Hrsg), HdB EU-WirtschaftsR, J. 103ff.

1176 *Stumpf* in Schwarze(Hrsg), EU-Kommentar^2, Art 90 Rn 12.

1177 Richtlinie 90/435/EWG des Rates vom 23. Juli 1990 über das gemeinsame Steuersystem der Mutter- und Tochtergesellschaften verschiedener Mitgliedstaaten, ABl. L 225, S 6.

1178 Zuletzt: EuGH, U v 22.12.2008, Rs C-48/07 , État belge – Service public fédéral Finances/Les Vergers du Vieux Tauves SA; uva.

1179 EuGH, U v 15.5.2008, Rs C-414/06, Lidl Belgium; EuGH, U v 11.9.2007, RS C-318/05, Kommission/Deutschland; uva.

satz, dass jeder Beschluss als solche anfechtbar ist, so ist dieser gemäß Art 263 AEUV vor dem EUG oder EuGH anfechtbar. Voraussetzung für die Anfechtbarkeit ist einerseits die Legitimation als Kläger – privilegierter oder nichtprivilegierter gemäß Art 263 Abs 4 AEUV- andererseits die Frage der formellen und materiellen Richtigkeit.

Die Projektbetreiber, die vorgesehenen Gesellschafter des projektierten gemeinsamen Unternehmens sind individuell und unmittelbar im Sinne des Art 263 Abs 4 AEUV betroffen, da der Beschluss des Rates sie direkt betrifft. Der Rat bestimmt nämlich in seinem Beschluss die Form, Art, das Grundkapital als auch den Gesellschaftsvertrag des Unternehmens. Dies beeinflusst die Stellung unmittelbar. Nicht klagslegitimiert sind allfällige Finanziers.

Bei Änderungen der Satzung des gemeinsamen Unternehmens ist zu unterscheiden, welche Folgen die Änderung mit sich bringt. Grundsätzlich ist Entscheidungsempfänger das betroffene gemeinsame Unternehmen, bei Verschmelzungen auch die anderen von der Verschmelzung betroffenen Gesellschaften.

Die jeweiligen nationalen Rechte in Umsetzung der Richtlinien des Europäischen Gemeinschaftsrechts geben auch Dritten einen besonderen Schutz und Parteienstellung in den Verfahren. Daher ist es analog im Sinne einer einheitlichen Auslegung des Gemeinschaftsrechts davon auszugehen, dass diese auch anfechtungslegitimiert sind. Wer darunterfällt ist, gesondert zu untersuchen.

Unmittelbar betroffen können die Gesellschafter sein. Es ist weiters zu prüfen, ob ein bestimmter Mindestanteil notwendig ist, oder ob auch das Innehaben eines einzigen Gesellschaftsanteils für eine Klagslegitimation ausreicht. Die jeweiligen Gesellschaftsrechte kennen verschiedene Formen von Gesellschaften, die unterschiedliche Rechte den einzelnen Gesellschafter gewähren. Diese Rechte können auch von der Anzahl dieser Gesellschaftsanteilen abhängig sein. Ein Eingriff in die jedem Gesellschafter gleichermaßen zustehenden Rechte ist ein Grund, diesem das Klagerecht zu gewähren. Eingriffe in Gesellschafterrechte, die von bestimmten Prozentsätzen abhängig sind, können nur zu einer Klagelegitimation führen, wenn der Betroffene Gesellschafter die entsprechende Anzahl von Gesellschaftsanteilen hält, und nicht für diese angefochtene Maßnahme gestimmt hat.

Die öffentlichen Stellen als auch die privaten Stellen nach Art 46 EA, die Stellungnahmen abgeben haben, sind nicht privilegierte Kläger im Sinne des Art 263 Abs 4 AEUV. Die Abgabe einer Stellungnahme im Auftrag der Kommission könnte als Teilnahme an einem Verfahren gewertet werden.

Für den Fall, dass Vergünstigungen im Sinne des Anhangs III gewährt werden, sind auch die jeweiligen öffentlichen Stellen, die die Steuern und Abgaben einheben und die Nutznießer dieser Steuern und Abgaben sind, legitimiert, diesen Beschluss zu bekämpfen. Empfänger des Beschlusses ist nicht die betroffene Gebietskörperschaft oder sonstige öffentliche Stelle. Der EuGH hat nationale Gebietskörperschaften als juristische klageberechtigte Personen des öffentlichen Rechts angesehen, die jedoch nicht privilegiert sind.[1180] Voraussetzung zur Klagsführung ist jedoch immer eine unmittelbare und individuelle Betroffenheit.[1181] Darunter fällt auch der Entzug des Rechts in seinem verfassungsmäßigen Rahmen generelle Rechtsnormen zu erlassen.[1182] Durch den Entzug der Steuerhoheit – somit des Rechts im eigenen Wirkungsbereich Abgaben festsetzen zu können - für die Geltendmachung bestimmter Steuern gegenüber einer genau definierten Gesellschaft (gemeinsames Unternehmen) und den damit verbundenen Entfall von Steuereinnahmen ist eine unmittelbare und individuelle Betroffenheit gegeben.

Da wie oben dargelegt, die Vergünstigungen als im Primärrecht als ausdrücklich zulässige Vergünstigungen –Beihilfen- angesehen werden, so ist zu prüfen, ob in einem solchen Fall ebenso Konkurrenten klagen zulässig sind.[1183] Die Einladung zur Teilnahme am Verfahren (Abgabe einer Stellungnahme) lässt sehr wohl den Schluss zu, dass die Kommission, diese Person am Verfahren beteiligen will. Durch die Gewährung der Vergünstigung erleidet der teilnehmende Wettbewerber eine Verschlechterung seiner wirtschaftlichen Situation, sodass eine individuelle und unmittelbare Betroffenheit nach Art 263 Abs 4 AEUV vorliegt.[1184] Der Rat hat bei der Erteilung der Vergünstigung freies Ermessen. Ausgehend vom Urteil Fedesa[1185] hat der EuGH ausgeführt, dass ein Ermessensmissbrauch nur dann vorliegt, wenn auf Grund objektive schlüssiger und übereinstimmender Indizien anzunehmen ist, dass sie ausschließlich oder vorwiegend zu als den angegebenen Zwecken oder mit dem Ziel erlassen worden ist, ein Verfahren zu umgehen, das der Vertrag vorsieht, um die konkrete Sachlage zu bewältigen.[1186] Ein solcher Missbrauch ist theoretisch denkbar, aber in der Praxis unwahrscheinlich.

1180 EuGH, B. v. 21.3.1997, RS C-95/97, Wallonische Region/Kommission, Slg 1997, I-1787, Rn 11; EuGH, B. v. 1.10.1997, RS C-180/97, Regione Toskana/Kommission, Slg 1997, I-52445, Rn 11; EuG, B. v. 15.12.1999, RS T-132/96, Freistaat Sachsen/Kommission, Slg 1999, II-3663; uva.

1181 EuG, U v 5.10.2005, RS T-366/03, Land Oberösterreich/Kommission, Slg 2005, II-4005, Rn 27f.

1182 EuG, U v 5.10.2005, RS T-366/03, Land Oberösterreich/Kommission, Slg 2005, II-4005, Rn 27f.

1183 Zum Wesen der Konkurrentenklagen: *Koenig/Kühling/Ritter*, EG-Beihilfenrecht, 203ff; *Ehricke* in Streinz (Hrsg), EUV/EGV, Art 230 Rn 59 mwN.

1184 Zur Parallelität bei der Konkurrentenklage: *Bär-Bouyssière* in Schwarze (HG), EU-Kommentar, Art 88, Rn 49ff; *Ehricke* in Streinz (Hrsg), EUV/EGV, Art 230 Rn 59 mwN.

1185 EuGH, U v 13.11.1990, RS C-331/88, Fedesa, Slg 1990, I-4023.

1186 EuGH, U v 13.11.1990, RS C-331/88, Fedesa, Slg 1990, I-4023, Rn 24; EuGH, U v 22.11.2001, RS C-110/97, Niederlande/Rat, Slg 2001, I-8763, Rn 137; *Stotz/Tonne* in Dauses (Hrsg), HdB EU-WirtschaftsR, P.I., Rn 195.

N) Insolvenzrechtliche Fragen

Grundsätzlich ist ein gemeinsames Unternehmen eine juristische Person, welche insolvenzfähig ist. Der EA enthält keine Bestimmungen, die eine Insolvenz eines solchen Unternehmens ausschließen würde. Auch die übrigen gemeinschaftsrechtlichen Bestimmungen sehen keine Sonderbestimmungen vor. Das nationale Insolvenzrecht des Sitzstaates als auch im Gemeinschaftsraum die InsVO[1187] findet in einem solchen Fall Anwendung. Wenn im Zuge eines Insolvenzverfahrens Satzungsänderungen von Nöten sind, so ist hier ebenfalls das oben genannte Verfahren anwendbar.

In der Praxis ist jedoch auszugehen, dass es unwahrscheinlich ist, dass ein solcher Fall eintreten würde.

18. Versorgung

A) Allgemeines

Die Versorgung mit den Grundstoffen (Erzen, Ausgangsstoffen und besonders spaltbaren Stoffen) ist für den Betrieb von Nuklearanlagen von besonderer Bedeutung. Auf Grund der Besonderheit, Gefährlichkeit dieser Stoffe, gegenüber der Umwelt als auch die besondere Gefahr der missbräuchlichen Nutzung und Besitzes ist ein eigenes Kapitel (VI. Versorgung) in den EA eingefügt worden. Es soll durch einen gleichen Zugang zu den Versorgungsquellen eine gemeinsame Versorgungspolitik aller Mitgliedstaaten sichergestellt werden, sofern diese nicht wie Frankreich und Großbritannien das Recht haben, auch außerhalb des Proliferationsvertrages Nuklearmaterial zu besitzen, zu verarbeiten und auch damit Kernwaffen herzustellen. In der Praxis ist die Zusammenarbeit auf den Gebieten der Versorgung mit dem Safeguardbereich immer sehr eng.[1188]

Ziel der gemeinsamen Versorgungspolitik ist das Verbot und die Durchsetzung dieses betreffend jedes Gebarens, dass darauf abzielt, einzelnen Verbrauchern eine bevorzugte Stellung zu sichern sowie die Schaffung einer Agentur, die über ein Bezugsrecht für Erze, Ausgangsstoffe, besonders spaltbare Stoffe, die im Gebiet der Mitgliedstaaten erzeugt werden, sowie für das ausschließliche Recht verfügt, Verträge über die Lieferung von Erzen, Ausgangastoffen oder besonders spaltbaren Stoffen aus Ländern innerhalb und außerhalb der Gemeinschaft abzuschließen. Dieser Agentur wird somit ein Monopol hinsichtlich des Erwerbs und der Veräußerung all dieser Stoffe innerhalb der Gemeinschaft sowie betreffend dem Erwerb von solchen Materialien aus Gebieten außerhalb der Gemeinschaft zugestanden.

1187 VO 1346/2000/EG des Rates vom 29.Mai.2000 über Insolvenzverfahren, ABl. Nr. L 160 S 1.
1188 *Bousquet* NLB 68 (2001), 19ff.

B) Ausgangsstoffe, Erze und besonders spaltbare Stoffe

a) Aufkommen aus der Gemeinschaft

Erze, Ausgangsstoffe und besonders spaltbare Stoffe können von den Unternehmen sowohl aus der Gemeinschaft als auch aus Drittstaaten bezogen werden. Die Regelung betreffend dem Aufkommen dieser Stoffe aus der Gemeinschaft ist im Kapitel VI Abschnitt II (Art 57–63 EA) geregelt. Um den Zweck der ausreichenden gleichmäßigen und sicheren Versorgung zu gewährleisten, hat die Agentur ein Bezugsrecht gemäß Art 57 EA auf den Erwerb der Rechte zur Nutzung und zum Verbrauch der besonders spaltbaren Stoffe sowie auf den Erwerb des Eigentumsrechtes in allen anderen notwendigen Fällen. Die Agentur ist nicht bloß als Vermittlerin tätig, sondern schließt eigene Verträge mit den Vertragspartnern ab.[1189] Es herrscht der Grundsatz der Präferenz zu Gunsten der Verbraucher, welches durch das Bezugsrecht der Versorgungsagentur hinsichtlich des Eigentumsrechts an dem in der Gemeinschaft erzeugten Uran sichergestellt wird.[1190]

Dieses Bezugsrecht wird durch Abschluss von Verträgen mit den Erzeugern von Erzen, Ausgangsstoffen oder von besonders spaltbaren Stoffen ausgeübt. Es besteht eine generelle Verpflichtung – eingeschränkt nur in den besonderen Fällen des Art 58, 62 und 63 EA – der Erzeuger, der Agentur die von ihr in den Hoheitsgebieten der Mitgliedstaaten erzeugten Erze Ausgangsstoffe und besonders spaltbare Stoffe vor ihrer Verwendung, oder Übertragung, oder Lagerung anzubieten.

Bei dem Produktionsprozess von der Gewinnung des Erzes bis zur Herstellung des Metalls durch einen einzigen Erzeuger besteht gemäß Art 58 EA die Sonderregelung, dass er verpflichtet, ist der Agentur das Erzeugnis lediglich in der von ihm gewählten Produktionsstufe anzubieten. Dies gilt auch für mehrere Unternehmen, die ein gemeinsames Investitionsvorhaben der Kommission rechtzeitig mitgeteilt haben und die auch in einer entsprechenden Verbindung hinsichtlich des Produktionsprozesses stehen.

Falls die Agentur das Bezugsrecht teilweise oder überhaupt nicht ausübt, so hat der Erzeuger das Recht, die Erze, Ausgangsstoffe oder besonders spaltbaren Stoffe mit eigenen Mitteln oder im Wege der Lohnveredelung zu verarbeiten oder verarbeiten zu lassen. Hierbei ist er verpflichtet dafür zu sorgen, dass der Agentur das bei dieser Verarbeitung gewonnene Erzeugnis angeboten wird. Er kann auch durch Beschluss der Kommission nach Antrag ermächtigt werden, die verfügbaren Erzeugnisse außerhalb der Gemeinschaft abzusetzen. Hierbei darf er keine günstigeren Bedingungen gewähren, als sie in dem der Agentur unterbreitetem Angebot enthalten waren. Betreffend der besonders spaltbaren Stoffe besteht der Vorbehalt, dass diese nur durch die Agentur ausgeführt werden dürfen.

1189 *Manig* 49f.

1190 EUG, U v 15.9.1995, verb. RS 458/93 und 523/93, ENU/Kommission, Slg 1995, II-2459, Rn 60.

Voraussetzung für die Erteilung einer Ermächtigung durch die Kommission ist, dass die Empfänger dieser Lieferung alle Garantien dafür bieten, dass die allgemeinen Interessen der Gemeinschaft gewahrt werden. Eine Verweigerung der Ermächtigung ist weiters zulässig, wenn Klauseln und Bedingungen solcher Exportverträge den Zielen des EA zuwider laufen.

Um eine entsprechende reibungslose Versorgung der Verbraucher zu gewährleisten, teilen diese der Agentur in regelmäßigen Abständen ihren Bedarf mit, wobei sie die Mengen, die physikalische Beschaffenheit, den Herkunftsort, die Verwendung, die einzelnen Lieferfristen und die Preisbestimmungen angeben, die als Klauseln und Bedingungen in den von ihnen gewünschten Lieferverträgen aufzunehmen werden. Die Erzeuger teilen ebenfalls die Angebote mit, die sie machen können. In dieser Mitteilung sind alle Einzelheiten, insbesondere die Laufzeit der Verträge, sowie allfällige Lieferbedingungen enthalten. Solche Verträge dürfen 10 Jahre nicht überschreiten, es sei denn es liegt eine Zustimmung der Kommission vor (Art 60 Abs 2 EA). Nach Einlangen dieser Angebote werden diese den Verbrauchern durch die Agentur mitgeteilt, wobei die Verbraucher aufgefordert werden, innerhalb einer bestimmten, festgesetzten Frist Aufträge zu erteilen. Nach Eingang aller Aufträge verkündet die Agentur die Bedingungen, unter denen diese erfüllt werden können. Im Falle der Unmöglichkeit der vollständigen Erfüllung aller eingegangenen Aufträge erfolgt die Verteilung der Stoffe nach dem Verhältnis der Aufträge zu jedem Angebot. Ein Vorbehalt ist in Art 68 und 69 EA geregelt. Die Vollzugsordnung der Agentur, die der Genehmigung der Kommission bedarf, regelt im Einzelnen wie Angebot und Nachfragen einander gegenüber zu stellen sind.

Nach Art 61 EA besteht die Verpflichtung der Agentur, alle Aufträge auszuführen. Diese Verpflichtung besteht jedoch nicht, wenn rechtliche und sachliche Hindernisse ihr entgegen stehen. Zur finanziellen Absicherung der Agentur kann bei Abschluss eines Vertrages diese unter Beachtung einer angemessenen und ausreichenden Versorgung von den Verbrauchern angemessene Vorauszahlungen als Garantie oder zur Erleichterung der eigenen zur Ausführung des Auftrages erforderlichen langfristigen Verpflichtungen gegenüber den Erzeugern verlangen. Da das dirigistische Versorgungssystem sich in der Praxis als zu kompliziert und nicht zweckentsprechend erwiesen hat, wurde 1960 ein so genanntes einfaches Verfahren eingeführt.[1191]

Gemäß Art 1 können die Verbraucher auf Anforderung der Agentur hierfür in einem gemäß Art 3 festgesetzten Zeitraum ihre Vorausschätzungen bezüglich ihres

1191 Vollzugsordnung der Versorgungsagentur der Europäischen Atomgemeinschaft vom 5. Mai 1960 über das Verfahren betreffend die Gegenüberstellung von Angeboten und Nachfragen bei Erzen, Ausgangstoffen und besonders spaltbaren Stoffen, ABl Nr 32 vom 11.5.1960, S 777 geändert durch VO vom 15. Juli 1975, ABl Nr L 193 vom 25.7.1975, S 37; *Grunwald* Energierecht, 243.

Bedarfs an Erzen, Ausgangsstoffen und besonderen spaltbaren Stoffen sowie ihre auf bereits abgeschlossenen Verträgen beruhenden Pläne für deren Abnahme mitteilen. Diese Mitteilungen haben die Bezeichnung des Erzeugnisses, die chemische und physikalische Beschaffenheit und Zusammensetzung sowie andere geeignete Spezifikationen, die Mengen (in metrischen Einheiten), den Herkunftsort, den Verwendungszweck, die Staffelung der Lieferung sowie unverbindliche Preisbedingungen zu enthalten. Auf Aufforderung der Agentur teilen hierauf die Erzeuger hierfür einen gemäß Art 3 festgesetzten Zeitraum ihre Ausgangsbestände, die Vorausschätzungen ihrer Erzeugung und ihre auf bereits abgeschlossenen Verträgen beruhenden Lieferprogramme mit.

Diese Mitteilungen müssen nachstehende Angaben enthalten: Bezeichnung des Erzeugnisses, chemische und physikalische Beschaffenheit und Zusammensetzung sowie andere in Frage kommende Spezifikationen, Mengen (in metrischen Einheiten), Herkunftsort, die Staffelung der Lieferung und unverbindliche Preisbedingungen.

Nach Einholung der Stellungnahme des Beirates bestimmt nach Art 3 die Agentur, innerhalb welcher Frist und für welchen Zeitraum die Verbraucher und Erzeuger ihr die in den Art 1 und 2 genannten Meldungen zu übermitteln haben, und veröffentlichen eine entsprechende Mittelung im Amtsblatt der Europäischen Gemeinschaft. Nach Erhalt sämtlicher gemäß Art 1 und 2 abgegebenen Meldungen teilt die Agentur den Verbrauchern und Erzeugern der Gemeinschaft durch Rundschreiben die allgemeinen Informationen über die Marktlage und Angaben über die Marktentwicklung sowie gegebenenfalls die Versorgungs- und Absatzmöglichkeiten in dritten Ländern mit. Die Verbraucher sind hinsichtlich Erze und Ausgangsstoffen ermächtigt, sich unmittelbar an die Erzeuger zu wenden, und frei mit dem Erzeuger ihrer Wahl den Liefervertrag zu verhandeln, wobei die Verbraucher jedoch gehalten sind, der Agentur die Informationen zu übermitteln, die sie bei den Erzeugern gewonnen haben. Diese Angaben sollen sich auf die Zahl der erhaltenen Angebote, auf die angebotenen Mengen, auf die aus den Angeboten ergebenden Preisspannen beziehen.

Inhalt des Liefervertrages muss nach Art 5 die Bezeichnung der Vertragsparteien, die Liefermengen, die jährliche Staffelung der Liefermengen, die Beschaffenheit der zu liefernden Stoffe, das Ursprungsland der zu liefernden Stoffe, die Preis- und Zahlungsbedingungen sowie die Laufzeit der Verträge enthalten. Wenn jedoch der Lieferant diese Angaben nicht im Zeitpunkt des Vertragsabschlusses machen kann, muss er sich gegenüber dem Verbraucher und der Agentur verpflichten, ihnen später das Ursprungsland für jede Teillieferung mitzuteilen.

Der zu unterzeichnende Vertrag muss bei der Agentur innerhalb einer Frist von 10 Werktagen zur Unterzeichnung zum Zwecke des Vertragsabschlusses eingereicht werden. Wenn im Liefervertrag keine Bestimmungen über den Verwendungszweck, für den die Stoffe vorgesehen sind, enthalten sind, muss der Verbraucher gleichzeitig der Agentur eine diesbezügliche Erklärung abgeben. Innerhalb einer

Frist von 10 Werktagen, gerechnet vom Erhalt des Vertrages an, muss die Agentur sich äußern, in dem sie den Vertrag abschließt oder den Abschluss verweigert. Die Weigerung des Abschlusses des Vertrages muss den Betroffenen durch einen begründeten Beschluss mitgeteilt werden. Diese Entscheidung kann gemäß Art VIII Abs 3 der Satzung der Euratom Versorgungsagentur der Kommission unterbreitet werden.

Weiters muss die Kündigung des Liefervertrages der Agentur mitgeteilt werden. Weiters bedarf jede Änderung des Liefervertrages der Unterzeichnung durch die Agentur nach dem gleichen Verfahren wie beim Originalvertrag.

Nach Art 6 erfolgt abgesehen von den in Art 5 vorgesehenen Ausnahmen die Gegenüberstellung von Angebot und Nachfrage wie folgt.

Die Verbraucher übermitteln der Agentur zu den von ihr bestimmten Terminen für die von ihr bestimmten Zeiträume ihre Bedarfsmeldungen für Erze, Ausgangsstoffe oder besonderen spaltbare Stoffe. Nach Erhalt dieser Bedarfsmeldung legt die Agentur durch Ausschreibung, in der alle zweckdienlichen Angaben enthalten sind, die Termine fest, zu denen die Erzeuger der Gemeinschaft ihre Angebote zu unterbreiten haben, sowie die Zeiträume, für die die Angebote gelten sollen.

Mit der Einreichung ihrer Angebote haben die Erzeuger der Gemeinschaft die ihnen gemäß Art 57 Abs 2 EA obliegende Verpflichtung erfüllt. Nach Erhalt dieser Angebote entscheidet die Agentur, ob und für welche Mengen sie ihr Bezugsrecht ausübt. Die Agentur teilt den Verbrauchern die bei ihr eingegangenen Lieferangebote und den Umfang der bei ihr vorliegenden Nachfragen mit, und gibt den Interessenten die Bedingungen bekannt, zu denen den Nachfragen entsprochen werden kann, sowie die Bestimmungen für den Abschluss der Verträge.

Nach Art 7 können die Verbraucher der Agentur unabhängig von den Bestimmungen der Art 5 und 6 jederzeit Bedarfsmeldungen übermitteln oder Aufträge erteilen. Die Aufträge werden entsprechend der Marktlage zu den günstigsten Bedingungen ausgeführt.

Hinsichtlich der besonders spaltbaren Stoffe regelt Art 62 EA gesondert das Bezugsrecht der Agentur. Zweck dieses besonderen Bezugsrechtes ist es, die Nachfrage der Verbraucher der Gemeinschaft zu decken, selbst eine Lagerung dieser vorzunehmen, oder diese mit Genehmigung der Kommission auszuführen. Die Stoffe und die zur Aufarbeitung geeigneten Rückstände können jedoch auch beim Erzeuger belassen werden, um sie mit Genehmigung der Agentur zu lagern, oder um im Rahmen des eigenen Bedarfs des Erzeugers verwendet zu werden, oder um Unternehmen im Gebiete der Gemeinschaft im Rahmen ihres Bedarfes zur Verfügung gestellt werden, soweit diese mit dem Erzeuger zur Durchführung eines der Kommission rechtzeitig mitgeteilten Programms in unmittelbarer Verbindung stehen. Voraussetzung hierfür ist, dass die Verbindung weder eine Beschränkung der Produktion, der technischen Entwicklung oder der Investitionen noch die missbräuchliche Schaffung von Ungleichheiten zwischen den Verbrauchern der Gemeinschaft bezweckt oder bewirkt.

Falls gemeinsame Unternehmen Erze, Ausgangsstoffe oder besonders spaltbare Stoffe erzeugen, sind diese nach Art 63 EA verpflichtet diese den Verbrauchern gemäß den Bestimmungen der Satzung oder den Verträgen zuzuteilen.

b) Aufkommen von Drittstaaten

Auch aus sicherheitspolitischen Erwägungen, insbesondere zur besseren Kontrolle des nuklearen Kreislaufes hat die Agentur das alleinige und ausschließliche Recht, Abkommen oder Übereinkünfte mit dem Hauptzweck der Lieferung von Erzen, Ausgangsstoffen oder besonders spaltbaren Stoffen aus dem Aufkommen außerhalb der Gemeinschaft abzuschließen. Sie kann hierbei gegebenen Falls im Rahmen der zwischen der Gemeinschaft und einem dritten Staat oder einer zwischenstaatlichen Einrichtung abgeschlossene Abkommen tätig werden (Art 64 EA). Für solche Stoffe, die aus außerhalb des Gemeinschaftsgebietes stammen, ist, hinsichtlich der Bedarfsmeldung und der Bedarfsdeckung analog das Verfahren gemäß Art 60 EA anwendbar, wobei jedoch die Agentur das Recht hat, den Herkunftsort der Stoffe zu bestimmen, soweit sie den Verbraucher die Lieferbedingungen zukommen hat lassen, die mindestens ebenso günstig sind, wie die in dem Auftrag angegebenen. Die Agentur ist in diesem Rahmen verpflichtet, bei der Wahl von mehreren Lieferanten, denjenigen zu nehmen, der den Anforderungen des Verbrauchers am nächsten kommt.

Gemäß Art 66 EA kann der beteiligte Verbraucher bei der Kommission den Antrag stellen, die Ermächtigung zu erhalten, selbst unmittelbar Verträge über Lieferungen aus dem Aufkommen außerhalb der Gemeinschaft zu schließen, soweit diese Verträge in den wesentlichen Punkten den in ihrer Bestellung angegebenen Bedarf entsprechen. Voraussetzung ist, dass die Agentur nicht oder nur zu missbräuchlichen Preisen in der Lage ist, die Stoffe ganz oder zum Teil innerhalb einer angemessenen Frist zu liefern. Die Kommission darf dieses Recht nur auf ein Jahr gewähren, wobei eine Verlängerung denkbar ist, sofern die Lage die zur Genehmigung geführt hat, fortdauert. Voraussetzung ist weiters, dass die Verbraucher die beabsichtigten unmittelbaren Verträge vorab der Kommission übermitteln. Die Kommission kann innerhalb eines Monats ab Zugang gegen den Abschluss eines solchen Vertrages Einspruch erheben, wenn dieser mit den Zielen des Vertrages nicht in Einklang steht.

C) Preise

Auf diese Materialien gilt gemäß Art 67 EA im Grunde nach die Preisbildung[1192] aus der Gegenüberstellung von Angebot und Nachfrage, soweit der EA keine ausdrückli-

---

1192 Der durchschnittliche Preis von U_3O_8/kg betrug 2005 € 44,27 (Jahresbericht der Versorgungsagentur 2005, 17).

che Ausnahme vorsieht. Diese Preisbildung von Angebot und Nachfrage richtet sich nach den Bestimmungen zur Bedarfsmeldung und Bedarfsdeckung, wobei die Agentur die Preisbildung vornimmt. Innerstaatliche Vorschriften den einzelnen Mitgliedstaaten, die einem solchen Verfahren widersprechen, sind unzulässig. Weiters ist hinsichtlich der Preise den Erzeugern verboten, diese so zu gestalten, dass einzelnen Verbrauchern unter Umgehung des Grundsatzes des gleichen Zuganges eine bevorzugte Stellung zukommt. Bei Feststellung der Agentur betreffend eines solchen Gebarens ist diese verpflichtet, es der Kommission anzuzeigen. Die Kommission ist verpflichtet, dieser Anzeige nachzugehen und bei Feststellung eines solchen Verstoßes kann sie für strittige Angebote die Preise in einer Höhe festsetzen, die dem Grundsatz des gleichen Zuganges entspricht. Eine Ausnahme für die Preisbildung nach Angebot und Nachfrage regelt Art 69 EA, nach dem der Rat einstimmig auf Vorschlag der Kommission Preise festsetzen kann.

D) Versorgungspolitik

a) Schürfvorhaben

Im Rahmen des beschlossenen Haushaltsplanes kann die Kommission gemäß Art 70 Abs 1 EA sich von den von ihr festgelegten Bedingungen an Schürfvorhaben innerhalb des Hoheitsgebietes der Mitgliedstaaten beteiligen. Als ein weiteres Mittel die Schürfung von den notwendigen Erzen zu forcieren kann die Kommission den Mitgliedstaaten Empfehlungen für die Entwicklung der Schürfung und der Erzgewinnung richten. Um einen entsprechenden Informationsfluss der Kommission zu gewährleisten, sind die Mitgliedstaaten gemäß Art 70 Abs 3 EA verpflichtet, der Kommission jährlich einen Bericht über die Entwicklung der Schürfung und der Erzeugung, die voraussichtlichen Reserven und die in ihren Hoheitsgebieten durchgeführten oder geplanten Investitionen im Bergbau vorzulegen. Diese Berichte werden von der Kommission dem Rat mit einer Stellungnahme vorgelegt. In dieser Stellungnahme sind insbesondere auf die Maßnahmen einzugehen, welche die Mitgliedstaaten auf die ausgesprochenen Empfehlungen getroffen haben. Falls der Rat auf Grund dessen mit qualifizierter Mehrheit feststellt, dass die Schürfungsmaßnahmen und die Steigerung der Erzgewinnung in erheblichem Maße unzureichend bleiben, obwohl die Erzeugungsmöglichkeiten wirtschaftlich auf lange Sicht gerechtfertigt erscheinen, so gilt die unwiderlegbare Vermutung, dass der betreffende Mitgliedstaat, solange er diese Lage nicht behebt, für sich oder seine Staatsangehörigen auf das Recht des gleichen Zuganges zu den sonstigen Aufkommen innerhalb der Gemeinschaft verzichtet. Dieser Beschluss des Rates ist von den betroffenen Unternehmen des Mitgliedstaates gemäß Art 146 Abs 4 EA anfechtbar, da eine individuelle und unmittelbare Betroffenheit vorliegt.

b) VO 2014/76

Mit Verordnung[1193] sind auf Grund des Art 70 EA die Möglichkeit der finanziellen Förderung von Bergbauunternehmen ein Bereich der Uranschürfung näher definiert worden. Mit Verordnung 1841/2000 wurde die Verordnung 2014/76 aufgehoben.[1194]

c) Empfehlungen über steuer- und bergrechtliche Regelungen

Nach Art 71 EA kann die Kommission an die Mitgliedstaaten sachdienliche Empfehlungen über steuer- und bergrechtliche Regelungen übermitteln. Dabei ist insbesondere auf Anhang III des EA zu verweisen. Abgabenrechtliche Erleichterungen sind insbesondere die Befreiung von allen Abgaben und Gebühren beim Erwerb von Grundstücken sowie für die Umschreibung und die Eintragung dieser sowie die direkten Steuern.

d) Anlegung von Handels- und Sicherheitsbeständen

Zur Sicherung einer lückenlosen durchgehenden Versorgung ist die Agentur gemäß Art 72 EA berechtigt, aus den innerhalb oder außerhalb der Gemeinschaft zur Verfügung stehenden Mengen notwendige Lager anzulegen, um die Versorgung oder die laufende Lieferung zu erleichtern. Bei Bedarf kann die Kommission ebenfalls die Einrichtung von Sicherheitsbeständen beschließen, wobei die Art und Weise der Finanzierung dieser vom Rat auf Vorschlag der Kommission mit qualifizierter Mehrheit gebilligt werden muss.

E) Allgemeine Vorschriften

Zur gemeinschaftlichen Planung von Investitionen im Erdöl-, Erdgas- und Elektrizitäts-Sektor wurde die VO 2386/96/EG erlassen.[1195] Grundlage dieser Verordnung ist

---

1193 Verordnung 2014/EAG/76 der Kommission vom 23. Juli 1976 über die Unterstützung von Warenschürfvorhaben in den Hoheitsgebieten der Mitgliedstaaten, ABl Nr L 221 v. 14.8.1976, S 17 ff.

1194 Verordnung (Euratom) Nr 1841/2004 der Kommission vom 22. Oktober 2004 zur Aufhebung der Verordnung (Euratom) Nr 2014/76 über die Unterstützung von Uranschürfungsvorhaben in den Hoheitsgebieten der Mitgliedstaaten, ABl Nr L 322 vom 23.10.2004, S 7.

1195 Verordnung (EG) 2386/96 der Kommission vom 16.12.1996 zur Anwendung der Verordnung 736/96/EG des Rates über die Mitteilung der Investitionsvorhaben vom gemeinschaftlichen Interesse auf dem Erdöl-, Erdgas- und Elektrizitäts-Sektor an die Kommission, ABl Nr L 326 vom 17.12.1996, S 13.

die VO 736/96/EG.[1196] Gemäß Art 2 Abs 2 VO 736/96/EG kann die Verordnung innerhalb der in dieser VO und in den Anhang festgelegten Grenzen Durchführungsbestimmungen über die Form, den Inhalt und die sonstigen Einzelheiten der in Art 1 der VO vorgesehenen Mitteilungen erlassen. Um das Informationssystem zu vereinfachen, wurde die VO 2386/96/EG samt dem Anhang erlassen, in dem ein europaweit einheitlich normierter Fragebogen dargestellt ist.

F) Lieferungen mit Drittstaaten

Kapitel VI (besondere Vorschriften) hat Vereinbarungen mit dritten Staaten über die Lieferung spaltbarer Stoffe zum Gegenstand. Dieses Regelungskonzept ist Teil des internationalen Vertragswerkes über das Eigentum, Verkauf, Ankauf und Bearbeitung von spaltbaren Stoffen.

Die vorherige Zustimmung der Kommission ist gemäß Art 73 EA erforderlich, wenn ein Abkommen oder eine Vereinbarung zwischen einem Mitgliedstaat, einer Person oder einem Unternehmen einerseits oder einem dritten Staat, einer zwischenstaatlichen Einrichtung oder einem Angehörigen eines dritten Staates andererseits auch die Lieferung von Erzeugnissen, die in die Zuständigkeit der Agentur fallen, für den Abschluss oder zur Erneuerung des Abkommens oder der Vereinbarung erfordert, umfasst.

Die Kommission kann jedoch die Übertragung, die Einfuhr oder die Ausfuhr kleiner Mengen von Erzen, Ausgangsstoffen oder besonderen spaltbaren Stoffen in dem Maße, wie es üblicher Weise für die Forschung benutzt werde, von den Vorschriften dieses Kapitels ausnehmen. Nichts desto trotz ist jede Übertragung, Einfuhr, oder Ausfuhr auf Grund dieser Bestimmung gemäß Art 74 Abs 2 EA der Agentur anzuzeigen.

Weiters greifen die Regeln des VI. Abschnittes bei der Anwendung auf Verpflichtungen, welche die Aufbereitung, Umwandlung oder Formung von Erzen, Ausgangsstoffen, oder besonderen spaltbaren Stoffen zum Gegenstand haben, nicht. Dies umfasst Verpflichtungen zwischen Personen oder Unternehmen untereinander, falls die aufbereiteten, umgewandelten oder geformten Stoffe an die Person oder das Unternehmen, von denen sie stammen, zurückgegeben werden müssen (Art 75 Abs 1 lit a EA);

- bei Verpflichtungen zwischen einer Person oder einem Unternehmen einerseits und einer zwischenstaatlichen Einrichtung oder einem Angehörigen eines dritten Staates andererseits, falls die Stoffe außerhalb der Gemeinschaft aufbereitet, umgewandelt oder geformt werden und an die Person oder das Unternehmen, von denen sie stammen, zurückgegeben werden (Art 75 Abs 1 lit b EA);

1196 Verordnung 736/96/EG des Rates vom 22.4.1996 über die Mitteilung der Investitionsvorhaben vom gemeinschaftlichen Interesse auf dem Erdöl-, Erdgas- und Elektrizitäts-Sektor an die Kommission, ABl Nr L 102 vom 25.4.1996, S 1.

– bei Verpflichtungen zwischen einer Person oder einem Unternehmen einerseits und einer zwischenstaatlichen Einrichtung oder einem Angehörigen eines dritten Staates andererseits, falls die Stoffe in der Gemeinschaft aufbereitet, umgewandelt oder geformt werden und an die Einrichtung oder den Staatsangehörigen, von denen sie stammen, oder an einen anderen von dieser Einrichtung oder diesem Staatsangehörigen bestimmten Empfänger, der seinen Sitz ebenfalls außerhalb der Gemeinschaft hat zurückgegeben werden (Art 75 Abs 1 lit c EA).

Sämtliche derartige Verpflichtungen sind von den beteiligten Personen oder Unternehmen der Agentur nach Unterzeichnung der Verträge, der Mengen, der Stoffe, die Gegenstand dieser Umsätze sind, anzuzeigen, wobei in den Fällen des Art 75 Abs 1 lit b EA kann die Kommission einen Widerspruch erheben, wenn sie der Auffassung ist, dass die Umwandlung oder Formung nicht wirksam und sicher und ohne Substanzverlust zum Nachteil der Gemeinschaft gewährleistet werden kann. Die Stoffe, die Gegenstand dieser Verpflichtungen sind, unterliegen gemäß Art 75 Abs 3 EA in den Hoheitsgebieten der Mitgliedstaaten den im EA vorgesehenen Überwachungsmaßnahmen. Die Eigentumsfrage ist in den Fällen des Art 75 Abs 1 lit c EA derart geregelt, dass die Bestimmungen der Art 86 bis 91 hinsichtlich des Eigentums der besonders spaltbaren Stoffe hier nicht Anwendung finden, sondern die Personen, oder Unternehmen, oder zwischenstaatlichen Angehörigen eines dritten Staates ihr Eigentumsrecht an den besonders spaltbaren Stoffen nicht verlieren.

Nach Art 76 EA kann im Falle unvorhergesehener Umstände und der daraus entstehenden Mangellage auf Vorschlag der Kommission und nach Anhörung des europäischen Parlamentes der Rat mit einstimmigen Beschluss eine Änderung dieser primärrechtlichen Bestimmungen vornehmen.[1197] Die Kommission kann nur auf Antrag eines Mitgliedstaates handeln, der jedenfalls untersucht werden muss. Subsidiär kann auch die Kommission selbständig die Initiative (ohne Antrag eines Mitgliedstaates) ergreifen. Die Bestimmung des Art 76 EA ist so auszulegen, dass eine Anpassung des Versorgungssystems an veränderte Umstände ermöglicht werden soll.[1198]

G) Speziell Punkte der Sicherheit

Die Überwachung der Sicherheit, welche der Kommission obliegt, umfasst nicht nur die Kontrolle der ordnungsgemäßen Verwendung der Erze, der Ausgangsstoffe und der besonders spaltbaren Stoffe in der Form, dass jederzeit zur Gänze eine Feststellung der Qualität, Quantität und der Orte der Lagerung und der Verwendung dieser Stoffe möglich ist. Ein weiterer wichtiger Bereich der Sicherheit sind die Kontrollen

---

1197 Nach *Grunwald* Energierecht ein vereinfachtes Vertragsänderungsverfahren.
1198 EuGH, U v 14.12.1971, RS 7/71, Kommission/Frankreich, Slg 1971, 1003, 1018.

der technischen Anlagen sowie die Fragen der Betriebssicherheit.[1199] Diesbezüglich sind eigens angestellte Mitarbeiter der Kommission (Inspektoren) mit umfassenden Vollmachten zur Kontrolle beauftragt.

Die EU hat auch Berichte über die nukleare Sicherheit von Nichtmitgliedstaaten in Auftrag gegeben und verfasst.[1200]

H) Informationen über die Anlagen und die Betriebsvorgänge

Nach Art 78 EA hat derjenige, der eine Anlage zur Erzeugung, Trennung oder sonstigen Verwendung von Ausgangsstoffen und besonders spaltbaren Stoffen oder zur Aufbereitung bestrahlter Kernbrennstoffe errichtet oder betreibt, der Kommission die grundlegenden technischen Merkmale dieser Anlage bekannt zugeben soweit dies zur Kontrolle der Erze, der Ausgangsstoffe und besonders spaltbaren Stoffe sowie zur Kontrolle der Vorschriften über die Versorgung auf Grund Abkommen der Gemeinschaft mit dritten Staaten oder zwischenstaatlichen Einrichtungen notwendig ist. Verfahren für die chemische Aufbereitung bestrahlter Stoffe sind ebenfalls im Sinne der obengenannten Bedingungen gemäß Art 78 Abs 2 EA genehmigungspflichtig. Mit dieser Bestimmung wird gewährleistet, dass das bei der Wiederaufbereitung anfallende Plutonium korrekt und zeitnah bilanziert werden kann.[1201]

Bemerkenswert ist, dass gemäß Art 79 Abs 1 EA primärrechtlich die Verpflichtung den Betreibern auferlegt wurde, genaue Aufstellungen über Betriebsvorgänge zu führen, um die Buchführung über verwendete oder erzeugte Erze, Ausgangsstoffe und besonders spaltbare Stoffe zu ermöglichen. Dies gilt ebenso für die Beförderung der Ausgangsstoffe und besonders spaltbaren Stoffe.[1202] Nach Grunwald sind davon auch die Erzeuger von Erzen als auch die Vermittler von Kernlieferungen umfasst.[1203] Dies ist nicht primärrechtlich festgelegt, aber um eine umfassende Kontrolle des Kernbrennstoffkreislaufes zu gewährleisten, ist dies in Art 24 VO 303/2005 extra niedergelegt. Art und Umfang der Verpflichtungen werden in dieser VO festgeschrieben. Die

---

1199 Verordnung (Euratom) Nr 3227/76 der Kommission vom 19.Oktober 1976 zur Anwendung der Bestimmungen der Euratom-Sicherungsmaßnahmen, ABl L 363 vom 31.12.1976 geändert durch die VO (Euratom) Nr 220/90 der Kommission vom 26.Jänner 1990, Nr L 22 vom 27.1.1990, S 56 und der VO (Euratom Nr 2130/93 der Kommission vom 27.Juni 1993, Nr L 191 vom 31.7.1993, S 75.

1200 Sonderbericht Nr 25/98 zu den Maßnahmen der Europäischen Union auf dem Gebiet der nuklearen Sicherheit in den Ländern Mittel- und Osteuropas (MOEL) und in den neuen unabhängigen Staaten (NUS) (Zeitraum 1990–1997) zusammen mit den Antworten der Kommission (vorgelegt gemäß Art 188c Abs 4 Unterabs 2 EGV), ABl Nr C 035 vom 9.2.1999, S 1.

1201 *Grunwald* Energierecht, 259.

1202 Näheres in der VO Nr 2 der Kommission zur Festlegung der Durchführungsbestimmungen für die in Art 78 EA vorgeschriebenen Anzeigen vom 18.2.1959 in idF.

1203 *Grunwald* Energierecht, 259.

Betreiber bzw. die Betroffenen geben den nationalen Behörden die Mitteilungen bekannt, die diese an die Kommission weiterleiten. Diese VO definiert nur Art und Umfang der Verpflichtungen nach Art 79 EA, und daher stellt jede Verletzung einer dieser Verpflichtungen einen Verstoß nach Art 79 EA dar und kann somit dazu führen, dass die Kommission eine der in Art 83 EA vorgesehenen Zwangsmaßnahmen gegen Personen oder Unternehmen verhängt, die für diesen Verstoß verantwortlich sind.[1204]

I) Hinterlegung von Nebenprodukten

Nach Art 80 EA hat die Kommission das Recht zu verlangen, dass alle überschüssigen besonders spaltbaren Stoffe, die als Nebenprodukt wieder- oder neugewonnen und nicht tatsächlich verwendet oder zur Verwendung bereitgestellt werden, bei der Agentur oder in anderen Lagern hinterlegt werden, die der Überwachung der Kommission unterstehen oder zugänglich sind. Auf Antrag sind die so hinterlegten besonders spaltbaren Stoffe den Beteiligten unverzüglich zurück zugeben.

J) Überwachung

a) Allgemeines

Die Aufgabe des Amtes für Euratom ist die Sicherheitsüberwachung zu gewährleisten, dass innerhalb der EU kein Material nicht von seinem beabsichtigten Verwendungszweck abgezweigt wird. Im Rahmen der Sicherheitsüberwachung führt die Kontrollbehörde eine Reihe von Maßnahmen durch um nachzuprüfen, dass kein Material und keine technische Anlage zu nicht anderen als den angegebenen (friedlichen) Verwendungszwecken eingesetzt wurden. Zielvorgabe ist somit die Ermöglichung der Nutzung der Kernenergie bei gleichzeitiger Gewährleistung, dass das zivile Kernmaterial innerhalb des friedlichen Nuklearprogramms verbleibt. Die nukleartechnischen Aktivitäten, die der Sicherheitsüberwachung unterliegen, umfassen den Abbau und Konversion (der chemische Prozess zur Umwandlung von Uran in Uranhexafluorid), seine Anreicherung (Isotopentrennprozess zur Erhöhung des Uran 235 Anteils im Uran), die Verarbeitung (Herstellung von Brennstoffanordnungen für Leistungsreaktoren), die Elektrizitätsgewinnung in Leistungsreaktoren, die Wiederaufbereitung (Abtrennung von Uran und Plutonium in abgebrannten Brennstoff aus hochaktiven Spaltprodukten), die Lagerung von Kernmaterial und schließlich die Entsorgung des nuklearen Abfalls.

1204 EuGH, U v 21.1.1993, RS C-308/91, Advanced Nuclear Fuels/Kommission, Slg 1993, I-308, Rn 15.

Wie oben schon dargestellt, obliegt die weltweite Sicherheitsüberwachung der IAEO. Von besonderer Bedeutung ist die Kontrolle der Wiederaufbereitungsanlagen in Sellafield, Vereinigtes Königreich, und in La Hague, Frankreich. Weitere Produktionsanlagen in Marcoule sowie in Sellafield und Cadarache sind ebenfalls von erheblicher Bedeutung. Neben diesen Anlagen sind noch die Anreicherungsanlagen für Leichtwasserreaktoren in Almelo, Niederlanden, Capenhust, Vereinigtes Königreich sowie in Kronau, Deutschland zu erwähnen. Ebenso sind die LEU Brennstofffabrikationsanlagen und HEU Brennstofffabrikationsanlagen zur Herstellung von Brennelementen aus schwach angereichertem Uran, die sich in Belgien, Frankreich, Deutschland, Spanien, Schweden und dem Vereinigten Königreich in Betrieb befinden zu erwähnen. Weiters werden sämtliche Reaktoren sowie die Lagerstätten überwacht.

Mit der IAEO wird im Rahmen des Partnerschaftskonzepts aus dem Jahre 1992 die Zusammenarbeit für den Bereich der 25 Nichtkernwaffenstaaten neu geregelt. Die Zusammenarbeit mit dem Vereinigten Königreich und Frankreich erfolgt nach dem Konzept des sogenannten gemeinsamen Teams. Bei beiden Konzepten werden die Inspektionsaktivitäten der IAEO sowie von Euratom gemeinsam durchgeführt. Dabei werden die von Euratom durchgeführten Inspektionsaktivitäten von der IAEO bei ihrer Auswertung entsprechend berücksichtigt und umgekehrt. Ein wichtiger Teil der Zusammenarbeit ist die technische Unterstützung.

Gemäß dem Bericht der Kommission an das Europäische Parlament für die Tätigkeit des Amtes für die Euratom – Sicherheitsüberwachung in den Jahren 1999–2000[1205] waren Ende 2000 im Amt 274 Mitarbeiter beschäftigt, wobei 11 Mitarbeiter den Status von Nuklearinspektoren hatten.

Die Kommission besitzt nach den Art 77ff EA wie in keinem anderen Bereich des Gemeinschaftsrechts starke Exekutiv- und Kontrollbefugnisse,[1206] denn dabei werden sämtliche nukleare Aktivitäten der Mitgliedstaaten überwacht.[1207] Ob die militärische Nutzung von Kernmaterial durch Frankreich und dem Vereinigten Königreich darunterfällt, scheint nach Art 84 EA fraglich.[1208] Das EA Safeguard-

1205 KOM (2001), 436 endgültig.

1206 *Grunwald* Energierecht, 253.

1207 *Manig* 76.

1208 Widersprüchlich *Manig* 77, 79. Der EuGH hat in den Urteilen EuGH, U v 12.4.2005, RS C-61/03, Kommission/Vereinigtes Königreich, Slg 2005, I-2477; EuGH, U v 9.3.2006, RS C-65/04, Kommission/Vereinigtes Königreich, Slg 2006, I-2252 – dazu die Besprechungen: *Jans*, Milieu en recht 2005, 372; *Gervasoni* Le traité Euratom ne s'applique pas aux activités nucléaires militaires, Revue française de droit administratif 2005, 828ff; *Breda* Alla ricerca del delicato equilibrio tra protezione della salute e difesa della sicurezza nazionale nell'ambito del Trattato Euratom, Diritto pubblico comparato ed europeo 2005, 1126ff- ausgesprochen, dass für Frankreich und dem Vereinigten Königreich in deren militärischen Bereich der EA und somit auch die Überwachung nach dem EA keine Anwendung findet.

system überträgt die souveränen Rechte der Mitgliedstaaten an die Kommission.[1209]

b) Überwachungsorgane/Inspektoren

Die zur Überwachung einschreitenden Organe sind die Inspektoren. Diese werden von der Kommission in die Hoheitsgebiete der Mitgliedstaaten entsandt (Art 81 EA). Bevor ein Inspektor zum ersten Mal mit der Überwachungsaufgabe in einen Mitgliedstaat betraut wird, ist der Mitgliedstaat betreffend der Person des Inspektors zu hören. Diese Anhörung ist einmalig und wirkt auch für alle späteren Aufgaben des Inspektors.

Nach Art 82 Abs 1 EA sind die Inspektoren von der Kommission eingestellt. Die Inspektoren sind Beamte gemäß dem Beamtenstatut. Dies bedeutet, dass sie nicht von den Mitgliedstaaten entsandt sind sondern für Euratom tätig sind. Sie unterliegen somit auch den besonderen steuerlichen, sozialversicherungsrecht-lichen Bestimmungen, als auch sind sie gegenüber den Mitgliedstaaten unabhängig.

c) Durchführung einer Inspektion

Die Inspektoren haben unter Vorlage ihres Ausweises über die Amtseigenschaft jederzeit zu allen Orten, Unterlagen und Personen Zugang, die sich von Berufswegen mit Stoffen, Ausrüstungsgegenständen oder Anlagen beschäftigen, welche der Überwachung unterliegen, soweit dies für die Überwachung der Erze, Ausgangsstoffe und besonders spaltbaren Stoffen sowie zu der Feststellung erforderlich ist, ob die Bestimmungen des Art 77 EA beachtet werden. Hierbei werden in der Regel die Inspektoren von Vertretern der Behörden des Staates begleitet, wobei dies gemäß Art 81 Abs 2 EA auf Antrag dieses Staates geschieht. Die Begleitung darf jedoch bei der Wahrnehmung der Tätigkeit zu keiner Verzögerung oder sonstigen Behinderung führen. Falls ein Mitgliedstaat oder ein Unternehmen der Durchführung einer Überwachungsmaßnahme widerspricht, so kann die Kommission beim Präsidenten des EuGH einen Gerichtsbefehl (einstweilige Anordnung) beantragen, um die Durchführung dieser Überwachung im Zwangswege sicherzustellen. Hierbei hat der Präsident innerhalb von 3 Tagen zu entscheiden. Falls dies jedoch zeitlich nicht möglich ist, da Gefahr im Verzug vorliegt, kann die Kommission durch eine eigene schriftliche Anordnung die Überwachungsmaßnahmen erlassen. Die Anordnung ist dem Präsidenten des EuGH unverzüglich zur nachträglichen Genehmigung vorzulegen. Nach Erlass des Gerichtsbefehls durch den Präsidenten des EuGH bzw. des Beschlusses der Kommission haben die Behörden des betreffenden Mitgliedstaates den Inspekto-

1209 *Kobia Roland* NLB 81 (2008), 41.

ren Zugang zu den Orten zu verschaffen, die in dem Befehl oder des Beschlusses bezeichnet sind. Ein Rechtsmittel gegen die Entscheidung des Präsidenten des EuGH ist unzulässig.

Zu den weiteren Aufgaben der Inspektoren zählt die Überprüfung und Vorlage der Buchführung. Bei der Überwachung kommt die Videoüberwachung abgegrenzter Materialbilanzzonen, die Versiegelung verschlossener Materialproben sowie die Analyse von Materialproben vor Ort durch das Institut für Transurane in Karlsruhe in Betracht.[1210]

Bei Verstößen ist die Kommission zu verständigen. Falls ein entsprechender Verstoß durch diesen selbst oder durch eine dritte Person in seinem Staatsgebiet festgestellt wird, kann gemäß Art 82 Abs 2 EA die Kommission eine Richtlinie erlassen, mit der sie dem betreffenden Mitgliedstaat aufträgt, innerhalb einer von ihr festgesetzten Frist alle erforderlichen Maßnahmen zu treffen, um den festgestellten Verstoß ein Ende zu setzen. Auch das Verhalten der in seinem Staatsgebiet ansässigen Personen wird dem Mitgliedstaat angerechnet sowie eigene Handlungen.[1211] Hierbei wird der Rat verständigt.

Falls der Mitgliedstaat diese Richtlinie der Kommission nicht innerhalb der festgesetzten Frist umsetzt, so kann die Kommission oder jeder Mitgliedstaat entgegen den Bestimmungen der Art 141 und 142 EA unmittelbar den EuGH anrufen. Ein Vorverfahren ist nicht notwendig.

d) Zwangsmaßnahmen

In Art 83 EA sind die Zwangsmaßnahen bei Verletzung der auferlegten Verpflichtungen beschrieben. Dies sind die Zwangsmaßnahme der Verwarnung, der Entzug besonderer Vorteile wie finanzielle Unterstützung[1212] oder technischen Hilfe, die Übertragung der Verwaltung des Unternehmens für eine Höchstdauer von 4 Monaten an eine Person oder eine Personengruppe, die im gemeinsamen Einvernehmen zwischen der Kommission und dem Staat, dem das Unternehmen untersteht bestellt werden, sowie der vollständige oder teilweise Entzug der Ausgangsstoffe oder besonders spaltbaren Stoffen. In diesem Fall sind die Rechte und vertraglichen Ansprüche Dritter zu beachten.

Zwangsmaßnahmen können auch nach Beendigung der Verstöße verhängt werden.[1213]

1210 *Grunwald* Energierecht, 262.

1211 *Manig* 85.

1212 Näheres bei *Manig* 87f.

1213 EuGH, U v 21.1.1993, RS C-308/9, Advanced Nuclear Fuels/Kommission, Slg 1993, I-308, Rn 21.

Diese Zwangsmaßnahmen sind von der Kommission zu begründen. Eine der ersten Beschlüsse nach Art 83 EA war die gegen die Anlage Lingen.[1214] Verfahrensrechtlich, obwohl nicht explizit vorgesehen, wurde die Gesellschaft zu einer Stellungnahme eingeladen, welche sie auch abgab. Grundlage des Verfahrens war eine nicht genehmigte Ausfuhr von Kernmaterial in die USA. Da die Verstöße auf Grund der erheblichen Mengen als schwer anzusehen waren, wurde die Verwaltung der Gesellschaft für den Zeitraum von 4 Monaten einer amtlich bestellten Person oder Personengruppe übertragen.

In dem Verfahren gegen UKAEA-Dounreay wurde von der Kommission eine Verwarnung ausgesprochen.[1215]

Bei der Umsetzung des Gemeinschaftsrechtrechts beim Beitritt Spaniens zur Gemeinschaft kam es zu Problemen bei der Escuela Técnica Superior des Ingenieros de la Universidad Politécnica de Madrid. Grundlage dafür war, dass die spanische Regierung als auch die Universität jahrelang nach den Beitritt Spaniens zur Gemeinschaft keine Meldung über die Lagerung von Kernmaterial getätigt haben. Hierbei wurde von der Kommission nur eine Verwarnung ausgesprochen.[1216] Auf Grund dessen erließ die Kommission ein Empfehlung, in der sie Spanien auftrug, alle erforderlichen Maßnahmen zu treffen, um sicherzustellen, dass alle Anlagen in Spanien zur Erzeugung, Trennung oder sonstigen Verwendung von Ausgangsstoffen und besonders spaltbaren Stoffen oder zur Aufbereitung bestrahlter Kernbrennstoffe der Kommission vertragsgemäß gemeldet werden.[1217]

In der Entscheidung ENUSA Juzbado[1218] ermittelte die Kommission wegen nicht gemeldeter Ausfuhr von Kernmaterial aus Spanien in die USA. Nach der Feststellung der objektiven Verstöße prüfte die Kommission die subjektive Tatseite. Dabei stellte sie fest, dass die Verstöße nicht vorsätzlich begangen worden sind, da diese durch Nichtbeachtung der internen Arbeitsabläufe durch die Fahrlässigkeit der Mitarbeiter resultieren. Als Strafe wurde eine Verwarnung verbunden mit Auflagen ausgesprochen.

1214 90/413/Euratom: Entscheidung der Kommission vom 1. August 1990 über ein Verfahren nach Art 83 EA (XVII-001-Lingen), ABl Nr L 209 vom 8.8.1990, S 27.

1215 92/194/Euratom: Entscheidung der Kommission vom 4. März 1992 in einem Verfahren nach Art 83 EA (XVII-UKAEA-Dunreay), ABl Nr L 88 vom 3.4.1992, S 54.

1216 94/955/Euratom: Entscheidung der Kommission vom 21. Dezember 1994 in einem Verfahren nach Art 83 EA (XVII- Escuela Técnica Superior des Ingenieros de la Universidad Politécnica de Madrid), ABl Nr 371 vom 31.12.1994, S 16.

1217 94/956/Euratom: Empfehlung der Kommission vom 21. Dezember 1994 zur Anwendung der Euratom-Sicherheitsüberwachung in Spanien, ABl Nr L 371 vom 31.12.1994, S 18.

1218 Siehe zum Beispiel: 97/873/Euratom: Entscheidung der Kommission vom 12.Dezember 1997 über ein Verfahren nach Art 83 EA (XVII-06 ENUSA Juzbado), ABl Nr L 354 vom 30.12.1997, S 30.

In der Entscheidung gegen Jeson Tungsten Ltd sprach die Kommission ebenfalls nur eine Verwarnung aus, obwohl die Gesellschaft über längere Zeit nukleares Material ohne entsprechende Buchführung und Meldungen lagerte.[1219]

In der Entscheidung Sellafield sprach die Kommission eine Verwarnung aus, verbunden mit der Verpflichtung nachweislich Abhilfemassnahmen zu treffen.[1220]

Nach Art 83 Abs 2 EA sind die zur Durchführung erlassenen Entscheidungen der Kommission, die eine Herausgabeverpflichtung enthalten, vollstreckbar. Sie können in den Hoheitsgebieten der Mitgliedstaaten nach den Vorschriften des jeweiligen nationalen Zivilprozessrechtes vollstreckt werden. Die Vollstreckungsklausel wird nach einer Prüfung, die sich lediglich auf die Echtheit des Titels erstrecken darf, von der staatlichen Behörde gemäß Art 164 EA erteilt, welche die Regierung jedes Mitgliedstaates zu diesem Zweck bestimmt und der Kommission, dem EuGH sowie dem Schiedsausschuss (Art 18 EA) benennt. Sind diese Formvorschriften auf Antrag der die Vollstreckung betreibenden Partei erfüllt, so kann diese die Zwangsvollstreckung nach innerstaatlichem Recht betreiben, in dem sie das zuständige Gericht anruft. Eine Aussetzung der Vollstreckung kann in solchen Fällen nur durch eine Entscheidung des EuGH erfolgen.[1221] Die Vollstreckungsmaßnahmen, die nach den Bestimmungen der nationalen Exekutionsordnungen vollzogen werden, können jedoch durch die nationalen Gerichte auf ihre Ordnungsmäßigkeit überprüft werden (Art 164 Abs 2 EA).

Da solche obengenannten Zwangsmaßnahmen, insbesondere die gemäß Art 83 Abs 1 lit b bis d EA eine unmittelbare wenn nicht gar existenzbedrohende Wirkung entfalten können, haben gegen diesen Beschluss eingebrachte Klagen beim EuG/EuGH aufschiebende Wirkung, es sei denn, die Kommission oder ein beteiligter Mitgliedstaat stellen den Antrag auf sofortige Vollstreckung des Beschlusses. Dritte, die von diesen Beschlüssen betroffen sind, können bei unmittelbarer und individueller Betroffenheit selbst eine Klage einbringen oder dem Verfahren als Streithelfer innerhalb der Frist beitreten.

Die Mitgliedstaaten haben gemäß Art 83 Abs 4 EA die Verpflichtung dafür Sorge zu tragen, dass die Zwangsmaßnahmen vollstreckt, und dass die Verletzungen gegebenen falls durch den Urheber behoben werden.

Nach Art 84 Abs 1 EA wird bei der Überwachung kein Unterschied nach dem Verwendungszweck der Erze, der Ausgangsstoffe und der besonders spaltbaren Stof-

1219 96/671/Euratom: Entscheidung der Kommission vom 13. November 1996, über ein Verfahren nach Art 83 EA (XVII-05- Jenson Tungsten Ltd, Hemel Hempstead), ABl Nr L 313 vom 3.12.1996, S 20.

1220 2006/626/Euratom Entscheidung der Kommission vom 15. Feber 2006 gemäß Art 83 des Vertrages zur Gründung der Europäischen Atomgemeinschaft. Unbeschadet der uneingeschränkten; ABl Nr L 255 vom 19.9.2006, S 5f.

1221 So zB EuGH, B v 7.12.1990, RS C-308/90, Advanced Nuclear Fuels/Kommission, Slg 1990, I-4499.

fen gemacht. Die mit der Überwachung beauftragten Organe sind hinsichtlich ihrer Befugnisse nur auf die Verwirklichung der in diesem Kapitel bestimmten Ziele beschränkt. Die Überwachung erstreckt sich jedoch nicht auf Stoffe, die für die Zwecke der Verteidigung bestimmt sind, soweit sie sich im Vorgang für diese Zwecke befinden, oder soweit sie nach Abschluss dieser Einfügung gemäß einem Operationsplan in eine militärische Anlage eingesetzt oder dort gelagert werden (Art 64 Abs 3 EA). Dies betrifft einerseits die Mitgliedstaaten Großbritannien und Frankreich, die im Sinne des NPTs Nuklearmächte sind. Auch die Kernwaffen, die die Vereinigten Staaten von Amerika in Europa im Zuge ihrer NATO Stationierung oder bilateraler Verträge in den einzelnen Mitgliedstaaten lagern, sind davon umfasst.

e) Änderung der Überwachungsbestimmungen

Falls es durch neue Umstände erforderlich werden sollte, können die Einzelheiten der Überwachung auf Vorschlag der Kommission und nach Anhörung des europäischen Parlaments durch einstimmigen Beschluss des Rates angepasst werden. Voraussetzung für eine solche Änderung ist eine Veranlassung durch die Kommission oder eines einzelnen Mitgliedstaates. Ein Mitgliedstaat kann jedoch nicht direkt einen solchen Änderungsantrag einbringen und zur Beschlussfassung vorlegen; ein solcher ist bei der Kommission einzubringen, die vor einer entsprechenden Vorlage selbständig eine Untersuchung durchführt, ob der Vorschlag des Mitgliedstaates auch zweckdienlich und nützlich ist.

19. Eigentum an spaltbaren Stoffen

A) Einleitung

In Folge der besonderen Gefahr, die durch das Eigentum und die damit verbundenen Kontrolle an besonders spaltbaren Stoffen ausgeht, ist primärrechtlich (Art 86 bis Art 91 EA) eine eigene Eigentumsregelung geschaffen worden. Der Begriff „Eigentum" ist in der gemeinsamen Rechtstradition sämtlicher Mitgliedstaaten definiert. Ursprung dieser Regelung ist, dass die Kernbrennstoffe in den USA Eigentum des Staates sind.[1222] Da die USA Hauptlieferant der Kernbrennstoffe waren und sind, und um eine leichtere Abwicklung des Handels zu ermöglichen, wurde von den Verfassern des EA das Gemeinschaftseigentum an den unten angeführten Stoffen ex lege begründet.[1223]

1222 Näheres bei *Böhm* Die juristische Problematik des europäischen Kernbrennstoffeigentums, NJW 1961, 1553 mwN.
1223 So *Böhm* NJW 1961, 1554.

Diese Eigentumsrechte der Gemeinschaft dienen vor allem der Kontrolle und der leichteren Überwachung. Verbunden ist in diesem Konzept auch die leichtere Durchsetzung der Rechte der Gemeinschaft in den Mitgliedstaaten in Folge des primärrechtlich gewährten Eigentumsrechtes. Dabei handelt es sich um einen einmaligen Typus des öffentlichen Sachenrechts im Gemeinschaftsrecht.[1224] Böhm vertritt die Ansicht, dass der Begriff des „Eigentums" hier falsch und sinnentleert ist.[1225] Richtig ist vielmehr, dass Euratom lediglich rechtliches Eigentum an den Stoffen habe, während die wirtschaftliche Nutzung bei den Verwendern liege.[1226] Viele Fragen sind nicht geklärt. Strittig ist, ob eine Verpfändung oder eine sonstige Einräumung von Rechten zulässig ist oder nicht. Tromans hält konsequenterweise eine restriktive Interpretation für die richtige.[1227] Bei Verträgen sind die Gefahrtragungsregeln, die Fragen der Haftung der Qualitäten und der Gewährleistungen sowie das anwendbare Zivilrecht zu klären.[1228]

Das Eigentumsrecht entsteht bei der Einfuhr in das Gemeinschaftsgebiet oder bei der Erzeugung. Euratom muss keine Kenntnis davon haben oder „Erwerbsschritte" setzen.[1229] Wenn bei der Erzeugung bestimmte Konzentrationsgrenzen überschritten werden, so erwirbt Euratom ex lege (juristisches) Eigentum. Die wirtschaftlichen Befugnisse verbleiben bei den Verbrauchern oder Nutzern.

Die besonderen Eigentumsrechtsregelungen bedeuten nicht, dass diese Stoffe nicht fungibel sind.[1230]

B) Besondere Eigentumsregelung

Nach Art 86 EA sind die besonders spaltbaren Stoffe Eigentum der Gemeinschaft. Dieses Eigentumsrecht umfasst alle besonders spaltbaren Stoffe, die von einem Mitgliedstaat, einer Person oder einem Unternehmen erzeugt oder eingeführt werden und die der Sicherheitsüberwachung unterliegen. Radioaktiver Abfall fällt nur unter

1224 *Grunwald* Energierecht, 265; Frenz, Handbuch Europarecht, Band 6, Rn 4829.

1225 *Böhm* NJW 1961, 1556.

1226 *Drück* 92; *Kimminich* ZaÖRV, 1973, 650; *Manig* 38; *Bousquet* NLB 68 (2001), 31ff; zu Letzt so Schlussanträge von GA *Maduro*, v 6.4.2006, RS C-123/04 und 124/04, Industrias Nucleares do Brasil/Siemens AG ua, Rn 80f mwN.

1227 *Tromans* Nuclear Law^2, 67.

1228 Informativ zu diesen Problemstellungen: *Dalle Molle/Galvan* Past and Present Issues relating to the Transfer of Ownership of Nuclear Material for Nuclear Research (unveröffentlichter Aufsatz).

1229 *Böhm* NJW 1961, 1554.

1230 Schlussanträge von GA *Maduro*, v.6.4.2006, RS C-123/04 und 124/04, Industrias Nucleares do Brasil/Siemens AG ua, Rn 66 mwN; EuGH, U v 12.9.2006, RS C-123/04 und 124/04, Industrias Nucleares do Brasil/Siemens AG ua, Rn 53.

dieses Eigentumregime, wenn es ausreichend Plutonium oder angereichertes Uran enthält.[1231]

C) Nutzungs- und Verbrauchsrecht

Um eine entsprechende Verwertung der Stoffe vorzunehmen haben die Mitgliedstaaten, Personen oder Unternehmen an diesen besonders spaltbaren Stoffen, die ordnungsgemäß in ihren Besitz gelangt sind, das unbeschränkte Nutzungs- und Verbrauchsrecht. Eingeschränkt ist dieses unbeschränkte Nutzungs- und Verbrauchsrecht durch Verpflichtungen betreffend der Sicherheitsüberwachung, des Bezugsrechtes, der Agentur und des Gesundheitsschutzes. Der Erwerb des Eigentumsrechts knüpft an die Einfuhr oder Erzeugung eines solchen besonders spaltbaren Stoffes an, der der Sicherheitsüberwachung unterliegt. Nach dem das Güterrecht beherrschende Grundsatz der Publizität muss der erzeugte Stoff individualisierbar sein.[1232] Unter Einfuhr ist die zollrechtliche Einfuhr zu verstehen. Das Einschmuggeln von besonders spaltbaren Stoffen begründet kein Eigentum von Euratom. Gemäß Art 75 EA kommt es zu keinem Eigentumserwerb von Euratom, bei besonders spaltbaren Stoffen, die mit Genehmigung der Kommission für Forschungszwecke ein- oder ausgeführt werden, als auch bei besonders spaltbaren Stoffen, die zum Zwecke der Aufbereitung, Formung oder Umwandlung in das Gemeinschaftsgebiet eingeführt werden, um nachher dieses wieder zu verlassen. Eine Urananreicherung fällt nach der Judikatur in die Begriffstrias der Aufbereitung, Formung oder Umwandlung.[1233]

Trotz aller dieser Einschränkungen besteht trotzdem eine Fungibilität auf Grund der internationalen Praxis.[1234]

Der Verlust des Eigentumsrechtes tritt mit Verlassen des besonders spaltbaren Stoffes aus dem Gemeinschaftsgebiet ein. Auch durch die Überführung dieser Stoffe in die legale militärische Verwendung – UK und Frankreich – tritt Eigentumsverlust ein, da diese aus der Sicherheitsüberwachung herausfallen (Art 84 Abs 3 EA).

D) Finanzkonto

Zur Gewährleistung einer ordnungsgemäßen Durchführung der besonders spaltbaren Stoffe führt die Agentur namens der Gemeinschaft ein sogenanntes Finanzkonto

1231 *Bousquet* NLB 68 (2001), 28.
1232 *Grunwald* Energierecht, 266.
1233 EuGH, U v 12.9.2006, RS C- 123/04 und 124/04, Industrias Nucleares do Brasil/Siemens AG ua, Rn 45.
1234 *Tromans* Nuclear Law[2], 64 mwN.

(Art 88 EA). Mit der Einrichtung dieses Kontos wurde die Trennung zwischen der rechtlichen und wirtschaftlichen Verfügungsmacht über die Stoffe endgültig vollzogen.[1235]

Gemäß Art 89 Abs 1 EA wird der Gemeinschaft der Wert der besonders spaltbaren Stoffe gutgeschrieben, die einem Mitgliedstaat, einer Person oder einem Unternehmen überlassen oder zur Verfügung gestellt werden. Dabei werden der Mitgliedstaat, die Person oder das Unternehmen mit diesem Wert belastet. Im Gegenzug wird die Gemeinschaft mit dem Wert der besonders spaltbaren Stoffe belastet, die von einem Mitgliedstaat, einer Person oder einem Unternehmen erzeugt oder eingeführt und somit Eigentum der Gemeinschaft werden. Im Gegenzug wird dem Mitgliedstaat, der Person oder dem Unternehmen dieser Wert zugeschrieben.

Die entsprechende Buchung wird vorgenommen, wenn ein Mitgliedstaat, eine Person oder ein Unternehmen der Gemeinschaft besonders spaltbare Stoffe zurückgibt, die diesen vorher überlassen oder zur Verfügung gestellt worden waren. Wertschwankungen, denen die besonders spaltbaren Stoffe unterliegen, werden rechnungsmässig gemäß Art 89 Abs 2 EA so behandelt, dass für die Gemeinschaft weder Verlust noch Gewinn entsteht. Die Gefahren gehen zu Lasten und Gewinn der Nutzungsberechtigten. Salden aus allen diesen Vorgängen können auf Verlangen des Gläubigers – dies kann die Gemeinschaft, der Mitgliedstaat, Person oder ein Unternehmen sein – sofort fällig werden. Die Agentur ist in Fällen der Vornahme von Geschäften auf eigene Rechnung ein eigenes Unternehmen, welches das wirtschaftliche Risiko selbst zu tragen hat.[1236]

Analog den Bestimmungen des Art 85 EA können unter den gleichen Bestimmungen gemäß Art 90 EA bei Vorlage neu eingetretener Umstände diese Regelungen durch einen einstimmigen Beschluss des Rates auf Vorschlag der Kommission und nach Anhörung des europäischen Parlamentes geändert werden.[1237] Die Veranlassung für einen solchen Vorschlag kann von einem Mitgliedstaat oder der Kommission selbst ausgehen, wobei die Kommission jeden Antrag eines Mitgliedstaates gesondert zu untersuchen hat.

Nach Art 91 EA gelten die Bestimmungen der Art 86 bis 90 EA nicht, an Gegenständen, Stoffen und Vermögenswerten, nach denen kein Eigentumsrecht der Gemeinschaft besteht. In diesem Fall richtet sich das Eigentumsrecht nach demjenigen der einzelnen Mitgliedstaaten. Ebenso wenig sind diese Artikel hinsichtlich der Stoffe gemäß Art 75 Abs 3 EA anwendbar.

1235 *Böhm* NJW 1961, 1554.

1236 *Böhm* NJW 1961, 1555.

1237 Nach *Grunwald* Energierecht, 196, ein vereinfachtes Vertragsänderungsverfahren.

20. Gemeinsamer Markt

A) Anwendungsbereich

a) Einleitung

Wie der EG sieht der EA auch die Schaffung eines gemeinsamen Marktes vor. Der gemeinsame Markt ist das gemeinsame Fundament aller Verträge und aller Gemeinschaften.[1238] Zweck der Schaffung des gemeinsamen Marktes nach dem EA ist die Förderung des Fortschritts auf dem Gebiet der Kernenergie. Im Laufe einer Jahrzehnte langen Rechtsprechung hat der EuGH und die juristische Literatur den gemeinsamen Markt nach dem EG entwickelt.[1239] Art 26 Abs 2 AEUV definiert den Binnenmarkt als einen Raum ohne Binnengrenzen, in dem der freie Verkehr von Waren, Personen, Dienstleistungen und Kapital gemäß den Bestimmungen dieser Verträge gewährleistet ist. Der Binnenmarkt ist eine weitere Stufe in der Integration des gemeinsamen Marktes.[1240] Da der Begriff „Binnenmarkt" im EA nicht eingefügt worden ist, könnte der Schluss gezogen werden, dass eine weitere Vertiefung im Bereich des EA nicht geplant oder erwünscht sei. Richtig ist vielmehr, dass die Begriffe „Gemeinsamer Markt" und „Binnenmarkt" Synonyme sind.[1241]

Somit bestehen im Gemeinschaftsrecht 2 verschiedene gemeinsame Märkte. Es stellt sich somit die Frage, ob es Überschneidungen bestehen, oder ob der EA den AEUV verdrängt. In der Diskussion vor dem ČEZ Urteils des EuGH ist viel über das Verhältnis der Gemeinschaftsfreiheiten im Nuklearbereich diskutiert worden.[1242]

b) Verhältnis EA-AEUV

Das materielle Recht des EA dient insgesamt der Förderung des Fortschritts auf dem Gebiet der Kernenergie.[1243] Die Kompetenzen und die Gebiete sind in den Bestimmungen des EA ausdrücklich geregelt. Art 305 Abs 2 EG legte fest, dass der EG nicht die Vorschriften des EA beeinträchtigt. Der EGKSV und EA sind als Lex specialis zum EG konzipiert worden.[1244] Der Binnenmarkt ist im AEUV für alle Produkte und

---

1238 EuGH, B.v.14.11.1978, RS 1/78, IAEO, Slg 1978, 2151, Rn 15; *Grunwald* Energierecht, 267.

1239 Auch eine Aufzählung wäre sinnlos; der Autor verweist auf die Standardkommentare.

1240 *Pipkorn/Bardenhewer-Rating/Taschner* in von der Groeben/Schwarze, Art 14 Rn 10f.

1241 *Leible* in Streinz, EUV/EG, Art 14 Rn 13.

1242 UA *Reich* Kernkraft ante portas der Gemeinschaftsfreiheiten, EuZW 2009, 433.

1243 *Schroeder* Die Euratom- auf dem Weg zu einer Umweltgemeinschaft, DVBl 1995, 322.

1244 *Breier* in Lenz-Borchardt, EUV-EG-Kommentar[4], Art 305 Rn 3; *Osteneck* in Schwarze, EU-Kommentar, Art 305 Rn 10; Schroeder in Streinz, EUV/EG, Art 28 Rn 10; *Ress* Gutachten zur Funktion und Bindungswirkung von „Grundnormen" des EURATOM-Vertrages (Schriftenreihe Reaktorsicherheit und Strahlenschutz, Der Bundesminister für Umwelt, Naturschutz und

Dienstleistungen geregelt, während die Bestimmungen des EA lediglich den gemeinsamen Markt für bestimmte taxativ aufgezählte Stoffe und Dienstleistungen handelt. Der EuGH hat die subsidiäre Geltung des AEUV, vormals EG, zum EA in den Bereichen bestätigt, in denen der EA keine abschließenden oder speziellen Sonderregelungen zu einer bestimmten Materie enthält.[1245] Grunwald ist der Ansicht, dass auf Grund der lex specialis Regel auch ohne der Existenz des Art 305 Abs 2 EG die alte Vorrangregel weiterhin besteht.[1246]

Mit umfasst ist im Kernbereich des EA die Kompetenz für die Sicherheit von Nuklearanlagen, die Regelungen für den Erwerb, das Eigentum, die Lagerung, die Veräußerung, sowie den Transport bestimmter Stoffe. Die Sicherheit für die Umwelt in Folge der Verwendung dieser Stoffe ist ebenfalls Teil der Kernkompetenz des EA.[1247]

Da der gemeinsame Markt gemäß dem EA lediglich auf dem Gebiet der Kernenergie beschränkt ist,[1248] und um zu vermeiden, dass es zu Überschneidungen mit dem AEUV kommt, wurde der gemeinsame Markt auf dem Kerngebiet auf die im Anhang IV aufgezählten Güter und Erzeugnisse beschränkt. Diese Listen können vom Rat auf Vorschlag der Kommission gemäß Art 92 Abs 2 EA geändert werden, wobei die Veranlassung von der Kommission oder von einem Mitgliedstaat ausgehen kann.

Der gemeinsame Markt gemäß Art 92 EA gilt für die in der Liste A1 genannten Produkte, nicht umfasst sind nach Ansicht Roßnagels radioaktive Abfälle.[1249] Ob abgebrannte Brennelemente von der Liste A1 umfasst sind, ist strittig,[1250] wobei jedoch auf Grund der genauen Definition der in den Listen genannten Produkten davon auszugehen ist, dass solche Produkte davon nicht umfasst sind

Diese Produkte sind wie folgt:

Listen der Güter und Erzeugnisse, die den Bestimmungen des Kapitels 9 über den gemeinsamen Markt auf dem Kerngebiet unterliegen

---

Reaktorsicherheit, BMU-1993-363), (Bonn 1993), 44; *Leidenmühler* Das Bundesverfassungsgesetz für ein atomfreies Österreich im Licht des Europarechts, ÖJZ 2000, 322; dagegen *Cusack* CMLR 2003, 127.

1245 EuGH, U v 29.3.1990, RS C-62/88, Griechenland/Rat, Slg 1990, I-1527 Rn 16f; *Osteneck* in Schwarze, EU Kommentar, Art 305 Rn 10; *Bleckmann* in Bleckmann, Europarecht[6], § 5 Rn 171ff; Petersmann GTE[5], Art 232 Rn 19; *Kühling*, RdE 2001, 93, 94; *Pechstein* Elektrizitätsbinnemarkt und Beihilfenkontrolle im Anwendungsbereich des Euratom-Vertrag, EuZW 2001, 309; *Everling* RIW 1993, Beil 2, 3; *Schroeder* DVBl 1995, 323; *Roßnagel* Europäische Marktfreiheiten und atomrechtliche Entsorgungsvorsorge, DÖV 1996, 985.

1246 *Grunwald* Neuere Entwicklungen des Euratom-Rechts, ZeuS 2010, 410f.

1247 EuGH, B.v.14.11.1978, RS 1/78, IAEO, Slg 1978, 2151.

1248 *Rengeling* in Reformüberlegungen zum Atomrecht (Hrsg Lukes), 296.

1249 *Roßnagel* DÖV 1996, 986.

1250 Bejahend *Huber*, Entsorgung als Staatsaufgabe und Betreiberpflicht, DVBl 2001, 247.

Liste A1

- Uranerze, deren Gehalt an natürlichem Uran gewichtsmäßig mehr als 5 vH beträgt
- Pechblende, deren Gehalt an natürlichem Uran gewichtsmäßig mehr als 5 vH beträgt
- Uranoxyd
- Anorganische Verbindungen des natürlichen Urans außer Oxyd und Hexafluorid
- Organische Verbindungen des natürlichen Urans
- Natürliches Uran, roh oder bearbeitet
- Plutoniumhaltige Legierungen
- Organische oder anorganische Uranverbindungen, die mit organischen oder anorganischen Verbindungen des Uran 235 angereichert sind
- Organische oder anorganische Verbindungen des Uran 233
- Mit Uran 233 angereichertes Thorium
- Organische oder anorganische Plutoniumverbindungen
- Mit Plutonium angereichertes Uran
- Mit Uran 235 angereichertes Uran
- Legierungen, die mit Uran 235 angereichertes Uran oder Uran 233 enthalten
- Plutonium
- Uran 233
- Uranhexafluorid
- Monazit
- Thoriumerze, die gewichtsmäßig mehr als 20 vH Thorium enthalten
- Uran-Thorianit mit einem Thoriumgehalt von mehr als 20 vH
- Thorium, roh oder bearbeitet
- Thoriumoxyd
- Anorganische Thoriumverbindungen außer Oxyd
- Organische Thoriumverbindungen

Liste A2

- Deuterium und seine Verbindungen (einschließlich des schweren Wassers), bei denen das Verhältnis der Deuteriumatome zu den Wasserstoffatomen zahlenmäßig 1:5000 überschreitet
- Schweres Paraffin, bei dem das Verhältnis der Deuteriumatome zu den Wasserstoffatomen zahlenmäßig 1:5000 überschreitet
- Mischungen und Lösungen, bei denen das Verhältnis der Deuteriumatome zu den Wasserstoffatomen zahlenmäßig 1:5000 überschreitet
- Kernreaktoren
- Geräte für die Trennung der Uranisotope durch Gasdiffusion oder andere Verfahren
- Geräte für die Erzeugung von Deuterium, seinen Verbindungen (einschließlich des schweren Wassers), seinen Derivaten sowie von deuteriumhaltigen Mi-

schungen und Lösungen, bei denen das Verhältnis der Deuteriumatome zu den Wasserstoffatomen zahlenmäßig 1:5000 überschreitet:
  - Geräte, die mit Wasserelektrolyse arbeiten
  - Geräte, die mit Destillation des Wassers, des flüssigen Wasserstoffs usw. arbeiten
  - Geräte, die mit Isotopenaustausch zwischen Schwefelwasserstoff und Wasser als Funktion einer Temperaturänderung arbeiten
  - Geräte, die mit anderen Techniken arbeiten eigens für die chemische Behandlung radioaktiver Stoffe konstruierte Geräte
  - Geräte für die Trennung bestrahlter Brennstoffe: – auf chemischem Weg (durch Lösungsmittel, Ausfällen, Ionenaustausch usw.) – auf physikalischem Weg (durch fraktionierte Destillation usw.)
  - Geräte für die Behandlung der Abfälle
  - Geräte für die Aufbereitung der Brennstoffe zur Wiederverwendung (recyclage) Fahrzeuge, die eigens für den Transport von Erzeugnissen mit starker Radioaktivität konstruiert sind: – Wagen und Loren zum Fahren auf Gleisen aller Spurweiten – Lastkraftwagen – Verladewagen mit Motoren – Anhänger und Sattelanhänger sowie andere Fahrzeuge ohne Eigenantrieb Verpackungsmittel mit Abschirmung aus Blei gegen Strahlung für den Transport oder die Lagerung radioaktiver Stoffe
- Künstliche radioaktive Isotope und ihre anorganischen oder organischen Verbindungen
- Ferngesteuerte mechanische Greifer, die eigens für die Handhabung hoch radioaktiver Stoffe konstruiert sind: – mechanische Greifgeräte, fest oder beweglich, jedoch nicht mit der Hand führbar

Liste B
- Lithiumerze und -konzentrate
- Metalle nuklearer Qualität: Roh-Beryllium (Glucinium), roh-Wismut, roh-Niobium (Columbium), roh-Zirkonium (hafniumfrei), roh-Lithium, roh-Aluminium, roh-Kalzium, roh-Magnesium, roh-Bortrifluorid
- Wasserfreie Fluorwasserstoffsäure
- Chlortrifluorid
- Bromtrifluorid
- Lithiumhydroxyd
- Lithiumfluorid
- Lithiumchlorid
- Lithiumhydrid
- Lithiumkarbonat
- Berylliumoxyd (Glucin)
- nuklearer Qualität Hitzebeständige Steine aus Berylliumoxyd
- nuklearer Qualität andere hitzebeständige Erzeugnisse aus Berylliumoxyd nuklearer Qualität Künstlicher Graphit in Form von Blöcken oder Stäben mit einem

Borgehalt von eins oder weniger zu einer Million und einem mikroskopischen Gesamtwirkungsquerschnitt für die Absorption thermischer Neutronen von 5 Millibarns/Atom oder weniger Stabile Isotope,
- künstlich getrennt
- Elektromagnetische Ionentrenner, einschließlich der Massenspektrographen und Massenspektrometer
- Reaktorsimulatoren (Analogkalkulatoren besonderer Art)
- Ferngesteuerte mechanische Greifer: für den Handgebrauch (d.h. mit der Hand führbar wie ein Werkzeug)
- Pumpen für Metalle in flüssigem Zustand
- Hochvakuumpumpen
- Wärmeaustauscher, die eigens für eine Kernzentrale konstruiert sind Strahlungsdetektorengeräte (und entsprechende Ersatzteile) einer der folgenden Typen, die eigens für den Nachweis oder die Messung nuklearer Strahlen wie der Alpha- und Betateilchen, der Gammastrahlung, der Neutronen und Protonen konstruiert sind oder diesen Zwecken angepasst werden können
  - Geigerzählrohre und Proportionalzählrohre
  - Geräte für den Nachweis oder die Messung, die Geiger-Müller-Rohre oder Proportionalzählrohre enthalten
- Ionisationskammern
- Instrumente, die Ionisationskammern enthalten
- Geräte für den Nachweis oder die Messung von Strahlen bei der Schürfung nach Erzen, der Kontrolle der Reaktoren, der Luft, des Wassers und des Bodens
- Neutronendetektoren, bei denen Bor, Bortrifluorid, Wasserstoff oder ein spaltbares Element verwendet wird
- Geräte für den Nachweis oder die Messung mit Neutronendetektoren, bei denen Bor, Bortrifluorid, Wasserstoff oder ein spaltbares Element verwendet wird
- Szintillationskristalle, montiert oder mit Metalleinhüllung (feste Szintillatoren)
- Geräte für den Nachweis oder die Messung, die flüssige, feste oder gasförmige Szintillatoren enthalten
- Verstärker, die eigens für nukleare Messungen konstruiert sind, einschließlich der Linearverstärker, der Vorverstärker und der „Verteilerverstärker“ (distributed amplifiers) und der Analysatoren (pulse height analysers)
- Koinzidenzgeräte zur Verwendung mit Strahlendetektoren- Elektroskope und Elektrometer, einschließlich der Dosimeter (jedoch ausschließlich der Geräte für den Unterricht, der einfachen Elektroskope mit Metallblättchen, der Dosimeter, die eigens für die Verwendung mit medizinischen Röntgenapparaten konstruiert sind, sowie der elektrostatischen Messgeräte)
- Instrumente, mit denen ein Strom schwächer als 1 Mikromikroampere gemessen werden kann – Photovervielfacherröhren mit einer Photokathode, die mindestens 10 Mikroampere je Lumen ergibt, eine mittlere Verstärkung größer als

10 hoch 5 haben, sowie jedes andere System elektrischer Vervielfacher, das durch positive Ionen aktiviert wird
- „Skalers“ und elektronische Integratoren für Strahlendetektoren, Zyklotrone, elektrostatische Generatoren des Typs „van de Graaf“ oder „Cockroft und Walton“, Linearbeschleuniger und andere „elektro-nukleare“ Maschinen, mit denen ein Kernpartikel auf mehr als 1 MeV beschleunigt werden kann Magnete, die eigens für die vorgenannten Maschinen und Geräte (Zyklotrone usw.) konstruiert sind
- Beschleunigungsröhren und Röhren zum Fokussieren derjenigen Typen, die in Massenspektrometern und Massenspektrographen verwendet werden
- Intensive elektronische Quellen positiver Ionen für eine Verwendung mit Teilchenbeschleunigern, Massenspektrometern und anderen Geräten derselben Art Spiegelglas (Strahlenschutzglas)
- Gußglas (gegossenes oder gewalztes Flachglas; auch bereits bei der Herstellung mit Drahteinlagen verstärkt oder überfangen), nur auf einer oder auf beiden Seiten geschliffen oder poliert, in quadratischen oder rechteckigen Platten oder Tafeln
- Gußglas (gegossen oder gewalzt; geschliffen, poliert oder nicht) anders als quadratisch oder rechteckig zugeschnitten, oder gekrümmt, oder anderweitig bearbeitet (schräg abgeschnitten oder graviert usw.)
- Sicherheitsglas, auch bearbeitet, bestehend aus getempertem Glas oder aus zwei oder mehreren Glasschichten
- Schutzanzüge gegen Bestrahlung oder radioaktive Verseuchung:
  - aus Kunststoff
  - aus Gummi
  - aus imprägnierten oder mit einer Schutzschicht belegten Geweben; für Männer, für Frauen
- Diphenyl (wenn es sich tatsächlich um aromatischen Kohlenwasserstoff handelt: C6H5C6H5)
- Triphenyl

Der gemeinsame Markt umfasst nicht nur die oben genannten Produkte sondern auch den Transport und das Inverkehrbringen dieser. Grundsätzlich gelten beim Transport die Regelungen des AEUV als auch das darauf erlassene Sekundärrecht. Für die Produktgruppen, die EA explizit aufgezählt sind, sind die Sonderregeln des EA und des darauf erlassenen Sekundärrechts anwendbar. Hinzu kommen die multilateralen als auch bilateralen Verträge, welche diese Dienstleistungen regeln als auch die internationalen Standards. Somit sind von den Regelungen des Art 93 EA alle Sachverhalte umfasst, die mit der grenzüberschreitenden Geschäftstätigkeit mit diesen in Verbindung stehen.

Der EA stellt somit einen rudimentären gemeinsamen Markt für bestimme taxativ aufgezählte Produkte und Dienstleitungen dar, wobei die Bestimmungen des

AEUV und des darauf erlassenen Sekundärrechts subsidiär anwendbar sind,[1251] sofern es keine Regelungen des EA und des darauf erlassenen Sekundärrechts gibt.

Im Verfahren ČEZ wurde die Frage aufgeworfen, ob nach den Bestimmungen des EG der Betrieb von Kernkraftwerken aus den Gründen des Art 28 EG iVm Art 43 EG eingeschränkt oder verboten werden könnte.[1252] Der EuGH führte im Urteil vom 27.10.2009 aus, dass es jedem Land der EU freistehe nach den international anerkannten gemeinschaftsrechtlichen und nationalen Sicherheitsstandards Kernkraftwerke zu errichten und zu betreiben. Die Kompetenzen über die nukleare Sicherheit liege vorwiegend bei der Kommission.[1253]

Der EA regelt die Ein-, Aus- und Durchfuhr von Kernmaterial, weiters bestehen ausdrückliche Bestimmungen über die Eigentumsrechte an besonders spaltbaren Stoffen, sowie ist das Versorgungsystem nach Art 52ff EA als Teil des Gemeinsamen Marktes zu verstehen.

Die Frage der Produktqualität von Brennstäben und sonstigen radioaktiven Material ist bei der Prüfung der Zulässigkeit des Exports von abgebrannten Brennstäben zur Wiederaufbereitung relevant geworden. Der EuGH hat in seinem Urteil Wallonie den Begriff „Abfall" im Sinn der Richtlinie 75/442 dargelegt.[1254]

Die Grundrechte haben gemäß der Schmidberger-Doktrin denselben Stellenwert bei der Beurteilung des Gemeinsamen Marktes nach dem EA.[1255] Dies bedeutet, dass die Grundfreiheiten mit den Grundrechten der EMRK sowie der GRC abgewogen werden müssen, wenn dies der Fall verlangt.

B) Beseitigung von Zöllen und Abgaben

Die Mitgliedstaaten verbieten im Bereich der Geltung des EA untereinander alle Ein- und Ausfuhrzölle oder Abgaben gleicher Wirkung und alle mengenmäßigen Beschränkungen der Ein und Ausfuhr für die in den Listen A_1 und A_2 angeführten Erzeugnisse sowie für die in der Liste B aufgeführten Erzeugnisse, soweit für diese Er-

1251 *Vedder* in Grabitz/Hilf, EG, Art 113 Rn 29.

1252 C-115/08.

1253 EuGH, U v 27.10.2009, RS C-115/08, Land Oberösterreich/ČEZ, Slg 2009, I-10265 mit ‚Anmerkung von *Schärf* EuZW 2010, 26.

1254 EuGH, U v 18.12.1997 , RS C-129/96; Inter Environment Wallonie ASBL/Region Wallonne, Slg 1997, I-7411.

1255 EuGH, U v 12.6.2003, RS C-112/00, Eugen Schmidberger/Internationale Transporte und Planzüge/Republik Österreich, Slg 2003, I-5659, Rn 75; *Kadelbach/Petersen* Europäische Grundrechte als Schranken der Grundfreiheiten, EuGRZ 2003, 694; *Pasche* in Heselhaus/ Nowak (Hrsg), HdB.EU-Grundrechte, § 4 Rn 92; Schweitzer/Hummer/Obwexer Europarecht, Rn 1133.

zeugnisse ein gemeinsamer Zolltarif[1256] gilt und mit einer Bescheinigung der Kommission versehen sind, aus der ihre Bestimmung für das auf dem Kerngebiet liegenden Zwecke hervorgeht. Die einem Mitgliedstaat unterstehenden außereuropäischen Hoheitsgebiete können weiterhin Ein- und Ausfuhrzölle und Abgaben gleicher Wirkung erheben, soweit sie ausschließlich fiskalischen Charakter haben. Höhe und System dieser Zölle und Abgaben dürfen nicht zu einer Diskriminierung dieses Staates und der übrigen Mitgliedstaaten führen. Diese Produkte und Dienstleistungen beschrieben. Eine weite Auslegung der Begriffe widerspricht den Intentionen der Verfasser des EA.

Bemerkenswert ist, dass Art 93 EA nicht die Formulierung „sowie alle Maßnahmen gleicher Wirkung" wie die Bestimmungen der Art 34 und 35 AEUV enthält. Aus dem Blickwinkel der funktionellen Einheit des Gemeinschaftsrechts[1257] ist Art 93 EA analog zu den gesamten Bestimmungen des AEUV zu interpretieren. Strittig ist, ob auch Maßnahmen gleicher Wirkung, obwohl diese Bestimmung nicht im EA zu finden ist, darunter fallen. Im Sinne einer funktionellen Interpretation ist dies in einem engen Rahmen sehr wohl denkbar.[1258] Daher sind Ein- und Ausfuhrbeschränkungen für diese Güter als Maßnahme gleicher Wirkung nach Art 93 EA unzulässig.[1259]

Die in der Liste B angeführten Erzeugnisse fallen nur unter Art 93 EA, wenn diese der Bestimmung einer auf dem Kernenergiegebiet liegenden Tätigkeit zugeführt werden. Diese Bestimmung entfaltet im Sinne der analogen Rechtsprechung des EuGH zum EG unmittelbare Wirkung.[1260]

Die Regelungen über den Transport von radioaktiven Material, insbesondere die Art und Weise der Verpackung und die Art und Weise des Transportes, die die einzelnen Mitgliedstaaten erlassen haben, können einen Verstoß gegen Art 93 EA bedeuten,[1261] weil sie eine Maßnahme gleicher Wirkung im Sinne der „Dassonville Formel"[1262] sind. Die Berufung auf den Strahlenschutz und den Gesundheitsschutz durch die Mitgliedstaaten ist nur in dem vom Gemeinschaftsrecht nicht geregelten und dem Gemeinschaftsrecht nicht widersprechenden Rahmen möglich. Die Berufung auf höhere nationale Sicherheitsstandards als die gemeinschaftsrechtlichen,

---

1256 Zuletzt geändert: Verordnung (EU) Nr. 1228/2010 der Kommission vom 15. Dezember 2010 zur Änderung von Anhang I der Verordnung (EWG) Nr. 2658/87 des Rates über die zolltarifliche und statistische Nomenklatur sowie den Gemeinsamen Zolltarif, ABl. Nr. L 336 vom 21.12.2010, S.17ff.
1257 EuGH, U v 15.7.1960, RS 27 und 39/59, Alberto Campolongo/Hohe Behörde, Slg 1960, 819, 849.
1258 *Müller-Graff* in von der Groeben/Schwarze, Vorbem.Art 28-31, Rn 26.
1259 *Rengeling* DVBl 1991, 919; Huber, DVBl 2001, 248.
1260 *Scheuing* EUR 2001, 29.
1261 *Ress* Gutachten zur Funktion und Bindungswirkung von „Grundnormen" des EURATOM-Vertrages (Schriftenreihe Reaktorsicherheit und Strahlenschutz, Der Bundesminister für Umwelt, Naturschutz und Reaktorsicherheit, BMU-1993-363), (Bonn 1993), 78.
1262 EuGH, U v 11.7.1974, RS 8/74, Dassonville, Slg 1974, 837, 852.

um Exportverbote zu rechtfertigen, ist unzulässig, da damit die Einheitlichkeit der Grundnormen in Frage gestellt wird, andererseits die Bestimmungen des Gemeinsamen Marktes gemäß Art 93 EA widersprochen wird.[1263]

Somit sind von den Regelungen des Art 93 EA alle Sachverhalte umfasst, die mit der grenzüberschreitenden Geschäftstätigkeit mit diesen in Verbindung stehen.

Von besonderer Bedeutung ist die VO 3381/94,[1264] mit der im innergemeinschaftlichen Warenverkehr Regelungen eingeführt worden sind. Diese wurde jedoch durch die Verordnung 1334/2000 aufgehoben.[1265] Nach Art 21 Abs 1 wird die innergemeinschaftliche Verbringung aller kerntechnischer Materialien, Anlagen, Ausrüstungen und Technologien einer Genehmigungspflicht unterworfen, ohne dass zwischen sensiblen und nichtsensiblen Waren unterschieden wurde. Novelliert wurde diese VO durch die Verordnung 149/2003.[1266] In dieser VO ist der Export von Materialien, Software und Technologien geregelt. Die einzelnen Produkte sind detailliert dargestellt. Gemäß Anhang II Teil 2 sind auch Uran oder Urannebenprodukte sowie besonderes spaltbares Material anderes als in Anhang IV genannt angeführt, obzwar Art 22 VO 1334/2000 ausdrücklich festlegt, dass die Bereiche des EA von dieser VO nicht betroffen sind, so ist durch die Auflistung der im EA ausdrücklich genannten Materialien das Gegenteil wahr. Da im EA die Regelungen über die Ein- und Ausfuhr von Uran und besonderen spaltbaren Material primärrechtlich geregelt ist, ist hinsichtlich dieser im EA angeführten Stoffe die VO 149/2003 rechtswidrig.[1267] Wie oben schon ausgeführt ist, ist der EA eine primärrechtliche Sondernorm für den freien Markt auf dem Nukleargebiet. Regelungen, die sich auf den EGV stützen und dem EA oder den darauf erlassenen Sekundärrecht widersprechen, sind vor dem EuGH anfechtbar.

1263 AM: *Roßnagel* Atomrechtliche Entsorgung durch Wiederaufbereitung im Ausland?, DVBl 1991, 839ff.

1264 Verordnung 33/81/94/EG des Rates vom 19. Dezember 1994 über eine Gemeinschaftsregelung der Ausfuhrkontrolle von Gütern mit doppeltem Verwendungszweck, AB l Nr L 367 vom 31.12.1994, S 1.

1265 Verordnung 1334/2000/EG des Rates vom 22. Juni 2000 über eine Gemeinschaftsregelung für die Kontrolle der Ausfuhr von Gütern und Technologien mit doppeltem Verwendungszweck, ABl Nr L 159 vom 30.6.2000, S 1; dazu das Stichwortverzeichnis der in Anhang I der VO 1334/2000/EG enthaltenen Güter, ABl Nr C 241 vom 23.8.2000, S 1. Die VO 1334/2000 wurde durch die Verordnung (EG) Nr 1183/2007 des Rates vom 18. September 2007 zur Änderung und Aktualisierung der Verordnung (EG) Nr 1134/2000 über eine Gemeinschaftsregelung für die Kontrolle der Ausfuhr von Gütern und Technologien mit doppelten Verwendungszweck, ABl Nr L 278 vom 22.10.2007, S 1, berichtigt durch ABl Nr L 298 vom 16.11.2007, 23, geändert.

1266 Verordnung 149/2003/EG des Rates vom 27. Jänner zur Änderung und Aktualisierung der Verordnung 1334/2000/EG über eine Gemeinschaftsregelung für die Kontrolle für die Ausfuhr von Gütern und Technologien mit doppeltem Verwendungszweck, ABl Nr L 30 vom 5.2.2003, S 1.

1267 *Vedder* hingegen ist der Auffassung, dass Art 110–116 EA ergänzend anwendbar ist (*Vedder* in Grabitz/Hilf, EGV, Art 113 Rn, 29.

Sowohl die London Guide Lines[1268] als auch die Dublin Declaration mit allen weiteren Erklärungen und Revisionen[1269] behandeln den innergemeinschaftlichen Warenverkehr mit hochsensiblen Kernmaterial, Ausrüstungsgegenständen und Technologie sowie den Export und Import solcher Materialien.

Ob für elektrischen Strom, welcher in Kernkraftwerken erzeugt wird, von einem Mitgliedstaat ein Importverbot erlassen werden kann, ist strittig.[1270] Da elektrischer Strom erzeugt in Kernkraftwerken nicht in der Liste A und B ist, so kommen hierbei nicht die Regelungen des EA sondern die des AEUV zur Anwendung, es sei eine besondere Regelung wird auf Art 203 EA gestützt.

Nunmehr ist die Diskussion entstanden, ob elektrischer Strom, der in Kernkraftwerken erzeugt wird, besonders besteuert werden darf. Dabei ist zu unterscheiden, ob die Besteuerung erzeugerseitig – ein- oder ausfuhrseitig- oder konsumentenseitig ist. Da elektrische Energie „kein Mascherl trägt“, und es somit ununterscheidbar ist, woher diese kommt, kann eine solche Besteuerung effektiv nur bei den Betreibern und Erzeugern ansetzen. Der EuGH hat in ständige Rechtsprechung ausgeführt, dass die Elektrizität eine Ware im Sinne des Art 30 EG sei.[1271] Bei der Beurteilung einer solchen Besteuerung ist nicht nur der Binnenmarkt auf dem Gebiet der Energiewirtschaft, sondern es sind auch die Fragen des Beihilferechts für andere Stromerzeuger, Fragen der Gleichbehandlung als auch solche der Besteuerung im Sinne der MWSt-RL zu beachten.

Die rechtliche Qualifikation der Entsorgung von radioaktiven Abfällen als Dienstleistung oder als Ausformung der Warenverkehrsfreiheit ist strittig.[1272] Bei der Wiederaufbereitung von Kernbrennstoffen ist die Frage der Grundfreiheiten gemäß den Bestimmungen des AEUV als auch des EA immer wieder releviert worden.[1273]

1268 COMMUNICATIONS RECEIVED FROM CERTAIN MEMBER STATES REGARDING GUIDELINES FOR THE EXPORT OF NUCLEAR MATERIAL, EQUIPMENT OR TECHNOLOGY, INFCIRC/254 February 1978 mit den Anhängen zu INFCIRC/254.

1269 In diesem Zusammenhang auch: Declaration on common policy on the consequences of the adoption of the London guidelines by the member states of the community, of 20th November 1984.

1270 *Schanda Reinhard* und *John Michele* vertreten in Gutachten im Auftrag vom Greenpeace Österreich die Ansicht, dass ein solches Importverbot zulässig sei (siehe näheres bei: www.greenpeace.at.

1271 EuGH, U v 15.7.1964, 6/64, Costa/Enel, Slg 1964, 1253; EuGH, U v 27.4.1994, RS C-393/92 , Almelo, Slg. 1994, I-1477, Rn. 28; EuGH, U v 23.10.1997, RS C-158/94; Kommission/Italien, Slg 1997, I-5789, Rn 17.

1272 *Roßnagel* DÖV 1996, 986f.

1273 *Roßnagel/Gündling* Die Wiederaufbereitung im Ausland und das deutsche Atomrecht, 63ff; *Scheuing* Grenzüberschreitende atomare Wiederaufbereitung im Lichte des europäischen Gemeinschaftsrechts.

C) Freizügigkeit qualifizierter Beschäftigter

Um auch auf dem Gebiet der Niederlassungsfreiheit einen gemeinsamen Markt zu gewährleisten, beseitigen gemäß Art 96 EA die Mitgliedstaaten gegenüber den Angehörigen eines Mitgliedstaates alle auf die Staatsangehörigkeit gegründeten Beschränkungen des Zuganges zu qualifizierten Beschäftigungen auf dem Kerngebiet. Einschränkungen, die sich aus den grundlegenden Erfordernissen der öffentlichen Ordnung, der öffentlichen Sicherheit oder der Volksgesundheit ergeben, können von den Mitgliedstaaten erlassen werden. Der Rat kann nach Anhörung des europäischen Parlaments auf Vorschlag der Kommission die zuvor die Stellungnahme des Wirtschafts- und Sozialausschusses eingeholt hat, mit qualifizierter Mehrheit Richtlinien für die Art und Weise der Anwendung bestimmen.[1274] Inhaltlich entspricht diese Bestimmung denen des AEUV.[1275]

D) Freie Beteiligung am Bau von Atomanlagen

Nach Art 97 EA können natürliche und juristische Personen des öffentlichen und privaten Rechts, die der Gerichtsbarkeit eines Mitgliedstaates unterstehen, sich am Bau von Atomanlagen wissenschaftlicher und gewerblicher Art in der Gemeinschaft beteiligen und unterliegen auf Grund ihrer Staatsangehörigkeit keinerlei Beschränkungen. Dies umfasst die aktive als auch passive Dienstleistungsfreiheit.[1276] Nach Troberg/Tiedje trennt der EA nicht zwischen der Grundfreiheit der Niederlassung und der Dienstleistung.[1277] Damit ist nicht nur der Bau sondern auch der Betrieb eines Atomkraftwerkes umfasst.[1278] Ausgehend von dieser Ansicht sind auch die Verarbeitung und die Wiederaufbereitung von Kernmaterial von dieser Grundfreiheit geregelt, welche als eine gemeinschaftsrechtliche Dienstleistung analog den Bestimmungen des AEUV angesehen werden kann. Mit umfasst ist auch die nukleare Kapitalverkehrsfreiheit.[1279]

1274 Richtlinie des Rates vom 5. März 1962 über den Zugang zu qualifizierten Beschäftigungen auf dem Kerngebiet, ABl. Nr.57 vom 9.7.1962, S 1650.

1275 *Troberg/Tiedje* in von der Groeben/Schwarze, Vorbem zu Art 43-48, Rn 25.

1276 *Grunwald* Energierecht, 274.

1277 *Troberg/Tiedje* in von der Groeben/Schwarze, Vorbem zu Art 43-48, Rn 25.

1278 *Troberg/Tiedje* in von der Groeben/Schwarze, Vorbem zu Art 43-48, Rn 25.

1279 *Scheuing* EUR 2000, 8.

E) Abschluss von Versicherungsverträgen

Nach Art 98 EA treffen die Mitgliedstaaten alle Maßnahmen, die erforderlich sind, um den Abschluss von Versicherungsverträgen zur Deckung der Gefahr auf dem Kerngebiet zu erleichtern. Nach Art 98 Abs 2 EA erlässt der Rat nach Anhörung des Parlaments auf Vorschlag der Kommission, die zuvor die Stellung Mehrheit die Richtlinien für die Art und Anwendung dieses Artikels. Eine solche Richtlinie ist nie erlassen worden. Mit dieser Regelung wird kein eigenständiges nukleares Haftungsregime aufgebaut, sondern es werden alle Beschränkungen der Dienstleistungsfreiheit bei der Versicherung von nuklearen Risiken abgebaut.

In der Gemeinschaft besteht kein einheitliches Atomhaftpflichtrecht.[1280] Einerseits gelten in manchen Mitgliedstaaten die Regeln des Pariser Übereinkommens, in anderen die des Wiener Übereinkommens. In manchen Mitgliedstaaten gelten keines dieser Übereinkommen. Die Kommission hat eine Empfehlung herausgegeben, in der sie ausdrücklich auf das Pariser Übereinkommen verwies, jedoch nicht aufforderte, diesem beizutreten.[1281] Die unterschiedlichen Haftungsregime stellen bei Eintritt eines Schadenfalles erhebliche Hindernisse bei der Abwicklung dar. Für den gemeinsamen Markt bei Versicherungen sei verwiesen, dass die unterschiedlichen Haftungsregimes eine Maßnahme gleicher Wirkung sind.[1282] Es ist zu einer Diskussion über das Bestehen einer gemeinschaftsrechtlichen Kompetenz zur Schaffung eines gemeinschaftsrechtlich einheitlichen Haftungsregimes gekommen. Die Kommission gab diesbezüglich eine Studie in Auftrag, deren Ergebnis 2009 veröffentlicht worden ist.[1283] Die Autoren

---

1280 Grundsätzlich dazu: *Handrlica* Harmonisation of Nuclear Liability in the European Union: Challenges, Options and Limits, NLB 2009, 35ff; *ders* Euratom Powers in the field of nuclear liability revisited, International Journal of Nuclear Law 2010, 1ff;*ders* Exclusive jurisdiction vs. forum shopping in the European Nuclear Liability Law, International Journal of Nuclear Law 2010, 96ff; *ders* Conference report: Prospects of a civil nuclear liability authority in the framework of the European Union, International Journal of Nuclear Law 2010, 150ff.

1281 65/42/Euratom: Empfehlung der Kommission vom 28. Oktober 1965 an die Mitgliedstaaten zur Harmonisierung der Durchführungsbestimmungen zum Pariser Übereinkommens vom 29. Juli 1960 und zum Brüsseler Zusatzübereinkommen vom 31. Jänner 1963, ABl Nr B 196 vom 18.11.1965, S 2295; sowie 66/22/Euratom: Zweite Empfehlung der Kommission an die Mitgliedstaaten zur Harmonisierung der Durchführungsbestimmungen zum Pariser Übereinkommen, ABl Nr P 136 vom 25.7.1966, S 2553. Die Kommission geht davon aus, dass alle Mitgliedstaaten diese Übereinkommen unterfertigt und ratifiziert haben. *Horbach* 1997 nuclear liability treaties: conformities and deficiencies in EU applicant states, Journal of energy and natural resources law 2000, 378ff. Zu den Empfehlungen: *Handrlica* International Journal of Nuclear Law 2010, 6ff.

1282 Zum gemeinsamen Markt für Versicherungsdienstleistungen: *Troberg/Tiedje* in von der Groeben/Schwarze, Art 51 Rn 22ff.

1283 Veröffentlicht durch die Kommission, verfasst durch die spanische Rechtsanwaltskanzlei Gomez-Acebo & Pombo; www.ec.europa.eu/energy/nuclear/studies/doc/2009 _accession_euratom.pdf

verweisen schlussendlich darauf, dass dies eine politische Entscheidung sei. Handrlica hat in seiner darauf verfassten Studie die Ansicht vertreten, dass die Schaffung eines einheitlichen Haftungsrechtes nach Art 203 EA denkbar wäre.[1284]

Zusätzlich kommt es zu einer Erleichterung des Abschlusses von Versicherungsverträgen in Bezug auf das jeweilige konkrete Haftungsregime.[1285]

F) Erleichterung des Kapitalverkehrs

Nach Art 99 EA kann die Kommission Empfehlungen zur Erleichterung des Kapitalverkehrs aussprechen der dazu bestimmt ist die in der Liste des Anhanges II dieses Vertrages genannten Erzeugungszweige zu finanzieren. Diese Regelung ist heute nur von historischem Interesse.

Diese Zweige sind:

- Gewinnung von Uran- und Thoriumerzen
- Konzentrierung dieser Erze
- Chemische Aufbereitung und Raffinierung der Uran- und Thoriumkonzentrate
- Aufbereitung der Kernbrennstoffe in jeglicher Form
- Herstellung von Kernbrennstoffelementen
- Herstellung von Uranhexafluorid
- Erzeugung angereicherten Urans
- Aufbereitung bestrahlter Brennstoffe zur Trennung aller oder eines Teils der darin enthaltenen Elemente
- Herstellung von Reaktormoderatoren
- Erzeugung von hafniumfreiem Zirkonium oder von Verbindungen hafniumfreien Zirkoniums
- Kernreaktoren aller Typen und für jeglichen Zweck
- Anlagen für die industrielle Aufbereitung radioaktiver Abfälle, die in Verbindung mit einer oder mehreren der in dieser Liste genannten Anlagen errichtet werden
- Halbindustrielle Einrichtungen für die Vorbereitung des Baus von Anlagen, die unter die Ziffern 3 bis 10 fallen

Die Frage der Finanzierung von nuklearen Anlagen gewinnt eine immer größer werdende Bedeutung, da nicht nur die Planung und Errichtung sondern auch der Betrieb, allfällige Schließungen und der Abbau und Entsorgung der Anlage im Laufe der Zeit Kosten verursachen.[1286]

1284 *Handrlica* NLB 2009, 44f; ders. International Journal of Nuclear Law 2010, 12ff.

1285 *Grunwald* Energierecht, 275.

1286 *Frye* Energy Law Journal 29 (2008), 287.

G) Erlass weiterer Vorschriften

Nach Art 203 EA kann bei einer Erforderlichkeit des Tätig werden von Euratom zur Verwirklichung eines ihrer Ziele und bei Fehlen der im Vertrag hierfür vorgesehenen Befugnisse, so ist der Rat ermächtigt werden, einstimmig, auf Vorschlag der Kommission und nach Anhörung des Parlament die geeigneten Vorschriften zu erlassen. Der Vertrag von Lissabon hat diese Regelung nicht geändert oder aufgehoben. Diese Auffangbestimmung dient dazu, in Feldern, in denen der EA keine ausdrückliche Kompetenz gewährt, Euratom das Recht einzuräumen, bei Bedarf entsprechende einheitlichen Regelungen zu schaffen, die den gemeinsamen Markt als auch Bereiche im Feld der Sicherheit (Safety) zu regeln. Darunter fällt auch die Kompetenz, Regelungen zu schaffen, die Bau- und Gestaltungsanforderungen nach dem Stand der Technik für Kernanlagen enthalten, wenn dies dem Gesundheitsschutz dient.[1287] Dies dehnt nicht die Kompetenzen der Organe nach dem EA aus und verdrängt somit den AEUV. Vielmehr ist Zweck dieser Bestimmung in den Fällen, in denen keine klare Kompetenz gegeben scheint, und es die Sicherheit und der Gesundheitsschutz es erfordert, im Bereich des gemeinsamen Marktes nach dem EA Regelungen zu erlassen.[1288] Darunter fallen Regelungen über ein einheitliches Verfahren betreffend der Konzessionierung von nuklearen Anlagen sowie die europaweite Genehmigung von technischen Spezifikationen und Anlagen.

Unter anderem wurde auf dieser Rechtsgrundlage die Finanzierung der Ummantelung des Tschernobyls Reaktors beschlossen.[1289] Darunter fällt auch die Kompetenz, Regelungen zu schaffen, die Bau- und Gestaltungsanforderungen nach dem Stand der Technik für Kernanlagen enthalten, wenn dies dem Gesundheitsschutz dient.[1290] Einheitliche europäische Vorschriften über die Genehmigung von Reaktortypen und Reaktordesign können auf Grundlage des Art 203 EA ebenfalls geschaffen werden.

Unter dem Aspekt der Sicherheit (Security) sieht der EA auch unter analoger Anwendung des Art 2 EA eine Gemeinschaftskompetenz für Sicherheitsfragen vor.

1287 *Pernice* EG-rechtliche Rahmenbedingungen der Atomrechtsreform, EuZW 1993, 498; *Schroeder* DVBl 1996, 326; *Frenz* Handbuch Europarecht, Band 6, Rn 4777.

1288 In diesem Sinne: EUG, U v 17.9.2007, RS T-240/04, Frankreich/Kommission, Rn 34.

1289 2001/824/EG, Beschluss des Rates vom 16. November 2001 über einen weiteren Beitrag der Europäischen Gemeinschaft an die Europäische Bank für Wiederaufbau und Entwicklung zu den Fonds für die Ummantelung des Tschernobyl-Reaktors, ABl Nr. L 308 vom 27.11.2001, S 25.

1290 *Pernice* EG-rechtliche Rahmenbedingungen der Atomrechtsreform, EuZW 1993, 498; *Schroeder* DVBl 1996, 326.

H) Einholung von Auskünften und Nachprüfungen

Nach Art 187 EA ist die Kommission berechtigt, zur Erfüllung der ihr übertragenen Aufgaben alle erforderlichen Auskünfte einzuholen, und alle erforderlichen Nachprüfungen vorzunehmen. Der Rahmen und die nähere Maßgabe ist vom Rat festgelegt worden.

I) Sonderfall Art 195 EA

Nach Art 195 EA haben die Organe der Gemeinschaft sowie die Agenturen und die gemeinsamen Unternehmen bei der Anwendung des EA die Bedingungen zu beachten, denen nach den aus den Grundsätzen der öffentlichen Ordnung oder der Volksgesundheit erlassenen einzelstaatlichen Vorschriften der Zugang zu den Erzen, Ausgangsstoffen und besonderen spaltbaren Stoffen unterliegt. Mit dieser Bestimmung ist den einzelnen Mitgliedstaaten das Recht vorbehalten worden, aus Gründen der öffentlichen Ordnung oder der Volksgesundheit Vorschriften zu erlassen, die den Zugang zu den Erzen, Ausgangsstoffen und besonders spaltbaren Stoffen regeln. Der Begriff „öffentliche Ordnung" ist im gemeinschaftsrechtlichen Kontext, insbesondere zur Rechtfertigung von Beschränkungen der Dienstleistungsfreiheit, eng auszulegen.[1291] Eine Berufung darauf ist nur statthaft, wenn eine tatsächliche und hinreichende schwere Gefährdung vorliegt, die ein Interesse der Gesellschaft berührt.[1292] Auch aus den Gründen, dass eine weite Auslegung dieser Bestimmung dem Zweck des gemeinsamen Marktes auf dem Kerngebiet widersprechen würde, ist dies eng auszulegen.

Der Begriff „Volksgesundheit" ist in der Judikatur als auch im Sekundärrecht nicht definiert worden. Grundsätzlich kann ausgeführt werden, dass der Begriff „Volksgesundheit" ähnlich eng auszulegen ist, wie der Begriff „öffentliche Ordnung". Grundsätzlich wird man den Begriff „Volksgesundheit" dahingehend interpretieren müssen, dass darunter der Gesundheitsschutz für große Teile der Bevölkerung zu verstehen ist. Dies sind nationalstaatliche Maßnahmen, die einen Schutz der gesamten oder einen Großteil der Bevölkerung betreffen und sehr wohl unter dem Begriff „Schutz der Volksgesundheit" zu subsumieren sind.

1291 EuGH, U v 4.12.1974, RS 41/74, Van Duyn, Slg 1974, 1337, Rn 18; EuGH, U v 27.10.1977, RS 30/77, Bouchereau, Slg 1977, 1999, Rn 33; EuGH, U v 19.1.1999, RS C-348/96, Calfa, Slg 1999, I-11, Rn 23; Schlussanträge des Generalanwaltes *Colomer* v 14.12.2006, RS C-490/04, Kommission/Bundesrepublik Deutschland, Slg 2006 , Rn 96.

1292 Schlussanträge des Generalanwaltes *Colomer*, aaO, unter Zitierung von EuGH, U v 28.10.1975, RS 36/75, Rutili, Slg 1975, 1219, Rn 28; EuGH, U v 18.5.1982, verb. RS 115/81 und 116/81, Adoui und Cornuaille, Slg 1982, 1665, Rn 8; EuGH, U v 14.3.2000, RS C-54/99, Eglise de Scientologie, Slg 2000, I-1335, Rn 17.

Die Maßnahmen zum Schutze der öffentlichen Ordnung als auch der Volksgesundheit müssen auch verhältnismäßig sein. Eine Verhältnismäßigkeit kann nur vorliegen, wenn die gewählten Mittel zur Erreichung des angestrebten Ziels zweckgeeignet sind, und das Maß des hiezu erforderlichen nicht übersteigen.[1293] Desweiteren muss die nationale Maßnahme erforderlich sein.[1294]

J) Geheimhaltung

Art 194 EA regelt ausführlich die Geheimhaltungsbestimmungen. Auf Grund der besonderen Sensibilität, Komplexität und des erhöhten Sicherheitsbedürfnisses ist dieser Teil besonders ausführlich. Weiter Regelungen sind in den Art 2 bis EA zu finden.

Die Mitglieder der Organe der Gemeinschaft, die Mitglieder der Ausschüsse, die Beamten und Bediensteten der Gemeinschaft sowie alle anderen Personen, die durch ihre Amtstätigkeit oder durch ihre öffentlichen oder privaten Verbindungen mit den Organen oder Einrichtungen der Gemeinschaft, oder mit den gemeinsamen Unternehmen von den Vorgängen, Informationen, Kenntnissen, Unterlagen oder Gegenständen, die auf Grund der von einem Mitgliedstaat oder einem Organ der Gemeinschaft erlassenen Vorschriften unter Geheimschutz stehen, Kenntnis nehmen oder Kenntnis erhalten, sind verpflichtet, diese Vorgänge, Informationen, Kenntnisse, Unterlagen oder Gegenstände, auch nach Beendigung dieser Amtstätigkeit oder dieser Verbindungen, gegenüber allen nichtberechtigten Personen sowie gegenüber der Öffentlichkeit geheim zu halten.

Jeder Mitgliedstaat behandelt eine Verletzung dieser Verpflichtung als einen Verstoß gegen seine Geheimhaltungsvorschriften; auch wendet er dabei hinsichtlich des sachlichen Rechts und der Zuständigkeit seine Rechtsvorschriften über die Verletzung der Staatssicherheit oder die Preisgabe von Berufsgeheimnissen an. Er verfolgt jeden seiner Gerichtsbarkeit unterstehenden Urheber einer derartigen Verletzung auf Antrag eines beteiligten Mitgliedstaates oder der Kommission. Der Begriff „Antrag eines beteiligten Mitgliedstaates oder der Kommission" ist nicht als Umänderung dieser Delikte in ein Antragsdelikt zu werten, sondern es besteht ein besonderes Anzeigenrecht der Kommission sowie eines der Mitgliedstaaten. Davon unabhängig ist das allgemeine Anzeigenrecht.

Ziel dieses Vertrages ist einen möglichst einheitlichen und weitgehenden Geheimnisschutz zu erreichen, wobei die Kommission nach Anhörung der beteilig-

---

1293 EuGH, U v 9.11.1995, RS C-426/93, Bundesrepublik Deutschland/Rat, Slg 1995, I-3742, Rn 42; EuGH, U v 12.11.1996, RS C-84/94, Vereinigtes Königreich von Großbritannien und Nordirland/Rat, Slg 1996, I-5793, Rn 57.

1294 So EuGH, U v 13.11.1990, RS C-331/88, Fedesa, Slg 1990, I-4023, Rn 13.

ten Mitgliedstaaten Empfehlungen, die keine Verbindlichkeit haben, aussprechen kann.

Gemäß Art 194 Abs 3 EA haben die Organe der Gemeinschaft und ihre Einrichtungen sowie die gemeinsamen Unternehmen die Bestimmungen über den Geheimnisschutz anzuwenden, in dem Gebiet, in dem sie ihren Sitz haben gelten. Dies ist eine Festlegung des im Strafrecht geltenden territorialen Prinzips.

Art 194 Abs 4 EA stellt klar, dass jede durch ein Organ der Gemeinschaft oder durch einen Mitgliedstaat einer Person, die ihre Tätigkeit im Anwendungsbereich dieses Vertrages ausübt, erteilte Ermächtigung, von den Vorgängen, Informationen, Unterlagen oder Gegenständen Kenntnis zu nehmen, die sich auf den Anwendungsbereich des EA beziehen und dem Geheimschutz unterliegen, von jedem Organ und von jedem anderen Mitgliedstaat anerkannt wird.

Unabhängig von Art 194 EA sind die Vorschriften die sich aus Abkommen zwischen einem Mitgliedstaat und einem Drittstaat, oder einer zwischenstaatlichen Einrichtung ergeben.

K) Außenbeziehungen

Da, wie schon oben erwähnt, das internationale Nuklearrecht sehr detailliert ist, regelt Art 199 EA die Verpflichtung der Kommission, zweckdienliche Beziehungen zu den Organen der Vereinten Nationen, ihren Fachorganisationen sowie zur Welthandelsorganisation zu unterhalten. Auch eine zweckdienliche Zusammenarbeit von Euratom mit dem Europarat ist ausdrücklich erwähnt (Art 200 EA). Auch eine Verpflichtung zum Zusammenwirken mit der europäischen Organisation für wirtschaftliche Zusammenarbeit (OECD) ist ausdrücklich statuiert.

Hinsichtlich der Außenbeziehungen ist noch auf die Möglichkeit der Abkommen mit dritten Staaten zum Zwecke der Assoziierung (Art 206 EA) zu verweisen, nach dem Euratom mit einem oder mehreren Staaten, oder einer oder mehreren internationalen Organisation Abkommen schließen, die eine Assoziierung mit gegenseitigen Rechten und Pflichten, gemeinsamen Vorgehen und besonderen Verfahren herstellt. Formell wird ein solches Abkommen einstimmig vom Rat nach Anhörung des europäischen Parlaments beschlossen. Werden durch ein solches Abkommen Änderungen dieses Vertrages erforderlich, so müssen diese zuvor nach dem Verfahren des Art N des Vertrages über die Europäische Union angenommen werden.[1295]

Gemäß Art 101 Abs 1 EA kann die Gemeinschaft im Rahmen ihrer Zuständigkeit Verpflichtungen durch Abkommen und Vereinbarungen mit einem dritten Staat, einer zwischenstaatlichen Einrichtung oder einem Angehörigen eines dritten Staates

1295 Art N entspricht Art 48 EUV der Fassung des Amsterdamer Vertrages vom 2.10.1997.

eingehen. Diese Abkommen und Vereinbarungen werden von der Kommission nach den Richtlinien des Rates ausgehandelt; sie werden von der Kommission mit der Zustimmung des Rates abgeschlossen, der mit qualifizierter Mehrheit entscheidet (große Abkommen). Von dieser Vorgangsweise ausgenommen sind diejenigen Abkommen und Vereinbarungen, deren Durchführung keine Mitwirkung des Rates erfordert und im Rahmen des betreffenden Haushaltsplanes möglich sind (kleine Abkommen). In diesem Fall werden die Vereinbarungen von der Kommission alleine ausgehandelt und abgeschlossen. Es besteht für diese Abkommen und Vereinbarungen eine Verpflichtung der Kommission den Rat hierüber ständig zu unterrichten. Im Gegensatz zum EGV ist keine Anhörung des europäischen Parlaments vorgesehen.

In den Sonderfragen sind weiters Abkommen und Vereinbarungen nach Art 102 EA möglich (gemischte Abkommen).[1296] Falls außer der Gemeinschaft ein oder mehrere Mitgliedstaaten an den Abkommen und Vereinbarungen mit einem dritten Staat, einer zwischenstaatlichen Einrichtung oder einem Angehörigen eines dritten Staates beteiligt sind, können diese Abkommen und Vereinbarungen erst dann in Kraft treten, wenn alle beteiligten Mitgliedstaaten der Kommission mitgeteilt haben, dass diese nach den Vorschriften ihrer innerstaatlichen Rechtsordnung anwendbar geworden sind.

Besondere Regelungen sind in Art 10 EA betreffend den Abschluss von Verträgen über die Durchführung von Forschungsprogrammen mit Mitgliedstaaten, Personen oder Unternehmen von diesen, mit Drittstaaten, Angehörigen von diesen als auch mit zwischenstaatlichen Einrichtungen zu finden. Die Grundlagen über vertragliche Regelungen im Bereich der Forschung gemäß Art 29 EA als auch Regelungen über Lieferverträge innerhalb der Gemeinschaft als auch außerhalb dieser (Art 66 und Art 73 EA) runden diesen Bereich ab.

Die Mitgliedstaaten haben weiters das Recht, selbständig außerhalb des EA Abkommen und Vereinbarungen mit dritten Staaten, zwischenstaatlichen Einrichtungen oder Angehörigen eines Drittstaates zu schließen. In diesem Fall haben die Mitgliedstaaten gemäß Art 103 Abs 1 EA der Kommission die Entwürfe dieser Abkommen und Vereinbarungen mitzuteilen, soweit diese den Anwendungsbereich des EA berühren. Für den Fall, dass der Entwurf Bestimmungen enthält, welche die Anwendung des EA beeinträchtigen, so kann die Kommission dem betreffenden Mitgliedstaat innerhalb eines Monats nach Eingang der an sie gerichteten Mitteilung ihre Einwendungen bekanntgeben. Der Mitgliedstaat ist erst dann berechtigt, das beabsichtigte Abkommen oder die beabsichtigte Vereinbarung zu schließen, wenn er die Bedenken der Kommission beseitigt hat, oder, wenn er durch Antrag im Dringlichkeitsverfahren (Art 158 EA) einen Beschluss des EuGH über die Vereinbarkeit der beabsichtigten Bestimmungen mit den Vorschriften des EA herbeigeführt und

1296 Ein solches Abkommen ist das Übereinkommen über nukleare Sicherheit (Convention on Nuclear Safety).

diesem Beschluss entsprochen hat. Dieser Antrag kann dem EuGH jederzeit vorgelegt werden, sobald der Staat die Einwendungen erhalten hat.

Personen oder Unternehmen, die nach dem 1. Jänner 1958 oder, im Falle später beigetretener Staaten, nach dem Zeitpunkt ihres Beitrittes Abkommen oder Vereinbarungen mit einem dritten Staat, einer zwischenstaatlichen Einrichtung oder einem Angehörigen eines dritten Staates schließen oder erneuern, können sich auf diese Abkommen oder Vereinbarungen berufen, um sich den Verpflichtungen zu entziehen, die ihnen nach diesem Vertrag obliegen. Diese Bestimmung ist eine Klarstellung, dass Verträge, die dem EA bzw. dem auf Grund dieses erlassenen Akte widersprechen, die Nichtigkeit dieser Vereinbarungen zur Folge hat. Zur Kontrolle ist nach Art 104 Abs 2 EA jeder Mitgliedstaat verpflichtet, alle Maßnahmen zu treffen, die er für erforderlich hält, um der Kommission auf deren Ersuchen alle Auskünfte über die Abkommen oder Vereinbarungen zu erteilen, die nach den in Art 104 Abs 1 EA genannten Zeitpunkten im Anwendungsbereich des EA von Personen oder Unternehmen mit einem dritten Staat, einer zwischenstaatlichen Einrichtung, oder einem Angehörigen eines dritten Staates abgeschlossen worden sind. Die Kommission darf diese Mitteilung nur anfordern, um zu prüfen, ob die Abkommen oder Vereinbarungen nicht Bestimmungen enthalten, welche die Anwendung dieses Vertrages beeinträchtigen. Somit ist jeder Mitgliedstaat verpflichtet, entsprechende gesetzliche Regelungen zu erlassen, die alle in seinem Hoheitsgebiet tätigen Personen – gleichgültig ob natürliche oder juristische – verpflichten, bei Abschluss eines entsprechenden Vertrages diesen zu melden. Der Kommission steht jedoch nicht das Recht zu auszusprechen, dass der Vertrag den Bestimmungen des EA bzw. den darauf erlassenen Sekundärrechts widerspricht. Stattdessen ist gemäß Art 104 Abs 3 EA der Kommission das Recht eingeräumt worden, den EuGH anzurufen, der über die Vereinbarkeit dieser Abkommen und Vereinbarungen mit den Bestimmungen des EA eine Entscheidung trifft.

Die Art 105–106 EA enthalten Bestimmungen hinsichtlich des Verhältnisses Abkommen und Vereinbarungen, die vor dem 1. Jänner 1958 abgeschlossen oder vor dem Beitritt durch andere als die Gründungsmitgliedstaaten abgeschlossen worden sind.

Intendanzgeschäfte mit Rechtssubjekten außerhalb der Gemeinschaft sind nach Ansicht von Grunwald nicht von Art 101 Abs 1 EA erfasst.[1297] Dagegen spricht die weite Formulierung des Art 101 Abs 1 EA als auch, dass Art 185 EA betreffend dieser Geschäfte keinerlei Einschränkungen kennt.

Die Abkommen, die die Gemeinschaft seit 1958 auf dem Nuklearsektor abgeschlossen hat, lassen sich in 4 Gruppen unterteilen. Einerseits in Abkommen über die Zusammenarbeit bei der friedlichen Nutzung der Kernenergie (Handels- und Ko-

1297 *Grunwald* Energierecht, 279.

operationsabkommen), Abkommen auf dem Gebiet der Kernmaterialkontrolle (Safeguard-Abkommen), Forschungsabkommen sowie Abkommen auf dem Gebiet des Strahlenschutzes, der nuklearen Sicherheit und des Objektschutzes. Weiters lassen sich die Abkommen in multilaterale als auch bilaterale trennen. Zu den multilateralen Abkommen gehören unter anderem das Abkommen über die Zusammenarbeit zwischen Euratom und der internationalen Arbeitsorganisation, das Abkommen zwischen den Mitgliedstaaten der Europäischen Union, Euratom und der IAEO in Verbindung mit dem NPT, die sogenannten ITER-Übereinkommen, das Übereinkommen über den physischen Schutz von Kernmaterial vom 26. Oktober 1979, dass für die Gemeinschaft und ihre Mitgliedstaaten im Oktober 1991 in Kraft trat.[1298] Als Folge des Reaktorunglücks von Tschernobyl im Jahr 1986 wurden mit der IAEO weiters zwei Abkommen über die schnelle Unterrichtung und die Hilfeleistung bei Nuklearenunfällen ausgearbeitet.[1299] Weiters hat die Gemeinschaft die multilateralen Abkommen auf dem Gebiet der nuklearen Sicherheit[1300] sowie über die Sicherheit der Behandlung abgebrannter Brennelemente und radioaktiver Abfälle abgeschlossen.

Nichts desto trotz können die Mitgliedstaaten selbständig Abkommen abschließen. Dabei ist gemäß Art 102 EA zwischen gemischten Abkommen zu unterscheiden, bei denen die Mitgliedstaaten gemeinsam mit Euratom einen völkerrechtlichen Vertrag beitreten oder bei der Gründung mitzeichnen können bzw. Verträgen, die die Mitgliedstaaten alleine abschließen.

L) Haftung der Gemeinschaft und ihrer Bediensteten

Art 188 EA entspricht Art 340 Abs 1, 2 und 4 AEUV. Die in der Judikatur aufgestellten Grundsätze sind auch für Euratom zur Gänze anwendbar.

1298 80/565/Euratom Beschluss des Rates vom 9. Juni 1980 zur Genehmigung des Abschlusses, ABl Nr L 149 vom 17.6.1980, S 41; dazu näheres Grunwald ZeuS, 1998, 275 (307). Euratom trat mit Beschluss der Kommission vom 19.12.2007 bei (2008/99/Euratom Beschluss der Kommission vom 19. Dezember 2007 über den Beitritt der Europäischen Atomgemeinschaft zu dem Übereinkommen über den physischen Schutz von Kernmaterial und Kernanalagen, ABl Nr L 34 vom 8.2.2008, S 3ff).

1299 IAEO Abkommen über die schnelle Unterrichtung bei Nuklearenunfällen vom 26.9.1986 und IAEO Abkommen betreffend die Hilfeleistung bei Nuklearenunfällen oder einer radiologischen Notstandssituation vom 26.9.1986, abgedruckt in AVR 1987, 342 und 347.

1300 1999/819/Euratom Beschluss der Kommission vom 16. November 1999 über den Beitritt der europäischen Atomgemeinschaft (EAG) zum Übereinkommen über nukleare Sicherheit von 1994, ABl Nr L 318 vom 11.12.1999, S 20 f geändert durch 2004/491/Euratom Beschluss, ABl Nr L 172 vom 6.5.2004, S 7.

M) Loyalitätspflicht und Streitbeilegung

Art 192 EA verpflichtet die Mitgliedstaaten zur Loyalität gegenüber Euratom. Art 193 EA entspricht Art 292 EGV. In der MOX Entscheidung sprach der EuGH aus, dass die Republik Irland gegen diese Verpflichtung verstoßen habe, indem sie das Schiedsgericht gemäß dem Seerechtsübereinkommen anstelle des EuGH angerufen habe. Dabei führte der EuGH aus, dass die Mitgliedstaaten auf allen Gebieten, die den Zielen des AEUV entsprechen, verpflichtet, der Gemeinschaft die Erfüllung ihrer Aufgaben zu erleichtern und alle Maßnahmen zu unterlassen, die die Verwirklichung dieser Ziele gefährden könnten, dieselben Verpflichtungen treffen im Rahmen des EAG-Vertrags die Mitgliedstaaten nach Art 192 EA.[1301]

N) Schwerwiegende Verletzung fundamentaler Grundsätze

In Österreich ist diese Bestimmung (Art 309 EGV) auf Grund der Sanktionen von 2000 in besonderer Erinnerung. Diese Regelung ist nunmehr in Art 7 EUV neu geregelt, der gemäß Art 106a EA auch im EA Anwendung findet.

21. Sekundärrecht

A) Gemeinsame Kraftwerke und Unternehmen

Bei der Errichtung von Nuklearanlagen im Grenzbereich sind verschiedene gemeinschaftsrechtliche Bestimmungen anwendbar. Es ist unbestritten, dass nach herrschender völkerrechtlicher Ansicht grenznahe Nuklearanlagen zulässig sind.[1302] Zu beachten ist ferner, dass die Richtlinie betreffend der Umweltverträglichkeitsprüfung auch Anwendung findet.[1303] Dazu gehört auch die Teilnahme der Öffentlichkeit und von NGOs.[1304] Auch die Aarhus Konvention ist Teil des Gemeinschaftsrechts

---

1301 EuGH, U v 30.5.2006, RS C-459/03, Kommission/Irland 8 MOX, Slg 2006, I-4635, Rn 174.

1302 So *Laenerts* ELR 1988, 179ff; aM: *Andelzofer/Simma* Das Kernkraftwerk an der Grenze. Eine „ultrahazardous activity" im Schnittpunkt von internationalen Nachbarrecht und Umweltschutz, FS Berber, 389ff.

1303 Richtlinie 85/337/EWG des Rates vom 27. Juni 1985 über die Umweltverträglichkeitsprüfung bei bestimmten öffentlichen und privaten Projekten, ABl Nr L 175 vom 5.7.1985, S 40 geändert durch die Richtlinie 97/311/EG des Rates vom 3. März 1997 zur Änderung der Richtlinie 85/335/EWG über die Umweltverträglichkeitsprüfung bei bestimmten öffentlichen und privaten Projekten, ABl Nr L 73 vom 14.3.1997, S 151.

1304 *Tromans* Nuclear Law^2, 155f.

geworden.[1305] Zu beachten ist weiters die Richtlinie 2003/35/EG,[1306] die den Umweltverbänden ein sehr weitgehendes Klagerecht einräumt.[1307]

Eines der schwierigsten Fragen betrifft das Verhältnis der wissenschaftlichen Erkenntnisse zu den allgemeinen Ansichten und Ängsten der betroffenen Bürger. Der EuGH vertrat die Ansicht, dass als Entscheidungsgrundlage nur wissenschaftliche Erkenntnisse herangezogen werden dürfen.[1308]

Die Frage, was unter der Formulierung „eines anderen Mitgliedstaates verursachen kann" zu verstehen ist, hat die Kommission in einer Entscheidung aus dem Jahre 1987 dahingehend gelöst, dass auch Kernkraftwerke, die ca. 200 km von Grenze entfernt sind, unter die Bestimmung des Art 37 EA fallen.[1309] Daraus ist zu schließen, dass es nicht darauf ankommt, welche geographische Entfernung zum nächsten Mitgliedsstaat besteht, sondern ein Fall bezogener Ansatz richtig ist. Der EuGH vertrat hinsichtlich der Auslegung des Art 37 EA die Ansicht, dass die Kommission vor der Genehmigung der Anlagen verständigt werden müssen.[1310] Wie lange davor die Verständigung erfolgen müsste, ließ der EuGH bedauerlicherweise offen. Gemäß der Empfehlung der Kommission vom 6. Dezember 1999 sind mindestens 6 Monate vor dem für den Beginn der Ableitung radioaktiver Stoffe liegenden Zeitpunkt vom Mitgliedstaat dies der Kommission mitzuteilen.[1311]

Diese Empfehlung ist aufgrund der Erfahrungen der Empfehlungen aus 1960, 1982 und 1991 sowie aufgrund des Urteils des EuGH in der Rechtssache Saarland[1312] erlassen worden.

1305 So auch EuGH, U v 8.3.2011, RS C-240/09, Lesoochranrske zoskupenie VLK/Ministerstvo životného prostredia slovenskej republiky, der jedoch eine unmittelbare Anwendung verneinte.

1306 Richtlinie 2003/35/EG des Europäischen Parlaments und des Rates vom 26, Mai 2003 über die Beteiligung der Öffentlichkeit bei der Ausarbeitung bestimmter umweltbezogener Pläne und Programme und zur Änderung der Richtlinie 85/337/EWG und 96/91/EG des Rates in Bezug auf die Öffentlichkeitsbeteiligung und den Zugang zu Gerichten, ABl Nr L 156, S 17.

1307 EuGH, U v 12.5.2011, RS C-115/09, BUND/Bezirksregierung Arnsberg; hierzu: *Wegener* Die Europäische Umweltverbandsklage, ZUR 2011, 363ff; *Wegener* European Right of Action for Enviromental NGOs, JEEPL 8.4 (2011), 315ff.

1308 EuG, U v 11.9.2002, RS T-13/99, Pfizer Animal Health/Rat, Slg 2002, II-3305, RN 320, 356, 360f; *Corkin* Science, legitimacy and the law: Regulating risk regulation judiciously in the European Community, ELR 2008, 368ff.

1309 87/434/Euratom: Stellungnahme der Kommission vom 28.Juli 1987 über das Kernkraftwerk Nogent-sur-Seine (Frankreich), ABl Nr L 238 vom 21.8.1987, S 30; Laenerts, ELR 1988, 160.

1310 EuGH, U v 22.9.1988, RS 187/87, Saarland ua/Minister für Industrie, Post und Fernmeldewesen und Fremdenverkehr ua, Slg 1988, 5013, 5042.

1311 82/181/Euratom Empfehlung der Kommission vom 6. Dezember 1999 zur Anwendung des Artikels 37 des Euratom-Vertrags, ABl Nr L 324 vom 16.12.1999, S 23ff.

1312 EuGH, U v 22.9.1988, RS 187/87, Saarland ua/Minister für Industrie, Post und Fernmeldewesen und Fremdenverkehr ua, Slg 1988, 5013ff.

Nach Artikel 1 ist die Ableitung radioaktiver Stoffe, jede geplante Entsorgung oder unvorhergesehene Freisetzung radioaktiver Stoffe in gasförmiger, flüssiger oder fester Form in der bzw. in die Umwelt, die mit dem Betrieb von Kernreaktoren, der Wideraufbereitung bestrahlter Kernbrennstoffe, der Gewinnung, Konzentrierung und Umwandlung von Uran und Thorium, der Anreicherung von Uran an U-235, der Herstellung von Kernbrennstoffen, der Lagerung von bestrahlten Kernbrennstoffen in entsprechenden Anlagen, die Be- und Verarbeitung radioaktiver Stoffe im Industriemaßstab sowie der Verarbeitung und Lagerung radioaktiver Abfälle aus den vorangegangenen Tätigkeiten, dem Abbruch von Kernreaktoren und Wiederaufbereitungsanlagen, sowie der ober- und unterirdischen Einlagerung radioaktiver Abfälle ohne beabsichtigte Wiedergewinnung, die Versenkung radioaktiver Abfälle im Meer, das Vergraben radioaktiver Abfälle unter dem Meeresboden, dem Bearbeiten mit natürlichen Strahlenquellen, die nach Artikel VII der Grundnormen von den betreffenden Mitgliedstaaten als solche ermittelt worden sind, sowie alle anderen Tätigkeiten, zu melden.

Es sind die allgemeinen Angaben möglichst einjährig jedoch mindestens sechs Monate, bevor eine Genehmigung zur Ableitung radioaktiver Stoffe von den zuständigen Behörden erteilt wird, oder vor Beginn der Tätigkeiten, für die keine Ableitungsgenehmigung vorgesehen ist, oder für die Tätigkeiten von Kernreaktoren und Wiederaufbereitungsanlagen, wenn die vorgeschlagenen Genehmigungswerte und entsprechenden Erfordernisse für die Ableitung radioaktiver Stoffe weniger streng sind als in dem Plan für bestehende Anlagen und die möglichen Folgen des Referenzunfalls schwerwiegender geworden sind, bevor eine neue Genehmigung für die Ableitung radioaktiver Stoffe von den zuständigen Behörden erteilt wird.

Es stellt sich die Frage, was unter dem Begriff „Genehmigung" zu verstehen ist. Sie ist dahingehend zu lösen, dass unter „Erteilung einer Genehmigung" die von der nationalen Behörde in erster Instanz erteilte antragsgemäße Zustimmung, gleichgültig ob sie von einer Verwaltungsbehörde oder von einem Gericht erlassen wird, zu verstehen ist.

Art 41 EA ist weit auszulegen.[1313] Die Kommission ist jedoch nicht berechtigt gemäß den Bestimmungen der Art 41ff EA, den Mitgliedstaaten verbindliche Weisungen zu geben.[1314] Ein Vertragsverletzungsverfahren ist nur bei einem direkten Verstoß gegen die Bestimmungen der Art 41ff EA möglich.

1313 *Laenerts* ELR 1988, 172.
1314 Unklar *Laenerts* ELR 1988, 172.

B) Sicherheitskontrolle und Nukleare Abfälle

a) Verbringung nuklearer Abfälle

aa) Allgemeines

Die Richtlinie 92/3/Euratom[1315] und die VO 1493/93/Euratom[1316] sind die Grundlagen für den Transport von Nuklearmaterial zwischen den Mitgliedstaaten sowie der Ex- und Import davon. Weitere wichtige Regelungen sind die Richtlinie 62/00/EG Transport via Bahn,[1317] die Richtlinie 61/00/EG Transport auf der Strasse; die Verordnung 1334/00/EG (Dual USE),[1318] die Richtlinie 18/2000/EG Transport gefährlicher Güter;[1319] die Richtlinie 96/49/EG Transport gefährlicher Güter auf der Schiene;[1320] die Richtlinie 50/95/EG Transport gefährlicher Güter auf der Straße;[1321] und die Richtlinie 55/94/EG Transport gefährlicher Güter auf der Straße.[1322]

bb) Richtlinie 2006/117/Euratom

Im internationalen Bereich ist unter anderem auf die Joint Convention on Safety of Spent Fuel Management and on the Safety of Radioactive Waste Management, gemäß der die Verhaltensregeln beim Transport von Nuklearmaterial aufgestellt worden sind, von besonderer Bedeutung. Um eine ordnungsgemäße Umsetzung zu er-

1315 Richtlinie 92/3/ Euratom des Rates vom 3. Feber 1992 zur Überwachung und Kontrolle der Verbringungen radioaktiver Abfälle von einem Mitgliedstaat in einen anderen, in die Gemeinschaft und aus der Gemeinschaft, ABl Nr L 35 vom 12.2.1992, S 24.

1316 Verordnung (Euratom) Nr 1493/93 des Rates vom 8. Juni 1993 über die Verbringung radioaktiver Stoffe zwischen den Mitgliedstaaten, ABl Nr L 148 vom 19.6.1993, S 1.

1317 Richtlinie 2000/62/EG des Europäischen Parlamentes und des Rates vom 10. Oktober 2000 zur Änderung der Richtlinie 96/49/EG des Rates zur Angleichung der Rechtsvorschriften der Mitgliedstaaten für die Eisenbahnbeförderung gefährlicher Güter, ABl Nr L 279 vom 1.11.2000, S 44.

1318 Verordnung 1334/2000/EG des Rates vom 22. Juni 2000 über eine Gemeinschaftsregelung für die Kontrolle der Ausführ von Gütern und Technologien mit doppelten Verwendungszweck, ABl Nr L 159 vom 30.6.2000, S 1; näheres bei *Karpenstein* die neue Dual-Use-Verordnung, EuZW 2000, 677ff.

1319 Richtlinie 2000/18/EG des Europäischen Parlaments und des Rates vom 17. April 2000 über die Mindestanforderungen für die Prüfung der Sicherheitsberater für die Beförderung gefährlicher Güter auf Strasse, Schiene oder Binnenwasserstrasse, ABl NR L 118 vom 19.5.2000, S 41.

1320 Richtlinie 96/49/EG des Rates vom 23. Juli 1996 zur Angleichung der Rechtsvorschriften der Mitgliedstaaten für die Eisenbahnbeförderung, ABl Nr L 235 vom 17.9.1996, S 25 idgF.

1321 Richtlinie 2000/61/EG des Europäischen Parlamentes und des Rates vom 10. Oktober 2000 zur Änderung der Richtlinie 94/55/EG des Rates zur Angleichung der Rechtsvorschriften der Mitgliedstaaten für den Gefahrenguttransport auf der Strasse, ABl Nr L 279 vom 1.11.2000, S 40.

1322 Richtlinie 94/55/EG des Rates vom 21. November 1994 zur Angleichung der Rechtsvorschriften der Mitgliedstaaten für den Gefahrguttransport auf der Straße, ABl L 319 vom 12.12.1994, S 7.

füllen, haben die Mitgliedstaaten einzelstaatliche Regelungen auf Grund der Verpflichtung gemäß Art 3 RL 80/836/Euratom[1323] erlassen, die jedoch in der Anwendung nicht unproblematisch war. Zu beachten war weiters, dass die Richtlinie 84/631/EWG des Rates vom 6. Dezember 1984 über die in der Gemeinschaft vorzunehmende Überwachung und Kontrolle der grenzüberschreitenden Verbringung von gefährlichen Abfällen, nicht für radioaktive Abfälle gilt.[1324]

Die Bewirtschaftung radioaktiver Abfälle bedarf der Überwachung und Kontrolle einschließlich eines obligatorisch gemeinsamen Anmeldeverfahrens für die Verbringung derartiger Abfälle in oder durch mehrere Mitgliedstaaten. Somit sind Maßnahmen zur nachträglichen Kontrolle der Verbringung erforderlich. Die Erlassung der Richtlinie wurde durch den sogenannten „Transnuklear-Skandal" beschleunigt.

Auf Grund dessen wurde auf Vorschlag der Kommission,[1325] der auf Grund einer Stellungnahme der Gruppe von Personen erarbeitet wurde, die der Ausschuss für Wissenschaft und Technik und der wissenschaftlichen Sachverständigen der Mitgliedstaaten ernannt hat, nach Stellungnahme des europäischen Parlamentes[1326] sowie nach Stellungnahme des Wirtschafts- und Sozialausschusses[1327] erlassen. In der Präambel ist zu lesen, dass auf Grund der Gefahren des Transportes von radioaktivem Abfall jeder eine entsprechende Genehmigung eines Mitgliedstaates bedarf. Da es für den Gesundheitsschutz der Arbeitskräfte und der Bevölkerung erforderlich ist, bei der Verbringung radioaktiver Abfälle von einem Mitgliedstaat in einen Anderen, in die Gemeinschaft sowie aus der Gemeinschaft ein System der vorherigen Genehmigung anzuwenden, steht dies im Einklang mit dem Subsidiaritätsprinzip der Gemeinschaft.[1328] In der Entschließung vom 19.12.1994 bekräftigte der Rat nochmals die in der Richtlinie aufgestellten Grundsätze.[1329] Für die Überwachung nuklearer Abfälle unter „Safeguard-Gesichtspunkten" gilt die VO 303/2005.[1330]

1323 Zu beachten ist, dass die die Richtlinie 80/836/Euratom durch Art 56 der Richtlinie 96/29/Euratom des Rates vom 13. Mai 1996 zur Festlegung der grundlegenden Sicherheitsnormen für den Schutz der Gesundheit der Arbeitskräfte und der Bevölkerung gegen die Gefahren durch ionisierende Strahlungen ABl Nr L 159 vom 29.6.1996, S 1, außer Kraft gesetzt worden ist.

1324 84/631/EWG, ABl Nr L 326 vom 13.12.1984, S 31 zuletzt geändert durch die Richtlinie 86/279/EWG (ABl Nr L 181 vom 4.7.1986, S13.

1325 ABl Nr C 210 vom 23.8.1990, S7.

1326 ABl Nr C 267 vom 14.10.1991, S 210.

1327 ABl Nr C 168 vom 10.7.1990, S18.

1328 Zur Subsidiarität: *Schima* Das Subsidiaritätsprinzip im Europäischen Gemeinschaftsrecht (1994).

1329 Entschließung des Rates vom 19.Dezember 1994 über radioaktive Abfälle, ABl Nr C 379 vom 31.12.1994, S 1.

1330 *Grunwald* Energierecht, 294; Die relevanten Werte sind bei *Berger* Transport radioaktiver Stoffe auf öffentlichen Strassen unter Berücksichtigung der dem KfK erteilten Genehmigungen nachzulesen, 6f.

Die Richtlinie 2006/117/Euratom als Nachfolger der Richtlinie 92/3/Euratom präzisiert aus den bisherigen Erfahrungen die Begriffe sowie berücksichtigt und behandelt bisher nicht berücksichtigte Situationen. Weiters werden Verfahren bei Vorliegen radioaktiver Abfälle und abgebrannter Brennelemente damit vereinfacht.

Die Kommission publizierte 2009 eine Empfehlung, die die Zusammenarbeit der Mitgliedstaaten erleichtern soll.[1331] Die Art und Form des Begleitschreibens wurde Entscheidung der Kommission vom 5. März 2008 festgelegt.[1332]

Gemäß Art 1 Abs 1 wird mit dieser Richtlinie ein Gemeinschaftssystem zur Überwachung und Kontrolle der grenzüberschreitenden Verbringungen radioaktiver Abfälle und abgebrannter Brennelemente geschaffen, um einen angemessenen Schutz der Bevölkerung zu gewährleisten. Von dieser Richtlinie sind alle grenzüberschreitenden Verbringungen radioaktiver Abfälle und abgebrannter Brennelemente umfasst, bei denen das Ursprungsland oder das Bestimmungsland oder das Durchfuhrland ein Mitgliedstaat der Gemeinschaft ist, und Mengen und Konzentrationen der Lieferungen, die im Art 3 Abs 2 lit a und b der Richtlinie 96/29/Euratom festgelegten Werte überschreiten, die in den Art 9, 11 und 13 der Richtlinie geregelt sind. Nicht umfasst von dieser Richtlinie ist der Verbringung ausgedienter Strahlenquellen an Lieferanten oder Hersteller anerkannten Einrichtungen, ebenfalls die Verbringung radioaktiver Stoffe, die in weiterer Verwendung durch Aufarbeitung wiedergewonnen worden sind. Auch die grenzüberschreitende Verbringung von Abfällen, die nur natürlich vorkommende radioaktive Materialen enthalten, die nicht von bestimmten Tätigkeiten herrühren, ist ebenfalls nicht umfasst.

Ausdrücklich wird in Art 1 Abs 6 vermerkt, dass internationale Vereinbarungen, die Euratom geschlossen hat, von dieser Richtlinie nicht umfasst sind bzw. geändert werden.

Diese Richtlinie betrifft weiters nicht das Recht eines Mitgliedstaates oder eines Unternehmens in dem Mitgliedstaat, in dem radioaktive Abfälle zur Behandlung verbracht werden sollen, oder anderes Material zum Zwecke der Aufarbeitung der radioaktiven Abfälle verbracht werden soll, die radioaktive Abfälle nach der Behandlung in das Ursprungsland zurücksenden. Damit ist gewährleistet, dass die Rücknahme solcher radioaktiver Abfälle durch das Ursprungsland nicht verhindert werden kann. Ebenfalls umfasst vom Recht der Zurücksendung sind diejenigen radioaktiven Abfälle, die nach der Wiederaufarbeitung verwertet werden.

1331 2009/527/Euratom Empfehlung der Kommission vom 7. Juli 2009 für ein sicheres und effizientes System der Übermittlung von Unterlagen und Informationen im Zusammenhang mit der Richtlinie 2006/117/Euratom, ABl. Nr. L 177 vom 8.7.2009, S 5.

1332 2008/312/Euratom Entscheidung der Kommission vom 5. März 2008 zur Einführung des in der Richtlinie 2006/117/Euratom des Rates genannten einheitlichen Begleitscheins für die Überwachung und Kontrolle der Verbringungen radioaktiver Abfälle und abgebrannter Brennelemente, ABl Nr L 107 vom 17.4.2008, S 32ff.

Weiters betrifft gemäß Art 3 diese Richtlinie nicht das Recht eines Mitgliedstaates, abgebrannte Brennelemente zur Wiederaufarbeitung auszuführen, wobei den Grundsätzen des gemeinsamen Marktes im Nuklearbereich und insbesondere im freien Warenverkehr Rechnung zu tragen ist. Dies zeigt deutlich auf, dass der gemeinschaftliche Gesetzgeber über die Reichweite der primärrechtlichen Regelungen nach dem EA nicht sicher war. Solche Verbringungen und Ausfuhren werden gemäß dieser Richtlinie überwacht und kontrolliert.

Weiters wird das Recht nach Art 4 eines Mitgliedstaates nicht eingeschränkt, wenn eine sichere Verbringung radioaktiver Abfälle und abgebrannter Brennelemente, die in den Anwendungsbereich dieser Richtlinie fallen, in dieses verbracht worden sind, aber nicht gemäß dieser Richtlinie genehmigt wurden, sowie bei radioaktiv kontaminierten Abfällen oder Material, welches eine Strahlenquelle enthält und dieses Material vom Ursprungsland nicht als radioaktiver Abfall deklariert wurde. Somit wird verhindert, dass ein Mitgliedstaat verpflichtet ist, in seinem Staatsgebiet radioaktives Material aufzubewahren, welches illegal eingeführt worden ist.

Artikel 5 umfasst folgende Begriffsbestimmungen:

- „radioaktive Abfälle" alle gasförmigen, flüssigen oder festen radioaktiven Stoffe, für die vom Ursprungsland und vom Bestimmungsland oder einer natürlichen oder juristischen Person, deren Entscheidung von diesen Staaten akzeptiert wird, keine weitere Verwendung vorgesehen ist und die als radioaktive Abfälle nach den Rechts- und Verwaltungsvorschriften des Ursprungslandes und des Bestimmungslandes der Kontrolle durch eine Aufsichtsbehörde unterliegen;
- „abgebrannte Brennelemente" Kernbrennstoff, der in einem Reaktorkern bestrahlt und dauerhaft aus diesem entfernt worden ist, wobei abgebrannte Brennelemente entweder als verwendbare wiederaufbereitbare Brennelemente entweder als verwendbare wiederaufbereitbare Ressource oder als unbrauchbarer, zur Endlagerung bestimmter radioaktiver Abfall betrachtete werden können;
- „Wiederaufarbeitung" ein Verfahren oder einen Vorgang, dessen Zweck die Gewinnung radioaktiver Isotope aus abgebrannten Brennelemente für die Weiterverwendung ist;
- „Verbringung" alle zur Beförderung radioaktiver Abfälle oder abgebrannter Brennelemente vom Ursprungsland oder Ursprungsmitgliedstaat zum Bestimmungsland oder Bestimmungsmitgliedstaat notwendigen Verrichtungen;
- „Verbringung innerhalb der Gemeinschaft" eine Verbringung, bei der Ursprungland und Bestimmungsland Mitgliedstaaten sind;
- „Verbringung in Länder und aus Ländern außerhalb der Gemeinschaft" eine Verbringung, bei der das Ursprungsland und/oder das Bestimmungsland ein Drittland ist;
- „Endlagerung" die Einlagerung radioaktiver Abfälle oder abgebrannter Brennelemente in einer anerkannten Anlage, wobei eine Rückholung nicht beabsichtigt ist;

- „Lagerung“ die Aufbewahrung radioaktiver Abfälle oder abgebrannter Brennelemente in einer Anlage, in der für ihren Einschluss gesorgt wird, wobei eine Rückholung beabsichtigt ist;
- „Besitzer“ jede natürliche oder juristische Person, die vor der Verbringung radioaktiver Abfälle oder abgebrannter Brennelemente für derartiges Material nach geltendem nationalem Recht verantwortlich ist und ihre Verbringung zu einem Empfänger plant;
- „Empfänger“ jede natürliche oder juristische Person, zu der radioaktive Abfälle oder abgebrannte Brennelemente verbracht werden;
- „Ursprungsland oder Ursprungsmitgliedstaat“ und „Bestimmungsland oder Bestimmungsmitgliedstaat“ jedes Land oder jeden Mitgliedstaat, von dem aus eine Verbringung geplant oder eingeleitet wird bzw. jedes Land oder jeden Mitgliedstaat, in das/den eine Verbringung geplant ist oder stattfindet;
- „Durchfuhrland oder Durchfuhrmitgliedstaat“ jedes Land oder jeden Mitgliedstaat, durch dessen Hoheitsgebiet eine Verbringung geplant ist bzw. stattfindet, abgesehen von dem Ursprungsland oder Ursprungsmitgliedstaat und dem Bestimmungsland oder Bestimmungsmitgliedstaat;
- „zuständige Behörden“ alle Behörden, die gemäß den Rechts- und Verwaltungsvorschriften der Ursprungs-, Durchfuhr oder Bestimmungsländer zur Anwendung des Überwachungs- und Kontrollsystems für Verbringungen radioaktiver Abfälle und abgebrannter Brennelemente befugt sind;
- „umschlossene Strahlenquelle“ eine Strahlenquelle im Sinne der Richtlinie 96/29/Euratom, gegebenenfalls unter Einschluss der das radioaktive Material umhüllenden Kapsel als festem Bestandteil der Strahlenquelle;
- „ausgediente Strahlenquelle“ eine Strahlenquelle, die für die Tätigkeit, für die die Genehmigung erteilt wurde, nicht mehr eingesetzt wird und auch nicht eingesetzt werden soll;
- „anerkannte Einrichtung“ eine Einrichtung im Hoheitsgebiet eines Landes, die von den zuständigen Behörden dieses Landes nach den innerstaatlichen Rechtsvorschriften für die langfristige Lagerung oder Endlagerung umschlossener Strahlenquellen zugelassen wurde, oder eine Einrichtung, die nach den innerstaatlichen Rechtsvorschriften ordnungsgemäß für die Zwischenlagerung umschlossener Strahlenquellen zugelassen wurde;
- „ordnungsgemäß gestellter Antrag“ den einheitlichen Begleitschein, der allen Anforderungen nach Artikel 17 genügt.

Wenn ein Besitzer radioaktiver Abfälle oder abgebrannter Brennelemente plant, diese an einen anderen Ort innerhalb der Gemeinschaft zu verbringen bzw. verbringen zu lassen, hat er bei den zuständigen Behörden des Ursprungsmitgliedstaat einen ordnungsgemäß gestellten Genehmigungsantrag einzubringen. Dieser Antrag kann sich auch auf mehrere Verbringungsvorgänge erstrecken, wenn die radioaktiven Abfälle oder abgebrannten Brennelemente, auf die er sich bezieht, im wesentlichen dieselben physikalischen, chemischen und radioaktiven Eigenschaften aufweisen, und diese Verbringungen von demselben Besitzer zu demselben Empfänger durchgeführt werden sollen, und dieselben zuständigen Behörden einschaltet wurden, und bei einer Durchfuhr durch Drittländer diese dieselbe Grenzübergangsstelle bei der Ein- und/oder Ausfuhr in bzw. aus der Gemeinschaft und über dieselbe Grenzübergangsstelle des oder der betroffenen Drittländer erfolgen soll, es sei denn, es besteht eine anders lautende Vereinbarung der betroffenen zuständigen Behörden.

Nach Art 7 übermitteln die zuständigen Behörden des Ursprungsmitgliedstaates die in Art 6 genannten ordnungsgemäß gestellten Anträge zur Zustimmung den zuständigen Behörden des Bestimmungsmitgliedstaates und des Durchfuhrmitgliedstaates bzw. der Durchfuhrmitgliedstaaten. Die Behörden der betroffenen Mitgliedstaaten treffen die erforderlichen Vorkehrungen, um sicher zu stellen, dass sämtliche Informationen über die unter diese Richtlinie fallende Verbringung mit der gebotenen Sorgfalt behandelt werden und auch vor Missbrauch geschützt werden.

Innerhalb von 20 Tagen nach Eingang des Antrages haben die zuständigen Behörden der Bestimmungs- und Durchfuhrmitgliedstaaten zu prüfen, ob der Antrag mit den einheitlichen Begleitschreiben ordentlich gestellt worden ist. Für den Fall, dass ein ordnungsgemäßer Antrag vorliegt, übermitteln die zuständigen Behörden des Bestimmungsmitgliedstaates den zuständigen Behörden des Ursprungsmitgliedstaates eine Empfangsbestätigung sowie den übrigen betroffenen zuständigen Behörden eine Kopie desselben innerhalb von 10 Tagen nach Ablauf der 20 Tage Frist, somit 30 Tage nach Eingang des Antrages.

Wenn die zuständige Behörde nach Art 8 Abs 3 zur Auffassung gelangt, dass dieser nicht ordnungsgemäß gestellt worden ist, so fordert diese die fehlenden Informationen bei den zuständigen Behörden des Ursprungsmitgliedstaates an, und die übrigen zuständigen Behörden werden von dieser Aufforderung in Kenntnis gesetzt. Diese Aufforderung hat binnen der 20 Tage Frist zu ergehen. Die zuständigen Behörden des Ursprungsmitgliedstaates übermitteln den betreffenden zuständigen Behörden die angeforderten Informationen hierauf. Spätestens 10 Tage nach Erhalt der fehlenden Informationen und frühestens nach Ablauf der 20 Tage Frist übermitteln die zuständigen Behörden des Bestimmungsmitgliedstaates hierauf den zuständigen Behörden des Ursprungsmitgliedstaates eine Empfangsbestätigung sowie den übrigen betroffenen zuständigen Behörden gleichzeitig eine Kopie derselben. Nach Art 8 Abs 4 können alle diese Fristen verkürzt werden, wenn alle zuständigen Behörden davon überzeugt sind, dass der Antrag ordnungsgemäß gestellt wurde.

Spätestens zwei Monate nach Ausstellung der Empfangsbestätigung teilen die zuständigen Behörden allen betroffenen Mitgliedstaaten und den zuständigen Behörden des Ursprungsmitgliedstaates nach Art 9 Abs 1 mit, ob sie der Verbringung zustimmen, oder welche Auflagen sie für erforderlich halten, oder ob sie die Zustimmung verweigern. Diese Frist von zwei Monaten kann auf Antrag der Behörden des Bestimmungsmitgliedstaates oder Durchfuhrmitgliedstaates um einen Monat verlängert werden. Falls innerhalb der Frist von zwei Monaten von den zuständigen Behörden des Bestimmungsmitgliedstaates und/oder des Durchführungsmitgliedstaates keine Antwort einlangt, wird unwiderruflich angenommen, dass diese Länder der beantragten Verbringung zugestimmt haben.

Nach Art 9 Abs 3 sind die Mitgliedstaaten verpflichtet, eventuelle Verweigerungen der Zustimmung oder an Zustimmung geknüpfte Auflagen zu begründen, wobei sich die Durchfuhrmitgliedstaaten auf einschlägige nationale, gemeinschaftliche oder internationale Rechtsvorschriften für die Beförderung von radioaktivem Material stützen (zB Code of Practice für den internationalen Verkehr mit radioaktiven Abfall[1333] uva), und die Bestimmungsmitgliedstaaten sich auf einschlägige Rechtsvorschriften für die Entsorgung radioaktiver Abfälle und abgebrannter Brennelemente sowie ebenfalls auf nationale, gemeinschaftliche oder internationale Rechtsvorschriften für die Beförderung von radioaktivem Material stützen können.

Im Hinblick auf den Grundsatz des gemeinsamen Marktes dürfen die vorgeschriebenen Auflagen nicht strenger sein, als die Auflagen, die für ähnliche Verbringungen innerhalb dieser Mitgliedstaaten gelten. Für den Fall, dass ein Durchfuhrmitgliedstaat einer bestimmten Verbringung zugestimmt hat, kann die Zustimmung der Rückverbringung nicht verweigert werden, wenn die ursprüngliche Zustimmung zur Verbringung von Material zur Behandlung oder Wiederaufbereitung gegeben wurde, wenn die Rückverbringung radioaktiver Abfälle oder Behandlungs- bzw. Wiederaufarbeitungsprodukte betrifft, die dem ursprünglichem Material entsprechen, und alle einschlägigen Rechtsvorschriften eingehalten werden sowie in den Fällen nicht zu Ende geführter Verbringungen, wenn die Rückverbringung mit den gleichen Auflagen und Spezifikationen wie die Verbringung erfolgt.

Für den Fall, dass ungerechtfertigte Verzögerungen eintreten, oder die zuständigen Behörden nicht gemäß dieser Richtlinie sowie anderer gemeinschaftlicher Vorschriften zusammen arbeiten, ist die Kommission hiervon unverzüglich zu verständigen.

Wenn alle erforderlichen Zustimmungen für die Verbringung vorliegen, so sind nach Art 10 Abs 1 die zuständigen Behörden des Ursprungsmitgliedstaates befugt, dem Besitzer die Genehmigung zu der Verbringung zu erteilen. Sie unterrichten die zuständigen Behörden des Bestimmungsmitgliedstaates und etwaiger Durchfuhrmitgliedstaaten oder Durchfuhrdrittländer davon. Die oben genannte Genehmigung hat gemäß Art 10 Abs 2 keinerlei Einfluss auf die Verantwortung des Besitzers, der Beförderer, des Eigentümers des Empfängers oder jedweder anderer natürlichen oder juristischen Personen, die an der Verbringung beteiligt sind. Wie oben schon dargestellt, können von einem Antrag auch mehrere Genehmigungsvorgänge erfasst sein, sodass auch die entsprechende Genehmigung solche umfassen kann. Geneh-

1333 Code of Practice on the International Transboundary Movement of Radioactive Waste, INFCIRC 38 vom 13.11.1990.

migungen dürfen gemäß Art 10 Abs 4 lediglich für eine Dauer von höchstens drei Jahren ausgestellt werden.

Der Empfänger übermittelt den zuständigen Behörden seines Mitgliedstaates binnen 15 Tagen nach Art 11 Abs 1 die Bestätigung des Empfanges der Lieferung. Die zuständigen Behörden des Bestimmungsmitgliedstaates übermitteln hierauf Ausfertigungen der Empfangsbestätigung an den Ursprungsmitgliedstaat und gegebenenfalls an Durchführungsmitgliedstaaten oder Durchfuhrdrittländer. Weiters wird der zuständigen Behörde des Ursprungsmitgliedstaates der ursprüngliche Besitzer einer Ausfertigung dieser Bestätigung weitergeleitet.

Zu beachten ist, dass gemäß Art 12 der Ursprungs,- Durchfuhr- oder Bestimmungsmitgliedstaat beschließen kann, dass eine Verbringung nicht zu Ende geführt werden darf, wenn die Voraussetzungen für die Verbringung gemäß dieser Richtlinie nicht erfüllt sind, oder nicht den Genehmigungen oder Zustimmungen entsprechen, die erteilt worden sind. Der jeweilige Mitgliedstaat unterrichtet hierauf die zuständigen Behörden der anderen Mitgliedstaaten, die an der Verbringung beteiligt sind, unverzüglich von diesem Beschluss. In einem solchen Fall stellen die zuständigen Behörden des Ursprungsmitgliedstaates sicher, dass die fraglichen radioaktiven Abfälle oder abgebrannten Brennelemente vom Besitzer zurückgenommen werden, sofern nicht eine andere sichere Regelung getroffen werden kann. Sie stellen weiters sicher, dass die für die Verbringung verantwortlichen Personen die erforderlichen Abhilfemassnahmen im Interesse der Sicherheit ergreifen. Bei nicht zu Ende geführten Verbringungen trägt der Besitzer die Kosten.

Solange die abgebrannten Brennelemente oder radioaktiven Abfälle dem Empfänger nicht zugestellt worden sind, verbleibt der Versender Besitzer.

Bei Einfuhren in die Gemeinschaft stellt der Empfänger bei den zuständigen Behörden dieses Mitgliedstaates seinen Antrag für die Einfuhr radioaktiver Abfälle oder Brennelemente aus einem Drittland. Dieser Antrag kann sich ebenfalls auf mehrere Verbringungsvorgänge erstrecken, wenn die Bedingungen des Art 6 Abs 2 erfüllt sind. Der Genehmigungsantrag muss den Nachweis enthalten, dass der Empfänger mit dem im Drittland niedergelassenen Besitzer eine Vereinbarung getroffen hat, die von den zuständigen Behörden dieses Drittlandes akzeptiert worden ist, wonach der Besitzer verpflichtet ist, die radioaktiven Abfälle oder abgebrannten Brennelemente zurück zu nehmen, wenn der Verbringungsvorgang nicht zu Ende geführt werden kann.

Die zuständigen Behörden des Bestimmungsmitgliedstaates übermitteln hierauf den zuständigen Behörden etwaiger Durchfuhrmitgliedstaaten den genannten Antrag zur Zustimmung. Hierbei gelten die Bestimmungen der Art 8 und 9. Wenn alle erforderlichen Zustimmungen für die Verbringung vorliegen, so sind die zuständigen Behörden des Bestimmungsmitgliedstaates befugt, dem Empfänger die Genehmigung zu der Verbringung zu erteilen. Hierbei unterrichten sie die zuständigen Behörden etwaiger Ursprungs- oder Drittdurchfuhrmitgliedstaaten bzw. die Ursprungs- oder Drittländer davon. Es gelten in diesem Zusammenhang die Bestimmungen des Art 10 Abs 2 bis 4.

Hierauf hat der Empfänger den zuständigen Behörden des Bestimmungsmitgliedstaates binnen 15 Tagen nach Eingang der Lieferung eine Empfangsbestätigung für jede Lieferung zu übermitteln, welche Ausfertigungen der Empfangsbestätigung an das Ursprungsland und an etwaige Durchfuhrmitgliedstaaten oder Durchfuhrdrittländer übermittelt. Durchfuhrmitgliedstaaten oder der Bestimmungsmitgliedstaat können beschließen, dass eine Verbringung nicht zu Ende geführt werden darf, wenn die Voraussetzungen für die Verbringung nicht mehr erfüllt sind oder nicht den Genehmigungen oder Zustimmungen entsprechen, die erteilt worden sind. Der jeweilige Mitgliedstaat unterrichtet hierauf die zuständigen Behörden des Ursprungslandes unverzüglich von einem solchen Beschluss. In einem solchen Fall trägt der Empfänger die Kosten.

Für den Fall, dass radioaktive Abfälle oder abgebrannte Brennelemente aus einem Drittland in die Gemeinschaft verbracht werden, und das Bestimmungsland kein Mitgliedstaat ist (Durchfuhr), so reicht die Person, die für die Abwicklung der Verbringung innerhalb des Mitgliedstaates über dessen Zollstelle die radioaktiven Abfälle zuerst in die Gemeinschaft gelangen, verantwortlich ist, bei den zuständigen Behörden dieses Mitgliedstaates einen Genehmigungsantrag ein. Dieser Antrag kann sich ebenfalls auf mehrere Verbringungen erstrecken, wenn die Bedingungen des Art 6 Abs 2 erfüllt sind. Der Antrag muss den Nachweis enthalten, dass der in einem Drittland niedergelassene Empfänger mit dem in einem Drittland niedergelassenen Besitzer eine Vereinbarung getroffen hat, die von den zuständigen Behörden des letztgenannten Drittlandes akzeptiert worden sind, wonach der Besitzer verpflichtet ist, die radioaktiven Abfälle oder abgebrannten Brennelemente zurückzunehmen, wenn der Verbringungsvorgang nicht zu Ende geführt werden kann. Die zuständigen Behörden des ersten Durchfuhrmitgliedstaates übermitteln den zuständigen Behörden etwaiger anderer Durchfuhrmitgliedstaaten den Antrag zur Zustimmung. Es gelten wiederum die Bestimmungen des Art 8 und 9. Wenn alle erforderlichen Zustimmungen für die Verbringung vorliegen, so sind die zuständigen Behörden des ersten Durchfuhrmitgliedstaates befugt, dem Antragsteller die Genehmigung zu der Verbringung zu erteilen. Sie unterrichten hierbei die zuständigen Behörden etwaiger anderer Durchfuhr- und Ursprungsmitgliedstaaten bzw. Ursprungs- und Durchfuhrdrittländer. Es gelten in diesem Zusammenhang auch die Bestimmungen der Art 10 Abs 2 bis 4.

Der Antragsteller meldet binnen 14 Tagen nach Eintreffen der radioaktiven Abfälle oder abgebrannter Brennelemente den zuständigen Behörden des ersten Durchfuhrmitgliedstaates, dass diese ihren Bestimmungsort in dem Drittland erreicht haben, wobei sie die letzte Zollstelle in der Gemeinschaft angibt, über die die Verbringung erfolgt ist. Diese Meldung ist durch eine Erklärung oder Bescheinigung des Empfängers zu bestätigen, wonach die radioaktiven Abfälle oder abgebrannten Brennelemente ihren ordnungsgemäßen Bestimmungsort erreicht haben und in der Eingangszollstelle des Drittlandes abgegeben worden ist. Ein Durchfuhrmitgliedstaat kann jedoch nach Art 14 Abs 5 beschließen, dass eine Verbringung nicht zu

Ende geführt werden darf, wenn die Voraussetzungen für die Verbringung nicht erfüllt sind, oder nicht den Genehmigungen oder Zustimmung entsprechen. Der jeweilige Mitgliedstaat unterrichtet die zuständigen Behörden des Ursprungslandes unverzüglich von einem solchen Beschluss. Bei solchen nicht zu Ende geführten Verbringungen trägt die Antragstellerin die Kosten.

Wenn radioaktive Abfälle oder abgebrannte Brennelemente aus der Gemeinschaft in ein Drittland ausgeführt werden, so stellt der Besitzer bei den zuständigen Behörden des Ursprungsmitgliedstaates einen Genehmigungsantrag. Der Antrag kann sich auf mehrere Verbringungsfortgänge erstrecken, wenn die Voraussetzungen des Art 6 Abs 2 erfüllt sind. Die zuständigen Behörden des Ursprungsmitgliedstaates melden den Behörden des Bestimmungslandes die geplante Verbringung vor deren Durchführung und bitten sie um Zustimmung, weiters übermitteln sie den zuständigen Behörden etwaiger Durchfuhrmitgliedstaaten den Antrag zur Zustimmung. Es gilt wiederum Art 8.

Wenn alle erforderlichen Zustimmungen für die Verbringung vorliegen, so sind die zuständigen Behörden des Ursprungsmitgliedstaates befugt, dem Besitzer die Genehmigung zur Verbringung zu erteilen. Sie unterrichten die zuständigen Behörden des Bestimmungsdrittlandes und etwaiger Durchfuhrmitgliedstaaten oder Durchfuhrdrittländer davon. Es gelten wiederum die Bestimmungen des Art 10 Abs 2 bis 4.

Der Besitzer meldet hierauf binnen 15 Tagen nach Eintreffen radioaktiver Elemente und abgebrannten Brennelemente den zuständigen Behörden des Ursprungsmitgliedstaates, dass diese ihren Bestimmungsort in dem Drittland erreicht haben, wobei die letzte Grenzübergangsstelle der Gemeinschaft angegeben werden muss, durch die die Beförderung erfolgt ist. Diese Meldung ist durch eine Erklärung oder Bescheinigung des Empfängers zu bestätigen, wonach die radioaktiven Abfälle oder abgebrannten Brennelemente ihren ordnungsgemäßen Bestimmungsort erreicht haben, und der Ursprungsmitgliedstaat oder etwaige Durchfuhrmitgliedstaaten können gemäß Art 15 Abs 5 beschließen, dass eine Verbringung nicht zu Ende geführt werden darf, wenn die Voraussetzung für die Verbringung nicht mehr erfüllt ist oder nicht den Genehmigungen oder Zustimmungen entsprechen, die gewährt worden sind. Der jeweilige Durchfuhrmitgliedstaat unterrichtet die zuständigen Behörden des Ursprungsmitgliedstaates von dem Beschluss. Es gelten wiederum die Bestimmungen des Art 12 Abs 2 und 3.

Die zuständigen Behörden der Mitgliedstaaten erteilen nicht die Genehmigung für die Verbringungen an einen Bestimmungsort südlich des 60-sten Grades südlicher Breite oder in einem Staat, der Unterzeichner des Abkommens AKP-EG-Abkommen von Cotonou und nicht Mitgliedstaat ist, sowie in ein drittes Land, das nach Ansicht der zuständigen Behörden des Ursprungsmitgliedstaates nicht den einschlägigen Sicherheitsstandards der IAEO Rechnung trägt, und auf deren Grundlage die Mitgliedstaaten leichter beurteilen können, ob die Erfordernisse für die Ausfuhr eingehalten werden, sowie diese über die notwendigen administrativen und technischen Kapazitäten und die Regulierungsstruktur verfügen, um radioaktive Abfälle oder abgebrannte Brennelemente im Sinne des gemeinsamen Übereinkommens sicher zu entsorgen.[1334] Nicht umfasst sind Gebiete der Gemeinschaft (DOM&TOM [französische Gemeinschaftsgebiete]). Die zuständigen Behörden haben die von den anderen Mitgliedstaaten übermittelten relevanten Informationen gebührend zu berücksichtigen. In solchen Fällen unterrichten die Mitgliedstaaten die Kommission den nach Art 21 eingesetzten beratenden Ausschuss jährlich hierüber.

Nach Art 17 Abs 1 ist ein einheitlicher Begleitschein für sämtliche Verbringungen zu verwenden. Der einheitliche Begleitschein wird in Zusammenarbeit zwischen der Kommission und dem beratenden Ausschuss erstellt. Die Kommission unterbreitet gemäß Art 21 Abs 2 dem Ausschuss einen Entwurf, der von diesem allenfalls nach Abstimmung seiner Stellungnahme innerhalb einer Frist, die der Vorsitzende des Ausschusses unter Berücksichtigung der Dringlichkeit der betreffenden Frage, festsetzen kann, zustimmt. Der einheitliche Begleitschein ist samt seinen Anhängen im europäischen Amtsblatt zu veröffentlichen. Er kann ebenfalls nach dem oben genannten Verfahren aktualisiert werden.

Der Genehmigungsantrag und die zusätzlichen Unterlagen und Informationen sind in einer Sprache vorzulegen, die für die zuständige Behörde des Mitgliedstaates, bei der dieser eingereicht wird, akzeptabel ist. Es ist davon auszugehen, dass dies die jeweiligen Amtssprachen der Mitgliedstaaten sind. Über Antrag der zuständigen Behörde des Bestimmungslandes oder des Durchfuhrlandes liefert der Besitzer eine beglaubigte Übersetzung in einer Sprache, die für diese akzeptabel ist.

Gemäß Art 8 teilen die Mitgliedstaaten der Kommission Namen und Anschrift von den zuständigen Behörden und alle zweckdienlichen Informationen für eine rasche Kontaktaufnahme diesen mit. Änderungen sind ebenfalls der Kommission bekannt zu geben.

Die Kommission erstellt nach dem Verfahren des Art 21 Empfehlungen für ein sicheres und effizientes System zur Übermittlung von Unterlagen und Informationen. Weiters wird von dieser eine elektronische Kommunikationsplattform erstellt, in der Namen und Anschriften der zuständigen Behörden eines Mitgliedstaates, die Sprachen, die für die zuständigen Behörden des Mitgliedstaates akzeptabel sind und die allgemeinen Bedingungen und gegebenenfalls die zusätzlichen Auflagen für die Genehmigung einer Verbringung durch die zuständigen Behörden der Mitgliedstaaten ersichtlich sind. Bis zum 25. Dezember 2011 und danach alle drei Jahre übermitteln die Mitgliedstaaten gemäß Art 20 der Kommission Berichte über die Anwendung dieser Richtlinien.

1334 Siehe dazu: 2008/956/Euratom Empfehlung der Kommission vom 4. Dezember 2008 über Kriterien für die Ausfuhr radioaktiver Abfälle und abgebrannter Brennelemente in Drittländer, ABl Nr L 338 vom 17.12.2008, S 69ff.

Wie schon dargestellt ist gemäß Art 21 ein beratender Ausschuss, der sich aus Vertretern der Mitgliedstaaten zusammen setzt, zur Unterstützung der Kommission für die Erlassung von Empfehlungen vorgesehen.

cc) Richtlinie 2003/122/Euratom

Der Rat erließ am 22. Dezember 2003 eine Richtlinie zur Kontrolle hoch radioaktiver umschlossener Strahlenquellen und herrenlosen Strahlenquellen.[1335]

Grundlage dieser Richtlinie war der Vorschlag der Kommission nach Stellungnahme einer Gruppe von Persönlichkeiten, die der Ausschuss für Wissenschaft- und Technik als wissenschaftlichen Sachverständigen der Mitgliedstaaten ernannt hat, sowie nach Anhörung des europäischen Wirtschafts- und Sozialausschusses, sowie nach Stellungnahme des Parlamentes. Gemäß Art 4 Abs 1 lit E RL 96/29/Euratom ist eine vorherige Genehmigung für die Verwendung radioaktiver Strahlenquellen für die industrielle Radiographie, die Behandlung von Erzeugnissen, die Forschung nur zum Zwecke der ärztlichen Behandlung erforderlich. Ziel dieser Richtlinie ist es, den Inhalt auf alle Tätigkeiten auszudehnen, bei denen hoch radioaktive Strahlenquellen eingesetzt werden, um die Wahrscheinlichkeit von Unfällen mit solchen Quellen weiter zu verringern. Die IAEO Vorschriften für den sicheren Transport radioaktivem Materials einschließlich radioaktiven Höchstwerten für die Zwecke der Verordnungen, die eine geeignete Grundlage für die Definition hochradioaktiver umschlossener Strahlenquellen im Rahmen dieser Richtlinie bilden sollten, sind.[1336] In diesem Zusammenhang ist wieder darauf zu verweisen, wie eng die Zusammenarbeit im Bereich der Euratom und der IAEO sind, insbesondere im Bereich der technischen und Zusammenarbeit betreffend der Nomenklaturen.

Die in der Richtlinie 96/29/Euratom genannten Freigrenzen wurden auf der Grundlage eines geringfügigen Risikos bestimmt. Diese Freigrenzen werden auch durch diese Richtlinie nicht geändert. Die Transporte umschlossener Strahlquellen zwischen den Mitgliedstaaten unterliegen dem Verfahren gemäß der VO 1493/93/Euratom des Rates vom 8. Juni 1993 über die Verbringung von radioaktiven Stoffen zwischen den Mitgliedstaaten.[1337] Da hoch radioaktive Strahlenquellen ein beträchtliches potentielle Risiko für die menschliche Gesundheit und die Umwelt bilden, und daher es vom Zeitpunkt der Herstellung bis zur Übergabe an eine anerkannte Einrichtung für die langfristige Lagerung bzw. für die Entsorgung einer strengen

1335 Richtlinie 2003/122/Euratom des Rates vom 22.Dezember 2003 zur Kontrolle hoch radioaktiver umschlossener Strahlenquellen und herrenloser Strahlenquellen, ABl Nr L 346 vom 31.12.2003, S 57.

1336 Safety Standards Series NR CSDS-R-1 (ST Überarbeitung) IAEO, Wien, (2000).

1337 Verordnung (Euratom) Nr 1493/93 vom 8. Juni 1993 über die Verbringung radioaktiver Stoffe zwischen den Mitgliedstaaten ABl Nr L 148 vom 19.6.1993, S 1.

Kontrolle bedarf, sowie es zur Vermeidung von radiologischen Unfällen und Strahlenschäden notwendig ist, dass jederzeit der Standort jeder hoch radioaktiven Strahlenquelle bekannt ist, dieser aufgezeichnet und überprüft werden muss und zwar vom Zeitpunkt der Herstellung der Quelle oder der Einfuhr in die Gemeinschaft bis zum Zeitpunkt der Übergabe an eine anerkannte Einrichtung für langfristige Lagerung oder Entsorgung oder aber bis zur Ausfuhr aus der Gemeinschaft, setzt ein entsprechend strenges Reglement voraus. Weiters ist es notwendig, dass die Verbringung von hoch radioaktiven Strahlenquellen innerhalb der Gemeinschaft eine Harmonisierung bedarf um einen entsprechend gleichwertigen Schutz und Kontrolle zu gewährleisten.

Gemäß Art 1 Abs 1 ist es Ziel der Richtlinie, zu vermeiden, dass es auf Grund einer unzureichenden Überwachung hoch radioaktiver umschlossener Strahlenquellen und herrenloser Strahlenquellen zu einer Exposition von Arbeitnehmern und der Öffentlichkeit gegenüber ionisierenden Strahlungen kommt, und die in den Mitgliedstaaten bereits eingeführten Kontrollen zu harmonisieren, indem spezifische Anforderungen festgelegt werden, durch die eine fortlaufende Kontrolle jeder einzelner der genannten Quellen sichergestellt wird. Gemäß Art 1 Abs 2 gilt die Richtlinie für die in Art 2 definierten hoch radioaktiven Strahlenquellen. Den Mitgliedstaaten steht es frei, Strahlenquellen, deren Werte oder die in der RL 96/29/Euratom festgelegten Freigrenzen vor allem aus dem Geltungsbereich der vorliegenden Richtlinie auszuschließen. Die Mindestverpflichtungen gemäß Art 1 Abs 3 ersetzen die in der Richtlinie 96/29/Euratom festgelegten Mindeststandards.

Art 2 Begriffsbestimmungen

Im Sinne dieser Richtlinie bezeichnet

- „herrenlose Strahlenquelle“: eine umschlossene Strahlenquelle, deren Radioaktivität zum Zeitpunkt ihrer Entdeckung über der in Art 3 Abs 2 lit a der Richtlinie 96/29/Euratom vorgesehenen Freigrenze liegt und die keiner gesetzlichen Kontrolle unterliegt, entweder weil sie nie einer solchen Kontrolle unterstellt war oder weil die Quelle aufgegeben wurde, verloren gegangen ist oder verlegt, entwendet oder ohne eine ordnungsgemäße Benachrichtigung der zuständigen Behörde oder ohne Unterrichtung des Empfängers an einen neuen Besitzer weitergegeben wurde. Der Begriff „ herrenlos“ ist unabhängig von der jeweiligen nationalen zivilrechtlichen Nomenklatur zu interpretieren
- „hoch radioaktive Strahlenquelle“, nachstehend als „Strahlenquelle“ bezeichnet: eine umschlossene Strahlenquelle, die ein Radionuklid enthält, dessen Radioaktivität zum Zeitpunkt der Herstellung oder, falls dieser nicht bekannt ist, zum Zeitpunkt des ersten Inverkehrbringens dem in Anhang I hierfür angegebenen Wert entspricht oder höher ist;
- „Tätigkeit“: Tätigkeit im Sinne der Richtlinie 96/29/Euratom;
- „Genehmigung“: die von der zuständigen Behörde auf Antrag erteilte Erlaubnis in Form eines Bescheids zur Durchführung einer Tätigkeit, bei der eine Strahlenquelle eingesetzt wird;

- „zuständig Behörde": jede von einem Mitgliedstaat für die Wahrnehmung von Aufgaben im Rahmen dieser Richtlinie benannte Behörde;
- „ausgediente Strahlenquelle": eine Strahlenquelle, die für die Tätigkeit, für die die Genehmigung erteilt wurde, nicht mehr eingesetzt wird und auch nicht eingesetzt werden soll;
- „Besitzer": jede natürliche oder juristische Person, die gemäß dem einzelstaatlichen Recht für eine Strahlenquelle verantwortlich ist; hierzu zählen Hersteller, Lieferanten und Nutzer von Strahlenquellen, nicht jedoch anerkannte Einrichtungen;
- „Hersteller": jede natürliche oder juristische Person, die Strahlenquellen herstellt;
- „anerkannte Einrichtung": Einrichtung im Hoheitsgebiet eines Mitgliedstaats, die von den zuständigen Behörden dieses Staates nach den nationalen Rechtsvorschriften für die langfristige Lagerung oder Entsorgung von Strahlenquellen zugelassen wurde oder eine Einrichtung, die nach den nationalen Rechtsvorschriften ordnungsgemäß für die Zwischenlagerung von Strahlenquellen zugelassen wurde;
- „strahlenexponierte Arbeitskraft": strahlenexponierte Arbeitskraft im Sinne der Richtlinie 96/29/Euratom;
- „umschlossen Strahlenquelle": umschlossene Strahlenquelle im Sinne der Richtlinie 96/29/Euratom, gegebenenfalls unter Einschluss der das radioaktive Material umhüllenden Kapsel als festem Bestandteil der Strahlenquelle;
- „Lieferant": natürlich oder juristische Person, die eine Strahlenquelle liefert bzw. zur Verfügung stellt;
- „Weitergabe einer Strahlenquelle": Übertragung einer Strahlenquelle von einem Besitzer auf einen anderen;
- „Behältnis der Strahlenquelle": Ummantelung einer umschlossenen Strahlenquelle, die kein fester Bestandteil der Strahlenquelle ist, sondern ihrer Verbringung, Handhabung usw. dient.

Nach Art 3 Abs 1 sind die Mitgliedstaaten verpflichtet, dass der Besitzer für alle Tätigkeiten, bei denen die Strahlenquelle eingesetzt wird, einschließlich der Inbesitznahme einer Strahlenquelle vorab eine Genehmigung einholen muss. Vor Erteilung einer solchen Genehmigung stellen die Mitgliedstaaten sicher, dass angemessene Vorkehrungen einschließlich derjenigen, die sich aus dieser Richtlinie ergeben, für den sicheren Umgang mit Strahlenquellen, auch für die Zeit, in der sie nicht verwendet werden, getroffen werden. Die letztgenannten Vorkehrungen können die Weitergabe dieser Strahlenquellen an den Lieferanten oder die Abgabe an eine anerkannte Einrichtung oder eine Verpflichtung des Herstellers oder des Lieferanten diese Strahlenquellen zurückzunehmen umfassen. Weiters müssen angemessene Vorkehrungen getroffen werden, dass eine entsprechende finanzielle Absicherung vorliegt, oder sonstige Maßnahmen getroffen werden, dass für den sicheren Umgang mit ausgedienten Strahlenquellen gesorgt ist, auch für den Fall, dass der Besitzer zahlungsunfähig wird oder seine Geschäftstätigkeit einstellt. Im Genehmigungsverfahren haben gemäß Art 3 Abs 3 die Mitgliedstaaten sicherzustellen, dass eine entsprechende Zuständigkeit der Behörden gegeben ist, dass die Mindestqualifikation des Personals einschließlich der Unterrichtung und der Weisung vorliegt, dass Mindestanforderungen an das Behältnis für die Strahlenquellen und an die Leistung der Schutzausrüstung geregelt sind, dass entsprechende Anforderungen an Verfahren für den Notfall und die Kommunikationsverbindungen vorliegen, sowie die einzuhaltenden Arbeitsverfahren sowie die Wartung der Ausrüstung, der Strahlenquellen und der Behältnisse sowie der sachgemäße Umgang mit ausgedienten Strahlenquellen, gegebenenfalls einschließlich Vereinbarung über die Weitergabe der ausgedienten Strahlenquellen an den Lieferanten, einen anderen zugelassenen Besitzer oder eine anerkannte Einrichtung geregelt ist.

Nach Art 4 sind die Mitgliedstaaten verpflichtet ein System einzurichten, dass es ihnen ermöglicht, von einzelnen Weitergaben von Strahlenquellen angemessen Kenntnis zu erhalten. Die Besitzer haben nach Art 5 Abs 1 Buch über alle in seine Zuständigkeit fallenden Strahlenquellen sowie über deren Standort und deren Weitergabe zu führen. Diese Aufzeichnungen müssen die im Anhang II vorgesehenen Angaben enthalten. Diese Angaben können auch auf einem Standarderfassungsbogen gemäß Art 5 Abs 5 festgehalten werden. Die Übermittlung an die zuständige Behörde durch den Besitzer kann in elektronischer oder schriftlicher Kopie der Aufzeichnungen erfolgen, entweder vollständig oder auszugsweise entsprechend der Anforderungen des betreffenden Mitgliedstaates. Zu Beginn der Erfassung bzw. schnellst möglich nach dem Erwerb ist die erste Meldung vorzunehmen. Danach steht es den Mitgliedstaaten/den zuständigen Behörden frei, Meldungen im Abstand von höchstens 12 Monaten vorzuschreiben. Eine weitere Meldung hat bei einer Änderung der im Informationsblatt enthaltenen Angaben zu erfolgen sowie unverzüglich bei Abschluss der Erfassung einer spezifischen Strahlenquelle, sobald der Besitzer nicht mehr im Besitz dieser Strahlenquelle ist. In diesem Fall ist der neue Besitzer oder die anerkannte Einrichtung, an den bzw. die die Strahlenquelle weitergegeben wurde, anzugeben. Weiters ist eine Meldung unverzüglich bei Abschluss der Erfassung, sobald der Besitzer nicht mehr im Besitz von Strahlenquellen ist, sowie auf Aufforderung der zuständigen Behörde, vorzunehmen. Sämtliche Aufzeichnungen des Besitzers stehen der zuständigen Behörde zur Überprüfung zur Verfügung. Gemäß Art 5 Abs 3 können die zuständigen Behörden selbst Aufzeichnungen über die zugelassenen Besitzer sowie über die in deren Besitz befindlichen Strahlenquellen führen. Diese Aufzeichnungen müssen das jeweilige Radionuklid, die Aktivität zum Zeitpunkt der Herstellung, oder, falls dies nicht bekannt ist, die Aktivität zum Zeitpunkt des ersten Inverkehrbringen oder zum Zeitpunkt des Erwerbs der Strahlenquelle durch den Besitzer sowie die Art der Strahlenquelle umfassen.

Gemäß Art 5 Abs 4 halten die zuständigen Behörden die Aufzeichnungen auf dem neuesten Stand und berücksichtigen dabei neben anderen Umständen die Weitergabe. Um die Aufzeichnungen zu erleichtern und zu standardisieren, hat die Kommission den in Anhang II vorgesehenen Standarderfassungsbogen für die Aufzeichnungen in elektronischer Form gespeichert und stellt diesen der Öffentlichkeit zur Verwendung. Die Kommission ist auch berechtigt, gemäß dem Verfahren des Art 17 die erforderlichen Informationen und den in Anhang II vorgesehenen Standarderfassungsbogen für die Aufzeichnungen zu aktualisieren. In diesem Verfahren wird die Kommission von einem Ausschuss mit beratender Funktion unterstützt, der sich aus Vertretern der Mitgliedstaaten zusammensetzt, und ein Vertreter der Kommission den Vorsitz führt. Dieser unterbreitet dem Ausschuss einen Entwurf der zu treffenden Maßnahmen. Der Ausschuss gibt – falls erforderlich durch Abstimmung – seine Stellungnahme zu diesem Entwurf innerhalb einer Frist ab, die der Vorsitzende unter Berücksichtigung der Dringlichkeit festsetzen kann. Diese Stellungnahme wird in das Protokoll aufgenommen und darüber hinaus hat jeder Mitgliedstaat das Recht zu verlangen, dass sein Standpunkt im Protokoll gesondert festgehalten wird. Die Kommission berücksichtigt soweit wie möglich die Stellungnahme des Ausschusses. Sie unterrichtet den Ausschuss darüber, inwieweit seine Stellungnahme berücksichtigt hat.

Der Besitzer von Strahlenquellen hat dafür zu sorgen, dass regelmäßig geeignete Tests wie z.B. Dichtheitstest gemäß den internationalen Standards zum Zwecke der Überprüfung und Wahrung der Unversehrtheit jeder einzelnen Strahlenquelle durchgeführt werden, weiters hat er in bestimmten Zeitabständen, die von den Mitgliedstaaten festgelegt werden können, regelmäßig zu prüfen, ob sich jede Strahlenquelle und gegebenenfalls die Schutzausrüstung, die die Strahlenquelle enthält, noch tatsächlich und in sichtbar gutem Zustand am Verwendungs- bzw. Lagerungsort befindet. Weiters legen die Besitzer für jede ortsfeste und mobile Strahlenquelle geeignete und dokumentierte Maßnahmen fest, wie z.B. schriftliche Protokolle und Verfahren, die den unbefugten Zugang, den Verlust, den Diebstahl oder die Beschädigung der Strahlenquelle durch Brand verhindern sollen. Ebenso haben sie der zuständigen Behörde unverzüglich den Verlust oder Diebstahl oder eine unbefugte Nutzung einer Strahlenquelle zu melden, sie veranlassen weiters eine Überprüfung der Unversehrtheit jeder Strahlenquelle nach einem Ereignis, einschließlich Brand, durch das die Strahlenquelle beschädigt worden sein könnte, und unterrichten gegebenenfalls die zuständige Behörde hierüber über die getroffenen Maßnahmen. Weiters geben sie jede ausgediente Strahlenquelle nach Beendigung der Nutzung unverzüglich an den Lieferanten zurück oder eine anerkannte Einrichtung ab oder an einen zugelassenen Besitzer weiter, sofern die zuständige Behörde nichts anderes bestimmt hat. Sie haben sich ebenso zu vergewissern, dass der Empfänger über eine geeignete Genehmigung verfügt, bevor eine Weitergabe erfolgt. Sie melden der zuständigen Behörde jeden Vorfall oder Unfall, der zu einer unbeabsichtigten Exposition eines Arbeitnehmers oder einer Einzelperson der Bevölkerung geführt hat.

Nach Art 7 Abs 1 ist jeder Hersteller verpflichtet, für jede Strahlenquelle eine unverwechselbare Identifizierungsnummer zu vergeben, und im Falle von Strahlenquellen, die von außerhalb der Gemeinschaft eingeführt worden sind, stellt der Lieferant sicher, dass dieser eine unverwechselbare Identifizierungsnummer zugeteilt wurde. Diese Nummer wird – soweit dies möglich ist – auf die Strahlenquelle eingraviert oder eingeprägt. Diese Nummer wird auch auf dem Behältnis der Strahlenquelle eingraviert oder eingeprägt. Ist dies nicht möglich, oder werden wiederverwendbare Transportbehältnisse eingesetzt, muss das Behältnis der Strahlenquellen mindestens Angaben zur Art der Strahlenquelle aufweisen. Weiters stellt der Hersteller oder der Lieferant sicher, dass das Behältnis der Strahlenquelle und – soweit dies möglich ist – die Strahlenquelle selbst mit einer entsprechenden Zeichen zur Warnung vor der Strahlungsgefahr markiert und etikettiert wird. Weiters legen der Hersteller eine Fotografie jedes hergestellten Typs einer Strahlenquelle sowie dessen Behältnisse vor.

Nach Art 7 Abs 2 stellt der Besitzer sicher, dass jede Strahlenquelle schriftliche Unterlagen beigefügt sind, wonach die Quelle entsprechend Abs 1 über eine Identifizierungsnummer verfügt und gekennzeichnet ist, und dass die in Abs 1 genannten Kennzeichnungen und Etiketten lesbar bleiben. Die Unterlagen enthalten ferner gegebenenfalls Fotografien der Strahlenquelle, des Behältnisses der Strahlenquelle, der Transportverpackung, der Vorrichtung und der Schutzausrüstung.

Nach Art 8 Abs 1 stellt der Besitzer bei der Unterrichtung und Unterweisung im Bereich des Strahlenschutzes gemäß Art 22 RL 96/29/Euratom sicher, dass diese auch spezifische Anweisungen für den sicheren Umgang mit Strahlenquellen umfasst. Die Unterrichtung und Unterweisung ist besonders gerichtet, auf die erforderlichen Sicherheitsanforderungen besonderes Gewicht zu legen; es sind ferner spezifische Informationen über die möglichen Folgen des Verlustes einer angemessenen Kontrolle der Strahlenquelle darzustellen. Diese Unterrichtung und Unterweisung ist regelmäßig zu wiederholen und zu dokumentieren, um die betreffenden Arbeitnehmer angemessen auf derartige Ereignisse vorzubereiten. Die betreffende Unterrichtung und Unterweisung richtet sich an exponierte Arbeitskräfte.

Weiters setzen sich gemäß Art 8 Abs 2 die Mitgliedstaaten dafür ein, dass die Betriebsleitung und die Bediensteten von Einrichtungen, bei denen das Vorhandensein und die Verarbeitung herrenloser Strahlenquellen am wahrscheinlichsten sind (z.B. große Schrottplätze, Großanlagen für die Altmetallverwertung) sowie die Betriebsleitung und Bediensteter wichtiger Transitknotenpunkte (z.B. Zollstellen) über die Möglichkeit unterrichtet werden, dass sie auf eine Strahlenquelle stoßen können, Hinweise darüber erhalten, wie sie Strahlenquellen und ihre Behältnisse optisch erkennen können und entsprechend unterwiesen werden, grundlegende Informationen über ionisierende Strahlung und ihre Folgen erhalten, und über Maßnahmen unterrichtet werden, die vor Ort bei der Entdeckung bzw. der vermuteten Entdeckung einer Strahlenquelle zu ergreifen sind.

Gemäß Art 9 Abs 1 stellen die Mitgliedstaaten sicher, dass die zuständigen Behörden selbst darauf vorbereitet sind und entsprechende Vorkehrungen getroffen haben, einschließlich der Zuweisung von Zuständigkeiten, um herrenlose Strahlenquellen zu bergen und auf radiologische Notfälle, die durch herrenlose Strahlenquellen ausgelöst werden, zu reagieren und dass diese Behörden entsprechende Pläne und Maßnahmen festgelegt haben. Weiters stellen die Mitgliedstaaten sicher, dass Personen, die das Vorhandensein einer herrenlosen Strahlenquelle vermuten und die normalerweise keine Tätigkeit ausüben, für die Strahlenschutzanforderungen gelten, unverzüglich eine spezialisierte technische Beratung und Hilfe erhalten. Ein vorrangiges Ziel ist der Strahlenschutz der Arbeitskräfte und der Bevölkerung und die Sicherheit der Strahlenquelle. Weiters setzen sich gemäß Art 9 Abs 3 die Mitgliedstaaten dafür ein, dass Systeme mit dem Ziel eingerichtet werden, herrenlose Strahlenquellen an Orte wie z.B. große Schrottplätze und Großanlagen für die Altmetallverwertung, an denen herrenlose Strahlenquellen im Allgemeinen vorhanden sein können, so wie gegebenenfalls an wichtigen Transitknotenpunkten wie Zollstellen zu entdecken. Weiters müssen die Mitgliedstaaten dafür sorgen, dass gegebenenfalls Kampagnen zur Bergung von herrenlosen Strahlenquellen durchgeführt werden, die aus vergangenen Tätigkeiten stammen. Solche Kampagnen könne die finanzielle Beteiligung der Mitgliedstaaten an den Kosten für die Bergung der Strahlenquellen, dem Umgang damit und deren Entsorgung sowie die Überprüfung alter Aufzeichnungen von Behörden wie Zollstellen und Besitzern, wie Forschungsinstitute, Materialprüfstellen und Krankenhäusern einschließen.

Nach Art 10 können die Mitgliedstaaten nach von den Mitgliedstaaten festzulegenden Einzelheiten ein System der finanziellen Absicherung oder sonstige gleichwertig Mittel zur Bestreitung der Kosten der Einsätze im Zusammenhang mit der Bergung herrenloser Strahlenquellen und etwaige, im Rahmen der Erfüllung der Anforderung von gemäß Art 9 anfallender Kosten einrichten.

Unbeschadet einschlägige Anforderungen an die Vertraulichkeit und einschlägiger einzelstaatlicher Rechtsvorschriften tauschen die Mitgliedstaaten unverzüglich mit andern betroffenen Mitgliedstaaten oder Drittländern sowie mit den zuständigen internationalen Organisationen in Zusammenhang mit dem Verlust, der Beseitigung, dem Diebstahl und der Entdeckung von Strahlenquellen und den entsprechenden Folgemaßnahmen und Untersuchungen nach Art 11 Informationen aus und arbeiten mit ihnen zusammen. Weiters sind in diesem Zusammenhang nach Art 12 die Mitgliedstaaten verpflichtet, ein Inspektionssystem zur Durchsetzung der Vorschriften, die im Rahmen dieser Richtlinie erlassen werden, einzuführen bzw. führen ein solches fort. Weiters benennen die Mitgliedstaaten die für die Aufgaben im Rahmen dieser Richtlinie zuständigen Behörde. Der Name dieser ist der Kommission mit Name und Anschrift sowie alle für eine zügige Kommunikation mit dieser erforderlichen Informationen zu übermitteln. Falls mehrere Behörden in einem Mitgliedstaat zuständig sind, so bestimmt dieser eine Kontaktstelle für die Korrespondenzstellen, in den anderen Mitgliedstaaten. Jede Änderung ist gemäß Art 13 Abs 4 der Kommission bekanntzugeben. Sämtliche Informationen sowie jedwede Änderung veröffentlicht die Kommission regelmäßig in Zeitabständen von höchstens zwei Jahren im Amtsblatt der Europäischen Union.

Gemäß Art 14 sind die Mitgliedstaaten verpflichtet bis zum 31. Dezember 2010 der Kommission Erfahrungsberichte mit der Durchführung dieser Richtlinie, wobei auch die möglichen Auswirkungen von Art 1 Abs 2 zu berücksichtigen sind, bekanntzugeben. Diese Berichte sind die Grundlage für einen Bericht der Kommission, welche dem Europäischen Parlament, dem Rat und dem Europäischen Wirtschafts- und Sozialausschuss vorgelegt wird.

Nach Art 15 sind die Mitgliedstaaten verpflichtet, entsprechende Sanktionen bei einem Verstoß gegen die einzelstaatlichen Vorschriften zur Umsetzung dieser Richtlinie zu verhängen. Diese Sanktionen müssen wirksam, verhältnismäßig und abschreckend sein. Nach der Rechtsprechung müssen die Mitgliedstaaten, denen allerdings die Wahl der Sanktion verbleibt, namentlich darauf achten, dass Verstöße gegen das Gemeinschaftsrecht nach ähnlichen sachlichen und verfahrensrechtlichen Regeln geahndet werden wie nach Art und Schwere gleiche Verstöße gegen nationales Recht, wobei die Sanktion jedenfalls wirksam, verhältnismäßig und abschreckend sein muss.[1338]

Der EuGH hat insbesondere in gefestigter Rechtsprechung entschieden, dass diese Regeln nicht weniger günstig sein dürfen als die, die für vergleichbare Klagen nach inländischem Recht gelten (Grundsatz der Gleichwertigkeit), und nicht die Ausübung der vom Gemeinschaftsrecht verliehenen Rechte übermäßig erschweren oder unmöglich machen dürfen (Grundsatz der Effektivität).[1339] Er hat ferner klargestellt, dass die den Mitgliedstaaten nach Artikel 10 EG obliegenden Pflichten zur Durchsetzung sie dazu anhalten, sicherzustellen, dass „Verstöße gegen das Gemeinschaftsrecht nach ähnlichen sachlichen und verfahrensrechtlichen Regeln geahndet werden wie nach Art und Schwere gleichartige Verstöße gegen abschreckend nationales Recht, wobei die Sanktion jedenfalls wirksam, verhältnismäßig sein muss, [und] die nationalen Stellen gegenüber Verstößen gegen das Gemeinschaftsrecht mit derselben Sorgfalt vorgehen ..., die sie bei der Anwendung der entsprechenden nationalen Rechtsvorschriften walten lassen".[1340] Im Urteil Kommission/Frankreich führte der EuGH aus, dass für potentielle Missetäter -hier Fischer- eine ernsthafte Gefahr bestehen muss, dass Verstöße gegen die Vorschriften der gemeinsamen Fischereipolitik entdeckt und mit angemessenen Sanktionen belegt werden.[1341] Enthält eine Gemeinschaftsregelung für den Fall ihrer Verletzung keine eigene Sanktionsbestimmung oder verweist sie insoweit auf die nationalen Rechts- und Verwaltungsvorschriften, sind die Mitgliedstaaten nach Artikel 10 EG verpflichtet, alle geeigneten Maßnahmen zu treffen, um die

---

1338 EuGH, U v 10.7.1990, RS C–326/88, Hansen, Slg. 1990, I–2911, Rn 17; EuGH, U v 30.9. 2003, RS C–167/01, Inspire Art, Slg. 2003, I–10155, Rn 62; EuGH, U v 15.1. 2004, RS C–230/01, Penycoed, Slg. 2004, I–937, Rn 36 und die dort zitierte Rechtsprechung; EuGH, U v 3.5.2005, RS C-387/02, Berlusconi, Slg 2005, I-3565, Rn 65.

1339 EuGH, U v 4.12.2003, RS C-63/01, Evans, Slg 2003, I-14447, Rn 45.

1340 EuGH, U v 21.9.1989, RS 68/88, Kommission/Griechenland, Slg 1989, 2965, Rn 24f.

1341 EuGH, U v 12.7.2005, RS C-304/02, Kommission/Frankreich, Slg 2005, I-6263, Rn 37.

volle Wirksamkeit des Gemeinschaftsrechts zu gewährleisten. Die Verpflichtung nach Artikel 10 EG schließt auch die Geltendmachung aller Ansprüche verwaltungs-, steuer- oder zivilrechtlicher Art auf Einziehung oder Nacherhebung hinterzogener Steuern oder Abgaben oder aber auf Schadensersatz ein.[1342]

Nach dem Urteil Atalanta muss dafür gesorgt sein, wenn die Mitgliedstaaten mehrere Behörden mit der Durchführung einer gemeinschaftsrechtlich determinierten Aufgabe betrauen, dass diese sich koordinieren.[1343]

Diese Richtlinie ist bis zum 31. Dezember 2005 umzusetzen, wobei einzelne Artikel auch später umgesetzt werden können.

In Anhang I sind die Radioaktivwerte festgelegt. Für Radionuklide, die nachstehend nicht aufgeführt sind, aber im Anhang I der Tabelle A der Richtlinie 96/29/Euratom erscheinen, betragen die relevanten Radioaktivitätswerte ein hundertstel des jeweiligen A1-Wertes der IAEO Vorschriften für einen sicheren Transport radioaktiven Materials. Damit erfolgt eine dynamische Umsetzung von Vorgaben der IAEO in das Gemeinschaftsrecht.

dd) VO 1493/93

Die Verbringung radioaktiver Stoffe zwischen den Mitgliedsstaaten, welche kein radioaktiver Abfall im Sinne der Richtlinie 92/3/Euratom ist,[1344] ist in der Verordnung 1493/93 geregelt.[1345] Diese VO ist auf Grund des Vorschlages der Kommission,[1346] der nach einer Stellungnahme einer Gruppe von Personen erarbeitet wurde, die der Ausschuss für Wissenschaft und Technik aus dem Kreis der wissenschaftlichen Sachverständigen der Mitgliedsstaaten ernannt hat, nach Stellungnahme des europäischen Parlamentes,[1347] sowie nach der Stellungnahme des Wirtschafts- und Sozialausschusses[1348] erlassen hat, beschlossen worden. Mit der Richtlinie zur Festlegung der Grundnormen für den Schutz der Gesundheit der Bevölkerung und der Arbeitskräfte gegen die Gefahr Ionisierender Strahlungen[1349] wurden grundlegende Regelungen erlassen. Die Mitgliedsstaaten haben um ihren Verpflichtungen gemäß Art 3 der RL 80/836/

1342 EuGH, U v 14.7.1994, Rs C- 352/92, Urteil Milchwerke Köln/Wuppertal, Slg I-3385, Rn 23; EuGH, U v 15.1. 2004, RS C–230/01, Penycoed, Slg. 2004, I–937, Rn 37.

1343 EuGH, U v 21.6.1979, RS 240/78; Atalanta, Slg 1979, 2137, RN 5; EuGH, U v 12.6.1990, RS C-8788, Deutschland/Kommission, Slg 1990, I-2321, Rn 13; *Stöger* Gedanken zur institutionellen Autonomie der Mitgliedstaaten, ZÖR 2010, 254 mwN.

1344 AM: *Grunwald* Energierecht, 219.

1345 Verordnung (Euratom) Nr 1493/93 des Rates vom 8. Juni 1993 über die Verbringung radioaktiver Stoffe zwischen den Mitgliedstaaten ABl Nr L 148 vom 19.6.1993, S 1.

1346 ABl Nr C 347 vom 31.12.1992, S17.

1347 ABl Nr C 150 vom 31.5.1993.

1348 ABl Nr C 19 vom 25.1.1993, S 13.

1349 ABl Nr L 11 vom 20.2.1949, S 221 idF.

Euratom nachzukommen, einzelstaatliche Regelungen eingeführt. Grundlage dieser einzelstaatlichen Regelungen waren die gemeinschaftsrechtlichen sowie die internationalen Verpflichtungen. Die Verbringung radioaktiver Abfälle ist in der Richtlinie 2006/117/Euratom geregelt, während die Verbringung radioaktiver Stoffe, welche keine radioaktiven Abfälle sind, bislang keiner gemeinschaftsrechtlichen Regelung unterlagen. Mit der Abschaffung der Grenzkontrollen innerhalb der Gemeinschaft ab dem 1. Jänner 1993 war es notwendig, auf gemeinschaftsrechtlicher Ebene eine Zusammenarbeit zwischen den einzelnen Behörden sowie eine Aufrechterhaltung der Kontrolle des Transportes radioaktiver Stoffe zu gewährleisten. Voraussetzung dafür ist eine einheitliche Regelung über die Unterrichtung der jeweiligen nationalen Behörden sowie eine Aufrechterhaltung der Strahlenschutzkontrolle.

Gemäß Art 1 Abs 1 gilt die Verordnung für Verbringungen umschlossener und anderer Strahlenquellen von einem Mitgliedstaat in einen anderen, wenn Menge und Konzentration die Werte nach Art 4 lit a und b RL 80/836/Euratom überschreiten sowie für die Verbringung radioaktiver Abfälle von einem Mitgliedstaat in einen anderen im Sinne der RL 92/3/Euratom. Im Fall von Kernmaterialien ist jeder Mitgliedstaat verpflichtet, innerhalb seines Hoheitsgebietes alle erforderlichen Kontrollen durchzuführen, um sicherzustellen, dass alle Empfänger von Kernmaterialien, die aus einem anderen Mitgliedstaat verbracht werden, die staatlichen Vorschriften zur Durchführung des Art 3 RL 80/836/Euratom einhalten.

Gemäß Art 2 sind unter Verbringung die Vorgänge zur Beförderung radioaktiver Stoffe vom Ausgangs- zum Bestimmungsort einschließlich der Be- und Entladung zu verstehen. Besitzer „radioaktiver Stoffe" ist jede natürliche oder juristische Person, die nach einzelstaatlichem Recht für solche Stoffe vor ihrer Verbringung rechtlich verantwortlich ist und ihre Verbringung zu einem Empfänger durchzuführen beabsichtigt.

Der „Empfänger radioaktiver Stoffe" ist jede natürliche oder juristische Person, zu der solche Stoffe verbracht werden.

Der Begriff der „umschlossenen Strahlenquelle" ist ident mit der Strahlenquelle gemäß der Begriffsbestimmung in RL 80/836/Euratom.

Jede „andere Strahlenquelle" ist ein radioaktiver Stoff, bei dem es sich nicht um eine umschlossene Strahlenquelle handelt, und dessen ionisierende Strahlung direkt oder indirekt für medizinische, tierärztliche, gewerbliche, kommerzielle forschungsbezogene oder landwirtschaftliche Zwecke genutzt werden sollen.

„Radioaktiver Abfall" sind Abfälle gemäß der Begriffsbestimmung der RL 92/3/Euratom.

Unter „Kernmaterialien" sind die besonders spaltbaren Stoffe, Ausgangsstoffe und Erze gemäß den Bestimmungen des Art 197 EA zu verstehen. Angereichertes Uran fällt ebenfalls unter diese Definition.[1350]

1350 EuGH, U v 12.9.2006, RS C-123/04 und 124/04, Industrias Nucleares do Brasil SA/Siemens AG ua, Rn 43.

Unter dem Begriff „Aktivität" ist die Aktivität gemäß den Begriffsbestimmungen RL 80/836/Euratom zu verstehen.

Die Strahlenschutzkontrollen gemäß Art 3 bei der Verbringung von umschlossenen Strahlenquellen, anderen Strahlenquellen und radioaktiven Abfällen zwischen den Mitgliedstaaten erfolgen als Teil der Kontrollverfahren, die im gesamten Hoheitsgebietes des Mitgliedstaates in nicht diskriminierender Weise angewandt werden. Dies bedeutet, dass im Sinne der Gleichbehandlung und des gemeinsamen Marktes, Diskriminierungen von Nichtstaatsangehörigen explizit doch im Range des Sekundärrechtes ausgeschlossen werden.

Nach Art 4 Abs 1 muss der Besitzer umschlossener Strahlenquellen oder radioaktiver Abfälle, der diese an einen anderen Ort verbringen oder verbringen lassen will, von dem Empfänger der radioaktiven Stoffe eine vorherige schriftliche Erklärung einholen, wonach der Empfänger in dem Mitgliedstaat in dem die Verbringung erfolgt, alle geltenden Bestimmungen zur Durchführung von Art 3 RL 80/836/Euratom sowie den einschlägigen nationalen Vorschriften für die sichere Lagerung, Verwendung oder Entsorgung dieser Kategorien von Strahlenquellen oder Abfällen entsprochen hat. Diese Erklärungen haben den in den Anhängen I und II enthaltenen Standarddokumenten zu entsprechen. Gemäß Art 4 Abs 2 sendet der Empfänger die genannte Erklärung an die zuständigen Behörden, des Mitgliedstaates, in dem die Verbringung erfolgt. Die Kenntnisnahme von der Erklärung ist von der zuständigen Behörde mit ihrem Stempel auf dem Dokument zu bestätigen, worauf diese vom Empfänger an den Besitzer zu senden ist. Gemäß Art 5 Abs 1 kann die Erklärung für mehr als eine Verbringung gelten, wenn die umschlossenen Strahlenquellen oder radioaktiven Abfälle, auf die sie sich bezieht im wesentlichen dieselben physikalischen und chemischen Eigenschaften aufweisen, die umschlossenen Strahlenquellen oder radioaktiven Abfälle, auf die sie sich bezieht, die in der Erklärung genannten Aktivitätswerte nicht überschreiten, und die Verbringung von den selben Besitzer zu dem selben Empfänger erfolgt, und die selben zuständigen Behörden eingeschaltet werden. Eine solche Erklärung hat gemäß Art 5 Abs 2 eine Gültigkeitsdauer von höchstens drei Jahren ab dem Zeitpunkt der Kenntnisnahme durch die zuständige Behörde.

Der Besitzer von umschlossenen Strahlenquellen, anderen Strahlenquellen und radioaktiven Abfällen, der diese von einem Ort zu einem anderen Ort verbracht hat oder verbringen ließ, übermittelt den zuständigen Behörden des Bestimmungsmitgliedstaates binnen 21 Tagen nach jedem Quartalsende Angaben über die im Quartal erfolgten Lieferungen und zwar unter Nennung des Namens und der Anschrift des Empfängers, der Gesamtaktivität je Nuklid, dass an den jeweiligen Empfänger geliefert wurde sowie Anzahl der Lieferungen, die höchste Einzelmenge eines an den jeweiligen Empfänger gelieferten Radionuklids, die Art des Stoffes (umschlossene Strahlenquelle, andere Strahlenquelle oder radioaktive Abfälle).

Nach Art 7 sind die zuständigen Behörden der Mitgliedstaaten zur Zusammenarbeit verpflichtet. Die nationalen zuständigen Behörden wurden mit Mitteilung der Kommission vom 19.2.2009 bekanntgeben.[1351]

Gemäß Art 9 bleiben bestehende einzelstaatliche Rechtsvorschriften und internationale Übereinkünfte über die Beförderung einschließlich des Transits radioaktiver Stoffe durch die VO unberührt.

Nach Art 10 bleiben die Rechte und Verpflichtungen nach der RL 92/3/ Euratom unberührt.

In den Anhängen I und II sind die Details zum Ausfüllen der Formulare geregelt.

ee) VO 303/2005[1352]

Die VO 303/2005 regelt insbesondere die Buchführung des Nuklearbereichs. Grundlage sind die Art 77 bis 81 EA. Diese Verordnung ersetzt die VO 3227/76. Die VO 3227/76 wurde durch die VO Nr. 220/90 geändert.[1353] Eine weitere Änderung erfolgte durch die VO 2130/93/Euratom.[1354] Hintergrund dieser Novelle war der Wunsch der erleichterten Zusammenarbeit zwischen der IAEO und der Kommission als auch um die Durchführung der Verschärfung der internationalen Sicherungsmaßnahmen in der Gemeinschaft zu erleichtern. Darunter zählt auch die Übermittlung bestimmter Daten über Sicherungsmaßnahmen an die IAEO. Die Verordnung 3227/76 ist teilweise durch das Zusatzprotokoll 1999/188/Euratom obsolet geworden.

Die Verordnung steht insbesondere im Kontext mit Art III Abs 1 und 4 des NPT. Das Vereinigte Königreich und Frankreich haben auf Grund ihrer Stellung als Atommächte eine besondere Privilegierung. Diese VO hat keine Gültigkeit für Anlagen oder Teile von Anlagen beider Staaten, die für den Zweck der Verteidigung bestimmt wurden, sowie für hierfür verwendetes Kernmaterial. Völkerrechtliche Grundlage ist die Vereinbarung zwischen den 6 oben genannten Staaten, Euratom auf der einen Seite und der IAEO auf der anderen Seite vom 5. April 1973.

1351 2009/C 41/02 Mitteilung der Kommission zur Verordnung (Euratom) 1493/93 des Rates über die Verbringung radioaktiver Stoffe zwischen den Mitgliedstaaten, ABL Nr C 41 vom 19.25.2009, S 2ff.

1352 Verordnung (Euratom) Nr 303/2005 der Kommission vom 8. Februar 2005 über die Anwendung der Euratom-Sicherungsmaßnahmen, ABl Nr L 54 vom 28.2.2005, S 1; näheres bei *Santamaria/Prieto* Int J Nuclear Law, Vol I, 2006, 31ff.

1353 Verordnung 220/90/Euratom der Kommission vom 26.1.1990 zur Änderung der Verordnung (Euratom) Nr 3227/76 zur Anwendung der Bestimmungen der Euratom-Sicherungsmaßnahmen, ABl Nr L 22 vom 27.1.1990, S 56.

1354 Verordnung 2130/93/Euratom der Kommission vom 27. Juli 1993 zur Änderung der Verordnung (Euratom) Nr 3227/76 zur Anwendung der Bestimmungen der Euratom-Sicherungsmaßnahmen, ABl Nr L 191 vom 31.7.1993, S 75.

Da die Angelegenheiten der Landesverteidigung aus dem Bereich des EA ausgenommen sind, besteht auch keine primärrechtliche Grundlage für die Geltung dieser VO für militärische Anlagen Frankreichs oder des Vereinigten Königreiches.[1355]

Die VO ist in sieben Kapitel samt Anhängen gegliedert, die ebenfalls als Bestandteil der VO anzusehen sind.

Diese VO gilt für Personen und Unternehmen, die eine Anlage zur Erzeugung, Trennung, Wiederaufbereitung, Lagerung oder sonstige Verwendung von Ausgangsmaterial oder besonders spaltbaren Material errichten oder betreiben. Die Definition des besonderen spaltbaren Material oder Ausgangsmaterial ist in Art 197 EA zu finden. Von besonderer Bedeutung ist, dass gemäß Art 1 Abs 2 die VO keine Anwendung auf Besitzer von Fertigerzeugnissen für nicht nukleare Zwecke Anwendung findet, in denen praktisch nicht rückgewinnbares Kernmaterial enthalten ist.

Im Sinne dieser Verordnung bezeichnet der Ausdruck:

- „kernwaffenfreier Mitgliedstaat" Belgien, die Tschechische Republik, Dänemark, Deutschland, Estland, Griechenland, Spanien, Irland, Italien, Zypern, Lettland, Litauen, Luxemburg, Ungarn, Malta, die Niederlande, Österreich, Polen, Portugal, Slowenien, die Slowakei, Finnland und Schweden;
- „Kernwaffen-Mitgliedstaat": Frankreich oder das Vereinigte Königreich;
- „dritter Staat": jeden Staat, der nicht Mitglied der Europäischen Atomgemeinschaft ist;
- „Kernmaterial": Erze, Ausgangsmaterial oder besonderes spaltbares Material wie in Artikel 197 Euratom-Vertrag definiert;
- „Abfall" Kernmaterial in Konzentrationen oder chemischen Formen, die aus praktischen oder wirtschaftlichen Gründen als nicht rückgewinnbar gelten und entsorgt werden können;
- „zurückbehaltener Abfall" gemessenen oder aufgrund von Messungen geschätzten Abfall, der bei der Aufarbeitung oder bei einem Betriebsunfall entstanden und an einen besonderen Ort innerhalb der Materialbilanzzone verbracht worden ist, dem er wieder entnommen werden kann;
- „konditionierter Abfall" gemessenen oder aufgrund von Messungen geschätzten Abfall, der so konditioniert worden ist, (z.B. Glas, Zement, Beton oder Bitumen), dass er für eine weitere nukleare Verwendung nicht geeignet ist;
- „in die Umwelt überführter Abfall" gemessenen oder aufgrund von Messungen geschätzten Abfall, der als Ergebnis einer beabsichtigten Ableitung endgültig in die Umwelt abgegeben worden ist;
- „Kategorie" (von Kernmaterial) Natururan, abgereichertes Uran, mit Uran 235 oder Uran 233 angereichertes Uran, Thorium, Plutonium sowie jedes sonstige

1355 EuGH, U v 9.3.2006, RS C-65/04, Kommission/Vereinigtes Königreich, Slg 2006, I-2252.

Material, das durch den Rat auf Vorschlag der Kommission mit qualifizierter Mehrheit bestimmt wird;

- „Posten“ eine identifizierbare Einheit, wie ein Brennelement oder einen Brennstab;
- „Charge“: einen Teil des Kernmaterials, das für Buchungszwecke an einem Schlüsselmesspunkt als Einheit behandelt wird und dessen Zusammensetzung und Menge durch einen einzigen Satz von Spezifikationen oder Messungen definiert werden. Das Kernmaterial kann in loser Form vorliegen oder in einer Anzahl von Posten enthalten sein;
- „Chargendaten“: das Gesamtgewicht jedes Kernmaterialkategorie und bei Plutonium und Uran gegebenenfalls auch die Isotopenzusammensetzung. Für die Berichte werden die Gewichte der einzelnen Posten in der Charge addiert, bevor sie zur nächsten Einheit ab- oder aufgerundet werden;
- „effektives Kilogramm“ eine besondere bei der Anwendung von Sicherungsmaßnahmen auf Kernmaterial verwendete Einheit. Sie wird ermittelt:
  - für Plutonium durch sein Gewicht in Kilogramm,
  - für Uran mit einer Anreicherung von 0,01 (1 %) und darüber durch sein Gewicht in Kilogramm multipliziert mit dem Quadrat seiner Anreicherung,
  - für Uran mit einer Anreicherung unter 0,01 (1 %) und über 0,005 (0,5 %) durch sein Gewicht in Kilogramm multipliziert mit 0,0001, und
  - für abgereichertes Uran mit einer Anreicherung von 0,005 (0,5 %) oder darunter und für Thorium durch ihr Gewicht in Kilogramm multipliziert mit 0,00005;
- „Materialbilanzzone“: einen Bereich, der zum Zweck der Erstellung der Materialbilanz so beschaffen ist, dass
  - die Kernmaterialmenge bei jeder Weitergabe in jede oder aus jeder Materialbilanzzone bestimmt werden kann, und
  - der reale Bestand an Kernmaterial in jeder Materialbilanzzone, falls erforderlich, nach festgelegten Verfahren bestimmt werden kann;
- „Schlüsselmesspunkt“: den Ort, an dem das Kernmaterial in einer Form vorliegt, die seine Messung zur Bestimmung des Materialflusses oder des Bestandes ermöglicht; Er umfasst somit – jedoch nicht ausschließlich – die Eingangs-, Ausgangs- und Lagebereiche in Materialbilanzzonen;
- „Buchbestand“ einer Materialbilanzzone: die algebraische Summe des letzten realen Bestandes der betreffenden Materialbilanzzone und aller seit der Aufnahme dieses Bestandes eingetretenen Bestandsänderungen;
- „realer Bestand“: die Summe aller Chargenmengen von Kernmaterial, die mit Hilfe von Messungen oder abgeleiteten Schätzungen bestimmt werden und die zu einer bestimmten Zeit in einer Materialbilanzzone vorhanden sind;
- „nicht nachgewiesenes Material“ die Differenz zwischen dem realem Bestand und dem Buchbestand;

- „Absender/Empfänger-Differenz“: die Differenz zwischen der in der empfangenden Materialbilanzzone gemessenen Kernmaterialmenge einer Charge und der Menge nach der Angabe der absendenden Materialbilanzzone;
- „Primärdaten“: bei der Messung oder Eichung registrierte oder zur Ableitung empirischer Relationen benutzte Daten, die Kernmaterial identifizieren und Chargendaten bestimmen; darunter fallen das Gewicht von Verbindungen, die Konversionsfaktoren zur Bestimmung des Elementgewichts, das spezifische Gewicht, die Elementkonzentration, das Isotopenverhältnis, die Relation zwischen Volumen- und Manometeranzeige und die Relation zwischen hergestelltem Plutonium und erzeugter Energie;
- „Standort“ einen von der Gemeinschaft und dem Mitgliedstaat abgegrenzten Bereich, der eine oder mehrere – auch außer Betrieb genommene – Einrichtungen entsprechend den einschlägigen grundlegenden technischen Merkmalen umfasst, wobei
  - Abfallbehandlungsanlagen oder Abfalllager als solche keine Standorte sind;
  - bei einer außer Betrieb genommenen Einrichtung, in der Ausgangsmaterial oder besonders spaltbares Material üblicherweise in kleineren Mengen als einem effektiven Kilogramm verwendet wurde, sich dieser Begriff auf Orte mit heißen Zellen und solche beschränkt, an denen Tätigkeiten im Zusammenhang mit der Konversion, Anreicherung, Brennstoffherstellung oder Wiederaufbereitung durchgeführt wurden;
  - der Begriff „Standort“ auch alle Einrichtungen in unmittelbarer Nachbarschaft der Anlage umfasst, die wesentliche Dienste erbringen oder nutzen, einschließlich heißer Zellen zur Aufbereitung bestrahlten Materials, das kein Kernmaterial enthält, Einrichtungen zur Behandlung, Zwischen- und Endlagerung von Abfall sowie Gebäude für die von dem betreffenden Staat nach Anhang I des Zusatzprotokolls 1999/188 Euratom angegebenen Tätigkeiten;
- „Standortvertreter“ jede Person, jedes Unternehmen oder jede Stelle, die nach Angaben des Mitgliedstaates für die in Artikel 3 Absatz 2 genannten Mitteilungen zuständig sind;
- „Anlage“ einen Reaktor, eine kritische Anordnung, eine Konversionsanlage, eine Fabrikationsanlage, eine Wiederaufbereitungsanlage, eine Isotopentrennanlage, ein getrenntes Lager, eine Abfallbehandlungsanlage oder ein Abfalllager oder jeden sonstigen Ort, an dem Ausgangsmaterial oder besonderes spaltbares Material üblicherweise verwendet wird;
- „stillgelegte Anlage“ eine Anlage, deren für eine Nutzung wesentlichen Restkonstruktionen und -ausrüstungen erwiesenermaßen entfernt oder funktionsunfähig gemacht worden sind, damit sie nicht für die Lagerung benutzt werden und nicht länger für die Handhabung, Verarbeitung oder Verwendung von Ausgangsmaterial oder besonderem spaltbaren Material genutzt werden können;

– „außer Betrieb genommene Anlage“ eine Anlage, deren Betrieb erwiesenermaßen eingestellt und aus der das Kernmaterial entfernt wurde, die aber nicht stillgelegt wurde.

Der Errichter oder Betreiber einer Anlage zur Erzeugung, Trennung, Wiederaufarbeitung, Lagerung oder sonstigen Verwendung von Ausgangsmaterialen oder besonders spaltbaren Material hat der Kommission die grundlegenden technischen Merkmale der Anlage gemäß dem Musterformblatt nach Anhang I bekannt zu geben. Dieses Musterformblatt unterscheidet zwischen Reaktoren, kritische und Nullenergieanordnungen, Konversions-, Fabrikations- und Wiederaufbereitungsanlagen, Lagereinrichtungen, Isotopentrennanlagen, sowie Anlagen, die mehr als ein effektives Kilogramm Kernmaterial verwenden, Anlagen, für die die Aufnahme in den CATCH-ALL-Materialbilanzzonen (CAM) in Betracht kommen, Abfallbehandlungsanlagen oder Abfalllager sowie sonstige Anlagen.

Die Verwendung von Kernmaterial wird unter anderem als für die Stromerzeugung in den Reaktoren, für die Forschung in kritischen oder Nullenergieanordnungen, die Konversion, die Fabrikation, die Wiederaufbereitung, die Lagerung, Isotopentrennung und die Erzkonzentration sowie die Behandlung oder Lagerung von Abfall relevant angesehen.

Die Erzerzeuger sind nach Art 24 verpflichtet, der Kommission innerhalb von 120 Tagen nach Inkrafttreten dieser VO die grundlegenden technischen Merkmale der Erzförderung gemäß den Musterformblatt im Anhang I–J anzugeben und das Tätigkeitsprogramm zu übermitteln. Diese Unternehmen haben über die geförderten Erze Buch zu führen, wobei insbesondere die Menge und der mittlere Uran- und Thoriumgehalt des geförderten Erzes und des halben Bestandes sowie Einzelheiten über die Versendung unter Angabe des Zeitpunktes, des Empfängers und der jeweiligen Menge zu erfassen sind. Es besteht die Verpflichtung, diese Unterlagen über mindestens fünf Jahre für die Erzerzeuger aufzubewahren. Nach Art 25 haben die Erzerzeuger der Kommission anhand des Musterformblattes VIII spätestens bis zum 31. Jänner jedes Jahres für jede Grube die im vorigen Kalenderjahr versandten Mengen und bis spätestens am Versandtag die Erzausfuhren in dritte Staaten mitzuteilen.

Jeder Mitgliedstaat, der dem unterzeichneten Zusatzprotokoll 1999/188/ Euratom[1356] beigetreten ist, bestimmt für jeden Standort auf seinem Hoheitsgebiet

1356 1999/188/Euratom Zusatzprotokoll zum Übereinkommen zwischen dem Königreich Belgien, dem Königreich Dänemark, der Bundesrepublik Deutschland, der Republik Finnland, der Griechischen Republik, Irland, der Italienischen Republik, dem Großherzogtum Luxemburg, dem Königreich der Niederlande, der Republik Österreich, der Portugiesischen Republik, dem Königreich Schweden, dem Königreich Spanien, der Europäischen Atomgemeinschaft und der Internationalen Atomenergie-Organisation in Ausführung von Artikel III Absätze 1 und 4 des Vertrags über die Nichtverbreitung von Kernwaffen, ABl Nr L 67 vom 13.3.1999, S 1.

für die oben beschriebene Tätigkeiten einen Standortvertreter, der der Kommission die Erklärung mit einer allgemeinen Beschreibung des Standortes gemäß dem Musterformblatt in Anhang II übermittelt. Das Musterformblatt gemäß Anhang II umfasst den Berichtszeitraum, den MPC Code für das Gebäude, eine allgemeine Beschreibung des Gebäudes einschließlich des Verwendungszwecks. Diese Erklärungen sind spätestens bis zum 1. April eines jeden Jahres aktualisiert der Kommission vorzulegen. Unabhängig dessen sind die Anforderungen des Art 2 lit a Z 3i des Zusatzprotokolls 1999/188/Euratom zu erfüllen.

Die Verantwortlichkeit des Standortvertreters liegt darin, dass die einschlägigen Informationen rechtzeitig eingeholt, und die allgemeine Standortbeschreibung der Kommission übermittelt wird. Die Verantwortlichkeit für die Richtigkeit und Vollständigkeit der Erklärungen liegt weiter bei den Unternehmen oder Personen, die eine Anlage errichten oder betreiben. Die Verantwortung für die Gebäude an einem Standort, in denen kein Kernmaterial verwendet wird, liegt bei den jeweiligen Mitgliedstaaten. Nach Art 3 Abs 3 sollen die Erklärungen, wenn möglich, in elektronischer Form übermittelt werden, für den Fall, dass die Übermittlung sowohl in elektronischer Forma als auch in Papierfassung erfolgt, gilt die Papierfassung als verbindlich.

Für jede neue Anlage, die eine Tätigkeit nach Art 3 Abs 1 ausübt, sind mindestens 200 Tage vor dem voraussichtlichen Eingang der ersten Kernmateriallieferung, die grundlegenden technischen Merkmale der Kommission zu melden. Bei neuen Anlagen mit einem Inventar, oder, sofern dieses größer ist, mit einem jährlichen Durchsatz von Kernmaterial von mehr als einem effektiven Kilogramm, sind alle relevanten Informationen über Eigentümer, Betreiber, Zweck, Standort, Typ, Kapazität und voraussichtlicher Zeit der Inbetriebnahme der Kommission ebenfalls mindestens 200 Tage vor Baubeginn mitzuteilen. Alle Änderungen an den grundlegenden technischen Merkmalen, für die nach den besonderen Kontrollbestimmungen des Art 6 keine vorherige Meldung erforderlich ist, sind der Kommission innerhalb von 30 Tagen nach dem Abschluss der Änderungen zu melden. In Art 4 Abs 4 sind von neuen Beitrittsstaaten ebenfalls die Meldungen innerhalb bestimmter Fristen zu übermitteln.

Abfalllager sowie Abfallbehandlungsanlagen haben die grundlegenden technischen Merkmale ihrer Anlage innerhalb von 120 Tagen nach Inkrafttreten dieser VO gemäß dem Musterformblatt gemäß Anhang I der Kommission zu melden.

Um die Sicherungsmaßnahmen vorplanen zu können, sind die zur Meldung verpflichteten Personen und Unternehmen aufgefordert, der Kommission jeweils jährlich das Tätigkeitsrahmenprogramm, welches insbesondere vorläufige Termine für die Aufnahme des realen Bestandes angibt sowie spätestens 40 Tage vor Beginn der Aufnahme des realen Bestandes das hiezu vorgesehene Programm zu melden. Änderungen sind ebenfalls unverzüglich der Kommission mitzuteilen. Im Anhang XI sind die Punkte, welche bekannt gegeben werden müssen, anzuführen, sowie ist das

Formblatt an die Europäische Kommission, Euratom Sicherheitsüberwachung in Luxemburg zu übermitteln.

Auf Grundlage sämtlicher übermittelter grundlegender technischer Merkmale legt gemäß Art 6 die Kommission die besonderen Kontrollbestimmungen für jede einzelne Anlage und Bereich fest. Diese werden durch den an die betreffende Person oder das betreffende Unternehmen gerichtete Beschluss der Kommission unter Berücksichtigung der betrieblichen und technischen Zwänge enger Konsultation mit der betreffenden Person oder dem betreffenden Unternehmen und dem jeweiligen Mitgliedstaat erlassen. Dieser Beschluss ist gemäß Art 263 AEUV anfechtbar. Solange ein solcher Beschluss der Kommission nicht getroffen ist, werden die allgemeinen Bestimmungen dieser VO angewendet.

Die besonderen Kontrollbestimmungen umfassen die Materialbilanzzonen sowie die Auswahl der Schlüsselmesspunkte für die Bestimmung des Kernmaterialflusses und -bestands, die Änderungen an den grundlegenden technischen Merkmalen, die im Voraus zu melden sind, die Verfahren für die Buchführung über das Kernmaterial in jeder Materialbilanzzone und für die Abfassung von Berichten, die Häufigkeit und die Verfahren der Aufnahme des realen Bestandes für die Buchführungszwecke als Bestandteil der Sicherungsmaßnahmen, die Maßnahmen zur räumlichen Eingrenzung und Beobachtung entsprechend den Vereinbarungen mit der betreffenden Person oder dem betreffenden Unternehmen, die Probenahmen durch die betreffende Person oder das betreffende Unternehmen nur für die Zwecke der Sicherheitsüberwachungen.

Nach Art 6 Abs 3 können auch der Inhalt der weiteren Meldungen die besonderen Kontrollbestimmungen sowie die Bedingungen festgelegt werden, unter denen eine Vorausmeldung des Ausgangs sowie des Eingangs von Kernmaterial erforderlich ist. Nach Art 6 Abs 4 erstattet die Kommission den Betroffenen die Kosten derjenigen besonderen Dienstleistungen, die in den besonderen Kontrollbestimmungen vorgesehen sind, oder die auf der Grundlage eines Kostenvoranschlages durch ein besonderes Ersuchen der Kommission oder der Inspektoren veranlasst werden. Deren Höhe und Modalitäten der Erstattung werden einvernehmlich festgelegt und regelmäßig überprüft. Dazu zählt unter anderem die Installation von Videokameras und sonstigen Überwachungsgeräten.[1357] Als Grundregel hat hierbei zu gelten, dass der Betreiber alle Kosten für die Errichtung zu tragen hat, die die Anlage „Safeguardable", somit überwachbar, machen, und die Kommission die Kosten der eigentlichen Überwachung übernimmt.[1358]

Die zur Meldung verpflichteten Personen oder Unternehmen haben ein Buchführungs- und Kontrollsystem für Kernmaterial anzuwenden. Dazu gehören Buchungs- und Betriebsprotokolle und insbesondere Angaben über Mengen, Kategorie,

1357 *Grunwald* Energierecht, 258f.
1358 *Grunwald* Energierecht, 259.

Form und Zusammensetzung dieser Stoffe. Die Kommission hat eine Empfehlung hierüber erlassen.[1359]

Dies hat nach Artikel 8 derart zu erfolgen, dass die Meldungen betreffend Kernmaterial in Gramm anzugeben sind. Die Materialbuchungsprotokolle sind in Gramm oder kleineren Einheiten zu führen. Bei Meldungen können die Mengen nach den allgemeinen Grundsätzen abgerundet bzw. aufgerundet werden. Dies bedeutet, dass bei Dezimal von 0–4 abgerundet und von 5–9 aufgerundet werden kann. Es ist bei der Meldung das Gesamtgewicht der Elemente Uran, Thorium und Plutonium, bei angereichertem Uran auch das Gesamtgewicht der spaltbaren Isotope anzuführen. An Stoffen abgereichertes Uran, Natururan, auf weniger als 20% angereichertes Uran, auf 20% und mehr angereichertes Uran bei Plutonium und Thorium sind getrennte Buchungen in den Bestandsänderungsberichten und Aufstellungen des realen Bestandes und getrennte Materialbilanzberichte vorzulegen. Weiters ist im Buchführungssystem der tatsächliche Aufbewahrungsort und die besonderen Kontrollverpflichtungen anzuführen sowie im Falle der Weitergabe die Angaben über den Empfänger oder Absender zu vermerken. Das den Protokollen zugrunde liegende Messsystem hat den neuesten internationalen Normen zu entsprechen oder ihnen gleichwertig zu sein. Die Protokolle sind mindestens fünf Jahre lang aufzubewahren. Sie sind Grundlage für die an die Kommission gerichteten Meldungen. Den Inspektoren der Kommission sind diese Buchungs- und Betriebsprotokolle in elektronischer Form verfügbar zu machen, wenn sie von der Anlage in dieser Form geführt werden. Für jede Anlage können von der Kommission weitere besondere Kontrollbestimmungen festgelegt werden.

Für jede Materialbilanzzone sind Betriebsprotokolle nach Art 8 zu führen, die zur Bestimmung von Änderungen in Bezug auf Mengen und Zusammensetzung des Kernmaterials verwendeten Betriebsdaten, eine möglichst aktuelle Liste der Bestandposten und ihrer Standorte, die Daten, die bei Eichung von Behältern und Instrumenten sowie bei Probenahmen und Analysen gewonnen wurden, einschließlich der abgeleiteten Schätzungen für zufällige und systematische Fehler, die bei Qualitätssicherungsmaßnahmen zum Kernmaterial Buchführungssystem gewonnenen Daten einschließlich der abgeleiteten Schätzungen für zufällige und systematische Fehler, eine Beschreibung des Ablaufs der Vorbereitung und Aufnahme eines realen Bestandes und der Maßnahme zur Feststellung seiner Richtigkeit und Vollständigkeit, eine Beschreibung der getroffenen Maßnahmen zur Feststellung von Ursache und Ausmaß etwaiger unfallbedingter oder nicht gemessener Verluste sowie die Isotopenzusammensetzung von Plutonium einschließlich seiner Zerfallsisotope und Bezugsdaten sofern diese bei der Anlage zu Betriebszwecken erfasst werden, enthalten.

1359 2009/120/Euratom Empfehlung der Kommission vom 11. Februar 2009 über die Umsetzung eines Kernmaterialbuchführungs- und -kontrollsystems durch Betreiber kerntechnischer Anlagen, ABl Nr L 41 vom 12.2.2009, S 17ff.

Die Buchungsprotokolle haben für jede Materialzone nach Art 9 alle Bestandsänderungen, sodass der Buchbestand jederzeit festgestellt werden kann, alle Mess- und Zählergebnisse zur Bestimmung des realen Bestandes, alle Berichtigungen die im Bezug auf Bestandsänderungen, Buchbeständen und reale Bestände vorgenommen worden sind, zu enthalten. Alle Bestandsänderungen und realen Bestände zu jeder Charge, die Kennzeichnung der Stoffe, die Chargendaten sowie mehr Daten sind Inhalt jedes Buchungsprotokolls. Uran, Thorium und Plutonium werden getrennt ausgewiesen. Weiters ist für jede Bestandsänderung der Zeitpunkt und gegebenenfalls die abgegebene Materialbilanzzone bzw. der Absender und die aufnehmende Materialbilanzzone bzw. der Empfänger anzugeben. Die Buchungsberichte sind nach Art 10 der Kommission zu melden. Sie enthalten die am Berichtstag verfügbaren Daten, welche erforderlichenfalls später berichtigt werden müssen. Die Buchungsberichte sind der Kommission in elektronischer Form zu übermitteln, es sei denn, die Kommission hat schriftlich einer Ausnahmegenehmigung zugestimmt. Auf begründetes Ersuchen der Kommission sind dieser innerhalb von 3 Wochen weitere Angaben oder Erläuterungen zu den Berichten zu übermitteln. Innerhalb von 30 Tagen nach Inkrafttreten dieser VO übermitteln nach Art 11 meldepflichtige Personen und Unternehmen einen Anfangsbuchbestand des gesamten in ihrem Besitz befindlichen Kernmaterials gemäß Anhang V. Dies gilt nicht, falls schon ein Anfangsbuchbestand gemäß der VO 3227/76 übermittelt wurde als auch nicht für Abfallbehandlungen oder Abfalllager. Die Aufstellung des realen Bestandes gemäß Anhang V stellt eine sehr genaue Beschreibung des Materials in den verschiedenen Zuständen und Konzentrationen dar.

Die Bestandsänderungsberichte nach Art 12 sind ebenfalls der Kommission gemäß dem Formblatt gemäß Anhang III zu übermitteln. Die Bestandsänderungsberichte sind monatlich spätestens am 15. des Folgemonats zu übermitteln und haben die eingetretenen und festgestellten Bestandsänderungen anzugeben. Falls diese Berichte über den realen Bestand nicht am letzten Tag des Kalendermonats enthalten sind, sind zwei Bestandsänderungsberichte zu übermitteln. Der erste umfasst gemäß Art 12 Abs 2 lit a sämtliche Bestandänderungen bis zum Ablauf des Tages, an dem die Realbestandaufnahme erfolgt ist. Der zweite Bestandsänderungsbericht enthält sämtliche Bestandsänderungen vom ersten Tag nach der Realbestandaufnahme bis zum Ablauf des Kalendermonats. Der erste Bestandbericht ist spätestens gemeinsam mit dem zweiten Bestandsänderungsbericht zu übermitteln, oder aber mit der Aufstellung des realen Bestandes und dem Materialbilanzbericht, wenn dieser vor dem zweiten Bestandsänderungsbericht übermittelt wurde. Falls keine Bestandsänderungen in einem Monat vorgekommen sind, legen die betreffenden Personen oder Unternehmen den Bestandsänderungsbericht mit dem Endbuchbestand des Vormonats vor (Nullmeldung). Kleinere Bestandsänderungen wie die Weitergabe von Analysenproben können gemäß den besonderen Kontrollbestimmungen für die betreffende Anlage in einer Charge zusammengefasst werden, und als einzige Bestandsänderung gemeldet werden. Es steht frei, dem Bestandsänderungsbericht erläuternde Kommentare beizufügen.

Die meldepflichtigen Personen und Unternehmen haben nach Art 3 zu jeder Materialbilanzzone die Materialbilanzberichte gemäß dem Anhang IV mit dem realen Anfangsbestand, dem Bestandsänderungen (erst Zunahme, dann Abnahme), den Endbuchbestand, den realen Endbestand sowie den nicht nachgewiesenen Materialbestand zu melden. Dies hat in den Formen des Anhangs IV zu erfolgen. Eine Aufstellung des realen Bestandes hat nach dem im Anhang V enthaltenen Format alle Chargen getrennt durchgeführt zu werden. Diese Berichte und Aufstellungen sind innerhalb von 30 Tagen nach Aufnahme eines realen Bestandes zu übermitteln. Nach Art 14 müssen bei Vorliegen außergewöhnlicher Vorkommnisse oder bei Verlust oder Verzögerung während der Weitergabe die meldepflichtigen Personen oder Unternehmen der Kommission einen Sonderbericht übermitteln, welcher unverzüglich zu erfolgen hat.

Ein außergewöhnliches Vorkommnis nach Art 15 liegt dann vor, wenn aufgrund eines außergewöhnlichen Zwischenfalls oder Umstands zu vermuten ist, dass ein über die besonderen Kontrollbestimmungen festgelegten einschlägigen Grenzwerte hinausgehender Zuwachs oder Verlust an Kernmaterial eingetreten ist oder eingetreten sein könnte, oder wenn sich die räumliche Eingrenzung gegenüber der in der besonderen Kontrollbestimmung festgelegten Eingrenzung unerwartet soweit geändert hat, dass die unbefugte Entnahme von Kernmaterial möglich geworden ist. Sobald die betreffenden Personen oder Unternehmen Kenntnis davon erlangt haben, sind die Berichte der Kommission vorzulegen. Die Ursachen sind ebenfalls bekannt zu geben, sobald und sofern die meldepflichtigen Personen und Unternehmen hiervon Kenntnis erlangt haben.

Wenn Kernmaterial verloren gegangen ist oder verloren gegangen sein könnte, oder wenn eine erhebliche Verzögerung während der Weitergabe eingetreten ist, ist ebenfalls ein solcher Sonderbericht nach Art 22 zu verfassen.

Bei Reaktoren sind die errechneten Daten zu Kernumwandlungen nach Art 16 spätestens bei Ausgang des bestrahlten Brennstoffs aus der Reaktor- Materialbilanzzone im Bestandsänderungsbericht zu melden. Weiters werden gegebenenfalls weitere Verfahren für die Verbuchung und Meldung von Kernumwandlungen in betreffenden Kontrollbestimmungen festgelegt. Wenn aufgrund eines Abkommens der Gemeinschaft von einem dritten Staat oder einer zwischenstaatlichen Einrichtung Kernmaterial übernommen wird, welches Gegenstand besonderer Kontrollverpflichtungen ist, sind in den Meldungen getrennt der Anfangsbuchbestand gemäß Art 11, die Bestandsänderungsberichte einschließlich der Endbuchbestände gemäß Art 12 sowie die Materialbilanzberichte und -aufstellungen des realen Bestandes gemäß Art 13 sowie die beabsichtigte Ein- und Ausfuhr gemäß Art 20 und 21 anzuführen. Die getrennte Erfassung der physischen Vermengung der Stoffe ist möglich, sofern die Abkommen dies nicht ausdrücklich untersagen.

Für Abkommen, die die Gemeinschaft und ihre Mitgliedstaaten mit der IAEO abgeschlossen haben, gelten diese besonderen Kontrollverpflichtungen nicht.

Nach Art 19 besteht die Möglichkeit, dass die Kommission den Erzeugern und Verwendern von Kernmaterial schriftlich Befreiungen von den Bestimmungen über die Form und Häufigkeit der vorgeschriebenen Meldungen gewähren kann, um besonderen Umständen bei der Verwendung oder Erzeugung des überwachungspflichtigen Materials Rechnung zu tragen. Die Befreiung erfolgt auf Antrag gemäß Formblatt IX. Die Befreiungen sind nur für eine ganze Materialbilanzzone, in der Kernmaterial nicht zusammen Kernmaterial ohne Ausnahmeregelung bearbeitet oder gelagert wird.

Die Befreiung kann nur für eine Kernmaterialbilanzzone dann gewährt werden, wenn die Kernmaterialmengen die in den Anhängen I-G genannten Mengen entsprechen und lange Zeit unverändert bleiben, und bei abgereicherten Uran, Natururan oder Thorium, die ausschließlich für nicht nukleare Tätigkeiten verwendet werden sowie bei besonders spaltbarem Material, wenn es in Gramm oder kleineren Mengen als Sensor in Instrumenten verwendet wird, sowie bei Plutonium mit einer Isotopenkonzentration von Plutonium 238 die über 80% liegt. Personen und Unternehmen, denen eine Befreiung gewährt wurde, sind verpflichtet, der Kommission bis zum 31.1. jeden Jahres einen Jahresbericht für das vergangene Jahr unter Verwendung des Musterformblattes gemäß Anhang X zu übermitteln. In diesem Bericht wird der Stand am Ende des vorvergangenen Kalenderjahres genau beschrieben. Bei Ausfuhren von Kernmaterial in einen dritten Staat übermitteln die Personen oder Unternehmen, denen eine Befreiung gewährt wurde, der Kommission schnellstmöglich, spätestens jedoch innerhalb von 15 Tagen nach dem Ende des Monats, in dem die Bestandsänderung stattgefunden hat, einen Bericht unter Verwendung des Musterformblattes in Anhang X. In diesem Bericht sind die Menge des ausgeführten Kernmaterials und der noch der Befreiung unterliegende Kernmaterialbestand anzugeben. Bei Einfuhren aus einem dritten Staat stellen Personen oder Unternehmen, denen eine Befreiung gewährt wurde, einen Antrag bei der Kommission, um dieses Material in die Liste des befreiten Materials aufnehmen zu lassen. Der Antrag ist der Kommission zu übermitteln, sobald den Personen oder Unternehmen der Zeitpunkt der Weitergabe bekannt ist, spätestens jedoch innerhalb von 15 Tagen nach Ablauf des Monats, in dem die Weitergabe erfolgte. Hiezu ist das Formblatt in Anhang IX zu verwenden. Der Kommission steht es frei, weitere besondere Vorschriften über die Form und die Häufigkeit der Berichte festzulegen.

Falls die Voraussetzungen für die Befreiung nicht mehr gegeben sind, wird diese nach Eingang einer entsprechenden Benachrichtigung von der Kommission wieder aufgehoben.

Der Kommission wird im Voraus von den verpflichteten Personen gemeldet, wenn Ausgangsmaterial oder besonderes spaltbares Material in einen dritten Staat ausgeführt wird, aus einem kernwaffenfreien Mitgliedstaat nach Frankreich oder ins Vereinigte Königreich versandt wird oder aus Frankreich oder dem Vereinigten Königreich in einen kernwaffenfreien Mitgliedstaat versandt wird. Voraussetzung hierfür ist, dass die Sendung ein effektives Kilogramm übersteigt, oder wenn eine Anlage eine Gesamtmaterialmenge an denselben Staat weitergibt, die jeden aufeinanderfolgenden Zeitraum von 12 Monaten ein effektives Kilogramm übersteigen könnte, die Einzelsendungen aber jeweils ein effektives Kilogramm nicht übersteigen. Die Meldung erfolgt anhand des Formblattes nach Anhang VI nach Abschluss der zur Weitergabe führenden vertraglichen Vereinbarung. Diese hat mindestens 8 Arbeitstage vor der Vorbereitung des Materials für den Versand bei der Kommission einzugehen. Aus Gründen des physischen Schutzes können besondere Abmachungen hinsichtlich der Form und Übermittlung der Meldungen mit der Kommission vereinbart werden. Dies gilt jedoch nicht für die Ausfuhr und den Versand von Kernmaterial in Abfällen oder Erzen.

Nach Art 21 gelten die vorangegangen Regelungen für die Einfuhr und den Eingang von Ausgangsmaterial und besonderem spaltbarem Material. In diesem Fall haben die Meldungen gemäß dem Formblatt im Anhang VII so früh wie möglich vor dem erwarteten Eintreffen des Materials zu erfolgen, und die Meldung ist an die Kommission mindestens fünf Arbeitstage vor dem Auspacken des Materials zu verständigen (Eingang der Meldung).

Bemerkenswert ist, dass nach Art 23 jede Änderung der Daten der Vorbereitung des Kernmaterials vor der Weitergabe, des Versandes oder des Auspackens, die in den Meldungen nach Art 21 und 22 angegeben waren, unverzüglich zu melden ist.

Bei der Beförderung von Kernmaterial in den Hoheitsgebieten der Mitgliedstaaten ist zu beachten, dass die Beförderer dieses nur gegen Aushändigung einer ordnungsgemäß unterzeichneten und mit Datum versehenen Empfangsbestätigung dieses in Besitz nehmen dürfen. In dieser Empfangsbestätigung sind die Namen dessen, der das Material aushändigt und dessen, der es übernimmt, die beförderten Mengen sowie die Kategorie, Form und Zusammensetzung des Materials anzugeben. Aus Gründen des physischen Schutzes kann die Spezifizierung des betreffenden Materials durch eine geeignete Kennzeichnung der Sendung ersetzt werden. Diese muss zu Unterlagen hinführen, die von den meldepflichtigen Personen oder Unternehmen verwahrt werden. Diese Unterlagen sind mindestens fünf Jahre lang aufzubewahren. Diese Unterlagen gemäß Art 26 können durch diejenigen substituiert werden, die alle oben genannten Informationen enthalten, und deren Inhalt diese aufgrund der ausgeübten Tätigkeit besitzen.

Art 28 enthält eine eigene Bestimmung für Vermittler. Als Vermittler gilt jeder Beauftragte, Makler oder Kommissionär, der einen Vertrag über die Lieferung von Kernmaterial vermittelt hat. Er hat alle Unterlagen über die von ihm oder in seinem Auftrag vermittelten Vertragsabschlüsse nach Vertragsablauf mindestens fünf Jahre lang aufzubewahren. Diese Unterlagen haben die Namen der Vertragsparteien und das Datum des Vertrages, die Menge, die Kategorie, die Form und die Zusammensetzung sowie den Herkunfts- und Bestimmungsort des Materials anzugeben.

Alle diese Informationen kann die Kommission der IAEO weitergeben.

Personen oder Unternehmen, die Kernmaterial, das schon als zurückbehaltener oder konditionierter Abfall gemeldet worden ist, behandeln oder lagern, sind nach Art 30 verpflichtet der Kommission innerhalb von 120 Tagen nach Inkrafttreten dieser VO ein Verzeichnis in dem der Anfangsbuchbestand sämtlichen Kernmaterials nach Kategorien aufgeschlüsselt zu übermitteln. Es sind weiters über dieses Material Buchungsprotokolle zu führen. Diese Buchungsprotokolle haben die zur Bestimmung von Änderungen in Bezug auf Menge und Zusammensetzung des Kernmaterials verwendeten Betriebsdaten, eine jährlich nach der Aufnahme des realen Bestandes aktualisierendes Bestandsverzeichnis, eine Beschreibung der zu Vorbereitung und Durchführung der Aufnahme des realen Bestands getroffenen Maßnahmen, mit denen ferner sicher gestellt werden soll, dass der Bestand korrekt vollständig ist, eine Beschreibung der zur Ermittlung der Ursache und des Ausmaßes aller etwaigen unbeabsichtigten Verluste ergriffenen Maßnahmen sowie alle Bestandsänderungen, sodass der Buchbestand jederzeit auf Anfrage bestimmt werden kann, zu enthalten.

Der Kommission ist jede Maßnahme zur Aufbereitung von Kernmaterial im Voraus zu melden, das zuvor als zurückbehaltener oder konditionierter Abfall gemeldet worden ist. Nicht umfasst ist das Umpacken oder weitere Konditionierung ohne Trennung der Elemente. Bei dieser Vorausmeldung ist das Formblatt im Anhang XII zu verwenden. Darin sind die Angaben zur Menge an Plutonium, hochangereichertem Uran und Uran 233 je Charge zur Form (Glas, hochaktive Flüssigkeit usw) zur voraussichtlichen Dauer der Maßnahme und zum Verwahrungsort des Materials vor und nach der Maßnahme zu machen. Die Meldung muss bei der Kommission spätestens zwei Tage vor Beginn der Maßnahmen eingehen.

Bei der Weitergabe von konditionierten Abfällen nach Art 32 haben die meldepflichtigen Personen und Unternehmen im entsprechenden Jahresbericht für das vorangegangene Jahr bis zum 31. Jänner anhand des Formblattes im Anhang XIII den Versand oder die Ausfuhren von konditionierten Abfällen zu einer Anlage innerhalb oder außerhalb des Hoheitsgebietes der Mitgliedstaaten anhand des Formblattes im Anhang XIV die Eingänge oder Einfuhr von konditionierten Abfall von einer Anlage ohne Materialbilanzzonencode oder von einer Anlage außerhalb des Hoheitsgebietes der Mitgliedstaaten und sowie anhand des Formblattes im Anhang XV die Ortsveränderungen von konditioniertem Abfall, der Plutonium, hochangereichertes Uran oder Uran 233 enthält, mitzuteilen.

Von besonderer Bedeutung ist, dass Art 34 besondere Bestimmungen für das Vereinigte Königreich als auch Frankreich enthält. Gemäß Art 34 gilt die VO nicht für Anlagen oder Teile von Anlagen, die zum Zwecke der Verteidigung bestimmt wurden und im Hoheitsgebiet eines dieser beiden Staaten liegen oder für Kernmaterial, das von diesen Staaten für Zwecke der Verteidigung bestimmt wurde. Diese Anlagen oder Teile davon und Kernmaterial, welche für Verteidigungszwecken dienen, werden in einem Verfahren von der Kommission nach Konsultation und im Einvernehmen mit einem dieser beiden Staaten festgelegt.

Nach Art 37 erlässt und veröffentlicht die Kommission Leitlinien für die Anwendung dieser VO in Form einer Empfehlung.

Unbeschadet der VO Nr. 3, welche aufgrund des Art 24 EA erlassen worden ist, gilt der Beschluss 2001/844/EG, EGKS, Euratom.

b) Strahlenschutz

aa) Allgemeines

Die grundlegende Richtlinie ist die aus dem Jahre 1996.[1360] Die andere Strahlenschutzrichtlinie bestimmt die Werte und die Art der Strahlung bei medizinischer Exposition.[1361] Die Richtlinie 90/641/Euratom regelt, dass externe Mitarbeiter den gleichen Schutz vor ionisierender Strahlung wie die von den Betreibern beschäftigten genießen.[1362]

bb) Richtlinie 96/29/Euratom[1363]

Diese Richtlinie stützt sich insbesondere auf Art 31 und 32 EA und wurde auf Vorschlag der Kommission nach Stellungnahme der Gruppe der vom Ausschuss für Wissenschaft und Technik bestellten wissenschaftlichen Sachverständigen ausgearbeitet. Auf Grund der Stellungnahme des Parlamentes[1364] sowie nach der Stellungnahme des Wirtschafts- und Sozialausschusses[1365] wurden die Grundnormen auf Grund der neuen wissenschaftlichen Erkenntnis, insbesondere auf Grund der Empfehlung NR. 60 der internationalen Kommission für Strahlenschutz neugefasst. In der Präambel wird darauf hingewiesen, dass die Grundnormen, was die Gefährdung durch ionisierende Strahlung betrifft, von besonderer Bedeutung hinsichtlich anderer Richtlinien sind, in denen andere Risikoarten behandelt werden. Um einen entsprechenden einheitlichen Schutz der europäischen Bevölkerung sowie der Arbeitskräfte zu gewährleisten, ist es unbedingt notwendig und erforderlich, dass eine entsprechende einheitliche Regelung vorhanden ist. In der Präambel wird darauf verwiesen, dass das System des Strahlenschutzes für bestimmte Tätigkeiten weiterhin auf den Grundsatz der Rechtfertigung, der Exposition, der Optimierung, des Schutzes und der Dosisbegrenzung, gleichgültig ob die Strahlung natürlichen oder künstlichen Ursprungs ist, beruhen muss. Die Dosisbegrenzungen müssen unter

---

1360 Richtlinie 96/29/Euratom des Rates vom 13. Mai 1996 zur Festlegung der Sicherheitsnormen für den Schutz der Gesundheit der Arbeitskräfte und der Bevölkerung gegen die Gefahren ionisierender Strahlungen, ABl Nr L 159 vom 29.6.1996, S 1; siehe auch *Courades* The New 96/29/Euratom Directive on Basic Safety Standards for the Protection of Workers and the General Public Against Ionising Radiation, NLB 58 (1996), 49ff.

1361 Richtlinie 97/143/Euratom des Rates über den Gesundheitsschutz von Personen gegen die Gefahren ionisierende Strahlung bei medizinischer Exposition, ABl Nr L 1980 vom 9.7.1997, S 22.

1362 Richtlinie 90/641/Euratom des Rates vom 4. Dezember 1990 über den Schutz externer Arbeitskräfte, die einer Gefährdung durch ionisierende Strahlungen beim Einsatz im Kontrollbereich ausgesetzt sind, ABl Nr L 349 vom 13.12.1990, S 21.

1363 Richtlinie 96/29/Euratom des Rates vom 13. Mai 1996 zur Festlegung der grundlegenden Sicherheitsnormen für den Schutz der Gesundheit der Arbeitskräfte und der Bevölkerung gegen die Gefahr durch ionisierende Strahlung, ABl Nr L 159 vom 29.6.1996, S 1.

1364 ABl Nr C 128 vom 9.5.1994, S 209.

1365 ABl Nr L 108 vom 19.4.1993, S 48.

Berücksichtigung der besonderen Situation der verschiedenen exponierten Personengruppen wie Arbeitskräfte, Auszubildende und Studierende, sowie Einzelpersonen der Bevölkerung festgelegt werden. Der Schutz von exponierten Arbeitskräften, Auszubildenden und Studierenden erfordert die Durchführung entsprechender Maßnahmen am Arbeitsplatz. Diese Maßnahmen müssen auf Grund vorheriger Ermittlung der damit verbundenen Gefahr festgelegt werden.

In Art 1 sind die Begriffsbestimmungen dargelegt.

- Energiedosis (D): pro Masseneinheit absorbierte Energie Dabei ist
  - die mittlere Energie, die durch die ionisierende Strahlung auf die Materie in einem Volumenelement übertragen wird;
  - die Masse der Materie in diesem Volumenelement.
- In dieser Richtlinie bezeichnet die Energiedosis die über ein Gewebe oder ein Organ gemittelte Dosis. Die Einheit der Energiedosis ist Gray.
- Beschleuniger: Gerät oder Anlage, in denen Teilchen beschleunigt werden und die ionisierende Strahlung mit einer Energie von mehr als 1 Megaelektronvolt (MeV) aussenden.
- Unfallbedingte Strahlenexposition: Strahlenexposition von Einzelpersonen infolge eines Unfalls. Hiervon ausgenommen sind Notfallexpositionen.
- Aktivierung: Vorgang, bei dem ein stabiles Nuklid in ein Radionuklid umgewandelt wird durch Bestrahlung der es enthaltenden Materie mit Partikeln oder hochenergetischen Gammastrahlen.
- Aktivität (A): die Aktivität A einer Menge eines Radionuklids in einem bestimmten Energiezustand zu einer gegebenen Zeit ist der Quotient aus dN und dt; dabei idt dN der Erwartungswert der Anzahl der spontanen Kernübergänge aus diesem Energiezustand im Zeitintervall dt.
- Die Einheit der Aktivität ist das Becquerel.
- Auszubildender: Person, die innerhalb eines Unternehmens im Hinblick auf die Ausübung eines bestimmten Berufes ausgebildet oder unterrichtet wird.
- Zugelassene Dosismessstelle: für das Kalibrieren, Ablesen und Auswerten der von individuellen Überwachungsgeräten registrierten Werte bzw. für die Messung der Radioaktivität im menschlichen Körper oder in biologischen Proben bzw. für die Bewertung von Dosen zuständige Stelle, deren Qualifikation in dieser Hinsicht von den zuständigen Behörden anerkannt ist.
- Ermächtigter Arzt: für die ärztliche Überwachung von Arbeitskräften der Kategorie A im Sinne des Artikels 21 verantwortlicher Arzt, dessen Qualifikation in dieser Hinsicht von den zuständigen Behörden anerkannt ist.
- Ermächtigte arbeitsmedizinische Dienste: eine Stelle bzw. Stellen, denen die Zuständigkeit für den Strahlenschutz strahlenexponierter Arbeitskräfte und/oder die ärztliche Überwachung von Arbeitskräften der Kategorie A zugewiesen werden kann. Deren Qualifikation in dieser Hinsicht ist von den zuständigen Behörden anerkannt.
- Künstliche Strahlenquelle: andere als natürlich Strahlenquellen.

- Genehmigung: die von der zuständigen Behörde auf Antrag erteilte schriftliche Erlaubnis oder die nach einzelstaatlichem Recht gegebene Erlaubnis zur Durchführung einer von dieser Richtlinie erfassten Tätigkeit oder sonstigen Maßnahmen.
- Becquerel (Bq): besonderer Name für die Einheit der Aktivität. Ein Becquerel entspricht einem Zerfall pro Sekunde. 1 BQ = 1s−1
- Freigabewerte: von den zuständigen nationalen Behörden festgelegte Werte, ausgedrückt als Aktivitätskonzentrationen und/oder Gesamtaktivität, ist zu deren Erreichen radioaktive Stoffe oder radioaktive Stoffe enthaltendes Material aus einer Tätigkeit, die der Anmelde- oder Genehmigungspflicht unterliegt, von den Anforderungen dieser Richtlinie ausgenommen werden können.
- Effektive Folgedosis (E(ô)): die Summe der Organ- oder Gewebe-Äquivalent-Folgedosen (HT(ô)) aus einer Inkorporation, jeweils multipliziert mit dem entsprechenden Gewebe-Gewichtungsfaktor wT. Die wird definiert durch:
  E(ô) = ÔÔ wTHT(ô)
  Bei der Angabe von E(ô) ist ô die Zahl der Jahre, über die die Integration erfolgt. Die Einheit der effektiven Folgedosis ist das Sievert.
- Folgeäquivalentdosis (HT(ô)): Zeitintegral (t) der Äquivalentdosisleistung im Gewebe oder Organ T, die eine Einzelperson aufgrund einer Inkorporation radioaktiver Stoffe erhält. Sie wird ausgedrückt durch
  HT(ô) = t0? T0 + ô HAT(t)dt für eine Inkorporation zum Zeitpunkt t0; dabei ist
  - T(ô) die entsprechende Äquivalentdosisleistung im Organ oder Gewebe T zu Zeitpunkt t;
  - ô der Zeitraum, über den die Integration erfolgt.

  Bei der Angabe von HT(ô) wird ô in Jahren angeführt. Erfolgt keine Angabe für ô, so wird für Erwachsene ein Zeitraum von 50 Jahren, für Kinder ein Zeitraum bis zum Alter von 70 Jahren unterstellt. Die Einheit der Folgeäquivalentdosis ist das Sievert.
- Zuständige Behörde: jede von einem Mitgliedstaat benannte Behörde.
- Kontrollbereich: Bereich, der aus Gründen des Schutzes gegen ionisierende Strahlungen und zur Verhinderung der Ausbreitung einer radioaktiven Kontamination besonderen Vorschriften unterliegt und dessen Zugang geregelt ist.
- Beseitigung: die Einlagerung von Abfällen in einem Endlager oder an einem bestimmten Ort ohne die Absicht einer Rückholung. Dies umfasst auch die genehmigte direkte Ableitung von Abfällen in die Umwelt mit anschließender Verbreitung.
- Dosisbeschränkung: eine Einschränkung der voraussichtlichen Dosen für Einzelpersonen, die aus einer bestimmten Strahlenquelle resultieren können, die im Strahlenschutz während des Planungsstadiums im Zusammenhang mit der Optimierung angewendet wird.
- Dosisgrenzwerte: in Titel IV festgelegte maximale Bezugswerte für die Dosen, die aus der Exposition der Arbeitskräfte, der Auszubildenden und der Studie-

renden sowie der Einzelpersonen der Bevölkerung durch ionisierende Strahlung im Sinne dieser Richtlinie herrühren, wobei diese Grenzwerte für die Summe der jeweiligen Dosen aus externen Expositionen im angegebenen Zeitraum und den Folgedosen für 50 Jahre (für Kinder bis zum Alter von 70 Jahren) aus Inkorporation im gleichen Zeitraum gelten.

- Effektive Dosis (E): die Summe der gewichteten Äquivalentdosen in allen in Anhang II angegebenen Geweben und Organe des Körpers aus interner und externer Strahlenexposition. Sie wird definiert durch die Gleichung
  E = TÓ wTHT = TÓ wT RÓ wR DT,R dabei ist
  - DT,R die über ein Gewebe oder ein Organ T gemittelte Energiedosis aus der Strahlung R,
  - WR der Strahlungswichtungsfaktor und
  - WT der Gewebewichtungsfaktor für das Gewebe oder Organ T.

  Die entsprechenden Werte für WT und WR sind in Anhang II angegeben. Die Einheit der effektiven Dosis ist das Sievert.
- Notfallexposition: Strahlenexposition von Einzelpersonen, die die erforderlichen Sofortmaßnahmen durchführen, um in Gefahr befindlichen Einzelpersonen Hilfe zu leisten, die Strahlenexposition einer großen Zahl von Personen zu verhindern oder eine wertvolle Anlage oder wertvolle Sachgüter vor der Zerstörung zu bewahren, und bei der einer der individuellen Dosisgrenzwerte, die den für strahlenexponierte Arbeitskräfte festgelegten Dosisgrenzwerten entsprechen, überschritten werden könnte. Derartigen Strahlenexpositionen dürfen nur Freiwillige ausgesetzt werden.
- Äquivalentdosis (HT): Energiedosis im Gewebe oder Organ T, gewichtet nach Art und Qualität der Strahlung R. Die wird ausgedrückt durch:
  HAT,R = wR DT,R
  Dabei ist:
  - DT,R die über ein Gewebe oder ein Organ T gemittelte Energiedosis durch die Strahlung R und
  - WR der Strahlungswichtungsfaktor.

  Besteht das Strahlungsfeld aus Arten und Energien mit unterschiedlichen Werten von WR, so gilt für die gesamte Äquivalentdosis HTHT = RÓ wR DT, R Die entsprechenden Werte für WR sind in Anhang II angegeben. Die Einheit der Äquivalentdosis ist das Sievert.
- Strahlenexponierte Arbeitskräfte: Selbständige oder Arbeitnehmer, die einer Strahlenexposition aus den in dieser Richtlinie erfassten Tätigkeiten ausgesetzt sind, die Dosen bewirken können, die einen der Dosisgrenzwerte, die den für Einzelpersonen der Bevölkerung festgelegten Dosisgrenzwerten entsprechen, übersteigen.
- Strahlenexposition: Exposition durch ionisierende Strahlung.
- Gray (Gy): besonderer Name für die Einheit der Energiedosis. Ein Gray = 1 Joule pro Kilogramm: 1 Gy = 1 J kg-1

- Gesundheitliche Beeinträchtigung: abgeschätztes Risiko einer Verkürzung und qualitativen Verschlechterung des Lebens in einer Bevölkerungsgruppe aufgrund Beeinträchtigungen infolge von somatischen Auswirkungen, Krebs und schwerwiegenden genetischen Störungen.
- Inkorporation: menschliches Handeln zur Verhütung oder Reduzierung der Strahlenexposition von Einzelpersonen durch Strahlenquellen, die nicht Teil einer Tätigkeit sind oder außer Kontrolle sind, durch Einwirkung auf Strahlenquellen, Übertragungspfade und Einzelpersonen.
- Intervention: menschliches Handeln zur Verhütung oder Reduzierung der Strahlenexposition von Einzelpersonen durch Strahlenquellen, die nicht Teil einer Tätigkeit sind oder außer Kontrolle sind, durch Einwirkung auf Strahlenquellen, Übertragungspfade und Einzelpersonen.
- Interventionsschwelle: Wert der zu vermeidenden Äquivalentdosis, der zu vermeidenden effektiven Dosis oder ein abgeleiteter Wert, bei dem Interventionsmaßnahmen erwogen werden sollten. Die zu vermeidende Dosis oder der abgeleitete Wert entspricht nur dem Expositionspfad, für den die Interventionsmaßnahme gelten soll.
- Ionisierende Strahlung: Transfer von Energie in Form von Teilchen oder elektromagnetischen Wellen mit einer Wellenlänge von 100 Nanometer oder weniger oder einer Frequenz von 3x1015 Hertz oder mehr, die direkt oder indirekt Ionen erzeugen können.
- Einzelpersonen der Bevölkerung: Einzelpersonen, ausgenommen strahlenexponierte Arbeitskräfte, Auszubildende und Studierend während ihrer Arbeitszeit sowie Einzelpersonen bei den in Artikel 6 Absatz 4 Buchstaben a), b) und c) genannten Expositionen.
- Natürliche Strahlenquellen: Quellen ionisierender Strahlung natürlichen terrestrischen oder kosmischen Ursprungs.
- Potentielle Strahlenexposition: Strahlenexposition, von der nicht erwartet wird, dass sie mit Sicherheit eintreten wird, mit einer vorhersehbaren Wahrscheinlichkeit.
- Tätigkeit: menschliche Betätigung, die die Strahlenexposition von Einzelpersonen aus einer künstlichen Strahlenquelle – oder bei der Verarbeitung natürlicher Radionuklide aufgrund deren Radioaktivität, Spaltbarkeit oder Bruteigenschaft – aus einer natürlichen Strahlenquelle erhöhen kann, mit Ausnahme von Notfallexpositionen.
- Qualifizierte Sachverständiger: Person, die über die erforderliche Sachkenntnis und Ausbildung verfügt, um physikalische, technische oder radiochemische Untersuchungen zur Bewertung von Dosen durchführen und Rat geben zu können, um den wirksamen Schutz von Einzelpersonen und den einwandfreien Betrieb von Schutzausrüstungen zu gewährleisten, und deren Fähigkeit, als qualifizierter Sachverständiger tätig zu werden, von den zuständigen Behörden anerkannt ist. Einem qualifizierten Sachverständigen kann die technische Verantwortung

für die Aufgaben des Strahlenschutzes von Arbeitskräften und Einzelpersonen der Bevölkerung zugewiesen werden.

- Radioaktive Kontamination: Kontamination eines beliebigen Materials, einer beliebigen Oberfläche, einer beliebigen Umgebung oder einer Person durch radioaktive Stoffe. Im Sonderfall des menschlichen Körpers umfasst diese radioaktive Kontamination sowohl die äußere Kontamination der Haut als auch die innere Kontamination, gleichgültig, auf welche Weise die Inkorporation erfolgt.
- Radioaktiver Stoff: jeder Stoff, der ein Radionuklid oder mehrere Radionuklide enthält und dessen Aktivität oder Konzentration im Zusammenhang mit dem Strahlenschutz nicht außer Acht gelassen werden kann.
- Radiologische Notstandsituation: eine Situation, die Dringlichkeitsmaßnahmen zum Schutz von Arbeitskräften, Einzelpersonen der Bevölkerung, Teilen der Bevölkerung oder der gesamten Bevölkerung erfordert.
- Bezugsgruppe der Bevölkerung: eine Gruppe, die Personen umfasst, die einer einigermaßen homogenen Strahlenexposition durch eine Strahlenquelle ausgesetzt sind, die für die stärker gegenüber dieser Strahlenquelle exponierten Einzelpersonen der Bevölkerung repräsentativ ist.
- Anmeldepflicht: Verpflichtung zur Vorlage eines Schriftstücks bei der zuständigen Behörde, mit dem die Absicht mitgeteilt wird, eine von dieser Richtlinie erfasste Tätigkeit oder sonstige Maßnahme durchzuführen.
- Umschlossene Strahlenquelle: Strahlenquelle, deren Aufbau so beschaffen ist, dass bei üblicher betriebsmäßiger Beanspruchung jede Verbreitung der radioaktiven Stoffe in die Umwelt verhindert wird.
- Sievert (Sv): besonderer Name für die Einheit der Äquivalent- oder effektiven Dosis. Ein Sievert entspricht einem Joule pro Kilogramm: 1 Sv = 1 Jkg-1
- Strahlenquelle: Apparat, radioaktiver Stoff oder Anlage, die die Fähigkeit haben, ionisierende Strahlung oder radioaktive Stoffe auszusenden.
- Überwaschungsbereich: Bereich, der aus Gründen des Schutzes gegen ionisierende Strahlungen einer angemessenen Überwachung unterliegt.
- Unternehmer: jede natürliche oder juristische Person, die Tätigkeiten oder Arbeiten gemäß Artikel 2 dieser Richtlinie ausführt und die nach den einzelstaatlichen Rechtsvorschriften die gesetzliche Verantwortung für diese Tätigkeiten oder Arbeiten trägt.

Artikel 2 behandelt den Anwendungsbereich dieser Richtlinie. Gemäß Art 2 Abs 1 gilt die Richtlinie für alle Tätigkeiten, die mit einer Gefährdung durch ionisierende Strahlung aus einer künstlichen Strahlenquelle oder aus einer natürlichen Strahlenquelle verbunden sind, wenn hierbei natürliche Radionuklide aufgrund ihrer Radioaktivität, Spaltbarkeit oder Bruteigenschaft verarbeitet werden, dh für die Herstellung, Bearbeitung, Handhabung, Verwendung, den Besitz, die Lagerung, die Beförderung, die Einfuhr in und die Ausfuhr aus der Gemeinschaft und die Beseitigung radioaktiver Stoffe sowie für den Betrieb jeder elektrischen Ausrüstung, die ionisierende Strahlung aussendet, und Komponenten enthält, die mit einer Potentialdifferenz von mehr als 5 kV betrieben werden, worden sind. Weiters gilt diese Richtlinie für Arbeiten gemäß Titel VII, bei denen natürliche Strahlenquellen vorhanden sind und durch die sich die Disposition der Arbeitskräfte oder von Einzelpersonen der Bevölkerung so erheblich erhöht, dass dies aus der Sicht des Strahlenschutzes nicht außer Acht gelassen werden darf. Weiters gilt diese Richtlinie gemäß Titel IX auch für sämtliche Interventionen im Falle radiologischer Notstandssituationen oder im Falle einer dauerhaften Exposition aufgrund der Folgen einer radiologischen Notstandssituation oder der Ausübung einer vergangenen oder früheren Tätigkeit oder Arbeit. Gemäß Art 2 Abs 4 gilt diese Richtlinie nicht für die Exposition durch Radon in Wohnungen oder in Folge des natürlichen Strahlenniveaus, d.h. weder für im menschlichen Körper enthaltene Radionuklide noch für kosmische Strahlen in Bodenhöhe noch für die oberirdische Exposition durch in der nicht durch Eingriffe beeinträchtigten Erdrinde vorhandenen Radionuklide.

In Titel III ist die Anmeldung und Genehmigung der Tätigkeiten geregelt. Jeder Mitgliedstaat ist gemäß Art 3 Abs 1 verpflichtet sämtliche in Art 2 Abs 1 genannten Tätigkeiten einer Anmeldepflicht zu unterwerfen, sofern dies nicht anders bestimmt ist. Nach Art 3 Abs 2 ist keine Anmeldung vorgeschrieben:

- Radioaktive Stoffe, wenn die betreffenden Mengen insgesamt die Freigrenzen in Spalte 2 der Tabelle A des Anhanges I oder – unter außergewöhnlichen Umständen in einem einzelnen Mitgliedstaat – von den zuständigen Behörden genehmigte abweichende Werte, die jedoch den allgemeinen Grundkriterien des Anhangs I genügen, nicht überschreiten; oder
- Radioaktive Stoffe, wenn deren Aktivitätskonzentration je Masseneinheit die Freigrenze in Spalte 3 der Tabelle A des Anhanges I oder – unter außergewöhnlichen Umständen in einem einzelnen Mitgliedstaat – von den zuständigen Behörden genehmigte abweichende Werte, die jedoch den allgemeinen Grundkriterien des Anhangs I genügen, nicht überschreiten; oder
- Geräte, die radioaktive Stoffe enthalten, die unter Buchstabe A oder B angegebenen Werte oder Aktivitätskonzentrationen überschreiten, wobei ihre Bauart von den zuständigen Behörden des Mitgliedstaates zugelassen sein muss, und sie als umschlossene Strahlungsquelle ausgeführt sein müssen, und die Dosisleistung unter normalen Betriebsbedingungen im Abstand von 0,1 m von der berührbaren Oberfläche des Gerätes 1 μSv h-1 nicht überschreiten, und die zuständigen Behörden Anforderungen für die Beseitigung gestellt haben; oder
- den Betrieb aller elektrischen Geräte, auf die die Richtlinie Anwendung findet mit Ausnahme der unter Buchstabe E genannten Geräte unter Berücksichtigung ihrer Bauart von der Genehmigung der zuständigen Behörde des Mitgliedsstaates sowie die Dosisleistung den obengenannten Werten nicht überschreiten darf, oder
- den Betrieb von der Darstellung von Bildern bestimmten Kathodenstrahlröhren oder mit einer Potentialdifferenz von nicht mehr als 30 kV betriebenen sonsti-

gen elektrischen Geräten, bei denen die Dosisleistung unter normalen Betriebsbedingungen im Abstand von 0,1 m von der berührbaren Oberfläche des Gerätes 1 μSv h-1 nicht überschreitet, oder
- Materialien, die mit radioaktiven Stoffen aus genehmigten Freigaben kontaminiert sind, für die die zuständigen Behörden keine weiteren Kontrollen vorschreiben.

Nach Art 4 Abs 1 schreibt jeder Mitgliedstaat eine vorherige Genehmigung für die Tätigkeiten vor, die den Betrieb und die Stilllegung jeder Anlage des nuklearen Brennstoffkreislaufes sowie den Betrieb und die Stilllegung von Uranbergwerken vorsieht;
- die absichtliche Zusetzung radioaktiver Stoffe bei der Produktion und Herstellung von Arzneimittel und die Einfuhr oder die Ausfuhr solcher Erzeugnisse,
- die absichtliche Zusetzung radioaktiver Stoffe bei der Produktion und Herstellung von Konsumgütern und die Einfuhr oder die Ausfuhr solcher Erzeugnisse,
- die absichtliche Verabreichung radioaktiver Stoffe an Personen und, sofern Strahlenschutz von Menschen betroffen ist, Tiere zum Zwecke der ärztlichen oder tierärztlichen Diagnose, Behandlung oder Forschung,
- die Verwendung von Röntgenanlagen oder radioaktiven Strahlenquellen für die industrielle Radiographie oder die Behandlung von Erzeugnissen oder die Forschung, oder zum Zweck der ärztlichen Behandlung sowie die Verwendung von Beschleunigern mit Ausnahme von Elektronenmikroskopen.

Gemäß Art 4 Abs 2 kann auch für andere Tätigkeiten eine Genehmigung vorgeschrieben werden. Es steht dies den Mitgliedstaaten frei. Gemäß Art 4 Abs 3 kann vom Erfordernis einer Genehmigung abgesehen werden, wenn ein einzelner Mitgliedstaat bestimmte Tätigkeiten von der Anmeldepflicht ausnimmt, sowie in den Fällen, in denen wegen einer begrenzten Expositionsgefahr für Menschen eine Einzelfallprüfung nicht erforderlich ist, und die Tätigkeit im Einklang mit den einzelstaatlichen Rechtsvorschriften durchgeführt wird.

Nach Art 5 Abs 1 kann für die sich aus einer anmelde- oder genehmigungspflichtigen Tätigkeit ergebende Beseitigung, Wiederverwertung oder Wiederverwendung radioaktiver Stoffe oder von Materialien, die radioaktive Stoffe enthalten, eine vorherige Genehmigung vorgeschrieben werden. Die Beseitigung, Wiederverwertung oder Wiederverwendung derartiger Stoffe oder Materialien kann jedoch von den Anforderungen dieser Richtlinie freigestellt werden, sofern die Freigabewerte eingehalten werden, die von den zuständigen nationalen Behörden festgelegt worden sind. Diese Freigabewerte folgen den in Anhang I verwendeten Grundkriterien und tragen anderen technischen Leitlinien der Gemeinschaft Rechnung.

In Titel IV ist die Rechtfertigung, der Optimierung und der Begrenzung der Tätigkeiten geregelt.

Nach Art 6 Abs 1 stellen die Mitgliedstaaten sicher, dass alle Tätigkeitskategorien bzw. Tätigkeitsarten, bei denen es zu Exposition durch ionisierende Strahlung kommt, vor ihrer erstmaligen Genehmigung bzw. Zulassung durch Abwägung ihres wirtschaftlichen, sozialen oder sonstigen Nutzen gegenüber der möglicherweise von ihnen ausgehenden gesundheitlichen Beeinträchtigungen gerechtfertigt werden. Diese Rechtfertigung bestehender Tätigkeitskategorien bzw. -arten kann nur überprüft werden, sobald wesentliche neue Erkenntnisse über den Nutzen bzw. die Auswirkungen der Tätigkeit vorliegen. Gemäß Art 6 Abs 3 stellt jeder Mitgliedstaat sicher, dass im Rahmen der Optimierung der Expositionen stets so niedrig gehalten werden, wie dies unter Berücksichtigung der wirtschaftlichen und sozialen Faktoren möglich und vertretbar ist, wobei unbeschadet des Art 12 die Summe der Dosen aus allen relevanten Tätigkeiten nicht diese in diesem Titel für strahlenexponierte Arbeitskräfte, Auszubildende, Studenten und Einzelpersonen der Bevölkerung festgelegten Dosisgrenzwert übersteigt. Der Grundsatz der Optimierung gilt für alle Strahlenexpositionen, die sich aus den in Art 2 Abs 1 aufgeführten Tätigkeiten ergeben. Eine Berücksichtigung wirtschaftlicher und sozialer Faktoren gilt jedoch nicht für die Exposition von Personen, die sich ärztliche untersuchen oder behandeln lassen, bei der Exposition von Personen, die wissentlich und willentlich (jedoch nicht als Teil ihrer Beschäftigung) bei der Unterstützung und Pflege von Patienten helfen, die sich einer medizinischen oder biomedizinischen Behandlung unterziehen, bei der Exposition von freiwilligen Teilnehmern eines medizinischen oder biomedizinischen Forschungsprogramms.

Nach Art 6 Abs 5 lassen die Mitgliedstaaten weder den absichtlichen Zusatz radioaktiver Stoffe bei der Herstellung von Lebensmitteln, Spielwaren, persönlichen Schmuckgegenständen und kosmetischen Erzeugnissen durch die Ein- oder Ausfuhr derartiger Waren zu.

Gemäß Art 7 Abs 1 sollten Dosisbeschränkungen gegebenenfalls im Rahmen der Optimierung des Strahlenschutzes herangezogen werden. Die von jedem Mitgliedstaat festgelegten Anleitungen für angemessene Verfahren für strahlenexponierte Einzelpersonen, die sich behandeln oder untersuchen lassen bzw. an der Forschung freiwillig teilnehmen, können Dosisbeschränkungen einschließen.

In Art 8 ist ausdrücklich geregelt, dass Personen unter 18 Jahren nicht mit einer Tätigkeit beauftragt werden dürfen, die sie zu strahlenexponierten Arbeitskräften macht.

Art 9 regelt die Dosisgrenzwerte für strahlenexponierte Arbeitskräfte. Gemäß Art 9 Abs 1 beträgt der Grenzwert der effektiven Dosis für strahlenexponierte Arbeitskräfte für einen Zeitraum von 5 aufeinanderfolgenden Jahren 100 Millisievert (mSv), wobei die effektive Dosis 50 mSv für ein einzelnes Jahr nicht überschreiten darf. Den Mitgliedstaaten steht das Recht zu, einen Jahreswert festzulegen. Unabhängig davon festgelegt ist in Art 9 Abs 2, dass der Grenzwert der Äquivalentdosis für die Augenlinse 150 mSv pro Jahr beträgt, der Grenzwert der Äquivalentdosis für die Haut 500 mSv pro Jahr beträgt. Der Grenzwert der Äquivalentdosis für Hände, Unterarme, Füße und Knöchel 500 mSv pro Jahr beträgt.

Gemäß Art 10 genießen schwangere Frauen während der Stillzeit einen besonderen Schutz. Wenn gemäß Art 10 Abs 1 eine Schwangere dem Unternehmen gemäß den nationalen Rechtsvorschriften und/oder den nationalen Praktiken ihre Schwangerschaft mitgeteilt hat, ist dem ungeborenen Kind ein Schutz zu gewähren, der mit dem Schutz von Einzelpersonen der Bevölkerung vergleichbar ist. Die Arbeitsbedingungen der Schwangeren sind daher so zu gestalten, dass der Äquivalentdosis, der das ungeborene Kind ausgesetzt ist, so niedrig gehalten wird, wie dies vernünftiger Weise erreichbar ist, und diese Dosis aller Voraussicht nach während der verbleibenden Zeit der Schwangerschaft 1 mSv nicht überschreitet. Sobald eine stillende Frau das Unternehmen von ihrem Zustand unterrichtet, darf sie keine Arbeiten mehr ausführen, bei denen eine beträchtliche Gefahr einer radioaktiven Kontamination des Körpers besteht.

In Art 11 sind die Dosisbegrenzungen bei Auszubildenden und Studierenden geregelt. Gemäß Art 11 Abs 1 sind die Dosisgrenzwerte für Auszubildende ab dem vollendeten 18. Lebensjahr und Studierenden ab dem vollendeten 18. Lebensjahr, die aufgrund ihres Studiums gezwungen sind, Strahlenquellen zu verwenden, entsprechend den in Art 9 für strahlenexponierte Arbeitskräfte festgelegten Dosisgrenzwerten. Der Grenzwert der effektiven Dosis für Auszubildende zwischen dem 16. und dem 18. Lebensjahr, für Studierende zwischen dem 16. und dem 18. Lebensjahr, die aufgrund ihres Studiums gezwungen sind, Strahlenquellen zu verwenden, beträgt 6 mSv pro Jahr. Weiters ist wie oben eine Äquivalentdosis für die Augenlinse, die Haut sowie für exponierte Flächen sowie für Hände, Unterarme, Füße und Knöchel gesondert geregelt.

Gemäß Art 12 Abs 1 können unter außergewöhnlichen von Fall zu Fall zu beurteilenden Umständen mit Ausnahme von radiologischen Notstandssituationen die zuständigen Behörden, wenn dies zur Durchführung spezifischer Arbeitsvorgänge notwendig ist, individuelle berufliche Strahlenexpositionen bestimmter Arbeitskräfte genehmigen, die die in der neu festgelegten Dosisgrenzwerte überschreiten, vorausgesetzt diese Strahlenexpositionen sind zeitlich begrenzt, auf bestimmte Arbeitsbereiche beschränkt, und liegen innerhalb der von den zuständigen Behörden für diesen speziellen Fall festgelegten Expositionshöchstwert. Es ist dabei zu berücksichtigen, dass die besonders genehmigte Strahlenexposition nur Arbeitskräfte der Kategorie A im Sinne des Art 21 ausgesetzt werden dürfen, dass Auszubildende, Studierende, schwangere und stillende Frau, die körperlich kontaminiert werden können, von derartigen Strahlenexpositionen ausgeschlossen werden, und dass Unternehmen diese Strahlenexpositionen im Voraus sorgfältig zu rechtfertigen und eingehend mit den freiwillig arbeitenden Arbeitskräften, den Vertretern, dem ermächtigten Arzt, den ermächtigten arbeitsmedizinischen Diensten oder den qualifizierten Sachverständigen zu erörtern hat, den betreffenden Arbeitnehmern im Voraus angemessene Informationen über die damit verbundenen Gefahren und über die während dieser Vorgänge zu ergreifenden Vorsichtsmaßnahmen zu vermitteln sind, sowie alle mit besonderen genehmigten Strahlenexpositionen zusammenhängenden

Dosen separat in ärztlichen Aufzeichnungen gemäß Art 34 und den individuellen Aufzeichnungen gemäß Art 28 einzutragen sind. Eine Überschreitung von Dosisgrenzwerten im Rahmen besonderer genehmigter Strahlenexpositionen rechtfertigt es zwangsläufig nicht, die Arbeitskraft ohne ihr Einverständnis von ihrer normalen Beschäftigung auszuschließen, oder ihr einen anderen Arbeitsplatz zuzuweisen. Somit ist auch gemeinschaftsrechtlich eine Arbeitsplatzgarantie gegeben.

Unbeschadet des Art 14 sind die festgelegten Dosisgrenzwerte gemäß Art 13 Abs 1 für Einzelpersonen der Bevölkerung einzuhalten. Der Grenzwert der effektiven Dosis beträgt 1 mSv pro Jahr. Allerdings kann unter besonderen Umständen ein höherer Wert der effektiven Dosis pro Jahr zugelassen werden, sofern der Mittelwert 5 aufeinanderfolgende Jahre 1 mSv pro Jahr nicht übersteigt. Der Grenzwert der Äquivalentdosis gemäß Art 13 Abs 3 beträgt für Augenlinsen 15 mSv pro Jahr, der Grenzwert der Äquivalentdosis für die Haut beträgt 50 mSv pro Jahr gemittelt über die jede beliebige Hautfläche von 1 cm^2 unabhängig von der exponierten Fläche.

Gemäß Abs 14 sorgen die Mitgliedstaaten mit angemessenen Mitteln dafür, dass der Beitrag der Tätigkeiten zur Strahlenexposition der Bevölkerung insgesamt so niedrig gehalten wird, wie dies unter Berücksichtigung wirtschaftlicher und sozialer Faktoren in vernünftiger Weise erreichbar ist. Der Gesamtumfang dieses Beitrages wird in regelmäßigen Abständen überprüft.

In Titel V ist die Setzung der effektiven Dosis geregelt. Zur Schätzung der effektiven Dosis gemäß Art 15 und der Äquivalentdosis sind die in diesem Titel genannten Werte und Verhältnisse heranzuziehen. Die zuständigen Behörden können die Anwendung gleichwertiger Methoden genehmigen.

Gemäß Art 16 können bei einer externen Strahlenexposition zur Abschätzung der entsprechenden effektiven Dosis und der Äquivalentdosis die Werte und Beziehungen in Anhang II benutzt werden. Bei einer internen Strahlenexposition durch ein Radionuklid oder ein Radionuklidgemisch können zur Abschätzung der effektiven Dosis die Werte und Beziehungen in den Anhängen II und III benutzt werden.

In Titel VI sind die Hauptgrundsätze für Maßnahmen zum Schutz der strahlenexponierten Arbeitskräfte, Auszubildende und Studierenden bei Tätigkeiten geregelt. Gemäß Art 17 beruhen die Maßnahmen zum Schutz der strahlenexponierten Arbeitskräfte auf den Grundsätzen der vorherigen Bewertung von Art und Größenordnung des radiologischen Risikos für die strahlenexponierten Arbeitskräfte und die Optimierung des Strahlenschutzes unter allen Arbeitsbedingungen, die Einteilung der Arbeitsplätze in verschiedene Bereiche, gegebenenfalls in Zusammenhang mit einer Bewertung der erwarteten Jahresdosen und der Wahrscheinlichkeit und Größenordnung potentieller Strahlenexpositionen, der Einteilung der Arbeitskräfte in verschieden Kategorien, der Anwendung von Kontroll- und Überwachungsmaßnahmen auf die verschiedenen Arbeitsbereiche und Arbeitsbedingungen, erforderlichen Falls einschließlich einer individuellen Überwachung, der ärztlichen Überwachung.

Gemäß Art 18 Abs 1 sind für alle Arbeitsplätze, an denen das Risiko einer Strahlenexposition durch ionisierende Strahlen mit einer möglichen Überschreitung von 1 mSv pro Jahr oder einer Äquivalentendosis von 1/10tel der Dosisgrenzwerte für die Augenlinse, die Haut und die Extremitäten gemäß Art 9 Abs 2 gegeben ist, Strahlenschutzvorkehrungen zu treffen. Diese Vorkehrungen sind der Art der Anlage und der Strahlenquelle sowie dem Umfang und der Art der Gefahren anzupassen. Der Umfang des Schutzes und der Überwachungseinrichtungen sowie deren Art und Beschaffenheit müssen der mit der Strahlenexposition bei der Arbeit verbundenen Gefahr entsprechen. Hierbei ist gemäß Art 18 Abs 2 zwischen Kontroll- und Überwachungsbereichen zu unterscheiden. Die zuständigen Behörden legen unter Berücksichtigung der jeweiligen Umstände die Kriterien zur Abgrenzung der Kontroll- und Überwachungsbereiche fest, sowie sind die Arbeitsbedingungen im Kontroll- und Überwachungsbereich von den Unternehmen zu überwachen.

Gemäß Art 19 gelten für einen Kontrollbereich folgende Mindestanforderungen. Der Kontrollbereich ist abzugrenzen, und der Zugang ist auf Personen zu beschränken, die entsprechende Anweisungen erhalten haben, ferner sind die Zugangskontrollen gemäß von dem Unternehmen festgelegten schriftlichen Verfahren durchzuführen. Besteht eine nennenswerte Gefahr der Ausbreitung radioaktiver Kontamination, so sind besondere Vorkehrungen zu treffen; dies gilt auch beim Zugang und Abgang von Personen und Gütern. Unter Berücksichtigung von Art und Umfang der Strahlenrisiken im Kontrollbereich ist eine radiologische Überwachung des Arbeitsumfeldes gemäß den Bestimmungen des Art 24 einzurichten. Weiters ist eine Kennzeichnung und Angabe der Art des Bereiches, der Art der Strahlenquellen und der damit verbundenen Gefahren vorzusehen. In diesem Zusammenhang mit den Strahlenquellen und den betreffenden Tätigkeiten sind für die Strahlenrisiken entsprechenden Arbeitsanweisungen vorzusehen, und die Durchführung dieser Aufgaben erfolgt unter der Verantwortung des Unternehmens nach Konsultation mit den ermächtigten arbeitsmedizinischen Diensten oder den qualifizierten Sachverständigen.

Gemäß Art 20 gelten für die Überwachungsbereiche die Anforderungen, dass unter Berücksichtigung von Art und Umfang der Strahlenrisiken im Überwachungsbereich mindestens eine radiologische Überwachung des Arbeitsumfeldes gemäß den Bestimmungen des Art 24 einzurichten ist, dass in den angezeigten Fällen eine Kennzeichnung unter Angabe der Art des Bereiches, der Art der Strahlenquelle und der damit verbundenen Gefahren vorzusehen ist, sowie in den angezeigten Fällen im Zusammenhang mit den Strahlenquellen und den betreffenden Tätigkeiten den Strahlenrisiken entsprechende Arbeitsanweisungen vorzusehen sind. Gemäß Art 20 Abs 2 erfolgt die Durchführung dieser Aufgaben unter der Verantwortung des Unternehmens nach Konsultation mit den ermächtigten arbeitsmedizinischen Diensten oder den qualifizierten Sachverständigen.

Art 21 unterscheidet 2 Arten von strahlenexponierten Arbeitskräften. Gemäß Art 22 Abs 1 schreiben die Mitgliedstaaten vor, dass das Unternehmen strahlenexponierte Arbeitskräfte, Auszubildende oder Studierende, die während ihrer Ausbildung Strahlenquellen verwenden müssen, unterrichtet werden über die mit ihrer Arbeit verbundenen Gesundheitsrisiken, die allgemeinen Strahlenschutzverfahren und die zu ergreifenden Vorsichtsmaßnahmen, insbesondere diejenigen, die mit den Betriebs- und Arbeitsbedingungen zusammenhängen und zwar unter Berücksichtigung sowohl der Tätigkeit im Allgemeinen als auch jeder Art von Arbeitsplatz oder Tätigkeit, der bzw. die ihnen zugewiesen werden kann, die Bedeutung, die der Beachtung der technischen, ärztlichen und haltungstechnischen Vorschriften zukommt, bei weiblichen Arbeitskräften – das Erfordernis einer frühzeitigen Angabe einer Schwangerschaft im Hinblick auf die Risiken einer Exposition für das ungeborene Kind, sowie über die Risiken einer Kontaminierung des Säuglings im Falle einer radioaktiven Kontamination des Körpers. Weiters schreiben gemäß Art 22 Abs 2 den Mitgliedstaaten vor, dass das Unternehmen Vorkehrungen für die entsprechende Unterweisung strahlenexponierter Arbeitskräfte, Auszubildender und Studierender im Bereich des Strahlenschutzes trifft.

Gemäß Art 23 Abs 1 ist das Unternehmen für die Bewertung und Durchführung der Vorkehrungen für den Strahlenschutz strahlenexponierter Arbeitskräfte verantwortlich. Weiters schreibt Art 23 Abs 2 den Mitgliedstaaten vor, dass das Unternehmen qualifizierte Sachverständige oder die ermächtigten arbeitsmedizinischen Dienste hinsichtlich der Prüfung und Kontrolle der Schutzvorrichtungen und Messgeräte konsultiert, hiezu gehört insbesondere die vorherige kritische Prüfung von Planungen für Anlagen aus der Sicht des Strahlenschutzes, die Abnahme bei der Inbetriebnahme neu- oder umgebauter Strahlenquellen aus der Sicht des Strahlenschutzes, sowie die regelmäßige Überprüfung der Wirksamkeit der Schutzvorrichtungen und Verfahren, sowie die regelmäßige Kalibrierung der Messgeräte und regelmäßige Überprüfung ihrer einwandfreien Arbeitsweise und Verwendung.

Nach Art 24 Abs 1 umfasst die in den Art 19 Abs 1 lit b und Art 20 Abs 1 lit a genannte radiologische Überwachung des Arbeitsumfeldes soweit dies angebracht ist, die Messung von externen Dosisleistungen unter Angabe der Art und Qualität der betreffenden Strahlung, die Messung der Raumluftaktivitätskonzentration und der Oberflächenkontamination von der Angabe ihrer Art und ihrer physikalischen und chemischen Beschaffenheit. Gemäß Art 24 Abs 2 werden die Ergebnisse der Messungen aufgezeichnet und dienen erforderlichenfalls zur Schätzung der Einzeldosen gemäß Art 25.

In den Art 25 bis 27 ist die individuelle Überwachung geregelt. Nach Art 25 Abs 1 ist die individuelle Überwachung bei strahlenexponierten Arbeitskräften der Kategorie systematisch durchzuführen. Diese ist auf individuelle Messungen zu stützen, die von einer zugelassenen Dosismessstelle vorgenommen werden. In den Fällen, in denen davon auszugehen ist, dass Arbeitskräfte der Kategorie A eine erhebliche innere Kontamination erhalten können, sollte ein geeignetes Überwachungssystem eingerichtet werden; die hiezu zuständigen Behörden können allgemeine Kriterien zur Feststellung des Arbeitskräfte erstellen. Bei der Überwachung von Arbeitskräften der Kategorie B ist zumindest nachzuweisen, dass diese Arbeitskräfte ordnungsgemäß in Kategorie B eingestuft sind. Die Mitgliedstaaten können für Arbeitskräfte der Kategorie B eine individuelle Überwachung und, falls erforderlich, individuelle Messungen, die von einer zugelassenen Dosismessstelle vorgenommen werden, vorschreiben.

Nach Art 25 Abs 3 sind für den Fall der individuellen Undurchführbarkeit von Messungen oder Undurchführbarkeit von Messungen die individuelle Überwachung auf eine Schätzung zu stützen, die über individuelle Messungen bei anderen strahlenexponierten Arbeitskräften oder über Ergebnisse der Arbeitsplatzüberwachung nach Art 24 gewonnen wird. Bei unfallbedingten Strahlenexpositionen sind die betroffenen Dosen und ihre Verteilung am Körper gemäß Art 26 zu ermitteln. Weiters ist bei Notfallexpositionen die individuelle Überwachung oder die Ermittlung der Einzeldosen entsprechend den Umständen durchzuführen (Art 27).

Nach Art 28 Abs 1 ist für jede strahlenexponierte Arbeitskraft der Kategorie A eine Aufzeichnung der Ergebnisse der individuellen Überwachung vorzunehmen. Gemäß Art 28 Abs 2 sind für die Zwecke des Abs 1 Unterlagen während der mit der Strahlenexposition verbundenen Beschäftigungsdauer strahlenexponierter Arbeitskräfte solange aufzubewahren, bis der Betreffende das 75. Lebensjahr vollendet hat oder vollendet hätte, mindestens jedoch 30 Jahre lang nach Beendigung der mit der Strahlenexposition verbundenen Arbeit.

Nach Art 29 sind die Ergebnisse der individuellen Überwachung den zuständigen Behörden und dem Unternehmen sowie der betreffenden Arbeitskraft zugänglich zu machen. Weiters sind die Ergebnisse dem ermächtigten Arzt oder dem ermächtigten arbeitsmedizinischen Dienst zu übermitteln, damit sie im Hinblick auf ihre Auswirkungen auf die menschliche Gesundheit gemäß Art 31 bewertet werden können. Gemäß Art 28 Abs 2 legen die Mitgliedstaaten im Einzelnen fest, wie die Ergebnisse der individuellen Überwachung zu übermitteln sind. Bei einer unfallbedingten Strahlenexposition oder Notfallexposition sind die Ergebnisse der individuellen Überwachung unverzüglich vorzulegen.

Im Kapitel III ist die ärztliche Überwachung strahlenexponierter Arbeitskräfte geregelt. Nach Art 30 ist die ärztliche Überwachung von strahlenexponierten Arbeitskräften nach den allgemeinen Grundsätzen der Arbeitsmedizin durchzuführen. Bei Arbeitskräften der Kategorie A wird die ärztliche Überwachung durch ermächtigte Ärzte oder durch ermächtigte arbeitsmedizinische Dienste ausgeübt. Die Gesamtverantwortlichkeit des Unternehmens bleibt bestehen. Diese ärztliche Überwachung muss zur Begutachtung des Gesundheitszustandes der überwachten Arbeitskräfte im Hinblick auf die gesundheitliche Tauglichkeit zur Ausführung der ihnen übertragenen Aufgaben erlauben. Zu diesem Zweck müssen der ermächtigte Arzt oder die ermächtigten arbeitsmedizinischen Dienste Zugang zu allen sachdienlichen Informationen einschließlich der Arbeitsplatzbedingungen erhalten. Diese ärztliche Überwachung umfasst eine ärztliche Untersuchung vor der Einstellung oder Einstufung als Arbeitskraft der Kategorie A. Diese Untersuchung hat zum Ziel, die Tauglichkeit der Arbeitskraft für einen für sie vorgesehenen Arbeitsplatz der Kategorie A festzustellen. Weiters ist eine regelmäßige Überprüfung des Gesundheitszustandes jeder Arbeitskraft der Kategorie A mindestens einmal jährlich vorzunehmen, um festzustellen, ob die Arbeitskraft weiterhin tauglich für die Durchführung ihrer Aufgaben ist. Die Art dieser Überprüfungen, die sooft vorgenommen werden können, wie der ermächtigte Arzt dies für notwendig hält, hängt von der Art der Arbeit und dem Gesundheitszustand der Arbeitskraft ab. Gemäß Art 31 Abs 3 können der ermächtigte Arzt oder die ermächtigten arbeitsmedizinischen Dienste darauf hinweisen, dass die ärztliche Überwachung nach Beendigung der Arbeit solange fortzusetzen ist, wie dies zur Sicherheit und der Gesundheit des Betreffenden.

Der ermächtigte Arzt oder die ermächtigten arbeitsmedizinischen Dienste müssen für die Tauglichkeit der Arbeitskräfte der Kategorie A diesen als tauglich, bedingt tauglich oder untauglich einstufen (Art 32).

Es ist ausdrücklich nach Art 33 verboten, eine Arbeitskraft für irgend einen Zeitraum für eine bestimmte Arbeit als Arbeitskraft der Kategorie einzustellen oder einzustufen, wenn sie nach den ärztlichen Befunden als untauglich für diese bestimmte Arbeit erachtet wird.

Nach Art 34 ist für jede Arbeitskraft der Kategorie A eine Gesundheitsakte zu erstellen und während der Tätigkeit der Arbeitskraft in dieser Kategorie auf den neuesten Stand zu halten. Die Akte ist danach solange aufzubewahren, bis der Betreffende das 75. Lebensjahr vollendet hat oder vollendet hätte, mindestens jedoch 30 Jahre lang nach Beendigung der mit der Strahlenexposition verbundenen Arbeit. Diese Gesundheitsakte hat gemäß Art 34 Abs 2 Angaben über die Art der Arbeit, die Ergebnisse der ärztlichen Untersuchung vor der Einstellung oder Einstufung als Arbeitskraft der Kategorie A und der regelmäßigen Überprüfung des Gesundheitszustandes sowie die Aufzeichnung der Dosen gemäß Art 28 zu enthalten.

Die besondere Überwachung strahlenexponierter Arbeitskräfte findet in allen Fällen statt, in denen eine der Dosisgrenzwert gemäß Art 9 überschritten wurde. Gemäß Art 35 Abs 2 unterliegen die Bedingungen künftiger Strahlenexpositionen der Zustimmung des ermächtigten Arztes oder der ermächtigten arbeitsmedizinischen Dienste. Zusätzlich zu der ärztlichen Überwachung strahlenexponierter Arbeitskräfte nach Art 30 und 31 sind gemäß Art 36 im Zusammenhang mit dem Gesundheitsschutz der strahlenexponierten Arbeitskräfte alle weiteren Maßnahmen zu treffen, die der ermächtigte Arzt oder die ermächtigten arbeitsmedizinischen Dienste für notwendig erachten, z.B. weitere Untersuchungen, Dekontaminationsmaßnahmen oder dringliche Behandlungsmaßnahmen.

Nach Art 37 legen die Mitgliedstaaten die Rechtsmittel gegen die Befunde und Beschlüsse nach Art 32, 33 und 35 fest.

In Kapitel IV sind die Maßnahmen der Mitgliedstaaten zum Schutz strahlenexponierter Arbeitskräfte geregelt. Nach Art 38 Abs 1 richten die Mitgliedstaaten einen oder mehrere Aufsichtssysteme ein, die gemäß dieser Richtlinie getroffenen Maßnahmen durchzusetzen und Überwachungs- und Interventionsmaßnahmen in allen

Fällen zu veranlassen, in denen sich dies als erforderlich erweisen, haben. Weiters verlangen die Mitgliedstaaten, dass die Arbeitskräfte auf Ersuchen Zugang zu den Ergebnissen ihrer individuellen Überwachung einschließlich der dabei gegebenenfalls verwendeten Maßergebnisse oder der Dosisermittlungen als Ergebnis der Arbeitsplatzmessungen erhalten. Nach Art 38 Abs 3 treffen die Mitgliedstaaten die erforderlichen Vorkehrungen für die Anerkennung von ermächtigten Ärzten, ermächtigten arbeitsmedizinischen Diensten sowie zugelassene Dosismessstellen sowie des qualifizierten Sachverständigen. Zu diesem Zweck stellt jeder Mitgliedstaat sicher, dass Vorkehrungen für die Ausbildung von Fachleuten getroffen werden. Weiters schreiben die Mitgliedstaaten gemäß Art 38 Abs 4 vor, dass den verantwortlichen Diensten die für einen geregelten Strahlenschutz erforderlichen materiellen Mittel zur Verfügung gestellt werden. Anlagen, bei denen die zuständigen Behörden dies für erforderlich halten, müssen über einen spezialisierten Strahlenschutzdienst verfügen, der, falls es sich um einen internen Dienst handelt, von den Produktions- und Betriebsstrukturen getrennt sein muss, und der ermächtigt ist, Strahlenschutzaufgaben wahrzunehmen, und spezifische Anweisungen zu erteilen. Dieser Dienst kann von mehreren Anlagen gemeinsam benutzt werden.

Nach Art 38 Abs 5 schaffen die Mitgliedstaaten die Voraussetzungen dafür, dass innerhalb der Europäischen Gemeinschaft alle sachdienlichen Informationen über die bisher von einer Arbeitskraft erhaltenen Dosen zwischen den zuständigen Behörden oder den ermächtigten Ärzten oder den ermächtigten arbeitsmedizinischen Diensten oder den qualifizierten Sachverständigen oder den zugelassenen Dosismessstellen ausgetauscht werden können, damit die in Art 31 vorgeschriebene ärztliche Untersuchung für die Einstellung oder Einstufung als Arbeitskraft der Kategorie A durchgeführt und künftig die Exposition der Arbeitskraft überwacht werden kann.

In Kapitel V sind die Maßnahmen zum Schutz von Auszubildenden und Studierenden geregelt. Art 39 Abs 1 schreibt vor, dass die Expositionsbedingungen und die Schutzmaßnahmen für Auszubildende und Studierende im Alter von 18 Jahren und darüber nach Art 11 Abs 1 jeweils den von der strahlenexponierten Arbeitskraft der Kategorie A oder B entsprechen. Diese Expositionsbedingungen und Schutzmaßnahmen für Auszubildende und Studierende im Alter zwischen 16 und 18 Jahren nach Art 11 Abs 2 entsprechen den strahlenexponierten Arbeitskräften der Kategorie B.

In Kapitel VII sind erhöhte Expositionen durch natürliche Strahlenquellen geregelt. Nach Art 40 Abs 1 gilt dieser Titel für nicht unter Art 2 Abs 1 fallende Arbeiten, bei denen das Vorhandensein natürlicher Strahlenquellen die Exposition der Arbeitnehmer oder von Einzelpersonen der Bevölkerung so erheblich erhöht, dass dies aus der Sicht des Strahlenschutzes nicht außer Acht gelassen werden darf. Gemäß Art 40 Abs 2 stellen die Mitgliedstaaten sicher, dass anhand von Untersuchungen oder anderen geeigneten Mitteln die Arbeiten ermittelt werden, die möglicherweise von Belang sind. Hierbei handelt es sich insbesondere um Arbeiten, bei denen die

Arbeitnehmer und gegebenenfalls Einzelpersonen der Bevölkerung, Thoron- oder Radonfolgeprodukte oder Gammastrahlungen oder einer sonstigen am Arbeitsplatz auftretenden Exposition ausgesetzt sind; dies betrifft z.B. Arbeiten in Badeanlagen, Stollen, Bergwerken, unterirdischen Arbeitsstätten oder oberirdischen Arbeitsstätten in den Bereichen

- Arbeiten, die die Verwendung und Lagerung von Stoffen beinhalten, die normalerweise nicht als radioaktiv gelten, jedoch natürliche Radionuklide enthalten, die die Exposition der Arbeitskräfte und gegebenenfalls von Einzelpersonen der Bevölkerung erheblich erhöhen,
- Arbeiten, bei deren Durchführung Rückstände entstehen, die normalerweise nicht als radioaktiv gelten, jedoch natürliche Radionuklide enthalten, die die Exposition von Einzelpersonen der Bevölkerung und gegebenenfalls von Arbeitskräften erheblich erhöhen, den Betrieb von Flugzeugen.

Gemäß Art 40 Abs 3 finden die Art 41 und 42 Anwendung, wenn die Mitgliedstaaten erklärt haben, dass die Exposition durch natürliche Strahlungen auf Grund der gemäß Abs 2 ermittelten Arbeiten zu berücksichtigen und überwachungspflichtig sind.

Gemäß Art 41 verlangen die Mitgliedstaaten für alle von ihnen entsprechend eingestuften Arbeiten die Erstellung geeigneter Vorkehrungen zur Überwachung der Exposition, soweit erforderlich, die Durchführung von Abhilfemassnahmen zur Reduzierung der Expositionen nach Titel IX bzw. Teilen davon sowie die Durchführung von Strahlenschutzmaßnahmen nach dem Titel III, IV, V, VI und VIII bzw. Teilen davon.

Gemäß Art 42 ist der Schutz des fliegenden Personals geregelt. Nach Art 42 Abs 1 treffen die Mitgliedstaaten die erforderlichen Vorkehrungen, damit Unternehmen, die Flugzeuge betreiben, die Exposition des fliegenden Personals durch kosmische Strahlen berücksichtigen, wenn diese voraussichtlich mehr als eine 1 mSv jährlich beträgt. Die Unternehmen ergreifen geeignete Maßnahmen um insbesondere die Exposition des betreffenden Personals zu ermitteln, bei der Aufstellung der Arbeitspläne der ermittelten Exposition im Hinblick auf eine Verringerung der Dosen stark exponiertes fliegendes Personal Rechnung zu tragen sowie die betreffenden Arbeitnehmer über die gesundheitlichen Gefahren ihrer Arbeit zu unterrichten. Weiters ist Art 10 auf weibliche Mitglieder des fliegenden Personals anzuwenden.

In Kapitel VIII ist die Durchführung des Schutzes der Bevölkerung vor Strahlen unter normalen Bedingungen geregelt. Gemäß Art 43 schaffen die Mitgliedstaaten Voraussetzungen, die zur Gewährleistung des größtmöglichen Schutzes der Bevölkerung gemäß den in Art 6 aufgeführten Grundsätzen und zur Anwendung der Grundprinzipien für Maßnahmen zum Schutz der Bevölkerung erforderlich sind. Nach Art 44 umfassen die Maßnahmen zum Schutz der Bevölkerung unter normalen Bedingungen bei den genehmigungspflichtigen Tätigkeiten alle Maßnahmen und Kontrollen, die darauf abziehen, die Faktoren zu ermitteln und auszuschalten, die während einer beliebigen Strahlenexposition durch ionisierende Strahlung verbundenen

Handlungen für die Bevölkerung ein Expositionsrisiko zur Folge haben können, dass aus der Sicht des Strahlenschutzes nicht außer Acht gelassen werden darf. Diese Schutzmaßnahmen umfassen die Prüfung und Genehmigung der Pläne für Anlagen, bei denen die Gefahr einer Strahlenexposition gegeben ist, sowie der Standortplanung für derartige Anlagen in den betreffenden Gebieten unter dem Gesichtspunkt des Strahlenschutzes,[1366] die Abnahme der neuen Anlagen hinsichtlich eines angemessenen Schutzes vor Strahlenexposition und radioaktiver Kontamination, die sich auch außerhalb des Standorts der Anlage auswirken könne, gegebenenfalls unter Berücksichtigung der demographischen, meteorologischen, geologischen, hydrologischen und ökologischen Verhältnis sei, die Prüfung und Genehmigung von Plänen zur Abgabe von radioaktiven Ableitungen. Die Ausführung dieser Aufgaben erfolgt nach Maßgabe der Modalitäten, die von den zuständigen Behörden entsprechend des damit verbundenen Risikos der Strahlenexposition festgelegt worden sind. Die zuständigen Behörden sorgen nach Art 45 dafür, dass Abschätzungen der Dosen aus Tätigkeiten nach Art 44 für die Bevölkerung in ihrer Gesamtheit und für die Bevölkerungsgruppen überall dort, wo gegebenenfalls solche Gruppen bestehen, so realistisch wie möglich vorgenommen werden, und legen die Häufigkeit der Ermittlungen fest und treffen alle erforderlichen Maßnahmen für die Feststellung der Bevölkerungsgruppen unter Berücksichtigung der effektiven Übertragungsfähigkeit der radioaktiven Stoffe, und sorgen dafür, dass die Abschätzung der Bevölkerungsdosen unter Berücksichtigung der radiologischen Gefährdung voll umfassen, die Ermittlung der Dosen in Folge externer Strahlenexposition, gegebenenfalls unter Angabe der betreffenden Strahlungsart, die Ermittlung der Inkorporation von Radionukliden unter Angeben der Art der Radionukliden und gegebenenfalls ihrer physikalischen und chemischen Beschaffenheit, sowie die Bestimmung der Aktivität und Konzentration dieser Radionuklide, die Ermittlung der Dosen, die die Bezugsbevölkerungsgruppen erhalten können und Spezifizierung der Merkmale dieser Gruppen umfassen und verlangen, dass auf seinen über die Messungen der externen Strahlenexposition, Abschätzungen der Radionuklidkorporation mit radioaktiver Kontamination sowie die Ergebnisse der Ermittlungen der von Bezugsgruppen und von der Bevölkerung erhaltenen Dosen erstellt werden.

Gemäß Art 46 schaffen zum Gesundheitsschutz der Bevölkerung die Mitgliedstaaten ein Inspektionssystem, um die gemäß dieser Richtlinie getroffenen Maßnahmen durchzusetzen und um eine Überwachung im Bereich des Strahlenschutzes einzuführen. Nach Art 47 verlangen die Mitgliedstaaten von dem für die eine Tätigkeit nach

---

1366 Nach *Klante* Erste Teilerrichtungsgenehmigung und Vorbescheid im Atomrecht, 83, sind nachfolgende Punkte zu beachten: Bevölkerungsverteilung, Radiologische Vorbelastung in der Nähe des Standortes, Topographische Verhältnisse, Metreologische Verhältnisse, Hydrologische Verhältnisse, Geologische Verhältnisse, Seismotektonische Verhältnisse, Benachbarte Anlagen, Luftverkehr.

Art 2 verantwortlichen Unternehmen, diese entsprechend den Grundsätzen des Gesundheitsschutzes der Bevölkerung im Bereich des Strahlenschutzes durchzuführen und insbesondere in seinen Anlagen Herbeiführung und Aufrechterhaltung eines optimalen Schutzniveaus für die Umwelt und die Bevölkerung, die Überprüfung der Wirksamkeit der technischen Vorrichtungen für den Schutz der Umwelt und der Bevölkerung, die Abnahme unter dem Gesichtspunkt der Überwachung des Strahlenschutzes, der Geräte und Verfahren zur Messung der und gegebenenfalls zur Bewertung der Strahlenexposition und der radioaktiven Kontamination der Umwelt und der Bevölkerung, sowie die regelmäßige Kalibrierung der Messgeräte, sowie regelmäßige Überprüfung ihrer einwandfreien Arbeitsweise und richtigen Verwendung zu veranlassen. Gemäß Art 47 Abs 2 sind diese Aufgaben von qualifizierten Sachverständigen und gegebenenfalls von dem spezialisierten Strahlenschutzdienst im Sinne des Art 38 Abs 4 wahrzunehmen. Basierend auf dieser Richtlinie erließ die Kommission eine Empfehlung hinsichtlich des Radongehaltes im Trinkwasser.[1367]

In Titel IX sind Interventionen im Falle von Notstandsituationen geregelt. Gemäß Art 48 Abs 1 ist der Anwendungsbereich dieses Titels für Interventionen im Falle radiologischer Notstandssituationen oder im Falle einer dauerhaften Exposition auf Grund der Folgen einer radiologischen Notstandssituation oder einer früheren oder alten Tätigkeit oder Arbeit. Gemäß Art 48 Abs 2 werden die Durchführung und Umfang sämtlicher Interventionen unter Beachtung der Erforderlichkeit einer Intervention geprüft, wenn die Minderung der Beeinträchtigung durch Strahlung ausreicht, um den Schaden und die Kosten einschließlich der volkswirtschaftlichen Kosten der Intervention zu rechtfertigen, wenn die Form, der Umfang und die Dauer der Intervention so optimiert werden, dass der Nutzen der Minderung der gesundheitlichen Beeinträchtigung abzüglich des mit der Intervention verbundenen Schaden maximiert wird, wenn bei Interventionen die Dosisgrenzwerte gemäß Art 9 und 13 keine Anwendung finden. Jedoch stellen die nach Art 50 Abs 2 erstellten Interventionswerte einen Hinweis dafür dar, in welchen Situationen eine Intervention angezeigt ist. Zudem sollten bei unter Art 43 fallenden langfristigen Expositionen die Dosisgrenzwerte gemäß Art 9 normalerweise für mit Interventionen befasste Arbeitskräfte angemessen sein.

Gemäß Art 49 verlangen die Mitgliedstaaten gegebenenfalls, dass die Möglichkeit von radiologischen Notstandsituationen in Betracht gezogen wird, die sich aus der Durchführung der Tätigkeiten ergeben können, die dem in Titel III geregelten System der Anmeldung und Genehmigung unterliegen, sowie dass die räumliche und zeitliche Verteilung der bei einer etwaigen radiologischen Notstandssituation freigesetzten radioaktiven Stoffe ermittelt werden, und dass die entsprechende potentielle

1367 2001/928/Euratom: Empfehlung der Kommission vom 20. Dezember 2001 über den Schutz der Öffentlichkeit vor der Exposition gegenüber Radon im Trinkwasser, ABl Nr L 344 vom 28.12.2001, S 85.

Strahlenexpositionen ermittelt werden. Nach Art 50 Abs 1 sorgen die Mitgliedstaaten dafür, dass dem Umstand Rechnung getragen wird, dass radiologischen Notstandssituationen im Rahmen von Tätigkeiten innerhalb und außerhalb eines Hoheitsgebietes auftreten und diese berühren können. Nach Art 50 Abs 2 sorgen die Mitgliedstaaten weiters dafür, dass für die verschiedenen Arten von radiologischen Notstandssituationen unter Beachtung der allgemeinen Grundsätze des Strahlenschutzes bei der Intervention gemäß Art 48 Abs 2 und den von den zuständigen Behörden festgelegten angemessenen Interventionsmaßnahmen geeignete Interventionspläne auf gesamtstaatlicher oder örtliche Ebene sowie für das Innere der Anlagen aufgestellte und regelmäßige in geeignetem Umfang getestet werden. Die Mitgliedstaaten sorgen gemäß Art 50 Abs 3 weiters dafür, dass besondere Teams für technische und medizinische und gesundheitliche Interventionen gebildet und in geeigneter Weise geschult werden. Eine Zusammenarbeit streben die Mitgliedstaaten mit anderen Mitgliedstaaten oder Drittstaaten im Hinblick auf mögliche radiologische Notstandssituationen in Anlagen in ihrem jeweiligem Hoheitsgebiet, die sich auf andere Mitgliedstaaten oder Drittstaaten auswirken können an, um die Organisation des Strahlenschutzes diesen Staaten zu erleichtern.

Die Mitgliedstaaten treffen weiters gemäß Art 51 Abs 1 Vorkehrungen, damit in ihrem jeweiligen Hoheitsgebiet eintretende radiologische Notstandssituation unverzüglich das für die betreffenden Tätigkeiten verantwortliche Unternehmen bei den zuständigen Behörden gemeldet werden und fordern alle geeignete Maßnahmen zur Verringerung der Folgen. Nach Art 51 Abs 2 sorgen die Mitgliedstaaten weiters dafür, dass bei einer radiologischen Notstandssituation in ihrem jeweiligen Hoheitsgebiet das für die betreffenden Tätigkeiten verantwortliche Unternehmen die vorläufige erste Schätzung der Umstände und vor allem der Situation vornimmt und die Interventionen unterstützt. Weiters wird dafür gesorgt, falls dies auf Grund der Situation erforderlich ist, dass Vorkehrungen für Interventionen getroffen werden im Zusammenhang mit der Strahlenquelle zur Verringerung oder Ausschaltung von direkter Strahlung Radionuklidfreisetzungen, der Umwelt zur Verringerung der Übertragung radioaktiver Stoffe auf Personen zur Verringerung von Strahlenexposition und zur Behandlung der Opfer getroffen werden. Nach Art 51 Abs 4 verlangen die Mitgliedstaaten bei einer radiologischen Notstandssituation innerhalb oder außerhalb ihres Hoheitsgebietes die Organisation geeigneter Interventionen unter Berücksichtigung der tatsächlichen Merkmale der Situation, die Bewertung und Aufzeichnung der Folgen der radiologischen Notstandssituation und der Wirksamkeit der Intervention. Weiters nehmen gemäß Art 51 Abs 5 die Mitgliedstaaten bei einer radiologischen Notstandssituation in einer Anlage in ihrem Hoheitsgebiet oder bei einer Situation bei der radiologischen Folgen in ihrem Hoheitsgebiet zu erwarten sind, Beziehungen zur Herbeiführung einer Zusammenarbeit mit jedem anderen Mitgliedstaat oder Drittstaat auf, der betroffen sein kann.

Gesondert ist die berufsbedingte Notfallsexposition in Art 52 geregelt. Hierbei treffen die Mitgliedstaaten Vorkehrungen für die Fälle, in denen mit verschiedenen

Arten der Intervention befasste Arbeitskräfte oder Mitglieder des Interventionspersonals möglicherweise Notfallsexpositionen oberhalb der Dosisgrenzwerte für strahlenexponierte Arbeitskräfte ausgesetzt sein können. Die Mitgliedstaaten legen unter Berücksichtigung der Sachzwänge und der Gesundheitsrisiken in Expositionsfällen Werte fest. Diese gelten als praxisbezogene Anhaltswerte. Eine Überexponierung, bei der diese besonderen Werte überschritten werden, ist in Ausnahmefällen zur Rettung von Menschenleben zulässig, jedoch nur für Freiwillige, die über die mit ihrem Einsatz verbundenen Risiken unterrichtet sind. Die Mitgliedstaaten verlangen weiters eine radiologische Kontrolle und ärztliche Überwachung der speziellen Notfalldienste für Interventionen. Nach Art 53 haben die Mitgliedstaaten eine Situation ermittelt, die auf Grund der Folgen einer radiologischen Notstandssituation oder der Ausübung einer vorrangigen Tätigkeit zu einer dauerhaften Strahlenexposition führt, so sorgen sie erforderlichenfalls und unter Berücksichtigung des jeweiligen Ausmaßes des Expositionsrisikos dafür, dass das betroffene Gebiet abgegrenzt wird, ein System zur Überwachung der Strahlenexposition eingerichtet wird, unter Berücksichtigung der tatsächlichen Merkmale der Situation alle geeigneten Interventionen durchgeführt werden, sowie der Zugang zu Gelände und Bauten innerhalb des abgegrenzten Gebietes und deren Verwendung geregelt wird. Der EuGH stellte klar, dass es irrelevant sei, ob die Strahlenexposition von einer konzessionierten oder einer illegalen Tätigkeit stamme.[1368]

Nach Art 54 (dies fällt unter Titel X, Schlussbestimmungen), werden die grundlegenden Sicherheitsnormen für den Schutz der Gesundheit der Arbeitskräfte und der Bevölkerung gegen die Gefahren durch ionisierende Strahlungen mit dem Ziel ihrer einheitlichen Anwendung durch die Mitgliedstaaten festgelegt. Falls jedoch Mitgliedstaaten strengere Dosisgrenzwerte als diejenigen dieser Richtlinien zu erlassen gedenkt, so unterrichtet er hierbei die Kommission und die Mitgliedstaaten.

In den Anhängen I bis III sind technische Regelungen und Definition geregelt.

cc) Richtlinie 97/43/Euratom[1369]

Diese Richtlinie bezieht sich als Rechtsgrundlage auf Art 31 EA. Aufgrund der Erfahrungen der Richtlinie 84/466/Euratom[1370] sowie aufgrund der Erkenntnisse und Publikationen der internationalen Strahlenschutzkommission wurde diese Richt-

1368 EuGH, U v 18.7.2007, RS C-155/06, Kommission/Vereinigtes Königreich, Rn 18.

1369 Richtlinie 97/43/Euratom des Rates vom 30.Juni 1997 über den Gesundheitsschutz von Personen gegen die Gefahren ionisierende Strahlung bei medizinischer Exposition und zur Aufhebung der Richtlinie 84/866/Euratom, ABl Nr L 190 vom 9.7.1997, S 22.

1370 Richtlinie 84/466/Euratom des Rates vom 3. September 1984 zur Festlegung der grundlegenden Maßnahmen für den Strahlenschutz bei ärztlichen Untersuchungen und Behandlungen, ABl Nr L 265 vom 5.10.1984, S 1.

linie auch in Ergänzung der Richtlinie 96/29/Euratom geschaffen und legt die allgemeinen Grundsätze für den Strahlenschutz von Personen in Bezug auf die in den folgenden Absätzen genannten Expositionen fest.

Die Richtlinie hat gemäß Art 1 Abs 2 Geltung für die Exposition von Patienten im Rahmen ihrer eigenen medizinischen Untersuchung oder Behandlung sowie für die Exposition von Personen im Rahmen arbeitsmedizinischer Überwachung, für die Exposition von Personen im Rahmen von Reihenuntersuchungen sowie für die Exposition von gesunden Personen oder von Patienten, die freiwillig an medizinischen oder biomedizinischen, diagnostischen oder therapeutischen Forschungsprogrammen teilnehmen. Ebenso gilt gemäß Art 1 Abs 2 lit e die Richtlinie für die Exposition von Personen im Rahmen medizinisch-rechtlicher Verfahren. Subsidiär gilt dies auch für Expositionen von Personen, die außerhalb ihrer beruflichen Tätigkeit wissentlich und willentlich bei der Unterstützung und Betreuung von Personen helfen, die sich medizinischer Expositionen beziehen. Art 2 enthält Begriffsbestimmungen wie folgt:

- „klinische Kontrolle" eine systematische Untersuchung oder Überprüfung der medizinisch-radiologischen Verfahren, mit der die Qualität und das Ergebnis der Patientenversorgung durch strukturierte Überprüfung verbessert werden soll und bei der radiologischen Anwendungen, Verfahren und Ergebnisse anhand vereinbarter Normen für gute medizinisch-radiologische Verfahren untersucht werden, wobei die Praxis geändert wird, wenn dies angezeigt ist, und neue Normen angewendet werden, falls dies erforderlich ist;
- „klinische Verantwortung" die Verantwortung einer anwendenden Fachkraft für die einzelne medizinische Exposition, insbesondere Rechtfertigung, Optimierung, klinische Auswertung, Zusammenarbeit mit anderen Spezialisten und gegebenenfalls dem Personal bei den praktischen Aspekten, gegebenenfalls Heranziehung von Erkenntnissen aus früheren Untersuchungen, nach Bedarf Bereitstellung vorhandener radiologischer Informationen und/oder Unterlagen für andere anwendende Fachkräfte und/oder überweisende Personen, gegebenenfalls Aufklärung von Patienten und von anderen betroffenen Personen über das Risiko ionisierender Strahlung;
- „zuständige Behörden" die von einem Mitgliedstaat benannten Behörden;
- „diagnostische Referenzwerte" Dosiswerte bei strahlendiagnostischen medizinischen Anwendungen oder, im Falle von Radiopharmaka, Aktivitätswerte für typische Untersuchungen an einer Gruppe von Patienten mit Standardmaßen oder an Standardphantomen für allgemein definierte Arten von Ausrüstung. Bei Anwendung guter und üblicher Praxis hinsichtlich der diagnostischen und der technischen Leistung wird erwartet, dass diese Werte bei Standardverfahren nicht überschritten werden;
- „Dosisbeschränkung" eine Beschränkung der voraussichtlichen Dosen für Einzelpersonen, die aus einer bestimmten Strahlenquelle resultieren können, die im Strahlenschutz während des Planungsstadiums im Zusammenhang mit der Optimierung angewendet wird;

- „Exposition“ die Exposition gegenüber ionisierender Strahlung;
- „Reihenuntersuchung“ ein Verfahren, bei dem radiologische Anlagen zur Frühdiagnose bei Risikogruppen in der Bevölkerung eingesetzt werden;
- „Betreiber“ die natürliche oder juristische Person, die nach innerstaatlichem Recht für eine bestimmte radiologische Anlage rechtlich verantwortlich ist;
- „Schädigung des einzelnen“ klinisch feststellbare schädliche Wirkung bei Personen oder deren Nachkommen, die entweder sofort oder verzögert auftreten, wobei in letzterem Fall der Eintritt nicht sicher sein muss, aber mit einer gewissen Wahrscheinlichkeit erfolgt;
- „Inspektion“ eine Nachprüfung durch eine zuständige Behörde mit dem Ziel festzustellen, ob die medizinisch-radiologischen Verfahren, die verwendete Ausrüstung oder die radiologischen Anlagen im Einklang mit den einzelstaatlichen Strahlenschutzvorschriften stehen;
- „Medizinphysik-Experte“ einen Experten für die auf Exposition im Sinne dieser Richtlinie angewandte Strahlenphysik oder Strahlentechnologie, dessen Ausbildung und Fachkenntnis von den zuständigen Behörden anerkannt ist und der gegebenenfalls bei der Patientendosimetrie, der Entwicklung und Anwendung komplexer Verfahren und Ausrüstungen, der Optimierung, der Qualitätssicherung einschließlich Qualitätskontrolle sowie in sonstigen Fragen des Strahlenschutzes bei Exposition im Sinne dieser Richtlinie tätig wird oder berät;
- „medizinisch-radiologisches Verfahren“ ein Verfahren mit medizinischer Exposition;
- „medizinisch-rechtliches Verfahren“ ein Verfahren zu versicherungstechnischen oder rechtlichen Zwecken ohne medizinische Indikation;
- „arbeitsmedizinische Überwachung“ die medizinische Überwachung der Arbeitskräfte entsprechend den Regelungen der Mitgliedstaaten oder der zuständigen Behörden;
- „Patientendosis“ die Dosis bei Patienten und sonstigen Personen, die sich medizinischen Expositionen aussetzten;
- „Patientendosimetrie“ die Dosimetrie bei Patienten und sonstigen Personen, die sich medizinischen Expositionen aussetzen;
- „praktische Aspekte“ die konkrete Durchführung von Exposition gemäß Artikel 1 Absatz 2 und unterstützende Aspekte, einschließlich Handhabung und Benutzung radiologischer Ausrüstung, sowie die Ermittlung technischer und physikalischer Parameter, einschließlich Strahlendosen, Kalibrierung und Wartung von Ausrüstung, Zubereitung und Verabreichung von Radiopharmaka und das Entwickeln von Filmen;
- „anwendende Fachkraft“ einen Arzt, Zahnarzt oder anderen Angehörigen der Heilberufe, der befugt ist, entsprechend den einzelstaatlichen Anforderungen die klinische Verantwortung für eine einzelne medizinische Exposition zu übernehmen;

- „überweisende Person“ einen Arzt, Zahnarzt oder anderen Angehörigen der Heilberufe, der befugt ist, entsprechend den einzelstaatlichen Anforderungen Personen zur medizinischen Exposition an eine anwendende Fachkraft zu überweisen;
- „Qualitätssicherung“ alle planmäßigen und systematischen Maßnahmen, die notwendig sind, um ausreichend zu garantieren, dass Anlagen, Systeme, Komponenten oder Verfahren im Einklang mit den vereinbarten Normen zufriedenstellend arbeiten;
- „Qualitätskontrolle“ als Bestandteil der Qualitätssicherung die Gesamtheit der Maßnahmen (Planung, Koordination, Ausführung), die der Aufrechterhaltung oder Verbesserung der Qualität dienen sollen. Dies umfasst die Überwachung, Bewertung und anforderungsgerechte Aufrechterhaltung aller Leistungsdaten für Ausrüstung, die definiert, gemessen und kontrolliert werden können;
- „radiologisch“ einen Bezug auf strahlendiagnostische und strahlentherapeutische Verfahren sowie interventionelle Radiologie oder sonstige Radiologie zur Behandlungsplanung und -steuerung;
- „radiologische Anlage“ eine Einrichtung, die radiologische Ausrüstung enthält;
- „strahlendiagnostisch“ einen Bezug auf nuklearmedizinische In-vivo-Diagnostik, medizinische diagnostische Radiologie und zahnmedizinische Radiologie;
- „strahlentherapeutisch“ einen Bezug auf Strahlentherapie einschließlich Nuklearmedizin zu therapeutischen Zwecken.

Nach Artikel 3 müssen die medizinischen Expositionen insgesamt einen hinreichenden Nutzen erbringen, wobei ihr Gesamtpotential an diagnostischem oder therapeutischem Nutzen, einschließlich des unmittelbaren gesundheitlichen Nutzens für den einzelnen und des Nutzens für die Gesellschaft gegenüber der von der Exposition möglicher Weise verursachten Schädigung des Einzelnen abzuwägen ist. Zu berücksichtigen sind ferner dabei die Wirksamkeit, der Nutzen und die Risiken verfügbarer alternativer Verfahren, die demselben Zweck dienen, die jedoch mit keiner oder einer geringen Exposition gegenüber ionisierender Strahlung verbunden sind. Dabei müssen alle neuen Arten von Anwendungen mit medizinischer Exposition gerechtfertigt werden, bevor sie allgemein übernommen werden. Weiters können bei bestehenden Arten von Anwendungen mit medizinischer Exposition überprüft werden, sobald neue wichtige Erkenntnisse über ihre Wirksamkeit oder Folgen gewonnen werden. Alle einzelnen medizinischen Expositionen müssen im Voraus unter Berücksichtigung der spezifischen Ziele der Exposition und der Besonderheiten der betroffenen Person gerechtfertigt werden. Ist eine Art von Anwendung mit medizinischer Exposition nicht allgemein gerechtfertigt, so kann eine spezifische einzelne medizinische Exposition unter besonderen, von Fall zu Fall zu beurteilenden Umständen gerechtfertigt werden. Gemäß diesen Vorgaben bemühen sich die überweisende Person und die anwendende Fachkraft nach Möglichkeit darum, frühere diagnostische Erkenntnisse oder medizinische Aufzeichnungen, die für die geplante Exposition relevant sind, zu erhalten und die entsprechenden Daten zu berücksichtigen, um unnötige Expositionen zu vermeiden. Medizinische Expositionen zu biomedizinischen und medizinischen Forschungszwecken müssen von einer nach einzelstaatlichen Verfahren eingesetzten Ethikkommission und/oder von den zuständigen Behörden geprüft werden. Weiters muss die Rechtfertigung für diejenigen medizinischen Expositionen besonders beachtet werden, die für die Person, die sich ihnen unterzieht, nicht zu einem unmittelbaren gesundheitlichen Nutzen führen, hiezu zählen insbesondere Expositionen aus medizinisch-rechtlichen Gründen.

Alle diese Expositionen müssen insgesamt einen hinreichenden Nutzen erbringen, wobei auch der unmittelbare gesundheitliche Nutzen für einen Patienten, der Nutzen für Personen gemäß Art 1 Abs 3 und die von der Exposition möglicher Weise verursachte Schädigung zu berücksichtigen sind (Art 3 Abs 2). Schlussendlich läuft dies zu einer Ermessensentscheidung aufgrund entsprechender wissenschaftlicher Erkenntnisse heraus. Für den Fall, dass eine Exposition nicht gerechtfertigt werden kann, ist diese zu untersagen.

Nach Art 4 sind alle Dosen aufgrund medizinischer Expositionen zu radiologischen Zwecken mit Ausnahme strahlentherapeutischer Verfahren so niedrig zu halten, wie dies unter Berücksichtigung wirtschaftlicher und sozialer Faktoren zur Gewinnung der benötigten diagnostischen Informationen möglich und vertretbar ist. Bei all diesen medizinischen Expositionen von Personen zu strahlentherapeutischen Zwecken ist die Exposition im Zielvolumen individuell festzulegen; zu berücksichtigen ist, dass Dosen für die nicht als Zielvolumen oder -gewebe geltenden Körperbereiche so niedrig zu halten sind, wie dies zur Erzielung des beabsichtigten strahlentherapeutischen Zwecks der Exposition möglich und vertretbar ist.

Daher fördern nach Art 4 Abs 2 die Mitgliedstaaten die Erstellung und Anwendung diagnostischer Referenzwerte für strahlendiagnostische Untersuchungen gemäß Art 12 Abs 2 lit a–c, e und die Verfügbarkeit einer entsprechenden Anleitung unter Berücksichtigung europäischer diagnostischer Referenzwerte, sorgen weiters dafür, dass bei jedem biomedizinischen und medizinischen Forschungsprojekt gemäß Art 1 Abs 2 lit d die betreffenden Personen freiwillig teilnehmen, sowie diese Personen über die Risiken der betreffenden Expositionen aufgeklärt werden, sowie eine Dosisbeschränkung für Personen festgelegt wird, für die kein unmittelbarer medizinischer Nutzen durch diese Exposition erwartet wird. Im Falle von Patienten, die sich freiwillig einer experimentellen diagnostischen oder therapeutischen Anwendung unterziehen und bei denen davon ausgegangen wird, dass sie einen diagnostischen oder therapeutischen Nutzen aus dieser Anwendung ziehen, muss durch die anwendende Fachkraft und/oder die überweisende Person die Dosiszielwerte auf individueller Basis geplant werden. Weiters sorgen die Mitgliedstaaten dafür, dass besonders darauf geachtet wird, dass die Dosis aufgrund medizinisch-rechtlicher Expositionen gemäß Art 1 Abs 2 lit e so niedrig gehalten wird, wie dies möglich und vertretbar ist.

Dieser Optimierungsprozess umfasst die Auswahl und die Ausrüstung, die konsistente Gewinnung geeigneter diagnostischer Informationen oder therapeutischer Ergebnisse sowie die praktischen Aspekte, die Qualitätssicherung einschließlich Qualitätskontrolle sowie die Ermittlung und Bewertung von Patientendosen oder der verabreichten Aktivität unter Berücksichtigung wirtschaftlicher und sozialer Faktoren.

Weiters sorgen die Mitgliedstaaten dafür, dass gegebenenfalls Dosisbeschränkungen für die Exposition gemäß Art 1 Abs 3 für Personen festgelegt werden, die außerhalb ihrer beruflichen Tätigkeit wissentlich und willentlich bei der Unterstützung und Betreuung von Personen helfen, die sich einer medizinischen Untersuchung oder Behandlung unterziehen, und dass geeignete Leitlinien für Expositionen festgelegt werden, die anwendende Fachkraft oder der Betreiber der radiologischen Anlage bei der Behandlung oder Untersuchung eines Patienten mit Radionukliden dem Patienten oder dem gesetzlichen Vertreter gegebenenfalls schriftliche Anweisungen erteilt, um die Strahlendosis von Kontaktpersonen des Patienten soweit möglich und vertretbar zu begrenzen und über die Risiken ionisierender Strahlung informiert. Diese Anweisungen sind vor Verlassen des Krankenhauses, der Ambulanz oder einer entsprechenden Einrichtung auszuhändigen.

In den Rechtsfertigungsprozessen für die medizinischen Expositionen ist auf der entsprechenden Ebene gemäß den Vorgaben der Mitgliedstaaten sowohl die überweisende Person als auch die anwendende Fachkraft einzuschalten. In diesem Sinne haben auch gemäß Art 5 Abs 2 die Mitgliedstaaten dafür zu sorgen, dass jede medizinische Exposition unter der klinischen Verantwortung einer anwendenden Fachkraft durchgeführt wird. Die praktischen Aspekte des Verfahrens oder Verfahrensschritts können vom Betreiber der radiologischen Anlage oder von der anwendenden Fachkraft gegebenenfalls einer oder mehreren Personen übertragen werden, die berechtigt sind, in dieser Hinsicht in einem anderen Spezialgebiet tätig zu werden. Es ist nach Art 5 Abs 4 die Aufgabe der Mitgliedstaaten dafür zu sorgen, für die Festlegung der Verfahren, die im Falle von medizinisch-rechtlichen Untersuchungen einzuhalten sind.

Nach Art 6 sind für jede Ausrüstungsgegenstände schriftliche Protokolle aller radiologischen Standardanwendungen zu erstellen. In diesem Zusammenhang haben die Mitgliedstaaten dafür zu sorgen, dass für die überweisenden Personen Empfehlungen hinsichtlich der Überweisungskriterien für medizinische Expositionen einschließlich der Strahlendosen verfügbar sind. Bei der strahlentherapeutischen Anwendung wird ein Medizinphysik-Experte zu enger Mitarbeit hinzugezogen. Bei therapeutischen nuklearmedizinischen Standardanwendungen und bei Anwendungen der nuklearmedizinischen Diagnostik muss ein Medizinphysik-Experte verfügbar sein. Bei anderen radiologischen Anwendungen wird gegebenenfalls ein Medizinphysik-Experte zur Beratung in Fragen der Optimierung, einschließlich Patientendosimetrie und Qualitätssicherung mit Qualitätskontrolle, und erforderlichenfalls auch zur Beratung in Fragen des Strahlenschutzes bei medizinischen Expositionen hinzugezogen. Die klinischen Kontrollen werden nach den einzelstaatlichen Verfahren durchgeführt. Die Mitgliedstaaten sorgen weiters dafür, dass bei jeder beständigen Überschreitung von diagnostischen Referenzwerten geeignete lokale Überprüfungen vorgenommen und gegebenenfalls Abhilfemassnahmen getroffen werden.

Nach Art 7 ist von den Mitgliedstaaten dafür zu sorgen, dass die anwendenden Fachkräfte und die in Art 5 Abs 3 und Art 6 Abs 3 genannten sonstigen Personen eine angemessene theoretische und praktische Aus- und Weiterbildung für radiologische Anwendungen erhalten und über einschlägige Fachkenntnisse im Strahlenschutz verfügen. Zu diesem Zweck sorgen die Mitgliedstaaten für die Festlegung geeigneter Lehrpläne und erkennen die entsprechenden Diplome, Zeugnisse oder sonstigen Qualitätsnachweise an. Weiters sorgen die Mitgliedstaaten dafür, dass Weiter- und Fortbildungsmöglichkeiten nach dem Erwerb der Qualifikation angeboten werden, und dass – im Sonderfall der klinischen Anwendung neuer Techniken – eine Ausbildung in diesen Techniken den entsprechenden Strahlenschutzvorschriften organisiert wird.

Nach Art 8 Abs 1 sind die Mitgliedstaaten verpflichtet, Schritte zu unternehmen, die sie zur Vermeidung einer unnötigen Vermehrung radiologischer Ausrüstung für erforderlich halten. In diesem Zusammenhang sorgen die Mitgliedstaaten dafür, dass alle im Betrieb befindlichen radiologischen Ausrüstungen einer strengen Überwachung hinsichtlich des Strahlenschutzes unterstellt werden, ein auf den letzten Stand gebrachtes Bestandverzeichnis der radiologischen Ausrüstung für jede radiologische Anlage den zuständigen Behörden zur Verfügung steht, geeignete Qualitätssicherungsprogramme, einschließlich Qualitätskontrollmaßnahmen und Ermittlung der Patientendosis oder der verabreichten Aktivität, vom Betreiber der radiologischen Anlage durchgeführt werden, Abnahmeprüfungen vor der ersten Benutzung der Ausrüstung zu medizinischen Zwecken und anschließende Leistungsprüfungen in regelmäßigen Zeitabständen und nach jeder größeren Wartungsmaßnahme durchgeführt werden. Die zuständigen Behörden unternehmen Schritte, um dafür zu sorgen, dass die erforderlichen Maßnahmen vom Betreiber der radiologischen Anlage getroffen werden, um Unzulänglichkeiten und Mängel der Ausrüstung zu beheben. Sie legen ferner spezifische Kriterien für die Zulässigkeit der Ausrüstung fest, damit angegeben werden kann, wann geeignete Abhilfemassnahmen erforderlich sind, dies schließt gegebenenfalls die Stilllegung der Ausrüstung ein. Nach Art 8 Abs 4 sind im Falle von Röntgendurchleuchtungen Untersuchungen ohne Bildverstärker oder äquivalente Techniken nicht gerechtfertigt und daher zu untersagen. Nach Art 8 Abs 5 sind Röntgendurchleuchtungen ohne Vorrichtung zur Regelung der Dosisleistung auf begründete Fälle zu beschränken. Für den Fall, der Anwendung einer neuen radiodiagnostischen Ausrüstung hat diese eine Einrichtung zur Unterrichtung der anwendenden Fachkraft über die Menge der von der Ausrüstung während des radiologischen Verfahrens erzeugten Strahlung zu besitzen. Die Mitgliedstaaten sorgen nach Art 9 dafür, dass für medizinische Expositionen von Kindern, im

Rahmen von Reihenuntersuchungen, mit hohen Patientendosen, wie z.B. interventionelle Radiologie, Computertomographie und Strahlentherapie, geeignete radiologische Ausrüstung, praktische Techniken und Zusatzausrüstung benutzt werden. In diesem Zusammenhang ist auf die besondere Qualitätssicherung und Qualitätskontrollmaßnahmen zu achten. Nach Art 10 sind Frauen im gebärfähigen Alter vor allem während der Schwangerschaft und Stillzeit besonders geschützt.

Nach Art 11 sorgen die Mitgliedstaaten dafür, dass alle vertretbaren Maßnahmen ergriffen werden, um die Wahrscheinlichkeit und das Ausmaß zufälliger oder unbeabsichtigter Patientendosen aufgrund radiologischer Anwendungen zu verringern, wobei wirtschaftliche und soziale Faktoren zu berücksichtigen sind.

Weiters haben nach Art 12 die Mitgliedstaaten dafür zu sorgen, dass die Verteilung der abgeschätzten individuellen Dosen, die durch medizinische Expositionen nach Art 1 Abs 2 verursacht wurden, für die Gesamtbevölkerung auf die relevanten Bezugsgruppen der Bevölkerung bestimmt wird, soweit der jeweilige Mitgliedstaat dies für erforderlich hält. Nach Art 13 haben die Mitgliedstaaten ein Inspektionssystem zur Durchsetzung der aufgrund dieser Richtlinie eingeführten Bestimmung zu erlassen.

dd) Richtlinie 90/641/Euratom[1371]

Diese Richtlinie schließt die Regelungslücke der Richtlinie 80/836/Euratom, und dient zum Schutz externer Arbeitskräfte, die nicht durch die oben genannte Richtlinie geschützt sind.

Ziel dieser Richtlinie ist es, die Richtlinie 80/836/Euratom zu ergänzen, und die Maßnahmen zum Schutz von externen Arbeitskräften, die im Kontrollbereich eingesetzt sind, auf Gemeinschaftsebene zu optimieren.

Gemäß Art 2 ist der „Kontrollbereich“ ein Bereich, der aus Gründen des Schutzes gegen ionisierende Strahlungen Regelungen unterliegt, und dessen Zugang mit der in Art 20 der Richtlinie 80/836/Euratom enthaltenen Spezifizierung geregelt ist.

Nach Art 2 ist der „Betreiber“ eine natürliche oder eine juristische Person, die gemäß den nationalen Rechtsvorschriften die Verantwortung für den Kontrollbereich hat, indem eine Tätigkeit durchgeführt wird, die nach Art 3 der Richtlinie 80/836/Euratom anmeldepflichtig ist.

Ein „externes Unternehmen“ ist eine natürliche oder juristische Person mit Ausnahme des Betreibers und seines Personals, die mit der Durchführung einer Arbeit, gleich welcher Art, im Kontrollbereich betraut ist.

1371 Richtlinie 90/641/Euratom des Rates vom 4. Dezember 1990 über den Schutz externer Arbeitskräfte, die einer Gefährdung durch ionisierende Strahlungen beim Einsatz im Kontrollbereich ausgesetzt sind, ABl Nr L 349 vom 13.12.1990, S 21.

Daher ist die „externe Arbeitskraft“ eine Arbeitskraft der Kategorie A im Sinne von Art 23 – der Richtlinie 80/836/Euratom, die eine Arbeit gleich welcher Art im Kontrollbereich durchführt, unabhängig davon, ob sie zeitweilig oder ständig von einem externen Unternehmen – auch als Praktikant, Auszubildender oder Student im Sinne des Art 10 der genannten Richtlinie – beschäftigt wird, oder ihre Arbeitsleistung als selbständige Erwerbstätigkeit erbringt.

Das „radiologische Überwachungssystem“ umfasst Maßnahmen, die darauf abzielen, dass beim Einsatz externer Arbeitskräfte die Einzelbestimmungen der Richtlinie 80/836/Euratom, insbesondere vom Titel VI eingehalten werden.

Unter „Einsatz einer Arbeitskraft“ ist die Arbeitsleistung bzw. die Gesamtheit der Arbeitsleistungen, die von einer externen Arbeitskraft in dem einem Betreiber unterstehenden Kontrollbereich erbracht wird, zu verstehen.

Nach Art 3 unterwirft jeder Mitgliedstaat die Ausübung der in Art 2 Richtlinie 80/836/Euratom genannten Tätigkeiten durch externe Unternehmen der Anmeldepflicht bzw. der vorherigen Genehmigung gemäß Titel II der vorher genannten Richtlinie. Weiter sorgt gemäß Art 4 jeder Mitgliedstaat dafür, dass externe Arbeitskräfte durch das radiologische Überwachungssystem den gleichen Schutz erhalten, wie die vom Betreiber auf Dauer beschäftigten Arbeitskräfte. Bis zum Aufbau eines gemeinschaftsweit einheitlichen Strahlenschutzsystems für externe Arbeitskräfte, in Form eines DV-Netzes, kommen folgende Mittel zum Einsatz. Entweder wird ein zentrales nationales Netz – oder die Ausstellung eines persönlichen Strahlschutzpasses für jede externe Arbeitskraft, wobei zusätzlich die gemeinsamen Bestimmungen des Anhangs II zur Anwendung kommen, oder im Falle von externen Arbeitskräften, die grenzüberschreitend tätig sind, bis zum Aufbau des vorstehend genannten Systems ein persönlicher Strahlenschutzpass ausgestellt.

Das externe Unternehmen trägt nach Art 5 unmittelbar oder über vertragliche Vereinbarungen mit dem Betreiber gemäß den Titeln III bis VI Richtlinie 80/836/Euratom Sorge für den Strahlenschutz seiner Arbeitnehmer, wobei es vor allem um die Einhaltung der allgemeinen Grundsätze und der Dosisgrenzwerte nach Art 6 bis 11 der genannten Richtlinie gewährleistet, die Informationen und die Ausbildung auf dem Gebiet des Strahlenschutzes gemäß Art 24 der genannten Richtlinie vermittelt, gewährleistet, dass seine Arbeitnehmer nach Maßgaben des Art 26 und der Art 28 bis 38 der genannten Richtlinie einer Ermittlung der Strahlenexposition und einer ärztlichen Überwachung unterzogen werden, sowie sicherstellt, dass die radiologischen Angaben über die individuelle Strahlenüberwachung in jeden seiner Arbeitnehmer im Sinne von Anhang I Teil II im Rahmen der Überwachungsnetze und in den persönlichen Strahlenschutzpässen gemäß Art 4 Abs 2 auf dem neuesten Stand sind.

Der Betreiber eines Kontrollbereichs, in dem externe Arbeitskräfte eingesetzt werden, ist gemäß Art 6 unmittelbar oder über vertragliche Vereinbarung für die Strahlenschutzmaßnahmen verantwortlich, soweit sie unmittelbar mit der Art des Kontrollbereiches und des Einsatzes zusammenhängen. Insbesondere muss der Betreiber bei jeder externen Arbeitskraft, die im Kontrollbereich tätig ist, sich davon überzeugen, dass die Arbeitskraft für die ihr übertragene Tätigkeit als gesundheitlich tauglich eingestuft wird, sich vergewissern, dass die externe Arbeitskraft in der Grundausbildung über Strahlenschutz gemäß Art 5 Abs 1 lit b eine spezielle Ausbildung in Bezug auf die Besonderheiten sowohl des Kontrollbereiches als auch der Tätigkeit erhalten hat, sich vergewissern, dass die betreffende Arbeitskraft über die erforderliche persönliche Schutzausrüstung verfügt, sich ferner vergewissern muss, dass die Strahlenexposition der betreffenden Arbeitskraft in einer der Art der Tätigkeit angemessenen Weise individuell überwacht wird und erforderlichenfalls die Maßnahmen zur dosimetrische Überwachung ergriffen werden, für die Einhaltung der allgemeinen Grundsätze und der Dosisgrenzwerte gemäß Art 6 bis 11 der Richtlinie 80/836/Euratom Sorge zu tragen hat sowie alle zweckdienlichen Maßnahmen sicherstellen oder ergreifen muss, damit nach jedem Einsatz die individuellen Strahlenüberwachungsdaten für jede externe Arbeitskraft im Sinne von Anhang I Teil III erfasst werden.

Jede externe Arbeitskraft ist gemäß Art 7 gehalten, soweit wie möglich, selbst zu dem Schutz beitragen, damit im radiologischen Überwachungssystem sicher gestellt werden soll.

Nach Art 8 Abs 3 teilen die Mitgliedstaaten der Kommission die wichtigsten innerstaatlichen Rechtsvorschriften mit, die sie auf diese Richtlinie fallenden Gebiete erlassen haben.

In Anhang I sind die gemeinsamen Bestimmungen für die Überwachungsnetze und Strahlenschutzpässe enthalten. In Anhang II sind die Zusatzbestimmungen zu Anhang I (persönlicher Strahlenschutzpass) definiert.

ee) Radiologische Notstandmaßnahmen

Radiologische Notstandsmaßnahmen sind in Europa in der Praxis nach dem Unfall von Tschernobyl relevant geworden. Aber auch schon vorher sind auf Grund der Erfahrungen der Wirkungen von radioaktiver Strahlung auf Mensch und Natur vom Gesetzgeber Schritte gesetzt worden, um im Falle eines Auftretens eines solchen Notfalles die notwendigen Maßnahmen setzen zu können. Die Untersuchungen auf Grund der Atombombenabwürfe über Hiroshima und Nagasaki sowie die Ergebnisse der Auswertungen der oberirdischen Atombombentests als auch die Unfälle auf dem Gebiet der früheren Sowjetunion zeigten sehr deutlich auf, dass in einem solchen Fall sorgfältig abgewogenen Maßnahmen zu treffen sind, die einen entsprechenden Schutz und Verringerung der Gefahren für Bevölkerung garantieren.

ff) Richtlinie 89/618/Euratom

In der Richtlinie 89/618/Euratom wurden nach Tschernobyl Reglungen für den Fall einer Wiederholung eines derartigen Ereignisses geschaffen.[1372] Primärrechtlich stützt sich diese Richtlinie auf Art 31 EA, obwohl dies durch den Wortlaut des Art 31 EA nicht gedeckt ist.

Diese Richtlinie wurde auf Vorschlag der Kommission im Anschluss an die Stellungnahme einer Gruppe von Persönlichkeiten, der Ausschuss für Wissenschaft und Technik gemäß dem genannten Artikel aus wissenschaftlichen Sachverständigen der Mitgliedstaaten ernannt hat sowie nach Stellungnahme des Parlamentes[1373] nach Stellungnahme des Wirtschafts- und Sozialausschusses[1374] erlassen. Im Hinblick auf Art 24 und 45 der Richtlinie 80/836/Euratom besteht eine Informationspflicht der Mitgliedstaaten sowie die Schaffung von zuständigen Behörden durch diese. Aufgrund der Richtlinie 85/337/EG des Rates vom 27.6.1985[1375] sind weitere Informationspflichten geschaffen worden. Diese sind weitergehender als die Bestimmungen des Art 37 EA. Von diesen Richtlinien sind auch Nuklearanlagen umfasst.[1376]

In der Entscheidung 87/600/Euratom des Rates[1377] werden die Mitgliedstaaten verpflichtet, sowohl die Kommission als auch die Mitgliedstaaten im Falle einer Feststellung von anormalen erhöhten Radioaktivitätswerten in der Umwelt oder nach einem Unfall mit einer signifikanten Freisetzung von radioaktiven Stoffen führt oder führen kann zu verständigen.

Gemäß dieser Art 1 sollen gemeinsame Ziele im Hinblick auf die Maßnahmen und Verfahren zur Unterrichtung der Bevölkerung festgelegt werden, um den Gesundheitsschutz bei einer radiologischen Notstandsituation wirksam zu verbessern. Nach Art 2 gilt als radiologische Notstandsituation jede Situation

1 a. nach einem Unfall im Gebiet eines Mitgliedstaates, durch dessen Anlagen oder Tätigkeiten im Sinne von Nummer 2 betroffen sind und in signifikanter Masse zur Freisetzung von radioaktiven Stoffen führt oder führen kann oder

1372 Richtlinie 89/618/Euratom des Rates vom 27.November 1989 über die Unterrichtung der Bevölkerung über die bei einer radiologischen Notstandsituation geltenden Verhaltensmaßregeln und die zu ergreifenden Gesundheitsschutzmaßnahmen, ABl Nr L 357 vom 7.12.1989, S 31.

1373 ABl Nr C 158 vom 26.6.1989, S 403.

1374 ABl Nr C 337 vom 31.12.1988, S 67.

1375 Richtlinie 85/337/EWG des Rates vom 27. Juni 1985 über die Umweltverträglichkeitsprüfung bei bestimmten öffentlichen und privaten Projekten, ABl Nr L 175 vom 5.7.1985, S 40 berichtigt durch: Richtlinie des Rates vom 27. Juni 1985 über die Umweltverträglichkeitsprüfung bei bestimmten öffentlichen und privaten Projekten, AB L Nr L 216 vom 3.8.1991, S 40.

1376 *Laenerts* ELR 1988, 175.

1377 87/600/Euratom Entscheidung des Rates vom 14.12.1987 über die Gemeinschaftsvereinbarungen für den beschleunigten Informationsaustausch im Fall einer radiologischen Notstandsituation, ABl Nr L 371 vom 30.12.1987, S 76.

b. der Feststellung von anormaler Radioaktivitätswerte innerhalb oder außerhalb seines Gebietes, die für die öffentliche Gesundheit in diesem Mitgliedstaat schädlich sein könnten oder
c. andere als in Buchstaben a. genannten Unfälle, durch die Anlagen oder Tätigkeiten im Sinne von Nummer 2 betroffen sind und die in signifikanter Masse zur Freisetzung von radioaktiven Stoffen führen oder führen können oder
d. andere Unfälle, die im signifikanten Maße zur Freisetzung von radioaktiven Stoffen führen oder führen können;

2 die durch die Tätigkeit in Nummer 1 unter den Buchstaben a. und c. genannten Anlagen oder Tätigkeiten verursacht wird. Dabei handelt sich
a. um Kernreaktoren jedweden Standortes
b. sonstige Anlagen des Brennstoffkreislaufes
c. Anlagen zur Entsorgung radioaktiver Abfälle
d. Beförderung und Lagerung von Kernbrennstoffen oder radioaktiven Abfällen
e. Herstellung, Verwendung, Lagerung, Beseitigung und Beförderung von Radioisotopen für landwirtschaftliche, industrielle, medizinische und verwandte wissenschaftliche Forschungszwecke und
f. Verwendung von Radioisotopen zur Energieerzeugung in Weltraumprojekten.

Der EuGH hat klargestellt, dass unter den in Z1 lit b und c genannten Vorkommnissen auch Unfälle außerhalb des Hoheitsgebietes des Mitgliedstaates zu verstehen sind.[1378]

Nach Art 3 gelten hinsichtlich der Anwendung dieser Richtlinie die Formulierungen „Freisetzung von radioaktiven Stoffen in signifikanter Masse“ und „anormaler Radioaktivitätswerte, die für die öffentliche Gesundheit schädlich sein könnten“ für Situationen, bei denen es für Einzelpersonen der Bevölkerung zu einer Überschreitung der Dosis Grenzwerte kommen kann, die nach den Richtlinien zur Festlegung der gemeinschaftlichen Grundnormen für den Strahlenschutz zulässig sind.[1379] Die einzelnen Mitgliedstaaten sind verpflichtet, selbständig im Rahmen der Umsetzung der Richtlinie selbst diesen Dosis Grenzwerte festzulegen,[1380] wobei bei der Umsetzung die internationalen und sonstigen gemeinschaftsrechtlichen Vorgaben zu beachten sind.

Nach Art 4 gilt als Bevölkerung die im Falle einer radiologischen Notstandsituation betroffen sein könnte jede Bevölkerungsgruppe, für die von den Mitgliedstaaten Einsatzpläne für den Fall einer radiologischen Notstandsituation erarbeitet wurden und im Falle einer radiologischen Notstandsituation die tatsächlich betroffene Bevölkerung sowie jede Bevölkerungsgruppe, für die im Falle eines Eintretens einer radiologischen Notstandsituation gezielte Schutzmaßnahmen zur Anwendung gelangen.

1378 EuGH, U v 9.12.2004, RS C-177/03, Kommission/Frankreich, Slg 2004, I-11671, Rn 32.
1379 ABl Nr C 158 vom 26.6.1989, S 403.
1380 EuGH, U v 9.12.2004, RS C-177/03, Kommission/Frankreich, Slg 2004, I-11671, Rn 38f.

Nach Art 5 Abs 1 tragen die Mitgliedstaaten dafür Sorge, dass die Bevölkerung, die bei einer radiologischen Notstandsituation betroffen sein könnte, über die für sie geltenden Gesundheitsschutzmaßnahmen sowie über die entsprechenden Verhaltensmaßregeln im Falle einer radiologischen Notstandsituation unterrichtet wird. Die übermittelten Informationen enthalten mindestens die in Anhang I genannten Angaben. Gemäß Art 5 Abs 3 sind diese Informationen der Bevölkerung unaufgefordert zu übermitteln. Diese Informationen werden weiters von den Mitgliedstaaten auf den neuesten Stand gebracht und regelmäßig übermittelt und zwar auch dann, wenn sie bedeutsame Änderungen hinsichtlich der vorgegebenen Maßnahmen ergeben. Diese Informationen müssen der Öffentlichkeit ständig zugängig sein.

Nach Art 6 Abs 1 sorgen die Mitgliedstaaten dafür, dass die tatsächlich betroffene Bevölkerung bei einer radiologischen Notstandsituation unverzüglich über die Einzelheiten der Notstandsituation unterrichtet und an die für sie geltenden Verhaltensmaßnahmen erinnert wird sowie entsprechend dem jeweiligen Fall genaue Hinweise für die zu ergreifenden Gesundheitsschutzmaßnahmen erhält. Die entsprechenden Mitteilungen erstrecken sich auf diejenigen der in Anhang II aufgeführten Punkte, die nach Maßgabe der Art der radiologischen Notstandsituation relevant sind.

Weiters tragen die Mitgliedstaaten dafür Sorge, dass Personen, die zwar nicht zum Personal der Anlagen im Sinne des Art 2 Nummer 2 gehören und/oder an den Tätigkeiten im Sinne des Art 2 Abschnitt B nicht beteiligt sind, die jedoch bei Rettungsmaßnahmen im Falle einer radiologischen Notstandsituation eingesetzt werden können, über die Risiken, die ihr Einsatz für ihre Gesundheit mit sich bringen würde, und über die Vorsichtsmaßnahmen, die in einem solchen Fall zu treffen sind, in angemessener Weise unterrichtet werden. Die entsprechenden Informationen werden regelmäßig auf den neuesten Stand gebracht und tragen den verschiedenen Fällen einer radiologischen Notstandsituation Rechnung, die eintreten kann. Diese Informationen werden bei Eintritt einer radiologischen Notstandsituation entsprechend den besonderen Umständen des jeweiligen Falles durch geeignete Informationen ergänzt.

Nach Art 8 wird bei den Informationen auch angegeben, welche Behörden für die Anwendung der Maßnahmen zuständig sind. Die Verfahren für die Übermittlung der genannten Informationen sowie der Empfängerkreis (natürliche und juristische Personen) werden im Rahmen eines jeden Mitgliedstaates im Zuge der Umsetzung festgelegt. Die in Art 5 genannten Informationen werden der Kommission auf Verlangen übermittelt. Es steht den Mitgliedstaaten frei, diese Informationen an andere Staaten weiterzuleiten. Die von einem Mitgliedstaat gemäß Art 6 erteilte Information wird der Kommission sowie den Mitgliedstaaten übermittelt, die betroffen sind oder betroffen sein können (radiologische Notstandsituation).

Nach Art 11 bleibt es den Mitgliedstaaten unbenommen Maßnahmen anzuwenden oder zu erlassen, die eine Unterrichtung zusätzlich zu der in dieser Richtlinie festgelegten Unterrichtung vorsehen.

gg) Verordnung 770/90/Euratom

Mit der Verordnung 770/90/Euratom[1381] wurde aus der Erfahrung des Unfalls von Tschernobyl und der Folgen hiervon festgelegt, dass Höchstwerte an Radioaktivität für Futtermittel gem. Art 1 geregelt sind. Die Höchstwerte an Radioaktivität betragen für Cäsium 134 und Cäsium 137 für Futtermittel 1.2 Potiat/Bq/Kg(1)(2)/für Schwein/ 1.250/für Geflügel und Lamm, Kalb 2.500 für sonstige 5.000 Bq/Kg. Mit diesen Werten soll zur Einhaltung der zulässigen Höchstwerte für Nahrungsmittel beigetragen werden. Diese Werte allein gewährleisten jedoch keinesfalls eine Einhaltung der Höchstwerte und berühren auch nicht die Verpflichtung die Radioaktivitätswerte der Erzeugnisse tierischen Ursprungs, die für den menschlichen Verzehr bestimmt sind, zu kontrollieren. Zu beachten sind, dass diese Werte für zum unmittelbaren Verbrauch bestimmte Futtermittel gelten. Grundlage dieser Verordnung ist einerseits die Verordnung 3954/87/Euratom des Rates vom 22. Dezember 1987 zur Festlegung von Höchstwerten an Radioaktivität in Nahrungsmittel, Futtermittel im Fall eines nuklearen Unfalls oder einer anderen radiologischen Notstandssituation.[1382] Gemäß dieser Verordnung legt die Kommission Höchstwerte an Radioaktivität für Nahrungsmittel fest.

Auf Grund der Tatsache, dass im Falle eines nuklearen Unfalls die wahrscheinlich freigesetzten Nuklide samt den Halbwertszeiten sich hauptsächlich um Cäsium Isotope handeln, ist nur vorgesehen gewesen, dass nur für diese eine entsprechende Regelung getroffen worden sind.

hh) Durchführungsverordnung 297/2011/EU[1383]

Aufgrund des Unfalls im Kernkraftwerk von Fukushima (Japan) vom 11.3.2011 und der damit verbundenen Gefahr, dass Radionukleide bei Lebens- und Futtermitteln aus Japan radioaktiv verstrahlt sind, hat die Kommission die Durchführungsverordnung (297/2011) erlassen. Sie stützt sich einerseits auf Art 53 VO (EG) Nr. 178/ 2002. Andererseits bezieht sie sich auf die VO (Euratom) Nr. 3954/87, VO (Euratom) Nr. 944/89 sowie VO (Euratom) Nr. 770/90 sowie auf die Entscheidung der Kommission 87/600/Euratom.

1381 Verordnung (Euratom) Nr 770/90 der Kommission vom 29. März 1990 zur Festlegung von Höchstwerten an Radioaktivität in Futtermitteln im Fall eines nuklearen Unfalls oder einer anderen radiologischen Notstandssituation, ABl Nr L 83 vom 30.3.1990, S 78.

1382 Verordnung 3954/87/Euratom des Rates vom 22. Dezember 1987 zur Festlegung von Höchstwerten an Radioaktivität in Nahrungsmittel und Futtermittel im Falle eines nuklearen Unfalls oder einer anderen radiologischen Notstandssituation, ABl Nr L 371 vom 30.12.1987, S11 in der Fassung VO 2218/89/Euratom, ABl Nr L 211 vom 22.7.1989, S 1.

1383 Durchführungsverordnung (EU) Nr. 297/2011 der Kommission vom 25.März 2011 zum Erlass von Sondervorschriften für die Einfuhr von Lebens- und Futtermitteln, deren Ursprung oder Herkunft Japan ist, nach dem Unfall im Kernkraftwerk Fukushima, ABl. Nr. L 80 vom 26.3.2011, S 5.

Gemäß Art 1 gilt die VO für Lebens- und Futtermittel im Sinne des Art 1 Abs 2 der VO Nr. 3954/87 deren Ursprung oder Herkunft Japan ist, ausgenommen Erzeugnisse, die Japan vor dem 28.3.2011 verlassen haben und Erzeugnisse, die vor dem 11.3.2011 geerntet und/oder verarbeitet worden sind. Dies bedeutet bei einer systematischen Reputation, dass nicht umfasst von dem Einfuhrverbot sind Erzeugnisse, die vor dem 11.3.2011 geerntet und/oder verarbeitet worden sind und die vor dem 28.3.2011 Japan verlassen haben.

Alle Sendungen mit den oben genannten Erzeugnissen müssen nach Art 2 unter Einhaltung der dort genannten Richtlinien und Verordnungen fallen eingeführt. Von besonderer Bedeutung ist, dass bei der Einfuhr der Erzeugnisse eine Erklärung beiliegend sein muss, gemäß der bescheinigt wird, dass die Erzeugnisse vor dem 11.3.2011 geerntet und/oder verarbeitet worden sind oder dass das Erzeugnis aus einer anderen Präfektur als Fukushima, Gunma, Ibaraki, Tochihi, Miyagi, Yamagata, Niigata, Nagan, Yamanashi, Saitama, Tokio und Thiba stammen oder falls die Erzeugnisse aus einer der oben genannten Präfekturen stammt, keinen Gehalt an den Radionukleiden Jod-131, Cäsium-134 und Cäsium-137 enthalten, welche, die Höchstwerte überschreiten. Ein Muster der Erklärung ist im Anhang der Verordnung dargestellt. Diese Erklärung ist von einem bevollmächtigten Vertreter der zuständigen japanischen Behörde zu unterzeichnen. Dieser Erklärung ist auch ein entsprechender Analysebericht beizufügen.

Auch die Sendungen müssen nach Artikel 3 entsprechend gekennzeichnet sein.

Nach Art 4 müssen die Lebens.- und Futtermittelunternehmer. den zuständigen Behörden an der Grenzkontrollstelle oder dem genannten Ankunftsort die Ankunft jeder Sendung mit den genannten Erzeugnissen mindestens zwei Arbeitstage vor der tatsächlichen Ankunft der Sendung im Voraus verständigen.

Hierauf führen die zuständigen Behörden gemäß Art 5 Abs 1 der Grenzkontrollstelle oder der genannten Eingangsorte bei allen Sendungen der in Art 1 genannten Erzeugnisse Dokumentenprüfungen und Nämlichkeitskontrollen 10% oder 20% der Sendungen Warenuntersuchungen einschließlich Laboranalysen durch. Die Sendungen verbleiben höchstens fünf Arbeitstage unter amtlicher Kontrolle, bis die Ergebnisse der Laboranalysen gemäß Art 5 Abs 2 vorliegen. Diese Sendungen dürfen erst in den zollrechtlich freien Verkehr überführt werden, wenn die Lebensmittel- bzw. die Futtermittelunternehmer oder deren Vertreter den Zollbehörden die im Anhang aufgeführte und von der zuständigen Behörde an der Grenzkontrollstelle oder dem benannten Eingangsort ordnungsgemäß unterschriebene und gestempelte Erklärung vorgelegt haben, mit der bescheinigt wird, dass die in Abs 1 genannten amtlichen Kontrollen durchgeführt wurden und dass die Ergebnisse der gegebenenfalls durchgeführten Warenuntersuchungen positiv sind.

Nach Art 6 werden sämtliche Kosten der Kontrollen und Lagerung von den Lebens- und Futtermittelunternehmen getragen.

Nach Art 7 werden nicht vorschriftsgemäße Erzeugnisse gefahrlos entsorgt oder ins Ursprungsland (Japan) zurückgebracht werden.

Nach Art 8 sind die Mitgliedstaaten verpflichtet die Kommission regelmäßig mittels Schnellwarnsystem für Lebens- und Futtermittel (RASFF) und des Systems der Europäischen Union zum ständigen Informationsaustausch im Falle eines radiologischen Notstandes (ECURIE) zu unterrichten.

ii) Die Richtlinie 2009/71/Euratom – Richtlinie über die nukleare Sicherheit

Die Kommission hat am 26.11.2008 einen Vorschlag für eine Richtlinie (Euratom) des Rates für einen Gemeinschaftsrahmen für die nukleare Sicherheit veröffentlicht.[1384] In der Begründung führt die Kommission aus, dass aufgrund der technischen Arbeiten des Verbandes der westeuropäischen Aufsichtsbehörden im Nuklearbereich (WENRA) eine europäische Basis für diese Richtlinie geschaffen worden ist.[1385] Weiters beruht die Richtlinie auf die von der IAEO geschaffenen Sicherheitsgrundsätzen.[1386] Ebenso ist das Abkommen über die nukleare Sicherheit (CNS) zu berücksichtigen.[1387] Weiters ist darauf zu verweisen, dass es schon vor über 30 Jahren Bestrebungen gab, die Sicherheitspraxis zu harmonisieren.[1388] Im Jahre 2004 verabschiedete die Kommission zwei Richtlinienvorschläge über die Sicherheit kerntechnischer Anlagen bzw. die Entsorgung abgebrannter radioaktiver Abfälle.[1389] Diese Vorschläge wurden im Rat abgelehnt. Die Mitgliedstaaten waren damals nicht bereit, die nationalen Rechte abzugeben.[1390]

1384 Vorschlag für eine Richtlinie (Euratom) des Rates über einen Gemeinschaftsrahmen für nukleare Sicherheit vom 26.11.2008, KON(2008) 790 endgültig; näheres dazu: *Schärf* Revolution in European Nuclear Law, International Journal of Nuclear Law 2009, 218ff; *Garriba M/Chirtes* A, The Directive Establishing a Community Framework for the Nuclear Safety of Nuclear Installations: The EU Approach to Nuclear Safety, NLB 84 (2009), 23ff; *Pouleur Yvan/Krs Peter* The Momentum of the European Directive on Nuclear Safety to Key Messages Addressed to European Citizen, NLB 85 (2010), 5ff; *Ferro Miguel Sousa* Directive 2009/71/Euratom: the loosing battle against discrimination and protection of sovereignty, International Journal of Nuclear Law 2009, 295ff; *Schmidt-Preuß* Tragweite und Grenzen des § 12 AtG als Rechtsgrundlage der Atomrechtlichen Anlagensicherheits-Verordnung, atw 162f; *Veuchelen* The Legal Value of General Principles, Technical Norms and Standards in European Nuclear Safety Law: The Imbalance Between Soft and Hard Law and the Need for Global Regulatory Governance, European Energy and Environmental Law Review 2009, 215ff; *Kus Selma* International nuclear law in the 25 years between Chernobyl and Fukushima and beyond; NLB 87 (2011), 20ff.

1385 Zu WENRA näheres bei www.wenra.org.

1386 Fundamental Safety Principles, IAEA Safety Standards Series No.SF-1 (2006); Schlussanträge des GA Jacobs v 13.12.2001, RS C-29/99, Kommission/Rat, Slg 2002, I-11221, Rn 129ff.

1387 INFCIRC/449.

1388 ABl C 185 vom 14.8.1975, S 1; Siehe auch Tromans Nuclear Law², 72f.

1389 KOM (2003) 32 endgültig.

1390 *Ferro Miguel Sousa* Directive 2009/71/Euratom: the loosing battle against discrimination and protection of sovereignty, International Journal of Nuclear Law 2009, 297; *Pouleur Yvan/Krs Peter* NLB 85 (2010), 7.

In der Folge kam es zu Konsultationen und Beratungen. Federführend an der Erarbeitung des Entwurfes war die WENRA. Primärrechtliche Grundlage dieses Entwurfes ist Art 31 EA. Die Kommission vertritt die Ansicht, dass in Art 31 EA das Verfahren für die Festlegung der grundlegenden Sicherheitsnormen gemäß Art 30 EA zum Schutz der Gesundheit der Arbeitskräfte und der Bevölkerung gegen die Gefahr durch ionisierende Strahlung niedergelegt ist. Gemäß Art 32 EA können die Grundnormen im Einklang mit dem Verfahren des Art 31 EA ausdrücklich ergänzt werden. Die Grundnormen sind insbesondere in der Richtlinie 96/29 geschaffen worden.

Nach grundsätzlicher Kritik an der Regelungstechnik des Vorschlages, kam es nach langen Konsultationen im Juni 2009 zum Erlass der endgültigen Richtlinie,[1391] der inhaltlich dem Entwurf entsprach, aber strukturell anders gestaltet war.

Auch im Hinblick auf die Bestimmungen des gemeinsamen Marktes nach den Art 93ff EA ist diese Richtlinie ein Fortschritt. Gemäß Art 1 Abs 2 EA ist es Aufgabe von Euratom, durch die Schaffung der für die schnelle Bildung und Entwicklung von Kernindustrie erforderlichen Voraussetzungen zur Hebung der Lebenshaltung in den Mitgliedstaaten und zur Entwicklung der Beziehungen mit anderen Ländern beizutragen. Mit der Vereinheitlichung der Standards wird diesem Ziel ein Stück näher gekommen.

Von besonderer Bedeutung ist diese Richtlinie im Rahmen des Haftungsregimes. Es werden somit zum ersten Mal in der Geschichte des EA einheitliche Standards erlassen, welche verbindlich sind. Es werden somit auch für die finanzierenden Finanzinstitute als auch für die Versicherungen, welche Betriebshaftpflichtversicherer sind, Instrumente geschaffen, die auch eine Risikoabschätzung in weitaus besseren Umfang erlauben.

Mit Entschließung vom 7.Mai 1985[1392] hat der Rat einer neuen Konzeption auf dem Gebiet der technischen Harmonisierung und Normung den Weg geebnet, welche das Konzept der Detailharmonisierung ablöst.[1393] Obwohl sie nicht ausdrücklich auf den EA verweist, so ist jedoch unter Berücksichtigung des Konzepts der Einheitlichkeit des Gemeinschaftsrechts auch eine Anwendung dieser Empfehlung auf den Bereich des EA möglich. Die IAEO ist eine nicht akkreditierte Organisation, wie diese bei denen im Bereich des EG der Fall ist.[1394] Die IAEO ist wie oben dargestellt eine UN-Organisation und hat durch ihre jahrzehntelange anerkannte Tätigkeit im Nuklearbereich und der damit verbundenen Expertise die weltweite Anerkennung im

1391 Richtlinie 2009/71/Euratom des Rates vom 25. Juni 2009 über einen Gemeinschaftsrahmen für die nukleare Sicherheit kerntechnischer Anlagen, ABl Nr. L 172 vom 2.7.2009, S 18.

1392 Entschließung des Rates vom 7. Mai 1985 über eine neue Konzeption auf dem Gebiet der technischen Harmonisierung und der Normung, ABl C 136 vom 4.6.1985, S 1.

1393 Langer in Dauses, Handbuch des EU-Wirtschaftsrechtes, 1. Aufl. (2003), C.VI, Rdnr 6.

1394 Siehe auch bei *Langer* in Dauses, Handbuch des EU-Wirtschaftsrechtes, 1. Aufl. (2003), C.VI, Rdnr 18ff.

dieser Branche verdient. Die von ihr entwickelten Standards und Guidelines sind weltweit anerkannt und werden akzeptiert. Sohin sind die Verweise auf die Standards und Guidelines in der Richtlinie unproblematisch. Auch das Übereinkommen über die nukleare Sicherheit ist eine weitere Grundlage der Richtlinie.[1395]

Nach dem Unfall in Fukushima wurden neue Überprüfungen der Sicherheit der nuklearen Anlagen angeordnet, die auf gemeinschaftsweiter Basis erfolgen sollen (Stresstests).[1396]

Die Diskussion vom Common Law Standpunkt betrachtend, findet man die Unterscheidung von Hard und Soft Law, welche im kontinentaleuropäischen Rechtskreis in der Schärfe fehlt. Veuchelen schreibt, dass die Unterscheidung von Hard- und Softlaw nicht immer möglich sei,[1397] stellt aber klar, dass die technischen Normen, Standards und Richtlinien von der Judikatur nicht nur im Civil Law Systemen sondern auch in Common Law Systemen als im Haftungsrecht herangezogen werden.[1398] Nicht nachvollziehbar ist sein Schluss, dass die Civil Law Systeme auf Befehl und Kontrolle aufgebaut sind (beschreibende deterministische Regelung), während die Common Law Systeme im Bereich des internationalen Nuklearrechts ergebnisorientiert arbeiten.[1399] Richtigerweise muss man jedoch von unterschiedlichen Ansätzen in der Praxis ausgehen, die jedoch die gleichen Zielrichtungen haben. Diese technischen Standards und Vorgaben sind für die Aufsichts- und Genehmigungsbehörden die Maßstäbe für die Prüfung, ob ein Genehmigungswerber oder Genehmigungsinhaber sich regelkonform verhält. Im Falle des Zuwiderhandelns oder der Nichterfüllung der Anforderungen ist die Behörde berechtigt und verpflichtet, die entsprechenden hoheitlichen Maßnahmen zu treffen. Im vertraglichen Bereich sind diese Standards und Richtlinien die Basis für die vertraglichen Handlungspflichten, die im Falle der Missachtung haftungsrechtliche Folgen nach sich ziehen.

Im Beschluss vom 14.11.1978[1400] führte der EuGH aus, dass die Gemeinschaft eine allgemeine Verantwortung für das ordnungsgemäße Funktionieren des gemeinsamen Marktes auf dem Kerngebiet trägt. Im Urteil Cattenom[1401] kam der EuGH zum Schluss, dass die Kommission im Sinne des Art 37 EA das Recht hat, sämtliche allgemeinen Angaben über einen Plan zur Ableitung radioaktiver Stoffe von Mitglied-

---

1395 *Tromans* Nuclear Law^2, 79.

1396 Siehe dazu: Mitteilung der Kommission an den Rat und das Europäische Parlament zum Zwischenbericht über die umfassende Risiko- und Sicherheitsbewertungen („Stresstests") von Kernkraftwerken in der Europäischen Union, SEK (2011) 1395 endgültig.

1397 *Veuchelen* European Energy and Environmental Law Review 2009, 220.

1398 *Veuchelen* European Energy and Environmental Law Review 2009, 221.

1399 *Veuchelen* European Energy and Environmental Law Review 2009, 224.

1400 EuGH, B. v. 14.11.1978, 1/78, Slg 1978, 2151ff.

1401 EuGH, U v 22.9.1988, RS 187/87, Saarland ua/Minister für Industrie ua, Slg 1988, 5013, Rn 20.

staaten vor der Genehmigung übermittelt zu erhalten. Im Urteil Parlament /Rat ist der Ansicht des EuGH, dass die Art 30ff EA darauf abzielen, einen lückenlosen und wirksamen Gesundheitsschutz der Bevölkerung gegen die Gefahren durch ionisierende Strahlungen sicher zu stellen, ungeachtet der Strahlungsquelle und unabhängig davon, welche Personengruppen diesen Strahlungen ausgesetzt sind.[1402]

Von grundlegender Bedeutung ist das Verfahren C-29/99. In diesem Urteil führte der EuGH[1403] aus, dass die Artikel 30ff EA darauf abzielen einen lückenlosen und wirksamen Gesundheitsschutz der Bevölkerung gegen die Gefahren durch ionisierende Strahlungen sicher zu stellen, ungeachtet der Strahlungsquelle.[1404] Er führte weiters aus, dass gemäß dem EA der Gemeinschaft nicht die Zuständigkeit verliehen worden ist, den Bau oder den Betrieb von Kernanlagen zu genehmigen, so liegt jedoch in den Art 30 – 32 EA eine Regelungszuständigkeit vor, im Hinblick auf den Gesundheitsschutz ein Genehmigungssystem zu schaffen, das von den Mitgliedstaaten anzuwenden ist. Dies ist eine Ergänzung der in Art 30 EA genannten Grundnormen.[1405] Zur Abgrenzung der Zuständigkeiten der Gemeinschaft ist nicht künftig zwischen dem Gesundheitsschutz der Bevölkerung und der Sicherheit der Quellen ionisierender Strahlungen zu unterscheiden.[1406] Tromans sieht diesen Ansatz als notwendig an, um zu vermeiden, dass eine Regelungslücke gerade im Hinblick auf die neue nukleare Renaissance entstünde.[1407]

Zuletzt hat der EuGH im Urteil ČEZ dies bestätigt und eine Gemeinschaftskompetenz in einem erweiterten Ausmaß angenommen.[1408] Bemerkenswert ist, dass der Strahlenschutz durch den Erlass einer Anzahl von Richtlinien einen erhöhten Stellenwert genossen zu haben schien.[1409]

Nach dem Entwurf dient die Richtlinie der Erreichung, Aufrechterhaltung und fortlaufenden Verbesserung der nuklearen Sicherheit sowie die Stärkung der nationalen Aufsichtsaufgaben. Grundlegende Prinzipien sind somit auf die nationale Verantwortlichkeit der Mitgliedstaaten und die fortlaufende Verbesserung der Sicherheit.[1410] Dies

---

1402 EuGH, U v 4.10.1991, RS C-70/88, Europäisches Parlament/Rat der Europäischen Gemeinschaften, Slg 1991, I-4529 Rn 14.

1403 EuGH, U v 10.12.2002, RS C-29/99, Kommission/Rat, Slg 2002, I-11221, Rn 8.

1404 EuGH, U v 4.10.1991, RS C-70/88, Parlament/Rat, Slg 1991, I-4529, Rn 14.

1405 EuGH, U v 10.12.2002, RS C-29/99, Kommission/Rat, Slg 2002, I-11221, Rn 89.

1406 EuGH, U v 10.12.2002, RS C-29/99, Kommission/Rat, Slg 2002, I-11221.

1407 *Tromans* Nuclear Law[2], 59.

1408 EuGH, U v 27.10.2009, RS C-115/08, ČEZ/Land Oberösterreich, Slg 2009, I-10265; dazu näheres bei: *Schärf* The Temelin judgment of the European Court of Justice/NLB 2010, 79ff.

1409 *Garribba Massimo/Chirtes Amelia/Nauduzaite Monika* The Directive Establishing a Community Framework fort he Nuclear Safety of Nuclear Installations: The EU Approach to Nuclear Safety, NLB 84 (2009), 26.

1410 *Garribba Massimo/Chirtes Amelia/Nauduzaite Monika* The Directive Establishing a Community Framework fort he Nuclear Safety of Nuclear Installations: The EU Approach to Nuclear Safety, NLB 84 (2009), 30.

wurde in der endgültigen Fassung geändert. Trotz Entfalls dieses Wortlauts im endgültigen Text fallen in ihren Anwendungsbereich die Auswahl des Standortes, der Bau, die Instandhaltung, der Betrieb und die Stilllegung kerntechnischer Anlagen, bei denen nach dem Recht und Verwaltungsvorschriften des jeweiligen Mitgliedstaates Sicherheitsaspekte zu berücksichtigen sind. Die Richtlinie 96/29/Euratom blieb unberührt.[1411] Auch das Recht jedes Mitgliedstaates selbständig über die Verwirklichung des eigenen Nuklearprogramms zu entscheiden, bleibt von dieser Richtlinie unberührt.[1412] Damit wird der umfassenden Sicherheitsphilosophie Rechnung getragen, die eine Betrachtung vom Beginn der geplanten Tätigkeiten bis hin zur Schließung und Dekommissionierung vorsieht. Die Auswahl des Standortes für die Errichtung einer kerntechnischen Anlage ist politisch und damit auch in jedem Genehmigungsverfahren erfahrungsgemäß heftig umstritten. Durch den Verweis auf die Fundamtental Safety Principals der IAEO werden somit die Maßstäbe für die Standortprüfung gelegt.[1413] Von besonderer Bedeutung ist, dass diese Richtlinie für alle zivilen kerntechnischen Anlagen gelten soll. Es steht den Mitgliedstaaten frei, nach Art 2 Abs 2 strengere Regelungen zu treffen, soferne diese von der Richtlinie gedeckt und mit dem Gemeinschaftsrecht übereinstimmend sind.

Im Gegensatz zum Entwurf von Dezember 2008 sind eine Anzahl von Begriffsbestimmungen entfallen, wobei aus regelungstechnischer Sicht und zur vereinfachten Lesbarkeit eine größere Anzahl wie im Entwurf sinnvoller gewesen wäre.

In Artikel 3 sind nachstehende Begriffsbestimmungen dargestellt.

- „kerntechnische Anlage“ eine Anreicherungsanlage, eine Anlage zur Kernbrennstoffherstellung, ein Kernkraftwerk, eine Wiederaufbereitungsanlage, ein Forschungsreaktor, eine Zwischenlagerung für abgebrannte Brennelemente, und Zwischenlagerungen für radioaktive Abfälle, die direkt mit den oben genannten kerntechnischen Anlagen in Zusammenhang stehen, und sich auf dem Gelände dieser Anlagen befinden.

Endlagerstätten sind nicht umfasst, diese sollen mit einer anderen Richtlinie geregelt werden. Ausgeschlossen sind Anlagen, wie Röntgengeräte und ähnliches.

1411 Richtlinie 96/29/Euratom des Rates vom 13. Mai 1996 zur Festlegung der Sicherheitsnormen für den Schutz der Gesundheit der Arbeitskräfte und der Bevölkerung gegen die Gefahren ionisierender Strahlungen, ABl Nr L 159 vom 29.6.1996, S 1.

1412 Schlussakte zu dem Vertrag vom 24.6.1994 bei dem Beitritt des Königsreiches Norwegen, der Republik Österreich, der Republik Finnland und des Königreichs Schweden zur Europäischen Union ABl EG 1994 Nr C 241, S 371, angepasst durch Ratsbeschluss vom 1.1.1995, 95/1/EG, Euratom, EGKS, ABl EG 1995 L 1, S 1ff; zur Interpretation dieses *Scheunig* Europarechtliche Aspekte einer Beendigung der Kernenergienutzung in der Bundesrepublik Deutschland, EUR 2000, 1ff.

1413 *Garribba Massimo/Chirtes Amelia/Nauduzaite Monika* The Directive Establishing a Community Framework fort he Nuclear Safety of Nuclear Installations: The EU Approach to Nuclear Safety, NLB 84 (2009), 31.

– „nukleare Sicherheit“ die Erreichung ordnungsgemäßer Betriebsbedingungen, die Verhütung von Unfällen und die Abmilderung von Unfallfolgen, so dass die Arbeitskräfte und die Bevölkerung vor Gefahren durch ionisierende Strahlungen aus kerntechnischen Anlagen geschützt werden.

Diese Definition ist sehr weitreichend und basiert auf den IAEA Safety Glossary.[1414]

– „zuständige Regulierungsbehörde“ eine Behörde oder ein System von Behörden, die in einem Mitgliedstaat zur Regulierung der nuklearen Sicherheit kerntechnischer Anlagen gemäß Art 5 benannt werden.

Diese Definition beinhaltet keine verfahrensrechtlichen Garantien, jedoch sind die allgemeinen gemeinschaftsrechtlichen Anforderungen für Aufsichtsbehörden und deren Verfahren einzuhalten. In Art 5 Abs 1 ist der Verweis einer dauerhaften Einrichtung zu finden, somit soll gewährleistet werden, dass die Mitgliedstaaten nicht im Laufe der Zeit ständige Reorganisationen vornehmen.

– „Genehmigung“ jedes Rechtsdokument, das unter der Rechtshoheit eines Mitgliedstaates erteilt wird, um die Verantwortung für die Standortwahl, Auslegung, Bau, Inbetriebnahme und Betrieb oder Stilllegung einer kerntechnischen Anlage zuzuweisen;

Der Begriff „Genehmigung in der RL 2003/122/Euratom[1415] lautet wie folgt: „Genehmigung“: die von der zuständigen Behörde auf Antrag erteilte Erlaubnis in Form eines Bescheids zur Durchführung einer Tätigkeit, bei der eine Strahlenquelle eingesetzt wird; in der RL 96/29/Euratom ist die Definition wie folgt: „die von der zuständigen Behörde auf Antrag erteilte schriftliche Erlaubnis oder die nach einzelstaatlichem Recht gegebene Erlaubnis zur Durchführung einer von dieser Richtlinie erfassten Tätigkeit oder sonstigen Maßnahmen“. Durch die bewusst eng gewählte Definition soll eine eigenständige von den übrigen Normen unabhängige Regelung getroffen werden.

– „Genehmigungsinhaber“ eine juristische oder natürliche Person, die wie in einer Genehmigung angegeben die Gesamtverantwortung für eine kerntechnische Anlage hat.

Nach Art 4 Die Mitgliedstaaten schaffen einen nationalen Gesetzes-, Vollzugs- und Organisationsrahmen (nachstehend „nationaler Rahmen“ genannt) für die nukleare

1414 IAEA Safety Glossary, Terminology used in nuclear safety and radiation protection, IAEA, Vienna, 2007

1415 Richtlinie 2003/122/Euratom des Rates vom 22.Dezember 2003 zur Kontrolle hoch radioaktiver umschlossener Strahlenquellen und herrenloser Strahlenquellen, ABl Nr L 346 vom 31.12.2003, S 57.

Sicherheit kerntechnischer Anlagen, der die Zuweisung der Verantwortlichkeiten regelt und für die Koordinierung zwischen den zuständigen staatlichen Stellen sorgt. Der nationale Rahmen schafft Verantwortlichkeiten für a) die Annahme innerstaatlicher Anforderungen für die nukleare Sicherheit. Dabei verbleibt es in der Zuständigkeit der Mitgliedstaaten, die Annahmemodalitäten sowie die Instrumente zur Anwendung dieser Anforderungen zu bestimmen; b) die Bereitstellung eines Genehmigungssystems und einer Regelung zum Verbot des Betriebs kerntechnischer Anlagen ohne Genehmigung.

Die Mitgliedstaaten sind gemäß Art 5 Abs 1 verpflichtet dauerhaft eine zuständige Regulierungsbehörde für den Bereich der nuklearen Sicherheit kerntechnischer Anlagen einzurichten. Es muss dabei sicher gestellt werden, dass die zuständige Regulierungsbehörde funktional von allen Stellen und Organisationen getrennt ist, die mit der Förderung oder Nutzung von Kernenergie einschließlich der Elektrizitätserzeugung befasst sind, um die tatsächliche Unabhängigkeit von ungebührlicher Beeinflussung bei den regulatorischen Entscheidungsfindungen sicher zu stellen. Von besonderer Bedeutung ist, dass eine gemeinschaftsrechtliche Verpflichtung der Mitgliedstaaten nach Art 5 Abs 3 vorliegt, gemäß der die zuständige Regulierungsbehörde mit den rechtlichen Befugnissen sowie mit den personellen und finanziellen Mitteln ausgestattet ist, die erforderlich sind, um ihre Pflichten im Zusammenhang mit dem nationalem Rahmen zu erfüllen, wobei der Sicherheit der gebührende Vorrang eingeräumt wird. Die Befugnisse und Mittel umfassen das Recht, vom Genehmigungsinhaber verlangen zu können, die innerstaatlichen Anforderungen für die nukleare Sicherheit und die Bestimmungen der betreffenden Genehmigungen zu erfüllen, den Nachweis der Erfüllung dieser Anforderung einschließlich der Anforderungen nach Art 6 Abs 2 bis 5 verlangen zu können, im Vollzug die Erfüllung dieser Anforderungen durch Bewertungen und Inspektionen überprüfen zu können und im Vollzug Durchsetzungsmaßnahmen ergreifen zu können, einschließlich der Einstellung des Betriebs kerntechnischer Anlagen im Einklang mit den Bedingungen des nationalen Rahmens nach Art 4 Abs 1.

Nach Art 6 obliegt die Verantwortung für die nukleare Sicherheit einer kerntechnischen Anlage in erster Linie dem Genehmigungsinhaber. Eine Delegierung der Verantwortung ist nicht möglich. Nach Art 6 Abs 2 sind die Genehmigungsinhaber nach geltendem nationalen Rahmen verpflichtet, unter Aufsicht der zuständigen Regierungsbehörde die nukleare Sicherheit ihrer kerntechnischen Anlagen regelmäßig in systematischer und nachprüfbarer Weise zu bewerten und zu überprüfen, und, soweit wie vernünftiger Weise erreichbar, kontinuierlich zu verbessern. Die Bewertungen nach Abs 2 umfassen die Überprüfung der Maßnahmen, die zur Verhütung von Unfällen und zur Abmilderung von Unfallfolgen getroffen sind, einschließlich der Überprüfung der physischen Barrieren sowie der administrativen Schutzvorkehrungen des Genehmigungsinhabers, die versagen müssen, bevor Arbeitskräfte oder die Bevölkerung erheblich durch ionisierende Strahlungen geschädigt würde. Unverhältnismäßigen oder unerreichbaren Vorgaben sind somit ein Riegel vorgeschoben.[1416]

Nach Art 6 Abs 4 sind die Genehmigungsinhaber ebenso nach dem geltenden nationalen Rahmen verpflichtet, Managementsysteme einzurichten und anzuwenden, die der nuklearen Sicherheit gebührenden Vorrang einräumen und regelmäßig von der zuständigen Regulierungsbehörde überprüft werden. Weiters sind nach Art 6 Abs 5 die Genehmigungsinhaber nach dem geltenden nationalen Rahmen verpflichtet, die angemessenen finanzielle und personelle Mittel zu Erfüllung ihrer in den Absätzen 1 bis 4 festgelegten Pflichten in Bezug auf die nukleare Sicherheit einer kerntechnischen Anlage vorzusehen und bereit zu halten. Ob darunter die Verpflichtung für den Abschluss entsprechender angemessener Versicherungsverträge fällt, ist denkbar.

In der Richtlinie ist in Art 7 die Verpflichtung der Mitgliedstaaten vorgesehen, dass alle Beteiligten nach dem jeweils geltenden nationalen Rahmen verpflichtet sind, für die Aus- und Fortbildung ihres Personals, das mit Aufgaben im Bereich der nuklearen Sicherheit kerntechnischer Anlagen betraut ist, zu sorgen, um Kenntnisse und Fähigkeiten auf dem Gebiet der nuklearen Sicherheit aufrecht zu erhalten und auszubauen. Diese Aus- und Fortbildungsverpflichtung ist auch in anderen Richtlinien zu finden.

Nach Art 8 stellen die Mitgliedstaaten sicher, dass die Arbeitskräfte und die Bevölkerung über die Regulierungstätigkeit auf dem Gebiet der nuklearen Sicherheit informiert werden. Zu dieser Pflicht gehört, dass sicher gestellt wird, dass die zuständige Regulierungsbehörde die Öffentlichkeit in ihren Zuständigkeitsbereichen informiert. Die Information der Öffentlichkeit erfolgt im Einklang mit nationalem Recht und internationalen Verpflichtungen, sofern dadurch nicht andere Interessen – wie unter anderem Sicherheitsinteressen –, die im nationalen Recht oder in internationalen Verpflichtungen anerkannt sind, gefährdet werden.

Interessant ist, dass nach Art 9 die Mitgliedstaaten der Kommission zum ersten Mal bis zum 22.7.2014, danach alle drei Jahre einen Bericht über die Durchführung dieser Richtlinie vorlegen, wobei sie die Überprüfung und Berichte nach dem Übereinkommen für nukleare Sicherheit nutzen. Anhand der Berichte der Mitgliedstaaten legt die Kommission dem Rat und dem Europäischen Parlament einen Bericht über die Umsetzung dieser Richtlinie.

Weiters verlangt Art 9 Abs 3, dass alle 10 Jahre eine regelmäßige Selbstbewertung ihres nationalen Rahmens und ihrer zuständigen Regulierungsbehörde durch die Mitgliedstaaten erfolgt, und dass zu einer Prüfung passende Segment ihres nationalen Rahmens und/oder ihrer Behörden für internationale Experten eingeladen werden, mit dem Ziel, die nukleare Sicherheit kontinuierlich zu verbessern. Über die Ergebnisse der Prüfung durch internationale Experten wird den Mitgliedstaaten und der Kommission berichtet, sobald diese Ergebnisse verfügbar sind.

1416 *Pouleur Yvan/Krs Peter* NLB 85 (2010), 21.

jj) Über die Entsorgung abgebrannter Brennelemente und radioaktiver Abfälle

aaa) Einleitung

Die Entsorgung abgebrannter Brennelemente und radioaktiver Abfälle[1417] ist eines der großen Probleme der zivilen Nutzung der Kerntechnologie. Zwischenzeitig (2008) sind in den USA 60.000,00 MTHM[1418] in Frankreich 11.300,00 MTHM und im Vereinigten Königreich 423 MTHM hochradioaktiver Abfall und abgebrannte Brennelemente lagernd, weltweit wird im Jahre 2020 mit ca 445.000,00 MTHM gerechnet.[1419] Diese Abfälle müssen sicher entsorgt werden, insbesondere auch im Hinblick darauf, dass die richtige Lagerung einerseits den unbefugten Zugriff Dritter auf diese Stoffe verhindern soll, andererseits muss durch die entsprechende Lagerung gewährleistet werden, dass keine Radioaktivität austritt oder radioaktives Material entweicht und somit die Umwelt gefährdet. In den USA sind seit den 40-er Jahren des vergangenen Jahrhunderts Regelungen erlassen worden und durch Behörden (zB Atomic Energy Commission)[1420] geregelt und kontrolliert worden.[1421]

Abgebrannte Brennelemente können entweder gelagert oder wiederaufbereitet werden. Bei der Wiederaufbereitung kommt es neben den technischen Problemen häufig auch zu daraus folgenden Beeinträchtigungen der Umwelt, wodurch die Wiederaufbereitungstechnologie sich nicht im erwünschten und erhofften Ausmaß durchgesetzt hat.[1422]

In der gesamten Diskussion über die Lagerung von abgebrannten Brennelementen und radioaktivem Abfall wird immer auch mit moralischen Werten argumen-

---

1417 Zur Definition: The spent fuel is 95–96% uranium with an enrichment level at or slightly above that of natural uranium, 1% plutonium, 0.1% other actinides and 3–4% fission products. The uranium and plutonium can potentially be reused for new nuclear fuel. Two different management strategies are used for spent nuclear fuel. In one the fuel is reprocessed to extract usable material (uranium and plutonium) for new fuel. In the other, spent fuel is simply considered a waste and is stored pending disposal. If the spent fuel is to be reprocessed, it is shipped to a reprocessing facility where the fuel elements and fuel rods are chopped into pieces, the pieces are chemically dissolved, and the resulting solution is separated into four basic outputs: uranium, plutonium, high level waste (HLW), and various other process wastes. In terms of cooling and shielding, the HLW, which contains fission products and actinides, needs to be handled similarly to spent fuel of the same age; veröffentlicht in: http://www.iaea.org/About/Policy/GC/GC50/GC50InfDocuments/English/gc50inf-3-att5_en.pdf.

1418 Metric Ton of Heavy Metal.

1419 *De Saillan Charles* Disposal of Spent Nuclear Fuel in the United States and Europe: A Persistent Environmental Problem, Harvard Environmental Law review 34 (2010), 473 mwN.

1420 Zum rechtlichen Status: *Grammatico-Vidal Laetitia* Changes in the Legal Status of the Commissariat à l énergie atomique (CEA), NLB 83 (2009), 77ff.

1421 *Stewart, Richard B.* „U.S. Nuclear Waste Law and Policy: Fixing a Bankrupt System" (2009). New York University Public Law and Legal Theory Working Papers. Paper 135. S 787ff.

1422 *De Saillan Charles* Harvard Environmental Law review 34 (2010), 483ff.

tiert.[1423] Sie weisen auch auf das besondere jedoch nur vorgeschobene Diskussionsargument (NIMBY) „Not in My Backyard" – „Florianiprinzip" – hin. Nach ihren Untersuchungen findet dies jedoch bei den Umfragen keine entsprechenden Anhaltspunkte. Einen Ansatz zur Lösung der Risken versuchten Loubergé/Villeneuve/Chesney.[1424]

Um ein erfolgreiches Genehmigungsverfahren durchführen zu können als auch um die dafür notwendigen institutionellen Voraussetzungen zu schaffen, sind nach de Saillan folgende Voraussetzungen unerlässlich: unabhängiger und glaubwürdiger Betreiber,[1425] unabhängige und glaubwürdige Aufsichtsbehörde,[1426] Offenheit beim Verfahren,[1427] öffentliche Teilnahme,[1428] die Akzeptanz der lokalen Bevölkerung,[1429] die geologischen und technischen Grenzen,[1430] sowie Schutz der Menschen und der Umwelt vor der Strahlung.[1431]

Durch die lange notwendige Lagerung, durch die Entwicklung der Technologien, durch die Erweiterung der Erfahrung in anderen Lagerstätten, durch natürliche Veränderungen, sowie durch andere Umstände ist es notwendig, einmal getroffene Konzepte oder Lösungen entsprechend zu adaptieren, diese Adaptionen können auch vorsehen, dass die Organisation von Lagerstätten entsprechende Flexibilität aufweisen, um auf die zukünftigen Herausforderungen entsprechend reagieren zu können.[1432]

Die Joint Convention on the Safety of Spent Fuel Management and on the Safety of Radioactive Waste Management),[1433] welche im Juni 2001 in Kraft trat, legte die völkerrechtliche Grundlage für Umsetzungen in die nationalen Rechte. Das erste Ziel dieser Joint Convention ist die sichere Verwaltung des radioaktiven Abfalls für die Zukunft. Weiters ist zu beachten, dass abgebrannte Brennelemente für den einen Mitgliedstaat Abfall, für einen anderen Ausgangsprodukt für weitere Materialien (Wiederaufbereitung) sind. Aus diesem Grund ist gemäß dieser Joint Convention radioaktiver Abfall als radioaktives Material definiert, welches keine weitere Ver-

---

1423 *Sjöberg Lennart/Drottz-Sjöberg Britt-Marie* Fairness, risk and risk tolerance in the sitting of a nuclear waste repository, Journal of Risk Research 4 (1), 2001, 75ff.

1424 *Loubergé Henri/Villeneuve Stéphan/Chesney Marc* Long-term risk management of nuclear waste: a real options approach, Journal of Economic Dynamics & Control, 27/2002, 157ff.

1425 *De Saillan Charles* Harvard Environmental Law review 34 (2010), 507ff.

1426 *De Saillan Charles* Harvard Environmental Law review 34 (2010), 510f.

1427 *De Saillan Charles* Harvard Environmental Law review 34 (2010), 511ff.

1428 *De Saillan Charles* Harvard Environmental Law review 34 (2010), 512ff.

1429 *De Saillan Charles* Harvard Environmental Law review 34 (2010), 514f.

1430 *De Saillan Charles* Harvard Environmental Law review 34 (2010), 515ff.

1431 *De Saillan Charles* Harvard Environmental Law review 34 (2010), 517ff.

1432 *Keeney Ralph L./Winterfeldt Detlof* Managing Nuclear Waste from Power Plants, Risk Analysis Journal 1 (1994), 107ff.

1433 Joint Convention on the safety of spent fuel management and on the safety of radioactive waste management, INFCIRC/546, IAEO, Vienna (1997); *Primosch,* Das IAEO-Abkommen betreffend nukleare Abfälle, ÖJZ 2001, 54ff; *Strack* The Safety Regime Concerning Transboundary Movement of Radioactive Waste and its Compatibility with the Trade Regime of the WTO, NLB 73 (2004), 35f.

wendung für die Vertragsparteien hat. Von besonderer Bedeutung ist der Transport von abgebrannten Brennstäben und radioaktivem Abfall. Dies ist in Art 27 der Joint Convention on Safety of Spent Fuel Management and on the Safety of Radioactive Waste Management im Anschluss an die 1989 abgeschlossene Baselkonvention über die Kontrolle von grenzüberschreitenden Bewegungen von gefährlichem Abfall und deren Lagerung geregelt. Vom Basler Übereinkommen ist der Transport von radioaktivem Abfall nicht umfasst.[1434] Die Barcelona Konvention ist für radioaktiven Abfall jedoch sehr wohl anwendbar.[1435] Für den Südpazifik ist gemäß dem 2001 abgeschlossenen Waigani Übereinkommen, welches ein Regionalabkommen zum Basler Übereinkommen ist, der Import von radioaktivem Abfall generell verboten.[1436] Art 39 des Lomé IV Abkommens verbietet den Export von gefährlichen und radioaktiven Abfall aus den Mitgliedstaaten der EU in die AKP Staaten.

Durch die Diskussion wurde schlussendlich die Richtlinie über die sichere Entsorgung abgebrannter Brennelemente und radioaktiver Abfälle erlassen.[1437]

bbb) Richtlinientext

Nach Art 1 Abs 1 wird mit dieser Richtlinie ein Gemeinschaftsrahmen für die verantwortungsvolle und sichere Entsorgung abgebrannter Brennelemente und radioaktiver Abfälle geschaffen, um zu vermeiden, dass künftigen Generationen unangemessene Lasten aufgebürdet werden. Weiters gewährleistet die Richtlinie, dass die Mitgliedstaaten geeignete innerstaatliche Vorkehrungen für ein hohes Sicherheitsniveau bei der Entsorgung abgebrannter Brennelemente und radioaktiver Abfälle treffen, um die Arbeitskräfte und die Bevölkerung vor den Gefahren ionisierender Strahlung zu schützen. Sie gewährleistet weiters die erforderliche Unterrichtung und Beteiligung der Öffentlichkeit im Zusammenhang mit der Entsorgung abgebrannter Brennelemente und radioaktiver Abfälle; Belange der Sicherung und des Kernschutzes werden dabei angemessen berücksichtigt. Unbeschadet der Richtlinie 96/29/Euratom[1438] ergänzt die vorliegende Richtlinie die in Artikel 30 EA genannten Grundnormen in Bezug auf die Sicherheit abgebrannter Brennelemente und radioaktiver Abfälle.

1434 *Strack* NLB 73 (2004), 32.

1435 *Strack* NLB 73 (2004), 32f.

1436 Convention to Ban the Importation into Forum Island Countries of Hazardous and Radioactive Wastes and to Control the Transboundary Movement and Management of Hazardous Waste within the South Pacific Region.

1437 Richtlinie 2011/70/EURATOM des Rates vom 19. Juli 2011 über einen Gemeinschaftsrahmen für die verantwortungsvolle und sichere Entsorgung abgebrannter Brennelemente und radioaktiver Abfälle, ABl. Nr. L 199 vom 2.8.2011, S 48ff.

1438 Richtlinie 96/29/Euratom des Rates vom 13. Mai 1996 zur Festlegung der grundlegenden Sicherheitsnormen für den Schutz der Gesundheit der Arbeitskräfte und der Bevölkerung gegen Gefahren durch ionisierende Strahlung, ABl Nr L 159 vom 29.6.1996, S 1.

Nach Art 2 gilt die Richtlinie für alle Stufen der Entsorgung abgebrannter Brennelemente, die bei zivilen Tätigkeiten anfallen, der Entsorgung radioaktiver Abfälle, die bei zivilen Tätigkeiten anfallen von der Erzeugung bis zur Endlagerung. Nach Art 2 Abs 2 gilt die Richtlinie nicht für möglicher Weise radioaktive Abfälle der mineralgewinnenden Industrie, die in den Geltungsbereich der Richtlinie 2006/21/EG[1439] fallen, bei genehmigten Freisetzungen.

Art 4 Abs 4 gilt jedoch nicht für die Rückführung ausgedienter umschlossener Quellen an einen Lieferanten oder Hersteller, der Verbringung abgebrannter Brennelemente aus Forschungsreaktoren in ein Land, in dem Brennelemente für Forschungsreaktoren bereitgestellt oder hergestellt werden, unter Berücksichtigung geltender internationaler Übereinkünfte, bei Abfällen und abgebrannten Brennelementen aus dem bestehenden Kernkraftwerk Krsko, in Bezug auf Verbindungen zwischen Slowenien und Kroatien.

Diese Richtlinie berührt weiters gemäß Art 2 Abs 4 nicht das Recht eines Mitgliedstaates oder eines Unternehmens in einem Mitgliedstaat, radioaktive Abfälle nach ihrer Bearbeitung in dem Ursprungsstaat zurückzuverbringen, wenn die radioaktiven Abfälle diesem Mitgliedstaat oder zu diesem Unternehmen zur Bearbeitung verbracht werden sollen, oder anderes Material in diesem Mitgliedstaat oder zu diesem Unternehmen zum Zwecke der Verwertung der radioaktiven Abfälle verbracht werden soll. Diese Richtlinie berührt weiters nicht das Recht eines Mitgliedstaates oder eines Unternehmens in dem betreffenden Mitgliedstaat, in dem abgebrannte Brennelemente zur Behandlung oder Wiederaufarbeitung verbracht werden sollen, radioaktive Abfälle, die bei der Behandlung oder Wiederaufarbeitung anfallen, oder nach entsprechender Vereinbarung ein Äquivalenz in das Ursprungsland zurückzusenden.

Art 3 bezeichnet die Richtlinie unter

- „Verschluss“ den Abschluss aller betrieblichen Tätigkeiten zu irgendeinem Zeitpunkt nach der Einlagerung abgebrannter Brennelemente oder radioaktiver Abfälle in einer Anlage zur Endlagerung, einschließlich der abschließenden technischen oder sonstigen Arbeiten, die erforderlich sind, um die Anlage in einen langfristig sicheren Zustand zu versetzen;
- „zuständige Regulierungsbehörde“ eine Behörde oder ein System von Behörden, die in einem Mitgliedstaat zur Regulierung der sicheren Entsorgung abgebrannter Brennelemente und radioaktiver Abfälle gemäß Artikel 6 benannt wurden; Die Definition entspricht im Prinzip der Definition der Richtlinie 2009/71/Euratom.
- „Endlagerung“ die Einlagerung abgebrannter Brennelemente oder radioaktiver Abfälle in einer Anlage, wobei eine Rückholung nicht beabsichtigt ist;

1439 Richtlinie 2006/21/EG des Europäischen Parlaments und des Rates vom 15. März 2006 über die Bewirtschaftung von Abfällen aus der mineralgewinnenden Industrie und zur Änderung der Richtlinie 2004/35/EG, ABl. Nr. L 102 vom 11.4.2006, S 15ff.

- „Anlage zur Endlagerung“ jede Anlage oder Einrichtung, deren Hauptzweck die Endlagerung radioaktiver Abfälle ist;
- „Genehmigung“ jedes Rechtsdokument, das unter der Rechtshoheit eines Mitgliedstaats zur Erlaubnis der Durchführung einer Tätigkeit im Zusammenhang mit der Entsorgung abgebrannter Brennelemente oder radioaktiver Abfälle oder zur Zuweisung der Verantwortung für Standortwahl, Auslegung, Bau, Inbetriebnahme, Betrieb, Stilllegung oder Verschluss einer Anlage zur Entsorgung abgebrannter Brennelemente oder einer Anlage zur Entsorgung radioaktiver Abfälle ausgestellt wird;
- „Genehmigungsinhaber“ eine juristische oder natürliche Person, die, wie in einer Genehmigung angegeben, die Gesamtverantwortung für eine Tätigkeit oder eine Anlage im Zusammenhang mit der Entsorgung abgebrannter Brennelemente oder radioaktiver Abfälle hat; Die Definition entspricht im Prinzip der Definition der Richtlinie 2009/71/Euratom.
- „radioaktive Abfälle“ radioaktives Material in gasförmiger, flüssiger oder fester Form, für das von dem Mitgliedstaat oder von einer natürlichen oder juristischen Person, deren Entscheidung von dem Mitgliedstaat anerkannt wird, eine Weiterverwendung nicht vorgesehen ist und das im Rahmen von Gesetzgebung und Vollzug des Mitgliedstaats als radioaktiver Abfall der Regulierung durch eine zuständige Regulierungsbehörde unterliegt;
- „Entsorgung radioaktiver Abfälle“ sämtliche Tätigkeiten, die mit der Handhabung, Vorbehandlung, Behandlung, Konditionierung, Lagerung oder Endlagerung radioaktiver Abfälle zusammenhängen, ausgenommen die Beförderung außerhalb des Standorts;
- „Anlage zur Entsorgung radioaktiver Abfälle“ jede Anlage oder Einrichtung, deren Hauptzweck die Entsorgung radioaktiver Abfälle ist;
- „Wiederaufarbeitung“ ein Verfahren oder einen Vorgang, dessen Zweck die Gewinnung von spaltbarem oder brütbarem Material aus abgebrannten Brennelementen für die Weiterverwendung ist;
- „abgebrannte Brennelemente“ Kernbrennstoff, der in einem Reaktorkern bestrahlt und dauerhaft aus diesem entfernt worden ist; abgebrannte Brennelemente können entweder als verwendbare wiederaufarbeitbare Ressource betrachtet oder, wenn sie als radioaktiver Abfall eingestuft werden, zur Endlagerung bestimmt werden;
- „Entsorgung abgebrannter Brennelemente“ sämtliche Tätigkeiten, die mit der Handhabung, Lagerung, Wiederaufarbeitung oder Endlagerung abgebrannter Brennelemente zusammenhängen, ausgenommen die Beförderung außerhalb des Standorts;
- „Anlage zur Entsorgung abgebrannter Brennelemente“ jede Anlage oder Einrichtung, deren Hauptzweck die Entsorgung abgebrannter Brennelemente ist;
- „Lagerung“ das Aufbewahren abgebrannter Brennelemente oder radioaktiver Abfälle in einer Anlage, wobei eine Rückholung beabsichtigt ist.

Gemäß Art 4 Abs 1 erstellen die Mitgliedstaaten die nationale Politik für die Entsorgung abgebrannter Brennelemente und radioaktiver Abfälle und erhalten diese aufrecht. Unbeschadet des Art 2 Abs 3 hat jeder Mitgliedstaat die abschließende Verantwortung für die Entsorgung abgebrannter Brennelemente und radioaktiver Abfälle, die in seinem Hoheitsgebiet entstanden sind. Werden radioaktiver Abfälle oder abgebrannter Brennelemente zur Bearbeitung oder Wiederaufarbeitung in einen Mitgliedstaat oder in einen Drittstaat verbracht, so verbleibt die abschließende Verantwortung für die sichere Endlagerung dieses Materials, einschließlich aller Abfälle, die als Nebenprodukt entstehen, bei dem Mitgliedstaat oder Drittstaat, aus dem das radioaktiver Material versandt wurde. Gemäß Art 4 Abs 3 beruht die nationale Politik auf folgenden Grundsätzen:

- die Erzeugung radioaktiver Abfälle wird durch eine geeignete Auslegung sowie Betriebs- und Stilllegungsverfahren (einschließlich der Weiter- und Wiederverwendung von Material) auf das hinsichtlich Aktivität und Volumen vernünftigerweise realisierbare Mindestmaß beschränkt;
- die wechselseitigen Abhängigkeiten der einzelnen Schritte bei der Entstehung und Entsorgung abgebrannter Brennelemente und radioaktiver Abfälle werden berücksichtigt;
- abgebrannte Brennelemente und radioaktive Abfälle werden sicher entsorgt; langfristig sind auch die Aspekte der passiven Sicherheit zu berücksichtigen;
- die Durchführung von Maßnahmen erfolgt nach einem abgestuften Konzept;
- die Kosten der Entsorgung abgebrannter Brennelemente und radioaktiver Abfälle werden von denjenigen getragen, die dieses Material erzeugt haben;
- in Bezug auf alle Stufen der Entsorgung abgebrannter Brennelemente und radioaktiver Abfälle kommt ein faktengestützter und dokumentierter Entscheidungsprozess zur Anwendung.

Radioaktive Abfälle werden nach Art 4 Abs 4 in dem Mitgliedstaat endgelagert, in dem sie entstanden sind, es sei denn, zum Zeitpunkt der Verbringung war – unter Berücksichtigung der von der Kommission in Einklang mit Art 16 Abs 2 der Richtlinie 2006 festgelegten Kriterien – ein Abkommen zwischen dem betreffenden Mitgliedstaat und einem anderen Mitgliedstaat :

Das Bestimmungsland hat ein Abkommen über die Entsorgung abgebrannter Brennelemente und radioaktiver Abfälle mit der Gemeinschaft geschlossen oder ist Vertragspartei des Gemeinsamen Übereinkommens über die Sicherheit der Behandlung abgebrannter Brennelemente und über die Sicherheit der Behandlung radioaktiver Abfälle (im Folgenden „Gemeinsames Übereinkommen").

Das Bestimmungsland verfügt über Programme für die Entsorgung und Endlagerung radioaktiver Abfälle, deren Ziele ein hohes Sicherheitsniveau bedeuten und denjenigen dieser Richtlinie gleichwertig sind.

Die Anlage zur Endlagerung im Bestimmungsland verfügt über eine Genehmigung für den zu verbringenden radioaktiven Abfall, ist vor der Verbringung in Betrieb und wird gemäß den Anforderungen des Programms für die Entsorgung und Endlagerung radioaktiver Abfälle dieses Bestimmungslands betrieben.

Gemäß Art 5 Abs 1 schaffen die Mitgliedstaaten einen nationalen Gesetzes-, Vollzugs- und Organisationsrahmen (im Folgenden „nationaler Rahmen") für die Entsorgung abgebrannter Brennelemente und radioaktiver Abfälle, der die Zuweisung der Verantwortlichkeit regelt und für die Koordinierung zwischen den einschlägigen zuständigen Stellen sorgt. Der nationale Rahmen sieht alles Folgende vor:

- ein nationales Programm zur Umsetzung der Politik für die Entsorgung abgebrannter Brennelemente und radioaktiver Abfälle;
- nationale Vorkehrungen für die sichere Entsorgung abgebrannter Brennelemente und radioaktiver Abfälle. Dabei verbleibt es in der Zuständigkeit der Mitgliedstaaten zu bestimmen, wie diese Vorkehrungen angenommen werden, sowie die Instrumente zur Anwendung dieser Vorkehrungen zu bestimmen;
- ein Genehmigungssystem für Anlagen und/oder Tätigkeiten zur Entsorgung abgebrannter Brennelemente und radioaktiver Abfälle, in dem auch das Verbot vorgesehen ist, ohne Genehmigung Tätigkeiten zur Entsorgung abgebrannter Brennelemente und radioaktiver Abfälle durchzuführen und/ oder eine Anlage zur Entsorgung abgebrannter Brennelemente oder radioaktiver Abfälle zu betreiben, und in dem gegebenenfalls auch Bedingungen für die weitere Ausführung der Tätigkeit und/oder den weiteren Betrieb der Anlage vorgeschrieben werden;
- ein System, das eine geeignete Kontrolle, ein Managementsystem, Inspektionen durch die Regulierungsbehörde, Dokumentations- und Berichterstattungspflichten für Tätigkeiten und/oder Anlagen zur Entsorgung abgebrannter Brennelemente und radioaktiver Abfälle umfasst, einschließlich geeigneter Maßnahmen für die Zeit nach dem Verschluss von Anlagen zur Endlagerung;
- Durchsetzungsmaßnahmen, einschließlich Einstellung von Tätigkeiten und Änderung, Befristung oder Widerruf einer Genehmigung sowie gegebenenfalls Auflagen bezüglich Alternativlösungen, die einen Sicherheitsgewinn bewirken;
- die Zuweisung der Verantwortung an die an den einzelnen Stufen der Entsorgung abgebrannter Brennelemente und radioaktiver Abfälle beteiligten Stellen. Insbesondere weist der nationale Rahmen die Hauptverantwortung für abgebrannte Brennelemente und radioaktive Abfälle den Erzeugern oder, unter bestimmten Umständen, einem Genehmigungsinhaber, dem diese Verantwortung von zuständigen Stellen übertragen wurde, zu;
- nationale Vorschriften für die Unterrichtung und die Beteiligung der Öffentlichkeit;
- die Finanzierungsregelung(en) für die Entsorgung abgebrannter Brennelemente und radioaktiver Abfälle gemäß Artikel 9.

Gemäß Art 5 Abs 2 stellen die Mitgliedstaaten sicher, dass der nationale Rahmen gegebenenfalls verbessert wird, wobei sie der Betriebserfahrung, Erkenntnissen aus dem Entscheidungsprozess gemäß Artikel 4 Absatz 3 Buchstabe f und den Entwicklungen in der einschlägigen Forschung und Technik Rechnung tragen.

Gemäß Art 6 Abs 1 richtet jeder Mitgliedstaat dauerhaft eine zuständige Regulierungsbehörde ein, die für den Bereich der Sicherheit der Entsorgung abgebrannter Brennelemente und radioaktiver Abfälle zuständig ist.

Gemäß Art 6 Abs 2 stellen die Mitgliedstaaten sicher, dass die zuständige Regulierungsbehörde funktional von allen anderen Stellen und Organisationen getrennt ist, die mit der Förderung oder Nutzung von Kernenergie oder radioaktivem Material, einschließlich der Elektrizitätserzeugung und der Anwendung von Radioisotopen, oder mit der Entsorgung abgebrannter Brennelemente und radioaktiver Abfälle befasst sind, um die tatsächliche Unabhängigkeit von ungebührlicher Beeinflussung in ihrer Regulierungsfunktion sicherzustellen.

Gemäß Art 6 Abs 3 stellen die Mitgliedstaaten stellen sicher, dass die zuständige Regulierungsbehörde mit den rechtlichen Befugnissen sowie mit den personellen und finanziellen Mitteln ausgestattet ist, die erforderlich sind, um ihre Pflichten im Zusammenhang mit dem in Artikel 5 Absatz 1 Buchstaben b, c, d und e beschriebenen nationalen Rahmen zu erfüllen.

Gemäß Art 7 Abs 1 stellen die Mitgliedstaaten sicher, dass die Verantwortung für die Sicherheit der Anlagen und/oder Tätigkeiten zur Entsorgung abgebrannter Brennelemente und radioaktiver Abfälle in erster Linie dem Genehmigungsinhaber obliegt. Diese Verantwortung kann nicht delegiert werden.

Gemäß Art 7 Abs 2 stellen die Mitgliedstaaten sicher, dass die Genehmigungsinhaber nach dem geltenden nationalen Rahmen verpflichtet sind, unter der rechtlichen Kontrolle der zuständigen Regulierungsbehörde die Sicherheit der Anlagen oder Tätigkeiten zur Entsorgung abgebrannter Brennelemente und radioaktiver Abfälle regelmäßig in systematischer und nachprüfbarer Weise zu überprüfen und, so weit wie vernünftigerweise erreichbar, kontinuierlich zu verbessern. Dies wird durch eine geeignete Sicherheitsbewertung, andere Argumente und Fakten erreicht.

Gemäß Art 7 Abs 3 erstreckt sich als Teil des Genehmigungsverfahrens für eine Anlage oder Tätigkeit der Sicherheitsnachweis auf die Entwicklung und die Ausführung einer Tätigkeit und die Entwicklung, den Betrieb und die Stilllegung einer Anlage oder den Verschluss einer Anlage zur Endlagerung sowie die Phase nach dem Verschluss einer Anlage zur Endlagerung. Der Umfang des Sicherheitsnachweises muss der Komplexität der betrieblichen Tätigkeit und dem Ausmaß der mit den radioaktiven Abfällen und abgebrannten Brennelementen sowie der Anlage oder Tätigkeit verbundenen Gefahren entsprechen. Das Genehmigungsverfahren muss dazu beitragen, dass die Anlage oder Tätigkeit unter normalen Betriebsbedingungen, bei möglichen Betriebsstörungen und bei Auslegungsstörfällen sicher ist. Es muss die erforderliche Gewissheit erbringen, dass die Anlage oder Tätigkeit sicher ist. Es müssen Maßnahmen zur Verhütung von Unfällen und zur Abmilderung von Unfallfolgen vorhanden sein, einschließlich der Überprüfung, welche physischen Barrieren sowie administrativen Schutzverfahren des Genehmigungsinhabers versagen müssten, bevor Arbeitskräfte oder die Bevölkerung erheblich durch ionisierende Strahlung geschädigt würden. Dieses Konzept dient dazu, Unsicherheitsfaktoren zu erkennen und abzuschwächen.

Gemäß Art 7 Abs 4 stellen die Mitgliedstaaten sicher, dass die Genehmigungsinhaber nach dem nationalen Rahmen verpflichtet sind, integrierte Managementsysteme einschließlich Qualitätssicherung einzurichten und anzuwenden, die der Sicherheit der gesamten Kette der Entsorgung abgebrannter Brennelemente und radioaktiver Abfälle gebührenden Vorrang einräumen und regelmäßig von der zuständigen Regulierungsbehörde überprüft werden.

Gemäß Art 7 Abs 5stellen die Mitgliedstaaten sicher, dass die Genehmigungsinhaber nach dem nationalen Rahmen verpflichtet sind, angemessene finanzielle und personelle Mittel zur Erfüllung ihrer in den Absätzen 1 bis 4 festgelegten Pflichten in Bezug auf die Sicherheit der Entsorgung abgebrannter Brennelemente oder radioaktiver Abfälle vorzusehen und dauerhaft bereitzuhalten

Gemäß Art 8 stelle die Mitgliedstaaten sicher, dass der nationale Rahmen Vorkehrungen für die Aus- und Fortbildung vorschreibt, die alle Beteiligten ihrem Personal erteilen müssen; gleiches gilt für Forschungs- und Entwicklungstätigkeiten, die die Anforderungen der nationalen Programme für die Entsorgung abgebrannter Brennelemente oder radioaktiver Abfälle abdecken, um die erforderlichen Kenntnisse und Fähigkeiten zu erwerben, aufrechtzuerhalten und auszubauen.

Gemäß Art 9 stellen die Mitgliedstaaten sicher, dass durch den nationalen Rahmen vorgeschrieben ist, dass angemessene Finanzmittel für die Umsetzung der in Artikel 11 genannten nationalen Programme insbesondere zur Entsorgung abgebrannter Brennelemente und radioaktiver Abfälle zu dem Zeitpunkt zur Verfügung stehen, zu dem sie benötigt werden, wobei die Verantwortung der Erzeuger abgebrannter Brennelemente und radioaktiver Abfälle angemessen zu berücksichtigen ist.

Gemäß Art 10 Abs 1 stellen die Mitgliedstaaten sicher, dass die Arbeitskräfte und die Bevölkerung die erforderlichen Informationen über die Entsorgung abgebrannter Brennelemente und radioaktiver Abfälle erhalten. Zu dieser Pflicht gehört sicherzustellen, dass die zuständige Regulierungsbehörde die Öffentlichkeit in ihren Zuständigkeitsbereichen informiert. Die Information der Öffentlichkeit erfolgt im Einklang mit nationalem Recht und internationalen Verpflichtungen, sofern dadurch nicht andere Interessen – wie unter anderem Sicherheitsinteressen –, die im nationalen Recht oder in internationalen Verpflichtungen anerkannt sind, gefährdet werden.

Gemäß Art 10 Abs 2 gewährleisten die Mitgliedstaaten, dass der Öffentlichkeit im erforderlichen Umfang die Möglichkeit gegeben wird, sich in Einklang mit dem nationalen Recht und internationalen Verpflichtungen an der Entscheidungsfindung im Zusammenhang mit der Entsorgung abgebrannter Brennelemente und radioaktiver Abfälle effektiv zu beteiligen.

Gemäß Art 11 Abs 1 stellen die Mitgliedstaaten sicher, dass ihre nationalen Programme für die Entsorgung abgebrannter Brennelemente und radioaktiver Abfälle (im Folgenden „nationale Programme") durchgeführt werden und für Arten abgebrannter Brennelemente und radioaktiver Abfälle unter ihrer Rechtshoheit sowie alle Stufen der Entsorgung abgebrannter Brennelemente und radioaktiver Abfälle von der Erzeugung bis zur Endlagerung abdecken.

Gemäß Art 11 Abs 2 überprüfen und aktualisieren die Mitgliedstaaten ihre nationalen Programme regelmäßig, wobei sie gegebenenfalls dem wissenschaftlichen und technischen Fortschritt sowie Empfehlungen, Erfahrungen und bewährten Praktiken, die sich aus den Prüfungen durch Experten ergeben, Rechnung tragen.

Gemäß Art 12 Abs 1 legen die nationalen Programme dar, wie die Mitgliedstaaten ihre nationalen Strategien für die verantwortungsvolle und sichere Entsorgung abgebrannter Brennelemente und radioaktiver Abfälle gemäß Artikel 4 umzusetzen beabsichtigen, um die Einhaltung der Ziele dieser Richtlinie zu gewährleisten, und umfassen alle folgenden Bestandteile:

- die Gesamtziele der nationalen Politik der Mitgliedstaaten in Bezug auf die Entsorgung abgebrannter Brennelemente und radioaktiver Abfälle;
- die maßgeblichen Zwischenetappen und klare Zeitpläne für die Erreichung dieser Zwischenetappen im Lichte der übergreifenden Ziele der nationalen Programme;
- eine Bestandsaufnahme sämtlicher abgebrannten Brennelemente und radioaktiven Abfälle sowie Schätzungen der künftigen Mengen, auch aus der Stilllegung; aus der Bestandsaufnahme müssen der Standort und die Menge radioaktiver Abfälle und abgebrannter Brennelemente gemäß einer geeigneten Klassifizierung der radioaktiven Abfälle eindeutig hervorgehen;
- die Konzepte oder Pläne und die technischen Lösungen für die Entsorgung abgebrannter Brennelemente und radioaktiver Abfälle von der Erzeugung bis zur Endlagerung;
- die Konzepte oder Pläne für den Zeitraum nach dem Verschluss innerhalb der Lebenszeit der Anlage zur Endlagerung, einschließlich des Zeitraums, in dem geeignete Kontrollen beibehalten werden, sowie der vorgesehenen Maßnahmen, um das Wissen über die Anlage längerfristig zu bewahren;
- die Forschungs-, Entwicklungs- und Demonstrationstätigkeiten, die erforderlich sind, um Lösungen für die Entsorgung abgebrannter Brennelemente und radioaktiver Abfälle umzusetzen;
- die Zuständigkeit für die Umsetzung der nationalen Programme und die Leistungskennzahlen für die Überwachung der Fortschritte bei der Umsetzung;
- eine Abschätzung der Kosten der nationalen Programme sowie Ausgangsbasis und Hypothesen, auf denen diese Abschätzung beruht, einschließlich einer Darstellung des zeitlichen Profils;
- die geltende(n) Finanzierungsregelung(en);
- eine Transparenzpolitik oder ein Transparenzverfahren gemäß Artikel 10;
- gegebenenfalls das bzw. die mit einem Mitgliedstaat oder einem Drittland geschlossenen Abkommen über die Entsorgung abgebrannter Brennelemente und radioaktiver Abfälle, einschließlich der Nutzung von Anlagen zur Endlagerung.

Gemäß Art 12 Abs 2 kann das nationale Programm zusammen mit der nationalen Strategie in einem einzigen Dokument oder in mehreren Dokumenten enthalten sein.

Gemäß Art 13 Abs 1 notifizieren die Mitgliedstaaten der Kommission ihre nationalen Programme und jedwede späteren wesentlichen Änderungen.

Gemäß Art 13 Abs 2 kann innerhalb von sechs Monaten nach der Notifizierung die Kommission Erläuterungen anfordern und/oder eine Stellungnahme dazu abgeben, ob der Inhalt des nationalen Programms mit Artikel 12 in Einklang steht.

Gemäß Art 13 Abs 3 übermitteln innerhalb von sechs Monaten nach Eingang der Stellungnahme der Kommission die Mitgliedstaaten der Kommission die angeforderten Erläuterungen und/oder unterrichten sie über eine etwaige Überarbeitung der nationalen Programme.

Gemäß Art 13 Abs 4 berücksichtigt bei ihrer Entscheidung über die Bereitstellung finanzieller oder technischer Hilfe für Anlagen oder Tätigkeiten zur Entsorgung abgebrannter Brennelemente und radioaktiver Abfälle im Rahmen der Gemeinschaft die Kommission die Erläuterungen der Mitgliedstaaten und die Fortschritte im Zusammenhang mit den nationalen Programmen.

C) Ausstieg aus der Kernenergie

Nach 208 EA ist der Vertrag auf unbegrenzte Zeit gültig. Es gab immer wieder Diskussionen, substantielle Vertragsänderungen vorzunehmen, die jedoch nicht zustande kamen.[1440] Auch durch den Vertrag von Lissabon kam es diesbezüglich zu keinen Änderungen.

Ziel des EA ist die Forschung und die Weiterentwicklung der friedlichen Nutzung der Kernenergie. Im Laufe der Jahre sind Staaten Mitglieder geworden, die Kernenergie nicht nutzen bzw. deren Nutzung innerstaatlich ausdrücklich verboten ist (Österreich). Andere Staaten haben beschlossen aus der Produktion von Kernenergie auszusteigen, dies sind unter anderem Italien,[1441] Schweden, Deutschland.

Es bestehen keinerlei Verpflichtungen eines Mitgliedstaates, Kernkraftwerke zu betreiben bzw. solche zu fördern.[1442] Auf Grund der unterschiedlichen Politiken der Mitgliedstaaten kommt es des Öfteren zu Streitigkeiten zwischen den einzelnen Mitgliedstaaten betreffend des Betriebes bzw. der nuklearen Sicherheit von Kernkraftwerken (Österreich Tschechien, Österreich Slowakische Republik, Österreich Slowenien). Im Beitrittsvertrag verpflichtete sich die Slowakei 2 Kernkraftwerksreak-

1440 Siehe mwN *Grunwald* Energierecht, 306.

1441 2009 wurde noch von einer Renaissance der Kernenergie in Italien geschrieben; *Iaccarino* Resurrgence of Nuclear Energy in Italy, NLB 84 ()2009, 65ff.

1442 In diesem Sinne auch: *Scheuing* Europarechtliche Aspekte einer Beendigung der Kernenergienutzung in der Bundesrepublik Deutschland, EUR 2000, 2.

toren abzuschalten, wobei sie finanzielle Unterstützung der Gemeinschaft dabei erhält.[1443]

Wie oben schon dargestellt, ist der Ausstieg aus der Kernenergie aus mehreren Gesichtspunkten zu betrachten. Einerseits haben die Betreiber der Kernkraftwerke rechtskräftige Genehmigungen, die nicht ohne weiteres aufgehoben werden können. Andererseits ist zu beachten, dass das in den Kraftwerken verwendete Material zwischen- und endgelagert werden muss. Die juristische Diskussion über den Ausstieg aus der Erzeugung von Kernenergie ist von ideologischen Grundsätzen getragen, die von einerseits von einem verpflichtenden Ausstieg ausgehen, andererseits die Angelegenheit neutral betrachten.[1444] Auch die Fragen der Finanzierung der Stilllegung von solchen Anlagen ist von erheblicher Bedeutung.[1445]

Aus dem Gesichtspunkt der nuklearen Grundfreiheiten[1446] und Grundrechten[1447] wurde der Atomausstieg auch releviert.

Ende 2009 und 2010 wurde politisch überlegt, ob es energiepolitisch nicht besser sei, eine Verlängerung der Laufzeiten vorzunehmen. Der „Ausstieg vom Aus-

---

1443 Verordnung (Euratom) Nr 549/2007 des Rates vom 14. Mai 2007 über die Durchführung des Protokolls Nr 9 über die Reaktoren 1 und 2 des Kernkraftwerks Bohunice VI in der Slowakei zur Akte über die Bedingungen des Beitritts der Tschechischen Republik, der Republik Estland, der Republik Zypern, der Republik Lettland, der Republik Litauen, der Republik Ungarn, der Republik Malta, der Republik Polen, der Republik Slowenien und der slowakischen Republik, ABl Nr L 131, S 1ff.

1444 Zur Diskussion: *Schmidt-Preuß* Atomausstieg und Eigentum, NJW 2000,1524ff; *Koch* der Atomausstieg und der verfassungsrechtliche Schutz des Eigentums, NJW 2000, 1529ff; *Koch* Neue Energiepolitik und Ausstieg aus der Kernenergie, NZwZ 2000, 1ff; *Kruis* Der gesetzliche Ausstieg aus der „Atomwirtschaft" und das Gemeinwohl, DVBl 2000, 441ff; *Huber* Restlaufzeiten und Strommengenregelungen, DVBl 2003, 157ff; *Binder* Ausstieg aus der zivilen Nutzung der Kernenergie durch Recht oder Wettbewerb?, DÖV 2001, 1025ff; *Ossenbühl* Verfassungsrechtliche Fragen eines Ausstiegs aus der friedlichen Nutzung der Kernenergie, AöR 124 (1999), 1ff; *Langenfeld* Die rechtlichen Rahmenbedingungen für einen Ausstieg aus der friedlichen Nutzung der Kernenergie DÖV 2000, 929ff; *Wagner* Ausstieg aus der Kernenergie durch Verwaltungsakt? DÖV 1987, 524ff; *Lukes* Rechtsfragen eines Verzichtes auf die friedliche Nutzung der Kernenergie, BB 1986, 1305ff; *Storr* Rechtsfragen zum Atomausstieg – Bericht über eine Tagung des Wirtschaftsforums an der Friedrich Schiller Universität am 14./15. Jänner 2000, DVBl 2000, 688f; *Scheuing* Europarechtliche Aspekte einer Beendigung der Kernenergienutzung in der Bundesrepublik Deutschland, EUR 2000, 1ff; uva.

1445 Mitteilung der Kommission an das europäische Parlament und den Rat, Zweiter Bericht über die Verwendung der finanziellen Ressourcen für die Stilllegung kerntechnischer Einrichtungen und die Entsorgung abgebrannter Brennelemente und radioaktiver Abfälle, {SEK(2007) 1654}, KOM(2007) 794 endgültig.

1446 *Emmerechts Sam/Raetzke Christian/Okra Benjamin* Legal and regulatory aspects of long-term operation of nuclear power plants in OECD member countries, NLB 87 (2011), 49.

1447 *Ewer* Der neuerliche Ausstieg aus der Kernenergie- verfassungskonform und entschädigungsfrei?, NVwZ 2011, 1036ff; *Däuper/Michaels/Voß* Das Dreizehnte Gesetz zur Änderung des Atomgesetztes im Lichte des Grundgesetzes, ZUM 2011, 375ff; *Kloepfer* 13. Atomgesetznovelle und Grundrechte, DVBl 2011, 1437ff.

stieg" ist aus verschiedenen Gründen rechtlich umstritten. Dabei werden die verschiedenen verfassungsrechtlichen Fragen nach dem GG als auch zu einem geringen Teil europarechtliche Fragen diskutiert.[1448] Die Ansicht, dass eine Laufzeitverlängerung eine unzulässige Beihilfe nach Art 106 AEUV darstellt, ist nicht nachvollziehbar, da die Frage der Beihilfequalität nicht nachvollziehbar ist.[1449]

Nach dem Vorfall in Fukushima ist eine erneute Debatte über dieses Thema ausgebrochen.[1450]

1448 *Wieland* Die Zustimmungsbedürftigkeit eines Gesetzes zur Verlängerung der Laufzeit von Kernkraftwerken, ZNER 2010, 321ff; *Waldhoff/Wanka* Kernenergie als „goldene Brücke" ? Verfassungsrechtliche Probleme der Aushandlung von Laufzeitverlängerungen gegen Gewinnabschöpfungen, ZNER 2010, 328ff; *Gaßner/Kendzia* Atomrechtliche Staatshaftung und die Zustimmungsbedürftigkeit der 11.AtG-Novelle, ZUR 2010, 583ff; *Däuper/Ringwald/Hilmes* Rechtliche Grenzen einer Laufzeitverlängerung für den Betrieb von Kernkraftwerken, ZNER 2010, 342ff; *Kotulla/Kilic* Zustimmungspflicht des Bundesrates für die atomgesetzlich zu regelnde Produktionserhöhung der „Reststrommengen" und der damit verbundenen Laufzeitverlängerungen von Kernkraftwerken?, NVwZ 2010, 1449ff; *Rebentisch* Keine Zustimmungserfordernis für die Laufzeitverlängerung von Kernkraftwerken, URP 2010, 3611ff;*Papier* Zustimmungsbedürftigkeit eines Gesetzes zur Verlängerung der Laufzeiten von Kernkraftwerken, NvWZ 2010 1113ff; *Geulen/Klinger* Bedarf die Verlängerung der Betriebszeiten der Atomkraftwerke der Zustimmung des Bundesrates?, NVwZ 2010, 1118; *Roßnagel/Hentschel* Rechtsgutachten zur Zustimmungsbedürftigkeit des elften Änderungsgesetzes zum Atomgesetz im Auftrag der Bundestagfraktion Bündni90/die Grünen und der Fraktion Bündnis 90/Die Grünen des Landtags Baden-Württemberg vom 15.10.2010; *Renneberg* Laufzeitverlängerung und nukleare Sicherheit- zum rechtlichen und technischen Zusammenhang von 11. Und 12. AtG Novelle; ZNER 2011, 106ff; *Bruch/Greve* Atomausstieg 2011 als Verletzung der Grundrechte der Kernkraftwerksbetreiber?, DÖV 2011, 794ff.

1449 AM: *Däuper/Ringwald/Hilmes* ZNER 2010, 347ff.

1450 Siehe dazu ua: *Ewer/Behnsen* Das „Atom-Moratorium" des Bundesregierung und das geltende Atomrecht NJW 2011, 1182ff; *Rebentisch* „Kernkraftwerks Moratorium" versus Rechtsstaat, NVwZ 2011, 533ff; *Frenz* Energieträger zwischen Klimaschutz und Kernschmelzen, NVwZ 2011, 525f; *Sellner/Fellenberg* Atomausstieg und Energiewende 2011 – das Gesetzespaket im Überblick, NVwZ 2011, 1025ff; *Ewer* Der neuerliche Ausstieg aus der Kernenergie-verfassungskonform und entschädigungsfrei?, NVwZ 2011, 1035ff; *Däuper/Michaels/Voß* Das Dreizehnte Gesetz zur Änderung des Atomgesetztes im Lichte des Grundgesetzes, ZUM 2011, 375ff; *Kloepfer* 13. Atomgesetznovelle und Grundrechte, DVBl 2011, 1437ff; *Cosack/Enders* Atomenergie nach Fukushima, DVBl 2011, 1446ff; *Frenz/Ehlenz* Novellierung des Atomgesetzes: Zustimmungsbedürftigkeit nach dem GG und EU-Kompetenzen zur Regelung der nuklearen Sicherheit, ZNER 2010, 539ff.

Sachregister